D0951800

LAROUSSE

MINI
DICCIONARIO

ESPAÑOL
INGLÉS

INGLÉS
ESPAÑOL

LAROUSSE

ISBN 2-03-542020-2

Distribución/Sales: Houghton Mifflin Company, Boston.
Library of Congress CIP Data has been applied for.

ISBN 84-8016-169-8

SPES Editorial, S.L., Aribau, 197-199, 3ª, 08021 Barcelona.

ISBN 970-22-0362-7

Ediciones Larousse, S.A. de C.V., Dinamarca 81,
México 06600 D.F.

Ediciones Larousse Argentina, S.A., I.C.,
Valentín Gómez 3530 (1191), Buenos Aires, Argentina.

Ediciones Larousse Chile, S.A., Camino El Guanaco 6464,
Huechuraba, Santiago, Chile.

Achevé d'imprimer en Décembre 2002
sur les presses de «La Tipografica Varese S.p.A.» à Varese (Italie)
Dépôt légal : Janvier 2002

LAROUSSE

MINI
DICTIONARY

SPANISH
ENGLISH

ENGLISH
SPANISH

LAROUSSE

Coordinación/Coordination

SHARON J HUNTER

Redacción/Editors

DILERI BORUNDA JOHNSTON

ANA CRISTINA LLOMPART LUCAS

SINDA LÓPEZ

**Redacción de la primera edición/
Contributors to the first edition**

JOAQUÍN BLASCO	ISABEL BROSA SÁBADA
CARMEN ZAMANILLO	ZÖE PETERSEN
ANA CARBALLO VARELA	ELENA PARSONS
MALIHE FORGHANI-NOWBARI	LESLEY KINGSLEY
CALLUM BRINES	WENDY LEE

Este diccionario MINI se ha desarrollado para hacer frente tanto a las necesidades del viajero como a las del principiante.

Con sus más de 30.000 palabras y más de 40.000 traducciones, este diccionario incluye no sólo vocabulario general sino también lenguaje utilizado en situaciones de todos los días.

El diccionario utiliza claros indicadores de sentido para guiar al lector hacia la traducción correcta. Se ha puesto especial hincapié en muchas palabras básicas, ofreciendo ejemplos de uso útiles, presentados de una forma especialmente accesible.

A lo largo de todo el diccionario se facilitan notas culturales e información práctica que ofrecen una interesante visión de la vida en otro país.

Esperamos que disfruten utilizando este diccionario. No duden en enviarnos sus comentarios.

EL EDITOR

This MINI dictionary was developed to meet the needs of both the traveller and the beginner.

With over 30,000 words and phrases and 40,000 translations, this dictionary provides not only general vocabulary but also the language used in everyday life.

Clear sense markers are provided to guide the reader to the correct translation, while special emphasis has been placed on many basic words, with helpful examples of usage and a particularly user-friendly layout.

Cultural notes and practical information can be found throughout which allow an interesting insight into life in another country.

We hope you enjoy using this dictionary, and don't hesitate to send us your comments.

THE PUBLISHER

ABREVIATURAS

abreviatura	*abrev/abbr*	abbreviation
adjetivo	*adj*	adjective
adverbio	*adv*	adverb
inglés americano	*Am*	American English
español latinoamericano	*Amér*	Latin American Spanish
anatomía	*ANAT*	anatomy
español de los Andes	*Andes*	Andean Spanish
español de Argentina	*Arg*	Argentinian Spanish
antes de sustantivo	*antes de s*	before noun
artículo	*art*	article
automóviles	*AUT(OM)*	automobile, cars
auxiliar	*aux*	auxiliary
español de Bolivia	*Bol*	Bolivian Spanish
inglés británico	*Br*	British English
español de Centroamérica	*CAm*	Central American Spanish
español de Caribe	*Carib*	Caribbean Spanish
español de Chile	*Chile*	Chilean Spanish
español de Colombia	*Col*	Colombian Spanish
comercio	*COM(M)*	commerce, business
comparativo	*compar*	comparative
informática	*COMPUT*	computers
conjunción	*conj*	conjunction
continuo	*cont*	continuous
español de Costa Rica	*CRica*	Costa Rican Spanish
español del Cono Sur	*CSur*	Cono Sur Spanish
español de Cuba	*Cuba*	Cuban Spanish
cocina	*CULIN*	culinary, cooking
deporte	*DEP*	sport
derecho, jurídico	*DER*	juridical, legal
despectivo	*despec*	pejorative
economía	*ECON*	economics
educación	*EDUC*	school, education
interjección	*excl*	exclamation
sustantivo femenino	*f*	feminine noun
familiar	*fam*	informal
figurado	*fig*	figurative
finanzas	*FIN*	finance, financial

formal, culto	*fml*	formal
inseparable	*fus*	inseparable
generalmente	*gen*	generally
gramática	*GRAM(M)*	grammar
familiar	*inf*	informal
español de Guatemala	*Guat*	Guatemalan Spanish
informática	*INFORM*	information technology
interjección	*interj*	exclamation
invariable	*inv*	invariable
derecho, jurídico	*JUR*	juridical, legal
sustantivo masculino	*m*	masculine noun
matemáticas	*MAT(H)*	mathematics
medicina	*MED*	medicine
español de México	*Méx*	Mexican Spanish
militar	*MIL*	military
música	*MÚS/MUS*	music
sustantivo	*n*	noun
náutica, marítimo	*NAUT*	nautical, maritime
español de Nicaragua	*Nic*	Nicaraguan Spanish
número	*núm/num*	numeral
	o.s	oneself
español de Panamá	*Pan*	Panamanian Spanish
despectivo	*pej*	pejorative
español de Perú	*Perú*	Peruvian Spanish
plural	*pl*	plural
política	*POL(IT)*	politics
participio pasado	*pp*	past participle
preposición	*prep*	preposition
español de Puerto Rico	*PRico*	Porto Rican Spanish
pronombre	*pron*	pronoun
pasado, pretérito	*pt*	past tense
marca registrada	®	registered trademark
religión	*RELIG*	religion
español del Río de la Plata	*RP*	Rio de la Plata Spanish
sustantivo	*s*	noun
	sb	someone, somebody
educación	*SCH*	school, education
separable	*sep*	separable
singular	*sg*	singular

	sthg	something
sujeto	*suj/subj*	subject
superlativo	*superl*	superlative
tecnología	*TECN/TECH*	technology
televisión	*TV*	television
transportes	*TRANS(P)*	transport
español de Uruguay	*Urug*	Uruguayan Spanish
verbo	*v/vb*	verb
español de Venezuela	*Ven*	Venezuelan Spanish
verbo intransitivo	*vi*	intransitive verb
verbo impersonal	*v impers*	impersonal verb
verbo pronominal	*vpr*	pronominal verb
verbo transitivo	*vt*	transitive verb
vulgar	*vulg*	vulgar
equivalente cultural	*≃*	cultural equivalent

LA ORDENACIÓN ALFABÉTICA EN ESPAÑOL

En este diccionario se ha seguido la ordenación alfabética internacional. Esto significa que las entradas con **ch** aparecerán después de **cg** y no al final de **c**; del mismo modo las entradas con **ll** vendrán después de **lk** y no al final de **l**. Adviértase, sin embargo, que la letra **ñ** *sí* se considera letra aparte y sigue a la **n**.

SPANISH ALPHABETICAL ORDER

The dictionary follows international alphabetical order. Thus entries with **ch** appear after **cg** and not at the end of **c**. Similarly, entries with **ll** appear after **lk** and not at the end of **l**. Note, however, that **ñ** *is* treated as a separate letter and follows **n**.

LOS COMPUESTOS EN INGLÉS

En inglés se llama compuesto a una locución sustantiva de significado único pero formada por más de una palabra; p.ej. **point of view**, **kiss of life** o **virtual reality**. Uno de los rasgos distintivos de este diccionario es la inclusión de estos compuestos con entrada propia y en riguroso orden alfabético. De esta forma **blood test** vendrá después de **bloodshot**, el cual sigue a **blood pressure**.

ENGLISH COMPOUNDS

A compound is a word or expression which has a single meaning but is made up of more than one word, e.g. **point of view**, **kiss of life** and **virtual reality**. It is a feature of this dictionary that English compounds appear in the A-Z list in strict alphabetical order. The compound **blood test** will therefore come after **bloodshot** which itself follows **blood pressure**.

TRANSCRIPCIÓN FONÉTICA

PHONETIC TRANSCRIPTION

Vocales españolas		English vowels	
[i]	piso, imagen	[ɪ]	pit, big, rid
[e]	tela, eso	[e]	pet, tend
[a]	pata, amigo	[æ]	pat, bag, mad
[o]	bola, otro	[ʌ]	run, cut
[u]	luz, una	[ɒ]	pot, log
		[ʊ]	put, full
		[ə]	mother, suppose
		[iː]	bean, weed
		[ɑː]	barn, car, laugh
		[ɔː]	born, lawn
		[uː]	loop, loose
		[ɜː]	burn, learn, bird

Diptongos españoles		English diphtongs	
[ei̯]	ley, peine	[eɪ]	bay, late, great
[ai̯]	aire, caiga	[aɪ]	buy, light, aisle
[oi̯]	soy, boina	[ɔɪ]	boy, foil
[au̯]	causa, aula	[əʊ]	no, road, blow
[eu̯]	Europa, deuda	[aʊ]	now, shout, town
		[ɪə]	peer, fierce, idea
		[eə]	pair, bear, share
		[ʊə]	poor, sure, tour

Semivocales		Semi-vowels	
hierba, miedo	[j]	you, spaniel	
agua, hueso	[w]	wet, why, twin	

Consonantes españolas		English consonants	
[p]	papá, campo	[p]	pop, people
[b]	vaca, bomba	[b]	bottle, bib
[β]	curvo, caballo	[t]	train, tip
[t]	toro, pato	[d]	dog, did
[d]	donde, caldo	[k]	come, kitchen
[k]	que, cosa	[g]	gag, great
[g]	grande, guerra	[tʃ]	chain, wretched
[ɣ]	aguijón, iglesia	[dʒ]	jet, fridge
[tʃ]	ocho, chusma	[f]	fib, physical
[f]	fui, afán	[v]	vine, live

[θ]	cera, paz
[ð]	cada, pardo
[s]	solo, paso
[z]	andinismo
[x]	gemir, jamón
[m]	madre, cama
[n]	no, pena
[ŋ]	banca, encanto
[ɲ]	caña
[l]	ala, luz
[ɾ]	atar, paro
[r]	perro, rosa
[ʎ]	llave, collar

[θ]	think, fifth
[ð]	this, with
[s]	seal, peace
[z]	zip, his
[ʃ]	sheep, machine
[ʒ]	usual, measure
[h]	how, perhaps
[m]	metal, comb
[n]	night, dinner
[ŋ]	sung, parking
[l]	little, help
[r]	right, carry

Los símbolos ['] y [,] indican que la sílaba siguiente lleva un acento primario o secundario respectivamente.

The symbol ['] indicates that the following syllable carries primary stress and the symbol [,] that the following syllable carries secondary stress.

El símbolo [ʳ] en fonética inglesa indica que la r al final de palabra se pronuncia sólo cuando precede a una palabra que comienza por vocal. Adviértase que casi siempre se pronuncia en inglés americano.

The symbol [ʳ] in English phonetics indicates that the final r is pronounced only when followed by a word beginning with a vowel. Note that it is nearly always pronounced in American English.

NOTAS CULTURALES

balneario
baraja española
café
Camino de Santiago
Carnaval
Casa Rosada
castellano
comunidad autónoma
Denominación de origen
Día de los Muertos
DNI
estanco
Fallas
Feria de abril
festivales
fiestas patronales
fiestas patrias
El Gordo
jerez
mariachi
la Moncloa
Nochevieja
ONCE
paga extraordinaria
Palacio de la Moneda
Palacio de la Zarzuela
parador nacional
parque nacional
los Pinos
preparatoria
propina
hacer puente
rastro
reyes
sanfermines
santo
Semana Santa

CULTURAL NOTES

Bed & Breakfast
beer
best man
Boxing Day
broadsheet/broadside
Buckingham Palace
cajun
devolution
Downing Street
education system
election
fish & chips
fourth of July
garage sale
graduate school
Great Britain
green card
Greyhound bus
Guy Fawkes Night
Halloween
Houses of Parliament
Ivy League
Mall
Manhattan
Medicaid/Medicare
Mount Rushmore
national park
Native American
Open University
pantomime
pub
Saint Patrick's Day
SAT
Scouts
Silicon Valley
Stars & Stripes
Statue of Liberty

NOTAS CULTURALES

sistema educativo

tapas

taquería

tauromaquia

tuna

tuteo

zona azul

CULTURAL NOTES

Super Bowl

tabloid

Thanksgiving

tipping

Tower Bridge/Tower of London

VAT

Wall Street

Westminster/Westminster Abbey

White House

World Series

Yankee

yellow lines

ESPAÑOL – INGLÉS
SPANISH – ENGLISH

A

a [a] *prep* **- 1.** *(tiempo)*: **a las pocas semanas** a few weeks later; **al mes de casados** a month after marrying; **a las siete** at seven o'clock; **a los once años** at the age of eleven; **dos veces al año** twice a year; **al oír la noticia se desmayó** on hearing the news, she fainted.

- 2. *(frecuencia)* per, every; **cuarenta horas a la semana** forty hours a week.

- 3. *(dirección)* to; **voy a Sevilla** I'm going to Seville; **llegó a Barcelona/a la fiesta** he arrived in Barcelona/at the party.

- 4. *(posición, lugar, distancia)*: **a la salida del cine** outside the cinema; **está a cien kilómetros** it's a hundred kilometres away; **a la derecha/izquierda** on the right/left.

- 5. *(con complemento indirecto)* to; **dáselo a Juan** give it to Juan; **dile a Juan que venga** tell Juan to come.

- 6. *(con complemento directo)*: **quiere a su hijo** she loves her son.

- 7. *(cantidad, medida, precio)*: **a cientos/docenas** by the hundred/dozen; **¿a cuánto están las peras?** how much are the pears?; **vende las peras a 2 euros** he's selling pears for 2 euros; **ganaron por tres a cero** they won three nil.

- 8. *(modo, manera)*: **a la gallega** Galician-style; **escribir a máquina** to type; **a mano** by hand.

- 9. *(finalidad)* to; **entró a pagar** he came in to pay; **aprender a nadar** to learn to swim.

abad, desa [aˈβað, desa] *m, f* abbot (*f* abbess).

abadía [aβaˈðia] *f* abbey.

abajo [aˈβaxo] *adv (de situación)* below; *(en edificio)* downstairs; *(de dirección)* down; **allí ~** down there; **aquí ~** down here; **más ~** further down; **para ~** downwards; **de ~** *(piso)* downstairs.

abalear [aβaleˈar] *vt Andes, CAm & Ven* to shoot.

abandonado, da [aβando-ˈnaðo, ða] *adj* abandoned; *(lugar)* deserted.

abandonar [aβandoˈnar] *vt (persona, animal, proyecto)* to abandon; *(coche, lugar, examen)* to leave; *(prueba)* to drop out of. ❑ **abandonarse** *vpr* to let o.s. go.

abandono [aβanˈdono] *m (dejadez)* neglect.

abanicarse [aβaniˈkarse] *vpr* to fan o.s.

abanico [aβaˈniko] *m* fan.

abarcar [aβarˈkar] *vt (incluir)* to include; *(ver)* to have a view of.

abarrotado, da [aβaroˈtaðo, ða] *adj* packed.

abarrotero, ra [aβaroˈtero, ra] *m, f Amér* grocer.

abarrotes [aβa'rrotes] *mpl Andes, CAm & Méx* groceries.

abastecer [aβaste'θer] *vt* to supply. ❑ **abastecerse de** *v + prep* to get, to buy.

abatible [aβa'tiβle] *adj* folding.

abatido, da [aβa'tiðo, ða] *adj (desanimado)* dejected.

abatir [aβa'tir] *vt (muro)* to knock down; *(árbol)* to flatten.

abdicar [aβði'kar] *vi* to abdicate.

abdomen [aβ'ðomen] *m* abdomen.

abdominales [aβðomi'nales] *mpl* sit-ups.

abecedario [aβeθe'ðarjo] *m (alfabeto)* alphabet.

abeja [a'βexa] *f* bee.

abejorro [aβe'xorro] *m* bumblebee.

aberración [aβerra'θjon] *f (disparate)* stupid thing.

abertura [aβer'tura] *f (agujero)* opening.

abeto [a'βeto] *m* fir.

abierto, ta [a'βjerto, ta] *adj* open; *(de ideas)* open-minded; **estar ~ a** to be open to.

abismo [a'βizmo] *m* abyss.

ablandar [aβlan'ðar] *vt (materia)* to soften; *(persona)* to mollify.

abofetear [aβofete'ar] *vt* to slap.

abogado, da [aβo'yaðo, ða] *m, f* lawyer.

abolición [aβoli'θjon] *f* abolition.

abolir [aβo'lir] *vt* to abolish.

abollar [aβo'ʎar] *vt* to dent.

abonado, da [aβo'naðo, ða] *adj (tierra)* fertilized; **está ~ a la televisión por cable** he subscribes to cable TV.

abonar [aβo'nar] *vt (tierra)* to fertilize; *(cantidad, precio)* to pay. ❑ **abonarse a** *v + prep (revista)* to subscribe

to; *(teatro, fútbol)* to have a season ticket for.

abono [a'βono] *m (del metro, autobús)* season ticket; *(para tierra)* fertilizer.

abordar [aβor'ðar] *vt* to tackle.

aborrecer [aβorre'θer] *vt* to loathe.

abortar [aβor'tar] *vi (espontáneamente)* to have a miscarriage; *(intencionadamente)* to have an abortion.

aborto [a'βorto] *m (espontáneo)* miscarriage; *(intencionado)* abortion; *fam (persona fea)* freak.

abrasador, ra [aβrasa'ðor, ra] *adj* burning.

abrasar [aβra'sar] *vt (suj: incendio)* to burn down; *(suj: sol)* to burn.

abrazar [aβra'θar] *vt* to hug. ❑ **abrazarse** *vpr* to hug.

abrazo [a'βraθo] *m* hug.

abrebotellas [,aβreβo'teʎas] *m inv* bottle opener.

abrecartas [aβre'kartas] *m inv* paper knife.

abrelatas [aβre'latas] *m inv* tin opener *(Br)*, can opener *(Am)*.

abreviar [aβre'βjar] *vt (texto)* to abridge; *(discurso)* to cut.

abreviatura [aβreβja'tura] *f* abbreviation.

abridor [aβri'ðor] *m* opener.

abrigar [aβri'yar] *vt (del frío)* to keep warm. ❑ **abrigarse** *vpr* to wrap up.

abrigo [a'βriyo] *m (prenda)* coat; **al ~ de** *(roca, árbol)* under the shelter of.

abril [a'βril] *m* April → setiembre.

abrillantador [aβriʎanta'ðor] *m* polish.

abrillantar [aβriʎan'tar] *vt* to polish.

abrir [a'βrir] *vt* to open; *(grifo, gas)* to turn on; *(curso)* to start; *(agujero)* to make; *(ir delante de)* to lead. ◆ *vi (comercio)* to open. ❑ **abrirse** *vpr*: ~ **se a alguien** to open up to sb.

abrochar [aβro'tʃar] *vt* to do up. ❑ **abrocharse** *vpr*: ~ **se el pantalón** to do up one's trousers; **abróchense los cinturones** please fasten your seatbelts.

abrumador, ra [aβruma'ðor, ra] *adj* overwhelming.

abrumarse [aβru'marse] *vpr (agobiarse)* to be overwhelmed.

abrupto, ta [a'βrupto, ta] *adj (accidentado)* rough; *(empinado)* steep.

ábside ['aβsiðe] *m* apse.

absolución [aβsolu'θjon] *f* DER acquittal; RELIG absolution.

absolutamente [aβso,luta'mente] *adv* absolutely.

absoluto, ta [aβso'luto, ta] *adj* absolute; **en ~** *(de ninguna manera)* not at all; **nada en ~** nothing at all.

absolver [aβsol'βer] *vt*: ~ **a alguien (de)** DER to acquit sb (of).

absorbente [aβsor'βente] *adj (material)* absorbent; *(actividad)* absorbing; *(persona)* domineering.

absorber [aβsor'βer] *vt (líquido)* to absorb; *(tiempo)* to take up.

absorto, ta [aβ'sorto, ta] *adj*: ~ **(en)** engrossed (in).

abstemio, mia [aβs'temjo, mja] *m, f* teetotaller.

abstención [aβsten'θjon] *f* abstention.

abstenerse [aβste'nerse] ◆ **abstenerse de** *v* + *prep* to abstain from.

abstinencia [aβsti'nenθja] *f* abstinence; **hacer** ~ to fast.

abstracto, ta [aβs'trakto, ta] *adj* abstract.

absurdo, da [aβ'surðo, ða] *adj* absurd.

abuelo, la [a'βwelo, la] *m, f (fami-*

liar) grandfather *(f* grandmother*)*; *fam (anciano)* old man *(f* old woman*)*. ❑ **abuelos** *mpl* grandparents.

abultado, da [aβul'taðo, ða] *adj* bulky.

abultar [aβul'tar] *vi* to be bulky.

abundancia [aβun'danθja] *f* abundance.

abundante [aβun'dante] *adj* abundant.

aburrido, da [aβu'riðo, ða] *adj (que aburre)* boring; *(harto)* bored.

aburrimiento [aβuri'mjento] *m* boredom.

aburrir [aβu'rir] *vt* to bore. ❑ **aburrirse** *vpr (hastiarse)* to get bored; *(estar aburrido)* to be bored.

abusar [aβu'sar] ◆ **abusar de** *v* + *prep (excederse)* to abuse; *(aprovecharse)* to take advantage of.

abusivo, va [aβu'siβo, βa] *adj (precio)* extortionate; *Amér (que abusa)* who takes advantage; *Amér (descarado)* cheeky.

abuso [a'βuso] *m* abuse.

a/c *(abrev de* a cuenta*)* as a down payment.

acá [a'ka] *adv (aquí)* here. ◆ *pron Amér*: ~ **es mi hermana** this is my sister.

☞

acabar [aka'βar] *vt* **- 1.** *(concluir)* to finish.
- 2. *(provisiones, dinero, gasolina)* to use up; *(comida)* to finish.
◆ *vi* **- 1.** *(concluir)* to finish; ~ **de hacer algo** to finish doing sthg; ~ **bien/mal** to end well/badly; **acaba en punta** it ends in a point.
- 2. *(haber ocurrido recientemente)*: ~ **de hacer algo** to have just done sthg.
- 3.: ~ **con** *(violencia, etc)* to put an end

to; *(salud)* to ruin; *(paciencia)* to exhaust.
- **4.** *(volverse)* to end up. ❑ **acabarse** *vpr (agotarse)* to run out.

academia [aka'ðemja] *f (escuela)* school; *(de ciencias, arte)* academy.

académico, ca [aka'ðemiko, ka] *adj* academic. ◆ *m, f* academician.

acalorado, da [akalo'raðo, ða] *adj (por el calor)* hot; *(enfadado)* worked-up; *(apasionado)* heated.

acalorarse [akalo'rarse] *vpr (por un esfuerzo)* to get hot; *(enfadarse)* to get worked-up.

acampada [akam'paða] *f* camping; **ir de ~** to go camping.

acampanado, da [akampa'naðo, ða] *adj* flared.

acampar [akam'par] *vi* to camp.

acantilado [akanti'laðo] *m* cliff.

acaparar [akapa'rar] *vt (mercado)* to monopolize; *(comida)* to hoard.

acápite [a'kapite] *m Amér* paragraph.

acariciar [akari'θjar] *vt* to stroke.

acaso [a'kaso] *adv* perhaps; **por si ~** just in case.

acatarrarse [akata'rrarse] *vpr* to catch a cold.

acaudalado, da [akauða'laðo, ða] *adj* well-off.

acceder [akθe'ðer] *vi:* **~ a** *(lugar)* to enter. ❑ **acceder a** *v + prep (petición)* to agree to.

accesible [akθe'siβle] *adj (lugar)* accessible; *(persona)* approachable.

acceso [ak'θeso] *m (a un lugar)* entrance; *(a poder, universidad)* access; '**~ pasajeros**' 'passengers only beyond this point'.

accesorio [akθe'sorjo] *m* accessory.

accidentado, da [akθiðen-

'taðo, ða] *adj (viaje)* bumpy; *(carrera)* eventful; *(terreno)* rough.

accidental [akθiðen'tal] *adj (encuentro)* chance *(antes de s)*.

accidente [akθi'ðente] *m* accident; *(de avión, coche)* crash; **por ~** by accident; **~ geográfico** geographical feature; **~ laboral** industrial accident.

acción [ak'θjon] *f (acto, hecho)* deed, act. ❑ **acciones** *fpl (en bolsa)* shares.

acechar [aθe'tʃar] *vt* to observe secretly.

aceite [a'θejte] *m* oil; **~ de girasol** sunflower oil; **~ de oliva** olive oil.

aceitoso, sa [aθej'toso, sa] *adj* oily.

aceituna [aθej'tuna] *f* olive; **~s rellenas** stuffed olives.

acelerador [aθelera'ðor] *m* accelerator.

acelerar [aθele'rar] *vt* to speed up. ◆ *vi* to accelerate.

acelga [a'θelɣa] *f* chard.

acento [a'θento] *m* accent; *(intensidad)* stress.

acentuación [aθentwa'θjon] *f* accentuation.

acentuar [aθentu'ar] *vt (vocal)* to put an accent on; *(destacar)* to stress.

aceptable [aθep'taβle] *adj* acceptable.

aceptación [aθepta'θjon] *f* acceptance.

aceptar [aθep'tar] *vt* to accept.

acequia [a'θekja] *f* irrigation channel.

acera [a'θera] *f* pavement *(Br)*, sidewalk *(Am)*.

acerca [a'θerka] ◆ **acerca de** *prep* about.

acercamiento [aθerka'mjento] *m* approach.

acercar [aθer'kar] *vt:* **~ algo a alguien** to pass sb sthg, to pass sthg to sb; **~ algo a algo** to move sthg closer to sthg. ❏ **acercarse** *vpr (suj: tiempo)* to be near; *(suj: persona, animal)* to come closer; **~ se a** *(lugar)* to be near. ❏ **acercarse a** *v + prep (solución, idea)* to be close to.

acero [a'θero] *m* steel; **~ inoxidable** stainless steel.

acertado, da [aθer'taðo, ða] *adj* right.

acertar [aθer'tar] *vt (respuesta, solución)* to get right. ❏ **acertar con** *v + prep (hallar)* to get right; *(elegir bien)* to choose well. ❏ **acertar en** *v + prep (dar en)* to hit; *(elegir bien)* to choose well.

acertijo [aθer'tixo] *m* riddle.

achinado, da [atʃi'naðo, ða] *adj Amér* low-class *(used of Indians)*.

ácido, da ['aθiðo, ða] *adj (sabor)* sour. ◆ *m* acid.

acierto [a'θjerto] *m (respuesta, solución)* right answer; *(habilidad)* skill.

aclamar [akla'mar] *vt* to acclaim.

aclarar [akla'rar] *vt (ropa, cabello, platos)* to rinse; *(dudas, problemas)* to clear up; *(situación)* to clarify. ◆ *v impers (tiempo)* to clear up. ❏ **aclararse** *vpr (entender)* to understand.

aclimatación [aklimata'θjon] *f* acclimatization.

aclimatar [aklima'tar] *vt* to acclimatize. ❏ **aclimatarse** *vpr* to become acclimatized.

acogedor, ra [akoxe'ðor, ra] *adj (lugar)* cosy.

acoger [ako'xer] *vt (suj: persona)* to welcome; *(suj: lugar)* to shelter. ❏ **acogerse a** *v + prep (ley)* to have recourse to; *(excusa)* to resort to.

acogida [ako'xiða] *f* welcome.

acomodado, da [akomo-'ðaðo, ða] *adj (rico)* well-off.

acomodador, ra [akomoða-'ðor, ra] *m, f* usher *(fusherette)*.

acomodarse [akomo'ðarse] *vpr (aposentarse)* to make o.s. comfortable. ❏ **acomodarse a** *v + prep (adaptarse)* to adapt to.

acompañamiento [akompaɲa-'mjento] *m (en música)* accompaniment.

acompañante [akompa'ɲante] *mf* companion.

acompañar [akompa'ɲar] *vt (hacer compañía)* to accompany; *(adjuntar)* to enclose; **le acompaño en el sentimiento** my condolences.

acomplejado, da [akomple-'xaðo, ða] *adj* with a complex.

acondicionado, da [akondiθjo-'naðo, ða] *adj (establo, desván)* converted.

acondicionador [akondiθjona-'ðor] *m (en peluquería)* conditioner.

acondicionar [akondiθjo'nar] *vt (establo, desván)* to convert; *(local)* to fit out.

aconsejable [akonse'xaβle] *adj* advisable.

aconsejar [akonse'xar] *vt* to advise.

acontecer [akonte'θer] *v impers* to happen.

acontecimiento [akonteθi-'mjento] *m* event.

acoplar [ako'plar] *vt (encajar)* to fit together; *(adaptar)* to adapt.

acordado, da [akor'ðaðo, ða] *adj* agreed.

acordar [akor'ðar] *vt* to agree on; **~ hacer algo** to agree to do sthg. ❏ **acordarse** *vpr* to remember; **~se de hacer algo** to remember to do sthg.

acorde [a'korðe] *adj (conforme)* in agreement. ◆ *m* chord; **~ con** in keeping with.

acordeón [akorðe'on] *m* accordion.

acortar [akor'tar] *vt* to shorten.

acosar [ako'sar] *vt (perseguir)* to hound; *(molestar)* to harass.

acoso [a'koso] *m* harassment.

acostar [akos'tar] *vt* to put to bed. ❑ **acostarse** *vpr (irse a dormir)* to go to bed; ~ **se con alguien** *fam* to sleep with sb.

acostumbrar [akostum'brar] *vt*: ~ **a alguien a** *(habituar)* to get sb used to; **no acostumbro a hacerlo** I don't usually do it. ❑ **acostumbrarse** *vpr*: ~ **se a** to get used to.

acreditado, da [akreði'taðo, ða] *adj (con buena reputación)* reputable.

acreditar [akreði'tar] *vt (con documentos)* to authorize.

acrílico, ca [a'kriliko, ka] *adj* acrylic.

acrobacia [akro'βaθja] *f* acrobatics *(pl)*.

acróbata [a'kroβata] *mf* acrobat.

acta ['akta] *f (de reunión)* minutes *(pl)*.

actitud [akti'tuð] *f (del ánimo)* attitude; *(postura)* posture.

activar [akti'βar] *vt* to activate.

actividad [aktiβi'ðað] *f* activity. ❑ **actividades** *fpl* activities.

activo, va [ak'tiβo, βa] *adj* active.

acto ['akto] *m* act; ~ **seguido** straight after; **en el** ~ *(llaves, arreglos)* while you wait; *(multar)* on the spot.

actor, triz [ak'tor, 'triθ] *m, f* actor *(f* actress*)*.

actuación [aktwa'θjon] *f (conducta)* behaviour; *(en el cine, teatro)* performance.

actual [aktu'al] *adj* current, present.

actualidad [aktuali'ðað] *f (momento presente)* present time; **de** ~ topical; **en la** ~ nowadays.

actualizar [aktuali'θar] *vt* to bring up to date.

actualmente [aktu.al'mente] *adv (en este momento)* at the moment; *(hoy día)* nowadays.

actuar [aktu'ar] *vi* to act.

acuarela [akwa'rela] *f* watercolour.

acuario [a'kwarjo] *m* aquarium.

acuático, ca [a'kwatiko, ka] *adj (animal, planta)* aquatic; *(deporte)* water *(antes de s)*.

acudir [aku'ðir] *vi (ir)* to go; *(venir)* to come; ~ **a alguien** to turn to sb.

acueducto [akwe'ðukto] *m* aqueduct.

acuerdo [a'kwerðo] *m* agreement; **de** ~ all right; **estar de** ~ to agree; **ponerse de** ~ to agree.

acumulación [akumula'θjon] *f* accumulation.

acumular [akumu'lar] *vt* to accumulate.

acupuntura [akupun'tura] *f* acupuncture.

acusación [akusa'θjon] *f (increpación)* accusation; DER charge.

acusado, da [aku'saðo, ða] *m, f:* **el/la** ~ the accused.

acusar [aku'sar] *vt*: ~ **a alguien (de)** to accuse sb (of).

acústica [a'kustika] *f (de un local)* acoustics *(pl)*.

adaptación [aðapta'θjon] *f* adaptation.

adaptador [aðapta'ðor] *m* adapter.

adaptarse [aðap'tarse] ◆ **adaptarse a** *v + prep (medio, situación)* to adapt to; *(persona)* to learn to get on with.

adecuado, da [aðe'kwaðo, ða] *adj* suitable, appropriate.

adecuar [aðe'kwar] *vt* to adapt.

◻ **adecuarse** *vpr (acostumbrarse)* to adjust.

a. de J.C. *(abrev de antes de Jesucristo)* BC.

adelantado, da [aðelan'taðo, ða] *adj* advanced; *(pago)* advance; **ir ~** *(reloj)* to be fast; **por ~** in advance.

adelantamiento [aðelanta-'mjento] *m* overtaking.

adelantar [aðelan'tar] *vt (sobrepasar)* to overtake; *(trabajo, cita, reunión)* to bring forward; *(reloj)* to put forward. ◆ *vi (reloj)* to be fast. ◻ **adelantarse** *vpr (anticiparse)* to be early.

adelante [aðe'lante] *adv* ahead. ◆ *interj (pase)* come in!; **más ~** later; **en ~** from now on.

adelanto [aðe'lanto] *m* advance; *(en carretera)* overtaking.

adelgazante [aðelɣa'θante] *adj* slimming.

adelgazar [aðelɣa'θar] *vt* to lose. ◆ *vi* to lose weight.

además [aðe'mas] *adv (también)* also; *(encima)* moreover; **~ de** as well as.

adentro [a'ðentro] *adv* inside.

adherente [aðe'rente] *adj* adhesive.

adherir [aðe'rir] *vt* to stick. ◻ **adherirse a** *v + prep (propuesta, idea, opinión, etc)* to support; *(asociación, partido)* to join.

adhesión [aðe'sjon] *f (unión)* sticking; *(apoyo)* support; *(afiliación)* joining.

adhesivo, va [aðe'siβo, βa] *adj* adhesive. ◆ *m (pegatina)* sticker.

adicción [aðik'θjon] *f* addiction.

adición [aði'θjon] *f* addition.

adicional [aðiθjo'nal] *adj* additional.

adicto, ta [a'ðikto, ta] *adj*: **~ a** addicted to.

adiós [a'ðjos] *m* goodbye. ◆ *interj* goodbye!

adivinanza [aðiβi'nanθa] *f* riddle.

adivinar [aðiβi'nar] *vt (solución, respuesta)* to guess; *(futuro)* to foretell.

adivino, na [aði'βino, na] *m, f* fortune-teller.

adjetivo [aðxe'tiβo] *m* adjective.

adjuntar [aðxun'tar] *vt* to enclose.

administración [aðministra'θjon] *f (de productos)* supply; *(de oficina)* administration. ◻ **Administración** *f*: **la Administración** the Government (Br), the Administration (Am).

administrar [aðminis'trar] *vt (organizar, gobernar)* to run; *(medicamento)* to give.

administrativo, va [aðministra'tiβo, βa] *adj* administrative. ◆ *m, f* office worker.

admiración [aðmira'θjon] *f (estimación)* admiration; *(sorpresa)* amazement.

admirar [aðmi'rar] *vt (estimar)* to admire; *(provocar sorpresa)* to amaze.

admisible [aðmi'siβle] *adj* acceptable.

admitir [aðmi'tir] *vt* to admit.

admón. *(abrev de administración)* admin.

adobe [a'ðoβe] *m* adobe.

adolescencia [aðoles'θenθja] *f* adolescence.

adolescente [aðoles'θente] *adj & mf* adolescent.

adonde [a'ðonde] *adv* where.

adónde [a'ðonde] *adv* where.

adopción [aðop'θjon] *f (de un hijo)* adoption.

adoptar [aðop'tar] *vt* to adopt.

adoptivo, va [aðop'tiβo, βa] *adj*

(padre) adoptive; (hijo) adopted.

adoquín [aðo'kin] m cobblestone.

adorable [aðo'raβle] adj adorable.

adoración [aðora'θjon] f (culto) worship; (amor, pasión) adoration.

adorar [aðo'rar] vt (divinidad) to worship; (persona, animal, cosa) to adore.

adornar [aðor'nar] vt to decorate.

adorno [a'ðorno] m ornament.

adosado, da [aðo'saðo, ða] adj: ~ a against; **casa adosada** semi-detached house; **chalé** ~ semi-detached house.

adquirir [aðki'rir] vt (comprar) to purchase; (conseguir) to acquire.

adquisición [aðkisi'θjon] f purchase.

adquisitivo, va [aðkisi'tiβo, βa] adj purchasing.

adrede [a'ðreðe] adv deliberately.

aduana [a'ðwana] f customs (sg); **pasar por la** ~ to go through customs.

aduanero, ra [aðwa'nero, ra] adj customs (antes de s). ◆ m, f customs officer.

adulterio [aðul'terjo] m adultery.

adúltero, ra [a'ðultero, ra] adj adulterous.

adulto, ta [a'ðulto, ta] adj & m, f adult.

adverbio [að'βerβjo] m adverb.

adversario, ria [aðβer'sarjo, rja] m, f adversary.

adverso, sa [að'βerso, sa] adj adverse.

advertencia [aðβer'tenθja] f warning.

advertir [aðβer'tir] vt (avisar) to warn; (notar) to notice.

aéreo, a [a'ereo, a] adj air (antes de s).

aerobic [ae'roβik] m aerobics (sg).

aeromodelismo [aeromoðe 'lizmo] m airplane modelling.

aeromoza [aero'moθa] f Amér air hostess Br, flight attendant Am.

aeronave [aero'naβe] f aircraft.

aeropuerto [aero'pwerto] m airport.

aerosol [aero'sol] m aerosol.

afán [a'fan] m (deseo) urge.

afear [afe'ar] vt to make ugly.

afección [afek'θjon] f formal (enfermedad) complaint.

afectado, da [afek'taðo, ða] adj (afligido) upset; (amanerado) affected; ~ **de** o **por** (enfermedad) suffering from.

afectar [afek'tar] vt to affect. ◆ **afectar a** v + prep to affect; **afectarse por** o **con** to be affected by.

afectivo, va [afek'tiβo, βa] adj (sensible) sensitive.

afecto [a'fekto] m affection.

afectuoso, sa [afek'twoso, sa] adj affectionate.

afeitado, da [afei'taðo, ða] adj (barba) shaven; (persona) clean-shaven. ◆ m shave.

afeitarse [afei'tarse] vpr to shave.

afeminado, da [afemi'naðo, ða] adj effeminate.

afiche [a'fitʃe] m Amér poster.

afición [afi'θjon] f (inclinación) fondness; (partidarios) fans (pl).

aficionado, da [afiθjo'naðo, ða] adj (amateur) amateur; ~ a (interesado por) fond of.

aficionarse [afiθjo'narse] ◆ **aficionarse a** v + prep (interesarse por) to become keen on; (habituarse a) to become fond of.

afilado, da [afi'laðo, ða] adj sharp.

afilar [afi'lar] vt to sharpen.

afiliado, da [afi'ljaðo, ða] *adj:* **estar ~ a** to be a member of.

afiliarse [afi'ljarse] ◆ **afiliarse a** *v* + *prep* to join.

afín [a'fin] *adj* similar.

afinar [afi'nar] *vt (instrumento)* to tune; *(puntería)* to perfect. ◆ *vi* to be in tune.

afinidad [afini'ðað] *f* affinity.

afirmación [afirma'θjon] *f* statement.

afirmar [afir'mar] *vt (decir con seguridad)* to assert. ◻ **afirmarse en** *v* + *prep (postura, idea)* to reaffirm.

afirmativo, va [afirma'tiβo, βa] *adj* affirmative.

afligido, da [afli'xiðo, ða] *adj* upset.

afligir [afli'xir] *vt (apenar)* to upset. ◻ **afligirse** *vpr* to get upset.

aflojar [aflo'xar] *vt (cuerda)* to slacken; *(nudo)* to loosen. ◆ *vi (en esfuerzo)* to ease off; *(ceder)* to die down.

afluencia [a'flwenθja] *f (de gente)* crowds *(pl)*.

afluente [a'flwente] *m* tributary.

afónico, ca [a'foniko, ka] *adj:* **quedar ~** to lose one's voice.

aforo [a'foro] *m* seating capacity.

afortunadamente [afortu,naða-'mente] *adv* fortunately.

afortunado, da [afortu'naðo, ða] *adj (con suerte)* lucky, fortunate; *(oportuno)* happy; **~ en** lucky in.

afrodisíaco [afroði'siako] *m* aphrodisiac.

afrutado, da [afru'taðo, ða] *adj* fruity.

afuera [a'fwera] *adv* outside. ◻ **afueras** *fpl:* **las ~** the outskirts.

agachar [aɣa'tʃar] *vt* to lower, to bend. ◻ **agacharse** *vpr (en cuclillas)* to crouch down; *(encorvarse)* to bend

down; *(para esconderse)* to duck.

agarrar [aɣa'rar] *vt (con las manos)* to grab; *fam (enfermedad)* to catch. ◻ **agarrarse** *vpr (pelearse)* to fight. ◻ **agarrarse a** *v* + *prep (oportunidad)* to seize.

agencia [a'xenθja] *f* agency; **~ de viajes** travel agency.

agenda [a'xenda] *f (de direcciones, teléfono)* address book; *(personal)* diary *Br*, appointment book *Am*; *(actividades)* agenda.

agente [a'xente] *mf* agent; **~ de policía** police officer.

ágil [a'xil] *adj (movimiento)* agile; *(pensamiento)* quick.

agilidad [axili'ðað] *f (del cuerpo)* agility; *(de la mente)* sharpness.

agitación [axita'θjon] *f* restlessness.

agitado, da [axi'taðo, ða] *adj (líquido)* shaken; *(persona)* restless.

agitar [axi'tar] *vt (líquido)* to shake; *(multitud)* to stir up. ◻ **agitarse** *vpr (aguas)* to get choppy; *(persona)* to get restless.

agnóstico, ca [aɣ'nostiko, ka] *adj* agnostic.

agobiado, da [aɣo'βjaðo, ða] *adj* overwhelmed.

agobiar [aɣo'βjar] *vt* to overwhelm. ◻ **agobiarse** *vpr* to be weighed down.

agosto [a'ɣosto] *m* August → **septiembre.**

agotado, da [aɣo'taðo, ða] *adj (cansado)* exhausted; *(edición, existencias)* sold-out; **el dinero está ~** the money has run out.

agotador, ra [aɣota'ðor, ra] *adj* exhausting.

agotamiento [aɣota'mjento] *m (cansancio)* exhaustion.

agotar [aɣo'tar] *vt (cansar)* to exhaust; *(dinero, reservas)* to use up; *(edición, existencias)* to sell out of. ❑ **agotarse** *vpr (cansarse)* to tire o.s. out; *(acabarse)* to run out.

agradable [aɣɾa'ðaβle] *adj* pleasant.

agradar [aɣɾa'ðar] *vi* to be pleasant.

agradecer [aɣɾaðe'θer] *vt (ayuda, favor)* to be grateful for; **agradecí su invitación** I thanked her for her invitation.

agradecido, da [aɣɾaðe'θiðo, ða] *adj* grateful.

agradecimiento [aɣɾaðeθi'mjento] *m* gratitude.

agredir [aɣɾe'ðir] *vt* to attack.

agregado, da [aɣɾe'ɣaðo, ða] *adj* added. ◆ *m, f (en embajada)* attaché *(f* attachée*)*.

agregar [aɣɾe'ɣar] *vt* to add.

agresión [aɣɾe'sjon] *f* attack.

agresivo, va [aɣɾe'siβo, βa] *adj* aggressive.

agresor, ra [aɣɾe'sor, ra] *m, f* attacker.

agreste [a'ɣɾeste] *adj (paisaje)* wild.

agrícola [a'ɣɾikola] *adj* agricultural.

agricultor, ra [aɣɾikul'tor, ra] *m, f* farmer.

agricultura [aɣɾikul'tura] *f* agriculture.

agridulce [aɣɾi'ðulθe] *adj* sweet-and-sour.

agrio, agria [ˈaɣɾjo, ˈaɣɾja] *adj* sour.

agrupación [aɣɾupa'θjon] *f* group.

agrupar [aɣɾu'par] *vt* to group.

agua [ˈaɣwa] *f (liquido)* water; *(lluvia)* rain; ~ **de colonia** eau de cologne; ~ **corriente** running water; ~ **mineral** mineral water; ~ **mineral con/sin gas** sparkling/still mineral

water; ~ **oxigenada** hydrogen peroxide; ~ **potable** drinking water; ~ **tónica** tonic water. ❑ **aguas** *fpl (mar)* waters.

aguacate [aɣwa'kate] *m* avocado.

aguacero [aɣwa'θero] *m* shower.

aguafiestas [aɣwa'fjestas] *m inv* wet blanket, party pooper *Am.*

aguamiel [aɣwa'mjel] *f Amér drink of water and cane sugar.*

aguanieve [aɣwa'njeβe] *f* sleet.

aguantar [aɣwan'tar] *vt (sostener)* to support; *(soportar)* to bear; *(suj: ropa, zapatos)* to last for; **no lo aguanto** I can't stand it. ❑ **aguantarse** *vpr (risa, llanto)* to hold back; *(resignarse)* to put up with it.

aguardar [aɣwar'ðar] *vt* to wait for. ◆ *vi* to wait.

aguardiente [aɣwar'ðjente] *m* liquor.

aguarrás [aɣwa'ras] *m* turpentine.

agudeza [aɣu'ðeθa] *f (de ingenio)* sharpness.

agudo, da [a'ɣuðo, ða] *adj (persona, dolor)* sharp; *(sonido)* high; *(ángulo)* acute; *(palabra)* oxytone.

águila [ˈaɣila] *f* eagle.

aguinaldo [aɣiˈnaldo] *m* Christmas bonus.

aguja [a'ɣuxa] *f (de coser)* needle; *(de reloj)* hand; *(de pelo)* hairpin; ~ **hipodérmica** hypodermic needle.

agujerear [aɣuxere'ar] *vt* to make holes in.

agujero [aɣu'xero] *m* hole.

agujetas [aɣu'xetas] *fpl:* **tener** ~ to feel stiff *(after running).*

ahí [a'i] *adv* there; **por** ~ *(en un lugar indeterminado)* somewhere or other; *(fuera)* out; *(aproximadamente)* something like that; **de** ~ **que** that's why.

ahijado, da [ai'xaðo, ða] *m, f (de un padrino)* godson *(f* goddaughter*)*;

adopción) adopted son (*f* adopted daughter).

ahogado, da [ao'yaðo, ða] *adj* (*sin respiración*) breathless. ◆ *m, f* drowned man (*f* drowned woman).

ahogarse [ao'varse] *vpr* (*en el agua*) to drown; (*jadear*) to be short of breath; (*por calor, gas, presión*) to suffocate.

ahora [a'ora] *adv* now; **por ~** for the time being; **~ bien** however; **~ mismo** right now.

ahorcar [aor'kar] *vt* to hang. ❑ **ahorcarse** *vpr* to hang o.s.

ahorita [ao'rita] *adv* Andes, CAm, Carib & Méx right now.

ahorrar [ao'rar] *vt* to save.

ahorro [a'oro] *m* saving. ❑ **ahorros** *mpl* (*dinero*) savings.

ahuecar [awe'kar] *vt* (*vaciar*) to hollow out; (*pelo, colchón, almohada*) to fluff up.

ahumado, da [aʊ'maðo, ða] *adj* smoked.

airbag® [ˈaiɾβaɣ] *m* airbag®.

aire [ˈaire] *m* air; (*viento*) wind; (*gracia, garbo*) grace; (*parecido*) resemblance; **al ~** (*descubierto*) exposed; **al ~ libre** in the open air; **se da ~s de artista** *despec* he fancies himself as a bit of an artist; **estar/quedar en el ~** to be in the air; **hace ~** it's windy; **~ acondicionado** air conditioning.

airear [aire'ar] *vt* to air.

airoso, sa [ai'roso, sa] *adj* (*gracioso*) graceful; (*con éxito*) successful.

aislado, da [ajz'laðo, ða] *adj* isolated.

aislamiento [ajzla'mjento] *m* isolation.

aislante [ajz'lante] *adj* insulating.

aislar [ajz'lar] *vt* (*persona, animal*) to isolate; (*local*) to insulate. ❑ **aislarse** *vpr* to cut o.s. off.

ajedrez [axe'ðreθ] *m* chess.

ajeno, na [a'xeno, na] *adj*: **eso es ~ a mi trabajo** that's not part of my job; **~** (*sin saber*) unaware of; (*sin intervenir*) not involved in.

ajetreo [axe'treo] *m* bustle.

ají [a'xi] *m* Andes, RP & Ven (*pimiento picante*) chilli; **ponerse como un ~** *fam* (*ruborizarse*) to go red.

ajiaco [a'xjako] *m* Amér chilli, meat and vegetable stew.

ajillo [a'xiʎo] *m*: **al ~** in a garlic and chilli sauce.

ajo [ˈaxo] *m* garlic; **estar en el ~** to be in on it.

ajuar [a'xwar] *m* trousseau.

ajustado, da [axus'taðo, ða] *adj* (*cantidad, precio*) reasonable; (*ropa*) tight-fitting.

ajustar [axus'tar] *vt* (*adaptar*) to adjust; (*puerta, ventana*) to push to; (*precios, condiciones, etc*) to agree. ❑ **ajustarse a** *v + prep* (*condiciones*) to comply with; (*circunstancias*) to adjust to.

al [al] → **a, el**.

ala [ˈala] *f* wing; (*de sombrero*) brim.

alabanza [ala'βanθa] *f* praise.

alabar [ala'βar] *vt* to praise.

alabastro [ala'βastro] *m* alabaster.

alacena [ala'θena] *f* recess for storing food.

alambrar [alam'brar] *vt* to fence with wire.

alambre [a'lambre] *m* (*de metal*) wire; Amér (*brocheta*) shish kebab.

alameda [ala'meða] *f* (*paseo*) tree-lined avenue.

álamo [ˈalamo] *m* poplar.

alardear [alarðe'ar] ◆ **alardear de** *v + prep* to show off about.

alargar [alar'yar] *vt* (*falda, pantalón, etc*) to lengthen; (*situación*) to extend; *(acercar)* to pass. □ **alargarse** *vpr (en una explicación)* to speak at length.

alarma [a'larma] *f* alarm; **dar la (voz de)** ~ to raise the alarm.

alarmante [alar'mante] *adj* alarming.

alarmar [alar'mar] *vt* to alarm. □ **alarmarse** *vpr* to be alarmed.

alba ['alβa] *f* dawn.

albañil [alβa'ɲil] *m* bricklayer *Br*, construction worker *Am*.

albarán [alβa'ran] *m* delivery note.

albaricoque [alβari'koke] *m* apricot.

albatros [al'βatros] *m inv* albatross.

albedrío [alβe'ðrio] *m*: **elija el postre a su** ~ choose a dessert of your choice.

alberca [al'βerka] *f Méx* swimming pool.

albergar [alβer'var] *vt (personas)* to put up; *(odio)* to harbour; *(esperanza)* to cherish. □ **albergarse** *vpr* to stay.

albergue [al'βerve] *m (refugio)* shelter; ~ **juvenil** youth hostel.

albóndiga [al'βondiya] *f* meatball; ~ **s a la jardinera** *meatballs in a tomato sauce with peas and carrots*.

albornoz [alβor'noθ] *(pl* **-ces** [θes]*) m* bathrobe.

alborotado, da [alβoro'taðo, ða] *adj (persona)* rash; *(cabello)* ruffled.

alborotar [alβoro'tar] *vt* to stir up. ◆ *vi* to be rowdy. □ **alborotarse** *vpr* to get worked up.

alboroto [alβo'roto] *m (jaleo)* fuss.

albufera [alβu'fera] *f* lagoon.

álbum ['alβum] *m* album; ~ **familiar** family album; ~ **de fotos** photo album.

alcachofa [alka'tʃofa] *f (planta)* artichoke; *(de ducha)* shower head.

alcalde, desa [al'kalde, 'desa] *m, f* mayor.

alcaldía [alkal'dia] *f (cargo)* mayoralty.

alcance [al'kanθe] *m (de misil)* range; *(repercusión)* extent; **a su** ~ within your reach; **dar** ~ to catch up; **fuera del** ~ **de** out of reach of.

alcanfor [alkan'for] *m* camphor.

alcantarilla [alkanta'riʎa] *f (cloaca)* sewer; *(boca)* drain.

alcanzar [alkan'θar] *vt (autobús, tren)* to manage to catch; *(persona)* to catch up with; *(meta, cima, dimensiones)* to reach; *(suj: disparo)* to hit; ~ **a** *(lograr)* to be able to; ~ **algo a alguien** to pass sthg to sb. □ **alcanzar para** *v* + *prep (ser suficiente para)* to be enough for.

alcaparra [alka'para] *f* caper.

alcayata [alka'jata] *f* hook.

alcázar [al'kaθar] *m* fortress.

alcoba [al'koβa] *f* bedroom.

alcohol [alko'ol] *m* alcohol; **sin** ~ alcohol-free.

alcohólico, ca [alko'oliko, ka] *adj & m, f* alcoholic.

alcoholismo [alkoo'lizmo] *m* alcoholism.

alcoholizarse [alkooli'θarse] *vpr* to become an alcoholic.

alcornoque [alkor'noke] *m* cork oak.

aldea [al'dea] *f* small village.

aldeano, na [alde'ano, na] *m, f* villager.

alebrestarse [aleβres'tarse] *vpr Col, Méx & Ven (ponerse nervioso)* to get worked up; *(enojarse)* to get annoyed.

alegrar [ale'vrar] *vt (persona)* to cheer up; *(fiesta)* to liven up. □ **ale-**

grarse *vpr* to be pleased; **~se de** to be pleased about; **~se por** to be pleased for.

alegre [a'leɣre] *adj* happy; *(local)* lively; *(color)* bright; *fam (borracho)* tipsy; *(decisión, actitud)* reckless.

alegremente [a.leɣre'mente] *adv (con alegría)* happily; *(sin pensar)* recklessly.

alegría [ale'ɣria] *f* happiness.

alejar [ale'xar] *vt* to move away. ❑ **alejarse** *vpr*: **~se de** to move away from.

alemán, ana [ale'man, ana] *adj, m, f* German.

Alemania [ale'manja] Germany.

alergia [a'lerxja] *f* allergy; **tener ~ a** to be allergic to.

alérgico, ca [a'lerxiko, ka] *adj* allergic; **ser ~ a** to be allergic to.

alero [a'lero] *m (de tejado)* eaves *(pl)*.

alerta [a'lerta] *adv & f* alert. ◆ *interj* watch out!; **estar ~ en** to be on the lookout; **~ roja** red alert.

aleta [a'leta] *f (de pez)* fin; *(de automóvil)* wing *Br*, fender *Am*; *(de nariz)* flared part. ❑ **aletas** *fpl (para nadar)* flippers.

alevín [ale'βin] *m (de pez)* fry; *(en deportes)* beginner.

alfabético, ca [alfa'βetiko, ka] *adj* alphabetical.

alfabetización [alfaβetiθa'θjon] *f (de personas)* literacy.

alfabetizar [alfaβeti'θar] *vt (personas)* to teach to read and write; *(palabras, letras)* to put into alphabetical order.

alfabeto [alfa'βeto] *m* alphabet.

alfarero, ra [alfa'rero, ra] *m, f* potter.

alférez [al'fereθ] *(pl* **-ces** [θes]*) m* ≃ second lieutenant.

alfil [al'fil] *m* bishop *(in chess)*.

alfiler [alfi'ler] *m (aguja)* pin; *(joya)* brooch; **de gancho** *Andes, RP & Ven* safety pin.

alfombra [al'fombra] *f (grande)* carpet; *(pequeña)* rug.

alfombrilla [alfom'briʎa] *f (de coche)* mat; *(felpudo)* doormat; *(de baño)* bathmat.

alga ['alɣa] *f* seaweed.

álgebra ['alxeβra] *f* algebra.

algo ['alɣo] *pron (alguna cosa)* something; *(en interrogativas)* anything. ◆ *adv (un poco)* rather; **~ de** a little; **¿~ más?** is that everything?; **por ~** for some reason.

algodón [alɣo'ðon] *m* cotton; **de ~** cotton; **~ hidrófilo** cotton wool.

alguien ['alβjen] *pron (alguna persona)* someone, somebody; *(en interrogativas)* anyone, anybody.

algún [al'ɣun] ➤ **alguno**.

alguno, na [al'ɣuno, na] *adj (indeterminado)* some; *(en interrogativas, negativas)* any. ◆ *pron (alguien)* somebody, some people *(pl)*; *(en interrogativas)* anyone, anybody; **no hay mejora alguna** there's no improvement.

alhaja [a'laxa] *f (joya)* jewel; *(objeto)* treasure.

aliado, da [ali'aðo, ða] *adj* allied.

alianza [a'ljanθa] *f (pacto)* alliance; *(anillo de boda)* wedding ring; **~ matrimonial** marriage.

aliarse [a'ljarse] ◆ **aliarse con** *v* + *prep* to ally o.s. with.

alicates [ali'kates] *mpl* pliers.

aliciente [ali'θjente] *m* incentive.

aliento [a'ljento] *m (respiración)* breath; **quedarse sin ~** to be out of breath; **tener mal ~** to have bad breath.

aligerar [alixe'rar] *vt (peso)* to lighten; *(paso)* to quicken.

alijo [a'lixo] *m* contraband.

alimentación [alimenta'θjon] *f (acción)* feeding; *(régimen alimenticio)* diet.

alimentar [alimen'tar] *vt (persona, animal)* to feed; *(máquina, motor)* to fuel. ◆ *vi (nutrir)* to be nourishing. ❑ **alimentarse de** *v + prep* to live on.

alimenticio, cia [alimen'tiθjo, θja] *adj* nourishing.

alimento [ali'mento] *m* food.

alinear [aline'ar] *vt* to line up. ❑ **alinearse** *vpr DER* to line up.

aliñar [ali'ɲar] *vt (carne)* to season; *(ensalada)* to dress.

aliño [a'liɲo] *m (para carne)* seasoning; *(para ensalada)* dressing.

alioli [ali'oli] *m* garlic mayonnaise.

aliviar [ali'βjar] *vt (dolor, enfermedad)* to alleviate; *(trabajo, carga, peso)* to lighten.

alivio [a'liβjo] *m* relief.

allá [a'ʎa] *adv (de espacio)* over there; *(de tiempo)* back (then); ~ **él** that's his problem; **más** ~ further on; **más** ~ **de** beyond.

allí [a'ʎi] *adv (de lugar)* there; ~ **mismo** right there.

alma [alma] *f* soul.

almacén [alma'θen] *m (para guardar)* warehouse; *(al por mayor)* wholesaler. ❑ **almacenes** *mpl (comercio grande)* department store *(sg).*

almacenar [almaθe'nar] *vt (guardar)* to store; *(acumular)* to collect.

almanaque [alma'nake] *m* almanac.

almejas [al'mexas] *fpl* clams.

almendra [al'mendra] *f* almond.

almendrado [almen'draðo] *m* round almond paste sweet.

almendro [al'mendro] *m* almond tree.

almíbar [al'miβar] *m* syrup; **en** ~ in syrup.

almidón [almi'ðon] *m* starch.

almidonado, da [almiðo'naðo, ða] *adj* starched.

almidonar [almiðo'nar] *vt* to starch.

almirante [almi'rante] *m* admiral.

almohada [almo'aða] *f (para dormir)* pillow; *(para sentarse)* cushion.

almohadilla [almoa'ðiʎa] *f* small cushion.

almorranas [almo'ranas] *fpl* piles.

almorzar [almor'θar] *vt (al mediodía)* to have for lunch; *(a media mañana)* to have a mid-morning snack. ◆ *vi (al mediodía)* to have lunch; *(a media mañana)* to have for a mid-morning snack.

almuerzo [al'mwerθo] *m (al mediodía)* lunch; *(a media mañana)* mid-morning snack.

aló [a'lo] *interj Andes, CAm & Carib* hello! *(on the telephone).*

alocado, da [alo'kaðo, ða] *adj* crazy.

alojamiento [aloxa'mjento] *m* accommodation.

alojar [alo'xar] *vt* to put up. ❑ **alojarse** *vpr (hospedarse)* to stay.

alondra [a'londra] *f* lark.

alpargata [alpar'vata] *f* espadrille.

alpinismo [alpi'nizmo] *m* mountaineering *Br*, mountain climbing *Am.*

alpinista [alpi'nista] *mf* mountaineer *Br*, mountain climber *Am.*

alpino, na [al'pino, na] *adj* Alpine.

alpiste [al'piste] *m* birdseed.

alquilar [alki'lar] *vt (casa, apartamento, oficina)* to rent; *(coche, TV, bicicleta)* to hire *Br*, to rent *Am*; '**se alquila**' 'to let'.

alquiler [alki'ler] *m (de casa, apartamento, oficina)* renting *Br*, rental *Am*;

(de coche, TV, bicicleta) hiring Br, rental Am; *(precio de casa, etc)* rent; *(precio de TV)* rental; *(precio de coche, etc)* hire charge Br, rental rate Am; **de ~ *(coche)*** hire *(antes de s)*; *(casa, apartamento)* rented; **~ de coches** car hire.

alquitrán [alki'tran] *m* tar.

alrededor [alreðe'ðor] *adv:* **~ (de)** *(en torno a)* around; **~ de** *(aproximadamente)* about. □ **alrededores** *mpl:* **los ~es** the surrounding area *(sg)*.

alta ['alta] *f (de enfermedad)* (certificate of) discharge; *(en una asociación)* admission; **dar de ~** to discharge.

altar [al'tar] *m* altar.

altavoz [alta'βoθ] *(pl* **-ces** [θes]*) m (para anuncios)* loudspeaker; *(de tocadiscos)* speaker.

alteración [altera'θjon] *f (cambio)* alteration; *(trastorno)* agitation.

alterado, da [alte'raðo, ða] *adj (trastornado)* agitated.

alterar [alte'rar] *vt (cambiar)* to alter; *(trastornar, excitar)* to agitate. □ **alterarse** *vpr (excitarse)* to get agitated.

altercado [alter'kaðo] *m* argument.

alternar [alter'nar] *vt:* **~ algo con algo** to alternate sthg with sthg. □ **alternar con** *v + prep (relacionarse con)* to mix with.

alternativa [alterna'tiβa] *f* alternative.

alterno, na [al'terno, na] *adj* alternate.

Alteza [al'teθa] *f:* **su ~** His/Her Highness.

altibajos [alti'βaxos] *mpl (de comportamiento, humor)* ups and downs; *(de terreno)* unevenness *(sg)*.

altillo [al'tiʎo] *m (de vivienda)* mezzanine; *(de armario)* small cupboard to use up the space near the ceiling.

altitud [alti'tuð] *f (altura)* height; *(sobre el nivel del mar)* altitude.

altivo, va [al'tiβo, βa] *adj* haughty.

alto, ta ['alto, ta] *adj* high; *(persona, edificio, árbol)* tall. ◆ *m (interrupción)* stop; *(lugar elevado)* height. ◆ *adv (hablar)* loud; *(encontrarse, volar)* high. ◆ *interj* halt!; **a altas horas de la noche** in the small hours; **en lo ~ de** at the top of; **mide dos metros de ~** *(cosa)* it's two metres high; *(persona)* he's two metres tall.

altoparlante [ˌaltopar'lante] *m* Amér loudspeaker.

altruismo [altru'izmo] *m* altruism.

altruista [altru'ista] *adj* altruistic.

altura [al'tura] *f (medida)* height; *(elevación)* altitude; **tiene dos metros de ~** *(cosa)* it's two metres high; *(persona)* he's two metres tall; **estar a la ~ de** to match up to. □ **alturas** *fpl:* **me dan miedo las ~s** I'm scared of heights; **a estas ~s** now.

alubias [a'luβjas] *fpl* beans.

alucinación [aluθina'θjon] *f* hallucination.

alucinar [aluθi'nar] *vi* to hallucinate.

alud [a'luð] *m* avalanche.

aludido, da [alu'ðiðo, ða] *adj:* **darse por ~** *(ofenderse)* to take it personally.

aludir [alu'ðir] ◆ **aludir a** *v + prep* to refer to.

alumbrado [alum'braðo] *m* lighting.

alumbrar [alum'brar] *vt (iluminar)* to light up. ◆ *vi (parir)* to give birth.

aluminio [alu'minjo] *m* aluminium.

alumno, na [a'lumno, na] *m, f (de escuela)* pupil Br, student Am; *(de universidad)* student.

alusión [alu'sjon] *f* reference; **hacer ~ a** to refer to.

alza [ˈalθa] f rise; **en ~** *(que sube)* rising.

alzar [alˈθar] vt to raise. □ **alzarse** vpr *(levantarse)* to rise; *(sublevarse)* to rise up.

a.m. [aˈeme] *(abrev de ante meridiem)* a.m.

amabilidad [amaβiliˈðað] f kindness.

amable [aˈmaβle] adj kind.

amablemente [a͜maβleˈmente] adv kindly.

amaestrado, da [amaesˈtraðo, ða] adj performing.

amaestrar [amaesˈtrar] vt to train.

amamantar [amamanˈtar] vt *(animal)* to suckle; *(bebé)* to breastfeed, to nurse Am.

amanecer [amaneˈθer] m dawn. ◆ vi *(en un lugar)* to wake up. ◆ v impers: **amaneció a las siete** dawn broke at seven.

amanerado, da [amaneˈraðo, ða] adj affected.

amansar [amanˈsar] vt *(animal)* to tame; *(persona)* to calm down.

amante [aˈmante] mf *(querido)* lover; **ser ~ de** *(aficionado)* to be keen on.

amapola [amaˈpola] f poppy.

amar [aˈmar] vt to love.

amargado, da [amarˈɣaðo, ða] adj bitter.

amargar [amarˈɣar] vt to make bitter. ◆ vi to taste bitter. □ **amargarse** vpr *(alimento, bebida)* to go sour; *(persona)* to become embittered.

amargo, ga [aˈmarɣo, ɣa] adj bitter.

amarillear [amariʎeˈar] vi to turn yellow.

amarillo, lla [amaˈriʎo, ʎa] adj & m yellow.

amarilloso, sa [amariˈʎoso, sa] adj Col, Méx, Ven yellowish.

amarrar [amaˈrar] vt *(embarcación)* to moor; Amér *(zapatos)* to tie, to lace.

amarre [aˈmare] m mooring.

amasar [amaˈsar] vt *(pan)* to knead; *(fortuna)* to amass.

amateur [amaˈter] adj & mf amateur.

amazona [amaˈθona] f horsewoman.

Amazonas [amaˈθonas] m: **el ~** the Amazon.

amazónico, ca [amaˈθoniko, ka] adj Amazonian.

ámbar [ˈambar] m amber.

ambición [ambiˈθjon] f ambition.

ambicioso, sa [ambiˈθjoso, sa] adj ambitious.

ambientador [ambjentaˈðor] m air freshener.

ambiental [ambjenˈtal] adj *(ecológico)* environmental.

ambiente [amˈbjente] m *(aire)* air; *(medio social, personal)* circles *(pl)*; *(animación)* atmosphere; CSur *(habitación)* room.

ambigüedad [ambiɣweˈðað] f ambiguity.

ambiguo, gua [amˈbiɣwo, ɣwa] adj ambiguous.

ámbito [ˈambito] m confines *(pl)*.

ambos, bas [ˈambos, bas] adj pl both. ◆ pron pl both (of them).

ambulancia [ambuˈlanθja] f ambulance.

ambulante [ambuˈlante] adj travelling.

ambulatorio [ambulaˈtorjo] m ≃ out-patient clinic.

amén [aˈmen] adv amen; **decir ~ (a todo)** to agree (with everything) unquestioningly.

amenaza [ameˈnaθa] f threat; **~ de bomba** bomb scare.

amenazar [amena'θar] *vt* to threaten. ◆ *v impers*: **amenaza lluvia** it's threatening to rain; **~ a alguien (con o de)** to threaten sb (with).

amenizar [ameni'θar] *vt* to liven up.

ameno, na [a'meno, na] *adj* entertaining.

América [a'merika] America.

americana [ameri'kana] *f* jacket.

americanismo [amerika'nizmo] *m* Latin Americanism.

americano, na [ameri'kano, na] *adj & m, f* American. ◆ *m (lengua)* Latin American Spanish.

ametralladora [ametraʎa'ðora] *f* machine gun.

ametrallar [ametra'ʎar] *vt* to machinegun.

amígdalas [a'miɣðalas] *fpl* tonsils.

amigo, ga [a'miɣo, ɣa] *m, f* friend; **ser ~ s** to be friends.

amistad [amis'tað] *f* friendship. □ **amistades** *fpl* friends.

amnesia [am'nesja] *f* amnesia.

amnistía [amnis'tia] *f* amnesty.

amo, ama ['amo, ma] *m, f (dueño)* owner; **ama de casa** housewife; **ama de llaves** housekeeper.

amodorrado, da [amoðo'raðo, ða] *adj* drowsy.

amoníaco [amo'niako] *m* ammonia.

amontonar [amonto'nar] *vt* to pile up. □ **amontonarse** *vpr (problemas, deudas)* to pile up.

amor [a'mor] *m* love; **hacer el ~** to make love; **~ propio** pride. □ **amores** *mpl* love affair *(sg)*.

amordazar [amorða'θar] *vt (persona)* to gag; *(animal)* to muzzle.

amoroso, sa [amo'roso, sa] *adj* loving.

amortiguador [amortiɣwa'ðor] *m* shock absorber.

amortiguar [amorti'ɣwar] *vt (golpe)* to cushion; *(ruido)* to muffle.

amparar [ampa'rar] *vt* to protect. □ **ampararse en** *v + prep* to have recourse to.

amparo [am'paro] *m* protection; **al ~ de** under the protection of.

ampliación [amplja'θjon] *f (de local)* extension; *(de capital, negocio)* expansion; *(de fotografía)* enlargement.

ampliar [ampli'ar] *vt (estudios, conocimientos)* to broaden; *(local)* to add an extension to; *(capital, negocio)* to expand; *(fotografía)* to enlarge.

amplificador [amplifika'ðor] *m* amplifier.

amplio, plia ['amplio, plja] *adj (avenida, calle)* wide; *(habitación, coche)* spacious; *(extenso, vasto)* extensive.

amplitud [ampli'tuð] *f (de avenida, calle)* width; *(de habitación, coche)* spaciousness; *(extensión)* extent.

ampolla [am'poʎa] *f (en la piel)* blister; *(botella)* phial *Br*, vial *Am*.

amueblado, da [amɥe'βlaðo, ða] *adj* furnished.

amueblar [amɥe'βlar] *vt* to furnish.

amuermarse [amɥer'marse] *vpr fam* to get bored.

amuleto [amu'leto] *m* amulet.

amurallar [amura'ʎar] *vt* to build a wall around.

analfabetismo [analfaβe'tizmo] *m* illiteracy.

analfabeto, ta [analfa'βeto, ta] *adj & m, f* illiterate.

analgésico [anal'xesiko] *m* analgesic.

análisis [a'nalisis] *m inv (de problema, situación)* analysis; *(de frase)* parsing; **~ (de sangre)** blood test.

analítico, ca [ana'litiko, ka] *adj* analytical.

analizar [anali'θar] vt (problema, situación) to analyse; (frase) to parse.

analogía [analo'xia] f similarity.

análogo, ga [a'nalovo, ya] adj similar.

ananás [ana'nas] m inv RP pineapple.

anaranjado, da [anaran'xaðo, ða] adj orange.

anarquía [anar'kia] f (en política) anarchism; (desorden) anarchy.

anárquico, ca [a'narkiko, ka] adj anarchic.

anarquista [anar'kista] adj anarchist.

anatomía [anato'mia] f anatomy.

anatómico, ca [ana'tomiko, ka] adj anatomical.

anca ['anka] f haunch.

ancho, cha ['antʃo, tʃa] adj wide. ◆ m width; **tener dos metros de ~** to be two metres wide; **a sus anchas** at ease; **quedarse tan ~** not to bat an eyelid; **venir ~** (prenda de vestir) to be too big.

anchoa [an'tʃoa] f anchovy.

anchura [an'tʃura] f width.

anciano, na [an'θjano, na] adj old. ◆ m, f old man (old woman).

ancla ['ankla] f anchor.

andaluz, za [anda'luθ, θa] adj & m, f Andalusian.

andamio [an'damjo] m scaffold.

☞

andar [an'dar] vi -1. (caminar) to walk.

-2. (moverse) to move.

-3. (funcionar) to work; **el reloj no anda** the clock has stopped; **las cosas andan mal** things are going badly.

-4. (estar) to be; **anda atareado** he is busy; **creo que anda por ahí** I think she's around somewhere; **~ haciendo algo** to be doing sthg. ◆ vt (recorrer) to travel. ❑ **andar de** (de animal, persona) gait. ❑ **andar en** v + prep (ocuparse) to be involved in. ❑ **andar** v + prep: **anda por los cuarenta** he's about forty. ❑ **andarse con** v + prep: **~ se con cuidado** to be careful. ❑ **andares** mpl (actitud) gait: gait.

ándele ['andele] interj Amér (vale) all right; (venga) come on!

andén [an'den] m platform Br, track Am.

Andes ['andes] mpl: **los ~** the Andes.

andinismo [andi'nizmo] m Amér mountaineering Br, mountain climbing Am.

andinista [andi'nista] mf Amér mountaineer Br, mountain climber Am.

andino, na [an'dino, na] adj Andean.

anécdota [a'neðota] f anecdote.

anecdótico, ca [aneð'ðotiko, ka] adj incidental.

anemia [a'nemja] f anaemia.

anémico, ca [a'nemiko, ka] adj anaemic.

anémona [a'nemona] f anemone.

anestesia [anes'tesja] f anaesthesia.

anestesista [aneste'sista] mf anaesthetist.

anexo, xa [a'nekso, sa] adj (accesorio) attached. ◆ m annexe.

anfetamina [anfeta'mina] f amphetamine.

anfibios [an'fiβjos] mpl amphibians.

anfiteatro [anfite'atro] m (de teatro) circle; (edificio) amphitheatre.

anfitrión, ona [anfi'trjon, ona] *m*, *f* host (*hostess*).

ángel [anxel] *m* angel.

angelical [anxeli'kal] *adj* angelic.

angina [an'xina] *f*: tener ~**s** to have a sore throat; ~ **de pecho** angina (pectoris).

anglosajón, ona [ˌanglosa'xon, ona] *adj & m*, *f* Anglo-Saxon.

anguila [an'gila] *f* eel.

angula [an'gula] *f* elver.

angular [angu'lar] *adj* angular.

ángulo [angulo] *m* angle.

angustia [an'gustja] *f* anxiety.

angustiado, da [angus'tjaðo, ða] *adj* distressed.

angustiarse [angus'tjarse] *vpr* to get worried.

angustioso, sa [angus'tjoso, sa] *adj* (*momentos*) anxious; (*noticia*) distressing.

anhelar [ane'lar] *vt* (*ambicionar*) to long for.

anhelo [an'elo] *m* longing.

anidar [ani'ðar] *vi* to nest.

anilla [a'niʎa] *f* ring. ◻ **anillas** *fpl* (*en gimnasia*) rings.

anillo [a'niʎo] *m* ring.

ánima [anima] *m o f* soul.

animación [anima'θjon] *f* (*alegría*) liveliness.

animado, da [ani'maðo, ða] *adj* (*divertido*) lively; ~ **a** (*predispuesto*) in the mood for.

animal [ani'mal] *m* animal. ◆ *adj* (*bruto, grosero*) rough; (*exagerado*) gross; ~ **de compañía** pet; ~ **doméstico** (*de granja*) domestic animal; (*de compañía*) pet.

animar [ani'mar] *vt* (*alegrar*) to cheer up; (*alentar*) to encourage. ◻ **animarse** *vpr* (*alegrarse*) to cheer

up; ~ **se a** (*decidirse a*) to finally decide to.

ánimo [animo] *m* (*humor*) mood; (*valor*) courage. ◆ *interj* come on!

aniñado, da [ani'ɲaðo, ða] *adj* childish.

aniquilar [aniki'lar] *vt* to annihilate.

anís [a'nis] *m* (*grano*) aniseed; (*licor*) anisette.

aniversario [aniβer'sarjo] *m* (*de acontecimiento*) anniversary; (*cumpleaños*) birthday.

ano [ano] *m* anus.

anoche [a'notʃe] *adv* last night.

anochecer [anotʃe'θer] *m* dusk. ◆ *v impers* to get dark; **al** ~ at dusk.

anomalía [anoma'lia] *f* anomaly.

anómalo, la [a'nomalo, la] *adj* anomalous.

anonimato [anoni'mato] *m* anonymity.

anónimo, ma [a'nonimo, ma] *adj* anonymous. ◆ *m* anonymous letter.

anorak [ano'rak] *m* anorak *Br*, parka *Am*.

anorexia [ano'reksja] *f* anorexia.

anotar [ano'tar] *vt* to note down.

ansia [ansja] *f* (*deseo, anhelo*) yearning; (*inquietud*) anxiety.

ansiedad [ansje'ðað] *f* (*inquietud*) anxiety.

ansioso, sa [an'sjoso, sa] *adj*: ~ **por** impatient for.

Antártico [an'tartiko] *m*: **el** ~ the Antarctic.

ante [ante] *prep* (*en presencia de*) before; (*frente a*) in the face of. ◆ *m* (*piel*) suede.

anteanoche [antea'notʃe] *adv* the night before last.

anteayer [antea'jer] *adv* the day before yesterday.

antebrazo [ante'βraθo] *m* forearm.

antecedentes [anteθe'ðentes] *mpl*: **tener ~ (penales)** to have a criminal record.

anteceder [anteθe'ðer] *vt* to precede.

antecesor, ra [anteθe'sor, ra] *m, f* predecessor.

antelación [antela'θjon] *f*: **con ~** in advance.

antemano [ante'mano] ♦ **de antemano** *adv* beforehand.

antena [an'tena] *f (de radio, TV)* aerial *Br*, antenna *Am*; *(de animal)* antenna; **~ parabólica** satellite dish.

anteojos [ante'oxos] *mpl Amér* glasses.

antepasados [antepa'saðos] *mpl* ancestors.

antepenúltimo, ma [antepe'nultimo, ma] *adj* second to last.

anterior [ante'rjor] *adj (en espacio)* front; *(en tiempo)* previous.

☞

antes ['antes] *adv* -1. *(en el tiempo)* before; **~ se vivía mejor** life used to be better; **¿quién llamó ~?** who rang earlier?; **mucho/poco ~** much/a bit earlier; **lo ~ posible** as soon as possible; **~ de hacerlo** before doing it; **llegó ~ de las nueve** she arrived before nine o'clock.
-2. *(en el espacio)* in front; **la farmacia está ~** the chemist's is in front; **~ de** o **que** in front of; **la zapatería está ~ del cruce** the shoe shop is before the crossroads.
-3. *(primero)* first; **yo la vi ~** I saw her first.
-4. *(en locuciones)*: **iría a la cárcel ~ que mentir** I'd rather go to prison than lie; **~ (de) que** *(prioridad en el tiempo)* before; **~ de nada** first of all.

♦ *adj* previous; **llegó el día ~** she arrived on the previous day.

antesala [ante'sala] *f* waiting room.

antiabortista [,antjaβor'tista] *mf* antiabortionist.

antiarrugas [antja'ruɣas] *m inv* anti-wrinkle cream.

antibiótico [anti'βjotiko] *m* antibiotic.

anticiclón [antiθi'klon] *m* anticyclone.

anticipado, da [antiθi'paðo, ða] *adj (prematuro)* early; *(pago)* advance.

anticipar [antiθi'par] *vt (noticias)* to tell in advance; *(pagos)* to pay in advance. ♦ **anticiparse** *vpr*: **~ a alguien** to beat sb to it.

anticipo [anti'θipo] *m (de dinero)* advance.

anticoncepción [,antikonθep-'θjon] *f* contraception.

anticonceptivo [,antikonθep-'tiβo] *m* contraceptive.

anticuado, da [anti'kwaðo, ða] *adj* old-fashioned.

anticuario [anti'kwarjo] *m* antique dealer.

anticuerpo [anti'kwerpo] *m* antibody.

antidepresivo [,antidepre'siβo] *m* antidepressant.

antier [an'tjer] *adv Amér fam* the day before yesterday.

antifaz [anti'faθ] *(pl* -ces [θes]*) m* mask.

antiguamente [an,tiɣwa'mente] *adv* formerly.

antigüedad [antiɣwe'ðað] *f (en el trabajo)* seniority; *(época)*: **en la ~ in** the past. ♦ **antigüedades** *fpl (muebles, objetos)* antiques.

antiguo, gua [an'tiɣwo, ɣwa] *adj*

(viejo) old; *(inmemorial)* ancient; *(pasado de moda)* old-fashioned; *(anterior)* former.

antihistamínico [ˌantiista'miniko] *m* antihistamine.

antiinflamatorio [ˌantiinflama'torjo] *m* anti-inflammatory drug.

antílope [an'tilope] *m* antelope.

antipatía [antipa'tia] *f* dislike.

antipático, ca [anti'patiko, ka] *adj* unpleasant.

antirrobo [anti'roβo] *adj* antitheft. ♦ *m (en coche)* antitheft device; *(en edificio)* burglar alarm.

antiséptico [anti'septiko] *m* antiseptic.

antitérmico [anti'termiko] *m* antipyretic.

antojitos [anto'xitos] *mpl Méx* Mexican dishes such as tacos served as snacks.

antojo [an'toxo] *m (capricho)* whim; **tener ~ de** to have a craving for.

antología [antolo'xia] *f* anthology.

antorcha [an'tortʃa] *f* torch.

antro ['antro] *m despec* dump.

anual [an'ual] *adj* annual.

anuario [an'uarjo] *m* yearbook.

anulado, da [anu'laðo, ða] *adj (espectáculo)* cancelled; *(tarjeta, billete, etc)* void; *(gol)* disallowed.

anular [anu'lar] *m* ring finger. ♦ *vt (espectáculo)* to cancel; *(partido)* to call off; *(tarjeta, billete)* to validate; *(gol)* to disallow; *(personalidad)* to repress.

anunciar [anun'θjar] *vt* to announce; *(en publicidad)* to advertise.

anuncio [a'nunθjo] *m (notificación)* announcement; *(en publicidad)* advert *Br*, commercial *Am*; *(presagio, señal)* sign.

anzuelo [an'θuelo] *m (fish)* hook.

añadidura [aɲaði'ðura] *f* addition; **por ~** what is more.

añadir [aɲa'ðir] *vt* to add.

añicos [a'ɲikos] *mpl*: **hacerse ~** to shatter.

año ['aɲo] *m* year; **hace ~s** years ago; **¿cuántos ~s tienes?** how old are you?; **tengo 17 ~s** I'm 17 (years old); **~ nuevo** New Year; **los ~s 50** the fifties.

añoranza [aɲo'ranθa] *f (del pasado)* nostalgia; *(del hogar)* homesickness.

añorar [aɲo'rar] *vt* to miss.

aorta [a'orta] *f* aorta.

apachurrar [apatʃu'rar] *vt Amér fam (achatar)* to squash.

apacible [apa'θiβle] *adj (persona, carácter)* gentle; *(lugar)* pleasant; *(tiempo)* mild.

apadrinar [apaðri'nar] *vt (en bautizo)* to act as godparent to; *(proteger, ayudar)* to sponsor.

apagado, da [apa'yaðo, ða] *adj (luz, fuego)* out; *(aparato)* off; *(persona, color)* subdued; *(sonido)* muffled.

apagar [apa'yar] *vt (luz, lámpara, televisión, etc)* to turn off; *(fuego)* to put out; *(fuerzas)* to sap. ❑ **apagarse** *vpr (morirse)* to pass away.

apagón [apa'yon] *m* power cut.

apaisado, da [apai'saðo, ða] *adj* oblong.

apalabrar [apala'βrar] *vt* to make a verbal agreement regarding.

apalancado, da [apalan'kaðo, ða] *adj* comfortably installed.

apañado, da [apa'ɲaðo, ða] *adj* clever.

apañarse [apa'ɲarse] *vpr* to manage; **apañárselas** to manage.

apapachado, da [apapa'tʃaðo, ða] *adj Amér* pampered.

apapachar [apapa'tʃar] *vt Méx* to stroke fawningly.

aparador [apara'ðor] *m* sideboard.

aparato [apa'rato] *m (máquina)*

machine; (de radio, televisión) set; (dispositivo) device; (electrodoméstico) appliance; (avión) plane; (digestivo, circulatorio, etc) system; (ostentación) ostentation.

aparcamiento [aparka'mjento] m (lugar) car park Br, parking lot Am; (hueco) parking place; (de un vehículo) parking; '~ público' 'car park'.

aparcar [apar'kar] vt (vehículo) to park; (problema, decisión, etc) to leave to one side; 'no ~' 'no parking'.

aparecer [apare'θer] vi (de forma repentina) to appear; (lo perdido) to turn up; (publicación) to come out.

aparejador, ra [aparexa'ðor, ra] m, f quantity surveyor.

aparejar [apare'xar] vt (embarcación) to rig.

aparejo [apa'rexo] m (de embarcación) rigging.

aparentar [aparen'tar] vt (fingir) to feign; (edad) to look.

aparente [apa'rente] adj (fingido) apparent; (vistoso) showy.

aparición [apari'θjon] f appearance; (de lo sobrenatural) apparition.

apariencia [apa'rjenθja] f appearance; en ~ outwardly; guardar las ~s to keep up appearances.

apartado, da [apar'taðo, ða] adj (lejano) remote; (separado) separated. ◆ m paragraph; ~ de correos P.O. Box.

apartamento [aparta'mento] m apartment; '~s de alquiler' 'apartments (to let)'.

apartar [apar'tar] vt (separar) to separate; (quitar) to remove; (quitar de en medio) to move out of the way; (disuadir) to dissuade. ☐ apartarse vpr (retirarse) to move out of the way; ~se de (alejarse de) to move away from.

aparte [a'parte] adv (en otro lugar) to one side; (separadamente) separately; (además) besides. ◆ adj (privado) private; (diferente) separate; ~ de (además de) besides; (excepto) apart from.

aparthotel [aparto'tel] m holiday Br ☐ vacation Am apartments (pl).

apasionado, da [apasjo'naðo, ða] adj passionate; ~ por (aficionado) mad about.

apasionante [apasjo'nante] adj fascinating.

apasionar [apasjo'nar] vi: le apasiona el teatro he loves the theatre. ☐ **apasionarse** vpr (excitarse) to get excited. ☐ **apasionarse por** v + prep (ser aficionado a) to love.

apdo. (abrev de apartado) P.O. Box.

apechugar [apetʃu'ar] vi: ~ con fam to put up with.

apego [a'pexo] m: tener ~ a to be fond of.

apellidarse [apeʎi'ðarse] vpr: se apellida Gómez her surname is Gómez.

apellido [ape'ʎiðo] m surname.

apenado, da [ape'naðo, ða] adj Andes, CAm, Carib, Col & Méx embarrassed.

apenar [ape'nar] vt to sadden. ☐ **apenarse** vpr Andes, CAm, Carib, Col & Méx (sentir vergüenza) to be embarrassed.

apenas [a'penas] adv hardly; (escasamente) only; (tan pronto como) as soon as.

apéndice [a'pendiθe] m appendix.

apendicitis [apendi'θitis] f inv appendicitis.

aperitivo [aperi'tiβo] m (bebida) aperitif; (comida) appetizer.

apertura [aper'tura] f (inauguración) opening.

apestar [apes'tar] vi to stink.

apetecer [apete'θer] vi: ¿te apetece un café? do you fancy a coffee?

apetecible [apete'θiβle] adj appetizing.

apetito [ape'tito] m appetite; **abrir el ~** to whet one's appetite; **tener ~** to feel hungry.

apetitoso, sa [apeti'toso, sa] adj appetizing.

apicultura [apikul'tura] f beekeeping.

apiñado, da [api'ɲaðo, ða] adj packed.

apiñarse [api'ɲarse] vpr to crowd together.

apio ['apjo] m celery.

apisonadora [apisona'ðora] f steamroller.

aplanadora [aplana'ðora] f Amér steamroller.

aplanar [apla'nar] vt to level.

aplastar [aplas'tar] vt (chafar) to flatten.

aplaudir [aplau'ðir] vt & vi to applaud.

aplauso [a'plauso] m round of applause; **~s** applause (sg).

aplazar [apla'θar] vt to postpone.

aplicación [aplika'θjon] f application.

aplicado, da [apli'kaðo, ða] adj (alumno, estudiante) diligent; (ciencia, estudio) applied.

aplicar [apli'kar] vt to apply. ❑ **aplicarse** vpr ~ **se en** to apply o.s. to.

aplique [a'plike] m wall lamp.

aplomo [a'plomo] m composure.

apoderarse [apoðe'rarse] ◆ **apoderarse de** v + prep to seize.

apodo [a'poðo] m nickname.

apogeo [apo'xeo] m height; **estar en su ~** to be at its height.

aportación [aporta'θjon] f contribution.

aportar [apor'tar] vt to contribute.

aposta [a'posta] adv on purpose.

apostar [apos'tar] vt & vi to bet. ❑ **apostar por** v + prep to bet on sb.

apóstol [a'postol] m apostle.

apóstrofo [a'postrofo] m apostrophe.

apoyar [apo'jar] vt (animar) to support; (fundamentar) to base; (respaldar) to lean. ❑ **apoyarse** vpr (arrimarse): ~ **se (en)** to lean (on).

apoyo [a'pojo] m support.

apreciable [apre'θjaβle] adj (perceptible) appreciable; (estimable) worthy.

apreciación [apreθja'θjon] f appreciation.

apreciado, da [apre'θjaðo, ða] adj (estimado) esteemed.

apreciar [apre'θjar] vt (sentir afecto por) to think highly of; (valorar) to appreciate; (percibir) to make out.

aprecio [a'preθjo] m esteem.

apremiar [apre'mjar] vt (dar prisa) to urge. ◆ vi (tiempo) to be short.

aprender [apren'der] vt to learn. ◆ vi: ~ **a** to learn to.

aprendiz [apren'diθ] (pl **-ces** [θes]) m apprentice.

aprendizaje [aprendi'θaxe] m (proceso) learning.

aprensión [apren'sjon] f (miedo) apprehension; (escrúpulo) squeamishness.

aprensivo, va [apren'siβo, βa] adj (miedoso) apprehensive; (escrupuloso) squeamish; (hipocondríaco) hypochondriac.

apresurado, da [apresuˈraðo, ða] *adj* hurried.

apresurarse [apresuˈrarse] *vpr* to hurry; **~ a** to hurry to.

apretado, da [apreˈtaðo, ða] *adj* (cinturón, ropa, etc) tight; (victoria, triunfo) narrow; (agenda) full.

apretar [apreˈtar] *vt* (presionar) to press; (gatillo) to pull; (ajustar) to tighten; (ceñir) to be too tight for; (con los brazos) to squeeze. ♦ *vi* (calor, hambre) to intensify. ❏ **apretarse** *vpr* (apiñarse) to crowd together; **~ el cinturón** to tighten one's belt.

apretujar [apretuˈxar] *vt fam* to squash. ❏ **apretujarse** *vpr* to squeeze together.

aprisa [aˈprisa] *adv* quickly.

aprobado [aproˈβaðo] *m* pass.

aprobar [aproˈβar] *vt* (asignatura, examen, ley) to pass; (actitud, comportamiento) to approve of.

apropiado, da [aproˈpjaðo, ða] *adj* suitable.

apropiarse [aproˈpjarse] ♦ **apropiarse de** *v + prep* (adueñarse de) to appropriate.

aprovechado, da [aproβeˈtʃaðo, ða] *adj* (tiempo) well-spent; (espacio) well-planned.

aprovechar [aproβeˈtʃar] *vt* (ocasión, oferta) to take advantage of; (tiempo, espacio) to make use of; (lo inservible) to put to good use. ♦ *vi*: **¡que aproveche!** enjoy your meal ❏ **aprovecharse de** *v + prep* to take advantage of.

aproximación [aproksimaˈθjon] *f* (acercamiento) approach; (en cálculo) approximation.

aproximadamente [aproksimaˌðaˈmente] *adv* approximately.

aproximar [aproksiˈmar] *vt* to move closer. ❏ **aproximarse** *vpr*: **~ se a** to come closer to.

apto, ta [ˈapto, ta] *adj*: **~ para** (capacitado) capable of; **~ para menores** suitable for children; **no ~ para menores** unsuitable for children.

apuesta [aˈpwesta] *f* bet.

apuesto, ta [aˈpwesto, ta] *adj* dashing.

apunarse [apuˈnarse] *vpr Andes* to get altitude sickness.

apuntador, ra [apuntaˈðor, ra] *m, f* prompter.

apuntar [apunˈtar] *vt* (escribir) to note down; (inscribir) to put down; (arma) to aim; (con el dedo) to point at. ❏ **apuntarse** *vpr* (inscribirse) to put one's name down. ❏ **apuntarse a** *v + prep* (participar en) to join in with.

apunte [aˈpunte] *m* (nota) note; (boceto) sketch. ❏ **apuntes** *mpl* notes; **tomar ~s** to take notes.

apuñalar [apuɲaˈlar] *vt* to stab.

apurar [apuˈrar] *vt* (agotar) to finish off; (preocupar) to trouble. ❏ **apurarse** *vpr* (darse prisa) to hurry; **~ se por** (preocuparse por) to worry about.

apuro [aˈpuro] *m* (dificultad) fix; (escasez económica) hardship; **me da ~ (hacerlo)** I'm embarrassed (to do it); **estar en ~s** to be in a tight spot.

aquel, aquella [aˈkel, aˈkeʎa] *adj* that.

aquél, aquélla [aˈkel, aˈkeʎa] *pron* (lejano en el espacio) that one; (lejano en el tiempo) that; **~ que** anyone who.

aquello [aˈkeʎo] *pron neutro* that; **~ de su mujer es mentira** all that about his wife is a lie.

aquí [aˈki] *adv* (en este lugar) here; (ahora) now; **~ arriba** up here; **~ dentro** in here.

árabe ['araβe] adj & mf Arab. ◆ m (lengua) Arabic.

arado [a'raðo] m plough.

arandela [aran'dela] f washer.

araña [a'raɲa] f spider.

arañar [ara'ɲar] vt to scratch.

arañazo [ara'ɲaθo] m scratch.

arar [a'rar] vt to plough.

arbitrar [arβi'trar] vt (partido) to referee; (discusión) to arbitrate.

árbitro [ar'βitro] m referee.

árbol [ar'βol] m tree; ~ de Navidad Christmas tree.

arbusto [ar'βusto] m bush.

arca ['arka] f (cofre) chest.

arcada [ar'kaða] f arcade. ❑ arcadas fpl (náuseas) retching (sg).

arcaico, ca [ar'kajko, ka] adj archaic.

arcángel [ar'kanxel] m archangel.

arcén [ar'θen] m (en carretera) verge; (de autopista) hard shoulder Br, shoulder Am.

archipiélago [artʃi'pjelaɣo] m archipelago.

archivador [artʃiβa'ðor] m filing cabinet.

archivar [artʃi'βar] vt to file.

archivo [ar'tʃiβo] m (lugar) archive; (documentos) archives (pl).

arcilla [ar'θiʎa] f clay.

arcilloso, sa [arθi'ʎoso, sa] adj clayey.

arco ['arko] m (de flechas) bow; (en arquitectura) arch; (en geometría) arc; Amér (en deporte) goal; ~ iris rainbow; ~ de triunfo triumphal arch.

arder [ar'ðer] vi to burn; está que arde fam he's fuming.

ardiente [ar'ðjente] adj (que arde) burning; (líquido) scalding; (apasionado) ardent.

ardilla [ar'ðiʎa] f squirrel.

área ['area] f area; '~ de descanso' 'rest area'; '~ de recreo' ≃ 'picnic area'.

arena [a'rena] f sand; ~s movedizas quicksand.

arenoso, sa [aren'oso, sa] adj sandy.

arenque [a'renke] m herring.

aretes [a'retes] mpl Col & Méx earrings.

Argentina [arxen'tina] Argentina.

argentino, na [arxen'tino, na] adj & m, f Argentinian.

argot [ar'ɣot] m (popular) slang; (técnico) jargon.

argumentar [arɣumen'tar] vt (alegar) to allege.

argumento [arɣu'mento] m (razón) reason; (de novela, película, etc) plot.

aria ['arja] f aria.

árido, da ['ariðo, ða] adj dry.

arista [a'rista] f edge.

aristocracia [aristo'kraθja] f aristocracy.

aristócrata [aris'tokrata] mf aristocrat.

aritmética [ariθ'metika] f arithmetic.

arlequín [arle'kin] m harlequin.

arma ['arma] f weapon; ser de ~s tomar (tener mal carácter) to be a nasty piece of work.

armada [ar'maða] f (fuerzas navales) navy.

armadillo [arma'ðiʎo] m armadillo.

armadura [arma'ðura] f (coraza) armour.

armamento [arma'mento] m (armas) arms (pl).

armar [ar'mar] vt (ejército) to arm; (pistola, fusil) to load; (mueble) to assemble; (tienda) to pitch; (alboroto, ruido) to make. ❑ **armarse** *vpr* to arm o.s. ❑ **armarse de** *v + prep* (*valor, paciencia*) to summon up.

armario [ar'marjo] *m* (*de cajones*) cupboard *Br*, dresser *Am*; (*ropero*) wardrobe; ~ **empotrado** fitted cupboard/wardrobe.

armazón [arma'θon] *f* (*de cama, tienda de campaña*) frame; (*de coche*) chassis.

armisticio [armis'tiθjo] *m* armistice.

armonía [armo'nia] *f* harmony.

armónica [ar'monika] *f* harmonica.

armonizar [armoni'θar] *vt* to match.

aro ['aro] *m* (*anilla*) ring; (*juguete*) hoop.

aroma [a'roma] *m* (*olor*) aroma; (*de vino*) bouquet; ~ **artificial** artificial flavouring.

arpa ['arpa] *f* harp.

arqueología [arkeolo'xia] *f* archeology.

arqueólogo, ga [arke'oloɣo, ɣa] *m, f* archeologist.

arquero [ar'kero] *m* *Amér* goalkeeper.

arquitecto, ta [arki'tekto, ta] *m, f* architect.

arquitectónico, ca [arkitek'toniko, ka] *adj* architectural.

arquitectura [arkitek'tura] *f* architecture.

arraigar [araj'ɣar] *vi* to take root.

arrancar [aran'kar] *vt* (*del suelo*) to pull up; (*motor*) to start; (*de las manos*) to snatch. ◆ *vi* (*iniciar la marcha*) to set off; (*vehículo*) to start up; ~ **de** to stem from.

arranque [a'ranke] *m* (*ímpetu*) drive; (*de ira, pasión*) fit.

arrastrar [aras'trar] *vt* (*por el suelo*)

to drag; (*convencer*) to win over. ❑ **arrastrarse** *vpr* (*reptar*) to crawl; (*humillarse*) to grovel.

arrastre [a'rastre] *m* dragging; **estar para el** ~ to have had it.

arrebatar [areβa'tar] *vt* to snatch.

arrebato [are'βato] *m* (*de ira, pasión*) outburst.

arreglar [are'ɣlar] *vt* (*ordenar*) to tidy up *Br*, to clean up *Am*; (*reparar*) to repair; (*casa*) to do up *Br*, to decorate. ❑ **arreglarse** *vpr* (*embellecerse*) to smarten up; (*solucionarse*) to sort itself out; **arreglárselas** to manage.

arreglo [a'reɣlo] *m* (*reparación*) repair; (*de ropa*) mending; (*acuerdo*) agreement.

arrendatario, ria [arenda'tarjo, rja] *m, f* tenant.

arreos [a'reos] *mpl* harness (*sg*).

arrepentirse [arepen'tirse] ◆ **arrepentirse de** *v + prep* to regret.

arrestar [ares'tar] *vt* to arrest.

arriba [a'riβa] *adv* (*de situación*) above; (*de dirección*) up; (*en edificio*) upstairs; **allí** ~ up there; **aquí** ~ up here; **más** ~ further up; **para** ~ upwards; **de** ~ (*piso*) upstairs; **de** ~ **abajo** (*detenidamente*) from top to bottom; (*con desdén*) up and down.

arriesgado, da [arjez'ɣaðo, ða] *adj* risky.

arriesgar [arjez'ɣar] *vt* to risk. ❑ **arriesgarse** *vpr*: ~ **a** to risk.

arrimar [ari'mar] *vt* to move closer; ~ **el hombro** to lend a hand. ❑ **arrimarse** *vpr*: ~ **se a** to move closer to.

arrodillarse [aroði'ʎarse] *vpr* to kneel down.

arrogancia [aro'ɣanθja] *f* arrogance.

arrogante [aro'ɣante] *adj* arrogant.

arrojar [aro'xar] vt *(lanzar)* to hurl; *(vomitar)* to throw up; ~ **a alguien de** *(echar)* to throw sb out of. ❏ **arrojarse** vpr *(al vacío)* to hurl o.s.; *(sobre una persona)* to leap.

arroyo [a'royo] m stream.

arroz [a'roθ] m rice; ~ **blanco** boiled rice; ~ **a la cazuela** *dish similar to paella, but cooked in a pot;* ~ **con leche** rice pudding; ~ **negro** *rice cooked with squid ink.*

arruga [a'ruya] f *(en piel)* wrinkle; *(en tejido)* crease.

arrugado, da [aru'yaðo, ða] adj *(piel)* wrinkled; *(tejido, papel)* creased.

arrugar [aru'yar] vt to crease. ❏ **arrugarse** vpr to get creased.

arruinar [arui'nar] vt to ruin. ❏ **arruinarse** vpr to be ruined.

arsénico [ar'seniko] m arsenic.

arte ['arte] m of art; **tener ~ para** to be good at; **con malas ~s** using trickery; **por ~ de magia** as if by magic. ❏ **artes** fpl arts.

artefacto [arte'fakto] m device.

arteria [ar'terja] f artery.

artesanal [artesa'nal] adj handmade.

artesanía [artesa'nia] f craftsmanship; ❏ ~ handmade.

artesano, na [arte'sano, na] m, f craftsman f craftswoman).

ártico [artiko] adj arctic. ❏ **Ártico** m: **el Ártico** the Arctic.

articulación [artikula'θjon] f joint; *(de sonidos)* articulation.

articulado, da [artiku'laðo, ða] adj articulated.

articular [artiku'lar] vt to articulate.

articulista [artiku'lista] mf journalist.

artículo [ar'tikulo] m article; *(producto)* product; ~**s de consumo** consumer goods; ~**s de lujo** luxury goods.

artificial [artifi'θjal] adj artificial.

artificio [artifi'θjo] m *(dispositivo)* device; *(habilidades)* trick.

artista [ar'tista] mf artist; *(de espectáculo)* artiste.

artístico, ca [ar'tistiko, ka] adj artistic.

arveja [ar'βexa] f Andes, CAm, Carib, Col & RP pea.

arzobispo [arθo'βispo] m archbishop.

as [as] m ace.

asa ['asa] f handle.

asado, da [a'saðo, ða] adj & m roast; **carne asada** *(al horno)* roast meat; *(a la parrilla)* grilled meat; **pimientos ~s** roast peppers.

asador [asa'ðor] m spit Br, rotisserie Am.

asalariado, da [asala'rjaðo, ða] adj salaried. ▸ m, f wage earner.

asaltar [asal'tar] vt *(robar)* to rob; *(agredir)* to attack.

asalto [a'salto] m *(a banco, tienda, persona)* robbery; *(en boxeo, judo, etc)* round.

asamblea [asam'blea] f *(de una asociación)* assembly; *(en política)* mass meeting.

asar [a'sar] vt *(al horno)* to roast; *(a la parrilla)* to grill. ❏ **asarse** vpr to be boiling hot.

ascendencia [asθen'denθja] f *(antepasados)* ancestors (pl).

ascendente [asθen'dente] adj ascending.

ascender [asθen'der] vt *(empleado)* to promote. ▸ vi *(subir)* to rise. ❏ **ascender a** v + prep *(suj: cantidad)* to come to.

ascendiente [asθen'djente] mf ancestor.

ascenso [as'θenso] *m* (de sueldo) rise (Br), raise (Am); (de posición) promotion.

ascensor [asθen'sor] *m* lift (Br), elevator (Am).

asco ['asko] *m* revulsion; **ser un ~** to be awful; **me da ~** I find it disgusting; **¡qué asco!** how disgusting!; **estar hecho un ~** *fam* to be filthy.

ascua ['askwa] *f* ember; **estar en ~s** to be on tenterhooks.

aseado, da [ase'aðo, ða] *adj* clean.

asear [ase'ar] *vt* to clean. ❑ **asearse** *vpr* to get washed and dressed.

asegurado, da [aseɣu'raðo, ða] *adj* insured. ◆ *m, f* policy-holder.

asegurar [aseɣu'rar] *vt* (coche, vivienda) to insure; (cuerda, nudo) to secure; (prometer) to assure. ❑ **asegurarse de** *v* + *prep* to make sure that.

asentir [asen'tir] *vi* to agree.

aseo [a'seo] *m* (limpieza) cleaning; (habitación) bathroom; **~s** 'toilets' Br, 'restroom' Am.

aséptico, ca [a'septiko, ka] *adj* aseptic.

asequible [ase'kiβle] *adj* (precio, producto) affordable.

asesinar [asesi'nar] *vt* to murder.

asesinato [asesi'nato] *m* murder.

asesino, na [ase'sino, na] *adj* murderer.

asesor, ra [ase'sor, ra] *adj* advisory. ◆ *m, f* consultant.

asesorar [aseso'rar] *vt* to advise. ❑ **asesorarse** *vpr* to seek advice.

asesoría [aseso'ria] *f* consultant's office.

asfaltado, da [asfal'taðo, ða] *adj* tarmacked, packed *Am*. ◆ *m* road surface.

asfaltar [asfal'tar] *vt* to surface Br, to pave *Am*.

asfalto [as'falto] *m* asphalt.

asfixia [as'fiksja] *f* suffocation.

asfixiante [asfik'sjante] *adj* (olor) overpowering; (calor) suffocating.

asfixiar [asfik'sjar] *vt* to suffocate. ❑ **asfixiarse** *vpr* to suffocate.

así [a'si] *adv* (de esta forma) like this; **~ de** grande this big; **~ como** just as; **~ es** that's right; **~ es como** that is how; **~ no más** *Amér fam* (regular) just like that; **~ y todo** even so; **y ~ sucedió** and that is exactly what happened.

asiento [a'sjento] *m* seat.

asignatura [asiɣna'tura] *f* subject.

asilo [a'silo] *m* (para ancianos) old people's home Br, retirement home *Am*; **~ político** political asylum.

asimilación [asimila'θjon] *f* assimilation.

asimilar [asimi'lar] *vt* (conocimientos) to assimilate; (cambio, situación) to take in one's stride.

asistencia [asis'tenθja] *f* (a clase, espectáculo) attendance; (ayuda) assistance; (público) audience.

asistir [asis'tir] *vt* (suj: médico, enfermera) to attend to. ❑ **asistir a** *v* + *prep* (clase, espectáculo) to attend.

asma ['azma] *f* asthma.

asmático, ca [az'matiko, ka] *adj* asthmatic.

asno, na ['azno, na] *m, f* ass.

asociación [asoθja'θjon] *f* association.

asociar [aso'θjar] *vt* to associate. ❑ **asociarse a** *v* + *prep* to become a member of. ❑ **asociarse con** *v* + *prep* to form a partnership with.

asolar [aso'lar] *vt* to devastate.

asomar [aso'mar] *vi* to peep up. ◆ *vt* to stick out. ❑ **asomarse** *vpr*: **~ se a** (ventana) to stick one's head out of; (balcón) to go out onto.

asombrar [asom'brar] *vt* (causar

admiración) to amaze; *(sorprender)* to surprise. ❑ **asombrarse de** *v + prep (sentir admiración)* to be amazed at; *(sorprenderse)* to be surprised at.

asombro [a'sombro] *m (admiración)* amazement; *(sorpresa)* surprise.

asorocharse [asoro'tʃarse] *vpr Chile & Perú* to get altitude sickness.

aspa ['aspa] *f (de molino de viento)* arms *(pl)*.

aspecto [as'pekto] *m (apariencia)* appearance; **tener buen/mal** ∼ *(persona)* to look well/awful; *(cosa)* to look nice/horrible.

aspereza [aspe'reθa] *f* roughness.

áspero, ra ['aspero, ra] *adj (al tacto)* rough; *(voz)* harsh.

aspiradora [aspira'ðora] *f* vacuum cleaner.

aspirar [aspi'rar] *vt (aire)* to breathe in. ❑ **aspirar a** *v + prep* to aspire to.

aspirina [aspi'rina] *f* aspirin.

asqueado, da [aske'aðo, ða] *adj* disgusted.

asquerosidad [askerosi'ðað] *f* filthiness.

asqueroso, sa [aske'roso, sa] *adj* filthy.

asta ['asta] *f (de lanza)* shaft; *(de bandera)* flagpole; *(de toro)* horn; *(de ciervo)* antler.

asterisco [aste'risko] *m* asterisk.

astillero [asti'ʎero] *m* shipyard.

astro ['astro] *m* star.

astrología [astrolo'xia] *f* astrology.

astrólogo, ga [as'trolovo, ɣa] *m, f* astrologer.

astronauta [astro'nauta] *mf* astronaut.

astronomía [astrono'mia] *f* astronomy.

astronómico, ca [astro'nomiko, ka] *adj* astronomical.

astrónomo, ma [as'tronomo, ma] *m, f* astronomer.

astuto, ta [as'tuto, ta] *adj (sagaz)* astute; *(ladino)* cunning.

asumir [asu'mir] *vt (problema)* to cope with; *(responsabilidad)* to assume.

asunto [a'sunto] *m (tema general)* subject; *(tema específico)* matter; *(problema)* issue; *(negocio)* affair.

asustar [asus'tar] *vt* to frighten. ❑ **asustarse** *vpr* to be frightened.

atacar [ata'kar] *vt* to attack.

atajo [a'taxo] *m (camino)* short cut; *despec (grupo de personas)* bunch; **un** ∼ **de** a string of.

ataque [a'take] *m (agresión)* attack; *(de ira, risa, etc)* fit; *(de fiebre, tos, etc)* bout; ∼ **al corazón** heart attack.

atar [a'tar] *vt (con cuerda, cadena, etc)* to tie; *(ceñir)* to tie up.

atardecer [ataðe'θer] *m*: **al** ∼ at dusk.

atareado, da [atare'aðo, ða] *adj* busy.

atasco [a'tasko] *m (de tráfico)* traffic jam.

ataúd [ata'uð] *m* coffin.

ate ['ate] *m Amér* quince jelly.

ateísmo [ate'izmo] *m* atheism.

atención [aten'θjon] *f (interés)* attention; *(regalo, obsequio)* kind gesture; ∼ **al cliente** customer service; **llamar la** ∼ to be noticeable. ❑ **atenciones** *fpl (cuidados)* attentiveness *(sg)*.

atender [aten'der] *vt (solicitud, petición, negocio)* to attend to; *(clientes)* to serve; *(enfermo)* to look after. ◆ *vi (escuchar)* to pay attention; **¿le atienden?** are you being served?

atentado [aten'taðo] *m* attempt *(on sb's life)*.

atentamente [a̯tenta'mente] *adv (en cartas)* Yours sincerely.

atento, ta [a'tento, ta] *adj (con atención)* attentive; *(amable)* considerate.

ateo, a [a'teo, a] *m, f* atheist.

aterrizaje [ateri'θaxe] *m* landing; ~ **forzoso** emergency landing.

aterrizar [ateri'θar] *vi* to land.

aterrorizar [aterori'θar] *vt* to terrify.

atestado, da [ates'taðo, ða] *adj* packed.

atestiguar [atesti'ɣuar] *vt* to testify to.

ático ['atiko] *m* penthouse.

atinar [ati'nar] *vi* to guess correctly.

atípico, ca [a'tipiko, ka] *adj* atypical.

Atlántico [að'lantiko] *m*: **el ~** the Atlantic.

atlas ['aðlas] *m inv* atlas.

atleta [að'leta] *mf* athlete.

atlético, ca [að'letiko, ka] *adj* athletic.

atletismo [aðle'tizmo] *m* athletics.

atmósfera [að'mosfera] *f* atmosphere.

atmosférico, ca [aðmos'feriko, ka] *adj* atmospheric.

atolondrarse [atolon'drarse] *vpr* to get flustered.

atómico, ca [a'tomiko, ka] *adj* nuclear.

átomo ['atomo] *m* atom.

atónito, ta [a'tonito, ta] *adj* astonished.

atontado, da [aton'taðo, ða] *adj* dazed.

atorado, da [ato'raðo, ða] *adj Amér (atascado)* blocked; *(agitado, nervioso)* nervous.

atorar [ato'rar] *vt Amér* to block. ❑ **atorarse** *vpr Amér (atascarse)* to

get blocked; *(atragantarse)* to choke.

atorrante [ato'rante] *adj Andes & CSur (despreocupado)* scruffy.

atracador, ra [atraka'ðor, ra] *m, f (de banco, tienda)* armed robber; *(de persona)* mugger.

atracar [atra'kar] *vt (banco, tienda)* to rob; *(persona)* to mug. ◆ *vi (barco)* to dock. ❑ **atracarse** de *v + prep* to eat one's fill of.

atracción [atrak'θjon] *f* attraction. ❑ **atracciones** *fpl* fairground attractions.

atraco [a'trako] *m* robbery.

atractivo, va [atrak'tiβo, βa] *adj* attractive. ◆ *m (de trabajo, lugar)* attraction; *(de persona)* attractiveness.

atraer [atra'er] *vt* to attract. ◆ *vi* to be attractive.

atragantarse [atraɣan'tarse] *vpr* to choke.

atrapar [atra'par] *vt* to catch.

atrás [a'tras] *adv (de posición)* behind; *(al moverse)* backwards; *(de tiempo)* before.

atrasado, da [atra'saðo, ða] *adj (trabajo, tarea, proyecto)* delayed; *(pago)* overdue; *(en estudios)* backward; **ir ~** *(reloj)* to be slow.

atrasar [atra'sar] *vt (llegada, salida)* to delay; *(proyecto, cita, acontecimiento)* to postpone; *(reloj)* to put back. ◆ *vi (reloj)* to be slow. ❑ **atrasarse** *vpr (persona)* to be late; *(tren, avión, etc)* to be delayed; *(proyecto, acontecimiento)* to be postponed.

atraso [a'traso] *m (de evolución)* backwardness. ❑ **atrasos** *mpl (de dinero)* arrears.

atravesar [atraβe'sar] *vt (calle, río, puente)* to cross; *(situación difícil, crisis)* to go through; *(objeto, madero, etc)* to penetrate. ❑ **atravesarse** *vpr* to be in the way.

atreverse [atre'βerse] *vpr* to dare to.

atrevido, da [atre'βiðo, ða] *adj (osado)* daring; *(insolente)* cheeky Br, sassy Am; *(ropa, libro)* risqué; *(propuesta)* forward.

atribución [atriβu'θjon] *f (de poder, trabajo)* responsibility.

atribuir [atriβu'ir] *vt* to attribute; *(poder, cargo)* to give.

atributo [atri'βuto] *m* attribute.

atrio ['atrjo] *m (de palacio)* portico; *(de convento)* cloister.

atropellar [atrope'ʎar] *vt (suj: vehículo)* to run over; *(con empujones)* to push out of the way. □ **atropellarse** *vpr (hablando)* to trip over one's words.

atropello [atro'peʎo] *m* running over.

ATS [ate'ese] *mf (abrev de Ayudante Técnico Sanitario)* qualified nurse.

atte *abrev* = **atentamente**.

atún [a'tun] *m* tuna; ~ **en aceite** tuna in oil.

audaz [au'ðaθ] *(pl* **-ces** [θes]) *adj* daring.

audiencia [au'ðjenθja] *f* audience.

audiovisual [auðjoβi'sual] *adj* audiovisual. ◆ *m* audiovisual display.

auditivo, va [auði'tiβo, βa] *adj* ear *(antes de s).*

auditor [auði'tor] *m* auditor.

auditoría [auðito'ria] *f (trabajo)* auditing Br, audit Am; *(lugar)* auditor's office.

auditorio [auði'torjo] *m (público)* audience; *(local)* auditorium.

auge ['auxe] *m* boom; **en ~** booming.

aula ['aula] *f (de universidad)* lecture room Br, class room Am; *(de escuela)* classroom.

aullar [au'ʎar] *vi* to howl.

aullido [au'ʎiðo] *m* howl.

aumentar [aumen'tar] *vt* to increase; *(peso)* to put on.

aumento [au'mento] *m* increase; *(en óptica)* magnification.

aun [aun] *adv* even. ◆ *conj:* ~ **estando enferma, vino** she came, even though she was ill; ~ **así** even so.

aún [a'un] *adv* still; ~ **no han venido** they haven't come yet.

aunque [a'unke] *conj* although.

aureola [aure'ola] *f (de santo)* halo; *(fama, éxito)* aura.

auricular [auriku'lar] *m (de teléfono)* receiver; *(de radio, casete)* headphones.

ausencia [au'senθja] *f* absence.

ausente [au'sente] *adj (de lugar)* absent; *(distraído)* absent-minded.

austeridad [austeri'ðað] *f* austerity.

austero, ra [aus'tero, ra] *adj* austere.

Australia [aus'tralja] Australia.

australiano, na [austra'ljano, na] *adj & m, f* Australian.

Austria ['austrja] Austria.

austríaco, ca [aus'triako, ka] *adj & m, f* Austrian.

autenticidad [autentiθi'ðað] *f* authenticity.

auténtico, ca [au'tentiko, ka] *adj (joya, piel)* genuine; *(verdadero, real)* real.

auto ['auto] *m (automóvil)* car.

autobiografía [autoβjoɣra'fia] *f* autobiography.

autobús [auto'βus] *m* bus.

autocar [auto'kar] *m* coach, bus Am; ~ **de línea** (long-distance) coach.

autocontrol [autokon'trol] *m* self-control.

autóctono, na [auˈtoktono, na] *adj* indigenous.

autoescuela [autoesˈkwela] *f* driving school.

autógrafo [auˈtoɣrafo] *m* autograph.

automáticamente [auto̩matikaˈmente] *adv* automatically.

automático, ca [autoˈmatiko, ka] *adj* automatic.

automóvil [autoˈmoβil] *m* car.

automovilismo [automoβiˈlizmo] *m* motoring *Br*, driving *Am*.

automovilista [automoβiˈlista] *mf* motorist *Br*, driver *Am*.

autonomía [autonoˈmia] *f* autonomy; **~ de vuelo** range.

autonómico, ca [autoˈnomiko, ka] *adj (región, gobierno)* autonomous; *(ley)* devolution.

autónomo, ma [auˈtonomo, ma] *adj (independiente)* autonomous; *(trabajador)* freelance.

autopista [autoˈpista] *f* motorway; **~ de peaje** toll motorway *(Br)*, turnpike *(Am)*.

autopsia [auˈtopsja] *f* autopsy.

autor, ra [auˈtor, ra] *m, f (de libro)* author; *(de cuadro, escultura)* artist; *(de acción, hecho)* perpetrator.

autoridad [autoriˈðað] *f* authority; **la ~** the authorities *(pl)*.

autoritario, ria [autoriˈtarjo, rja] *adj* authoritarian.

autorización [autoriθaˈθjon] *f* authorization.

autorizado, da [autoriˈθaðo, ða] *adj* authorized.

autorizar [autoriˈθar] *vt* to authorize.

autorretrato [autorreˈtrato] *m* self-portrait.

autoservicio [autoserˈβiθjo] *m* self-service.

autostop [autosˈtop] *m* hitch-hiking; **hacer ~** to hitch-hike.

autostopista [autostoˈpista] *mf* hitch-hiker.

autosuficiente [autosufiˈθjente] *adj* self-sufficient.

autovía [autoˈβia] *f* dual carriageway *(Br)*, divided road *(Am)*.

auxiliar [auksiˈljar] *adj* auxiliary. ◆ *mf* assistant. ◆ *vt* to assist; **~ administrativo** office clerk; **~ de vuelo** flight attendant.

auxilio [aukˈsiljo] *m* help. ◆ *interj* help!; **primeros ~s** first aid *(sg)*.

aval [aˈβal] *m (persona)* guarantor; *(documento)* guarantee.

avalador, ra [aβalaˈðor, ra] *m, f* guarantor.

avalancha [aβaˈlantʃa] *f* avalanche.

avalar [aβaˈlar] *vt (crédito)* to guarantee; *(propuesta, idea)* to endorse.

avance [aˈβanθe] *m (de tecnología, ciencia, etc)* advance; *(de noticia)* summary; *(de película)* preview.

avanzado, da [aβanˈθaðo, ða] *adj* advanced.

avanzar [aβanˈθar] *vi* to advance.

avaricioso, sa [aβariˈθjoso,sa] *adj* avaricious.

avaro, ra [aˈβaro, ra] *adj* miserly.

avda *(abrev de avenida)* Ave.

AVE [ˈaβe] *m (abrev de Alta Velocidad Española)* Spanish high-speed train.

ave [ˈaβe] *f* bird.

avellana [aβeˈʎana] *f* hazelnut.

avellano [aβeˈʎano] *m* hazel tree.

avena [aˈβena] *f* oats *(pl)*.

avenida [aβeˈniða] *f* avenue.

aventar [aβenˈtar] *vt* Andes & Méx to throw. ◆ **aventarse** *vpr* Col & Méx to throw oneself.

aventón [aβenˈton] *m* Amér shove,

dar un ~ a alguien to give sb a lift.

aventura [aβen'tura] f adventure; *(de amor)* affair.

aventurarse [aβentu'rarse] *vpr:* **~ a hacer algo** to risk doing sthg.

aventurero, ra [aβentu'rero, ra] *adj* adventurous. ◆ *m, f* adventurer *(f adventuress).*

avergonzado, da [aβerɣon'θaðo, ða] *adj (abochornado)* embarrassed; *(deshonrado)* ashamed.

avergonzarse [aβerɣon'θarse] ◆ **avergonzarse de** *v + prep (por timidez)* to be embarrassed about; *(por deshonra)* to be ashamed of.

avería [aβe'ria] f *(de coche)* breakdown; *(de máquina)* fault.

averiado, da [aβeri'aðo, ða] *adj (coche)* broken-down; *(máquina)* out of order.

averiarse [aβeri'arse] *vpr* to break down.

averiguar [aβeri'ɣwar] *vt* to find out.

aversión [aβer'sjon] f aversion.

avestruz [aβes'truθ] *(pl -ces* [θes]) *m* ostrich.

aviación [aβia'θjon] f *(navegación)* aviation; *(cuerpo militar)* airforce.

aviador, ra [aβia'ðor, ra] *m, f* aviator.

avión [aβi'on] *m* plane; **en ~** by plane; **por ~** *(carta)* airmail.

avioneta [aβio'neta] f light aircraft.

avisar [aβi'sar] *vt (llamar)* to call. ◻ **avisar de** *v + prep (comunicar)* to inform of; *(prevenir)* to warn of.

aviso [a'βiso] *m (noticia)* notice; *(advertencia)* warning; *(en aeropuerto)* call; *Amér (en periódico)* ad; **hasta nuevo ~** until further notice; **sin previo ~** without notice.

avispa [a'βispa] f wasp.

axila [ak'sila] f armpit.

ay [ai] *interj (expresa dolor)* ouch!; *(expresa pena)* oh!

ayer [a'jer] *adv* yesterday; **~ noche** last night; **~ por la mañana** yesterday morning.

ayuda [a'juða] f *(en trabajo, tarea, etc)* help; *(a otros países, etc)* aid.

ayudante [aju'ðante] *mf* assistant.

ayudar [aju'ðar] *vt:* **~ a alguien a** to help sb to; **~ a alguien en** to help sb with.

ayunar [aju'nar] *vi* to fast.

ayuntamiento [ajunta'mjento] *m (edificio)* town hall *Br,* city hall *Am;* *(corporación)* town council.

azada [a'θaða] f hoe.

azafata [aθa'fata] f air hostess *Br,* flight attendant *Am.*

azafate [aθa'fate] *m* *Andes & RP* tray.

azafrán [aθa'fran] *m (condimento)* saffron.

azar [a'θar] *m* chance; **al ~** at random.

azotea [aθo'tea] f terraced roof.

azúcar [a'θukar] *m o f* sugar; **~ glass** icing sugar *Br,* confectioner's sugar *Am;* **~ moreno** brown sugar.

azucarado, da [aθuka'raðo, ða] *adj* sweet.

azucarera [aθuka'rera] f sugar bowl.

azucena [aθu'θena] f white lily.

azufre [a'θufre] *m* sulphur.

azul [a'θul] *adj & m* blue; **~ marino** navy (blue).

azulado, da [aθu'laðo, ða] *adj* bluish.

azulejo [aθu'lexo] *m* (glazed) tile.

azuloso, sa [aθu'loso, sa] *adj* *Amér* bluish.

B

baba [ˈbaβa] f saliva.

babero [baˈβero] m bib.

babor [baˈβor] m port.

babosa [baˈβosa] f slug.

baboso, sa [baˈβoso, sa] adj (caracol) slimy; (bebé) dribbling; fam (infantil) wet behind the ears; Amér (tonto) stupid.

baca [ˈbaka] f roof rack.

bacalao [bakaˈlao] m cod.

bacán [baˈkan] adj Amér elegant. ◆ m Amér dandy.

bachillerato [batʃiʎeˈrato] m (former) course of secondary studies for academically orientated 14 to 16-year-olds.

bacinica [baθiˈnika] f Amér chamber pot.

bacon [ˈbejkon] m bacon.

bádminton [ˈbaðminton] m badminton.

bafle [ˈbafle] m loudspeaker.

bahía [baˈia] f bay.

bailar [bajˈlar] vt & vi to dance; el pie me baila en el zapato my shoe is too big for me.

bailarín, ina [bajlaˈrin, ina] m, f (de ballet) ballet dancer; (de otras danzas) dancer.

baile [ˈbajle] m (danza) dance; (fiesta) ball.

baja [ˈbaxa] f (por enfermedad) sick leave; dar de ~ (en empresa) to lay off; (en asociación, club) to expel; dar-

se de ~ to resign; estar de ~ to be on sick leave.

bajada [baˈxaða] f descent; ~ de bandera minimum fare.

bajar [baˈxar] vt (lámpara, cuadro, etc) to take down; (cabeza, mano, voz, persiana) to lower; (música, radio, volumen) to turn down; (escalera) to go down. ◆ vi (disminuir) to go down. ❑ bajar de v + prep (de avión, tren) to get off; (de coche) to get out of.

bajío [baˈxio] m Amér low-lying land.

bajo, ja [ˈbaxo, xa] adj (persona) short; (objeto, cifra, precio) low; (sonido) soft. ◆ m (instrumento) bass. ◆ adv (hablar) quietly. ◆ prep (físicamente) under; (con temperaturas) below. ❑ bajos mpl (de un edificio) ground floor (sg).

bala [ˈbala] f bullet.

balacear [balaθeˈar] vt Amér to shoot.

balacera [balaˈθera] f Amér shoot-out.

balada [baˈlaða] f ballad.

balance [baˈlanθe] m (de asunto, situación) outcome; (de un negocio) balance; hacer ~ de to take stock of.

balancín [balanˈθin] m (mecedora) rocking chair; (en el jardín) swing hammock.

balanza [baˈlanθa] f (para pesar) scales (pl).

balar [baˈlar] vi to bleat.

balcón [balˈkon] m balcony.

balde [ˈbalde] m bucket; de ~ free (of charge); en ~ in vain.

baldosa [balˈdosa] f (en la calle) paving stone; (en interior) floor tile.

Baleares [baleˈares] fpl: las (islas) ~ the Balearic Islands.

balido [baˈliðo] m bleat.

baraja

ballena [ba'ʎena] f whale.

ballet [ba'let] m ballet.

balneario [balne'arjo] m (con baños termales) spa; Méx (con piscinas, etc) ≃ lido.

BALNEARIO

In Mexico, a "balneario" is a place where there are several open-air swimming pools, recreation areas and cheap facilities for sunbathing, eating and drinking etc.

balón [ba'lon] m ball.

baloncesto [balon'θesto] m basketball.

balonmano [balom'mano] m handball.

balonvolea [balombo'lea] m volleyball.

balsa ['balsa] f (embarcación) raft; (de agua) pond.

bálsamo ['balsamo] m balsam.

bambú [bam'bu] m bamboo.

banana [ba'nana] f Perú & RP banana.

banca ['banka] f (institución) banks (pl); (profesión) banking; (en juegos) bank; Col, Ven & Méx (asiento) bench; Andes & RP (en parlamento) seat.

banco ['banko] m (para dinero) bank; (para sentarse) bench; (de iglesia) pew; (de peces) shoal; ~ de arena sandbank.

banda ['banda] f (cinta) ribbon; (franja) stripe; (lado) side; (en fútbol) touchline; (de músicos) band; (de delincuentes) gang; ~ sonora soundtrack.

bandeja [ban'dexa] f tray.

bandera [ban'dera] f flag.

banderilla [bande'riʎa] f (en toros)

banderilla, barbed dart thrust into bull's back; (para comer) hors d'oeuvre on a stick.

banderín [bande'rin] m pennant.

bandido [ban'diðo] m (ladrón) bandit; fam (pillo) rascal.

bando ['bando] m (en partido) side; (de alcalde) edict.

banjo ['banxo] m banjo.

banquero [ban'kero] m banker.

banqueta [ban'keta] f stool; Méx (para pedestres) pavement (Br), sidewalk (Am).

bañador [baɲa'ðor] m (para mujeres) swimsuit; (para hombres) swimming trunks (pl) Br, swimsuit Am.

bañar [ba'ɲar] vt (persona) to bath Br, to give a bath to Am; (cosa) to soak; (suj: luz) to bathe; (suj: mar) to wash the coast of. □ **bañarse** vpr (en río, playa, piscina) to go for a swim; (en el baño) to have a bath.

bañera [ba'ɲera] f bath (tub).

bañista [ba'ɲista] mf bather Br, swimmer Am.

baño ['baɲo] m (en bañera, de vapor, espuma) bath; (en playa, piscina) swim; (cuarto, habitación) bathroom; (de oro, pintura) coat; (de chocolate) coating; **al ~ maría** cooked in a bain-marie; **darse un ~** to have a bath. □ **baños** mpl (balneario) spa (sg).

bar [bar] m bar; ~ **musical** bar with live music.

baraja [ba'raxa] f pack (of cards).

BARAJA ESPAÑOLA

The Spanish deck contains 48 cards divided into 4 suits of 12 cards each. The symbols of the four suits are gold coins, wooden clubs, swords and goblets. In each suit, the cards called "sota", "caballo" and "rey" correspond roughly to the jack, queen and king in a standard deck.

barajar [bara'xar] *vt* (*naipes*) to shuffle; (*posibilidades*) to consider; (*datos, números*) to marshal.

baranda [ba'randa] *f* handrail.

barandilla [baran'diʎa] *f* handrail.

baratija [bara'tixa] *f* trinket.

barato, ta [ba'rato, ta] *adj* cheap. ◆ *adv* cheaply.

barba ['barβa] *f* beard; **por ~** per head.

barbacoa [barβa'koa] *f* barbecue; **a la ~** barbecued.

barbaridad [barβari'ðað] *f* (*crueldad*) cruelty; (*disparate*) stupid thing; **una ~** loads; **¡qué ~!** how terrible!

barbarie [bar'βarje] *f* (*incultura*) barbarism; (*crueldad*) cruelty.

bárbaro, ra ['barβaro, ra] *adj* (*cruel*) cruel; *fam* (*estupendo*) brilliant.

barbería [barβe'ria] *f* barber's (shop).

barbero [bar'βero] *m* barber.

barbilla [bar'βiʎa] *f* chin.

barbudo, da [bar'βuðo, ða] *adj* bearded.

barca ['barka] *f* small boat; **~ de pesca** fishing boat.

barcaza [bar'kaθa] *f* lighter.

Barcelona [barθe'lona] Barcelona.

barco ['barko] *m* (*más pequeño*) boat; (*más grande*) ship; **~ de vapor** steamboat; **~ de vela** sailing ship.

barítono [ba'ritono] *m* baritone.

barman ['barman] *m* barman *Br*, bartender *Am*.

barniz [bar'niθ] (*pl* **-ces** [θes]) *m* varnish.

barnizado, da [barni'θaðo, ða] *adj* varnished.

barnizar [barni'θar] *vt* (*madera*) to varnish; (*loza, cerámica*) to glaze.

barómetro [ba'rometro] *m* barometer.

barquillo [bar'kiʎo] *m* cone.

barra ['bara] *f* bar; (*de turrón, helado, etc*) block; **~ de labios** lipstick; **~ de pan** baguette; **~ libre** *unlimited drink for a fixed price*.

barraca [ba'raka] *f* (*chabola*) shack; (*para feria*) stall *Br*, stand *Am*.

barranco [ba'ranko] *m* (*precipicio*) precipice.

barrendero, ra [barren'dero, ra] *m, f* road sweeper.

barreño [ba'reno] *m* washing-up bowl.

barrer [ba'rer] *vt* to sweep.

barrera [ba'rera] *f* (*obstáculo*) barrier; (*de tren*) crossing gate; (*en toros*) low wall encircling central part of bullring.

barriada [bari'aða] *f* area.

barriga [ba'riɣa] *f* belly.

barril [ba'ril] *m* barrel.

barrio ['barjo] *m* (*de población*) area; *Méx* (*suburbio*) poor area; **~ chino** red light district; **~ comercial** shopping district.

barro ['baro] *m* (*fango*) mud; (*en cerámica*) clay.

barroco, ca [ba'roko, ka] *adj & m* baroque.

bártulos [bartulos] *mpl* things, stuff (*sg*).

barullo [ba'ruʎo] *m fam* racket.

basarse [ba'sarse] ◆ **basarse en** *v + prep* to be based on.

bascas ['baskas] *fpl (náusea)* nausea *(sg).*

báscula ['baskula] *f* scales *(pl).*

base ['base] *f (de cuerpo, objeto)* base; *(de edificio)* foundations *(pl); (fundamento, origen)* basis; **a ~ de** by (means of); **~ de datos** database.

básico, ca ['basiko, ka] *adj* basic.

basta ['basta] *interj* that's enough!

bastante [bas'tante] *adv (suficientemente)* enough; *(muy)* quite, pretty. ◆ *adj (suficiente)* enough; *(en cantidad)* quite a few.

bastar [bas'tar] *vi* to be enough; **basta con decírselo** it's enough to tell him; **basta con estos dos** these two are enough. □ **bastarse** *vpr:* **~se para hacer algo** to be able to do sthg o.s.

bastardo, da [bas'tarðo, ða] *adj* bastard.

bastidores [basti'ðores] *mpl:* **entre ~** behind the scenes.

basto, ta ['basto, ta] *adj* coarse. □ **bastos** *mpl (naipes)* suit in Spanish deck of cards bearing wooden clubs.

bastón [bas'ton] *m (para andar)* walking stick; *(de mando)* baton.

basura [ba'sura] *f* rubbish *(Br),* garbage *(Am).*

basurero, ra [basu'rero, ra] *m, f* dustman *(f* dustwoman) *(Br),* garbage collector *(Am).* ◆ *m* rubbish dump *Br,* dump *Br.*

bata ['bata] *f (de casa)* housecoat; *(para baño, etc)* dressing gown *Br,* bathrobe; *(de médico, científico)* coat.

batalla [ba'taʎa] *f* battle; **de ~** everyday.

batería [bate'ria] *f* battery; *(en música)* drums *(pl);* **~ de cocina** pots and pans *(pl).*

batido [ba'tiðo] *m* milkshake.

batidora [bati'ðora] *f* mixer.

batín [ba'tin] *m* short dressing gown *Br,* short robe *Am.*

batir [ba'tir] *vt (nata)* to whip; *(marca, huevos)* to beat; *(récord)* to break.

batuta [ba'tuta] *f* baton.

baúl [ba'ul] *m (caja)* trunk; *Col & CSur (maletero)* boot *(Br),* trunk *(Am).*

bautismo [bau'tizmo] *m* baptism.

bautizar [bauti'θar] *vt (en religión)* to baptize; *(dar un nombre)* to christen.

bautizo [bau'tiθo] *m (ceremonia)* baptism; *(fiesta)* christening party.

baya ['baja] *f* berry.

bayeta [ba'jeta] *f* cloth.

bayoneta [bajo'neta] *f* bayonet.

bazar [ba'θar] *m* bazaar.

beato, ta [be'ato, ta] *adj (santo)* blessed; *(piadoso)* devout; *fam (tonto)* simple-minded.

bebé [be'βe] *m* baby.

beber [be'βer] *vt & vi* to drink.

bebida [be'βiða] *f* drink.

bebido, da [be'βiðo, ða] *adj* drunk.

bebito, ta [be'βito, ta] *m, f Amér* newborn baby.

beca ['beka] *f (del gobierno)* grant; *(de fundación privada)* scholarship.

becario, ria [be'karjo, rja] *m, f (del gobierno)* grant holder; *(de fundación privada)* scholarship holder.

becerro, rra [be'θero, ra] *m, f* calf.

bechamel [betʃa'mel] *f* béchamel sauce.

bedel [be'ðel] *m* caretaker *(Br),* janitor *(Am).*

begonia [be'ɣonja] *f* begonia.

beige [beiʃ] *adj inv* beige.

béisbol ['beizβol] *m* baseball.

belén [be'len] *m* crib.

belga ['belɣa] *adj & mf* Belgian.

Bélgica ['belxika] Belgium.

bélico, ca ['beliko, ka] *adj* war *(antes de s)*.

belleza [be'ʎeθa] *f* beauty.

bello, lla ['beʎo, ʎa] *adj (hermoso)* beautiful; *(bueno)* fine.

bellota [be'ʎota] *f* acorn.

bencina [ben'θina] *f Andes* petrol *(Br)*, gas *(Am)*.

bendecir [bende'θir] *vt* to bless.

bendición [bendi'θjon] *f* blessing.

bendito, ta [ben'dito, ta] *adj* holy. ◆ *m, f (bobo)* simple soul.

beneficencia [benefi'θenθja] *f* charity.

beneficiar [benefi'θjar] *vt* to benefit. □ **beneficiarse de** *v + prep* to do well out of.

beneficio [bene'fiθjo] *m (bien)* benefit; *(ganancia)* profit; **a ~ de** *(concierto, gala)* in aid of.

benéfico, ca [be'nefiko, ka] *adj (gala, rifa)* charity *(antes de s)*; *(institución)* charitable.

benevolencia [beneβo'lenθja] *f* benevolence.

benévolo, la [be'neβolo, la] *adj* benevolent.

bengala [ben'gala] *f* flare.

berberechos [berβe'retʃos] *mpl* cockles.

berenjena [beren'xena] *f* aubergine *Br*, eggplant *Am*; **~s rellenas** stuffed aubergines *(usually with mince or rice)*.

bermudas [ber'muðas] *mpl* Bermuda shorts.

berrinche [be'rintʃe] *m* tantrum.

berza ['berθa] *f* cabbage.

besar [be'sar] *vt* to kiss. □ **besarse** *vpr* to kiss.

beso ['beso] *m* kiss; **dar un ~ to** give a kiss.

bestia ['bestja] *adj (bruto)* rude; *(ignorante)* thick. ◆ *mf* brute. ◆ *f (animal)* beast.

besugo [be'suɣo] *m* sea bream.

betabel [beta'βel] *m Méx* beetroot *(Br)*, beet *(Am)*.

betarraga [beta'raɣa] *f Andes* beetroot *(Br)*, beet *(Am)*.

betún [be'tun] *m (para calzado)* shoe polish; *Chile & Méx (para bolo)* icing *Esp*, frosting *Am*.

biberón [biβe'ron] *m* (baby's) bottle.

Biblia ['biβlja] *f* Bible.

bibliografía [biβljoɣra'fia] *f* bibliography.

biblioteca [biβljo'teka] *f* library.

bibliotecario, ria [biβljote'karjo, rja] *m, f* librarian.

bicarbonato [bikarβo'nato] *m* baking soda.

bíceps ['biθeps] *m inv* biceps.

bicho ['bitʃo] *m (animal pequeño)* creature, beast *Br; (insecto)* bug; *(pillo)* little terror.

bici ['biθi] *f fam* bike.

bicicleta [biθi'kleta] *f* bicycle.

bicolor [biko'lor] *adj* two-coloured.

bidé [bi'ðe] *m* bidet.

bidón [bi'ðon] *m* can.

bien [bjen] *m* - 1. *(lo que es bueno)* good.
- 2. *(bienestar, provecho)* good; **hacer el ~** to do good.
◆ *adv* - 1. *(como es debido, correcto)* well; **has actuado ~** you did the right thing; **habla ~ inglés** she speaks English well.
- 2. *(expresa opinión favorable)* well;

estar ~ *(de salud)* to be well; *(de aspecto)* to be nice; *(de calidad)* to be good; *(de comodidad)* to be comfortable.
- **3.** *(suficiente)*: **estar** ~ to be enough.
- **4.** *(muy)* very; **quiero un vaso de agua** ~ **fría** I'd like a nice, cold glass of water.
- **5.** *(vale, de acuerdo)* all right.
◆ *adj inv (adinerado)* well-to-do.
◆ **conj - 1.**: ~ ... ~ either ... or; **entrega el vale** ~ **a mi padre,** ~ **a mi madre** give the receipt to either my father or my mother.
- **2.** *(en locuciones)*: **más** ~ rather; **¡está** ~ **!** *(vale)* all right then!; *(es suficiente)* that's enough; **¡muy** ~ **!** very good!
❑ **bienes** *mpl (patrimonio)* property *(sg)*; *(productos)* goods; ~ **es de consumo** consumer goods; ~ **es inmuebles** o **raíces** real estate *(sg)*.

bienal [bje'nal] *adj* biennial.

bienestar [bjenes'tar] *m* wellbeing.

bienvenida [bjembe'niða] *f* welcome.

bienvenido, da [bjembe'niðo, ða] *adj* welcome. ◆ *interj* welcome!

bife ['bife] *m Andes & RP* steak.

bifocal [bifo'kal] *adj* bifocal.

bigote [bi'yote] *m* moustache.

bigotudo, da [biyo'tuðo, ða] *adj* moustachioed.

bilingüe [bi'linɣue] *adj* bilingual.

billar [bi'ʎar] *m (juego)* billiards; *(sala)* billiard hall, pool hall *Am*; ~ **americano** pool.

billete [bi'ʎete] *m (de dinero)* note *(Br)*, bill *(Am)*; *(de transporte)* ticket; *(de lotería)* lottery ticket; ~ **de ida y vuelta** return (ticket) *(Br)*, round-trip (ticket) *(Am)*; ~ **sencillo** single (ticket) *(Br)*, one-way (ticket) *(Am)*.

billetero [biʎe'tero] *m* wallet.

billón [bi'ʎon] *m* billion *(Br)*, trillion *(Am)*.

bingo ['bingo] *m (juego)* bingo; *(sala)* bingo hall.

biodegradable [bioðeɣra'ðaβle] *adj* biodegradable.

biografía [bioɣra'fia] *f* biography.

biográfico, ca [bio'ɣrafiko, ka] *adj* biographical.

biología [biolo'xia] *f* biology.

biopsia [bi'opsja] *f* biopsy.

bioquímica [bio'kimika] *f* biochemistry.

biquini [bi'kini] *m* bikini.

birlar [bir'lar] *vt fam* to swipe.

birra ['bira] *f fam* beer.

birria ['birja] *f fam (persona)* sight; *fam (cosa)* monstrosity; *Amér (carne)* barbecued meat.

bisabuelo, la [bisa'βɣelo, la] *m, f* great-grandfather *(f* great-grandmother).

biscuit [bis'kɥit] *m* sponge; ~ **con chocolate** chocolate sponge cake.

bisexual [bisek'sual] *adj* bisexual.

bisnieto, ta [biz'njeto, ta] *m, f* great-grandson *(f* great-granddaughter).

bisonte [bi'sonte] *m* bison.

bistec [bis'tek] *m* steak; ~ **a la plancha** grilled steak; ~ **de ternera** veal cutlet.

bisturí [bistu'ri] *m* scalpel.

bisutería [bisute'ria] *f* costume jewellery.

bíter ['biter] *m* bitters.

bizco, ca ['biθko, ka] *adj* cross-eyed.

bizcocho [biθ'kotʃo] *m* sponge cake.

blanca ['blanka] *f*: **estar sin** ~ *fam* to be broke → **blanco.**

blanco, ca ['blanko, ka] *adj & m, f* white. ◆ *m (color)* white; *(diana, objetivo)* target; **dar en el** ~ *(acertar)* to hit the nail on the head; **en** ~ (sin dormir) sleepless; (sin memoria) blank.

blando, da ['blando, da] adj soft; (carne) tender; (débil) weak.

blanquear [blanke'ar] vt (pared) to whitewash; (ropa) to bleach.

blindado, da [blin'daðo, ða] adj (puerta, edificio) armour-plated; (coche) armoured.

blindar [blin'dar] vt to armour-plate.

bloc [blok] m (de notas) notepad; (de dibujo) sketchpad.

bloque ['bloke] m block; ~ **de pisos** block of flats Br, apartment building Am.

bloquear [bloke'ar] vt (cuenta, crédito) to freeze; (por nieve, inundación) to cut off; (propuesta, reforma) to block. □ **bloquearse** vpr (mecanismo) to jam; (dirección) to lock; (persona) to have a mental block.

bloqueo [blo'keo] m (mental) mental block; (económico, financiero) blockade.

blusa ['blusa] f blouse.

bluyines [blu'jines] mpl Amér jeans.

bobada [bo'βaða] f stupid thing; **decir** ~ **s** to talk nonsense.

bobina [bo'βina] f (de automóvil) coil; (de hilo) reel.

bobo, ba ['boβo, βa] adj (tonto) stupid; (ingenuo) naïve.

boca ['boka] f mouth; ~ **a** ~ mouth-to-mouth resuscitation; ~ **de incendios** hydrant; ~ **de metro** tube entrance (Br), subway entrance (Am); ~ **abajo** face down; ~ **arriba** face up.

bocacalle [boka'kaʎe] f (entrada) entrance (to a street); (calle) side street.

bocadillo [boka'ðiʎo] m sandwich.

bocado [bo'kaðo] m (comida) mouthful; (mordisco) bite.

bocata [bo'kata] m fam sarnie Br, sandwich.

boceto [bo'θeto] m (de cuadro, dibujo, edificio) sketch; (de texto) rough outline.

bochorno [bo'tʃorno] m (calor) stifling heat; (vergüenza) embarrassment.

bochornoso, sa [botʃor'noso, sa] adj (caluroso) muggy; (vergonzoso) embarrassing.

bocina [bo'θina] f (de coche) horn; Amér (de teléfono) receiver.

boda [bo'ða] f wedding; ~ **s de oro** golden wedding (sg); ~ **s de plata** silver wedding (sg).

bodega [bo'ðeya] f (para vinos) wine cellar; (tienda) wine shop; (bar) bar; (de avión, barco) hold; Andes, Méx & Ven (almacén) warehouse.

bodegón [boðe'yon] m (pintura) still life.

bodrio ['boðrjo] m despec (porquería) rubbish Br, junk Am; (comida) pigswill.

bofetada [bofe'taða] f slap (in the face).

bogavante [boya'βante] m lobster.

bohemio, mia [bo'emjo, mja] adj bohemian.

bohío [bo'io] m CAm, Col & Ven hut.

boicot [boj'kot] (pl **boicots** [boj'kots]) m boycott; **hacer el** ~ **a** to boycott.

boicotear [bojkote'ar] vt to boycott.

boina ['bojna] f beret.

bola ['bola] f (cuerpo esférico) ball; fam (mentira) fib; Amér fam (rumor) racket; *Amér fam (lío)* muddle; **hacerse ~ s** *Amér fam* to get into a muddle.

bolera [bo'lera] *f* bowling alley.

bolero [bo'lero] *m* bolero.

boleta [bo'leta] *f Amér (comprobante)* ticket stub; *CSur (multa)* ticket; *Méx & RP (votación)* ballot.

boletería [bolete'ria] *f Amér* box office.

boletín [bole'tin] *m (informativo)* bulletin; *(de suscripción)* subscription form.

boleto [bo'leto] *m Amér* ticket.

boli [boli] *m fam* Biro® *Br*, ball-point pen.

bolígrafo [bo'liɣrafo] *m* Biro® *Br*, ball-point pen.

bolillo [bo'liʎo] *m Méx* bread roll.

Bolivia [bo'liβja] Bolivia.

boliviano, na [boli'βjano, na] *adj & m, f* Bolivian.

bollería [boʎe'ria] *f (tienda)* bakery.

bollo ['boʎo] *m (dulce)* bun; *(de pan)* roll.

bolos ['bolos] *mpl (juego)* skittles.

bolsa ['bolsa] *f (de plástico, papel, tela)* bag; *(en economía)* stock market; **~ de basura** bin liner; **~ de viaje** travel bag.

bolsillo [bol'siʎo] *m* pocket; **de ~** pocket *(antes de s)*.

bolso ['bolso] *m (de mujer)* handbag *Br*, purse *Am*.

boludez [bolu'ðeθ] *f Col, RP & Ven* stupid thing.

boludo, da [bo'luðo, ða] *m, f Col, RP & Ven* idiot.

bomba ['bomba] *f (explosivo)* bomb; *(máquina)* pump; **~ atómica** nuclear bomb; **pasarlo ~** to have a great time.

bombardear [bombarðe'ar] *vt* to bombard.

bombardeo [bombar'ðeo] *m* bombardment.

bombero [bom'bero] *m* fireman.

bombilla [bom'biʎa] *f* light bulb.

bombillo [bom'biʎo] *m CAm, Col & Ven* light bulb.

bombita [bom'bita] *f RP* light bulb.

bombo ['bombo] *m (de lotería, rifa)* drum; *(tambor)* bass drum; **a ~ y platillo** with a lot of hype.

bombón [bom'bon] *m (golosina)* chocolate; *(persona)* stunner.

bombona [bom'bona] *f* cylinder; **~ de butano** gas cylinder.

bombonería [bombone'ria] *f* sweetshop *Br*, candy store *Am*.

bonanza [bo'nanθa] *f (de tiempo)* fair weather; *(de mar)* calm at sea; *(prosperidad)* prosperity.

bondad [bon'dað] *f* goodness; **tenga la ~ de** *formal* please be so kind as to.

bondadoso, sa [bonda'ðoso, sa] *adj* kind.

bonificación [bonifika'θjon] *f* discount.

bonificar [bonifi'kar] *vt* to give a discount of.

bonito, ta [bo'nito, ta] *adj (persona, cosa)* pretty; *(cantidad)* considerable. ◆ *m (pescado)* tuna.

bono ['bono] *m (vale)* voucher.

bonobús [bono'βus] *m* multiple-journey ticket.

bonoloto [bono'loto] *f* Spanish lottery.

bonsai [bon'sai] *m* bonsai.

boñiga [bo'ɲiɣa] *f* cowpat.

boquerones [boke'rones] *mpl* (fresh) anchovies.

boquete [bo'kete] *m* hole.

boquilla [bo'kiʎa] *f (del cigarrillo)*

borda

cigarette holder; (de flauta, trompeta, etc) mouthpiece; (de tubo, aparato) nozzle; **de** ~ insincere.

borda ['borða] f gunwale.

bordado, da [bor'ðaðo, ða] adj embroidered. ◆ m embroidery; **salir** ~ to turn out just right.

bordar [bor'ðar] vt (en costura) to embroider; (ejecutar perfectamente) to play to perfection.

borde ['borðe] m (extremo) edge; (de carretera) side; (de vaso, botella) rim. ◆ adj despec grouchy, miserable; **al** ~ **de** on the verge of.

bordear [borðe'ar] vt (rodear) to border.

bordillo [bor'ðiʎo] m kerb Br, curb Am.

bordo ['borðo] m: **a** ~ **(de)** on board.

borla ['borla] f (adorno) tassel; (para maquillaje) powder puff.

borra ['bora] f (relleno) stuffing; (de pólvo) fluff.

borrachera [bora'tʃera] f drunkenness; **coger una** ~ to get drunk.

borracho, cha [bo'ratʃo, tʃa] adj & m, f drunk.

borrador [bora'ðor] m (boceto) rough draft; (goma) rubber (Br), eraser (Am).

borrar [bo'rar] vt (con goma) to rub out (Br), to erase (Am); (en ordenador) to delete; (en casete) to erase; (dar de baja) to strike off Br, to expel from a professional organization.

borrasca [bo'raska] f thunderstorm.

borrón [bo'ron] m blot.

borroso, sa [bo'roso, sa] adj blurred.

bosque ['boske] m (pequeño) wood; (grande) forest.

bostezar [boste'θar] vi to yawn.

bostezo [bos'teθo] m yawn.

bota ['bota] f (calzado) boot; (de vino) small leather container in which wine is kept; ~ **de agua** wellington boots; **ponerse las** ~**s** to stuff o.s.

botana [bo'tana] f Méx snack, tapa.

botánica [bo'tanika] f botany.

botar [bo'tar] vt Amér to throw away.

bote ['bote] m (de vidrio) jar; (de metal) can; (de plástico) bottle; (embarcación) boat; (salto) jump; ~ **salvavidas** lifeboat; **tener a alguien en el** ~ to have sb eating out of one's hand.

botella [bo'teʎa] f bottle.

botellín [bote'ʎin] m small bottle.

botijo [bo'tixo] m earthenware jug.

botín [bo'tin] m (calzado) ankle boot; (tras un robo, atraco) loot.

botiquín [boti'kin] m (maletín) first-aid kit; (mueble) medicine cabinet Br o chest Am.

botón [bo'ton] m button. ▫ **botones** m inv bellboy.

bouquet [bu'ket] m bouquet.

boutique [bu'tik] f boutique.

bóveda ['boβeða] f vault.

bovino, na [bo'βino, na] adj (en carnicería) beef (antes de s).

box [boks] m CSur & Méx boxing.

boxear [bokse'ar] vi to box.

boxeo [bok'seo] m boxing.

boya ['boja] f (en el mar) buoy.

bragas ['braɣas] fpl knickers Br, panties Am.

bragueta [bra'ɣeta] f flies (pl) (Br), zipper (Am).

bramar [bra'mar] vi to bellow.

brandada [bran'daða] f: ~ **de bacalao** thick fish soup made with cod and milk.

brandy ['brandi] m brandy.

brasa ['brasa] *f* ember; **a la ~** barbecued.

brasero [bra'sero] *m* brazier.

brasier [bra'sjer] *m* *Carib, Col & Méx* bra.

bravo, va ['braβo, βa] *adj (toro)* wild; *(persona)* brave; *(mar)* rough. ◆ *interj* bravo!

braza ['braθa] *f (en natación)* breaststroke.

brazalete [braθa'lete] *m* bracelet.

brazo ['braθo] *m* arm; *(de lámpara, candelabro)* branch; **con los ~s abiertos** with open arms; **de ~s cruzados** without lifting a finger; **~ de gitano** ≃ swiss roll *Br,* ≃ jelly roll *Am.*

brebaje [bre'βaxe] *m* concoction.

brecha ['bretʃa] *f (abertura)* hole; *(herida)* gash.

brécol ['brekol] *m* broccoli.

breve ['breβe] *adj* brief; **en ~** shortly.

brevedad [breβe'ðað] *f* shortness.

brevemente [ˌbreβe'mente] *adv* briefly.

brevet [bre'βet] *m* *Ecuad & Perú* driving licence *(Br)*, driver's license *(Am).*

brezo ['breθo] *m* heather.

bricolaje [briko'laxe] *m* do-it-yourself.

brida ['briða] *f* bridle.

brigada [bri'yaða] *f (de limpieza)* team; *(de la policía)* brigade.

brillante [bri'ʎante] *adj (material)* shiny; *(persona, trabajo, actuación)* brilliant. ◆ *m (cut)* diamond.

brillantina [briʎan'tina] *f* Brylcreem®, brillantine.

brillar [bri'ʎar] *vi* to shine.

brillo ['briʎo] *m* shine; **sacar ~ a** to polish.

brilloso, sa [bri'ʎoso, sa] *adj* *Amér* shiny.

brindar [brin'dar] *vi* to drink a toast. ◆ *vt* to offer; **~ por** to drink to. ❑ **brindarse** *vpr:* **~se a** to offer to.

brindis ['brindis] *m inv* toast.

brío ['brio] *m* spirit.

brisa ['brisa] *f* breeze.

británico, ca [bri'taniko, ka] *adj* British. ◆ *m, f* British person; **los ~s** the British.

brizna ['briθna] *f (de hierba)* blade.

broca ['broka] *f (drill)* bit.

brocal [bro'kal] *m* parapet *(of well).*

brocha ['brotʃa] *f (para pintar)* brush; *(para afeitarse)* shaving brush.

broche ['brotʃe] *m (joya)* brooch, pin *Am; (de vestido)* fastener.

brocheta [bro'tʃeta] *f (plato)* shish kebab; *(aguja)* skewer.

broma ['broma] *f (chiste)* joke; *(travesura)* prank; **gastar una ~ a alguien** to play a joke on sb; **ir en ~** to be joking; **tomar algo a ~** not to take sthg seriously; **~ pesada** bad joke.

bromear [brome'ar] *vi* to joke.

bromista [bro'mista] *adj* fond of playing jokes. ◆ *mf* joker.

bronca ['bronka] *f (jaleo)* row *Br,* quarrel; **echar una ~ a alguien** to tell sb off.

bronce ['bronθe] *m* bronze.

bronceado [bronθe'aðo] *m* tan.

bronceador [bronθea'ðor] *m* suntan lotion.

broncearse [bronθe'arse] *vpr* to get a tan.

bronquios ['bronkjos] *mpl* bronchial tubes.

bronquitis [bron'kitis] *f inv* bronchitis.

brotar [bro'tar] *vi* (*plantas*) to sprout; (*lágrimas, agua*) to well up.

brote ['brote] *m* (*de planta*) bud; (*de enfermedad*) outbreak.

bruja ['bruxa] *f fam* (*fea y vieja*) old hag → **brujo**.

brujería [bruxe'ria] *f* witchcraft.

brujo, ja ['bruxo, xa] *m, f* wizard (*f* witch).

brújula ['bruxula] *f* compass.

brusco, ca ['brusko, ka] *adj* (*repentino*) sudden; (*grosero*) brusque.

brusquedad [bruske'ðað] *f* (*imprevisión*) suddenness; (*grosería*) brusqueness.

brutal [bru'tal] *adj* (*salvaje*) brutal; (*enorme*) huge.

brutalidad [brutali'ðað] *f* (*brusquedad*) brutishness; (*salvajada*) brutal act.

bruto, ta ['bruto, ta] *adj* (*ignorante*) stupid; (*violento*) brutish; (*rudo*) rude; (*peso, precio, sueldo*) gross.

bucear [buθe'ar] *vi* to dive.

buche ['butʃe] *m* (*de ave*) crop.

bucle ['bukle] *m* (*de cabello*) curl; (*de cinta, cuerda*) loop.

bucólico, ca [bu'koliko, ka] *adj* country (*antes de s*).

bueno, na ['bweno, na] (*compar* & *superl* **mejor**) *adj* good. ◆ *adv* (*conforme*) all right. ◆ *interj* Méx (*al teléfono*) hello!; **¡buenas!** hello!; **¡buen día!** Amér hello!; **¡buenas noches!** (*despedida*) good night!; **¡buenas tardes!** (*hasta las cinco*) good afternoon!; (*después de las cinco*) good evening!; **¡~s días!** (*hola*) hello!; (*por la mañana*) good morning!; **hace buen día** it's a nice day.

buey [bwei] *m* ox; **~ de mar** spider crab.

búfalo ['bufalo] *m* buffalo.

bufanda [bu'fanda] *f* scarf.

bufete [bu'fete] *m* (*despacho*) lawyer's practice.

buffet [bu'fet] *m* buffet; **'~ libre'** 'eat as much as you can from the buffet'.

buhardilla [buar'ðiʎa] *f* (*desván*) attic; (*ventana*) dormer (window).

búho ['buo] *m* owl.

buitre ['bwitre] *m* vulture.

bujía [bu'xia] *f* (*de coche*) spark plug; (*vela*) candle.

bula ['bula] *f* (*papal*) bull.

bulbo ['bulβo] *m* bulb.

bulerías [bule'rias] *fpl* Andalusian song with lively rhythm accompanied by clapping.

bulevar [bule'βar] *m* boulevard.

bulla ['buʎa] *f* racket.

bullicio [bu'ʎiθjo] *m* (*actividad*) hustle and bustle; (*ruido*) hubbub.

bullicioso, sa [buʎi'θjoso,sa] *adj* (*persona*) rowdy; (*lugar*) busy.

bulto ['bulto] *m* (*volumen*) bulk; (*paquete*) package; (*en superficie*) bump; (*en piel, cabeza*) lump.

bumerang [bume'ran] *m* boomerang.

bungalow [bunga'lo] *m* bungalow.

buñuelo [bu'ɲwelo] *m* ≃ doughnut; **~ de bacalao** *type of cod dumpling*.

BUP [bup] *m* (*abrev de Bachillerato Unificado Polivalente*) *academically-orientated secondary school course taught in Spain for pupils aged 14-17*.

buque ['buke] *m* ship.

burbuja [bur'βuxa] *f* (*de gas, aire*) bubble; (*flotador*) rubber ring Br, lifesaver Am.

burdel [bur'ðel] *m* brothel.

burgués, esa [bur'ɣes, esa] *adj* middle-class. ◆ *m, f* middle class person.

burguesía [buɾɣe'sia] f middle class.

burla ['buɾla] f taunt.

burlar [buɾ'laɾ] vt (eludir) to evade; (ley) to flout. □ **burlarse de** v + prep to make fun of.

buró [bu'ɾo] m writing desk; Amér bedside table.

burrada [bu'raða] f stupid thing.

burro, rra ['buro, ra] m, f (animal) donkey; (persona tonta) dimwit.

buscador [buska'ðoɾ] m COMPUT search engine.

buscar [bus'kaɾ] vt to look for; **ir a ~ (personas)** to pick up; (cosas) to go and get.

busto ['busto] m (en escultura, pintura) bust; (parte del cuerpo) chest.

butaca [bu'taka] f (asiento) armchair; (en cine, teatro) seat.

butano [bu'tano] m butane (gas).

buzo ['buθo] m (persona) diver; (traje) overalls (pl).

buzón [bu'θon] m letterbox Br, mailbox Am.

C

c/ (abrev de calle) St; (abrev de cuenta) a/c.

cabalgada [kaβal'ɣaða] f mounted expedition.

cabalgar [kaβal'ɣaɾ] vi to ride.

cabalgata [kaβal'ɣata] f procession.

caballa [ka'βaʎa] f mackerel.

caballería [kaβaʎe'ria] f (cuerpo militar) cavalry; (animal) mount.

caballero [kaβa'ʎeɾo] m (persona, cortés) gentleman; formal (señor) Sir; (de Edad Media) knight; '~s' (en aseos) 'gents' Br, 'men'; (en probadores) 'men'; (en tienda de ropa) 'menswear'.

caballete [kaβa'ʎete] m (para mesa, tabla) trestle; (para cuadro, pizarra) easel.

caballito [kaβa'ʎito] m: **~ de mar** sea horse. □ **caballitos** mpl (tiovivo) merry-go-round (sg).

caballo [ka'βaʎo] m (animal) horse; (en la baraja) ≃ queen; (en ajedrez) knight; **~s de vapor** horsepower.

cabaña [ka'βaɲa] f cabin.

cabaret [kaβa'ɾet] m cabaret.

cabecear [kaβeθe'aɾ] vi (negando) to shake one's head; (afirmando) to nod one's head; (durmiéndose) to nod off; (barco) to pitch; (coche) to lurch.

cabecera [kaβe'θeɾa] f (de la cama) headboard; (en periódico) headline; (en libro, lista) heading; (parte principal) head.

cabecilla [kaβe'θiʎa] mf ringleader.

cabellera [kaβe'ʎeɾa] f long hair.

cabello [ka'βeʎo] m hair; **~ de ángel** sweet consisting of strands of pumpkin coated in syrup.

caber [ka'βeɾ] vi to fit; (ser posible) to be possible; **no cabe duda** there is no doubt about it; **no me caben los pantalones** my trousers are too small for me.

cabestrillo [kaβes'triʎo] m sling.

cabeza [ka'βeθa] f head; **~ de ajos** head of garlic; **~ de familia** head of the family; **~ rapada** skinhead; **por ~** per head; **perder la ~** to lose one's head; **sentar la ~** to settle down; **traer de ~** to drive mad.

cabezada [kaβe'θaða] f: **dar una ~** to have a nap.

cabida [ka'βiða] *f:* tener ~ to have room.

cabina [ka'βina] *f* booth; ~ **telefónica** phone box (*Br*), phone booth.

cable [ka'βle] *m* cable; **por** ~ by cable; ~ **eléctrico** electric cable.

cabo ['kaβo] *m* (*en geografía*) cape; (*cuerda*) rope; (*militar, policía*) corporal; **al** ~ **de** after; **atar** ~**s** to put two and two together; ~ **suelto** loose end; **de** ~ **a rabo** from beginning to end; **llevar algo a** ~ to carry sthg out.

cabra ['kaβra] *f* goat; **estar como una** ~ to be off one's head.

cabrear [kaβre'ar] *vt vulg* to piss off. □ **cabrearse** *vpr vulg* to get pissed off.

cabreo [ka'βreo] *m vulg:* **coger un** ~ to get pissed off.

cabrito [ka'βrito] *m* kid (goat).

cabrón, brona [ka'βron, 'βrona] *m, f vulg* bastard (*f bitch*).

cabronada [kaβro'naða] *f vulg* dirty trick.

caca ['kaka] *f* (*excremento*) pooh; (*suciedad*) dirty thing.

cacahuate [kaka'wate] *m Méx* peanut.

cacahuete [kaka'wete] *m* peanut.

cacao [ka'kao] *m* (*chocolate*) cocoa; *fam* (*jaleo*) racket; (*de labios*) lip salve.

cacarear [kakare'ar] *vi* to cluck.

cacería [kaθe'ria] *f* hunt.

cacerola [kaθe'rola] *f* pot.

cachalote [katʃa'lote] *m* sperm whale.

cacharro [ka'tʃaro] *m* (*de cocina*) pot; *fam* (*trasto*) junk; *fam* (*coche*) banger *Br*, rattle trap *Am*.

cachear [katʃe'ar] *vt* to frisk.

cachemir [katʃe'mir] *m* cashmere.

cachetada [katʃe'taða] *f Amér fam* slap.

cachete [ka'tʃete] *m* slap.

cachivache [katʃi'βatʃe] *m* knickknack.

cacho ['katʃo] *m fam* (*trozo*) piece; *Andes & Ven* (*cuerno*) horn.

cachondearse [katʃonde'arse]
♦ **cachondearse de** *v + prep fam* to take the mickey out of *Br*, to make fun of.

cachondeo [katʃon'deo] *m fam:* **estar de** ~ to be joking; **ir de** ~ to go out on the town.

cachondo, da [ka'tʃondo, da] *adj fam* (*alegre*) funny.

cachorro, rra [ka'tʃoro, ra] *m, f* puppy.

cacique [ka'θike] *m* local political boss.

cactus ['kaktus] *m* cactus.

cada ['kaða] *adj* (*para distribuir*) each; (*en frecuencia*) every; ~ **vez más** more and more; ~ **vez más corto** shorter and shorter; ~ **uno** each one.

cadáver [ka'ðaβer] *m* corpse.

cadena [ka'ðena] *f* chain; (*de televisión*) channel, network *Br*; (*de radio*) station; (*de música*) sound system; (*de montañas*) range; **en** ~ (*accidente*) multiple.

cadencia [ka'ðenθja] *f* rhythm.

cadera [ka'ðera] *f* hip.

cadete [ka'ðete] *m* cadet.

caducar [kaðu'kar] *vi* (*alimento*) to pass its sell-by date *Br* ○ best-before date *Am*; (*ley, documento, etc*) to expire.

caducidad [kaðuθi'ðað] *f* expiry.

caduco, ca [ka'ðuko, ka] *adj* (*persona*) very old-fashioned; **de hoja caduca** deciduous.

caer [ka'er] *vi* to fall; (*día, tarde, verano*) to draw to a close; ~ **bien/mal** (*comentario, noticia*) to go down

well/badly; **me cae bien/mal** *(persona)*
I like/don't like him; **cae cerca de
aquí** it's not far from here; **dejar
~ algo** to drop stg. □ **caer en** *v* +
prep (respuesta, solución) to hit on, to
find; *(día)* to be on; *(mes)* to be in;
~ en la cuenta to realize. □ **caerse**
vpr (persona) to fall down.

café [ka'fe] *m (bebida, grano)* coffee;
(establecimiento) cafe; **~ descafeinado**
decaffeinated coffee; **~ irlandés**
Irish coffee; **~ con leche** white coffee; **~ molido** ground coffee; **~ solo**
black coffee.

CAFÉ

In Spain there are many different ways to drink coffee. An
espresso is called "un café solo"
or more commonly "un solo". A
"solo" with a dash of milk added
is called "un cortado" - this name
is also used in Uruguay, Chile,
Venezuela and Argentina. "Un
carajillo" is a black coffee with a
dash of spirits or liqueur. "Café
con leche" is a large cup filled
half with coffee and half with
milk and is usually drunk at
breakfast. In Mexico, "café de
olla", which contains sugar, cinnamon and other spices, is also
common.

cafebrería [kafeβre'ria] *f Amér*
cafe cum bookshop.

cafeína [kafe'ina] *f* caffeine.

cafetera [kafe'tera] *f (para servir)*
coffee pot; *(en bares)* espresso machine; *(eléctrica)* coffee maker.

cafetería [kafete'ria] *f* cafe.

cagar [ka'ɣar] *vi vulg* to shit. ◆ *vt
vulg* to fuck up.

caída [ka'iða] *f* fall.

caído, da [ka'iðo, ða] *adj (abatido)*
downhearted; **los ~ s** the fallen.

caimán [kaj'man] *m* alligator.

caja ['kaxa] *f (recipiente)* box; *(para
transporte, embalaje)* crate; *(de banco)*
cashier's desk *Br*, (teller) window
Am; *(de supermercado)* till *Br*, checkout *Am*; *(de instrumento musical)*
body; **~ de ahorros** savings bank;
~ de cambios gearbox; **~ de herramientas** tool-box; **~ registradora**
cash register.

cajero, ra [ka'xero, ra] *m, f (de banco)* teller; *(de tienda)* cashier; **~ automático** cash point.

cajetilla [kaxe'tiʎa] *f* packet *Br*,
pack *Am*. ◆ *m Amér despec* city slicker.

cajón [ka'xon] *m (de mueble)*
drawer; **~ de sastre** muddle.

cajonera [kaxo'nera] *f* chest of
drawers.

cajuela [ka'xwela] *f Méx* boot *(Br)*,
trunk *(Am)*.

cal [kal] *f* lime.

cala ['kala] *f (ensenada)* cove.

calabacín [kalaβa'θin] *m* courgette *(Br)*, zucchini *(Am)*; **~ relleno**
courgette stuffed with mince.

calabaza [kala'βaθa] *f* pumpkin.

calabozo [kala'βoθo] *m* cell.

calada [ka'laða] *f* drag.

calamar [kala'mar] *m* squid; **~es a
la romana** *squid rings fried in batter.*

calambre [ka'lambre] *m (de un
músculo)* cramp; *(descarga eléctrica)*
shock.

calamidad [kalami'ðað] *f* calamity;
ser una ~ *(persona)* to be a dead loss.

calar [ka'lar] *vt (suj: lluvia, humedad)*
to soak; *(suj: frío)* to penetrate. □ **calar en** *v* + *prep (ideas, sentimiento)*
to have an impact on. □ **calarse** *vpr
(mojarse)* to get soaked; *(suj: vehículo)*
to stall; *(sombrero)* to jam on.

calato, ta [ka'lato, ta] *adj Amér* naked.

calaveras [kala'βeras] *fpl Amér* rear lights *Br*, tail lights *Am*.

calcar [kal'kar] *vt (dibujo)* to trace; *(imitar)* to copy.

calcáreo, a [kal'kareo, a] *adj* lime.

calcetín [kalθe'tin] *m* sock.

calcio ['kalθjo] *m* calcium.

calcomanía [kalkoma'nia] *f* transfer.

calculador, ra [kalkula'ðor, ra] *adj* calculating.

calculadora [kalkula'ðora] *f* calculator.

calcular [kalku'lar] *vt (cantidad)* to calculate; *(suponer)* to guess.

cálculo ['kalkulo] *m (en matemáticas)* calculus.

caldear [kalde'ar] *vt (local)* to heat; *(ambiente)* to liven up.

caldera [kal'dera] *f* boiler.

calderilla [kalde'riʎa] *f* small change.

caldo ['kaldo] *m* broth; ~ **gallego** thick soup with meat.

calefacción [kalefak'θjon] *f* heating; ~ **central** central heating.

calefactor [kalefak'tor] *m* heater.

calendario [kalen'darjo] *m* calendar; *(de actividades)* timetable.

calentador [kalenta'ðor] *m* heater.

calentamiento [kalenta'mjento] *m (en deporte)* warm-up.

calentar [kalen'tar] *vt (agua, leche, comida)* to heat up; *fig (pegar)* to hit; *fig (incitar)* to incite. ❑ **calentarse** *vpr (animarse)* to warm up; *(excitarse)* to get turned on.

calesitas [kale'sitas] *fpl Amér* merry-go-round *(sg)*.

calibrar [kali'βrar] *vt* to gauge.

calibre [ka'liβre] *m (importancia)* importance.

calidad [kali'ðað] *f* quality; *(clase)* class; **de ~** quality; **en ~ de** in one's capacity as.

cálido, da ['kaliðo, ða] *adj* warm; *(agradable, acogedor)* friendly.

caliente [ka'ljente] *adj* hot; **en ~** in the heat of the moment.

calificación [kalifika'θjon] *f (en deportes)* score; *(de un alumno)* mark, grade *Am*.

calificar [kalifi'kar] *vt (trabajo, examen)* to mark, to grade *Am*; ~ **a alguien de algo** to call sb sthg.

caligrafía [kaliɣra'fia] *f (letra)* handwriting.

cáliz ['kaliθ] *m (de flor)* calyx; *(de misa)* chalice.

callado, da [ka'ʎaðo, ða] *adj* quiet.

callar [ka'ʎar] *vi* to be quiet. ◆ *vt (secreto)* to keep; *(respuesta)* to keep to o.s. ❑ **callarse** *vpr (no hablar)* to keep quiet; *(dejar de hablar)* to keep quiet.

calle [ka'ʎe] *f (de población)* street; *(de carretera, en natación)* lane; **dejar a alguien en la ~** to put sb out of a job; **~ abajo/arriba** down/up the street.

calleja [ka'ʎexa] *f* alley, small street.

callejero, ra [kaʎe'xero, ra] *adj* street *(antes de s.)*. ◆ *m* street map.

callejón [kaʎe'xon] *m (calle estrecha)* alley; *(en toros)* passageway behind wall encircling bullring; **~ sin salida** cul-de-sac.

callejuela [kaʎe'xwela] *f* side street.

callo [ka'ʎo] *m (de pies)* corn; *(de manos)* callus. ❑ **callos** *mpl* tripe *(sg)*.

calloso, sa [ka'ʎoso, sa] *adj* calloused.

calma ['kalma] *f* calm.

calmado, da [kal'maðo, ða] *adj* calm.

calmante [kal'mante] *m* sedative.

calmar [kal'mar] *vt* to calm. ❑ **calmarse** *vpr* to calm down.

calor [ka'lor] *m o f (temperatura elevada, sensación)* heat; *(tibieza, del hogar)* warmth; **hace ~** it's hot; **tener ~** to be hot.

caloría [kalo'ria] *f* calorie.

calumnia [ka'lumnja] *f (oral)* slander; *(escrita)* libel.

calumniador, ra [kalumnja-'ðor, ra] *adj* slanderous.

calumniar [kalum'njar] *vt (oralmente)* to slander; *(por escrito)* to libel.

calumnioso, sa [kalum'njoso, sa] *adj* slanderous.

caluroso, sa [kalu'roso, sa] *adj (caliente)* hot; *(tibio, afectuoso, cariñoso)* warm.

calva ['kalβa] *f (cabeza)* bald head; *(area)* bald patch → **calvo**.

calvario [kal'βarjo] *m (sufrimiento)* ordeal.

calvicie [kal'βiθje] *f* baldness.

calvo, va ['kalβo, βa] *adj* bald. ◆ *m* bald man.

calzada [kal'θaða] *f* road (surface); **'~ irregular'** 'uneven road surface'.

calzado [kal'θaðo] *m* footwear; **'reparación de ~s'** 'shoe repairs'.

calzador [kal'θaðor] *m* shoehorn.

calzar [kal'θar] *vt (zapato, bota)* to put on; **¿qué número calza?** what size (shoe) do you take? ❑ **calzarse** *vpr* to put on.

calzoncillos [kalθon'θiʎos] *mpl* underpants.

calzones [kal'θones] *mpl* Amér knickers Br, panties Am.

cama ['kama] *f* bed; **guardar ~** to be confined to bed; **~ individual** single bed; **~ de matrimonio** double bed.

camaleón [kamale'on] *m* chameleon.

cámara¹ ['kamara] *f (para filmar)* camera; *(de diputados, senadores)* chamber; *(de neumático)* inner tube; **~ fotográfica** camera; **~ de vídeo** video (camera).

cámara² ['kamara] *m* cameraman *f (camerawoman).*

camarada [kama'raða] *mf (en el trabajo)* colleague.

camarero, ra [kama'rero, ra] *m, f (de bar, restaurante)* waiter *f (waitress); (de hotel)* steward *f (chambermaid).*

camarón [kama'ron] *m* Amér shrimp.

camarote [kama'rote] *m* cabin.

camastro [ka'mastro] *m* rickety bed.

cambiar [kam'bjar] *vt* to change; *(ideas, impresiones, etc)* to exchange. ◆ *vi* to change; **~ de** *(coche, vida)* to change; *(domicilio)* to move. ❑ **cambiarse** *vpr (de ropa)* to change; **~ de** *(casa)* to move; **~se de camisa** to change one's shirt.

cambio ['kambjo] *m* change; *(de ideas, propuestas, etc)* exchange; *(valor de moneda)* exchange rate; **en ~** on the other hand; **~ de marchas** gear change; **'~ (de moneda)'** 'bureau de change'.

camello [ka'meʎo] *m* camel.

camembert ['kamemβer] *m* camembert.

camerino [kame'rino] *m* dressing room.

camilla [ka'miʎa] *f (para enfermo, herido)* stretcher.

camillero, ra [kami'ʎero, ra] *m, f* stretcher-bearer.

caminante [kami'nante] *mf* walker.

caminar [kami'nar] *vi* to walk. ◆ *vt* to travel.

caminata [kami'nata] *f* long walk.

camino [ka'mino] *m* (*vía*) road; (*recorrido*) path; (*medio*) way; **a medio ~** halfway; **~ de** on the way to; **ir por buen/mal ~** (*ruta*) to be going the right/wrong way; **ponerse en ~ to** set off.

CAMINO DE SANTIAGO

The "Camino de Santiago" is the pilgrim route, which enters Spain from France through the Pyrenees and leads to Santiago de Compostela in Galicia, where, according to tradition, the body of Saint James the Apostle is buried in the cathedral. Nowadays, it is a popular tourist trail as well as a pilgrim route.

camión [kami'on] *m* (*de mercancías*) lorry (*Br*), truck (*Am*); *CAm & Méx* (*autobús*) bus.

camionero, ra [kamjo'nero, ra] *m, f* lorry driver (*Br*), truck driver (*Am*).

camioneta [kamjo'neta] *f* van.

camisa [ka'misa] *f* shirt.

camisería [kamise'ria] *f* outfitter's (shop).

camisero, ra [kami'sero, ra] *adj* with buttons down the front.

camiseta [kami'seta] *f* (*de verano*) T-shirt; (*ropa interior*) knickers *Br*, undershirt *Am*.

camisola [kami'sola] *f* Amér shirt.

camisón [kami'son] *m* nightdress *Br*, nightgown *Am*.

camomila [kamo'mila] *f* camomile.

camorra [ka'mora] *f* trouble.

camote [ka'mote] *m* Andes, CAm & Méx sweet potato.

campamento [kampa'mento] *m* camp.

campana [kam'pana] *f* (*de iglesia*) bell; (*de chimenea*) chimney breast; (*de cocina*) hood.

campanario [kampa'narjo] *m* belfry.

campaña [kam'paɲa] *f* campaign.

campechano, na [kampe'tʃano, na] *adj* good-natured.

campeón, ona [kampe'on, ona] *m, f* champion.

campeonato [kampeo'nato] *m* championship; **de ~** terrific.

campera [kam'pera] *f* Amér jacket.

campesino, na [kampe'sino, na] *m, f* (*agricultor*) farmer; (*muy pobre*) peasant.

campestre [kam'pestre] *adj* country.

camping ['kampin] *m* (*lugar*) campsite; (*actividad*) camping; **ir de ~** to go camping.

campista [kam'pista] *mf* camper.

campo ['kampo] *m* field; (*campiña*) countryside; (*de fútbol*) pitch *Br*, field *Am*; (*de golf*) course; **~ de deportes** sports ground; **dejar el ~ libre** to leave the field open.

campus ['kampus] *m* campus.

camuflar [kamu'flar] *vt* to camouflage.

cana ['kana] *f* grey hair; **tener ~s** to be going grey.

Canadá [kana'ða] *m*: **(el) ~** Canada.

canadiense [kana'ðjense] *adj & mf* Canadian.

canal [ka'nal] *m* (*para regar*) canal; (*en geografía*) strait; (*de televisión*) channel; (*de desagüe*) pipe.

canalla [ka'naʎa] *mf* swine.

canapé [kana'pe] *m* canapé.

Canarias [ka'narjas] *fpl*: **(las islas)** ~ the Canary Islands.

canario, ria [ka'narjo, rja] *adj* of/ relating to the Canary Islands. ◆ *m, f* Canary Islander. ◆ *m* (*pájaro*) canary.

canasta [ka'nasta] *f* basket; (*en naipes*) canasta.

canastilla [kanas'tiʎa] *f* (*de recién nacido*) layette.

cancela [kan'θela] *f* wrought-iron gate.

cancelación [kanθela'θjon] *f* cancellation.

cancelar [kanθe'lar] *vt* to cancel; (*cuenta, deuda*) to settle.

cáncer ['kanθer] *m* cancer.

cancerígeno, na [kanθe'rixeno, na] *adj* carcinogenic.

cancha ['kantʃa] *f* court.

canciller [kanθi'ʎer] *m* chancellor.

cancillería [kanθiʎe'ria] *f Amér (ministerio)* ≃ Foreign Office.

canción [kan'θjon] *f* song.

cancionero [kanθjo'nero] *m* songbook.

candado [kan'daðo] *m* padlock.

candela [kan'dela] *f Amér* fire.

candelabro [kande'laβro] *m* candelabra.

candidato, ta [kandi'ðato, ta] *m, f*: ~ **(a)** candidate (for).

candidatura [kandiða'tura] *f* candidacy.

candil [kan'dil] *m* (*lámpara*) oil lamp; *Amér (araña*) chandelier.

candilejas [kandi'lexas] *fpl* footlights.

caneca [ka'neka] *f Amér* rubbish bin (*Br*), trash can (*Am*).

canela [ka'nela] *f* cinnamon.

canelones [kane'lones] *mpl* cannelloni.

cangrejo [kan'grexo] *m* crab.

canguro [kan'guro] *m* (*animal*) kangaroo; (*para llevar a un niño*) sling. ◆ *mf* (*persona*) babysitter.

caníbal [ka'niβal] *mf* cannibal.

canica [ka'nika] *f* marble. ☐ **canicas** *fpl* (*juego*) marbles.

canijo, ja [ka'nixo, xa] *adj* sickly.

canilla [ka'niʎa] *f CSur (grifo)* tap *Br*, faucet *Am*; (*pierna*) leg.

canjeable [kanxe'aβle] *adj* exchangeable.

canjear [kanxe'ar] *vt* to exchange; ~ **algo por** to exchange sthg for.

canoa [ka'noa] *f* canoe.

canoso, sa [ka'noso, sa] *adj* greyhaired.

cansado, da [kan'saðo, ða] *adj* (*fatigado, aburrido*) tired; (*pesado*) tiring; **estar** ~ **(de)** to be tired (of).

cansador, ra [kansa'ðor, ra] *adj Andes & CSur* tiring.

cansancio [kan'sanθjo] *m* tiredness.

cansar [kan'sar] *vt* to tire. ☐ **cansarse** *vpr*: ~**se (de)** (*fatigarse*) to get tired (from); (*hartarse*) to get tired (of).

cantábrico, ca [kan'taβriko, ka] *adj* Cantabrian. ☐ **Cantábrico** *m*: **el Cantábrico** the Cantabrian Sea.

cantante [kan'tante] *mf* singer.

cantaor, ra [kanta'or, ra] *m, f* flamenco singer.

cantar [kan'tar] *vt* (*canción*) to sing; (*premio*) to call (out). ◆ *vi* to sing; *fig* (*confesar*) to talk.

cántaro ['kantaro] *m* large pitcher; **llover a** ~**s** to rain cats and dogs.

cantautor, ra [kantau'tor, ra] *m, f* singer-songwriter.

cante ['kante] *m*: ~ **flamenco** o **jondo** flamenco singing.

cantera [kan'tera] *f (de piedra)* quarry; *(de profesionales)* source.

cantidad [kanti'ðað] *f (medida)* quantity; *(importe)* sum; *(número)* number. ◆ *adv* a lot; **en** ~ in abundance.

cantimplora [kantim'plora] *f* water bottle.

cantina [kan'tina] *f (en fábrica)* canteen *Br*, cafetería *Am*; *(en estación de tren)* buffet, station café.

canto ['kanto] *m (arte)* singing; *(canción)* song; *(borde)* edge; **de** ~ edgeways; ~ **rodado** boulder.

canturrear [kanture'ar] *vt & vi* to sing softly.

caña ['kaɲa] *f (tallo)* cane; *(de cerveza)* small glass of beer; ~ **de azúcar** sugarcane; ~ **de pescar** fishing rod.

cáñamo ['kaɲamo] *m* hemp.

cañaveral [kaɲaβe'ral] *m* sugarcane plantation.

cañería [kaɲe'ria] *f* pipe.

caño ['kaɲo] *m (de fuente)* jet; *(tubo)* pipe; *Amér (grifo)* tap *Br*, faucet *Am*.

cañón [ka'ɲon] *m (arma moderna)* gun; *(arma antigua)* cannon; *(de fusil)* barrel; *(entre montañas)* canyon.

cañonazo [kaɲo'naθo] *m* gunshot.

caoba [ka'oβa] *f* mahogany.

caos ['kaos] *m inv* chaos.

caótico, ca [ka'otiko, ka] *adj* chaotic.

capa ['kapa] *f (manto)* cloak; *(de pintura, barniz, chocolate)* coat; *(de la tierra, sociedad)* stratum; *(de torero)* cape; ~ **de ozono** ozone layer; **a** ~ **y espada** *(defender)* tooth and nail; **andar de** ~ **caída** to be doing badly.

capacidad [kapaθi'ðað] *f (de envase, aforo)* capacity; *(habilidad)* ability.

capacitado, da [kapaθi'taðo, ða]

adj: **estar** ~ **para** to be qualified to.

caparazón [kapara'θon] *m* shell.

capataz [kapa'taθ] *(pl* -ces [θes]*) mf* foreman *(f* forewoman).

capaz [ka'paθ] *(pl* -ces [θes]*) adj* capable; **ser** ~ **de** to be capable of.

capazo [ka'paθo] *m* large wicker basket.

capellán [kape'ʎan] *m* chaplain.

capicúa [kapi'kua] *adj inv* reversible.

capilar [kapi'lar] *adj* hair *(antes de s)*.

capilla [ka'piʎa] *f* chapel.

capital [kapi'tal] *adj (importante)* supreme. ◆ *mf* capital.

capitalismo [kapita'lizmo] *m* capitalism.

capitalista [kapita'lista] *adj & mf* capitalist.

capitán, ana [kapi'tan, ana] *m*, *f* captain.

capitanía [kapita'nia] *f (edificio)* ≃ field marshal's headquarters.

capitel [kapi'tel] *m* capital *(in architecture)*.

capítulo [ka'pitulo] *m* chapter.

capó [ka'po] *m* bonnet *(Br)*, hood *(Am)*.

capón [ka'pon] *m (animal)* capon; *(golpe)* rap.

capota [ka'pota] *f* hood *(Br)*, top *(Am)*.

capote [ka'pote] *m (de torero)* cape.

capricho [ka'pritʃo] *m* whim; **darse un** ~ to treat o.s.

caprichoso, sa [kapri'tʃoso, sa] *adj* capricious.

cápsula ['kapsula] *f* capsule.

captar [kap'tar] *vt (sonido, rumor)* to hear; *(persona)* to win over; *(explicación, idea)* to grasp; *(señal de radio, TV)* to receive.

capturar [kaptu'rar] vt to capture.

capucha [ka'putʃa] f (de prenda de vestir) hood; (de pluma, bolígrafo) cap.

capuchino, na [kapu'tʃino, na] adj & m, f Capuchin. ◆ m cappuccino.

capullo [ka'puʎo] m (de flor) bud; (de gusano) cocoon.

cara ['kara] f (rostro) face; (de página, tela, luna, moneda) side; ~ a to face; **de** ~ **a** (frente a) facing; ~ **o cruz** heads or tails; **echar algo a** ~ **o cruz** to toss a coin for sthg; **dar la** ~ to face the consequences; **echar en** ~ **algo a alguien** to reproach sb for sthg; **esta comida no tiene buena** ~ this meal doesn't look very good; **plantar** ~ to stand up to; **tener (mucha)** ~ to have a cheek.

carabela [kara'βela] f caravel.

carabina [kara'βina] f (arma) rifle; fam (persona) chaperone.

caracol [kara'kol] m snail; ~**es a la llauna** snails cooked in a pan with oil, garlic and parsley.

caracola [kara'kola] f conch.

caracolada [karako'laða] f dish made with snails.

carácter [ka'rakter] m (modo de ser) character; (tipo) nature; **tener mal/buen** ~ to be bad-tempered/good-natured; **tener mucho/poco** ~ to have a strong/weak personality.

característica [karakte'ristika] f characteristic.

característico, ca [karakte-'ristiko, ka] adj characteristic.

caracterizar [karakteri'θar] vt (identificar) to characterize; (representar) to portray. ❑ **caracterizarse por** v + prep to be characterized by.

caradura [kara'ðura] mf fam cheeky Br, nervy Am.

carajillo [kara'xiʎo] m coffee with a dash of liqueur.

caramba [ka'ramba] interj (expresa sorpresa) good heavens!; (expresa enfado) for heaven's sake!

carambola [karam'bola] f cannon (in billiards); **de** ~ (de casualidad) by a fluke; (de rebote) indirectly.

caramelo [kara'melo] m (golosina) sweet Br, candy Am; (azúcar fundido) caramel.

carátula [ka'ratula] f (de libro, revista) front cover; (de disco) sleeve; (de casete) inlay card.

caravana [kara'βana] f (en carretera) tailback Br, backup Am; (remolque) caravan; **hacer** ~ to sit in a tailback.

caravaning [kara'βanin] m caravanning.

caray [ka'raj] interj (expresa sorpresa) good heavens!; (expresa enfado, daño) damn it!

carbón [kar'βon] m coal.

carboncillo [karβon'θiʎo] m charcoal.

carbono [kar'βono] m carbon.

carburador [karβura'ðor] m carburettor.

carburante [karβu'rante] m fuel.

carcajada [karka'xaða] f guffaw; **reír a** ~**s** to roar with laughter.

cárcel ['karθel] f prison; **en la** ~ in prison.

carcoma [kar'koma] f woodworm.

cardenal [karðe'nal] m (en religión) cardinal; (morado) bruise.

cardíaco, ca [kar'ðiako, ka] adj cardiac.

cardinal [karði'nal] adj cardinal.

cardiólogo, ga [kar'ðjolovo, va] m, f cardiologist.

cardo [kar'ðo] m (planta) thistle; fam (persona) prickly customer.

carecer [kare'θer] ◆ **carecer de** v + prep to lack.

carencia [ka'renθja] f (ausencia) lack; (defecto) deficiency.

careta [ka'reta] f mask.

carey [ka'rej] m (de tortuga) tortoiseshell.

carga ['karɣa] f (de barco, avión) cargo; (de tren, camión) freight; (peso) load; (para bolígrafo, mechero, pluma) refill; (de arma, explosivo, batería) charge; (responsabilidad) burden.

cargado, da [kar'ɣaðo, ða] adj (cielo) overcast; (habitación, ambiente) stuffy; (bebida, infusión) strong; ~ **de** (lleno de) loaded with.

cargador, ra [karɣa'ðor, ra] m, f loader. ◆ m (de arma) chamber; (de batería) charger.

cargar [kar'ɣar] vt (mercancía, arma) to load; (bolígrafo, pluma, mechero) to refill; (tener capacidad para) to hold; (factura, deudas, batería) to charge. ◆ vi (molestar) to be annoying; ~ **algo de** (llenar) to fill sthg with. ❏ **cargar con** v + prep (paquete) to carry; (responsabilidad) to bear; (consecuencia) to accept. ❏ **cargar contra** v + prep to charge. ❏ **cargarse** vpr fam (estropear) to break; fam (matar) to bump off; fam (suspender) to fail; (ambiente) to get stuffy. ❏ **cargarse de** v + prep (llenarse de) to fill up with.

cargo ['karɣo] m charge; (empleo, función) post; **estar a ~ de** to be in charge of; **hacerse ~ de** (responsabilizarse) to take care of; (asumir el control) to take charge of; (comprender) to understand.

cargoso, sa [kar'ɣoso, sa] adj CSur & Perú annoying.

cariado, da [ka'rjaðo, ða] adj decayed.

Caribe [ka'riβe] m: **el ~ the** Caribbean.

caribeño, ña [kari'βeɲo, ɲa] aa Caribbean.

caricatura [karika'tura] f caricature.

caricia [ka'riθja] f (a persona) caress; (a animal) stroke.

caridad [kari'ðað] f charity.

caries ['karjes] f inv tooth decay.

cariño [ka'riɲo] m (afecto) affection; (cuidado) loving care; (apelativo) love.

cariñoso, sa [kari'ɲoso, sa] adj affectionate.

carisma [ka'rizma] m charisma.

caritativo, va [karita'tiβo, βa] adj charitable.

cariz [ka'riθ] m appearance.

carmín [kar'min] m (para labios) lipstick.

carnal [kar'nal] adj (pariente) first.

Carnaval [karna'βal] m Shrovetide.

CARNAVAL

"Carnaval" is the period leading up to Lent when celebrations are held throughout Spain and Latin America. There are parades with floats and lots of people, especially children, go out into the streets in fancy dress.

carne ['karne] f (alimento) meat; (de persona, fruta) flesh; ~ **de cerdo** pork; ~ **de cordero** lamb; ~ **de gallina** goose pimples (pl); ~ **picada** mince (Br), ground beef (Am); ~ **de ternera** veal; ~ **de vaca** beef.

carné [kar'ne] m (de club, partido) membership card; ~ **de conducir** driving licence (Br), driver's license

(Am); ~ **de identidad** identity card.

carnero [kar'nero] *m* ram.

carnicería [karniθe'ria] *f (tienda)* butcher's (shop); *(matanza)* carnage.

carnicero, ra [karni'θero, ra] *m, f* butcher.

carnitas [kar'nitas] *fpl Méx* snack of spicy, fried meat in taco or bread.

caro, ra ['karo, ra] *adj* expensive. ◆ *adv* at a high price; **costar** ~ to be expensive.

carpa ['karpa] *f (de circo)* big top; *(para fiestas)* marquee *Br,* tent *Am; (pez)* carp.

carpeta [kar'peta] *f* file.

carpintería [karpinte'ria] *f (oficio)* joinery; *(arte)* carpentry; *(taller)* joiner's workshop.

carpintero [karpin'tero, ra] *m (profesional)* joiner; *(artista)* carpenter.

carrera [ka'rera] *f (competición)* race; *(estudios)* degree course; *(profesión)* career; *(en medias, calcetines)* ladder *(Br),* run *(Am);* **a la** ~ at full speed.

carrerilla [kare'riʎa] *f (carrera corta)* run-up; **de** ~ *fam* by heart.

carreta [ka'reta] *f* cart.

carrete [ka'rete] *m (de fotografías)* roll; *(de hilo)* reel *Br,* spool *Am.*

carretera [kare'tera] *f* road; ~ **de circunvalación** ring road; ~ **comarcal** minor road *Br,* state highway *Am;* ~ **de cuota** *Méx* toll road; ~ **nacional** ≃ A road *(Br),* interstate highway *(Am).*

carretilla [kare'tiʎa] *f* wheelbarrow.

carril [ka'ril] *m (de carretera, autopista)* lane; *(de tren)* rail; ~ **de aceleración** fast lane; ~ **bici** cycle lane; ~ **bus** bus lane; ~ **de los lentos** crawler lane *Br,* slow lane *Am.*

carrito [ka'rito] *m (de la compra)*

trolley *Br,* shopping cart *Am; (para bebés)* pushchair *(Br),* stroller *(Am).*

carro ['karo] *m (carruaje)* cart; *Andes, CAm, Carib & Méx (automóvil) (coche)* car; ~ **comedor** *Amér* dining car; ~ **de la compra** trolley *Br,* shopping cart *Am.*

carrocería [karoθe'ria] *f* bodywork.

carromato [karo'mato] *m* covered wagon.

carroña [ka'roɲa] *f* carrion.

carroza [ka'roθa] *f* coach, carriage.

carruaje [karu'axe] *m* carriage.

carrusel [karu'sel] *m (de feria)* carousel.

carta ['karta] *f (escrito)* letter; *(de restaurante, bar)* menu; *(de la baraja)* card; ~ **de vinos** wine list.

cartabón [karta'βon] *m* set square *Br,* triangle *Am.*

cartearse [karte'arse] *vpr* to correspond.

cartel [kar'tel] *m* poster.

cartelera [karte'lera] *f (de espectáculos)* entertainments section; *(tablón)* hoarding *(Br),* billboard *(Am);* **estar en** ~ *(película)* to be showing; *(obra de teatro)* to be running.

cartera [kar'tera] *f (para dinero)* wallet; *(de colegial)* satchel; *(para documentos)* briefcase; *(sin asa)* portfolio; *(de mujer)* clutch bag.

carterista [karte'rista] *mf* pickpocket.

cartero, ra [kar'tero, ra] *m, f* postman *(f* postwoman*) Br,* mail carrier *Am.*

cartilla [kar'tiʎa] *f (para aprender a leer)* first reading book, primer *Am;* ~ **de ahorros** savings book; ~ **de la Seguridad Social** ≃ National Insurance card; ≃ Social Security card *Am*.

cartón [kar'ton] *m (material)* cardboard; *(de cigarrillos)* carton.

cartucho [kar'tuʧo] *m* cartridge.

cartulina [kartu'lina] *f* card *Br*, stiff paper *Am*.

casa ['kasa] *f (edificio)* house; *(vivienda, hogar)* home; *(familia)* family; *(empresa)* company; **en ~** at home; **ir a ~** to go home; **~ de campo** country house; **~ de huéspedes** guesthouse.

 CASA ROSADA

The "Casa Rosada", just off the Plaza de Mayo in Buenos Aires, is the official residence of the Argentinian president and the seat of the Argentinian government. It is here that the president holds cabinet meetings and receives state visits.

casadero, ra [kasa'ðero, ra] *adj* marriageable.

casado, da [ka'saðo, ða] *adj* married.

casamiento [kasa'mjento] *m* wedding.

casar [ka'sar] *vt* to marry. ❏ **casar con** *v + prep (colores, tejidos)* to go with. ❏ **casarse** *vpr*: **~se (con)** to get married (to).

cascabel [kaska'βel] *m* bell.

cascada [kas'kaða] *f* waterfall.

cascado, da [kas'kaðo, ða] *adj fam (persona, ropa)* worn-out; *(voz)* hoarse.

cascanueces [kaska'nweθes] *m inv* nutcracker.

cascar [kas'kar] *vt (romper)* to crack; *fam (golpear)* to thump *Br*, to beat up *Am*.

cáscara ['kaskara] *f (de huevo, frutos secos)* shell; *(de plátano, naranja)* peel.

casco ['kasko] *m (para la cabeza)* helmet; *(envase)* empty (bottle); *(de caballo)* hoof; *(de barco)* hull; **~ antiguo** old (part of) town; **~ urbano** town centre; **~s azules** Blue Berets.

caserío [kase'rio] *m (casa de campo)* country house.

caserita [kase'rita] *f Amér* housewife, homemaker *Am*.

casero, ra [ka'sero, ra] *adj (hecho en casa)* home-made; *(hogareño)* home-loving. ◆ *m, f (propietario)* landlord *(f* landlady).

caseta [ka'seta] *f (de feria)* stall, stand *Am*; *(para perro)* kennel *Br*, doghouse *Am*; *(en la playa)* bathing hut *Br*, bath house *Am*; **~ de cobro** *Méx* toll booth; **~ telefónica** *Méx* phone box *(Br)*, phone booth *(Am)*.

casete [ka'sete] *m (aparato)* cassette player. ◆ *m o f (cinta)* cassette, tape.

casi ['kasi] *adv* nearly, almost; **~ nada** almost nothing, hardly anything; **~ nunca** hardly ever.

casilla [ka'siʎa] *f (de impreso)* box; *(de tablero, juego)* square; *(de mueble, caja, armario)* compartment; **~ de correos** *Andes & RP* P.O. Box.

casillero [kasi'ʎero] *m (mueble)* set of pigeonholes; *(casilla)* pigeonhole.

casino [ka'sino] *m* casino.

caso ['kaso] *m* case; **en ~ de** in the event of; **(en) ~ de que venga** if he comes; **en todo ~** in any case; **en cualquier ~** in any case; **hacer ~ a alguien** to take notice of sb; **ser un ~ fam** to be a case; **no venir al ~** to be irrelevant.

caspa ['kaspa] *f* dandruff.

casquete [kas'kete] *m* skullcap.

casquillo [kas'kiʎo] m *(de bala)* cartridge case; *(de lámpara)* socket.

casta ['kasta] f *(linaje)* stock; *(en la India)* caste.

castaña [kas'taɲa] f *(fruto)* chestnut; *fam (golpe)* bash.

castaño, ña [kas'taɲo, ɲa] adj *(color)* chestnut. ◆ m *(árbol)* chestnut tree.

castañuelas [kasta'ɲwelas] fpl castanets.

castellano, na [kaste'ʎano, na] adj & m, f Castilian. ◆ m *(lengua)* Spanish.

① CASTELLANO

"Castellano" *(Castilian)* is the official language of the Spanish-speaking world, although in some of Spain's autonomous regions, namely the Balearic Islands, the Basque Country, Catalonia, Galicia, Navarre and Valencia, it is co-official with the language of the region. In Latin America, "español" is the term commonly used when talking about Spanish.

castidad [kasti'ðað] f chastity.

castigar [kasti'ɣar] vt to punish.

castigo [kas'tiɣo] m punishment.

castillo [kas'tiʎo] m castle.

castizo, za [kas'tiθo, θa] adj pure.

casto, ta ['kasto, ta] adj chaste.

castor [kas'tor] m beaver.

castrar [kas'trar] vt to castrate.

casualidad [kasɥali'ðað] f coincidence; **por ~** by chance.

catacumbas [kata'kumbas] fpl catacombs.

catalán, ana [kata'lan, ana] adj, m, f Catalan.

catálogo [ka'taloɣo] m catalogue.

Cataluña [kata'luɲa] Catalonia.

catamarán [katama'ran] m catamaran.

catar [ka'tar] vt to taste.

cataratas [kata'ratas] fpl *(de agua)* waterfalls, falls; *(en los ojos)* cataracts.

catarro [ka'taro] m cold.

catástrofe [ka'tastrofe] f disaster.

catastrófico, ca [katas'trofiko, ka] adj disastrous.

catear [kate'ar] vt fam to flunk.

catecismo [kate'θizmo] m catechism.

cátedra ['kateðra] f *(en universidad)* chair; *(en instituto)* post of head of department.

catedral [kate'ðral] f cathedral.

catedrático, ca [kate'ðratiko, ka] m, f head of department.

categoría [kateɣo'ria] f category; **de ~** top-class.

catequesis [kate'kesis] f inv catechesis.

cateto, ta [ka'teto, ta] m, f despec dimwit.

catire, ra [ka'tire, ra] adj Amér blond *(f blonde)*.

catolicismo [katoli'θizmo] m Catholicism.

católico, ca [ka'toliko, ka] adj & m, f Catholic.

catorce [ka'torθe] núm fourteen → **seis**.

catre ['katre] m campbed Br, cot Am.

cauce ['kauθe] m *(de río)* riverbed; *(de lluvia, artificial)* channel.

caucho ['kautʃo] m rubber.

caudal [kau'ðal] m *(de un río)* volume, flow; **~es** *(dinero)* wealth *(sg)*.

caudaloso, sa [kauða'loso, sa] adj with a large flow.

caudillo [kaṷ'ðiʎo] m leader.

causa ['kaṷsa] f cause; **a ~ de** because of.

causante [kaṷ'sante] m Amér taxpayer.

causar [kaṷ'sar] vt to cause.

cáustico, ca ['kaṷstiko, ka] adj caustic.

cautela [kaṷ'tela] f caution; **con ~** cautiously.

cautivador, ra [kaṷtiβa'ðor, ra] adj captivating.

cautivar [kaṷti'βar] vt (seducir) to captivate.

cautiverio [kaṷti'βerjo] m captivity; **en ~** in captivity.

cautivo, va [kaṷ'tiβo, βa] adj & m f captive.

cauto, ta ['kaṷto, ta] adj cautious.

cava ['kaβa] f (bodega) wine cellar. ◆ m Spanish champagne-type wine; **~ brut** brut cava.

cavar [ka'βar] vt to dig.

caverna [ka'βerna] f (cueva) cave; (más grande) cavern.

caviar [ka'βjar] m caviar.

cavidad [kaβi'ðað] f cavity.

cavilar [kaβi'lar] vi to ponder.

caza ['kaθa] f (actividad) hunting; (presa) game; **andar** o **ir a la ~ de** to chase; **dar ~** to hunt down.

cazador, ra [kaθa'ðor, ra] m f hunter (f huntress).

cazadora [kaθa'ðora] f (bomber) jacket → **cazador**.

cazar [ka'θar] vt (animales) to hunt; fam (marido, esposa) to get o.s.; (captar, entender) to catch.

cazo ['kaθo] m (vasija) saucepan; (cucharón) ladle.

cazuela [ka'θwela] f (de barro) earthenware pot; (guiso) casserole; **a la ~** casseroled.

cazurro, rra [ka'θuro, ra] adj (obstinado) stubborn.

c/c ['θe'θe] (abrev de cuenta corriente) a/c.

CE f (abrev de Comunidad Europea) EC

cebar [θe'βar] vt (animales) to fatten up. ❑ **cebarse en** v + prep to take it out on.

cebo ['θeβo] m bait.

cebolla [θe'βoʎa] f onion.

cebolleta [θeβo'ʎeta] f spring onion.

cebra ['θeβra] f zebra.

cecear [θeθe'ar] vi to lisp.

ceder [θe'ðer] vt (sitio, asiento, etc) to give up. ◆ vi (puente) to give way (cuerda) to slacken; (viento, lluvia, etc to abate; **ceda el paso** 'give way'.

cedro ['θeðro] m cedar.

cédula ['θeðula] f document; **~ de identidad** Amér identity card.

cegato, ta [θe'yato, ta] adj fam short-sighted.

ceguera [θe'yera] f blindness.

ceja ['θexa] f eyebrow.

celda ['θelda] f cell.

celebración [θeleβra'θjon] f celebration.

celebrar [θele'βrar] vt (cumpleaños, acontecimiento, misa) to celebrate; (asamblea, reunión) to hold.

célebre ['θeleβre] adj famous.

celebridad [θeleβri'ðað] f fame, **ser una ~** to be famous.

celeste [θe'leste] adj (del cielo) of the sky.

celestial [θeles'tjal] adj celestial, heavenly.

celo ['θelo] m (cinta adhesiva) Sello tape® Br, Scotch tape® Am; (en el tra bajo, etc) zeal; **estar en ~** to be on heat. ❑ **celos** mpl jealousy (sg); te ner **~s** to be jealous.

celofán® [θelo'fan] m Cellophane®.

celoso, sa [θe'loso, sa] adj (en el amor) jealous.

célula ['θelula] f cell.

celulitis [θelu'litis] f inv cellulitis.

cementerio [θemen'terjo] m cemetry; ~ **de coches** breaker's yard Br, junk yard Am.

cemento [θe'mento] m cement; ~ **armado** reinforced concrete.

cena ['θena] f dinner.

cenar [θe'nar] ⋆ vt to have for dinner. ⋆ vi to have dinner.

cencerro [θen'θero] m cowbell; (fig) **estar como un** ~ to be mad.

cenefa [θe'nefa] f border.

cenicero [θeni'θero] m ashtray.

ceniza [θe'niθa] f ash. ◻ **cenizas** fpl (restos mortales) ashes.

censado, da [θen'saðo, ða] adj recorded.

censar [θen'sar] vt to take a census of.

censo ['θenso] m census; ~ **electoral** electoral roll.

censor [θen'sor] m censor.

censura [θen'sura] f (de película, libro, etc) censorship.

censurar [θensu'rar] vt (película, libro, etc) to censor; (conducta, etc) to censure.

centena [θen'tena] f hundred; **una** ~ **de** a hundred.

centenar [θente'nar] m hundred; **un** ~ **de** a hundred.

centenario, ria [θente'narjo, rja] adj (persona) hundred-year-old. ◆ m centenary.

centeno [θen'teno] m rye.

centésimo, ma [θen'tesimo, ma] núm hundredth → **sexto**.

centígrado, da [θen'tiɣraðo, ða] adj Centigrade.

centímetro [θen'timetro] m centimetre.

céntimo ['θentimo] m (moneda) cent; **no tener un** ~ to be without a penny.

centinela [θenti'nela] mf sentry.

centollo [θen'toʎo] m spider crab.

centrado, da [θen'traðo, ða] adj (en el centro) in the centre; (persona) well-balanced; (derecho) straight; ~ **en** (trabajo, ocupación) focussed on.

central [θen'tral] adj central. ◆ f (oficina) head office; ~ **eléctrica** power station.

centralismo [θentra'lizmo] m centralism.

centralita [θentra'lita] f switchboard.

centrar [θen'trar] vt (cuadro, mueble) to centre; (miradas, atención) to be the centre of. ◻ **centrarse en** v + prep to focus on.

céntrico, ca ['θentriko, ka] adj central.

centrifugar [θentrifu'ɣar] vt (suj: lavadora) to spin.

centro ['θentro] m centre Br, downtown Am; (de ciudad) (town) centre; **en el** ~ **de** in the middle of; **ir al** ~ to go to town; **ser el** ~ **de** to be the centre of; ~ **comercial** shopping centre; ~ **juvenil** youth club; ~ **social** community centre; ~ **turístico** tourist resort; ~ **urbano** town centre.

Centroamérica [θentroa'merika] Central America.

ceñido, da [θe'niðo, ða] adj tight.

ceñir [θe'nir] vt (ajustar) to tighten; (rodear) to surround. ◻ **ceñirse a** v + prep to stick to.

ceño ['θeɲo] m frown.

cepa ['θepa] f (vid) vine.

cepillar [θepi'ʎar] vt (pelo, traje, etc) to brush; fam (elogiar) to butter up.

❑ **cepillarse** vpr fam (acabar) to polish off; (matar) to bump off.

cepillo [θe'piλo] m brush; ~ de dientes toothbrush.

cepo ['θepo] m (de animales) trap; (de coches) wheelclamp Br, Denver boot Am.

cera ['θera] f wax.

cerámica [θe'ramika] f (objeto) piece of pottery; (arte) pottery; de ~ ceramic.

ceramista [θera'mista] mf potter.

cerca ['θerka] f (valla) fence. ◆ adv near; ~ de (en espacio) near; (casi) nearly; son ~ de las cuatro it's nearly four o'clock; de ~ from close up.

cercanías [θerka'nias] fpl (alrededores) outskirts.

cercano, na [θer'kano, na] adj (en espacio) nearby; (en tiempo) near.

cercar [θer'kar] vt (vallar) to fence off; (rodear) to surround.

cerco ['θerko] m (de vallas) fence.

cerda ['θerða] f bristle → cerdo.

cerdo, da [θer'ðo, ða] m (animal) pig (f sow); (despec: persona) pig. ◆ adj (despec) filthy. ◆ m (en carne) pork.

cereal [θere'al] m cereal. ◆ cereales mpl (para desayuno) breakfast cereal (sg).

cerebro [θe'reβro] m (del cráneo) brain; (persona inteligente) brainy person; (organizador, responsable) brains (pl); ~ electrónico computer.

ceremonia [θere'monja] f ceremony.

ceremonioso, sa [θeremo'njoso, sa] adj ceremonious.

cereza [θe'reθa] f cherry.

cerezo [θe'reθo] m (árbol) cherry tree.

cerilla [θe'riλa] f match.

cerillo [θe'riλo] m CAm & Méx match.

cero ['θero] núm (número) zero, nought Br; (en fútbol) nil Br, zero; (en tenis) love; bajo ~ below zero; sobre ~ above zero; ser un ~ a la izquierda fam (ser un inútil) to be useless → seis.

cerquillo [θer'kiλo] m Amér fringe (Br), bangs (Am) (pl).

cerrado, da [θe'raðo, ða] adj (espacio, local, etc) closed; (tiempo, cielo) overcast; (introvertido) introverted; (intransigente) narrow-minded; (acento) broad; (curva) sharp.

cerradura [θera'ðura] f lock.

cerrajería [θeraxe'ria] f locksmith's (shop).

cerrajero, ra [θera'xero, ra] m locksmith.

cerrar [θe'rar] vt to close; (con llave) to lock; (grifo, gas) to turn off; (local, negocio, fábrica) to close down; (ir detrás de) to bring up the rear of; (impedir) to block; (pacto, trato) to strike. ◆ vi (comercio) to close. ❑ **cerrarse** vpr (en uno mismo) to close o.s. off. ❑ **cerrarse a** v + prep (propuestas, innovaciones) to close one's mind to.

cerro ['θero] m hill.

cerrojo [θe'roxo] m bolt.

certamen [θer'tamen] m (concurso) competition; (fiesta) awards ceremony.

certeza [θer'teθa] f certainty; tener la ~ de to be sure that.

certidumbre [θerti'ðumbre] f certainty.

certificado, da [θertifi'kaðo, ða] adj (carta, paquete) registered. ◆ m certificate.

certificar [θertifi'kar] vt (documento) to certify; (carta, paquete) to register.

cervecería [θerβeθe'ria] f (establecimiento) bar.

cerveza [θer'βeθa] f beer; ~ sin al-

cohol alcohol-free beer; ~ **rubia** lager.

cesar [θe'sar] *vi* to stop. ◆ *vt*: ~ a alguien de (*cargo, ocupación*) to sack sb from; **no** ~ **de hacer algo** to keep doing sthg; **sin** ~ non-stop.

cesárea [θe'sarea] *f* Caesarean (section).

cese ['θese] *m* (*de empleo, cargo*) sacking; (*de actividad*) stopping.

cesión [θe'sjon] *f* transfer.

césped ['θespeð] *m* (*superficie*) lawn; (*hierba*) grass.

cesta ['θesta] *f* basket; ~ **de la compra** shopping basket.

cesto ['θesto] *m* large basket.

cetro ['θetro] *m* sceptre.

cg (*abrev de centigramo*) cg.

chabacano, na [tʃaβa'kano, na] *adj* vulgar. ◆ *m* Méx (*fruto*) apricot; (*árbol*) apricot tree.

chabola [tʃa'βola] *f* shack; **barrios de ~s** shanty town (*sg*).

chacha ['tʃatʃa] *f* fam (*criada*) maid; (*niñera*) nanny.

cháchara ['tʃatʃara] *f* chatter.

chacra ['tʃakra] *f* Andes & RP smallholding.

chafar [tʃa'far] *vt* (*aplastar*) to flatten; (*plan, proyecto*) to ruin; fam (*desmoralizar*) to depress.

chal [tʃal] *m* shawl.

chalado, da [tʃa'laðo, ða] *adj* fam crazy; **estar ~ por** (*estar enamorado*) to be crazy about.

chalé [tʃa'le] *m* (*en ciudad*) detached house; (*en el campo*) cottage; (*en alta montaña*) chalet.

chaleco [tʃa'leko] *m* waistcoat Br, vest Am; ~ **salvavidas** life jacket.

chamaco, ca [tʃa'mako, ka] *m, f* CAm & Méx kid.

chamba ['tʃamba] *f* Méx, Perú & Ven fam job.

chambear [tʃambe'ar] *vi* Méx, Perú & Ven fam to work.

champán [tʃam'pan] *m* champagne.

champiñón [tʃampi'ɲon] *m* mushroom.

champú [tʃam'pu] *m* shampoo.

chamuscado, da [tʃamus'kaðo, ða] *adj* (*madera*) scorched.

chamuscarse [tʃamus'karse] *vpr* (*barba, pelo, tela*) to singe.

chamusquina [tʃamus'kina] *f*: **oler a ~** Fig to smell fishy.

chance ['tʃanθe] *f* Amér chance.

chanchada [tʃan'tʃaða] *f* Andes, CAm & RP fig (*grosería*) rude thing; (*porquería*) filth.

chancho [tʃan'tʃo] *m* Andes, CAm & CSur pig.

chancleta [tʃan'kleta] *f* (*de playa*) flip-flop; (*de vestir*) low sandal.

chanclo [tʃan'klo] *m* (*de madera*) clog; (*de goma*) galosh.

chándal ['tʃandal] *m* tracksuit Br, sweatsuit Am.

changarro [tʃan'garro] *m* Amér small shop.

chantaje [tʃan'taxe] *m* blackmail.

chantajista [tʃanta'xista] *mf* blackmailer.

chapa ['tʃapa] *f* (*de metal*) plate; (*de botella*) top; Amér (*cerradura*) lock; ~ **de madera** veneer.

chapado, da [tʃa'paðo, ða] *adj* (*con metal*) plated; (*con madera*) veneered; ~ **a la antigua** old-fashioned.

chapar [tʃa'par] *vt* (*con metal*) to plate; (*con madera*) to veneer.

chaparrón [tʃapa'rron] *m* cloudburst.

chapucería [tʃapuθe'ria] *f* botch (job).

chapucero, ra [tʃapu'θero, ra] *adj*

chapuza

(trabajo, obra) shoddy; *(persona)* bungling.

chapuza [tʃa'puθa] *f* botch (job).

chaqué [tʃa'ke] *m* morning coat.

chaqueta [tʃa'keta] *f* jacket.

chaquetilla [tʃake'tiʎa] *f* short jacket.

chaquetón [tʃake'ton] *m* three-quarter length coat.

charca ['tʃarka] *f* pond.

charco ['tʃarko] *m* puddle.

charcutería [tʃarkute'ria] *f (tienda)* ≃ delicatessen; *(productos)* cold cuts *(pl)* and cheese.

charla ['tʃarla] *f (conversación)* chat; *(conferencia)* talk.

charlar [tʃar'lar] *vi* to chat.

charlatán, ana [tʃarla'tan, ana] *adj (hablador)* talkative; *(indiscreto)* gossipy.

charola [tʃa'rola] *f Méx* tray.

charro ['tʃaro] *adj Méx* typical of Mexican cowboys. ◆ *m Méx* Mexican cowboy.

chárter ['tʃarter] *adj inv* charter flight.

chasco ['tʃasko] *m (decepción)* disappointment; *(broma)* practical joke.

chasis ['tʃasis] *m inv* chassis.

chatarra [tʃa'tara] *f (metal)* scrap; *(objetos, piezas)* junk.

chatarrero, ra [tʃata'rero, ra] *m, f* scrap dealer.

chato, ta ['tʃato, ta] *adj (nariz)* snub; *(persona)* snub-nosed. ◆ *m, f (apelativo)* love. ◆ *m (de vino)* small glass of wine.

chau [tʃau̯] *interj Andes & RP* bye!

chavo, va ['tʃaβo, βa] *m, f Méx fam* kid.

che [tʃe] *interj RP* pah!

chef [tʃef] *m* chef.

cheque ['tʃeke] *m* cheque; ~ **de viaje** traveller's cheque.

chequeo [tʃe'keo] *m (médico)* check-up.

chequera [tʃe'kera] *f Amér* cheque book.

chévere [tʃe'βere] *adj Andes & Carib* great.

chic [tʃik] *adj inv* chic.

chica ['tʃika] *f (muchacha)* girl; *(criada)* maid.

chicha ['tʃitʃa] *f fam* meat; *Andes (bebida)* fermented maize liquor.

chícharo ['tʃitʃaro] *m CAm & Méx* pea.

chicharrones [tʃitʃa'rones] *mpl* pork crackling *(sg)*.

chichón [tʃi'tʃon] *m* bump.

chicle ['tʃikle] *m* chewing gum.

chico, ca ['tʃiko, ka] *adj* small. ◆ *m (muchacho)* boy.

chifa ['tʃifa] *m Amér* Chinese restaurant.

chiflado, da [tʃi'flaðo, ða] *adj fam* crazy.

chiflar [tʃi'flar] *vi Amér (aves)* to sing; **me chifla** *fam* I love it. ❏ **chiflarse** *vpr fam* to go crazy.

chiflido [tʃi'fliðo] *m Amér* whistle.

Chile ['tʃile] Chile.

chileno, na [tʃi'leno, na] *adj & m, f* Chilean.

chillar [tʃi'ʎar] *vi (gritar)* to scream.

chillido [tʃi'ʎiðo] *m* scream.

chillón, ona [tʃi'ʎon, ona] *adj (voz, sonido)* piercing; *(color)* loud.

chimenea [tʃime'nea] *f (de casa)* chimney; *(de barco)* funnel; *(hogar)* hearth.

chimpancé [tʃimpan'θe] *m* chimpanzee.

china ['tʃina] *f (piedra)* pebble; *Amér*

(criada) Indian maid; **le tocó la** ~ he drew the short straw.

chinche ['tʃintʃe] *f(insecto)* bedbug. ◆ *adj (pesado)* annoying.

chincheta [tʃin'tʃeta] *f* drawing pin *(Br)*, thumbtack *(Am)*.

chinchín [tʃin'tʃin] *m (en brindis)* toast; *(sonido)* clash (of a brass band). ◆ *excl* cheers!

chingado, da [tʃin'gaðo, ða] *adj Amér vulg (estropeado)* fucked.

chingar [tʃin'gar] *vt Amér vulg (estropear)* to fuck up.

chino, na ['tʃino, na] *adj, m, f* Chinese.

chip [tʃip] *m* chip.

chipirón [tʃipi'ron] *m* baby squid; **chipirones en su tinta** *baby squid served in its own ink.*

chirimoya [tʃiri'moja] *f* custard apple.

chirucas [tʃi'rukas] *fpl* canvas boots.

chisme ['tʃizme] *m (habladuría)* piece of gossip; *fam (objeto, aparato)* thingy.

chismoso, sa [tʃiz'moso, sa] *adj* gossipy.

chispa ['tʃispa] *f* spark; *(pizca)* bit; *(de lluvia)* spot.

chiste ['tʃiste] *m* joke.

chistorra [tʃis'tora] *f* cured pork and beef sausage typical of Aragon and Navarre.

chistoso, sa [tʃis'toso, sa] *adj* funny.

chivarse [tʃi'βarse] *vpr fam (niño)* to tell; *(delincuente)* to grass.

chivatazo [tʃiβa'taθo] *m fam* tip-off.

chivato, ta [tʃi'βato, ta] *m, f fam (acusica)* telltale; *(delator)* grass. ◆ *m Amér (hombre valioso)* brave man; *Amér (aprendiz)* apprentice.

chocar [tʃo'kar] *vi (coche, camión, etc)* to crash; *(enfrentarse)* to clash. ◆ *vt (las manos)* to shake; *(copas, vasos)* to clink; *(sorprender)* to shock.

chocho, cha ['tʃotʃo, tʃa] *adj (viejo)* senile; *(encariñado)* doting.

choclo ['tʃoklo] *m CSur & Perú* maize *(Br)*, corn *(Am)*.

chocolate [tʃoko'late] *m (alimento)* chocolate; *(bebida)* drinking chocolate *Br*, cocoa *Am*; ~ **amargo** dark chocolate.

chocolatería [tʃokolate'ria] *f* bar which serves drinking chocolate.

chocolatina [tʃokola'tina] *f* chocolate bar.

chófer ['tʃofer] *m (de coche)* chauffeur; *(de autobús)* driver.

chollo ['tʃoʎo] *m fam (ganga)* bargain; *(trabajo)* cushy number.

chomba *Andes & Arg,* **chompa** *Andes* ['tʃomba, 'tʃompa] *f* jumper *(Br)*, sweater *(Am)*.

chongo ['tʃongo] *m Amér* bun.

chopo ['tʃopo] *m* poplar.

choque ['tʃoke] *m (colisión)* crash; *(pelea, riña)* clash.

chorizo [tʃo'riθo] *m (embutido)* spiced, smoked pork sausage; *fam (ladrón)* thief.

choro ['tʃoro] *m Andes* mussel.

chorrada [tʃo'raða] *f fam* stupid thing.

chorrear [tʃore'ar] *vi (ropa)* to drip.

chorro ['tʃoro] *m (de líquido)* jet; **salir a** ~**s** to gush out.

choto, ta ['tʃoto, ta] *m, f (cabrito)* kid.

choza ['tʃoθa] *f* hut.

christma ['krizma] *m* Christmas card.

chubasco [tʃu'βasko] *m (heavy)* shower.

chubasquero [tʃuβas'kero] *m* raincoat.

chúcaro, ra [ˈtʃukaro, ra] *adj Andes & RP (bravío)* wild; *(huraño)* surly.

chuchería [tʃutʃeˈria] *f (golosina)* sweet *Br*, candy *Am*; *(trivialidad)* trinket.

chucho, cha [ˈtʃutʃo, tʃa] *m, f fam* mutt.

chueco, ca [ˈtʃueko, ka] *adj Amér (torcido)* twisted; *(patizambo)* bow-legged.

chufa [ˈtʃufa] *f* tiger nut.

chuleta [tʃuˈleta] *f (de carne)* chop; *(de examen)* crib note *Br* o note *Am*; ~ **de cerdo** pork chop; ~ **de ternera** veal cutlet.

chuletón [tʃuleˈton] *m* large cutlet.

chulo, la [ˈtʃulo, la] *adj (engreído)* cocky; *fam (bonito)* lovely. ◆ *m (de prostituta)* pimp.

chumbera [tʃumˈbera] *f* prickly pear.

chupachup® [tʃupaˈtʃup] *m* lollipop.

chupado, da [tʃuˈpaðo, ða] *adj fig (flaco)* skinny; *fam (fácil)* dead easy; **está ~ fam** it's a cinch.

chupar [tʃuˈpar] *vt (caramelo, fruta, etc)* to suck; *(suj: esponja, papel)* to soak up; ~**le algo a alguien fam** *(quitar)* to milk sb for sthg.

chupe [ˈtʃupe] *m Andes & Arg* stew made with potatoes and meat or fish; ~ **de camarones** thick potato and prawn soup.

chupete [tʃuˈpete] *m (de bebé)* dummy *(Br)*, pacifier *(Am)*; *(de biberón)* teat *Br*, nipple *Am*.

chupito [tʃuˈpito] *m (de licor)* tot *Br*, dram.

churrasco [tʃuˈrasko] *m* barbecued meat.

churrería [tʃureˈria] *f* stall selling 'churros'.

churro [ˈtʃuro] *m (dulce)* stick of dough fried in oil, usually eaten with sugar or thick drinking chocolate; *fam (chapuza)* botch.

chusma [ˈtʃuzma] *f* mob.

chutar [tʃuˈtar] *vi* to kick.

chute [ˈtʃute] *m fam (en fútbol)* shot.

Cía [ˈθia] *(abrev de compañía)* Co.

cibercafé [θiβerkaˈfe] *m* Internet café.

cicatriz [θikaˈtriθ] *(pl -ces [θes])* *f* scar.

cicatrizar [θikatriˈθar] *vi* to form a scar, to heal. ◻ **cicatrizarse** *vpr* to heal.

ciclismo [θiˈklizmo] *m* cycling.

ciclista [θiˈklista] *mf* cyclist.

ciclo [ˈθiklo] *m (periodo de tiempo)* cycle; *(de actos, conferencias)* series.

ciclomotor [θiklomoˈtor] *m* moped.

ciclón [θiˈklon] *m* cyclone.

ciego, ga [ˈθjeɣo, ɣa] *adj* blind. ◆ *m, f* blind person; ~ **de** *(pasión, ira, etc)* blinded by; **los** ~ **s** the blind.

cielo [ˈθjelo] *m (de la tierra)* sky; *(de casa, habitación, etc)* ceiling; *(en religión)* heaven; *(apelativo)* darling; **como llovido del** ~ *fig* out of the blue. ◻ **cielos** *interj* good heavens!

ciempiés [θjemˈpjes] *m inv* centipede.

cien [θjen] *núm* one hundred o a hundred → **ciento**.

ciencia [ˈθjenθja] *f (disciplina)* science; *(saber, sabiduría)* knowledge; ~ **ficción** science fiction; ~**s económicas** economics *(sg)*; ~**s naturales** natural sciences. ◻ **ciencias** *fpl (en educación)* science *(sg)*.

científico, ca [θjenˈtifiko, ka] *adj* scientific. ◆ *m, f* scientist.

ciento ['θjento] *núm* one hundred
o a hundred → **seis**; ~ **cincuenta**
one hundred and fifty; **cien mil** one
hundred thousand; **por** ~ percent.

cierre ['θjere] *m (mecanismo)* fastener; *(de local, tienda, negociación)* closing; *(de trato)* striking; *(de actividad,
acto)* closure; ~ **centralizado** central
locking; ~ **relámpago** *Amér* zip *(Br)*,
zipper *(Am)*.

cierto, ta ['θjerto, ta] *adj* certain,
(seguro, verdadero) true; ~ **hombre** a
certain man; **cierta preocupación** a
degree of unease; **por** ~ by the way.

ciervo, va ['θjerβo, βa] *m, f* deer.

CIF [θif] *m* Spanish tax code.

cifra ['θifra] *f* figure.

cigala [θi'yala] *f* Dublin Bay prawn.

cigarra [θi'yara] *f* cicada.

cigarrillo [θiya'riʎo] *m* cigarette.

cigarro [θi'yaro] *m (cigarrillo)* cigarette.

cigüeña [θi'ɣweɲa] *f* stork.

cilindrada [θilin'draða] *f* cylinder
capacity.

cilíndrico, ca [θi'lindriko, ka] *adj*
cylindrical.

cilindro [θi'lindro] *m* cylinder.

cima ['θima] *f (de montaña)* summit.

cimiento [θi'mjento] *m (de edificio)*
foundations *(pl)*; *(principio, raíz)* basis.

cinco ['θinko] *núm* five → **seis**.

cincuenta [θin'kwenta] *núm* fifty
→ **seis**.

cine ['θine] *m* cinema, the movies
Am.

cineasta [θine'asta] *mf* (film) director.

cinematografía [θinematoɣra-
'fia] *f* cinematography.

cinematográfico, a [θinemato-
'ɣrafiko, ka] *adj* film o movie *Am*
(antes de s).

cínico, ca ['θiniko, ka] *adj* cynical.

cinismo [θi'nizmo] *m* cynicism.

cinta ['θinta] *f (de tela)* ribbon; *(de
papel, plástico)* strip; *(para grabar, medir)* tape; ~ **adhesiva** adhesive tape;
~ **aislante** insulating tape; ~ **magnética** recording tape; ~ **de vídeo**
videotape.

cintura [θin'tura] *f* waist.

cinturón [θintu'ron] *m* belt; ~ **de
seguridad** seat belt.

ciprés [θi'pres] *m* cypress.

circo ['θirko] *m* circus.

circuito [θir'kwito] *m (recorrido)*
tour; *(en competiciones)* circuit; ~ **eléctrico** electrical circuit.

circulación [θirkula'θjon] *f (de
automóviles)* traffic; *(de la sangre)* circulation.

circular [θirku'lar] *adj & f* circular.
♦ *vi (automóvil)* to drive (along); *(persona, grupo)* to move along; *(información, noticia)* to circulate.

círculo ['θirkulo] *m* circle; ~ **polar**
polar circle.

circunferencia [θirkunfe'renθja] *f*
circumference.

circunscribir [θirkunskri'βir] *vt:*
~ **algo a** to restrict sthg to.

circunstancia [θirkuns'tanθja] *f*
circumstance; **las** ~**s** the circumstances.

circunstancial [θirkunstan'θjal]
adj chance.

cirio ['θirjo] *m* large candle.

cirrosis [θi'rosis] *f inv* cirrhosis.

ciruela [θi'rwela] *f* plum.

ciruelo [θi'rwelo] *m* plum tree.

cirugía [θiru'xia] *f* surgery; ~ **plás-
tica** plastic surgery.

cirujano, na [θiru'xano, na] *m, f*
surgeon.

cisma ['θizma] *m (en religión)* schism.

cisne ['θizne] m swan.

cisterna [θis'terna] f (de agua) tank.

cita ['θita] f (con médico, jefe, etc) appointment; (con novios) date; (nota) quotation; **tener una ~ con alguien** to have arranged to meet sb.

citación [θita'θjon] f summons.

citar [θi'tar] vt (convocar) to summons; (mencionar) to quote. ◻ **citarse** vpr to arrange to meet.

cítrico, ca ['θitriko, ka] adj citric. ◻ **cítricos** mpl citrus fruits.

ciudad [θju'ðað] f (población no rural) city; (población importante) city; ~ **universitaria** (university) campus.

ciudadanía [θjuðaða'nia] f citizenship.

ciudadano, na [θjuða'ðano, na] adj city/town (antes de s). ◆ m, f citizen.

cívico, ca ['θiβiko, ka] adj (de la ciudad, ciudadano) civic; (educado, cortés) public-spirited.

civil [θi'βil] adj civil; (de la ciudad) civic.

civilización [θiβiliθa'θjon] f civilization.

civilizado, da [θiβili'θaðo, ða] adj civilized.

civismo [θi'βizmo] m (educación, cortesía) civility.

cl (abrev de centilitro) cl.

clan [klan] m clan.

clara ['klara] f (de huevo) white; (bebida) shandy Br.

claraboya [klara'βoja] f skylight.

clarear [klare'ar] vt to make lighter. ◆ ví to brighten up. ◆ v impers (amanecer): **empezaba a ~** dawn was breaking.

claridad [klari'ðað] f (en el hablar) clarity; (sinceridad) sincerity.

clarinete [klari'nete] m clarinet.

clarividencia [klariβi'ðenθja] f farsightedness.

claro, ra ['klaro, ra] adj clear; (con luz) bright; (color) light; (sincero, franco) straightforward. ◆ m (de tiempo) bright spell; (en el bosque) clearing. ◆ adv clearly. ◆ interj of course!; **poner en ~** to clear up; **sacar en ~** to make out.

clase ['klase] f class; (variedad, tipo) kind; (aula) classroom; **dar ~s** to teach; **de primera ~** first-class; **toda ~ de** all sorts of; ~ **media** middle class; ~ **preferente** club class; ~ **turista** tourist class; **primera/segunda ~** first/second class.

clásico, ca ['klasiko, ka] adj classical.

clasificación [klasifika'θjon] f (lista) classification; (DEP) league table.

clasificador [klasifika'ðor] m (carpeta) divider (for filing); (mueble) filing cabinet.

clasificar [klasifi'kar] vt to classify. ◻ **clasificarse** vpr (en competición) to qualify.

claudicar [klauði'kar] vi (rendirse) to give up.

claustro ['klaustro] m (de iglesia, convento, etc) cloister; (de profesores) senate.

claustrofobia [klaustro'foβja] f claustrophobia.

cláusula ['klausula] f clause.

clausura [klau'sura] f (de acto) closing ceremony; (de curso) end.

clausurar [klausu'rar] vt (acto, celebración) to close; (curso) to finish; (local, establecimiento) to close down.

clavado, da [kla'βaðo, ða] adj (en punto) on the dot; **ser ~ a** fam to be the spitting image of.

clavar [kla'βar] vt (clavo, palo) to drive in; (cuchillo) to thrust; (alfiler) to stick; *(sujetar, fijar)* to fix; *fam (en el precio)* to rip off.

clave ['klaβe] *f (explicación, solución)* key; *(de enigma, secreto)* code. ◆ *adj inv* key.

clavel [kla'βel] *m* carnation.

clavícula [kla'βikula] *f* collar bone.

clavija [kla'βixa] *f (de madera)* peg; *(de metal)* pin.

clavo ['klaβo] *m (para sujetar)* nail; *(especia)* clove; **dar en el ~** to hit the nail on the head.

claxon ['klakson] *m* horn.

cleptomanía [kleptoma'nia] *f* kleptomania.

clérigo ['kleriɣo] *m* clergyman.

clero ['klero] *m* clergy.

cliché [kli'tʃe] *m (de fotografía)* negative; *(frase, actuación)* cliché.

cliente [kli'ente] *mf (de médico, abogado)* client; *(de tienda, comercio)* customer; *(de hotel)* guest.

clima ['klima] *m* climate.

climático, ca [kli'matiko, ka] *adj* climatic.

climatizado, da [klimati'θaðo, ða] *adj* air-conditioned.

climatología [klimatolo'xia] *f (tiempo)* weather.

clínica ['klinika] *f* clinic.

clínico, ca ['kliniko, ka] *adj* clinical.

clip [klip] *m (para papeles)* paper clip; *(para pelo)* hairclip.

cloaca [klo'aka] *f* sewer.

cloro ['kloro] *m* chlorine.

clorofila [kloro'fila] *f* chlorophyll.

club [kluβ] *m* club; **~ náutico** yacht club.

cm *(abrev de centímetro)* cm.

coacción [koak'θjon] *f* coercion.

coaccionar [koakθjo'nar] *vt* to coerce.

coartada [koar'taða] *f* alibi.

coba ['koβa] *f*: **dar ~** to suck up to.

cobarde [ko'βarðe] *adj* cowardly.
◆ *mf* coward.

cobardía [koβar'ðia] *f* cowardice.

cobertizo [koβer'tiθo] *m (tejado)* lean-to; *(barracón)* shed.

cobija [ko'βixa] *f Amér* blanket.

cobijar [koβi'xar] *vt (suj: edificio)* to house; *(suj: persona)* to put up; *(proteger)* to shelter. □ **cobijarse** *vpr* to (take) shelter.

cobra ['koβra] *f* cobra.

cobrador, ra [koβra'ðor, ra] *m, f (de autobús)* conductor *f* conductress).

cobrar [ko'βrar] *vt (dinero)* to charge; *(cheque)* to cash; *(en el trabajo)* to earn; *(importancia, fama)* to acquire; **¿me cobra, por favor?** could I have the bill, please?

cobre ['koβre] *m* copper; **no tener un ~** *Amér* not to have a penny.

cobro ['koβro] *m (de dinero)* collection; *(de talón)* cashing; **llamar a ~ revertido** to reverse the charges (Br), to call collect (Am).

coca ['koka] *f (planta)* coca; *fam (cocaína)* coke.

cocaína [koka'ina] *f* cocaine.

cocainómano, na [kokai'nomano, na] *m, f* cocaine addict.

cocción [kok'θjon] *f (en agua)* boiling; *(en horno)* baking.

cocear [koθe'ar] *vi* to kick.

cocer [ko'θer] *vt (guisar)* to cook; *(en agua)* to boil; *(en horno)* to bake. ◆ *vi* hervir) to boil. □ **cocerse** *vpr* *fig (idea, plan)* to be brewing.

coche ['kotʃe] *m (automóvil)* car; *(de tren, caballos)* carriage; **~ de alquiler** hire *Br* o rental *Am* car; **~ cama** sleeper; **~ restaurante** dining car.

cochinillo [kotʃi'niʎo] *m*: **~ al horno** roast suckling pig, a speciality of Segovia.

cochino, na [ko'tʃino, na] *adj* filthy. ◆ *m, f* (animal) pig (*f* sow).

cocido, da [ko'θiðo, ða] *adj* boiled. ◆ *m* stew.

cocina [ko'θina] *f* (estancia, habitación) kitchen; (aparato) cooker Br, stove Am; (arte, técnica) cooking; **~ española** Spanish cuisine; **~ de butano** butane gas cooker; **~ eléctrica** electric cooker; **~ de gas** gas cooker.

cocinar [koθi'nar] *vt & vi* to cook.

cocinero, ra [koθi'nero, ra] *m, f* cook.

coco ['koko] *m* (fruto) coconut; (árbol) coconut palm; *fam* (cabeza) nut.

cocodrilo [koko'ðrilo] *m* (animal) crocodile; (piel) crocodile skin.

cocotero [koko'tero] *m* coconut palm.

cóctel ['koktel] *m* (bebida) cocktail; (reunión, fiesta) cocktail party.

coctelera [kokte'lera] *f* cocktail shaker.

codazo [ko'ðaθo] *m* poke with the elbow.

codiciar [koði'θjar] *vt* to covet.

codificado, da [koðifi'kaðo, ða] *adj* coded.

código ['koðiɣo] *m* code; **~ de barras** bar code; **~ de circulación** highway code; **~ penal** penal code; **~ postal** post code (Br), zip code (Am).

codo ['koðo] *m* elbow; **~ a ~** side by side.

codorniz [koðor'niθ] (*pl* -ces [θes]) *f* quail.

coeficiente [koefi'θjente] *m* coefficient; **~ intelectual** I.Q.

coetáneo, a [koe'taneo, a] *adj* contemporary.

coexistencia [koeksis'tenθja] *f* coexistence.

cofia ['kofja] *f* (de tendero, camarero) cap; (de monja) coif.

cofradía [kofra'ðia] *f* religious fraternity.

cofre ['kofre] *m* (arca) chest.

coger [ko'xer] *vt* to take; (ladrón, pez, enfermedad, oír) to catch; (frutos) to pick; (suj: toro) to gore; (entender) to get. ◆ *vi* (planta, árbol) to take; (caber) to fit; *Méx, RP & Ven vulg* (copular) to fuck; **~ algo a alguien** to take sthg (away) from sb; **coge cerca de aquí** it's not far from here; **~ a la derecha** to turn right. ❑ **cogerse** *vpr*: **~se de** (agarrarse de) to hold on to.

cogida [ko'xiða] *f* (de toro) goring.

cogollos [ko'ɣoʎos] *mpl* (brotes) shoots.

cogote [ko'ɣote] *m* nape (of the neck).

cohabitar [koaβi'tar] *vi* to live together.

coherencia [koe'renθja] *f* coherence.

coherente [koe'rente] *adj* coherent.

cohete [ko'ete] *m* rocket.

coima ['koima] *f* Andes & RP fam bribe.

coincidencia [koinθi'ðenθja] *f* coincidence.

coincidir [koinθi'ðir] *vi* (en un lugar) to meet; (ser igual) to coincide. ❑ **coincidir con** *v* + *prep* (ser de la misma opinión que) to agree with; (ocurrir en el mismo momento que) to coincide with.

coito ['koito] *m* (sexual) intercourse.

cojear [koxe'ar] *vi* (persona) to limp; (mueble) to wobble.

cojín [ko'xin] *m* cushion.

cojo, ja ['koxo, xa] *adj* (persona, animal) lame; (mesa, silla) wobbly. ◆ *m, f* lame person.

cojón [ko'xon] *m vulg (testículo)* ball. □ **cojones** *interj vulg* balls!

cojudez [koxu'ðeθ] *f Amér fam* silly thing.

cojudo, da [ko'xuðo, ða] *adj Andes fam* stupid.

col [kol] *f* cabbage; ~ **de Bruselas** Brussels sprout.

cola ['kola] *f (rabo, de avión)* tail; *(fila)* queue (*Br*), line (*Am*); *(de tren)* back; *(de vestido)* train; *(para pegar)* glue; *(bebida)* cola; ~ **de caballo** ponytail; **hacer** ~ to queue (*Br*), to stand in line (*Am*); **traer** ~ *fig* to have repercussions.

colaboración [kolaβora'θjon] *f (en trabajo, tarea)* collaboration; *(en publicación)* article.

colaborador, ra [kolaβora-'ðor, ra] *m, f (en trabajo)* collaborator; *(en periódico)* writer.

colaborar [kolaβo'rar] *vi:* ~ **en** *(trabajo, tarea)* to collaborate on; *(periódico)* to write for.

colada [ko'laða] *f (de ropa)* laundry.

colado, da [ko'laðo, ða] *adj:* **estar** ~ **por** *fam* to have a crush on.

colador [kola'ðor] *m (para líquidos)* strainer; *(para verduras)* colander.

colar [ko'lar] *vt (líquido)* to strain; *(café)* to filter; *(lo falso, lo ilegal)* to slip through. ◆ *vi* to wash; **no cuela** it won't wash. ◆ **colarse** *vpr (en cine, metro)* to jump the queue (*Br*), to jump the line (*Am*); *(equivocarse)* to get it wrong.

colcha ['koltʃa] *f* bedspread.

colchón [kol'tʃon] *m* mattress; ~ **inflable** air bed.

colchoneta [koltʃo'neta] *f (en la playa)* beach mat.

colección [kolek'θjon] *f* collection.

coleccionar [kolekθjo'nar] *vt* to collect.

coleccionista [kolekθjo'nista] *mf* collector.

colecta [ko'lekta] *f* collection.

colectivo, va [kolek'tiβo, βa] *adj* collective. ◆ *m* group.

colega [ko'leva] *mf* colleague.

colegiado, da [kole'xjaðo, ða] *m, f* referee.

colegial, la [kole'xjal, la] *m, f* schoolchild.

colegio [ko'lexjo] *m (de estudiantes)* school; *(de profesionales)* professional association.

cólera [ko'lera] *m (enfermedad)* cholera. ◆ *f (enfado)* rage.

colérico, ca [ko'leriko, ka] *adj* badtempered.

colesterol [koleste'rol] *m* cholesterol.

coleta [ko'leta] *f* pigtail.

colgador [kolva'ðor] *m* hanger.

colgar [kol'var] *vt* to hang; *(la ropa)* to hang out; *fam (abandonar)* to give up. ◆ *vi (pender)* to hang; *(al teléfono)* to hang up; ~ **el teléfono** to hang up.

coliflor [koli'flor] *f* cauliflower.

colilla [ko'liʎa] *f* butt.

colina [ko'lina] *f* hill.

colirio [ko'lirjo] *m* eye drops.

colitis [ko'litis] *f inv* colitis.

collage [ko'ʎaxe] *m* collage.

collar [ko'ʎar] *m (de joya)* necklace; *(para animales)* collar.

collarín [koʎa'rin] *m* surgical collar.

colmado [kol'maðo] *m* grocer's (shop).

colmar [kol'mar] *vt (cuchara, vaso, etc)* to fill to the brim; ~ **a alguien de** to shower sb with.

colmena [kol'mena] *f* beehive.

colmillo [kol'miʎo] *m (de persona)* eyetooth; *(de elefante)* tusk.

colmo ['kolmo] m: **ser el ~ de** to be the height of; **¡eso es el ~!** that's the last straw!

colocación [koloka'θjon] f position.

colocado, da [kolo'kaðo, ða] adj fam (drogado) high; (bebido) plastered.

colocar [kolo'kar] vt to place; **~ a alguien** (proporcionar empleo) to give sb a job. □ **colocarse** vpr fam (drogarse) to get stoned.

Colombia [ko'lombja] Colombia.

colombiano, na [kolom'bjano, na] adj & m, f Colombian.

colonia [ko'lonja] f (perfume) (eau de) cologne; (grupo de personas, territorio) colony; Méx (barrio) area; **~ de verano** summer camp. □ **colonias** fpl (para niños) holiday camp (sg) Br, summer camp (sg) Am; **ir de ~s** to go to a holiday camp.

colonización [koloniθa'θjon] f colonization.

colonizar [koloni'θar] vt to colonize.

colono [ko'lono] m settler.

coloquial [koloki'al] adj colloquial.

coloquio [ko'lokjo] m debate.

color [ko'lor] m colour; (colorante) dye; (aspecto) tone; **en ~** colour (antes de s).

colorado, da [kolo'raðo, ða] adj (rojo) red; **ponerse ~** to go red.

colorante [kolo'rante] m colouring.

colorete [kolo'rete] m blusher.

colorido [kolo'riðo] m (conjunto de colores) colours (pl); (animación) colour.

colosal [kolo'sal] adj (extraordinario) extraordinary; (muy grande) colossal.

columna [ko'lumna] f column; (de

objetos) stack; **~ vertebral** spinal column.

columpiarse [kolum'pjarse] vpr to swing.

columpio [ko'lumpjo] m swing.

coma ['koma] f (signo ortográfico) comma; (signo matemático) decimal point. ◆ m: **estar en ~** to be in a coma; **cinco ~ dos** five point two.

comadre [ko'maðre] f Amér female friend (to a woman).

comadreja [koma'ðrexa] f weasel.

comadrona [koma'ðrona] f midwife.

comal [ko'mal] m CAm & Méx metal or ceramic griddle for making tortillas.

comandante [koman'dante] mf major.

comando [ko'mando] m commando.

comarca [ko'marka] f area.

comba ['komba] f (juego) skipping Br, jump rope Am.

combate [kom'bate] m fight. □ **combates** mpl fighting (sg).

combatir [komba'tir] vi to fight. ◆ vt to combat.

combinación [kombina'θjon] f combination; (de transportes) connections (pl); (prenda femenina) slip.

combinado [kombi'naðo] m (cóctel) cocktail.

combinar [kombi'nar] vt (unir, mezclar) to combine; (bebidas) to mix. ◆ vi: **~ (con)** (colores, ropa etc) to go together (with); **~ algo con** (compaginar) to combine sthg with.

combustible [kombus'tiβle] m fuel.

combustión [kombus'tjon] f combustion.

comecocos [kome'kokos] m inv (juego) brainteaser.

comedia [ko'meðja] f (obra humorística) comedy; (obra en general) play; hacer ~ fam to pretend.

comediante [kome'ðjante] mf (actor (f actress); (farsante) fraud.

comedor [kome'ðor] m (habitación) dining room; (muebles) dining room furniture.

comensal [komen'sal] mf fellow diner.

comentar [komen'tar] vt to comment on.

comentario [komen'tarjo] m (observación) comment; (análisis) commentary.

comentarista [komenta'rista] mf commentator.

comenzar [komen'θar] vt & vi to begin, to start; ~ a to begin to, to start to.

comer [ko'mer] vt to eat. ♦ vi (alimentarse) to eat; (almorzar) to have lunch.

comercial [komer'θjal] adj commercial. ♦ m Amér TV advert (Br), commercial (Am).

comercializar [komerθjali'θar] vt to market.

comerciante [komer'θjante] mf (negociante) trader; (tendero) shopkeeper.

comerciar [komer'θjar] vi: ~ (con) to trade (with).

comercio [ko'merθjo] m (negocio) trade; (tienda) shop; (actividad comercial) business.

comestible [komes'tiβle] adj edible. ♦ f (juguete) kite.

cometa [ko'meta] m (astro) comet. ♦ f (juguete) kite.

cometer [kome'ter] vt (delito) to commit; (error) to make.

cometido [kome'tiðo] m task.

cómic ['komik] m comic Br, comic book Am.

comicios [ko'miθjos] mpl formal elections.

cómico, ca ['komiko, ka] adj (gracioso) comical; (de la comedia) comedy (antes de s). ♦ m, f comedian (f comedienne).

comida [ko'miða] f (alimento) food; (almuerzo, cena, etc) meal; (almuerzo) lunch; ~ rápida fast food; ~s caseras home-made food (sg); ~s para llevar takeaway food (sg).

comienzo [ko'mjenθo] m beginning, start; a ~s de at the beginning of.

comillas [ko'miλas] fpl inverted commas Br, parentheses Am; entre ~ in inverted commas.

comilón, ona [komi'lon, ona] adj greedy.

comilona [komi'lona] f fam blowout Br, feast.

comino [ko'mino] m cumin; me importa un ~ fam I couldn't care less.

comisaría [komisa'ria] f police station.

comisario, ria [komi'sarjo, rja] m, f (de policía) police superintendent; (de exposición, museo) curator.

comisión [komi'sjon] f (grupo de personas) committee; (cantidad de dinero) commission.

comisura [komi'sura] f (de labios) corner of the mouth.

comité [komi'te] m committee.

comitiva [komi'tiβa] f retinue.

como ['komo] adv as; (comparativo) like; (aproximadamente) roughly, more or less. ♦ conj (ya que) as; (si) if; tan ... ~ ... as ... as ...; ~ si as if.

cómo ['komo] adv how. ♦ m: el ~ y el porqué the whys and wherefores; ¿~ es? what's it like?; ¿~? (¿qué dices?) sorry?; ¡~ no! of course!

cómoda ['komoða] f chest of drawers.

cómodamente ['komoða,mente] adv comfortably.

comodidad [komoði'ðað] f comfort. ☐ **comodidades** fpl (ventajas) advantages; **con todas las ~es** all mod cons.

comodín [komo'ðin] m joker.

cómodo, da ['komoðo, ða] adj comfortable.

comodón, ona [komo'ðon, ona] adj comfort-loving.

compacto, ta [kom'pakto, ta] adj compact. ◆ m compact disc.

compadecer [kompaðe'θer] vt to feel sorry for. ◆ **compadecerse de** v + prep to feel sorry for.

compadre [kom'paðre] m CAm & Méx mate (Br), buddy (Am).

compadrear [kompaðre'ar] vi Amér fam to brag.

compadreo [kompa'ðreo] m Amér fam friendship.

compaginar [kompaxi'nar] vt: **~ algo con** to reconcile sthg with.

compañerismo [kompaɲe'rizmo] m comradeship.

compañero, ra [kompa'ɲero, ra] m, f (acompañante) companion; (de clase) classmate; (de trabajo) colleague; (de juego) partner; (amigo) partner.

compañía [kompa'ɲia] f company; **de ~** (animal) pet; **hacer ~ a alguien** to keep sb company.

comparación [kompara'θjon] f comparison.

comparar [kompa'rar] vt to compare. ☐ **compararse** vpr: **~se con** to compare with.

comparsa [kom'parsa] f (de fiesta) group of masked revellers at carnival; (de teatro) extras (pl). ◆ mf extra.

compartimento [komparti'mento] m compartment.

compartir [kompar'tir] vt to share; **~ algo con alguien** to share sthg with sb.

compás [kom'pas] m (en dibujo) pair of compasses; (ritmo) beat.

compasión [kompa'sjon] f compassion.

compasivo, va [kompa'siβo, βa] adj compassionate.

compatible [kompa'tiβle] adj compatible; **~ con** compatible with.

compatriota [kompa'trjota] mf compatriot.

compenetrarse [kompene'trarse] vpr to be in tune.

compensación [kompensa'θjon] f compensation.

compensar [kompen'sar] vt to compensate for. ◆ vi (satisfacer) to be worthwhile; **~ algo con** to make up for sthg with.

competencia [kompe'tenθja] f (rivalidad) competition; (incumbencia) area of responsibility; (aptitud) competence.

competente [kompe'tente] adj competent.

competición [kompeti'θjon] f competition.

competir [kompe'tir] vi to compete.

competitivo, va [kompeti'tiβo, βa] adj competitive.

complacer [kompla'θer] vt to please. ◆ vi to be pleasing. ☐ **complacerse** vpr: **~se en** to take pleasure in.

complaciente [kompla'θjente] adj obliging.

complejidad [komplexi'ðað] f complexity.

complejo, ja [kom'plexo, xa] *adj & m* complex.

complementar [komplemen'tar] *vt* to complement. □ **complementarse** *vpr* to complement one another.

complementario, ria [komplemen'tarjo, rja] *adj* complementary.

complemento [komple'mento] *m (accesorio)* complement; *(en gramática)* complement, object.

completamente [kom,pleta'mente] *adv* completely.

completar [komple'tar] *vt* to complete; *Amér (rellenar)* to fill out.

completo, ta [kom'pleto, ta] *adj (con todas sus partes)* complete; *(lleno)* full; **por** ~ completely; '**completo**' 'no vacancies'.

complexión [komplek'sjon] *f* build.

complicación [komplika'θjon] *f* complication.

complicado, da [kompli'kaðo, ða] *adj* complicated.

complicar [kompli'kar] *vt (hacer difícil)* to complicate; ~ **a alguien en** *(implicar)* to involve sb in. □ **complicarse** *vpr (situación, problema)* to get complicated; *(enfermedad)* to get worse.

cómplice ['kompliθe] *mf* accomplice.

complot [kom'plot] *m* plot.

componente [kompo'nente] *m* component.

componer [kompo'ner] *vt (obra literaria)* to write; *(obra musical)* to compose; *(lo roto)* to repair; *(lo desordenado)* to tidy up *Br*, to clean up *Am*. □ **componerse de** *v + prep* to consist of; **componérselas** to manage.

comportamiento [komporta'mjento] *m* behaviour.

comportar [kompor'tar] *vt* to involve. □ **comportarse** *vpr* to behave.

composición [komposi'θjon] *f* composition.

compositor, ra [komposi'tor, ra] *m, f* composer.

compostura [kompos'tura] *f (buena educación)* good behaviour.

compota [kom'pota] *f* stewed fruit *Br*, compote; ~ **de manzana** stewed apple.

compra ['kompra] *f* purchase; **hacer la** ~ to do the shopping; **ir de** ~ to go shopping; ~ **a plazos** hire purchase *Br*, installment plan *Am*.

comprador, ra [kompra'ðor, ra] *m, f* buyer.

comprar [kom'prar] *vt* to buy; ~ **algo a alguien** to buy sthg from sb.

comprender [kompren'der] *vt (entender)* to understand; *(abarcar)* to comprise.

comprensible [kompren'sißle] *adj* understandable.

comprensión [kompren'sjon] *f (de ejercicio, texto)* comprehension; *(de problema, situación)* understanding.

comprensivo, va [kompren'sißo, ßa] *adj* understanding.

compresa [kom'presa] *f (para higiene femenina)* sanitary towel *Br*, napkin *Am*; *(para uso médico)* compress.

compresor [kompre'sor] *m (máquina)* compressor.

comprimido, da [kompri'miðo, ða] *adj* compressed. ◆ *m* pill.

comprimir [kompri'mir] *vt* to compress.

comprobación [komproßa'θjon] *f* checking.

comprobar [kompro'ßar] *vt (verificar)* to check; *(demostrar)* to prove.

comprometer [komprome'ter] vt to compromise. □ **comprometer-se** vpr (novios) to get engaged; ~ **se (a)** to commit o.s. (to); ~ **se (con)** to commit o.s. (to).

comprometido, da [komprome-'tiðo, ða] adj (empeñado) committed.

compromiso [kompro'miso] m (obligación) commitment; (acuerdo) compromise; (apuro) difficult situation; **sin** ~ uncompromising.

compuerta [kom'pwerta] f sluice gate.

compuesto, ta [kom'pwesto, ta] adj (por varios elementos) composed; (reparado) repaired. ◆ m compound.

compungido, da [kompun'xiðo, ða] adj remorseful.

comulgar [komul'ɣar] vi to take communion. □ **comulgar con** v + prep (ideas, sentimientos) to agree with.

común [ko'mun] adj (frecuente) common; (compartido) shared.

comuna [ko'muna] f CSur & Perú municipality.

comunicación [komunika'θjon] f (entre personas, animales) communication; (escrito) communiqué; (por carretera, tren, etc) communications (pl); **se cortó la** ~ I was cut off.

comunicado, da [komuni'kaðo, ða] adj connected. ◆ m statement; **bien/mal** ~ (pueblo, ciudad) with good/bad connections.

comunicar [komuni'kar] vt to communicate. ◆ vi (al teléfono) to get through; **está comunicando** (teléfono) the line's engaged.

comunicativo, va [komunika-'tiβo, βa] adj communicative.

comunidad [komuni'ðað] f community; ~ **autónoma** Spanish autonomous region; **Comunidad Europea** European Community.

COMUNIDAD AUTÓNOMA

In Spain, the "comunidad autónoma" is a region consisting of one or more provinces which enjoys a degree of autonomy in administrative matters. There are 17 "comunidades autónomas": Andalusia, Aragon, the Principality of Asturias, the Balearic Islands, the Basque Country, the Canary Islands, Cantabria, Castile and León, Castile and La Mancha, Catalonia, Extremadura, Galicia, La Rioja, Madrid, Murcia, Navarre, and Valencia. The two Spanish enclaves on the North African coast, Ceuta and Melilla, are known as "comunidades autónomas".

comunión [komu'njon] f communion.

comunismo [komu'nizmo] m communism.

comunista [komu'nista] mf communist.

comunitario, ria [komuni'tarjo, rja] adj community (antes de s).

con [kon] prep - 1. (modo, medio) with; **hazlo** ~ **el martillo** do it with the hammer; **lo ha conseguido** ~ **su esfuerzo** he has achieved it through his own efforts.
- 2. (compañía) with; **trabaja** ~ **su padre** he works with his father.
- 3. (junto a) with; **una cartera** ~ **varios documentos** a briefcase containing several documents.
- 4. (a pesar de) in spite of; ~ **lo aplica-**

do que es lo han suspendido for all his hard work, they still failed him; ~ **todo iremos a su casa** we'll go to her house anyway.
- **5.** *(condición)* by; ~ **salir a las cinco será suficiente** if we leave at five we'll have plenty of time.
- **6.** *(en locuciones):* ~ **(tal) que** as long as.

conato [ko'nato] m *(de agresión)* attempt; *(de incendio)* beginnings *(pl).*

cóncavo, va ['konkaβo, βa] adj concave.

concebir [konθe'βir] vt to conceive; **no** ~ *(no entender)* to be unable to conceive of.

conceder [konθe'ðer] vt *(dar)* to grant; *(premio)* to award; *(asentir)* to admit.

concejal, la [konθe'xal, la] m, f councillor.

concentración [konθentra'θjon] f *(de personas)* gathering; *(de líquido)* concentration.

concentrado, da [konθen'traðo, ða] adj *(reunido)* gathered; *(espeso)* concentrated. ◆ m: ~ **de ...** concentrated ...

concentrar [konθen'trar] vt *(interés, atención)* to concentrate; *(lo desunido)* to bring together. ❑ **concentrarse** vpr: ~ **se en** *(estudio, trabajo, etc)* to concentrate on; *(lugar)* to gather in.

concepción [konθep'θjon] f conception.

concepto [kon'θepto] m *(idea)* concept; *(opinión)* opinion; **en** ~ **de** by way of.

concernir [konθer'nir] ◆ **concernir a** v + prep to concern.

concertación [konθerta'θjon] f agreement.

concertado, da [konθer'taðo, ða] adj agreed.

concertar [konθer'tar] vt *(precio)* to agree on; *(cita, entrevista)* to arrange; *(acuerdo)* to reach.

concesión [konθe'sjon] f award.

concesionario, ria [konθesjo'narjo, rja] adj concessionary. ◆ m licensee.

concha ['kontʃa] f *(caparazón)* shell; *(material)* tortoiseshell.

conciencia [kon'θjenθja] f *(conocimiento)* awareness; *(moral)* conscience; **a** ~ conscientiously; **tener** ~ **de** to be aware of.

concienzudo, da [konθjen'θuðo, ða] adj conscientious.

concierto [kon'θjerto] m *(actuación musical)* concert; *(composición musical)* concerto; *(convenio)* agreement.

conciliación [konθilja'θjon] f reconciliation.

conciliar [konθi'ljar] vt to reconcile; ~ **el sueño** to get to sleep. ❑ **conciliarse con** v + prep to be reconciled with.

concisión [konθi'sjon] f conciseness.

conciso, sa [kon'θiso, sa] adj concise.

concluir [konklu'ir] vt to conclude. ◆ vi to (come to an) end.

conclusión [konklu'sjon] f conclusion.

concordancia [konkor'ðanθja] f agreement.

concordar [konkor'ðar] vt to reconcile. ◆ vi *(de género)* to agree; *(de número)* to tally; ~ **con** *(coincidir con)* to agree with.

concordia [kon'korðja] f harmony.

concretar [konkre'tar] vt *(especificar)* to specify; *(reducir)* to cut down.

concreto, ta [kon'kreto, ta] *adj* *(no abstracto)* concrete; *(específico)* specific. ◆ *m*: ~ **armado** *Amér* concrete.

concubina [konku'βina] *f* concubine.

concurrencia [konku'renθja] *f* *(público)* audience; *(de hechos)* concurrence; *(asistencia)* attendance.

concurrente [konku'rente] *adj* concurrent.

concurrido, da [konku'riðo, ða] *adj* crowded.

concurrir [konku'rir] *vi (asistir)* to attend; *(coincidir)* to meet.

concursante [konkur'sante] *mf* contestant.

concursar [konkur'sar] *vi* to compete.

concurso [kon'kurso] *m (de deportes, literatura)* competition; *(en televisión)* game show.

condado [kon'daðo] *m* county.

condal [kon'dal] *adj* county *(antes de s.)*.

conde, desa ['konde, 'desa] *m, f* count *(f* countess*)*.

condecoración [kondekora'θjon] *f* medal.

condena [kon'dena] *f* sentence.

condenado, da [konde'naðo, ða] *adj* convicted. ◆ *m, f* convicted criminal.

condenar [konde'nar] *vt (suj: juez)* to sentence; *(desaprobar)* to condemn.

condensación [kondensa'θjon] *f* condensation.

condensar [konden'sar] *vt* to condense.

condición [kondi'θjon] *f (supuesto)* condition; *(modo de ser)* nature; *(estado social)* status. ❑ **condiciones** *fpl (situación)* conditions; **estar en**

buenas/malas condiciones to be/not to be in a fit state.

condicional [kondiθjo'nal] *adj* conditional.

condimentar [kondimen'tar] *vt* to season.

condimento [kondi'mento] *m* seasoning.

condominio [kondo'minjo] *m* *Amér (viviendas)* block of flats *(Br)*, apartment building *(Am)*; *(oficinas)* office block *Br* ○ building *Am*.

conducción [konduk'θjon] *f (de vehículos)* driving; *(cañerías)* pipes *(pl)*.

conducir [kondu'θir] *vt (vehículo)* to drive; *(llevar)* to lead; *(dirigir)* to conduct. ◆ *vi* to drive.

conducta [kon'dukta] *f* behaviour.

conducto [kon'dukto] *m (tubo)* pipe; *(vía)* channel.

conductor, ra [konduk'tor, ra] *m, f* driver.

conectar [konek'tar] *vt* to connect. ❑ **conectar con** *v + prep (contactar con)* to get in touch with; *(comprender)* to get on well with.

conejera [kone'xera] *f (madriguera)* warren.

conejo, ja [ko'nexo, xa] *m, f* rabbit; ~ **a la cazadora** rabbit cooked in olive oil, with onion, garlic and parsley.

conexión [konek'sjon] *f* connection.

confección [konfek'θjon] *f (de vestido)* dressmaking. ❑ **confecciones** *fpl (tienda)* clothes shop *(sg)*.

confederación [konfeðera'θjon] *f* confederation.

conferencia [konfe'renθja] *f (disertación)* lecture; *(por teléfono)* long-distance call.

conferenciante [konferen'θjante] *mf* speaker *(at conference)*.

confesar [konfe'sar] *vt* to confess.

◻ **confesarse** *vpr* to take confession.

confesión [konfe'sjon] *f (de los pecados)* confession; *(religión)* religion.

confesionario [konfesjo'narjo] *m* confessional.

confesor [konfe'sor] *m* confessor.

confeti [kon'feti] *m* confetti.

confiado, da [kon'fjaðo, ða] *adj (crédulo)* trusting.

confianza [kon'fjanθa] *f (seguridad)* confidence; *(fe)* faith; *(trato familiar)* familiarity.

confiar [konfi'ar] *vt (secreto)* to confide; *(persona, cosa)* to entrust. ◻ **confiar en** *v + prep (persona)* to trust; *(esperar en)* to have faith in; **~ en que** to be confident that. ◻ **confiarse** *vpr* to be overconfident.

confidencia [konfi'ðenθja] *f* confidence.

confidencial [konfiðen'θjal] *adj* confidential.

confidente [konfi'ðente] *mf (de un secreto)* confidante; *(de la policía)* informer.

configuración [konfiɣura'θjon] *f* configuration.

configurar [konfiɣu'rar] *vt* to shape.

confirmación [konfirma'θjon] *f* confirmation.

confirmar [konfir'mar] *vt* to confirm.

confiscar [konfis'kar] *vt* to confiscate.

confitado, da [konfi'taðo, ða] *adj* crystallized.

confite [kon'fite] *m* sweet *(Br)*, candy *(Am)*.

confitería [konfite'ria] *f (tienda)* sweet shop *(Br)*, candy store *(Am)*.

confitura [konfi'tura] *f* preserve.

conflictivo, va [konflik'tiβo, βa] *adj* difficult.

conflicto [kon'flikto] *m (desacuerdo)* conflict; *(situación difícil)* difficulty.

confluencia [kon'flyenθja] *f (lugar)* intersection; *(de ríos)* confluence.

confluir [konflu'ir] ◆ **confluir en** *v + prep* to meet at.

conformarse [konfor'marse] ◆ **conformarse con** *v + prep* to settle for.

conforme [kon'forme] *adj* **~** in agreement. ◆ *adv* as; **~** **con** in accordance with.

conformidad [konformi'ðað] *f*: **dar la ~** to give one's consent.

conformismo [konfor'mizmo] *m* conformism.

conformista [konfor'mista] *mf* conformist.

confort [kon'for] *m* comfort; **'todo ~'** 'all mod cons'.

confortable [konfor'taβle] *adj* comfortable.

confrontación [konfronta'θjon] *f* confrontation.

confundir [konfun'dir] *vt* to confuse; **~** **algo/a alguien con** to confuse sthg/sb with. ◻ **confundirse** *vpr (equivocarse)* to make a mistake; *(al teléfono)* to get the wrong number; **~ se de casa** to get the wrong house. ◻ **confundirse con** *v + prep (mezclarse con)* to merge into.

confusión [konfu'sjon] *f (equivocación)* mix-up; *(desorden)* confusion.

confuso, sa [kon'fuso, sa] *adj (perplejo)* confused; *(no diferenciado)* unclear.

congelación [konxela'θjon] *f* freezing.

congelado, da [konxe'laðo, ða]

adj (alimentos, productos) frozen; *(persona)* freezing. ❑ **congelados** *mpl (alimentos)* frozen foods.

congelador [konχela'ðor] *m* freezer.

congelar [konχe'lar] *vt* to freeze. ❑ **congelarse** *vpr (persona)* to be freezing.

congénito, ta [kon'χenito, ta] *adj* congenital.

congestión [konχes'tjon] *f* congestion.

conglomerado [konglome'raðo] *m (de madera)* hardboard.

congregar [kongre'γar] *vt* to gather together. ❑ **congregarse** *vpr* to gather.

congresista [kongre'sista] *mf* delegate.

congreso [kon'greso] *m (de especialistas)* conference; *(de diputados)* parliament, congress; **el ~ de los diputados** *the lower house of the Spanish Parliament.*

conjetura [konχe'tura] *f* conjecture.

conjugación [konχuχa'θjon] *f (de verbos)* conjugation; *(de colores, estilos, etc)* combination.

conjugar [konχu'γar] *vt (verbos)* to conjugate; *(unir)* to combine.

conjunción [konχun'θjon] *f* GRAM conjunction; *(unión)* combining.

conjuntamente [kon,χunta'mente] *adv* jointly.

conjuntivitis [konχunti'βitis] *f inv* conjunctivitis.

conjunto [kon'χunto] *m (grupo, de rock)* group; *(ropa)* outfit; *(en matemáticas)* set; **en ~** as a whole.

conmemoración [kommemora'θjon] *f* commemoration.

conmemorar [kommemo'rar] *vt* to commemorate.

conmigo [kom'miγo] *pron* with me.

conmoción [kommo'θjon] *f* shock; **~ cerebral** concussion.

conmover [kommo'βer] *vt (impresionar)* to move, to touch.

conmutador [kommuta'ðor] *m (de electricidad)* switch; *Amér (centralita)* switchboard.

cono ['kono] *m* cone.

conocer [kono'θer] *vt* to know; *(persona por primera vez)* to meet; *(distinguir)* to recognize. ❑ **conocerse** *vpr (tratarse)* to know one another; *(por primera vez)* to meet; *(reconocerse)* to recognize one another; *(uno mismo)* to know o.s.

conocido, da [kono'θiðo, ða] *adj* well-known. ♦ *m, f* acquaintance.

conocimiento [konoθi'mjento] *m (entendimiento)* knowledge; MED consciousness. ❑ **conocimientos** *mpl* knowledge *(sg).*

conque ['konke] *conj* so.

conquista [kon'kista] *f* conquest.

conquistador, ra [konkista'ðor, ra] *adj* seductive. ♦ *m, f* conqueror.

conquistar [konkis'tar] *vt (país, territorio)* to conquer; *(puesto, trabajo, etc)* to obtain; *(persona)* to win over.

consagrado, da [konsa'γraðo, ða] *adj (en religión)* consecrated; *(dedicado)* dedicated.

consagrar [konsa'γrar] *vt (monumento, calle, etc)* to dedicate; *(acreditar)* to confirm.

consciente [kons'θjente] *adj:* **estar ~** to be conscious; **ser ~ de** to be aware of.

consecuencia [konse'kɥenθja] *f* consequence; **en ~** consequently.

consecuente [konse'kɥente] *adj (persona)* consistent; *(hecho)* resultant *(antes de s).*

consecutivo, va [konseku'tiβo, βa] *adj* consecutive.

conseguir [konse'ɣir] *vt (lograr)* to obtain; *(objetivo)* to achieve.

consejo [kon'sexo] *m (advertencias)* advice; *(advertencia concreta)* piece of advice; *(organismo)* council; *(reunión)* meeting.

consenso [kon'senso] *m* consensus.

consentido, da [konsen'tiðo, ða] *adj* spoilt *Br*, spoiled *Am*.

consentir [konsen'tir] *vt (permitir)* to allow.

conserje [kon'serxe] *m* caretaker.

conserjería [konserxe'ria] *f* reception (desk).

conserva [kon'serβa] *f*: **en ~** tinned *Br*, canned. □ **conservas** *fpl* tinned food *(sg) Br*, canned food *(sg) Am*.

conservador, ra [konserβa-'ðor, ra] *adj (en ideología)* conservative; *(en política)* Conservative; *(que mantiene)* preservative.

conservadurismo [konserβaðu-'rizmo] *m* conservatism.

conservante [konser'βante] *m* preservative.

conservar [konser'βar] *vt (mantener, cuidar)* to preserve; *(guardar)* to keep. □ **conservarse** *vpr (persona)* to look after o.s.; *(alimentos, productos)* to keep.

conservatorio [konserβa'torjo] *m* conservatoire.

considerable [konsiðe'raβle] *adj (grande)* considerable; *(hecho)* notable.

consideración [konsiðera'θjon] *f (respeto)* respect; **de ~** considerable.

considerar [konsiðe'rar] *vt* to consider; *(valorar)* to value.

consigna [kon'siɣna] *f (orden)* instructions *(pl)*; *(depósito)* left-luggage office *Br*, baggage room *Am*; **~ automática** [left-]luggage locker.

consignación [konsiɣna'θjon] *f* consignment.

consigo [kon'siɣo] *pron (con él, con ella)* with him *(f* with her*)*; *(con usted)* with you; *(con una mismo)* with o.s.

consiguiente [konsiɣi'ente] ◆ **por consiguiente** *adv* therefore.

consistencia [konsis'tenθja] *f* consistency.

consistente [konsis'tente] *adj (sólido)* solid.

consistir [konsis'tir] ◆ **consistir en** *v + prep (componerse de)* to consist of; *(estar fundado en)* to be based on.

consistorio [konsis'torjo] *m* town council *Br*, city hall *Am*.

consola [kon'sola] *f (mesa)* console table; *(de videojuegos)* console.

consolar [konso'lar] *vt* to console. □ **consolarse** *vpr* to console o.s.

consolidación [konsoliða'θjon] *f* consolidation.

consolidar [konsoli'ðar] *vt* to consolidate.

consomé [konso'me] *m* consommé; **~ al jerez** *consommé made with sherry*.

consonante [konso'nante] *f* consonant.

consorcio [kon'sorθjo] *m* consortium.

consorte [kon'sorte] *mf* spouse.

conspiración [konspira'θjon] *f* conspiracy.

conspirar [konspi'rar] *vi* to conspire.

constancia [kons'tanθja] *f (tenacidad)* perseverance.

constante [kons'tante] *adj (que dura)* constant; *(tenaz)* persistent. ◆ *f* constant; ~ **s vitales** signs of life.

constantemente [kons,tante'mente] *adv* constantly.

constar [kons'tar] ◆ **constar de** *v* + *prep* to be made up of. ❑ **constar en** *v* + *prep* (*figurar en*) to appear in; **me consta que** I know that; **que conste que** let there be no doubt that.

constelación [konstela'θjon] *f* constellation.

constipado [konsti'paðo] *m formal* cold.

constiparse [konsti'parse] *vpr formal* to catch a cold.

constitución [konstitu'θjon] *f (forma)* make-up; (*ley*) constitution.

constitucional [konstituθjo'nal] *adj* constitutional.

constituir [konstitu'ir] *vt (formar)* to make up; (*componer, fundar*) to form; (*ser*) to be. ❑ **constituirse** *vpr (formarse)* to form; ~ **se de** (*estar compuesto de*) to be made up of.

construcción [konstruk'θjon] *f (edificio)* building; (*arte*) construction.

constructivo, va [konstruk'tiβo, βa] *adj* constructive.

constructor [konstruk'tor] *m* builder.

constructora [konstruk'tora] *f* construction company.

construir [konstru'ir] *vt* to build; (*máquina*) to manufacture.

consuelo [kon'sɥelo] *m* consolation.

cónsul ['konsul] *mf* consul.

consulado [konsu'laðo] *m (lugar)* consulate; (*cargo*) consulship.

consulta [kon'sulta] *f (aclaración, examen médico)* consultation; (*pregunta*) question; ~ (**médica**) surgery.

consultar [konsul'tar] *vt (persona, libro)* to consult; (*dato*) to look up;

~ **le algo a alguien** to consult sb about sthg.

consultorio [konsul'torjo] *m (de médico)* surgery *Br*, doctor's office *Am*; (*de revista*) problem page.

consumición [konsumi'θjon] *f (alimento)* food; (*bebida*) drink; ~ **obligatoria** 'minimum charge'.

consumidor, ra [konsumi'ðor, ra] *m, f* consumer.

consumir [konsu'mir] *vt (gastar)* to use; (*acabar totalmente*) to use up. ◆ *vi* (*gastar dinero*) to spend. ❑ **consumirse** *vpr (extinguirse)* to burn out.

consumismo [konsu'mizmo] *m* consumerism.

consumo [kon'sumo] *m* consumption.

contabilidad [kontaβili'ðað] *f* (*cuentas*) accounts (*pl*).

contable [kon'taβle] *mf* accountant.

contacto [kon'takto] *m* contact; (*de coche*) ignition.

contador, ra [konta'ðor, ra] *m, f Amér* (*prestamista*) moneylender; (*contable*) accountant. ◆ *m* meter.

contagiar [konta'xjar] *vt (persona)* to infect; (*enfermedad*) to pass on, to give.

contagio [kon'taxjo] *m* infection; **transmitirse por** ~ to be contagious.

contagioso, sa [konta'xjoso, sa] *adj* infectious.

container [kontaj'ner] *m (de mercancías)* container; (*de basuras*) weekly bin for rubbish from blocks of flats etc, Dumpster® *Am*.

contaminación [kontamina'θjon] *f* pollution.

contaminado, da [kontami'naðo, ða] *adj* polluted.

contaminar [kontami'nar] *vt* to

pollute. ❑ **contaminarse** *vpr* to become polluted.

contar [kon'tar] *vt* to count; (*explicar*) to tell. ◆ *vi* to count. ❑ **contar con** *v* + *prep* (*tener en cuenta*) to take into account; (*tener*) to have; (*confiar en*) to count on.

contemplaciones [kontempla-'θjones] *fpl* indulgence (*sg*); **sin ~** without standing on ceremony.

contemplar [kontem'plar] *vt* to contemplate.

contemporáneo, a [kontempo-'raneo, a] *adj* contemporary.

contenedor [kontene'ðor] *m* container; **~ de basura** *wheely bin for rubbish from blocks of flats etc*, Dumpster® *Am*.

contener [konte'ner] *vt* (*llevar*) to contain; (*impedir*) to hold back. ❑ **contenerse** *vpr* to hold back.

contenido, da [konte'niðo, ða] *adj* restrained. ◆ *m* contents (*pl*).

contentar [konten'tar]. *vt* to please. ❑ **contentarse con** *v* + *prep* to make do with.

contento, ta [kon'tento, ta] *adj* (*alegre*) happy; (*satisfecho*) pleased.

contestación [kontesta'θjon] *f* answer.

contestador [kontesta'ðor] *m*: **~ automático** answering machine.

contestar [kontes'tar] *vt* to answer. ◆ *vi* (*responder*) to answer; (*responder mal*) to answer back.

contexto [kon'teksto] *m* context.

contigo [kon'tivo] *pron* with you.

contiguo, gua [kon'tivwo, vwa] *adj* adjacent.

continental [kontinen'tal] *adj* continental.

continente [konti'nente] *m* continent.

continuación [kontinwa'θjon] *f* continuation; **a ~** then.

continuamente [kontinwa'mente] *adv* (*sin interrupción*) continuously; (*repetidamente*) continually.

continuar [kontinu'ar] *vt* to continue; **continúa en la casa** it's still in the house.

continuo, nua [kon'tinwo, nwa] *adj* (*sin interrupción*) continuous; (*repetido*) continual.

contorno [kon'torno] *m* (*silueta*) outline.

contra ['kontra] *prep* against. ◆ *m*: **los pros y los ~s** the pros and cons; **en ~** against; **en ~ de** against.

contrabajo [kontra'βaxo] *m* (*instrumento*) double bass.

contrabandista [kontraβan'dista] *mf* smuggler.

contrabando [kontra'βando] *m* (*de mercancías, droga*) smuggling; (*mercancías*) contraband.

contracorriente [,kontrako-'rjente] *f* cross current; **a ~** against the flow.

contradecir [kontraðe'θir] *vt* to contradict. ❑ **contradecirse** *vpr* to be inconsistent.

contradicción [kontraðik'θjon] *f* contradiction.

contradictorio, ria [kontraðik-'torjo, rja] *adj* contradictory.

contraer [kontra'er] *vt* to contract; (*deuda*) to run up; **~ matrimonio** to marry.

contraindicado, da [,kontra-jndi'kaðo, ða] *adj* not recommended.

contraluz [kontra'luθ] *m* picture taken against the light; **a ~** against the light.

contrapartida [,kontrapar'tiða] *f* compensation; **en ~** as compensation.

contrapelo [kontra'pelo] *m*: **a ~** against the grain.

contrapeso [kontra'peso] *m* counterbalance.

contrariar [kontrari'ar] *vt (disgustar)* to upset.

contrario, ria [kon'trarjo, rja] *adj (opuesto)* opposite; *(equipo, etc)* opposing; *(negativo)* contrary. ◆ *m, f* opponent; **al ~** on the contrary; **por el ~** on the contrary; **llevar la contraria** to always take an opposing view.

contraseña [kontra'seɲa] *f* password.

contrastar [kontras'tar] *vt (comparar)* to contrast; *(comprobar)* to check. ◆ *vi* to contrast.

contraste [kon'traste] *m* contrast.

contratar [kontra'tar] *vt* to hire.

contratiempo [kontra'tjempo] *m* mishap.

contrato [kon'trato] *m* contract.

contribuir [kontriβu'ir] *vi* to contribute; **~ a** to contribute to; **~ con** to contribute.

contrincante [kontrin'kante] *mf* opponent.

control [kon'trol] *m (comprobación)* inspection; *(dominio)* control; **~ de pasaportes** passport control.

controlar [kontro'lar] *vt (comprobar)* to check; *(dominar)* to control. ❏ **controlarse** *vpr* to control o.s.

contusión [kontu'sjon] *f* bruise.

convalidar [kombali'ðar] *vt (estudios)* to recognize.

convencer [komben'θer] *vt* to convince. ❏ **convencerse de** *v + prep* to convince o.s of.

convención [komben'θjon] *f* convention.

convencional [kombenθjo'nal] *adj* conventional.

conveniente [kombe'njente] *adj (oportuno)* suitable; *(hora)* conveni-

ent; *(aconsejable)* advisable; *(útil)* useful.

convenio [kom'benjo] *m* agreement.

convenir [kombe'nir] *vt* to agree on. ◆ *vi (ser adecuado)* to be suitable; **conviene hacerlo** it's a good idea to do it.

convento [kom'bento] *m (de monjas)* convent; *(de monjes)* monastery.

conversación [kombersa'θjon] *f* conversation.

conversar [komber'sar] *vi* to have a conversation.

convertir [komber'tir] *vt*: **~ algo/a alguien en** to turn sthg/sb into. ❏ **convertirse** *vpr*: **~ se a** *(religión, ideología)* to convert to; **~ se en** *(transformarse en)* to turn into.

convicción [kombik'θjon] *f* conviction.

convincente [kombin'θente] *adj* convincing.

convivencia [kombi'βenθja] *f* living together.

convivir [kombi'βir] ◆ **convivir con** *v + prep* to live with.

convocar [kombo'kar] *vt (reunión)* to convene; *(huelga, elecciones)* to call.

convocatoria [komboka'torja] *f (de exámenes)* diet.

convulsión [kombul'sjon] *f (espasmo)* convulsion; *(revuelta, revolución)* upheaval.

cónyuge ['konjuxe] *mf* spouse.

coña ['koɲa] *f vulg (guasa)* joke; **estar de ~** to be pissing around *Br*, to be kidding around *Am*.

coñac [ko'nak] *m* brandy.

coñazo [ko'naθo] *m vulg* pain (in the arse *Br* o ass *Am*).

coño ['koɲo] *interj vulg* fuck!

cooperar [koope'rar] *vi* to cooperate.

cooperativa [koopera'tiβa] f co-operative.

coordinación [koorðina'θjon] f coordination.

coordinar [koorði'nar] vt to coordinate.

copa ['kopa] f *(para beber)* glass; *(trofeo)* cup; *(de árbol)* top; **invitar a alguien a una ~** to buy sb a drink; **tomar una ~** to have a drink; **ir de ~s** to go out drinking. ❑ **copas** fpl *(de la baraja)* suit with pictures of goblets in Spanish deck of cards.

copeo [ko'peo] m: **ir de ~** fam to go out drinking.

copia ['kopja] f copy.

copiar [ko'pjar] vt to copy.

copiloto [kopi'loto] m copilot.

copioso, sa [ko'pjoso, sa] adj copious.

copla ['kopla] f *(estrofa)* verse; *(canción)* popular song.

copo ['kopo] m flake.

coquetear [kokete'ar] vi to flirt.

coqueto, ta [ko'keto, ta] adj *(que flirtea)* flirtatious.

coraje [ko'raxe] m *(valor)* courage; **dar ~** to make angry.

coral [ko'ral] m coral. ♦ f *(coro)* choir.

coraza [ko'raθa] f *(de soldado)* cuirass.

corazón [kora'θon] m heart; *(de fruta)* core; **corazones** *(de la baraja)* hearts.

corbata [kor'βata] f tie.

corchete [kor'tʃete] m *(cierre)* hook and eye; *(signo)* square bracket.

corcho ['kortʃo] m cork.

cordel [kor'ðel] m cord.

cordero, ra [kor'ðero, ra] m, f lamb; **~ asado** roast lamb.

cordial [kor'ðjal] adj cordial.

cordialmente [kor,ðjal'mente] adv cordially.

cordillera [korði'ʎera] f mountain range.

cordón [kor'ðon] m *(cuerda)* cord; *(de zapato)* lace; *(cable eléctrico)* flex Br, cord Am; **~ umbilical** umbilical cord.

coreografía [koreovra'fia] f choreography.

corista [ko'rista] mf chorus singer.

cornada [kor'naða] f goring.

cornamenta [korna'menta] f *(de toro)* horns (pl); *(de ciervo)* antlers (pl).

córnea ['kornea] f cornea.

corneja [kor'nexa] f crow.

córner ['korner] m corner (kick).

corneta [kor'neta] m cone.

cornisa [kor'nisa] f cornice.

coro ['koro] m choir; **a ~** in unison.

corona [ko'rona] f *(de rey)* crown; fig *(trono)* throne; *(de flores)* garland.

coronar [koro'nar] vt to crown.

coronel [koro'nel] m colonel.

coronilla [koro'niʎa] f crown *(of the head)*; **estar hasta la ~** to be fed up to the back teeth.

corporal [korpo'ral] adj *(olor)* body *(antes de s)*.

corpulento, ta [korpu'lento, ta] adj corpulent.

Corpus ['korpus] m Corpus Christi.

corral [ko'ral] m *(para animales)* pen.

correa [ko'rea] f *(de bolso, reloj)* strap; *(de pantalón)* belt; *(de animal)* lead Br, leash Am.

corrección [korek'θjon] f *(de errores)* correction; *(de comportamiento)* correctness.

correctamente [ko,rekta'mente] adv correctly.

correcto, ta [ko'rekto, ta] *adj (sin errores)* correct; *(educado)* polite.

corredor, ra [korre'ðor, ra] *m, f (en deporte)* runner; *(intermediario)* agent. ◆ *m (pasillo)* corridor.

corregir [korre'xir] *vt (error, comportamiento)* to correct; *(exámenes)* to mark, to grade *Am.* ◆ **corregirse** *vpr* to mend one's ways.

correo [ko'rreo] *m* post, mail; **~ aéreo** airmail; **~ certificado** ≃ registered post; **~ electrónico** ≃ e-mail; **~ urgente** ≃ special delivery. ◆ **Correos** *m inv* the Post Office.

correr [ko'rrer] *vi (persona, animal)* to run; *(río)* to flow; *(tiempo)* to pass; *(noticia, rumor)* to go around. ◆ *vt (mesa, silla, etc)* to move up; *(cortinas)* to draw; **dejar ~ algo** to let sthg be. ◆ **correrse** *vpr (tintas, colores)* to run; *Amér (meias)* to ladder *(Br)*, to run *(Am)*.

correspondencia [korrespon'denθja] *f* correspondence; *(de transporte)* connection; **'~s'** *(en metro)* 'to other lines'.

corresponder [korrespon'der] *vi:* **~ a alguien (con algo)** to repay sb (with sthg); **te corresponde hacerlo** it's your responsibility to do it.

correspondiente [korrespon'djente] *adj* corresponding.

corresponsal [korrespon'sal] *mf* correspondent.

corrida [ko'rriða] *f (de toros)* bullfight.

corriente [ko'rrjente] *adj (agua)* running; *(común)* ordinary; *(día, mes, año)* current. ◆ *f (de aire)* draught; *(del mar)* current; **estar al ~ de** to be up to date with; **ponerse al ~ de** to bring o.s. up to date with; **~ (eléctrica)** (electric) current.

corro [ko'rro] *m* circle.

corromper [korrom'per] *vt (pervertir)* to corrupt; *(sobornar)* to bribe; *(pudrir)* to rot.

corrupción [korrup'θjon] *f (perversión)* corruption; *(soborno)* bribery.

corsé [kor'se] *m* corset.

corsetería [korsete'ria] *f* ladies' underwear shop.

cortacésped [korta'θespeð] *m* lawnmower.

cortado, da [kor'taðo, ða] *adj (leche)* off; *(salsa)* curdled; *(labios, manos)* chapped; *fam (persona)* inhibited. ◆ *m* small coffee with a drop of milk.

cortante [kor'tante] *adj (cuchilla, etc)* sharp; *(persona)* cutting; *(viento, frío)* bitter.

cortar [kor'tar] *vt* to cut; *(calle)* to block off; *(conversación)* to cut short; *(luz, gas, etc)* to cut off; *(piel)* to chap. ◆ **cortarse** *vpr (herirse)* to cut o.s.; *(avergonzarse)* to become tonguetied; *(leche, salsa)* to curdle.

cortaúñas [korta'uɲas] *m inv* nailclippers *(pl)*.

corte [korte] *m (herida)* cut; *(en vestido, tela, etc)* tear; *(de corriente eléctrica)* power cut; *(vergüenza)* embarrassment; **~ y confección** *(para mujeres)* dressmaking; **~ de pelo** haircut.

Cortes ['kortes] *fpl:* **Las ~** the Spanish parliament.

cortés [kor'tes] *adj* polite.

cortesía [korte'sia] *f* courtesy.

corteza [kor'teθa] *f (de árbol)* bark; *(de pan)* crust; *(de queso, limón)* rind; *(de naranja)* peel; **~s de cerdo** pork scratchings.

cortijo [kor'tixo] *m* farm.

cortina [kor'tina] *f* curtain.

corto, ta ['korto, ta] *adj (breve)* short; *fam (tonto)* thick; **quedarse**

~ *(al calcular)* to underestimate; ~ **de vista** short-sighted.

cortometraje [ˌkortome'traxe] *m* short (film).

cosa ['kosa] *f* thing; ¿**alguna** ~ **más?** anything else?; **ser** ~ **de alguien** to be sb's business; **como si tal** ~ as if nothing had happened.

coscorrón [kosko'ron] *m* bump on the head.

cosecha [ko'setʃa] *f* harvest; *(de vino)* vintage.

cosechar [kose'tʃar] *vt* to harvest.
♦ *vi* to bring in the harvest.

coser [ko'ser] *vt & vi* to sew.

cosmopolita [kozmopo'lita] *adj* cosmopolitan.

cosmos ['kozmos] *m* cosmos.

coso ['koso] *m CSur (objeto)* thingy.

cosquillas [kos'kiʎas] *fpl;* **hacer** ~ to tickle; **tener** ~ to be ticklish.

cosquilleo [koski'ʎeo] *m* tickling sensation.

costa ['kosta] *f (orilla)* coast; **a** ~ **de** at the expense of.

costado [kos'taðo] *m* side.

costar [kos'tar] *vi (valer)* to cost; **me cuesta (mucho) hacerlo** it's (very) difficult for me to do it; ¿**cuánto cuesta?** how much is it?

Costa Rica ['kosta'rika] Costa Rica.

costarriqueño, ña [ˌkostari'keno, na] *adj & m, f* Costa Rican.

coste ['koste] *m (de producción)* cost; *(de producto, mercancía)* price.

costero, ra [kos'tero, ra] *adj* coastal.

costilla [kos'tiʎa] *f (de) rib;* ~ **s de cordero** lamb chops.

costo ['kosto] *m (de producción)* cost; *(de producto, mercancía)* price.

costoso, sa [kos'toso, sa] *adj* expensive.

costra ['kostra] *f (de herida)* scab.

costumbre [kos'tumbre] *f* habit; **tener la** ~ **de** to be in the habit of.

costura [kos'tura] *f (labor)* sewing; *(de vestido)* seam.

costurera [kostu'rera] *f* seamstress.

costurero [kostu'rero] *m* sewing box.

cota ['kota] *f (altura)* height (above sea level).

cotejo [ko'texo] *m* comparison.

cotidiano, na [koti'ðjano, na] *adj* daily.

cotilla [ko'tiʎa] *mf fam* gossip.

cotilleo [koti'ʎeo] *m fam* gossip.

cotillón [koti'ʎon] *m* New Year's Eve party.

cotización [kotiθa'θjon] *f (de la moneda)* price.

cotizar [koti'θar] *vt (en la Bolsa)* to price; *(cuota)* to pay.

coto ['koto] *m (terreno)* reserve; ~ **(privado) de caza** (private) game preserve.

cotorra [ko'tora] *f (pájaro)* parrot; *fam (charlatán)* chatterbox.

COU [kou] *m (abrev de curso de orientación universitaria)* optional year of Spanish secondary education in which 17-18 year olds prepare for university entrance exams; a mixture of compulsory and optional subjects is studied.

coyuntura [kojun'tura] *f* current situation.

coz [koθ] *f* kick.

cráneo ['kraneo] *m* skull.

cráter ['krater] *m* crater.

crawl [krol] *m* crawl.

creación [krea'θjon] *f* creation.

creador, ra [krea'ðor, ra] *m, f* creator.

crear [kre'ar] vt (inventar) to create; (fundar) to found.

creatividad [kreatiβi'ðað] f creativity.

creativo, va [krea'tiβo, βa] adj creative.

crecer [kre'θer] vi to grow; (río) to rise; (luna) to wax.

crecimiento [kreθi'mjento] m growth.

credencial [kreðen'θjal] f identification.

crédito ['kreðito] m (préstamo) loan; (disponibilidad) credit; (confianza) confidence.

credo ['kreðo] m (oración) Creed.

creencia [kre'enθja] f (en religión) faith; (convicción) belief.

creer [kre'er] vt (dar por verdadero) to believe; (suponer) to think; ¡ya lo creo! I should say so! □ creer en v + prep to believe in.

creído, da [kre'iðo, ða] adj (presuntuoso) vain.

crema ['krema] f (nata, cosmético) cream; (betún) polish; ~ de belleza beauty cream; ~ de ave cream of chicken soup; ~ catalana Catalan dessert similar to a large crème caramel; ~ (pastelera) custard.

cremallera [krema'ʎera] f zip (Br), zipper (Am).

crepe [krep] f crepe.

cresta ['kresta] f crest.

cretino, na [kre'tino, na] adj (estúpido) stupid.

creyente [kre'jente] mf believer.

cría ['kria] f (de ganado) breeding; (hijo de animal) young → crío.

criadero [krja'ðero] m farm.

criadillas [krja'ðiʎas] fpl bull's testicles.

criado, da [kri'aðo, ða] m, f servant (fmaid).

crianza [kri'anθa] f (de animales) breeding; (educación) bringing up; (de vino) vintage.

criar [kri'ar] vt (animales) to breed; (educar) to bring up. ◆ vi to breed.

criatura [krja'tura] f creature.

cricket ['kriket] m cricket.

crimen ['krimen] m crime.

criminal [krimi'nal] mf criminal.

crío, a ['krio, a] m, f kid.

criollo, lla [kri'oʎo, ʎa] m, f Latin American of Spanish extraction.

crisis ['krisis] f inv (en política) crisis; (económica) recession; (en enfermedad) breakdown.

cristal [kris'tal] m (sustancia) glass; (vidrio fino) crystal; (de ventana) pane.

cristalería [kristale'ria] f (tienda) glassware shop; (objetos) glassware.

cristalino, na [krista'lino, na] adj crystalline.

cristianismo [kristja'nizmo] m Christianity.

cristiano, na [kris'tjano, na] adj & m, f Christian.

Cristo ['kristo] m Christ.

criterio [kri'terjo] m (regla, norma) criterion; (opinión) opinion.

crítica ['kritika] f (de arte, cine, etc) review; (censura) criticism → crítico.

criticar [kriti'kar] vt (obra, película, etc) to review; (censurar) to criticize. ◆ vi to criticize.

crítico, ca ['kritiko, ka] adj critical. ◆ m, f critic.

croar [kro'ar] vi to croak.

croissant [krwa'san] m croissant.

croissantería [krwasante'ria] f shop selling filled croissants.

crol [krol] m (front) crawl.

cromo ['kromo] m (estampa) transfer.

crónica ['kronika] f (de historia)

chronicle; *(en periódico)* column.

cronometrar [kronome'trar] *vt* to time.

cronómetro [kro'nometro] *m* stopwatch.

croqueta [kro'keta] *f* croquette.

croquis ['krokis] *m inv* sketch.

cros [kros] *m inv* cross-country (running).

cruce [kruθe] *m (de calles, caminos)* crossroads; *(en el teléfono)* crossed line.

crucero [kru'θero] *m (en barco)* cruise; *(de iglesia)* transept.

crucial [kru'θjal] *adj* crucial.

crucifijo [kruθi'fixo] *m* crucifix.

crucigrama [kruθi'ɣrama] *m* crossword.

crudo, da ['kruðo, ða] *adj (no cocido)* raw; *(novela, película)* harshly realistic; *(clima)* harsh.

cruel [kru'el] *adj* cruel.

crueldad [kruel'dað] *f* cruelty.

crujido [kru'xiðo] *m* creak.

crujiente [kru'xjente] *adj (alimento)* crunchy.

crustáceo [krus'taθeo] *m* crustacean.

cruz [kruθ] *f* cross; *(de la moneda)* tails; *fig (carga)* burden.

cruzada [kru'θaða] *f* crusade.

cruzar [kru'θar] *vt* to cross. □ **cruzarse** *vp* **se de brazos** *fig* to twiddle one's thumbs. □ **cruzarse con** *v + prep (persona)* to pass.

cta. *(abrev de cuenta)* a/c.

cte. *(abrev de corriente)* inst.

CTNE *(abrev de Compañía Telefónica Nacional de España)* Spanish state telephone company.

cuaderno [kua'ðerno] *m (libreta)* notebook; *(de colegial)* exercise book.

cuadra ['kuaðra] *f (lugar, conjunto)* stable; *Amér (esquina)* corner; *Amér (de casas)* block.

cuadrado, da [kua'ðraðo, ða] *adj & m* square.

cuadriculado, da [kuaðriku'laðo, ða] *adj* squared.

cuadrilla [kua'ðriʎa] *f* group, team.

cuadro ['kuaðro] *m (cuadrado)* square; *(pintura)* picture, painting; *(gráfico)* diagram; **a** *o* **de ~s** checked.

cuajada [kua'xaða] *f* curd; **~ con miel** *dish of curd covered in honey*.

cual [kual] *pron*: **el/la ~** *(persona)* who; *(cosa)* which; **lo ~** which; **sea ~ sea su nombre** whatever his name may be.

cuál [kual] *pron (qué)* what; *(especificando)* which; **¿~ te gusta más?** which do you prefer?

cualidad [kuali'ðað] *f* quality.

cualificado, da [kualifi'kaðo, ða] *adj* skilled.

cualquier [kual'kjer] *adj* → **cualquiera**.

cualquiera [kual'kjera] *adj* any. ◆ *pron* anybody. ◆ *mf* nobody; **cualquier día iré a verte** I'll drop by one of these days.

cuando ['kuando] *adv* when. ◆ *conj* si) if. ◆ *prep*: **~ la guerra** when the war was on; **de ~ en ~** from time to time; **de vez en ~** from time to time.

cuándo ['kuando] *adv* when.

cuantía [kuan'tia] *f* amount.

cuanto, ta ['kuanto, ta] *adj* **-1.** *(todo)*: **despilfarra ~ dinero gana** he squanders all the money he earns. **- 2.** *(compara cantidades)*: **cuantas más mentiras digas, menos te creerán** the more you lie, the less people will believe you.

◆ *pron* - 1. *(de personas)* everyone who; **dio las gracias a todos ~s le ayudaron** he thanked everyone who helped him.

- 2. *(todo lo que)* everything; **come ~ / ~s quieras** eat as much/as many as you like; **todo ~ dijo era verdad** everything he said was true.

- 3. *(compara cantidades):* **~ más se tiene, más se quiere** the more you have, the more you want.

- 4. *(en locuciones):* **~ antes** as soon as possible; **en ~** *(tan pronto como)* as soon as; **en ~ a** as regards; **unos ~s** a few.

cuánto, ta ['kwanto, ta] *adj (interrogativo singular)* how much; *(interrogativo plural)* how many; *(exclamativo)* what a lot of. ◆ *pron (interrogativo singular)* how much; *(interrogativo plural)* how many; *(interrogativo plural)* how many; **¿~ quieres?** how much do you want?

cuarenta [kwa'renta] *núm* forty → **seis**.

cuaresma [kwa'rezma] *f* Lent.

cuartel [kwar'tel] *m* barracks *(pl)*; **~ de la Guardia Civil** headquarters of the 'Guardia Civil'.

cuartelazo [kwarte'laθo] *m* Amér military uprising.

cuarteto [kwar'teto] *m* quartet.

cuartilla [kwar'tiʎa] *f* sheet of (quarto) paper.

cuarto, ta ['kwarto, ta] *núm* fourth.
◆ *m (parte, período)* quarter; *(habitación)* room → **sexto**; **~ de baño** bathroom; **~ de estar** living room; **un ~ de hora** a quarter of an hour; **un ~ de kilo** a quarter of a kilo.

cuarzo ['kwarθo] *m* quartz.

cuate ['kwate] *mf inv* CAm & Méx fam mate Br, buddy Am.

cuatro ['kwatro] *núm* four → **seis**.

cuatrocientos, tas [kwatro-'θjentos, tas] *núm* four hundred → **seis**.

Cuba ['kuβa] Cuba.

cubano, na [ku'βano, na] *adj & m, f* Cuban.

cubertería [kuβerte'ria] *f* cutlery.

cubeta [ku'βeta] *f* Amér bucket.

cúbico, ca ['kuβiko, ka] *adj* cubic.

cubierta [ku'βjerta] *f (de libro)* cover; *(de barco)* deck.

cubierto, ta [ku'βjerto, ta] *pp* → **cubrir**. ◆ *adj (tapado)* covered; *(cielo)* overcast. ◆ *m (pieza para comer)* piece of cutlery; *(para comensal)* place setting; **a ~** under cover.

cubito [ku'βito] *m*: **~ de hielo** ice cube.

cúbito ['kuβito] *m* ulna.

cubo ['kuβo] *m (recipiente)* bucket; *(en geometría, matemáticas)* cube; **~ de la basura** rubbish bin *(Br)*, trash can *(Am)*.

cubrir [ku'βrir] *vt* to cover; *(proteger)* to protect. ❑ **cubrirse** *vpr* to cover o.s.

cucaracha [kuka'ratʃa] *f* cockroach.

cuchara [ku'tʃara] *f* spoon.

cucharada [kutʃa'raða] *f* spoonful.

cucharilla [kutʃa'riʎa] *f* teaspoon.

cucharón [kutʃa'ron] *m* ladle.

cuchilla [ku'tʃiʎa] *f* blade; **~ de afeitar** razor blade.

cuchillo [ku'tʃiʎo] *m* knife.

cuclillas [ku'kliʎas] *fpl*: **en ~** squatting.

cucurucho [kuku'rutʃo] *m* cone.

cuello ['kweʎo] *m (del cuerpo)* neck; *(de la camisa)* collar.

cuenca ['kwenka] f (de río, mar) basin.

cuenco ['kwenko] m bowl.

cuenta ['kwenta] f (cálculo) sum; (factura) bill, check Am; (de banco) account; (de collar) bead; **la ~, por favor** could I have the bill, please?; **caer en la ~** to catch on; **darse ~ de** to notice; **tener en ~** to take into account.

cuentagotas [kwenta'yotas] m inv dropper; **en ~** in dribs and drabs.

cuentakilómetros [ˌkwentaki'lometros] m inv (de distancia) ≃ mileometer Br, ≃ odometer Am; (de velocidad) speedometer.

cuento ['kwento] m (relato) short story; (mentira) story.

cuerda ['kwerða] f (fina, de instrumento) (gruesa) rope; (del reloj) spring; **~s vocales** vocal cords; **dar ~ a** (reloj) to wind up.

cuerno ['kwerno] m horn; (de ciervo) antler.

cuero ['kwero] m (piel) leather; **~ cabelludo** scalp; **en ~s** stark naked.

cuerpo ['kwerpo] m body; (de policía) force; (militar) corps.

cuervo ['kwerβo] m raven.

cuesta ['kwesta] f slope; **~ arriba** uphill; **~ abajo** downhill; **a ~s** on one's back.

cuestión [kwes'tjon] f question; **ser ~ de** to be a question of.

cuestionario [kwestjo'narjo] m questionnaire.

cueva ['kweβa] f cave.

cuidado [kui'ðaðo] m care. ♦ interj **¡~!** be careful!; **¡~ con la cabeza!** mind your head!; **de ~** dangerous; **estar al ~ de** to be responsible for; **tener ~** to be careful.

cuidadosamente [kuiðaˌðosa'mente] adv carefully.

cuidadoso, sa [kuiða'ðoso, sa] adj careful.

cuidar [kui'ðar] vt to look after. ♦ vi: **~ de** to look after. ❑ **cuidarse** vpr to look after o.s. ❑ **cuidarse de** v + prep (encargarse de) to look after.

culata [ku'lata] f (de arma) butt; (de motor) cylinder head.

culebra [ku'leβra] f snake.

culebrón [kule'βron] m fam soap opera.

culo ['kulo] m fam (de persona) bum (Br), butt (Am); (de botella, etc) bottom.

culpa ['kulpa] f fault; **echar la ~ a alguien** to blame sb; **tener la ~** to be to blame.

culpabilidad [kulpaβili'ðað] f guilt.

culpable [kul'paβle] mf guilty party. ♦ adj: **~ de** guilty of.

culpar [kul'par] vt (echar la culpa) to blame; (acusar) to accuse; **~ a algo/a alguien de** to blame sthg/sb for.

cultivar [kulti'βar] vt (plantas) to grow; (tierra) to farm.

cultivo [kul'tiβo] m (plantas) crop.

culto, ta ['kulto, ta] adj (persona) educated; (estilo) refined; (lenguaje) literary. ♦ m worship.

cultura [kul'tura] f (actividades) culture; (conocimientos) knowledge.

cultural [kultu'ral] adj cultural.

culturismo [kultu'rizmo] m bodybuilding.

cumbre ['kumbre] f summit.

cumpleaños [kumple'aɲos] m inv birthday.

cumplido [kum'pliðo] m compliment.

cumplir [kum'plir] vt (ley, orden) to obey; (promesa) to keep; (condena) to serve. ♦ vi (plazo) to expire; **~ con** (deber) to do; (promesa) to keep; **hoy**

cumple 21 años he's 21 today.

cúmulo ['kumulo] *m* (*de cosas*) pile; (*de nubes*) cumulus.

cuna ['kuna] *f* (*cama*) cot Br, crib Br; (*origen*) cradle; (*patria*) birthplace.

cuneta [ku'neta] *f* (*en carretera*) ditch; (*en la calle*) gutter.

cuña ['kuɲa] *f* (*calza*) wedge; (*en radio, televisión*) commercial break.

cuñado, da [ku'ɲaðo, ða] *m, f* brother-in-law (*f* sister-in-law).

cuota ['kwota] *f* (*a club, etc*) membership fee; (*a Hacienda*) tax (payment); (*precio*) fee.

cuplé [ku'ple] *m* type of popular song.

cupo ['kupo] *v → caber.* ◆ *m* (*cantidad máxima*) quota; (*cantidad proporcional*) share.

cupón [ku'pon] *m* (*vale*) coupon; (*de sorteo, lotería*) ticket.

cúpula ['kupula] *f* (*de edificio*) dome.

cura¹ ['kura] *m* (*sacerdote*) priest.

cura² ['kura] *f* (*restablecimiento*) recovery; (*tratamiento*) cure; **~ de reposo** rest cure.

curandero, ra [kuran'dero, ra] *m, f* quack.

curar [ku'rar] *vt* to cure; (*herida*) to dress; (*pieles*) to tan. □ **curarse** *vpr* to recover.

curiosidad [kurjosi'ðað] *f* curiosity; **tener ~ por** to be curious about.

curioso, sa [ku'rjoso, sa] *adj* (*de noticias, habladurías, etc*) curious; (*interesante, raro*) strange. ◆ *m, f* onlooker.

curita [ku'rita] *f Amér* (sticking) plaster Br, Band-Aid ®Am.

curry ['kuri] *m* curry; **al ~** curried.

cursi ['kursi] *adj* (*persona*) pretentious; (*vestido, canción*) naff Br, cheesy Am.

cursillo [kur'siʎo] *m* (*curso breve*)

short course; (*de conferencias*) series of talks.

curso ['kurso] *m* course; (*año académico, alumnos*) year; **en ~** (*año*) current.

cursor [kur'sor] *m* cursor.

curva ['kurβa] *f* curve; (*de camino, carretera, etc*) bend.

curvado, da [kur'βaðo, ða] *adj* curved.

custodia [kus'toðja] *f* (*vigilancia*) safekeeping; (*de los hijos*) custody.

cutis ['kutis] *m inv* skin, complexion.

cutre ['kutre] *adj fam* (*sucio*) shabby; *fam* (*pobre*) cheap and nasty.

cuy ['kuj] *m Andes & RP* guinea-pig.

cuyo, ya ['kujo, ja] *adj* (*de quien*) whose; (*de que*) of which.

D

D. *abrev* = **don**.

dado ['daðo] *m* dice.

daga ['daɣa] *f* dagger.

dalia ['dalja] *f* dahlia.

dama ['dama] *f* lady. □ **damas** *fpl* (*juego*) draughts (*sg*).

damasco [da'masko] *m Andes & RP* apricot.

danés, esa [da'nes, esa] *adj & m* Danish. ◆ *m, f* Dane.

danza ['danθa] *f* dance.

danzar [dan'θar] *vt & vi* to dance.

dañar [da'ɲar] *vt* (*persona*) to harm; (*cosa*) to damage.

dañino, na [da'ɲino, na] *adj* (*sustancia*) harmful; (*animal*) dangerous.

daño ['daɲo] *m* (*dolor*) pain; (*perjuicio*) damage; (*a persona*) harm; **hacer ~** (*producir dolor*) to hurt; **la cena me hizo ~** the meal didn't agree with me.

dar [dar] *vt* - **1.** (*entregar, regalar, decir*) to give; **da clases en la universidad** he teaches at the university; **me dio las gracias/los buenos días** he thanked me/said good morning to me.
- **2.** (*producir*) to produce.
- **3.** (*causar, provocar*) to give; **me da vergüenza** I'm embarrassed; **me da risa/sueño** it makes me laugh/sleepy.
- **4.** (*suj: reloj*) to strike; **el reloj ha dado las diez** the clock struck ten.
- **5.** (*encender*) to turn on; **por favor, da la luz** turn on the lights, please.
- **6.** (*comunicar, emitir*) to give.
- **7.** (*película, programa*) to show; (*obra de teatro*) to put on.
- **8.** (*mostrar*) to show; **su aspecto daba señales de cansancio** she was showing signs of weariness.
- **9.** (*expresa acción*) to give; **~ un grito** to give a cry; **le dio un golpe** he hit him.
- **10.** (*banquete, baile*) to hold; **van a ~ una fiesta** they're going to throw a party.
- **11.** (*considerar*): **~ algo/a alguien por algo** to consider sthg/sb to be sthg.
♦ *vi* - **1.** (*horas*) to strike; **han dado las tres en el reloj** the clock's struck three.
- **2.** (*golpear*): **le dieron en la cabeza** they hit her on the head; **la piedra dio contra el cristal** the stone hit the glass.
- **3.** (*sobrevenir*): **le dieron varios ataques al corazón** he had several heart attacks.
- **4.:** **~ a** (*balcón, ventana*) to look out onto; (*pasillo*) to lead to; (*casa, fachada*) to face.
- **5.** (*proporcionar*): **~ de comer** to feed; **~ de beber a alguien** to give sb something to drink.
- **6.:** **~ en** (*blanco*) to hit.
- **7.** (*en locuciones*): **~ de sí** to stretch; **~ que hablar** to set people talking; **da igual** o **lo mismo** it doesn't matter; **¡qué más da!** it doesn't matter! ❑ **dar a** *v + prep* (*llave*) to turn. ❑ **dar con** *v + prep* (*encontrar*) to find. ❑ **darse** *vpr* (*suceder*) to happen; (*dilatarse*) to stretch; **~se contra** to bump into; **se le da bien/mal el latín** she is good/bad at Latin; **~se prisa** to hurry; **se las da de listo** he likes to make out that he's clever; **~se por vencido** to give in. ❑ **darse** *v + prep* (*entregarse*) to take to.

dardo ['darðo] *m* dart. ❑ **dardos** *mpl* (*juego*) darts (*sg*).

dátil ['datil] *m* date.

dato ['dato] *m* fact, piece of information; **~s** information (*sg*); **~s personales** personal details.

dcha. (*abrev de derecha*) r.

d. de J.C. (*abrev de después de Jesucristo*) AD.

de [de] *prep* - **1.** (*posesión, pertenencia*) of; **el coche ~ mi padre/mis padres** my father's/parents' car; **la casa es ~ ella** the house is hers.
- **2.** (*materia*) (made) of; **un reloj ~ oro** a gold watch.
- **3.** (*contenido*) of; **un vaso ~ agua** a glass of water.
- **4.** (*en descripciones*): **~ fácil manejo** user-friendly; **la señora ~ verde** the lady in green; **difícil ~ creer** hard to

believe; **una bolsa ~ deporte** a sports bag.
- 5. *(asunto)* about; **háblame ~ ti** tell me about yourself; **libros ~ historia** history books.
- 6. *(en calidad de)* as; **trabaja ~ bombero** he works as a fireman.
- 7. *(tiempo)*: **trabaja ~ nueve a cinco** she works from nine to five; **trabaja ~ noche y duerme ~ día** he works at night and sleeps during the day; **a las tres ~ la tarde** at three in the afternoon; **llegamos ~ madrugada** we arrived early in the morning; **~ pequeño** as a child.
- 8. *(procedencia, distancia)* from; **vengo ~ mi casa** I've come from home; **soy ~ Zamora** I'm from Zamora; **del metro a casa voy a pie** I walk home from the underground.
- 9. *(causa, modo)* with; **morirse ~ frío** to freeze to death; **llorar ~ alegría** to cry with joy; **~ una (sola) vez** in one go.
- 10. *(con superlativos)*: **el mejor ~ todos** the best of all.
- 11. *(cantidad)*: **más/menos ~** more/less than.
- 12. *(condición)* if; **~ querer ayudarme, lo haría** if she wanted to help me, she would.

debajo [de'βaxo] *adv* underneath; **~ de** under.

debate [de'βate] *m* debate.

debatir [deβa'tir] *vt* to debate.

deber [de'βer] *m* duty. ◆ *v* **- 1.** *(expresa obligación)*: **debes dominar tus impulsos** you should control your impulses; **nos debemos ir a casa a las diez** we must go home at ten.
- 2. *(adeudar)* to owe; **me debes 200 euros** you owe me 200 euros; **¿cuánto ~ o qué le debo?** how much does it come to?

- 3. *(en locuciones)*: **debido a** due to. □ **deber de** *v* + *prep*: **debe de llegar a las nueve** she should arrive at nine; **deben de ser las doce** it must be twelve o'clock. □ **deberse a** *v* + *prep* *(ser consecuencia de)* to be due to; *(dedicarse a)* to have a responsibility towards. □ **deberes** *mpl (trabajo escolar)* homework *(sg)*.

debido, da [de'βiðo, ða] *adj* proper; **~ a** due to.

débil [de'βil] *adj (sin fuerzas)* weak; *(voz, sonido)* faint; *(luz)* dim.

debilidad [deβili'ðað] *f* weakness.

debilitar [deβili'tar] *vt* to weaken.

debut [de'βut] *m (de artista)* debut.

década [de'kaða] *f* decade.

decadencia [deka'ðenθja] *f (declive)* decline.

decadente [deka'ðente] *adj* decadent.

decaer [deka'er] *vi (fuerza, energía)* to fail; *(esperanzas, país)* to decline; *(ánimos)* to flag.

decaído, da [deka'iðo, ða] *adj (deprimido)* gloomy.

decano, na [de'kano, na] *m, f (de universidad)* dean; *(el más antiguo)* senior member.

decena [de'θena] *f* ten.

decente [de'θente] *adj (honesto)* decent; *(limpio)* clean.

decepción [deθep'θjon] *f* disappointment.

decepcionar [deθepθjo'nar] *vt* to disappoint. □ **decepcionarse** *vpr* to be disappointed.

decidido, da [deθi'ðiðo, ða] *adj* determined.

decidir [deθi'ðir] *vt* to decide. □ **decidirse** *vpr*: **~se a** to decide to.

decimal [deθi'mal] *adj* decimal.

décimo, ma ['deθimo, ma] *núm*

tenth. ◆ m (en lotería) tenth share in a lottery ticket → **sexto**.

decir [de'θir] vt (enunciar) to say; (contar) to tell; ~ a **alguien que haga algo** to tell sb to do sthg; ~ **que sí** to say yes; **¿diga?, ¿dígame?** (al teléfono) hello?; **es ~** that is; **¿cómo se dice ...?** how do you say...?; **¿cómo se dice ... ?; se dice ...** they say....

decisión [deθi'sjon] f (resolución) decision; (de carácter) determination; **tomar una ~** to take a decision.

declaración [deklara'θjon] f statement; (de amor) declaration; **prestar ~** to give evidence; **tomar ~** to take a statement; ~ **de la renta** tax return.

declarado, da [dekla'raðo, ða] adj declared.

declarar [dekla'rar] vt to state; (afirmar, bienes, riquezas) to declare. ◆ vi (dar testimonio) to give evidence. ❑ **declararse** vpr (incendio, epidemia, etc) to break out; (en el amor) to declare o.s.; **me declaro a favor de ...** I'm in favour of ....

declinar [dekli'nar] vt to decline.

decoración [dekora'θjon] f (de casa, habitación) décor; (adornos) decorations (pl).

decorado [deko'raðo] m (en teatro, cine) set.

decorar [deko'rar] vt to decorate.

decretar [dekre'tar] vt to decree.

decreto [de'kreto] m decree.

dedal [de'ðal] m thimble.

dedicación [deðika'θjon] f dedication.

dedicar [deðika'r] vt (tiempo, dinero, energía) to devote; (obra) to dedicate. ❑ **dedicarse a** v + prep (actividad, tarea) to spend time on; **¿a qué se dedica Vd?** what do you do for a living?

dedo ['deðo] m (de mano, bebida) fin-

ger; (de pie) toe; (medida) centimetre; **hacer ~ fam** to hitchhike; ~ **corazón** middle finger; ~ **gordo** thumb.

deducción [deðuk'θjon] f deduction.

deducir [deðu'θir] vt (concluir) to deduce; (restar) to deduct.

defecar [defe'kar] vi formal to defecate.

defecto [de'fekto] m (físico) defect; (moral) fault.

defender [defen'der] vt to defend. ❑ **defenderse** vpr (protegerse) to defend o.s.; ~ **se de** (ataque, insultos) to defend o.s. against.

defensa [de'fensa] f defence.

defensor, ra [defen'sor, ra] m, f defender; (abogado) counsel for the defence.

deficiencia [defi'θjenθja] f (defecto) deficiency; (falta, ausencia) lack.

deficiente [defi'θjente] adj (imperfecto) deficient.

déficit ['defiθit] m inv (en economía) deficit; (escasez) shortage.

definición [defini'θjon] f definition.

definir [defi'nir] vt to define. ❑ **definirse** vpr fig to take a position.

definitivo, va [defini'tiβo, βa] adj (final, decisivo) definitive; (terminante) definite; **en definitiva** in short.

deformación [deforma'θjon] f deformation.

deformar [defor'mar] vt to deform.

defraudar [defrau'ðar] vt (decepcionar) to disappoint; (estafar) to defraud.

defunción [defun'θjon] f (formal) death.

degenerado, da [dexene'raðo, ða] m, f degenerate.

degenerar [dexene'rar] *vi* to degenerate.

degustación [deɣusta'θjon] *f* tasting.

dejadez [dexa'ðeθ] *f* neglect.

☞

dejar [de'xar] *vt* - **1.** (*colocar, poner*) to leave; **deja el abrigo en la percha** leave your coat on the hanger.
- **2.** (*prestar*) to lend; **me dejó su pluma** she lent me her pen.
- **3.** (*no tomar*) to leave; **deja lo que no quieras** leave whatever you don't want; **deja un poco de café para mí** leave a bit of coffee for me.
- **4.** (*dar*) to give; **déjame la llave** give me the key; **dejé el perro a mi madre** I left the dog with my mother.
- **5.** (*vicio, estudios*) to give up; (*casa, novia*) to leave; (*familia*) to abandon; **dejó su casa** he left home.
- **6.** (*producir*) to leave; **este perfume deja mancha en la ropa** this perfume stains your clothing.
- **7.** (*permitir*) to allow, to let; ~ **a alguien hacer algo** to let sb do sthg; **'dejen salir antes de entrar'** (*en metro, tren*) 'let the passengers off the train first, please'; **sus gritos no me dejaron dormir** his cries prevented me from sleeping.
- **8.** (*olvidar, omitir*) to leave out; ~ **algo por o sin hacer** to fail to do sthg; **déjalo para otro día** leave it for another day.
- **9.** (*no molestar*) to leave alone; **¡déjame!** let me be!
- **10.** (*esperar*) **: dejó que acabara de llover para salir** she waited until it stopped raining before going out.
- **11.** (*en locuciones*) **:** ~ **aparte** to leave sthg to one side; ~ **algo/alguien atrás** to leave sthg/sb behind; ~ **caer algo** (*objeto*) to drop sthg.

♦ *vi* - **1.** (*parar*) **:** ~ **de hacer algo** to stop doing sthg.
- **2.** (*no olvidar*) **: no** ~ **de hacer algo** to be sure to do sthg; (*descuidarse, abandonarse*) to leave; (*descuidarse, abandonarse*) to let o.s. go; ~ **se llevar por** to get carried away with; **apenas se deja ver** we hardly see anything of her. □ **dejarse** *vpr* (*olvidarse*) to leave. □ **dejarse de** *v + prep*: **¡déjate de tonterías!** stop that nonsense!.

del [del] → **de, el**.

delantal [delan'tal] *m* apron.

delante [de'lante] *adv* (*en primer lugar*) in front; (*en la parte delantera*) at the front; (*enfrente*) opposite; ~ **de** in front of.

delantera [delan'tera] *f* (*de coche, avión, etc*) front; **coger o tomar la** ~ to take the lead.

delantero, ra [delan'tero, ra] *adj* front. ♦ *m* (*en deporte*) forward.

delatar [dela'tar] *vt* (*persona*) to denounce; (*suj: gesto, acto*) to betray.

delco® [ˈdelko] *m* distributor.

delegación [deleɣa'θjon] *f* (*oficina*) (local) office; (*representación*) delegation; *Méx* (*distrito municipal*) borough (*Br*), district (*Am*); *Méx* (*de policía*) police station.

delegado, da [dele'ɣaðo, ða] *m, f* delegate; ~ **de curso** *student elected to represent his/her classmates*.

delegar [dele'ɣar] *vt* to delegate.

deletrear [deletre'ar] *vt* to spell.

delfín [del'fin] *m* dolphin.

delgado, da [del'ɣaðo, ða] *adj* thin; (*esbelto*) slim.

deliberadamente [deliβeɾaða'mente] *adv* deliberately.

deliberado, da [deliβe'raðo, ða] *adj* deliberate.

deliberar [deliβe'rar] *vt* to deliberate.

delicadeza [delika'ðeθa] *f* (*atención, miramiento*) consideration; (*finura*) delicacy; (*cuidado*) care.

delicado, da [deli'kaðo, ða] *adj* delicate; (*respetuoso*) considerate.

delicia [de'liθja] *f* delight.

delicioso, sa [deli'θjoso, sa] *adj* (*exquisito*) delicious; (*agradable*) lovely.

delincuencia [delin'kɥenθja] *f* crime.

delincuente [delin'kɥente] *mf* criminal; **~ común** common criminal.

delirante [deli'rante] *adj* (*persona*) delirious; (*idea*) mad.

delirar [deli'rar] *vi* (*por la fiebre*) to be delirious; (*decir disparates*) to talk rubbish *Br* o nonsense *Am*.

delirio [de'lirjo] *m* (*perturbación*) ravings (*pl*).

delito [de'lito] *m* crime.

delta ['delta] *m* delta.

demanda [de'manda] *f* (*petición*) request; (*reivindicación, de mercancías*) demand; (*en un juicio*) action.

demandar [deman'dar] *vt* (*pedir*) to request; (*reivindicar*) to demand; (*en un juicio*) to sue.

demás [de'mas] *adj* other. ◆ *pron*: **los/las ~** the rest; **lo ~** the rest; **por lo ~** apart from that.

demasiado, da [dema'sjaðo, ða] *adj* (*con sustantivos singulares*) too much; (*con sustantivos plurales*) too many. ◆ *adv* too much; **~ rápido** too fast; **hace ~ frío** it's too cold.

demencia [de'menθja] *f* insanity.

demente [de'mente] *adj* formal insane.

democracia [demo'kraθja] *f* democracy.

demócrata [de'mokrata] *adj* democratic. ◆ *mf* democrat.

democráticamente [demo-

kratika'mente] *adv* democratically.

democrático, ca [demo'kratiko, ka] *adj* democratic.

demoledor, ra [demole'ðor, ra] *adj* (*máquina, aparato*) demolition (*antes de s*); (*argumento, crítica*) devastating.

demoler [demo'ler] *vt* to demolish.

demonio [de'monjo] *m* devil; **¿qué ~ s ...?** what the hell ...?

demora [de'mora] *f* delay.

demostración [demostra'θjon] *f* (*de hecho*) proof; (*de afecto, sentimiento, etc*) demonstration.

demostrar [demos'trar] *vt* (*probar*) to prove; (*indicar*) to demonstrate, to show.

denominación [denomina'θjon] *f*: **~ de origen** appellation d'origine.

ⓘ **DENOMINACIÓN DE ORIGEN**

The "denominación de origen" or "D.O." is the term used in Spain and Latin America which acts as a guarantee of quality and appears on the labels of certain food products and especially wines which have been produced according to approved methods in specific areas.

---

densidad [densi'ðað] *f* density.

denso, sa ['denso, sa] *adj* dense.

dentadura [denta'ðura] *f* teeth (*pl*); **~ postiza** dentures (*pl*).

dentífrico [den'tifriko] *m* toothpaste.

dentista [den'tista] *mf* dentist.

dentro ['dentro] *adv* (*en el interior*) inside; **~ de** (*en el interior*) in; (*en el plazo de*) in, within.

denunciante [denun'θjante] *mf* person who reports a crime.

denunciar [denunθi'ar] *vt* (*delito, persona*) to report (to the police); (*situación irregular, escándalo*) to reveal.

departamento [departa'mento] *m* (*de empresa, organismo*) department; (*de armario, maleta*) compartment; *Amér* (*vivienda*) flat (*Br*), apartment (*Am*).

dependencia [depen'denθja] *f* (*subordinación*) dependence; (*habitación*) room; (*sección, departamento*) branch.

depender [depen'der] *vi*: **depende ... it depends ... ❏ depender de** *v* + *prep* to depend on.

dependiente, ta [depen'djente, ta] *m, f* shop assistant *Br*, sales associate *Am*.

depilarse [depi'larse] *vpr* to remove hair from; ~ **las cejas** to pluck one's eyebrows.

depilatorio, ria [depila'torjo, rja] *adj* hair-removing.

deporte [de'porte] *m* sport; **hacer** ~ to do sport; ~**s de invierno** winter sports.

deportista [depor'tista] *mf* sportsman (*f* sportswoman).

deportivo, va [depor'tiβo, βa] *adj* (*zapatillas, pantalón, prueba*) sports (*antes de s*); (*persona*) sporting. ◆ *m* sports car.

depositar [deposi'tar] *vt* (*en un lugar*) to place; (*en el banco*) to deposit.

depósito [de'posito] *m* (*almacén*) store; (*de dinero*) deposit; (*recipiente*) tank; ~ **de agua** water tank; ~ **de gasolina** petrol tank (*Br*), gas tank (*Am*).

depresión [depre'sjon] *f* depression.

depresivo, va [depre'siβo, βa] *adj* *MED* depressive.

deprimido, da [depri'miðo, ða] *adj* depressed.

deprimir [depri'mir] *vt* to depress. ❏ **deprimirse** *vpr* to get depressed.

deprisa [de'prisa] *adv* quickly.

depuradora [depura'ðora] *f* purifier.

depurar [depu'rar] *vt* (*sustancia*) to purify.

derecha [de'retʃa] *f*: **la** ~ (*mano derecha*) one's right hand; (*lado derecho, en política*) the right; **a la** ~ on the right; **gira a la** ~ turn right; **ser de** ~**s** to be right wing.

derecho, cha [de'retʃo, tʃa] *adj* (*lado, mano, pie*) right; (*recto*) straight. ◆ *m* (*privilegio, facultad*) right; (*estudios*) law; (*de tela, prenda*) right side. ◆ *adv* straight; **todo** ~ straight on; **¡no hay** ~**!** it's not fair!

derivar [deri'βar] *vi*: **derivar de** *v* + *prep* to derive from. ❏ **derivar en** *v* + *prep* to end in.

dermoprotector, ra [ˌdermoprotek'tor, ra] *adj* barrier (*antes de s*).

derramar [dera'mar] *vt* (*por accidente*) to spill; (*verter*) to pour. ❏ **derramarse** *vpr* to spill.

derrame [de'rame] *m* spillage; ~ **cerebral** brain haemorrhage.

derrapar [dera'par] *vi* to skid.

derretir [dere'tir] *vt* to melt. ❏ **derretirse** *vpr* (*hielo, mantequilla*) to melt; (*persona*) to go weak at the knees.

derribar [deri'βar] *vt* (*casa, muro, adversario*) to knock down; (*gobierno*) to overthrow.

derrochar [dero'tʃar] *vt* to waste.

derroche [de'rotʃe] *m* (*de dinero*) waste; (*de esfuerzo, simpatía*) excess.

derrota [de'rota] *f* defeat.

derrotar [dero'tar] *vt* to defeat.

derrumbar [derum'bar] *vt* (*casa,*

muro) to knock down. □ **derrumbarse** *vpr* (*casa, muro*) to collapse; (*moralmente*) to be devastated.

desabrochar [desaβroˈtʃar] *vt* to undo. □ **desabrocharse** *vpr*: ~ **la camisa** to unbutton one's shirt.

desacreditar [desakreðiˈtar] *vt* to discredit.

desacuerdo [desaˈkɣerðo] *m* disagreement.

desafiar [desafiˈar] *vt* (*persona*) to challenge; (*elementos, peligros*) to defy; ~ **a alguien** a challenge sb to.

desafinar [desafiˈnar] *vi* to be out of tune. □ **desafinarse** *vpr* to go out of tune.

desafío [desaˈfio] *m* challenge.

desafortunadamente [desafortu̯naðaˈmente] *adv* unfortunately.

desafortunado, da [desafortuˈnaðo, ða] *adj* (*sin suerte*) unlucky; (*inoportuno*) unfortunate.

desagradable [desaɣraˈðaβle] *adj* unpleasant.

desagradecido, da [desaɣraðeˈθiðo, ða] *adj* (*persona*) ungrateful; (*trabajo, tarea*) thankless.

desagüe [deˈsaɣɥe] *m* (*de bañera, fregadero, piscina*) drain; (*cañería*) drainpipe.

desahogarse [desaoˈɣarse] *vpr* to pour one's heart out.

desaire [deˈsajre] *m* snub.

desajuste [desaˈxuste] *m*: ~ **horario** jet lag.

desaliñado, da [desaliˈnaðo, ða] *adj* (*persona*) unkempt.

desalojar [desaloˈxar] *vt* (*por incendio, etc*) to evacuate; (*por la fuerza*) to evict; ~ **a alguien** to evict sb from.

desamparado, da [desampaˈraðo, ða] *adj* abandoned.

desangrarse [desanˈɣrarse] *vpr* to lose a lot of blood.

desanimar [desaniˈmar] *vt* to discourage. □ **desanimarse** *vpr* to be discouraged.

desaparecer [desapareˈθer] *vi* to disappear.

desaparecido, da [desapareˈθiðo, ða] *m, f* missing person.

desaparición [desapariˈθjon] *f* disappearance.

desapercibido, da [desaperθiˈβiðo, ða] *adj*: **pasar** ~ to go unnoticed.

desaprovechar [desaproβeˈtʃar] *vt* to waste.

desarmador [desarmaˈðor] *m* *Méx* screwdriver.

desarrollado, da [desaroˈʎaðo, ða] *adj* developed; (*persona*) well-developed.

desarrollar [desaroˈʎar] *vt* to develop. □ **desarrollarse** *vpr* to develop; (*suceder*) to take place.

desarrollo [desaˈroʎo] *m* development.

desasosiego [desasoˈsjeɣo] *m* anxiety.

desastre [deˈsastre] *m* disaster; (*objeto de mala calidad*) useless thing.

desatar [desaˈtar] *vt* to untie; (*sentimiento*) to unleash.

desatino [desaˈtino] *m* (*equivocación*) mistake.

desatornillar [desatorniˈʎar] *vt* *Amér* to unscrew.

desavenencia [desaβeˈnenθja] *f* disagreement.

desayunar [desajuˈnar] *vt* to have for breakfast. ◆ *vi* to have breakfast.

desayuno [desaˈjuno] *m* breakfast.

desbarajuste [dezβaraˈxuste] *m* disorder.

desbaratar [dezβara'tar] vt to ruin.

desbordarse [dezβor'ðarse] vpr (río, lago) to overflow; (sentimiento, pasión) to erupt.

descabellado, da [deskaβe-'λaðo, ða] adj mad.

descafeinado [deskafej'naðo] adj decaffeinated. ◆ m decaffeinated coffee; **café** ~ decaffeinated coffee.

descalificar [deskalifi'kar] vt (jugador) to disqualify; (desacreditar) to discredit.

descalzarse [deskal'θarse] vpr to take one's shoes off.

descalzo, za [des'kalθo, θa] adj barefoot; **ir** ~ to go barefoot.

descampado [deskam'paðo] m open ground.

descansar [deskan'sar] vi (reposar) to rest; (dormir) to sleep.

descansillo [deskan'siλo] m landing.

descanso [des'kanso] m (reposo) rest; (pausa) break; (intermedio) interval; (alivio) relief.

descapotable [deskapo'taβle] m convertible.

descarado, da [deska'raðo, ða] adj (persona) cheeky Br, shameless Am; (intento, mentira) blatant.

descarga [des'karɣa] f (de mercancías) unloading; ~ **eléctrica** electric shock.

descargar [deskar'ɣar] vt (camión, mercancías, equipaje) to unload; (arma) to fire. ❑ **descargarse** vpr (batería) to go flat Br, to die Am; (encendedor) to run out; (desahogarse) to vent one's frustration.

descaro [des'karo] m cheek.

descarrilar [deskari'lar] vi to be derailed.

descartar [deskar'tar] vt (ayuda) to reject; (posibilidad) to rule out.

descendencia [desθen'denθja] f (hijos) offspring.

descender [desθen'der] vi to go down.

descendiente [desθen'djente] mf descendent.

descenso [des'θenso] m (bajada) drop; (de un río, montaña) descent.

descifrar [desθi'frar] vt to decipher.

descolgar [deskol'ɣar] vt (cortina, ropa, cuadro) to take down; (teléfono) to take off the hook. ◆ vi to pick up the receiver.

descolorido, da [deskolo-'riðo, ða] adj faded.

descomponer [deskompo'ner] vt Amér to break. ❑ **descomponerse** vpr Amér to break down.

descomposición [deskomposi-'θjon] f (de un alimento) decomposition; ~ **(de vientre)** formal diarrhea.

descompuesto, ta [deskom-'puesto, ta] pp → **descomponer**. ◆ adj Amér broken.

desconcertante [deskonθer-'tante] adj disconcerting.

desconcertar [deskonθer'tar] vt to disconcert.

desconfianza [deskon'fjanθa] f distrust.

desconfiar [deskonfi'ar] ◆ **desconfiar de** v + prep to distrust.

descongelar [deskonxe'lar] vt (alimentos) to thaw; (nevera) to defrost. ❑ **descongelarse** vpr (alimentos) to thaw; (nevera) to defrost.

descongestionarse [deskon-xestjo'narse] vpr to clear.

desconocer [deskono'θer] vt not to know.

desconocido, da [deskono-'θiðo, ða] m, f stranger.

desconocimiento [deskono'θi-'mjento] m ignorance.

desconsiderado, da [deskon-siðe'raðo, ða] adj inconsiderate.

desconsolado, da [deskonso-'laðo, ða] adj distressed.

desconsuelo [deskon'syelo] m distress.

descontar [deskon'tar] vt to deduct.

descrédito [des'kreðito] m discredit.

describir [deskri'βir] vt to describe.

descripción [deskrip'θjon] f description.

descuartizar [deskwarti'θar] vt to quarter.

descubierto, ta [desku'βjerto, ta] pp → descubrir. ◆ adj (sin tapar) uncovered; (sin nubes) clear; al ~ in the open.

descubrimiento [deskuβri-'mjento] m discovery.

descubrir [desku'βrir] vt to discover; (averiguar, destapar) to uncover.

descuento [des'kwento] m discount.

descuidado, da [deskwi'ðaðo, ða] adj (persona, aspecto) untidy Br, messy Am; (lugar) neglected.

descuidar [deskwi'ðar] vt to neglect. ❑ **descuidarse de** v + prep (olvidarse de) to forget to.

descuido [des'kwiðo] m (imprudencia) carelessness; (error) mistake.

desde [desðe] prep (tiempo) since; (espacio) from; ~ ... hasta ... from ... to ...; **vivo aquí ~ hace dos años** I've been living here for two years; ~ **luego** of course; ~ **que** since.

desdén [dez'ðen] m disdain.

desdentado, da [dezðen'taðo, ða] adj toothless.

desdicha [dez'ðitʃa] f (pena) misfortune.

desdoblar [dezðo'βlar] vt (papel, servilleta) to unfold.

desear [dese'ar] vt (querer) to want; (anhelar) to wish for; (amar) to desire; **¿qué desea?** what can I do for you?

desechable [dese'tʃaβle] adj disposable.

desechar [dese'tʃar] vt (tirar) to throw away.

desembarcar [desembar'kar] vi to disembark.

desembocadura [desemboka-'ðura] f (de río) mouth; (de calle) opening.

desembocar [desembo'kar] ◆ **desembocar en** v + prep (río) to flow into; (calle) to lead into; (situación, problema) to end in.

desempeñar [desempe'ɲar] vt (funciones) to carry out; (papel) to play; (objeto empeñado) to redeem.

desempleo [desem'pleo] m unemployment.

desencadenar [desenkaðe'nar] vt (provocar) to unleash. ❑ **desencadenarse** v impers (tormenta) to break; (tragedia) to strike.

desencajarse [desenka'xarse] vpr (piezas) to come apart; (rostro) to become distorted.

desencanto [desen'kanto] m disappointment.

desenchufar [desentʃu'far] vt to unplug.

desenfadado, da [desenfa-'ðaðo, ða] adj (persona) easy-going; (ropa) casual; (estilo) light.

desenfrenado, da [desenfre-'naðo, ða] adj (ritmo) frantic.

desengañar [desenga'ɲar] vt to reveal the truth to. ❑ **desengañar-**

se *vpr:* ~**se de** to become disillusioned with.

desengaño [desen'ɡaɲo] *m* disappointment.

desenlace [desen'laθe] *m* ending.

desenmascarar [desemmaska-'rar] *vt* to expose.

desenredar [desenre'ðar] *vt (pelo, madeja, ovillo)* to untangle; *(situación)* to unravel.

desentenderse [desenten'derse] ◆ **desentenderse de** *v + prep* to refuse to have anything to do with.

desenvolver [desembol'βer] *vt* to unwrap. □ **desenvolverse** *vpr (persona)* to cope.

deseo [de'seo] *m* desire.

desequilibrado, da [desekili-'βraðo, ða] *adj* formal *(loco)* (mentally) unbalanced.

desesperación [desespera'θjon] *f* desperation.

desesperarse [desespe'rarse] *vpr* to lose hope.

desfachatez [desfatʃa'teθ] *f* cheek *Br*, nerve *Am*.

desfallecer [desfaʎe'θer] *vi (debilitarse)* to flag; *(desmayarse)* to faint.

desfigurar [desfiɣu'rarse] *vt* to be disfigured.

desfiladero [desfila'ðero] *m* (mountain) pass.

desfile [des'file] *m (de militares)* parade; *(de carrozas, etc)* procession; *(de modelos)* fashion show.

desgana [dez'ɣana] *f (falta de apetito)* lack of appetite; *(falta de interés)* lack of enthusiasm; **con** ~ unwillingly.

desgastar [dezɣas'tar] *vt (objeto)* to wear out; *(fuerza)* to wear down.

desgracia [dez'ɣraθja] *f (suerte contraria)* bad luck; *(suceso trágico)* disaster; **por** ~ unfortunately.

desgraciadamente [dezɣra-θjaða'mente] *adv* unfortunately.

desgraciado, da [dezɣra'θjaðo, ða] *m, f* poor wretch.

desgraciar [dezɣra'θjar] *vt (estropear)* to spoil.

desgreñado, da [dezɣre'ɲaðo, ða] *adj* tousled; **ir** ~ to be dishevelled.

deshacer [desa'θer] *vt (lo hecho)* to undo; *(cama)* to mess up; *(quitar las sábanas de)* to strip; *(las maletas)* to unpack; *(destruir)* to ruin; *(disolver)* to dissolve. □ **deshacerse** *vpr (disolverse)* to dissolve; *(derretirse)* to melt; *(destruirse)* to be destroyed. □ **deshacerse de** *v + prep (desprenderse de)* to get rid of.

deshecho, cha [de'setʃo, tʃa] *pp* → **deshacer.** ◆ *adj (nudo, paquete)* undone; *(cama)* unmade; *(maletas)* unpacked; *(estropeado)* ruined; *(triste, abatido)* shattered.

desheredar [desere'ðar] *vt* to disinherit.

deshidratarse [desiðra'tarse] *vpr* to be dehydrated.

deshielo [dez'jelo] *m* thaw.

deshonesto, ta [deso'nesto, ta] *adj (inmoral)* indecent; *(poco honrado)* dishonest.

deshonra [de'sonra] *f* dishonour.

deshuesar [dezwe'sar] *vt (carne)* to bone; *(fruta)* to stone *Br*, to pit *Am*.

desierto, ta [de'sjerto, ta] *adj (lugar)* deserted. ◆ *m* desert.

designar [desiɣ'nar] *vt (persona)* to appoint; *(lugar)* to decide on.

desigual [desi'ɣwal] *adj (no uniforme)* different; *(irregular)* uneven.

desigualdad [desiɣwal'dað] *f* inequality.

desilusión [desilu'sjon] *f* disappointment.

desilusionar [desilusjo'nar] *vt* to disappoint.

desinfectante [desinfek'tante] *m* disinfectant.

desinfectar [desinfek'tar] *vt* to disinfect.

desinflar [desin'flar] *vt (balón, globo, rueda)* to let down.

desintegración [desinteɣra'θjon] *f* disintegration.

desinterés [desinte'res] *m* lack of interest.

desinteresado, da [desintere-'saðo, ða] *adj* unselfish.

desistir [desis'tir] ◆ **desistir de** *v + prep* to give up.

desliz [dez'liθ] *(pl* -**ces** [θes]*) m* slip.

deslizar [dezli'θar] *vt* to slide. ☐ **deslizarse** *vpr (resbalar)* to slide.

deslumbrar [dezlum'brar] *vt* to dazzle.

desmadrarse [dezma'ðrarse] *vpr fam* to go over the top.

desmaquillador [dezmakiʎa-'ðor] *m* make-up remover.

desmaquillarse [dezmaki'ʎarse] *vpr* to take one's make-up off.

desmayarse [dezma'jarse] *vpr* to faint.

desmayo [dez'majo] *m (desvanecimiento)* fainting fit.

desmentir [dezmen'tir] *vt (negar)* to deny.

desmesurado, da [dezmesu-'raðo, ða] *adj* excessive.

desmontar [dezmon'tar] *vt (estructura)* to take down; *(aparato)* to take apart. ◆ *vi* to dismount.

desmoralizar [dezmorali'θar] *vt* to demoralize.

desnatado, da [dezna'taðo, ða] *adj (leche)* skimmed; *(yogur)* low-fat.

desnivel [dezni'βel] *m (del terreno)* unevenness.

desnudar [deznu'ðar] *vt* to undress. ☐ **desnudarse** *vpr* to get undressed.

desnudo, da [dez'nuðo, ða] *adj (sin ropa)* naked; *(sin adorno)* bare.

desnutrición [deznutri'θjon] *f* undernourishment.

desobedecer [desoβeðe'θer] *vt* to disobey.

desobediente [desoβe'ðjente] *adj* disobedient.

desodorante [desoðo'rante] *m* deodorant.

desorden [de'sorðen] *m (de objetos, papeles)* mess; **en ~** in disarray.

desordenar [desorðe'nar] *vt* to mess up.

desorganización [desorɣaniθa-'θjon] *f* disorganization.

desorientar [desorjen'tar] *vt (confundir)* to confuse. ☐ **desorientarse** *vpr (perderse)* to lose one's bearings; *(confundirse)* to get confused.

despachar [despa'tʃar] *vt (vender)* to sell; *(despedir)* to sack Br, to fire Am.

despacho [des'patʃo] *m (oficina)* office; *(estudio)* study; **~ de billetes** ticket office.

despacio [des'paθjo] *adv* slowly. ◆ *interj* slow down!

despampanante [despampa-'nante] *adj* stunning.

desparpajo [despar'paxo] *m* self-assurance.

despecho [des'petʃo] *m* bitterness.

despectivo, va [despek'tiβo, βa] *adj* disdainful.

despedida [despe'ðiða] *f* goodbye.

despedir [despe'ðir] *vt (decir adiós)* to say goodbye to; *(del trabajo)* to sack Br, to fire Am; (arrojar) to fling; (producir) to give off. □ **despedirse** vpr (decir adiós) to say goodbye; (del trabajo) to hand in one's notice.

despegar [despe'ɣar] vt to remove. ◆ vi (avión) to take off.

despegue [des'peɣe] m take-off.

despeinarse [despei'narse] vpr to mess up one's hair.

despejado, da [despe'xaðo, ða] adj (cielo, día, camino) clear; (persona) alert; (espacio) spacious.

despejar [despe'xar] vt (lugar) to clear; (incógnita, dudas) to clear up. □ **despejarse** vpr (cielo, día, noche) to clear up; (persona) to clear one's head.

despensa [des'pensa] f larder.

despeñadero [despeɲa'ðero] m precipice.

desperdiciar [desperði'θjar] vt to waste.

desperdicio [desper'ðiθjo] m waste. □ **desperdicios** mpl (basura) waste (sg); (de cocina) scraps.

desperezarse [despere'θarse] vpr to stretch.

desperfecto [desper'fekto] m (daño) damage; (defecto) fault.

despertador [desperta'ðor] m alarm clock.

despertar [desper'tar] vt (persona) to wake up; (sentimiento) to arouse. □ **despertarse** vpr to wake up.

despido [des'piðo] m dismissal.

despierto, ta [des'pjerto, ta] adj (que no duerme) awake; (listo) alert.

despistado, da [despis'taðo, ða] adj absent-minded.

despistarse [despis'tarse] vpr (desorientarse) to get lost; (distraerse) to get confused.

despiste [des'piste] m (olvido) absent-mindedness; (error) mistake.

desplazarse [despla'θarse] vpr (moverse) to move; (viajar) to travel.

desplegar [desple'ɣar] vt (tela, periódico, mapa) to unfold; (bandera) to unfurl; (alas) to spread; (cualidad) to display.

desplomarse [desplo'marse] vpr to collapse.

despojos [des'poxos] mpl (de animal) offal (sg); (de persona) remains; (sobras) leftovers.

despreciar [despre'θjar] vt (persona, cosa) to despise; (posibilidad, propuesta) to reject.

desprecio [des'preθjo] m contempt.

desprender [despren'der] vt (desenganchar) to unfasten; (soltar) to give off. □ **desprenderse** vpr (soltarse) to come off. □ **desprenderse de** v + prep (deshacerse de) to get rid of; (deducirse de) to be clear from.

desprendimiento [desprendi'mjento] m (de tierra) landslide.

desprevenido, da [despreβe'niðo, ða] adj unprepared.

desproporcionado, da [desproporθjo'naðo, ða] adj disproportionate.

🖙

después [des'pwes] adv -1. (más tarde) afterwards; (entonces) then; (justo lo siguiente) next; **lo haré** ~ I'll do it later; **yo voy** ~ it's my turn next; **años** ~ years later; **poco/mucho** ~ soon/a long time after. -2. (en el espacio) next; ¿**qué calle viene** ~? which street comes next?; **hay una farmacia y** ~ **está mi casa** there's a chemist's and then you come to my house. -3. (en una lista) further down.

- 4. (en locuciones): ~ de after; ~ de que after; ~ de todo after all.

destacar [desta'kar] vt to emphasize. ◆ vi (resaltar) to stand out.

destajo [des'taxo] m: trabajar a ~ to do piecework.

destapador [destapa'ðor] m Amér bottle opener.

destapar [desta'par] vt (caja, botella, etc) to open.

destello [des'teʎo] m (de luz) flash.

destemplado, da [destem'plaðo, ða] adj (persona) out of sorts.

desteñir [deste'ɲir] vt to bleach. ◆ vi to run.

desterrar [deste'rar] vt (persona) to exile; (pensamiento, sentimiento) to banish.

destierro [des'tjero] m exile.

destilación [destila'θjon] f distillation.

destilar [desti'lar] vt to distil.

destilería [destile'ria] f distillery.

destinar [desti'nar] vt (objeto) to earmark; (persona) to appoint; (programa, medidas) to aim.

destinatario, ria [destina'tarjo, rja] m, f addressee.

destino [des'tino] m (azar) destiny; (de viaje) destination; (finalidad) use; (trabajo) job; vuelos con ~ a Londres flights to London.

destornillador [destorniʎa'ðor] m screwdriver.

destornillar [destorni'ʎar] vt to unscrew.

destrozar [destro'θar] vt (objeto) to smash; (plan, proyecto) to ruin; (persona) to shatter.

destrucción [destruk'θjon] f destruction.

destruir [destru'ir] vt to destroy; (plan, proyecto) to ruin.

desuso [de'suso] m disuse; caer en ~ to become obsolete.

desvalijar [dezβali'xar] vt (persona) to rob; (casa) to burgle.

desván [dez'βan] m attic.

desvanecimiento [dezβaneθi'mjento] m (desmayo) fainting fit.

desvariar [dezβari'ar] vi to rave.

desvelar [dezβe'lar] vt (persona) to keep awake; (secreto) to reveal. ❏ **desvelarse** vpr (no dormir) to be unable to sleep; CAm & Méx (quedarse levantado) to have a late night.

desventaja [dezβen'taxa] f disadvantage.

desvergonzado, da [dezβerɣonˈθaðo, ða] adj shameless.

desvestirse [dezβes'tirse] vpr to get undressed.

desviar [dezβi'ar] vt (de un camino) to divert. ❏ **desviarse** vpr: ~se de (camino) to turn off; (propósito) to be diverted from.

desvío [dez'βio] m diversion.

detallar [deta'ʎar] vt to describe in detail.

detalle [de'taʎe] m (pormenor, minucia) detail; (delicadeza) kind gesture; al ~ (minuciosamente) in detail.

detallista [deta'ʎista] adj (minucioso) painstaking.

detectar [detek'tar] vt to detect.

detective [detek'tiβe] mf detective.

detener [dete'ner] vt (parar) to stop; (retrasar) to hold up; (arrestar) to arrest. ❏ **detenerse** vpr (pararse) to stop.

detenido, da [dete'niðo, ða] m, f prisoner.

detergente [deter'xente] m detergent.

determinación [determina'θjon] f (decisión) decision; tomar una ~ to take a decision.

determinado, da [determi-'naðo, ða] adj (concreto) specific; (en gramática) definite.

determinante [determi'nante] adj decisive. ◆ m determiner.

determinar [determi'nar] vt (fijar) to fix; (decidir) to decide; (causar, motivar) to cause.

detestable [detes'taβle] adj detestable.

detestar [detes'tar] vt to detest.

detrás [de'tras] adv (en el espacio) behind; (en el orden) then; **el interruptor está ~** the switch is at the back; **~ de** behind; **por ~** at/on the back.

deuda [de'uða] f debt; **contraer ~s** to get into debt.

devaluación [deβalwa'θjon] f devaluation.

devaluar [deβalu'ar] vt to devalue.

devoción [deβo'θjon] f devotion.

devolución [deβolu'θjon] f (de dinero) refund; (de objeto) return.

devolver [deβol'βer] vt (objeto, regalo comprado, favor) to return; (dinero) to refund; (cambio, objeto prestado) to give back; (vomitar) to bring up. ◆ vi to be sick; **'devuelve cambio'** 'change given'.

devorar [deβo'rar] vt to devour.

devoto, ta [de'βoto, ta] adj (en religión) devout; (aficionado) devoted.

dg (abrev de decigramo) dg.

día ['dia] m day; **es de ~** it's daytime; **de ~** in the daytime; **al ~ siguiente** the next day; **del ~** (fresco) fresh; **el ~ seis** the sixth; **por ~** daily; **¿qué tal ~ hace?** what's the weather like today?; **todos los ~s** every day; **~ del espectador** día on which cinema tickets are sold at a discount; **~ festivo** (public) holiday; **Día de los Inocentes** Esp 28 December, ≃ April Fools' Day; **~ laborable** working day; **~ libre** day off; **Día de los Muertos** Méx Day of the Dead; **~ del santo** saint's day.

① DÍA DE LOS MUERTOS

In Mexico, "Day of the Dead" is the name given to All Saints' Day. Officially, the Day of the Dead is 2 November, although the celebrations start on 1 November. Nowadays, following on from the influences of Halloween, children dress up as skeletons, mummies, vampires etc, and the shops sell brightly-coloured sugar and chocolate skulls bearing the name of a dead person. These will form part of an offering where friends and relatives make an altar bearing a photograph of the deceased surrounded by their favourite foods and drinks. It may also include "pan de muerto", a type of large, round cake coated in sugar.

diabetes [dja'βetes] f inv diabetes.

diabético, ca [dja'βetiko, ka] m, f diabetic.

diablo [di'aβlo] m devil.

diablura [dia'βlura] f prank.

diabólico, ca [dja'βoliko, ka] adj diabolical.

diadema [dja'ðema] f hairband.

diagnosticar [djavnosti'kar] vt to diagnose.

diagnóstico [djav'nostiko] m diagnosis.

dialecto [dja'lekto] m dialect.

diálogo [di'alovo] m (conversación) conversation.

diamante [dia'mante] m dia-

diligente

mond. □ **diamantes** mpl (palo de la baraja) diamonds.

diana ['djana] f (blanco) bull's-eye.

diapositiva [djaposi'tiβa] f slide.

diario, ria [di'arjo, rja] adj daily. ◆ m (daily) newspaper; **a ~** every day.

diarrea [dja'rea] f diarrhea.

dibujar [diβu'xar] vt to draw.

dibujo [di'βuxo] m drawing; **~s animados** cartoons.

diccionario [dikθjo'narjo] m dictionary.

dicha ['ditʃa] f (felicidad) joy.

dicho, cha ['ditʃo, tʃa] pp → **decir**. ◆ m saying. ◆ adj: **~ y hecho** no sooner said than done; **mejor ~** rather.

diciembre [di'θjembre] m December → **setiembre**.

dictado [dik'taðo] m dictation.

dictador [dikta'ðor] m dictator.

dictadura [dikta'ðura] f dictatorship.

dictamen [dik'tamen] m opinion.

dictar [dik'tar] vt (texto) to dictate; (decreto) to issue; (ley) to enact.

dictatorial [diktato'rjal] adj dictatorial.

diecinueve [djeθi'nweβe] núm nineteen → **seis**.

dieciocho [djeθi'otʃo] núm eighteen → **seis**.

dieciséis [djeθi'sejs] núm sixteen → **seis**.

diecisiete [djeθi'sjete] núm seventeen → **seis**.

diente ['djente] m tooth; **~ de ajo** clove of garlic; **~ de leche** milk tooth.

diéresis ['djeresis] f inv diaeresis.

diesel ['djesel] m diesel.

diestro, tra ['djestro, tra] adj (de la derecha) right-hand; (experto) skilful. ◆ m matador.

dieta ['djeta] f diet. □ **dietas** fpl (honorarios) expenses.

dietética [dje'tetika] f dietetics (sg); **tienda de ~** health food shop.

diez [djeθ] núm ten → **seis**.

diferencia [dife'renθja] f difference; **a ~ de** in contrast to.

diferenciar [diferen'θjar] vt to distinguish.

diferente [dife'rente] adj different. ◆ adv differently.

diferido, da [dife'riðo, ða] adj: **en ~** recorded.

diferir [dife'rir] vt to defer. □ **diferir de** v + prep to differ from.

difícil [di'fiθil] adj difficult.

dificultad [difikul'taθ] f (complejidad) difficulty; (obstáculo) problem.

difundir [difun'dir] vt (calor, luz) to diffuse; (noticia, idea) to spread; (programa) to broadcast.

digerir [dixe'rir] vt to digest.

digestión [dixes'tjon] f digestion; **hacer la ~** to digest.

digital [dixi'tal] adj (en electrónica) digital; (de los dedos) finger (antes de s).

dígito ['dixito] m digit.

dignarse [diγ'narse] vpr to deign.

dignidad [diγni'ðað] f (decoro) dignity; (carga) office.

digno, na ['diγno, na] adj (merecedor) worthy; (apropiado) appropriate; (honrado) honourable.

dilema [di'lema] m dilemma.

diligente [dili'xente] adj diligent.

diluviar

diluviar [dilu'βjar] *v impers*: **diluvió** it poured with rain.

diluvio [di'luβjo] *m* flood.

dimensión [dimen'sjon] *f (medida)* dimension; *(importancia)* extent.

diminuto, ta [dimi'nuto, ta] *adj* tiny.

dimitir [dimi'tir] *vi*: ~ **(de)** to resign (from).

Dinamarca [dina'marka] Denmark.

dinámico, ca [di'namiko, ka] *adj* dynamic.

dinamita [dina'mita] *f* dynamite.

dinastía [dinas'tia] *f* dynasty.

dinero [di'nero] *m* money; ~ **de bolsillo** pocket money; ~ **suelto** loose change.

diócesis ['djoθesis] *f inv* diocese.

dios [djos] *m* god. ❑ **Dios** *m* God; **como Dios manda** properly; **¡Dios mío!** my God!; **¡por Dios!** for God's sake!.

diploma [di'ploma] *m* diploma.

diplomacia [diplo'maθja] *f* diplomacy.

diplomado, da [diplo'maðo, ða] *m, f* qualified man ⧫ qualified woman).

diplomarse [diplo'marse] ⧫ **diplomarse en** *v + prep* to get a qualification in.

diplomático, ca [diplo'matiko, ka] *adj* diplomatic. ⧫ *m, f* diplomat.

diplomatura [diploma'tura] *f degree awarded after three years of study.*

diptongo [dip'toŋgo] *m* diphthong.

diputación [diputa'θjon] *f (edificio) building that houses the 'diputación provincial'*; ~ **provincial** *governing body of each province of an autonomous region in Spain*, ≃ *county council (Br)*, ≃ *state assembly (Am).*

diputado, da [dipu'taðo, ða] *m, f* ≃ MP *(Br)*, ≃ *representative (Am).*

dique ['dike] *m* dike; ~ **seco** dry dock.

dirección [direk'θjon] *f (rumbo)* direction; *(domicilio)* address; ~ **de correo electrónico** e-mail address; *(de empresa)* management; *(de vehículo)* steering; **calle de ~ única** one-way street; ~ **asistida** power steering.

direccionales [direkθjo'nales] *mpl Col & Méx* indicators.

directa [di'rekta] *f (en el coche)* top gear.

directo, ta [di'rekto, ta] *adj* direct; **en ~** live.

director, ra [direk'tor, ra] *m, f (de empresa)* director *Br*, CEO *Am*; *(de hotel)* manager *(f manageress)*; *(de orquesta)* conductor; *(de colegio)* head *Br*, principal *Am*.

directorio [direk'torjo] *m* directory; ~ **telefónico** *Amér* phone book.

dirigente [diri'xente] *mf (de partido)* leader; *(de empresa)* manager.

dirigir [diri'xir] *vt (destinar)* to address; *(conducir, llevar)* to steer; *(gobernar)* to run; *(película, obra de teatro, enfocar)* to direct; *(orquesta)* to conduct; *(periódico)* to edit; *(guiar, orientar)* to guide; ~ **la palabra a alguien** to speak to sb. ❑ **dirigirse a** *v + prep (ir, marchar)* to head for; *(hablar a)* to speak to.

discar [dis'kar] *vt Amér* to dial.

disciplina [disθi'plina] *f* discipline.

discípulo, la [dis'θipulo, la] *m, f* disciple.

disco ['disko] *m (en música)* record; *(cilindro)* disc; *(semáforo)* (traffic) light; *(en informática)* disk; *(en deporte)* discus; ~ **compacto** compact disc.

disconformidad [diskonformi-'ðað] f disagreement.

discoteca [disko'teka] f disco.

discotequero, ra [diskote'kero, ra] adj fam disco (antes de s).

discreción [diskre'θjon] f discretion.

discrepancia [diskre'panθja] f difference.

discreto, ta [dis'kreto, ta] adj (diplomático) discreet; (mediano) modest.

discriminación [diskrimina'θjon] f discrimination.

discriminar [diskrimi'nar] vt to discriminate against.

disculpa [dis'kulpa] f (pretexto) excuse; (al pedir perdón) apology; **pedir ~s** to apologize.

disculpar [diskul'par] vt to excuse. ❑ **disculparse** vpr: **~se (por algo)** to apologize (for sthg).

discurrir [disku'rir] vi (pensar) to reflect.

discurso [dis'kurso] m speech.

discusión [disku'sjon] f (debate) discussion; (riña) argument.

discutible [disku'tiβle] adj debatable.

discutir [disku'tir] vt (debatir) to discuss; (contradecir) to dispute. ♦ vi (reñir) to argue.

disecar [dise'kar] vt (planta) to dry; (animal) to stuff.

diseñador, ra [diseɲa'ðor, ra] m, f designer.

diseñar [dise'ɲar] vt to design.

diseño [di'seɲo] m design; **de ~** designer.

disfraz [dis'fraθ] (pl -ces [θes]) m disguise.

disfrazar [disfra'θar] vt to disguise. ❑ **disfrazarse (de)** vt to dress up (as).

disfrutar [disfru'tar] vi to enjoy o.s. ❑ **disfrutar de v + prep** to enjoy.

disgustar [dizɣus'tar] vt to upset. ❑ **disgustarse** vpr to get upset.

disgusto [dis'ɣusto] m annoyance; **llevarse un ~** to be upset.

disidente [disi'ðente] mf dissident.

disimular [disimu'lar] vt to hide. ♦ vi to pretend.

disminución [dizminu'θjon] f decrease.

disminuir [dizminu'ir] vt to decrease.

disolvente [disol'βente] m solvent.

disolver [disol'βer] vt to dissolve.

disparar [dispa'rar] vt & vi to shoot. ❑ **dispararse** vpr (actuar precipitadamente) to go over the top; (precios) to shoot up.

disparate [dispa'rate] m stupid thing.

disparo [dis'paro] m shot.

dispensar [dispen'sar] vt: **~ a alguien de** to excuse sb from.

dispersar [disper'sar] vt to scatter.

disponer [dispo'ner] vt (colocar) to arrange; (preparar) to lay on; (suj: ley) to stipulate. ❑ **disponer de v + prep (tener)** to have; (usar) to make use of. ❑ **disponerse** vpr: **~se a** to get ready to.

disponible [dispo'niβle] adj available.

disposición [disposi'θjon] f (colocación) arrangement; (estado de ánimo) mood; (orden) order; **a ~ de** at the disposal of.

dispositivo [disposi'tiβo] m device.

dispuesto, ta [dis'pwesto, ta] pp → disponer. ♦ adj (preparado) ready; **~ a** prepared to.

disputa [dis'puta] f dispute.

disputar [dispu'tar] *vt (competición)* to compete in; *(premio)* to compete for. ◆ *vi* to argue. ▫ **disputarse** *vpr (competir por)* to dispute.

disquete [dis'kete] *m* disquette.

disquetera [diske'tera] *f* disk drive.

distancia [dis'tanθja] *f* distance; *(en tiempo)* gap; ¿a qué ~? how far away?

distanciarse [distan'θjarse] *vpr (perder afecto)* to grow apart.

distante [dis'tante] *adj (lugar)* far away; *(persona)* distant.

distinción [distin'θjon] *f (diferencia)* distinction; *(elegancia)* refinement.

distinguido, da [distin'gido, ða] *adj (elegante)* refined; *(notable, destacado)* distinguished.

distinguir [distin'gir] *vt (diferenciar)* to distinguish; *(lograr ver)* to make out; *(destacar)* to pick out.

distintivo [distin'tiβo] *m* distinctive.

distinto, ta [dis'tinto, ta] *adj* different.

distracción [distrak'θjon] *f (falta de atención)* absent-mindedness; *(descuido)* slip; *(diversión)* entertainment.

distraer [distra'er] *vt (entretener)* to entertain. ▫ **distraerse** *vpr (descuidarse)* to get distracted; *(no prestar atención)* to let one's mind wander; *(entretenerse)* to enjoy o.s.

distraído, da [distra'iðo, ða] *adj (entretenido)* entertaining; *(despistado)* absent-minded.

distribución [distriβu'θjon] *f (de correo, mercancías)* delivery; *(comercial)* distribution.

distribuir [distriβu'ir] *vt (repartir)* to distribute; *(correo, mercancías)* to deliver.

distrito [dis'trito] *m* district; ~ **postal** postal district.

disturbio [dis'turβjo] *m (tumulto)* disturbance; *(del orden público)* riot.

diurno, na [di'urno, na] *adj* daytime.

diva ['diβa] *f* diva.

diván [di'βan] *m* couch.

diversidad [diβersi'ðað] *f* diversity.

diversión [diβer'sjon] *f* entertainment.

diverso, sa [di'βerso, sa] *adj* diverse; ~**s** various.

divertido, da [diβer'tiðo, ða] *adj (entretenido)* enjoyable; *(que hace reír)* funny.

divertirse [diβer'tirse] *vpr* to enjoy o.s.

dividir [diβi'ðir] *vt* to divide.

divino, na [di'βino, na] *adj* divine.

divisar [diβi'sar] *vt* to spy.

divisas [di'βisas] *fpl* foreign exchange *(sg)*.

división [diβi'sjon] *f* division.

divorciado, da [diβor'θjaðo, ða] *m, f* divorcé *(f* divorcée).

divorciarse [diβor'θjarse] *vpr* to get divorced.

divorcio [di'βorθjo] *m* divorce.

divulgar [diβul'γar] *vt (secreto)* to reveal; *(rumor)* to spread; *(información)* to disseminate.

DNI ['de'ene'i] *m (abrev de documento nacional de identidad)* ID card.

ⓘ DNI

All Spaniards over the age of 14 are required to have an identity card which they must carry at all times. The card has a photograph of the holder, their full name, date and place of birth, home address and tax number. Failure to present one's identity card when stopped by the police may result in a fine. A similar document, the "Cédula (Nacional) de Identidad" is carried in Colombia, Paraguay, Uruguay, Venezuela, Argentina and Chile. This is called the "Documento Nacional de Identidad" in Peru.

dobladillo [doβla'ðiʎo] *m* hem.

doblaje [do'βlaxe] *m* dubbing.

doblar [do'βlar] *vt* (*plegar*) to fold; (*duplicar*) to double; (*flexionar*) to bend; (*en cine*) to dub; ~ **la esquina** to go round the corner.

doble [ˈdoβle] *adj mf* double. ◆ *m*: **el ~ (de)** twice as much. ❏ **dobles** *mpl* (*en tenis*) doubles.

doce [ˈdoθe] *núm* twelve → **seis**.

docena [do'θena] *f* dozen.

docente [do'θente] *adj* teaching.

dócil [ˈdoθil] *adj* obedient.

doctor, ra [dok'tor, ra] *m, f* doctor.

doctorado [dokto'raðo] *m* doctorate.

doctorarse [dokto'rarse] *vpr* to get a doctorate.

doctrina [dok'trina] *f* doctrine.

documentación [dokumenta-'θjon] *f* papers (*pl*); ~ **del coche** registration documents (*pl*).

documental [dokumen'tal] *m* documentary.

documento [doku'mento] *m* (*escrito*) document; (*de identidad*) identity card; (*en historia*) record.

dogma [ˈdoɣma] *m* dogma.

dogmático, ca [doɣ'matiko, ka] *adj* dogmatic.

dólar [ˈdolar] *m* dollar.

doler [do'ler] *vi* to hurt; **me duele la pierna** my leg hurts; **me duele la garganta** I have a sore throat.

dolor [do'lor] *m* (*daño*) pain; (*pena*) sorrow; **tener ~ de cabeza** to have a headache; **tener ~ de estómago** to have a stomachache; **tener ~ de muelas** to have toothache.

doloroso, sa [dolo'roso, sa] *adj* painful.

domador, ra [doma'ðor, ra] *m, f* tamer.

domar [do'mar] *vt* to tame.

domesticar [domesti'kar] *vt* to tame.

doméstico, ca [do'mestiko, ka] *adj* domestic.

domicilio [domi'θiljo] *m* (*casa*) residence; (*dirección*) address; **servicio a ~** home delivery.

dominante [domi'nante] *adj* dominant.

dominar [domi'nar] *vt* (*persona, panorama*) to dominate; (*nación*) to rule; (*situación*) to be in control of; (*nervios, pasiones, etc*) to control; (*incendio*) to bring under control; (*idioma*) to be fluent in; (*divisar*) to overlook. ◆ *vi* (*sobresalir, destacar*) to stand out; (*ser característico*) to predominate. ❏ **dominarse** *vpr* to control o.s.

domingo [do'mingo] *m* Sunday; ~ **de Pascua** Easter Sunday; ~ **de Ramos** Palm Sunday → **sábado**.

dominguero, ra [domin'gero, ra] *m, f am* Sunday tripper.

dominical [domini'kal] *adj* Sunday supplement.

dominio [do'minjo] *m* (*control*) control; (*autoridad*) authority; (*de una lengua*) command; (*territorio*) domain; (*ámbito*) realm.

dominó [domi'no] *m (juego)* dominoes *(sg)*.

don [don] *m (regalo, talento)* gift; *(tratamiento)* ≃ Mr.

donante [do'nante] *mf* donor.

donativo [dona'tiβo] *m* donation.

donde ['donde] *adv* where; **el bolso está lo dejaste** your bag is where you left it; **de/desde ~** from where; **por ~** wherever. ◆ *pron* where; **la casa ~ nací** the house where I was born; **la ciudad de ~ vengo** the town I come from; **por ~** where.

dónde ['donde] *adv* where; **de ~** from where; **por ~** where.

donut® ['donut] *m (ring)* doughnut.

dopaje [do'paxe] *m* doping.

doparse [do'parse] *vpr* to take artificial stimulants.

doping ['dopin] *m* doping.

dorado, da [do'raðo, ða] *adj* golden.

dormir [dor'mir] *vi* to sleep. ◆ *vt (niño)* to put to bed; **~ con alguien** to sleep with sb. ❑ **dormirse** *vpr (persona)* to fall asleep; *(parte del cuerpo)* to go to sleep.

dormitorio [dormi'torjo] *m (habitación)* bedroom; *(mobiliario)* bedroom suite.

dorsal [dor'sal] *adj* back *(antes de s)*.

dorso ['dorso] *m* back; **~ de la mano** back of the hand.

dos [dos] *núm* two; **cada ~ por tres** every five minutes → **seis**.

doscientos [dos'θjentos] *núm* two hundred → **seis**.

dosis ['dosis] *f inv* dose.

dotado, da [do'taðo, ða] *adj* gifted; **~ de** *(persona)* blessed with; *(edificio, instalación)* equipped with.

dotar [do'tar] *vt (equipar, proveer)* to

provide; *(suj: naturaleza)* to endow.

Dr. *(abrev de doctor)* Dr.

Dra. *(abrev de doctora)* Dr.

dragón [dra'von] *m* dragon.

drama ['drama] *m (obra)* play; *(género)* drama; *(desgracia)* tragedy.

dramático, ca [dra'matiko, ka] *adj* dramatic.

dramaturgo, ga [drama'turvo, va] *m, f* playwright.

droga ['droya] *f* drug; **la ~** drugs *(pl)*.

drogadicción [droyaðik'θjon] *f* drug addiction.

drogadicto, ta [droya'ðikto, ta] *m, f* drug addict.

droguería [drove'ria] *f* shop selling paint, cleaning materials etc.

dto. *abrev* = **descuento**.

dual [du'al] *adj (emisión)* that can be listened to either dubbed or in the original language version.

ducha ['dutʃa] *f* shower; **darse una ~** to have a shower.

ducharse [du'tʃarse] *vpr* to have a shower.

duda ['duða] *f* doubt; **sin ~** doubtless.

dudar [du'ðar] *vi* to be unsure. ❑ **dudar de** *v + prep* to have one's doubts about.

duelo ['dwelo] *m (pelea)* duel; *(en deporte)* contest; *(pena)* grief.

duende ['dwende] *m (de cuentos infantiles)* goblin; *(gracia, encanto)* charm; **tener ~** to have a certain something.

dueño, ña ['dweno, na] *m, f (propietario)* owner; *(de piso)* landlord *(f* landlady).

dulce ['dulθe] *adj* sweet, candy Am; *(agua)* fresh. ◆ *m (caramelo, postre)* sweet; *(pastel)* cake; **~ de membrillo** quince jelly.

dulzura [dul'θura] f sweetness.

duna ['duna] f dune.

dúo ['duo] m duet.

dúplex ['dupleks] m inv duplex.

duplicar [dupli'kar] vt to double.

duración [dura'θjon] f length.

durante [du'rante] adv during; ~ **toda la semana** all week; **lo estuve haciendo ~ dos horas** I was doing it for two hours.

durar [du'rar] vi (prolongarse) to last; (resistir) to wear well.

durazno [du'raθno] m Amér peach.

durex® ['dureks] m Amér Sellotape (Br), Scotch tape (Am).

dureza [du'reθa] f hardness; (callosidad) callus; (de carácter) harshness.

duro, ra ['duro, ra] adj hard; (carácter, persona, clima) harsh; (carne) tough. ◆ m (moneda) five-peseta piece. ◆ adv hard.

DVD m DVD.

DYA m (abrev de detente y ayuda) Esp voluntary organisation giving assistance to motorists.

E

ébano ['eβano] m ebony.

ebrio, ebria ['eβrjo, 'eβrja] adj formal drunk.

ebullición [eβuʎi'θjon] f boiling.

echado, da [e'tʃaðo, ða] adj (acostado) lying down.

☞
echar [e'tʃar] vt - 1. (tirar) to throw; **echó la pelota** she threw the ball.

- 2. (añadir): ~ **algo a** (sal, azúcar) to add sthg to; (vino, agua) to pour sthg into.

- 3. (reprimenda, discurso) to give; **me echaron la buenaventura** I had my fortune told.

- 4. (carta, postal) to post Br, to mail Am.

- 5. (expulsar) to throw out; (del trabajo) to sack; **lo echaron del colegio** they threw him out of school.

- 6. (humo, vapor, chispas) to give off.

- 7. (accionar): ~ **la llave/el cerrojo** to lock/bolt the door; ~ **el freno** to brake.

- 8. (flores, hojas) to sprout.

- 9. (acostar) to lie (down); **echa al niño en el sofá** lie the child down on the sofa.

- 10. (calcular): **¿cuántos años me echas?** how old would you say I am?

- 11. (en televisión, cine) to show; **¿qué echan esta noche en la tele?** what's on telly tonight?

- 12. (en locuciones): ~ **abajo** (edificio) to pull down; (gobierno) to bring down; (proyecto) to ruin; ~ **de menos** to miss.

◆ vi - 1. (dirigirse) **echó por el camino más corto** he took the shortest route.

- 2. (empezar): ~ **a hacer algo** to begin to do sthg; ~ **a correr** to break into a run. ❑ **echarse** vpr (lanzarse) to throw o.s.; (acostarse) to lie down; **nos echamos a la carretera** we set out on the road; ~**se a hacer algo** (empezar) to begin to do sthg.

eclesiástico, ca [ekle'sjastiko, ka] adj ecclesiastical.

eclipse [e'klipse] m eclipse.

eco ['eko] m echo; **tener ~** to arouse interest.

ecología [ekolo'xia] f ecology.

ecológico, ca [eko'loxiko, ka] adj ecological.

economía [ekono'mia] f (administración) economy; (ciencia) economics. ◻ **economías** fpl (ahorros) savings.

económico, ca [eko'nomiko, ka] adj (situación, crisis) economic; (barato) cheap; (motor, dispositivo) economical.

economista [ekono'mista] mf economist.

ecosistema [ekosis'tema] m ecosystem.

ecu ['eku] m ecu.

ecuación [ekwa'θjon] f equation.

ecuador [ekwa'ðor] m equator.

Ecuador [ekwa'ðor] m: **(el)** ~ Ecuador.

ecuatoriano, na [ekwato'rjano, na] adj & m, f Ecuadorian.

edad [e'ðað] f age; **tengo 15 años de** ~ I'm 15 (years old); **la Edad Media** the Middle Ages (pl).

edición [eði'θjon] f (publicación) publication; (ejemplares) edition.

edificante [eðifi'kante] adj exemplary.

edificar [eðifi'kar] vt to build.

edificio [eði'fiθjo] m building.

editar [eði'tar] vt (publicar) to publish; (disco) to release.

editor, ra [eði'tor, ra] m, f publisher.

editorial [eðito'rjal] f publishing house.

edredón [eðre'ðon] m duvet.

educación [eðuka'θjon] f (formación) education; (cortesía, urbanidad) good manners (pl).

educado, da [eðu'kaðo, ða] adj polite; **bien** ~ polite; **mal** ~ rude.

educar [eðu'kar] vt (hijos) to bring up; (alumnos) to educate; (sensibili-

dad, gusto) to refine.

educativo, va [eðuka'tiβo, βa] adj educational; (sistema) education (antes de s).

EEUU mpl (abrev de Estados Unidos) USA.

efectivo, va [efek'tiβo] m cash; **en** ~ in cash.

efecto [e'fekto] m (resultado) effect; (impresión) impression; **en** ~ indeed; ~**s personales** personal belongings; ~ **secundarios** side effects.

efectuar [efektu'ar] vt (realizar) to carry out; (compra, pago, viaje) to make.

eficacia [efi'kaθja] f (de persona) efficiency; (de medidas, plan) effectiveness.

eficaz [efi'kaθ] (pl -ces [θes]) adj (persona) efficient; (medidas, plan) effective.

eficiente [efi'θjente] adj (medicamento, solución, etc) effective; (trabajador) efficient.

EGB ['e'xe'βe] f (abrev de Enseñanza General Básica) Spanish primary education system for pupils aged 6-14.

egoísmo [ego'izmo] m selfishness.

egoísta [ego'ista] adj selfish.

egresado, da [evre'saðo, ða] m, f Amér graduate.

egresar [evre'sar] vi Amér to graduate.

ej. (abrev de ejemplo) eg.

eje ['exe] m (de rueda) axle; (centro, en geometría) axis.

ejecución [exeku'θjon] f (de condenado) execution.

ejecutar [exeku'tar] vt (realizar) to carry out; (matar) to execute.

ejecutivo, va [exeku'tiβo, βa] m, f executive.

ejemplar [exem'plar] adj exemplary. ◆ m (de especie, raza) specimen;

(de libro) copy; *(de revista)* issue.

ejemplo [e'xemplo] *m* example; **poner un ~** to give an example; **por ~** for example.

ejercer [exer'θer] *vt (profesión, actividad)* to practise; *(influencia, autoridad)* to have.

ejercicio [exer'θiθjo] *m* exercise; *(de profesión, actividad)* practising; **~ físico** physical exercise.

ejército [e'xerθito] *m* army.

ejote [e'xote] *m Amér* green bean.

el, la [el, la] *(pl* los, las *[los, las])* art
- **1.** *(con sustantivo genérico)* the; **~ coche** the car; **las niñas** the girls; **~ agua/hacha/águila** the water/axe/eagle.
- **2.** *(con sustantivo abstracto)*: **~ amor** love; **la vida** life; **los celos** jealousy *(sg).*
- **3.** *(indica posesión, pertenencia)*: **se rompió la pierna** he broke his leg; **tiene ~ pelo oscuro** she has dark hair.
- **4.** *(con días de la semana)*: **vuelven ~ sábado** they're coming back on Saturday.
- **5.** *(antes de adj)*: **prefiero la blanca** I prefer the white one.
- **6.** *(en locuciones)*: **cogeré ~ de atrás** I'll take the one at the back; **mi hermano y ~ de Juan** my brother and Juan's; **~ que** *(persona)* whoever; *(cosa)* whichever (one); **~ que más me gusta** the one I like best.

☞

él, ella [el, 'eʎa] *(pl* ellos, ellas ['eʎos, 'eʎas]) *pron pers* - **1.** *(sujeto, predicado)* he *(f* she), they *(pl); (animal, cosa)* it, they *(pl);* **la culpa la tiene ~** he's to blame; **ella es una amiga de la familia** she's a friend of the family.

- **2.** *(complemento)* him *(f* her), them *(pl); (animal, cosa)* it, them *(pl);* **voy a ir de vacaciones con ellos** I'm going on holiday with them.
- **3.** *(posesivo)*: **de ~** his; **de ella** hers.

elaborar [elaβo'rar] *vt (preparar)* to make; *(idea)* to work out; *(plan, lista)* to draw up.

elasticidad [elastiθi'ðað] *f* elasticity.

elástico, ca [e'lastiko, ka] *adj* elastic. ❑ **elásticos** *mpl (para pantalones)* braces *Br,* suspenders *Am.*

elección [elek'θjon] *f (de regalo, vestido, etc)* choice; *(de presidente, jefe, etc)* election. ❑ **elecciones** *fpl* elections.

electricidad [elektriθi'ðað] *f* electricity.

electricista [elektri'θista] *mf* electrician.

eléctrico, ca [e'lektriko, ka] *adj* electric.

electrocutar [elektroku'tar] *vt* to electrocute.

electrodoméstico [elektroðo-'mestiko] *m* electrical household appliance.

electrónica [elek'tronika] *f* electronics.

electrónico, ca [elek'troniko, ka] *adj* electronic.

elefante [ele'fante] *m* elephant.

elegancia [ele'vanθja] *f* elegance; *(de comportamiento)* dignity.

elegante [ele'vante] *adj* elegant; *(comportamiento)* dignified.

elegir [ele'xir] *vt (escoger)* to choose; *(en votación)* to elect.

elemental [elemen'tal] *adj (sencillo)* obvious; *(fundamental)* basic.

elemento [ele'mento] *m* element; *(factor)* factor. ❑ **elementos** *mpl (fuerzas de la naturaleza)* elements.

elevación [eleβa'θjon] f rise.

elevado, da [ele'βaðo, ða] adj high; (edificio, monte) tall.

elevador [eleβa'ðor] m CAm & Méx lift (Br), elevator (Am).

elevadorista [eleβaðo'rista] mf CAm & Méx lift attendant (Br), elevator operator (Am).

elevar [ele'βar] vt to raise; (ascender) to promote. ❑ **elevarse** vpr (subir) to rise.

eliminación [elimina'θjon] f elimination.

eliminar [elimi'nar] vt to eliminate.

élite ['elite] f elite.

ello ['eʎo] pron neutro it.

ellos, ellas ['eʎos, 'eʎas] pron pl (sujeto) they; (complemento) them; **de ~ l ellas** theirs.

elocuencia [elo'kɣenθja] f eloquence.

elocuente [elo'kɣente] adj eloquent.

elogiar [elo'xjar] vt to praise.

elogio [e'loxjo] m praise.

elote [e'lote] m Méx & CAm cob.

eludir [elu'ðir] vt to avoid.

emancipado, da [emanθi'paðo, ða] adj emancipated.

emanciparse [emanθi'parse] vpr to become emancipated.

embajada [emba'xaða] f (lugar) embassy; (cargo) ambassadorship.

embajador, ra [embaxa'ðor, ra] m, f ambassador.

embalar [emba'lar] vt to wrap up. ❑ **embalarse** vpr to race away.

embalsamar [embalsa'mar] vt to embalm.

embalse [em'balse] m reservoir.

embarazada [embara'θaða] adj f pregnant.

embarazo [emba'raθo] m (de mujer) pregnancy; (dificultad) obstacle.

embarcación [embarka'θjon] f boat.

embarcadero [embarka'ðero] m jetty.

embarcar [embar'kar] vi to board. ❑ **embarcarse** vpr (pasajeros) to board; (en asunto, negocio) to get involved.

embargar [embar'yar] vt (bienes, propiedades) to seize.

embargo [em'barvo] m (de bienes) seizure; **sin ~** however.

embarque [em'barke] m (de pasajeros) boarding; (de equipaje) embarkation.

embestir [embes'tir] vt to attack.

emblema [em'blema] m (símbolo) symbol; (distintivo) emblem.

emborracharse [embora'tfarse] vpr to get drunk.

emboscada [embos'kaða] f ambush.

embotellado, da [embote-'ʎaðo, ða] adj (vino, licor) bottled; (calle, circulación) blocked.

embotellamiento [emboteʎa-'mjento] m (de tráfico) traffic jam; (de vino, agua) bottling.

embotellar [embote'ʎar] vt (líquido) to bottle.

embrague [em'braxe] m clutch.

embrión [embri'on] m embryo.

embrujar [embru'xar] vt to bewitch.

embudo [em'buðo] m funnel.

embustero, ra [embus'tero, ra] m, f liar.

embutidos [embu'tiðos] mpl cold meat (sg) Br, cold cuts Am.

emergencia [emer'xenθja] f emergency.

emigración [emivra'θjon] f (de fa-

milia, pueblo) emigration; (de animales) migration.

emigrante [emi'vrante] mf emi-
grant.

emigrar [emi'vrar] vi (persona, pueblo) to emigrate; (animal) to migrate.

eminente [emi'nente] adj emi-
nent.

emisión [emi'sjon] f (de sonido)
emission; (del mensaje) transmission; (programa) broadcast; (de juicio,
opinión, etc) expression.

emisor, ra [emi'sor, ra] adj broadcasting.

emisora [emi'sora] f radio station.

emitir [emi'tir] vt (palabras) to utter; (sonido) to emit; (programa, música, etc) to broadcast; (juicio, opinión,
etc) to express.

emoción [emo'θjon] f emotion;
¡qué ~! how exciting!.

emocionado, da [emoθjo-
'nado, ða] adj excited.

emocionante [emoθjo'nante] adj
exciting.

emocionarse [emoθjo'narse] vpr
to get excited.

empacar [empa'kar] vi Amér to
pack.

empacho [em'patʃo] m (de comida)
upset stomach.

empanada [empa'naða] f pasty
Br, turnover Am; ~ **gallega** pasty containing tomato, tuna and peppers.

empanadilla [empana'ðiʎa] f
small pasty Br, small turnover Am.

empapado, da [empa'paðo, ða]
adj (mojado) soaked.

empapar [empa'par] vt (mojar) to
soak. ❑ **empaparse** vpr to get
soaked.

empapelar [empape'lar] vt to paper.

empaquetar [empake'tar] vt to

pack; '**empaquetado para regalo**'
'gift-wrapped'.

empastar [empas'tar] vt to fill.

empaste [em'paste] m filling.

empatar [empa'tar] vi to draw.
❖ vt Andes & Ven to connect.

empate [em'pate] m (en juego, deporte) draw Br, tie; Andes & Ven (empalme) connection; ~ **a dos** two-
two draw.

empeñar [empe'ɲar] vt (joyas, bienes) to pawn. ❑ **empeñarse** vpr (en-
deudarse) to get into debt.
❑ **empeñarse en** v + prep (insistir
en) to insist on.

empeño [em'peɲo] m (constancia)
determination.

empeorar [empeo'rar] vt to make
worse. ❖ vi to get worse.

emperador, triz [empera'ðor,
'triθ] (fpl **-ces** [θes]) m, f emperor (f
empress). ❖ m (pez) swordfish.

empezar [empe'θar] vt & vi to
begin, to start; ~ **a hacer algo** to
begin to do sthg, to start to do
sthg.

epidermis [epi'ðermis] f inv epidermis.

empinado, da [empi'naðo, ða] adj
steep.

empleado, da [emple'aðo, ða] m, f
employee; ~ **de banco** bank clerk.

emplear [emple'ar] vt (trabajador)
to employ; (objeto, herramienta) to
use; (dinero, tiempo) to spend. ❑ **em-
plearse en** v + prep (empresa, oficina)
to get a job in.

empleo [em'pleo] m (trabajo en general) employment; (puesto) job;
(uso) use.

empotrado, da [empo'traðo, ða]
adj built-in; **armario** ~ fitted wardrobe Br, built-in closet Am.

emprender [empren'der] vt (tarea,

negocio, etc) to start; *(viaje)* to set off on.

empresa [em'presa] *f* company.

empresario, ria [empre'sarjo, rja] *m, f* businessman (*f* businesswoman).

empujar [empu'xar] *vt* to push; ~ **a alguien a hacer algo** to push sb into doing sthg.

empujón [empu'xon] *m* shove; **a empujones** *(bruscamente)* by pushing; *(de forma discontinua)* in fits and starts.

en [en] *prep* - **1.** *(en el interior de)* in; **viven ~ la capital** they live in the capital.
- **2.** *(sobre la superficie de)* on; ~ **el plato/la mesa** on the plate/table.
- **3.** *(en un punto concreto de)* at; ~ **casa/el trabajo** at home/work.
- **4.** *(dirección)* into; **el avión cayó ~ el mar** the plane fell into the sea; **entraron ~ la habitación** they came into the room.
- **5.** *(tiempo)* in; *(día)* on; *(período, momento)* at; **llegará ~ mayo/Navidades** she will arrive in May/at Christmas; **nació ~ 1940/sábado** he was born in 1940/on a Saturday; ~ **un par de días** in a couple of days.
- **6.** *(medio de transporte)* by; **ir ~ coche/tren/avión/barco** to go by car/train/plane/boat.
- **7.** *(modo)* in; **lo dijo ~ inglés** she said it in English; **todo se lo gasta ~ ropa** he spends it all on clothes; ~ **voz baja** in a low voice; **aumentar ~ un 10%** to increase by 10%.
- **8.** *(precio)* in; **las ganancias se calculan ~ millones** profits are calculated in millions; **te lo dejo ~ 50 euros** I'll let you have it for 50 euros.
- **9.** *(tema)*: **es un experto ~ matemá-**

ticas he's an expert on mathematics; **es doctor ~ medicina** he's a doctor of medicine.
- **10.** *(cualidad)*: **rápido ~ actuar** quick to act; **le supera ~ inteligencia** she is more intelligent than he is.

enaguas [e'naɣwas] *fpl* underskirt (sg), slip (sg) Am.

enamorado, da [enamo'raðo, ða] *adj*: ~ **(de)** in love (with).

enamorarse [enamo'rarse] *vpr*: ~ **(de)** to fall in love (with).

enano, na [e'nano, na] *adj (verdura)* baby *(antes de s.)*. ◆ *m, f* dwarf.

encabezar [enkaβe'θar] *vt (lista, carta, escrito)* to head; *(grupo)* to lead.

encadenar [enkaðe'nar] *vt (atar)* to chain; *(enlazar)* to link. ◆ **encadenarse** *vpr (hechos, sucesos)* to happen one after the other.

encajar [enka'xar] *vt (meter)* to fit; *(aceptar)* to take. ◆ *vi (caber)* to fit; *(cuadrar)* to square.

encaje [en'kaxe] *m (tejido)* lace; *(de vestido, camisa)* lace trim.

encalar [enka'lar] *vt* to whitewash.

encantado, da [enkan'taðo, ða] *adj (satisfecho)* delighted; *(lugar, edificio)* haunted; *(persona)* bewitched. ◆ *interj*: ~ **(de conocerle)** pleased to meet you.

encantador, ra [enkanta'ðor, ra] *adj* delightful.

encantar [enkan'tar] *vt (hechizar)* to cast a spell on; **me encanta bailar** I love dancing; **¡me encanta!** I love it! ◆ **encantarse** *vpr (distraerse)* to be entranced.

encanto [en'kanto] *m (atractivo)* charm; *(hechizo)* spell.

encapotado, da [enkapo'taðo, ða] *adj* overcast.

encapricharse [enkapri'tʃarse]

vpr: ~ **con** *(obstinarse)* to set one's mind on.

encarar [enka'rar] *vt (problema, riesgo)* to face up to. ❑ **encararse** *vpr:* ~ **se a** to confront.

encarcelar [enkarθe'lar] *vt* to imprison.

encarecer [enkare'θer] *vt (precio)* to make more expensive.

encargado, da [enkar'γaðo, ða] *m, f (responsable)* person in charge; *(de tienda, negocio)* manager *(f manageress)*.

encargar [enkar'γar] *vt (pedir)* to order; *(poner al cuidado)* to put in charge. ❑ **encargarse de** *v + prep* to see to, to take care of.

encargo [en'karγo] *m (pedido)* order; *(tarea)* task; *(recado)* errand.

encariñarse [enkari'ɲarse] ♦ **encariñarse con** *v + prep* to become fond of.

encarnado, da [enkar'naðo, ða] *adj (rojo)* red; *(personificado)* incarnate.

encausar [enkau'sar] *vt* to prosecute.

encendedor [enθende'ðor] *m* lighter.

encender [enθen'der] *vt (fuego, cigarrillo)* to light; *(luz, gas, aparato eléctrico)* to turn on.

encendido [enθen'diðo] *m (de motor)* ignition.

encerado [enθe'raðo] *m (pizarra)* blackboard; *(del suelo)* polishing.

encerrar [enθe'rrar] *vt (recluir)* to lock up; *(contener)* to contain. ❑ **encerrarse** *vpr* to shut o.s. away.

encestar [enθes'tar] *vi* to score a basket.

enchilarse [entʃi'larse] *vpr* Amér *(con chile)* to eat a mouthful of very hot food; *fig (enfadarse)* to get angry.

enchinar [entʃi'nar] *vt* Amér to curl.

enchufar [entʃu'far] *vt (aparato eléctrico)* to plug in; *fam (a una persona)* to pull strings for.

enchufe [en'tʃufe] *m (de aparato)* plug; *(de pared)* socket; *fam (recomendación)* connections *(pl)*.

encía [en'θia] *f* gum.

enciclopedia [enθiklo'peðja] *f* encyclopedia.

encierro [en'θjerro] *m (de personas)* sit-in; *(de toros)* running of the bulls to the enclosure where they are kept before a bullfight.

encima [en'θima] *adv (arriba)* on top; *(en edificio)* upstairs; *(además)* on top of that; **no llevo dinero** ~ I haven't got any money on me; ~ **de** *(en lugar superior)* above; *(en edificio)* upstairs from; *(sobre)* on top of); **por** ~ *(superficialmente)* superficially; **por** ~ **de** *(más arriba de)* over; **por** ~ **de sus posibilidades** beyond his means; **por** ~ **de todo** more than anything.

encimera [enθi'mera] *f* worktop Br, counter Am.

encina [en'θina] *f* holm oak.

encinta [en'θinta] *adj f* pregnant.

encoger [enko'xer] *vt (pegar)* to pull in. ♦ *vi* to shrink. ❑ **encogerse** *vpr (tejido, ropa)* to shrink; *(persona)* to get scared; ~ **se de hombros** to shrug one's shoulders.

encolar [enko'lar] *vt (pegar)* to glue.

encolerizarse [enkoleri'θarse] *vpr* to get angry.

encomienda [enkomj'enða] *f* Amér parcel *(Br)*, package *(Am)*.

encontrar [enkon'trar] *vt* to find; *(persona)* to meet; ~ **trabajo** to find work. ❑ **encontrarse** *vpr (coincidir)* to meet; *(hallarse)* to be; ~ **se con alguien** to meet sb.

encrespado, da [enkres'pað̞o, ð̞a] *adj (pelo)* curly; *(mar)* rough.

encrucijada [enkruθi'xað̞a] *f* crossroads *(sg)*.

encuadernar [enkwað̞er'nar] *vt* to bind.

encuadre [en'kwað̞re] *m (de foto)* composition.

encubrir [enku'β̞rir] *vt* to conceal.

encuentro [en'kwentro] *m (con persona)* meeting; *(partido)* match *Br*, game.

encuesta [en'kwesta] *f* survey.

encuestador, ra [enkwesta'ð̞or, ra] *m, f* pollster.

enderezar [endere'θar] *vt (lo torcido)* to straighten; *(lo caído)* to put upright; *(persona, negocio, trabajo)* to set right.

endeudado, da [endeu̯'ð̞að̞o, ð̞a] *adj* in debt.

endivia [en'diβ̞ja] *f* endive.

enemigo, ga [ene'miɣ̞o, ɣ̞a] *m, f* enemy; **ser ~ de** to hate.

energía [ener'xia] *f (en física, etc)* energy; *(de persona)* strength; **~ atómica** nuclear power.

enérgico, ca [e'nerxiko, ka] *adj* energetic.

enero [e'nero] *m* January → **setiembre**.

enfadado, da [enfa'ð̞að̞o, ð̞a] *adj* angry.

enfadarse [enfa'ð̞arse] *vpr* to get angry.

enfado [en'fað̞o] *m* anger.

enfermar [enfer'mar] *vi* to fall ill *Br*, to get sick *Am*. ❑ **enfermarse** *vpr Amér* to fall ill *Br*, to get sick *Am*.

enfermedad [enferme'ð̞að̞] *f (caso concreto)* illness; *(morbo)* disease.

enfermería [enferme'ria] *f* sick bay.

enfermero, ra [enfer'mero, ra] *m, f* nurse.

enfermizo, za [enfer'miθo, θa] *adj* unhealthy.

enfermo, ma [en'fermo, ma] *adj* ill, sick. ● *m, f (persona enferma)* sick person; *(en el hospital)* patient; **poner se ~** to fall ill *Br*, to get sick *Am*.

enfocar [enfo'kar] *vt (luz, foco)* to shine; *(cámara)* to focus; *(tema, cuestión, problema)* to look at.

enfoque [en'foke] *m (de cámara)* focus; *(de cuestión, problema)* approach.

enfrentamiento [enfrenta'mjento] *m* confrontation.

enfrentarse [enfren'tarse] *vpr* to clash; **~ se a** *(oponerse a)* to confront

enfrente [en'frente] *adv* opposite; **~ de** opposite; **la casa de ~** the house across the road.

enfriamiento [enfria'mjento] *m* cold.

enfriarse [enfri'arse] *vpr (comida, bebida)* to get cold; *(relación)* to cool down; *(resfriarse)* to catch a cold.

enganchar [engan'tʃar] *vt (objeto, papel)* to hang up; *(caballos, caravana, coche)* to hitch up. ❑ **engancharse** *vpr (ropa, persona)* to get caught.

enganche [en'gantʃe] *m Méx (depósito)* deposit; *(mecanismo, pieza)* hook; **$50 de ~** *Amér* a $50 deposit.

engañar [enga'ɲar] *vt (decir mentiras a)* to deceive; *(timar)* to cheat; *(a cónyuge)* to cheat on. ❑ **engañarse** *vpr (equivocarse)* to be wrong.

engaño [en'gaɲo] *m (mentira)* deceit; *(timo)* swindle; *(infidelidad)* cheating.

engañoso, sa [enga'noso, sa] *adj (apariencia)* deceptive; *(mirada, palabra)* deceitful.

engendrar [enxen'drar] *vt (persona, animal)* to give birth to; *(sentimiento)* to give rise to.

englobar [englo'βar] vt to bring together.

engordar [engor'ðar] vi (persona) to put on weight; (alimento) to be fattening. ❑ **engordarse** vpr to put on weight.

engranaje [engra'naxe] m (de coche) gears (pl).

engrapadora [engrapa'ðora] f Amér stapler.

engrapar [engra'par] f Amér to staple.

engrasar [engra'sar] vt (mecanismo, pieza) to lubricate; (ensuciar) to make greasy.

engreído, da [engre'iðo, ða] adj conceited.

enhorabuena [enora'βwena] f congratulations (pl). ♦ interj congratulations!; **dar la ~** to congratulate.

enigma [e'niɣma] m enigma.

enjabonar [enxaβo'nar] vt (ropa) to soap; fig (persona) to butter up. ❑ **enjabonarse** vpr to soap o.s. down.

enjuagar [enxwa'ɣar] vt to rinse. ❑ **enjuagarse** vpr (boca) to rinse out one's mouth.

enlace [en'laθe] m (de trenes) connection; (de carreteras) link; formal (matrimonio) marriage. ♦ mf (intermediario) go-between.

enlazar [enla'θar] vt (conectar) to tie; (relacionar) to connect. ♦ vi: ~ **con** to connect with.

enlosar [enlo'sar] vt to pave.

enmendar [emmen'dar] vt (corregir) to correct. ❑ **enmendarse** vpr to mend one's ways.

enmienda [em'mjenda] f (corrección) correction; (de ley) amendment.

enmudecer [emmuðe'θer] vi to be struck dumb.

enojado, da [eno'xaðo, ða] adj annoyed.

enojar [eno'xar] vt (enfadar) to anger; (molestar) to annoy. ❑ **enojarse** vpr (enfadarse) to get angry; (molestarse) to get annoyed.

enojo [e'noxo] m (enfado) anger; (molestia) annoyance.

enorme [e'norme] adj huge.

enredadera [enreða'ðera] f creeper.

enredar [enre'ðar] vt (lana, hilo, pelo) to tangle; ~ **a alguien en** (complicar) to involve sb in.

enredo [en'reðo] m (de lana, hilo, etc) tangle; (situación difícil, desorden) mess.

enriquecer [enrike'θer] vt to make rich. ❑ **enriquecerse** vpr to get rich.

enrojecer [enroxe'θer] vt to redden. ♦ vi (sonrojarse) to blush.

enrollar [enro'ʎar] vt to roll up. ❑ **enrollarse** vpr fam (hablar mucho) to go on and on; (ligar) to get off with each other Br, to hook up Am.

ensaimada [ensai'maða] f cake made of sweet, coiled pastry.

ensalada [ensa'laða] f salad; ~ **catalana** salad of lettuce, tomato, onion and cold meats; ~ **de lechuga** lettuce salad; ~ **mixta** mixed salad; ~ **variada** o **del tiempo** salad of lettuce, tomato, carrot and onion; ~ **verde** green salad.

ensaladera [ensala'ðera] f salad bowl.

ensaladilla [ensala'ðiʎa] f: ~ **(rusa)** Russian salad.

ensanchar [ensan'tʃar] vt (camino) to widen; (falda, pantalón) to let out.

ensayar [ensa'jar] vt (espectáculo) to rehearse; (mecanismo, invento) to test.

ensayo [en'sajo] m (de espectáculo)

rehearsal; *(de mecanismo, invento)* test; *(escrito)* essay.

enseguida [ense'ɣiða] *adv (inmediatamente)* immediately; *(pronto)* very soon.

ensenada [ense'naða] *f* cove.

enseñanza [ense'naɲθa] *f (método, sistema)* education; *(profesión)* teaching.

enseñar [ense'ɲar] *vt (en escuela, universidad)* to teach; *(indicar, mostrar)* to show.

enseres [en'seres] *mpl* belongings.

ensopar [enso'par] *vt Col, RP & Ven* to soak.

ensuciar [ensu'θjar] *vt* to make dirty. ❑ **ensuciarse** *vpr* to get dirty.

ente ['ente] *m (ser)* being; *(asociación)* organization.

entender [enten'der] *vt (comprender)* to understand; *(opinar)* to think. ◆ *vi* to understand. ❑ **entender de** *v* + *prep (saber de)* to be an expert on. ❑ **entenderse** *vpr (comprenderse)* to understand each other; *(llegar a un acuerdo)* to reach an agreement; *fam (estar liado)* to be involved; **~se bien/mal con** to get on well/badly with.

entendido, da [enten'diðo, ða] *m, f* expert.

enterarse [ente'rarse] ◆ **enterarse de** *v* + *prep (noticia, suceso)* to find out about; *fam (darse cuenta de)* to realize.

entero, ra [en'tero, ra] *adj* whole; *(de carácter)* composed; **por ~** entirely.

enterrar [ente'rar] *vt* to bury.

entidad [enti'ðað] *f (asociación)* body.

entierro [en'tjero] *m* burial.

entlo *abrev* = **entresuelo**.

entonces [en'tonθes] *adv* then; **desde ~** since then.

entrada [en'traða] *f (lugar)* entrance; *(puerta)* doorway; *(de espectáculo)* ticket; *(plato)* starter *Br*, appetizer *Am*; *(anticipo)* down payment; **'entrada'** 'way in'; '**~ libre**' 'admission free'; '**~ por la otra puerta**' 'enter by other door'; '**prohibida la ~**' 'no entry'; **de ~** *(en principio)* from the beginning; **¿qué quiere de ~?** what would you like for starters?

entrantes [en'trantes] *mpl (entremeses)* hors d'oeuvres.

entrañable [entra'ɲaβle] *adj (digno de afecto)* likeable; *(afectuoso)* affectionate.

entrañas [en'traɲas] *fpl (vísceras)* entrails.

☞

entrar [en'trar] *vt* -1. *(introducir)* to bring in; **están entrando el carbón** they're bringing in the coal; **ya puedes ~ el coche en el garaje** you can put your car in the garage now.
-2. *INFORM* to enter.
◆ *vi* -1. *(introducirse)* to enter, to come/go in; **la pelota entró por la ventana** the ball came in through the window; **entramos en el bar** we went into the bar.
-2. *(penetrar)* to go in; **el enchufe no entra** the plug won't go in; **el clavo ha entrado en la pared** the nail went into the wall.
-3. *(caber)* to fit; **este anillo no te entra** this ring doesn't fit you; **en el garaje entran dos coches** you can fit two cars in the garage.
-4. *(incorporarse)* to join; **para ~ has de hacer un test** you have to do a test to get in; **entró en el partido en abril** she joined the party in April; **entró de secretaria** she started out as a secretary.

-**5.** *(entender)*: **no le entra la geometría** he can't get the hang of geometry.

-**6.** *(estado físico o de ánimo)*: **me entró mucha pena** I was filled with pity; **me entraron ganas de hablar** I suddenly felt like talking.

-**7.** *(estar incluido)*: **~ (en)** to be included (in); **la consumición no entra** *(en discoteca)* drinks are not included.

-**8.** *(participar)*: **~ (en)** to participate (in).

-**9.** *(cantidad)*: **¿cuántas peras entran en un kilo?** how many pears do you get to the kilo?

-**10.** AUTOM to engage; **no entra la quinta** you can't get into fifth.

-**11.** *(empezar)*: **~ a hacer algo** to start doing sthg.

━━━━━

entre ['entre] *prep* -**1.** *(en medio de dos términos)* between; **aparcar ~ dos coches** to park between two cars; **vendré ~ las tres y las cuatro** I'll come between three and four.

-**2.** *(en medio de muchos)* among; **estaba ~ los asistentes** she was among those present; **~ hombres y mujeres somos cien** there are a hundred of us, counting men and women.

-**3.** *(participación, cooperación)* between; **~ todos lo consiguieron** between them they managed it; **~ nosotros** *(en confianza)* between you and me.

-**4.** *(lugar)* among; **encontré tu carta ~ los libros** I found your letter among the books; **~ más estudies, más sabrás** *Amér* the more you study, the more you'll learn.

entreacto [entre'akto] *m* interval.

entrecejo [entre'θexo] *m* space between the brows.

entrecot [entre'kot] *m* entrecôte. **~ al roquefort** *entrecôte in a Roquefort sauce.*

entrega [en'treɣa] *f (acto)* handing over; *(de pedido)* delivery; *(dedicación)* devotion; *(fascículo)* instalment.

entregar [entre'ɣar] *vt (dar)* to hand over; *(pedido, paquete)* to deliver. ❑ **entregarse** *a v + prep (rendirse)* to surrender to; *(abandonarse a)* to surrender to; *(dedicarse a)* to devote o.s. to.

entrelazar [entrela'θar] *vt* to interlace.

entremeses [entre'meses] *mpl* hors d'oeuvres.

entrenador, ra [entrena'ðor, ra] *m, f* coach.

entrenamiento [entrena'mjento] *m* training.

entrenar [entre'nar] *vt* to train. ❑ **entrenarse** *vpr* to train.

entrepierna [entre'pjerna] *f* crotch.

entresuelo [entre'swelo] *m* mezzanine.

entretanto [entre'tanto] *adv* meanwhile.

entretecho [entre'tetʃo] *m* *Amér* attic.

entretener [entrete'ner] *vt (divertir)* to entertain; *(hacer retrasar)* to hold up. ❑ **entretenerse** *vpr (divertirse)* to amuse o.s.; *(retrasarse)* to be held up.

entretenido, da [entrete'niðo, ða] *adj (divertido)* entertaining; *(que requiere atención)* time-consuming.

entretenimiento [entreteni'mjento] *m (diversión)* entertainment.

entretiempo [entre'tjempo] *m*: **de ~** mild-weather.

entrever [entre'ßer] *vt (ver)* to glimpse; *(sospechar)* to suspect.

entrevista [entre'βista] f interview.

entrevistador, ra [entreβista'ðor, ra] m, f interviewer.

entrevistar [entreβis'tar] vt to interview.

entrevisto, ta [entre'βisto, ta] pp → entrever.

entristecer [entriste'θer] vt to make sad. ❑ **entristecerse** vpr to become sad.

entrometerse [entrome'terse] vpr to interfere.

entusiasmado, da [entusjaz'maðo, ða] adj full of enthusiasm.

entusiasmar [entusjaz'mar] vt: **me entusiasma** I love it. ❑ **entusiasmarse** vpr to get excited.

entusiasmo [entu'sjazmo] m enthusiasm.

entusiasta [entu'sjasta] adj enthusiastic.

envasar [emba'sar] vt to pack.

envase [em'base] m (recipiente) container; ~ **sin retorno** non-returnable bottle.

envejecer [embexe'θer] vi to grow old.

envenenamiento [embenena'mjento] m poisoning.

envenenar [embene'nar] vt to poison.

envergadura [emberɣa'ðura] f (importancia) extent.

enviar [embi'ar] vt to send.

envidia [em'biðja] f envy.

envidiar [embi'ðjar] vt to envy.

envidioso, sa [embi'ðjoso, sa] adj envious.

envío [em'bio] m (acción) delivery; (paquete) package.

enviudar [embiu'ðar] vi to be widowed.

envolver [embol'βer] vt (regalo, paquete) to wrap (up).

enyesar [enje'sar] vt (pared, muro) to plaster; (pierna, brazo) to put in plaster.

epidemia [epi'ðemja] f epidemic.

episodio [epi'soðjo] m (suceso) event; (capítulo) episode.

época ['epoka] f (periodo) period; (estación) season.

equilibrado, da [ekili'βraðo, ða] adj balanced.

equilibrar [ekili'βrar] vt to balance.

equilibrio [eki'liβrjo] m balance; (de persona) level-headedness.

equilibrista [ekili'βrista] mf tightrope walker.

equipaje [eki'paxe] m luggage (Br), baggage (Am); ~ **de mano** hand luggage.

equipar [eki'par] vt (proveer) to equip.

equipo [e'kipo] m (de personas) team; (de objetos) equipment; (de prendas) kit Br, gear Am.

equitación [ekita'θjon] f horse riding.

equivalente [ekiβa'lente] adj & m equivalent.

equivaler [ekiβa'ler] ◆ **equivaler a** v + prep to be equivalent to.

equivocación [ekiβoka'θjon] f mistake.

equivocado, da [ekiβo'kaðo, ða] adj wrong.

equivocar [ekiβo'kar] vt (confundir) to mistake. ❑ **equivocarse** vpr (cometer un error) to make a mistake; (no tener razón) to be wrong; ~ **de nombre** to get the wrong name; **me he equivocado** (al teléfono) sorry, wrong number.

era ['era] v → ser. ◆ f era.

erguido, da [er'ɣiðo, ða] *adj* erect.

erizo [e'riθo] *m* hedgehog; **~ de mar** sea urchin.

ermita [er'mita] *f* hermitage.

erótico, ca [e'rotiko, ka] *adj* erotic.

erotismo [ero'tizmo] *m* eroticism.

errante [e'rante] *adj* wandering.

errar [e'rar] *vi (equivocarse)* to make a mistake.

erróneo, a [e'roneo, a] *adj* wrong.

error [e'ror] *m* mistake, error.

eructar [eruk'tar] *vi* to belch.

eructo [e'rukto] *m* belch.

erudito, ta [eru'ðito, ta] *m, f* erudite.

erupción [erup'θjon] *f (de la piel)* rash; *(de volcán)* eruption.

esbelto, ta [ez'βelto, ta] *adj* slim.

esbozo [ez'βoθo] *m (dibujo)* sketch; *(resumen, guión)* outline.

escabeche [eska'βetʃe] *m*: **en ~** marinated.

escala [es'kala] *f* scale; *(de barco, avión)* stopover; **a gran ~** *fam* on a large scale; **~ musical** scale; **hacer ~ en** to stop over at.

escalador, ra [eskala'ðor, ra] *m, f* climber.

escalar [eska'lar] *vt* to climb.

escalera [eska'lera] *f (de casa, edificio)* staircase, stairs *(pl)*; *(portátil)* ladder; **~ de caracol** spiral staircase; **~ de incendios** fire escape; **~ mecánica** escalator. □ **escaleras** *fpl* stairs.

escalerilla [eskale'riʎa] *f* stairs *(pl)*.

escalofrío [eskalo'frio] *m* shiver.

escalón [eska'lon] *m* step.

escalope [eska'lope] *m* escalope.

escalopín [eskalo'pin] *m*: **escalopines de ternera** escalope of veal *(sg)* Br, veal scallopini *(sg)* Am.

escama [es'kama] *f (de pez, reptil)* scale; *(en la piel)* flake.

escampar [eskam'par] *vi* to clear up.

escandalizar [eskandali'θar] *vt* to shock. □ **escandalizarse** *vpr* to be shocked.

escándalo [es'kandalo] *m (inmoralidad)* scandal; *(alboroto)* uproar.

escaño [es'kaɲo] *m (de diputado)* seat *(in parliament)*.

escapar [eska'par] *vi*: **~ (de)** to escape (from). □ **escaparse** *vpr (persona)* to escape; *(líquido, gas)* to leak.

escaparate [eskapa'rate] *m (shop)* window.

escape [es'kape] *m (de líquido, gas)* leak; *(de coche)* exhaust; **a ~** in a rush.

escarabajo [eskara'βaxo] *m* beetle.

escarbar [eskar'βar] *vt* to scratch.

escarcha [es'kartʃa] *f* frost.

escarmentar [eskarmen'tar] *vi* to learn (one's lesson). ◆ *vt*: **~ a alguien** to teach sb a lesson.

escarola [eska'rola] *f* endive.

escasear [eskase'ar] *vi* to be scarce.

escasez [eska'seθ] *f (insuficiencia)* shortage; *(pobreza)* poverty.

escaso, sa [es'kaso, sa] *adj (recursos, número)* limited; *(víveres)* scarce; *(tiempo)* short; *(visibilidad)* poor; **un metro ~** barely a metre; **andar ~ de dinero** to be short of money.

escayola [eska'jola] *f* plaster.

escayolar [eskajo'lar] *vt* to put in plaster.

escena [es'θena] *f* scene; *(escenario)* stage.

escenario [esθe'narjo] *m (de teatro)* stage; *(de un suceso)* scene.

escepticismo [esθepti'θizmo] m scepticism.

escéptico, ca [es'θeptiko, ka] adj sceptical.

esclavitud [esklaβi'tuð] f slavery.

esclavo, va [es'klaβo, βa] m, f slave.

esclusa [es'klusa] f lock.

escoba [es'koβa] f broom.

escobilla [esko'βiλa] f brush ; Andes (para dientes) toothbrush.

escocer [esko'θer] vi to sting.

escocés, esa [esko'θes, esa] adj Scottish. ◆ m, f Scot.

Escocia [es'koθja] Scotland.

escoger [esko'xer] vt to choose. ◆ vi : ~ entre to choose between.

escolar [esko'lar] adj school (antes de s). ◆ mf schoolboy (f schoolgirl).

escolaridad [eskolari'ðað] f schooling.

escollo [es'koλo] m (roca) reef.

escolta [es'kolta] f escort.

escombros [es'kombros] mpl rubble (sg).

esconder [eskon'der] vt to hide. ❏ **esconderse** vpr to hide.

escondite [eskon'dite] m (lugar) hiding place; (juego) hide-and-seek.

escopeta [esko'peta] f shotgun.

escorpión [eskor'pjon] m scorpion.

escotado, da [esko'taðo, ða] adj low-cut.

escote [es'kote] m (de vestido) neckline.

escotilla [esko'tiλa] f hatch.

escribir [eskri'βir] vt & vi to write; ~ a mano to write by hand; ~ a máquina to type. ❏ **escribirse** vpr (tener correspondencia) to write to one another; ¿cómo se escribe ...? how do you spell ...?

escrito, ta [es'krito, ta] pp → **escribir.** ◆ m (texto) text; (documento) document.

escritor, ra [eskri'tor, ra] m, f writer.

escritorio [eskri'torjo] m desk.

escritura [eskri'tura] f (letra) script; (documento) deed.

escrúpulo [es'krupulo] m scruple. ❏ **escrúpulos** mpl (reservas) qualms.

escuadra [es'kwaðra] f (en dibujo) set square Br, triangle Am; (de barcos) squadron; (del ejército) squad.

escuchar [esku'tʃar] vt to listen to. ◆ vi to listen; ~ la radio to listen to the radio.

escudo [es'kuðo] m (arma defensiva) shield; (moneda) escudo.

escuela [es'kwela] f school; ~ privada/pública private/state school; ~ universitaria *university which awards degrees after three years' study.*

esculpir [eskul'pir] vt to sculpt.

escultor, ra [eskul'tor, ra] m, f sculptor (f sculptress).

escultura [eskul'tura] f sculpture.

escupir [esku'pir] vt to spit out. ◆ vi to spit.

escurrir [esku'rir] vt (ropa) to wring out; (platos) to drain; (deslizar) to slide. ❏ **escurrirse** vpr (deslizarse) to slip.

ese, esa ['ese, 'esa] adj that.

ése, ésa ['ese, 'esa] pron that one.

esencia [e'senθja] f essence.

esencial [esen'θjal] adj essential.

esfera [es'fera] f (en geometría) sphere; (del reloj) face; (ámbito) circle.

esférico, ca [es'feriko, ka] adj spherical.

esforzarse [esfor'θarse] vpr to make an effort.

esfuerzo [es'fwerθo] m effort.

esfumarse [esfu'marse] *vpr* to vanish.

esgrima [ez'vrima] *f* fencing.

esguince [ez'vinθe] *m* sprain.

eslabón [ezla'βon] *m* link.

eslálom [ez'lalom] *m* slalom.

eslip [ez'lip] (*pl* eslips) [ez'lips] *m* (*pieza interior*) briefs (*pl*); (*bañador*) swimming trunks (*pl*) Br, swimsuit Am.

Eslovaquia [eslo'βakja] Slovakia.

esmalte [ez'malte] *m* enamel; ~ **de uñas** nail varnish Br◦ polish Am.

esmeralda [ezme'ralda] *f* emerald.

esmerarse [ezme'rarse] *vpr* to take great pains.

esmero [ez'mero] *m* great care.

esmoquin [ez'mokin] *m* dinner jacket (Br), tuxedo (Am).

esnob [ez'noβ] (*pl* esnobs [ez'noβs]) *mf* person who wants to be trendy.

eso ['eso] *pron neutro* that; ~ **que tienen la mano** that thing in your hand; **a ~ de** (at) around; **por ~ te lo digo** that's why I'm telling you; **y ~ que** even though.

esos, esas ['esos,'esas] *adj pl* those.

espacial [espa'θjal] *adj* space (*antes de s*).

espacio [es'paθjo] *m* space; (*de tiempo*) period; (*programa*) programme; ~ **aéreo** air space; ~ **publicitario** advertising spot.

espacioso, sa [espa'θjoso,sa] *adj* spacious.

espada [es'paða] *f* sword. ❑ **espadas** *fpl* (*naipes*) suit in Spanish deck of cards bearing swords.

espaguetis [espa'yetis] *mpl* spaghetti (*sg*).

espalda [es'palda] *f* back. ◆ *f inv* (*en natación*) backstroke. ❑ **espal-**das *fpl* back (*sg*); **a ~ s de** behind.

espantapájaros [espanta'pa-xaros] *m inv* scarecrow.

espanto [es'panto] *m* fright.

espantoso, sa [espan'toso,sa] *adj* (*que asusta*) horrific; (*muy feo, desagradable*) horrible; (*enorme*) terrible.

España [es'paɲa] Spain.

español, la [espa'ɲol, la] *adj & m* Spanish. ◆ *m, f* Spaniard.

esparadrapo [espara'ðrapo] *m* (sticking) plaster Br, Band-Aid® Am.

esparcir [espar'θir] *vt* (*extender*) to spread; (*azúcar*) to sprinkle; (*semillas, papeles*) to scatter.

espárrago [es'parayo] *m* asparagus.

espasmo [es'pazmo] *m* spasm.

espátula [es'patula] *f* (*en cocina*) spatula.

especia [es'peθja] *f* spice.

especial [espe'θjal] *adj* special; *fam* (*persona*) odd; ~ **para** specially for.

especialidad [espeθjali'ðað] *f* speciality (Br), specialty (Am); ~ **de la casa** house speciality.

especialista [espeθja'lista] *mf* specialist.

especializado, da [espeθjali-'θaðo, ða] *adj* specialized.

especialmente [espe,θjal'mente] *adv* especially.

especie [es'peθje] *f* (*familia*) species; *fig* (*tipo*) type; **en** ~ in kind; ~ **protegida** protected species.

especificar [espeθifi'kar] *vt* to specify.

específico, ca [espe'θifiko, ka] *adj* specific.

espectáculo [espek'takulo] *m* (*en teatro, circo, etc*) performance, show.

espectador, ra [espekta'ðor, ra] *m, f* (*en deporte*) spectator; (*en cine, teatro*) member of the audience.

especulación [espekula'θjon] f speculation.

espejismo [espe'xizmo] m mirage.

espejo [es'pexo] m mirror.

espera [es'pera] f wait; **en ~ de** waiting for.

esperanza [espe'ranθa] f *(deseo)* hope; *(confianza)* expectation.

esperar [espe'rar] vt *(aguardar)* to wait for; *(confiar)* to expect; *(recibir, buscar)* to meet; *(en el futuro)* to await. ◆ vi *(aguardar)* to wait; **~ que** to hope (that); **¡eso espero!** I hope so!; **¡espera y verás!** wait and see!; **espérate sentado** fig you're in for a long wait. ❏ **esperarse** vpr *(figurarse)* to expect; *(aguardar)* to wait.

esperma [es'perma] m sperm.

espeso, sa [es'peso, sa] adj thick.

espesor [espe'sor] m *(grosor)* thickness; *(densidad)* density.

espía [es'pia] mf spy.

espiar [espi'ar] vt to spy on.

espiga [es'piva] f *(de trigo)* ear.

espina [es'pina] f *(de planta)* thorn; *(de pez)* bone.

espinacas [espi'nakas] fpl spinach *(sg)*.

espinilla [espi'niʎa] f *(de la pierna)* shin; *(en la piel)* blackhead.

espionaje [espjo'naxe] m espionage.

espiral [espi'ral] f spiral; **en ~** spiral.

espirar [espi'rar] vi to breathe out.

espiritismo [espiri'tizmo] m spiritualism.

espíritu [es'piritu] m *(alma)* spirit; *(en religión)* soul.

espiritual [espiritu'al] adj spiritual.

espléndido, da [es'plendiðo, ða] adj *(magnífico)* splendid; *(generoso)* lavish.

esplendor [esplen'dor] m splendour.

espliego [es'pljevo] m lavender.

esponja [es'ponxa] f sponge.

esponjoso, sa [espon'xoso, sa] adj spongy.

espontaneidad [espontanej'ðað] f spontaneity.

espontáneo, a [espon'taneo, a] adj spontaneous. ◆ m spectator who takes part in bullfight on the spur of the moment.

esposas [es'posas] fpl handcuffs.

esposo, sa [es'poso, sa] m, f husband *(f* wife*)*.

espray [es'praj] m spray.

esprint [es'prin] m sprint.

esprínter [es'printer] mf sprinter.

espuma [es'puma] f *(burbujas)* foam; *(de jabón)* lather; *(de cerveza)* head; **~ para el pelo** *(styling)* mousse.

esquash [es'kuaʃ] m squash.

esqueleto [eske'leto] m skeleton.

esquema [es'kema] m *(esbozo)* outline; *(gráfico)* diagram.

esquematizar [eskemati'θar] vt to outline.

esquí [es'ki] m *(patín)* ski; *(deporte)* skiing; **~ acuático** water skiing.

esquiador, ra [eskia'ðor, ra] m, f skier.

esquiar [eski'ar] vi to ski.

esquilar [eski'lar] vt to shear.

esquimal [eski'mal] adj & mf Eskimo.

esquina [es'kina] f corner.

esquivar [eski'βar] vt to avoid.

estabilidad [estaβili'ðað] f stability.

estable [es'taβle] adj stable.

establecer [estaβle'θer] vt *(fundar)* to establish; *(suj: ley, decreto)* stipulate. ☐ **establecerse** *vpr (con residencia)* to settle.

establecimiento [estaβleθi'mjento] *m (acto)* setting up; *(local)* establishment.

establo [es'taβlo] *m* stable.

estaca [es'taka] *f (de tienda de campaña)* peg.

estación [esta'θjon] *f (de tren, autobús, etc)* station; *(del año, temporada)* season; '~ de servicio' 'service station'.

estacionamiento [estaθjona'mjento] *m (aparcamiento)* parking; ~ **indebido** parking offence; '~ **limitado**' 'restricted parking'.

estacionar [estaθjo'nar] *vt* to park; '**no** ~' 'no parking'. ☐ **estacionarse** *vpr* to park.

estadía [esta'ðia] *f Amér* stay.

estadio [es'taðjo] *m (de deporte)* stadium.

estadística [esta'ðistika] *f (censo)* statistics *(pl)*.

estado [es'taðo] *m* state; **estar en** ~ to be expecting; **en buen/mal** ~ in good/bad condition; ~ **civil** marital status; ~ **físico** physical condition. ☐ **Estado** *m*: **el Estado** the State.

Estados Unidos [es'taðosu'niðos] *mpl*: **(los)** ~ the United States.

estadounidense [es,taðouni'ðense] *adj* United States. ◆ *mf* United States citizen.

estafa [es'tafa] *f* swindle.

estafador, ra [estafa'ðor, ra] *m, f* swindler.

estafar [esta'far] *vt (engañar)* to swindle; *(robar)* to defraud.

estalactita [estalak'tita] *f* stalactite.

estalagmita [estalaɣ'mita] *f* stalagmite.

estallar [esta'ʎar] *vi (bomba)* to explode; *(guerra, revolución)* to break out; ~ **en sollozos** to burst into tears.

estallido [esta'ʎiðo] *m (explosión)* explosion.

estambre [es'tambre] *m* stamen.

estamento [esta'mento] *m* class.

estampado, da [estam'paðo, ða] *adj* printed. ◆ *m (cotton)* print.

estampida [estam'piða] *f* stampede.

estampilla [estam'piʎa] *f Amér (sello)* stamp; *(cromo)* transfer.

estancado, da [estan'kaðo, ða] *adj (agua, río, etc)* stagnant; *(mecanismo)* jammed.

estancarse [estan'karse] *vpr (agua, río, etc)* to stagnate; *(mecanismo)* to jam.

estanco [es'tanko] *m* tobacconist's (shop).

▮ ESTANCO

An "estanco" is the traditional Spanish tobacconist's which is still run by the state tobacco monopoly. As well as tobacco and cigarettes, it sells stamps, bus and metro tickets and football pools coupons.

---

estand [es'tan] *(pl* **estands** [es'tans]) *m* stand, stall.

estándar [es'tandar] *adj* standard.

estanque [es'tanke] *m (alberca)* pond; *(para riego)* reservoir.

estante [es'tante] *m* shelf.

estantería [estante'ria] *f (estantes)* shelves *(pl)*; *(para libros)* bookcase.

estaño [es'taɲo] *m* tin.

☞

estar [es'tar] *vi* -1. *(hallarse)* to be; **¿está Juan?** is Juan in?; **estaré allí a la hora convenida** I'll be there at the agreed time.
- 2. *(con fechas)*: **¿a qué estamos hoy?** what's the date today?; **hoy estamos a martes 13 de julio** today is Tuesday the 13th of July; **estamos en febrero/primavera** it's February/spring.
- 3. *(quedarse)* to stay; **estaré un par de horas y me iré** I'll stay a couple of hours and then I'll go; **estuvo toda la tarde en casa** he was at home all afternoon.
- 4. *(hallarse listo)* to be ready; **la comida estará a las tres** the meal will be ready at three.
- 5. *(expresa duración)* to be; **están golpeando la puerta** they're banging on the door.
- 6. *(expresa valores, grados)*: **la libra está a 10 euros** the pound is at 10 euros; **estamos a 20 grados** it's 20 degrees here.
- 7. *(servir)*: ~ **para** to be (there) for.
- 8. *(faltar)*: **eso está por descubrir** we have yet to discover that.
- 9. *(hallarse a punto de)*: ~ **por hacer algo** to be on the verge of doing sthg.
◆ *v copulativo* -1. *(expresa cualidad, estado)* to be; **¿cómo estás?** how are you?; **esta calle está sucia** this street is dirty; ~ **bien/mal** *(persona)* to be well/unwell; **el cielo está con nubes** the sky is cloudy; **estoy sin dinero** I've got no money; **el jefe está que muerde** the boss is furious.
- 2. *(sentar)*: **el traje te está muy bien** the suit looks good on you.
- 3. *(expresa situación, ocupación, acción)*: ~ **como camarero** to be a waiter; ~ **de suerte** to be in luck; ~ **de viaje** to be on a trip.

- 4. *(expresa permanencia)*: ~ **en uso** to be in use.
- 5. *(consistir)*: ~ **en** to lie in. ❑ **estarse** *vpr (permanecer)* to stay.

estárter [es'tarter] *m* starter.
estatal [esta'tal] *adj* state.
estático, ca [es'tatiko, ka] *adj (inmóvil)* stock-still.
estatua [es'tatwa] *f* statue.
estatura [esta'tura] *f* height.
estatus [es'tatus] *m* status.
estatuto [esta'tuto] *m (de compañía)* article (of association); *(de comunidad autónoma)* by-law.
este¹, esta ['este, 'esta] *adj* this.
este² ['este] *m* east. ❑ **Este** *m*: **el Este** *(de Europa)* Eastern Europe.
éste, ésta ['este, 'esta] *pron (cercano en espacio)* this one; *(cercano en el tiempo)* this.
estera [es'tera] *f* mat.
estéreo [es'tereo] *m* stereo.
estéril [es'teril] *adj (persona, animal)* sterile; *(envase, jeringuilla)* sterilized.
esterilizar [esterili'θar] *vt* to sterilize.
esternón [ester'non] *m* breastbone.
estética [es'tetika] *f (aspecto)* look.
estibador, ra [estiβa'ðor, ra] *m, f* stevedore.
estiércol [es'tjerkol] *m (excremento)* dung; *(abono)* manure.
estilo [es'tilo] *m* style; *(de natación)* stroke; **algo por el** ~ something of the sort.
estilográfica [estilo'ɣrafika] *f* fountain pen.
estima [es'tima] *f* esteem.
estimación [estima'θjon] *f (aprecio)* esteem; *(valoración)* valuation.
estimado, da [esti'maðo, ða] *adj (querido)* esteemed; *(valorado)* valued; **Estimado señor** Dear Sir.

estimulante [estimu'lante] *adj (alentador)* encouraging. ◆ *m* stimulant.

estimular [estimu'lar] *vt (animar)* to encourage; *(excitar)* to stimulate.

estímulo [es'timulo] *m* incentive.

estirado, da [esti'raðo, ða] *adj (orgulloso)* haughty; *(ropa)* stretched.

estirar [esti'rar] *vt* to stretch. ◆ *vi* to pull. ❑ **estirarse** *vpr (desperezarse)* to stretch.

estirpe [es'tirpe] *f* stock.

esto ['esto] *pron neutro* this; ~ **que dices** what you're saying.

estofado [esto'faðo] *m* stew.

estoicismo [estoi'θizmo] *m* stoicism.

estoico, ca [es'tojko, ka] *adj* stoical.

estómago [es'tomavo] *m* stomach.

estorbar [estor'βar] *vt (obstaculizar)* to hinder; *(molestar)* to bother. ◆ *vi (estar en medio)* to be in the way; *(molestar)* to be a bother.

estorbo [es'torβo] *m (obstáculo)* hindrance.

estornudar [estornu'ðar] *vi* to sneeze.

estornudo [estor'nuðo] *m* sneeze.

estos, tas ['estos, tas] *adj pl* these.

éstos, tas ['estos, tas] *pron pl (cercano en espacio)* these (ones); *(cercano en el tiempo)* these.

estrafalario, ria [estrafa'larjo, rja] *adj fam* eccentric.

estrangulador, ra [estrangula'ðor, ra] *m, f* strangler.

estrangular [estrangu'lar] *vt* to strangle.

estrategia [estra'texja] *f* strategy.

estratégico, ca [estra'texiko, ka] *adj* strategic.

estrechar [estre'tʃar] *vt (camino, ca-*

lle) to narrow; *(ropa)* to take in; *(amistad, relación)* to make closer; ~ **la mano a alguien** to shake sb's hand. ❑ **estrecharse** *vpr (apretarse)* to squeeze up.

estrecho, cha [es'tretʃo, tʃa] *adj (calle, camino, etc)* narrow; *(zapato, ropa, etc)* tight; *(amistad)* close. ◆ *m* strait; **estar ~ (en un lugar)** to be cramped.

estrella [es'treʎa] *f* star; ~ **de cine** film star; ~ **fugaz** shooting star; ~ **de mar** starfish.

estrellarse [estre'ʎarse] *vpr (chocar)* to crash.

estremecerse [estreme'θerse] ◆ **estremecerse de** *v + prep* to tremble with.

estrenar [estre'nar] *vt (ropa)* to wear for the first time; *(espectáculo)* to première; *(coche, vajilla, sábanas)* to use for the first time.

estreno [es'treno] *m (de espectáculo)* première.

estreñimiento [estreɲi'mjento] *m* constipation.

estrepitoso, sa [estrepi'toso, sa] *adj (ruido, caída, etc)* noisy.

estrés [es'tres] *m* stress.

estría [es'tria] *f* groove.

estribillo [estri'βiʎo] *m (de canción)* chorus.

estribo [es'triβo] *m (del jinete)* stirrup; *(del automóvil)* step; **perder los ~s** to fly off the handle.

estribor [estri'βor] *m* starboard.

estricto, ta [es'trikto, ta] *adj* strict.

estrofa [es'trofa] *f* verse.

estropajo [estro'paxo] *m* scourer.

estropeado, da [estrope'aðo, ða] *adj (coche)* broken down; *(máquina)* out of order.

estropear [estrope'ar] *vt (proyecto, plan, comida, etc)* to spoil; *(averiar)* to break; *(dañar)* to damage. ❑ **estropearse** *vpr (máquina, aparato)* to break down.

estructura [estruk'tura] *f* structure.

estuario [es'twarjo] *m* estuary.

estuche [es'tutʃe] *m* case.

estudiante [estu'ðjante] *mf* student.

estudiar [estu'ðjar] *vt & vi* to study.

estudio [es'tuðjo] *m* study; *(de artista)* studio; *(piso)* studio apartment. ❑ **estudios** *mpl (de radio, televisión)* studios; *(educación)* education *(sg).*

estudioso, sa [estu'ðjoso, sa] *adj* studious.

estufa [es'tufa] *f* heater.

estupefacto, ta [estupe'fakto, ta] *adj* astonished.

estupendo, da [estu'pendo, da] *adj* great. ◆ *interj* great!

estupidez [estupi'ðeθ] *f (calidad)* stupidity; *(dicho, acto)* stupid thing.

estúpido, da [es'tupiðo, ða] *adj* stupid.

ETA ['eta] *f (abrev de Euskadi ta Askatasuna)* ETA *(terrorist Basque separatist organization).*

etapa [e'tapa] *f* stage.

etarra [e'tara] *mf* member of 'ETA'.

etc. *(abrev de etcétera)* etc.

etcétera [et'θetera] *adv* etcetera.

eternidad [eterni'ðað] *f* eternity; **una ~** *fam* ages *(pl).*

eterno, na [e'terno, na] *adj (perpetuo)* eternal; *fam (que dura mucho, que se repite)* interminable.

ética ['etika] *f* ethics *(pl).*

ético, ca [e'etiko, ka] *adj* ethical.

etimología [etimolo'xia] *f* etymology.

etiqueta [eti'keta] *f (de paquete, vestido)* label; *(normas)* etiquette; **de ~** formal.

étnico, ca ['etniko, ka] *adj* ethnic.

eucalipto [euka'lipto] *m* eucalyptus.

eucaristía [eukaris'tia] *f* Eucharist.

eufemismo [eufe'mizmo] *m* euphemism.

eufórico, ca [eu'foriko, ka] *adj* elated.

euro ['euro] *m* euro.

Europa [eu'ropa] Europe.

europeo, a [euro'peo, a] *adj & m, f* European.

Euskadi [eus'kaði] the Basque Country.

euskera [eus'kera] *adj & m* Basque.

eutanasia [euta'nasja] *f* euthanasia.

evacuación [eβakua'θjon] *f* evacuation.

evacuar [eβa'kuar] *vt* to evacuate.

evadir [eβa'ðir] *vt* to avoid. ❑ **evadirse** *vpr:* **~ se de** to escape from.

evaluación [eβalua'θjon] *f (de trabajo, examen, etc)* assessment; *(de casa, terreno, etc)* valuation.

evaluar [eβalu'ar] *vt (trabajo, examen, etc)* to assess; *(casa, terreno, etc)* to value.

evangelio [eβan'xeljo] *m* gospel.

evangelización [eβanxeliθa'θjon] *f* evangelization.

evaporarse [eβapo'rarse] *vpr* to evaporate.

evasión [eβa'sjon] *f (distracción)* amusement; *(fuga)* escape; **~ de capitales** capital flight.

eventual [eβentu'al] *adj (posible)* possible; *(trabajador)* casual.

eventualidad [eβentyali'ðað] f *(posibilidad)* possibility.

evidencia [eβi'ðenθja] f *(seguridad)* obviousness; *(prueba)* evidence.

evidente [eβi'ðente] adj evident.

evidentemente [eβiˌðente'mente] adv evidently.

evitar [eβi'tar] vt to avoid; *(desastre, peligro)* to avert.

evocar [eβo'kar] vt to evoke.

evolución [eβolu'θjon] f *(desarrollo)* development; *(cambio)* evolution; *(movimiento)* manoeuvre.

evolucionar [eβoluθjo'nar] vi *(progresar)* to evolve; *(cambiar)* to change; *(hacer movimientos)* to carry out manoeuvres.

exactamente [ekˌsakta'mente] adv exactly.

exactitud [eksakti'tuð] f *(fidelidad)* accuracy; *(rigurosidad)* exactness.

exacto, ta [ek'sakto, ta] adj *(riguroso)* exact; *(preciso)* accurate; *(correcto)* correct; *(cantidad, hora, etc)* precise; *(igual)* exactly the same.

exageración [eksaxera'θjon] f exaggeration.

exagerado, da [eksaxe'raðo, ða] adj *(poco razonable)* exaggerated; *(precio)* exorbitant.

exagerar [eksaxe'rar] vt & vi to exaggerate.

exaltarse [eksal'tarse] vpr to get excited.

examen [ek'samen] m *(prueba, ejercicio)* exam; *(inspección)* examination.

examinar [eksami'nar] vt to examine. ❑ **examinarse** vpr: ~**se (de)** to take an exam (in).

excavación [ekskaβa'θjon] f *(en arqueología)* dig.

excavadora [ekskaβa'ðora] f *(mechanical)* digger.

excavar [ekska'βar] vt *(en arqueología)* to excavate.

excedencia [eksθe'ðenθja] f leave (of absence).

exceder [eksθe'ðer] vt to exceed. ❑ **excederse** vpr *(propasarse)* to go too far.

excelencia [eksθe'lenθja] f *(calidad superior)* excellence; *(tratamiento)* Excellency; **por ~** par excellence.

excelente [eksθe'lente] adj excellent.

excentricidad [eksθentriθi'ðað] f eccentricity.

excéntrico, ca [eks'θentriko, ka] m, f eccentric.

excepción [eksθep'θjon] f exception; **a** o **con ~ de** except for; **de ~** exceptional.

excepcional [eksθepθjo'nal] adj exceptional.

excepto [eks'θepto] adv except (for).

excesivo, va [eksθe'siβo, βa] adj excessive.

exceso [eks'θeso] m excess; **en ~** excessively; ~ **de peso** excess weight; ~ **de velocidad** speeding.

excesos mpl *(abusos)* excesses.

excitar [eksθi'tar] vt *(provocar nerviosismo)* to agitate; *(ilusionar)* to excite. ❑ **excitarse** vpr *(ponerse nervioso)* to get agitated; *(ilusionarse)* to get excited.

exclamación [eksklama'θjon] f *(grito)* cry.

excluir [eksklu'ir] vt *(descartar)* to rule out; *(no admitir)* to exclude.

exclusiva [eksklu'siβa] f *(periódico)* exclusive; COMM exclusive rights; **en ~** exclusive → **exclusivo**.

exclusivo, va [eksklu'siβo, βa] adj exclusive.

excursión [ekskur'sjon] f trip; **'ex-cursiones'** 'day trips'.

excusa [eks'kusa] f (pretexto) ex-cuse; (disculpa) apology.

excusar [eksku'sar] vt (disculpar) to excuse. □ **excusarse** vpr to apolo-gize.

exento, ta [ek'sento, ta] adj ex-empt.

exhaustivo, va [eksaus'tiβo, βa] adj exhaustive.

exhibición [eksiβi'θjon] f (demos-tración) display; (deportiva, artística) exhibition; (de películas) showing.

exhibir [eksi'βir] vt (productos) to display; (cuadros, etc) to exhibit; (pelí-cula) to show.

exigencia [eksi'xenθja] f (petición) demand; (pretensión) fussiness.

exigente [eksi'xente] adj demand-ing.

exigir [eksi'xir] vt (pedir) to de-mand; (requerir) to require.

exiliar [eksi'ljar] vt to exile. □ **exi-liarse** vpr to go into exile.

exilio [ek'siljo] m exile.

existencia [eksis'tenθja] f exist-ence. □ **existencias** fpl stock (sg).

existir [eksis'tir] vi to exist; **existen varias razones** there are several rea-sons.

éxito ['eksito] m success; (canción) hit; **tener ~** to be successful.

exitoso, sa [eksi'toso, sa] adj Amér successful.

exótico, ca [ek'sotiko, ka] adj ex-otic.

expedición [ekspeði'θjon] f expe-dition; (de carné) issuing.

expediente [ekspe'ðjente] m (de trabajador, empleado) file; (documen-tación) documents (pl); (de alumno) record, transcript Am.

expedir [ekspe'ðir] vt (paquete, mer-cancía, etc) to send; (documento) to draw up; (pasaporte, carné) to issue.

expendedor, ra [ekspende'ðor, ra] m, f (comerciante) dealer; (de lotería) vendor; **~ automático** vending ma-chine; **'expendedora de billetes'** 'ticket machine'.

expensas [eks'pensas] fpl expenses; **a ~ de** at the expense of.

experiencia [ekspe'rjenθja] f ex-perience; (experimento) experiment.

experimentado, da [eksperi-men'taðo, ða] adj experienced.

experimental [eksperimen'tal] adj experimental.

experimentar [eksperimen'tar] vt (en ciencia) to experiment with; (pro-bar) to test; (sensación, sentimiento) to experience.

experimento [eksperi'mento] m experiment.

experto, ta [eks'perto, ta] m, f ex-pert; **~ en** expert on.

expirar [ekspi'rar] vi formal to ex-pire.

explicación [eksplika'θjon] f ex-planation.

explicar [ekspli'kar] vt to explain; (enseñar) to teach. □ **explicarse** vpr (hablar) to explain o.s.; (comprender) to understand.

explícito, ta [eks'pliθito, ta] adj ex-plicit.

explorador, ra [eksplora'ðor, ra] m, f explorer.

explorar [eksplo'rar] vt to explore.

explosión [eksplo'sjon] f (de bom-ba, artefacto) explosion; (de alegría, tristeza) outburst.

explosivo, va [eksplo'siβo, βa] adj & m explosive.

explotación [eksplota'θjon] f (de petróleo) drilling; (agrícola) farming; (de mina) mining; (de negocio) running; *(de trabajador, obrero)* exploita-tion; ~ **agrícola** *(instalación)* farm.

explotar [eksplo'tar] *vi* to explode. ◆ *vt (mina)* to work; *(negocio)* to run; *(terreno)* to farm; *(obreros)* to exploit.

exponente [ekspo'nente] *m (ejemplo)* example.

exponer [ekspo'ner] *vt (explicar)* to explain; *(exhibir)* to display; *(arriesgar)* to risk. ❏ **exponerse a** *v* + *prep* to expose o.s. to.

exportación [eksporta'θjon] *f* export.

exportar [ekspor'tar] *vt* to export.

exposición [eksposi'θjon] *f (de pinturas)* exhibition; *(en fotografía)* exposure; *(en escaparate)* display; *(de automóviles)* show; *(de tema, asunto)* explanation; ~ **de arte** art exhibition.

expositor, ra [eksposi'tor, ra] *m, f (persona)* exhibitor. ◆ *m (mueble)* display cabinet.

exprés [eks'pres] *adj (tren)* express; *(café)* espresso.

expresar [ekspre'sar] *vt* to express. ❏ **expresarse** *vpr* to express o.s.

expresión [ekspre'sjon] *f* expression.

expresivo, va [ekspre'siβo, βa] *adj (elocuente)* expressive; *(afectuoso)* affectionate.

expreso, sa [eks'preso, sa] *adj (claro)* clear; *(tren)* express. ◆ *m (tren)* express train.

exprimidor [eksprimi'ðor] *m* squeezer.

exprimir [ekspri'mir] *vt (limón, naranja)* to squeeze.

expuesto, ta [eks'pwesto, ta] *pp* = **exponer**. ◆ *adj*: **estar ~ a** to be exposed to.

expulsar [ekspul'sar] *vt (de clase, lo-*

cal) to throw out; *(de colegio)* to expel; *(jugador)* to send off.

expulsión [ekspul'sjon] *f (de local)* throwing-out; *(de colegio)* expulsion; *(de jugador)* sending-off.

exquisito, ta [ekski'sito, ta] *adj (comida)* delicious.

éxtasis [ekstasis] *m inv* ecstasy.

extender [eksten'der] *vt (desplegar)* to spread (out); *(brazos, piernas)* to stretch; *(influencia, dominio)* to extend; *(documento)* to draw up; *(cheque)* to make out; *(pasaporte)* to issue. ❏ **extenderse** *vpr (ocupar)* to extend; *(durar)* to last; *(hablar mucho)* to talk at length; *(difundirse)* to spread.

extensión [eksten'sjon] *f (en espacio)* area; *(en tiempo)* length; *(alcance)* extent; *(de teléfono)* extension.

extenso, sa [eks'tenso, sa] *adj (espacio)* extensive; *(duración)* long.

exterior [ekste'rjor] *adj (de fuera)* outside; *(cara)* outer; *(extranjero)* foreign. ◆ *m (parte exterior)* outside.

exterminar [ekstermi'nar] *vt* to exterminate.

externo, na [eks'terno, na] *adj* outer. ◆ *m, f* day boy *(f* day girl) *Br,* day student *Am;* **'uso ~'** 'for external use only'.

extinguirse [ekstin'girse] *vpr (luz, fuego)* to go out; *(vida, amor)* to come to an end.

extintor [ekstin'tor] *m* fire extinguisher.

extirpar [ekstir'par] *vt formal (órgano)* to remove.

extra ['ekstra] *adj (de calidad superior)* top-quality; *(de más)* extra. ◆ *m* extra.

extracción [ekstrak'θjon] *f formal (de órgano)* removal; *(de petróleo)* drilling; *(de mineral)* mining.

extracto [eks'trakto] m (resumen) summary; (sustancia) extract; ~ **de cuentas** bank statement.

extractor [ekstrak'tor] m extractor (fan).

extradición [ekstraði'θjon] f extradition.

extraer [ekstra'er] vt formal (órgano) to remove; (petróleo) to drill for.

extranjero, ra [ekstran'xero, ra] adj foreign. ◆ m, f foreigner. ◆ m foreign countries (pl); **en el/al ~** abroad.

extrañar [ekstra'nar] vt (echar de menos) to miss; (sorprender) to surprise. ❑ **extrañarse de** v + prep to be surprised at.

extrañeza [ekstra'neθa] f surprise.

extraño, ña [eks'trano, na] adj strange. ◆ m, f stranger.

extraordinario, ria [ekstraorði'narjo, rja] adj extraordinary.

extraterrestre [ekstrate'restre] mf extraterrestrial.

extravagante [ekstraβa'vante] adj eccentric.

extraviar [ekstraβi'ar] vt formal (perder) to mislay. ❑ **extraviarse** vpr formal (objeto) to go missing; (persona) to get lost.

extremar [ekstre'mar] vt to go to extremes with.

extremaunción [ekstremaun'θjon] f extreme unction.

extremidades [ekstremi'ðaðes] fpl extremities.

extremista [ekstre'mista] mf extremist.

extremo, ma [eks'tremo, ma] adj (último) furthest; (exagerado) extreme. ◆ m (final) end; (punto máximo) extreme; **en ~** extremely.

extrovertido, da [ekstroβer'tiðo, ða] adj extrovert Br, extroverted Am.

F

fabada [fa'βaða] f: ~ **(asturiana)** Asturian stew made of beans, pork sausage and bacon.

fábrica ['faβrika] f factory.

fabricante [faβri'kante] mf manufacturer.

fabricar [faβri'kar] vt to make, to manufacture; **'fabricado en'** 'made in'.

fábula ['faβula] f (relato) fable.

fabuloso, sa [faβu'loso, sa] adj (extraordinario) fabulous; (irreal) mythical.

faceta [fa'θeta] f facet.

fachada [fa'tʃaða] f (de edificio) façade.

fácil ['faθil] adj easy; (dócil) easygoing; (probable) likely.

facilidad [faθili'ðað] f (aptitud) aptitude; (sencillez) ease; **tener ~ para** to have a gift for; **~es de pago** easy (payment) terms.

facilitar [faθili'tar] vt (hacer fácil) to make easy; (hacer posible) to make possible; (proporcionar) to provide.

factor [fak'tor] m (elemento, condición) factor; (empleado) luggage clerk.

factura [fak'tura] f (de gas, teléfono, hotel) bill; (por mercancías, etc) invoice.

facturación [faktura'θjon] f (de equipaje) checking-in; (de empresa) turnover; **'facturación'** 'check-in'.

facturar [faktu'rar] vt (equipaje) to check in; (cobrar) to bill.

facultad [fakul'taθ] f faculty; (poder) right; ~ **de ciencias/letras** faculty Br o college Am of science/arts.

faena [fa'ena] f (tarea, trabajo) task; (en los toros) bullfighter's performance.

faisán [fai'san] m pheasant.

faja ['faxa] f (ropa interior) girdle; (para cintura) sash.

fajo ['faxo] m (de billetes) wad.

falange [fa'lanxe] f (hueso) phalanx

falda ['falda] f (prenda de vestir) skirt; (de montaña) mountainside; (de persona) lap. □ **faldas** fpl fam (mujeres) girls.

falla ['faʎa] f (de terreno) fault; (de cartón) cardboard figure burned during 'Fallas'. □ **Fallas** fpl celebrations in Valencia on 19 March during which 'fallas' are burned.

①   **FALLAS**

Valencia is famous for the festival known as "las Fallas". Throughout the year, people prepare gaudily painted wood and papier-mâché sculptures representing topical events or scenes from daily life ("fallas") which almost always feature grotesque caricature figures ("ninots"). These are displayed in the streets and squares of Valencia from 16-19 March, and a jury decides which will be spared from being burned in the "cremà" at midnight on 19 March. Similar celebrations are held in other cities and towns in the region.

fallar [fa'ʎar] vi (equivocarse) to get it wrong; (no acertar) to miss; (fracasar, no funcionar) to fail.

fallecer [faʎe'θer] vi formal to pass away.

fallo ['faʎo] m (equivocación) mistake; (de frenos, etc) failure; (sentencia) verdict.

falsedad [false'ðaθ] f falseness.

falsete [fal'sete] m falsetto.

falsificar [falsifi'kar] vt to forge.

falso, sa ['falso, sa] adj (afirmación, noticia) false; (puerta, apellido) hidden; (joya, piel) fake; (dinero, cuadro) forged; (hipócrita) deceitful.

falta ['falta] f (carencia) lack; (necesidad) need; (error) mistake; (de asistencia) absence; (en fútbol, etc) foul; (en tenis) fault; (infracción) offence; **echar en ~ algo/a alguien** (echar de menos) to miss sthg/sb; (notar la ausencia de) to notice sthg/sb is missing; **hacer ~** to be necessary; **me hace ~ suerte** I need some luck; **~ de educación** rudeness.

faltar [fal'tar] vi (no haber) to be lacking; (estar ausente) to be absent; **falta aire** there isn't enough air; **falta sal** it needs some salt; **me falta un lápiz** I need a pencil; **le falta interés** she lacks interest; **falta una semana** there's a week to go; **faltan 15 km para Londres** we're 15 km away from London; **~ a clase** not to attend one's classes; **¡no faltaba más!** that's all I/we etc needed! □ **faltar a** v + prep (obligación) to neglect; (palabra, promesa) to break; (cita, trabajo) not to turn up at; (ofender) to offend.

fama ['fama] f (renombre) fame; (reputación) reputation.

familia [fa'milja] f family; ~ **numerosa** large family.

familiar [fami'ljar] adj (de familia) family (antes de s); (conocido) familiar; (llano) informal. ◆ mf relative.

familiarizarse   [familjari'θarse]

◆ **familiarizarse con** *v + prep* to familiarize o.s. with.

famoso, sa [fa'moso, sa] *adj* famous.

fanatismo [fana'tizmo] *m* fanaticism.

fandango [fan'dango] *m* fandango.

fanfarrón, ona [fanfa'rron, ona] *adj* boastful.

fantasía [fanta'sia] *f (imaginación)* imagination; *(imagen, ilusión)* fantasy.

fantasma [fan'tazma] *m (aparición)* ghost; *fam (persona presuntuosa)* show-off.

fantástico, ca [fan'tastiko, ka] *adj* fantastic.

farmacéutico, ca [farma'θeytiko, ka] *m, f* chemist.

farmacia [far'maθja] *f* chemist's (shop) *(Br)*, pharmacy *(Am)*; ' ~ **de guardia** 'duty chemist's'.

faro ['faro] *m (torre)* lighthouse. ❑ **faros** *mpl (de coche)* headlights.

farol [fa'rol] *m (lámpara)* street light; *(en los toros)* movement in which bullfighter throws cape towards bull before passing it over his head to rest on his shoulders.

farola [fa'rola] *f (poste)* lamppost; *(farol)* street light.

farolillo [faro'liʎo] *m* paper lantern.

farsa ['farsa] *f* farce.

farsante [far'sante] *adj (impostor)* fraudulent; *(hipócrita)* deceitful.

fascismo [fas'θizmo] *m* fascism.

fascista [fas'θista] *m, f* fascist.

fase ['fase] *f* phase.

fastidiar [fasti'ðjar] *vt (molestar)* to annoy; *(fiesta, planes)* to ruin; *(máquina, objeto)* to break. ❑ **fastidiarse** *vpr fam (persona)* to put up with it; *(plan, proyecto)* to be ruined.

fastidio [fas'tiðjo] *m (molestia)* bother.

fatal [fa'tal] *adj (trágico)* fatal; *(inevitable)* inevitable; *(malo)* awful. ◆ *adv fam* awfully; **me siento** ~ I feel awful.

fatalidad [fatali'ðað] *f (desgracia)* misfortune; *(destino, suerte)* fate.

fatiga [fa'tiɣa] *f (cansancio)* fatigue.

fatigarse [fati'ɣarse] *vpr* to get tired.

fauna ['fauna] *f* fauna.

favor [fa'βor] *m* favour; **estar a** ~ **de** to be in favour of; **hacer un** ~ **a alguien** to do sb a favour; **pedir un** ~ **a alguien** to ask sb a favour; **por** ~ please.

favorable [faβo'raβle] *adj* favourable.

favorecer [faβore'θer] *vt (quedar bien)* to suit; *(beneficiar)* to favour.

favorito, ta [faβo'rito, ta] *adj* favourite.

fax [faks] *m inv* fax.

fayuquero [faju'kero] *m CAm & Méx* contraband dealer.

fe [fe] *f* faith; **de buena/mala** ~ *fig* in good/bad faith.

fealdad [feal'dað] *f* ugliness.

febrero [fe'βrero] *m* February ~ **setiembre**.

fecha ['fetʃa] *f* date; ~ **de caducidad** *(de carné etc)* expiry date; *(de alimentos)* sell-by date *Br*, best-before date *Am*; *(de medicamentos)* use-by date *Br*, expiration date *Am*; ~ **de nacimiento** date of birth. ❑ **fechas** *fpl (período, época)* time *(sg)*.

fechar [fe'tʃar] *vt* to date.

fecundo, da [fe'kundo, da] *adj (mujer)* fertile; *(productivo, creativo)* prolific.

federación [feðera'θjon] *f* federation.

felicidad [feliθi'ðað] f happiness. ❏ **felicidades** interj (enhorabuena) congratulations!; (en cumpleaños) happy birthday!

felicitación [feliθita'θjon] f (de palabra) congratulations (pl); (tarjeta) greetings card.

felicitar [feliθi'tar] vt to congratulate.

feligrés, esa [feli'ɣres, esa] m, f parishioner.

feliz [fe'liθ] adj happy; (viaje, trayecto, día) pleasant; **¡felices Pascuas! ¡felices Navidades!** Happy Easter!; **¡~ Año Nuevo!** Happy New Year!; **¡~ cumpleaños!** Happy Birthday!; **¡~ Navidad!** Merry Christmas.

felpudo [fel'puðo] m doormat.

femenino, na [feme'nino, na] adj feminine.

feminismo [femi'nizmo] m feminism.

feminista [femi'nista] mf feminist.

fémur ['femur] m thighbone.

fenomenal [fenome'nal] adj (estupendo) wonderful; fam (muy grande) huge.

fenómeno [fe'nomeno] m phenomenon. ◆ adv fam brilliantly.

feo, a ['feo, a] adj (rostro, decoración) ugly; (actitud, comportamiento, tiempo) nasty.

féretro ['feretro] m coffin.

feria ['ferja] f fair; **~ de muestras** trade fair. ❏ **ferias** fpl (fiestas) festival (sg).

FERIA DE ABRIL

The "feria de abril" in Seville is one of Spain's most famous festivals. People gather in an open-air compound to look at the hundreds of stalls and to drink, talk and dance the "sevillanas". At the same time, the first bullfights of the season are held in Seville's bullrings.

feriado [fe'rjaðo] m Amér (public) holiday.

fermentación [fermenta'θjon] f fermentation.

feroz [fe'roθ] (pl **-ces** [θes]) adj (animal) fierce; (cruel) savage.

ferretería [ferete'ria] f ironmonger's (shop) (Br), hardware store (Am).

ferrocarril [feroka'ril] m railway Br, railroad Am.

ferroviario, ria [fero'βjarjo, rja] adj rail (antes de s).

ferry ['feri] m ferry.

fértil ['fertil] adj fertile.

fertilidad [fertili'ðað] f fertility.

festival [festi'βal] m festival; **~ de cine** film festival.

FESTIVALES

The most important theatre festivals in Spain are the "Festival Internacional de Teatro de Mérida" and the "Fira de Teatre al Carrer de Tàrrega". Film festivals are usually held in September and October, the most important being the "Festival Internacional de Cine de San Sebastián", the "Semana Internacional de Cine de Valladolid (SEMINCI)", the "Festival de Cinema Fantàstic de Sitges" and the "Festival de Cine Iberoamericano de Huelva".

festividad [festiβi'ðað] f festivity.

festivo, va [fes'tiβo, βa] *adj* (*traje*) festive; (*humorístico*) funny.

feto ['feto] *m* foetus.

fiambre ['fjambre] *m* cold meat (*Br*), cold cut (*Am*).

fiambrera [fjam'brera] *f* lunch box.

fianza ['fjanθa] *f* (*de alquiler, venta*) deposit; (*de preso*) bail.

fiar [fi'ar] *vt* (*vender a crédito*) to sell on credit. □ **fiarse de** *v + prep* to trust.

fibra ['fiβra] *f* fibre.

ficción [fik'θjon] *f* fiction.

ficha ['fitʃa] *f* (*de datos*) card; (*de datos personales*) file; (*de guardarropa, parking*) ticket; (*de casino*) chip; (*de dominó, parchís, etc*) counter.

fichar [fi'tʃar] *vt* (*contratar*) to sign up; (*delincuente*) to put on police files. ◆ *vi* (*empleado*) to clock in/out.

fichero [fi'tʃero] *m* file.

ficticio, cia [fik'tiθjo, θja] *adj* fictitious.

fidelidad [fiðeli'ðað] *f* (*lealtad*) loyalty; (*exactitud*) accuracy.

fideos [fi'ðeos] *mpl* noodles.

fiebre ['fjeβre] *f* fever; **tener ~** to have a temperature.

fiel [fjel] *adj* (*amigo, seguidor*) loyal; (*cónyuge*) faithful; (*exacto*) accurate. ◆ *m* (*cristiano*) believer.

fieltro ['fjeltro] *m* felt.

fiera ['fjera] *f* (*animal*) wild animal.

fiero, ra ['fjero, ra] *adj* savage.

fierro ['fjero] *m* *Amér* iron.

fiesta ['fjesta] *f* (*de pueblo, etc*) festivities (*pl*); (*reunión*) party; (*día festivo*) public holiday; (*alegría*) delight; **~ mayor** *local celebrations for the festival of a town's patron saint.*

Throughout Spain and Latin America towns and villages hold 'fiestas', which consist of celebrations and cultural activities in honour of their patron saint. The types of activities organized vary greatly from place to place, but are typically outdoor and often include regional folklore, dancing, music, theatre, exhibitions, processions, firework displays, sporting events, bullfighting and funfairs. They all involve eating and drinking, and may last from a weekend up to 10 days.

This is the name given to the national celebrations held across all of Spanish-speaking America to mark the day on which each country gained independence from Spain. The Independence Day celebrations usually last two days.

figura [fi'ɣura] *f* (*forma exterior*) shape; (*representación*) figure.

figurar [fiɣu'rar] *vt* (*representar*) to represent; (*similar*) to feign. ◆ *vi* (*constar*) to appear; (*ser importante*) to be important. □ **figurarse** *vpr* (*imaginarse*) to imagine.

figurativo, va [fiɣura'tiβo, βa] *adj* figurative.

figurín [fiɣu'rin] *m* (*dibujo*) fashion sketch; (*revista*) fashion magazine.

fijador [fixa'ðor] *m* (*de pelo*) hairspray; (*crema*) hair gel.

fijar [fi'xar] *vt* to fix. □ **fijarse** *vpr* (*prestar atención*) to pay attention;

~ **se en** (*darse cuenta de*) to notice.

fijo, ja ['fixo, xa] *adj* fixed; (*sujeto*) secure; (*fecha*) definite.

fila ['fila] *f* (*hilera*) line.

filatelia [fila'telja] *f* philately.

filete [fi'lete] *m* fillet; (*de carne*) steak; ~ **de ternera** fillet of beef; ~ **de lenguado** fillet of sole.

filiación [filja'θjon] *f* (*datos personales*) record; (*procedencia*) relationship.

filial [fi'ljal] *adj* filial. ◆ *f* subsidiary.

Filipinas [fili'pinas] *fpl*: (**las**) **Filipinas** the Philippines.

filmar [fil'mar] *vt & vi* to film.

filoso, sa [fi'loso, sa] *adj* *Amér* sharp.

filosofar [filoso'far] *vi* *fam* to philosophize.

filosofía [filoso'fia] *f* philosophy.

filósofo, fa [fi'losofo, fa] *m, f* philosopher.

filtrar [fil'trar] *vt* (*líquido*) to filter; (*noticia, información*) to leak.

filtro ['filtro] *m* filter; **bronceador con 15** ~ **s factor 15 suntan lotion.**

fin [fin] *m* end; (*objetivo*) aim; **a** ~ **de que** in order that; **a** ~ **es de** at the end of; **en** ~ anyway; **por** ~ finally; **'** ~ **zona de estacionamiento'** 'end of parking zone'.

final [fi'nal] *adj & f* final. ◆ *m* end.

finalidad [finali'ðað] *f* purpose.

finalista [fina'lista] *mf* finalist.

finalizar [finali'θar] *vt & vi* to finish.

financiación [finanθja'θjon] *f* financing.

financiar [finan'θjar] *vt* to finance.

financista [finan'θista] *mf* *Amér* financier.

finanzas [fi'nanθas] *fpl* finance (*sg*).

finca ['finka] *f* (*bienes inmuebles*) property; (*casa de campo*) country residence.

finger ['finger] *m* (*de aeropuerto*) jetway.

fingir [fin'xir] *vt* to feign.

finlandés, esa [finlan'des, esa] *adj* Finnish. ◆ *m, f* Finn.

Finlandia [fin'landja] Finland.

fino, na ['fino, na] *adj* (*delgado*) thin; (*suave*) smooth; (*esbelto*) slim; (*restaurante, hotel*) posh; (*persona*) refined; (*de calidad, sabor, olor*) fine; (*sutil*) subtle. ◆ *m* dry sherry; **finas hierbas** fines herbes.

fiordo ['fjorðo] *m* fjord.

firma ['firma] *f* (*de persona*) signature; (*empresa*) firm.

firmar [fir'mar] *vt* to sign.

firme ['firme] *adj* firm; (*bien sujeto*) stable; (*carácter*) resolute.

firmemente [firme'mente] *adv* firmly.

firmeza [fir'meθa] *f* (*solidez*) stability; (*constancia*) firmness; (*de carácter*) resolution.

fiscal [fis'kal] *adj* tax (*antes de s*). ◆ *mf* public prosecutor (*Br*), district attorney (*Am*).

fiscalía [fiska'lia] *f* (*oficio*) post of public prosecutor (*Br*), post of district attorney (*Am*); (*oficina*) public prosecutor's office (*Br*), district attorney's office (*Am*).

física ['fisika] *f* physics (*sg*) → **físico**.

físico, ca ['fisiko, ka] *adj* physical. ◆ *m, f* physicist. ◆ *m* (*aspecto exterior*) physique.

fisioterapeuta [fisjotera'peuta] *mf* physiotherapist.

fisonomía [fisono'mia] *f* appearance, physique.

fisonomista [fisono'mista] *adj* good at remembering faces.

flaco, ca ['flako, ka] *adj* thin.

flamante [fla'mante] *adj (llamativo)* resplendent; *(nuevo)* brand-new.

flamenco, ca [fla'menko, ka] *m (ave)* flamingo; *(cante andaluz)* flamenco.

flan [flan] *m* crème caramel Br, flan Am; **~ con nata** crème caramel with whipped cream.

flaqueza [fla'keθa] *f* weakness.

flash [flas] *m (en fotografía)* flash.

flauta ['flauta] *f* flute.

flecha ['fletʃa] *f* arrow.

fleco ['fleko] *m (de cortina, mantel)* fringe. ❏ **flecos** *mpl (de pantalón, camisa)* frayed edges.

flemón [fle'mon] *m* gumboil.

flequillo [fle'kiʎo] *m* fringe.

flexibilidad [fleksiβili'ðað] *f* flexibility.

flexible [flek'siβle] *adj* flexible.

flexión [flek'sjon] *f (ejercicio)* press-up Br, push-up Am.

flojera [flo'xera] *f fam* lethargy.

flojo, ja ['floxo, xa] *adj (cuerda, clavo)* loose; *(carácter, persona)* weak; *(de poca calidad)* poor.

flor [flor] *f* flower.

flora ['flora] *f* flora.

florecer [flore'θer] *vi (planta)* to flower; *(prosperar)* to flourish.

florero [flo'rero] *m* vase.

florido, da [flo'riðo, ða] *adj (árbol)* blossoming; *(jardín)* full of flowers.

florista [flo'rista] *mf* florist.

floristería [floriste'ria] *f* florist's (shop).

flota ['flota] *f* fleet.

flotador [flota'ðor] *m (para la cintura,*

los brazos) arm band Br, water wing Am.

flotar [flo'tar] *vi* to float.

flote ['flote] ◆ **a flote** *adv* afloat; **salir a ~** *fig* to get back on one's feet.

fluido, da ['fluiðo, ða] *adj (líquido)* fluid; *(lenguaje, estilo)* fluent. ◆ *m* fluid.

fluir [flu'ir] *vi* to flow.

flúor ['fluor] *m (en dentífrico)* fluoride.

FM [efe'eme] *f (abrev de frecuencia modulada)* FM.

foca ['foka] *f* seal.

foco ['foko] *m (en teatro)* spotlight; *(en campo de fútbol)* floodlight; *(de infección, epidemia)* centre; *Andes & Méx (bombilla)* light bulb.

foie-gras [fua'vras] *m inv* foie-gras.

foja ['foxa] *f Amér (folio)* sheet.

folio ['foljo] *m* sheet (of paper).

folklórico, ca [fol'kloriko, ka] *adj (tradición, baile)* traditional, popular; *fam (ridículo)* absurd.

follaje [fo'ʎaxe] *m* foliage.

folleto [fo'ʎeto] *m (turístico, publicitario)* brochure; *(explicativo, de instrucciones)* leaflet.

fomentar [fomen'tar] *vt* to encourage.

fonda ['fonda] *f* boarding house.

fondo ['fondo] *m* bottom; *(de dibujo, fotografía)* background; *(dimensión)* depth; **a ~** thoroughly; **al ~ de** *(calle)* at the end of; *(habitación)* at the back of. ❏ **fondos** *mpl (dinero)* funds; *(de archivo, biblioteca)* catalogue *(sg)*.

fono ['fono] *m Amér* receiver.

fontanero, ra [fonta'nero, ra] *m, f* plumber.

footing ['futin] *m* jogging; **hacer ~** to go jogging.

forastero, ra [foras'tero, ra] *m, f* stranger.

forense [fo'rense] *mf* pathologist.

forestal [fores'tal] *adj* forest *(antes de s).*

forfait [for'fe] *f* ski pass.

forjar [for'xar] *vt (hierro)* to forge; *(crear)* to build up.

forma ['forma] *f (figura externa)* shape; *(modo, manera)* way; **en ~ de** in the shape of; **estar en ~** to be fit. ▫ **formas** *fpl (modales)* social conventions.

formación [forma'θjon] *f* formation; *(educación)* training.

formal [for'mal] *adj (de forma)* formal; *(de confianza)* reliable; *(serio)* serious.

formalidad [formali'ðað] *f (seriedad)* seriousness; *(requisito)* formality.

formar [for'mar] *vt (crear)* to form; *(educar)* to train. ▫ **formarse** *vpr (educarse)* to be trained.

formidable [formi'ðaβle] *adj (estupendo)* amazing; *(grande)* tremendous.

fórmula ['formula] *f* formula.

formular [formu'lar] *vt* to formulate.

formulario [formu'larjo] *m* form.

forrar [fo'rar] *vt (libro)* to cover; *(ropa)* to line. ▫ **forrarse** *vpr fam* to make a pile of money.

forro ['foro] *m (de prenda de vestir)* lining; *(de libro)* cover.

fortaleza [forta'leθa] *f (fuerza)* strength; *(recinto)* fortress.

fortuna [for'tuna] *f (suerte)* (good) luck; *(riqueza)* fortune.

forzado, da [for'θaðo, ða] *adj* forced.

forzar [for'θar] *vt* to force; **~ a al-**

guien a hacer algo to force sb to do sthg.

forzosamente [forˌθosa'mente] *adv* necessarily.

fósforo ['fosforo] *m (cerilla)* match.

fósil ['fosil] *m* fossil.

foso ['foso] *m (de castillo)* moat; *(de orquesta)* pit; *(hoyo)* ditch.

foto ['foto] *f fam* photo; **sacar una ~** to take a photo.

fotocopia [foto'kopja] *f* photocopy.

fotocopiadora [fotokopja'ðora] *f* photocopier.

fotocopiar [fotoko'pjar] *vt* to photocopy.

fotografía [fotoɣra'fia] *f (imagen)* photograph; *(arte)* photography.

fotografiar [fotoɣrafi'ar] *vt* to photograph.

fotográfico, ca [foto'ɣrafiko, ka] *adj* photographic.

fotógrafo, fa [fo'toɣrafo, fa] *m, f* photographer.

fotomatón [fotoma'ton] *m* passport photo machine.

fra. *(abrev de factura)* inv.

fracasar [fraka'sar] *vi* to fail.

fracaso [fra'kaso] *m* failure.

fracción [frak'θjon] *f* fraction.

fractura [frak'tura] *f* fracture.

frágil [fraxil] *adj:* **'frágil'** 'fragile'.

fragmento [fraɣ'mento] *m (pedazo)* fragment; *(de obra)* excerpt.

fraile ['fraile] *m* friar.

frambuesa [fram'bwesa] *f* raspberry.

francamente [ˌfranka'mente] *adv (sinceramente)* frankly; *(muy)* really.

francés, esa [fran'θes, esa] *adj & m* French. ♦ *m, f* Frenchman *(French-woman);* **los franceses** the French.

Francia ['franθja] France.

franco, ca ['franko, ka] *adj (sincero)* frank; *(sin obstáculos)* free. ◆ *m (moneda)* franc.

francotirador, ra [,frankotira-'ðor, ra] *m, f* sniper.

franela [fra'nela] *f* flannel.

franqueo [fraŋ'keo] *m* postage.

frasco ['frasko] *m* small bottle.

frase ['frase] *f* sentence.

fraternal [frater'nal] *adj* fraternal.

fraternidad [fraterni'ðað] *f* brotherhood.

fraude ['frauðe] *m* fraud.

fray [fraj] *m* brother.

frazada [fra'θaða] *f Amér* blanket; **~ eléctrica** electric blanket.

frecuencia [fre'kwenθja] *f* frequency; **con ~** often.

frecuente [fre'kwente] *adj (repetido)* frequent; *(usual)* common.

fregadero [freγa'ðero] *m (kitchen)* sink.

fregado, da [fre'γaðo, ða] *adj Amér fam* annoying.

fregar [fre'γar] *vt (limpiar)* to wash; *(frotar)* to scrub; *Amér fam (molestar)* to bother; **~ los platos** to do the dishes.

fregona [fre'γona] *f (utensilio)* mop; *despec (mujer)* skivvy.

freír [fre'ir] *vt* to fry.

frenar [fre'nar] *vt (parar)* to brake; *(contener)* to check. ◆ *vi* to brake.

frenazo [fre'naθo] *m*: **dar un ~** to slam on the brakes.

frenético, ca [fre'netiko, ka] *adj (rabioso)* furious; *(exaltado)* frantic.

freno ['freno] *m* brake; **~ de mano** hand brake *(Br)*, parking brake *(Am)*; **~ de urgencia** *(en tren)* emergency cord.

frente¹ ['frente] *m* front; **estar al ~ de** *(dirigir)* to be at the head of.

frente² ['frente] *f (de la cara)* forehead; **de ~** head on; **~ a** opposite; **~ a ~** face to face.

fresa ['fresa] *f* strawberry.

fresco, ca ['fresko, ka] *adj* fresh; *(frío)* cool; *(desvergonzado)* cheeky *Br*, fresh *Am*; *(tejido, ropa)* light. ◆ *m, f (desvergonzado)* cheeky *Br* ○ impudent *Am* person. ◆ *m (frío suave)* cool; *(pintura)* fresco; **hace ~** it's chilly; **tomar el ~** to get a breath of fresh air.

fresno ['frezno] *m* ash (tree).

fresón [fre'son] *m* large strawberry.

fricandó [frikan'do] *m* fricandeau.

frigorífico [friγo'rifiko] *m* refrigerator.

frijol [fri'xol] *m (judía)* bean; *Amér (tipo de judía)* pinto bean.

frío, a ['frio,a] *adj & m* cold; **hace ~** it's cold; **tener ~** to be cold.

fritada [fri'taða] *f* fried dish; **~ de pescado** dish of fried fish.

frito, ta ['frito, ta] *pp* → **freír**. ◆ *adj* fried.

fritura [fri'tura] *f* fried dish.

frívolo, la ['friβolo, la] *adj* frivolous.

frondoso, sa [fron'doso, sa] *adj* leafy.

frontera [fron'tera] *f* border.

fronterizo, za [fronte'riθo, θa] *adj (cerca de la frontera)* border *(antes de s)*; *(vecino)* neighbouring.

frontón [fron'ton] *m (juego)* pelota, jai alai; *(de edificio)* pediment.

frotar [fro'tar] *vt* to rub.

frustración [frustra'θjon] *f* frustration.

frustrar [frus'trar] *vt (plan, proyecto)* to thwart. ☐ **frustrarse** *vpr (persona)* to get frustrated; *(plan, proyecto)* to fail.

fruta ['fruta] f fruit; ~ **del tiempo** fruit in season.

frutal [fru'tal] m fruit tree.

frutería [frute'ria] f fruit shop.

frutero, ra [fru'tero, ra] m, f (persona) fruiterer. ◆ m (plato) fruit bowl.

frutilla [fru'tiʎa] f Andes & RP strawberry.

fruto ['fruto] m fruit; (nuez, avellana, etc) nut. ☐ **frutos** mpl produce (sg); ~ **s del bosque** fruits of the forest; ~ **s secos** dried fruit and nuts.

fuego ['fweɣo] m fire; **a** ~ **lento** over a low heat; **¿tienes** ~? do you have a light?; ~ **s artificiales** fireworks.

fuelle ['fweʎe] m (de aire) bellows (pl); (entre vagones) concertina vestibule.

fuente ['fwente] f (manantial) spring; (en la calle) fountain; (recipiente) (serving) dish; (origen) source.

fuera ['fwera] v → ir, ser. ◆ adv (en el exterior) outside; (en otro lugar) away. ◆ interj get out!; **sal** ~ go out; **por** ~ (on the outside); ~ **borda** outboard motor; ~ **de** (a excepción de) except for; ~ **de combate** (en boxeo) knocked out; ~ **de servicio** 'out of order'.

fuerte ['fwerte] adj (sabor) (frío, dolor) intense; (lluvia) heavy; (golpe, colisión) hard; (alimento) rich; (voz, sonido) loud. ◆ m (fortaleza) fort; (afición) strong point. ◆ adv (con fuerza, intensidad) hard; (gritar) loudly.

fuerza ['fwerθa] f force; (de persona, animal, resistencia) strength; **a** ~ **de** by dint of; **a la** ~ by force; **por** ~ (por obligación) by force; (por necesidad) of necessity; **las** ~ **s armadas** the armed forces.

fuga ['fuɣa] f (de persona) escape; (de gas) leak.

fugarse [fu'ɣarse] vpr to escape;

~ **de casa** to run away (from home).

fugaz [fu'ɣaθ] (pl -**ces** [θes]) adj fleeting.

fugitivo, va [fuxi'tiβo, βa] m, f fugitive.

fulana [fu'lana] f tart Br, hussy Am → fulano.

fulano, na [fu'lano, na] m, f what's his/her name.

fulminante [fulmi'nante] adj (muy rápido) sudden.

fumador, ra [fuma'ðor, ra] m, f smoker; '~ **es**' 'smokers'; '**no** ~ **es**' 'nonsmokers'.

fumar [fu'mar] vt & vi to smoke; ~ **en pipa** to smoke a pipe; '**no** ~' 'no smoking'.

función [fun'θjon] f (utilidad) function; (de teatro) show.

funcionar [funθjo'nar] vi to work; **funciona con diesel** it runs on diesel; '**no funciona**' 'out of order'.

funcionario, ria [funθjo'narjo, rja] m, f civil servant.

funda ['funda] f (cubierta) cover; (de almohada) pillowcase.

fundación [funda'θjon] f foundation.

fundador, ra [funda'ðor, ra] m, f founder.

fundamental [fundamen'tal] adj fundamental.

fundamento [funda'mento] m (base) basis. ☐ **fundamentos** mpl (conocimientos) basics.

fundar [fun'dar] vt (crear) to found; (apoyar) to base. ☐ **fundarse en** v + prep to be based on.

fundición [fundi'θjon] f (de metal) smelting; (fábrica) foundry.

fundir [fun'dir] vt (derretir) to melt; (aparato) to fuse; (bombilla, dinero) to blow; (unir) to merge. ☐ **fundirse** vpr (derretirse) to melt.

funeral [fune'ral] m funeral.

fungir [fun'xir] vi Amér to act.

funicular [funiku'lar] m (por tierra) funicular railway; (por aire) cable car.

furgón [fur'yon] m (coche grande) van; (vagón de tren) wagon Br, boxcar Am.

furgoneta [furyo'neta] f van.

furia ['furja] f fury.

furioso, sa [fu'rjoso, sa] adj (lleno de ira) furious; (intenso) intense.

furor [fu'ror] m (furia) rage; hacer ~ fam to be all the rage.

fusible [fu'siβle] m fuse.

fusil [fu'sil] m rifle.

fusilar [fusi'lar] vt to shoot.

fusión [fu'sjon] m (de metal, cuerpo sólido) melting; (de empresas) merger.

fustán [fus'tan] m Perú & Ven (enaguas) underskirt, slip Am; (falda) skirt.

fútbol ['futβol] m football Br, soccer Am; ~ sala indoor five-a-side Br, indoor soccer Am.

futbolín [futβo'lin] m table football Br, foosball Am.

futbolista [futβo'lista] mf footballer Br, soccer player Am.

futuro, ra [fu'turo, ra] adj & m future.

G

g (abrev de gramo) g.

g/abrev = **giro**.

gabán [ga'βan] m overcoat.

gabardina [gaβar'ðina] f raincoat.

gabinete [gaβi'nete] m (sala) study; (gobierno) cabinet.

gafas ['gafas] fpl glasses; ~ de sol sunglasses.

gaita ['gajta] f bagpipes (pl); ser una ~ fam to be a pain in the neck.

gala ['gala] f (actuación) show; de ~ black tie (antes de s.). □ **galas** fpl (vestidos) best clothes.

galán [ga'lan] m (hombre atractivo) handsome man; (actor) leading man; (mueble) clothes stand.

galaxia [ga'laksja] f galaxy.

galería [gale'ria] f gallery; (corredor descubierto) verandah; ~ de arte art gallery. □ **galerías** fpl (tiendas) shopping arcade (sg).

Gales ['gales] Wales.

galés, esa [ga'les, esa] adj & m Welsh. ◆ m, f Welshman (f Welshwoman); **los galeses** the Welsh.

gallego, ga [ga'ʎeʝo, ʝa] adj & m, f Galician.

galleta [ga'ʎeta] f biscuit Br, cookie Am.

gallina [ga'ʎina] f (animal) hen. ◆ mf (cobarde) chicken.

gallinero [gaʎi'nero] m (corral) henhouse; (de teatro) gods (pl) Br, gallery Am.

gallo ['gaʎo] m (ave) cock Br, rooster Am; (pescado) John Dory; fam (nota falsa) false note.

galopar [galo'par] vi to gallop.

galope [ga'lope] m gallop.

gama ['gama] f range.

gamba ['gamba] f prawn Br, shrimp Am; ~s al ajillo prawns cooked in an earthenware dish in a sauce of oil, garlic and chilli; ~s a la plancha grilled prawns.

gamberro, rra [gam'bero, ra] m, f hooligan.

gamuza [ga'muθa] f (piel, para lim-

piar el coche, etc) chamois; *(para quitar el polvo)* duster.

gana ['gana] *f (apetito)* appetite; **de buena ~** willingly; **de mala ~** unwillingly; **no me da la ~ de hacerlo** I don't feel like doing it. □ **ganas** *fpl*: **tener ~s de** to feel like.

ganadería [ganaðe'ria] *f (ganado)* livestock; *(actividad)* livestock farming; *(en toros)* breed.

ganadero, ra [gana'ðero, ra] *m, f (dueño)* livestock farmer; *(cuidador)* cattle hand.

ganado [ga'naðo] *m (animales de granja)* livestock; *(vacuno)* cattle.

ganador, ra [gana'ðor, ra] *m, f* winner.

ganancias [ga'nanθjas] *fpl* profit *(sg)*.

ganar [ga'nar] *vt* to win; *(obtener)* to earn; *(beneficio)* to make; *(aumentar)* to gain; *(derrotar)* to beat. ♦ *vi (ser vencedor)* to win; *(mejorar)* to benefit. □ **ganarse** *vpr (conseguir)* to earn; **~se la vida** to earn a living.

ganchillo [gan'tʃiʎo] *m (aguja)* crochet hook; *(labor)* crochet.

gancho ['gantʃo] *m (para colgar)* hook; *(atractivo)* sex appeal; *Amér (percha)* coat hanger.

gandul [gan'dul, la] *adj* lazy.

ganga ['ganga] *f* bargain.

ganso ['ganso] *m* goose.

garabato [gara'βato] *m* scribble.

garaje [ga'raxe] *m* garage.

garantía [garan'tia] *f* guarantee.

garbanzo [gar'βanθo] *m* chickpea.

garfio ['garfjo] *m* hook.

garganta [gar'ganta] *f (de persona)* throat; *(entre montañas)* gorge.

gargantilla [gargan'tiʎa] *f (short)* necklace, choker.

gárgaras ['garγaras] *fpl*: **hacer ~** to gargle.

garra ['gara] *f (de animal)* claw.

garrafa [ga'rafa] *f large bottle usually in a wicker holder.*

garrapata [gara'pata] *f* tick.

garúa [ga'rua] *f Amér* drizzle.

gas [gas] *m Aus.* ~. □ **gases** *mpl (del estómago)* wind *(sg).*

gasa ['gasa] *f* gauze.

gaseosa [gase'osa] *f* lemonade *Br,* lemon-lime soda *Am.*

gaseoso, sa [gase'oso, sa] *adj* fizzy.

gasfitería [gasfite'ria] *f Andes* plumbing.

gasfitero [gasfi'tero] *m Andes* plumber.

gasóleo [ga'soleo] *m* diesel oil.

gasolina [gaso'lina] *f* petrol *(Br),* gas *(Am);* ~ **normal** ≃ two-star petrol *Br,* ≃ leaded gas *Am;* ~ **sin plomo** unleaded petrol *Br,* ≃ regular gas *Am;* ~ **súper** ≃ four-star petrol *Br,* ≃ premium unleaded gas *Am.*

gasolinera [gasoli'nera] *f* petrol station *(Br),* gas station *(Am).*

gastar [gas'tar] *vt (dinero)* to spend; *(usar)* to use; *(talla, número)* to take; *(acabar)* to use up. □ **gastarse** *vpr (acabarse)* to run out; *(desgastarse)* to wear out.

gasto ['gasto] *m (acción de gastar)* expending; *(cosa que pagar)* expense. □ **gastos** *mpl* expenditure *(sg).*

gastritis [gas'tritis] *f inv* gastritis.

gastronomía [gastrono'mia] *f* gastronomy.

gastronómico, ca [gastro'nomiko, ka] *adj* gastronomic.

gatear [gate'ar] *vi* to crawl.

gatillo [ga'tiʎo] *m* trigger.

gato, ta ['gato, ta] *m, f* cat. ♦ *m (aparato)* jack; **a gatas** on all fours.

gaucho [ˈgautʃo] m gaucho.

GAUCHO

The "gaucho" is an emblematic figure of the South American continent. They lived in rural areas of Argentina, Uruguay and the south of Brazil where they worked on ranches. They showed great skill with horses and "boleadoras" – 3 cords tied together and weighted on one end with balls which are thrown at and entangle the feet of cattle. They typically wore short brimmed hats, baggy trousers and a narrow belt. As some of them led a nomadic life the "gauchos" became a symbol of rebellion. Real gauchos disappeared at the beginning of the 20th century when wire fences were erected which demarcated ranches.

gavilán [gaβiˈlan] m sparrowhawk.

gaviota [gaˈβjota] f seagull.

gazpacho [gaθˈpatʃo] m: ~ (andaluz) gazpacho.

gel [xel] m gel.

gelatina [xelaˈtina] f (para cocinar) gelatine; (postre) jelly Br, Jell-o® Am.

gemelo, la [xeˈmelo, la] adj & m twin. ◆ m (músculo) calf. ❑ **gemelos** mpl (botones) cufflinks; (anteojos) binoculars.

gemido [xeˈmiðo] m moan.

gemir [xeˈmir] vi to moan.

generación [xeneraˈθjon] f generation.

generador [xeneraˈðor] m generator.

general [xeneˈral] adj & m general; en ~ in general; por lo ~ generally.

generalizar [xeneraliˈθar] vt to make widespread. ◆ vi to generalize.

generalmente [xeneralˈmente] adv generally.

generar [xeneˈrar] vt to generate.

género [ˈxenero] m (mercancía) goods (pl); (clase, especie) type; GRAM gender; (en literatura) genre; ~s de punto knitwear.

generosidad [xenerosiˈðað] f generosity.

generoso, sa [xeneˈroso, sa] adj generous.

genial [xeˈnjal] adj brilliant.

genio [ˈxenjo] m (carácter) character; (mal carácter) bad temper; (persona inteligente) genius; **tener mal ~** to be bad-tempered.

genitales [xeniˈtales] mpl genitals.

gente [ˈxente] f people (pl); fam (familia) folks (pl).

gentil [xenˈtil] adj (cortés) kind; (elegante) elegant.

gentileza [xentiˈleθa] f (cortesía) kindness; (elegancia) elegance.

genuino, na [xeˈnwino, na] adj genuine.

geografía [xeoɣraˈfia] f geography; la ~ nacional the country.

geográficamente [xeoɣrafikaˈmente] adv geographically.

geometría [xeomeˈtria] f geometry.

geométrico, ca [xeoˈmetriko, ka] adj geometric.

geranio [xeˈranjo] m geranium.

gerente [xeˈrente] mf manager (f manageress).

germen [ˈxermen] m germ.

gestión [xesˈtjon] f (diligencia) step; (administración) management.

gestionar [xestjo'nar] *vt (tramitar)* to work towards; *(administrar)* to manage.

gesto ['xesto] *m (con las manos)* gesture; *(mueca)* grimace, face.

gestor, ra [xes'tor, ra] *m, f (de gestoría)* agent who deals with public bodies on behalf of private individuals; *(de empresa)* manager.

gestoría [xesto'ria] *f (establecimiento)* office of a 'gestor'.

Gibraltar [xiβral'tar] Gibraltar.

gigante, ta [xi'γante, ta] *adj & m, f* giant.

gigantesco, ca [xiγan'tesko, ka] *adj* gigantic.

gimnasia [xim'nasja] *f (deporte)* gymnastics *(sg)*; *(ejercicio)* exercises *(pl)*.

gimnasio [xim'nasjo] *m* gymnasium.

gimnasta [xim'nasta] *mf* gymnast.

ginebra [xi'neβra] *f* gin.

ginecólogo, ga [xine'koloγo, γa] *m, f* gynaecologist.

gin tonic [jin'tonik] *m* gin and tonic.

gira ['xira] *f* tour.

girar [xi'rar] *vt (hacer dar vueltas)* to turn; *(rápidamente)* to spin; *(letra, cheque)* to draw; *(paquete)* to send; *(dinero)* to transfer. ◆ *vi (dar vueltas)* to turn; *(rápidamente)* to spin.

girasol [xira'sol] *m* sunflower.

giro ['xiro] *m* turn; *(de letra, cheque)* draft; *(expresión)* saying; ~ **postal** postal order; ~ **urgente** *postal order delivered by the Post Office to the payee on the following day.*

gis [xis] *m* *Méx* chalk.

gitano, na [xi'tano, na] *adj & m, f* gypsy.

glaciar [gla'θjar] *m* glacier.

gladiolo [gla'δjolo] *m* gladiolus.

glándula ['glandula] *f* gland.

global [glo'βal] *adj* overall.

globo ['gloβo] *m (para jugar, volar)* balloon; *(cuerpo esférico)* sphere; *(la Tierra, de lámpara)* globe; ~ **terráqueo** globe.

glóbulo [glo'βulo] *m* corpuscle.

gloria ['glorja] *f* glory; *fam (placer)* bliss; *(persona)* star.

glorieta [glo'rjeta] *f (plaza)* square; *(redonda)* ≃ roundabout *(Br)*, ≃ traffic circle *(Am)*; *(de jardín)* bower.

glorioso, sa [glo'rjoso, sa] *adj* glorious.

glucosa [glu'kosa] *f* glucose.

gluten ['gluten] *m* gluten.

gobernador, ra [goβerna'δor, ra] *m, f* governor.

gobernante [goβer'nante] *mf* leader.

gobernar [goβer'nar] *vt (nación, país)* to govern; *(nave, vehículo)* to steer.

gobierno [go'βjerno] *m (de país)* government; *(edificio)* governor's office; *(de nave, vehículo)* steering.

goce ['goθe] *m* pleasure.

gol [gol] *m* goal.

goleador, ra [golea'δor, ra] *m, f* scorer.

golf [golf] *m* golf.

golfo, fa ['golfo, fa] *m, f (gamberro)* lout; *(pillo)* rascal. ◆ *m (en geografía)* gulf.

golondrina [golon'drina] *f* swallow.

golosina [golo'sina] *f (dulce)* sweet *Br*, candy *Am*.

goloso, sa [go'loso, sa] *adj* sweet-toothed.

golpe ['golpe] *m (puñetazo, desgracia)* blow; *(bofetada)* smack, slap; *(en* *puerta)* knock; *(choque)* bump; DEP shot; *(gracia)* witticism; *(atraco, asalto)* raid; **de ~** suddenly; **~ de Estado** coup.

golpear [golpe'ar] vt to hit. ◆ vi to bang.

golpiza [gol'piθa] f *Amér* beating.

goma ['goma] f *(pegamento)* gum; *(material)* rubber; *(banda elástica)* elastic; *(gomita)* elastic band *Br*, rubber band *Am*; **~ de borrar** rubber *(Br)*, eraser *(Am)*.

gomina [go'mina] f hair gel.

gordo, da ['gorðo, ða] adj *(obeso)* fat; *(grueso)* thick; *(grave)* big; *(importante)* important. ◆ m, f fat person. ◆ m: **el ~** *(de la lotería)* first prize.

ⓘ EL GORDO

In Spain and Latin America this is the name given to the first prize in the national lottery, especially the one in the Christmas draw, where all the winning numbers are sung out by children on national radio.

gordura [gor'ðura] f fatness.

gorila [go'rila] m *(animal)* gorilla; *fam (guardaespaldas)* bodyguard; *fam (en discoteca)* bouncer.

gorjeo [gor'xeo] m chirping.

gorra ['gora] f cap; **de ~** for free.

gorrión [go'rjon] m sparrow.

gorro ['goro] m cap.

gota ['gota] f drop; *(enfermedad)* gout; **no quiero ni ~** I don't want anything. ❏ **gotas** fpl *(para nariz, ojos)* drops.

gotera [go'tera] f leak; *(mancha)* stain *(left by leaking water)*.

gótico, ca ['gotiko, ka] adj Gothic. ◆ m *(en arte)* Gothic (art).

gozar [go'θar] vi to enjoy o.s. ❏ **gozar de** v + prep *(disponer de)* to enjoy.

gozo ['goθo] m joy.

gr *(abrev de grado)* deg.

grabación [graβa'θjon] f recording.

grabado [gra'βaðo] m *(arte)* engraving; *(lámina)* print.

grabar [gra'βar] vt to engrave; *(canción, voz, imágenes, etc)* to record.

gracia ['graθja] f *(humor)* humour; *(atractivo)* grace; *(don)* talent; *(chiste)* joke; **no me hace ~** *(no me gusta)* I'm not keen on it; **tener ~** to be funny. ◆ **¡gracias!** interj thank you; **dar las ~s a** to thank; **~s a** thanks to; **~s por** thank you for; **muchas ~s** thank you very much.

gracioso, sa [gra'θjoso, sa] adj *(que da risa)* funny; *(con encanto)* graceful.

grada ['graða] f *(de plaza de toros)* row; *(peldaño)* step; **las ~s** the terraces *Br*, the stands *Am*.

gradería [graðe'ria] f *(de plaza de toros)* rows *(pl)*; *(de estadio)* terraces *(pl)*, stands *(pl) Am*; *(público)* crowd.

grado ['graðo] m *(medida)* degree; *(fase)* stage; *(de enseñanza)* level; *(del ejército)* rank; **de buen ~** willingly.

graduación [graðua'θjon] f *(de bebida)* ≃ proof; *(de militar)* rank; *(acto)* grading.

graduado, da [gra'ðuaðo, ða] adj *(persona)* graduate; *(regla, termómetro)* graduated. ◆ m, f *(persona)* graduate. ◆ m *(título)* degree; **~ escolar** *qualification received on completing primary school*.

gradual [graðu'al] adj gradual.

gradualmente [graðual'mente] adv gradually.

graduar [graðu'ar] vt *(calefacción, calentador)* to regulate. ❏ **graduar-**

se *vpr (militar)* to receive one's commission; **~se (en)** *(estudiante)* to graduate (in).

graffiti [gra'fiti] *m* graffiti.

grafía [gra'fia] *f* written symbol.

gráfica [grafika] *f (curva)* graph → gráfico.

gráfico, ca ['grafiko, ka] *adj* graphic. ◆ *m* of *(dibujo)* graph.

gragea [gra'xea] *f* pill.

gramática [gra'matika] *f* grammar.

gramatical [gramati'kal] *adj* grammatical.

gramo ['gramo] *m* gram.

gran [gran] *adj* → grande.

granada [gra'naða] *f (fruto)* pomegranate; *(proyectil)* grenade.

granadilla [grana'ðiλa] *f Amér* passion fruit.

granate [gra'nate] *adj inv* deep red. ◆ *m* garnet.

Gran Bretaña ['grambre'taɲa] Great Britain.

grande ['grande] *adj (de tamaño)* big; *(de altura)* tall; *(importante)* great. ◆ *m (noble)* grandee; **le va ~** *(vestido, zapato)* it's too big for him; **~s almacenes** department store *(sg)*.

grandeza [gran'deθa] *f (importancia)* grandeur; *(tamaño)* (great) size.

grandioso, sa [gran'djoso, sa] *adj* grand.

granel [ɣra'nel] ◆ **a granel** *adv (arroz, judías, etc)* loose; *(líquidos)* by volume; *(en abundancia)* in abundance.

granero [gra'nero] *m* granary.

granito [gra'nito] *m* granite.

granizada [grani'θaða] *f* hailstorm.

granizado [grani'θaðo] *m* ≃ SlushPuppie®, *drink consisting of crushed ice with lemon juice, coffee etc.*

granizar [grani'θar] *v impers:* **está granizando** it's hailing.

granja ['granxa] *f (en el campo)* farm; *(bar)* milk bar *Br*, ≃ snack bar *Am*.

granjero, ra [gran'xero, ra] *m, f* farmer.

grano ['grano] *m (de cereal)* grain; *(de la piel)* spot; *(de fruto, planta)* seed; *(de café)* bean; **ir al ~** *fam* to get straight to the point.

granuja [gra'nuxa] *mf (chiquillo)* rascal.

grapa ['grapa] *f* staple.

grapadora [grapa'ðora] *f* stapler.

grapar [gra'par] *vt* to staple.

grasa ['grasa] *f* grease; *(de persona, animal)* fat.

grasiento, ta [gra'sjento, ta] *adj* greasy.

graso, sa ['graso, sa] *adj* greasy.

gratificar [gratifi'kar] *vt (recompensar)* to reward; **'se gratificará'** 'reward'.

gratinado [grati'naðo] *m* gratin.

gratinar [grati'nar] *vt* to cook au gratin.

gratis ['gratis] *adv* free.

gratitud [grati'tuð] *f* gratitude.

grato, ta ['grato, ta] *adj* pleasant.

gratuito, ta [gratu'ito, ta] *adj (algo gratis)* free; *(sin fundamento)* unfounded.

grave ['graβe] *adj* serious; *(voz)* deep; *(tono)* low; *(palabra)* with the stress on the penultimate syllable.

gravedad [graβe'ðað] *f (importancia)* seriousness; *(de la Tierra)* gravity.

gravilla [gra'βiλa] *f* gravel.

Grecia ['greθja] Greece.

gremio ['gremjo] *m (profesión)* profession, trade.

greña ['greɲa] *f* mop of hair.

griego, ga ['grjeɣo, ɣa] *adj & m, f* Greek.

grieta ['grjeta] *f* crack.

grifero, ra [gri'fero, ra] *m, f* Perú petrol-pump attendant Br, gas station attendant Am.

grifo ['grifo] *m Esp (de agua)* tap Br, faucet Am; *Perú (gasolinera)* petrol station (Br), gas station (Am).

grill [gril] *m* grill.

grillo ['griʎo] *m* cricket.

gripa ['gripa] *f Col & Méx* flu.

gripe ['gripe] *f* flu.

gris [gris] *adj & m* grey.

gritar [gri'tar] *vi (hablar alto)* to shout; *(chillar)* to scream.

grito ['grito] *m (de dolor, alegría)* cry; *(palabra)* shout; **a ~ s** at the top of one's voice.

grosella [gro'seʎa] *f* redcurrant; **~ negra** blackcurrant.

grosería [grose'ria] *f (dicho)* rude word; *(acto)* rude thing.

grosero, ra [gro'sero, ra] *adj (poco refinado)* coarse; *(maleducado)* rude.

grosor [gro'sor] *m* thickness.

grotesco, ca [gro'tesko, ka] *adj* grotesque.

grúa ['grua] *f (máquina)* crane; *(para averías)* breakdown truck; *(para aparcamientos indebidos)* towaway truck.

grueso, sa ['grueso, sa] *adj (persona)* fat; *(objeto)* thick. ◆ *m (espesor, volumen)* thickness; *(parte principal)* bulk.

grumo ['grumo] *m* lump.

gruñido [gru'niðo] *m* grunt.

gruñir [gru'nir] *vi* to grunt.

grupa ['grupa] *f* hindquarters (pl).

grupo ['grupo] *m* group; **en ~** in a group; **~ de riesgo** high risk group; **~ sanguíneo** blood group.

gruta ['gruta] *f* grotto.

guacamole [gwaka'mole] *m Amér* guacamole.

guachimán [gwatʃi'man] *m Amér* security guard.

guagua ['gwaɣwa] *f Carib fam (autobús)* bus; *Andes (bebé)* baby.

guante ['gwante] *m* glove.

guantera [gwan'tera] *f* glove compartment.

guapo, pa ['gwapo, pa] *adj (mujer)* pretty; *(hombre)* handsome; *fam (objeto, ropa, etc)* nice.

guardabarros [gwarða'baros] *m inv* mudguard Br, fender Am.

guardacoches [gwarða'kotʃes] *m inv* car park attendant.

guardaespaldas [ˌgwarðaes'paldas] *m inv* bodyguard.

guardameta [gwarða'meta] *m* goalkeeper.

guardapolvo [gwarða'polβo] *m (prenda)* overalls (pl); *(funda)* dust cover.

guardar [gwar'ðar] *vt* to keep; *(poner)* to put (away); *(cuidar)* to look after; *(suj: guardia)* to guard; *(ley)* to observe. ◆ **guardarse** *vpr:* **~ se de** *(abstenerse de)* to be careful not to.

guardarropa [gwarða'ropa] *m (de local)* cloakroom; *(armario)* wardrobe.

guardería [gwarðe'ria] *f (escuela)* nursery (school); *(en el trabajo)* crèche Br, day care center Am.

guardia ['gwarðja] *mf (policía)* police officer. ◆ *f (vigilancia)* guard; *(turno)* duty; **~ civil** *member of the 'Guardia Civil'*; **~ municipal** o **urbano** *local police officer who deals mainly with traffic offences*; **~ de seguridad** security guard; **farmacia de ~** duty chemist's. ❑ **Guardia Civil** *f Spanish police who patrol rural areas, highways and borders.*

guardián, ana [gʊarˈðjan, ana] *m, f* guardian.

guarida [gʊaˈriða] *f* lair.

guarnición [gʊarniˈθjon] *f (de comida)* garnish; *(del ejército)* garrison.

guarro, rra [ˈgʊaro, ra] *adj despec* filthy.

guasa [ˈgʊasa] *f fam (ironía)* irony; *(gracia)* humour.

Guatemala [gʊateˈmala] Guatemala.

guatemalteco, ca [gʊatemalˈteko, ka] *adj & m, f* Guatemalan.

guateque [gʊateˈke] *m* party.

guayaba [gʊaˈjaβa] *f* guava.

guayabo [gʊaˈjaβo] *m* guava tree.

güero, ra [ˈgʊero, ra] *adj Méx fam* blond *(f* blonde).

guerra [ˈgera] *f* war; ~ **civil** civil war; ~ **mundial** world war.

guerrera [geˈrera] *f (chaqueta)* military-style jacket → **guerrero**.

guerrero, ra [geˈrero, ra] *m, f* warrior.

guerrilla [geˈriʎa] *f* guerilla group.

guerrillero, ra [geriˈʎero, ra] *m, f* guerrilla.

guía [ˈgia] *mf (persona)* guide. ◆ *f (libro, folleto, indicación)* guide; ~ **de ferrocarriles** train timetable; ~ **telefónica** telephone directory; ~ **turística** tourist guide.

guiar [ˈgiar] *vt (mostrar dirección)* to guide; *(vehículo)* to steer. ❑ **guiarse por** *v + prep* to be guided by.

guijarro [giˈxaro] *m* pebble.

guillotina [giʎoˈtina] *f* guillotine.

guinda [ˈginda] *f* morello cherry.

guindilla [ginˈdiʎa] *f* chilli pepper.

guiñar [giˈɲar] *vt*: ~ **un ojo** to wink.

guiñol [giˈɲol] *m* puppet theatre.

guión [giˈon] *m (argumento)* script;

(esquema) outline; *(signo)* hyphen.

guionista [gioˈnista] *mf* script-writer.

guiri [ˈgiri] *mf fam* bloody *Br* o damn *Am* foreigner.

guirnalda [girˈnalda] *f* garland.

guisado [giˈsaðo] *m* stew.

guisante [giˈsante] *m* pea; ~ **s salteados** o **con jamón** peas fried with jamón serrano.

guisar [giˈsar] *vt & vi* to cook.

guiso [ˈgiso] *m* dish *(food)*.

guitarra [giˈtara] *f* guitar.

guitarrista [gitaˈrista] *mf* guitarist.

gusano [gʊˈsano] *m* worm.

gustar [gʊsˈtar] *vi*: **me gusta** I like it; **me gustan los pasteles** I like cakes; **no me gusta ese libro** I don't like that book.

gusto [ˈgʊsto] *m* taste; *(placer)* pleasure; **a tu** ~ as you wish; **vivir a ~ (bien)** to live comfortably; **un filete al** ~ a steak done the way you like it; **con mucho** ~ with pleasure; **mucho** ~ pleased to meet you.

H

h. *(abrev de hora)* h.

haba [ˈaβa] *f* broad bean *Br*, fava bean *Am*; ~ **s a la catalana** stew of broad beans, bacon, 'butifarra' and wine.

habano [aˈβano] *m* Havana cigar.

haber [aˈβer] *m (bienes)* assets *(pl)*; **tiene tres pisos en su** ~ he owns three flats.

◆ *v aux* - **1.** *(en tiempos compuestos)* to have; **los niños han comido** the children have eaten; **habían desayunado antes** they'd had breakfast earlier.
- **2.** *(expresa reproche)*: **¡~ lo dicho!** why didn't you say so?

◆ *v impers* - **1.** *(existir, estar, tener lugar)*: **hay** there is, there are *(pl)*; **¿qué hay hoy para comer?** what's for dinner today?; **¿no hay nadie en casa?** isn't anyone at home?; **el jueves no habrá reparto** there will be no delivery on Thursday.
- **2.** *(expresa obligación)*: **~ que hacer algo** to have to o do sthg; **habrá que soportarlo** we'll have to put up with it.
- **3.** *(en locuciones)*: **habérselas con alguien** to confront sb; **¡hay que ver!** honestly!; **no hay de qué** don't mention it. ❏ **haber de** *v + prep* to have to.

habichuela [aβi'tʃwela] *f* bean.

hábil ['aβil] *adj (diestro)* skilful; *(astuto)* clever; **día ~** working day.

habilidad [aβili'ðað] *f (destreza)* skill; *(astucia)* cleverness.

habiloso, sa [aβi'loso, sa] *adj Amér* shrewd.

habitación [aβita'θjon] *f (cuarto)* room; *(dormitorio)* bedroom; **~ doble** *(con cama de matrimonio)* double room; *(con dos camas)* twin room; **~ individual** single room.

habitante [aβi'tante] *mf* inhabitant.

habitar [aβi'tar] *vi* to live. ◆ *vt* to live in.

hábito ['aβito] *m* habit.

habitual [aβitu'al] *adj (acostumbrado)* habitual; *(cliente, lector)* regular.

habitualmente [aβitu̯al'mente] *adv (generalmente)* usually; *(siempre)* regularly.

hablador, ra [aβla'ðor, ra] *adj* talkative.

habladurías [aβlaðu'rias] *fpl* gossip *(sg)*.

hablar [a'βlar] *vi* to talk; *(pronunciar discurso)* to speak. ◆ *vt (saber)* to speak; *(tratar)* to discuss; **~ de** to talk about; **~ por teléfono** to talk on the telephone; **¡ni ~!** no way! ❏ **hablarse** *vpr (relacionarse)* to speak (to each other); **'se habla inglés'** 'English spoken'.

hacer [a'θer] *vt* - **1.** *(elaborar, crear, cocinar)* to make; **~ planes/un vestido** to make plans/a dress; **~ un poema** to write a poem; **~ la comida** to make lunch/dinner etc.
- **2.** *(construir)* to build.
- **3.** *(generar)* to produce; **la carretera hace una curva** there's a bend in the road; **el fuego hace humo** fire produces smoke; **llegar tarde hace mal efecto** arriving late makes a bad impression.
- **4.** *(realizar)* to make; **hizo un gesto de dolor** he grimaced with pain; **le hice una señal con la mano** I signalled to her with my hand; **estoy haciendo segundo** I'm in my second year; **haremos una excursión** we'll go on a trip.
- **5.** *(practicar)* to do; **deberías ~ deporte** you should start doing some sport.
- **6.** *(colada)* to do; *(cama)* to make.
- **7.** *(dar aspecto)*: **este traje te hace más delgado** this suit makes you look slimmer.
- **8.** *(transformar)* to make; **hizo pedazos el papel** she tore the paper to pieces; **~ feliz a alguien** to make sb happy.
- **9.** *(en cine y teatro)* to play; **hace el pa-**

pel de reina she plays (the part of) the queen.

- **10.** *(mandar)*: **haré que tiñan el traje** I'll have this dress dyed.

- **11.** *(comportarse como)*: **~ el tonto** to act the fool.

- **12.** *(ser causa de)* to make; **no me hagas reír/llorar** don't make me laugh/cry.

- **13.** *(en cálculo, cuentas)* to make; **éste hace cien** this one makes (it) a hundred.

♦ *vi* - **1.** *(intervenir)*: **déjame ~ a mí** let me do it.

- **2.** *(en cine y teatro)*: **~ de malo** to play the villain.

- **3.** *(trabajar, actuar)*: **~ de cajera** to be a checkout girl.

- **4.** *(aparentar)*: **~ como si** to act as if.

♦ *vimpers* - **1.** *(tiempo meteorológico)*: **hace frío/calor/sol** it's cold/hot/sunny; **hace buen/mal tiempo** the weather is good/bad.

- **2.** *(tiempo transcurrido)*: **hace un año que no lo veo** it's a year since I saw him; **no nos hablamos desde hace un año** we haven't spoken for a year. □ **hacerse** *vpr (convertirse en)* to become; *(formarse)* to form; *(desarrollarse, crecer)* to grow; *(cocerse)* to cook; *(resultar)* to get, to become; **~se el rico** to pretend to be rich. □ **hacerse a** *v + prep (acostumbrarse)* to get used to. □ **hacerse con** *v + prep (apropiarse)* to take. □ **hacerse de** *v + prep Amér (adquirir, obtener)* to do.

hacha ['atʃa] *f* axe.

hachís [xa'tʃis] *m* hashish.

hacia ['aθja] *prep (de dirección)* towards; *(en el tiempo)* about; **~ abajo** downwards; **~ arriba** upwards; **gira ~ la izquierda** turn left.

hacienda [a'θjenda] *f (finca)* farm;

(bienes) property. □ **Hacienda** *f the Spanish Treasury.*

hada ['aða] *f* fairy.

hala ['ala] *interj (para dar prisa)* hurry up!; *(expresa contrariedad)* you're joking!

halago [a'laɣo] *m* flattery.

halcón [al'kon] *m* falcon.

hall [xol] *m* foyer.

hallar [a'ʎar] *vt (encontrar)* to find; *(inventar)* to discover. □ **hallarse** *vpr* to be.

halógeno, na [a'loxeno, na] *adj* halogen *(antes de s)*.

halterofilia [altero'filja] *f* weightlifting.

hamaca [a'maka] *f (en árbol, etc)* hammock; *(en la playa)* deck chair.

hambre ['ambre] *f* hunger; **tener ~** to be hungry.

hambriento, ta [am'brjento, ta] *adj* starving.

hamburguesa [ambur'ɣesa] *f* hamburger.

hamburguesería [amburɣese-'ria] *f* hamburger joint.

hámster ['xamster] *m* hamster.

hangar [an'ɣar] *m* hangar.

hardware [xar'war] *m* hardware.

harina [a'rina] *f* flour.

hartar [ar'tar] *vt (saciar)* to fill up; *(cansar)* to annoy. □ **hartarse de** *v + prep (cansarse de)* to get fed up with; **~se de algo** *(hacer en exceso)* to do sthg non-stop.

harto, ta ['arto, ta] *adj (saciado)* full; **estar ~ de** *(cansado)* to be fed up with.

hasta ['asta] *prep (en el espacio)* as far as; *(en el tiempo)* until. ♦ *adv (incluso)* even; **el agua llega ~ el borde** the water comes up to the edge; **desde ... ~ ...** from ... to ...; **~ luego** see you later; **~ mañana** see you tomorrow; **~ pronto** see you soon; **~ que** until.

haya ['aja] v → haber. ◆ f beech.

haz [aθ] (pl -ces [θes]) v → hacer. ◆ m (de luz) beam; (de hierba, leña) bundle.

hazaña [a'θaɲa] f exploit.

hebilla [e'βiʎa] f buckle.

hebra ['eβɾa] f (de hilo) thread; (de legumbres) string.

hebreo, a [e'βɾeo, a] adj & m, f Hebrew.

hechizar [etʃi'θaɾ] vt to bewitch.

hechizo [e'tʃiθo] m (embrujo) spell; (fascinación) charm.

hecho, cha ['etʃo, tʃa] pp → hacer. ◆ adj (carne) done. ◆ m (suceso) event; (dato) fact; (acto) action; **muy ~** well-done; **poco ~** rare; **~ de** (material) made of; **de ~** in fact.

hectárea [ek'taɾea] f hectare.

helada [e'laða] f frost.

heladería [elaðe'ria] f (tienda) ice-cream parlour; (quiosco) ice-cream stall Br, ice-cream stand Am.

helado, da [e'laðo, ða] adj (muy frío) freezing; (congelado) frozen; (pasmado) astonished. ◆ m ice-cream.

helar [e'laɾ] vt to freeze. ◆ v impers: **heló** there was a frost. ❑ **helarse** vpr to freeze.

hélice ['eliθe] f (de barco, avión) propeller.

helicóptero [eli'kopteɾo] m helicopter.

hematoma [ema'toma] m bruise.

hembra ['embɾa] f (animal) female; (de enchufe) socket.

hemorragia [emo'raxja] f haemorrhage.

heno ['eno] m hay.

hepatitis [epa'titis] f inv hepatitis.

herboristería [erβoɾiste'ria] f herbalist's (shop).

heredar [eɾe'ðaɾ] vt to inherit.

heredero, ra [eɾe'ðeɾo, ra] m, f heir (f heiress).

hereje [e'ɾexe] mf heretic.

herejía [eɾe'xia] f (en religión) heresy; (disparate) silly thing.

herencia [e'ɾenθja] f inheritance.

herida [e'ɾiða] f (lesión) injury; (en lucha, atentado) wound → **herido**.

herido, da [e'ɾiðo, ða] adj (lesionado) injured; (en lucha, atentado) wounded; (ofendido) hurt. ◆ m, f: **hubo 20 ~s** 20 people were injured.

herir [e'ɾiɾ] vt (causar lesión) to injure; (en lucha, atentado) to wound; (ofender) to hurt.

hermanastro, tra [erma'nastro, -tra] m, f stepbrother (f stepsister).

hermano, na [er'mano, na] m, f brother (f sister).

hermético, ca [er'metiko, ka] adj airtight.

hermoso, sa [er'moso, sa] adj (bello) beautiful; (hombre) handsome; fam (grande) large.

hermosura [ermo'suɾa] f beauty; (de hombre) handsomeness.

héroe ['eɾoe] m hero.

heroico, ca [e'ɾojko, ka] adj heroic.

heroína [eɾo'ina] f (persona) heroine; (droga) heroin.

heroinómano, na [eɾoi'nomano, na] m, f heroin addict.

heroísmo [eɾo'izmo] m heroism.

herradura [eɾa'ðuɾa] f horseshoe.

herramienta [eɾa'mjenta] f tool.

herrería [eɾe'ria] f (taller) forge.

herrero [e'rero] m blacksmith.

hervir [er'βiɾ] vt & vi to boil.

heterosexual [eteɾoseksu'al] adj heterosexual.

hidalgo [i'ðalɣo] m nobleman.

hidratante [iðɾa'tante] *adj* moisturizing.

hidratar [iðɾa'taɾ] *vt* to moisturize.

hiedra ['jeðɾa] *f* ivy.

hielo ['jelo] *m* ice.

hiena ['jena] *f* hyena.

hierba ['jeɾβa] *f* (*césped*) grass; (*planta*) herb; **mala** ~ weed.

hierbabuena [jeɾβa'βwena] *f* mint.

hierro ['jero] *m* iron.

hígado ['iɣaðo] *m* liver.

higiene [i'xjene] *f* (*aseo*) hygiene; (*salud*) health.

higiénico, ca [i'xjeniko, ka] *adj* hygienic.

higo ['iɣo] *m* fig.

higuera [i'ɣeɾa] *f* fig tree.

hijastro, tra [i'xastro, tra] *m, f* stepson (*f* stepdaughter).

hijo, ja ['ixo, xa] *m, f* son (*f* daughter); ~ **de la chingada** *Amér vulg* son of a bitch; ~ **político** son-in-law; **hija política** daughter-in-law; ~ **de puta** *vulg* son of a bitch. ❑ **hijos** *mpl* children.

hilera [i'leɾa] *f* row.

hilo ['ilo] *m* (*de coser, de conversación*) thread; (*tejido*) linen; (*alambre, cable*) wire; ~ **musical** piped music.

hilvanar [ilβa'naɾ] *vt* (*coser*) to tack *Br*, to baste *Am*.

hincapié [inka'pje] *m*: **hacer ~ en algo** (*insistir*) to insist on sthg; (*subrayar*) to emphasize sthg.

hinchado, da [in'tʃaðo, ða] *adj* (*globo, colchón*) inflated; (*parte del cuerpo*) swollen.

hinchar [in'tʃaɾ] *vt* to blow up. ❑ **hincharse** *vpr* (*parte del cuerpo*) to swell up. ❑ **hincharse de** *v + prep* (*hartarse de*) to stuff o.s. with.

hinchazón [intʃa'θon] *f* swelling.

híper ['iper] *m fam* hypermarket *Br*, superstore *Am*.

hipermercado [ipermer'kaðo] *m* hypermarket *Br*, superstore *Am*.

hipermetropía [ipermetro'pia] *f* long-sightedness.

hipertensión [iperten'sjon] *f* high blood pressure.

hipertenso, sa [iper'tenso, sa] *adj* suffering from high blood pressure.

hípica ['ipika] *f* (*carreras de caballos*) horseracing; (*de obstáculos*) showjumping.

hipnotizar [ipnoti'θaɾ] *vt* to hypnotize.

hipo ['ipo] *m* hiccups (*pl*).

hipocresía [ipokre'sia] *f* hypocrisy.

hipócrita [i'pokrita] *adj* hypocritical.

hipódromo [i'poðromo] *m* racecourse *Br*, racetrack *Am*.

hipopótamo [ipo'potamo] *m* hippopotamus.

hipoteca [ipo'teka] *f* mortgage.

hipótesis [i'potesis] *f inv* (*supuesto*) theory.

hipotético, ca [ipo'tetiko, ka] *adj* hypothetical.

hippy ['xipi] *mf* hippy.

hispánico, ca [is'paniko, ka] *adj* Hispanic, Spanish-speaking.

hispano, na [is'pano, na] *adj* (*hispanoamericano*) Spanish-American; (*español*) Spanish.

Hispanoamérica [is,panoa-'merika] Spanish-speaking Latin America.

hispanoamericano, na [is,panoameri'kano, na] *adj & m, f* Spanish-American, Hispanic.

hispanohablante [is,panoa'βlante] *mf* Spanish speaker.

histeria [is'teɾja] *f* hysteria.

histérico

histérico, ca [is'teriko, ka] *adj* hysterical.

historia [is'torja] *f (hechos pasados)* history; *(narración)* story.

histórico, ca [is'toriko, ka] *adj (real, auténtico)* factual; *(de importancia)* historic.

historieta [isto'rjeta] *f (relato)* anecdote; *(cuento con dibujos)* comic strip.

hobby ['xoβi] *m* hobby.

hocico [o'θiko] *m (de cerdo)* snout; *(de perro, gato)* nose.

hockey ['xokej] *m* hockey.

hogar [o'γar] *m (casa)* home; *(de chimenea)* fireplace.

hogareño, ña [oγa'reɲo, ɲa] *adj (persona)* home-loving.

hoguera [o'γera] *f* bonfire.

hoja ['oxa] *f (de plantas)* leaf; *(de papel)* sheet; *(de libro)* page; *(de cuchillo)* blade; ~ **de afeitar** razor blade.

hojalata [oxa'lata] *f* tinplate.

hojaldre [o'xaldre] *m* puff pastry.

hola ['ola] *interj* hello!

Holanda [o'landa] *f* Holland.

holandés, esa [olan'des, esa] *adj & m* Dutch. ♦ *m, f* Dutchman (f Dutchwoman).

holgado, da [ol'γaðo, ða] *adj (ropa)* loose-fitting; *(vida, situación)* comfortable.

holgazán, ana [olγa'θan, ana] *adj* lazy.

hombre ['ombre] *m* man. ♦ *interj* wow!; ~ **de negocios** businessman.

hombrera [om'brera] *f (almohadilla)* shoulder pad.

hombro ['ombro] *m* shoulder.

homenaje [ome'naxe] *m* tribute; **en ~ a** in honour of.

homeopatía [omeopa'tia] *f* homeopathy.

homicida [omi'θiða] *mf* murderer.

homicidio [omi'θiðjo] *m* murder.

homosexual [omoseksu'al] *mf* homosexual.

hondo, da ['ondo, da] *adj (profundo, intenso)* deep.

Honduras [on'duras] Honduras.

honestidad [onesti'ðað] *f (sinceridad)* honesty.

honesto, ta [o'nesto, ta] *adj (honrado)* honest.

hongo ['oŋgo] *m (comestible)* mushroom; *(no comestible)* toadstool.

honor [o'nor] *m* honour; **en ~ de** in honour of.

honorario [ono'rarjo] *adj* honorary. ❏ **honorarios** *mpl* fees.

honra [onra] *f* honour; **¡a mucha ~!** and (I'm) proud of it!

honradez [onra'ðeθ] *f* honesty.

honrado, da [on'raðo, ða] *adj* honest.

honrar [on'rar] *vt* to honour.

hora ['ora] *f (período de tiempo)* hour; *(momento determinado)* time; **¿a qué ~ ...?** what time ...?; **¿qué ~ es?** what's the time?; **media ~** half an hour; **pedir ~ para** to ask for an appointment; **tener ~ (con)** to have an appointment (with); **a última ~** at the last minute; **'~s convenidas'** 'appointments available'; **'~s de visita** visiting times; **~ punta** rush hour.

horario [o'rarjo] *m* timetable; **'~ comercial'** 'opening hours'.

horca ['orka] *f (de ejecución)* gallows *(pl)*; *(en agricultura)* pitchfork.

horchata [or'tʃata] *f* cold drink made from ground tiger nuts, milk and sugar.

horizontal [oriθon'tal] *adj* horizontal.

horizonte [oriˈθonte] m horizon.

horma [ˈorma] f (molde) mould; (para zapatos) last.

hormiga [orˈmiɣa] f ant.

hormigón [ormiˈɣon] m concrete; ~ **armado** reinforced concrete.

hormigonera [ormiɣoˈnera] f concrete mixer.

hormiguero [ormiˈɣero] m anthill.

hormona [orˈmona] f hormone.

hornear [orneˈar] vt to bake.

horno [ˈorno] m oven; **al** ~ (carne) roast; (pescado) baked.

horóscopo [oˈroskopo] m horoscope.

horquilla [orˈkiʎa] f (para el pelo) hairgrip Br, bobby pin Am.

hórreo [ˈoreo] m type of granary, on stilts, found in Galicia and Asturias.

horrible [oˈriβle] adj (horroroso) horrible; (pésimo) awful.

horror [oˈror] m terror; **¡qué ~!** that's awful!

horrorizar [ororiˈθar] vt to terrify.

horroroso, sa [oroˈroso, sa] adj horrible.

hortaliza [ortaˈliθa] f (garden) vegetable.

hortelano, na [orteˈlano, na] m, f market gardener Br, truck farmer Am.

hortensia [orˈtensja] f hydrangea.

hortera [orˈtera] adj fam tacky.

hospedarse [ospeˈðarse] vpr to stay.

hospital [ospiˈtal] m hospital.

hospitalario, ria [ospitaˈlarjo, rja] adj (persona) hospitable.

hospitalidad [ospitaliˈðað] f hospitality.

hospitalizar [ospitaliˈθar] vt to put in hospital.

hostal [osˈtal] m ≃ two-star hotel.

hostelería [osteleˈria] f hotel trade.

hostia [ˈostja] f (en religión) host; vulg (golpe) whack. ◆ interj vulg bloody hell!; **darse una** ~ vulg to have a smash-up.

hostil [osˈtil] adj hostile.

hotel [oˈtel] m hotel; ~ **de lujo** luxury hotel.

hotelero, ra [oteˈlero, ra] adj hotel (antes de s).

hoy [oi] adv (día presente) today; (momento actual) nowadays; ~ **en día** nowadays; ~ **por** ~ at the moment.

hoyo [ˈojo] m hole.

hoz [oθ] f sickle.

huachafería [watʃafeˈria] f Amér tacky thing.

huachafo, fa [waˈtʃafo, fa] adj Perú tacky.

hucha [ˈutʃa] f moneybox.

hueco, ca [ˈweko, ka] adj (vacío) hollow. ◆ m (agujero) hole; (de tiempo) spare moment.

huelga [ˈwelɣa] f strike.

huella [ˈweʎa] f (de persona) footprint; (de animal) track; ~**s dactilares** fingerprints.

huérfano, na [ˈwerfano, na] m, f orphan.

huerta [ˈwerta] f market garden Br, truck farm Am.

huerto [ˈwerto] m (de hortalizas) vegetable patch; (de frutales) orchard.

hueso [ˈweso] m (del esqueleto) bone; (de una fruta) stone.

huésped, da [ˈwespeð, ða] m, f guest.

huevada [weˈβaða] f Andes fam stupid thing.

huevear [weβeˈar] vi Chile & Perú fam to mess about (Br), to goof off (Am).

huevo ['weβo] *m* egg; ~ **de la copa** o **tibio** *Amér* hard-boiled egg; ~ **duro** hard-boiled egg; ~ **escalfado** poached egg; ~ **estrellado** *Amér* fried egg; ~ **frito** fried egg; ~ **pasado por agua** soft-boiled egg; ~ **s a la flamenca** *'huevos al plato' with fried pork sausage, black pudding and a tomato sauce*; ~ **s revueltos** scrambled eggs.

huevón [we'βon] *m Andes & Ven* idiot.

huida [u'iða] *f* escape.

huir [u'ir] *vi* (*escapar*) to flee; (*de cárcel*) to escape; ~ **de algo/alguien** (*evitar*) to avoid sthg/sb.

humanidad [umani'ðað] *f* humanity. □ **humanidades** *fpl* humanities.

humanitario, ria [umani'tarjo, rja] *adj* humanitarian.

humano, na [u'mano, na] *adj* (*del hombre*) human; (*benévolo, compasivo*) humane. ◆ *m* human (being).

humareda [uma'reða] *f* cloud of smoke.

humedad [ume'ðað] *f* (*de piel*) moisture; (*de atmósfera*) humidity; (*en la pared*) damp.

humedecer [umeðe'θer] *vt* to moisten.

húmedo, da [u'meðo, ða] *adj* (*ropa, toalla, etc*) damp; (*clima, país*) humid; (*piel*) moist.

humilde [u'milde] *adj* humble.

humillación [umiʎa'θjon] *f* humiliation.

humillante [umi'ʎante] *adj* humiliating.

humillar [umi'ʎar] *vt* to humiliate.

humo ['umo] *m* (*gas*) smoke; (*de coche*) fumes (*pl*). □ **humos** *mpl* airs.

humor [u'mor] *m* (*estado de ánimo*) mood; (*gracia*) humour; **estar de buen** ~ to be in a good mood; **estar**

de mal ~ to be in a bad mood.

humorismo [umo'rizmo] *m* comedy.

humorista [umo'rista] *mf* comedian (*comedienne*).

humorístico, ca [umo'ristiko, ka] *adj* humorous.

hundir [un'dir] *vt* (*barco*) to sink; (*edificio*) to knock down; (*techo*) to knock in; (*persona*) to devastate. □ **hundirse** *vpr* (*barco*) to sink; (*edificio, techo*) to collapse; (*persona*) to be devastated.

húngaro, ra ['ungaro, ra] *adj & m, f* Hungarian.

Hungría [un'gria] Hungary.

huracán [ura'kan] *m* hurricane.

hurtadillas [urta'ðiʎas] ◆ **a hurtadillas** *adv* stealthily.

hurto ['urto] *m* theft.

I

IBERIA [i'βerja] *f* IBERIA (*Spanish national airline*).

ibérico, ca [i'βeriko, ka] *adj* Iberian.

Ibiza [i'βiθa] Ibiza.

iceberg [iθe'βer] *m* iceberg.

icono [i'kono] *m* icon.

ida [i'ða] *f* outward journey; (**billete de**) ~ **y vuelta** return (ticket).

idea [i'ðea] *f* idea; (*propósito*) intention; (*opinión*) impression; **no tengo ni** ~ I've no idea.

ideal [iðe'al] *adj & m* ideal.

idealismo [iðea'lizmo] *m* idealism.

idealista [iðea'lista] *mf* idealist.

idéntico, ca [i'ðentiko, ka] *adj* identical.

identidad [iðenti'ðað] *f* identity.

identificación [iðentifika'θjon] *f* identification.

identificar [iðentifi'kar] *vt* to identify. □ **identificarse** *vpr (mostrar documentación)* to show one's identification.

ideología [iðeolo'xia] *f* ideology.

idilio [i'ðiljo] *m* love affair.

idioma [i'ðjoma] *m* language.

idiota [i'ðjota] *adj despec* stupid. ◆ *mf* idiot.

ídolo ['iðolo] *m* idol.

idóneo, a [i'ðoneo, a] *adj* suitable.

iglesia [i'glesja] *f* church.

ignorancia [ivno'ranθja] *f* ignorance.

ignorante [ivno'rante] *adj* ignorant.

ignorar [ivno'rar] *vt (desconocer)* not to know; *(no hacer caso)* to ignore.

igual [i'ɣwal] *adj (idéntico)* the same; *(parecido)* similar; *(cantidad, proporción)* equal; *(ritmo)* steady. ◆ *adv* the same; **ser ~ que** to be the same as; **da ~** it doesn't matter; **me da ~** I don't care; **es ~** it doesn't matter; **al ~ que** just like; **por ~** equally.

igualado, da [iɣwa'laðo, ða] *adj* level.

igualdad [iɣwal'dað] *f* equality.

igualmente [i,ɣwal'mente] *adv* likewise.

ilegal [ile'ɣal] *adj* illegal.

ilegítimo, ma [ile'xitimo, ma] *adj* illegitimate.

ileso, sa [i'leso, sa] *adj* unhurt.

ilimitado, da [ilimi'taðo, ða] *adj* unlimited.

ilógico, ca [i'loxiko, ka] *adj* illogical.

iluminación [ilumina'θjon] *f (alumbrado)* lighting.

iluminar [ilumi'nar] *vt (suj: luz, sol)* to light up.

ilusión [ilu'sjon] *f (esperanza)* hope; *(espejismo)* illusion; **el regalo me ha hecho ~** I liked the present; **me hace ~ la fiesta** I'm looking forward to the party; **hacerse ilusiones** to get one's hopes up.

ilusionarse [ilusjo'narse] *vpr (esperanzarse)* to get one's hopes up; *(emocionarse)* to get excited.

ilustración [ilustra'θjon] *f* illustration.

ilustrar [ilus'trar] *vt* to illustrate.

ilustre [i'lustre] *adj* illustrious.

imagen [i'maxen] *f* image; *(en televisión)* picture.

imaginación [imaxina'θjon] *f* imagination.

imaginar [imaxi'nar] *vt (suponer)* to imagine; *(inventar)* to think up. □ **imaginarse** *vpr* to imagine.

imaginario, ria [imaxi'narjo, rja] *adj* imaginary.

imaginativo, va [imaxina'tiβo, βa] *adj* imaginative.

imán [i'man] *m* magnet.

imbécil [im'beθil] *adj despec* stupid. ◆ *mf* idiot.

imitación [imita'θjon] *f (de persona)* impression; *(de obra de arte)* imitation.

imitar [imi'tar] *vt* to imitate.

impaciencia [impa'θjenθja] *f* impatience.

impaciente [impa'θjente] *adj* impatient; **~ por** impatient to.

impar [im'par] *adj* odd.

imparable [impa'raβle] *adj* unstoppable.

imparcial [impar'θjal] *adj* imparcial.

impasible [impa'siβle] *adj* impassive.

impecable [impe'kaβle] *adj* impeccable.

impedimento [impeði'mento] *m* obstacle.

impedir [impe'ðir] *vt (no permitir)* to prevent; *(obstaculizar)* to hinder.

impensable [impen'saβle] *adj* unthinkable.

imperativo [impera'tiβo] *m (en gramática)* imperative.

imperceptible [imperθep'tiβle] *adj* imperceptible.

imperdible [imper'ðiβle] *m* safety pin.

imperdonable [imperðo'naβle] *adj* unforgivable.

imperfecto, ta [imper'fekto, ta] *adj (incompleto)* imperfect; *(defectuoso)* faulty. ◆ *m* imperfect tense.

imperial [impe'rjal] *adj* imperial.

imperio [im'perjo] *m (territorio)* empire; *(dominio)* rule.

impermeable [imperme'aβle] *adj* waterproof. ◆ *m* raincoat.

impersonal [imperso'nal] *adj* impersonal.

impertinencia [imperti'nenθja] *f (insolencia)* impertinence; *(comentario)* impertinent remark.

impertinente [imperti'nente] *adj* impertinent.

ímpetu ['impetu] *m (energía)* force.

implicar [impli'kar] *vt* to involve; *(significar)* to mean.

implícito, ta [im'pliθito, ta] *adj* implicit.

imponer [impo'ner] *vt (obligación, castigo, impuesto)* to impose; *(obediencia, respeto)* to command. ◆ *vi* to be imposing.

importación [importa'θjon] *f (producto)* import.

importancia [impor'tanθja] *f* importance.

importante [impor'tante] *adj (destacado)* important; *(cantidad)* large.

importar [impor'tar] *vt (mercancías)* to import. ◆ *vi (interesar)* to matter; ¿le importa que fume? do you mind if I smoke?; ¿le importaría venir? would you mind coming?; no importa it doesn't matter; no me importa I don't care.

importe [im'porte] *m (precio)* price; *(en cuenta, factura)* total; '~ del billete' 'ticket price'.

imposibilidad [imposiβili'ðað] *f* impossibility.

imposible [impo'siβle] *adj* impossible. ◆ *interj* never! ◆ *m:* pedir un ~ to ask the impossible.

impostor, ra [impos'tor, ra] *m, f* impostor.

impotencia [impo'tenθja] *f* impotence.

impotente [impo'tente] *adj* impotent.

impreciso, sa [impre'θiso, sa] *adj* vague.

impregnar [impreγ'nar] *vt (humedecer)* to soak.

imprenta [im'prenta] *f (arte)* printing; *(taller)* printer's (shop).

imprescindible [impresθin'diβle] *adj* indispensable.

impresión [impre'sjon] *f (de un libro)* edition; *(sensación)* feeling; *(opinión)* impression.

impresionante [impresjo'nante] *adj* impressive.

impresionar [impresjo'nar] *vt* to impress. ◆ *vi (causar admiración)* to be impressive.

impreso, sa [im'preso] *pp* → **imprimir.** ◆ *m (formulario)* form.

impresora [impre'sora] *f* printer.

imprevisto [impre'βisto] *m* unexpected event.

imprimir [impri'mir] *vt* to print.

improvisación [improβisa'θjon] *f* improvisation.

improvisado, da [improβi'saðo, ða] *adj* improvised.

improvisar [improβi'sar] *vt* to improvise.

imprudente [impru'ðente] *adj* rash.

impuesto, ta [im'pwesto, ta] *pp* → **imponer.** ◆ *m* tax.

impulsar [impul'sar] *vt (empujar)* to drive; **~ a alguien a** to drive sb to.

impulsivo, va [impul'siβo, βa] *adj* impulsive.

impulso [im'pulso] *m (empuje)* momentum; *(estímulo)* stimulus.

impuro, ra [im'puro, ra] *adj* impure.

inaceptable [inaθep'taβle] *adj* unacceptable.

inadecuado, da [inaðe'kwaðo, ða] *adj* unsuitable.

inadmisible [inaðmi'siβle] *adj* unacceptable.

inaguantable [inaɣwan'taβle] *adj* unbearable.

inauguración [inauɣura'θjon] *f* inauguration, opening.

inaugurar [inauɣu'rar] *vt* to inaugurate, to open.

incapacidad [inkapaθi'ðað] *f (incompetencia)* incompetence; *(por enfermedad)* incapacity.

incapaz [inka'paθ] *(pl* **-ces** [θes]*) adj* incapable; **ser ~ de** to be unable to.

incendio [in'θendjo] *m* fire; **contra ~s** *(medidas)* fire-fighting; *(seguro, brigada)* fire *(antes de s).*

incentivo [inθen'tiβo] *m* incentive.

incidente [inθi'ðente] *m* incident.

incineradora [inθinera'ðora] *f* incinerator.

incinerar [inθine'rar] *vt* to incinerate.

incitar [inθi'tar] *vt (animar)* to encourage; *(a la violencia)* to incite.

inclinación [inklina'θjon] *f (saludo)* bow; *(tendencia)* tendency; *(afecto)* fondness.

incluido, da [inklu'iðo, ða] *adj* included.

incluir [inklu'ir] *vt (contener)* to include; *(adjuntar)* to enclose.

inclusive [inklu'siβe] *adv* inclusive.

incluso [in'kluso] *adv* even.

incógnita [in'koɣnita] *f (cosa desconocida)* mystery.

incoherente [inkoe'rente] *adj (contradictorio)* inconsistent.

incoloro, ra [inko'loro, ra] *adj* colourless.

incómodo, da [in'komoðo, ða] *adj* uncomfortable.

incomparable [inkompa'raβle] *adj* incomparable.

incompatibilidad [inkompatiβili'ðað] *f* incompatibility.

incompetente [inkompe'tente] *adj* incompetent.

incomprensible [inkompren'siβle] *adj* incomprehensible.

incomunicado, da [inkomuni'kaðo, ða] *adj (pueblo)* cut off.

incondicional [inkondiθjo'nal] *adj (apoyo, ayuda)* wholehearted; *(amigo)* staunch.

inconfundible [inkonfun'diβle] *adj* unmistakable.

inconsciencia [inkons'θjenθja] *f (irresponsabilidad)* thoughtlessness.

inconsciente [inkons'θjente] *adj (sin conocimiento)* unconscious; *(insensato)* thoughtless.

incontable [inkon'taβle] *adj* countless.

inconveniente [inkombe'njente] *m (dificultad)* difficulty; *(desventaja)* disadvantage.

incorporación [inkorpora'θjon] *f (unión)* inclusion.

incorporar [inkorpo'rar] *vt (agregar)* to incorporate; *(levantar)* to sit up. □ **incorporarse** *vpr (levantarse)* to sit up; **~se a** *(ingresar en)* to join.

incorrecto, ta [inko'rekto, ta] *adj (erróneo)* incorrect; *(descortés)* impolite.

incorregible [inkore'xiβle] *adj* incorrigible.

incrédulo, la [in'kreðulo, la] *adj* sceptical.

increíble [inkre'iβle] *adj (inverosímil)* hard to believe; *(extraordinario)* incredible.

incremento [inkre'mento] *m* increase.

incubadora [inkuβa'ðora] *f* incubator.

incubar [inku'βar] *vt* to incubate.

inculpado, da [inkul'paðo, ða] *m, f* accused.

inculto, ta [in'kulto, ta] *adj (persona)* uneducated.

incumbir [inkum'bir] *vi*: **no te incumbe hacerlo** it's not for you to do it.

incurable [inku'raβle] *adj* incurable.

incurrir [inku'rir] ◆ **incurrir en** *v + prep (error)* to make; *(delito)* to commit.

indecente [inde'θente] *adj* indecent.

indeciso, sa [inde'θiso,sa] *adj (falta de iniciativa)* indecisive; *(falto de decisión)* undecided; *(poco claro)* inconclusive.

indefenso, sa [inde'fenso,sa] *adj* defenceless.

indefinido, da [indefi'niðo, ða] *adj* indefinite; *(impreciso)* vague.

indemnización [indemniθa'θjon] *f* compensation.

indemnizar [indemni'θar] *vt* to compensate.

independencia [indepen'denθja] *f* independence.

independiente [indepen'djente] *adj* independent.

independizarse [independi'θarse] ◆ **independizarse de** *v + prep* to become independent.

indeterminado, da [indetermi'naðo, ða] *adj* indefinite.

indicación [indika'θjon] *f (señal)* sign. □ **indicaciones** *fpl (instrucciones)* instructions; *(para llegar a un sitio)* directions.

indicador [indika'ðor] *m* indicator; **~ de dirección** indicator.

indicar [indi'kar] *vt (señalar)* to indicate; *(lugar, dirección)* to show; *(suj: señal, reloj)* to read.

indicativo, va [indika'tiβo, βa] *adj* indicative.

índice ['indiθe] *m (de libro, precios)* index; *(de natalidad, mortalidad)* rate; *(de la mano)* index finger.

indicio [in'diθjo] *m (señal)* sign.

indiferencia [indife'renθja] *f* indifference.

indiferente [indife'rente] *adj* indifferent; **es ~** it makes no difference.

indígena [in'dixena] *mf* native.

indigestión [indixes'tjon] *f* indigestion.

indigesto, ta [indi'xesto, ta] *adj* hard to digest.

indignación [indiɣna'θjon] f indignation.

indignado, da [indiɣ'naðo, ða] adj indignant.

indignante [indiɣ'nante] adj outrageous.

indirecta [indi'rekta] f hint.

indirecto, ta [indi'rekto, ta] adj indirect.

indiscreto, ta [indis'kreto, ta] adj indiscreet.

indiscriminado, da [indiskrimi'naðo, ða] adj indiscriminate.

indiscutible [indisku'tiβle] adj indisputable.

indispensable [indispen'saβle] adj indispensable.

indispuesto, ta [indis'pwesto, ta] adj unwell.

individual [indiβiðu'al] adj (del individuo) individual; (cama, habitación) single; **~ es** DEP singles.

individuo [indi'βiðuo] m individual.

índole ['indole] f (tipo) type.

indudablemente [induˌðaβle'mente] adv undoubtedly.

indumentaria [indumen'tarja] f clothes (pl).

industria [in'dustrja] f (actividad) industry; (fábrica) factory.

industrial [indus'trjal] adj industrial. ◆ mf industrialist.

industrializado, da [industrjali'θaðo, ða] adj industrialized.

inédito, ta [i'neðito, ta] adj (desconocido) unprecedented.

inepto, ta [i'nepto, ta] adj inept.

inequívoco, ca [ine'kiβoko, ka] adj (clarísimo) unequivocal; (inconfundible) unmistakable.

inesperado, da [inespe'raðo, ða] adj unexpected.

inestable [ines'taβle] adj unstable.

inevitable [ineβi'taβle] adj inevitable.

inexperto, ta [ineks'perto, ta] adj (sin experiencia) inexperienced.

infalible [infa'liβle] adj infallible.

infancia [in'fanθja] f childhood.

infanta [in'fanta] f princess.

infantería [infante'ria] f infantry.

infantil [infan'til] adj (para niños) children's; despec (inmaduro) childish.

infarto [in'farto] m heart attack.

infección [infek'θjon] f infection.

infeccioso, sa [infek'θjoso, sa] adj infectious.

infectar [infek'tar] vt to infect. ❑ **infectarse** vpr to become infected.

infelicidad [infeliθi'ðað] f unhappiness.

infeliz [infe'liθ] (pl **-ces** [θes]) adj unhappy. ◆ mf (desgraciado) wretch; fam (ingenuo) naive person.

inferior [infe'rjor] adj (de abajo, menos importante, cantidad) lower; (de menos calidad) inferior. ◆ mf inferior.

inferioridad [inferjori'ðað] f inferiority.

infidelidad [infiðeli'ðað] f infidelity.

infiel [in'fjel] adj (a la pareja) unfaithful. ◆ mf (no cristiano) infidel.

infierno [in'fjerno] m hell.

ínfimo, ma ['infimo, ma] adj very low.

infinito, ta [infi'nito, ta] adj infinite. ◆ m infinity.

inflación [infla'θjon] f inflation.

inflar [in'flar] vt (de aire) to inflate; (globo) to blow up. ❑ **inflarse de** v + prep (comer, beber) to stuff o.s. with.

inflexible [inflek'siβle] adj inflexible.

influencia [influ'enθja] f influence; **tener ~** to have influence.

influenciar [influen'θjar] vt to influence.

influir [influ'ir] ◆ **influir en** v + prep to influence.

influjo [in'fluxo] m influence.

influyente [influ'jente] adj influential.

información [informa'θjon] f (datos) information; (noticias) news; (oficina) information office; (mostrador) information desk; (de teléfono) directory enquiries (pl) (Br), directory assistance (Am).

informal [infor'mal] adj (persona) unreliable; (lenguaje, traje) informal.

informalidad [informali'ðað] f (irresponsabilidad) unreliability.

informar [infor'mar] vt to tell. ❑ **informarse** vpr to find out.

informática [infor'matika] f information technology, computing → **informático**.

informático, ca [infor'matiko, ka] m, f computer expert.

informativo [informa'tiβo] m news bulletin.

informe [in'forme] m report. ❑ **informes** mpl (referencias) references.

infracción [infrak'θjon] f (delito) offence.

infundir [infun'dir] vt to inspire.

infusión [infu'sjon] f infusion; **~ de tila** lime blossom tea.

ingeniería [inxenje'ria] f engineering.

ingeniero, ra [inxe'njero, ra] m, f engineer.

ingenio [in'xenjo] m (agudeza) wit; (inteligencia) ingenuity; (máquina) device.

ingenioso, sa [inxe'njoso, sa] adj (agudo) witty; (inteligente) ingenious.

ingenuidad [inxenwi'ðað] f naivety.

ingenuo, nua [in'xenwo, nwa] adj naive.

Inglaterra [ingla'tera] England.

ingle ['ingle] f groin.

inglés, esa [in'gles, esa] adj & m English. ◆ m, f Englishman (f Englishwoman); **los ingleses** the English (pl).

ingrato, ta [in'grato, ta] adj (trabajo) thankless; (persona) ungrateful.

ingrediente [ingre'ðjente] m ingredient.

ingresar [ingre'sar] vt (dinero) to deposit. ◆ vi (en hospital) to be admitted; (en sociedad) to join; (en universidad) to enter Br, to enroll Am.

ingreso [in'greso] m (entrada, en universidad) entry Br, enrollment Am; (de dinero) deposit; (en hospital) admission; (en sociedad) joining. ❑ **ingresos** mpl (sueldo) income (sg).

inhabitable [inaβi'taβle] adj uninhabitable.

inhalar [ina'lar] vt to inhale.

inhibición [iniβi'θjon] f inhibition.

inhumano, na [inu'mano, na] adj inhumane.

iniciación [iniθja'θjon] f (comienzo) beginning.

inicial [ini'θjal] adj & f initial.

iniciar [ini'θjar] vt (empezar) to begin, to start. ❑ **iniciarse en** v + prep (conocimiento, práctica) to learn.

iniciativa [iniθja'tiβa] f initiative; **tener ~** to have initiative.

inicio [i'niθjo] m beginning, start.

inimaginable [inimaxi'naβle] adj unimaginable.

injerto [in'xerto] m graft.

injusticia [inxus'tiθja] f injustice.

injusto, ta [in'xusto, ta] adj unfair.

inmaduro, ra [imma'ðuro, ra] adj (persona) immature; (fruta) unripe.

inmediatamente [imme,ðjata'mente] adv immediately.

inmediato, ta [imme'ðjato, ta] adj (tiempo) immediate; (contiguo) next; **de ~** immediately.

inmejorable [immexo'raβle] adj unbeatable.

inmenso, sa [im'menso, sa] adj immense.

inmigración [immiɣra'θjon] f immigration.

inmigrante [immi'ɣrante] mf immigrant.

inmigrar [immi'ɣrar] vi to immigrate.

inmobiliaria [immoβi'ljarja] f estate agency (Br), real-estate office (Am).

inmoral [immo'ral] adj immoral.

inmortal [immor'tal] adj immortal.

inmóvil [im'moβil] adj (persona) motionless; (coche, tren) stationary.

inmovilizar [immoβili'θar] vt to immobilize.

inmueble [in'mueβle] m building.

inmune [in'mune] adj immune.

inmunidad [immuni'ðað] f immunity.

innato, ta [in'nato, ta] adj innate.

innecesario, ria [inneθe'sarjo, rja] adj unnecessary.

innovación [innoβa'θjon] f innovation.

inocencia [ino'θenθja] f innocence.

inocentada [inoθen'taða] f (bobada) foolish thing; (broma) practical joke.

inocente [ino'θente] adj innocent.

inofensivo, va [inofen'siβo, βa] adj harmless.

inolvidable [inolβi'ðaβle] adj unforgettable.

inoportuno, na [inopor'tuno, na] adj (inadecuado) inappropriate; (molesto) inconvenient; (en mal momento) untimely.

inoxidable [inoksi'ðaβle] adj (material) rustproof; (acero) stainless.

inquietarse [inkie'tarse] vpr to worry.

inquieto, ta [inki'eto, ta] adj (preocupado) worried; (aventurero) restless.

inquietud [inkie'tuð] f worry.

inquilino, na [inki'lino, na] m, f tenant.

Inquisición [inkisi'θjon] f: **la ~** the (Spanish) Inquisition.

insaciable [insa'θjaβle] adj insatiable.

insalubre [insa'luβre] adj unhealthy.

insatisfacción [insatisfak'θjon] f dissatisfaction.

insatisfecho, cha [insatis'fetʃo, tʃa] adj dissatisfied.

inscribir [inskri'βir] ◆ **inscribirse en** v + prep to enrol on.

inscripción [inskrip'θjon] f (de moneda, piedra, etc) inscription; (en registro) enrolment.

insecticida [insekti'θiða] m insecticide.

insecto [in'sekto] m insect.

inseguridad [inseɣuri'ðað] f (falta de confianza) insecurity; (peligro) lack of safety.

inseguro, ra [inse'ɣuro, ra] adj (sin confianza) insecure; (peligroso) unsafe.

insensato, ta [insen'sato, ta] adj foolish.

insensible [insen'siβle] adj (persona) insensitive; (aumento, subida, bajada) imperceptible.

inseparable [insepa'raβle] adj inseparable.

insertar [inser'tar] vt to insert; ~ algo en to insert sthg into.

inservible [inser'βiβle] adj useless.

insignia [in'siɣnja] f (distintivo) badge; (de militar) insignia; (estandarte) flag.

insignificante [insiɣnifi'kante] adj insignificant.

insinuar [insinu'ar] vt to hint at. ❑ **insinuarse** vpr to make advances.

insípido, da [in'sipiðo, ða] adj insipid.

insistencia [insis'tenθja] f insistence.

insistir [insis'tir] vi: ~ (en) to insist (on).

insolación [insola'θjon] f (indisposición) sunstroke.

insolencia [inso'lenθja] f (dicho, hecho) insolent thing.

insolente [inso'lente] adj (desconsiderado) insolent; (orgulloso) haughty.

insólito, ta [in'solito, ta] adj unusual.

insolvente [insol'βente] adj insolvent.

insomnio [in'somnjo] m insomnia.

insonorización [insonoriθa'θjon] f soundproofing.

insoportable [insopor'taβle] adj unbearable.

inspeccionar [inspekθjo'nar] vt to inspect.

inspector, ra [inspek'tor, ra] m, f inspector; ~ de aduanas customs official.

inspiración [inspira'θjon] f (de aire) inhalation; (de un artista) inspiration.

inspirar [inspi'rar] vt (aire) to inhale; (ideas) to inspire. ❑ **inspirarse en** v + prep to be inspired by.

instalación [instala'θjon] f (acto) installation; (equipo) installations (pl); ~ eléctrica wiring. ❑ **instalaciones** fpl (edificios) facilities; instalaciones deportivas sports facilities.

instalar [insta'lar] vt (teléfono, antena, etc) to install; (gimnasio, biblioteca, etc) to set up; (alojar) to settle. ❑ **instalarse** vpr (en nueva casa) to move in.

instancia [ins'tanθja] f (solicitud) application.

instantánea [instan'tanea] f snapshot.

instantáneo, a [instan'taneo, a] adj instantaneous.

instante [ins'tante] m instant; al ~ straight away.

instintivo, va [instin'tiβo, βa] adj instinctive.

instinto [ins'tinto] m instinct.

institución [institu'θjon] f institution. ❑ **instituciones** fpl institutions.

institucional [instituθjo'nal] adj institutional.

instituir [institu'ir] vt to set up.

instituto [insti'tuto] m institute; (centro de enseñanza) state secondary school, ≃ high school Am.

institutriz [institu'triθ] (pl -ces [θes]) f governess.

instrucción [instruk'θjon] f (formación) education. ❑ **instrucciones** fpl (indicaciones) instructions.

instruir [instru'ir] vt (enseñar) to teach; (enjuiciar) to prepare.

instrumental [instrumen'tal] m instruments (pl).

instrumento [instru'mento] m instrument.

insuficiente [insufi'θjente] adj insufficient. ♦ m fail.

insufrible [insu'friβle] adj insufferable.

insultante [insul'tante] *adj* insulting.

insultar [insul'tar] *vt* to insult. □ **insultarse** *vpr* to insult each other.

insulto [in'sulto] *m* insult.

insuperable [insupe'raβle] *adj (inmejorable)* unsurpassable; *(problema)* insurmountable.

intacto, ta [in'takto, ta] *adj* intact.

integración [inteɣra'θjon] *f* integration.

integrarse [inte'ɣrarse] ◆ **integrarse en** *v + prep* to become integrated in.

íntegro, gra ['inteɣro, ɣra] *adj (cosa)* whole; *(persona)* honourable.

intelectual [intelektu'al] *mf* intellectual.

inteligencia [inteli'xenθja] *f* intelligence.

inteligente [inteli'xente] *adj* intelligent.

intemperie [intem'perje] *f*: **a la ~** in the open air.

intención [inten'θjon] *f* intention; **con la ~ de** with the intention of; **tener la ~ de** to intend to.

intencionado, da [intenθjo-'naðo, ða] *adj* deliberate; **bien ~** well-meaning; **mal ~** ill-intentioned.

intensivo, va [inten'siβo, βa] *adj* intensive.

intenso, sa [in'tenso, sa] *adj* intense; *(luz)* bright; *(lluvia)* heavy.

intentar [inten'tar] *vt* to try; **~ hacer algo** to try to do sthg.

intento [in'tento] *m (propósito)* intention; *(tentativa)* try.

intercalar [interka'lar] *vt* to insert.

intercambio [inter'kambjo] *m* exchange.

interceder [interθe'ðer] ◆ **interceder por** *v + prep* to intercede on behalf of.

interceptar [interθep'tar] *vt* to intercept.

interés [inte'res] *m* interest; *(provecho)* self-interest. □ **intereses** *mpl (dinero)* interest *(sg)*; *(fortuna, aspiraciones)* interests.

interesado, da [intere'saðo, ða] *adj (que tiene interés)* interested; *(egoísta)* self-interested.

interesante [intere'sante] *adj* interesting.

interesar [intere'sar] *vi* to be of interest; **¿te interesa la música?** are you interested in music? □ **interesarse en** *v + prep* to be interested in. □ **interesarse por** *v + prep* to take an interest in.

interferencia [interfe'renθja] *f* interference.

interina [inte'rina] *f (criada)* cleaning lady.

interino, na [inte'rino, na] *adj (trabajador)* temporary.

interior [inte'rjor] *adj* inner; *(mercado, política)* domestic. ◆ *m (parte de dentro)* inside; *fig (mente)* inner self; *(en deporte)* inside forward; **el ~ de España** inland Spain.

interlocutor, ra [interloku'tor, ra] *m, f* speaker.

intermediario, ria [interme'ðjarjo, rja] *m, f* middleman.

intermedio, dia [inter'meðjo, ðja] *adj* intermediate. ◆ *m* interval.

interminable [intermi'naβle] *adj* endless.

intermitente [intermi'tente] *m* indicator.

internacional [internaθjo'nal] *adj* international.

internacionalmente [internaθjo'nal'mente] *adv* internationally.

internado [inter'naðo] *m* boarding school.

Internet [inter'net] *m* Internet; **en ~** on the Internet.

interno, na [in'terno, na] *adj* internal. ◆ *m, f (en colegio)* boarder; *(en hospital)* intern.

interponerse [interpo'nerse] *vpr* to intervene.

interpretación [interpreta'θjon] *f (en teatro, cine, etc)* performance; *(traducción)* interpreting.

interpretar [interpre'tar] *vt (en teatro, cine, etc)* to perform; *(traducir)* to interpret.

intérprete [in'terprete] *mf (en teatro, cine, etc)* performer; *(traductor)* interpreter.

interrogación [interoɣa'θjon] *f (pregunta)* question; *(signo)* question mark.

interrogante [intero'ɣante] *m o f* question mark.

interrogar [intero'ɣar] *vt* to question.

interrogatorio [interoɣa'torjo] *m* questioning.

interrumpir [interum'pir] *vt* to interrupt.

interrupción [interup'θjon] *f* interruption.

interruptor [interup'tor] *m* switch.

interurbano, na [interur'βano, na] *adj* long-distance.

intervalo [inter'βalo] *m (tiempo)* interval; *(espacio)* gap.

intervención [interβen'θjon] *f (discurso)* speech; **~ quirúrgica** operation.

intervenir [interβe'nir] *vt (en medicina)* to operate on; *(confiscar)* to seize. ◆ *vi (tomar parte)* to participate.

interviú [inter'βju] *f* interview.

intestino [intes'tino] *m* intestine.

intimidad [intimi'ðað] *f (vida privada)* private life.

íntimo, ma ['intimo, ma] *adj (cena, pensamiento, etc)* private; *(amistad, relación)* close; *(ambiente, restaurante)* intimate.

intocable [into'kaβle] *adj* untouchable.

intolerable [intole'raβle] *adj* intolerable.

intolerante [intole'rante] *adj* intolerant.

intoxicación [intoksika'θjon] *f* poisoning; **~ alimenticia** food poisoning.

intoxicarse [intoksi'karse] *vpr* to be poisoned.

intranquilo, la [intran'kilo, la] *adj (nervioso)* restless; *(preocupado)* worried.

intransigente [intransi'xente] *adj* intransigent.

intransitable [intransi'taβle] *adj* impassable.

intrépido, da [in'trepiðo, ða] *adj* intrepid.

intriga [in'triɣa] *f (maquinación)* intrigue; *(trama)* plot.

intrigar [intri'ɣar] *vt & vi* to intrigue.

introducción [introðuk'θjon] *f* introduction.

introducir [introðu'θir] *vt* to introduce; *(meter)* to put in; **'~ monedas'** 'insert coins'.

introvertido, da [introβer'tiðo, ða] *adj* introverted.

intruso, sa [in'truso, sa] *m, f* intruder.

intuición [intɥi'θjon] *f* intuition.

inundación [inunda'θjon] *f* flood.

inundar [inun'dar] *vt* to flood.

inusual [inusu'al] *adj* unusual.

inútil [i'nutil] *adj* useless; *(no provechoso)* unsuccessful; *(inválido)* disabled.

invadir [imbaˈðir] *vt (país, territorio)* to invade; *(suj: alegría, tristeza)* to overwhelm.

inválido, da [imˈbaliðo, ða] *m, f* disabled person.

invasión [imbaˈsjon] *f* invasion.

invasor, ra [imbaˈsor, ra] *m, f* invader.

invención [imbenˈθjon] *f* invention.

inventar [imbenˈtar] *vt* to invent.

inventario [imbenˈtarjo] *m* inventory.

invento [imˈbento] *m* invention.

invernadero [imbernaˈðero] *m* greenhouse.

inversión [imberˈsjon] *f (de dinero)* investment; *(de orden)* reversal.

inverso, sa [imˈberso, sa] *adj* opposite; **a la inversa** the other way round.

invertir [imberˈtir] *vt (dinero, tiempo)* to invest; *(orden)* to reverse.

investigación [imbestiɣaˈθjon] *f (de delito, crimen)* investigation; *(en ciencia)* research.

investigador, ra [imbestiɣaˈðor, ra] *m, f* researcher.

investigar [imbestiˈɣar] *vt (delito, crimen)* to investigate; *(en ciencia)* to research.

invidente [imbiˈðente] *mf* blind person.

invierno [imˈbjerno] *m* winter; **en ~** in (the) winter.

invisible [imbiˈsiβle] *adj* invisible.

invitación [imbitaˈθjon] *f* invitation; **es ~ de la casa** it's on the house.

invitado, da [imbiˈtaðo, ða] *m, f* guest.

invitar [imbiˈtar] *vt (a fiesta, boda, etc)* to invite; **os invito** *(a café, copa, etc)* it's my treat; **te invito a cenar fue-** ra I'll take you out for dinner; **~ a alguien a** *(incitar)* to encourage sb to.

involucrar [imboluˈkrar] *vt* to involve. □ **involucrarse en** *v + prep* to get involved in.

invulnerable [imbulneˈraβle] *adj* invulnerable.

inyección [injekˈθjon] *f* injection.

🖙 **ir** [ir] *vi* - **1.** *(desplazarse)* to go; **fuimos andando** we went on foot; **iremos en coche** we'll go by car; **¡vamos!** let's go!

- **2.** *(asistir)* to go; **nunca va a las juntas** he never goes to meetings.

- **3.** *(extenderse)* to go; **la carretera va hasta Valencia** the road goes as far as Valencia.

- **4.** *(funcionar)* to work; **la televisión no va** the television's not working.

- **5.** *(desenvolverse)* to go; **le va bien en su trabajo** things are going well (for him) in his job; **los negocios van mal** business is bad; **¿cómo te va?** how are you doing?

- **6.** *(vestir)*: **~ en o con** to wear; **~ de azul/de uniforme** to wear blue/a uniform.

- **7.** *(tener aspecto físico)* to look like; **tal como voy no puedo entrar** I can't go in looking like this.

- **8.** *(valer)* to be; **¿a cuánto va el pollo?** how much is the chicken?

- **9.** *(expresa duración gradual)*: **~ haciendo algo** to be doing sth; **voy mejorando mi estilo** I'm working on improving my style.

- **10.** *(sentar)*: **le va fatal el color negro** black doesn't suit him at all; **le irían bien unas vacaciones** she could do with a holiday.

- **11.** *(referirse)*: **~ por o con alguien** to go for sb.

- **12.** *(en locuciones)*: **ni me va ni me vie-**

ne *fam* I'm not bothered; ¡qué va! you must be joking!; vamos, no te preocupes come on, don't worry; ¿vamos bien a Madrid? is this the right way to Madrid? □ir a v + prep *(expresa intención)* to be going to. □ir de v + prep *(película, libro)* to be about. □ir por v + prep *(buscar)* to go and fetch; voy por la mitad del libro I'm halfway through the book. □irse *vpr* to go; ~se abajo *(edificio)* to fall down; *(negocio)* to collapse; *(proyecto)* to fall through.

ira [ˈira] f fury, rage.

Irlanda [irˈlanda] Ireland; ~ del Norte Northern Ireland.

irlandés, esa [irlanˈdes, esa] adj Irish. ◆ m, f Irishman *(f* Irishwoman*)*; los irlandeses the Irish.

ironía [iroˈnia] f irony.

irónico, ca [iˈroniko, ka] adj ironic.

IRPF [ˈi.ere.peˈefe] m *(abrev de Impuesto sobre la Renta de las Personas Físicas)* Spanish income tax.

irracional [iraθjoˈnal] adj irrational.

irrecuperable [irekupeˈraβle] adj irretrievable.

irregular [ireɣuˈlar] adj irregular; *(objeto, superficie)* uneven.

irregularidad [ireɣulariˈðað] f irregularity; *(de superficie, contorno)* unevenness.

irresistible [iresisˈtiβle] adj *(inaguantable)* unbearable; *(apetecible)* irresistible.

irresponsable [iresponˈsaβle] adj irresponsible.

irreversible [ireβerˈsiβle] adj irreversible.

irrigar [iriˈɣar] vt to irrigate.

irritable [iriˈtaβle] adj *(persona)* irritable; *(piel, ojos)* itchy.

irritación [iritaˈθjon] f irritation.

irritante [iriˈtante] adj irritating.

irritar [iriˈtar] vt to irritate. □irritarse vpr to get irritated.

isla [ˈizla] f island.

islote [izˈlote] m islet.

istmo [ˈizðmo] m isthmus.

Italia [iˈtalja] Italy.

italiano, na [itaˈljano, na] adj, m, f Italian.

itinerario [itineˈrarjo] m itinerary.

IVA [ˈiβa] m *(abrev de impuesto sobre el valor añadido)*, Amér *(abrev de impuesto sobre el valor agregado)* VAT.

izda *(abrev de izquierda)* l.

izquierda [iθˈkjerða] f: la ~ *(lado izquierdo)* the left; *(mano izquierda)* one's left hand; a la ~ on the left; girar a la ~ to turn left; ser de ~s to be left-wing.

izquierdo, da [iθˈkjerðo, ða] adj left.

J

jabalí [xaβaˈli] m wild boar.

jabalina [xaβaˈlina] f javelin.

jabón [xaˈβon] m soap.

jabonera [xaβoˈnera] f soap dish.

jacuzzi® [jaˈkusi] m Jacuzzi®.

jade [ˈxaðe] m jade.

jaguar [xaˈɣwar] m jaguar.

jalea [xaˈlea] f jelly; ~ real royal jelly.

jaleo [xaˈleo] m *(barullo)* row Brit, racket; *(lío)* mess.

jamás [xaˈmas] adv never; el mejor que he visto ~ the best I've ever seen.

joystick

jamón [xa'mon] *m* ham; ~ **de bellota** *cured ham from pigs fed on acorns*; ~ **de jabugo** *type of top-quality cured ham from Jabugo*; ~ **serrano** cured ham, Parma ham; ~ **(de) York** boiled ham.

jarabe [xa'raβe] *m* syrup; ~ **para la tos** cough mixture *Br* o syrup *Am*.

jardín [xar'ðin] *m* garden; ~ **botánico** botanical gardens *(pl)*; ~ **de infancia** nursery school; ~ **público** park.

jardinera [xarði'nera] *f (recipiente)* plant pot holder *Br*, cachepot *Am* → **jardinero**.

jardinero, ra [xarði'nero, ra] *m, f* gardener; **a la jardinera** garnished with vegetables.

jarra ['xara] *f* jug *Br*, pitcher *Am*; ~ **s** *(posición)* hands on hips.

jarro ['xaro] *m* jug *Br*, pitcher *Am*.

jarrón [xa'ron] *m* vase.

jaula ['xaula] *f* cage.

jazmín [xaθ'min] *m* jasmine.

jazz [dʒas] *m* jazz.

jefatura [xefa'tura] *f (lugar)* headquarters *(pl)*; *(cargo)* leadership; ~ **de policía** police headquarters.

jefe, fa ['xefe, fa] *m, f (de trabajador)* boss; *(de empresa)* manager; *(de partido, asociación)* leader; *(de departamento)* head; ~ **de gobierno** head of state.

jerez [xe'reθ] *m* sherry.

ⓘ **JEREZ**

Jerez is the name given to the types of sherry produced in Jerez de la Frontera in Andalusia. "Fino" and "amontillado" are dry pale sherries, while "oloroso" is darker and fuller in flavour. There is also a special type of "fino" called "manzanilla"

which is not to be confused with the camomile tea widely available.

jerga ['xerɣa] *f (argot)* slang; *(lenguaje difícil)* jargon.

jeringuilla [xerin'giʎa] *f* syringe.

jeroglífico [xero'ɣlifiko] *m (escritura)* hieroglyphic; *(pasatiempo)* rebus.

jersey [xer'sei] *m* sweater; ~ **de cuello alto** polo neck *Br*, turtle neck *Am*.

Jesucristo [xesu'kristo] Jesus Christ.

jesús [xe'sus] *interj (después de estornudo)* bless you!; *(de asombro)* good heavens!

jinete [xi'nete] *m* rider.

jirafa [xi'rafa] *f* giraffe.

jirón [xi'ron] *m Perú* avenue.

jitomate [xito'mate] *m CAm & Méx* tomato.

joder [xo'ðer] *vt vulg (fastidiar)* to fuck up. ◆ *vi vulg (copular)* to fuck. ◆ *interj vulg* fucking hell!

jornada [xor'naða] *f (de trabajo)* working day; *(de viaje, trayecto)* day's journey.

jornal [xor'nal] *m* day's wage.

jornalero, ra [xorna'lero, ra] *m, f* day labourer.

jota ['xota] *f (baile)* popular dance of Aragon and Galicia.

joven ['xoβen] *adj* young. ◆ *mf* young man (f young woman). ❑ **jóvenes** *mpl (juventud)*: **los jóvenes** young people.

joya ['xoja] *f* jewel; *fig (persona)* gem.

joyería [xoje'ria] *f* jeweller's (shop).

joyero, ra [xo'jero, ra] *m, f* jeweller. ◆ *m* jewellery box.

joystick ['dʒoistik] *m* joystick.

jubilación [xuβila'θjon] f(retiro) retirement; (pensión) pension.

jubilado, da [xuβi'laðo, ða] m, f pensioner Br, retiree Am.

jubilarse [xuβi'larse] vpr to retire.

judaísmo [xuða'izmo] m Judaism.

judía [xu'ðia] f bean; ~ **tierna** young, stringless bean; ~s **blancas** haricot beans Br, navy beans Am; ~s **pintas** kidney beans; ~s **verdes** green beans → **judío**.

judío, a [xu'ðio, a] adj Jewish. ◆ m, f Jew.

judo ['xuðo] m judo.

juego ['xweɣo] m (entretenimiento, en tenis) game; (acción) play; (con dinero) gambling; (conjunto de objetos) set; **hacer** ~ **(con algo)** to match (sthg); ~ **de azar** game of chance; ~ **de manos** (conjuring) trick; ~ **de sociedad** parlour games; ~s **olímpicos** Olympic Games.

juerga ['xwerɣa] f party; **irse de** ~ to go out on the town.

jueves ['xweβes] m inv Thursday; **Jueves Santo** Maundy Thursday → **sábado**.

juez [xweθ] (pl -ces [θes]) mf judge; ~ **de línea** (en fútbol) linesman.

jugador, ra [xuɣa'ðor, ra] m, f (participante) player; (de dinero) gambler.

jugar [xu'ɣar] vi (entretenerse) to play; (con dinero) to gamble. ◆ vt to play. ❑ **jugar a** v + prep (fútbol, parchís, etc) to play. ❑ **jugar con** v + prep (no tomar en serio) to play with. ❑ **jugarse** vpr (arriesgar) to risk; (apostar) to bet.

jugo ['xuɣo] m (líquido) juice; (interés) substance.

jugoso, sa [xu'ɣoso, sa] adj juicy.

juguete [xu'ɣete] m toy.

juguetería [xuɣete'ria] f toy shop.

juguetón, ona [xuɣe'ton, ona] adj playful.

juicio ['xwiθjo] m (sensatez) judgment; (cordura) sanity; (ante juez, tribunal) trial; (opinión) opinion; **a mi** ~ in my opinion.

julio ['xuljo] m July → **setiembre**.

junco ['xunko] m reed.

jungla ['xuŋgla] f jungle.

junio ['xunjo] m June → **setiembre**.

junta ['xunta] f committee; (sesión) meeting.

juntar [xun'tar] vt (dos cosas) to put together; (personas) to bring together; (fondos, provisiones) to get together. ❑ **juntarse** vpr (ríos, caminos) to meet; (personas) to get together; (pareja) to live together.

junto, ta ['xunto, ta] adj (unido) together. ◆ adv at the same time; ~ **a** (al lado de) next to; (cerca de) near; **todo** ~ all together.

jurado [xu'raðo] m (de juicio) jury; (de concurso, oposición) panel of judges.

jurar [xu'rar] vt & vi to swear.

jurídico, ca [xu'riðiko, ka] adj legal.

justicia [xus'tiθja] f justice; (organismo) law.

justificación [xustifika'θjon] f justification.

justificar [xustifi'kar] vt to justify; (persona) to make excuses for; (demostrar) to prove. ❑ **justificarse** vpr (excusarse) to excuse o.s.

justo, ta ['xusto, ta] adj (equitativo) fair; (exacto) exact; (adecuado) right; (apretado) tight. ◆ adv just; ~ **en medio** right in the middle.

juvenil [xuβe'nil] adj (comportamiento) youthful.

juventud [xuβen'tuð] f (etapa de la

vida) youth; *(jóvenes)* young people *(pl)*.

juzgado [xuθ'γaðo] *m* court; *(territorio)* jurisdiction.

juzgar [xuθ'γar] *vt (procesar)* to try; *(considerar, opinar)* to judge.

K

karaoke [kara'oke] *m (juego)* karaoke; *(lugar)* karaoke bar.

kárate ['karate] *m* karate.

kg *(abrev de kilogramo)* kg.

kilo ['kilo] *m fam* kilo; **un cuarto de ~ de ...** a quarter of a kilo of ....

kilogramo [kilo'γramo] *m* kilogram.

kilómetro [ki'lometro] *m* kilometre; **~s por hora** kilometres per hour.

kimono [ki'mono] *m* silk dressing gown.

kiwi ['kiwi] *m* kiwi fruit.

kleenex® ['klineks] *m inv* tissue.

km *(abrev de kilómetro)* km.

KO ['kao] *m (abrev de knock-out)* KO.

L

l *(abrev de litro)* l.

la [la] → **el, lo**.

laberinto [laβe'rinto] *m* labyrinth.

labio ['laβjo] *m* lip.

labor [la'βor] *f (trabajo)* work; *(tarea)* task; *(en agricultura)* farmwork; *(de costura)* needlework.

laborable [laβo'raβle] *adj (día)* working. ◆ *m*: **'sólo ~s** 'working days only'.

laboral [laβo'ral] *adj* labour *(antes de s)*.

laboratorio [laβora'torjo] *m* laboratory; **~ fotográfico** developer's (shop).

laborioso, sa [laβo'rjosa, sa] *adj (trabajador)* hard-working; *(complicado, difícil)* laborious.

labrador, ra [laβra'ðor, ra] *m, f (agricultor)* farmer.

labrar [la'βrar] *vt (tierra)* to farm; *(madera, piedra, etc)* to carve.

laca ['laka] *f (de cabello)* hairspray; *(barniz)* lacquer.

lacio, cia ['laθjo, θja] *adj (cabello)* straight.

lacón [la'kon] *m* shoulder of pork; **~ con grelos** Galician dish of shoulder of pork with turnip tops.

lácteo, a ['lakteo, a] *adj (de leche)* milk *(antes de s)*; *(producto)* dairy *(antes de s)*.

ladera [la'ðera] *f (de cerro)* slope; *(de montaña)* mountainside.

lado ['laðo] *m* side; *(sitio)* place; **al ~ *(cerca)*** nearby; **al ~ de** beside; **al otro ~ de** on the other side of; **de ~** to one side; **en otro ~** somewhere else; **la casa de al ~** the house next door.

ladrar [la'ðrar] *vi* to bark.

ladrido [la'ðriðo] *m* bark.

ladrillo [la'ðriʎo] *m* brick.

ladrón, ona [la'ðron, ona] *m, f* thief. ◆ *m (enchufe)* adapter.

lagartija [laγar'tixa] *f* (small) lizard.

lagarto [la'γarto] *m* lizard.

lago ['layo] m lake.

lágrima ['layrima] f tear.

laguna [la'yuna] f (de agua) lagoon; (de ley) loophole; (de memoria) gap.

lamentable [lamen'taβle] adj pitiful.

lamentar [lamen'tar] vt to be sorry about. ◻ **lamentarse** vpr: ~ se (de) to complain (about).

lamer [la'mer] vt to lick.

lámina ['lamina] f (de papel, metal, etc) sheet; (estampa) plate.

lámpara ['lampara] f lamp.

lampista [lam'pista] m plumber.

lana ['lana] f wool; Amér fam (dinero) dough.

lancha ['lantʃa] f boat; ~ motora motorboat.

langosta [lan'gosta] f (crustáceo) lobster; (insecto) locust.

langostino [langos'tino] m king prawn; ~ s al ajillo king prawns cooked in an earthenware dish in garlic and chilli sauce; ~ s a la plancha grilled king prawns.

lanza ['lanθa] f (arma) spear.

lanzar [lan'θar] vt (pelota, dardo, etc) to throw; (producto, novedad) to launch. ◻ **lanzarse** vpr (al mar, piscina, etc) to throw o.s; (precipitarse) to rush into it.

lapa ['lapa] f limpet.

lapicera [lapi'θera] f CSur pen.

lapicero [lapi'θero] m CAm & Perú (de tinta) pen.

lápida ['lapiða] f memorial stone.

lápiz ['lapiθ] (pl -ces [θes]) m pencil; ~ de labios lipstick; ~ de ojos eyeliner.

largavistas [larva'bistas] m inv CSur binoculars.

largo, ga ['laryo, ya] adj long. ◆ m length; **tiene 15 metros de** ~ it's 15 metres long; **a la larga** in the long

run; **a lo** ~ **de** (playa, carretera, etc) along; (en el transcurso de) throughout; **de** ~ recorrido long-distance.

largometraje [larvome'traxe] m feature film.

laringe [la'rinxe] f larynx.

lástima ['lastima] f (compasión) pity; (disgusto, pena) shame; **¡qué** ~! what a pity!

lata ['lata] f (envase, lámina) tin Br, can; (de bebidas) can; **ser una** ~ fam to be a pain.

latido [la'tiðo] m beat.

látigo ['lativo] m whip.

latín [la'tin] m Latin.

Latinoamérica [latinoa'merika] f Latin America.

latinoamericano, na [la,tinoameri'kano, na] adj & m, f Latin American.

latir [la'tir] vi to beat.

laurel [lauʊ'rel] m (hoja) bay leaf; (árbol) laurel.

lava ['laβa] f lava.

lavabo [la'βaβo] m (cuarto de baño) toilet Br, bathroom Am; (pila) washbasin Br, sink Am.

lavadero [la'βaðero] m (de coches) carwash.

lavado [la'βaðo] m wash; ~ automático automatic wash.

lavadora [la'βaðora] f washing machine; ~ automática automatic washing machine.

lavanda [la'βanda] f lavender.

lavandería [laβande'ria] f (establecimiento) launderette Br, laundromat Am; (de hotel, residencia) laundry.

lavaplatos [laβa'platos] m inv (máquina) dishwasher. ◆ mf inv (persona) dishwasher.

lavar [la'βar] vt to wash; **~ la ropa** to do the washing o laundry Am. ◻ **lavarse** vpr to wash; ~ se las ma-

nos to wash one's hands; **~ se los dientes** to brush one's teeth.

lavavajillas [ˌlaβaβaˈxiʎas] *m inv (máquina)* dishwasher; *(detergente)* washing-up liquid *Br*, dish-washing detergent *Am*.

laxante [lakˈsante] *m* laxative.

lazo [ˈlaθo] *m (nudo)* bow; *(para animales)* lasso; *(vínculo)* tie, link.

le [le] *pron (a él)* him; *(a ella)* her; *(a usted)* you.

leal [leˈal] *adj* loyal.

lealtad [lealˈtað] *f* loyalty.

lección [lekˈθjon] *f* lesson.

lechal [leˈtʃal] *adj:* **cordero ~** baby lamb.

leche [ˈletʃe] *f* milk; *(golpe)* whack. ◆ *interj* shit!; **~ condensada** condensed milk; **~ desnatada** o **descremada** skimmed milk; **~ semidesnatada** semiskimmed milk *Br*, low-fat milk *Am*; **~ entera** full-cream milk *(Br)*, whole milk; **~ frita** *sweet made from fried milk, cornflour and lemon rind*; **~ limpiadora** cleansing milk *Br* o cream *Am*.

lechera [leˈtʃera] *f (jarra)* milk jug → **lechero**

lechería [letʃeˈria] *f* dairy.

lechero, ra [leˈtʃero, ra] *m, f* milkman *(f* milkwoman*)*

lecho [ˈletʃo] *m* bed.

lechuga [leˈtʃuɣa] *f* lettuce.

lechuza [leˈtʃuθa] *f* owl.

lector, ra [lekˈtor, ra] *m, f (persona)* reader; *(profesor)* language assistant. ◆ *m (aparato)* scanner.

lectura [lekˈtura] *f* reading.

leer [leˈer] *vt* & *vi* to read.

legal [leˈɣal] *adj* legal.

legalidad [leɣaliˈðað] *f (cualidad)* legality; *(conjunto de leyes)* law.

legible [leˈxiβle] *adj* legible.

legislación [lexislaˈθjon] *f* legislation.

legislatura [lexislaˈtura] *f* term (of office).

legítimo, ma [leˈxitimo, ma] *adj (legal)* legitimate; *(auténtico)* genuine.

legumbre [leˈɣumbre] *f* pulse, legume.

lejano, na [leˈxano, na] *adj* distant.

lejía [leˈxia] *f* bleach.

lejos [ˈlexos] *adv (en el espacio)* far (away); *(en el pasado)* long ago; *(en el futuro)* far away; **~ de** far from; **a lo ~** in the distance; **de ~** from a distance.

lencería [lenθeˈria] *f (ropa interior)* lingerie; *(tienda)* draper's (shop) *Br*, dry goods store *Am*.

lengua [ˈlengua] *f (órgano)* tongue; *(idioma)* language; **~ materna** mother tongue; **~ oficial** official language.

lenguado [lenˈɣuaðo] *m* sole; **~ menier** sole meunière.

lenguaje [lenˈɣuaxe] *m* language.

lengüeta [lenˈɣueta] *f* tongue.

lentamente [ˌlentaˈmente] *adv* slowly.

lente [ˈlente] *m* o *f* lens; **~s de contacto** contact lenses. ◆ **lentes** *mpl formal (gafas)* spectacles.

lenteja [lenˈtexa] *f* lentil; **~s estofadas** lentil stew *(with wine) (sg)*.

lentitud [lentiˈtuð] *f* slowness.

lento, ta [ˈlento, ta] *adj* slow. ◆ *adv* slowly.

leña [ˈleɲa] *f* firewood.

leñador, ra [leɲaˈðor, ra] *m, f* woodcutter.

leño [ˈleɲo] *m* log.

león, ona [leˈon, ˈona] *m, f* lion *(f* lioness*)*.

leopardo [leoˈparðo] *m (animal)* leopard; *(piel)* leopard skin.

leotardos [leo'tarðos] *mpl* thick tights.

lesbiana [lez'βjana] *f* lesbian.

lesión [le'sjon] *f (herida)* injury.

letal [le'tal] *adj* lethal.

letra ['letra] *f (signo)* letter; *(de persona)* handwriting; *(de canción)* lyrics *(pl)*; *(de una compra)* bill of exchange; **~ de cambio** bill of exchange. □ **letras** *fpl (en enseñanza)* arts.

letrero [le'trero] *m* sign.

levantamiento [leβanta'mjento] *m (sublevación)* uprising; **~ de pesos** weightlifting.

levantar [leβan'tar] *vt* to raise; *(caja, peso, prohibición)* to lift; *(edificio)* to build. □ **levantarse** *vpr (de la cama)* to get up; *(ponerse de pie)* to stand up; *(sublevarse)* to rise up.

levante [le'βante] *m (este)* east; *(viento)* east wind. □ **Levante** *m the east coast of Spain between Castellón and Cartagena.*

léxico ['leksiko] *m* vocabulary.

ley [lei] *f* law; *(parlamentaria)* act.

leyenda [le'jenda] *f* legend.

liar [li'ar] *vt (atar)* to tie up; *(envolver)* to roll up; *fam (complicar)* to muddle up. □ **liarse** *vpr (enredarse)* to get muddled up; **~ se a** *(comenzar a)* to start to.

libélula [li'βelula] *f* dragonfly.

liberal [liβe'ral] *adj* liberal.

liberar [liβe'rar] *vt* to free.

libertad [liβer'tað] *f* freedom. □ **libertades** *fpl (atrevimiento)* liberties.

libertador, ra [liβerta'ðor, ra] *m, f* liberator.

libra ['liβra] *f (moneda, unidad de peso)* pound; **~ esterlina** pound (sterling).

librar [li'βrar] *vt (de trabajo)* to free; *(de peligro)* to save; *(letra, orden de pago)* to make out. ◆ *vi (tener fiesta)* to

be off work. □ **librarse de** *v + prep (peligro, obligación)* to escape from.

libre ['liβre] *adj* free; *(no ocupado)* vacant; *(soltero)* available; **'libre'** *(taxi)* 'for hire'; **~ de** free from; **~ de impuestos** tax-free.

librería [liβre'ria] *f (establecimiento)* bookshop; *(mueble)* bookcase.

librero [li'βrero] *m* Chile & Méx bookshelf.

libreta [li'βreta] *f (cuaderno)* notebook; **~ de ahorros** savings book.

libro ['liβro] *m* book; **~ de bolsillo** paperback; **~ de cheques** cheque book; **~ de reclamaciones** complaints book; **~ de texto** textbook.

licencia [li'θenθja] *f* licence; **~ de conducir** o **manejar** *Amér* driving licence *(Br)*, driver's license *(Am)*.

licenciado, da [liθen'θjaðo, ða] *m, f* graduate.

licenciarse [liθen'θjarse] *vpr (en universidad)* to graduate; *(de servicio militar)* to be discharged.

licenciatura [liθenθja'tura] *f* degree.

liceo [li'θeo] *m* CSur & Ven secondary school *(Br)*, high school *(Am)*.

licor [li'kor] *m* liquor.

licorería [likore'ria] *f (tienda)* ≃ off-licence *(Br)*, ≃ liquor store *(Am)*.

licuadora [likwa'ðora] *f* liquidizer *Br*, blender *Am*.

líder ['liðer] *mf* leader.

lidia ['liðja] *f (corrida)* bullfight; **la ~** bullfighting.

liebre ['ljeβre] *f* hare.

lienzo ['ljenθo] *m (tela)* canvas; *(pintura)* painting.

liga ['liγa] *f* league; *(para medias)* suspender *Br*, garter *Am*.

ligar [li'γar] *vt (atar)* to tie; *(relacionar)* to link. ◆ *vi:* **~ con** *fam* to get off with *Br*, to hook up *Am*.

ligeramente [li,xera'mente] adv *(poco)* slightly.

ligero, ra [li'xero, ra] adj light; *(rápido)* quick; *(ágil)* agile; *(leve)* slight; *(vestido, tela)* thin; **a la ligera** lightly.

light [lajt] adj inv *(comida)* low-calorie, light; *(bebida)* diet *(antes de s)*; *(cigarrillo)* light.

ligue ['liɣe] m fam *(relación)* fling; **ir de** ~ to go out on the pull Br, to go out on the make Am.

liguero [li'ɣero] m suspender belt *(Br)*, garter belt *(Am)*.

lija ['lixa] f *(papel)* sandpaper.

lijar [li'xar] vt to sandpaper.

lila ['lila] adj inv & f lilac.

lima ['lima] f *(herramienta)* file; *(fruto)* lime; ~ **para uñas** nail file.

límite ['limite] m limit; *(línea de separación)* boundary; ~ **de velocidad** speed limit.

limón [li'mon] m lemon.

limonada [limo'naða] f lemonade.

limonero [limo'nero] m lemon tree.

limosna [li'mozna] f alms *(pl)*; **pedir** ~ to beg.

limpiabotas [limpja'βotas] m inv shoeshine Br, boot black Am.

limpiacristales [,limpjakris'tales] m inv *(detergente)* window-cleaning fluid. ◆ mf inv *(persona)* window cleaner.

limpiador, ra [limpja'ðor, ra] m, f cleaner.

limpiaparabrisas [,limpjapara'βrisas] m inv *(de automóvil)* windscreen wiper *(Br)*, windshield wiper *(Am)*. ◆ mf inv *(persona)* windscreen cleaner *(Br)*, windshield cleaner *(Am)*.

limpiar [lim'pjar] vt *(quitar suciedad)* to clean; *(zapatos)* to polish; *(con trapo)* to wipe; *(mancha)* to wipe

away; fam *(robar)* to pinch; ~ **la casa** to do the housework.

limpieza [lim'pjeθa] f *(cualidad)* cleanliness; *(acción)* cleaning; *(destreza)* skill; *(honradez)* honesty; **hacer la** ~ to do the cleaning.

limpio, pia ['limpjo, pja] adj *(sin suciedad)* clean; *(pulcro)* neat; *(puro)* pure; *(correcto)* honest; *(dinero)* net; **en** ~ *(escrito)* fair.

linaje [li'naxe] m lineage.

lince ['linθe] m lynx.

lindo, da ['lindo, da] adj pretty; *Amér (agradable)* lovely; **de lo** ~ a great deal.

línea ['linea] f line; *(pauta)* course; *(aspecto)* shape; ~ **aérea** airline; ~ **telefónica** (telephone) line.

lingote [lin'ɡote] m ingot; ~ **de oro** gold ingot.

lingüística [lin'ɡwistika] f linguistics *(sg)*.

lingüístico, ca [lin'ɡwistiko, ka] adj linguistic.

lino ['lino] m *(tejido)* linen; *(planta)* flax.

linterna [lin'terna] f *(utensilio)* torch *(Br)*, flashlight *(Am)*.

lío ['lio] m *(paquete)* bundle; *(desorden, embrollo)* mess; fam *(relación amorosa)* affair; **hacerse un** ~ to get muddled up.

liquidación [likiða'θjon] f *(de cuenta)* settlement; *(de mercancías, género)* clearance sale; **'~ total'** 'closing down sale'.

liquidar [liki'ðar] vt *(cuenta)* to settle; *(mercancías, existencias)* to sell off; fam *(matar)* to bump off.

líquido ['likiðo] m liquid.

lira ['lira] f *(instrumento)* lyre.

lirio ['lirjo] m iris.

liso, sa ['liso, sa] adj *(llano)* flat; *(sin asperezas)* smooth; *(vestido, color)* plain; *(pelo)* straight. ◆ *m, f Amér* rude person.

lista ['lista] *f (enumeración)* list; *(de tela)* strip; ~ **de boda** wedding list; ~ **de correos** poste restante; ~ **de espera** waiting list; ~ **de precios** price list; ~ **de vinos** wine list.

listín [lis'tin] *m* directory; ~ **telefónico** telephone directory.

listo, ta ['listo, ta] *adj (inteligente, astuto)* clever; *(preparado)* ready. ◆ *interj* I'm/we're/it's ready!

listón [lis'ton] *m (de madera)* lath; *(en deporte)* bar.

lisura [li'sura] *f Amér* swearword.

litera [li'tera] *f (de tren)* couchette; *(de barco)* berth; *(mueble)* bunk (bed).

literal [lite'ral] *adj* literal.

literario, ria [lite'rarjo, rja] *adj* literary.

literatura [litera'tura] *f* literature.

litro ['litro] *m* litre.

llaga ['ʎaɣa] *f* wound.

llama ['ʎama] *f (de fuego)* flame; *(animal)* llama.

llamada [ʎa'maða] *f* call; **hacer una ~ a cobro revertido** to reverse the charges *(Br)*, to call collect *(Am)*; ~ **automática** direct-dialled call; ~ **interprovincial** national call; ~ **interurbana** long-distance call; ~ **metropolitana** local call; ~ **urbana** ≃ local area call *Br*, ≃ regional toll call *Am*; ~ **telefónica** telephone call.

llamar [ʎa'mar] *vt* to call. ◆ *vi (a la puerta)* to knock; *(al timbre)* to ring; ~ **por teléfono** to phone. ❑ **llamarse** *vpr* to be called; **¿cómo te llamas?** what's your name?.

llano, na ['ʎano, na] *adj (superficie, terreno)* flat; *(amable)* straightforward. ◆ *m* plain.

llanta ['ʎanta] *f (de rueda)* rim; *Amér (rueda de coche, camión)* wheel; tyre.

llanura [ʎa'nura] *f* plain.

llave ['ʎaβe] *f* key; *(para tuercas)* spanner *Br*, wrench *Am*; *(signo ortográfico)* curly bracket; **echar la ~** to lock up; ~ **de contacto** ignition key; ~ **inglesa** monkey wrench; ~ **maestra** master key; ~ **de paso** mains tap.

llegada [ʎe'ɣaða] *f (de viaje, trayecto, etc)* arrival; *(en deporte)* finish. ❑ **llegadas** *fpl (de tren, avión, etc)* arrivals; '~**s internacionales**' 'international arrivals'.

llegar [ʎe'ɣar] *vi (a un lugar)* to arrive; *(fecha, momento)* to come; *(ser suficiente)* to be enough; ~ **a o hasta** *(extenderse)* to reach; ~ **a hacer algo** *(expresa conclusión)* to come to do sthg; *(expresa esfuerzo)* to manage to do sthg. ❑ **llegar a** *v + prep (presidente, director)* to become; *(edad, altura, temperatura)* to reach; ~ **a conocer** to get to know; ~ **a ser** to become.

llenar [ʎe'nar] *vt (recipiente, espacio)* to fill; *(impreso)* to fill out. ❑ **llenarse** *vpr (lugar)* to fill up; *(hartarse)* to be full. ❑ **llenarse de** *v + prep* to get covered with.

lleno, na ['ʎeno, na] *adj (ocupado)* full; *(espectáculo, cine)* sold out. ◆ *m (en espectáculo)* full house; **de ~** *(totalmente)* completely.

☞

llevar [ʎe'βar] *vt* **- 1.** *(transportar)* to carry; **el barco lleva carga y pasajeros** the boat carries cargo and passengers.

- 2. *(acompañar)* to take; **llevó al niño a casa** she took the child home; **me llevaron en coche** they drove me there.

- 3. *(prenda, objeto personal)* to wear; **lleva gafas** he wears glasses; **no llevamos dinero** we don't have any money on us.

- **4.** *(coche, caballo)* to handle.
- **5.** *(conducir):* ~ **a alguien a** to lead sb to.
- **6.** *(ocuparse, dirigir)* to be in charge of; **lleva muy bien sus estudios** he's doing very well in his studies.
- **7.** *(tener)* to have; ~ **el pelo largo** to have long hair; **llevas las manos sucias** your hands are dirty.
- **8.** *(soportar)* to deal with.
- **9.** *(con tiempo):* **lleva tres semanas de viaje** he's been travelling for three weeks; **me llevó mucho tiempo hacer el trabajo** I took a long time to get the work done.
- **10.** *(sobrepasar):* **te llevo seis puntos** I'm six points ahead of you; **le lleva seis años** she's six years older than him.
- ◆ *vi* -**1.** *(dirigirse)* to lead; **este camino lleva a Madrid** this road leads to Madrid.
- -**2.** *(haber):* **llevo leída media novela** I'm halfway through the novel.
- -**3.** *(estar):* **lleva viniendo cada día** she's been coming every day. □ **llevarse** *vpr (coger)* to take; *(conseguir, recibir)* to get; *(estar de moda)* to be in (fashion); ~ **se bien/mal (con)** to get on well/badly (with).

llorar [ʎo'rar] *vi* to cry. ◆ *vt* to mourn.

llorón, ona [ʎo'ron, ona] *m, f* crybaby.

llover [ʎo'βer] *v impers:* **está lloviendo** it's raining. ◆ *vt (ser abundante)* to rain down; ~ **a cántaros** to rain cats and dogs.

llovizna [ʎo'βiθna] *f* drizzle.

lloviznar [ʎoβiθ'nar] *v impers:* **está lloviznando** it's drizzling.

lluvia ['ʎuβja] *f* rain; *fig (de preguntas)* barrage.

lluvioso, sa [ʎu'βjoso, sa] *adj* rainy.

lo, la [lo, la] *pron (cosa)* it, them *(pl)*; *(persona)* him *(f* her), them *(pl)*; *(usted, ustedes)* you. ◆ *pron neutro* it.
◆ *art:* ~ **mejor** the best; ~ **bueno del asunto** the good thing about it; **ella es guapa, él no** ~ **es** she's good-looking, he isn't; **siento** ~ **de tu padre** I'm sorry about your father; ~ **que** what.

lobo, ba ['loβo, βa] *m, f* wolf.

local [lo'kal] *adj* local. ◆ *m (lugar)* premises *(pl)*.

localidad [lokali'ðað] *f (población)* town; *(asiento)* seat; *(entrada)* ticket.

localización [lokaliθa'θjon] *f* localization.

localizar [lokali'θar] *vt (encontrar)* to locate; *(limitar)* to localize. □ **localizarse** *vpr (situarse)* to be located.

loción [lo'θjon] *f* lotion; ~ **bronceadora** suntan lotion.

loco, ca ['loko, ka] *adj* mad. ◆ *m, f* madman *(f* madwoman); ~ **por** *(aficionado)* mad *Br* O crazy *Am* about; **a lo** ~ *(sin pensar)* hastily; **volver** ~ **a alguien** to drive sb crazy.

locomotora [lokomo'tora] *f* engine, locomotive.

locura [lo'kura] *f (falta de juicio)* madness; *(acción insensata)* folly; **tener** ~ **por** to be mad *Br* O crazy *Am* about.

locutor, ra [loku'tor, ra] *m, f* presenter.

locutorio [loku'torjo] *m (de emisora)* studio; *(de convento)* visiting room.

lodo ['loðo] *m* mud.

lógica ['loxika] *f* logic.

lógico, ca ['loxiko, ka] *adj* logical.

logrado, da [lo'γraðo, ða] *adj (bien hecho)* accomplished.

lograr [lo'γrar] *vt (resultado, objetivo)* to achieve; *(beca, puesto)* to obtain;

~ **hacer algo** to manage to do sthg; ~ **que alguien haga algo** to manage to get sb to do sthg.

logro ['loɣro] m achievement.

lombriz [lom'briθ] *(pl* **-ces** [θes]*) f* earthworm.

lomo ['lomo] m *(de animal)* back; *(carne)* loin; *(de libro)* spine; ~ **de cerdo** pork loin; ~ **embuchado** pork loin stuffed with seasoned mince; ~ **ibérico** cold, cured pork sausage; ~ **s de merluza** hake steak *(sg).*

lona ['lona] f canvas.

loncha ['lontʃa] f slice.

lonche ['lontʃe] m *Amér* lunch.

Londres ['londres] London.

longaniza [loŋɡa'niθa] f type of spicy, cold pork sausage.

longitud [loŋxi'tuð] f length.

lonja ['lonxa] f *(edificio)* exchange; *(loncha)* slice.

loro ['loro] m parrot.

lote ['lote] m *(porción)* share.

lotería [lote'ria] f lottery; ~ **primitiva** twice-weekly state-run lottery.

lotero, ra [lo'tero, ra] m, f lottery ticket seller.

loza ['loθa] f *(material)* earthenware; *(porcelana)* china; *(vajilla)* crockery.

ltda. *(abrev de* limitada*)* Ltd.

lubina [lu'βina] f sea bass.

lubricante [luβri'kante] m lubricant.

lucha ['lutʃa] f *(pelea)* fight; *(oposición)* struggle; ~ **libre** all-in wrestling.

luchador, ra [lutʃa'ðor, ra] m, f fighter.

luchar [lu'tʃar] vi *(pelear)* to fight; *(esforzarse)* to struggle.

luciérnaga [lu'θjernaɣa] f glowworm.

lucir [lu'θir] vt *(llevar puesto)* to wear. ◆ vi to shine; *Amér (verse bien)* to look good. ▫ **lucirse** vpr *(quedar bien)* to shine; *(exhibirse)* to be seen; fam *(hacer el ridículo)* to mess things up.

lucro ['lukro] m profit.

lúdico, ca ['luðiko, ka] adj: **actividades lúdicas** fun and games.

luego ['lweɣo] adv *(justo después)* then; *(más tarde)* later; *Amér (pronto)* soon. ◆ conj so; **desde** ~ *(sin duda)* of course; *(para reprochar)* for heaven's sake; **luego luego** Chile & Méx straight away.

lugar [lu'ɣar] m place; **tener** ~ to take place; **en** ~ **de** instead of.

lujo ['luxo] m luxury; *(abundancia)* profusion; **de** ~ luxury *(antes de s).*

lujoso, sa [lu'xoso, sa] adj luxurious.

lujuria [lu'xurja] f lust.

lumbago [lum'baɣo] m lumbago.

luminoso, sa [lumi'noso, sa] adj bright.

luna ['luna] f *(astro)* moon; *(de vidrio)* window *(pane).*

lunar [lu'nar] m *(de la piel)* mole. ▫ **lunares** mpl *(estampado)* spots Br, polka dots Am.

lunes ['lunes] m inv Monday → **sábado.**

luneta [lu'neta] f *(de coche)* windscreen Br, windshield Am; ~ **térmica** demister Br, defogger Am.

lupa ['lupa] f magnifying glass.

lustrabotas [lustra'βotas] m inv Andes & RP bootblack.

lustrador [lustra'ðor] m Andes & RP bootblack.

luto ['luto] m mourning.

luz [luθ] *(pl* **-ces** [θes]*) f* light; *(electricidad)* electricity; ~ **solar** sunlight; **dar a** ~ to give birth. ▫ **luces** fpl *(de coche)* lights.

lycra® ['likra] f Lycra®.

M

m (abrev de metro) m.

macanudo [maka'nuðo] adj CSur & Perú fam great.

macarrones [maka'rones] mpl macaroni (sg).

macedonia [maθe'ðonja] f: ~ (de frutas) fruit salad.

maceta [ma'θeta] f flowerpot.

machacar [matʃa'kar] vt to crush.

machismo [ma'tʃizmo] m machismo.

machista [ma'tʃista] mf male chauvinist.

macho ['matʃo] adj (animal, pieza) male; (hombre) macho. ◆ m (animal) male.

macizo, za [ma'θiθo, θa] adj solid. ◆ m (de montañas) massif; (de flores) flowerbed.

macramé [makra'me] m macramé.

macuto [ma'kuto] m backpack.

madeja [ma'ðexa] f hank.

madera [ma'ðera] f wood; (pieza) piece of wood; **de** ~ wooden.

madrastra [ma'ðrastra] f stepmother.

madre ['maðre] f mother; ~ política mother-in-law; **¡~ mía!** Jesus!

madreselva [maðre'selβa] f honeysuckle.

Madrid [ma'ðrið] Madrid; ~ capital (the city of) Madrid.

madriguera [maðri'ɣera] f (de tejón) den; (de conejo) burrow.

madrileño, ña [maðri'leɲo, ɲa] adj of/relating to Madrid. ◆ m, f native/inhabitant of Madrid.

madrina [ma'ðrina] f (de bautizo) godmother; (de boda) bridesmaid; (de fiesta, acto) patroness.

madrugada [maðru'ɣaða] f (noche) early morning; (amanecer) dawn.

madrugador, ra [maðruɣa'ðor, ra] adj early-rising.

madrugar [maðru'ɣar] vi to get up early.

madurar [maðu'rar] vt (proyecto, plan, idea) to think through. ◆ vi (fruto) to ripen; (persona) to mature.

madurez [maðu're0] f (sensatez) maturity; (edad adulta) adulthood; (de fruto) ripeness.

maduro, ra [ma'ðuro, ra] adj (fruto, grano) ripe; (sensato, mayor) mature; (proyecto, plan, idea) well thought-out.

maestría [maes'tria] f (habilidad) mastery.

maestro, tra [ma'estro, tra] m, f (de escuela) teacher; (de arte, oficio) master; (músico) maestro.

mafia ['mafja] f mafia.

magdalena [mavða'lena] f fairy cake Br, cupcake Am.

magia ['maxja] f magic.

mágico, ca ['maxiko, ka] adj (maravilloso) magical; (de la magia) magic.

magistrado, da [maxis'traðo, ða] m, f (de justicia) judge.

magistratura [maxistra'tura] f (tribunal) tribunal; (cargo) judgeship.

magnate [maɣ'nate] m magnate.

magnesio [maɣ'nesjo] m magnesium.

magnético, ca [maɣ'netiko, ka] adj magnetic.

magnetófono [maɣne'tofono] m tape recorder.

magnífico, ca [maɣˈnifiko, ka] *adj* magnificent.

magnitud [maɣniˈtuð] *f* magnitude.

magnolia [maɣˈnolja] *f* magnolia.

mago, ga [ˈmaɣo, ɣa] *m, f* (*en espectáculo*) magician; (*personaje fantástico*) wizard.

magro, gra [ˈmaɣro, ɣra] *adj* (*carne*) lean.

maicena [majˈθena] *f* cornflour (*Br*), cornstarch (*Am*).

maillot [maˈʎot] *m* (*de ballet, deporte*) maillot.

maíz [maˈiθ] *m* maize (*Br*), corn (*Am*).

majestuoso, sa [maxesˈtɥoso, sa] *adj* majestic.

majo, ja [ˈmaxo, xa] *adj* (*agradable*) nice; (*bonito*) pretty.

mal [mal] *m* (*daño*) harm; (*enfermedad*) illness. ◆ *adv* (*incorrectamente*) wrong; (*inadecuadamente*) badly. ◆ *adj* → **malo**; el ~ evil; encontrarse ~ to feel ill; oír/ver ~ to have poor hearing/eyesight; oler ~ to smell bad; saber ~ to taste bad; sentar ~ a alguien (*ropa*) not to suit sb; (*comida*) to disagree with sb; (*comentario*) to upset sb; **ir de ~ en peor** to go from bad to worse.

malcriar [malkriˈar] *vt* to spoil.

maldad [malˈdað] *f* (*cualidad*) evil; (*acción*) evil thing.

maldición [maldiˈθjon] *f* curse.

maldito, ta [malˈdito, ta] *adj* damned; **¡maldita sea!** damn it!

maleable [maleˈaβle] *adj* malleable.

malecón [maleˈkon] *m* (*atracadero*) jetty; (*rompeolas*) breakwater; *Amér* (*paseo marítimo*) seafront promenade.

maleducado, da [maleðuˈkaðo, ða] *adj* rude.

malentendido [ˌmalentenˈdiðo] *m* misunderstanding.

malestar [malesˈtar] *m* (*inquietud*) uneasiness; (*dolor*) discomfort.

maleta [maˈleta] *f* suitcase; **hacer las ~s** to pack (one's bags).

maletero [maleˈtero] *m* boot (*Br*), trunk (*Am*).

maletín [maleˈtin] *m* briefcase.

malformación [ˌmalformaˈθjon] *f* malformation.

malgastar [malɣasˈtar] *vt* (*dinero, esfuerzo, tiempo*) to waste.

malhablado, da [malaˈβlaðo, ða] *adj* foul-mouthed.

malhechor, ra [maleˈtʃor, ra] *m, f* criminal.

malhumorado, da [ˌmalumoˈraðo, ða] *adj* bad-tempered.

malicia [maˈliθja] *f* (*maldad*) wickedness; (*mala intención*) malice; (*astucia*) sharpness.

malintencionado, da [ˌmalintenθjoˈnaðo, ða] *adj* malicious.

malla [ˈmaʎa] *f* (*tejido*) mesh; (*traje*) leotard. ▫ **mallas** *fpl* (*pantalones*) leggings.

Mallorca [maˈʎorka] Majorca.

malo, la [ˈmalo, la] (*compar & super peor*) *adj* bad; (*travieso*) naughty estar ~ (*enfermo*) to be ill; **estar de malas** to be in a bad mood; **por las malas** by force.

malograr [maloˈɣrar] *vt Amér* to waste. ▫ **malograrse** *vpr Amér* to fail.

malpensado, da [malpenˈsaðo, ða] *m, f* malicious person.

maltratar [maltraˈtar] *vt* (*persona*) to ill-treat; (*objeto*) to damage.

mamá [maˈma] *f fam* mum *Br*, mom *Am*; ~ **grande** *Amér* grandma.

mamadera [mamaˈðera] *f CSur &*

Perú (biberón) (baby's) bottle; *(tetilla)* teat *Br*, nipple *Am*.

mamar [ma'mar] *vt & vi* to suckle.

mamífero [ma'mifero] *m* mammal.

mamila [ma'mila] *f Cuba, Méx, Ven* baby bottle.

mampara [mam'para] *f* screen.

manada [ma'naða] *f (de vacas)* herd.

mánager ['manajer] *m* manager.

manantial [manan'tjal] *m* spring.

mancha ['mantʃa] *f* stain.

manchar [man'tʃar] *vt (ensuciar)* to make dirty; *(con manchas)* to stain. □ **mancharse** *vpr* to get dirty.

manco, ca ['manko, ka] *adj* one-handed.

mancuerna [man'kɥerna] *f Amér* cufflink.

mandar [man'dar] *vt (suj: ley, orden)* to decree; *(ordenar)* to order; *(dirigir)* to be in charge of; *(enviar)* to send; ~ **hacer algo** to have sthg done; **¿mande?** *Amér* eh? *Br*, excuse me? *Amér* eh? *Br*, excuse me?

mandarina [manda'rina] *f* mandarin, tangerine.

mandíbula [man'diβula] *f* jaw.

mando ['mando] *m (autoridad)* command; *(jefe)* leader; *(instrumento)* control; ~ **a distancia** remote control.

manecilla [mane'θiʎa] *f* hand (of clock).

manejable [mane'xaβle] *adj* manageable.

manejar [mane'xar] *vt (herramienta, persona)* to handle; *(aparato)* to operate; *(dinero)* to manage; *Amér (conducir)* to drive.

manejo [ma'nexo] *m (de instrumento)* handling; *(de aparato)* operation; *(de dinero)* management; *(engaño, astucia)* intrigue.

manera [ma'nera] *f* way; **de cualquier ~ *(mal)*** any old how; *(de todos modos)* anyway; **de esta ~ *(así)*** this way; **de ninguna ~** certainly not; **de ~ que** *(así que)* so (that). □ **maneras** *fpl (comportamiento)* manners.

manga ['manga] *f (de vestido)* sleeve; *(tubo flexible)* hosepipe *Br*, hose *Am*; *(de campeonato)* round.

mango ['mango] *m (asa)* handle; *(fruto)* mango.

manguera [man'gera] *f* hosepipe *Br*, hose *Am*.

maní [ma'ni] *m Andes, CAm & RP* peanut.

manía [ma'nia] *f (obsesión)* obsession; *(afición exagerada)* craze; *(antipatía)* dislike.

maniático, ca [mani'atiko, ka] *adj (tiquismiquis)* fussy. ◆ *m, f* **es un ~ del fútbol** he's football crazy.

manicomio [mani'komjo] *m* mental hospital.

manicura [mani'kura] *f* manicure; **hacerse la ~** to have a manicure.

manifestación [manifesta'θjon] *f (de personas)* demonstration; *(muestra)* display; *(declaración)* expression.

manifestante [manifes'tante] *mf* demonstrator.

manifestar [manifes'tar] *vt (declarar)* to express; *(mostrar)* to show. □ **manifestarse** *vpr* to demonstrate.

manifiesto, ta [mani'fjesto, ta] *adj* clear. ◆ *m* manifesto.

manillar [mani'ʎar] *m* handlebars *(pl)*.

maniobra [ma'njoβra] *f (de coche, barco, tren)* manoeuvre; *(astucia)* trick.

manipular [manipu'lar] *vt (con las manos)* to handle; *(persona, información)* to manipulate.

maniquí [mani'ki] *m (muñeco)*
dummy. ◆ *mf (persona)* model.

manito [ma'nito] *m Amér fam* pal.

manivela [mani'βela] *f* crank.

mano ['mano] *f* hand; *(capa)* coat.
◆ *m CAm & Méx* pal; **a ~** *(sin máquina)* by hand; *(cerca)* to hand; **a ~
derecha** on the right; **de segunda
~** second-hand; **dar la ~ a alguien**
to shake hands with sb; **echar una
~ a alguien** to lend sb a hand; **~ de
obra** *(trabajadores)* workforce.

manoletina [manole'tina] *f (zapato)* type of open, low-heeled shoe, often with
a bow.

manopla [ma'nopla] *f* mitten.

manosear [manose'ar] *vt* to handle roughly.

mansión [man'sjon] *f* mansion.

manso, sa ['manso, sa] *adj (animal)*
tame; *(persona)* gentle.

manta ['manta] *f* blanket.

manteca [man'teka] *f (de animal)*
fat; *(de cerdo)* lard; *(de cacao, leche)* butter.

mantecado [mante'kaðo] *m (dulce)* shortcake; *(sorbete)* ice-cream made
of milk, eggs and sugar.

mantel [man'tel] *m* tablecloth.

mantelería [mantele'ria] *f* table
linen.

mantener [mante'ner] *vt* to keep;
(sujetar) to support; *(defender)* to
maintain; *(relación, correspondencia)*
to have. ❑ **mantenerse** *vpr (edificio)*
to be standing; *(alimentarse)* to support o.s.

mantenimiento [manteni-
'mjento] *m (de persona)* sustenance;
(de edificio, coche) maintenance.

mantequería [manteke'ria] *f*
dairy.

mantequilla [mante'kiʎa] *f* butter.

mantilla [man'tiʎa] *f (de mujer)*

mantilla.

mantón [man'ton] *m* shawl.

manual [ma'nʊal] *adj & m* manual.

manuscrito [manus'krito] *m*
manuscript.

manzana [man'θana] *f (fruto)* apple; *(de casas)* block; **~ al horno**
baked apple.

manzanilla [manθa'niʎa] *f (infusión)* camomile tea; *(vino)* manzanilla (sherry).

manzano [man'θano] *m* apple tree.

mañana [ma'ɲana] *f* morning.
◆ *adv & m* tomorrow; **las dos de la
~** two o'clock in the morning;
~ por la ~ tomorrow morning; **por
la ~** in the morning.

mapa ['mapa] *m* map.

maqueta [ma'keta] *f* model.

maquillaje [maki'ʎaxe] *m (producto)* make-up; *(acción)* making-up.

maquillar [maki'ʎar] *vt* to make
up. ❑ **maquillarse** *vpr* to put on
one's make up.

máquina ['makina] *f (aparato)* machine; *(locomotora)* engine; *Amér (coche)* car; **a ~** by machine; **~ de
afeitar** electric razor; **~ de coser**
sewing machine; **~ de escribir** typewriter; **~ fotográfica** camera.

maquinaria [maki'narja] *f (conjunto de máquinas)* machinery.

maquinilla [maki'niʎa] *f* razor.

maquinista [maki'nista] *mf (de metro, tren)* engine driver (Br), engineer
(Am).

mar [mar] *m o f* sea. ❑ **Mar** *m*: **el
Mar del Norte** the North Sea.

maracas [ma'rakas] *fpl* maracas.

maratón [mara'ton] *m (carrera)*
marathon; *fig (de cine)* three or more
films by the same director or on the same
subject, shown consecutively.

maravilla [mara'βiʎa] *f (cosa ex-

*ra**ordinaria**)* marvel; *(impresión)* wonder.

maravilloso, sa [maraβiˈʎoso, sa] *adj* marvellous.

marc [mark] *m:* ~ **de champán** champagne brandy.

marca [ˈmarka] *f (señal, huella)* mark; *(nombre)* brand; *(en deporte)* record; **de** ~ *(ropa, producto)* designer *(antes de s)*; ~ **registrada** registered trademark.

marcado, da [marˈkaðo, ða] *adj* marked.

marcador [markaˈðor] *m (panel)* scoreboard; *(rotulador)* marker (pen).

marcapasos [markaˈpasos] *m inv* pacemaker.

marcar [marˈkar] *vt (poner señal)* to mark; *(anotar)* to note down; *(un tanto)* to score; *(suj: termómetro, contador)* to read; *(suj: reloj)* to say; *(número de teléfono)* to dial; *(pelo)* to set; *(con el precio)* to price; ~ **un gol** to score a goal; ~ **un número** to dial a number.

marcha [ˈmartʃa] *f (partida)* departure; *(de vehículo)* gear; *(desarrollo)* progress; *fam (animación)* life; *(pieza musical)* march; **dar** ~ **atrás** to reverse; **en** ~ *(motor)* running; **poner en** ~ to start.

marchar [marˈtʃar] *vi (aparato, mecanismo)* to work; *(asunto, negocio)* to go well; *(soldado)* to march. ❑ **marcharse** *vpr (irse)* to go; *(partir)* to leave.

marchitarse [martʃiˈtarse] *vpr* to wither.

marchoso, sa [marˈtʃoso, sa] *adj fam* lively.

marciano, na [marˈθjano, na] *m, f* Martian; *(extraterrestre)* alien.

marco [ˈmarko] *m* frame; *(límite)* framework.

marea [maˈrea] *f* tide; ~ **negra** oil slick.

mareado, da [mareˈaðo, ða] *adj (con náuseas)* sick; *(en coche)* carsick; *(en barco)* seasick; *(en avión)* airsick; *(aturdido)* dizzy.

marearse [mareˈarse] *vpr (en coche)* to be carsick; *(en barco)* to be seasick; *(en avión)* to be airsick; *(aturdirse)* to get dizzy.

marejada [mareˈxaða] *f* heavy sea.

marejadilla [marexaˈðiʎa] *f* slight swell.

maremoto [mareˈmoto] *m* tidal wave.

mareo [maˈreo] *m (náuseas)* sickness; *(aturdimiento)* dizziness.

marfil [marˈfil] *m* ivory.

margarina [margaˈrina] *f* margarine.

margarita [margaˈrita] *f* daisy.

margen [ˈmarxen] *m (de página, beneficio)* margin; *(de camino)* side; *(de río)* bank; *(tiempo, de actuar)* leeway.

marginación [marxinaˈθjon] *f* exclusion.

marginado, da [marxiˈnaðo, ða] *m, f* outcast.

mariachi [maˈrjatʃi] *m Méx (orquesta)* mariachi band.

Mariachi bands are groups of Mexican musicians who wear traditional Mexican dress and play their music at local "fiestas", in restaurants and in the streets. They are often hired for private functions such as birthdays and weddings.

maricón [mariˈkon] *m vulg* poof.

marido [maˈriðo] *m* husband.

marihuana [mari'wana] *f* marihuana.

marina [ma'rina] *f* (armada) navy; (cuadro) seascape.

marinero, ra [mari'nero, ra] *adj* (ropa) sailor (antes de s); **a la marinera** cooked in a white wine and garlic sauce.

marino [ma'rino] *m* sailor.

marioneta [marjo'neta] *f* (muñeco) puppet. □ **marionetas** *fpl* (teatro) puppet show (sg).

mariposa [mari'posa] *f* butterfly.

mariquita [mari'kita] *f* ladybird (Br), ladybug (Am).

mariscada [maris'kaða] *f* seafood dish.

mariscos [ma'riskos] *mpl* seafood (sg).

marisma [ma'rizma] *f* salt marsh.

marítimo, ma [ma'ritimo, ma] *adj* (paseo) seaside (antes de s); (barco) seagoing.

mármol ['marmol] *m* marble.

marqués, esa [mar'kes, esa] *m, f* marquis (*f* marchioness).

marquesina [marke'sina] *f* (de puerta, andén) glass canopy; (parada de autobús) bus shelter.

marrano, na [ma'rano, na] *adj* (sucio) filthy; (innoble) contemptible. ◆ *m, f* (cerdo) pig.

marrón [ma'ron] *adj inv* brown.

martes ['martes] *m inv* Tuesday → **sábado**.

martillo [mar'tiʎo] *m* hammer.

mártir ['martir] *mf* martyr.

marzo ['marθo] *m* March → **setiembre**.

☞

más [mas] *adv* -1. (comparativo) more; **Pepe es ~ alto/ambicioso** Pepe is taller/more ambitious; **tengo ~ hambre** I'm hungrier; **~ de/que**

more than; **~ ... que ...** more ... than ...; **de ~** (de sobra) left over.
-2. (superlativo): **el/la ~ ...** the mos ...; **el ~ listo** the cleverest.
-3. (en frases negativas) any more; **n necesitas ~ trabajo** you don't nee any more work.
-4. (con pron interrogativo o indefinido else; **¿quién/qué ~?** who/wha else?; **nadie ~** no one else.
-5. (indica intensidad): **¡qué día ~ bo nito!** what a lovely day!; **¡es ~ ton to!** he's so stupid!
-6. (indica suma) plus; **dos ~ dos igua a cuatro** two plus two is four.
-7. (indica preferencia): **~ vale que te quedes en casa** it would be better for you to stay at home.
-8. (en locuciones): **es ~** what is more **~ bien** rather; **~ o menos** more or less; **poco ~** little more; **por ~ que** however much; **por ~ que lo intente** however hard she tries **¿qué ~ da?** what difference does it make?
◆ *m inv*: **tiene sus ~ y sus menos** it has its good points and its bad points.

masa ['masa] *f* mass; (de pan, bizco cho) dough; *Amér* (dulce) small cake.

masaje [ma'saxe] *m* massage.

masajista [masa'xista] *mf* masseur (*f* masseuse).

mascar [mas'kar] *vt* to chew.

máscara ['maskara] *f* mask.

mascarilla [maska'riʎa] *f* (crema, lo ción) face pack *Br* ○ mask *Am*; (para nariz y boca) mask.

mascota [mas'kota] *f* mascot.

masculino, na [masku'lino, na] *adj* (sexo) male; (viril) manly; (gra mática) masculine.

masía [ma'sia] *f* farm (in Aragon or Catalonia).

masticar [masti'kar] *vt* to chew.

mástil ['mastil] *m (de barco)* mast.

matadero [mata'ðero] *m* slaughterhouse.

matador [mata'ðor] *m* matador.

matamoscas [mata'moskas] *m inv (palo)* flyswatter; *(espray)* flyspray.

matanza [ma'tanθa] *f (de personas, animales)* slaughter; *(de cerdo)* pig-killing.

matar [ma'tar] *vt* to kill; *(hacer sufrir)* to drive mad; *(brillo, color)* to tone down; *(en juegos, cartas)* to beat. □ **matarse** *(pr (tomarse interés, trabajo)* to go to great lengths.

matarratas [mata'ratas] *m inv (insecticida)* rat poison; *(bebida mala)* rotgut.

matasellos [mata'seʎos] *m inv* postmark.

mate ['mate] *adj* matt. ◆ *m (en ajedrez)* mate; *(planta, infusión)* maté.

matemáticas [mate'matikas] *fpl* mathematics.

matemático, ca [mate'matiko, ka] *adj* mathematical.

materia [ma'terja] *f (sustancia, tema)* matter; *(material)* material; *(asignatura)* subject; ~ **prima** raw material.

material [mate'rjal] *adj (de materia)* material; *(físico)* physical. ◆ *m (componente)* material; *(instrumento)* equipment.

maternidad [materni'ðað] *f (cualidad)* motherhood; *(clínica)* maternity hospital.

materno, na [ma'terno, na] *adj (de madre)* maternal; *(lengua)* mother *(antes de s).*

matinal [mati'nal] *adj* morning *(antes de s).*

matiz [ma'tiθ] *(pl* **-ces** [θes]) *m (de color)* shade; *(leve diferencia)* nuance.

matizar [mati'θar] *vt (colores)* to

tinge; *(concepto, idea, proyecto)* to explain in detail.

matón [ma'ton] *m (guardaespaldas)* bodyguard; *(asesino)* hired assassin.

matorral [mato'ral] *m* thicket.

matrícula [ma'trikula] *f (de colegio)* registration; *(de universidad)* matriculation *Br*, enrollment *Am; (de vehículo)* registration *Br*, license plate *Am;* ~ **de honor** top marks *(pl) Br*, honor roll *Am.*

matricular [matriku'lar] *vt* to register. □ **matricularse** *vpr* to register.

matrimonio [matri'monjo] *m (ceremonia)* marriage; *(pareja)* married couple.

matutino, na [matu'tino, na] *adj* morning *(antes de s).*

maullar [mau'ʎar] *vi* to miaow.

maullido [mau'ʎiðo] *m* miaow.

máxima ['maksima] *f (temperatura)* highest temperature; *(frase)* maxim.

máximo, ma ['maksimo, ma] *superl →* **grande.** ◆ *adj (triunfo, pena, frecuencia)* greatest; *(temperatura, puntuación, galardón)* highest. ◆ *m* maximum; **como** ~ at the most.

maya ['maja] *adj* Maya. ◆ *mf* Maya Indian. ◆ *m (lengua)* Maya.

mayo ['majo] *m* May → **setiembre.**

mayonesa [majo'nesa] *f* mayonnaise.

mayor [ma'jor] *adj (en tamaño)* bigger; *(en número)* higher; *(en edad)* older; *(en importancia)* greater; *(adulto)* grown-up; *(anciano)* elderly. ◆ *m (en el ejército)* major; **el/la** ~ *(en tamaño)* the biggest; *(en número)* the highest; *(en edad)* the oldest; *(en importancia)* the greatest; **al por** ~ wholesale; **la** ~ **parte (de)** most (of); **ser** ~ **de edad** to be an adult. □ **mayores** *mpl:*

los ~ es (adultos) grown-ups; (ancianos) the elderly.

mayoreo [majo'reo] m Amér wholesale.

mayoría [majo'ria] f majority; la ~ de most of.

mayúscula [ma'juskula] f capital letter; en ~ s in capitals.

mazapán [maθa'pan] m marzipan.

mazo ['maθo] m (de madera) mallet; Amér (baraja) pack of cards.

me [me] pron (complemento directo) me; (complemento indirecto) (to) me; (reflexivo) myself; ~ **voy** I'm going.

mear [me'ar] vi fam to piss.

mecánica [me'kanika] f (mecanismo) mechanics (pl).

mecánico, ca [me'kaniko, ka] adj mechanical. ◆ m mechanic.

mecanismo [meka'nizmo] m (funcionamiento) procedure; (piezas) mechanism.

mecanografía [mekanoɣra'fia] f typing.

mecanógrafo, fa [meka'noɣrafo, fa] m, f typist.

mecedora [meθe'ðora] f rocking chair.

mecer [me'θer] vt to rock.

mecha ['metʃa] f (de vela) wick; (de explosivo) fuse; (de pelo) highlight; (de tocino) strip of meat used as stuffing for chicken etc.

mechero [me'tʃero] m (cigarette) lighter.

mechón [me'tʃon] m (de pelo) lock.

medalla [me'ðaʎa] f medal.

medallón [meða'ʎon] m medallion; **medallones de solomillo** medallions of sirloin steak.

media ['meðja] f (calcetín) stocking; (punto) average. □ **medias** fpl tights, panty hose Am.

mediado, da [me'ðjaðo, ða] adj: a ~ s de in the middle of.

mediana [me'ðjana] f (de autopista) central reservation (Br), median (Am).

mediano, na [me'ðjano, na] adj (en tamaño) medium; (en calidad) average.

medianoche [meðja'notʃe] f midnight.

mediante [me'ðjante] prep by means of.

mediar [me'ðjar] vi (llegar a la mitad) to be halfway through; (transcurrir) to pass; (interceder) to intercede; ~ **entre** to be between.

medicamento [meðika'mento] m medicine.

medicina [meði'θina] f medicine.

medicinal [meðiθi'nal] adj medicinal.

médico, ca ['meðiko, ka] m, f doctor; ~ **de guardia** duty doctor.

medida [me'ðiða] f (dimensión) measurement; (cantidad, disposición) measure; (intensidad) extent; tomar ~ s to take measures; ~ s de seguridad safety measures; a la ~ (ropa) made-to-measure; a ~ que as; en cierta ~ to some extent.

medieval [meðje'ßal] adj medieval.

medio, dia ['meðjo, ðja] adj half (tamaño, estatura) medium; (posición, punto, clase) middle; (de promedio) average. ◆ m (centro) middle; (entorno, ambiente) environment; (manera, medida, de transporte) means; (en matemáticas) average. ◆ adv half; en ~ de (entre dos) between; (entre varios, en mitad de) in the middle of; a medias (partido entre dos) half; hacer algo a medias to half-do something; ~ ambiente environment;

media hora half an hour; **~ kilo (de)** half a kilo (of); **media docena/libra (de)** half a dozen/pound (of): **un vaso y ~** a glass and a half; **media pensión** half board. ❑ **medios** *mpl (económicos)* resources; **los ~s de comunicación** the media.

mediocre [me'ðjokre] *adj* mediocre.

mediocridad [meðjokri'ðað] *f* mediocrity.

mediodía [meðjo'ðia] *m* midday.

mediopensionista [meðjopensjo'nista] *mf* child who has lunch at school.

medir [me'ðir] *vt (dimensión, intensidad)* to measure; *(comparar)* to weigh up; *(fuerzas)* to compare; *(palabras, acciones)* to weigh; **¿cuánto mides?** how tall are you?

meditar [meði'tar] *vt* to ponder. ◆ *vi* to meditate.

mediterráneo, a [meðite'rraneo, a] *adj* Mediterranean. ❑ **Mediterráneo** *m*: **el (mar) Mediterráneo** the Mediterranean (Sea).

médium ['meðjum] *mf inv* medium.

medusa [me'ðusa] *f* jellyfish.

megáfono [me'yafono] *m* megaphone.

mejilla [me'xiʎa] *f* cheek.

mejillón [mexi'ʎon] *m* mussel; **mejillones a la marinera** moules marinières.

mejor [me'xor] *adj & adv* better; **el/la ~** the best; **a lo ~** maybe.

mejora [me'xora] *f* improvement.

mejorar [mexo'rar] *vt* to improve; *(superar)* to be better than; *(enfermo)* to make better. ◆ *vi (enfermo)* to get better; *(tiempo, clima)* to improve. ❑ **mejorarse** *vpr (persona)* to get better; *(tiempo, clima)* to improve.

mejoría [mexo'ria] *f* improvement.

melancolía [melanko'lia] *f* melancholy.

melancólico, ca [melan'koliko, ka] *adj* melancholic.

melena [me'lena] *f (de persona)* long hair; *(de león)* mane.

mella ['meʎa] *f (en metal)* nick; *(en diente)* chip; **hacer ~** *(causar impresión)* to make an impression.

mellizo, za [me'ʎiθo, θa] *adj* twin *(antes de s.)*. ❑ **mellizos** *mpl* twins.

melocotón [meloko'ton] *m* peach; **~ en almíbar** peaches *(pl)* in syrup.

melocotonero [melokoto'nero] *m* peach tree.

melodía [melo'ðia] *f* tune.

melodrama [melo'ðrama] *m* melodrama.

melodramático, ca [meloðra'matiko, ka] *adj* melodramatic.

melón [me'lon] *m* melon; **~ con jamón** melon with serrano ham.

membrillo [mem'briʎo] *m (fruto)* quince; *(dulce)* quince jelly.

memorable [memo'raβle] *adj* memorable.

memoria [me'morja] *f* memory; *(estudio)* paper; *(informe)* report; **de ~** by heart. ❑ **memorias** *fpl (de persona)* memoirs.

memorizar [memori'θar] *vt* to memorize.

menaje [me'naxe] *m (de cocina)* kitchenware.

mención [men'θjon] *f* mention.

mencionar [menθjo'nar] *vt* to mention.

mendigo, ga [men'diyo, ya] *m, f* beggar.

menestra [me'nestra] *f*: **~ (de verduras)** vegetable stew.

menor [me'nor] *adj (en edad)* younger; *(en tamaño)* smaller; *(en nú-*

mero) lower; *(en calidad)* lesser. ◆ *m (persona)* minor; **el/la ~** *(en tamaño)* the smallest; *(en edad)* the youngest; *(en número)* the lowest; **~ de edad** under age.

Menorca [me'norka] Minorca.

menos ['menos] *adv* -1. *(comparativo)* less; **está ~ gordo** he's not as fat; **tengo ~ hambre** I'm not as hungry; **~ leche** less milk; **~ manzanas** fewer apples; **~ de/que** fewer/less than; **~ ... que ...** fewer/less ... than ...; **me han dado 2 euros de ~** they've given me 2 euros too little. -2. *(superlativo)*: **el/la ~ ...** the least ...; **lo ~ que puedes hacer** the least you can do. -3. *(indica resta)* minus; **tres ~ dos igual a uno** three minus two is one. -4. *(con las horas)*: **son las cuatro ~ diez** it is ten to four. -5. *(en locuciones)*: **a ~** unless; **poco ~ de** just under; **¡~ mal!** thank God!; **eso es lo de ~** that's the least of it.

◆ *prep (excepto)* except (for); **acudieron todos ~ él** everyone came except him; **todo ~ eso** anything but that.

◆ *m inv*: **al o por lo ~** at least.

menospreciar [menospre'θjar] *vt (despreciar)* to despise; *(apreciar poco)* to undervalue.

menosprecio [menos'preθjo] *m (desprecio)* scorn; *(poco aprecio)* undervaluing.

mensaje [men'saxe] *m* message.

mensajero, ra [mensa'xero, ra] *m, f (de paquetes, cartas)* courier; *(de comunicados)* messenger.

menstruación [menstrwa'θjon] *f* menstruation.

mensual [men'swal] *adj* monthly.

menta ['menta] *f* mint; **a la ~** with mint.

mental [men'tal] *adj* mental.

mente ['mente] *f (inteligencia)* mind; *(forma de pensar)* mentality.

mentir [men'tir] *vi* to lie.

mentira [men'tira] *f* lie.

mentiroso, sa [menti'roso, sa] *m, f* liar.

mentón [men'ton] *m* chin.

menú [me'nu] *m* menu; *(de precio reducido)* set menu; **~ de degustación** meal consisting of several small portions of different dishes; **~ (del día)** set meal.

menudeo [menu'ðeo] *m Amér* retail.

menudo, da [me'nuðo, ða] *adj* small; **a ~** often; **¡~ gol!** what a goal!

meñique [me'nike] *m* little finger.

mercadillo [merka'ðiʎo] *m* flea market.

mercado [mer'kaðo] *m* market.

mercancía [merkan'θia] *f* merchandise.

mercantil [merkan'til] *adj* commercial.

mercería [merθe'ria] *f* haberdasher's (shop) *(Br)*, notions store *(Am)*.

mercurio [mer'kurjo] *m* mercury.

merecer [mere'θer] *vt* to deserve. ❑ **merecerse** *vpr* to deserve.

merendar [meren'dar] *vt* ~ to have for tea *Br* o supper. ◆ *vi* ~ to have for tea *Br* o supper.

merendero [meren'dero] *m* open air café or bar in the country or on the beach.

merengue [me'renge] *m* meringue.

meridiano, na [meri'ðjano, na] *adj (evidente)* crystal-clear; *(del mediodía)* midday *(antes de s.)*. ◆ *m* meridian.

meridional [meriðjo'nal] *adj* southern.

merienda [me'rjenda] *f (de media tarde)* tea *Br (light afternoon meal); (para excursión)* picnic.

mérito ['merito] *m* merit.

merluza [mer'luθa] *f* hake; ~ **a la plancha** grilled hake; ~ **a la romana** hake fried in batter.

mermelada [merme'laða] *f* jam.

mero ['mero] *m* grouper; ~ **a la plancha** grilled grouper.

mes [mes] *m* month; *(salario mensual)* monthly salary; **en el** ~ **de** in (the month of).

mesa ['mesa] *f* table; *(escritorio)* desk; *(de personas)* committee; **poner la** ~ to lay the table; **quitar la** ~ to clear the table.

mesero, ra [me'sero, ra] *m, f Amér* waiter *(f* waitress).

meseta [me'seta] *f* plateau.

mesilla [me'siʎa] *f*: ~ **de noche** bedside table.

mesón [me'son] *m (restaurante)* old, country-style restaurant and bar.

mestizo, za [mes'tiθo, θa] *m, f* person of mixed race.

meta ['meta] *f* goal; *(de carrera)* finishing line.

metáfora [me'tafora] *f* metaphor.

metal [me'tal] *m* metal.

metálico, ca [me'taliko, ka] *adj (de metal)* metal. ◆ *m* cash; **en** ~ in cash.

meteorito [meteo'rito] *m* meteorite.

meteorología [meteorolo'xia] *f* meteorology.

meter [me'ter] *vt* **-1.** *(introducir, ingresar, invertir)* to put in; ~ **algo/a alguien en algo** to put sthg/sb in sthg; **lo han metido en la cárcel** they've put him in prison.
- 2. *(hacer partícipe)*: ~ **a alguien en algo** to get sb into sthg.
- 3. *fam (hacer soportar)*: **nos meterá su discurso** she'll make us listen to her speech.
- 4. *fam (imponer, echar)* to give; **me han metido una multa** they've given me a fine; **le metieron una bronca** they told him off.
-5. *(causar)*: ~ **miedo/prisa a alguien** to scare/rush sb. ◆ **meterse** *vpr (entrar)* to get in; *(estar)* to get in; *(entrometerse)* to meddle; ~ **se a** *(dedicarse a)* to become; *(empezar)* to start; ~**se en** *(mezclarse con)* to get involved in. □ **meterse con** *v + prep (molestar)* to hassle; *(atacar)* to go for.

método ['metoðo] *m (modo ordenado)* method; *(de enseñanza)* course.

metralla [me'traʎa] *f (munición)* shrapnel; *(fragmento)* piece of shrapnel.

metro ['metro] *m (unidad de longitud)* metre; *(transporte)* underground *(Br)*, subway *(Am)*; *(instrumento)* tape measure.

metrópoli [me'tropoli] *f* metropolis.

mexicano, na [mexi'kano, na] *adj & m, f* Mexican.

México ['mexiko] Mexico.

mezcla ['meθkla] *f* mixture.

mezclar [meθ'klar] *vt* to mix; *(confundir, involucrar)* to mix up. □ **mezclarse en** *v + prep* to get mixed up in.

mezquino, na [meθ'kino, na] *adj* mean.

mezquita [meθ'kita] *f* mosque.

mg (*abrev de miligramo*) mg.

mí [mi] (*pl* **mis**) [mis] *adj* my.

mí [mi] *pron* (*después de preposición*) me; (*reflexivo*) myself; **¡a ~ qué!** so what!; **por ~ ...** as far as I'm concerned ...

mico ['miko] *m* monkey.

microbio [mi'kroβjo] *m* germ.

micrófono [mi'krofono] *m* microphone.

microondas [mikro'ondas] *m inv* microwave (oven).

microscopio [mikros'kopjo] *m* microscope.

miedo ['mjeðo] *m* fear; **tener ~ de** to be afraid of.

miedoso, sa [mje'ðoso, sa] *adj* fearful.

miel [mjel] *f* honey.

miembro ['mjembro] *m* (*de grupo, asociación*) member; (*extremidad*) limb.

mientras ['mjentras] *conj* (*a la vez*) while; **~ no se apruebe** until it has been approved; **~ (que)** whilst; **~ (tanto)** in the meantime.

miércoles ['mjerkoles] *m inv* Wednesday → **sábado**.

mierda ['mjerða] *f vulg* shit. ◆ *interj vulg* shit!

miga ['miya] *f* crumb; (*parte sustanciosa*) substance. ◻ **migas** *fpl* (*guiso*) fried breadcrumbs.

migaja [mi'yaxa] *f* crumb.

mil [mil] *núm* a thousand; **dos ~** two thousand → **seis**.

milagro [mi'layro] *m* miracle; **de ~** miraculously.

milenario, ria [mile'narjo, rja] *adj* ancient. ◆ *m* millennium.

milenio [mi'lenjo] *m* millennium.

milésimo, ma [mi'lesimo, ma] *adj* thousandth.

mili ['mili] *f fam* military service; **hacer la ~** *fam* to do one's military service.

miligramo [mili'yramo] *m* milligram.

mililitro [mili'litro] *m* millilitre.

milímetro [mi'limetro] *m* millimetre.

militante [mili'tante] *mf* militant.

militar [mili'tar] *adj* military. ◆ *m* soldier.

milla ['miʎa] *f* (*en tierra*) mile; (*en mar*) nautical mile.

millar [mi'ʎar] *m* thousand.

millón [mi'ʎon] *núm* million; **dos millones** two million → **seis**.

millonario, ria [miʎo'narjo, rja] *m, f* millionaire (*f* millionairess).

mimado, da [mi'maðo, ða] *adj* spoilt *Br*, spoiled *Am*.

mimar [mi'mar] *vt* to spoil.

mímica ['mimika] *f* mime.

mimosa [mi'mosa] *f* mimosa.

min (*abrev de minuto*) min.

mina ['mina] *f* mine; (*de lápiz*) lead.

mineral [mine'ral] *adj & m* mineral.

minero, ra [mi'nero, ra] *m, f* miner.

miniatura [minja'tura] *f* miniature.

minifalda [mini'falda] *f* mini skirt.

mínimo, ma ['minimo, ma] *superl* → **pequeño**. ◆ *adj & m* minimum; **como ~** at the very least.

ministerio [minis'terjo] *m* ministry.

ministro, tra [mi'nistro, tra] *m, f* minister.

minoría [mino'ria] *f* minority.

minoritario, ria [minori'tarjo, rja] *adj* minority (*antes de s*).

minucioso, sa [minu'θjoso,sa] *adj* *(persona)* meticulous; *(trabajo)* very detailed.

minúscula [mi'nuskula] *f* small letter; **en ~** in lower-case letters.

minúsculo, la [mi'nuskulo, la] *adj* *(muy pequeño)* minute.

minusválido, da [minuz'βa-lido, ða] *m, f* disabled person.

minutero [minu'tero] *m* minute hand.

minuto [mi'nuto] *m* minute.

mío, mía ['mio, 'mia] *adj* mine. ◆ *pron*: **el ~, la mía** mine; **lo ~** *(lo que me gusta)* my thing; **un amigo ~ a** friend of mine.

miope [mi'ope] *adj* shortsighted.

miopía [mio'pia] *f* shortsighted-ness.

mirada [mi'raða] *f* look; *(rápida)* glance; **echar una ~ a** to have a quick look at.

mirador [mira'ðor] *m* *(lugar)* view-point; *(balcón cerrado)* enclosed bal-cony.

mirar [mi'rar] *vt* *(ver)* to look at; *(observar, vigilar)* to watch; *(considerar)* to consider. ◆ *vi* *(buscar)* to look; **~ a** *(estar orientado)* to face; **estoy mi-rando** *(en tienda)* I'm just looking. ❏ **mirarse** *vpr* to look at o.s.

mirilla [mi'riʎa] *f* spyhole.

mirlo ['mirlo] *m* blackbird.

mirón, ona [mi'ron, ona] *m, f* *(es-pectador)* onlooker.

misa ['misa] *f* mass; **~ del gallo** midnight mass.

miserable [mise'raβle] *adj* *(muy po-bre)* poor; *(desgraciado, lastimoso)* wretched; *(mezquino)* mean.

miseria [mi'serja] *f* *(pobreza)* pov-erty; *(poca cantidad)* pittance.

misericordia [miseri'korðja] *f* compassion.

misil [mi'sil] *m* missile.

misión [mi'sjon] *f* mission; *(tarea)* task.

misionero, ra [misjo'nero, ra] *m, f* missionary.

mismo, ma ['mizmo, ma] *adj* *(igual)* same. ◆ *pron*: **el ~, la misma** the same; **el ~ que vi ayer** the same one I saw yesterday; **ahora ~** right now; **lo ~ (que)** the same thing (as); **da lo ~** it doesn't matter; **en es-te ~ cuarto** in this very room; **yo ~** I myself.

misterio [mis'terjo] *m* *(secreto)* mystery; *(sigilo)* secrecy.

misterioso, sa [miste'rjoso, sa] *adj* mysterious.

mitad [mi'tað] *f* *(parte)* half; *(centro, medio)* middle; **a ~ de camino** half-way there; **a ~ de precio** half-price; **en ~ de** in the middle of.

mitin ['mitin] *m* rally.

mito ['mito] *m* myth.

mitología [mitolo'xia] *f* mythology.

mixto, ta ['miksto, ta] *adj* *(colegio, vestuario)* mixed; *(comisión, agrupa-ción)* joint. ◆ *m* ham and cheese toasted sandwich.

ml *(abrev de mililitro)* ml.

mm *(abrev de milímetro)* mm.

mobiliario [moβi'ljarjo] *m* furni-ture.

mocasín [moka'sin] *m* moccasin.

mochila [mo'tʃila] *f* backpack.

mocho [mo'tʃo] *m* *(fregona)* mop.

mochuelo [mo'tʃuelo] *m* little owl.

moco ['moko] *m* mucus; **tener ~s** to have a runny nose.

moda ['moða] *f* fashion; **a la ~** fashionable; **estar de ~** to be fash-ionable; **pasado de ~** unfashion-able.

modalidad [moðaliˈðað] f (variante) type; (en deporte) discipline.

modelo [moˈðelo] m model; (vestido) number. ◆ mf model.

modem [ˈmoðem] (pl **modems**) [ˈmoðems] m modem.

moderno, na [moˈðerno, na] adj modern.

modestia [moˈðestja] f modesty.

modesto, ta [moˈðesto, ta] adj modest.

modificación [moðifikaˈθjon] f alteration.

modificar [moðifiˈkar] vt to alter.

modisto, ta [moˈðisto, ta] m, f (sastre) tailor (f dressmaker).

modo [ˈmoðo] m (manera) way; (en gramática) mood; **de ~ que** (de manera que) in such a way that; **de ningún ~** in no way; **de todos ~s** in any case; **en cierto ~** in some ways; **~ de empleo** instructions (pl).

moflete [moˈflete] m chubby cheek.

mogollón [moɣoˈʎon] m fam (cantidad) loads (pl).

moho [ˈmoo] m (hongo) mould.

mojado, da [moˈxaðo, ða] adj (empapado) wet; (húmedo) damp.

mojar [moˈxar] vt (empapar) to wet; (humedecer) to dampen; (pan) to dunk. ▫ **mojarse** vpr to get wet.

molde [ˈmolde] m mould.

moldeado [moldeˈaðo] m (en peluquería) soft perm.

moldear [moldeˈar] vt (dar forma) to mould; (en peluquería) to give a soft perm to.

mole [ˈmole] m Méx dish featuring a spicy sauce made from ground chillies, spices, nuts and sometimes chocolate.

molestar [molesˈtar] vt (incordiar) to annoy; (disgustar) to bother; (doler) to hurt. ▫ **molestarse** vpr (enfa-

darse, ofenderse) to take offence (darse trabajo) to bother.

molestia [moˈlestja] f (fastidio) nuisance; (dolor) discomfort.

molesto, ta [moˈlesto, ta] adj (fastidioso) annoying; **estar ~** (enfadado) to be annoyed.

molino [moˈlino] m mill; **~ de viento** windmill.

molusco [moˈlusko] m mollusc.

momento [moˈmento] m moment; (época) time; **hace un ~** a moment ago; **por el ~** for the moment; **al ~** straightaway; **de un ~ a otro** any minute now; **¡un ~!** just a moment!

momia [ˈmomja] f mummy.

monada [moˈnaða] f fam (cosa) lovely thing; (niño) little darling.

monaguillo [monaˈɣiʎo] m altar boy.

monarca [moˈnarka] m monarch.

monarquía [monarˈkia] f monarchy.

monasterio [monasˈterjo] m monastery.

Moncloa [monˈkloa] f: **la ~** the Moncloa palace.

LA MONCLOA

The Moncloa palace has been the official residence of the Spanish premier and the seat of the Spanish government since 1977. It is situated in the northwest of Madrid, near the Complutense university campus. It forms part of a complex of government buildings and has been rebuilt several times, most notably after the Spanish Civil War.

moneda [moˈneða] f (pieza) coin;

(divisa) currency; ~ **de duro** five-peseta coin.

monedero [mone'ðero] *m* purse.

monitor, ra [moni'tor, ra] *m, f (persona)* instructor. ◆ *m* monitor.

monja ['monxa] *f* nun.

monje ['monxe] *m* monk.

mono, na ['mono, na] *adj* lovely. ◆ *m, f (animal)* monkey. ◆ *m (con peto)* dungarees *(pl) Br*, overalls *(pl) Am*; *(con mangas)* overalls *(pl) Br*, coveralls *(pl) Am*; **¡qué ~ !** how lovely!

monólogo [mo'noloɣo] *m* monologue.

monopatín [,monopa'tin] *m* skateboard.

monopolio [mono'poljo] *m* monopoly.

monótono, na [mo'notono, na] *adj* monotonous.

monovolumen [,monoβo'lumen] *m* people carrier.

monstruo ['monstruo] *m* monster.

montacargas [monta'karɣas] *m inv* goods lift *(Br)*, freight elevator *(Am)*.

montaje [mon'taxe] *m (de una máquina)* assembly; *(de espectáculo)* staging; *(de película)* editing; *(estafa)* put-up job *Br*, con job *Am*.

montaña [mon'taɲa] *f* mountain; ~ **rusa** roller coaster.

montañismo [monta'ɲizmo] *m* mountaineering.

montañoso, sa [monta'ɲoso, sa] *adj* mountainous.

montar [mon'tar] *vt (caballo, burro)* to ride; *(tienda de campaña)* to put up; *(máquina, instalación)* to assemble; *(negocio, tienda)* to set up; *(clara de huevo)* to beat; *(nata)* to whip; *(película)* to edit. ◆ *vi (subir)*: ~ **en** *(animal, bicicleta)* to get on; *(coche)* to get into; ~ **en bicicleta** to ride a bicycle; ~ **a caballo** to ride a horse.

monte ['monte] *m (montaña)* mountain; *(bosque)* woodland.

montera [mon'tera] *f* bullfighter's cap.

montón [mon'ton] *m* heap; **un ~ de** *fam* loads of.

montura [mon'tura] *f (de gafas)* frame; *(caballo, burro, etc)* mount.

monumental [monumen'tal] *adj (lugar, ciudad)* famous for its monuments; *(enorme)* monumental.

monumento [monu'mento] *m* monument.

moño ['moɲo] *m* bun.

moqueta [mo'keta] *f (fitted) carpet Br*, wall-to-wall carpet *Am*.

mora ['mora] *f* blackberry → **moro**.

morado, da [mo'raðo, ða] *adj* purple. ◆ *m (color)* purple; *(herida)* bruise.

moral [mo'ral] *adj* moral. ◆ *f* morality; *(ánimo)* morale.

moraleja [mora'lexa] *f* moral.

moralista [mora'lista] *mf* moralist.

morcilla [mor'θiʎa] *f* ≃ black pudding *(Br)*, ≃ blood sausage *(Am)*.

mordaza [mor'ðaθa] *f* gag.

mordedura [morðe'ðura] *f* bite.

morder [mor'ðer] *vt* to bite.

mordida [mor'ðiða] *f Méx fam* bribe.

mordisco [mor'ðisko] *m* bite.

moreno, na [mo'reno, na] *adj (por el sol)* tanned; *(piel, pelo)* dark.

moribundo, da [mori'βundo, ða] *adj* dying.

morir [mo'rir] *vi* to die. ❑ **morirse** *vpr (fallecer)* to die; *fig (tener deseo fuerte)* to be dying.

moro, ra ['moro, ra] *adj* Moorish. ◆ *m, f* Moor.

morocho, cha [mo'rotʃo, tʃa] *adj Amér fam (robusto)* tough; *(moreno)* dark.

moroso, sa [mo'roso, sa] *m, f* defaulter.

morralla [mo'raʎa] *f Amér* change.

morro ['moro] *m (de animal)* snout; *vulg (de persona)* thick lips *(pl)*; **por el ~ fam** without asking; **qué ~!** what a cheek! *Br*, what a nerve! *Am*.

morsa ['morsa] *f* walrus.

mortadela [morta'ðela] *f* Mortadella, *type of cold pork sausage.*

mortal [mor'tal] *adj (vida)* mortal; *(herida, accidente)* fatal; *fig (aburrido)* deadly.

mortero [mor'tero] *m* mortar.

mosaico [mo'sajko] *m* mosaic.

mosca ['moska] *f* fly; **por si las ~s** just in case.

moscatel [moska'tel] *m* Muscatel.

mosquito [mos'kito] *m* mosquito.

mostaza [mos'taθa] *f* mustard.

mostrador [mostra'ðor] *m (en tienda)* counter; *(en bar)* bar; **'~ de facturación'** 'check-in desk'; **~ de ayuda** *COMPUT* help desk.

mostrar [mos'trar] *vt* to show. ❑ **mostrarse** *vpr*: **se mostró muy interesado** he expressed great interest.

motel [mo'tel] *m* motel.

motivación [motiβa'θjon] *f (motivo)* motive.

motivar [moti'βar] *vt (causar)* to cause.

motivo [mo'tiβo] *m (causa, razón)* reason; *(en música, pintura)* motif; **con ~ de** *(a causa de)* because of; *(con ocasión de)* on the occasion of.

moto ['moto] *f* motorbike, motorcycle; **~ acuática** jet-ski.

motocicleta [motoθi'kleta] *f* motorbike, motorcycle.

motociclismo [ˌmotoθi'klizmo] *m* motorcycling.

motociclista [ˌmotoθi'klista] *mf* motorcyclist.

motocross [moto'kros] *m* *inv* motocross.

motoneta [moto'neta] *f Amér* moped.

motor [mo'tor] *m* engine, motor; **~ de arranque** starter.

motora [mo'tora] *f* motorboat.

motorista [moto'rista] *mf* motorcyclist.

mountain bike [ˌmountajm'bajk] *f* mountain biking.

mousse [mus] *f* mousse; **~ de chocolate/limón** chocolate/lemon mousse; **~ de limón** lemon mousse.

mover [mo'βer] *vt* to move; *(hacer funcionar)* to drive. ❑ **moverse** *vpr* *fam (realizar gestiones)* to make an effort.

movida [mo'βiða] *f fam* scene.

movido, da [mo'βiðo, ða] *adj (persona)* restless.

móvil ['moβil] *adj* mobile. ◆ *m (motivo)* motive; *(teléfono)* mobile *Br*, cell phone *Am*.

movimiento [moβi'mjento] *m* movement; *(circulación)* activity; *(de cuenta corriente)* transactions *(pl)*.

mozo, za ['moθo, θa] *m, f young boy (f young girl).* ◆ *m (de hotel, estación)* porter; *(recluta)* conscript; *Andes & RP (camarero)* waiter.

mucamo, ma [mu'kamo, ma] *m, f Amér* servant.

muchacha [mu'tʃatʃa] *f fam (criada)* maid → **muchacho**.

muchachada [mutʃa'tʃaða] *f Amér* crowd of young people.

muchacho, cha [mu'tʃatʃo, tʃa] *m, f* boy *(f* girl).

muchedumbre [mutʃe'ðumbre] *f* crowd.

mucho, cha ['mutʃo, tʃa] *adj* a lot of. ◆ *pron* a lot. ◆ *adv* a lot; *(indica comparación)* much; **tengo ~ sueño**

I'm very sleepy; ~ **antes** long before; ~ **gusto** (saludo) pleased to meet you; **como** ~ at most; ¡**con** ~ **gusto!** (encantado) with pleasure!; **vinieron** ~ **s** a lot of people came; **ni** ~ **menos** by no means; **por** ~ **que** no matter how much.

mudanza [mu'ðanθa] f (de casa) move.

mudar [mu'ðar] vt (piel, plumas) to moult. □ **mudarse** vpr (de ropa) to change; ~**se** (de casa) to move (house).

mudo, da ['muðo, ða] adj (que no habla) dumb; (película, letra) silent. ◆ m, f mute.

mueble ['mweβle] m piece of furniture; **los** ~**s** the furniture.

mueca ['mweka] f (gesto) face; (de dolor) grimace.

muela ['mwela] f (diente) tooth.

muelle ['mweʎe] m (de colchón) spring; (de puerto) dock.

muerte ['mwerte] f (fallecimiento) death; (homicidio) murder.

muerto, ta ['mwerto, ta] pp → **morir**. ◆ adj dead. ◆ m, f dead person; ~ **de frío** freezing; ~ **de hambre** starving.

muestra ['mwestra] f (de mercancía) sample; (señal) sign; (demostración) demonstration; (exposición) show; (prueba) proof.

mugido [mu'xiðo] m moo.

mugir [mu'xir] vi to moo.

mujer [mu'xer] f woman; (esposa) wife.

mulato, ta [mu'lato, ta] m, f mulatto.

muleta [mu'leta] f (bastón) crutch; (de torero) muleta, red cape hanging from a stick used to tease the bull.

mulo, la ['mulo, la] m, f mule.

multa ['multa] f fine.

multar [mul'tar] vt to fine.

multicine [multi'θine] m multiscreen cinema Br, multiplex Am.

multinacional [multinaθjo'nal] f multinational.

múltiple ['multiple] adj multiple. □ **múltiples** adj pl (numerosos) numerous.

multiplicación [multiplika'θjon] f multiplication.

multiplicar [multipli'kar] vt to multiply. □ **multiplicarse** vpr (persona) to do lots of things at the same time.

múltiplo ['multiplo] m multiple.

multitud [multi'tuð] f (de personas) crowd.

mundial [mundi'al] adj world (antes de s).

mundo ['mundo] m world; **un hombre de** ~ a man of the world; **todo el** ~ everyone.

munición [muni'θjon] f ammunition.

municipal [muniθi'pal] adj municipal. ◆ m, f local police officer who deals mainly with traffic offences.

municipio [muni'θipjo] m (territorio) town; (organismo) town council Br, city hall Am.

muñeca [mu'ɲeka] f (de la mano) wrist → **muñeco**.

muñeco, ca [mu'ɲeko, ka] m, f doll.

muñeira [mu'ɲeira] f type of music and dance from Galicia.

muñequera [muɲe'kera] f wristband.

mural [mu'ral] m mural.

muralla [mu'raʎa] f wall.

murciélago [mur'θjelaɣo] m bat.

muro ['muro] m wall.

musa ['musa] f muse.

músculo ['muskulo] m muscle.

museo [mu'seo] *m* museum; ~ **de arte** art gallery.

musgo ['muzɣo] *m* moss.

música ['musika] *f* music; ~ **ambiental** background music; ~ **clásica** classical music; ~ **pop** pop music → **músico**.

musical [musi'kal] *adj* musical.

musicalmente [musi,kal'mente] *adv* musically.

músico, ca ['musiko, ka] *m, f* musician.

muslo ['muzlo] *m* thigh; ~ **de pollo** chicken thigh.

musulmán, ana [musul'man, ana] *adj & m, f* Muslim.

mutilado, da [muti'laðo, ða] *m, f* cripple.

mutua ['mutʊa] *f* mutual benefit society.

muy [muj] *adv* very.

N

nabo ['naβo] *m* turnip.

nacer [na'θer] *vi* (persona, animal) to be born; (vegetal) to sprout; (arroyo, río) to rise.

nacimiento [naθi'mjento] *m* (de persona, animal) birth; (de vegetal) sprouting; (de río, arroyo) source; (belén) Nativity scene.

nación [na'θjon] *f* nation.

nacional [naθjo'nal] *adj* national; (vuelo, mercado) domestic.

nacionalidad [naθjonali'ðað] *f* nationality.

nada ['naða] *pron* (ninguna cosa) nothing; (en negativas) anything. ◆ *adv*: **no me gustó** ~ I didn't like it at all; **de** ~ (respuesta a gracias) you're welcome; ~ **más** nothing else; ~ **más llegar** as soon as he arrived.

nadador, ra [naða'ðor, ra] *m, f* swimmer.

nadar [na'ðar] *vi* to swim.

nadie ['naðje] *pron* nobody; **no se lo dije a** ~ I didn't tell anybody.

nailon ['najlon] *m* nylon.

naipe ['najpe] *m* (playing) card.

nalga ['nalɣa] *f* buttock. □ **nalgas** *fpl* backside (sg).

nana ['nana] *f* lullaby; *Amér* (para niño) nanny.

naranja [na'ranxa] *adj inv & m & f* orange; ~ **exprimida** freshly-squeezed orange juice.

naranjada [naran'xaða] *f* orangeade.

naranjo [na'ranxo] *m* orange tree.

narcotraficante [,narkotrafi'kante] *mf* drug trafficker.

narcotráfico [narko'trafiko] *m* drug trafficking.

nariz [na'riθ] (*pl* **-ces** [θes]) *f* nose.

narración [nara'θjon] *f* (relato) story.

narrador, ra [nara'ðor, ra] *m, f* narrator.

narrar [na'rar] *vt* to tell.

narrativa [nara'tiβa] *f* narrative.

nata ['nata] *f* cream; ~ **montada** whipped cream.

natación [nata'θjon] *f* swimming.

natillas [na'tiʎas] *fpl* custard (sg).

nativo, va [na'tiβo, βa] *m, f* native.

natural [natu'ral] *adj* natural; (alimento) fresh; **ser** ~ **de** to come from; **al** ~ (fruta) in its own juice.

naturaleza [natura'leθa] *f* nature; **por** ~ by nature.

nevada

naufragar [nau̯fraˈɣar] *vi* to be wrecked.

naufragio [nau̯ˈfraxjo] *m* shipwreck.

náuseas [ˈnau̯seas] *fpl* nausea *(sg)*; **tener ~** to feel sick.

náutico, ca [ˈnau̯tiko, ka] *adj (de navegación)* nautical; DEP water *(antes de s)*.

navaja [naˈβaxa] *f (pequeña)* penknife; *(más grande)* jackknife; *(de afeitar)* razor; *(molusco)* razor clam.

naval [naˈβal] *adj* naval.

nave [ˈnaβe] *f (barco)* ship; *(de iglesia)* nave; *(en una fábrica)* plant; **~ espacial** spaceship.

navegable [naβeˈɣaβle] *adj* navigable.

navegador® [naβeɣaˈðor] *m* COMPUT browser.

navegar [naβeˈɣar] *vi (en barco)* to sail.

Navidad [naβiˈðað] *f* Christmas (Day). □ **Navidades** *fpl* Christmas *(sg)*.

nazareno [naθaˈreno] *m* man dressed in hood and tunic who takes part in Holy Week processions.

neblina [neˈβlina] *f* mist.

necedad [neθeˈðað] *f (cualidad)* stupidity; *(dicho)* stupid thing.

necesario, ria [neθeˈsarjo, rja] *adj* necessary.

neceser [neθeˈser] *m* toilet bag.

necesidad [neθesiˈðað] *f (de primera ~)* essential. □ **necesidades** *fpl* **hacer sus ~es** to answer the call of nature.

necesitar [neθesiˈtar] *vt* to need; **'se necesita ' '**wanted'.

necio, cia [ˈneθjo, θja] *adj* foolish.

nécora [ˈnekora] *f* fiddler crab.

necrológicas [nekroˈloxikas] *fpl* obituaries.

negación [neɣaˈθjon] *f (desmentido)* denial; *(negativa)* refusal.

negado, da [neˈɣaðo, ða] *adj* useless.

negar [neˈɣar] *vt* to deny. □ **negarse** *vpr*: **~se (a)** to refuse (to).

negativa [neɣaˈtiβa] *f* refusal; *(desmentido)* denial.

negativo, va [neɣaˈtiβo, βa] *adj & m* negative.

negociable [neɣoˈθjaβle] *adj* negotiable.

negociación [neɣoθjaˈθjon] *f* negotiation.

negociador, ra [neɣoθjaˈðor, ra] *m, f* negotiator.

negociar [neɣoˈθjar] *vt* to negotiate. ◆ *vi (comerciar)* to do business; **~ en** to deal in.

negocio [neˈɣoθjo] *m* business; *(transacción)* deal; *(beneficio)* good deal; **hacer ~s** to do business.

negro, gra [ˈneɣro, ɣra] *adj & m* black. ◆ *m, f (persona)* black man *(f* black woman*)*.

nene, na [ˈnene, na] *m, f fam* baby.

nenúfar [neˈnufar] *m* water lily.

nervio [ˈnerβjo] *m (de persona)* nerve; *(de planta)* vein; *(de carne)* sinew; *(vigor)* energy. □ **nervios** *mpl (estado mental)* nerves.

nerviosismo [nerβjoˈsizmo] *m* nerves *(pl)*.

nervioso, sa [nerˈβjoso, sa] *adj* nervous; *(irritado)* worked-up.

neto, ta [ˈneto, ta] *adj (peso, precio)* net; *(contorno, línea)* clean.

neumático [neu̯ˈmatiko] *m* tyre.

neurosis [neu̯ˈrosis] *f inv* neurosis.

neutral [neu̯ˈtral] *adj* neutral.

neutro, tra [ˈneu̯tro, tra] *adj* neutral.

nevada [neˈβaða] *f* snowfall.

nevado, da [ne'βaðo, ða] *adj* snowy.

nevar [ne'βar] *v impers*: **está nevando** it's snowing.

nevera [ne'βera] *f* fridge (Br).

ni [ni] *conj*: **no ... ~ ... ~ ...** neither ... nor ...; **no es alto ~ bajo** he's neither tall nor short; **~ mañana ~ pasado** neither tomorrow nor the day after; **~ un/una ...** not a single ...; **~ siquiera lo ha probado** she hasn't even tried it; **~ que** as if. ◆ **ni** not even; **está tan atareado que ~ come** he's so busy he doesn't even eat.

Nicaragua [nika'raɣwa] Nicaragua.

nicaragüense [nikara'ɣwense] *adj & mf* Nicaraguan.

nicho ['nitʃo] *m* niche.

nido ['niðo] *m* nest.

niebla ['njeβla] *f* (*densa*) fog; (*neblina*) mist; **hay ~** it's foggy.

nieto, ta ['njeto, ta] *m, f* grandson (*f* granddaughter).

nieve ['njeβe] *f* snow.

NIF [nif] *m* (*abrev de número de identificación fiscal*) ≃ National Insurance number (Br), ≃ Social Security number (Br).

ningún [nin'gun] *adj* → **ninguno**.

ninguno, na [nin'guno, na] *adj* no. ◆ *pron* (*ni uno*) none; (*nadie*) nobody; **no tengo ningún abrigo** I don't have a coat; **~ me gusta** I don't like any of them; **~ de los dos** neither of them.

niña ['nina] *f* (*del ojo*) pupil → **niño**.

niñera [ni'nera] *f* nanny.

niñez [ni'neθ] *f* childhood.

niño, ña ['nino, na] *m, f* (*crío*) child, boy (*f* girl); (*bebé*) baby; **los ~s** the children.

níquel ['nikel] *m* nickel.

níspero ['nispero] *m* medlar.

nítido, da ['nitiðo, ða] *adj* clear.

nitrógeno [ni'troxeno] *m* nitrogen.

nivel [ni'βel] *m* level; **al ~ de** level with; **~ de vida** standard of living.

no [no] *adv* (*de negación*) not; (*en respuestas*) no; **¿~ vienes?** aren't you coming?; **estamos de acuerdo ¿~?** so, we're agreed then, are we?; **~ sé** I don't know; **~ veo nada** I can't see anything; **¿cómo ~?** of course; **eso sí que ~** certainly not; **¡qué ~!** I said no!

n° (*abrev de número*) no.

noble ['noβle] *adj* (*metal*) precious; (*honrado*) noble. ◆ *mf* noble.

nobleza [no'βleθa] *f* nobility.

noche ['notʃe] *f* (*más tarde*) night; (*atardecer*) evening; **ayer por la ~** last night; **esta ~** tonight; **por la ~** at night; **las diez de la ~** ten o'clock at night.

Nochebuena [notʃe'βwena] *f* Christmas Eve.

Nochevieja [notʃe'βjexa] *f* New Year's Eve.

ⓘ NOCHEVIEJA

New Year's Eve traditions in Spain include dinner-dances at which "bolsas de cotillón" containing such items as confetti, paper hats, party blowers and so on are given out. To see out the old year and bring good luck for the new, twelve grapes must be eaten, one with each of the twelve chimes of midnight.

noción [no'θjon] *f* notion. ❏ **nociones** *fpl*: **tener nociones de** to have a smattering of.

nocivo, va [no'θiβo, βa] *adj* harmful.

noctámbulo, la [nok'tambulo, la] *m, f* night owl.

nocturno, na [nok'turno, rna] *adj (tren, vuelo, club)* night *(antes de s); (clase)* evening *(antes de s).*

nogal [no'ɣal] *m* walnut.

nómada ['nomaða] *mf* nomad.

nombrar [nom'brar] *vt (mencionar)* to mention; *(para un cargo)* to appoint.

nombre ['nombre] *m* name; *(en gramática)* noun; **a ~ de** *(cheque)* on behalf of; *(carta)* addressed to; **~ de pila** first name; **~ y apellidos** full name.

nomeolvides [nomeol'βiðes] *m inv* forget-me-not.

nómina ['nomina] *f (lista de empleados)* payroll; *(sueldo)* wages *(pl).*

nórdico, ca ['norðiko, ka] *adj (del norte)* northern.

noreste [no'reste] *m* north-east.

noria ['norja] *f (de feria)* Ferris wheel; big wheel *(Br).*

norma ['norma] *f (principio)* standard; *(regla)* rule.

normal [nor'mal] *adj* normal.

normalmente [norˌmal'mente] *adv* normally.

noroeste [noro'este] *m* northwest.

norte ['norte] *m* north.

Norteamérica [ˌnortea'merika] *f* North America.

norteamericano, na [ˌnorteameri'kano, na] *adj & m, f* (North) American.

Noruega [no'rɣega] *f* Norway.

noruego, ga [no'rɣego, ɣa] *adj, m, f* Norwegian.

nos [nos] *pron (complemento directo)* us; *(complemento indirecto)* (to) us; *(reflexivo)* ourselves; *(recíproco)* each other; **~ vamos** we're going.

nosotros, tras [no'sotros, tras] *pron (sujeto)* we; *(complemento)* us.

nostalgia [nos'talxja] *f (de país, casa)* homesickness.

nostálgico, ca [nos'talxiko, ka] *adj (de país, casa)* homesick.

nota ['nota] *f* note; *(en educación)* mark, grade *Am; (cuenta)* bill *Br,* check *Am;* **tomar ~ de** to note down.

notable [no'taβle] *adj* remarkable.

notar [no'tar] *vt (darse cuenta de)* to notice; *(sentir)* to feel.

notario, ria [no'tarjo, rja] *m, f* notary.

noticia [no'tiθja] *f* piece of news. ❏ **noticias** *fpl (telediario)* news *(sg).*

novatada [noβa'taða] *f (broma)* joke *(played on new arrivals).*

novato, ta [no'βato, ta] *m, f* beginner.

novecientos, tas [noβe'θjentos, tas] *núm* nine hundred → **seis.**

novedad [noβe'ðað] *f (cualidad)* newness; *(suceso)* new development; *(cosa)* new thing; **'~es'** *(discos)* 'new releases'; *(ropa)* 'latest fashion *(sg)* '.

novela [no'βela] *f* novel; **~ de aventuras** adventure story; **~ policíaca** detective story; **~ rosa** romantic novel.

novelesco, ca [noβe'lesko, ka] *adj* fictional.

novelista [noβe'lista] *mf* novelist.

noveno, na [no'βeno, na] *núm* ninth → **sexto.**

noventa [no'βenta] *núm* ninety → **seis.**

noviazgo [no'βjaθɣo] *m* engagement.

noviembre [no'βjembre] *m* November → **setiembre.**

novillada [noβi'ʎaða] *f* bullfight with young bulls.

novillero [noβi'ʎero] *m* apprentice bullfighter.

novillo, lla [no'βiʎo, ʎa] *m, f* young bull *(f young cow)* (2-3 years old).

novio, via [no'βjo, βja] *m, f (prometido)* fiancé *(f* fiancée); *(amigo)* boyfriend *(f* girlfriend). ▫ **novios** *mpl (recién casados)* newlyweds.

nubarrón [nuβa'ron] *m* storm cloud.

nube [nuβe] *f* cloud.

nublado, da [nu'βlaðo, ða] *adj* cloudy.

nublarse [nu'βlarse] *v impers:* **se está nublando** it's clouding over.

nubosidad [nuβosi'ðað] *f* cloudiness.

nuboso, sa [nu'βoso, sa] *adj* cloudy.

nuca ['nuka] *f* nape.

nuclear [nukle'ar] *adj* nuclear.

núcleo ['nukleo] *m (parte central)* centre.

nudillos [nu'ðiʎos] *mpl* knuckles.

nudismo [nu'ðizmo] *m* nudism.

nudista [nu'ðista] *mf* nudist.

nudo ['nuðo] *m (de cuerda, hilo)* knot; *(de comunicaciones)* major junction; *(en argumento)* crux.

nuera ['nwera] *f* daughter-in-law.

nuestro, tra ['nwestro, tra] *adj* our. ◆ *pron:* **el ~, la nuestra** ours; **lo ~ (lo que nos gusta)** our thing; **un amigo ~** a friend of ours.

nuevamente [,nweβa'mente] *adv* again.

Nueva Zelanda [nueβaθe'landa] New Zealand.

nueve ['nweβe] *núm* nine → **seis.**

nuevo, va ['nweβo, βa] *adj* new; **de ~** again.

nuez [nweθ] *(pl* **-ces** [θes]) *f (fruto seco en general)* nut; *(de nogal)* walnut; *(del cuello)* Adam's apple.

nulidad [nuli'ðað] *f (anulación)* nul-

lity; *(persona)* useless idiot.

nulo, la ['nulo, la] *adj (sin valor legal)* null and void; *(inepto)* useless.

núm. *(abrev de* número) no.

numerado, da [nume'raðo, ða] *adj* numbered.

número ['numero] *m* number; *(de lotería)* ticket; *(de una publicación)* issue; *(talla)* size; **~ de teléfono** telephone number.

numeroso, sa [nume'roso, sa] *adj* numerous.

numismática [numiz'matika] *f* coin-collecting.

nunca ['nunka] *adv* never; *(en negativas)* ever.

nupcial [nup'θjal] *adj* wedding *(antes de s).*

nupcias ['nupθjas] *fpl* wedding *(sg).*

nutria ['nutrja] *f* otter.

nutrición [nutri'θjon] *f* nutrition.

nutritivo, va [nutri'tiβo, βa] *adj* nutritious.

ñandú [nan'du] *m* rhea.

ñato, ta ['nato, ta] *adj Andes & RP* snub.

ñoñería [none'ria] *f* insipidness.

ñoño, ña ['nono, na] *adj (remilgado)* squeamish; *(quejica)* whining; *(soso)* dull.

ñoqui ['noki] *m* gnocchi *(pl).*

O

o [o] *conj* or; **~ sea** in other words.

oasis [o'asis] *m inv* oasis.

obedecer [oβeðe'θer] *vt* to obey.

◻ **obedecer a** v + prep *(ser motivado por)* to be due to.

obediencia [oβe'ðjenθja] f obedience.

obediente [oβe'ðjente] adj obedient.

obesidad [oβesi'ðað] f obesity.

obeso, sa [o'βeso, sa] adj obese.

obispo [o'βispo] m bishop.

objeción [oβxe'θjon] f objection.

objetividad [oβxetiβi'ðað] f objectivity.

objetivo, va [oβxe'tiβo, βa] adj objective. ◆ m *(finalidad)* objective; *(blanco)* target; *(lente)* lens.

objeto [oβ'xeto] m object; *(finalidad)* purpose; **con el ~ de** with the aim of; '**~s perdidos**' 'lost property'.

obligación [oβliɣa'θjon] f *(deber)* obligation; *(de una empresa)* bond.

obligar [oβli'ɣar] vt to force. ◻ **obligarse a** v + prep *(comprometerse a)* to undertake to.

obligatorio, ria [oβliɣa'torjo, rja] adj compulsory.

obra ['oβra] f *(realización)* work; *(en literatura)* book; *(en teatro)* play; *(en música)* opus; *(edificio en construcción)* building site; **~ de caridad** charity; **~ (de teatro)** play. ◻ **obras** fpl *(reformas)* alterations; '**obras**' *(en carretera)* 'roadworks'.

obrador [oβra'ðor] m workshop.

obrero, ra [o'βrero, ra] m, f worker.

obsequiar [oβse'kjar] vt: **~ a alguien con algo** to present sb with sthg.

obsequio [oβ'sekjo] m gift.

observación [oβserβa'θjon] f observation.

observador, ra [oβserβa'ðor, ra] adj observant.

observar [oβser'βar] vt to observe; *(darse cuenta de)* to notice.

observatorio [oβserβa'torjo] m observatory.

obsesión [oβse'sjon] f obsession.

obsesionar [oβsesjo'nar] vt to obsess. ◻ **obsesionarse** vpr to be obsessed.

obstáculo [oβs'takulo] m obstacle.

obstante [oβs'tante] ◆ **no obstante** conj nevertheless.

obstinado, da [oβsti'naðo, ða] adj *(persistente)* persistent; *(terco)* obstinate.

obstruir [oβs'truir] vt to obstruct. ◻ **obstruirse** vpr *(agujero, cañería)* to get blocked (up).

obtener [oβte'ner] vt to get.

obvio, via [o'ββjo, βja] adj obvious.

oca ['oka] f *(ave)* goose; *(juego)* board game similar to snakes and ladders.

ocasión [oka'sjon] f *(momento determinado)* moment; *(vez)* occasion; *(oportunidad)* chance; **de ~** *(rebajado)* bargain; *(antes de a)*.

ocasional [okasjo'nal] adj *(eventual)* occasional; *(casual)* accidental.

ocaso [o'kaso] m *(de sol)* sunset; *fig (decadencia)* decline.

occidental [okθiðen'tal] adj western.

occidente [okθi'ðente] m west. ◻ **Occidente** m the West.

océano [o'θeano] m ocean.

ochenta [o'tʃenta] núm eighty → **seis**.

ocho ['otʃo] núm eight → **seis**.

ochocientos, tas [otʃo'θjentos, tas] núm eight hundred → **seis**.

ocio ['oθjo] m leisure.

ocioso, sa [o'θjoso, sa] adj *(inactivo)* idle.

ocre ['okre] adj inv ochre.

octavo, va [ok'taβo, βa] *núm* eighth → **sexto**.

octubre [ok'tuβre] *m* October → **setiembre**.

oculista [oku'lista] *mf* ophthalmologist.

ocultar [okul'tar] *vt* (esconder) to hide; (callar) to cover up.

oculto, ta [o'kulto, ta] *adj* hidden.

ocupación [okupa'θjon] *f* occupation; (oficio) job.

ocupado, da [oku'paðo, ða] *adj* (plaza, asiento) taken; (aparcamiento) full; (lavabo) engaged Br, occupied Am; (atareado) busy; (invadido) occupied; **'ocupado'** (taxi) sign indicating that a taxi is not for hire.

ocupar [oku'par] *vt* to occupy; (habitar) to live in; (mesa) to sit at; (en tiempo) to take up; (cargo, posición, etc) to hold; (dar empleo) to provide work for. ❑ **ocuparse de** *v + prep* (encargarse de) to deal with; (persona) to look after.

ocurrir [oku'rir] *vi* to happen. ❑ **ocurrirse** *vpr*: no se me ocurre la respuesta I can't think of the answer.

odiar [o'ðjar] *vt* to hate.

odio ['oðjo] *m* hatred.

oeste [o'este] *m* west.

ofensiva [ofen'siβa] *f* offensive.

oferta [o'ferta] *f* (propuesta) offer; (en precio) bargain; (surtido) range.

oficial [ofi'θjal] *adj* official. ◆ *m, f* (militar) officer.

oficina [ofi'θina] *f* office; ~ **de correos** post office; ~ **de objetos perdidos** lost property office; ~ **de turismo** tourist office.

oficinista [ofiθi'nista] *mf* office worker.

oficio [o'fiθjo] *m* (profesión) trade; (empleo) job; (misa) service.

ofrecer [ofre'θer] *vt* to offer; (mostrar) to present. ❑ **ofrecerse** *vpr* (ser voluntario) to volunteer.

oftalmología [oftalmolo'xia] *f* ophthalmology.

ogro ['oɣro] *m* ogre.

oído [o'iðo] *m* (sentido) hearing; (órgano) ear; **hablar al** ~ **a alguien** to have a word in sb's ear.

oír [o'ir] *vt* (ruido, música, etc) to hear; (atender) to listen to; **¡oiga, por favor!** excuse me!

ojal [o'xal] *m* buttonhole.

ojalá [oxa'la] *interj* if only!

ojeras [o'xeras] *fpl* bags under the eyes.

ojo ['oxo] *m* eye; (de cerradura) keyhole. ◆ *interj* watch out!; ~ **de buey** porthole; **a** ~ *fig* roughly.

OK [o'kej] *interj* OK.

okupa [o'kupa] *mf fam* squatter.

ola ['ola] *f* wave; ~ **de calor** heatwave; ~ **de frío** cold spell.

ole ['ole] *interj* bravo!

oleaje [ole'axe] *m* swell.

óleo ['oleo] *m* oil (painting).

oler [o'ler] *vt & vi* to smell; ~ **bien** to smell good; ~ **mal** to smell bad. ❑ **olerse** *vpr* to sense.

olfato [ol'fato] *m* (sentido) sense of smell; (astucia) nose.

olimpiadas [olim'pjaðas] *fpl* Olympics.

olímpico, ca [o'limpiko, ka] *adj* Olympic.

oliva [o'liβa] *f* olive.

olivo [o'liβo] *m* olive tree.

olla ['oʎa] *f* pot; ~ **a presión** pressure cooker.

olmo ['olmo] *m* elm (tree).

olor [o'lor] *m* smell.

olvidar [olβi'ðar] *vt* to forget; (dejarse) to leave. ❑ **olvidarse de** *v + prep* (dejarse) to leave.

olvido [ol'βiðo] *m* (*en memoria*) forgetting; (*descuido*) oversight.

ombligo [om'bliγo] *m* (*de vientre*) navel; *fig* (*centro*) heart.

omitir [omi'tir] *vt* to omit.

once ['onθe] *núm* eleven → **seis**.

ONCE ['onθe] *f Spanish association for the blind.*

ONCE

The ONCE is an independent organization in Spain which was originally set up to help the blind, although it now covers other disabled people as well. One of its main aims is to provide work for its members, and to this end it runs a daily national lottery, tickets for which are sold by the blind. The lottery is the ONCE's main source of income.

onda ['onda] *f* wave.

ondulado, da [ondu'laðo, ða] *adj* wavy.

ONU ['onu] *f* UN.

opaco, ca [o'pako, ka] *adj* opaque.

opción [op'θjon] *f* option; **tener ~ a** to be eligible for.

ópera ['opera] *f* opera.

operación [opera'θjon] *f* operation; (*negocio*) transaction.

operadora [opera'ðora] *f* (*de teléfonos*) operator.

operar [ope'rar] *vt* (*enfermo*) to operate on; (*realizar*) to bring about. ❏ **operarse** *vpr* (*del hígado, etc*) to have an operation.

operario, ria [ope'rarjo, rja] *m, f* worker.

opinar [opi'nar] *vt* to think. ♦ *vi* to give one's opinion.

opinión [opi'njon] *f* opinion; **la ~ pública** public opinion.

oponer [opo'ner] *vt* (*obstáculo, resistencia*) to use against; (*razón, argumento, etc*) to put forward. ❏ **oponerse** *vpr* (*contrarios, fuerzas*) to be opposed. ❏ **oponerse a** *v* + *prep* (*ser contrario a*) to oppose; (*negarse a*) to refuse to.

oportunidad [oportuni'ðað] *f* opportunity; '**~es**' 'bargains'.

oportuno, na [opor'tuno, na] *adj* (*adecuado*) appropriate; (*propicio*) timely; (*momento*) right.

oposición [oposi'θjon] *f* (*impedimento*) opposition; (*resistencia*) resistance; **la ~** the opposition. ❏ **oposiciones** *fpl* (*para empleo*) public entrance examinations.

oprimir [opri'mir] *vt* (*botón*) to press; (*reprimir*) to oppress.

optar [op'tar] ♦ **optar a** *v* + *prep* (*aspirar a*) to go for. ❏ **optar por** *v* + *prep*: **~ por algo** to choose sthg; **~ por hacer algo** to choose to do sthg.

optativo, va [opta'tiβo, βa] *adj* optional.

óptica ['optika] *f* (*ciencia*) optics; (*establecimiento*) optician's (shop).

optimismo [opti'mizmo] *m* optimism.

optimista [opti'mista] *adj* optimistic.

opuesto, ta [o'puesto, ta] *pp* → **oponer**. ♦ *adj* (*contrario*) conflicting; **~ a** contrary to.

oración [ora'θjon] *f* (*rezo*) prayer; (*frase*) sentence.

orador, ra [ora'ðor, ra] *m, f* speaker.

oral [o'ral] *adj* oral.

órale ['orale] *interj Méx* that's right!

orangután [orangu'tan] *m* orangutang.

oratoria [oraˈtorja] f oratory.

órbita [ˈorβita] f (de astro) orbit; (de ojo) eye socket; (ámbito) sphere.

orca [ˈorka] f killer whale.

orden¹ [ˈorðen] m order; **en ~** (bien colocado) tidy Br, neat Am; (en regla) in order.

orden² [ˈorðen] f order.

ordenación [orðenaˈθjon] f (colocación) arrangement; (de sacerdote) ordination.

ordenado, da [orðeˈnaðo, ða] adj (en orden) tidy Br, neat Am.

ordenador [orðenaˈðor] m computer.

ordenar [orðeˈnar] vt (colocar) to arrange; (armario, habitación) to tidy up Br, to clean up Am; (mandar) to order; (sacerdote) to ordain.

ordeñar [orðeˈɲar] vt to milk.

ordinario, ria [orðiˈnarjo, rja] adj (habitual) ordinary; (basto, grosero) coarse.

orégano [oˈreɣano] m oregano.

oreja [oˈrexa] f ear; (de sillón) wing.

orgánico, ca [orˈɣaniko, ka] adj organic.

organillo [orɣaˈniʎo] m barrel organ.

organismo [orɣaˈnizmo] m (de ser vivo) body; (institución) organization.

organización [orɣaniθaˈθjon] f organization.

organizador, ra [orɣaniθaˈðor, ra] m, f organizer.

organizar [orɣaniˈθar] vt to organize; (negocio, empresa, etc) to set up.

órgano [ˈorɣano] m organ.

orgullo [orˈɣuʎo] m pride.

orgulloso, sa [orɣuˈʎoso, sa] adj proud; **~ de** proud of.

oriental [orjenˈtal] adj (del este) eastern; (del Lejano Oriente) oriental.
◆ mf oriental.

orientar [orjenˈtar] vt (guiar) to direct; **~ algo hacia algo** to place sthg facing sthg.

oriente [oˈrjente] m (punto cardinal) east; (viento) east wind. ❑ **Oriente** m: **el Oriente** the East.

orificio [oriˈfiθjo] m hole.

origen [oˈrixen] m origin; (motivo) cause; (ascendencia) birth.

original [orixiˈnal] adj original; (extraño) eccentric.

originario, ria [orixiˈnarjo, rja] adj (país, ciudad) native; (inicial) original; **ser ~ de** to come from.

orilla [oˈriʎa] f (de mar, lago) shore; (de río) bank; (borde) edge.

orillarse [oriˈʎarse] vpr Col & Ven to move to one side.

orina [oˈrina] f urine.

orinal [oriˈnal] m chamberpot.

orinar [oriˈnar] vi to urinate.

oro [ˈoro] m (metal) gold; (riqueza) riches (pl). ❑ **oros** mpl (de la baraja) suit of Spanish cards bearing gold coins.

orquesta [orˈkesta] f (de música) orchestra; (lugar) orchestra pit.

orquestar [orkesˈtar] vt to orchestrate.

orquídea [orˈkiðea] f orchid.

ortiga [orˈtiɣa] f (stinging) nettle.

ortodoxo, xa [ortoˈðokso, sa] adj orthodox.

oruga [oˈruɣa] f caterpillar.

os [os] pron (complemento directo) you; (complemento indirecto) you; (reflexivo) yourselves; (recíproco) each other.

oscilar [osθiˈlar] vi (moverse) to swing; **~ (entre)** (variar) to fluctuate (between).

oscuridad [oskuriˈðað] f (falta de luz) darkness; (confusión) obscurity.

oscuro, ra [os'kuro, ra] *adj* dark; *(confuso)* obscure; *(nublado)* overcast; **a oscuras** in the dark.

oso, osa ['oso, sa] *m, f* bear; **~ hormiguero** anteater.

osobuco [oso'βuko] *m* osso bucco.

ostra ['ostra] *f* oyster. □ **ostras** *interj fam* wow!

OTAN ['otan] *f* NATO.

otoño [o'toɲo] *m* autumn, fall *(Am)*.

otorrino, na [oto'rino, na] *m, f fam* ear, nose and throat specialist.

otorrinolaringólogo, ga [oto,rinolarin'goloɣo, ɣa] *m, f* ear, nose and throat specialist.

otro, otra ['otro, 'otra] *adj* another *(sg)*, other *(pl)*. ◆ *pron (otra cosa)* another *(sg)*, others *(pl)*; *(otra persona)* someone else; **el ~** the other one; **los ~s** the others; **~ vaso** another glass; **~s dos vasos** another two glasses; **la ~ día** the other day; **la otra tarde** the other evening.

ovalado, da [oβa'laðo, ða] *adj* oval.

ovario [o'βarjo] *m* ovary.

oveja [o'βexa] *f* sheep.

ovni ['oβni] *m* UFO.

óxido ['oksiðo] *m (herrumbre)* rust.

oxígeno [ok'sixeno] *m* oxygen.

oyente [o'jente] *mf* listener.

ozono [o'θono] *m* ozone.

P

p. *(abrev de paseo)* Av.

pabellón [paβe'ʎon] *m (edificio)* pavilion; *(de hospital)* block; *(tienda de campaña)* bell tent; *(de oreja)* outer ear.

pacer [pa'θer] *vi* to graze.

pacharán [patʃa'ran] *m* liqueur made from brandy and sloes.

paciencia [pa'θjenθja] *f* patience; **perder la ~** to lose one's patience; **tener ~** to be patient.

paciente [pa'θjente] *adj & mf* patient.

pacificación [paθifika'θjon] *f* pacification.

pacífico, ca [pa'θifiko, ka] *adj* peaceful. □ **Pacífico** *m*: **el Pacífico** the Pacific.

pacifismo [paθi'fizmo] *m* pacifism.

pacifista [paθi'fista] *mf* pacifist.

pack [pak] *m* pack.

pacto ['pakto] *m (entre personas)* agreement.

padecer [paðe'θer] *vt (enfermedad)* to suffer from; *(soportar)* to endure. ◆ *vi* to suffer; **padece del hígado** she has liver trouble.

padrastro [pa'ðrastro] *m (pariente)* stepfather; *(pellejo)* hangnail.

padre ['paðre] *m* father. ◆ *adj Méx fam (estupendo)* brilliant. □ **padres** *mpl (de familia)* parents.

padrino [pa'ðrino] *m (de boda)* best man; *(de bautizo)* godfather. □ **padrinos** *mpl* godparents.

padrísimo [pa'ðrisimo] *adj Amér fam* brilliant.

paella [pa'eʎa] *f* paella.

pág. *(abrev de página)* p.

paga ['paɣa] *f (sueldo)* wages *(pl)*.

pagadero, ra [paɣa'ðero, ra] *adj*: **~ a 90 días** payable within 90 days.

pagado, da [pa'ɣaðo, ða] *adj (deuda, cuenta, etc)* paid.

pagano, na [pa'ɣano, na] *m, f* pagan.

pagar [pa'var] vt (cuenta, deuda, etc) to pay; (estudios, gastos, error) to pay for; (corresponder) to repay. ◆ vi to pay.

página ['paxina] f page.

pago ['payo] m payment; (recompensa) reward.

país [pa'is] m country.

paisaje [pai'saxe] m landscape; (vista panorámica) view.

paisano, na [pai'sano, na] m, f (persona no militar) civilian; (de país) compatriot; (de ciudad) person from the same city.

Países Bajos [pa'isez'βaxos] mpl: los ~ the Netherlands.

País Vasco [pa'iz'βasko] m: el ~ the Basque country.

paja ['paxa] f straw; (parte desechable) padding.

pajarita [paxa'rita] f (corbata) bow tie; ~ de papel paper bird.

pájaro ['paxaro] m bird.

paje ['paxe] m page.

pala ['pala] f (herramienta) spade; (de ping-pong) bat Br, paddle Am; (de cocina) slice Br, spatula Am; (de remo, hacha) blade.

palabra [pa'laβra] f word; **dar la ~ a alguien** to give sb the floor; **de ~** (hablando) by word of mouth.
❑ **palabras** fpl (discurso) words.

palacio [pa'laθjo] m palace; ~ **municipal** Amér town hall.

paladar [pala'ðar] m palate.

paladear [palaðe'ar] vt to savour.

palanca [pa'lanka] f lever; ~ **de cambio** gear lever Br, gearshift Am.

palangana [palan'gana] f (para lavarse) washing-up bowl Br; (para lavarse) wash bowl.

palco ['palko] m box (at theatre).

paletilla [pale'tiʎa] f shoulder blade; ~ **de cordero** shoulder of lamb.

pálido, da ['paliðo, ða] adj pale.

palillo [pa'liλo] m (para dientes) toothpick; (para tambor) drumstick.

paliza [pa'liθa] f (zurra, derrota) beating; (esfuerzo) hard grind.

palma ['palma] f (de mano, palmera) palm; (hoja de palmera) palm leaf. ❏ **palmas** fpl applause (sg); dar ~s to applaud.

palmada [pal'maða] f (golpe) pat; (ruido) clap.

palmera [pal'mera] f (árbol) palm (tree).

palmitos [pal'mitos] mpl (de cangrejo) crab sticks; ~ a la vinagreta crab sticks in vinegar.

palo ['palo] m (de madera) stick; (de golf) club; (de portería) post; (de tienda de campaña) pole; (golpe) blow (with a stick); (de barco) mast; (en naipes) suit.

paloma [pa'loma] f dove, pigeon.

palomar [palo'mar] m dovecote.

palomitas [palo'mitas] fpl popcorn (sg).

palpitar [palpi'tar] vi (corazón) to beat; (sentimiento) to shine through.

palta ['palta] f Andes & RP avocado.

pamela [pa'mela] f sun hat.

pampa ['pampa] f (pampas (pl)).

pan [pan] m (alimento) bread; (hogaza) loaf; ~ dulce Amér (sweet) pastry; ~ integral wholemeal bread; ~ de molde sliced bread; ~ de muerto Méx sweet pastry eaten on All Saints' Day; ~ rallado breadcrumbs (pl); ~ con tomate bread rubbed with tomato and oil; ~ tostado toast.

panadería [panaðe'ria] f bakery.

panadero, ra [pana'ðero, ra] m, f baker.

panal [pa'nal] m honeycomb.

Panamá [pana'ma] Panama.

panameño, ña [pana'meɲo, ɲa] adj & m, f Panamanian.

pancarta [pan'karta] f banner.

pandereta [pande'reta] f tambourine.

pandilla [pan'diλa] f gang.

panecillo [pane'θiλo] m (bread) roll.

panel [pa'nel] m panel.

panera [pa'nera] f (cesta) bread basket; (caja) bread bin Br, bread box Am.

pánico ['paniko] m panic.

panorama [pano'rama] m (paisaje) panorama; (situación) overall state.

panorámica [pano'ramika] f panorama.

panorámico, ca [pano'ramiko, ka] adj panoramic.

pantaletas [panta'letas] fpl CAm & Ven knickers Br, panties Am.

pantalla [pan'taλa] f (de cine, televisión) screen; (de lámpara) lampshade.

pantalones [panta'lones] mpl trousers Br, pants Am; ~ cortos shorts; ~ vaqueros jeans.

pantano [pan'tano] m (embalse) reservoir; (ciénaga) marsh.

pantanoso, sa [panta'noso, sa] adj marshy.

pantera [pan'tera] f panther.

pantimedias [panti'meðias] fpl Méx tights Br, pantyhose Am.

pantorrilla [panto'riλa] f calf.

pantys ['pantis] mpl tights Br, pantyhose Am.

pañal [pa'nal] m nappy (Br), diaper (Am); ~es higiénicos disposable nappies.

paño ['paɲo] m cloth; ~ de cocina tea towel Br, dishcloth.

pañuelo [pa'ɲwelo] *m (para limpiarse)* handkerchief; *(de adorno)* scarf.

Papa ['papa] *m*: el ~ the Pope.

papa ['papa] *f Amér* potato; ~s fritas *(de cocina)* chips *(Br)*, French fries *(Am)*; *(de paquete)* crisps *(Br)*, chips *(Am)*.

papá [pa'pa] *m fam* dad; ~ **grande** *Amér* grandad. ❑ **papás** *mpl fam (padres)* parents.

papachador, ra [papatʃa'ðor, ra] *adj Amér* pampering.

papachar [papa'tʃar] *vt Amér* to spoil.

papagayo [papa'ɣajo] *m* parrot.

papel [pa'pel] *m* paper; *(hoja)* sheet of paper; *(función, de actor)* role; ~ **higiénico** toilet paper; ~ **pintado** wallpaper. ❑ **papeles** *mpl (documentos)* papers.

papeleo [pape'leo] *m* red tape.

papelera [pape'lera] *f* wastepaper basket.

papelería [papele'ria] *f* stationer's (shop).

papeleta [pape'leta] *f (de votación)* ballot paper; *(de examen)* slip of paper with university exam results; *fig (asunto difícil)* tricky thing.

paperas [pa'peras] *fpl* mumps.

papilla [pa'piʎa] *f (alimento)* baby food.

paquete [pa'kete] *m (postal)* parcel; *(de cigarrillos, klínex, etc)* pack; ~ **turístico** package tour.

par [par] *adj (número)* even. ◆ *m (de zapatos, guantes, etc)* pair; *(de veces)* couple; **abierto de** ~ **en** ~ wide open; **sin** ~ matchless; **un** ~ **de** ... a couple of ...

☞

para ['para] *prep* - **1.** *(finalidad)* for; **esta agua no es buena** ~ **beber** this

water isn't fit for drinking; **lo he comprado** ~ **ti** I bought it for you; **te lo repetiré** ~ **que te enteres** I'll repeat it so you understand. - **2.** *(motivación)* (in order) to; **lo he hecho** ~ **agradarte** I did it to please you. - **3.** *(dirección)* towards; **ir** ~ **casa** to head (for) home; **salir** ~ **el aeropuerto** to leave for the airport. - **4.** *(tiempo)* for; **lo tendré acabado** ~ **mañana** I'll have it finished for tomorrow. - **5.** *(comparación)* considering; **está muy delgado** ~ **lo que come** he's very thin considering how much he eats. - **6.** *(inminencia, propósito):* **la comida está lista** ~ **servir** the meal is ready to be served.

parabólica [para'βolika] *f* satellite dish.

parabrisas [para'βrisas] *m inv* windscreen *(Br)*, windshield *(Am)*.

paracaídas [paraka'iðas] *m inv* parachute.

parachoques [para'tʃokes] *m inv* bumper *(Br)*, fender *(Am)*.

parada [pa'raða] *f* stop; ~ **de autobús** bus stop; ~ **de taxis** taxi rank *o* parado.

paradero [para'ðero] *m Andes* bus stop.

parado, da [pa'raðo, ða] *adj (coche, máquina, etc)* stationary; *(desempleado)* unemployed; *(sin iniciativa)* unenterprising; *(de pie)* standing up. ◆ *m, f* unemployed person.

paradoja [para'ðoxa] *f* paradox.

paradójico, ca [para'ðoxiko, ka] *adj* paradoxical.

parador [para'ðor] *m (mesón)* roadside inn; ~ **nacional** state-owned luxury hotel.

ⓘ PARADOR NACIONAL

A "parador nacional" is a state-run luxury hotel in Spain; the majority have four stars, although there are some three-star and five-star "paradores". They are either housed in buildings of historical or artistic interest, or are purpose-built and in areas of outstanding natural beauty. Their restaurants usually offer regional or local specialities.

paraguas [paˈraɣwas] m inv umbrella.

Paraguay [paraˈɣwai] Paraguay.

paraguayo, ya [paraˈɣwajo, ja] adj & m,f Paraguayan.

paraíso [paraˈiso] m paradise.

paraje [paˈraxe] m spot.

paralelas [paraˈlelas] fpl parallel bars.

paralelo, la [paraˈlelo, la] adj & m parallel.

parálisis [paˈralisis] f inv paralysis.

paralítico, ca [paraˈlitiko, ka] m,f paralytic.

paralizar [paraliˈθar] vt to paralyse.

parapente [paraˈpente] m paraskiing.

parar [paˈrar] vt to stop; Amér (levantar) to lift. ◆ vi (detenerse) to stop; (hacer huelga) to go on strike; ~ de hacer algo to stop doing sthg; sin ~ non-stop. ◆ pararse vpr (detenerse) to stop; Amér (ponerse de pie) to stand up.

pararrayos [paraˈrajos] m inv lightning conductor.

parasol [paraˈsol] m parasol.

parchís [parˈtʃis] m inv ludo Br, Parcheesi® Am.

parcial [parˈθjal] adj partial; (injusto) biased. ◆ m (examen) end-of-term examination.

parecer [pareˈθer] m (opinión) opinion. ◆ v copulativo to look, to seem. ◆ v impers: me parece que ... I think (that) ...; parece que va a llover it looks like it's going to rain; ¿qué te parece? what do you think?; de buen ~ good-looking. ❑ parecerse vpr to look alike; ~se a to resemble.

parecido, da [pareˈθiðo, ða] adj similar. ◆ m resemblance.

pared [paˈreð] f (muro) wall.

pareja [paˈrexa] f (conjunto de dos) pair; (de casados, novios) couple; (compañero) partner.

parentesco [parenˈtesko] m relationship.

paréntesis [paˈrentesis] m inv (signo de puntuación) bracket Br, parenthesis Am; (interrupción) break; entre ~ in brackets.

pareo [paˈreo] m wraparound skirt.

pariente, ta [paˈrjente, ta] m, f relative.

parking [ˈparkin] m car park Br, parking lot Am.

parlamentario, ria [parlamenˈtarjo, rja] m, f member of parliament.

parlamento [parlaˈmento] m (asamblea legislativa) parliament; (discurso) speech.

parlanchín, ina [parlanˈtʃin, ina] adj talkative.

paro [ˈparo] m (desempleo) unemployment; (parada) stoppage; (huelga) strike; estar en ~ to be unemployed.

parpadear [parpaðeˈar] vi (ojos) to blink.

párpado [ˈparpaðo] m eyelid.

parque ['parke] *m (jardín)* park; *(de niños)* playpen; *(de automóviles)* fleet; ~ **acuático** waterpark; ~ **de atracciones** amusement park; ~ **de bomberos** fire station; ~ **infantil** children's playground; ~ **nacional** national park; ~ **zoológico** zoo.

 PARQUE NACIONAL

National parks are areas of natural beauty that are protected by the government. Although admission is free, there are strict regulations governing what visitors may do, to minimize the damage they may cause to the surroundings. Some of the best-known national parks are the Coto de Doñana in Huelva, the Ordesa national park in Huesca, the Delta del Ebro park in Tarragona, los Glaciares national park in Argentina, Noel Kempff Mercado national park in Bolivia, Isla Cocos national park in Costa Rica, Darién national Park in Panama and Canaima national park in Venezuela.

parqué [par'ke] *m* parquet.

parquear [parke'ar] *vt Col* to park.

parquímetro [par'kimetro] *m* parking meter.

parra ['para] *f* vine.

párrafo ['parafo] *m* paragraph.

parrilla [pa'riʎa] *f (para cocinar)* grill; *Amér (de coche)* roof rack; **a la ~** grilled.

parrillada [pari'ʎaða] *f* mixed grill; ~ **de carne** selection of grilled meats; ~ **de pescado** selection of grilled fish.

parroquia [pa'rokja] *f (iglesia)* parish church; *(conjunto de fieles)* parish; *fig (clientela)* clientele.

parte ['parte] *f* part; *(bando, lado, cara)* side. ◆ *m* report; **dar ~ de algo** to report sthg; **de ~ de** *(en nombre de)* on behalf of; **¿de ~ de quién?** *(en el teléfono)* who's calling?; **en alguna ~** somewhere; **en otra ~** somewhere else; **en ~** partly; **en o por todas ~s** everywhere; ~ **meteorológico** weather forecast; **por otra ~** *(además)* what is more.

participación [partiθipa'θjon] *f (colaboración)* participation; *(de boda, bautizo)* notice; *(en lotería)* share.

participar [partiθi'par] *vi*: ~ **(en)** to participate (in); ~ **algo a alguien** to notify sb of sthg.

partícula [par'tikula] *f* particle.

particular [partiku'lar] *adj (privado)* private; *(propio)* particular; *(especial)* unusual; **en ~** in particular.

partida [par'tiða] *f (marcha)* departure; *(en el juego)* game; *(certificado)* certificate; *(de género, mercancías)* consignment.

partidario, ria [parti'ðarjo, rja] *m, f* supporter; **ser ~ de** to be in favour of.

partidista [parti'ðista] *adj* partisan.

partido [par'tiðo] *m (en política)* party; *(en deporte)* game; **sacar ~ de** to make the most of; ~ **de ida** away leg; ~ **de vuelta** home leg.

partir [par'tir] *vt (dividir)* to divide; *(romper)* to break; *(nuez)* to crack; *(repartir)* to share. ◆ *vi (ponerse en camino)* to set off; **a ~ de** from. □ **partir de** *v + prep (tomar como base)* to start from.

partitura [parti'tura] *f* score.

parto ['parto] *m* birth.

parvulario [parβu'larjo] m nursery school.

pasa ['pasa] f raisin.

pasable [pa'saβle] adj passable.

pasada [pa'saða] f (con trapo) wipe; (de pintura, barniz) coat; (en labores de punto) row; **de ~** in passing.

pasado, da [pa'saðo, ða] adj (semana, mes, etc) last; (viejo) old; (costumbre) old-fashioned; (alimento) off ♦ Br, bad. ♦ m past; **el año ~** last year; **bien ~** (carne) well-done; **~ de moda** old-fashioned; **~ mañana** the day after tomorrow.

pasaje [pa'saxe] m (de avión, barco) ticket; (calle) alley; (conjunto de pasajeros) passengers (pl); (de novela, ópera) passage; **'~ particular'** 'pedestrianized zone'.

pasajero, ra [pasa'xero, ra] adj passing. ♦ m, f passenger.

pasamanos [pasa'manos] m inv (barandilla) handrail.

pasaporte [pasa'porte] m passport.

☞ ——————

pasar [pa'sar] vt -1. (deslizar, filtrar) to pass; **me pasó la mano por el pelo** she ran her hand through my hair; **~ algo por** to pass sthg through.
-2. (cruzar) to cross; **~ la calle** to cross the road.
-3. (acercar, hacer llegar) to pass; **¿me pasas la sal?** would you pass me the salt?
-4. (contagiar): **me has pasado la tos** you've given me your cough.
-5. (trasladar): **~ algo a** to move sthg to.
-6. (llevar adentro) to show in; **nos pasó al salón** he showed us into the living room.
-7. (admitir) to accept.

-8. (rebasar) to go through; **no pases el semáforo en rojo** don't go through a red light.
-9. (sobrepasar): **ya ha pasado los veinticinco** he's over twenty-five now.
-10. (tiempo) to spend; **pasó dos años en Roma** she spent two years in Rome.
-11. (padecer) to suffer.
-12. (adelantar) to overtake.
-13. (aprobar) to pass.
-14. (revisar) to go over.
-15. (en cine) to show.
-16. (en locuciones): **~lo bien/mal** to have a good/bad time; **~ lista** to call the register; **~ visita** to see one's patients.
♦ vi -1. (ir, circular) to go; **el autobús no pasa por mi casa** the bus goes past my house; **el Manzanares pasa por Madrid** the Manzanares goes through Madrid; **~ de largo** to go by.
-2. (entrar) to go in; **'no ~'** 'no entry'; **¡pase!** come in!; **'pasen por caja'** 'please pay at the till'.
-3. (poder entrar) to get through; **déjame más sitio, que no paso** move up, I can't get through.
-4. (ir un momento) to pop in; **pasaré por tu casa** I'll drop by (your place).
-5. (suceder) to happen; **¿qué (te) pasa?** what's the matter (with you)?; **¿qué pasa aquí?** what's going on here?; **pase lo que pase** whatever happens.
-6. (terminarse) to be over; **cuando pase el verano** when the summer's over.
-7. (transcurrir) to go by; **el tiempo pasa muy deprisa** time passes very quickly.
-8. (cambiar de acción, tema): **~ a** to move on to.

-9. *(servir)* to be all right; **puede ~** it'll do.
-10. *fam (prescindir)*: **paso de política** I'm not into politics. □**pasarse** *vpr (acabarse)* to pass; *(comida)* to go off *Br*, to go bad; *(flores)* to fade; *fam (propasarse)* to go over the top; *(tiempo)* to spend; *(omitir)* to miss out; **se me pasó decirtelo** I forgot to mention it to you; **no se le pasa nada** she doesn't miss a thing.

pasarela [pasa'rela] *f (de barco)* gangway; *(para modelos)* catwalk *Br*, runway *Am*.

pasatiempo [pasa'tjempo] *m* pastime.

Pascua ['paskɣa] *f (en primavera)* Easter. □**Pascuas** *fpl (Navidad)* Christmas *(sg)*.

pase ['pase] *m* pass.

pasear [pase'ar] *vt* to take for a walk. ◆ *vi* to go for a walk. □**pasearse** *vpr* to walk.

paseíllo [pase'iʎo] *m* opening procession of bullfighters.

paseo [pa'seo] *m (caminata)* walk; *(calle ancha)* avenue; *(distancia corta)* short walk; **dar un ~** to go for a walk; **ir de ~** to go for a walk; **~ marítimo** promenade.

pasillo [pa'siʎo] *m* corridor, hall *Am*.

pasión [pa'sjon] *f* passion.

pasiva [pa'siβa] *f (en gramática)* passive voice.

pasividad [pasiβi'ðað] *f* passivity.

pasivo, va [pa'siβo, βa] *adj* passive. ◆ *m (deudas)* debts *(pl)*.

paso ['paso] *m (acción de pasar)* passing; *(manera de andar)* walk; *(ritmo)* pace; *(en montaña)* pass; **de ~** in passing; **estar de ~** to be passing through; **a dos ~s** *(muy cerca)* round the corner; **~ de cebra** zebra

ing *Br*, crosswalk *Am*; **~ a nivel** level *Br* ○ grade *Am* crossing; **~ de peatones** pedestrian crossing; **~ subterráneo** subway *(Br)*, underpass *(Am)*.

pasodoble [paso'ðoβle] *m* paso doble.

pasta ['pasta] *f (macarrones, espagueti, etc)* pasta; *(para pastelería)* pastry; *(pastelillo)* cake; *fam (dinero)* dough; **~ de dientes** toothpaste.

pastel [pas'tel] *m (tarta)* cake; *(salado)* pie; *(en pintura)* pastel.

pastelería [pastele'ria] *f (establecimiento)* cake shop *Br*, bakery *Am*; *(bollos)* pastries *(pl)*.

pastelero, ra [paste'lero, ra] *m, f* cake shop owner *Br*, baker *Am*.

pastilla [pas'tiʎa] *f (medicamento)* pill; *(de chocolate)* bar.

pastor, ra [pas'tor, ra] *m, f (de ganado)* shepherd *(f* shepherdess*)*. ◆ *m (sacerdote)* minister.

pastoreo [pasto'reo] *m* shepherding.

pata ['pata] *f (pierna, de mueble)* leg; *(pie)* foot; *(de perro, gato)* paw. ◆ *m Perú* mate *Br*, buddy *Am*; **~ negra** *type of top-quality cured ham*; **estar ~s arriba** to be upside-down; **meter la ~** to put one's foot in it; **tener mala ~** *fig* to be unlucky → **pato**.

patada [pa'taða] *f* kick.

patata [pa'tata] *f* potato; **~s fritas** *(de sartén)* chips *(Br)*, French fries *(Am)*; *(de bolsa)* crisps *(Br)*, chips *(Am)*.

paté [pa'te] *m* paté.

patente [pa'tente] *adj* obvious. ◆ *f* patent; *CSur (de coche)* number plate *(Br)*, license plate *(Am)*.

paterno, na [pa'terno, na] *adj* paternal.

patilla [pa'tiʎa] *f (de barba)* sideboard (Br), sideburn (Am); (de gafas) arm.

patín [pa'tin] m (de ruedas) roller skate; (de hielo) ice skate; ~ **(de pedales)** pedal boat.

patinaje [pati'naxe] m skating; ~ **sobre hielo** ice skating.

patinar [pati'nar] vi (con patines) to skate; (resbalar) to skid; fam (equivocarse) to put one's foot in it.

patinazo [pati'naθo] m (resbalón) skid; fam (equivocación) blunder.

patineta [pati'neta] f CSur, Méx & Ven skateboard.

patinete [pati'nete] m scooter.

patio ['patjo] m (de casa) patio; (de escuela) playground; ~ **de butacas** stalls (pl) Br, orchestra Am; ~ **interior** courtyard.

pato, ta ['pato, ta] m, f duck; ~ **a la naranja** duck à l'orange.

patoso, sa [pa'toso, sa] adj clumsy.

patria ['patrja] f native country.

patriota [pa'trjota] mf patriot.

patriótico, ca [pa'trjotiko, ka] adj patriotic.

patrocinador, ra [patroθina-'ðor, ra] m, f sponsor.

patrón, ona [pa'tron, ona] m, f (de pensión) landlord (f landlady); (jefe) boss; (santo) patron saint. ◆ m (de barco) skipper; (en costura) pattern; fig (modelo) standard.

patronal [patro'nal] f (de empresa) management.

patrono, na [pa'trono, na] m, f (jefe) boss; (protector) patron (f patroness).

patrulla [pa'truʎa] f patrol; ~ **urbana** vigilante group.

pausa ['pausa] f break.

pauta ['pauta] f guideline.

pavada [pa'βaða] f Perú & RP stupid thing.

pavimento [paβi'mento] m road surface, pavement Am.

pavo, va ['paβo, βa] m, f turkey; ~ **real** peacock.

payaso, sa [pa'jaso, sa] m, f clown.

paz [paθ] (pl -ces [θes]) f peace; **dejar en ~** to leave alone; **hacer las paces** to make it up; **que en ~ descanse** may he/she rest in peace.

pazo ['paθo] m Galician country house.

PC ['pe'θe] m (abrev de personal computer) PC.

PD (abrev de posdata) PS.

peaje [pe'axe] m toll.

peatón [pea'ton] m pedestrian.

peatonal [peato'nal] adj pedestrian (antes de s).

peca ['peka] f freckle.

pecado [pe'kaðo] m sin.

pecador, ra [peka'ðor, ra] m, f sinner.

pecar [pe'kar] vi to sin.

pecera [pe'θera] f (acuario) fish tank.

pecho ['petʃo] m (en anatomía) chest; (de la mujer) breast.

pechuga [pe'tʃuʝa] f breast (meat).

pecoso, sa [pe'koso, sa] adj freckly.

peculiar [peku'ljar] adj (propio) typical; (extraño) peculiar.

pedagogía [peðaɣo'xia] f education.

pedagogo, ga [peða'ɣoɣo, ɣa] m, f (profesor) teacher.

pedal [pe'ðal] m pedal.

pedalear [peðale'ar] vi to pedal.

pedante [pe'ðante] adj pedantic.

pedazo [pe'ðaθo] m piece; **hacer ~s** to break to pieces.

pedestal [peðes'tal] m pedestal.

pediatra [pe'ðjatra] mf paediatrician.

pedido [pe'ðiðo] *m* order.

pedir [pe'ðir] *vt* (*rogar*) to ask for; (*poner precio*) to ask; (*en restaurante, bar*) to order; (*exigir*) to demand. ♦ *vi* (*mendigar*) to beg; ~ **a alguien que haga algo** to ask sb to do sthg; ~ **disculpas** to apologize; ~ **un crédito** to ask for a loan; ~ **prestado algo** to borrow sthg.

pedo ['peðo] *m vulg* (*ventosidad*) fart.

pedregoso, sa [peðre'ɣoso, sa] *adj* stony.

pedrisco [pe'ðrisko] *m* hail.

pega ['peɣa] *f* (*pegamento*) glue; *fam* (*inconveniente*) hitch; **poner ~s** to find problems.

pegajoso, sa [peɣa'xoso, sa] *adj* (*cosa*) sticky; *fig* (*persona*) clinging.

pegamento [peɣa'mento] *m* glue.

pegar [pe'ɣar] *vi* (*sol*) to beat down; (*armonizar*) to go (together). ♦ *vt* (*adherir, unir*) to stick; (*cartel*) to put up; (*golpear*) to hit; (*contagiar*) to give, to pass on; (*grito, salto*) to give; ~ **algo a algo** (*arrimar*) to put sthg up against sthg. ♦ **pegarse** *vpr* (*chocar*) to hit o.s.; (*adherirse*) to stick; (*una persona*) to attach o.s.

pegatina [peɣa'tina] *f* sticker.

peinado [pei'naðo] *m* hairstyle.

peinador, ra [peina'ðor, ra] *m, f Méx & RP* hairdresser.

peinar [pei'nar] *vt* to comb. □ **peinarse** *vpr* to comb one's hair.

peine ['peine] *m* comb.

peineta [pei'neta] *f* ornamental comb.

p.ej. (*abrev de por ejemplo*) e.g.

peladilla [pela'ðiʎa] *f* sugared almond.

pelar [pe'lar] *vt* (*patatas, fruta*) to peel; (*ave*) to pluck. □ **pelarse** *vpr*: ~ **se de frío** to be freezing cold.

peldaño [pel'daɲo] *m* step.

pelea [pe'lea] *f* fight.

pelear [pele'ar] *vi* to fight. □ **pelearse** *vpr* to fight.

peletería [pelete'ria] *f* (*tienda*) furrier's (shop).

pelícano [pe'likano] *m* pelican.

película [pe'likula] *f* film, movie *Am*.

peligro [pe'liɣro] *m* (*riesgo*) risk; (*amenaza*) danger; **correr ~** to be in danger.

peligroso, sa [peli'ɣroso, sa] *adj* dangerous.

pelirrojo, ja [peli'roxo, xa] *adj* red-haired.

pellejo [pe'ʎexo] *m* skin.

pellizcar [peʎiθ'kar] *vt* to pinch.

pellizco [pe'ʎiθko] *m* pinch.

pelma ['pelma] *mf fam* pain.

pelo ['pelo] *m* hair; (*de animal*) coat; *fig* (*muy poco*) tiny bit; **con ~s y señales** in minute detail; **por un ~** by the skin of one's teeth; **tomar el ~ a alguien** to pull sb's leg; ~ **rizado** curly hair.

pelota [pe'lota] *f* ball. ♦ *mf* crawler *Br*, brown-nose *Am*; **jugar a la ~** to play ball; **hacer la ~** to suck up; ~ (**vasca**) (*juego*) pelota, jai alai.

pelotari [pelo'tari] *mf* pelota o jai alai player.

pelotón [pelo'ton] *m* (*de gente*) crowd; (*de soldados*) squad.

peludo, da [pe'luðo, ða] *adj RP fam* thick *Br*, dense *Am*.

peluca [pe'luka] *f* wig.

peludo, da [pe'luðo, ða] *adj* hairy.

peluquería [peluke'ria] *f* (*local*) hairdresser's (salon); (*oficio*) hairdressing; '~**-estética**' 'beauty salon'.

peluquero, ra [pelu'kero, ra] *m, f* hairdresser.

pelvis ['pelβis] *f inv* pelvis.
pena ['pena] *f (lástima)* pity; *(tristeza)* sadness; *(desgracia)* problem; *(castigo)* punishment; *(condena)* sentence; *CAm, Carib, Col, Méx & Ven (vergüenza)* embarrassment; **me da** ~ *(lástima)* I feel sorry for him; *(vergüenza)* I'm embarrassed about it; **a duras ~s** with great difficulty; **vale la ~** it's worth it; **¡qué ~!** what a pity!
penalti [pe'nalti] *m* penalty.
pendiente [pen'djente] *adj (por hacer)* pending. ◆ *m* earring. ◆ *f* slope.
péndulo ['pendulo] *m* pendulum.
pene ['pene] *m* penis.
penetrar [pene'trar] ◆ **penetrar en** *v + prep (filtrarse por)* to penetrate; *(entrar en)* to go into; *(perforar)* to pierce.
penicilina [peniθi'lina] *f* penicillin.
península [pe'ninsula] *f* peninsula.
peninsular [peninsu'lar] *adj (de la península española)* of/relating to mainland Spain.
penitencia [peni'tenθja] *f* penance; **hacer ~** to do penance.
penitente [peni'tente] *m (en procesión)* person in Holy Week procession wearing penitent's clothing.
penoso, sa [pe'noso, sa] *adj (lamentable)* distressing; *(dificultoso)* laborious; *CAm, Carib, Col, Méx & Ven (vergonzoso)* shy.
pensador, ra [pensa'dor, ra] *m, f* thinker.
pensamiento [pensa'mjento] *m* thought.
pensar [pen'sar] *vi* to think. ◆ *vt (meditar)* to think about; *(opinar)* to think; *(idear)* to think up; ~ **hacer algo** to intend to do sthg; ~ **en algo** to

think about sthg; ~ **en un número** to think of a number.
pensativo, va [pensa'tiβo, βa] *adj* pensive.
pensión [pen'sjon] *f (casa de huéspedes)* ≃ guesthouse; *(paga)* pension; **media** ~ half board; ~ **completa** full board.
peña ['pena] *f (piedra)* rock; *(acantilado)* cliff; *(de amigos)* group.
peñasco [pe'nasko] *m* large rock.
peón [pe'on] *m (obrero)* labourer; *(en ajedrez)* pawn.
peonza [pe'onθa] *f (spinning) top.
peor [pe'or] *adj & adv* worse. ◆ *interj* too bad!; **el/la** ~ the worst; **el que lo hizo** ~ the one who did it worst.
pepino [pe'pino] *m* cucumber.
pepita [pe'pita] *f (de fruta)* pip *Br*, seed *Am*; *(de metal)* nugget.
pequeño, ña [pe'keno, na] *adj* small, little; *(cantidad)* low; *(más joven)* little.
pera ['pera] *f* pear.
peral [pe'ral] *m* pear tree.
percebe [per'θeβe] *m* barnacle.
percha ['pertʃa] *f (coat) hanger.
perchero [per'tʃero] *m (de pared)* clothes' rail; *(de pie)* coat stand.
percibir [perθi'βir] *vt (sentir, notar)* to notice; *(cobrar)* to receive.
perdedor, ra [perðe'ðor, ra] *m, f* loser.
perder [per'ðer] *vt* to lose; *(tiempo)* to waste; *(tren, oportunidad)* to miss. ◆ *vi (en competición)* to lose; *(empeorar)* to get worse; **echar a** ~ to spoil. ❑ **perderse** *vpr (extraviarse)*
pérdida ['perðiða] *f* loss.
perdigón [perði'ɣon] *m*
perdiz [per'ðiθ] *(pl -ces*
tridge.

perdón [per'ðon] *m* forgiveness. ◆ *interj* sorry!

perdonar [perðo'nar] *vt (persona)* to forgive; ~ **algo a alguien** *(obligación, castigo, deuda)* to let sb off sthg; *(ofensa)* to forgive sb for sthg.

peregrinación [pereɣrina'θjon] *f (romería)* pilgrimage.

peregrino, na [pere'ɣrino, na] *m, f* pilgrim.

perejil [pere'xil] *m* parsley.

pereza [pe'reθa] *f (gandulería)* laziness; *(lentitud)* sluggishness.

perezoso, sa [pere'θoso, sa] *adj* lazy.

perfección [perfek'θjon] *f* perfection.

perfeccionista [perfekθjo'nista] *mf* perfectionist.

perfectamente [per,fekta'mente] *adv (sobradamente)* perfectly; *(muy bien)* fine.

perfecto, ta [per'fekto, ta] *adj* perfect.

perfil [per'fil] *m (contorno)* outline; *(de cara)* profile; **de ~** in profile.

perforación [perfora'θjon] *f* MED puncture.

perforar [perfo'rar] *vt* to make a hole in.

perfumar [perfu'mar] *vt* to perfume. ❑ **perfumarse** *vpr* to put on perfume.

perfume [per'fume] *m* perfume.

perfumería [perfume'ria] *f* perfumery.

~**mética** 'beauty product.

~**a'mino]** *m*

~**pergola.**

~**a] *f (de ciudad)***

~**'rjoðiko, ka] *adj***

~**spaper.**

periodismo [perjo'ðizmo] *m* journalism.

periodista [perjo'ðista] *mf* journalist.

período [pe'rioðo] *m* period.

periquito [peri'kito] *m* parakeet.

peritaje [peri'taxe] *m* expert's report.

perito, ta [pe'rito, ta] *m, f (experto)* expert; *(ingeniero técnico)* technician.

perjudicar [perxuði'kar] *vt* to harm.

perjuicio [per'xwiθjo] *m* harm.

perla [perla] *f* pearl; **me va de ~s** it's just what I need.

permanecer [permane'θer] *vi (seguir)* to remain; ~ **(en)** *(quedarse en)* to stay (in).

permanencia [perma'nenθja] *f* continued stay.

permanente [perma'nente] *adj* permanent. ◆ *f* perm.

permiso [per'miso] *m (autorización)* permission; *(documento)* permit; *(de soldado)* leave; ~ **de conducir** driving licence (Br), driver's license (Am).

permitir [permi'tir] *vt* to allow.

pernoctar [pernok'tar] *vi* to spend the night.

pero ['pero] *conj* but; ~ **¿no lo has visto?** you mean you haven't seen it?

perpendicular [perpendiku'lar] *adj* perpendicular. ◆ *f* perpendicular line; ~ **a** at right angles to.

perpetuo, tua [per'petųo, tųa] *adj* perpetual.

perplejo, ja [per'plexo, xa] *adj* bewildered.

perra ['pera] *f (rabieta)* tantrum; *(dinero)* penny → **perro**.

perrito [pe'rito] *m*: ~ **caliente** hot dog.

perro, rra ['pero, ra] *m, f* dog *(f* bitch).

persecución [perseku'θjon] *f (seguimiento)* pursuit.

perseguir [perse'vir] *vt* to pursue.

persiana [per'sjana] *f* blind.

persona [per'sona] *f* person; **cuatro ~s** four people; **en ~** in person.

personaje [perso'naxe] *m (celebridad)* celebrity; *(en cine, teatro)* character.

personal [perso'nal] *adj* personal. ◆ *m (empleados)* staff; *fam (gente)* people *(pl)*; **'sólo ~ autorizado'** 'staff only'.

personalidad [personali'ðað] *f* personality.

perspectiva [perspek'tiβa] *f (vista, panorama)* view; *(aspecto)* perspective; *(esperanzas, porvenir)* prospect.

persuadir [persua'ðir] *vt* to persuade.

persuasión [persua'sjon] *f* persuasion.

pertenecer [pertene'θer] *vi*: **~ a** to belong to; *(corresponder a)* to belong in.

perteneciente [pertene'θjente] *adj*: **~ a** belonging to.

pertenencias [perte'nenθjas] *fpl (objetos personales)* belongings.

Perú [pe'ru] *m*: **(el) ~** Peru.

peruano, na [pe'ruano, na] *adj & m, f* Peruvian.

pesa ['pesa] *f* weight. ▫ **pesas** *fpl (en gimnasia)* weights.

pesadez [pesa'ðeθ] *f (molestia)* drag; *(sensación)* heaviness.

pesadilla [pesa'ðiʎa] *f* nightmare.

pesado, da [pe'saðo, ða] *adj (carga, sueño)* heavy; *(broma)* bad; *(agotador)* tiring; *(aburrido)* boring; *(persona)* annoying.

pesadumbre [pesa'ðumbre] *f* sorrow.

pésame ['pesame] *m*: **dar el ~** to offer one's condolences.

pesar [pe'sar] *m (pena)* grief. ◆ *vt* to weigh. ◆ *vi (tener peso)* to weigh; *(ser pesado)* to be heavy; *(influir)* to carry weight; **me pesa tener que hacerlo** it grieves me to have to do it; **a ~ de** in spite of.

pesca ['peska] *f (actividad)* fishing; *(captura)* catch.

pescadería [peskaðe'ria] *f* fishmonger's (shop).

pescadero, ra [peska'ðero, ra] *m, f* fishmonger.

pescadilla [peska'ðiʎa] *f* whiting.

pescado [pes'kaðo] *m* fish.

pescador, ra [peska'ðor, ra] *m, f* fisherman *(f* fisherwoman*)*.

pescar [pes'kar] *vt (peces)* to fish for; *fam (pillar)* to catch.

pesebre [pe'seβre] *m (establo)* manger; *(belén)* crib.

pesero [pe'sero] *m* **CAm & Méx** small bus used in towns.

peseta [pe'seta] *f* peseta.

pesimismo [pesi'mizmo] *m* pessimism.

pesimista [pesi'mista] *adj* pessimistic.

pésimo, ma ['pesimo, ma] *superl* → **malo**. ◆ *adj* awful.

peso ['peso] *m* weight; *(moneda)* peso.

pesquero, ra [pes'kero, ra] *adj* fishing. ◆ *m (barco)* fishing boat.

pestañas [pes'taɲas] *fpl* eyelashes.

peste ['peste] *f (mal olor)* stink; *(enfermedad)* plague.

pesticida [pesti'θiða] *m* pesticide.

pestillo [pes'tiʎo] *m (cerrojo)* bolt; *(en verjas)* latch.

pétalo ['petalo] *m* petal.

petanca [pe'tanka] *f* boules, form

of bowls using metal balls, played in public areas.

petardo [pe'tarðo] *m* firecracker.

petición [peti'θjon] *f (solicitud)* request.

peto ['peto] *m (vestidura)* bib.

petróleo [pe'troleo] *m* oil.

petrolero, ra [petro'lero, ra] *adj* oil *(antes de s.)* ◆ *m (barco)* oil tanker.

petrolífero, ra [petro'lifero, ra] *adj* oil *(antes de s.)*

petulancia [petu'lanθja] *f (comentario)* opinionated remark.

petulante [petu'lante] *adj* opinionated.

petunia [pe'tunja] *f* petunia.

pez [peθ] *(pl* -ces *[θes]) m* fish; ~ **espada** swordfish.

pezón [pe'θon] *m (de mujer)* nipple.

pezuña [pe'θuɲa] *f* hoof.

pianista [pja'nista] *mf* pianist.

piano ['pjano] *m* piano; ~ **bar** piano bar.

piar [pi'ar] *vi* to tweet.

pibe, ba ['piβe, βa] *m, f RP fam* boy *(f* girl*)*.

picador, ra [pika'ðor, ra] *m, f (torero)* picador.

picadora [pika'ðora] *f* mincer → picador.

picadura [pika'ðura] *f (de mosquito, serpiente)* bite; *(de avispa, ortiga)* sting; *(tabaco picado)* (loose) tobacco.

picante [pi'kante] *adj (comida)* spicy; *(broma, chiste)* saucy.

picar [pi'kar] *vt (suj: mosquito, serpiente, pez)* to bite; *(suj: avispa, ortiga)* to sting; *(al toro)* to goad; *(piedra)* to hack at; *(carne)* to mince Br, to grind Am; *(verdura)* to chop; *(billete)* to clip. ◆ *vi (comer un poco)* to nibble; *(sal, pimienta, pimiento)* to be hot; *(la piel)* to itch; *(sol)* to burn. ▫ **picarse** *vpr (vino)* to go sour; *(muela)*

to decay; *fam (enfadarse)* to get upset.

pícaro, ra ['pikaro, ra] *adj (astuto)* crafty.

picas ['pikas] *fpl (palo de la baraja)* spades.

pichón [pi'tʃon] *m (young)* pigeon.

picnic ['piknik] *m* picnic.

pico ['piko] *m (de ave)* beak; *(de montaña)* peak; *(herramienta)* pickaxe; **cincuenta y** ~ fifty-odd; **a las tres y** ~ just after three o'clock.

picor [pi'kor] *m* itch.

picoso, sa [pi'koso, sa] *adj Méx* spicy.

pie [pje] *m* foot; *(apoyo)* stand; **a** ~ on foot; **en** ~ *(válido)* valid; **estar de** ~ to be standing up; **no hacer** ~ *(en el agua)* to be out of one's depth; ~**s de cerdo** (pig's) trotters.

piedad [pje'ðað] *f* pity.

piedra ['pjeðra] *f* stone; *(granizo)* hailstone; ~ **preciosa** precious stone.

piel [pjel] *f (de persona, animal, fruta)* skin; *(cuero)* leather; *(pelo)* fur.

pierna ['pjerna] *f* leg; **estirar las** ~**s** to stretch one's legs; ~ **de cordero** leg of lamb.

pieza ['pjeθa] *f* piece; *(en mecánica)* part; *(en pesca, caza)* specimen; ~ **de recambio** spare part.

pijama [pi'xama] *m* pyjamas *(pl)*.

pilar [pi'lar] *m* pillar.

píldora ['pildora] *f* pill.

pillar [pi'Aar] *vt (agarrar)* to grab hold of; *(atropellar)* to hit; *(dedos, ropa, delincuente)* to catch; ~ **una insolación** fam to get sunstroke; ~ **un resfriado** fam to catch a cold.

pilotar [pilo'tar] *vt (avión)* to pilot; *(barco)* to steer.

piloto [pi'loto] *mf (de avión)* pilot;

(de barco) navigator. ◆ *m (luz de coche)* tail light; ~ **automático** automatic pilot.

pimentón [pimen'ton] *m* paprika.

pimienta [pi'mjenta] *f* pepper *(for seasoning)*; **a la ~ verde** in a green pepper-corn sauce.

pimiento [pi'mjento] *m (fruto)* pepper *(vegetable)*; **~ del piquillo** *type of hot red pepper eaten baked.*

pin [pin] *m* pin *(badge).*

pincel [pin'θel] *m* paintbrush.

pinchar [pin'tʃar] *vt (con aguja, pinchos)* to prick; *(rueda)* to puncture; *(globo, balón)* to burst; *(provocar)* to annoy; *fam (con inyección)* to jab. ❏ **pincharse** *vpr fam (drogarse)* to shoot up.

pinchazo [pin'tʃaθo] *m (de rueda)* puncture *Br*, flat *Am*; *(pinchar)* prick.

pinche [pin'tʃe] *adj Amér fam* damned.

pincho [pin'tʃo] *m (punta)* point; *(tapa)* aperitif on a stick, or a small sandwich; **~ moruno** Shish kebab.

ping-pong® [pim'pon] *m* table tennis, ping-pong *Am*.

pingüino [pin'gwino] *m* penguin.

pino [pino] *m* pine tree; **los Pinos** *official residence of the Mexican president.*

ⓘ **LOS PINOS**

Los Pinos is the official residence of the Mexican president and the seat of the Mexican government. It is here that the president holds Cabinet meetings and receives State visits.

pintada [pin'taða] *f* graffiti.

pintado, da [pin'taðo, ða] *adj (coloreado)* coloured; *(maquillado)* made-up; **'recién ~'** 'wet paint'.

pintalabios [pinta'laβjos] *m inv* lipstick.

pintar [pin'tar] *vt* to paint. ❏ **pintarse** *vpr* to make o.s. up.

pintor, ra [pin'tor, ra] *m, f* painter.

pintoresco, ca [pinto'resko, ka] *adj* picturesque.

pintura [pin'tura] *f (arte, cuadro)* painting; *(sustancia)* paint.

piña [piɲa] *f (ananás)* pineapple; *(del pino)* pine cone; *fam (de gente)* close-knit group; **~ en almíbar** pineapple in syrup; **~ natural** fresh pineapple.

piñata [pi'ɲata] *f* pot of sweets.

piñón [pi'ɲon] *m (semilla)* pine nut.

piojo [pi'oxo] *m* louse.

pipa [pipa] *f (de fumar)* pipe; *(semilla)* seed. ❏ **pipas** *fpl (de girasol)* salted sunflower seeds.

pipí [pi'pi] *m fam* wee, pee.

pique [pike] *m fam (enfado)* bad feeling; **irse a ~** *(barco)* to sink.

piragua [pi'raɣwa] *f* canoe.

piragüismo [piraɣ'ɣwizmo] *m* canoeing.

pirámide [pi'ramiðe] *f* pyramid.

piraña [pi'raɲa] *f* piranha.

pirata [pi'rata] *adj & m* pirate.

piratear [pirate'ar] *vt (programa informático)* to hack.

Pirineos [piri'neos] *mpl*: **los ~** the Pyrenees.

pirómano, na [pi'romano, na] *m, f* pyromaniac.

piropo [pi'ropo] *m* flirtatious comment.

pirueta [pi'rweta] *f* pirouette.

pisada [pi'saða] *f (huella)* footprint; *(ruido)* footstep.

pisar [pi'sar] *vt* to step on.

piscina [pis'θina] *f* swimming pool.

pisco ['pisko] *m Amér strong liquor made from grapes, popular in Chile and Peru.*

piso ['piso] *m (vivienda)* flat (Br), apartment (Am); *(suelo, planta)* floor; *Amér fig (influencia)* influence; ~ **bajo** ground floor.

pisotón [piso'ton] *m* stamp *(on sb's foot).*

pista ['pista] *f* track; *(indicio)* clue; ~ **de aterrizaje** runway; ~ **de baile** dance floor; ~ **de esquí** ski slope; ~ **de tenis** tennis court.

pistacho [pis'tatʃo] *m* pistachio.

pistola [pis'tola] *f* pistol.

pistolero [pisto'lero] *m* gunman.

pitar [pi'tar] *vi (tocar el pito)* to blow a whistle; *(tocar la bocina)* to toot o honk *Am* one's horn; **salir pitando** *fig* to leave in a hurry.

pitillera [piti'ʎera] *f* cigarette case.

pitillo [pi'tiʎo] *m* cigarette.

pito ['pito] *m* whistle.

pitón [pi'ton] *m (del toro)* tip of the horn; *(de botijo, jarra)* spout; *(serpiente)* python.

pizarra [pi'θarra] *f (encerado)* blackboard; *(roca)* slate.

pizarrón [piθa'ron] *m Amér* blackboard.

pizza ['pidsa] *f* pizza.

pizzería [pidse'ria] *f* pizzeria.

placa ['plaka] *f (lámina)* plate; *(inscripción)* plaque; *(insignia)* badge.

placer [pla'θer] *m* pleasure; **es un** ~ it's a pleasure.

plan [plan] *m (proyecto, intención)* plan; *(programa)* programme; **hacer** ~**es** to make plans; ~ **de estudios** syllabus.

plancha ['plantʃa] *f (para planchar)* iron; *(para cocinar)* grill; *(de metal)* sheet; *fam (error)* boob *Br*, blunder; **a la** ~ grilled.

planchar [plan'tʃar] *vt* to iron.

planeta [pla'neta] *m* planet.

plano, na ['plano, na] *adj* flat. ◆ *m (mapa)* plan; *(nivel)* level; *(en cine, fotografía)* shot; *(superficie)* plane.

planta ['planta] *f (vegetal, fábrica)* plant; *(del pie)* sole; *(piso)* floor; ~ **baja** ground floor Br, first floor *Am*; **segunda** ~ second floor *Br*, third floor *Am*.

plantar [plan'tar] *vt (planta, terreno)* to plant; *(poste)* to put in; *(tienda de campaña)* to pitch; *(persona)* to stand up. ❑ **plantarse** *vpr (ponerse)* to plant o.s.; *(en naipes)* to stick.

planteamiento [plantea'mjento] *m (exposición)* raising; *(perspectiva)* approach.

plantear [plante'ar] *vt (plan, proyecto)* to set out; *(problema, cuestión)* to raise. ❑ **plantearse** *vpr* to think about.

plantilla [plan'tiʎa] *f (personal)* staff; *(de zapato)* insole; *(patrón)* template.

plástico, ca ['plastiko, ka] *adj & m* plastic; **de** ~ plastic.

plastificar [plastifi'kar] *vt* to plasticize.

plastilina® [plasti'lina] *f* Plasticine®, modeling clay *Am*.

plata ['plata] *f* silver; *Andes & RP fam (dinero)* money; **de** ~ silver.

plataforma [plata'forma] *f (tarima)* platform; *(del tren, autobús, etc)* standing room.

plátano ['platano] *m (fruta)* banana; *(árbol plátanáceo)* plane tree.

platea [pla'tea] *f* stalls *(pl)* Br, orchestra *Am*.

plateresco, ca [plate'resko, ka] *adj* plateresque.

plática ['platika] *f Amér* chat.

platicar [plati'kar] *vi Amér* to have a chat.

platillo [pla'tiʎo] m (plato pequeño) small plate; (de taza) saucer; (de balanza) cymbals. □ **platillos** mpl (en música) pan. □ **platillos** mpl (en música) cymbals.

plato ['plato] m (recipiente) plate; (comida) dish; (parte de una comida) course; ~ **combinado** single-course meal usually of meat or fish with chips and vegetables; ~ **del día** today's special; ~ **principal** main course; ~ **caseros** homemade food (sg); **primer** ~ starter.

platudo, da [pla'tuðo, ða] adj Andes & RP fam loaded.

playa ['plaʝa] f beach; **ir a la** ~ **de vacaciones** to go on holiday to the seaside; ~ **de estacionamiento** CSur & Perú car park Br, parking lot Am.

play-back ['pleiβak] m: **hacer** ~ to mime (the lyrics).

playeras [pla'ʝeras] fpl (de deporte) tennis shoes; (para la playa) canvas shoes.

plaza ['plaθa] f (en una población) square; (sitio, espacio) space; (puesto, vacante) seat; (asiento) seat; (mercado) market; ~ **de toros** bullring.

plazo ['plaθo] m (de tiempo) period; (pago) instalment; **hay 20 días de** ~ the deadline is in 20 days; **a corto** ~ in the short term; **a largo** ~ in the long term; **a** ~**s** in instalments.

plegable [ple'ɣaβle] adj (silla) folding.

pleito ['pleito] m (en un juicio) lawsuit.

plenamente [,plena'mente] adv completely.

plenitud [pleni'tuð] f (apogeo) peak.

pleno, na ['pleno, na] adj complete. ◆ m plenary (session); **en** ~ **día** in broad daylight; **en** ~ **invierno** in the middle of the winter.

pliegue ['plieɣe] m (en tela) pleat.

plomería [plome'ria] f Amér plumbing.

plomero [plo'mero] m Amér plumber.

plomo ['plomo] m (metal) lead; (bala) bullet; fam (persona pesada) pain; (fusible) fuse.

pluma ['pluma] f (de ave) feather; (para escribir) pen; ~ **estilográfica** fountain pen ; ~ **fuente** Amér fountain pen.

plumaje [plu'maxe] m (de ave) plumage; (adorno) plume.

plumero [plu'mero] m (para el polvo) feather duster; (estuche) pencil case; (adorno) plume.

plumier [plu'mier] (pl **plumiers** [plu'mjers]) m pencil case.

plumilla [plu'miʎa] f nib.

plumón [plu'mon] m down.

plural [plu'ral] adj & m plural.

pluralidad [plurali'ðað] f (diversidad) diversity.

plusmarca [pluz'marka] f record.

plusmarquista [pluzmar'kista] mf record holder.

p.m. ['pe'eme] (abrev de post meridiem) p.m.

PM (abrev de policía militar) MP.

p.n. (abrev de peso neto) nt. wt.

p.o. (abrev de por orden) by order.

población [poβla'θjon] f (habitantes) population; (ciudad) town; (más grande) city; (pueblo) village.

poblado, da [po'βlaðo, ða] adj populated. ◆ m (ciudad) town; (pueblo) village.

poblar [po'βlar] vt (establecerse en) to settle.

pobre ['poβre] adj poor. ◆ mf (mendigo) beggar.

pobreza [po'βreθa] f (miseria) poverty; (escasez) scarcity.

pocilga [po'θilγa] *f* pigsty.

pocillo [po'θiλo] *m Amér* small coffee cup.

poco, ca ['poko, ka] *adj & pron* (*en singular*) little, not much; (*en plural*) few, not many. ◆ *adv* (*con escasez*) not much; (*tiempo corto*) not long; **tengo ~ dinero** I don't have much money; **unos ~s días** a few days; **tengo ~s** I don't have many; **come ~** he doesn't eat much; **dentro de ~** shortly; **hace ~** not long ago; **~ a ~** bit by bit; **por ~** almost; **un ~ (de)** a bit (of).

poda ['poδa] *f* (*acto*) pruning.

podar [po'δar] *vt* to prune.

☞

poder [po'δer] *m* -1. (*facultad, gobierno*) power; **~ adquisitivo** purchasing power; **estar en el ~** to be in power.
- 2. (*posesión*): **estar en ~ de alguien** to be in sb's hands.
◆ *vaux* -1. (*tener facultad para*) can, to be able to; **puedo hacerlo** I can do it.
- 2. (*tener permiso para*) can, to be allowed to; **¿se puede fumar aquí?** can I smoke here?; **no puedo salir por la noche** I'm not allowed to go out at night.
- 3. (*ser capaz moralmente de*) can; **no podemos abandonarle** we can't abandon him.
- 4. (*tener posibilidad de*) may, can; **puedo ir en barco o en avión** I can go by boat or by plane; **podías haber cogido el tren** you could have caught the train.
- 5. (*expresa queja, reproche*): **¡hubiera podido invitarnos!** he could have invited us!
- 6. (*en locuciones*): **es tonto a ~ más no ~** he's as stupid as can be; **no ~ más** (*estar lleno*) to be full (up);

(*estar enfadado*) to have had enough; (*estar cansado*) to be too tired to carry on; **¿se puede?** may I come in?
◆ *v impers* (*ser posible*) may; **puede ser que llueva** it may rain; **no puede ser verdad** it can't be true; **¿vendrás mañana? - puede** will you come tomorrow? - I may do.
◆ *vt* (*tener más fuerza que*) to be stronger than. ❑ **poder con** *v + prep* (*enfermedad, rival*) to be able to overcome; (*tarea, problema*) to be able to cope with; **no puedo con tanto trabajo** I can't cope with all this work.

poderoso, sa [poδe'roso, sa] *adj* powerful.

podio ['poδjo] *m* podium.

podrido, da [po'δriδo, δa] *pp* → **pudrir**. ◆ *adj* rotten.

poema [po'ema] *m* poem.

poesía [poe'sia] *f* (*poema*) poem; (*arte*) poetry.

poeta [po'eta] *mf* poet.

poético, ca [po'etiko, ka] *adj* poetic.

polar [po'lar] *adj* polar.

polaroid® [pola'roiδ] *f* Polaroid®.

polea [po'lea] *f* pulley.

polémica [po'lemika] *f* controversy.

polémico, ca [po'lemiko, ka] *adj* controversial.

polen ['polen] *m* pollen.

polichinela [politʃi'nela] *m* (*títere*) marionette.

policía [poli'θia] *f* (*cuerpo*) police. ◆ *mf* policeman ο *f* policewoman): **~ municipal** ο **urbana** *local police who deal mainly with traffic offences and administrative matters*; **~ nacional** national police.

policíaco, ca [poli'θiako, ka] *adj* police (*antes de s*).

polideportivo [poliδepor'tiβo] *m* sports centre.

poliéster [po'ljester] *m* polyester.

políglota [po'liɣlota] *mf* polyglot.

polígono [po'liɣono] *m* : ~ **industrial** industrial estate *Br* o park *Am*.

politécnica [poli'teɣnika] *f* university faculty devoted to technical subjects.

política [po'litika] *f (arte de gobernar)* politics; *(modo de gobernar)* policy → **político**.

político, ca [po'litiko, ka] *m, f* politician. ◆ *adj* political; **hermano** ~ brother-in-law.

póliza [po'liθa] *f (de seguros)* policy; *(sello)* stamp on a document proving payment of tax.

pollito [po'ʎito] *m* chick.

pollo [po'ʎo] *m* chicken; ~ **al ajillo** chicken pieces fried in garlic until crunchy; ~ **asado** roast chicken; ~ **a l'ast** chicken roasted on a spit; ~ **al curry** chicken curry; ~ **a la plancha** grilled chicken.

polluelo [po'ʎwelo] *m* chick.

polo ['polo] *m (helado)* ice lolly *Br*, Popsicle® *Am*; *(de una pila)* pole; *(jersey)* polo shirt; *(juego)* polo.

Polonia [po'lonja] Poland.

Polo Norte [polo'norte] *m* : **el** ~ the North Pole.

Polo Sur [polo'sur] *m* : **el** ~ the South Pole.

polución [polu'θjon] *f* pollution.

polvera [pol'βera] *f* powder compact.

polvo [pol'βo] *m* dust. ❑ **polvos** *mpl (en cosmética, medicina)* powder *(sg)*; ~ **de talco** talcum powder *(sg)*.

pólvora [pol'βora] *f* gunpowder.

polvoriento, ta [polβo'rjento, ta] *adj* dusty.

polvorón [polβo'ron] *m* powdery sweet made of flour, sugar and butter.

pomada [po'maða] *f* ointment.

pomelo [po'melo] *m* grapefruit.

pomo ['pomo] *m* knob.

pómulo ['pomulo] *m* cheekbone.

ponchar [pon'tʃar] *vt CAm & Méx* to puncture. ❑ **poncharse** *vpr CAm & Méx* to get a puncture *Am* o flat *Am*.

poner [po'ner] *vt* **-1.** *(colocar, añadir)* to put; **pon el libro en el estante** put the book on the shelf; **pon más azúcar al café** put some more sugar in the coffee.
- 2. *(vestir)* : ~ **algo** to put sthg on.
- 3. *(contribuir, invertir)* to put in; **puso su capital en el negocio** he put his capital into the business.
- 4. *(hacer estar de cierta manera)* : **me has puesto colorado** you've made me blush; **lo puso de mal humor** it put him in a bad mood.
- 5. *(radio, televisión, luz, etc)* to switch on; *(gas, instalación)* to put in.
- 6. *(oponer)* : ~ **inconvenientes** to raise objections.
- 7. *(telegrama, fax)* to send; *(conferencia)* to make; **¿me pones tú con Juan?** can you put me through to Juan?
- 8. *(asignar, imponer)* to fix; **le han puesto una multa** they've fined him; **¿qué nombre le han puesto?** what have they called her?
- 9. *(aplicar facultad)* to put; **no pone ningún interés** he shows no interest.
-10. *(montar)* to set up; *(casa)* to do up; *(tienda de campaña)* to pitch; **han puesto una tienda nueva** they've opened a new shop.
-11. *(en cine, teatro, televisión)* to show; **¿qué ponen en la tele?** what's on (the) telly?
-12. *(escribir, decir)* to say; **no sé qué pone ahí** I don't know what that says.
-13. *(suponer)* to suppose; **pongamos**

que sucedió así (let's) suppose that's what happened.
-14. *(en locuciones):* ~ **en marcha** *(iniciar)* to start.

◆ *vi (ave)* to lay (eggs). ❑ **ponerse** *vpr (ropa, gafas, maquillaje)* to put on; *(estar de cierta manera)* to become; *(astro)* to set; **ponte aquí** stand here; **se puso rojo** he went red; ~ **se bien** *(de salud)* to get better; ~ **se malo** to fall ill.

poniente [po'njente] *m (oeste)* west.

popa ['popa] *f* stern.

popote [po'pote] *m Méx* straw.

popular [popu'lar] *adj (del pueblo)* of the people; *(arte, música)* folk; *(famoso)* popular.

popularidad [populari'ðað] *f* popularity.

póquer ['poker] *m* poker.

☞

por [por] *prep* -1. *(causa)* because of; **se enfadó** ~ **tu comportamiento** she got angry because of your behaviour.
-2. *(finalidad)* (in order) to; **lo hizo** ~ **complacerte** he did it to please you; **lo compré** ~ **ti** I bought it for you; **luchar** ~ **algo** to fight for sthg.
-3. *(medio, modo, agente)* by; ~ **mensajero/fax** by courier/fax; ~ **escrito** in writing; **el récord fue batido** ~ **el atleta** the record was broken by the athlete.
-4. *(tiempo):* ~ **la mañana/tarde** in the morning/afternoon; ~ **la noche** at night; ~ **unos días** for a few days; **creo que la boda será** ~ **abril** I think the wedding will be some time in April.
-5. *(aproximadamente en):* **está** ~ **ahí** it's round there somewhere;

¿~ **dónde vive?** whereabouts does she live?
-6. *(a través de)* through; **pasar** ~ **la aduana** to go through customs; **entramos en Francia** ~ **Irún** we entered France via Irún.
-7. *(a cambio, en lugar de)* for; **cambió el coche** ~ **una moto** he exchanged his car for a motorbike.
-8. *(distribución)* per; **50 euros** ~ **unidad** 50 euros each; **20 km** ~ **hora** 20 km an hour.
-9. *(en matemáticas)* times; **dos** ~ **dos igual a cuatro** two times two is four.

porcelana [porθe'lana] *f (material)* porcelain; *(vasija)* piece of porcelain.

porcentaje [porθen'taxe] *m* percentage.

porche ['portʃe] *m* porch.

porción [por'θjon] *f (cantidad)* portion; *(parte)* share.

porno ['porno] *adj fam* porno, porn.

pornografía [pornoɣra'fia] *f* pornography.

pornográfico, ca [porno'ɣrafiko, ka] *adj* pornographic.

porque ['porke] *conj* because.

porqué ['porke] *m* reason.

porrón [po'ron] *m* wine jar with a long spout for drinking.

portaaviones [portaaβi'ones] *m inv* aircraft carrier.

portada [por'taða] *f (de libro)* title page; *(de revista)* cover.

portador, ra [porta'ðor, ra] *m, f* carrier; **al** ~ *(cheque)* to the bearer.

portaequipajes [ˌportaeki'paxes] *m inv* boot (Br), trunk (Am).

portafolios [porta'foljos] *m inv (carpeta)* file.

portal [por'tal] *m (vestíbulo)* hallway; *(entrada)* main entrance.

portalámparas [porta'lamparas] *m inv* socket.

portarse [por'tarse] *vpr* to behave; ~ **bien/mal** to behave well/badly.

portátil [por'tatil] *adj* portable.

portavoz [porta'βoθ] (*pl* **-ces** [θes]) *mf* spokesman (*f* spokeswoman).

portazo [por'taθo] *m* slam; **dar un** ~ to slam the door.

portería [porte'ria] *f* (*conserjería*) porter's office *Br*, ≃ doorman's desk *Am*; (*en deporte*) goal.

portero, ra [por'tero, ra] *m, f* (*conserje*) porter, ≃ doorman *Am*; (*en deporte*) goalkeeper; ~ **electrónico** entryphone.

Portugal [portu'val] Portugal.

portugués, esa [portu'ves, esa] *adj & m, f* Portuguese.

porvenir [porβe'nir] *m* future.

posada [po'saða] *f* (*alojamiento*) accommodation; (*hostal*) guesthouse.

posarse [po'sarse] *vpr* (*ave*) to perch; (*insecto*) to settle.

posavasos [posa'βasos] *m inv* coaster.

posdata [poz'ðata] *f* postscript.

pose ['pose] *f* pose.

poseedor, ra [posee'ðor, ra] *m, f* (*dueño*) owner; (*de cargo, récord*) holder.

poseer [pose'er] *vt* (*ser dueño de*) to own; (*tener*) to have, to possess.

posesión [pose'sjon] *f* possession.

posesivo, va [pose'siβo, βa] *adj & m* possessive.

posibilidad [posiβili'ðað] *f* possibility.

posible [po'siβle] *adj* possible.

posición [posi'θjon] *f* position; (*social*) status; (*económica*) situation.

positivamente [posi,tiβa'mente] *adv* positively.

positivo, va [posi'tiβo, βa] *adj* positive. ◆ *m* (*en fotografía*) print.

posmoderno, na [pozmo'ðerno, na] *adj* postmodern.

poso ['poso] *m* sediment.

postal [pos'tal] *f* postcard.

poste ['poste] *m* post.

póster ['poster] *m* poster.

posterior [poste'rjor] *adj* (*en tiempo, orden*) subsequent; (*en espacio*) back; ~ **a** after.

postre ['postre] *m* dessert; ~ **de la casa** chef's special dessert.

póstumo, ma ['postumo, ma] *adj* posthumous.

postura [pos'tura] *f* position.

potable [po'taβle] *adj* (*agua*) drinkable; *fam* (*aceptable*) palatable.

potaje [po'taxe] *m* stew; ~ **de garbanzos** chickpea stew.

potencia [po'tenθja] *f* power.

potenciar [poten'θjar] *vt* to foster.

potro ['potro] *m* (*caballo*) colt; (*en gimnasia*) vaulting horse.

pozo ['poθo] *m* (*de agua*) well.

p.p. (*abrev de por poder*) p.p.

práctica ['praktika] *f* practice; (*de un deporte*) playing. ◻ **prácticas** *fpl* (*de conducir*) lessons.

practicante [prakti'kante] *mf* (*en religión*) practising member; ~ (*ambulatorio*) medical assistant.

practicar [prakti'kar] *vt* (*ejercer*) to practise; (*deporte*) to play. ◆ *vi* to practise.

práctico, ca ['praktiko, ka] *adj* practical.

pradera [pra'ðera] *f* large meadow, prairie.

prado ['praðo] *m* meadow.

pral. *abrev* = **principal**.

precario, ria [pre'karjo, rja] *adj* precarious.

precaución [prekauˈθjon] f (medida) precaution; (prudencia) care.

precintado, da [preθinˈtaðo, ða] adj sealed.

precio [ˈpreθjo] m price; ¿qué ~ tiene? how much is it?; ~ fijo fixed price; ~ de venta al público retail price; ~s de coste warehouse prices.

preciosidad [preθjosiˈðað] f (cosa preciosa) beautiful thing.

precioso, sa [preˈθjoso,sa] adj (bonito) lovely; (valioso) precious.

precipicio [preθiˈpiθjo] m precipice.

precipitación [preθipitaˈθjon] f (imprudencia, prisa) haste; (lluvia) rainfall.

precipitado, da [preθipiˈtaðo, ða] adj hasty.

precipitarse [preθipiˈtarse] vpr (actuar sin pensar) to act rashly.

precisamente [preˌθisaˈmente] adv precisely.

precisar [preθiˈsar] vt (especificar) to specify; (necesitar) to need.

preciso, sa [preˈθiso,sa] adj (detallado, exacto) precise; (imprescindible) necessary.

precoz [preˈkoθ] adj (persona) precocious.

predicar [preðiˈkar] vt to preach.

predilecto, ta [preðiˈlekto, ta] adj favourite.

predominar [preðomiˈnar] vi to prevail.

preescolar [preeskoˈlar] adj preschool.

preferencia [prefeˈrenθja] f preference; (en carretera) right of way.

preferible [prefeˈriβle] adj preferable.

preferir [prefeˈrir] vt to prefer.

prefijo [preˈfixo] m (en gramática)

prefix; (de teléfono) dialling code Br, area code Am.

pregón [preˈɣon] m (de fiesta) opening speech.

pregonar [preɣoˈnar] vt (noticia) to announce; (secreto) to spread about.

pregonero [preɣoˈnero] m town crier.

pregunta [preˈɣunta] f question; hacer una ~ to ask a question.

preguntar [preɣunˈtar] vt to ask. ❑ **preguntar por** v + prep to ask after. ❑ **preguntarse** vpr to wonder.

prehistórico, ca [preisˈtoriko, ka] adj prehistoric.

prejuicio [preˈxuiθjo] m prejudice.

prematuro, ra [premaˈturo, ra] adj premature.

premeditación [premeðitaˈθjon] f premeditation.

premiar [preˈmjar] vt to award a prize to.

premio [ˈpremjo] m prize; (recompensa) reward; ~ gordo first prize.

prenatal [prenaˈtal] adj antenatal Br, prenatal Am.

prenda [ˈprenda] f (vestido) item of clothing; (garantía) pledge.

prensa [ˈprensa] f press; **la** ~ the press.

preocupación [preokupaˈθjon] f worry.

preocupado, da [preokuˈpaðo, ða] adj worried.

preocupar [preokuˈpar] vt to worry. ❑ **preocuparse de** v + prep (encargarse de) to take care of. ❑ **preocuparse por** v + prep to worry about.

preparación [preparaˈθjon] f (arreglo, disposición) preparation; (formación) training.

preparar [prepaˈrar] vt (disponer) to

prepare; *(maletas)* to pack; *(estudiar)* to study for. □ **prepararse** *vpr (arreglarse)* to get ready.

preparativos [prepara'tiβos] *mpl* preparations.

preparatoria [prepara'torja] *f* Méx pre-university course in Mexico.

PREPARATORIA

This is the name given to the three years of pre-university education in Mexico. Students usually begin the "prepa", as it is known colloquially, at the age of 16 and finish when they are 19.

preponderante [preponde'rante] *adj* prevailing.

preposición [preposi'θjon] *f* preposition.

prepotente [prepo'tente] *adj* dominant.

presa ['presa] *f (de un animal)* prey; *(embalse)* dam → **preso**.

presbiterio [prezβi'terjo] *m* chancel.

prescindir [presθin'dir] ◆ **prescindir de** *v + prep (renunciar a)* to do without; *(omitir)* to dispense with.

presencia [pre'senθja] *f* presence.

presenciar [presen'θjar] *vt* to attend.

presentable [presen'taβle] *adj* presentable.

presentación [presenta'θjon] *f* presentation; *(entre personas)* introduction.

presentador, ra [presenta'ðor, ra] *m, f* presenter.

presentar [presen'tar] *vt* to present; *(queja)* to lodge; *(a dos personas)* to introduce; *(excusas, respetos)* to offer; *(aspecto, apariencia)* to have.

□ **presentarse** *vpr (comparecer)* to turn up; *(como candidato, voluntario)* to put o.s. forward; ~ **se a** *(examen)* to sit; *(elección)* to stand for.

presente [pre'sente] *adj & m* present; **tener** ~ to remember.

presentimiento [presenti'mjento] *m* feeling, hunch.

preservar [preser'βar] *vt* to protect.

preservativo [preserβa'tiβo] *m* condom.

presidencia [presi'ðenθja] *f (cargo)* presidency; *(lugar)* president's office; *(grupo de personas)* board.

presidencial [presiðen'θjal] *adj* presidential.

presidente, ta [presi'ðente, ta] *f (de nación)* president; *(de asamblea)* chairperson.

presidiario, ria [presi'ðjarjo, rja] *m, f* convict.

presidir [presi'ðir] *vt (ser presidente de)* to preside over; *(reunión)* to chair; *(predominar)* to dominate.

presión [pre'sjon] *f* pressure; ~ **sanguínea** blood pressure.

preso, sa ['preso, sa] *m, f* prisoner.

préstamo ['prestamo] *m* loan.

prestar [pres'tar] *vt (dinero)* to lend; *(colaboración, ayuda)* to give; *(declaración)* to make; *(atención)* to pay. □ **prestarse a** *v + prep (ofrecerse a)* to offer to; *(dar motivo a)* to be open to.

prestigio [pres'tixjo] *m* prestige.

presumido, da [presu'miðo, ða] *adj* conceited.

presumir [presu'mir] *vt* to presume. ◆ *vi* to show off; ~ **de guapo** to think o.s. good-looking.

presunción [presun'θjon] *f (suposición)* assumption; *(vanidad)* conceit.

presunto, ta [pre'sunto, ta] adj (delincuente, etc) alleged.

presuntuoso, sa [presuntu'oso, sa] adj conceited.

presupuesto [presupu'esto] m (cálculo) budget; (de costo) estimate.

pretencioso, sa [preten'θjoso, sa] adj pretentious.

pretender [preten'der] vt (aspirar a) to aim at; (afirmar) to claim; ~ hacer algo to try to do sthg.

pretendiente [preten'djente] mf (al trono) pretender; (a una mujer) suitor.

pretensión [preten'sjon] f (intención) aim; (aspiración) aspiration.

pretexto [pre'teksto] m pretext.

prever [pre'βer] vt (presagiar) to foresee; (prevenir) to plan.

previo, via [pre'βjo, βja] adj prior.

previsor, ra [preβi'sor, ra] adj farsighted.

previsto, ta [pre'βisto, ta] adj (planeado) anticipated.

primaria [pri'marja] f (enseñanza) primary school.

primario, ria [pri'marjo, rja] adj (primordial) primary; (elemental) primitive.

primavera [prima'βera] f spring.

primer [pri'mer] núm → primero.

primera [pri'mera] f (velocidad) first gear; (clase) first class; **de ~** first-class → primero.

primero, ra [pri'mero, ra] núm & adv first. ◆ m, f: **el ~ de la clase** top of the class; **a ~s de** at the beginning of; **lo ~** the main thing; **primera clase** first class; **~s auxilios** first aid (sg) → sexto.

primo, ma [primo, ma] m, f (familiar) cousin; fam (bobo) sucker.

primogénito, ta [primo'xenito, ta] m, f firstborn (child).

princesa [prin'θesa] f princess.

principado [prinθi'paðo] m principality.

principal [prinθi'pal] adj main. ◆ m first floor.

príncipe [prinθipe] m prince.

principiante [prinθi'pjante] m beginner.

principio [prin'θipjo] m (inicio) beginning; (causa, origen) origin; (norma) principle; **a ~s de** at the beginning of; **al ~** at the beginning; **en ~** in principle; **por ~s** on principle.

pringoso, sa [prin'goso, sa] adj (pegajoso) sticky.

prioridad [prjori'ðað] f priority.

prisa ['prisa] f (rapidez) speed; (urgencia) urgency; **darse ~** to hurry up; **tener ~** to be in a hurry.

prisión [pri'sjon] f (cárcel) prison.

prisionero, ra [prisjo'nero, ra] m, f prisoner.

prisma ['prizma] m prism.

prismáticos [priz'matikos] mpl binoculars.

privado, da [pri'βaðo, ða] adj private.

privar [pri'βar] vt to deprive. ❏ **privarse de** v + prep to go without.

privilegiado, da [priβile'xjaðo, ða] adj privileged.

privilegio [priβi'lexjo] m privilege.

proa ['proa] f bows (pl).

probabilidad [proβaβili'ðað] f (cualidad) probability; (oportunidad) chance.

probable [pro'βaβle] adj probable.

probador [proβa'ðor] m changing room Br, fitting room Am.

probar [pro'βar] vt (demostrar) to prove; (examinar) to check; (comida, bebida) to taste. ◆ vi to try.

◻ **probarse** *vpr (ropa, zapato)* to try on.

probeta [pro'βeta] *f* test tube.

problema [pro'βlema] *m* problem.

problemático, ca [proβle'matiko, ka] *adj* problematic.

procedencia [proθe'ðenθja] *f (origen, fuente)* origin; **con ~ de** *(arriving)* from.

procedente [proθe'ðente] *adj (oportuno)* appropriate; **~ de** from.

proceder [proθe'ðer] *m* behaviour. ◆ *vi (actuar)* to act; *(ser oportuno)* to be appropriate. ◻ **proceder de** *v + prep* to come from.

procedimiento [proθeði'mjento] *m (método)* procedure.

procesado, da [proθe'saðo, ða] *m, f* accused.

procesar [proθe'sar] *vt (enjuiciar)* to try.

procesión [proθe'sjon] *f* procession.

proceso [pro'θeso] *m* process; *(transcurso, evolución)* course; *(juicio)* trial.

proclamación [proklama'θjon] *f* proclamation.

proclamar [prokla'mar] *vt* to proclaim; *(aclamar)* to acclaim. ◻ **proclamarse** *vpr* to proclaim o.s.

procurar [proku'rar] *vt:* **~ hacer algo** to try to do sthg.

prodigarse [proði'γarse] *vpr (esforzarse)* to put o.s. out; **~ en algo** to overdo sthg.

producción [proðuk'θjon] *f* production; *(producto)* products *(pl)*.

producir [proðu'θir] *vt* to produce; *(provocar)* to cause. ◻ **producirse** *vpr (ocurrir)* to take place.

productividad [proðuktiβi'ðað] *f* productivity.

productivo, va [proðuk'tiβo, βa] *adj (que produce)* productive; *(que da beneficio)* profitable.

producto [pro'ðukto] *m* product; *(de la tierra)* produce; *(beneficios)* profit.

productor, ra [proðuk'tor, ra] *m, f* producer.

productora [proðuk'tora] *f (en cine)* production company → **productor**.

profecía [profe'θia] *f* prophecy.

profesión [profe'sjon] *f* profession.

profesional [profesjo'nal] *adj & mf* professional.

profesionista [profesjo'nista] *f Amér* professional.

profesor, ra [profe'sor, ra] *m, f* teacher.

profeta [pro'feta] *m* prophet.

profiteroles [profite'roles] *mpl* profiteroles.

profundidad [profundi'ðað] *f* depth; **tiene dos metros de ~** it's two metres deep.

profundo, da [pro'fundo, da] *adj* deep; *(notable)* profound.

programa [pro'γrama] *m* programme; *(de estudios)* syllabus; *(plan)* schedule; *(en informática)* program.

programación [proγrama'θjon] *f* *(en televisión, radio)* programmes *(pl)*; *(en informática)* programming.

programador, ra [proγrama-'ðor, ra] *m, f* programmer.

programar [proγra'mar] *vt (planear)* to plan; *(en televisión, radio)* to put on; *(en informática)* to program.

progresar [proγre'sar] *vi* to (make) progress.

progresivo, va [proγre'siβo, βa] *adj* progressive.

progreso [pro'γreso] *m* progress.

prohibición [proiβi'θjon] f ban.

prohibido, da [proi'βiðo, ða] adj prohibited; '~ aparcar' 'no parking'; '~el paso' 'no entry'; '~el paso a personas ajenas a la obra' 'no entry for unauthorised personnel'; '~ fijar carteles' 'billposters will be prosecuted'; '~ fumar' 'no smoking'; 'prohibida la entrada' 'no entry'; 'prohibida la entrada a menores' 'adults only'.

prohibir [proi'βir] vt (vedar) to forbid; (por ley) to prohibit; (práctica existente) to ban.

prójimo ['proximo] m fellow human being.

proliferación [prolifera'θjon] f proliferation.

prólogo ['prolovo] m (en libro, revista) introduction.

prolongar [prolon'gar] vt (alargar) to extend; (hacer durar más) to prolong. □ **prolongarse** vpr to go on.

promedio [pro'meðjo] m average.

promesa [pro'mesa] f promise.

prometer [prome'ter] vt to promise. ◆ vi to show promise. □ **prometerse** vpr to get engaged.

prometido, da [prome'tiðo, ða] m, f fiancé (fiancée).

promoción [promo'θjon] f (ascenso) promotion; (curso) class.

promocionar [promoθjo'nar] vt to promote. □ **promocionarse** vpr to promote o.s.

promotor, ra [promo'tor, ra] m, f promoter.

pronóstico [pro'nostiko] m (predicción) forecast; (en medicina) prognosis; ~ **del tiempo** weather forecast.

pronto ['pronto] adv (temprano) early; (dentro de poco) soon; (rápida-mente) quickly; **de** ~ suddenly; **tan** ~ **como** as soon as.

pronunciación [pronunθja'θjon] f pronunciation.

pronunciar [pronun'θjar] vt to pronounce; (discurso) to make.

propaganda [propa'vanda] f advertising.

propensión [propen'sjon] f: ~ **a** tendency towards.

propenso, sa [pro'penso, sa] adj: **ser** ~ **a** to have a tendency to.

propicio, cia [pro'piθjo, θja] adj favourable.

propiedad [propje'ðað] f property; (posesión) ownership.

propietario, ria [propje'tarjo, rja] m, f owner.

propina [pro'pina] f tip.

ⓘ PROPINA

Tips in Spain are not as standardized as in Great Britain, especially in everyday restaurants and bars. When people leave something after a meal or drink, it is usually just part of the change.

---

propio, pia ['propjo, pja] adj (de propiedad) own; (peculiar) characteristic; (apropiado) proper; (natural) natural; **el** ~ **presidente** the president himself.

proponer [propo'ner] vt to propose. □ **proponerse** vpr to intend.

proporcionado, da [proporθjo'naðo, ða] adj proportionate.

proporcionar [proporθjo'nar] vt (facilitar) to give, to provide; (ser causa de) to add.

proposición [proposi'θjon] f (propuesta) proposal.

propósito [pro'posito] m *(intención)* intention; *(objetivo)* purpose; **a ~ on** purpose; **a ~ de** with regard to.

propuesta [pro'pwesta] f proposal.

prórroga ['prorroγa] f *(aplazamiento)* extension; *(en deporte)* extra time Br, overtime Am.

prorrogar [prorro'γar] vt to extend.

prosa ['prosa] f prose.

proscrito, ta [pros'krito, ta] m, f exile.

prospecto [pros'pekto] m *(folleto)* leaflet; *(de medicamento)* instructions leaflet.

próspero, ra ['prospero, ra] adj prosperous.

prostíbulo [pros'tiβulo] m brothel.

prostitución [prostitu'θjon] f prostitution.

prostituta [prosti'tuta] f prostitute.

protagonista [protaγo'nista] mf *(de libro)* main character; *(en cine, teatro)* lead.

protección [protek'θjon] f protection.

proteger [prote'xer] vt to protect. ☐ **protegerse** vpr *(resguardarse)* to shelter.

protegido, da [prote'xiðo, ða] m, f protegé (f protegée).

proteína [prote'ina] f protein.

protesta [pro'testa] f protest.

protestante [protes'tante] mf Protestant.

protestar [protes'tar] vi to protest.

protocolo [proto'kolo] m protocol.

provecho [pro'βetʃo] m benefit; **buen ~** enjoy your meal!; **sacar ~ de** to make the most of.

provechoso, sa [proβe'tʃoso, sa] adj advantageous.

provenir [proβe'nir] ♦ **provenir de** v + prep to come from.

proverbio [pro'βerβjo] m proverb.

provincia [pro'βinθja] f province.

provisional [proβisjo'nal] adj provisional.

provocación [proβoka'θjon] f provocation.

provocar [proβo'kar] vt *(incitar, enojar)* to provoke; *(excitar sexualmente)* to arouse; *(causar)* to cause; *(incendio)* to start; **¿te provoca hacerlo?** Andes do you feel like doing it?

provocativo, va [proβoka'tiβo, βa] adj provocative.

próximo, ma ['proksimo, ma] adj *(cercano)* near; *(ciudad, casa)* nearby; *(siguiente)* next; '**próximas llegadas**' 'arriving next'.

proyección [projek'θjon] f *(de película)* showing.

proyectar [projek'tar] vt *(película)* to show; *(luz)* to shine; *(sombra, figura)* to cast; *(idear)* to plan.

proyecto [pro'jekto] m *(plan)* plan; *(propósito)* project; *(de ley)* bill.

proyector [projek'tor] m *(de cine, diapositivas)* projector.

prudencia [pru'ðenθja] f *(cautela)* caution; *(moderación)* moderation.

prudente [pru'ðente] adj *(cauteloso)* cautious; *(sensato)* sensible.

prueba ['pɾweβa] f *(testimonio)* proof; *(ensayo, examen)* test; *(competición)* event.

psicoanálisis [sikoa'nalisis] m inv psychoanalysis.

psicología [sikolo'xia] f psychology.

psicológico, ca [siko'loxiko, ka] adj psychological.

psicólogo, ga [si'koloγo, γa] m, f

psicópata

psychologist.

psicópata [si'kopata] *mf* psychopath.

psiquiatra [si'kjatra] *mf* psychiatrist.

psiquiátrico [si'kjatriko] *m* psychiatric hospital.

psíquico, ca ['sikiko, ka] *adj* psychic.

pta. (*abrev de peseta*) pta.

púa ['pua] *f (de planta)* thorn; *(de peine)* tooth.

pub [puβ] *m upmarket pub.*

pubertad [puβer'taθ] *f* puberty.

pubis ['puβis] *m inv* pubis.

publicación [puβlika'θjon] *f* publication.

públicamente [ˌpuβlika'mente] *adv* publicly.

publicar [puβli'kar] *vt* to publish; *(noticia)* to make public.

publicidad [puβliθi'ðað] *f (propaganda)* advertising; *(en televisión)* adverts *(pl)* Br, commercials *(pl)* Am.

publicitario, ria [puβliθi'tarjo, rja] *adj* advertising *(antes de s)*.

público, ca ['puβliko, ka] *adj* public; *(colegio)* state Br, public Am. ◆ *m (en cine, teatro, televisión)* audience; *(en partido)* crowd; **en ~** in public.

pucha ['putʃa] *interj* Andes & RP good heavens!.

pudding ['puðin] *m* pudding.

pudor [pu'ðor] *m (recato)* modesty; *(timidez)* shyness.

pudrir [pu'ðrir] *vt* to rot. ❑ **pudrirse** *vpr* to rot.

pueblo ['pweβlo] *m* people; *(localidad pequeña)* village; *(más grande)* town.

puente ['pwente] *m* bridge; **hacer ~** *to take a day off between two public holidays*; **~ aéreo** shuttle.

ⓘ **HACER PUENTE**

When a public holiday in Spain falls on a Tuesday or Thursday, businesses usually also close for the Monday or Friday respectively to allow everyone to have a long weekend.

puerco, ca ['pwerko, ka] *adj* filthy. ◆ *m, f* pig.

puerro ['pwero] *m* leek.

puerta ['pwerta] *f* door; *(de jardín, ciudad)* gate; *(en deporte)* goal; **~ de embarque** boarding gate; **~ principal** front door.

puerto ['pwerto] *m (de mar)* port; *(de montaña)* pass; **~ deportivo** marina.

Puerto Rico ['pwerto'riko] Puerto Rico.

pues [pwes] *conj (ya que)* since; *(así que)* so; *(uso enfático)* well.

puesta ['pwesta] *f:* **~ de sol** sunset.

puesto, ta ['pwesto, ta] *pp* → **poner**. ◆ *adj (elegante)* smart. ◆ *m (lugar)* place; *(cargo)* post; *(tienda pequeña)* stall Br, stand Am; *(de la Guardia Civil)* station; **~ que**, as, since.

pulga ['pulɣa] *f* flea.

pulgar [pul'ɣar] *m* thumb.

pulidora [puli'ðora] *f* polisher.

pulir [pu'lir] *vt* to polish.

pulmón [pul'mon] *m* lung.

pulmonía [pulmo'nia] *f* pneumonia.

pulpa ['pulpa] *f* flesh.

pulpo ['pulpo] *m* octopus.

pulsar [pul'sar] *vt (timbre, botón)* to press; *(cuerdas de un instrumento)* to play.

pulsera [pul'sera] *f* bracelet.

pulso ['pulso] *m (latido)* pulse; *(firmeza)* steady hand.

puma ['puma] *m* puma.

puna ['puna] *f Andes & Arg* altitude sickness.

punk [pank] *mf* punk.

punta ['punta] *f* (*extremo agudo*) point; (*extremo*) end; (*de dedo*) tip; (*de tierra*) point; **en la ~ de la lengua** on the tip of one's tongue.

puntapié [punta'pje] *m* kick.

puntera [pun'tera] *f* toecap.

puntería [punte'ria] *f* (*habilidad*) marksmanship.

puntiagudo, da [puntja'ɣuðo, ða] *adj* pointed.

puntilla [pun'tiʎa] *f* point lace.

punto ['punto] *m* point; (*marca*) dot; (*signo ortográfico*) full stop *Br*, period *Am*; (*lugar*) spot, place; (*momento*) moment; (*grado, intensidad*) level; (*en cirugía, costura*) stitch; **estar a ~ de** to be about to; **en ~** on the dot; **hacer ~** to knit; **dos ~s** colon (*sg*); **~ de encuentro** meeting point; **~ muerto** neutral; **~ de vista** point of view; **~ y aparte** new paragraph; **~ y coma** semi-colon; **~ y seguido** full-stop; **~s suspensivos** suspension points.

puntuación [puntwa'θjon] *f* (*en gramática*) punctuation; (*en competición*) score; (*en examen*) mark, grade *Am*.

puntual [puntu'al] *adj* (*persona*) punctual; (*detallado*) detailed.

puntualidad [puntwali'ðað] *f* (*de persona*) punctuality.

puntualización [puntwaliθa'θjon] *f* detailed explanation.

puntualizar [puntwali'θar] *vt* to explain in detail.

puntuar [puntu'ar] *vt* (*texto*) to punctuate; (*examen*) to mark, to grade *Am*.

punzón [pun'θon] *m* punch.

puñado [pu'ɲaðo] *m* handful.

puñal [pu'ɲal] *m* dagger.

puñalada [puɲa'laða] *f* (*golpe*) stab; (*herida*) stabwound.

puñetazo [puɲe'taθo] *m* punch.

puño ['puɲo] *m* (*mano cerrada*) fist; (*de arma*) hilt; (*de camisa*) cuff; (*de bastón, paraguas*) handle.

pupa ['pupa] *f* (*en el labio*) blister; *fam* (*daño*) **hacerse ~** to hurt o.s.

pupitre [pu'pitre] *m* desk.

puré [pu're] *m* (*concentrado*) purée; (*sopa*) thick soup; **~ de patatas** o **papas** *Amér* mashed potatoes (*pl*).

puritano, na [puri'tano, na] *adj* puritanical.

puro, ra ['puro, ra] *adj* pure; (*cielo*) clear; (*verdad*) simple. ♦ *m* cigar.

puta ['puta] *f vulg* whore.

puzzle ['puθle] *m* jigsaw puzzle.

PVP *m abrev* = **precio de venta al público**.

pza. (*abrev de plaza*) Sq.

Q

☞

que [ke] *pron* - **1.** (*cosa*) that, which; **la moto ~ me gusta** the motorbike (that) I like; **el libro ~ le regalé** the book (that) I gave her; **la playa a la ~ fui** the beach I went to; **el día en ~ me fui** the day I left.
- **2.** (*persona: sujeto*) who, that; **el hombre ~ corre** the man who's running.
- **3.** (*persona: complemento*) whom, that; **el hombre ~ conociste** the

man you met; **la chica a la ~ lo presté** the girl to whom I lent it; **la mujer con la ~ hablas** the woman you are talking to.

◆ *conj* **-1.** *(con oraciones de sujeto)* that; **es importante ~ me escuches** it's important that you listen to me.

-2. *(con oraciones de complemento directo)* that; **me ha confesado ~ me quiere** he has told me that he loves me.

-3. *(comparativo)* than; **es más rápido ~ tú** he's quicker than you; **antes morir ~ vivir la guerra** I'd rather die than live through a war.

-4. *(expresa causa):* **hemos de esperar, ~ todavía no es la hora** we'll have to wait, as it isn't time yet.

-5. *(expresa consecuencia):* **tanto me lo pidió ~ se lo di** she asked for it so persistently that I gave it to her.

-6. *(expresa finalidad):* **ven aquí ~ te vea** come here so (that) I can see you.

-7. *(expresa deseo):* **espero ~ te diviertas** I hope (that) you enjoy yourself; **quiero ~ lo hagas** I want you to do it.

-8. *(expresa disyunción)* or; **quieras ~ no** whether you want to or not.

-9. *(en oraciones exclamativas):* **¡~ te diviertas!** have fun!; **¡~ sí/no!** I said yes/no!

qué [ke] *adj (interrogativo)* what; *(al elegir, concretar)* which. ◆ *pron* what. ◆ *adv* how; **¿qué?** *(¿cómo?)* sorry?, excuse me? *Am;* **¿por ~ (...)?** why (...)?

quebrado [ke'βraðo] *m* fraction.

quebrar [ke'βrar] *vt* to break. ◆ *vi* to go bankrupt.

quedar [ke'ðar] *vi (permanecer)* to remain, to stay; *(haber suficiente,*

faltar) to be left; *(llegar a ser, resultar)* to turn out; *(sentar)* to look; *(estar situado)* to be; *~ en ridículo* to make a fool of o.s.; **~ por hacer** to remain to be done; **~ bien/mal con alguien** to make a good/bad impression on sb; **~ en nada** to come to nothing. ❑**quedar con** *v + prep (citarse)* to arrange to meet. ❑**quedar en** *v + prep (acordar)* to agree to. ❑**quedarse** *vpr (permanecer)* to stay; *(cambio)* to keep; *(comprar)* to take; **se quedó ciego** he went blind. ❑**quedarse con** *v + prep (preferir)* to go for; *fam (burlarse de Br,* to take the mickey out of *Br,* to make fun of.

quehacer [kea'θer] *m* task.

quejarse [ke'xarse] *vpr (protestar)* to complain; *(lamentarse)* to cry out; **~ de/por** to complain about.

quejido [ke'xiðo] *m* cry.

quemadura [kema'ðura] *f* burn.

quemar [ke'mar] *vt* to burn. ◆ *vi* to be (scalding) hot. ❑**quemarse** *vpr (casa, bosque, etc)* to burn down; *(persona)* to get burnt.

☞

querer [ke'rer] *m* love. ◆ *vt* **-1.** *(desear)* to want; **quiere una bicicleta** she wants a bicycle; **queremos que las cosas vayan bien** we want things to go well; **quiero que vengas** I want you to come; **quisiera hacerlo** I would like to do it; **tal vez él vaya acompañarte** maybe he'll go with you.

-2. *(amar)* to love; **quiere mucho a su hijo** he loves his son very much.

-3. *(en preguntas formales):* **¿quiere pasar?** would you like to come in?

-4. *(precio)* to want; **¿cuánto quiere**

por el coche? how much does he want for the car?
- **5.** *(requerir)* to need; **esta habitación quiere más luz** this room needs more light. ◆ *vi* - **1.** *(apetecer)* to want; **ven cuando quieras** come whenever you like o want; **estoy aquí porque quiero** I'm here because I want to be.
- **2.** *(en locuciones):* **queriendo** *(con intención)* on purpose; **sin** ~ *(decir* to mean; **sin** ~ accidentally. ◆ *v impers:* **parece que quiere llover** it looks like rain. ❑ **quererse** *vpr* to love each other.

querido, da [ke'riðo, ða] *adj* dear.

queso ['keso] *m* cheese; ~ **de bola** Gouda; ~ **manchego** hard, mild yellow cheese made in La Mancha; ~ **rallado** grated cheese.

quiebra [ki'eβra] *f (de empresa)* bankruptcy.

quien [kjen] *pron (relativo sujeto)* who; *(relativo complemento)* whom; *(indefinido)* whoever.

quién [kjen] *pron* from who; **¡~ pudiera verlo!** if only I could have seen it!; **¿~ es?** *(en la puerta)* who is it?; *(al teléfono)* who's speaking?

quieto, ta ['kjeto, ta] *adj (inmóvil)* still; *(inactivo)* at a standstill; *(de carácter)* quiet.

quilla ['kiʎa] *f* keel.

quilo ['kilo] *m* = **kilo.**

química ['kimika] *f* chemistry → **químico.**

químico, ca ['kimiko, ka] *m, f* chemist.

quince ['kinθe] *núm* fifteen → **seis;** ~ **días** fortnight *Br,* two weeks *Am.*

quincena [kin'θena] *f* fortnight *Br,* two weeks *Am.*

quiniela [ki'njela] *f (juego)* (football) pools *(pl) Br,* ≃ sweepstakes *(pl).*

quinientos, tas [ki'njentos, tas] *núm* five hundred → **seis.**

quinqué [kin'ke] *m* oil lamp.

quinteto [kin'teto] *m* quintet.

quinto, ta ['kinto, ta] *núm* fifth. ◆ *m (recluta)* recruit → **sexto.**

quiosco [ki'osko] *m (puesto)* kiosk; *(de periódicos)* newspaper stand.

quirófano [ki'rofano] *m* operating theatre *Br,* operating room *Am.*

quisquilla [kis'kiʎa] *f* shrimp.

quisquilloso, sa [kiski'ʎoso, sa] *adj (detallista)* pernickety; *(susceptible)* touchy.

quitamanchas [kita'mantʃas] *m inv* stain remover.

quitar [ki'tar] *vt (robar)* to take; *(separar, retirar, suprimir)* to remove; *(ropa, zapatos)* to take off; ~**le algo a alguien** to take sthg away from sb. ❑ **quitarse** *vpr (apartarse)* to get out of the way; ~**se la ropa** to take off one's clothes.

quizá(s) [ki'θa(s)] *adv* perhaps.

R

rábano ['raβano] *m* radish.

rabia ['raβja] *f (ira)* rage; *(enfermedad)* rabies.

rabieta [ra'βjeta] *f* tantrum.

rabioso, sa [ra'βjoso, sa] *adj (enfermo)* rabid; *(violento)* furious.

rabo ['raβo] *m* tail.

racha ['ratʃa] *f (de viento, aire)* gust; *fam (época)* spell; **buena/mala** ~ good/bad patch.

racial [ra'θjal] *adj* racial.

racimo [ra'θimo] *m* bunch.

ración [ra'θjon] *f* portion; *(en un bar)* large portion of a particular dish, served as a snack.

racismo [ra'θismo] *m* racism.

racista [ra'θista] *mf* racist.

radar [ra'ðar] *m* radar.

radiación [raðja'θjon] *f* radiation.

radiador [raðja'ðor] *m* radiator.

radiante [ra'ðjante] *adj* radiant.

radiar [ra'ðjar] *vt (irradiar)* to radiate; *(en la radio)* to broadcast; *(en medicina)* to give X-ray treatment to.

radical [raði'kal] *adj* radical.

radio ['raðjo] *f* radio. ◆ *m* radius; *(de una rueda)* spoke.

radioaficionado, da [,raðjo afiθjo'naðo, ða] *m, f* radio ham.

radiocasete [,raðjoka'sete] *m o f* radio cassette (player).

radiodespertador [,raðjo desperta'ðor] *m* clock radio (with alarm).

radiodifusión [,raðjoðifu'sjon] *f* broadcasting.

radiodifusora [,raðjoðifu'sora] *f* *Amér* radiostation.

radiografía [raðjoɣra'fia] *f (fotografía)* X-ray.

radiólogo, ga [ra'ðjolovo, ɣa] *m, f* radiologist.

radionovela [,raðjono'βela] *f* radio soap opera.

radiorreloj [,raðjore'lox] *m* clock radio.

radioyente [raðjo'jente] *mf* listener.

ráfaga ['rafaɣa] *f (de viento, aire)* gust; *(de luz)* flash; *(de disparos)* burst.

rafia ['rafja] *f* raffia.

rafting ['raftin] *m* white-water rafting.

raíl [ra'il] *m* rail.

raíz [ra'iθ] *(pl* **-ces** [θes]*) f* root; **a ~ de** as a result of.

raja ['raxa] *f (grieta)* crack; *(porción)* slice.

rajatabla [raxa'taβla] ◆ **a rajatabla** *adv* to the letter.

rallador [raʎa'ðor] *m* grater.

rallar [ra'ʎar] *vt* to grate.

rally ['rali] *(pl* **rallys** ['ralis]*) m* rally.

rama ['rama] *f* branch.

rambla ['rambla] *f* avenue.

ramo ['ramo] *m (de flores)* bunch; *(de actividad)* branch.

rampa ['rampa] *f (pendiente)* steep incline; *(para ayudar al acceso)* ramp.

rana ['rana] *f* frog.

ranchera [ran'tʃera] *f* *Méx* popular Mexican song and dance.

rancho ['rantʃo] *m (granja)* ranch; *(comida)* mess.

rancio, cia ['ranθjo, θja] *adj (vino)* mellow; *(pasado)* rancid.

rango ['rango] *m (categoría social)* standing; *(en una jerarquía)* rank.

ranura [ra'nura] *f (surco)* groove; *(para monedas)* slot.

rape ['rape] *m* monkfish; **~ a la plancha** grilled monkfish.

rápidamente [,rapiða'mente] *adv* quickly.

rapidez [rapi'ðeθ] *f* speed.

rápido, da ['rapiðo, ða] *adj (veloz)* fast; *(que dura poco)* quick. ◆ *adv* quickly. ◆ *m (tren)* express train. ▢ **rápidos** *mpl* rapids.

raptar [rap'tar] *vt* to abduct.

raqueta [ra'keta] *f (de tenis)* racquet; *(para la nieve)* snowshoe.

raramente [,rara'mente] *adv* rarely.

raro, ra ['raro, ra] *adj (poco frecuente)* unusual; *(extraño)* strange; *(escaso)* rare; *(extravagante)* odd.

rascacielos [raska'θjelos] *m inv* skyscraper.

rascador [raska'ðor] *m* scraper.

rascar [ras'kar] *vt (con las uñas)* to scratch; *(limpiar)* to scrub; *(pintura)* to scrape (off).

rasgar [raz'var] *vt* to tear.

rasgo ['razγo] *m (de rostro)* feature; *(característica)* characteristic; *(trazo)* stroke.

raso, sa ['raso, sa] *adj (superficie)* flat; *(cucharada, etc)* level. ◆ *m* satin; **al ~** in the open (air).

rastrillo [ras'triλo] *m* rake; *Méx (para barbear)* razor.

rastro ['rastro] *m (huella)* trace; *(mercadillo)* flea market.

RASTRO

A "rastro" is a street market where antiques, second-hand and new goods are sold. The most famous "rastro" is the one in Madrid, although they are to be found in many Spanish cities.

rata ['rata] *f* rat.

ratero, ra [ra'tero, ra] *m, f* petty thief.

rato ['rato] *m* while; **a ~s** from time to time; **pasar un buen ~** to have a good time; **pasar un mal ~** to have a hard time of it; **~s libres** spare time *(sg)*.

ratón [ra'ton] *m* mouse.

rattán [ra'tan] *m Amér* wicker.

raya ['raja] *f (línea)* line; *(estampado)* stripe; *(del pelo)* parting; *(de pantalón)* crease; *(arañazo)* scratch; *(pez)* ray; **a** **o de ~s** stripy.

rayo ['rajo] *m* ray; *(de tormenta)* bolt of lightning; **~s** lightning *(sg)*; **~s-X** X-rays.

raza ['raθa] *f (de personas)* race; *(de animales)* breed; **de ~** pedigree.

razón [ra'θon] *f* reason; **dar la ~ a alguien** to say that sb is right; **entrar en ~** to see reason; **se vende piso: ~ portería** 'flat for sale: enquire at caretaker's office'; **tener ~** to be right.

razonable [raθo'naβle] *adj* reasonable.

razonamiento [raθona'mjento] *m* reasoning.

razonar [raθo'nar] *vt* to reason out. ◆ *vi* to reason.

reacción [reak'θjon] *f* reaction.

reaccionar [reakθjo'nar] *vi (responder)* to react; *(a tratamiento)* to respond.

reactor [reak'tor] *m (avión)* jet (plane); *(motor)* jet engine.

real [re'al] *adj (verdadero)* real; *(de rey)* royal.

realeza [rea'leθa] *f* royalty.

realidad [reali'ðað] *f (existencia)* reality; *(verdad)* truth; **en ~** in fact.

realismo [rea'lizmo] *m* realism.

realización [realiθa'θjon] *f (de tarea, trabajo)* carrying-out; *(de proyecto, plan)* implementation; *(de deseo, sueño)* fulfilment; *(de película)* production.

realizar [reali'θar] *vt (tarea, trabajo)* to carry out; *(proyecto, plan)* to implement; *(deseo, sueño)* to fulfil; *(película)* to produce.

realmente [re,al'mente] *adv (en verdad)* actually; *(muy)* really.

realquilado, da [realki'laðo, ða] *m, f* sub-tenant.

realquilar [realki'lar] *vt* to sublet.

reanimación [reanima'θjon] *f (de fuerzas, energía)* recovery; *(de enfermo)* revival; *(del ánimo)* cheering-up.

rebaja [re'βaxa] *f (de precio)* dis-

count; *(de altura, nivel, etc)* reduction.
❏ **rebajas** *fpl* sales.

rebajado, da [reβaˈxaðo, ða] *adj* reduced.

rebajar [reβaˈxar] *vt (precio)* to reduce; *(altura, nivel, etc)* to lower; *(humillar)* to humiliate.

rebanada [reβaˈnaða] *f* slice.

rebanar [reβaˈnar] *vt* to slice.

rebaño [reˈβaɲo] *m (de ovejas)* flock.

rebelarse [reβeˈlarse] *vpr* to rebel.

rebelde [reˈβelde] *adj* rebellious; *(niño, pelo)* unruly; *(enfermedad)* persistent. ◆ *mf* rebel.

rebeldía [reβelˈdia] *f (cualidad)* rebelliousness; *(acción)* rebellion.

rebelión [reβeˈljon] *f* rebellion.

rebozado, da [reβoˈθaðo, ða] *adj* coated in batter or fried breadcrumbs.

rebozo [reˈβoθo] *m Amér* shawl.

recado [reˈkaðo] *m (mensaje)* message.

recaer [rekaˈer] *vi (en enfermedad)* to have a relapse; *(en vicio, error, etc)* to relapse.

recalcar [rekalˈkar] *vt* to stress.

recalentar [rekalenˈtar] *vt (volver a calentar)* to warm up; *(calentar demasiado)* to overheat. ❏ **recalentarse** *vpr* to overheat.

recámara [reˈkamara] *f CAm, Col & Méx* bedroom.

recamarera [rekamaˈrera] *f Amér* maid.

recambio [reˈkambjo] *m (pieza)* spare (part); *(de pluma)* refill.

recargar [rekarˈɣar] *vt (mechero, recipiente)* to refill; *(batería)* to recharge; *(arma)* to reload; *(cargar demasiado)* to overload; *(impuesto)* to increase.

recato [reˈkato] *m (pudor)* modesty; *(prudencia)* caution.

recepción [reθepˈθjon] *f* reception.

recepcionista [reθepθjoˈnista] *mf* receptionist.

receptor [reθepˈtor] *m* receiver.

recesión [reθeˈsjon] *f* recession.

receta [reˈθeta] *f (de guiso)* recipe; ~ **(médica)** prescription.

recetar [reθeˈtar] *vt* to prescribe.

rechazar [retʃaˈθar] *vt* to reject; *(físicamente)* to push away; *(denegar)* to turn down.

rechazo [reˈtʃaθo] *m* rejection.

recibidor [reθiβiˈðor] *m* entrance hall.

recibimiento [reθiβiˈmjento] *m* reception.

recibir [reθiˈβir] *vt* to receive; *(dar la bienvenida a)* to welcome; *(ir a buscar)* to meet. ❏ **recibirse** *vpr Amér* to graduate.

recibo [reˈθiβo] *m* receipt.

reciclado, da [reθiˈklaðo, ða] *adj* recycled.

reciclaje [reθiˈklaxe] *m (de papel, plástico, etc)* recycling.

reciclar [reθiˈklar] *vt* to recycle. ❏ **reciclarse** *vpr (persona)* to retrain.

recién [reˈθjen] *adv* recently; ~ **hecho** fresh; ~ **nacido** newborn baby; '~ **pintado**' 'wet paint'.

reciente [reˈθjente] *adj* recent.

recientemente [reˌθjenteˈmente] *adv* recently.

recinto [reˈθinto] *m* area.

recipiente [reθiˈpjente] *m* container.

recital [reθiˈtal] *m (de música pop)* concert; *(de música clásica)* recital.

recitar [reθiˈtar] *vt* to recite.

reclamación [reklamaˈθjon] *f (queja)* complaint; *(petición)* claim; '**reclamaciones y quejas**' 'complaints'.

reclamar [rekla'mar] *vt* to demand.

recluir [reklu'ir] *vt* to shut away.

reclusión [reklu'sjon] *f (encarcelamiento)* imprisonment; *(voluntaria)* seclusion.

recobrar [reko'βrar] *vt* to recover. ❏ **recobrarse de** *v + prep* to recover from.

recogedor [rekoxe'ðor] *m* dustpan.

recoger [reko'xer] *vt (coger)* to pick up; *(reunir)* to collect; *(fruta)* to pick; *(ir a buscar)* to meet; *(mesa)* to clear; *(acoger)* to take in. ❏ **recogerse** *vpr (retirarse)* to withdraw; *(acostarse)* to retire.

recogida [reko'xiða] *f (de objetos, basura, etc)* collection; *(de frutos)* harvest.

recolección [rekolek'θjon] *f (de frutos)* harvesting.

recomendar [rekomen'dar] *vt* to recommend.

recompensa [rekom'pensa] *f* reward.

recompensar [rekompen'sar] *vt* to reward.

reconocer [rekono'θer] *vt* to recognize; *(examinar)* to examine; *(terreno)* to survey.

reconocimiento [rekonoθi'mjento] *m* recognition; *(agradecimiento)* gratitude; *(en medicina)* examination.

reconquista [rekon'kista] *f Esp:* **la R ~** the Reconquest *(of Spain).*

récord [rekor] *m* record.

recordar [rekor'ðar] *vt* to remember; **~ a alguien a** to remind sb of.

recorrer [reko'rer] *vt (país, etc)* to travel across; *(distancia)* to cover.

recorrido [reko'riðo] *m (trayecto)* route; *(viaje)* journey; **tren de largo ~** intercity train.

recortar [rekor'tar] *vt (pelo)* to trim; *(papel)* to cut out; *(tela, gastos, precio)* to cut.

recostarse [rekos'tarse] *vpr* to lie down.

recreo [re'kreo] *m (diversión)* recreation; *(de escolares)* break.

recta ['rekta] *f* straight line.

rectangular [rektangu'lar] *adj* rectangular.

rectángulo [rek'tangulo] *m* rectangle.

rectitud [rekti'tuð] *f* rectitude.

recto, ta ['rekto, ta] *adj (camino, línea, etc)* straight; *(severo, honesto)* upright; **todo ~** straight on.

rector, ra [rek'tor, ra] *m, f* vice chancellor *(Br),* president *(Am).*

recuerdo [re'kwerðo] *m (del pasado)* memory; *(de viaje)* souvenir. ❏ **recuerdos** *mpl (saludos)* regards; **dar ~ s a** to give one's regards to.

recuperación [rekupera'θjon] *f* recovery.

recuperar [rekupe'rar] *vt* to recover; *(tiempo)* to make up. ❏ **recuperarse** *(volver en sí)* to come to. ❏ **recuperarse de** *v + prep* to recover from.

recurrir [reku'rir] *vi (en juicio)* to appeal; **~ a** *(pedir ayuda)* to turn to.

recurso [re'kurso] *m (medio)* resort; *(reclamación)* appeal. ❏ **recursos** *mpl* resources; **~ s humanos** human resources.

red [reð] *f (malla, en deporte)* net; *(de pelo)* hairnet; *(de carreteras, conductos, etc)* network; *(de tiendas, empresas, etc)* chain.

redacción [reðak'θjon] *f (de texto, periódico)* editing; *(en escuela)* essay; *(estilo)* wording; *(conjunto de personas)* editorial team; *(oficina)* editorial office.

redactar [reðak'tar] vt to write.

redactor, ra [reðak'tor, ra] m, f (escritor) writer; (editor) editor.

redil [re'ðil] m (sheep) pen.

redondeado, da [reðonde-'aðo, ða] adj (material, forma, etc) rounded; (precio, cantidad, etc) rounded up/down.

redondel [reðon'del] m ring.

redondo, da [re'ðondo, ða] adj round; (perfecto) excellent.

reducción [reðuk'θjon] f reduction.

reducir [reðu'θir] vt to reduce; (someter) to suppress. ❏ **reducirse a** v + prep to be reduced to.

reembolsar [reembol'sar] vt (gastos) to reimburse; (dinero) to refund; (deuda) to repay.

reembolso [reem'bolso] m (de gastos) reimbursement; (de dinero) refund; (de deuda) repayment; **contra ~** cash on delivery.

reemplazar [reempla'θar] vt to replace.

reestrenar [reestre'nar] vt to re-release.

reestreno [rees'treno] m re-release.

reestructurar [reestruktu'rar] vt to restructure.

refacción [refak'θjon] f Chile & Méx spare (part); Andes & RP (en edificio) renovation.

refaccionar [refakθjo'nar] vt Amér to repair.

referencia [refe'renθja] f reference. ❏ **referencias** fpl references.

referéndum [refe'rendum] m referendum.

referente [refe'rente] adj: **~ a** concerning.

referirse [refe'rirse] ✦ **referirse a** v + prep to refer to.

refinería [refine'ria] f refinery.

reflector [reflek'tor] m spotlight.

reflejar [refle'xar] vt to reflect. ❏ **reflejarse** vpr to be reflected.

reflejo, ja [re'flexo, xa] adj (movimiento) reflex. ✦ m (luz) gleam; (imagen) reflection. ❏ **reflejos** mpl (reacción rápida) reflexes; **hacerse ~s** to have highlights put in.

reflexión [reflek'sjon] f reflection.

reflexionar [refleksjo'nar] vi to reflect.

reforma [re'forma] f reform; (de casa, edificio) alteration; (de idea, plan) change.

reformar [refor'mar] vt to reform; (casa, edificio) to do up; (idea, plan) to alter. ❏ **reformarse** vpr to mend one's ways.

reforzar [refor'θar] vt to reinforce.

refrán [re'fran] m proverb.

refrescante [refres'kante] adj refreshing.

refresco [re'fresko] m soft drink; '**~s**' refreshments'.

refrigerado, da [refrixe'raðo, ða] adj (con aire acondicionado) air-conditioned.

refrigerador [refrixera'ðor] m frigerator.

refugiado, da [refu'xjaðo, ða] m, f refugee.

refugiar [refu'xjar] vt to give refuge to. ❏ **refugiarse** vpr to take refuge.

refugio [re'fuxjo] m refuge; (de guerra) shelter.

regadera [reɣa'ðera] f (para plantas) watering can; Col, Méx & Ven (ducha) shower head.

regalar [reɣa'lar] vt (obsequiar) to give (as a present); (dar gratis) to give away.

regaliz [reɣa'liθ] m liquorice.

regalo [re'ɣalo] *m* present, gift.

regañar [reɣa'ɲar] *vt* to tell off. ◆ *vi (pelearse)* to argue.

regar [re'ɣar] *vt (campos, plantas)* to water; *(suj: río)* to flow through.

regata [re'ɣata] *f (competición)* regatta; *(canal)* irrigation channel.

regatear [reɣate'ar] *vt (precio)* to haggle over; *(esfuerzos, ayuda)* to be sparing in; *(en deporte)* to beat, to dribble past.

regazo [re'ɣaθo] *m* lap.

regenerar [rexene'rar] *vt (cosa)* to regenerate; *(persona)* to reform. □ **regenerarse** *vpr (persona)* to mend one's ways.

régimen ['reximen] *m (de alimentación)* diet; *(conjunto de normas)* rules *(pl)*; *(forma de gobierno)* regime.

región [re'xjon] *f* region.

regional [rexjo'nal] *adj* regional.

regir [re'xir] *vt (dirigir)* to run. ◆ *vi* to apply.

registrar [rexis'trar] *vt (inspeccionar)* to search; *(cachear)* to frisk; *(en lista, registro, cinta)* to record. □ **registrarse** *vpr (ocurrir)* to occur.

registro [re'xistro] *m (libro)* register; *(inspección)* search; *(de luz, agua, etc)* cupboard containing electricity/water meter; **~ (civil)** registry office.

regla ['reɣla] *f (norma)* rule; *(instrumento)* ruler; *(menstruación)* period; **en ~** in order; **por ~ general** as a rule.

reglamento [reɣla'mento] *m* regulations *(pl)*.

regresar [reɣre'sar] *vt Amér* to return. ◆ *vi* to return. □ **regresarse** *vpr Amér* to return.

regreso [re'ɣreso] *m* return.

regular [reɣu'lar] *adj (uniforme)* regular; *(de tamaño)* medium; *(vuelo)* scheduled; *(habitual)* normal; *(mediocre)* average. ◆ *vt (reglamentar)* to regulate; *(mecanismo)* to adjust. ◆ *adv* all right.

regularidad [reɣulari'ðað] *f* regularity.

rehabilitar [reaßili'tar] *vt (local, casa, etc)* to restore; *(persona)* to rehabilitate.

rehén [re'en] *mf* hostage.

rehogar [reo'ɣar] *vt* to fry over a low heat.

reina ['reina] *f* queen.

reinado [rei'naðo] *m* reign.

reinar [rei'nar] *vi* to reign.

reincorporar [reinkorpo'rar] *vt* to reincorporate. □ **reincorporarse a** *v* + *prep* to go back to.

reino ['reino] *m* kingdom.

Reino Unido ['reino'niðo] *m*: **el ~** the United Kingdom.

reintegro [rein'teɣro] *m (pago)* reimbursement; *(en banco)* withdrawal; *(en lotería)* return of one's stake.

reír [re'ir] *vi* to laugh. ◆ *vt* to laugh at. □ **reírse de** *v* + *prep* to laugh at.

reivindicación [reißindika'θjon] *f* claim.

reivindicar [reißindi'kar] *vt* to claim.

reja ['rexa] *f (de puerta, ventana)* bars *(pl)*.

rejilla [re'xiʎa] *f (para abertura)* grid; *(de ventana)* grille; *(de horno)* gridiron *Br*, *(de silla)* wickerwork; *(para equipaje)* luggage rack.

rejuvenecer [rexuße'ne'θer] *vt & vi* to rejuvenate.

relación [rela'θjon] *f (nexo)* relation; *(trato)* relationship; *(enumeración)* list; *(narración)* account. □ **relaciones** *fpl (amistades)* relations; *(influencias)* connections; *(noviazgo)* relationship *(sg)*.

relacionar [relaθjo'nar] *vt* to

relate. □ **relacionarse** vpr (ideas, objetos, etc) to be related; (personas) to mix.

relajación [relaxa'θjon] f relaxation.

relajar [rela'xar] vt to relax. □ **relajarse** vpr to relax.

relajo [re'laxo] m Amér commotion.

relámpago [re'lampaɣo] m flash of lightning.

relampaguear [relampaɣe'ar] v impers: **relampagueó** lightning flashed.

relatar [rela'tar] vt to relate.

relativo, va [rela'tiβo, βa] adj (no absoluto) relative; (escaso) limited; ~ a concerning.

relato [re'lato] m (cuento) tale; (exposición) account.

relevo [re'leβo] m (sustitución) relief; (en deporte) relay. □ **relevos** mpl relay (race) (sg).

relieve [re'ljeβe] m relief; (importancia) importance.

religión [reli'xjon] f religion.

religioso, sa [reli'xjoso, sa] adj religious. ◆ m, f (monje) monk (f nun).

relinchar [relin'tʃar] vi to neigh.

relincho [re'lintʃo] m neigh.

rellano [re'ʎano] m landing.

rellenar [reʎe'nar] vt (volver a llenar) to refill; (pastel) to fill; (pollo, almohada) to stuff; (formulario, documento) to fill in.

relleno, na [re'ʎeno, na] adj stuffed. ◆ m stuffing; (de pastel) filling.

reloj [re'lox] m clock; ~ **de arena** hourglass; ~ **(de pared)** clock; ~ **(de pulsera)** watch.

relojería [reloxe'ria] f (tienda) watchmaker's (shop); (taller) watchmaker's workshop.

relojero, ra [relo'xero, ra] m, f watchmaker.

remar [re'mar] vi to row.

remediar [reme'ðjar] vt (solucionar) to put right; (problema) to solve.

remedio [re'meðjo] m (solución) solution; (auxilio) help; (para enfermedad) remedy; **no queda más** ~ there's nothing for it; **no tener más** ~ to have no choice; **sin** ~ hopeless.

remendar [remen'dar] vt to mend.

remite [re'mite] m sender's name and address Br, return address Am.

remitente [remi'tente] mf sender.

remitir [remi'tir] vt to send. □ **remitir a** v + prep to refer to.

remo ['remo] m oar.

remojar [remo'xar] vt to soak.

remojo [re'moxo] m: **poner en** ~ to leave to soak.

remolacha [remo'latʃa] f beetroot (Br), beet (Am).

remolcador [remolka'ðor] m (embarcación) tugboat; (camión) breakdown lorry Br, tow truck Am.

remolcar [remol'kar] vt to tow.

remolque [re'molke] m (vehículo) trailer.

remontar [remon'tar] vt to go up. □ **remontarse a** v + prep to date back to.

remordimiento [remorði'mjento] m remorse.

remoto, ta [re'moto, ta] adj remote.

remover [remo'βer] vt (café, sopa) to stir; (tierra) to dig up; (recuerdos) to rake up.

remuneración [remunera'θjon] f remuneration.

renacuajo [rena'kɣaxo] m tadpole.

rencor [ren'kor] m resentment.

rendición [rendi'θjon] f surrender.

rendimiento [rendi'mjento] *m (de motor)* performance.

rendir [ren'dir] *vt (homenaje)* to pay. ◆ *vi (máquina)* to perform well; *(persona)* to be productive; *(negocio, dinero)* to be profitable. ▫ **rendirse** *vpr (someterse)* to surrender.

RENFE ['renfe] *f* Spanish state railway network.

reno ['reno] *m* reindeer.

renovación [renoβa'θjon] *f (de decoración, local)* renovation; *(de contrato, carné)* renewal.

renovar [reno'βar] *vt (decoración, local)* to renovate; *(contrato, carné, relación)* to renew; *(vestuario)* to clear out.

renta ['renta] *f (ingresos)* income; *(beneficio)* return; *(alquiler)* rent.

rentable [ren'taβle] *adj* profitable.

rentar [ren'tar] *vt Amér* to rent.

renunciar [renun'θjar] ◆ **renunciar a** *v + prep (prescindir de)* to give up; *(declinar)* to refuse to.

reñir [re'ɲir] *vt (reprender)* to tell off. ◆ *vi (pelearse)* to argue; *(romper relaciones)* to fall out.

reo, a ['reo, a] *m, f* offender.

reparación [repara'θjon] *f (de coche, avería, etc)* repair; *(de daño, ofensa, etc)* reparation.

reparar [repa'rar] *vt (coche, máquina, etc)* to repair; *(equivocación, ofensa, etc)* to make amends for. ▫ **reparar en** *v + prep* to notice.

repartidor, ra [reparti'ðor, ra] *m, f* deliveryman *(f* deliverywoman).

repartir [repar'tir] *vt (dividir)* to share out; *(distribuir)* to deliver.

reparto [re'parto] *m (de bienes, dinero, etc)* division; *(de mercancías, periódicos, etc)* delivery; *(de actores)* cast.

repasar [repa'sar] *vt (volver a pasar por)* to go over; *(trabajo, lección)* to revise *Br*, to re-

view *Am*; *(releer)* to go over; *(remendar)* to mend; **~ apuntes** to go over one's notes.

repaso [re'paso] *m* revision *Br*, review *Am*; *fam (reprensión)* telling off.

repelente [repe'lente] *adj* repulsive.

repente [re'pente] ◆ **de repente** *adv* suddenly.

repentino, na [repen'tino, na] *adj* sudden.

repercusión [reperku'sjon] *f* repercussion.

repertorio [reper'torjo] *m (catálogo)* list; *(de actor, compañía, etc)* repertoire.

repetición [repeti'θjon] *f* repetition.

repetidor, ra [repeti'ðor, ra] *m, f (alumno)* student repeating a year. ◆ *m (en telecomunicaciones)* repeater.

repetir [repe'tir] *vt* to repeat; *(comida, bebida)* to have seconds of. ◆ *vi (sabor)* to repeat.

réplica ['replika] *f (copia)* replica; *(contestación)* reply.

replicar [repli'kar] *vt & vi* to answer back.

repoblación [repoβla'θjon] *f (de ciudad, región, etc)* repopulation; *(de bosque, campos)* replanting; **~ forestal** reafforestation.

repoblar [repo'βlar] *vt (ciudad, región, etc)* to repopulate; *(bosque, campos, etc)* to replant.

reponer [repo'ner] *vt* to replace; *(película, obra de teatro)* to re-run. ▫ **reponerse** *vpr* to recover.

reportaje [repor'taxe] *m (en radio, televisión)* report; *(en periódico, revista)* article.

reportar [repor'tar] *vt Méx* to report. ▫ **reportarse** *vpr Andes, CAm & Méx* to report.

reporte [re'porte] *m Méx* report.

reportero, ra [repor'tero, ra] *m, f* reporter.

reposo [re'poso] *m (descanso)* rest; *(quietud)* calm.

repostería [reposte'ria] *f* confectionery.

representación [representa'θjon] *f* representation; *(de obra de teatro)* performance; **en ~ de** on behalf of.

representante [represen'tante] *mf (de actor, cantante, etc)* agent; *(vendedor)* representative.

representar [represen'tar] *vt* to represent; *(obra de teatro)* to perform; *(edad)* to look; *(importar)* to mean.

representativo, va [representa'tiβo, βa] *adj* representative.

represión [repre'sjon] *f* suppression.

reprimir [repri'mir] *vt* to suppress. □ **reprimirse** *vpr* to restrain o.s.

reprochar [repro'tʃar] *vt* to reproach.

reproche [re'protʃe] *m* reproach.

reproducción [reproðuk'θjon] *f* reproduction.

reproducir [reproðu'θir] *vt* to reproduce. □ **reproducirse** *vpr (seres vivos)* to reproduce.

reptar [rep'tar] *vi* to crawl.

reptil [rep'til] *m* reptile.

república [re'puβlika] *f* republic.

República Dominicana [re'puβlikaðomini'kana] *f*: **la ~** the Dominican Republic.

republicano, na [repuβli'kano, na] *adj* republican.

repuesto, ta [re'pwesto, ta] *pp* → **reponer**. ◆ *m (recambio)* spare (part); **de ~** spare.

repugnar [repuɣ'nar] *vt*: **me repugna ese olor** I find that smell disgusting.

reputación [reputa'θjon] *f* reputation.

requerir [reke'rir] *vt* to require.

requesón [reke'son] *m* cottage cheese.

res [res] *f (animal)* cow; *Col, Méx & Ven (carne)* beef.

resaca [re'saka] *f (de borrachera)* hangover; *(del mar)* undertow.

resbalada [rezβa'laða] *f Amér* slip.

resbaladizo, za [rezβala'ðiθo, θa] *adj* slippery.

resbalar [rezβa'lar] *vi (deslizarse)* to slide; *(caer)* to slip; *(equivocarse)* to slip up. □ **resbalarse** *vpr* to slip.

rescatar [reska'tar] *vt* to rescue.

rescate [res'kate] *m (dinero)* ransom.

resentimiento [resenti'mjento] *m* resentment.

reserva¹ [re'serβa] *f (de habitación, asiento, comedimiento)* reservation; *(cautela)* discretion; *(de alimentos, provisiones, etc)* reserves (pl); *(de animales)* reserve; **de ~** *(de repuesto)* in reserve; **~ natural** nature reserve.

reserva² [re'serβa] *m (vino)* vintage.

reservación [reserβa'θjon] *f Amér* reservation.

reservado, da [reser'βaðo, ða] *adj* reserved. ◆ *m (compartimento)* reserved compartment.

reservar [reser'βar] *vt (asiento, billete, etc)* to reserve, to book; *(callar)* to reserve; *(noticia, datos)* to keep to o.s.; *(guardar)* to set aside.

resfriado, da [res'frjaðo, ða] *m* cold. ◆ *adj*: **estar ~** to have a cold.

resfriarse [res'frjarse] *vpr* to catch a cold.

resfrío [res'frio] *m Amér* cold.

resguardar [rezɣwar'ðar] *vt* to protect. □ **resguardarse de** *v* + *prep* to shelter from.

resguardo [res'ɣwarðo] m (documento) receipt.

residencia [resi'ðenθja] f (estancia) stay; (casa) residence; (de estudiantes) hall of residence Br, dormitory Am; (de ancianos) old people's home Br, retirement home Am; (pensión) guest house.

residuo [re'siðwo] m residue. ❑ **residuos** mpl waste (sg).

resignarse [resiɣ'narse] vpr to resign o.s.

resistencia [resis'tenθja] f resistance; (para correr, etc) stamina; (de pared, material, etc) strength.

resistente [resis'tente] adj tough.

resistir [resis'tir] vt (carga, dolor, enfermedad) to withstand; (tentación, deseo, ataque) to resist; (tolerar) to stand. ◆ vi (durar) to keep going. ❑ **resistirse a** v + prep to refuse to.

resolver [resol'βer] vt (duda, crisis) to resolve; (problema, caso) to solve.

resonancia [reso'nanθja] f (de sonido) resonance; (repercusión) repercussions (pl).

resorte [re'sorte] m spring.

respaldo [res'paldo] m (de asiento) back.

respectivo, va [respek'tiβo, βa] adj respective.

respecto [res'pekto] m: al ~ in this respect; (con) ~ a regarding.

respetable [respe'taβle] adj (digno de respeto) respectable; (considerable) considerable.

respetar [respe'tar] vt to respect.

respeto [res'peto] m respect.

respiración [respira'θjon] f breathing.

respirar [respi'rar] vi to breathe; (sentir alivio) to breathe again.

respiro [res'piro] m (alivio) relief; darse un ~ to have a breather.

resplandor [resplan'dor] m brightness.

responder [respon'der] vt to answer. ◆ vi (contestar) to answer; (replicar) to answer back; (reaccionar) to respond; ~ **a algo** to reply to sthg. ❑ **responder a** v + prep (deberse a) to be due to. ❑ **responder de** v + prep to answer for. ❑ **responder por** v + prep to answer for.

responsabilidad [responsaβili'ðað] f responsibility.

responsable [respon'saβle] adj responsible; ~ **de** responsible for.

respuesta [res'pwesta] f (contestación) answer; (reacción) response.

resta [res'ta] f subtraction.

restar [res'tar] vt (quitar) to take away; (en matemáticas) to subtract. ◆ vi (durar) to keep going.

restauración [restawra'θjon] f restoration; (en hostelería) restaurant trade.

restaurado, da [restaw'raðo, ða] adj restored.

restaurador, ra [restawra'ðor, ra] m, f (de pintura, escultura, etc) restorer; (en hostelería) restaurateur.

restaurante [restaw'rante] m restaurant.

restaurar [restaw'rar] vt to restore.

resto ['resto] m rest. ❑ **restos** mpl remains; (de comida) leftovers.

restricción [restrik'θjon] f restriction.

resucitar [resuθi'tar] vt (persona) to bring back to life. ◆ vi to rise from the dead.

resuelto, ta [re'swelto, ta] pp → resolver. ◆ adj (decidido) determined.

resultado [resul'taðo] m result.

resultar [resul'tar] vi (acabar en) to turn out to be; (tener éxito) to work out; (ser) to be. ❑ **resultar de** v + prep to result from.

resumen [re'sumen] *m* summary.

resumir [resu'mir] *vt* to summarize.

retablo [re'taβlo] *m* altarpiece.

retal [re'tal] *m* remnant.

retención [reten'θjon] *f (de tráfico)* hold-up; *(de líquidos, grasas)* retention.

retirado, da [reti'raðo, ða] *adj (apartado)* secluded; *(jubilado)* retired.

retirar [reti'rar] *vt (quitar, recoger)* to remove; *(carné, permiso, dinero, afirmación)* to withdraw. ❑ **retirarse** *vpr* to retire.

reto [ˈreto] *m* challenge.

retocar [reto'kar] *vt (fotografía, pintura)* to touch up; *(trabajo)* to put the finishing touches to.

retorcer [retor'θer] *vt (brazo)* to twist; *(ropa)* to wring. ❑ **retorcerse de** *v + prep (dolor)* to writhe in; *(risa)* to double up with.

retórica [re'torika] *f* rhetoric.

retornable [retor'naβle] *adj* returnable.

retorno [re'torno] *m* return.

retransmisión [retranzmi'sjon] *f* broadcast; *(repetición)* repeat.

retransmitir [retranzmi'tir] *vt* to broadcast; *(repetir)* to repeat.

retrasado, da [retra'saðo, ða] *adj (tren)* delayed; *(trabajo)* behind; *(reloj)* slow; *(no actual)* old-fashioned; *(persona)* backward *Br,* mentally handicapped.

retrasar [retra'sar] *vt (aplazar)* to postpone; *(reloj)* to put back; *(hacer más lento)* to hold up. ❑ **retrasarse** *vpr (tardar)* to be late; *(reloj)* to lose time; *(en el pago)* to be behind.

retraso [re'traso] *m (de persona, tren, etc)* delay; *(de reloj)* slowness; *(de pueblo, cultura, etc)* backwardness;

(deuda) arrears *(pl);* **con ~** late; **llevar ~** to be late.

retratar [retra'tar] *vt (fotografiar)* to photograph; *(dibujar, pintar)* to do a portrait of; *(describir)* to portray.

retrato [re'trato] *m (fotografía)* photograph; *(dibujo, pintura)* portrait; *(descripción)* portrayal; *(imagen parecida)* spitting image.

retrete [re'trete] *m* toilet *Br,* bathroom *Am.*

retroceder [retroθe'ðer] *vi* to go back.

retrospectivo, va [retrospek'tiβo, βa] *adj* retrospective.

retrovisor [retroβi'sor] *m* rearview mirror.

reuma ['reuma] *m o f* rheumatism.

reunión [reu'njon] *f* meeting.

reunir [reu'nir] *vt (personas)* to bring together; *(dinero, fondos)* to raise; *(condiciones)* to meet. ❑ **reunirse** *vpr* to meet.

revancha [re'βantʃa] *f* revenge.

revelado [reβe'laðo] *m* developing; **~ en color/blanco y negro** colour/black and white developing.

revelar [reβe'lar] *vt (secreto, noticia, etc)* to reveal; *(fotografía)* to develop.

reventar [reβen'tar] *vt (romper)* to burst; *fam (fastidiar)* to bug. ◆ *vi (cansar)* to get exhausted; *(bomba)* to explode; *(globo)* to burst; *fam (morir)* to kick the bucket. ❑ **reventarse** *vpr (romperse)* to burst.

reventón [reβen'ton] *m* puncture.

reverencia [reβe'renθja] *f (inclinación)* bow.

reversa [re'βersa] *f Col & Méx* reverse.

reversible [reβer'siβle] *adj* reversible.

reverso [re'βerso] *m* back.

revés [re'βes] *m (de moneda, folio, etc)*

back; (con raqueta) backhand; (con mano) slap; (desgracia) setback; (con ~ en orden contrario) the other way round; (en mal orden) the wrong way round; (al contrario) on the contrary.

revestimiento [reβesti'mjento] m (de pintura) coat.

revisar [reβi'sar] vt (corregir) to revise; (coche) to service; Amér (paciente) to examine.

revisión [reβi'sjon] f (repaso) revision; (arreglo) amendment.

revisor, ra [reβi'sor, ra] m, f (en tren) ticket inspector; (en autobús) conductor.

revista [re'βista] f (publicación) magazine; (espectáculo) revue; (inspección) inspection. Whoever gets the slice with magazine rack.

revistero [reβis'tero] m magazine rack.

revolcarse [reβol'karse] vpr to roll about.

revoltillo [reβol'tiʎo] m (confusión) jumble; (guiso) scrambled egg, usually with fried prawns and mushrooms.

revoltoso, sa [reβol'toso, sa] adj (travieso) naughty; (rebelde) rebellious.

revolución [reβolu'θjon] f revolution.

revolucionario, ria [reβoluθjo'narjo, rja] m, f revolutionary.

revolver [reβol'βer] vt (mezclar) to mix; (desordenar) to mess up; (líquido) to stir.

revólver [re'βolβer] m revolver.

revuelta [re'βwelta] f (rebelión) revolt.

revuelto, ta [re'βwelto, ta] pp → revolver. ◆ adj (desordenado) in a mess; (turbio) cloudy; (tiempo) unsettled; (mar) choppy; (alborotado) turbulent. ◆ m scrambled eggs (pl).

rey [rei] m king; **los Reyes Magos** the Three Wise Men. ❑ **Reyes** m (fiesta) Epiphany, 6 January when Spanish children traditionally receive presents.

REYES

On 6 January, "el día de Reyes" or "Reyes", Spanish children traditionally receive presents supposedly brought by the Three Wise Men. The "roscón de reyes" is a large ring-shaped bun eaten for dessert on this day, in which a bean and a small figure are hidden. Whoever gets the slice with the bean has to pay for the "roscón", whilst the person who finds the figure is proclaimed "king of the party".

rezar [re'θar] vt to say. ◆ vi to pray.

rezo ['reθo] m prayer.

ría ['ria] f estuary.

riachuelo [ria't∫welo] m stream.

riada [ri'aða] f flood.

ribera [ri'βera] f (del río) bank; (del mar) shore; (terreno) plain (irrigated by a river).

ribete [ri'βete] m (de vestido, zapato, etc) edging; (añadido) touch.

rico, ca ['riko, ka] adj rich; (sabroso) tasty; fam (simpático) cute; Amér (día, casa, danza, etc) wonderful.

ridículo, la [ri'ðikulo, la] adj (cómico) ridiculous; (escaso) laughable. ◆ m: **hacer el ~** to make a fool of o.s.

riego ['rjeyo] m irrigation.

rienda ['rjenda] f rein.

riesgo ['rjesyo] m risk; **a todo ~** comprehensive.

riesgoso, sa ['rjesyoso, sa] adj Amér risky.

rifar [ri'far] vt to raffle.

rigidez [rixi'ðeθ] *f (de palo, tela, etc)* stiffness; *(de carácter)* inflexibility; *(de norma, regla)* strictness.

rígido, da ['rixiðo, ða] *adj (palo, tela, etc)* stiff; *(palo, persona)* inflexible; *(norma, regla)* strict.

rigor [ri'vor] *m (exactitud)* accuracy; *(severidad)* strictness; *(del clima)* harshness; **de ~** essential.

riguroso, sa [rivu'roso, sa] *adj (exacto)* rigorous; *(severo, normas, leyes, etc)* strict; *(frío, calor)* harsh.

rima ['rima] *f* rhyme.

rímel ['rimel] *m* mascara.

rincón [rin'kon] *m* corner.

ring [rin] *m (boxing)* ring.

rinoceronte [rinoθe'ronte] *m* rhinoceros.

riña ['riɲa] *f (discusión)* fight; *(pelea)* fight.

riñón [ri'ɲon] *m* kidney. ▫ **riñones** *mpl (parte del cuerpo)* lower back *(sg)*; **riñones al jerez** *kidneys cooked in sherry.*

riñonera [riɲo'nera] *f* bum bag *(Br)*, fanny pack *(Am)*.

río ['rio] *m* river.

rioja [ri'oxa] *m* Rioja (wine).

RIP *(abrev de requiescat in pace)* RIP.

riqueza [ri'keθa] *f (fortuna)* wealth; *(cualidad)* richness.

risa ['risa] *f* laughter.

ristra ['ristra] *f* string.

ritmo ['riðmo] *m (armonía)* rhythm; *(velocidad)* pace.

rito ['rito] *m* rite; *(costumbre)* ritual.

ritual [ritu'al] *m* ritual.

rival [ri'βal] *mf* rival.

rizado, da [ri'θaðo, ða] *adj (pelo)* curly; *(papel, tela, etc)* curly; *(mar)* choppy.

rizo [ri'θo] *m (de pelo)* curl.

RNE *(abrev de Radio Nacional de España)* Spanish national radio station.

robar [ro'βar] *vt (quitar)* to steal; *(casa)* to burgle; *(cobrar demasiado)* to rob; *(en naipes, dominó)* to draw.

roble ['roβle] *m* oak.

robo ['roβo] *m* robbery; *(en casa)* burglary; *(estafa)*: **es un ~** it's daylight robbery.

robot [ro'βot] *m (de cocina)* food processor.

robusto, ta [ro'βusto, ta] *adj* robust.

roca ['roka] *f* rock.

roce ['roθe] *m (acción)* rub; *(más suave)* brush; *(desgaste)* wear; *(trato)* close contact; *(desavenencia)* brush.

rociar [roθi'ar] *vt (mojar)* to sprinkle; *(con spray)* to spray.

rocío [ro'θio] *m* dew.

rock [rok] *m* rock.

rocoso, sa [ro'koso, sa] *adj* rocky.

rodaballo [roða'βaʎo] *m* turbot.

rodaje [ro'ðaxe] *m (de película)* shooting; *(de vehículo)* running-in.

rodar [ro'ðar] *vt (película)* to shoot; *(vehículo)* to run in. ◆ *vi (bola, pelota, etc)* to roll; *(coche)* to go, to travel; *(caerse)* to tumble; *(deambular)* to wander.

rodeado, da [roðe'aðo, ða] *adj* surrounded; **~ de** surrounded by.

rodear [roðe'ar] *vt (cercar)* to surround; *(dar la vuelta a)* to go around. ▫ **rodearse de** *v + prep* to surround o.s. with.

rodeo [ro'ðeo] *m (camino largo, vuelta)* detour; *(al hablar)* evasiveness; *(espectáculo)* rodeo; **dar ~s** to beat about the bush.

rodilla [ro'ðiʎa] *f* knee; **de ~s** on one's knees.

rodillo [ro'ðiʎo] *m (de máquina)* roller; *(utensilio)* rolling pin.

roedor [roe'ðor] *m* rodent.

roer [ro'er] *vt (raspar, atormentar)* to

gnaw (at); *(desgastar)* to eat away (at).

rogar [ro'γar] *vt (pedir)* to ask.

rojo, ja [roxo, xa] *adj, m, f* red.

rollito [ro'λito] *m*: ~ **de primavera** spring roll.

rollo [roλo] *m (cilindro)* roll; *(película fotográfica)* (roll of) film; *fam (persona, cosa, actividad aburrida)* bore.

romana [ro'mana] *f*: **a la ~** fried in batter.

románico, ca [ro'maniko, ka] *adj (lengua)* Romance; *(en arte)* Romanesque. ◆ *m* Romanesque.

romano, na [ro'mano, na] *adj* Roman.

romántico, ca [ro'mantiko, ka] *adj (sentimental)* romantic; *(en arte)* Romantic.

rombo [rombo] *m (símbolo)* lozenge *Br*, rhombus.

romería [rome'ria] *f (fiesta)* popular religious festival combining a religious ceremony and dancing, eating etc.

romero, ra [ro'mero] *m (planta)* rosemary.

romo, ma [romo, ma] *adj* blunt.

rompecabezas [,rompeka'βeθas] *m inv (juego)* jigsaw; *(asunto complicado)* puzzle.

rompeolas [rompe'olas] *m inv* breakwater.

romper [rom'per] *vt* to break; *(rasgar)* to tear; *(hacer añicos)* to smash; *(terminar)* to break off. ◆ *vi (ola, flor)* to break; ~ **con alguien** to split up with sb; ~ **a hacer algo** to suddenly start doing sthg. ❑ **romperse** *vpr (partirse)* to break; *(desgarrarse)* to tear.

ron [ron] *m* rum.

roncar [ron'kar] *vi (persona)* to snore; *(mar, viento, etc)* to roar.

ronco, ca [ronko, ka] *adj* hoarse.

ronda ['ronda] *f (paseo)* nighttime walk on which young men serenade young women outside their windows; *(grupo de personas)* group of serenaders; *(vigilancia)* rounds *(pl)*; *fam (de copas, tapas)* round; *(de circunvalación)* ring road.

ronquido [ron'kiðo] *m (de persona)* snore; *(de motor, máquina)* roar.

ronronear [ronrone'ar] *vi* to purr.

ronroneo [ronro'neo] *m* purr.

ropa ['ropa] *f* clothes *(pl)*; ~ **interior** underwear.

roquefort [roke'for] *m* Roquefort; **al ~** in a Roquefort sauce.

rosa ['rosa] *f* rose. ◆ *adj inv* pink; ~ **de los vientos** compass.

rosado, da [ro'saðo, ða] *adj* pink. ◆ *m* rosé.

rosal [ro'sal] *m* rose(bush).

rosario [ro'sarjo] *m* rosary.

roscón [ros'kon] *m*: ~ **(de reyes)** ring-shaped cake eaten on 6 January.

rosetón [rose'ton] *m* rose window.

rosquilla [ros'kiλa] *f* round biscuit with a hole in the middle.

rostro ['rostro] *m* face.

roto, ta ['roto, ta] *pp* → **romper**. ◆ *adj* broken. ◆ *m (en ropa)* tear.

rotonda [ro'tonda] *f (plaza)* circus; *(edificio)* rotunda; *(en carretera)* roundabout *Br*, traffic circle *Am*.

rotulador [rotula'ðor] *m (para dibujar)* felt-tip pen; *(para marcar)* marker (pen).

rótulo ['rotulo] *m (letrero)* sign.

rotundo, da [ro'tundo, ða] *adj (respuesta, negación)* emphatic.

rozar [ro'θar] *vt (frotar)* to rub; *(tocar)* to brush (against). ❑ **rozarse** *vpr (desgastarse)* to get worn.

r.p.m. *(abrev de revoluciones por minuto)* rpm.

Rte. *abrev* = **remitente**.

RTVE f Spanish state broadcasting company.

rubí [ru'βi] m ruby.

rubio, bia [ˈruβjo, βja] adj blond (f blonde).

rubor [ruˈβor] m (enrojecimiento) blush; (vergüenza) embarrassment.

ruborizarse [ruβoriˈθarse] vpr to blush.

rudimentario, ria [rudimenˈtarjo, rja] adj rudimentary.

rudo, da [ˈrudo, ða] adj rough; (descortés) rude.

rueda [ˈrweda] f (pieza) wheel; (corro) circle; ~ **de prensa** press conference; ~ **de repuesto** o **de recambio** spare wheel.

ruedo [ˈrwedo] m (plaza de toros) bullring; (de falda) hem.

ruego [ˈrweɣo] m request.

rugby [ˈruɣβi] m rugby.

rugido [ruˈxiðo] m roar.

rugir [ruˈxir] vi to roar.

rugoso, sa [ruˈɣoso, sa] adj (áspero) rough; (con arrugas) wrinkled.

ruido [ˈrwiðo] m (sonido desagradable) noise; (sonido cualquiera) sound.

ruidoso, sa [rwiˈðoso, sa] adj noisy.

ruin [rwin] adj mean.

ruina [ˈrwina] f ruin. ❑ **ruinas** fpl ruins.

ruinoso, sa [rwiˈnoso, sa] adj (edificio, puente) tumbledown; (negocio, trabajo) ruinous.

ruiseñor [rwiseˈnor] m nightingale.

ruleta [ruˈleta] f roulette.

rulo [ˈrulo] m (rizo) curl; (objeto) curler.

ruma [ˈruma] f Andes pile.

rumba [ˈrumba] f rumba.

rumbo [ˈrumbo] m (dirección) direction; (con) ~ **a** heading for.

rumiante [ruˈmjante] m ruminant.

rumiar [ruˈmjar] vt (masticar) to chew; fig (reflexionar) to chew over.

rumor [ruˈmor] m (chisme) rumour; (ruido) murmur.

ruptura [rupˈtura] f (de relaciones) breaking-off.

rural [ruˈral] adj rural.

Rusia [ˈrusja] f Russia.

ruso, sa [ˈruso, sa] adj & m, f Russian.

ruta [ˈruta] f route.

rutina [ruˈtina] f routine.

S

s [se'ɣundo] (abrev de segundo) sec.

S (abrev de San) St.

SA f (abrev de sociedad anónima) ≃ Ltd Br, ≃ PLC Br, ≃ Inc Am.

sábado [ˈsaβaðo] m Saturday; **cada** ~, **todos los** ~**s** every Saturday; **caer en** ~ to be on a Saturday; **el próximo** ~, **el** ~ **que viene** next Saturday; **viene el** ~ she's coming on Saturday; **el** ~ **pasado** last Saturday; **el** ~ **por la mañana/tarde/noche** (on) Saturday morning/afternoon/night; **este** ~ (pasado) last Saturday; (próximo) this (coming) Saturday; **los** ~**s** (on) Saturdays.

sábana [ˈsaβana] f sheet.

sabañón [saβaˈnon] m chilblain.

saber [saˈβer] ◆ m knowledge. ◆ vt (conocer) to know; (entender de) to know about; (poder hablar) to speak. ◆ vi: ~ **hacer algo** (ser capaz de) to know how to do sthg, to be able to do sthg; Amér (soler) to usually do sthg; ¿**sabes algo de él?** have you heard from him?; ~ **bien/mal** (*alimento, bebida*) to taste good/bad; ~ **mal a alguien** to upset sb. ▫ **saber a** v + *prep* to taste of.

sabiduría [saβiˈðuria] *f* (*prudencia*) wisdom; (*conocimiento profundo*) knowledge.

sabio, bia [ˈsaβjo, βja] *adj* (*prudente*) wise; (*con conocimientos profundos*) knowledgeable. ◆ *m*, *f* (*persona prudente*) wise person; (*persona sabia*) knowledgeable person.

sable [ˈsaβle] *m* sabre.

sabor [saˈβor] *m* (*gusto*) taste; (*variedad*) flavour; **tener ~ a** to taste of; **helado con ~ a fresa** strawberry ice cream.

saborear [saβoreˈar] *vt* to savour.

sabotaje [saβoˈtaxe] *m* sabotage.

sabroso, sa [saˈβroso, sa] *adj* (*comida*) tasty; (*comentario, noticia, etc*) juicy; (*cantidad*) substantial.

sacacorchos [sakaˈkortʃos] *m inv* corkscrew.

sacapuntas [sakaˈpuntas] *m inv* pencil sharpener.

sacar [saˈkar] *vt* (*extraer, llevar*) to take out; (*quitar*) to remove; (*información*) to get out; (*conseguir, obtener*) to get; (*en el juego*) to play; (*ensanchar*) to let out; (*pecho, barriga*) to stick out; (*crear, fabricar*) to bring out; (*copia*) to make. ◆ *vi* (*en tenis*) to serve; ~ **billetes** o **entradas** to get tickets; ~ **brillo** to polish; ~ **dinero** to withdraw money; ~ **fotos** to take photos; ~ **la lengua** to stick one's tongue out; ~ **nota** to get a good mark; ~ **buenas/malas notas** to get good/bad marks; **sacan tres puntos a sus rivales** they are three points ahead of their rivals. ▫ **sacarse** (*carné, permiso*) to get.

sacarina [sakaˈrina] *f* saccharine.

sacerdote [saθerˈðote] *m* priest.

saciar [saˈθjar] *vt* to satisfy; (*sed*) to quench.

saco [ˈsako] *m* sack, bag; *Amér* (*chaqueta*) jacket; ~ **de dormir** sleeping bag.

sacramento [sakraˈmento] *m* sacrament.

sacrificar [sakrifiˈkar] *vt* (*renunciar a*) to sacrifice; (*animal*) to slaughter. ▫ **sacrificarse** *vpr*: ~ **se por** to make sacrifices for.

sacrificio [sakriˈfiθjo] *m* sacrifice; (*de animal*) slaughter.

sacristán [sakrisˈtan] *m* sacristan.

sacudida [sakuˈðiða] *f* movimiento brusco) shake; (*de vehículo*) bump; (*terremoto*) tremor.

sacudir [sakuˈðir] *vt* (*agitar*) to shake; (*alfombra, sábana*) to shake out; (*pegar*) to hit. ◆ *vi* *CSur & Méx* (*limpiar*) to dust.

safari [saˈfari] *m* (*expedición*) safari; (*parque zoológico*) safari park.

sagrado, da [saˈɣraðo, ða] *adj* sacred.

sal [sal] *f* (*condimento*) salt; *fig* (*gracia*) wit. ◆ **sales** *fpl* (*de baño*) bath salts; (*para reanimar*) smelling salts.

sala [ˈsala] *f* (*habitación*) room; (*de hospital*) ward; (*de cine*) screen, cinema *Br*; (*tribunal*) court; ~ **de espera** waiting room; ~ **de estar** living room; ~ **de fiestas** discothèque; ~ **de juegos** casino; ~ **climatizada** 'air-conditioning'.

salado, da [saˈlaðo, ða] *adj* (*comida*) salty; (*persona*) funny; *Amér* (*pessoa*) jinxed.

salamandra [salaˈmandra] *f* salamander.

salar [saˈlar] *vt* (*comida*) to add salt to; (*para conservar*) to salt.

salario [saˈlarjo] *m* salary.

salchicha [sal'tʃitʃa] f sausage.

salchichón [saltʃi'tʃon] m ≃ salami.

saldo ['saldo] m (de cuenta) balance; (pago) payment; (mercancía) remnant.

salero [sa'lero] m (recipiente) salt cellar Br, salt shaker Am; (gracia) wit.

salida [sa'liða] f (de lugar) exit; (de tren, avión, autobús) departure; (excursión) outing; (ocurrencia) witty remark; (recurso) way out; (de productos) market; ~ **de incendios** fire escape; ~ **de socorro** o **emergencia** emergency exit; ~s **internacionales** international departures.

salina [sa'lina] f saltmine. ❑ **salinas** fpl saltworks (sg).

👉

salir [sa'lir] vi - 1. (ir fuera) to go out; (venir fuera) to come out; **salió a la calle** he went outside; **¡sal aquí fuera!** come out here!; ~ **de** to leave.
- 2. (marcharse) to leave; **el tren sale muy temprano** the train leaves very early; **él ha salido para Madrid** he's left for Madrid.
- 3. (ser novios) to go out; **Juan y María salen juntos** Juan and María are going out together.
- 4. (separarse) to come off; **el anillo no le sale del dedo** the ring won't come off her finger.
- 5. (resultar) to turn out; **ha salido muy estudioso** he has turned out to be very studious; **ha salido perjudicado** he came off badly; ~ **bien/mal** to turn out well/badly; **mi número ha salido premiado** my ticket won a prize.
- 6. (resolverse): **este problema no me sale** I can't solve this problem.
- 7. (proceder): ~ **de** to come from.
- 8. (surgir) to come out; **ha salido el**

sol (al amanecer) the sun has come up.
- 9. (aparecer) to appear; (publicación, producto, disco) to come out; **¡qué bien sales en la foto!** you look great in the photo!; **en la película sale tu actor favorito** your favourite actor is in the film.
- 10. (costar): **la comida le ha salido por 100 euros** the meal worked out at 100 euros.
- 11. (sobresalir) to stick out.
- 12. (librarse): ~ **de** to get out of.
- 13. (en locuciones): ~ **adelante** (persona, empresa) to get by; (proyecto, propuesta) to be successful. ❑ **salirse** vpr (marchar) to leave; (rebosar) to overflow; ~ **se de** (desviarse) to come off; fig (escaparse) to deviate from.

saliva [sa'liβa] f saliva.

salmón [sal'mon] m salmon; ~ **ahumado** smoked salmon; ~ **fresco** fresh salmon.

salmonete [salmo'nete] m red mullet.

salón [sa'lon] m (de casa) living room; (de edificio público) hall; (muebles) lounge suite; (exposición) show; ~ **del automóvil** motor show; ~ **recreativo** arcade.

salpicadera [salpika'ðera] f Méx mudguard (Br), fender (Am).

salpicadero [salpika'ðero] m dashboard.

salpicar [salpi'kar] vt to splash. ◆ vi (aceite) to spit.

salpicón [salpi'kon] m: ~ **de marisco** cold dish of chopped seafood with pepper, salt, oil, vinegar and onion.

salpimentar [salpimen'tar] vt to season.

salsa ['salsa] f (para comidas) sauce; (de carne) gravy; (gracia) spice; (baile, música) salsa; ~ **bechamel** bechamel

sauce; ~ **rosa** thousand island dressing; ~ **de tomate** tomato sauce; ~ **verde** sauce made with mayonnaise, parsley, capers and gherkins.

salsera [sal'sera] f gravy boat.

saltamontes [salta'montes] m inv grasshopper.

saltar [sal'tar] vi to jump; (tapón, corcho) to pop out; (levantarse) to jump (up); (botón, pintura) to come off; (enfadarse) to flare up; (explotar) to explode. ◆ vt to jump over. ❑ **saltarse** vpr (omitir) to miss out; (cola, semáforo) to jump; (ley, norma) to break.

salteado, da [salte'aðo, ða] adj (discontinuo) unevenly spaced; (frito) sautéed.

saltear [salte'ar] vt (freír) to sauté.

salto ['salto] m jump; (en el tiempo, omisión) gap; ~ **de agua** waterfall; ~ **de cama** negligée.

salud [sa'luð] f health; **tener buena/mala** ~ to be healthy/in poor health; **estar bien/mal de** ~ to be healthy/in poor health; **¡(a su)** ~! cheers!

saludable [salu'ðaβle] adj healthy; (provechoso) beneficial.

saludar [salu'ðar] vt to greet. ❑ **saludarse** vpr to greet each other.

saludo [sa'luðo] m greeting. ❑ **saludos** mpl (recuerdos) regards.

salvación [salβa'θjon] f (rescate) rescue.

Salvador [salβa'ðor] m: **El** ~ El Salvador.

salvadoreño, ña [salβaðo'reɲo, ɲa] adj & m, f Salvadoran.

salvaje [sal'βaxe] adj wild.

salvamanteles [ˌsalβaman'teles] m inv tablemat.

salvar [sal'βar] vt to save; (rescatar) to rescue; (obstáculo) to go round;

(peligro, dificultad) to get through; (distancia, espacio) to cover. ❑ **salvarse** vpr (escapar) to escape.

salvaslip [salβaz'lip] m Esp panty liner.

salvavidas [salβa'βiðas] m inv (chaleco) lifejacket Br, lifesaver Am; (cinturón) lifebelt.

salvo ['salβo] adv except; **a** ~ safe.

san [san] adj → **santo**.

sanatorio [sana'torjo] m sanatorium.

sanción [san'θjon] f (castigo) punishment.

sancochar [sanko'tʃar] vt Amér to stew.

sandalia [san'dalja] f sandal.

sandía [san'dia] f watermelon.

sandwich ['sanwitʃ] m toasted Br o grilled Am sandwich.

sanfermines [sanfer'mines] mpl Pamplona bullfighting festival.

ⓘ SANFERMINES

The capital of Navarre, Pamplona is famous for the "sanfermines", named after the patron saint of the city, "san Fermín", whose feast day is celebrated there on July 7th. It is a week-long festival starting on 7 July, in which bulls are let loose in the streets of the town and young men demonstrate their bravery by running in front of them on the way to the bullring, sometimes receiving fatal wounds in the process. Bullfights are held every afternoon of the festival.

---

sangrar [san'grar] vi to bleed. ◆ vt (línea, párrafo) to indent.

sangre ['sangre] f (líquido) blood; ~ **azul** blue blood; ~ **fría** sangfroid.

sangría [san'gria] f sangría.

sangriento, ta [san'grjento, ta] adj bloody.

sanidad [sani'ðað] f (servicios de salud) (public) health; (higiene) health.

sanitario, ria [sani'tarjo, rja] adj health (antes de s.). ◆ m, f health worker. □ **sanitarios** mpl (instalaciones) bathroom fittings.

sano, na ['sano, na] adj healthy; (sin daño) undamaged; ~ **y salvo** safe and sound.

santiguarse [santi'ɣwarse] vpr to make the sign of the Cross.

santo, ta ['santo, ta] adj holy. ◆ m, f saint. ◆ m (festividad) saint's day.

SANTO

Catholic tradition dictates that each day of the year is dedicated to a particular saint or saints. In some parts of Spain, people with the same name as the saint whose feast day it is celebrate in much the same way as if it were their birthday. People wish them a "feliz santo", they are sent greetings cards and receive presents. In return, they buy drinks for their friends and family or have a meal or a party.

santuario [santu'arjo] m shrine.

sapo ['sapo] m toad.

saque ['sake] m (en tenis) serve.

saquear [sake'ar] vt (tienda) to loot; (vaciar) to ransack.

sarampión [sarampi'on] m measles.

sarcástico, ca [sar'kastiko, ka] adj sarcastic.

sardana [sar'ðana] f popular Catalan dance.

sardina [sar'ðina] f sardine; ~**s a la plancha** grilled sardines.

sargento [sar'xento] m sergeant.

sarna ['sarna] f (de persona) scabies.

sarpullido [sarpu'ʎiðo] m rash.

sarro ['saro] m (de dientes) tartar.

sartén [sar'ten] f frying pan.

sastre ['sastre] m tailor.

sastrería [sastre'ria] f (tienda) tailor's (shop); (oficio) tailoring.

satélite [sa'telite] m satellite.

sátira ['satira] f satire.

satírico, ca [sa'tiriko, ka] adj satirical.

satisfacción [satisfak'θjon] f satisfaction.

satisfacer [satisfa'θer] vt to satisfy; (deuda) to pay; (duda, pregunta, dificultad) to deal with.

satisfecho, cha [satis'fetʃo, tʃa] pp > **satisfacer**. ◆ adj satisfied.

sauce ['sauθe] m willow.

sauna ['sauna] f sauna.

saxofón [sakso'fon] m saxophone.

sazonar [saθo'nar] vt to season.

se [se] pron - **1.** (reflexivo) himself (f herself), themselves (pl); (usted mismo) yourself, yourselves (pl); (de cosas, animales) itself, themselves (pl); ~ **lavó los dientes** she cleaned her teeth.
- **2.** (recíproco) each other; ~ **aman** they love each other; ~ **escriben** they write to each other.
- **3.** (en construcción pasiva): ~ **ha suspendido la reunión** the meeting has been cancelled.
- **4.** (en construcción impersonal): ' ~ **habla inglés** 'English spoken'; ' ~ **pro-**

híbe fumar' 'no smoking'; ~ **dice que** it is said that.

- 5. (complemento indirecto) to him (f to her), to them (pl); (usted, ustedes) to you; (de cosa, animal) to it, to them (pl); **yo** ~ **lo daré** I'll give it to him/her etc.

---

secador [seka'ðor] m dryer; ~ **de cabello** hairdryer.

secadora [seka'ðora] f (tumble) dryer.

secano [se'kano] m dry land.

secar [se'kar] vt to dry; (sudor, sangre) to wipe away. □ **secarse** vpr (río, fuente) to dry up; (planta, árbol) to wilt; (ropa, cabello, superficie) to dry.

sección [sek'θjon] f section; (de empresa, oficina) department.

seco, ca ['seko, ka] adj dry; (planta, árbol) wilted; (delgado) lean; (ruido, sonido) dull; (brusco) brusque; **a secas** just, simply; **parar en** ~ to stop dead.

secretaría [sekreta'ria] f (oficina) secretary's office; (cargo) post of secretary.

secretariado [sekreta'rjaðo] m (estudios) secretarial studies (pl); (profesión) secretaries (pl).

secretario, ria [sekre'tarjo, rja] m, f secretary; (de ministerio) Secretary of State.

secreto, ta [se'kreto, ta] adj secret. ◆ m secret; (reserva) secrecy; **en** ~ in secret.

secta ['sekta] f sect.

sector [sek'tor] m sector.

secuestrador, ra [sekyestra-'ðor, ra] m, f (de persona) kidnapper; (de avión) hijacker.

secuestrar [sekyes'trar] vt (persona) to kidnap; (avión) to hijack.

secuestro [se'kyestro] m (de perso-

na) kidnap; (de avión) hijacking.

secundario, ria [sekun'darjo, rja] adj secondary.

sed [seð] v → **ser**. ◆ f thirst; **correr me da** ~ running makes me thirsty; **tener** ~ to be thirsty.

seda ['seða] f silk.

sedante [se'ðante] m sedative.

sede [seðe] f headquarters (pl).

sedentario, ria [seðen'tarjo, rja] adj sedentary.

sediento, ta [se'ðjento, ta] adj thirsty.

seductor, ra [seðuk'tor, ra] adj (persona) seductive; (oferta, libro) enticing.

segador, ra [seɣa'ðor, ra] m, f harvester.

segadora [seɣa'ðora] f (máquina) reaping machine → **segador**.

segar [se'ɣar] vt (hierba) to mow; (cereal) to reap.

segmento [seɣ'mento] m segment.

seguido, da [se'ɣiðo, ða] adj (continuo) (consecutivo) consecutive. ◆ adv (en línea recta) straight on; Amér (muitas vezes) often; **dos años** ~ **s** two years in a row; **en seguida** straight away; **todo** ~ straight ahead.

seguir [se'ɣir] vt to follow; (perseguir) to chase; (reanudar) to continue. ◆ vi to continue; ~ **a algo** to follow sthg; **sigue nevando** it's still snowing.

según [se'ɣun] prep (de acuerdo con) according to; (dependiendo de) depending on. ◆ adv as; ~ **yo/tú** in my/your opinion.

segunda [se'ɣunda] f (velocidad) second (gear) → **segundo**.

segundero [seɣun'dero] m second hand.

segundo, da [se'ɣundo, da] núm

second. ◆ *m, f* second-in-command.
◆ *m (de tiempo)* second → **sexto.**

seguramente [seɣura'mente] *adv*
(con seguridad) for certain; *(probablemente)* probably.

seguridad [seɣuri'ðað] *f (falta de
peligro)* safety; *(protección)* security;
(certidumbre) certainty; *(confianza)*
confidence. ❑ **Seguridad Social** *f*
Social Security.

seguro, ra [se'ɣuro, ra] *adj (sin riesgo, de peligro)* safe; *(confiado)* sure; *(infalible)* reliable; *(amigo)* firm. ◆ *adv*
definitely. ◆ *m (de coche, vida, casa)* insurance; *(de arma, máquina)* safety
catch; *CAm & Méx (para roupa)* safety
pin; **estar** ~ *(sin temor)* to be safe;
(cierto, confiado) to be sure; ~ **Social**
Amér Social Security.

seis ['sejs] *adj inv* six. ◆ *m* six; *(día)*
sixth. ◆ *mpl* six; *(temperatura)* six (degrees). ◆ *fpl:* **(son) las** ~ (it's) six
o'clock; **el** ~ **de agosto** the sixth of
August; **doscientos** ~ two hundred
and six; **treinta y** ~ thirty-six; **de**
~ **en** ~ in sixes; **los** ~ the six of
them; **empataron a** ~ they drew
six-all; ~ **a cero** six-nil.

seiscientos [sejs'θjentos] *núm* six
hundred → **seis.**

selección [selek'θjon] *f* selection;
(equipo nacional) team.

seleccionador, ra [selekθjona-
'ðor, ra] *m, f* ~ manager.

seleccionar [selekθjo'nar] *vt* to
pick.

selectividad [selektiβi'ðað] *f (examen)* Spanish university entrance examination.

selecto, ta [se'lekto, ta] *adj* fine,
choice.

selector [selek'tor] *m* selector.

self-service [self'serβis] *m* self-service restaurant.

sello ['seʎo] *m (de correos)* stamp;
(tampón) rubber stamp.

selva ['selβa] *f (jungla)* jungle; *(bosque)* forest.

semáforo [se'maforo] *m* traffic
lights (pl).

semana [se'mana] *f* week. ❑ **Semana Santa** *f* Easter; *RELIG* Holy
Week.

---

① SEMANA SANTA

Throughout Easter week in
Spain and Latin America, a number of processions take place.
People line the streets and pray,
as statues of Christ and the
saints are carried past. The most
famous processions are those of
Seville in Spain, Taxco in Mexico
and Lima in Peru.

---

semanal [sema'nal] *adj (que sucede
cada semana)* weekly; *(que dura una
semana)* week-long.

semanario [sema'narjo] *m* weekly
(newspaper).

sembrar [sem'brar] *vt* to sow.

semejante [seme'xante] *adj (parecido)* similar; *(tal, uso despectivo)* such.
◆ *m* fellow human being; ~ **cosa**
such a thing.

semejanza [seme'xanθa] *f* similarity.

semen ['semen] *m* semen.

semestre [se'mestre] *m* six-month
period.

semidesnatado, da [semiðez-
na'taðo, ða] *adj* semi-skimmed *Br*,
low-fat *Am*.

semidirecto, ta [semiði'rekto, ta]
adj: **tren** ~ through train, a section of which
becomes a stopping train.

semifinal [semifi'nal] *f* semifinal.

semilla [se'miʎa] *f* seed.

sémola ['semola] *f* semolina.

Senado [se'naðo] *m*: **el ~** the Senate.

senador, ra [sena'ðor, ra] *m, f* senator.

sencillo, lla [sen'θiʎo, ʎa] *adj* simple; (*espontáneo*) unaffected; *Amér* (*monedas*) small change.

sendero [sen'dero] *m* track.

seno ['seno] *m* (*pecho*) breast; (*interior*) heart.

sensación [sensa'θjon] *f* sensation; (*premonición*) feeling.

sensacional [sensaθjo'nal] *adj* sensational.

sensacionalismo [sensaθjona'lizmo] *m* sensationalism.

sensacionalista [sensaθjona'lista] *adj* sensationalist.

sensato, ta [sen'sato, ta] *adj* sensible.

sensibilidad [sensiβili'ðað] *f* (*don*) feel; (*sentimentalismo, de aparato*) sensitivity; (*de los sentidos*) feeling.

sensible [sen'siβle] *adj* sensitive.

sensual [sen'swal] *adj* sensual.

sentado, da [sen'taðo, ða] *adj* (*persona*) sensible; **dar por ~** to take for granted.

sentar [sen'tar] *vt* (*basar*) to base. ◆ *vi*: **~ bien/mal a alguien** (*comida, bebida*) to agree/disagree with sb; (*ropa, zapatos, joyas*) to suit/not to suit sb; (*dicho, hecho, broma*) to go down well/badly with sb. ❑ **sentarse** *vpr* to sit (down).

sentencia [sen'tenθja] *f* (*de juez, tribunal*) sentence; (*frase corta*) saying.

sentenciar [senten'θjar] *vt* to sentence.

sentido [sen'tiðo] *m* sense; (*dirección*) direction; (*conocimiento*) consciousness; **~ común** common sense.

sentimental [sentimen'tal] *adj* sentimental.

sentimiento [senti'mjento] *m* feeling; **le acompaño en el ~** my deepest sympathy.

sentir [sen'tir] *m* feeling. ◆ *vt* to feel; (*lamentar*) to be sorry about, to regret; **lo siento** I'm sorry. ❑ **sentirse** *vpr* to feel; **~se bien/mal** (*de salud*) to feel well/ill; (*de ánimo*) to feel good/bad.

seña ['seɲa] *f* (*gesto*) sign; (*marca*) mark. ❑ **señas** *fpl* (*domicilio*) address (*sg*); **~s personales** description (*sg*).

señal [se'ɲal] *f* sign; (*aviso, orden*) signal; (*fianza*) deposit; (*cicatriz*) mark; (*de teléfono*) tone; **~ de tráfico** road sign.

señalado, da [seɲa'laðo, ða] *adj* (*fecha, día*) special; (*persona*) distinguished.

señalar [seɲa'lar] *vt* (*poner marca, herir*) to mark; (*con la mano, dedo*) to point out; (*lugar, precio, fecha*) to fix; (*nombrar*) to pick; (*ser indicio de*) to indicate.

señor, ra [se'ɲor, ra] *adj* (*gran*) big. ◆ *m* (*hombre*) man; (*antes de nombre*) Mr; (*al dirigir la palabra*) Sir; (*dueño*) owner; (*caballero*) gentleman; **muy ~ mío** Dear Sir.

señora [se'ɲora] *f* (*mujer, dama*) lady; (*antes de nombre*) Mrs; (*al dirigir la palabra*) Madam *Br*, Ma'am *Am*; (*esposa*) wife; (*dueña*) owner; **muy ~ mía** Dear Madam.

señorita [seɲo'rita] *f* (*maestra*) teacher; (*mujer joven*) young woman; (*mujer soltera*) Miss.

señorito [seɲo'rito, ta] *adj despec* lordly. ◆ *m* master.

separación [separa'θjon] *f* separation; (*espacio, distancia*) space.

separado, da [sepa'raðo, ða] *adj*

(persona, matrimonio) separated.

separar [sepa'rar] *vt* to separate; *(silla, etc)* to move away; *(reservar)* to put aside. ❑ **separarse** *vpr (persona)* to leave; *(pareja)* to separate.

sepia ['sepja] *f* cuttlefish; ~ **a la plancha** grilled cuttlefish.

septentrional [septentrjo'nal] *adj* northern.

septiembre [sep'tjembre] *m* = **setiembre**.

séptimo, ma ['septimo, ma] *núm* seventh → **sexto**.

sepulcro [se'pulkro] *m* tomb.

sequía [se'kia] *f* drought.

🖙

ser [ser] *m* being; ~ **humano** human being. ◆ *v aux (forma la voz pasiva)* to be; **el atracador fue visto** the robber was seen. ◆ *v copulativo* - **1.** *(descripción)* to be; **mi abrigo es lila** my coat is lilac; **este señor es alto/gracioso** this man is tall/funny; ~ **como** to be like.
- **2.** *(empleo, dedicación)* to be; **su mujer es abogada** his wife is a lawyer.
- **3.:** ~ **de** *(materia)* to be made of; *(origen)* to be from; *(posesión)* to belong to; *(pertenencia)* to be a member of. ◆ *vi* - **1.** *(suceder, ocurrir)* to be; **la final fue ayer** the final was yesterday.
- **2.** *(haber, existir)* to be.
- **3.** *(valer)* to be; **¿cuánto es? - son doscientos euros** how much is it? - two hundred euros, please.
- **4.** *(día, fecha, hora)* to be; **hoy es martes** it's Tuesday today; **¿qué hora es?** what time is it?; **son las tres (de la tarde)** it's three o'clock (in the afternoon).
- **5.** *(en locuciones):* **a no** ~ **que** unless; **como sea** somehow or other; **o sea I**

mean. ◆ *v impers (expresión de tiempo)* to be; **es de día/de noche** it's daytime/night; **es muy tarde** it's very late. ❑ **ser para** *v + prep (servir para, adecuarse a)* to be for.

serenar [sere'nar] *vt* to calm. ❑ **serenarse** *vpr (persona, ánimo)* to calm down; *(mar)* to become calm; *(tiempo)* to clear up.

serenidad [sereni'ðað] *f* calm.

sereno, na [se'reno, na] *adj* calm; *(tiempo)* fine.

serie ['serje] *f* series; *(en deportes)* heat.

seriedad [serje'ðað] *f* seriousness; *(formalidad)* responsible nature.

serio, ria ['serjo, rja] *adj* serious; *(responsable)* responsible; *(sin adornos)* sober; **en** ~ seriously; **ir en** ~ to be serious; **tomar en** ~ to take seriously.

sermón [ser'mon] *m* sermon.

serpentina [serpen'tina] *f* streamer.

serpiente [ser'pjente] *f* snake.

serrar [se'rar] *vt* to sow.

serrín [se'rin] *m* sawdust.

serrucho [se'rutʃo] *m* handsaw.

servicio [ser'βiθjo] *m* service; *(retrete)* toilet *Br*, bathroom *Am*; **estar de** ~ to be on duty; ~ **militar** military service; ~ **público** public service; ~ **de revelado rápido** = developing in one hour; ~ **urgente** express service; ~**s mínimos** skeleton services *(pl)*. ❑ **servicios** *mpl (baño)* toilets *Br*, restrooms *Am*.

servidumbre [serβi'ðumbre] *f (criados)* servants *(pl)*; *(dependencia)* servitude.

servilleta [serβi'ʎeta] *f* serviette *Br*, napkin *Am*.

servir [ser'βir] *vt (bebida, comida)* to

serve; *(mercancía)* to supply; *(ayudar)* to help. ◆ vi to serve; *(ser útil)* to be useful; **no sirven** *(ropa, zapatos)* they're no good; ~ **de algo** to serve as sthg; **¿en qué le puedo ~?** what can I do for you? ❑ **servirse** *vpr (bebida, comida)* to help o.s. to; **'sírvase usted mismo'** 'please help yourself'. ❑ **servirse de** *v + prep* to make use of.

sesenta [se'senta] *núm* sixty → **seis**.

sesión [se'sjon] *f (reunión)* session; *(de cine)* showing; *(de teatro)* performance; ~ **continua** continuous showing; ~ **golfa** late-night showing; ~ **matinal** matinée; ~ **de noche** evening showing; ~ **de tarde** afternoon matinée.

sesos ['sesos] *mpl* brains.

seta ['seta] *f* mushroom; ~**s al ajillo** garlic mushrooms; ~**s con gambas** *mushrooms filled with prawns and egg.*

setecientos, tas [sete'θjentos, tas] *núm* seven hundred → **seis**.

setenta [se'tenta] *núm* seventy → **seis**.

setiembre [se'tjembre] *m* September; **a principios/mediados/finales de ~** at the beginning/in the middle/at the end of September; **el nueve de ~** the ninth of September; **el pasado/próximo (mes de) ~** last/ next September; **en ~** in September; **este (mes de) ~** this coming September; **para ~** by September.

seto ['seto] *m* hedge.

severidad [seβeri'ðað] *f* severity.

severo, ra [se'βero, ra] *adj* severe; *(estricto)* strict.

Sevilla [se'βiʎa] Seville.

sevillanas [seβi'ʎanas] *fpl (baile)* dance from Andalusia; *(música)* music of the *'sevillanas'.*

sexismo [sek'sizmo] *m* sexism.

sexista [sek'sista] *mf* sexist.

sexo ['sekso] *m* sex; *(órganos sexuales)* genitals *(pl)*.

sexto, ta ['seksto, ta] *adj* sixth. ◆ *m, f*: **el ~, la sexta** *(persona, cosa)* the sixth; *(piso, planta)* the sixth floor; ~ **(de E.G.B.)** *year six of Spanish primary education system*; **llegar el ~** to come sixth; **capítulo ~** chapter six; **el ~ día** the sixth day; **en ~ lugar, en sexta posición** in sixth place; **la sexta parte** a sixth.

sexual [sek'sual] *adj* sexual.

sexualidad [seksuali'ðað] *f* sexuality.

shorts [tʃorts] *mpl* shorts.

show [tʃow] *m* show.

si [si] *conj* if.

sí [si] *(pl* **síes)** ['sies] *adv* yes. ◆ *pron (de personas)* himself *(f* herself*)*, themselves *(pl)*; *(usted)* yourself, yourselves *(pl)*; *(de cosas, animales)* itself, themselves *(pl)*; *(impersonal)* oneself. ◆ *m* consent; **creo que ~** I think so.

sida ['siða] *m* AIDS.

sidecar [siðe'kar] *m* sidecar.

sidra ['siðra] *f* cider.

siega ['sjeɣa] *f (acción)* harvesting; *(temporada)* harvest.

siembra ['sjembra] *f (acción)* sowing; *(temporada)* sowing time.

siempre ['sjempre] *adv* always; *Amér (con toda seguridad)* definitely; **desde ~** always.

sien [sjen] *f* temple.

sierra ['sjera] *f (herramienta)* saw; *(de montañas)* mountain range.

siesta ['sjesta] *f* afternoon nap; **echar una ~** to have an afternoon nap.

siete ['sjete] *núm* seven → **seis**. ◆ *f*: **¡la gran ~!** *Amér fam* Jesus!

sifón [si'fon] *m (botella)* siphon; *(agua con gas)* soda water.

siglas [si'vlas] *fpl* acronym *(sg).*

siglo ['sivlo] *m* century; *fam (periodo muy largo)* ages *(pl).*

significado [sivnifi'kaðo] *m* meaning.

significar [sivnifi'kar] *vt* to mean.

significativo, va [sivnifika'tiβo, - βa] *adj* significant.

signo ['sivno] *m* sign; ~ **de admira-ción** exclamation mark; ~ **de inte-rrogación** question mark.

siguiente [si'vjente] *adj (en el tiem-po, espacio)* next; *(a continuación)* fol-lowing. ◆ *mf*: **el/la** ~ the next one.

sílaba ['silaβa] *f* syllable.

silbar [sil'βar] *vi* to whistle. ◆ *vt (abuchear)* to boo.

silbato [sil'βato] *m* whistle.

silbido [sil'βiðo] *m* whistle.

silenciador [silenθja'ðor] *m* silen-cer.

silencio [si'lenθjo] *m* silence.

silenciosamente [silenθjosa-'mente] *adv* silently.

silencioso, sa [silen'θjoso, sa] *adj* silent, quiet.

silicona [sili'kona] *f* silicone.

silla ['siʎa] *f* chair; ~ **de montar** sad-dle; ~ **de ruedas** wheelchair.

sillín [si'ʎin] *m* saddle.

sillón [si'ʎon] *m* armchair.

silueta [si'lweta] *f* figure; *(contorno)* outline.

silvestre [sil'βestre] *adj* wild.

símbolo ['simbolo] *m* symbol.

simétrico, ca [si'metriko, ka] *adj* symmetrical.

similar [simi'lar] *adj* similar.

similitud [simili'tuð] *f* similarity.

simpatía [simpa'tia] *f (cariño)* af-fection; *(cordialidad)* friendliness.

simpático, ca [sim'patiko, ka] *adj (amable)* nice; *(agradable)* friendly.

simpatizante [simpati'θante] *mf* sympathizer.

simpatizar [simpati'θar] *vi*: ~ **(con)** *(persona)* to get on/along (with); *(cosa)* to sympathize (with).

simple ['simple] *adj* simple; *(sin im-portancia)* mere. ◆ *m (en tenis, ping-pong)* singles *(pl).*

simplicidad [simpliθi'ðað] *f (senci-llez)* simplicity; *(ingenuidad)* simple-ness.

simular [simu'lar] *vt* to feign.

simultáneo, a [simul'taneo, a] *adj* simultaneous.

sin [sin] *prep* without; **está** ~ **hacer** it hasn't been done before; **estamos** ~ **vino** we're out of wine; ~ **embar-go** however.

sinagoga [sina'voxa] *f* synagogue.

sinceridad [sinθeri'ðað] *f* sincer-ity.

sincero, ra [sin'θero, ra] *adj* sin-cere.

sincronizar [sinkroni'θar] *vt* to synchronize.

sindicato [sindi'kato] *m (trade)* union.

sinfonía [sinfo'nia] *f* symphony.

sinfónico, ca [sin'foniko, ka] *adj* symphonic.

singular [singu'lar] *adj (único)* un-ique; *(extraordinario)* strange; *(en gra-mática)* singular. ◆ *m* singular.

siniestro, tra [si'njestro, tra] *adj* sinister. ◆ *m (accidente, desgracia)* dis-aster; *(de coche, avión)* crash.

sinnúmero [sin'numero] *m*: **un** ~ **de** countless.

sino [sino] *conj (para contraponer)* but; *(excepto)* except.

sinónimo [si'nonimo] *m* syno-nym.

síntesis ['sintesis] f (resumen) summary.

sintético, ca [sin'tetiko, ka] adj synthetic.

sintetizador [sinteti'θaðor] m synthesizer.

síntoma ['sintoma] m symptom.

sintonía [sinto'nia] f (música, canción) signature tune; (de televisión, radio) tuning.

sintonizar [sintoni'θar] vt to tune in to.

sinvergüenza [simber'ɣwenθa] mf (descarado) cheeky Br o shameless Am person; (estafador) scoundrel.

siquiera [siki'era] adv at least; ni ~ not even.

sirena [si'rena] f (sonido) siren; (en mitología) mermaid.

sirviente, ta [sir'βjente, ta] m, f servant.

sisa ['sisa] f (robo) pilfering; (de vestido) armhole.

sistema [sis'tema] m system; (medio, método) method; por ~ systematically.

(i) SISTEMA EDUCATIVO

The Spanish education system is divided into primary and secondary levels. Children start primary school or "educación primaria" at 6 and proceed to "educación secundaria obligatoria" at 12. In Spain, students who wish to continue their studies move onto a two-year bachillerato at 16. At the end of this, those wishing to go onto university need to sit a series of special exams known as the "selectividad". In Mexico, there are three years of pre-university

education called the "preparatoria". See also note at **preparatoria**.

sitiar [si'tjar] vt to besiege.

sitio ['sitjo] m (lugar) place; (espacio) space, room; (de ciudad, pueblo) siege; Amér (de taxis) rank Br, stand Am; en otro ~ somewhere else; hacer ~ to make room.

situación [situa'θjon] f (estado, condición, localización) position; (circunstancias) situation.

situar [situ'ar] vt (colocar) to put; (localizar) to locate. ❑ **situarse** vpr (establecerse) to get established.

skin head [es'kin'xeð] mf skinhead.

SL f (abrev de sociedad limitada) ≃ Ltd Br, ≃ Inc Am.

SM (abrev de Su Majestad) HM.

s/n abrev = **sin número**.

sobaco [so'βako] m armpit.

sobado, da [so'βaðo, ða] adj (vestido) shabby; (libro) dog-eared; (chiste, broma) old.

soberbia [so'βerβja] f arrogance.

soberbio, bia [so'βerβjo, βja] adj (orgulloso) arrogant; (magnífico) magnificent.

soborno [so'βorno] m bribe.

sobrar [so'βrar] vi (haber demasiado) to be more than enough; (estar de más) to be superfluous; (quedar) to be left (over).

sobras ['soβras] fpl (de comida) leftovers.

sobrasada [soβra'saða] f spicy Mallorcan sausage.

sobre¹ ['soβre] prep - 1. (encima de) on (top of); el libro estaba ~ la mesa the book was on the table. - 2. (por encima de) over, above; el pato vuela ~ el lago the duck is flying over the lake.

sobre

- 3. *(acerca de)* about; **un libro ~ el amor** a book about love.

- 4. *(alrededor)* about; **llegaron ~ las diez** they arrived at about ten o'clock.

- 5. *(en locuciones):* **~ todo** above all.

sobre² [so'βre] *m* envelope.

sobreático [soβre'atiko] *m* penthouse.

sobrecarga [soβre'karɣa] *f* excess weight.

sobredosis [soβre'ðosis] *f inv* overdose.

sobrehumano, na [soβreɣ'mano, na] *adj* superhuman.

sobremesa [soβre'mesa] *f* period of time sitting around the table after lunch; **hacer la ~** to have a chat after lunch.

sobrenombre [soβre'nombre] *m* nickname.

sobrepasar [soβrepa'sar] *vt (exceder)* to exceed; *(aventajar)* to overtake.

sobreponer [soβrepo'ner] *vt (poner delante)* to put first. ❑ **sobreponerse** *a v + prep* to overcome.

sobrepuesto, ta [soβre'pwesto, ta] *adj* superimposed.

sobresaliente [soβresa'ljente] *adj* outstanding. ◆ *m (nota)* excellent.

sobresalir [soβresa'lir] *vi (en altura)* to jut out; *(en importancia)* to stand out.

sobresalto [soβre'salto] *m* fright.

sobrevivir [soβreβi'βir] *vi* to survive.

sobrevolar [soβreβo'lar] *vt* to fly over.

sobrino, na [so'βrino, na] *m, f* nephew (*f* niece).

sobrio, bria ['soβrjo, βrja] *adj* sober; *(moderado)* restrained.

sociable [so'θjaβle] *adj* sociable.

social [so'θjal] *adj (de la sociedad)* so-

cial; *(de los socios)* company *(antes de s)*.

socialista [soθja'lista] *mf* socialist.

sociedad [soθje'ðað] *f* society; *(empresa)* company.

socio, cia ['soθjo, θja] *m, f (de club, asociación)* member; *(de negocio)* partner.

sociología [soθjolo'xia] *f* sociology.

sociólogo, ga [so'θjoloɣo, ɣa] *m, f* sociologist.

socorrer [soko'rer] *vt* to help.

socorrismo [soko'rizmo] *m (primeros auxilios)* first aid; *(en la playa)* lifesaving.

socorrista [soko'rista] *mf (primeros auxilios)* first aid worker; *(en la playa)* lifeguard.

socorro [so'koro] *m* help. ◆ *interj* help!

soda ['soða] *f* soda water.

sofá [so'fa] *m* sofa, couch.

sofisticado, da [sofisti'kaðo, ða] *adj* sophisticated.

sofocante [sofo'kante] *adj* stifling.

sofoco [so'foko] *m (ahogo)* breathlessness; *(disgusto)* fright (of anger); *(vergüenza)* embarrassment.

sofrito [so'frito] *m* tomato and onion sauce.

software ['sofwar] *m* software.

sol [sol] *m* sun.

solamente [ˌsola'mente] *adv* only.

solapa [so'lapa] *f (de vestido, chaqueta)* lapel; *(de libro)* flap.

solar [so'lar] *adj* solar. ◆ *m (undeveloped)* plot.

solárium [so'larjum] *m* solarium.

soldado [sol'daðo] *m* soldier; **~ raso** private.

soldador [solda'ðor] *m* soldering iron.

soldar [sol'dar] vt to weld, to solder.

soleado, da [sole'aðo, ða] adj sunny.

soledad [sole'ðað] f (falta de compañía) solitude; (tristeza) loneliness.

solemne [so'lemne] adj solemn; (grande) utter.

solemnidad [solemni'ðað] f ceremony.

soler [so'ler] vi: ~ hacer algo to usually do sthg; solíamos hacerlo we used to do it.

solicitar [soliθi'tar] vt (pedir) to request; (puesto) to apply for.

solicitud [soliθi'tuð] f (petición) request; (de puesto) application; (impreso) application form.

solidaridad [soliðari'ðað] f solidarity.

sólido, da ['soliðo, ða] adj (cimientos, casa, muro) solid; (argumento, conocimiento) sound. ◆ m solid.

solista [so'lista] mf soloist.

solitario, ria [soli'tarjo, ria] adj (sin compañía) solitary; (lugar) lonely. ◆ m, f loner. ◆ m (juego) patience; (joya) solitaire.

sollozar [soλo'θar] vi to sob.

sollozo [so'λoθo] m sob.

solo, la ['solo, la] adj (sin compañía, familia) alone; (único) single; (sin añadidos) on its own; (café) black; (whisky) neat, straight; (solitario) lonely; **a solas** on one's own.

sólo ['solo] adv only.

solomillo [solo'miλo] m sirloin; ~ **a la parrilla** grilled sirloin steak; ~ **de ternera** veal sirloin.

soltar [sol'tar] vt (de la mano) to let go of; (desatar) to undo; (dejar libre) to set free; (desenrollar) to pay out; (decir) to come out with; (lanzar) to let out.

soltero, ra [sol'tero, ra] adj single. ◆ m, f bachelor (f single woman).

solterón, ona [solte'ron, ona] m, f old bachelor (f old maid).

soltura [sol'tura] f fluency; **con ~** fluently.

solución [solu'θjon] f solution.

solucionar [soluθjo'nar] vt to solve.

solvente [sol'βente] adj solvent.

sombra ['sombra] f (oscuridad) shade; (de un cuerpo) shadow.

sombrero [som'brero] m hat.

sombrilla [som'briλa] f sunshade.

someter [some'ter] vt (dominar) to subdue; (mostrar) to submit; ~ **a alguien a algo** to subject sb to sthg. ❑ **someterse** vpr (rendirse) to surrender.

somier [so'mjer] m (de muelles) divan.

somnífero [som'nifero] m sleeping pill.

sonajero [sona'xero] m rattle.

sonar [so'nar] vi to sound; (teléfono, timbre) to ring; (ser conocido) to be familiar; (letra) to be pronounced. ◆ vt (nariz) to blow; **suena a verdad** it sounds true. ❑ **sonarse** vpr to blow one's nose.

sonido [so'niðo] m sound.

sonoro, ra [so'noro, ra] adj resonant; (banda) sound (antes de s); (consonante, vocal) voiced.

sonreír [sonre'ir] vi to smile. ❑ **sonreírse** vpr to smile.

sonriente [sonri'ente] adj smiling.

sonrisa [son'risa] f smile.

sonrojarse [sonro'xarse] vpr to blush.

sonso, sa ['sonso, sa] adj Amér fam dummy.

soñar [so'ɲar] vi to dream. ◆ vt to

dream about; ~ **con** to dream of.

sopa ['sopa] *f* soup; ~ **de ajo** garlic soup; ~ **de cebolla** onion soup; ~ **de pescado** fish soup.

sopera [so'pera] *f* soup tureen.

soplar [so'plar] *vi* to blow. ◆ *vt* (*polvo, migas*) to blow away; (*respuesta*) to whisper.

soplete [so'plete] *m* blowtorch.

soplido [so'pliðo] *m* puff.

soplo ['soplo] *m* (*soplido*) puff; (*del corazón*) murmur; *fam* (*chivatazo*) tip-off.

soportales [sopor'tales] *mpl* arcade (*sg*).

soportar [sopor'tar] *vt* (*carga, peso*) to support; (*persona*) to stand; (*dolor, molestia*) to bear.

soporte [so'porte] *m* support.

soprano [so'prano] *f* soprano.

sorber [sor'βer] *vt* (*beber*) to sip; (*haciendo ruido*) to slurp; (*absorber*) to soak up.

sorbete [sor'βete] *m* sorbet; ~ **de frambuesa** raspberry sorbet; ~ **de limón** lemon sorbet.

sordo, da ['sorðo, ða] *adj* deaf; (*ruido, sentimiento*) dull. ◆ *m, f* deaf person.

sordomudo, da [sorðo'muðo, ða] *m, f* deaf-mute.

soroche [so'rotʃe] *m Andes* altitude sickness.

sorprendente [sorpren'dente] *adj* surprising.

sorprender [sorpren'der] *vt* to surprise. ❏ **sorprenderse** *vpr* to be surprised.

sorpresa [sor'presa] *f* surprise; **por** ~ by surprise.

sorpresivo, va [sorpre'siβo, βa] *adj Amér* unexpected.

sortear [sorte'ar] *vt* (*rifar*) to raffle; (*evitar*) to dodge.

sorteo [sor'teo] *m* (*lotería*) draw; (*rifa*) raffle.

sortija [sor'tixa] *f* ring.

SOS *m* (*abrev de save our souls*) SOS.

sosiego [so'sjeɣo] *m* peace, calm.

soso, sa ['soso, sa] *adj* bland.

sospechar [sospe'tʃar] *vt* to suspect. ❏ **sospechar de** *v + prep* to suspect.

sospechoso, sa [sospe'tʃoso, sa] *adj* suspicious. ◆ *f* suspect.

sostén [sos'ten] *m* (*apoyo*) support; (*prenda femenina*) bra.

sostener [soste'ner] *vt* to support; (*defender, afirmar*) to defend. ❏ **sostenerse** *vpr* (*sujetarse*) to stay fixed; (*tenerse en pie*) to stand up.

sota ['sota] *f* (*baraja*) ≃ jack.

sotana [so'tana] *f* cassock.

sótano ['sotano] *m* basement.

squash [es'kuaʃ] *m* squash.

Sr. (*abrev de señor*) Mr.

Sra. (*abrev de señora*) Mrs.

Sres. (*abrev de señores*) Messrs.

Srta. *abrev* = **señorita**.

SSMM *abrev* = **Sus Majestades**.

Sta. (*abrev de santa*) St.

Sto. (*abrev de santo*) St.

stock [es'tok] *m* stock.

stop [es'top] *m* stop sign.

su (*pl* **sus** [sus]) *adj* (*de él*) his; (*de ella*) her; (*de cosa, animal*) its; (*de ellos, ellas*) their; (*de usted, ustedes*) your.

suave ['swaβe] *adj* (*agradable al tacto*) soft; (*liso*) smooth; (*cuesta, brisa*) gentle; (*clima, temperatura*) mild.

suavidad [swaβi'ðað] *f* (*al tacto*) softness; (*de cuesta, brisa*) gentleness; (*de clima, temperatura*) mildness.

suavizante [swaβi'θante] *m* conditioner.

subasta [su'βasta] *f* auction.

subcampeón, ona [suβkampe·'on, 'ona] *m, f* runner-up.

subconsciente [suβkons'θjente] *m* subconscious.

subdesarrollado, da [suβðesa·ro'λaðo, ða] *adj* underdeveloped.

subdesarrollo [suβðesa·ro'λo] *m* underdevelopment.

subdirector, ra [suβðirek'tor, ra] *m, f* assistant manager (*f* assistant manageress).

subdirectorio [suβðirek'torjo] *m* subdirectory.

súbdito, ta ['suβðito, ta] *m, f (de país)* citizen.

subida [su'βiða] *f (de precios, temperatura)* increase; *(pendiente, cuesta)* hill.

subir [su'βir] *vt (escaleras, calle, pendiente)* to go up; *(montaña)* to climb; *(llevar arriba)* to take up; *(brazo, precio, volumen, persiana)* to raise; *(ventanilla)* to close. ◆ *vi* to rise; ~ a *(piso, desván)* to go up to; *(montaña, torre)* to go up; *(coche)* to get into; *(avión, barco, tren, bicicleta)* to get onto; *(cuenta, factura)* to come to; ~ de *(categoría)* to be promoted from.

súbito, ta ['suβito, ta] *adj* sudden.

subjetivo, va [suβxe'tiβo, βa] *adj* subjective.

subjuntivo [suβxun'tiβo] *m* subjunctive.

sublevar [suβle'βar] *vt (indignar)* to infuriate. □ **sublevarse** *vpr* to rebel.

sublime [su'βlime] *adj* sublime.

submarinismo [suβmari'nizmo] *m* skin-diving.

submarinista [suβmari'nista] *mf* skin-diver.

submarino [suβma'rino] *m* submarine.

subrayar [suβra'jar] *vt* to underline.

subsidio [suβ'siðjo] *m* benefit.

subsistencia [suβsis'tenθja] *f* subsistence.

subsuelo [suβ'sɥelo] *f (terreno)* subsoil; *Andes, RP (sótano)* basement.

subterráneo, a [suβte'raneo, a] *adj* underground. ◆ *m* underground tunnel *Br*, subway tunnel *Am*.

subtitulado, da [suβtitu'laðo, ða] *adj* with subtitles.

subtítulo [suβ'titulo] *m* subtitle.

suburbio [su'βurβjo] *m* poor suburb.

subvención [suββen'θjon] *f* subsidy.

sucedáneo [suθe'ðaneo] *m* substitute.

suceder [suθe'ðer] *v impers* to happen. □ **suceder a** *v + prep (en un cargo, trono)* to succeed; *(venir después de)* to follow.

sucesión [suθe'sjon] *f* succession; *(descendencia)* heirs *(pl)*.

sucesivo, va [suθe'siβo, βa] *adj (consecutivo)* successive; **en días ~s** over the next few days.

suceso [su'θeso] *m* event.

sucesor, ra [suθe'sor, ra] *m, f (en un cargo, trono)* successor; *(heredero)* heir *(f* heiress).

suciedad [suθje'ðað] *f (cualidad)* dirtiness; *(porquería)* dirt.

sucio, cia [su'θjo, θja] *adj* dirty; *(al comer, trabajar)* messy. ◆ *adv (en juego)* dirty.

suculento, ta [suku'lento, ta] *adj* tasty.

sucumbir [sukum'bir] *vi (rendirse)* to succumb; *(morir)* to die.

sucursal [sukur'sal] *f* branch.

sudadera [suða'ðera] *f* sweatshirt.

Sudamérica [suða'merika] South America.

sudamericano, na [suðameri-'kano, na] *adj & m, f* South American.

sudar [su'ðar] *vi* to sweat.

sudeste [su'ðeste] *m* southeast.

sudoeste [suðo'este] *m* south-west.

sudor [su'ðor] *m* sweat.

Suecia ['sweθja] Sweden.

sueco, ca ['sweko, ka] *adj & m* Swedish. ◆ *m, f* Swede.

suegro, gra ['sweɣro, ɣra] *m, f* father-in-law (*f* mother-in-law).

suela ['swela] *f* sole.

sueldo ['sweldo] *m* salary, wages (*pl*).

suelo ['swelo] *m* (*piso*) floor; (*superficie terrestre*) ground; (*terreno*) soil; (*para edificar*) land; **en el ~** on the ground/floor.

suelto, ta ['swelto, ta] *adj* loose; (*separado*) separate; (*calcetín, guante*) odd; (*arroz*) fluffy. ◆ *m* (*dinero*) change.

sueño ['sweɲo] *m* (*acto de dormir*) sleep; (*ganas de dormir*) drowsiness; (*imagen mental, deseo*) dream; **coger el ~** to get to sleep; **tener ~** to be sleepy.

suero ['swero] *m* (*en medicina*) serum.

suerte ['swerte] *f* (*azar*) chance; (*fortuna, casualidad*) luck; (*futuro*) fate; (*en el toreo*) each of the three parts of a bullfight. ◆ *interj* good luck!; **por ~** luckily; **tener ~** to be lucky.

suéter ['sweter] *m* sweater.

suficiente [sufi'θjente] *adj* enough. ◆ *m* (*nota*) pass.

sufragio [su'fraxjo] *m* suffrage.

sufrido, da [su'friðo, ða] *adj* (*persona*) uncomplaining; (*color*) that does not show the dirt.

sufrimiento [sufri'mjento] *m* suffering.

sufrir [su'frir] *vt* (*accidente, caída*) to have; (*persona*) to bear. ◆ *vi* to suffer; **~ de** to suffer from; **~ del estómago** to have a stomach complaint.

sugerencia [suxe'renθja] *f* suggestion.

sugerir [suxe'rir] *vt* to suggest; (*evocar*) to evoke.

suicidio [sui'θiðjo] *m* suicide.

suite [suit] *f* suite.

Suiza ['suiθa] Switzerland.

suizo, za ['suiθo, θa] *adj & m, f* Swiss.

sujetador [suxeta'ðor] *m* bra.

sujetar [suxe'tar] *vt* (*agarrar*) to hold down; (*asegurar, aguantar*) to fasten. ❑ **sujetarse** *vpr* (*agarrarse*) to hold on.

sujeto, ta [su'xeto, ta] *adj* fastened. ◆ *m* subject; *despec* (*individuo*), individual.

suma ['suma] *f* (*operación*) addition; (*resultado*) total; (*conjunto de cosas, dinero*) sum.

sumar [su'mar] *vt* to add together.

sumario [su'marjo] *m* (*resumen*) summary; (*de juicio*) indictment.

sumergible [sumer'xiβle] *adj* waterproof.

sumergirse [sumer'xirse] *vpr* to plunge.

suministrar [suminis'trar] *vt* to supply.

suministro [sumi'nistro] *m* (*acción*) supplying; (*abasto, víveres*) supply.

sumiso, sa [su'miso, sa] *adj* submissive.

súper ['super] *adj fam* great. ◆ *m fam* supermarket. ◆ *f* (*gasolina*) ≃ four-star *Br*, ≃ premium *Am*.

superación [supera'θjon] *f* overcoming.

superar [supe'rar] *vt* (*prueba, obs-*

táculo) to overcome; *(persona)* to beat. ❑ **superarse** *vpr (mejorar)* to better o.s.

superficial [superfi'θjal] *adj* superficial.

superficie [super'fiθje] *f* surface; *(área)* area.

superfluo, flua [su'perfluo, flua] *adj* superfluous.

superior [supe'rjor] *adj (de arriba)* top; *(excepcional)* excellent; ~ a *(mejor)* superior to; *(en cantidad, importancia)* greater than, superior.

supermercado [supermer'kaðo] *m* supermarket.

superstición [supersti'θjon] *f* superstition.

supersticioso, sa [supersti-'θjoso, sa] *adj* superstitious.

superviviente [superβi'βjente] *mf* survivor.

suplemento [suple'mento] *m* supplement.

suplente [su'plente] *adj (médico)* locum *Br, doctor who temporarily fills in for another; (jugador)* substitute.

supletorio [suple'torjo] *m (teléfono)* extension.

súplica ['suplika] *f* plea.

suplir [su'plir] *vt (falta, carencia)* to compensate for; *(persona)* to replace.

suponer [supo'ner] *vt (creer)* to suppose; *(representar, implicar)* to involve; *(imaginar)* to imagine.

suposición [suposi'θjon] *f* assumption.

supositorio [suposi'torjo] *m* suppository.

suprema [su'prema] *f* chicken breast.

suprimir [supri'mir] *vt (proyecto, puesto)* to axe; *(anular)* to abolish; *(borrar)* to delete.

supuesto, ta [su'puesto, ta] *pp* → **suponer.** ◆ *adj (presunto)* supposed; *(delincuente)* alleged; *(falso)* false. ◆ *m* assumption; **por ~** of course.

sur [sur] *m* south; *(viento)* south wind.

surco ['surko] *m (en la tierra)* furrow; *(de disco)* groove; *(de piel)* line.

sureño, ña [su'reno, na] *adj* southern.

surf [surf] *m* surfing.

surfista [sur'fista] *mf* surfer.

surgir [sur'xir] *vi (brotar)* to spring forth; *(destacar)* to rise up; *(producirse)* to arise.

surtido, da [sur'tiðo, ða] *adj* assorted. ◆ *m* range.

surtidor [surti'ðor] *m (de agua)* spout; *(de gasolina)* pump.

susceptible [susθep'tiβle] *adj (sensible)* oversensitive; ~ **de** liable to.

suscribir [suskri'βir] *vt (escrito)* to sign; *(opinión)* to subscribe to. ❑ **suscribirse a** *v + prep* to subscribe to.

suscripción [suskrip'θjon] *f* subscription.

suspender [suspen'der] *vt (interrumpir)* to adjourn; *(anular)* to postpone; *(examen)* to fail; *(de empleo, sueldo)* to suspend; *(colgar)* to hang (up).

suspense [sus'pense] *m* suspense.

suspenso [sus'penso] *m* fail.

suspirar [suspi'rar] *vi* to sigh. ❑ **suspirar por** *v + prep* to long for.

suspiro [sus'piro] *m* to sigh.

sustancia [sus'tanθja] *f* substance; *(esencia)* essence; *(de alimento)* nutritional value.

sustancial [sustan'θjal] *adj* substantial.

sustantivo [sustan'tiβo] *m* noun.

sustituir [sustitu'ir] *vt* to replace;

~ algo/a alguien por to replace sthg/sb with.

susto ['susto] m fright; ¡qué ~! what a fright!

sustracción [sustrak'θjon] f (robo) theft; (resta) subtraction.

sustraer [sustra'er] vt (robar) to steal; (restar) to subtract.

susurrar [susu'rar] vt & vi to whisper.

suyo, ya ['sujo, ja] adj (de él) his; (de ella) hers; (de usted, ustedes) yours; (de ellos, de ellas) theirs. ◆ pron: **el ~, la suya** (de él) his; (de ella) hers; (de usted, ustedes) yours; (de ellos, de ellas) theirs; **lo ~** his/her etc thing; **un amigo ~** a friend of his/hers etc.

T

tabaco [ta'βako] m tobacco; (cigarrillos) cigarettes (pl).

tábano [ta'βano] m horsefly.

tabasco® [ta'βasko] m tabasco sauce.

taberna [ta'βerna] f country-style bar, usually cheap.

tabique [ta'βike] m partition (wall).

tabla ['taβla] f (de madera) plank; (lista, de multiplicar) table; (de navegar, surf) board; (en arte) panel. ❑ **tablas** fpl (en juego) stalemate (sg); (escenario) stage (sg).

tablao [ta'βlao] m: ~ flamenco flamenco show.

tablero [ta'βlero] m board.

tableta [ta'βleta] f (de chocolate) bar; (medicamento) tablet.

tablón [ta'βlon] m plank; ~ **de anuncios** notice Br o bulletin Am board.

tabú [ta'βu] m taboo.

taburete [taβu'rete] m stool.

tacaño, ña [ta'kaɲo, ɲa] adj mean.

tachar [ta'tʃar] vt to cross out.

tacho ['tatʃo] m CSur bin Br, trash can Am.

tácito, ta ['taθito, ta] adj (acuerdo, trato) unwritten.

taco ['tako] m (para pared) plug; (de billar) cue; (de jamón, queso) hunk; (de papel) wad; (fam palabrota) swearword; (fam lío) muddle; CAm & Méx (tortilla) taco.

tacón [ta'kon] m heel.

tacto ['takto] m (sentido) sense of touch; (textura) feel; (en el trato) tact.

taekwondo [tae'kwondo] m tae kwon do.

tajada [ta'xaða] f slice; **agarrarse una ~** fam to get sloshed.

tal [tal] adj such. ◆ pron such a thing; ~ **cosa** such a thing; ¿qué ~? how are you doing?; ~ **vez** perhaps.

taladradora [talaðra'ðora] f drill.

taladrar [tala'ðrar] vt to drill.

taladro [ta'laðro] m drill.

talco ['talko] m talc.

talento [ta'lento] m (aptitud) talent; (inteligencia) intelligence.

talgo ['talyo] m Spanish intercity high-speed train.

talla ['taʎa] f (de vestido, calzado) size; (estatura) height; (de piedra preciosa) cutting; (escultura) sculpture.

tallarines [taʎa'rines] mpl tagliatelle (sg).

taller [ta'ʎer] m (de coches) garage; (de trabajo manual) workshop.

tallo ['taʎo] *m* stem.

talón [ta'lon] *m* heel; *(cheque)* cheque; *(resguardo)* stub.

talonario [talo'narjo] *m* cheque book.

tamaño [ta'maɲo] *m* size.

también [tam'bjen] *adv* also; ~ **dijo que** ... she also said that ...; **yo** ~ me too.

tambor [tam'bor] *m* drum.

tampoco [tam'poko] *adv* neither; **yo** ~ me neither; **si a ti no te gusta a mí** ~ if you don't like it, then neither do I.

tampón [tam'pon] *m (sello)* stamp; *(para la menstruación)* tampon.

tan [tan] *adv* → **tanto**.

tanda ['tanda] *f (turno)* shift; *(serie)* series.

tándem ['tandem] *m (bicicleta)* tandem; *(dúo)* duo.

tanga ['tanga] *m* tanga.

tango ['tango] *m* tango.

tanque ['tanke] *m (vehículo cisterna)* tanker; *(de guerra)* tank.

tanto, ta ['tanto, ta] *adj* -1. *(gran cantidad)* so much, so many (*pl*); **tiene ~ dinero** he's got so much money; **tanta gente** so many people; **y ... que** so much ... that.
- 2. *(cantidad indeterminada)* so much, so many (*pl*); **tantos euros al día** so many euros a day; **cincuenta y ~s** fifty-something, fifty-odd.
- 3. *(en comparaciones):* ~ **... como** as much ... as, as many ... as (*pl*); **tiene tanta suerte como tú** she's as lucky as you. ◆ *adv* -1. *(gran cantidad)* so much; **no merece la pena disgustarse** ~ it's not worth getting so upset; ~ **que** so much that.
- 2. *(en comparaciones):* ~ **... como** as

much ... as; **sabe** ~ **como yo** she knows as much as I do.
- 3. *(en locuciones):* **por (lo)** ~ so, therefore; ~ **(es así) que** so much so that. ◆ **pron** -1. *(gran cantidad)* so much, so many (*pl*); **él no tiene ~s** he doesn't have so many.
- 2. *(igual cantidad)* as much, as many (*pl*); **había mucha gente allí, aquí no tanta** there were a lot of people there, but not as many here.
- 3. *(cantidad indeterminada)* so much, so many (*pl*); **supongamos que vengan** ~**s** let's suppose so many come; **a** ~**s de agosto** on such-and-such a date in August.
- 4. *(en locuciones):* **eran las tantas** it was very late. ◆ *m* -1. *(punto)* point; *(gol)* goal; **marcar un** ~ to score.
- 2. *(cantidad indeterminada):* **un** ~ so much; **un** ~ **por ciento** a percentage.

tanto ['tanto] *m (punto)* point; *(gol)* goal; **un** ~ so much; ~ **por ciento** percentage.

tapa ['tapa] *f (de recipiente)* lid; *(de libro)* cover; *(de comida)* tapa; *(de zapato)* heel plate; **'~s variadas'** 'selection of tapas'.

tapadera [tapa'ðera] *f (de recipiente)* lid; *(para encubrir)* front.

tapar [ta'par] *vt (cofre, caja, botella)* to close; *(olla)* to put the lid on; *(encu-*

brir) to cover up; *(en la cama)* to tuck in; *(con ropa)* to wrap up. ◻ **taparse** *vpr (en la cama)* to tuck o.s. in; *(con ropa)* to wrap up.

tapete [ta'pete] *m* runner.

tapia ['tapja] *f* (stone) wall.

tapicería [tapiθe'ria] *f (tela)* upholstery; *(tienda)* upholsterer's (shop).

tapiz [ta'piθ] *(pl* **-ces** [θes]*) m* tapestry.

tapizado [tapi'θaðo] *m* upholstery.

tapizar [tapi'θar] *vt* to upholster.

tapón [ta'pon] *m (de botella)* stopper; *(de rosca)* top; *(de bañera, fregadero)* plug; *(para el oído)* earplug.

taquería [take'ria] *f Méx* taco restaurant.

TAQUERÍA

This is a type of restaurant in Mexico where tacos are the speciality of the house. The huge variety of tacos on offer is astounding which gives the diner a great selection of food to choose from. In recent years, fast-food outlets called "taquerías" have become popular outside Mexico, especially in the United States. Many of these establishments bear only a passing resemblance to the authentic Mexican "taquerías".

taquigrafía [takivra'fia] *f* shorthand.

taquilla [ta'kiʎa] *f (de cine, teatro)* box office; *(de tren)* ticket office; *(armario)* locker; *(recaudación)* takings *(pl).*

taquillero, ra [taki'ʎero, ra] *adj* who/that pulls in the crowds. ◆ *m, f* ticket clerk.

tara ['tara] *f (defecto)* defect.

tardar [tar'ðar] *vt (tiempo)* to take. ◆ *vi (retrasarse)* to be late; **el comienzo tardará aún dos horas** it doesn't start for another two hours.

tarde ['tarðe] *f (hasta las cinco)* afternoon; *(después de las cinco)* evening. ◆ *adv* late; **las cuatro de la ~** four o'clock in the afternoon; **por la ~** in the afternoon/evening; **buenas ~s** good afternoon/evening.

tarea [ta'rea] *f (trabajo)* task; *(deberes escolares)* homework.

tarifa [ta'rifa] *f (de electricidad, etc)* charge; *(en transportes)* fare; *(lista de precios)* price list; **'~s de metro'** 'underground fares'.

tarima [ta'rima] *f* platform.

tarjeta [tar'xeta] *f* card; **'~s admitidas'** 'credit cards accepted'; **~ de crédito** credit card; **~ de débito** debit card; **~ de embarque** boarding pass; **~ postal** postcard; **~ de 10 viajes** *(en metro)* underground travelcard valid for ten journeys.

tarro ['taro] *m* jar.

tarta ['tarta] *f (de) cake; (plana, con base de pasta dura)* tart; **~ de la casa** chef's special cake; **~ de chocolate** chocolate cake; **~ helada** ice cream gâteau; **~ de Santiago** *sponge cake filled with almond paste*; **~ al whisky** *whisky-flavoured ice-cream gâteau.*

tartamudo, da [tarta'muðo, ða] *m, f* stammerer.

tasa ['tasa] *f* rate.

tasca ['taska] *f* ≈ pub.

tatuaje [tatu'axe] *m* tattoo.

taurino, na [tau'rino, na] *adj* bullfighting *(antes de s).*

tauromaquia [tauro'makja] *f* bullfighting.

TAUROMAQUIA

Bullfights begin with a procession in which all the participants parade across the bullring in traditional costume. The fight itself is divided into three parts: in the first part, the "picador" goads the bull with a lance; in the second, the "banderillero" sticks barbed darts into it and in the final part, the "matador" performs a series of passes before killing the bull.

taxi ['taksi] *m* taxi.

taxímetro [tak'simetro] *m* taximeter.

taxista [tak'sista] *mf* taxi driver.

taza ['taθa] *f* cup; *(de retrete)* bowl.

tazón [ta'θon] *m* bowl.

te [te] *pron (complemento directo)* you; *(complemento indirecto)* (to) you; *(reflexivo)* yourself.

té [te] *m* tea.

teatral [tea'tral] *adj (de teatro)* theatre *(antes de s)*; *(afectado)* theatrical.

teatro [te'atro] *m* theatre.

tebeo® [te'βeo] *m* (children's) comic book.

techo ['tetʃo] *m (de habitación, persona, avión)* ceiling; *(tejado)* roof.

tecla ['tekla] *f* key.

teclado [te'klaðo] *m* keyboard.

teclear [tekle'ar] *vi (en ordenador)* to type.

técnica ['tevnika] *f* technique; *(de ciencia)* technology.

técnico, ca ['tevniko, ka] *adj* technical.

tecnología [tevnolo'xia] *f* technology.

tecnológico, ca [tevno'loxiko, -ka] *adj* technological.

teja ['texa] *f* tile.

tejado [te'xaðo] *m* roof.

tejanos [te'xanos] *mpl* jeans.

tejer [te'xer] *vt (jersey, labor)* to knit; *(tela)* to weave.

tejido [te'xiðo] *m (tela)* fabric; *(del cuerpo humano)* tissue.

tejo ['texo] *m (juego)* hopscotch.

tel. *(abrev de teléfono)* tel.

tela ['tela] *f (tejido)* material, cloth; *(lienzo)* canvas; *fam (dinero)* dough.

telaraña [tela'raɲa] *f* spider's web.

tele ['tele] *f fam* telly *Br*, TV.

telearrastre [telea'rastre] *m* ski-tow.

telebanca [tele'banka] *f* telebanking.

telecabina [teleka'βina] *f* cable-car.

telecomunicación [telekomunika'θjon] *f (medio)* telecommunication; *(estudios)* telecommunications.

teleconferencia [telekonfe'renθja] *f* conference call.

telediario [tele'ðjarjo] *m* television news.

teledirigido, da [teleðiri'xiðo, ða] *adj* remote-controlled.

telefax [tele'faks] *m inv* fax.

teleférico [tele'feriko] *m* cable-car.

telefonazo [telefo'naθo] *m fam* phone call.

telefonear [telefone'ar] *vt* to phone.

telefónico, ca [tele'foniko, ka] *adj* telephone *(antes de s)*.

telefonista [telefo'nista] *mf* telephonist.

teléfono [te'lefono] *m* telephone; **~ móvil** mobile telephone *Br*, cell telephone *Am*.

telégrafo [te'leɣrafo] m telegraph.

telegrama [tele'ɣrama] m telegram; **poner un ~** to send a telegram.

telenovela [teleno'βela] f television soap opera.

teleobjetivo [teleoβxe'tiβo] m telephoto lens.

telepatía [telepa'tia] f telepathy.

telescopio [teles'kopjo] m telescope.

telesilla [tele'siʎa] f chair lift.

telespectador, ra [telespekta'ðor, ra] m, f viewer.

telesquí [teles'ki] m ski lift.

teletexto [tele'teksto] m Teletext®.

teletipo [tele'tipo] m teleprinter.

televidente [teleβi'ðente] mf viewer.

televisado, da [teleβi'saðo, ða] adj televised.

televisión [teleβi'sjon] f television.

televisor [teleβi'sor] m television (set).

télex ['teleks] m inv telex.

telón [te'lon] m curtain.

tema ['tema] m subject; (melodía) theme.

temática [te'matika] f subject matter.

temático, ca [te'matiko, ka] adj thematic.

temblar [tem'blar] vi to tremble; (de frío) to shiver.

temblor [tem'blor] m (de persona) trembling; (de suelo) earthquake.

temer [te'mer] vt to fear; **~ por** to fear for. ◻ **temerse** vpr to fear.

temor [te'mor] m fear.

temperamento [tempera'mento] m temperament.

temperatura [tempera'tura] f temperature.

tempestad [tempes'taθ] f storm.

templado, da [tem'plaðo, ða] adj (líquido, comida) lukewarm; (clima) temperate.

templo ['templo] m (pagano) temple; (iglesia) church.

temporada [tempo'raða] f (periodo concreto) season; (de una actividad) period; **de ~** seasonal.

temporal [tempo'ral] adj temporary. ◆ m storm.

temprano, na [tem'prano, na] adj & adv early.

tenazas [te'naθas] fpl pliers.

tendedero [tende'ðero] m clothes line.

tendencia [ten'denθja] f tendency.

tender [ten'der] vt (colgar) to hang out; (extender) to spread; (tumbar) to lay (out); (cable) to lay; (cuerda) to stretch (out); (entregar) to hand; **~ la cama** Amér to make the bed. ◻ **tender a** v + prep to tend to. ◻ **tenderse** vpr to lie down.

tenderete [tende'rete] m stall Br, stand Am.

tendero, ra [ten'dero, ra] m, f shopkeeper Br, storekeeper Am.

tendón [ten'don] m tendon.

tenedor [tene'ðor] m fork.

☞

tener [te'ner] vt - **1.** (poseer, contener) to have; **tiene mucho dinero** she has a lot of money; **tengo dos hijos** I have two children; **~ un niño** (parir) to have a baby; **la casa tiene cuatro habitaciones** the house has four bedrooms; **tiene los ojos azules** he has blue eyes.

- **2.** (medidas, edad) to be; **la sala tiene cuatro metros de largo** the room is four metres long; **¿cuántos años tie-**

nes? how old are you?; **tiene diez años** he's ten (years old).

- 3. *(padecer, sufrir)* to have; **~ dolor de muelas/fiebre** to have tooth-ache/a temperature.

- 4. *(sujetar, coger)* to hold; **tiene la olla por las asas** she's holding the pot by its handles; **¡ten!** here you are!

- 5. *(sentir)* to be; **~ frío/calor** to be cold/hot; **~ hambre/sed** to be hungry/thirsty.

- 6. *(sentimiento)*: **nos tiene cariño** he's fond of us.

- 7. *(mantener)* to have; **hemos tenido una discusión** we've had an argument.

- 8. *(para desear)* to have; **que tengan unas felices fiestas** have a good holiday.

- 9. *(deber asistir a)* to have; **hoy tengo clase** I have to go to school today; **el médico no tiene consulta hoy** the doctor is not seeing patients today.

- 10. *(valorar, considerar)*: **~ algo/a alguien por algo** to think sthg/sb is sthg; **ten por seguro que lloverá** you can be sure it will rain.

- 11. *(haber de)*: **tengo mucho que contaros** I have a lot to tell you; *Amér (levar)*: **tengo tres años aquí** I've been here three years.

◆ v aux -1. *(haber)*: **tiene alquilada una casa en la costa** she has a rented house on the coast.

- 2. *(hacer estar)*: **me tienes loca** you're driving me mad.

- 3. *(obligación)*: **~ que hacer algo** to have to do sthg; **tenemos que estar a las ocho** we have to be there at eight.

teniente [te'njente] *m* lieutenant.

tenis ['tenis] *m* tennis; **~ de mesa** table tennis, ping-pong.

tenista [te'nista] *mf* tennis player.

tenor [te'nor] *m* tenor.

tensión [ten'sjon] *f* tension; *(de la sangre)* blood pressure; *(fuerza)* stress; *(voltaje)* voltage.

tenso, sa ['tenso, sa] *adj (persona)* tense; *(objeto, cuerda)* taut.

tentación [tenta'θjon] *f* temptation.

tentáculo [ten'takulo] *m* tentacle.

tentempié [tentem'pje] *m (bebida, comida)* snack.

tenue ['tenwe] *adj (color, luz)* faint; *(tela, cortina)* fine.

teñir [te'ɲir] *vt* to dye.

teología [teolo'xia] *f* theology.

teoría [teo'ria] *f* theory; **en ~** in theory.

terapeuta [tera'peuta] *mf* therapist.

tercermundista [terθermun'dista] *adj* third-world *(antes de s)*.

tercero, ra [ter'θero, ra] *núm* third. ◆ *m (persona)* third party; *(piso)* third floor → **sexto**.

tercio [ter'θjo] *m (tercera parte)* third.

terciopelo [terθjo'pelo] *m* velvet.

terco, ca ['terko, ka] *adj* stubborn.

termas ['termas] *fpl* hot baths, spa *(sg)*.

terminado, da [termi'naðo, ða] *adj* finished.

terminal [termi'nal] *adj (enfermo)* terminal; *(estación)* final. ◆ *m* terminal. ◆ *f (de aeropuerto)* terminal; *(de autobús)* terminus.

terminar [termi'nar] *vt* to finish. ◆ *vi* to end; *(tren)* to terminate; **~ en** to end in; **~ por hacer algo** to end up doing sthg.

término ['termino] *m* end; *(plazo)* period; *(palabra)* term; **~ municipal** district; *Col, Méx & Ven (de carne)* level of cooking (of meat). ❑ **términos** *mpl* terms.

terminología [terminolo'xia] f terminology.

termita [ter'mita] f termite.

termo ['termo] m Thermos® (flask).

termómetro [ter'mometro] m thermometer.

termostato [termos'tato] m thermostat.

ternera [ter'nera] f veal; ~ **asada** roast veal.

ternero, ra [ter'nero, ra] m, f calf.

terno ['terno] m Andes, RP & Ven suit.

ternura [ter'nura] f tenderness.

terraplén [tera'plen] m embankment.

terrateniente [terate'njente] mf landowner.

terraza [te'raθa] f (balcón) balcony; (techo) terrace roof; (de bar, restaurante, cultivo) terrace.

terremoto [tere'moto] m earthquake.

terreno [te'reno] m (suelo) land; (parcela) plot (of land); fig (ámbito) field.

terrestre [te'restre] adj terrestrial.

terrible [te'riβle] adj (que causa terror) terrifying; (horrible) terrible.

territorio [teri'torjo] m territory.

terrón [te'ron] m (de azúcar) lump.

terror [te'ror] m terror.

terrorismo [tero'rizmo] m terrorism.

terrorista [tero'rista] mf terrorist.

tertulia [ter'tulja] f (personas) regular meeting of people for informal discussion of a particular issue of common interest; (lugar) area in café given over to billiard and card tables.

tesis ['tesis] f inv thesis.

tesoro [te'soro] m (botín) treasure; (hacienda pública) treasury.

test [tes] m test.

testamento [testa'mento] m will.

testarudo, da [testa'ruðo, ða] adj stubborn.

testículo [tes'tikulo] m testicle.

testigo [tes'tivo] m witness.

testimonio [testi'monjo] m (prueba) proof; (declaración) testimony.

teta ['teta] f fam tit.

tetera [te'tera] f teapot.

tetrabrick [tetra'βrik] m tetrabrick.

textil [teks'til] adj textile.

texto ['teksto] m text; (pasaje, fragmento) passage.

textura [teks'tura] f texture.

ti [ti] pron (después de preposición) you; (reflexivo) yourself.

tianguis ['tjangis] m inv Amér (open-air) market.

tibia ['tiβja] f shinbone.

tibio, bia ['tiβjo, βja] adj (cálido) warm; (falto de calor) lukewarm.

tiburón [tiβu'ron] m shark.

ticket ['tiket] m (billete) ticket; (recibo) receipt.

tiempo ['tjempo] m time; (en meteorología) weather; (edad) age; (en deporte) half; (en gramática) tense; **a** ~ on time; **al mismo** ~ **que** at the same time as; **con** ~ in good time; **del** ~ (bebida) at room temperature; **en otros** ~**s** in a different age; **hace** ~ a long time ago; **hace** ~ **que no te veo** it's a long time since I saw you; **tener** ~ to have time; **todo el** ~ (todo el rato) all the time; (siempre) always; ~ **libre** spare time.

tienda ['tjenda] f shop; (para acampar) tent; ~ **de campaña** tent; ~ **de comestibles** grocery (shop); ~ **de confecciones** clothes shop.

tierno, na ['tjerno, na] adj tender; (pan) fresh.

tierra ['tjerra] f land; *(materia)* soil; *(suelo)* ground; *(patria)* homeland; ~ **adentro** inland; **tomar** ~ to touch down. □ **Tierra** f: **la Tierra** the Earth.

tieso, sa ['tjeso, sa] adj *(rígido)* stiff; *(erguido)* erect; *(antipático)* haughty.

tiesto ['tjesto] m flowerpot.

tigre, gresa ['tiɣre, ɣresa] m, f tiger *(f tigress)*.

tijeras [ti'xeras] fpl scissors.

tila ['tila] f lime blossom tea.

tilde ['tilde] f *(acento)* accent; *(de ñ)* tilde.

timbal [tim'bal] m kettledrum.

timbre ['timbre] m *(aparato)* bell; *(de voz, sonido)* tone; *(sello)* stamp.

tímido, da ['timiðo, ða] adj shy.

timo ['timo] m swindle.

timón [ti'mon] m rudder; *Andes (de carro)* steering wheel.

tímpano ['timpano] m *(del oído)* eardrum.

tina ['tina] f *(vasija)* pitcher; *(bañera)* bathtub.

tino ['tino] m *(juicio)* good judgment; *(moderación)* moderation.

tinta ['tinta] f ink; **en su** ~ cooked in its ink.

tintero [tin'tero] m *(en pupitre)* inkwell.

tinto ['tinto] m red wine.

tintorería [tintore'ria] f dry cleaner's.

tío, a ['tio, a] m, f *(pariente)* uncle *(f aunt)*; *fam (compañero, amigo)* mate *Br*, buddy *Am*; *fam (persona)* guy *(f girl)*.

tiovivo [ˌtio'βiβo] m merry-go-round.

típico, ca ['tipiko, ka] adj typical; *(traje, restaurante)* traditional.

tipo ['tipo] m *(clase)* type; *(figura de mujer)* figure; *(figura de hombre)* build; *fam (individuo)* guy; *(modelo)* model; ~ **de cambio** exchange rate.

tipografía [tipoɣra'fia] f *(arte)* printing.

tira ['tira] f strip.

tirabuzón [tiraβu'θon] m ringlet.

tirada [ti'raða] f *(número de ventas)* circulation; *(en juegos)* throw; *(distancia grande)* long way.

tiradero [tira'ðero] m *Amér* dump.

tirador [tira'ðor] m *(de puerta, cajón)* handle.

tiranía [tira'nia] f tyranny.

tirano, na [ti'rano, na] m, f tyrant.

tirante [ti'rante] adj *(estirado)* taut; *(relación, situación)* tense. ◆ **tirantes** mpl braces *(Br)*, suspenders *(Am)*.

tirar [ti'rar] vt *(arrojar, lanzar)* to throw; *(desechar, malgastar)* to throw away; *(derribar)* to knock down; *(dejar caer)* to drop; *(volcar)* to knock over; *(derramar)* to spill; *(disparar)* to fire. ◆ vi *(atraer)* to be attractive; *(desviarse)* to head; *fam (durar)* to keep going; *(en juegos)* to have one's go; ~ **de** to pull; **voy tirando** I'm O.K., I suppose; **'tirar'** 'pull'. □ **tirar a** v + prep *(parecerse a)* to take after; ~ **a gris** to be greyish. □ **tirarse** vpr to throw o.s.; *(tiempo)* to spend.

tirita® [ti'rita] f *(sticking)* plaster *(Br)*, Band-Aid® *(Am)*.

tiritar [tiri'tar] vi to shiver.

tiro ['tiro] m *(actividad)* shooting; *(herida)* gunshot wound; *(de chimenea)* draught; *(de carruaje)* team.

tirón [ti'ron] m *(estirón)* pull; *(robo)* bagsnatching.

tisú [ti'su] m lamé.

títere ['titere] m puppet. □ **títeres** mpl *(espectáculo)* puppet show *(sg)*.

titular [titu'lar] adj official. ◆ m headline. ◆ vt to title. □ **titularse**

vpr (llamarse) to be called; *(en estudios)* to graduate.

título ['titulo] *m* title; *(diploma)* qualification; *(licenciatura)* degree.

tiza ['tiθa] *f* chalk.

tlapalería [tlapale'ria] *f Amér* hardware shop.

toalla [to'aʎa] *f* towel; **~ de ducha** bath towel; **~ de manos** hand towel.

tobillo [to'βiʎo] *m* ankle.

tobogán [toβo'yan] *m (en parque de atracciones)* helter-skelter *Br*, slide; *(rampa)* slide; *(en piscina)* flume *Br*, waterslide; *(trineo)* toboggan.

tocadiscos [toka'ðiskos] *m inv* record player.

tocador [toka'ðor] *m (mueble)* dressing table; *(habitación)* powder room.

tocar [to'kar] *vt* to touch; *(palpar)* to feel; *(instrumento musical)* to play; *(alarma)* to sound; *(timbre, campana)* to ring; *(tratar)* to touch on. ◆ *vi (a la puerta)* to knock; *(al timbre)* to ring; *(estar próximo)* to border; **te toca a ti** *(es tu turno)* it's your turn; *(es tu responsabilidad)* it's up to you; **le tocó la mitad** he got half of it; **le tocó el gordo** she won first prize; **'no ~ el género'** 'do not touch'.

tocino [to'θino] *m* bacon fat; **~ de cielo** dessert made of sugar and eggs.

todavía [toða'βia] *adv* still; **~ no** not yet.

todo, da ['toðo, ða] *adj* all; *(cada, cualquier)* every. ◆ *pron (para cosas)* everything, all of them *(pl)*; *(para personas)* everybody. ◆ *m* whole; **~ el libro** all (of) the book; **~s los lunes** every Monday; **tenemos de ~** we've got all sorts of things; **ante ~** first of all; **sobre ~** above all.

toga ['toya] *f (de abogado, juez)* gown.

toldo ['toldo] *m (de tienda)* awning; *(de playa)* sunshade.

tolerado, da [tole'raðo, ða] *adj Esp (película, espectáculo)* ≃ PG.

tolerancia [tole'ranθja] *f* tolerance.

tolerante [tole'rante] *adj* tolerant.

tolerar [tole'rar] *vt* to tolerate; *(sufrir)* to stand.

toma ['toma] *f (de leche)* feed; *(de agua, gas)* inlet; *(de luz)* socket.

tomar [to'mar] *vt* to take; *(contratar)* to take on; *(comida, bebida, baño, ducha)* to have; *(sentir)* to acquire; **~ a alguien por** to take sb for; **~ algo a mal** to take sthg the wrong way; **~ algo** *(comer, beber)* to have sthg to eat/drink; **~ el fresco** to get a breath of fresh air; **~ el sol** to sunbathe; **~ prestado** to borrow.

tomate [to'mate] *m* tomato.

tómbola ['tombola] *f* tombola.

tomillo [to'miʎo] *m* thyme.

tomo ['tomo] *m* volume.

tonel [to'nel] *m* barrel.

tonelada [tone'laða] *f* tonne.

tónica ['tonika] *f (bebida)* tonic water.

tónico, ca ['toniko, ka] *adj (vigorizante)* revitalizing; *(con acento)* tonic. ◆ *m (cosmético)* skin toner.

tono ['tono] *m* tone; *(de color)* shade.

tontería [tonte'ria] *f (cualidad)* stupidity; *(indiscreción)* stupid thing; *(cosa sin valor)* trifle.

tonto, ta ['tonto, ta] *adj* stupid; *(ingenuo)* innocent.

tope ['tope] *m (punto máximo)* limit; *(pieza)* block.

tópico, ca ['topiko, ka] *adj (medicamento)* topical. ◆ *m (tema recurrente)* recurring theme; *(frase muy repetida)* cliché.

topo ['topo] *m* mole.

tórax ['toraks] *m inv* thorax.

torbellino [torβe'ʎino] *m (de viento)* whirlwind; *(de sucesos, preguntas, etc)* spate.

torcer [tor'θer] *vt (retorcer)* to twist; *(doblar)* to bend; *(girar)* to turn; *(inclinar)* to tilt. ◆ *vi* to turn. □ **torcerse** *vpr (fracasar)* to go wrong; *(no cumplirse)* to be frustrated; ~**se el brazo** to twist one's arm; ~**se el tobillo** to sprain one's ankle.

torcido, da [tor'θiðo, ða] *adj (retorcido)* twisted; *(doblado)* bent; *(inclinado)* crooked.

tordo ['torðo] *m* thrush.

torear [tore'ar] *vt (toro, vaquilla)* to fight; *fig (evitar)* to dodge; *fig (burlarse de)* to mess about. ◆ *vi* to fight bulls.

torera [to'rera] *f* bolero (jacket).

torero, ra [to'rero, ra] *m, f* bullfighter.

tormenta [tor'menta] *f* storm.

tormentoso, sa [tormen'toso, sa] *adj* stormy.

torneo [tor'neo] *m* tournament.

tornillo [tor'niʎo] *m* screw.

torniquete [torni'kete] *m (para hemorragia)* tourniquet.

toro ['toro] *m* bull. □ **toros** *mpl (corrida)* bullfight *(sg)*; *(fiesta)* bullfighting *(sg)*.

torpe ['torpe] *adj (poco ágil)* clumsy; *(poco inteligente, lento)* slow.

torpedo [tor'peðo] *m* torpedo.

torpeza [tor'peθa] *f (falta de agilidad)* clumsiness; *(falta de inteligencia, lentitud)* slowness.

torre ['tore] *f* tower; *(de oficinas, etc)* tower block *Br*, high-rise *Am*; *(en ajedrez)* castle, rook.

torrente [to'rente] *m* torrent.

torrija [to'rixa] *f* French toast.

torta ['torta] *f fam (bofetada)* thump; *fam (accidente)* bump; *Amér (de verduras, de carne)* pie; *CSur & Ven (doce)* cake; *Méx (de pão)* sandwich; **ni** ~ *fam* not a thing.

tortazo [tor'taθo] *m fam (bofetada)* thump; *(golpe fuerte)* bump.

tortilla [tor'tiʎa] *f* omelette; *Méx (de harina)* tortilla; ~ **de atún** tuna omelette; ~ **de champiñón** mushroom omelette; ~ **(a la) francesa** plain omelette; ~ **de gambas** prawn omelette; ~ **de jamón** ham omelette; ~ **de patatas** Spanish omelette.

tórtola ['tortola] *f* turtledove.

tortuga [tor'tuɣa] *f (terrestre)* tortoise; *(marina)* turtle.

torturar [tortu'rar] *vt* to torture.

tos [tos] *f* cough.

toser [to'ser] *vi* to cough.

tosta ['tosta] *f piece of toast with a topping.*

tostada [tos'taða] *f* piece of toast.

tostador [tosta'ðor] *m* toaster.

tostar [tos'tar] *vt* to toast. □ **tostarse** *vpr (broncearse)* to get brown.

total [to'tal] *adj & m* total. ◆ *adv* so, anyway.

totalidad [totali'ðað] *f:* **la** ~ **de** all of.

tóxico, ca ['toksiko, ka] *adj* poisonous.

toxicomanía [toksikoma'nia] *f* drug addiction.

toxicómano, na [toksi'komano, na] *m, f* drug addict.

trabajador, ra [traβaxa'ðor, ra] *adj* hard-working. ◆ *m, f* worker.

trabajar [traβa'xar] *vt & vi* to work; ~ **de** to work as; ~ **de canguro** to babysit.

trabajo [tra'βaxo] *m* work; *(empleo)* job; *(esfuerzo)* effort; *(en el cole-*

gio) essay; ~s **manuales** arts and crafts.

trabalenguas [traβa'lenɣuas] *m inv* tongue-twister.

traca ['traka] *f* string of firecrackers.

tractor [trak'tor] *m* tractor.

tradición [traði'θjon] *f* tradition.

tradicional [traðiθjo'nal] *adj* traditional.

tradicionalmente [traðiθjo,nal'mente] *adv* traditionally.

traducción [traðuk'θjon] *f* translation.

traducir [traðu'θir] *vt* to translate.

traductor, ra [traðuk'tor, ra] *m, f* translator.

☞

traer [tra'er] *vt* **-1.** *(trasladar)* to bring; *(llevar)* to carry; **me trajo un regalo** she brought me a present; **¿qué traes ahí?** what have you got there?
- 2. *(provocar, ocasionar)* to bring; **le trajo graves consecuencias** it had serious consequences for him.
- 3. *(contener)* to have; **el periódico trae una gran noticia** the newspaper has an important piece of news in it.
- 4. *(llevar puesto)* to wear. ◻ **traerse** *vpr:* **se las trae** *fam* it's got a lot to it.

traficante [trafi'kante] *mf* trafficker.

traficar [trafi'kar] *vi* to traffic.

tráfico ['trafiko] *m* *(de vehículos)* traffic; *(de drogas)* trafficking.

tragar [tra'ɣar] *vt* *(ingerir)* to swallow; *fam (devorar, consumir)* to guzzle; *(soportar)* to put up with. ◆ *vi* to swallow; **no ~ a alguien** *fam* not to be able to stand sb. ◻ **tragarse** *vpr fam* to swallow.

tragedia [tra'xeðja] *f* tragedy.

trágico, ca ['traxiko, ka] *adj* tragic.

tragicomedia [traxiko'meðja] *f* tragicomedy.

trago ['traɣo] *m* *(de líquido)* mouthful; *fam (copa)* drink; *(disgusto)* difficult situation.

traición [trai'θjon] *f* *(infidelidad)* betrayal; *(delito)* treason.

traje ['traxe] *m* *(vestido)* dress; *(de hombre)* suit; *(de chaqueta)* two-piece suit; *(de región, época, etc)* costume; **~ de baño** swimsuit; **~ (de) chaqueta** a woman's two-piece suit; **~ de luces** matador's outfit.

trama ['trama] *f* *(de novela, historia)* plot; *(maquinación)* intrigue.

tramar [tra'mar] *vt* to weave.

tramitar [trami'tar] *vt* *(suj: autoridades)* to process *(document)*; *(suj: solicitante)* to obtain.

tramo ['tramo] *m* *(de camino, calle)* stretch; *(de escalera)* flight *(of stairs)*.

tramontana [tramon'tana] *f* north wind.

tramoya [tra'moja] *f* *(en teatro)* stage machinery.

tramoyista [tramo'jista] *mf* stage hand.

trampa ['trampa] *f* *(para cazar)* trap; *(engaño)* trick; *(en juego)* cheating; *(puerta)* trapdoor; **hacer ~** to cheat.

trampolín [trampo'lin] *m* *(en piscina)* diving board; *(en esquí)* ski jump; *(en gimnasia)* springboard.

trance ['tranθe] *m* *(momento difícil)* difficult situation; *(estado hipnótico)* trance.

tranquilidad [trankili'ðað] *f (de lugar)* peacefulness; *(de carácter)* calmness; *(despreocupación)* peace of mind.

tranquilo, la [tran'kilo, la] *adj* (lugar) peaceful; (de carácter, mar, tiempo) calm; (libre de preocupaciones) unworried.

transbordador [tranzβorða'ðor] m ferry.

transbordar [tranzβor'ðar] vt to transfer.

transbordo [tranz'βorðo] m change (of train etc); hacer ~ to change.

transcurrir [transku'rir] vi to take place.

transeúnte [transe'unte] mf passer-by.

transferencia [transfe'renθja] f transfer.

transformación [transforma'θjon] f transformation.

transformador [transforma'ðor] m transformer.

transformar [transfor'mar] vt to transform; ~ algo/a alguien en to turn sthg/sb into. □ **transformarse** vpr (cambiar) to be transformed; ~se en to be converted into.

transfusión [transfu'sjon] f transfusion.

transición [transi'θjon] f transition.

transigir [transi'xir] vi (ceder) to compromise; (ser tolerante) to be tolerant.

transistor [transis'tor] m transistor.

tránsito ['transito] m (de vehículos) traffic.

translúcido, da [tranz'luθiðo, ða] adj translucent.

transmitir [tranzmi'tir] vt (difundir) to broadcast; (comunicar) to pass on; (contagiar) to transmit.

transparente [transpa'rente] adj transparent.

transportar [transpor'tar] vt to transport.

transporte [trans'porte] m trans-

port Br, transportation Am; ~ público public transport Br, transportation Am.

transversal [tranzβer'sal] adj (atravesado) transverse; (perpendicular) cross (antes de s).

tranvía [tram'bia] m tram.

trapear [trape'ar] vt Amér to mop.

trapecio [tra'peθjo] m trapeze.

trapecista [trape'θista] mf trapeze artist.

trapo ['trapo] m (trozo de tela) rag; (para limpiar) cloth.

tráquea [trakea] f windpipe.

tras [tras] prep (detrás de) behind; (después de) after.

trasero, ra [tra'sero, ra] adj back (antes de s). ◆ m fam backside.

trasladar [trazla'ðar] vt (mudar) to move; (empleado, trabajador) to transfer; (aplazar) to postpone. □ **trasladarse** vpr (desplazarse) to go; (mudarse) to move.

traslado [traz'laðo] m (de muebles, libros, etc) moving; (de puesto, cargo, etc) transfer.

traspasar [traspa'sar] vt (cruzar) to cross (over); (atravesar) to go through; (suj: líquido) to soak through; (negocio) to sell (as a going concern).

traspiés [tras'pjes] m inv (tropezón) trip; (equivocación) slip.

trasplantar [trasplan'tar] vt to transplant.

trasplante [tras'plante] m transplant.

traste ['traste] m CSur (trasero) backside. □ **trastes** mpl Andes, CAm & Méx things; **lavar los** ~ to do the dishes.

trasto ['trasto] m (objeto inútil) piece of junk; fig (persona) nuisance. □ **trastos** mpl (equipo) things.

tratado [tra'taðo] *m* *(acuerdo)* treaty; *(escrito)* treatise.

tratamiento [trata'mjento] *m* treatment; *(título)* title.

tratar [tra'tar] *vt* to treat; *(discutir)* to discuss; *(conocer)* to come into contact with. □ **tratar de** *v* + *prep* *(hablar sobre)* to be about; *(intentar)* to try to.

tratativas [trata'tiβas] *fpl CSur* negotiations.

trato ['trato] *m* *(de persona)* treatment; *(acuerdo)* deal; *(tratamiento)* dealings *(pl)*.

trauma ['trauma] *m* trauma.

través [tra'βes] ♦ **a través de** *prep* *(en espacio)* across; *(en tiempo)* through.

travesaño [traβe'saɲo] *m* *(de portería)* crossbar.

travesía [traβe'sia] *f* *(calle)* cross-street; *(por mar)* crossing; *(por aire)* flight.

travesti [tra'βesti] *m* transvestite.

travieso, sa [tra'βjeso, sa] *adj* mischievous.

trayecto [tra'jekto] *m* *(camino, distancia)* distance; *(viaje)* journey; *(ruta)* route.

trayectoria [trajek'torja] *f* *(recorrido)* trajectory; *(desarrollo)* path.

trazado [tra'θaðo] *m* *(de carretera, canal)* course; *(de edificio)* design.

trazar [tra'θar] *vt* *(línea, dibujo)* to draw; *(proyecto, plan)* to draw up.

trazo ['traθo] *m* line; *(de escritura)* stroke.

trébol ['treβol] *m* *(planta)* clover; *(en naipes)* club.

trece ['treθe] *núm* thirteen → **seis**.

tregua ['treɣwa] *f* *(en conflicto)* truce; *(en trabajo, estudios)* break.

treinta ['treinta] *núm* thirty → **seis**.

tremendo, da [tre'mendo, da]

(temible) terrible; *(muy grande)* enormous; *(travieso)* mischievous.

tren [tren] *m* train; ~ **de cercanías** local train; ~ **de lavado** car wash.

trenza ['trenθa] *f* plait *Br*, braid *Am*.

trepar [tre'par] *vt* to climb.

tres [tres] *núm* three → **seis**.

tresillo [tre'siʎo] *m* *(sofá)* three-piece suite; *(juego)* ombre, card game for three players.

trial [tri'al] *m* trial.

triangular [trjaŋgu'lar] *adj* triangular.

triángulo [tri'aŋgulo] *m* triangle.

tribu ['triβu] *f* tribe.

tribuna [tri'βuna] *f* *(para orador)* rostrum; *(para espectadores)* stand.

tribunal [triβu'nal] *m* court; *(en examen, oposición)* board of examiners.

triciclo [tri'θiklo] *m* tricycle.

trigo ['triɣo] *m* wheat.

trilladora [triʎa'ðora] *f* threshing machine.

trillar [tri'ʎar] *vt* to thresh.

trillizos, zas [tri'ʎiθos, θas] *m, fpl* triplets.

trimestral [trimes'tral] *adj* *(cada tres meses)* quarterly; *(de tres meses)* three-month.

trimestre [tri'mestre] *m* *(periodo)* quarter, three months *(pl)*; *(en escuela)* term *Br*, quarter *Am*.

trinchante [trin'tʃante] *m* *(cuchillo)* carving knife; *(tenedor)* meat fork.

trineo [tri'neo] *m* sledge.

trío ['trio] *m* trio.

tripa ['tripa] *f* *(barriga)* belly; *(intestino)* gut. □ **tripas** *fpl* *(interior)* insides.

triple ['triple] *adj* triple. ♦ *m* *(en baloncesto)* basket worth three points; **el** ~ **de** three times as much as.

trípode ['tripoðe] *m* tripod.

tripulación [tripula'θjon] f crew.

tripulante [tripu'lante] mf crew member.

triste ['triste] adj sad; (color, luz) pale; (insuficiente) miserable.

tristeza [tris'teθa] f sadness.

triturar [tritu'rar] vt (desmenuzar) to grind; (mascar) to chew.

triunfal [triun'fal] adj triumphant.

triunfar [triun'far] vi (vencer) to win; (tener éxito) to succeed.

triunfo [tri'unfo] m (victoria) triumph; (en encuentro) victory, win.

trivial [tri'βjal] adj trivial.

trizas ['triθas] fpl bits; hacer ~ (hacer añicos) to smash to pieces; (desgarrar) to tear to shreds.

trofeo [tro'feo] m trophy.

trombón [trom'bon] m trombone.

trompa ['trompa] f (de elefante) trunk; (instrumento) horn; coger una ~ fam to get sloshed.

trompazo [trom'paθo] m bump.

trompeta [trom'peta] f trumpet.

tronar [tro'nar] vi impers: tronaba it was thundering.

tronco ['troŋko] m trunk; ~ de merluza thick hake steak taken from the back of the fish.

trono ['trono] m throne.

tropa ['tropa] f (de soldados) troops (pl); (de personas) crowd. ◻ **tropas** fpl troops.

tropezar [trope'θar] vi to trip; ~ con to walk into.

tropezón [trope'θon] m (tropiezo) trip; (de jamón, pan) small chunk; (equivocación) slip.

tropical [tropi'kal] adj tropical.

trópico ['tropiko] m tropic.

tropiezo [tro'pjeθo] m (tropezón) trip; (dificultad) obstacle; (equivocación) slip.

trotar [tro'tar] vi (caballo) to trot; (persona) to dash around.

trote ['trote] m (de caballo) trot; (trabajo, esfuerzo) dashing around.

trozo ['troθo] m piece; **a ~s** in patches; un ~ de a piece of.

trucaje [tru'kaxe] m (en cine) trick photography.

trucha ['trutʃa] f trout.

truco ['truko] m (trampa, engaño) trick; (en cine) special effect.

trueno ['trweno] m (durante tormenta) (roll of) thunder; (de arma) boom.

trufa ['trufa] f truffle; ~s heladas frozen chocolate truffles.

tu [tu] (pl **tus**) adj your.

tú [tu] pron you; hablar o tratar de ~ a alguien to address sb as 'tú'.

tuberculosis [tuβerku'losis] f inv tuberculosis.

tubería [tuβe'ria] f pipe.

tubo ['tuβo] m (de agua, gas) pipe; (recipiente) tube; ~ de escape exhaust pipe.

tuerca ['twerka] f nut.

tuerto, ta ['twerto, ta] adj (sin un ojo) one-eyed.

tul [tul] m tulle.

tulipán [tuli'pan] m tulip.

tullido, da [tu'ʎido, ða] adj paralysed.

tumba ['tumba] f grave.

tumbar [tum'bar] vt (derribar) to knock down; fam (suspender) to fail. ◻ **tumbarse** vpr to lie down.

tumbona [tum'bona] f (en la playa) deck chair; (en el jardín) sun lounger.

tumor [tu'mor] m tumour.

tumulto [tu'multo] m (disturbio) riot; (confusión) uproar.

tuna ['tuna] f group of student minstrels.

TUNA

A "tuna" is a musical group made up of university students who wear black capes and coloured ribbons. They wander the streets playing music, singing and dancing, either for pleasure or to collect money.

túnel ['tunel] *m* tunnel.

túnica ['tunika] *f* tunic.

tupido, da [tu'piðo, ða] *adj* thick.

turbina [tur'βina] *f* turbine.

turbio, bia ['turβjo, βja] *adj (líquido, agua)* cloudy; *(asunto)* shady.

turbulencia [turβu'lenθja] *f* turbulence.

turismo [tu'rizmo] *m* tourism; *(coche)* private car.

turista [tu'rista] *mf* tourist.

turistear [turiste'ar] *vi Andes & Méx* to go sightseeing.

turístico, ca [tu'ristiko, ka] *adj* tourist *(antes de s)*.

túrmix® ['turmiks] *f inv* blender.

turno ['turno] *m (momento)* turn; *(en el trabajo)* shift; **'su ~'** 'next customer, please'.

turrón [tu'ron] *m* sweet eaten at Christmas, made with almonds and honey.

tutear [tute'ar] *vt* to address as 'tú'. ☐ **tutearse** *vpr* to address one another as 'tú'.

TUTEO

"Tuteo" refers to speakers using the informal "tú" style of address to each other rather than the formal "usted". Nowadays in Spain, "tuteo" has become more widespread and the use of "usted" is not as common as it once was, tending to be reserved for first meetings or for formal or business situations when it is important to show respect. Many people, especially among the younger generations, are happy to be addressed as "tú" even by people they have never met before.

tutor, ra [tu'tor, ra] *m, f (de bienes, menor)* guardian; *(de curso)* class teacher.

tuyo, ya ['tujo, ja] *adj* yours. ◆ *pron*: **el ~, la tuya** yours; **lo ~** your thing; **un amigo ~** a friend of yours.

TV *(abrev de televisión)* TV.

U

UCI ['uθi] *f (abrev de unidad de cuidados intensivos)* ICU.

Ud. *abrev* = **usted.**

Uds. *abrev* = **ustedes.**

UE *(abrev de Unión Europea)* *f* EU.

úlcera [ul'θera] *f* ulcer.

último, ma ['ultimo, ma] *adj* last; *(más reciente)* latest; *(más bajo)* bottom; *(más alto)* top; **a ~s de** at the end of; **por ~** finally; **última llamada** last call.

ultramarinos [ultrama'rinos] *m inv (tienda)* grocer's (shop) *Br*, grocery store *Am*.

ultravioleta [ultraβjo'leta] *adj* ultraviolet.

umbral [um'bral] *m* threshold.

un, una ['un, 'una] *art* a, an *(antes de*

sonido vocálico). ◆ *adj* → **uno**; ~ **hombre** a man; **una mujer** a woman; ~
águila an eagle.

unánime [u'nanime] *adj* unanimous.

UNED [u'neð] *f Spanish open university.*

únicamente [,unika'mente] *adv*
only.

único, ca ['uniko,ka] *adj (solo)*
only; *(extraordinario)* unique; *(precio)*
single; **lo ~ que quiero** all I want.

unidad [uni'ðað] *f* unit; *(unión,
acuerdo)* unity.

unido, da [u'niðo,ða] *adj (cariñosa-
mente)* close; *(físicamente)* joined.

unifamiliar [unifami'ljar] *adj* detached.

unificación [unifika'θjon] *f* unification.

uniforme [uni'forme] *m* uniform.
◆ *adj* even.

unión [u'njon] *f* union; *(coordinación, acuerdo)* unity; *(cariño)* closeness.

unir [u'nir] *vt (juntar)* to join; *(mezclar)* to mix; *(personas)* to unite; *(comunicar)* to link. ❏ **unirse** *vpr* to
join together.

unisex [uni'seks] *adj inv* unisex.

universal [uniβer'sal] *adj* universal.

universidad [uniβersi'ðað] *f* university.

universitario, ria [uniβersi'tarjo,
rja] *m, f (estudiante)* student; *(licenciado)* graduate.

universo [uni'βerso] *m* universe.

☞

uno, una ['uno,'una] *adj -* **1.** *(indefinido)* one, some *(pl)*; **un día volveré**
one day I will return; **~ s coches**
some cars.

- 2. *(para expresar cantidades)* one;

treinta y un días thirty-one days.
- 3. *(aproximadamente)* around,
about; **había unas doce personas**
there were around twelve people.
◆ *pron -* **1.** *(indefinido)* one, some *(pl)*;
coge ~ take one; **dame unas** give me
some; **~ de ellos** one of them; **~ ...
otro** one ... another, some ... others
(pl).
- 2. *fam (referido a personas)* someone;
ayer hablé con ~ que te conoce I
spoke to someone who knows you
yesterday.
- 3. *(yo)* one.
- 4. *(en locuciones)*: **de ~ en ~** one by
one; **~ a ~**o **por ~** one by one; **más de
~** many people, → **seis**.

untar [un'tar] *vt (pan, tostada)* to
spread; *(manchar)* to smear. ❏ **un-
tarse** *vpr* to smear o.s.

uña ['uɲa] *f (de persona)* nail; *(de animal)* claw; **hacerse las ~ s** to do one's
nails.

uralita® [ura'lita] *f corrugated material made from cement and asbestos, used
for roofing.*

uranio [u'ranjo] *m* uranium.

urbanización [urβaniθa'θjon] *f*
housing development.

urbano, na [ur'βano,na] *adj* urban. ◆ *m, f local police officer who deals
mainly with traffic offences.*

urgencia [ur'xenθja] *f* emergency.
❏ **Urgencias** *fpl* casualty (depart-
ment) *(sg) Br,* emergency room *(sg)
Am.*

urgente [ur'xente] *adj* urgent; **'urgente'** *(en cartas)* 'express'.

urgentemente [ur,xente'mente]
adv urgently.

urinario [uri'narjo] *m* urinal.

urna ['urna] *f (de votación)* (ballot)
box; *(para restos mortales)* urn; *(de exposición)* glass case.

urraca [u'raka] f magpie.

urticaria [urti'karja] f nettle rash.

Uruguay [uru'ɣyaj] Uruguay.

uruguayo, ya [uru'ɣyajo, ja] adj & m, f Uruguayan.

usado, da [u'saðo, ða] adj (gastado) worn.

usar [u'sar] vt to use; (llevar) to wear; **¿qué talla usas?** what size do you take?

uso ['uso] m use; (costumbre) custom.

usted [us'teð] (pl **-des** [ðes]) pron you.

usual [u'sual] adj usual.

usuario, ria [u'swarjo, rja] m, f user.

utensilio [uten'siljo] m (herramienta) tool; (de cocina) utensil.

útero ['utero] m womb.

útil ['util] adj useful. ◆ m tool.

utilidad [utili'ðað] f (cualidad) usefulness; (provecho) use.

utilitario [utili'tarjo] m small car.

utilizar [utili'θar] vt to use.

uva ['uβa] f grape; **~s de la suerte** twelve grapes eaten for luck as midnight chimes on New Year's Eve in Spain.

V

vaca ['baka] f (animal) cow; (carne) beef.

vacaciones [baka'θjones] fpl holidays Br, vacation Am; **estar de ~** to be on holiday; **ir de ~** to go on holiday.

vacante [ba'kante] f vacancy.

vaciar [baθi'ar] vt to empty; (hacer hueco) to hollow out.

vacilar [baθi'lar] vi (dudar) to hesitate; (tambalearse) to wobble.

vacío, a [ba'θio,a] adj empty. ◆ m (espacio) void; (hueco) gap; **envasado al ~** vacuum-packed.

vacuna [ba'kuna] f vaccine.

vacunación [bakuna'θjon] f vaccination.

vacunar [baku'nar] vt to vaccinate.

vado ['baðo] m (en la calle) lowered kerb Br, entrance; (de río) ford; **'~ permanente'** 'keep clear'.

vagabundo, da [baɣa'βundo, da] m, f tramp.

vagamente [,baɣa'mente] adv vaguely.

vagina [ba'xina] f vagina.

vago, ga [ba'ɣo, ɣa] adj (perezoso) lazy; (impreciso) vague.

vagón [ba'ɣon] m (de pasajeros) carriage Br, car Am.

vagoneta [baɣo'neta] f cart.

vaho ['bao] m (vapor) steam; (aliento) breath. ❏ **vahos** mpl inhalation (sg).

vaina ['baina] f (de guisantes, habas) pod.

vainilla [baj'niʎa] f vanilla.

vajilla [ba'xiʎa] f dishes.

vale ['bale] m (papel) voucher; Ven (amigo) mate Br, buddy Am. ◆ interj OK!

valentía [balen'tia] f bravery.

valer [ba'ler] vt (costar) to cost; (tener un valor de) to be worth; (originar) to earn. ◆ vi (ser eficaz, servir) to be of use; (persona) to be good; (ser válido) to be valid; (estar permitido) to be allowed; **¿cuánto vale?** how much is it?; **¿vale?** OK?; **vale la pena** it's worth it. ❏ **valerse de** v + prep to make use of.

valeriana [bale'rjana] f *(infusión)* valerian tea.

validez [bali'ðeθ] f validity.

válido, da ['baliðo, ða] *adj (documento, ley)* valid.

valiente [ba'ljente] *adj (persona)* brave; *(actitud, respuesta)* fine.

valioso, sa [ba'ljoso, sa] *adj* valuable.

valla ['baʎa] f *(cercado)* fence; *(muro)* barrier; *(de publicidad)* billboard; *(en deporte)* hurdle.

valle ['baʎe] m valley.

valor [ba'lor] m value; *(valentía)* bravery.

valoración [balora'θjon] f *(de precio)* valuation.

valorar [balo'rar] vt *(tasar)* to value; *(evaluar)* to evaluate.

vals [bals] m waltz.

válvula ['balβula] f valve.

vanguardista [bangwar'ðista] *adj* avant-garde.

vanidad [bani'ðað] f vanity.

vanidoso, sa [bani'ðoso, sa] *adj* vain.

vano ['bano] ◆ **en vano** *adv* in vain.

vapor [ba'por] m vapour; *(de agua)* steam; *(barco)* steamship; **al ~** steamed.

vaporizador [baporiθa'ðor] m spray.

vaquero, ra [ba'kero, ra] *adj (ropa)* denim. ❑ **vaqueros** *mpl (pantalones)* jeans.

vara ['bara] f *(de árbol)* stick; *(de metal)* rod; *(de mando)* staff.

variable [bari'aβle] *adj* changeable.

variado, da [bari'aðo, ða] *adj (que varía)* varied; *(bombones, dulces)* assorted.

variar [bari'ar] vt *(cambiar)* to change; *(dar variedad)* to vary. ◆ vi: ~ **de** *(cambiar)* to change; *(ser diferente)* to be different from.

varicela [bari'θela] f chickenpox.

varices [ba'riθes] *fpl* varicose veins.

variedad [barje'ðað] f variety. ❑ **variedades** *fpl (espectáculo)* variety *(sg)*.

varios, rias ['barjos, rjas] *adj pl (algunos)* several; *(diversos)* various.

varón [ba'ron] m male.

varonil [baro'nil] *adj (de varón)* male; *(valiente, fuerte)* manly.

vasallo, lla [ba'saʎo, ʎa] m, f subject.

vasco, ca ['basko, ka] *adj, m, f* Basque.

vasija [ba'sixa] f container *(earthenware)*.

vaso ['baso] m glass; *(de plástico)* cup.

vasto, ta ['basto, ta] *adj* vast.

Vaticano [bati'kano] m: **El ~** the Vatican.

vaya ['baja] v → ir. ◆ *interj* well!

Vda. *abrev* = viuda.

Vdo. *(abrev de viudo)* widower.

vecindad [beθin'dað] f *(vecindario)* community; *(alrededores)* neighbourhood.

vecindario [beθin'darjo] m community.

vecino, na [be'θino, na] *adj* neighbouring. ◆ m, f *(de una casa)* neighbour; *(de barrio)* resident; *(de pueblo)* inhabitant.

vegetación [bexeta'θjon] f vegetation.

vegetal [bexe'tal] *adj (planta)* plant *(antes de s)*; *(sandwich)* salad *(antes de s)*. ◆ m vegetable.

vegetariano, na [bexeta'rjano, -na] m, f vegetarian.

vehículo [be'ikulo] *m* vehicle; *(de infección)* carrier.

veinte ['bejnte] *núm* twenty → **seis**.

vejez [be'xeθ] *f* old age.

vejiga [be'xiɣa] *f* bladder.

vela ['bela] *f (cirio)* candle; *(de barco)* sail; *(vigilia)* vigil; **pasar la noche en ~** not to sleep all night.

velcro® ['belkro] *m* velcro®.

velero [be'lero] *m (más pequeño)* sailing boat; *(más grande)* sailing ship.

veleta [be'leta] *f* weather vane.

vello ['beʎo] *m* down.

velo ['belo] *m (prenda)* veil; *(tela)* cover.

velocidad [beloθi'ðað] *f (rapidez)* speed; *(marcha)* gear; **~ controlada por radar** ≃ 'speed cameras in operation'.

velódromo [be'loðromo] *m* cycle track.

velomotor [belomo'tor] *m* moped.

velorio [be'lorjo] *m* wake.

veloz [be'loθ] *adj* fast.

vena ['bena] *f* vein.

venado [be'naðo] *m (carne)* venison.

vencedor, ra [benθe'ðor, ra] *m, f* winner.

vencejo [ben'θexo] *m* swift.

vencer [ben'θer] *vt (rival, enemigo)* to beat; *(dificultad, suj: sueño)* to overcome. ◆ *vi (ganar)* to win; *(plazo, garantía)* to expire; *(pago)* to fall.

vencido, da [ben'θiðo, ða] *adj* beaten; **darse por ~** to give in.

vencimiento [benθi'mjento] *m (de plazo, garantía)* expiry *Br*, expiration *Am*; *(de pago)* due date.

venda ['benda] *f* bandage.

vendaje [ben'daxe] *m* bandaging.

vendar [ben'dar] *vt* to bandage.

vendaval [benda'βal] *m* gale.

vendedor, ra [bende'ðor, ra] *m, f* seller.

vender [ben'der] *vt* to sell.

vendimia [ben'dimja] *f* grape harvest.

vendimiador, ra [bendimja'ðor, ra] *m, f* grape picker.

vendimiar [bendi'mjar] *vt* to pick *(grapes)*.

veneno [be'neno] *m* poison.

venenoso, sa [bene'noso, sa] *adj* poisonous.

venezolano, na [beneθo'lano, na] *adj & m, f* Venezuelan.

Venezuela [bene'θwela] Venezuela.

venganza [ben'ganθa] *f* revenge.

vengarse [ben'garse] *vpr* to take revenge.

venida [be'niða] *f (llegada)* arrival; *(regreso)* return.

☞

venir [be'nir] *vi* **-1.** *(presentarse)* to come; **vino a verme** he came to see me.

- 2. *(llegar)* to arrive; **vino a las doce** he arrived at twelve o'clock.

- 3. *(seguir en el tiempo)* to come; **el año que viene** next year; **ahora viene la escena más divertida** the funniest scene comes next.

- 4. *(suceder)*: **le vino una desgracia inesperada** she suffered an unexpected misfortune; **vino la guerra** the war came.

- 5. *(proceder)*: **~ de** to come from.

- 6. *(hallarse, estar)* to be; **el texto viene en inglés** the text is in English.

-7. *(ropa, zapatos)*: **el abrigo le viene pequeño** the coat is too small for her; **tus zapatos no me vienen** your shoes don't fit me.

- **8.** *(en locuciones)*: **¿a qué viene esto?** what do you mean by that? ❑ **venirse** *vpr (llegar)* to come back; ~ **se abajo** *(edificio, persona)* to collapse; *(proyecto)* to fall through.

venta ['benta] *f* sale; *(hostal)* country inn; '~ **de billetes**' 'tickets on sale here'; **'en ~'** 'for sale'; ~ **anticipada** advance sale; ~ **al detalle** retail; ~ **al mayor** wholesale.

ventaja [ben'taxa] *f* advantage.

ventana [ben'tana] *f* window.

ventanilla [benta'niʎa] *f (de oficina, banco)* counter; *(de cine, etc)* ticket office; *(de coche)* window.

ventilación [bentila'θjon] *f* ventilation.

ventilador [bentila'ðoɾ] *m* ventilator, fan.

ventisca [ben'tiska] *f* blizzard.

ventosa [ben'tosa] *f* sucker.

ventoso, sa [ben'toso, sa] *adj* windy.

ventrílocuo, cua [ben'trilokwo, kwa] *m, f* ventriloquist.

ver ['beɾ] *vt* **- 1.** *(percibir)* to see; *(mirar)* to look at; *(televisión, partido)* to watch; **desde casa vemos el mar** we can see the sea from our house; **he estado viendo tu trabajo** I've been looking at your work; ~ **la televisión** to watch television.
- **2.** *(visitar, encontrar)* to see; **fui a** ~ **a unos amigos** I went to see some friends.
- **3.** *(darse cuenta de, entender)* to see; **ya veo que estás de mal humor** I see you're in a bad mood; **ya veo lo que pretendes** now I see what you're trying to do.
- **4.** *(investigar)* to see; **voy a** ~ **si han**

venido I'm going to see whether they've arrived.
- **5.** *(juzgar)*: **yo no lo veo tan mal** I don't think it's that bad.
- **6.** *(en locuciones)*: **hay que** ~ **qué lista es** you wouldn't believe how clever she is; **por lo visto** ❍ **que se ve** apparently; ~ **mundo** to see the world. ◆ *vi* to see; **a** ~ let's see. ❑ **verse** *vpr (mirarse)* to see o.s.; *(encontrarse)* to meet, to see each other; **desde aquí se ve el mar** you can see the sea from here.

veraneante [berane'ante] *mf* holidaymaker *Br*, vacationer *Am*.

veranear [berane'aɾ] *vi* to have one's summer holiday *Br*, to go on summer vacation *Am*.

veraneo [bera'neo] *m* summer holidays *(pl) Br* ❍ vacation *Am*.

veraniego, ga [bera'njeɣo, ɣa] *adj* summer *(antes de s)*.

verano [be'rano] *m* summer; **en** ~ in summer.

veras [be'ras] *adv* really.

verbena [beɾ'βena] *f (fiesta)* street party *(on the eve of certain saints' days)*; *(planta)* verbena.

verbo [ˈbeɾβo] *m* verb; ~ **auxiliar** auxiliary verb.

verdad [beɾ'ðað] *f* truth; **es** ~ it's true; **de** ~ *(en serio)* really; *(auténtico)* real; **está bueno ¿** ~ **?** it's good, isn't it?

verdadero, ra [beɾða'ðeɾo, ɾa] *adj (cierto, real)* real; *(no falso)* true.

verde [ˈbeɾðe] *adj inv* green; *(obsceno)* blue, dirty. ◆ *m* green.

verdulería [beɾðule'ɾia] *f* greengrocer's (shop).

verdulero, ra [beɾðu'leɾo, ɾa] *m, f* greengrocer.

verdura [beɾ'ðuɾa] *f* vegetables *(pl)*, greens *(pl)*.

vereda [be'reða] f CSur & Perú pavement (Br), sidewalk (Am).

veredicto [bere'ðikto] m verdict.

vergonzoso, sa [bervon'θoso,sa] adj (persona) bashful; (acción) shameful.

vergüenza [ber'ɣɣenθa] f (timidez) bashfulness; (sofoco) embarrassment; (dignidad) pride; (pudor) shame; (escándalo) disgrace; **me dio ~** I was embarrassed.

verificar [berifi'kar] vt (comprobar) to check, to verify; (confirmar) to confirm.

verja ['berxa] f (puerta) iron gate.

vermut [ber'mut] m vermouth.

verosímil [bero'simil] adj probable.

verruga [be'ruva] f wart.

versión [ber'sjon] f version; **en ~ original** undubbed (film).

verso ['berso] m (unidad) line; (poema) poem.

vertedero [berte'ðero] m (de basuras) (rubbish) dump.

verter [ber'ter] vt (contenido, líquido) to pour out; (recipiente) to empty; (derramar) to spill.

vertical [berti'kal] adj vertical.

vértice ['bertiθe] m vertex, apex.

vertido [ber'tiðo] m (residuo) waste.

vertiente [ber'tjente] f slope.

vértigo ['bertivo] m (mareo) dizziness; (fobia) vertigo.

vestíbulo [bes'tiβulo] m (de casa) hall; (de hotel) foyer, lobby Am.

vestido [bes'tiðo] m (ropa) clothes (pl); (prenda de mujer) dress.

vestimenta [besti'menta] f clothes (pl).

vestir [bes'tir] vt (con ropa) to dress; (llevar puesto) to wear; (mantener) to clothe. ♦ vi to dress. ❑ **vestirse** vpr to get dressed.

vestuario [bestu'arjo] m (ropa) wardrobe; (de gimnasio, etc) changing room Br, locker room Am; (de teatro) dressing room.

veterano, na [bete'rano, na] m, f veteran.

veterinario, ria [beteri'narjo, rja] m, f vet.

vez [beθ] f (pl **-ces** [θes]) f time; (turno) turn; **a veces** sometimes; **¿lo has hecho alguna ~?** have you ever done it?; **cada ~ más** more and more; **de ~ en cuando** from time to time; **dos veces** twice; **en ~ de** instead of; **muchas veces** a lot, often; **otra ~** again; **pocas veces** hardly ever; **tres veces por día** three times a day; **una ~** once; **unas veces** sometimes.

VHS m VHS.

vía ['bia] f (rail) track Br; (andén) platform, track Am; (medio de transporte) route; (calzada, calle) road; (medio) channel; **en ~s de** in the process of; **por ~ aérea/marítima** by air/sea; **por ~ oral** orally.

viaducto [bja'ðukto] m viaduct.

viajar [bja'xar] vi to travel.

viaje ['bjaxe] m (trayecto) journey; (excursión) trip; (en barco) voyage; **ir de ~** to go away; **¡buen ~!** have a good trip!; **~ de novios** honeymoon.

viajero, ra [bja'xero, ra] m, f (persona que viaja) traveller; (pasajero) passenger.

víbora ['biβora] f viper.

vibrar [bi'βrar] vi to vibrate.

vicepresidente, ta [biθepresi'ðente,ta] m, f vicepresident.

vichysoisse [bitʃi'sɥas] f vichysoisse.

viciarse [bi'θjarse] vpr to get corrupted.

vicio ['biθjo] m (mala costumbre) bad habit; (inmoralidad) vice.

vicioso, sa [bi'θjoso,sa] adj depraved.

víctima ['biktima] f victim; (muerto) casualty; **ser ~ de** to be the victim of.

victoria [bik'torja] f victory.

vid [bið] f vine.

vida ['biða] f life; (medios de subsistencia) living; **de toda la ~** (amigo, etc) lifelong; **buena ~** good life; **mala ~** vice; **~ familiar** family life.

vidente [bi'ðente] mf clairvoyant.

video ['biðeo] m Amér video.

vídeo ['biðeo] m video.

videocámara [,biðeo'kamara] f camcorder.

videocasete [,biðeoka'sete] m video(tape).

videojuego [,biðeo'xɣeɣo] m video game.

vidriera [bi'ðrjera] f (de iglesia) stained glass window.

vidrio ['biðrjo] m glass.

vieira ['bjejra] f scallop.

viejo, ja ['bjexo, xa] adj old. ◆ m, f (anciano) old man (f old woman); RP & Ven (amigo) mate Br, buddy Am.

viento ['bjento] m wind; **hace ~** it's windy.

vientre ['bjentre] m stomach.

viernes ['bjernes] m inv Friday → **sábado**. ❑ **Viernes Santo** m Good Friday.

viga ['biɣa] f (de madera) beam; (de hierro) girder.

vigencia [bi'xenθja] f (de ley, documento) validity; (de costumbre) use.

vigente [bi'xente] adj (ley, documento) in force; (costumbre) in use.

vigilante [bixi'lante] mf guard.

vigilar [bixi'lar] vt (niños, preso) to keep an eye on; (presos, banco) to guard.

vigor [bi'ɣor] m vigour; **en ~** in force.

vigoroso, sa [biɣo'roso, sa] adj vigorous.

vil [bil] adj despicable.

villancico [biʎan'θiko] m Christmas carol.

vinagre [bi'naɣre] m vinegar.

vinagreras [bina'ɣreras] fpl cruet set (sg).

vinagreta [bina'ɣreta] f: (salsa) ~ vinaigrette; **a la ~** with vinaigrette.

vinculación [binkula'θjon] f link.

vincular [binku'lar] vt to link.

vino ['bino] v → **venir**. ◆ m wine; **~ blanco** white wine; **~ de la casa** house wine; **~ corriente** cheap wine; **~ de mesa** table wine; **~ rosado** rosé; **~ tinto** red wine.

viña ['biɲa] f vineyard.

violación [biola'θjon] f (de persona) rape.

violador, ra [biola'ðor, ra] m, f rapist.

violar [bio'lar] vt (ley, acuerdo) to break; (mujer) to rape; (territorio) to violate.

violencia [bio'lenθja] f (agresividad) violence; (fuerza) force; (incomodidad) embarrassment.

violento, ta [bio'lento, ta] adj violent; (incómodo) awkward.

violeta [bio'leta] f violet.

violín [bio'lin] m violin.

violinista [bioli'nista] mf violinist.

violoncelo [bjolon'tʃelo] m cello.

VIP [bip] m VIP.

virgen [bi'rxen] adj (mujer) virgin; (cinta) blank; (película) new. ❑ **Virgen** f: **la Virgen** the Virgin Mary.

virtud [bir'tuð] f virtue; **en ~ de** by virtue of.

viruela [bi'rɣela] f smallpox.

virus ['biɾus] *m inv* virus.

viruta [bi'ruta] *f* shaving; ~s de jamón small flakes of 'serrano' ham.

visado [bi'saðo] *m* visa.

víscera [ˈbisθeɾa] *f* internal organ.

viscosa [bis'kosa] *f* viscose.

visera [bi'seɾa] *f* (en gorra) peak; (suelta) visor.

visible [bi'siβle] *adj* visible.

visillos [bi'siʎos] *mpl* net *Br* ○ lace *Am* curtains.

visita [bi'sita] *f* visit; (persona) visitor; **hacer una ~ a** to visit.

visitante [bisi'tante] *mf* visitor.

visitar [bisi'tar] *vt* to visit.

vislumbrar [bizlum'braɾ] *vt* (entrever) to make out; (adivinar) to get an idea of.

víspera ['bispeɾa] *f* eve.

vista ['bista] *f* (sentido) sight; (ojos) eyes (pl); (panorama) view; (perspicacia) foresight; (juicio) hearing; **a primera ~** at first sight; **a simple ~** at first sight; **¡hasta la ~!** see you!

vistazo [bis'taθo] *m* glance; **echar un ~ a** to have a quick look at.

visto, ta ['bisto, ta] *pp* → **ver.** ◆ *adj* (pasado de moda) old-fashioned; **estar bien/mal ~** to be approved of/frowned on; **por lo ~** apparently.

vistoso, sa [bis'toso, sa] *adj* eye-catching.

vital [bi'tal] *adj* (de la vida) life (antes de s); (fundamental) vital; (con vitalidad) lively.

vitalidad [bitali'ðað] *f* vitality.

vitamina [bita'mina] *f* vitamin.

vitrina [bi'tɾina] *f* glass cabinet; *Amér* (de escaparate) (shop) window.

viudo, da ['bjuðo, ða] *m, f* widower (f widow).

viva [ˈbiβa] *interj* hurray!

víveres [ˈbiβeɾes] *mpl* supplies.

vivienda [bi'βjenda] *f* (casa) dwelling.

vivir [bi'βiɾ] *vi* to live. ◆ *vt* to experience; **~ de** to live on.

vivo, va ['biβo, βa] *adj* alive; (dolor, ingenio) sharp; (detallado) vivid; (ágil, enérgico) lively; (color) bright.

vizcaíno, na [biθka'ino, na] *adj*: **a la vizcaína** in a thick sauce of olive oil, onion, tomato, herbs and red peppers.

vocabulario [bokaβu'laɾjo] *m* vocabulary.

vocación [boka'θjon] *f* vocation.

vocal [bo'kal] *f* vowel.

vodka ['boðka] *m* vodka.

vol. (abrev de volumen) vol.

volador, ra [bola'ðor, ra] *adj* flying.

volante [bo'lante] *adj* flying. ◆ *m* (de coche) steering wheel; (adorno) frill.

volar [bo'lar] *vi* to fly; (desaparecer) to vanish. ◆ *vt* to blow up.

volcán [bol'kan] *m* volcano.

volcánico, ca [bol'kaniko, ka] *adj* volcanic.

volcar [bol'kar] *vt* (sin querer) to knock over; (vaciar) to empty out. ◆ *vi* (recipiente) to tip over; (camión, coche) to overturn; (barco) to capsize.

voleibol [bolei'βol] *m* volleyball.

volquete [bol'kete] *m* dumper truck.

voltaje [bol'taxe] *m* voltage.

voltear [bol'teaɾ] *vt* Andes, CAm, Méx ○ Ven (cuadro) to turn; Amér (derramar) to knock over. ☐ **voltearse** *vpr* Andes, CAm, Carib ○ Méx (dar la vuelta) to turn over.

voltereta [bolte'reta] *f* (en el aire) somersault; (en el suelo) handspring.

volumen [bo'lumen] *m* volume.

voluntad [bolun'tað] *f* (facultad, deseo) will; (resolución) willpower.

voluntario, ria [bolun'tarjo, rja] *adj* voluntary. ◆ *m, f* volunteer.

voluntarioso, sa [bolunta'rjoso, sa] *adj* willing.

volver [bol'βer] *vt* **-1.** *(cabeza, ojos, vista)* to turn; **~ la mirada** to look round.
- 2. *(lo de arriba abajo)* to turn over; *(boca abajo)* to turn upside down; *(lo de dentro fuera)* to turn inside out; **vuelve la tortilla** turn the omelette over.
- 3. *(convertir):* **lo volvió un delincuente** it turned him into a criminal; **me vuelve loco** it makes me mad.
◆ *vi* to return; **~ a** *(tema)* to return to; **~ a hacer algo** to do sthg again.
❑ **volverse** *vpr (darse la vuelta)* to turn round; *(ir de vuelta)* to return; *(convertirse)* to become; **~se loco** to go mad; **~se atrás** *(de decisión)* to back out; *(de afirmación)* to go back on one's word.

vomitar [bomi'tar] *vt* to vomit.

vos [bos] *pron* Andes, CAm, Carib & RP you.

VOSE *f (abrev de versión original subtitulada en español)* original language version with Spanish subtitles.

vosotros, tras [bo'sotros, tras] *pron* you.

votación [bota'θjon] *f* vote.

votante [bo'tante] *mf* voter.

votar [bo'tar] *vt* to vote for. ◆ *vi* to vote.

voto ['boto] *m (en elecciones)* vote; *(en religión)* vow.

voz [boθ] *f (pl -ces* [θes]) *f* voice; *(grito)* shout; *(palabra)* word; *(rumor)* rumour; **en ~ alta** aloud; **en ~ baja** softly.

vuelo ['bwelo] *m* flight; *(de un vesti-* *do)* fullness; **~ chárter** charter flight; **~ regular** scheduled flight; **'~s nacionales** 'domestic flights'.

vuelta ['bwelta] *f (movimiento, de llave)* turn; *(acción)* turning; *(regreso)* return; *(monedas)* change; *(paseo)* walk; *(en coche)* drive; *(cambio)* twist; **dar la ~ a algo** *(rodear)* to go round sthg; **dar una ~** to go for a walk/ drive; **dar ~s** to spin; **darse la ~** to turn round; **estar de ~** to be back; **a la ~** *(volviendo)* on the way back; **a la ~ de la esquina** round the corner; **a ~ de correo** by return (of post); **'~ al colegio'** 'back to school'.

vuelto, ta ['bwelto, ta] *pp* → **volver**. ◆ *m Amér* change.

vuestro, tra ['bwestro, tra] *adj* your. ◆ *pron:* **el ~, la vuestra** yours; **lo ~** your thing; **un amigo ~** a friend of yours.

vulgar [bul'γar] *adj (popular)* ordinary; *(no técnico)* lay; *(grosero)* vulgar.

W

walkman® ['walman] *m* Walkman®.

wáter ['bater] *m* toilet *Br*, bathroom *Am*.

waterpolo [bater'polo] *m* water polo.

WC *m* WC.

whisky ['wiski] *m* whisky.

windsurf ['winsurf] *m* windsurfing; **hacer ~** to windsurf.

X

xenofobia [seno'foβja] f xenophobia.

xenófobo, ba [se'nofoβo, βa] adj xenophobic.

xilófono [si'lofono] m xylophone.

Y

y [i] conj and; (pero) and yet; (en preguntas) what about.

ya [ja] adv (ahora, refuerza al verbo) now; (ahora mismo) at once; (denota pasado) already; (denota futuro) some time soon. ◆ interj (expresa asentimiento) that's it!; (expresa comprensión) yes! ◆ conj: ~ ... ~ ... whether ... or ...; ~ que since.

yacimiento [jaθi'mjento] m deposit.

yanqui ['janki] mf despec Yank.

yate ['jate] m yacht.

yegua ['jeɣwa] f mare.

yema ['jema] f (de huevo) yolk; (de dedo) fingertip; (de planta) bud; (dulce) sweet made of sugar and egg yolk, similar to marzipan.

yen [jen] m yen.

yerbatero [jerβa'tero] m Andes herbalist.

yerno ['jerno] m son-in-law.

yeso ['jeso] m plaster.

yo [jo] pron I; **soy** ~ it's me; ~ **que tú/él** etc if I were you/him etc.

yodo ['joðo] m iodine.

yoga ['joɣa] m yoga.

yogur [jo'jur] m yoghurt.

Yugoslavia [juɣoz'laβja] Yugoslavia.

yunque ['junke] m anil.

Z

zafiro [θa'firo] m sapphire.

zaguán [θa'ɣwan] m entrance hall.

zambullida [θambu'ʎiða] f dive.

zambullirse [θambu'ʎirse] vpr to dive.

zanahoria [θana'orja] f carrot.

zancadilla [θanka'ðiʎa] f trip.

zanco ['θanko] m stilt.

zancudo [θan'kuðo] m Amér mosquito.

zanja ['θanxa] f ditch.

zapateado [θapate'aðo] m type of flamenco foot-stamping dance.

zapatería [θapate'ria] f (tienda) shoe shop Br o store Am; (taller) shoemaker's (shop).

zapatero, ra [θapa'tero, ra] m, f cobbler. ◆ m (mueble) shoe cupboard.

zapatilla [θapa'tiʎa] f slipper; ~ **de deporte** trainer Br, tennis shoe Am.

zapato [θa'pato] m shoe; ~**s de caballero/señora** men's/women's shoes.

zapping [ˈθapin] *m* channel-hopping *Br*, surfing *Am*; **hacer** ~ to channel-hop *Br*, to surf *Am*.

zarandear [θarandeˈar] *vt* to shake.

zarpar [θarˈpar] *vi* to set sail.

zarpazo [θarˈpaθo] *m* clawing.

zarza [ˈθarθa] *f* bramble.

zarzuela [θarˈθwela] *f (obra musical)* light opera; *(guiso)* spicy fish stew.

zinc [θink] *m* zinc.

zíper [ˈθiper] *m* CAm, Carib & Méx zip *(Br)*, zipper *(Am)*.

zipizape [ˌθipiˈθape] *m fam* squabble.

zócalo [ˈθokalo] *m (del edificio)* plinth; *(de muro, pared)* skirting board *Br*, baseboard *Am*.

zodíaco [θoˈðiako] *m* zodiac.

zona [ˈθona] *f* area, zone; *(parte)* part.

ⓘ **ZONA AZUL**

In Spain, blue lines on the road surface indicate areas where a pay-and-display street parking system is in operation, usually in town centres. Parking in "zonas azules" is free at certain times, which are displayed on the ticket machine.

---

zonzo, za [ˈθonθo, θa] *adj Amér* stupid; **hacerse el** ~ to act dumb.

zoo [ˈθoo] *m* zoo.

zoología [θooloˈxia] *f* zoology.

zoológico, ca [θooˈloxiko, ka] *adj* zoological. ◆ *m* zoo.

zopenco, ca [θoˈpenko, ka] *adj* stupid.

zorra [ˈθora] *f vulg (prostituta)* whore → **zorro**.

zorro, rra [ˈθoro, ra] *m, f* fox. ◆ *m (piel)* fox (fur).

zueco [ˈθweko] *m* clog.

zumbar [θumˈbar] *vt fam* to thump. ◆ *vi* to buzz.

zumbido [θumˈbiðo] *m* buzzing.

zumo [ˈθumo] *m* juice; ~ **de fruta** fruit juice; ~ **de naranja** orange juice.

zurcir [θurˈθir] *vt* to darn.

zurdo, da [ˈθurðo, ða] *adj (izquierdo)* left; *(que usa la mano izquierda)* left-handed.

zurrar [θuˈrar] *vt* to hit.

CONJUGACIONES ESPAÑOLAS

ENGLISH VERB TABLES

CONJUGACIONES ESPAÑOLAS

Llave: A = presente indicativo, **B** = imperfecto indicativo,
C = pretérito perfecto simple, **D** = futuro, **E** = condicional,
F = presente subjuntivo, **G** = imperfecto subjuntivo,
H = imperativo, **I** = gerundio, **J** = participio

acertar A acierto, acertamos, etc., **F** acierte, acertemos, etc., **H** acierta, acierte, acertemos, acertad, etc.

adquirir A adquiero, adquirimos, etc., **F** adquiera, adquiramos, etc., **H** adquiere, adquiramos, adquirid, etc.

AMAR A amo, amas, ama, amamos, amáis, aman, **B** amaba, amabas, amaba, amábamos, amabais, amaban, **C** amé, amaste, amó, amamos, amasteis, amaron, **D** amaré, amarás, amará, amaremos, amaréis, amarán, **E** amaría, amarías, amaría, amaríamos, amaríais, amarían, **F** ame, ames, ame, amemos, améis, amen, **G** amara, amaras, amáramos, amarais, amaran, **H** ama, ame, amemos, amad, amen, **I** amando, **J** amado, -da

andar C anduve, anduvimos, etc., **G** anduviera, anduviéramos, etc.

avergonzar A avergüenzo, avergonzamos, etc., **C** avergoncé, avergonzó, avergonzamos, etc., **F** avergüence, avergoncemos, etc., **H** avergüenza, avergüence, avergoncemos, avergonzad, etc.

caber A quepo, cabe, cabemos, etc., **C** cupe, cupimos, etc., **D** cabré, cabremos, etc., **E** cabría, cabríamos, etc., **F** quepa, quepamos, cabed, **G** cupiera, cupiéramos, etc., **H** cabe, quepa, quepamos, etc.

caer A caigo, cae, caemos, etc., **C** cayó, caímos, cayeron, etc., **F** caiga, caigamos, etc., **G** cayera, cayéramos, etc., **H** cae, caiga, caigamos, caed, etc., **I** cayendo

conducir A conduzco, conduce, conducimos, etc., **C** conduje, condujimos, etc., **F** conduzca, conduzcamos, etc., **G** condujera, condujéramos, etc., **H** conduce, conduzca, conduzcamos, conducid, etc.

conocer A conozco, conoce, conocemos, etc., **F** conozca, conozcamos, etc. **H** conoce, conozca, conozcamos, etc.

dar A doy, da, damos, etc., **C** di, dio, dimos, etc., **F** dé, demos, etc., **G** diera, diéramos, etc., **H** da, dé, demos, dad, etc.

decir A digo, dice, decimos, etc., **C** dije, dijimos, etc., **D** diré, diremos, etc., **E** diría, diríamos, etc., **F** diga, digamos, etc., **G** dijera, dijéramos, etc., **H** di, diga, digamos, decid, etc., **I** diciendo, **J** dicho, -cha

dormir A duermo, dormimos, etc., **C** durmió, dormimos, durmieron, etc., **F** duerma, durmamos, etc., **G** durmiera, durmiéramos, etc., **H** duerme, duerma, durmamos, dormid, etc., **I** durmiendo

errar A yerro, erramos, etc., **F** yerre, erremos, etc., **H** yerra, yerre, erremos, errad, etc.

estar A estoy, está, estamos, etc., C estuve, estuvimos, etc., F estÉ, estemos, etc., G estuviera, estuviéramos, etc., H está, esté, estemos, estad, etc.

HABER A he, has, ha, hemos, habéis, han, B había, habías, había, habíamos, habíais, habían, C hube, hubiste, hubo, hubimos, hubisteis, hubieron, D habré, habrás, habrá, habremos, habréis, habrán, E habría, habrías, habría, habríamos, habríais, habrían, F haya, hayas, haya, hayamos, hayáis, hayan, G hubiera, hubieras, hubiera, hubiéramos, hubierais, hubieran, H he, haya, hayamos, haber, hayan, I habiendo, J habido, -da

hacer A hago, hace, hacemos, etc., C hice, hizo, hicimos, etc., D haré, haremos, etc., F haría, haríamos, etc., F haga, hagamos, etc., G hiciera, hiciéramos, etc., H haz, haga, hagamos, haced, etc., J hecho, -cha

huir A huyo, huimos, etc., C huyó, huimos, huyeron, F huya, huyamos, etc. G huyera, huyéramos, etc. H huye, huya, huyamos, huid, etc., I huyendo

ir A voy, va, vamos, etc., C fui, fue, fuimos, etc., F vaya, vayamos, etc., G fuera, fuéramos, etc. H ve, vaya, vayamos, id, etc., I yendo

leer C leyó, leímos, leyeron, etc., G leyera, leyéramos, etc., I leyendo

lucir A luzco, luce, lucimos, etc., F luzca, luzcamos, H luce, luzca, luzcamos, lucid, etc.

mover A muevo, movemos, etc., F mueva, movamos, etc., H mueve, mueva, movamos, moved, etc.

nacer A nazco, nace, nacemos, etc., F nazca, nazcamos, etc., H nace, nazca, nazcamos, naced, etc.

oír A oigo, oye, oímos, etc., C oyó, oímos, oyeron, etc., F oiga, oigamos, etc., G oyera, oyéramos, etc., H oye, oiga, oigamos, oíd, etc., I oyendo

oler A huelo, olemos, etc., F huela, olamos, etc., H huele, huela, olamos, oled, etc.

parecer A parezco, parece, parecemos, etc., F parezca, parezcamos, etc., H parece, parezca, parezcamos, pareced, etc.

PARTIR A parto, partes, parte, partimos, partís, parten, B partía, partías, partía, partíamos, partíais, partían, C partí, partiste, partió, partimos, partisteis, partieron, D partiré, partirás, partirá, partiremos, partiréis, partirán, E partiría, partirías, partiría, partiríamos, partiríais, partirían, F parta, partas, parta, partamos, partáis, partan, G partiera, partieras, partiera, partiéramos, partierais, partieran, H parte, parta, partamos, partid, partan, I partiendo, J partido, -da.

pedir A pido, pedimos, etc. C pidió, pedimos, pidieron, etc., F pida, pidamos, etc., G pidiera, pidiéramos, etc., H pide, pida, pidamos, pedid, etc., I pidiendo

poder A puedo, podemos, etc., C pude, pudimos, etc., D podré, podremos, etc., E podría, podríamos, etc., F pueda, podamos, etc., H puede, pueda, podamos, poded, etc., I pudiendo

poner A pongo, pone, ponemos,

etc., C **puse**, pusimos, etc., D pondré, pondremos, etc., E pondría, pondríamos, etc., F ponga, pongamos, etc., G pusiera, pusiéramos, etc., H pon, ponga, pongamos, poned, etc., J puesto, -ta

querer A quiero, queremos, etc., C quise, quisimos, etc., D querré, querremos, etc., E querría, querríamos, etc., F quiera, queramos, etc., G quisiera, quisiéramos, etc., H quiere, quiera, queramos, quered, etc.

reír A río, reímos, etc., C rió, reímos, rieron, etc., F ría, riamos, etc., G riera, riéramos, etc., H ríe, ría, riamos, reíd, etc., I riendo

saber A sé, sabe, sabemos, etc., C supe, supimos, etc., D sabré, sabremos, etc., E sabría, sabríamos, etc., F sepa, sepamos, etc., G supiera, supiéramos, etc., H sabe, sepa, sepamos, sabed, etc.

salir A salgo, sale, salimos, etc., D saldré, saldremos, etc., E saldría, saldríamos, etc., F salga, salgamos, etc., H sal, salga, salgamos, salid, etc.

sentir A siento, sentimos, etc., C sintió, sentimos, sintieron, etc., F sienta, sintamos, etc., G sintiera, sintiéramos, etc., H siente, sienta, sintamos, sentid, etc., I sintiendo

SER A soy, eres, es, somos, sois, son, B era, eras, era, éramos, erais, eran, C fui, fuiste, fue, fuimos, fuisteis, fueron, D seré, serás, será, seremos, seréis, serán, E sería, serías, serían, F sería, seríamos, seríais, serían, F sea, seas, sea, seamos, seáis, sean, G fuera, fueras, fuera, fuéramos, fuer-ais, fueran, H sé, sea, seamos, sed, sean, I siendo, J sido, -da

sonar A sueno, sonamos, etc., F suene, sonemos, etc., H suena, suene, sonemos, sonad, etc.

TEMER A temo, temes, teme, tememos, teméis, temen, B temía, temías, temía, temíamos, temíais, temían, C temí, temiste, temió, temimos, temisteis, temieron, D temeré, temerás, temerá, temeremos, temeréis, temerán, E temería, temerías, temería, temeríamos, temeríais, temerían, F tema, temas, tema, temamos, temáis, teman, G temiera, temieras, temiera, temiéramos, temierais, temieran, H teme, tema, temamos, temed, teman, I temiendo, J temido, -da

tender A tiendo, tendemos, etc., F tienda, tendamos, etc., H tiende, tendamos, etc.

tener A tengo, tiene, tenemos, etc., C tuve, tuvimos, etc., D tendré, tendremos, etc., E tendría, tendríamos, etc., F tenga, tengamos, etc., G tuviera, tuviéramos, etc., H ten, tenga, tengamos, tened, etc.

traer A traigo, trae, traemos, etc., C traje, trajimos, etc., F traiga, traigamos, etc., G trajera, trajéramos, etc., H trae, traiga, traigamos, traed, etc., I trayendo

valer A valgo, vale, valemos, etc., D valdré, valdremos, etc., F valga, valgamos, etc., H vale, valga, valgamos, valed, etc.

venir A vengo, viene, venimos, etc., C vine, vinimos, etc., D vendré, vendremos, etc., E vendría, vendríamos, etc., F venga, vengamos, etc.,

G viniera, viniéramos, etc., H ven, venga, vengamos, venid, etc., I viniendo

ver A veo, ve, vemos, etc., C vi, vio, vimos, etc., G viera, viéramos, etc., H ve, vea, veamos, ved, etc., I viendo, J visto, -ta.

ENGLISH IRREGULAR VERBS

Infinitive	Past Tense	Past Participle	Infinitive	Past Tense	Past Participle
arise	arose	arisen	drive	drove	driven
awake	awoke	awoken	eat	ate	eaten
be	was/were	been	fall	fell	fallen
bear	bore	born(e)	feed	fed	fed
beat	beat	beaten	feel	felt	felt
begin	began	begun	fight	fought	fought
bend	bent	bent	find	found	found
bet	bet /betted	bet /betted	fling	flung	flung
bid	bid	bid	fly	flew	flown
bind	bound	bound	forget	forgot	forgotten
bite	bit	bitten	freeze	froze	frozen
bleed	bled	bled	get	got	got (Am gotten)
blow	blew	blown	give	gave	given
break	broke	broken	go	went	gone
breed	bred	bred	grind	ground	ground
bring	brought	brought	grow	grew	grown
build	built	built	hang	hung/ hanged	hung /hanged
burn	burnt /burned	burnt /burned	have	had	had
burst	burst	burst	hear	heard	heard
buy	bought	bought	hide	hid	hidden
can	could	-	hit	hit	hit
cast	cast	cast	hold	held	held
catch	caught	caught	hurt	hurt	hurt
choose	chose	chosen	keep	kept	kept
come	came	come	kneel	knelt /kneeled	knelt /kneeled
cost	cost	cost	know	knew	known
creep	crept	crept	lay	laid	laid
cut	cut	cut	lead	led	led
deal	dealt	dealt	lean	leant /leaned	leant /leaned
dig	dug	dug			
do	did	done	leap	leapt /leaped	leapt /leaped
draw	drew	drawn			
dream	dreamed /dreamt	dreamed /dreamt	learn	learnt /learned	learnt /learned
drink	drank	drunk			

Infinitive	Past Tense	Past Participle	Infinitive	Past Tense	Past Participle
leave	left	left	sit	sat	sat
lend	lent	lent	sleep	slept	slept
let	let	let	slide	slid	slid
lie	lay	lain	sling	slung	slung
light	lit/lighted	lit/lighted	smell	smelt	smelt
lose	lost	lost		/smelled	/smelled
make	made	made	sow	sowed	sown
may	might	-			/sowed
mean	meant	meant	speak	spoke	spoken
meet	met	met	speed	sped	sped
mow	mowed	mown		/speeded	/speeded
		/mowed	spell	spelt	spelt
pay	paid	paid		/spelled	/spelled
put	put	put	spend	spent	spent
quit	quit	quit	spill	spilt	spilt
	/quitted	/quitted		/spilled	/spilled
read	read	read	spin	spun	spun
rid	rid	rid	spit	spat	spat
ride	rode	ridden	split	split	split
ring	rang	rung	spoil	spoiled	spoiled
rise	rose	risen		/spoilt	/spoilt
run	ran	run	spread	spread	spread
saw	sawed	sawn	spring	sprang	sprung
say	said	said	stand	stood	stood
see	saw	seen	steal	stole	stolen
seek	sought	sought	stick	stuck	stuck
sell	sold	sold	sting	stung	stung
send	sent	sent	stink	stank	stunk
set	set	set	strike	struck	struck
shake	shook	shaken			/stricken
shall	should	-	swear	swore	sworn
shed	shed	shed	sweep	swept	swept
shine	shone	shone	swell	swelled	swollen
shoot	shot	shot			/swelled
show	showed	shown	swim	swam	swum
shrink	shrank	shrunk	swing	swung	swung
shut	shut	shut	take	took	taken
sing	sang	sung	teach	taught	taught
sink	sank	sunk	tear	tore	torn

Infinitive	Past Tense	Past Participle	Infinitive	Past Tense	Past Participle
tell	told	told	weave	wove	woven
think	thought	thought		/weaved	/weaved
throw	threw	thrown	weep	wept	wept
tread	trod	trodden	win	won	won
wake	woke	woken	wind	wound	wound
	/waked	/waked	wring	wrung	wrung
wear	wore	worn	write	wrote	written

ENGLISH – SPANISH
***
INGLÉS – ESPAÑOL

A

a [stressed eɪ, unstressed ə] *indef art*
- **1.** *(referring to indefinite thing, person)* un (una); **a friend** un amigo; **a table** una mesa; **an apple** una manzana; **to be a doctor** ser médico.
- **2.** *(instead of the number one)* un (una); **a hundred and twenty pounds** ciento veinte libras; **a month ago** hace un mes; **a thousand** mil; **four and a half** cuatro y medio.
- **3.** *(in prices, ratios)* por; **they're £2 a kilo** están a dos libras el kilo; **three times a year** tres veces al año.

AA *n Br (abbr of Automobile Association)* asociación británica del automóvil, ≃ RACE *m*.

AAA *n Am (abbr of American Automobile Association)* ≃ RACE *m*.

aback [ə'bæk] *adv*: **to be taken ~** quedarse atónito(ta).

abandon [ə'bændən] *vt* abandonar.

abattoir ['æbətwɑː] *n* matadero *m*.

abbey ['æbɪ] *n* abadía *f*.

abbreviation [ə,briːvɪ'eɪʃn] *n* abreviatura *f*.

abdomen ['æbdəmən] *n* abdomen *m*.

abide [ə'baɪd] *vt*: **I can't ~ him** no le aguanto. □ **abide by** *vt fus (rule, law)* acatar.

ability [ə'bɪlətɪ] *n (capability)* capacidad *f*, facultad *f*; *(skill)* dotes *fpl*.

able ['eɪbl] *adj* capaz, competente; **to be ~ to do sthg** poder hacer algo.

abnormal [æb'nɔːml] *adj* anormal.

aboard [ə'bɔːd] *adv* a bordo. ◆ *prep (ship, plane)* a bordo de; *(train, bus)* en.

abolish [ə'bɒlɪʃ] *vt* abolir.

abort [ə'bɔːt] *vt* abortar.

abortion [ə'bɔːʃn] *n* aborto *m*; **to have an ~** abortar.

about [ə'baʊt] *adv* **-1.** *(approximately)* más o menos; **~ 50** unos cincuenta; **at ~ six o'clock** a eso de las seis.
- **2.** *(referring to place)* por ahí; **to walk ~** pasearse.
- **3.** *(on the point of)*: **to be ~ to do sthg** estar a punto de hacer algo; **it's ~ to rain** va a empezar a llover.
◆ *prep* **-1.** *(concerning)* acerca de; **a book ~ Scotland** un libro sobre Escocia; **what's it ~?** ¿de qué (se) trata?; **what ~ a drink?** ¿qué tal si tomamos algo?
- **2.** *(referring to place)* por; **there are lots of hotels ~ the town** hay muchos hoteles por toda la ciudad.

above [ə'bʌv] *prep* por encima de.
◆ *adv (higher)* arriba; **children aged ten and ~** niños mayores de diez años; **the room ~** la habitación de arriba; **~ all** sobre todo.

abroad [ə'brɔːd] *adv (be, live, work)*

abrupt

en el extranjero; *(go, move)* al extranjero.

abrupt [ə'brʌpt] *adj* repentino(na).

abscess ['æbses] *n* absceso m.

absence ['æbsəns] *n* ausencia f.

absent ['æbsənt] *adj* ausente.

absent-minded [-'maɪndɪd] *adj* despistado(da).

absolute ['æbsəluːt] *adj* absoluto (ta).

absolutely [*adv* 'æbsəluːtlɪ, *excl* ˌæbsə'luːtlɪ] *adv (completely)* absolutamente. ◆ *excl* ¡por supuesto!

absorb [əb'sɔːb] *vt (liquid)* absorber.

absorbed [əb'sɔːbd] *adj:* to be ~ in sthg estar absorto(ta) en algo.

absorbent [əb'sɔːbənt] *adj* absorbente.

abstain [əb'steɪn] *vi:* to ~ (from) abstenerse (de).

absurd [əb'sɜːd] *adj* absurdo(da).

abuse [*n* ə'bjuːs, *vb* ə'bjuːz] *n (insults)* insultos *mpl; (wrong use, maltreatment)* abuso m. ◆ *vt (insult)* insultar; *(use wrongly)* abusar de; *(maltreat)* maltratar.

abusive [ə'bjuːsɪv] *adj* insultante.

academic [ˌækə'demɪk] *adj (educational)* académico(ca). ◆ *n* profesor m universitario, profesora universitaria f.

academy [ə'kædəmɪ] *n* academia f.

accelerate [ək'seləreɪt] *vi* acelerar.

accelerator [ək'seləreɪtə] *n* acelerador m.

accent ['æksent] *n* acento m.

accept [ək'sept] *vt* aceptar; *(blame, responsibility)* admitir.

acceptable [ək'septəbl] *adj* aceptable.

access ['ækses] *n* acceso m.

accessible [ək'sesəbl] *adj* accesible.

accessories [ək'sesərɪz] *npl (extras)* accesorios *mpl; (fashion items)* complementos *mpl*.

accident ['æksɪdənt] *n* accidente m; by ~ sin querer; *(by chance)* por casualidad.

accidental [ˌæksɪ'dentl] *adj* accidental.

accident insurance *n* seguro m contra accidentes.

accident-prone *adj* propenso (sa) a los accidentes.

acclimatize [ə'klaɪmətaɪz] *vi* aclimatarse.

accommodate [ə'kɒmədeɪt] *vt* alojar.

accommodation [əˌkɒmə'deɪʃn] *n* alojamiento m.

accommodations [əˌkɒmə'deɪʃnz] *npl Am* = **accommodation**.

accompany [ə'kʌmpənɪ] *vt* acompañar.

accomplish [ə'kʌmplɪʃ] *vt* conseguir, lograr.

accord [ə'kɔːd] *n:* of one's own ~ por propia voluntad.

accordance [ə'kɔːdəns] *n:* in ~ with conforme a.

according to [ə'kɔːdɪŋ-] *prep* según.

account [ə'kaʊnt] *n (at bank, shop)* cuenta f; *(spoken report)* relato m; to take into ~ tener en cuenta; on no ~ bajo ningún pretexto; on ~ of debido a. ❏ **account for** *vt fus (explain)* justificar; *(constitute)* representar.

accountant [ə'kaʊntənt] *n* contable *mf Esp*, contador *mf Amér*.

account number *n* número m de cuenta.

accumulate [ə'kjuːmjʊleɪt] *vt* acumular.

accurate ['ækjurət] *adj (description, report)* veraz; *(work, measurement, figure)* exacto(ta).

accuse [ə'kju:z] *vt:* **to ~ sb of sthg** acusar a alguien de algo.

accused [ə'kju:zd] *n:* **the ~** el acusado *m*, la acusada *f*.

ace [eɪs] *n* as *m*.

ache [eɪk] ◆ *n* dolor *m*. ◆ *vi:* **my leg ~s** me duele la pierna.

achieve [ə'tʃiːv] *vt* conseguir.

acid ['æsɪd] *adj* ácido(da). ◆ *n* ácido *m*.

acid rain *n* lluvia *f* ácida.

acknowledge [ək'nɒlɪdʒ] *vt (accept)* reconocer; *(letter)* acusar recibo de.

acne ['ækni] *n* acné *m*.

acorn ['eɪkɔːn] *n* bellota *f*.

acoustic [ə'kuːstɪk] *adj* acústico(ca).

acquaintance [ə'kweɪntəns] *n (person)* conocido *m*, -da *f*.

acquire [ə'kwaɪə'] *vt* adquirir.

acre ['eɪkə'] *n* acre *m*.

acrobat ['ækrəbæt] *n* acróbata *mf*.

across [ə'krɒs] *prep (to, on other side of)* al otro lado de; *(from one side to the other of)* de un lado a otro de. ◆ *adv (to other side)* al otro lado; **it's ten miles ~** tiene diez millas de ancho; **we walked ~ the road** cruzamos la calle; **~ from** en frente de.

acrylic [ə'krɪlɪk] *n* acrílico *m*.

act [ækt] *vi* actuar; *(behave)* comportarse. ◆ *n (action)* acto *m*, acción *f*; POL ley *f*; *(of play)* acto; *(performance)* número *m*; **to ~ as** *(serve as)* hacer de.

action ['ækʃn] *n* acción *f*; **to take ~** tomar medidas; **to put sthg into ~** poner algo en acción; **out of ~** *(machine)* averiado; *(person)* fuera de combate.

action movie *n* película *f* de acción.

active ['æktɪv] *adj* activo(va).

activity [æk'tɪvətɪ] *n* actividad *f*. ❑ **activities** *npl (leisure events)* atracciones *fpl*.

activity holiday *n* vacaciones *organizadas para niños de actividades deportivas, etc*.

actor ['æktə'] *n* actor *m*.

actress ['æktrɪs] *n* actriz *f*.

actual ['æktʃuəl] *adj (exact, real)* verdadero(ra); *(for emphasis)* mismísimo(ma).

actually ['æktʃuəlɪ] *adv (really)* realmente; *(in fact)* la verdad es que.

acupuncture ['ækjupʌŋktʃə'] *n* acupuntura *f*.

acute [ə'kjuːt] *adj (feeling, pain)* intenso(sa); *(angle, accent)* agudo(da).

ad [æd] *n inf* anuncio *m*.

AD *(abbr of Anno Domini)* d.C., d. de J.C.

adapt [ə'dæpt] *vt* adaptar. ◆ *vi* adaptarse.

adapter [ə'dæptə'] *n (for foreign plug)* adaptador *m*; *(for several plugs)* ladrón *m*.

add [æd] *vt (say in addition)* añadir; *(numbers, prices)* sumar. ❑ **add up** *vt sep* sumar. ❑ **add up to** *vt fus (total)* venir a ser.

adder ['ædə'] *n* víbora *f*.

addict ['ædɪkt] *n* adicto *m*, -ta *f*.

addicted [ə'dɪktɪd] *adj:* **to be ~ to sthg** ser adicto(ta) a algo.

addiction [ə'dɪkʃn] *n* adicción *f*.

addition [ə'dɪʃn] *n (added thing)* adición *f*; *(in maths)* suma *f*; **in ~** además; **in ~ to** además de.

additional [ə'dɪʃnəl] *adj* adicional.

additive ['ædɪtɪv] *n* aditivo *m*.

address [ə'dres] *n (on letter)* dirección f. ♦ vt (speak to) dirigirse a; (letter) dirigir.

address book n agenda f de direcciones.

addressee [ˌædreˈsiː] n destinatario m, -ria f.

adequate [ˈædɪkwət] adj (sufficient) suficiente; (satisfactory) aceptable.

adhere [ədˈhɪəʳ] vi: to ~ to (stick to) adherirse a; (obey) observar.

adhesive [ədˈhiːsɪv] adj adhesivo (va). ♦ n adhesivo m.

adjacent [əˈdʒeɪsənt] adj adyacente.

adjective [ˈædʒɪktɪv] n adjetivo m.

adjoining [əˈdʒɔɪnɪŋ] adj contiguo(gua).

adjust [əˈdʒʌst] vt ajustar. ♦ vi: to ~ to adaptarse a.

adjustable [əˈdʒʌstəbl] adj ajustable.

adjustment [əˈdʒʌstmənt] n ajuste m.

administration [ədˌmɪnɪˈstreɪʃn] n administración f.

administrator [ədˈmɪnɪstreɪtəʳ] n administrador m, -ra f.

admire [ədˈmaɪəʳ] vt admirar.

admission [ədˈmɪʃn] n (permission to enter) admisión f; (entrance cost) entrada f.

admission charge n entrada f.

admit [ədˈmɪt] vt admitir. ♦ vi: to ~ to sthg admitir algo; '~s one' (on ticket) 'válido para una persona'.

adolescent [ˌædəˈlesnt] n adolescente mf.

adopt [əˈdɒpt] vt adoptar.

adopted [əˈdɒptɪd] adj adoptivo (va).

adorable [əˈdɔːrəbl] adj adorable.

adore [əˈdɔːʳ] vt adorar.

adult [ˈædʌlt] n adulto m, -ta f. ♦ adj (entertainment, films) para adultos (animal) adulto(ta).

adult education n educación f para adultos.

adultery [əˈdʌltərɪ] n adulterio m.

advance [ədˈvɑːns] n (money) anticipo m; (movement) avance m. ♦ ad (warning) previo(via); (payment) anticipado(da). ♦ vt adelantar. ♦ vi avanzar.

advance booking n reserva f o reservación f Amér anticipada.

advanced [ədˈvɑːnst] adj (student, level) avanzado(da).

advantage [ədˈvɑːntɪdʒ] n (benefit ventaja f; **to take ~ of** (opportunity, offer) aprovechar; (person) aprovecharse de.

adventure [ədˈventʃəʳ] n aventura f.

adventurous [ədˈventʃərəs] adj (person) aventurero(ra).

adverb [ˈædvɜːb] n adverbio m.

adverse [ˈædvɜːs] adj adverso(sa).

advert [ˈædvɜːt] = **advertisement**.

advertise [ˈædvətaɪz] vt (product, event) anunciar.

advertisement [ədˈvɜːtɪsmənt] n anuncio m.

advice [ədˈvaɪs] n consejos mpl; **a piece of ~** un consejo.

advisable [ədˈvaɪzəbl] adj aconsejable.

advise [ədˈvaɪz] vt aconsejar; **to ~ sb to do sthg** aconsejar a alguien que haga algo; **to ~ sb against doing sthg** aconsejar a alguien que no haga algo.

advocate [n ˈædvəkət, vb ˈædvəkeɪt] n JUR abogado m, -da f. ♦ vt abogar por.

aerial [ˈeərɪəl] n antena f.

aerobics [eəˈrəʊbɪks] n aerobic m.

aeroplane ['eərəpleɪn] n avión m.

aerosol ['eərəsɒl] n aerosol m.

affair [ə'feə'] n (matter) asunto m; (love affair) aventura f (amorosa); (event) acontecimiento m.

affect [ə'fekt] vt (influence) afectar.

affection [ə'fekʃn] n afecto m.

affectionate [ə'fekʃnət] adj cariñoso(sa).

affluent ['æfluənt] adj opulento (ta).

afford [ə'fɔːd] vt: **to be able to ~ sthg** (holiday, new coat) poder permitirse algo; **I can't ~ it** no me lo puedo permitir; **I can't ~ the time** no tengo tiempo.

affordable [ə'fɔːdəbl] adj asequible.

afloat [ə'fləʊt] adj a flote.

afraid [ə'freɪd] adj: **to be ~ of** (person) tener miedo a; (thing) tener miedo de; **I'm ~ so/not** me temo que sí/no.

after ['ɑːftə'] prep después de. ◆ conj después de que. ◆ adv después; **a quarter ~ ten** Am las diez y cuarto; **to be ~ sthg/sb** (in search of) buscar algo/a alguien; **~ all** (in spite of everything) después de todo; (it should be remembered) al fin y al cabo.

aftercare ['ɑːftəkeə'] n asistencia f post-hospitalaria.

aftereffects ['ɑːftərɪˌfekts] npl efectos mpl secundarios.

afternoon [ˌɑːftə'nuːn] n tarde f; **good ~!** ¡buenas tardes!

afternoon tea n ≃ merienda f.

aftershave ['ɑːftəʃeɪv] n colonia f para después del afeitado.

aftersun ['ɑːftəsʌn] n aftersún m.

afterwards ['ɑːftəwədz] adv después.

again [ə'gen] adv de nuevo, otra vez; **~ and ~** una y otra vez; **never** **~** nunca jamás.

against [ə'genst] prep contra; (in disagreement with) en contra de; **to lean ~ sthg** apoyarse en algo; **~ the law** ilegal.

age [eɪdʒ] n edad f; (old age) vejez f; **under ~** menor de edad; **I haven't seen her for ~s** (inf) hace siglos que no la veo.

aged [eɪdʒd] adj: **~ eight** de ocho años de edad.

age group n grupo m de edad.

age limit n edad f máxima/mínima.

agency ['eɪdʒənsɪ] n agencia f.

agenda [ə'dʒendə] n orden m del día.

agent ['eɪdʒənt] n agente mf.

aggression [ə'greʃn] n agresividad f.

aggressive [ə'gresɪv] adj agresivo (va).

agile [Br 'ædʒaɪl, Am 'ædʒəl] adj ágil.

agitated ['ædʒɪteɪtɪd] adj agitado (da).

ago [ə'gəʊ] adv: **a month ~** hace un mes; **how long ~?** ¿cuánto tiempo hace?

agonizing ['ægənaɪzɪŋ] adj (delay) angustioso(sa); (pain) atroz.

agony ['ægənɪ] n dolor m intenso.

agree [ə'griː] vi (be in agreement) estar de acuerdo; (consent) acceder; (correspond) concordar; **it doesn't ~ with me** (food) no me sienta bien; **to ~ to sthg** acceder a algo; **to do sthg** acceder a hacer algo. ❑ **agree on** vt fus (time, price) acordar.

agreed [ə'griːd] adj acordado(da); **to be ~** (person) estar de acuerdo.

agreement [ə'griːmənt] n acuerdo m; **in ~ with** de acuerdo con.

agriculture ['ægrɪkʌltʃə'] n agricultura f.

ahead [ə'hed] *adv (in front)* delante; *(forwards)* adelante; **the months** ∼ los meses que vienen; **to be** ∼ *(winning)* ir ganando; ∼ **of** *(in front of)* delante de; *(in better position than)* por delante de; ∼ **of schedule** por delante de lo previsto; **go straight** ∼ sigue todo recto; **they're two points** ∼ llevan dos puntos de ventaja.

aid [eɪd] *n* ayuda *f.* ◆ *vt* ayudar; **in** ∼ **of** a beneficio de; **with the** ∼ **of** con la ayuda de.

AIDS [eɪdz] *n* SIDA *m.*

ailment ['eɪlmənt] *n fml* achaque *m.*

aim [eɪm] *n (purpose)* propósito *m.* ◆ *vt* apuntar. ◆ *vi:* **to** ∼ **(at)** apuntar (a); **to** ∼ **to do sthg** aspirar a hacer algo.

air [eəʳ] *n* aire *m.* ◆ *vt (room)* ventilar. ◆ *adj* aéreo(a); **by** ∼ *(travel)* en avión; *(send)* por avión.

airbed ['eəbed] *n* colchón *m* de aire.

airborne ['eəbɔːn] *adj* en el aire.

air-conditioned [-kən'dɪʃnd] *adj* climatizado(da).

air-conditioning [-kən'dɪʃnɪŋ] *n* aire *m* acondicionado.

aircraft ['eəkrɑːft] *(pl inv) n* avión *m.*

airforce ['eəfɔːs] *n* fuerzas *fpl* aéreas.

air freshener [-ˌfreʃnəʳ] *n* ambientador *m.*

airhostess ['eəˌhəʊstɪs] *n* azafata *f,* aeromoza *f Amér.*

airletter ['eəˌletəʳ] *n* aerograma *m.*

airline ['eəlaɪn] *n* línea *f* aérea.

airliner ['eəˌlaɪnəʳ] *n* avión *m* (grande) de pasajeros.

airmail ['eəmeɪl] *n* correo *m* aéreo; **by** ∼ por avión.

airplane ['eəpleɪn] *n Am* avión *m.*

airport ['eəpɔːt] *n* aeropuerto *m.*

airsick ['eəsɪk] *adj* mareado(da) *(en avión).*

air steward *n* auxiliar *m* de vuelo, sobrecargo *mf Amér.*

air stewardess *n* azafata *f,* aeromoza *f Amér.*

air traffic control *n (people)* personal *m* de la torre de control.

aisle [aɪl] *n (in church)* nave *f* lateral; *(in plane, cinema, supermarket)* pasillo *m.*

aisle seat *n (on plane)* asiento *m* junto al pasillo.

ajar [ə'dʒɑːʳ] *adj* entreabierto(ta).

alarm [ə'lɑːm] *n* alarma *f.* ◆ *vt* alarmar.

alarm clock *n* despertador *m.*

alarmed [ə'lɑːmd] *adj (door, car)* con alarma.

alarming [ə'lɑːmɪŋ] *adj* alarmante.

album ['ælbəm] *n* álbum *m.*

alcohol ['ælkəhɒl] *n* alcohol *m.*

alcohol-free *adj* sin alcohol.

alcoholic [ˌælkə'hɒlɪk] *adj* alcohólico(a). ◆ *n* alcohólico *m,* -ca *f.*

alcoholism ['ælkəhɒlɪzm] *n* alcoholismo *m.*

alcove ['ælkəʊv] *n* hueco *m.*

ale [eɪl] *n* cerveza oscura de sabor amargo y alto contenido en alcohol.

alert [ə'lɜːt] *adj* atento(ta). ◆ *vt* alertar.

A-level *n* examen necesario para acceder a la universidad.

algebra ['ældʒɪbrə] *n* álgebra *f.*

alias ['eɪlɪəs] *adv* alias.

alibi ['ælɪbaɪ] *n* coartada *f.*

alien ['eɪlɪən] *n (foreigner)* extranjero *m,* -ra *f; (from outer space)* extraterrestre *mf.*

alight [ə'laɪt] *adj* ardiendo. ◆ *vi fml (from train, bus):* **to** ∼ **(from)** apearse (de).

align [ə'laɪn] vt alinear.

alike [ə'laɪk] adj parecido(da). ◆ adv igual; **to look ~** parecerse.

alive [ə'laɪv] adj vivo(va).

☞

all [ɔːl] adj - **1.** (with singular noun) todo(da); **~ the money** todo el dinero; **~ the time** todo el rato; **~ day** todo el día.

- **2.** (with plural noun) todos(das); **~ the houses** todas las casas; **three died** los tres murieron.

◆ adv - **1.** (completely) completamente; **~ alone** completamente solo.

- **2.** (in scores): **it's two ~** van empatados a dos.

- **3.** (in phrases): **~ but empty** casi vacío; **~ over** (finished) terminado, por todo.

◆ pron - **1.** (everything) todo m, -da f; **~ of the work** todo el trabajo; **is that ~ ?** (in shop) ¿algo más?; **the best of ~** lo mejor de todo.

- **2.** (everybody) todos mpl, -das fpl; **~ of us went** fuimos todos.

- **3.** (in phrases): **in ~** (in total) en total; **can I help you at ~ ?** ¿le puedo ayudar en algo?

Allah ['ælə] n Alá m.

allege [ə'ledʒ] vt alegar.

allergic [ə'lɜːdʒɪk] adj: **to be ~ to** ser alérgico(ca) a.

allergy ['ælədʒɪ] n alergia f.

alleviate [ə'liːvɪeɪt] vt aliviar.

alley ['ælɪ] n (narrow street) callejón m.

alligator ['ælɪgeɪtə'] n caimán m.

all-in adj Br (inclusive) con todo incluido.

all-night adj (bar, petrol station) abierto(ta) toda la noche.

allocate ['æləkeɪt] vt asignar.

allow [ə'laʊ] vt (permit) permitir;

(time, money) contar por; **to ~ sb to do sthg** dejar a alguien hacer algo; **to be ~ed to do sthg** poder hacer algo. ☐ **allow for** vt fus contar con.

allowance [ə'laʊəns] n (state benefit) subsidio m; (for expenses) dietas fpl; Am (pocket money) dinero m de bolsillo.

all right adj bien. ◆ adv (satisfactorily) bien; (yes, okay) vale.

ally ['ælaɪ] n aliado m, -da f.

almond ['ɑːmənd] n almendra f.

almost ['ɔːlməʊst] adv casi.

alone [ə'ləʊn] adj & adv solo(la); **to leave sb ~** dejar a alguien en paz; **to leave sthg ~** dejar algo.

along [ə'lɒŋ] prep (towards one end of) por; (alongside) a lo largo de. ◆ adv: **she was walking ~** iba caminando; **to bring sthg ~** traerse algo; **all ~** siempre, desde el principio; **~ with** junto con.

alongside [ə,lɒŋ'saɪd] prep junto a. ◆ adv: **to come ~** ponerse al lado.

aloud [ə'laʊd] adv en voz alta.

alphabet ['ælfəbet] n alfabeto m.

Alps [ælps] npl: **the ~** los Alpes.

already [ɔːl'redɪ] adv ya.

also ['ɔːlsəʊ] adv también.

altar ['ɔːltə'] n altar m.

alter ['ɔːltə'] vt alterar.

alteration [,ɔːltə'reɪʃn] n alteración f.

alternate [Br ɔːl'tɜːnət, Am 'ɔːltərnət] adj alterno(na).

alternative [ɔːl'tɜːnətɪv] adj alternativo(va). ◆ n alternativa f.

alternatively [ɔːl'tɜːnətɪvlɪ] adv o bien.

although [ɔːl'ðəʊ] conj aunque.

altitude ['æltɪtjuːd] n altitud f.

altogether [,ɔːltə'geðə'] adv (completely) completamente; (in total) en total.

aluminium [ˌæljʊˈmɪnɪəm] *n* Br aluminio *m*.

aluminum [əˈluːmɪnəm] Am = **aluminium**.

always [ˈɔːlweɪz] *adv* siempre.

am [æm] → **be**.

a.m. (*abbr of ante meridiem*): **at 2 ~** a las dos de la mañana.

amateur [ˈæmətəʳ] *n* aficionado *m*, -da *f*.

amazed [əˈmeɪzd] *adj* asombrado (da).

amazing [əˈmeɪzɪŋ] *adj* asombroso(sa).

ambassador [æmˈbæsədəʳ] *n* embajador *m*, -ra *f*.

amber [ˈæmbəʳ] *adj* (*traffic lights*) (de color) ámbar; (*jewellery*) de ámbar.

ambiguous [æmˈbɪgjʊəs] *adj* ambiguo(gua).

ambition [æmˈbɪʃn] *n* ambición *f*.

ambitious [æmˈbɪʃəs] *adj* ambicioso(sa).

ambulance [ˈæmbjʊləns] *n* ambulancia *f*.

ambush [ˈæmbʊʃ] *n* emboscada *f*.

amenities [əˈmiːnətɪz] *npl* instalaciones *fpl*.

America [əˈmerɪkə] *n* América.

American [əˈmerɪkən] *adj* americano(na). ◆ *n* (*person*) americano *m*, -na *f*.

amiable [ˈeɪmɪəbl] *adj* amable.

ammunition [ˌæmjʊˈnɪʃn] *n* municiones *fpl*.

amnesia [æmˈniːzɪə] *n* amnesia *f*.

among(st) [əˈmʌŋ(st)] *prep* entre.

amount [əˈmaʊnt] *n* cantidad *f*. ◻ **amount to** *vt fus* (*total*) ascender a.

amp [æmp] *n* amperio *m*; **a 13-**

~ plug un enchufe con un fusible de 13 amperios.

ample [ˈæmpl] *adj* más que suficiente.

amplifier [ˈæmplɪfaɪəʳ] *n* amplificador *m*.

amputate [ˈæmpjʊteɪt] *vt* amputar.

amuse [əˈmjuːz] *vt* (*make laugh*) divertir; (*entertain*) entretener.

amusement arcade [əˈmjuːzmənt-] *n* salón *m* de juegos.

amusement park [əˈmjuːzmənt-] *n* parque *m* de atracciones.

amusements [əˈmjuːzmənts] *npl* atracciones *fpl*.

amusing [əˈmjuːzɪŋ] *adj* divertido (da).

an [*stressed* æn, *unstressed* ən] → **a**.

anaemic [əˈniːmɪk] *adj* Br (*person*) anémico(ca).

anaesthetic [ˌænɪsˈθetɪk] *n* Br anestesia *f*.

analgesic [ˌænælˈdʒiːzɪk] *n* analgésico *m*.

analyse [ˈænəlaɪz] *vt* analizar.

analyst [ˈænəlɪst] *n* (*psychoanalyst*) psicoanalista *mf*.

analyze [ˈænəlaɪz] *Am* = **analyse**.

anarchy [ˈænəkɪ] *n* anarquía *f*.

anatomy [əˈnætəmɪ] *n* anatomía *f*.

ancestor [ˈænsestəʳ] *n* antepasado *m*, -da *f*.

anchor [ˈæŋkəʳ] *n* ancla *f*.

anchovy [ˈæntʃəvɪ] *n* (*salted*) anchoa *f*; (*fresh*) boquerón *m*.

ancient [ˈeɪnʃənt] *adj* antiguo (gua).

and [*strong form* ænd, *weak form* ənd, ən] *conj* y; (*before "i" or "hi"*) e; **~ you?** ¿y tú?; **a hundred ~ one** ciento uno; **more ~ more** cada vez más; **to try ~ do sthg** intentar hacer algo.

to go ~ see ir a ver.

Andalusia [ˌændə'luːzɪə] n Andalucía.

anecdote ['ænɪkdəʊt] n anécdota f.

anemic [ə'niːmɪk] Am = **anaemic**.

anesthetic [ˌænɪs'θetɪk] Am = **anaesthetic**.

angel ['eɪndʒl] n ángel m.

anger ['æŋgə'] n ira f, furia f.

angina [æn'dʒaɪnə] n angina f de pecho.

angle ['æŋgl] n ángulo m; **at an ~** torcido.

angler ['æŋglə'] n pescador m, -ra f (con caña).

angling ['æŋglɪŋ] n pesca f (con caña).

angry ['æŋgrɪ] adj (person) enfadado(da); (words, look, letter) airado (da); **to get ~ (with sb)** enfadarse (con alguien).

animal ['ænɪml] n animal m.

aniseed ['ænɪsiːd] n anís m.

ankle ['æŋkl] n tobillo m.

annex ['æneks] n (building) edificio m anejo.

anniversary [ˌænɪ'vɜːsərɪ] n aniversario m.

announce [ə'naʊns] vt anunciar.

announcement [ə'naʊnsmənt] n anuncio m.

announcer [ə'naʊnsə'] n (on TV) presentador m, -ra f; (on radio) locutor m, -ra f.

annoy [ə'nɔɪ] vt molestar, fastidiar.

annoyed [ə'nɔɪd] adj molesto(ta); **to get ~ (with)** enfadarse (con).

annoying [ə'nɔɪɪŋ] adj molesto (ta), fastidioso(sa).

annual ['ænjʊəl] adj anual.

anonymous [ə'nɒnɪməs] adj anónimo(ma).

anorak ['ænəræk] n anorak m.

another [ə'nʌðə'] adj otro m, otra f. ♦ pron otro m, otra f; **~ one** otro (otra); **one ~** el uno (la una a la otra); **they love one ~** se quieren; **with one ~** el uno con el otro (la una con la otra); **one after ~** uno tras otro (una tras otra).

answer ['ɑːnsə'] n respuesta f. ♦ vt (person, question) contestar a; (letter, advert) responder a. ♦ vi contestar; **to ~ the door** abrir la puerta; **to ~ the phone** coger el teléfono. ❑ **answer back** vi replicar.

answering machine ['ɑːnsər-ɪŋ-] = **answerphone**.

answerphone ['ɑːnsəfəʊn] n contestador m automático.

ant [ænt] n hormiga f.

Antarctic [æn'tɑːktɪk] n: **the ~** el Antártico.

antenna [æn'tenə] n Am (aerial) antena f.

anthem ['ænθəm] n himno m.

antibiotics [ˌæntɪbaɪ'ɒtɪks] npl antibióticos mpl.

anticipate [æn'tɪsɪpeɪt] vt prever.

anticlimax [ˌæntɪ'klaɪmæks] n anticlímax m inv.

anticlockwise [ˌæntɪ'klɒkwaɪz] adv Br en sentido contrario al de las agujas del reloj.

antidote ['æntɪdəʊt] n antídoto m.

antifreeze ['æntɪfriːz] n anticongelante m.

antihistamine [ˌæntɪ'hɪstəmɪn] n antihistamínico m.

antiperspirant [ˌæntɪ'pɜːspərənt] n desodorante m.

antique [æn'tiːk] n antigüedad f.

antique shop n tienda f de antigüedades.

antiseptic [ˌæntɪ'septɪk] n antiséptico m.

antisocial [ˌæntɪˈsəʊʃl] *adj (person)* insociable; *(behaviour)* antisocial.

antlers [ˈæntləz] *npl* cornamenta *f*.

anxiety [ænˈzaɪətɪ] *n* inquietud *f*, ansiedad *f*.

anxious [ˈæŋkʃəs] *adj (worried)* preocupado(da); *(eager)* ansioso (sa).

any [ˈenɪ] *adj* **- 1.** *(in questions)* algún(una); **have you got ~ money?** ¿tienes (algo de) dinero?; **have you got ~ rooms?** ¿tienes habitaciones libres?
- 2. *(in negatives)* ningún(una); **I haven't got ~ money** no tengo (nada de) dinero; **we don't have ~ rooms** no tenemos ninguna habitación.
- 3. *(no matter which)* cualquier; **take ~ one you like** coge el que quieras.
◆ *pron* **- 1.** *(in questions)* alguno *m*, -na *f*; **I'm looking for a hotel - are there ~ nearby?** estoy buscando un hotel ¿hay alguno por aquí cerca?
- 2. *(in negatives)* ninguno *m*, -na *f*; **I don't want ~ (of them)** no quiero ninguno; **I don't want ~ (of it)** no quiero (nada).
- 3. *(no matter which one)* cualquiera; **you can sit at ~ of the tables** puede sentarse en cualquier mesa.
◆ *adv* **- 1.** *(in questions)* **is that ~ better?** ¿es así mejor?; **is there ~ more cheese?** ¿hay más queso?; **~ other questions?** ¿alguna otra pregunta?
- 2. *(in negatives)* **he's not ~ better** no se siente nada mejor; **we can't wait ~ longer** ya no podemos esperar más.

anybody [ˈenɪˌbɒdɪ] = **anyone**.

anyhow [ˈenɪhaʊ] *adv (carelessly)* de cualquier manera; *(in any case)* en cualquier caso; *(in spite of that)* de to-

dos modos.

anyone [ˈenɪwʌn] *pron (in questions)* alguien; *(any person)* cualquiera; **I don't like ~** no me gusta nadie.

anything [ˈenɪθɪŋ] *pron (in questions)* algo; *(no matter what)* cualquier cosa; **he didn't say ~** no dijo nada.

anyway [ˈenɪweɪ] *adv* de todos modos.

anywhere [ˈenɪweəʳ] *adv (in questions)* en/a algún sitio; *(any place)* en/a cualquier sitio; **I can't find it ~** no lo encuentro en ningún sitio; **~ you like** donde quieras.

apart [əˈpɑːt] *adv* aparte; **they're miles ~** están muy separados; **to come ~** romperse; **~ from** *(except for)* salvo; *(as well as)* además de.

apartheid [əˈpɑːtheɪt] *n* apartheid *m*.

apartment [əˈpɑːtmənt] *n Am* piso *m Esp*, apartamento *m*.

apathetic [ˌæpəˈθetɪk] *adj* apático (ca).

ape [eɪp] *n* simio *m*.

aperitif [əˌperɪˈtiːf] *n* aperitivo *m*.

aperture [ˈæpətʃəʳ] *n (of camera)* abertura *f*.

APEX [ˈeɪpeks] *n (plane ticket)* APEX *f*; *Br (train ticket)* billete de precio reducido no transferible que se compra con dos días de antelación.

apiece [əˈpiːs] *adv* cada uno (una).

apologetic [əˌpɒləˈdʒetɪk] *adj* lleno(na) de disculpas.

apologize [əˈpɒlədʒaɪz] *vi:* **to ~ (to sb for sthg)** disculparse (con alguien por algo).

apology [əˈpɒlədʒɪ] *n* disculpa *f*.

apostrophe [əˈpɒstrəfɪ] *n* apóstrofo *m*.

appal [əˈpɔːl] *vt* horrorizar.

appall [əˈpɔːl] *Am* = **appal**.

appalling [əˈpɔːlɪŋ] *adj* horrible.

apparatus [ˌæpəˈreɪtəs] n aparato m.

apparently [əˈpærəntlɪ] adv (it seems) por lo visto; (evidently) aparentemente.

appeal [əˈpiːl] n JUR apelación f; (fundraising campaign) campaña f para recaudar fondos. ◆ vt JUR apelar; **to ~ to sb (for sthg)** hacer un llamamiento a alguien (para algo); **it doesn't ~ to me** no me atrae.

appear [əˈpɪə] vi (come into view) aparecer; (seem) parecer; (in play, on TV) salir; (before court) comparecer; **it ~s that** parece que.

appearance [əˈpɪərəns] n (arrival) aparición f; (look) aspecto m.

appendicitis [əˌpendɪˈsaɪtɪs] n apendicitis f inv.

appendix [əˈpendɪks] (pl -dices) n apéndice m.

appetite [ˈæpɪtaɪt] n apetito m.

appetizer [ˈæpɪtaɪzə] n aperitivo m.

appetizing [ˈæpɪtaɪzɪŋ] adj apetitoso(sa).

applaud [əˈplɔːd] vt & vi aplaudir.

applause [əˈplɔːz] n aplausos mpl.

apple [ˈæpl] n manzana f.

apple crumble n budín de manzana cubierto con una masa de harina, azúcar y mantequilla que se sirve caliente.

apple juice n zumo m de manzana Esp, jugo m de manzana Amér.

apple pie n pastel de hojaldre relleno de compota de manzana.

apple sauce n compota de manzana.

apple tart n tarta f de manzana.

appliance [əˈplaɪəns] n aparato m; **electrical/domestic ~** electrodoméstico m.

applicable [əˈplɪkəbl] adj: **to be ~ (to)** ser aplicable (a); **if ~** si corresponde.

applicant [ˈæplɪkənt] n solicitante mf.

application [ˌæplɪˈkeɪʃn] n solicitud f.

application form n impreso m de solicitud.

apply [əˈplaɪ] vt (lotion) aplicar; (brakes) pisar. ◆ vi: **to ~ to sb for sthg** (make request) solicitar algo a alguien; **to ~ (to sb)** (be applicable) ser aplicable (a alguien).

appointment [əˈpɔɪntmənt] n (with businessman) cita f; (with doctor, hairdresser) hora f; **to have an ~ (with)** (businessman) tener una cita (con); (doctor, hairdresser) tener hora (con); **to make an ~ (with)** (businessman) pedir una cita (con); (doctor, hairdresser) pedir hora (a); **by ~** mediante cita.

appreciable [əˈpriːʃəbl] adj apreciable.

appreciate [əˈpriːʃɪeɪt] vt (be grateful for) agradecer; (understand) ser consciente de; (like, admire) apreciar.

apprehensive [ˌæprɪˈhensɪv] adj inquieto(ta).

apprentice [əˈprentɪs] n aprendiz m, -za f.

apprenticeship [əˈprentɪsʃɪp] n aprendizaje m.

approach [əˈprəʊtʃ] n (road) acceso m; (to problem, situation) enfoque m, planteamiento m. ◆ vt (come nearer to) acercarse a; (problem, situation) enfocar. ◆ vi acercarse.

appropriate [əˈprəʊprɪət] adj apropiado(da).

approval [əˈpruːvl] n (favourable opinion) aprobación f; (permission) permiso m.

approve [əˈpruːv] vi: **to ~ of sthg/sb** ver con buenos ojos algo/a alguien.

approximate [ə'prɒksɪmət] *adj* aproximado(da).

approximately [ə'prɒksɪmətlɪ] *adv* aproximadamente.

apricot ['eɪprɪkɒt] *n* albaricoque *m*.

April ['eɪprəl] *n* abril *m* → **September**.

April Fools' Day *n* ≃ Día *m* de los Santos Inocentes.

apron ['eɪprən] *n* delantal *m*.

apt [æpt] *adj* (*appropriate*) acertado (da); **to be ~ to do sthg** ser propenso(sa) a hacer algo.

aquarium [ə'kweərɪəm] (*pl* -ria [-rɪə]) *n* acuario *m*.

aqueduct ['ækwɪdʌkt] *n* acueducto *m*.

arbitrary ['ɑ:bɪtrərɪ] *adj* arbitrario (ria).

arc [ɑ:k] *n* arco *m*.

arcade [ɑ:'keɪd] *n* (*for shopping*) centro *m* comercial; (*of video games*) salón *m* de juegos.

arch [ɑ:tʃ] *n* arco *m*.

archaeology [ˌɑ:kɪ'ɒlədʒɪ] *n* arqueología *f*.

archbishop [ˌɑ:tʃ'bɪʃəp] *n* arzobispo *m*.

archery ['ɑ:tʃərɪ] *n* tiro *m* con arco.

archipelago [ˌɑ:kɪ'peləgəʊ] *n* archipiélago *m*.

architect ['ɑ:kɪtekt] *n* arquitecto *m*, -ta *f*.

architecture ['ɑ:kɪtektʃə'] *n* arquitectura *f*.

archive ['ɑ:kaɪv] *n* archivo *m*.

Arctic ['ɑ:ktɪk] *n*: **the ~** el Ártico.

are [*weak form* ə', *strong form* ɑ:'] → **be**.

area ['eərɪə] *n* (*region, space, zone*) zona *f*, área *f*; (*surface size*) área *f*.

area code *n* prefijo *m* (telefónico).

arena [ə'ri:nə] *n* (*at circus*) pista *f*; (*at sportsground*) campo *m*.

aren't [ɑ:nt] = **are not**.

Argentina [ˌɑ:dʒən'ti:nə] *n* Argentina.

Argentinian [ˌɑ:dʒən'tɪnɪən] *adj* argentino(na). ◆ *n* argentino *m*, -na *f*.

argue ['ɑ:gju:] *vi*: **to ~ (with sb about sthg)** discutir (con alguien acerca de algo); **to ~ (that)** sostener que.

argument ['ɑ:gjʊmənt] *n* (*quarrel*) discusión *f*; (*reason*) argumento *m*.

arid ['ærɪd] *adj* árido(da).

arise [ə'raɪz] (*pt* **arose**, *pp* **arisen** [ə'rɪzn]) *vi*: **to ~ (from)** surgir (de).

aristocracy [ˌærɪ'stɒkrəsɪ] *n* aristocracia *f*.

arithmetic [ə'rɪθmətɪk] *n* aritmética *f*.

arm [ɑ:m] *n* (*of person, chair*) brazo *m*; (*of garment*) manga *f*.

arm bands *npl* (*for swimming*) brazaletes *mpl* (de brazos), alitas *fpl* Amér.

armchair ['ɑ:mtʃeə'] *n* sillón *m*.

armed [ɑ:md] *adj* armado(da).

armed forces *npl*: **the ~** las fuerzas armadas.

armour ['ɑ:mə'] *Am* = **armour**.

armour ['ɑ:mə'] *n Br* armadura *f*.

armpit ['ɑ:mpɪt] *n* axila *f*.

arms [ɑ:mz] *npl* (*weapons*) armas *fpl*.

army ['ɑ:mɪ] *n* ejército *m*.

A-road *n Br* ≃ carretera *f* nacional.

aroma [ə'rəʊmə] *n* aroma *m*.

aromatic [ˌærə'mætɪk] *adj* aromático(ca).

arose [ə'rəʊz] *pt* → **arise**.

around [ə'raʊnd] *adv* (*about, round*) por ahí; (*present*) por ahí/aquí. ◆ *prep* (*surrounding, approximately*) por rededor de; *(to the other side of)* al otro lado de; *(near, all over)* por; ~ **here** *(in the area)* por aquí; **to go ~ the corner** doblar la esquina; **to turn ~** volverse; **to look ~** *(turn head)* volver la mirada; *(visit)* visitar; **is Paul ~?** ¿está Paul por aquí?

arouse [ə'raʊz] vt *(suspicion, interest)* suscitar.

arrange [ə'reɪndʒ] vt *(flowers, books)* colocar; *(meeting, event)* organizar; **to ~ to do sthg (with sb)** acordar hacer algo (con alguien); **we've ~ed to meet at seven** hemos quedado para las siete.

arrangement [ə'reɪndʒmənt] n *(agreement)* acuerdo m; *(layout)* disposición f; **by ~** sólo con cita previa; **to make ~s (to do sthg)** hacer los preparativos (para hacer algo).

arrest [ə'rest] n detención f. ◆ vt detener; **to be under ~** estar detenido.

arrival [ə'raɪvl] n llegada f; **on ~** al llegar; **new ~** *(person)* recién llegado m, -da f.

arrive [ə'raɪv] vi llegar; **to ~ at** llegar a.

arrogant ['ærəgənt] adj arrogante.

arrow ['ærəʊ] n flecha f.

arson ['ɑːsn] n incendio m provocado.

art [ɑːt] n arte m. ❑ **arts** npl *(humanities)* letras fpl; **the ~s** *(fine arts)* las bellas artes.

artefact ['ɑːtɪfækt] n artefacto m.

artery ['ɑːtəri] n arteria f.

art gallery n *(commercial)* galería f (de arte); *(public)* museo m (de arte).

arthritis [ɑː'θraɪtɪs] n artritis f inv.

artichoke ['ɑːtɪtʃəʊk] n alcachofa f.

article ['ɑːtɪkl] n artículo m.

articulate [ɑː'tɪkjʊlət] adj elocuente.

artificial [ˌɑːtɪ'fɪʃl] adj artificial.

artist ['ɑːtɪst] n artista mf.

artistic [ɑː'tɪstɪk] adj *(person)* con sensibilidad artística; *(design)* artístico(ca).

arts centre n ≈ casa f de cultura.

arty ['ɑːtɪ] adj pej con pretensiones artísticas.

as [unstressed əz, stressed æz] adv *(in comparisons)*: **~ ... ~** tan ... como; **he's ~ tall ~ I am** es tan alto como yo; **twice ~ big ~** el doble de grande que; **~ many ~** tantos como; **~ much ~** tanto como. ◆ conj **- 1.** *(referring to time)* mientras; **the plane was coming in to land** cuando el avión iba a aterrizar. **- 2.** *(referring to manner)* como; **do ~ you like** haz lo que quieras; **~ expected** (tal) como era de esperar. **- 3.** *(introducing a statement)* como; **~ you know** como sabes. **- 4.** *(because)* como, ya que. **- 5.** *(in phrases)*: **~ for** en cuanto a; **~ from a partir de**; **~ if** como si. ◆ prep *(referring to function)* como; **I work ~ a teacher** soy profesor.

asap *(abbr of as soon as possible)* a la mayor brevedad posible.

ascent [ə'sent] n ascenso m.

ascribe [ə'skraɪb] vt: **to ~ sthg to** atribuir algo a.

ash [æʃ] n *(from cigarette, fire)* ceniza f; *(tree)* fresno m.

ashore [ə'ʃɔː] adv *(be)* en tierra; **to go ~** desembarcar.

ashtray ['æʃtreɪ] n cenicero m.

aside [ə'saɪd] adv a un lado; **to move ~** apartarse.

ask [ɑːsk] vt *(person)* preguntar; *(request)* pedir; *(invite)* invitar; **to ~ a question** hacer una pregunta. ◆ vi: **to ~ about sthg** preguntar acerca de algo; to ~ sb sthg preguntar algo a alguien; to ~ sb about sthg preguntar a alguien acerca de algo; to ~ sb to do sthg pedir a alguien que haga algo; to ~ sb for sthg pedir a alguien algo. ❑ **ask for** vt fus (ask to talk to) preguntar por; (request) pedir.

asleep [ə'sli:p] adj dormido(da); to fall ~ quedarse dormido.

AS level n Brit examen de asignaturas complementarias al examen de A level.

asparagus [ə'spærəgəs] n espárragos mpl.

aspect ['æspekt] n aspecto m.

aspirin ['æsprɪn] n aspirina f.

ass [æs] n (animal) asno m, -na f.

assassinate [ə'sæsɪneɪt] vt asesinar.

assault [ə'sɔːlt] n agresión f. ◆ vt agredir.

assemble [ə'sembl] vt (bookcase, model) montar. ◆ vi reunirse.

assembly [ə'semblɪ] n (at school) reunión cotidiana de todos los alumnos y profesores en el salón de actos.

assembly hall n (at school) salón m de actos.

assembly point n punto m de reunión.

assert [ə'sɜːt] vt (fact, innocence) afirmar; (authority) imponer; to ~ o.s. imponerse.

assess [ə'ses] vt evaluar.

assessment [ə'sesmənt] n evaluación f.

asset ['æset] n (valuable person, thing) elemento m valioso.

assign [ə'saɪn] vt: to ~ sthg to sb ceder algo a alguien; to ~ sb to do sthg asignar algo a alguien.

assignment [ə'saɪnmənt] n (task) misión f; SCH trabajo m.

assist [ə'sɪst] vt ayudar.

assistance [ə'sɪstəns] n ayuda f;

be of ~ (to sb) ayudar (a alguien).

assistant [ə'sɪstənt] n ayudante mf.

associate [adj n ə'səʊʃɪət, vb ə'səʊʃɪeɪt] n socio m, -cia f. ◆ vt: to ~ sthg/sb with asociar algo/a alguien con; to be ~d with estar asociado con.

association [ə,səʊsɪ'eɪʃn] n asociación f.

assorted [ə'sɔːtɪd] adj surtido(da), variado(da).

assortment [ə'sɔːtmənt] n surtido m.

assume [ə'sjuːm] vt (suppose) suponer; (control, responsibility) asumir.

assurance [ə'ʃʊərəns] n (promise) garantía f; (insurance) seguro m.

assure [ə'ʃʊər] vt asegurar; to ~ sb (that) ... asegurar a alguien que ...

asterisk ['æstərɪsk] n asterisco m.

asthma ['æsmə] n asma f.

asthmatic [æs'mætɪk] adj asmático(ca).

astonished [ə'stɒnɪʃt] adj estupefacto(ta), pasmado(da).

astonishing [ə'stɒnɪʃɪŋ] adj asombroso(sa).

astound [ə'staʊnd] vt asombrar, pasmar.

astray [ə'streɪ] adv: to go ~ extraviarse.

astrology [ə'strɒlədʒɪ] n astrología f.

astronomy [ə'strɒnəmɪ] n astronomía f.

☞

at [unstressed ət, stressed æt] prep -1. (indicating place, position) en; ~ the bottom of the hill al pie de la colina; ~ school en la escuela; ~ the hotel en el hotel; ~ home en casa; ~ my mother's en casa de mi madre.
-2. (indicating direction) a; to throw sthg ~ sthg arrojar algo contra algo;

to look ~ sthg/sb mirar algo/a alguien; **to smile ~ sb** sonreír a alguien.
- **3.** *(indicating time)* a; **~ Christmas** en Navidades; **~ nine o'clock** a las nueve; **~ night** por la noche.
- **4.** *(indicating rate, level, speed)* a; **it works out ~ £5 each** sale a 5 libras cada uno; **~ 60 km/h** a 60 km/h.
- **5.** *(indicating activity)*: **to be ~ lunch** estar comiendo; **I'm good/bad ~ maths** se me dan bien/mal las matemáticas.
- **6.** *(indicating cause)*: **shocked ~ sthg** horrorizado ante algo; **angry ~ sb** enfadado con alguien; **delighted ~ sthg** encantado con algo.

ate [*Br* et, *Am* eit] *pt* → **eat**.

atheist ['eiθiist] *n* ateo *m*, -a *f*.

athlete ['æθli:t] *n* atleta *mf*.

athletics [æθ'letiks] *n* atletismo *m*.

Atlantic [ət'læntik] *n*: **the ~ (Ocean)** el (océano) Atlántico.

atlas ['ætləs] *n* atlas *m inv*.

atmosphere ['ætməsfiə] *n* atmósfera *f*.

atrocious [ə'trəuʃəs] *adj* atroz.

attach [ə'tætʃ] *vt* sujetar; **to ~ sthg to sthg** sujetar algo a algo.

attachment [ə'tætʃmənt] *n (device)* accesorio *m*.

attack [ə'tæk] *n* ataque *m*. ◆ *vt* atacar.

attacker [ə'tækə'] *n* atacante *mf*.

attain [ə'tein] *vt fml* alcanzar, conseguir.

attempt [ə'tempt] *n* intento *m*. ◆ *vt* intentar; **to ~ to do sthg** intentar hacer algo.

attend [ə'tend] *vt* asistir a. ❏ **attend to** *vt fus* ocuparse de.

attendance [ə'tendəns] *n* asistencia *f*.

attendant [ə'tendənt] *n (in museum)* conserje *mf*; *(in car park)* encargado *m*, -da *f*.

attention [ə'tenʃn] *n* atención *f*; **to pay ~ (to)** prestar atención (a).

attic ['ætik] *n* desván *m*.

attitude ['ætitju:d] *n* actitud *f*.

attorney [ə'tɜ:ni] *n Am* abogado *m*, -da *f*.

attract [ə'trækt] *vt* atraer.

attraction [ə'trækʃn] *n* atracción *f*; *(attractive feature)* atractivo *m*.

attractive [ə'træktiv] *adj* atractivo(va).

attribute [ə'tribju:t] *vt*: **to ~ sthg to sthg** atribuir algo a algo.

aubergine ['əubəʒi:n] *n Br* berenjena *f*.

auburn ['ɔ:bən] *adj* castaño rojizo.

auction ['ɔ:kʃn] *n* subasta *f*.

audience ['ɔ:diəns] *n (of play, concert, film)* público *m*; *(of TV, radio)* audiencia *f*.

audio ['ɔ:diəu] *adj (store, department)* de sonido.

audio-visual [-'viʒuəl] *adj* audiovisual.

August ['ɔ:gəst] *n* agosto *m* → **September**.

aunt [ɑ:nt] *n* tía *f*.

au pair [,əu'peə'] *n* au pair *f*.

aural ['ɔ:rəl] *adj* auditivo(va).

Australia [ɒ'streiliə] *n* Australia.

Australian [ɒ'streiliən] *adj* australiano(na). ◆ *n (person)* australiano *m*, -na *f*.

Austria ['ɒstriə] *n* Austria.

Austrian ['ɒstriən] *adj* austríaco(ca). ◆ *n (person)* austríaco *m*, -ca *f*.

authentic [ɔ:'θentik] *adj* auténtico(ca).

author ['ɔ:θə'] *n (of book, article)* autor *m*, -ra *f*; *(by profession)* escritor *m*, -ra *f*.

authority [ɔːˈθɒrətɪ] *n* autoridad *f*; **the authorities** las autoridades.

authorization [ˌɔːθəraɪˈzeɪʃn] *n* autorización *f*.

authorize [ˈɔːθəraɪz] *vt* autorizar; **to ~ sb to do sthg** autorizar a alguien a hacer algo.

autobiography [ˌɔːtəbaɪˈɒɡrəfɪ] *n* autobiografía *f*.

autograph [ˈɔːtəɡrɑːf] *n* autógrafo *m*.

automatic [ˌɔːtəˈmætɪk] *n* (car) coche *m* automático. ◆ *adj* automático(ca).

automatically [ˌɔːtəˈmætɪklɪ] *adv* automáticamente.

automobile [ˈɔːtəməbiːl] *n* Am coche *m*, automóvil *m*.

autumn [ˈɔːtəm] *n* otoño *m*; **in (the) ~** en otoño.

auxiliary (verb) [ɔːɡˈzɪljərɪ-] *n* verbo *m* auxiliar.

available [əˈveɪləbl] *adj* disponible.

avalanche [ˈævəlɑːnʃ] *n* avalancha *f*.

Ave. (*abbr of avenue*) Avda.

avenue [ˈævənjuː] *n* avenida *f*.

average [ˈævərɪdʒ] *adj* medio(dia); (*not very good*) regular. ◆ *n* media *f*, promedio *m*; **on ~** por término medio.

aversion [əˈvɜːʃn] *n* aversión *f*.

aviation [ˌeɪvɪˈeɪʃn] *n* aviación *f*.

avid [ˈævɪd] *adj* ávido(da).

avocado (pear) [ˌævəˈkɑːdəʊ-] *n* aguacate *m*.

avoid [əˈvɔɪd] *vt* evitar; **to ~ doing sthg** evitar hacer algo.

await [əˈweɪt] *vt* esperar, aguardar.

awake [əˈweɪk] (*pt* **awoke**, *pp* **awoken**) *adj* despierto(ta). ◆ *vi* despertarse.

award [əˈwɔːd] *n* premio *m*, galardón *m*. ◆ *vt*: **to ~ sb sthg** (*prize*) otorgar algo a alguien; (*damages, compensation*) adjudicar algo a alguien.

aware [əˈweə] *adj* consciente; **to be ~ of** ser consciente de.

away [əˈweɪ] *adv* (*move, look, turn*) hacia otra parte; (*not at home, in office*) fuera; **put your toys ~!** ¡recoge tus juguetes!; **to take sthg ~ (from sb)** quitarle algo (a alguien); **far ~** lejos; **it's 10 miles ~ (from here)** está a 10 millas (de aquí); **it's two weeks ~** faltan dos semanas; **to look ~** apartar la vista; **to walk/drive ~** alejarse; **we're going ~ on holiday** nos vamos de vacaciones.

awesome [ˈɔːsəm] *adj* impresionante.

awful [ˈɔːfəl] *adj* (*very bad*) fatal; (*very great*) tremendo(da); **how ~!** ¡qué horror!

awfully [ˈɔːflɪ] *adv* (*very*) tremendamente.

awkward [ˈɔːkwəd] *adj* (*movement*) torpe; (*position, situation*) incómodo(da); (*shape, size*) poco manejable; (*time*) inoportuno(na); (*question, task*) difícil.

awning [ˈɔːnɪŋ] *n* toldo *m*.

awoke [əˈwəʊk] *pt* → **awake**.

awoken [əˈwəʊkn] *pp* → **awake**.

axe [æks] *n* hacha *f*.

axle [ˈæksl] *n* eje *m*.

B

BA (*abbr of Bachelor of Arts*) (titular de

una) licenciatura de letras.

babble ['bæbl] *vi (person)* farfullar.

baby ['beɪbi] *n (newborn baby)* bebé *m*; *(infant)* niño *m*, -ña *f*; **to have a ~** tener un niño.

baby carriage *n Am* cochecito *m* de niños.

baby food *n* papilla *f*.

baby-sit *vi* cuidar a niños.

baby wipe *n* toallita *f* húmeda para bebés.

back [bæk] *n (of person)* espalda *f*; *(of chair)* respaldo *m*; *(of room)* fondo *m*; *(of car, book)* parte *f* trasera; *(of hand, banknote)* dorso *m*. ◆ *adj* trasero(ra). ◆ *vt (support)* respaldar. ◆ *adv (towards the back)* hacia atrás; *(to previous position, state)* de vuelta; **to ~ llegar**; **to give ~** devolver; **to put sthg ~** devolver algo a su sitio; **to stand ~** apartarse; **to write ~** contestar; **at the ~ of** detrás de; **in ~ of** *Am* detrás de; **~ to front** al revés. ❑ **back up** ◆ *vt sep (support)* apoyar. ◆ *vi (car, driver)* dar marcha atrás, meter reversa *Col, Méx*.

backache ['bækeɪk] *n* dolor *m* de espalda.

backbone ['bækbəʊn] *n* columna *f* vertebral.

back door *n* puerta *f* trasera.

backfire [ˌbæk'faɪə'] *vi (car)* petardear.

background ['bækɡraʊnd] *n (in picture, on stage)* fondo *m*; *(to situation)* trasfondo *m*; *(upbringing)* origen *m*.

backlog ['bæklɒɡ] *n* acumulación *f*.

backpack ['bækpæk] *n* mochila *f*.

backpacker ['bækpækə'] *n* mochilero *m*, -ra *f*.

back seat *n* asiento *m* trasero OR de atrás.

backside [ˌbæk'saɪd] *n inf* trasero *m*.

back street *n* callejuela en una zona periférica y deprimida.

backstroke ['bækstrəʊk] *n* espalda *f (en natación)*.

backwards ['bækwədz] *adv (move, look)* hacia atrás; *(the wrong way round)* al revés.

bacon ['beɪkən] *n* tocino *m*, panceta *f RP*, bacon *m Esp*; **~ and eggs** huevos fritos con bacon.

bacteria [bæk'tɪərɪə] *npl* bacterias *fpl*.

bad [bæd] *(compar* **worse**, *superl* **worst**) *adj* malo(la); *(accident, wound)* grave; *(cold)* fuerte; *(poor, weak)* débil; **not ~** *(bastante)* bien; **to go ~** echarse a perder.

badge [bædʒ] *n* chapa *f*, botón *m Amér*.

badger ['bædʒə'] *n* tejón *m*.

badly ['bædlɪ] *(compar* **worse**, *superl* **worst**) *adv (poorly)* mal; *(seriously)* gravemente; *(very much)* mucho.

badly paid [-peɪd] *adj* mal pagado(da).

badminton ['bædmɪntən] *n* bádminton *m*.

bad-tempered [-'tempəd] *adj* de mal genio.

bag [bæg] *n (of paper, plastic)* bolsa *f*; *(handbag)* bolso *m Esp*, cartera *f Amér*; *(suitcase)* maleta *f*; **a ~ of crisps** una bolsa de patatas fritas.

bagel ['beɪɡəl] *n* bollo *m* de pan en forma de rosca.

baggage ['bæɡɪdʒ] *n* equipaje *m*.

baggage allowance *n* equipaje *m* permitido.

baggage reclaim *n* recogida *f* de equipajes.

baggy ['bæɡɪ] *adj* holgado(da).

bagpipes ['bægpaɪps] *npl* gaita *f*.

bail [beɪl] *n* fianza *f*.

bait [beɪt] *n* cebo *m*.

bake [beɪk] *vt* cocer al horno. ◆ *n* CULIN gratén *m*.

baked [beɪkt] *adj* asado(da) al horno.

baked beans *npl* alubias *fpl Esp* OR frijoles *mpl Amér* cocidas en salsa de tomate.

baked potato *n* patata *f Esp* OR papa *f Amér* asada OR al horno (*con piel*).

baker ['beɪkə] *n* panadero *m*, -ra *f*; ~'s (*shop*) panadería *f*.

balance ['bæləns] *n* (*of person*) equilibrio *m*; (*of bank account*) saldo *m*; (*remainder*) resto *m*. ◆ *vt* mantener en equilibrio.

balcony ['bælkəni] *n* (*small*) balcón *m*; (*big*) terraza *f*.

bald [bɔːld] *adj* calvo(va).

bale [beɪl] *n* fardo *m*.

Balearic Islands [ˌbælɪ'ærɪk-] *npl*: the ~ (las) Baleares.

ball [bɔːl] *n* (*in tennis, golf, table tennis*) pelota *f*; (*in football*) balón *m*; (*in snooker, pool, of paper*) bola *f*; (*of wool, string*) ovillo *m*; (*dance*) baile *m*; **on the** ~ *fig* al tanto de todo.

ballerina [ˌbælə'riːnə] *n* bailarina *f*.

ballet ['bæleɪ] *n* ballet *m*.

ballet dancer *n* bailarín *m*, -ina *f*.

balloon [bə'luːn] *n* globo *m*.

ballot ['bælət] *n* votación *f*.

ballpoint pen ['bɔːlpɔɪnt-] *n* bolígrafo *m*.

ballroom ['bɔːlrum] *n* salón *m* de baile.

ballroom dancing *n* baile *m* de salón.

bamboo [bæm'buː] *n* bambú *m*.

ban [bæn] *n* prohibición *f*. ◆ *vt*

prohibir; **to** ~ **sb from doing sthg** prohibir a alguien hacer algo.

banana [bə'nɑːnə] *n* plátano *m*.

band [bænd] *n* (*pop group*) grupo *m*; (*military orchestra*) banda *f*; (*strip of paper, rubber*) cinta *f*.

bandage ['bændɪdʒ] *n* venda *f*. ◆ *vt* vendar.

B and B *abbr* = **bed and breakfast**.

bandstand ['bændstænd] *n* quiosco *m* de música.

bang [bæŋ] *n* estruendo *m*. ◆ *vt* (*hit loudly*) golpear; (*shut loudly*) cerrar de golpe; **to** ~ **one's head** golpearse la cabeza.

banger ['bæŋə'] *n Br inf* (*sausage*) salchicha *f*; ~ **and mash** salchichas con puré de patatas.

bangle ['bæŋgl] *n* brazalete *m*.

bangs [bæŋz] *npl Am* flequillo *m*, cerquillo *m Amér*.

banister ['bænɪstə'] *n* barandilla *f*.

banjo ['bændʒəu] *n* banjo *m*.

bank [bæŋk] *n* (*for money*) banco *m*; (*of river, lake*) orilla *f*, ribera *f*; (*slope*) loma *f*.

bank account *n* cuenta *f* bancaria.

bank book *n* libreta *f* (del banco).

bank charges *npl* comisiones *fpl* bancarias.

bank clerk *n* empleado *m* de banco.

bank draft *n* giro *m* bancario.

banker ['bæŋkə'] *n* banquero *m*, -ra *f*.

banker's card *n* tarjeta *f* de identificación bancaria.

bank holiday *n Br* día *m* festivo.

bank manager *n* director *m*, -ra *f* de banco.

bank note *n* billete *m* de banco.

bankrupt ['bæŋkrʌpt] *adj* quebrado(da).

bank statement *n* extracto *m* de cuenta.

banner ['bænə'] *n* pancarta *f*.

bannister ['bænɪstə'] = **banister**.

banquet ['bæŋkwɪt] *n* (formal dinner) banquete *m*.

bap [bæp] *n Br* panecillo *m*, bollo *m*.

baptize [Br bæp'taɪz, Am 'bæptaɪz] *vt* bautizar.

bar [ba:'] *n* (pub, in restaurant, hotel) bar *m*; (counter in pub, metal rod) barra *f*; (of wood) tabla *f*; (of soap) pastilla *f*; (of chocolate) tableta *f*. ◆ *vt* (obstruct) bloquear.

barbecue ['ba:bɪkju:] *n* barbacoa *f*. ◆ *vt* asar a la parrilla.

barbecue sauce *n* salsa *f* para barbacoa.

barbed wire [ba:bd-] *n* alambre *m* de espino.

barber ['ba:bə'] *n* barbero *m*; ~'s (shop) barbería *f*, peluquería *f*.

bar code *n* código *m* de barras.

bare [beə'] *adj* (feet) descalzo(za); (head) descubierto(ta); (arms) desnudo(da); (room, cupboard) vacío(a); (facts, minimum) esencial.

barefoot [,beə'fʊt] *adv*: **to go** ~ ir descalzo.

barely ['beəlɪ] *adv* apenas.

bargain ['ba:gɪn] *n* (agreement) trato *m*, acuerdo *m*; (cheap buy) ganga *f*. ◆ *vi* negociar. ❑ **bargain for** *vt fus* contar con.

bargain basement *n* sección *f* de oportunidades.

barge [ba:dʒ] *n* barcaza *f*. ❑ **barge in** *vi*: **to** ~ **in (on sb)** interrumpir (a alguien).

bark [ba:k] *n* (of tree) corteza *f*. ◆ *vi* ladrar.

barley ['ba:lɪ] *n* cebada *f*.

barmaid ['ba:meɪd] *n* camarera *f Esp*, mesera *f Amér*.

barman ['ba:mən] (*pl* **-men** [-mən]) *n* camarero *m Esp*, barman *m Esp*.

bar meal *n* comida sencilla en un pub o en el bar de un hotel.

barn [ba:n] *n* granero *m*.

barometer [bə'rɒmɪtə'] *n* barómetro *m*.

baron ['bærən] *n* barón *m*.

baroque [bə'rɒk] *adj* barroco(ca).

barracks ['bærəks] *npl* cuartel *m*.

barrage ['bæra:ʒ] *n* (of questions, criticism) lluvia *f*, alud *m*.

barrel ['bærəl] *n* (of beer, wine, oil) barril *m*; (of gun) cañón *m*.

barren ['bærən] *adj* (land, soil) estéril.

barricade [,bærɪ'keɪd] *n* barricada *f*.

barrier ['bærɪə'] *n* barrera *f*.

barrister ['bærɪstə'] *n* abogado *m*, -da *f* (de tribunales superiores).

bartender ['ba:tendə'] *n Am* camarero *m*, -ra *f Esp*, barman *m*.

barter ['ba:tə'] *vi* hacer trueques.

base [beɪs] *n* base *f*. ◆ *vt*: **to** ~ **sthg on** basar algo en; **to be** ~ **d** (company) tener la sede; (person) trabajar.

baseball ['beɪsbɔ:l] *n* béisbol *m*.

baseball cap *n* gorra *f* de béisbol.

basement ['beɪsmənt] *n* sótano *m*.

bases ['beɪsi:z] *pl* → **basis**.

bash [bæʃ] *vt* (door) dar un porrazo a; **to** ~ **one's head** dar un porrazo en la cabeza.

basic ['beɪsɪk] *adj* (fundamental) básico(ca); (accommodation, meal) simple. ❑ **basics** *npl*: **the** ~**s** los fundamentos.

basically ['beɪsɪklɪ] *adv* en realidad.

basil ['bæzl] n albahaca f.

basin ['beɪsn] n (washbasin) lavabo m; (bowl) barreño m.

basis ['beɪsɪs] (pl -ses) n base f; **on a weekly ~** semanalmente; **on the ~ of** partiendo de.

basket ['bɑːskɪt] n cesto m, cesta f.

basketball ['bɑːskɪtbɔːl] n baloncesto m.

basmati rice [bæz'mɑːti-] n arroz de origen pakistaní utilizado en muchos platos de cocina oriental.

Basque [bɑːsk] adj vasco(ca). ◆ n (person) vasco m, -ca f; (language) euskera m.

Basque Country n: **the ~ el** País Vasco, Euskadi.

bass¹ [beɪs] n (singer) bajo m.

bass² [bæs] n (fish) lubina f, róbalo m.

bass guitar [beɪs-] n bajo m.

bassoon [bə'suːn] n fagot m.

bastard ['bɑːstəd] n vulg cabrón m, -ona f.

bat [bæt] n (in cricket, baseball) bate m; (in table tennis) paleta f; (animal) murciélago m.

batch [bætʃ] n lote m.

bath [bɑːθ] n (tub) bañera f, tina f Amér. ◆ vt bañar; **to have a ~** bañarse. ❑ **baths** npl Br (public swimming pool) piscina f municipal.

bathe [beɪð] vi bañarse.

bathrobe ['bɑːθrəʊb] n (for bathroom, swimming pool) albornoz m Esp, bata f Amér; (dressing gown) bata f.

bathroom ['bɑːθrʊm] n (room with bath) cuarto m de baño; Am (toilet) servicio m, baño m Amér.

bathroom cabinet n armario m de aseo.

bathtub ['bɑːθtʌb] n bañera f, tina f Amér.

baton ['bætən] n (of conductor) batuta f; (truncheon) porra f.

batter ['bætəʳ] n CULIN masa f para rebozar. ◆ vt (wife, child) maltratar.

battered ['bætəd] adj CULIN rebozado(da).

battery ['bætərɪ] n (for radio, torch etc) pila f; (for car) batería f.

battery charger [-,tʃɑːdʒəʳ] n cargador m de pilas.

battle ['bætl] n (in war) batalla f; (struggle) lucha f.

bay [beɪ] n (on coast) bahía f; (for parking) plaza f.

bay leaf n hoja f de laurel.

bay window n ventana f salediza.

B & B abbr = **bed and breakfast**.

BC (abbr of before Christ) a.C., a. de J.C.

be [biː] (pt was OR were, pp been) vi **-1.** (exist) ser; **there is/are** hay; **are there any shops near here?** ¿hay alguna tienda por aquí?
-2. (referring to location) estar; **the hotel is near the airport** el hotel está cerca del aeropuerto.
-3. (go, come) estar; **have you ever been to Ireland?** ¿has estado alguna vez en Irlanda?; **I'll ~ there in five minutes** estaré ahí dentro de cinco minutos.
-4. (occur) ser; **the final is in May** la final es en mayo.
-5. (describing quality, permanent condition) ser; **he's a doctor** es médico; **I'm British** soy británico.
-6. (describing state, temporary condition) estar; **I'm angry** estoy enfadado; **I'm hot/cold** tengo calor/frío.
-7. (referring to health) estar; **how are you?** ¿cómo estás?; **I'm fine** estoy

bien; **she's ill** está enferma.
- **8.** *(referring to age)*: **how old are you?** ¿cuántos años tienes?; **I'm 14 (years old)** tengo 14 años (de edad).
- **9.** *(referring to cost)* valer, costar; **how much is it?** ¿cuánto es?; **it's ten pounds** cuesta diez libras.
- **10.** *(referring to time, dates)* ser; **what time is it?** ¿qué hora es?; **it's ten o'clock** son las diez; **it's the 9th of April** estamos a 9 de abril.
- **11.** *(referring to measurement)*: **it's 2 metres wide/long** mide 2 metros de ancho/largo; **he's 2 metres tall** mide 2 metros; **I'm 60 kilos** peso 60 kilos.
- **12.** *(referring to weather)* hacer; **it's hot/cold** hace calor/frío; **it's sunny/windy** hace sol/viento; **it's going to be nice today** hoy va a hacer buen tiempo.
◆ *aux vb* - **1.** *(forming continuous tense)* estar; **I'm learning French** estoy aprendiendo francés; **we've been visiting the museum** hemos estado visitando el museo; **I was eating when ...** estaba comiendo cuando ...
- **2.** *(forming passive)* ser; **to ~ loved** ser amado; **the flight was delayed** el avión se retrasó.
- **3.** *(with infinitive to express order)*: **all rooms are to ~ vacated by ten a.m.** las habitaciones han de ser desocupadas antes de las diez de la mañana.
- **4.** *(with infinitive to express future tense)*: **the race is to start at noon** la carrera empezará a mediodía.
- **5.** *(in tag questions)*: **it's cold, isn't it?** hace frío ¿no?

beach [biːtʃ] *n* playa *f*.

bead [biːd] *n* cuenta *f*; *(glass)* abalorio *m*.

beak [biːk] *n* pico *m*.

beaker [ˈbiːkər] *n* taza *f (sin asa)*.

beam [biːm] *n (of light)* rayo *m*; *(of wood, concrete)* viga *f*. ◆ *vi (smile)* sonreír resplandeciente.

bean [biːn] *n (haricot)* judía *f Esp*, frijol *m Amér*; *(pod)* judía *f* verde; *(of coffee)* grano *m*.

beansprouts [ˈbiːnsprauts] *npl* brotes *mpl* de soja *Esp* OR soya *Amér*.

bear [beər] *(pt bore, pp borne) n (animal)* oso *m*, osa *f* ◆ *vt* aguantar, soportar; **to ~ left/right** torcer a la izquierda/derecha.

bearable [ˈbeərəbl] *adj* soportable.

beard [biəd] *n* barba *f*.

bearer [ˈbeərər] *n (of cheque)* portador *m*, -ra *f*; *(of passport)* titular *mf*.

bearing [ˈbeərɪŋ] *n (relevance)* relación *f*; **to get one's ~s** orientarse.

beast [biːst] *n* bestia *f*.

beat [biːt] *(pt* **beat***, pp* **beaten** [ˈbiːtn]*) n (of heart, pulse)* latido *m*; MUS ritmo *m*. ◆ *vt (defeat)* ganar, derrotar; *(hit)* golpear; *(eggs, cream)* batir. ❑ **beat down** ◆ *vt sep* convencer que rebaje el precio. ◆ *vi (rain)* descargar; *(sun)* pegar fuerte. ❑ **beat up** *vt sep* dar una paliza a.

beautiful [ˈbjuːtɪful] *adj (in appearance, very good)* precioso(sa); *(person)* guapo(pa).

beauty [ˈbjuːtɪ] *n* belleza *f*.

beauty parlour *n* salón *m* de belleza.

beauty spot *n (place)* bello paraje *m*.

beaver [ˈbiːvər] *n* castor *m*.

became [bɪˈkeɪm] *pt* → **become**.

because [bɪˈkɒz] *conj* porque; **~ of** a causa de.

beckon [ˈbekən] *vi*: **to ~ (to)** hacer señas para atraer la atención (a).

become [bɪˈkʌm] *(pt* **became***, pp* **become**) *vi* hacerse; *(ill, angry, cloudy)* ponerse; *(champion, prime* *minister)* llegar a ser; **what became of him?** ¿qué fue de él?

bed [bed] *n (for sleeping in)* cama *f; (of river, CULIN)* lecho *m; (of sea)* fondo *m;* **in ~** en la cama; **to get out of ~** levantarse (de la cama); **to go to ~** irse a la cama; **to go to ~ with sb** acostarse con alguien; **to make the ~** hacer la cama.

bed and breakfast *n Br casa privada donde se ofrece cama y desayuno a precios asequibles.*

ℹ️ **BED AND BREAKFAST**

Los "B & B" o "guest houses" son casas particulares en lugares turísticos con habitaciones para huéspedes. En el precio de la habitación se incluye el "desayuno inglés", consistente en salchichas, huevos, beicon, tostadas y té o café.

bedclothes ['bedkləʊðz] *npl* ropa *f* de cama.

bedding ['bedɪŋ] *n* ropa *f* de cama.

bed linen *n* sábanas *f* y fundas de almohada.

bedroom ['bedrʊm] *n (en casa)* dormitorio *m; (en hotel)* habitación *f*.

bedside table ['bedsaɪd-] *n* mesita *f* de noche.

bedsit ['bed,sɪt] *n Br habitación alquilada con cama e instalaciones para cocinar y lavarse.*

bedspread ['bedspred] *n* colcha *f*.

bedtime ['bedtaɪm] *n* hora *f* de dormir.

bee [biː] *n* abeja *f*.

beech [biːtʃ] *n* haya *f*.

beef [biːf] *n* carne *f* de vaca OR res *Amér; ~* **Wellington** ternera *f* al hojaldre.

beefburger ['biːf,bɜːgəʳ] *n* hamburguesa *f*.

beehive ['biːhaɪv] *n* colmena *f*.

been [biːn] *pp* → **be**.

beer [bɪəʳ] *n* cerveza *f;* **to have a couple of ~s** tomarse un par de cervezas.

 BEER

A grandes rasgos, la cerveza británica se puede dividir en "bitter" y "lager". La "bitter" o "heavy" en Escocia, es oscura y tiene un sabor ligeramente amargo, mientras que la "lager" es la cerveza rubia. "Real ale" es un tipo de "bitter" en barril que se produce utilizando métodos y recetas tradicionales.

beer garden *n* patio *m* de bar.

beer mat *n* posavasos *m inv* (de bar).

beetle ['biːtl] *n* escarabajo *m*.

beetroot ['biːtruːt] *n* remolacha *f*.

before [bɪ'fɔːʳ] ◆ *adv* antes. ◆ *prep (earlier than)* antes de; *(in order)* antes que; *fml (in front of)* frente a. ◆ *conj* antes de; **~ you leave** antes de irte; **the day ~** el día anterior; **the week ~ last** la semana pasada no, la anterior.

beforehand [bɪ'fɔːhænd] *adv* con antelación.

befriend [bɪ'frend] *vt* hacer amistad con.

beg [beg] *vi* mendigar. ◆ *vt:* **to ~ sb to do sthg** rogar a alguien que haga algo.

began [bɪ'gæn] *pt* → **begin**.

beggar ['begəʳ] *n* mendigo *m*, -ga *f*.

begin [bɪ'gɪn] *(pt* **began,** *pp* **begun)** *vt & vi* empezar, comenzar; **to**

~ **doing** OR **to do sth** empezar a hacer algo; **to** ~ **by doing sth** empezar haciendo algo; **to** ~ **with** (firstly) de entrada; (in restaurant) de primero.

beginner [bɪ'gɪnə'] n principiante mf.

beginning [bɪ'gɪnɪŋ] n comienzo m; **at the** ~ **of** a principios de.

begun [bɪ'gʌn] pp → **begin**.

behalf [bɪ'hɑ:f] n: **on** ~ **of** en nombre de.

behave [bɪ'heɪv] vi comportarse; **to** ~ **(o.s.)** (be good) portarse bien.

behavior [bɪ'heɪvjə'] Am = **behaviour**.

behaviour [bɪ'heɪvjə'] n comportamiento m.

behind [bɪ'haɪnd] adv detrás. ♦ n inf trasero m. ♦ prep (at the back of) detrás de; **to be** ~ **sb** (supporting) apoyar a alguien; **to be** ~ **(schedule)** ir retrasado; **to leave sth** ~ dejarse algo (olvidado); **to stay** ~ quedarse.

beige [beɪʒ] adj beige (inv).

being [ˈbiːɪŋ] n ser m.

belated [bɪ'leɪtɪd] adj tardío(a).

belch [beltʃ] vi eructar.

Belgian [ˈbeldʒən] adj belga. ♦ n belga mf.

Belgian waffle n Am gofre m Esp, wafle m Amér.

Belgium [ˈbeldʒəm] n Bélgica.

belief [bɪ'liːf] n (faith) creencia f; (opinion) opinión f.

believe [bɪ'liːv] vt creer. ♦ vi: **to** ~ **in** creer en; **to** ~ **in doing sth** ser partidario de hacer algo.

believer [bɪ'liːvə'] n creyente mf.

bell [bel] n (of church) campana f; (of phone, door) timbre m.

bellboy [ˈbelbɔɪ] n botones m inv.

bellow [ˈbeləʊ] vi rugir.

bell pepper n Am pimiento m.

belly [ˈbelɪ] n inf barriga f.

belly button n inf ombligo m.

belong [bɪ'lɒŋ] vi (be in right place) ir; **to** ~ **to** (property) pertenecer a; (to club, party) ser miembro de.

belongings [bɪ'lɒŋɪŋz] npl pertenencias fpl; **personal** ~ efectos mpl personales.

below [bɪ'ləʊ] prep por debajo de. ♦ adv (lower down) abajo; (in text) más abajo; **the flat** ~ el piso de abajo; ~ **zero** bajo cero; **children** ~ **the age of ten** niños menores de diez años.

belt [belt] n (for clothes) cinturón m; TECH correa f.

beltway [ˈbeltweɪ] n Am carretera f de circunvalación.

bench [bentʃ] n banco m.

bend [bend] (pt & pp **bent**) n curva f. ♦ vt doblar. ♦ vi torcerse. ❏ **bend down** vi agacharse. ❏ **bend over** vi inclinarse.

beneath [bɪ'niːθ] adv debajo. ♦ prep bajo.

beneficial [ˌbenɪ'fɪʃl] adj beneficioso(sa).

benefit [ˈbenɪfɪt] n (advantage) ventaja f; (money) subsidio m. ♦ vt beneficiar. ♦ vi: **to** ~ **(from)** beneficiarse (de); **for the** ~ **of** en atención a.

benign [bɪ'naɪn] adj MED benigno (na).

bent [bent] pt & pp → **bend**.

bereaved [bɪ'riːvd] adj desconsolado(da).

beret [ˈbereɪ] n boina f.

Bermuda shorts [bə'mjuːdə-] npl bermudas fpl.

berry [ˈberɪ] n baya f.

berserk [bə'zɜːk] adj: **to go** ~ ponerse hecho(cha) una fiera.

berth [bɜːθ] n (for ship) amarradero m; (in ship, train) litera f.

beside [bɪ'saɪd] *prep* junto a; **it's ~ the point** no viene al caso.

besides [bɪ'saɪdz] *adv* además.
◆ *prep* además de.

best [best] *adj & adv* mejor. ◆ *n*: **the ~** el mejor (la mejor); **a pint of ~** *(beer)* una pinta de "bitter" de máxima calidad; **I like it ~** me gusta más; **the ~ thing to do is ...** lo mejor es ...; **to make the ~ of it** apañárselas; **to do one's ~** hacer lo mejor que uno puede; **'~ before ...'** 'consumir preferentemente antes de ...'; **at ~** en el mejor de los casos; **all the ~!** *(in letter)* saludos.

best man *n* padrino *m* de boda.

ⓘ   **BEST MAN**

En los países anglosajones existe una costumbre consistente en que el padrino de boda entrega el anillo al novio y luego pronuncia un breve discurso durante el banquete nupcial, en el cual es habitual que se incluya algún chascarrillo o comentario jocoso acerca del novio.

---

best-seller [-'seləʳ] *n (book)* éxito *m* editorial.

bet [bet] *(pt & pp* **bet)** *n* apuesta *f*. ◆ *vt (gamble)* apostar. ◆ *vi*: **to ~ (on)** apostar (por); **I ~ (that) you can't do it** a que no puedes hacerlo.

betray [bɪ'treɪ] *vt* traicionar.

better ['betəʳ] *adj & adv* mejor; **you had ~ go** más vale que te vayas; **to get ~** mejorar.

betting ['betɪŋ] *n* apuestas *fpl*.

betting shop *n Br* casa *f* de apuestas.

between [bɪ'twiːn] *prep* entre.
◆ *adv (in time)* entremedias; **in ~** entre; *(in space)* en medio; *(in time)* en-

tremedias; **'closed ~ 1 and 2'** 'cerrado de 1 a 2'.

beverage ['bevərɪdʒ] *n fml* bebida *f*.

beware [bɪ'weəʳ] *vi*: **to ~ of** tener cuidado con; **'~ of the dog'** 'cuidado con el perro'.

bewildered [bɪ'wɪldəd] *adj* desconcertado(da).

beyond [bɪ'jɒnd] *prep* más allá de. ◆ *adv* más allá; **to be ~ doubt** estar fuera de toda duda.

biased ['baɪəst] *adj* parcial.

bib [bɪb] *n (for baby)* babero *m*.

bible ['baɪbl] *n* biblia *f*; **the Bible** la Biblia.

biceps ['baɪseps] *n* bíceps *m inv*.

bicycle ['baɪsɪkl] *n* bicicleta *f*.

bicycle path *n* camino *m* para bicicletas.

bicycle pump *n* bomba *f* (de bicicleta)

bid [bɪd] *(pt & pp* **bid)** *n (at auction)* puja *f; (attempt)* intento *m*. ◆ *vt* pujar. ◆ *vi*: **to ~ (for)** pujar (por).

bidet ['biːdeɪ] *n* bidé *m*.

big [bɪg] *adj* grande; **a ~ problem** un gran problema; **my ~ brother** mi hermano mayor; **how ~ is it?** ¿cómo es de grande?

bike [baɪk] *n inf (bicycle)* bici *f; (motorcycle)* moto *f*.

biking ['baɪkɪŋ] *n*: **to go ~** ir en bici.

bikini [bɪ'kiːnɪ] *n* biquini *m*.

bilingual [baɪ'lɪŋgwl] *adj* bilingüe.

bill [bɪl] *n (for meal)* cuenta *f; (for electricity, hotel room)* factura *f; Am (bank-note)* billete *m; (at cinema, theatre)* programa *m;* POL proyecto *m* de ley; **can I have the ~ please?** la cuenta, por favor.

billboard ['bɪlbɔːd] *n* cartelera *f*.

billfold ['bɪlfəʊld] *n Am* billetera *f*, cartera *f*.

billiards ['bɪljədz] n billar m.

billion ['bɪljən] n (thousand million) millar m de millones; Br (million million) billón m.

bin [bɪn] n (rubbish bin) cubo m de la basura; (wastepaper bin) papelera f; (for bread) panera f; (for flour) bote m; (on plane) maletero m superior.

bind [baɪnd] (pt & pp **bound**) vt atar.

binding ['baɪndɪŋ] n (of book) encuadernación f; (for ski) fijación f.

bingo ['bɪŋgəʊ] n bingo m.

binoculars [bɪ'nɒkjʊləz] npl prismáticos mpl.

biodegradable [ˌbaɪəʊdɪ'greɪdəbl] adj biodegradable.

biography [baɪ'ɒgrəfɪ] n biografía f.

biological [ˌbaɪə'lɒdʒɪkl] adj biológico(ca).

biology [baɪ'ɒlədʒɪ] n biología f.

birch [bɜːtʃ] n abedul m.

bird [bɜːd] n (smaller) pájaro m; (large) ave f; Br inf (woman) tía f Esp, chica f.

bird-watching [-ˌwɒtʃɪŋ] n observación f de aves.

Biro® ['baɪərəʊ] n bolígrafo m.

birth [bɜːθ] n nacimiento m; by ~ de nacimiento; to give ~ to dar a luz.

birth certificate n partida f de nacimiento.

birth control n control m de la natalidad.

birthday ['bɜːθdeɪ] n cumpleaños m inv; happy ~! ¡feliz cumpleaños!

birthday card n tarjeta f de cumpleaños.

birthday party n fiesta f de cumpleaños.

birthplace ['bɜːθpleɪs] n lugar m de nacimiento.

biscuit ['bɪskɪt] n Br galleta f; Am (scone) masa cocida al horno que se suele comer con salsa de carne.

bishop ['bɪʃəp] n RELIG obispo m; (in chess) alfil m.

bistro ['biːstrəʊ] n ≃ bar-restaurante m.

bit [bɪt] pt → **bite**. ◆ n (piece) trozo m; (of drill) broca f; (of bridle) bocado m, freno m; a ~ un poco de; a ~ un poco; not a ~ interested nada interesado; ~ by ~ poco a poco.

bitch [bɪtʃ] n (vulg: woman) bruja f; (dog) perra f.

bite [baɪt] (pt bit, pp bitten ['bɪtn]) n (when eating) mordisco m; (from insect, snake) picadura f. ◆ vt (subj: person, dog) morder; (subj: insect, snake) picar; to have a ~ to eat comer algo.

bitter ['bɪtə'] adj (taste, food) amargo(ga); (lemon, grapefruit) agrio (agria); (cold, wind) penetrante; (person) resentido(da); (argument, conflict) enconado(da). ◆ n Br (beer) tipo de cerveza amarga.

bitter lemon n bíter m de limón.

bizarre [bɪ'zɑː'] adj extravagante.

black [blæk] adj negro(gra); (coffee, tea) solo. ◆ n (colour) negro m; (person) negro m, -gra f. ❑ **black out** vi desmayarse.

black and white adj en blanco y negro.

blackberry ['blækbrɪ] n mora f.

blackbird ['blækbɜːd] n mirlo m.

blackboard ['blækbɔːd] n pizarra f, pizarrón m Amér.

blackcurrant [ˌblæk'kʌrənt] n grosella f negra.

black eye n ojo m morado.

Black Forest gâteau n pastel m (de chocolate) Selva Negra.

black ice n hielo transparente en el suelo.

blackmail ['blækmeɪl] n chantaje m. ◆ vt chantajear.

blackout ['blækaʊt] n (power cut) apagón m.

black pepper n pimienta f negra.

black pudding n Br ≃ morcilla f.

blacksmith ['blæksmɪθ] n herrero m.

bladder ['blædə'] n vejiga f.

blade [bleɪd] n (of knife, saw) hoja f; (of propeller, oar) aleta f; (of grass) brizna f.

blame [bleɪm] n culpa f. ◆ vt echar la culpa a; to ~ sb for sthg culpar a alguien de algo; to ~ sthg on sb echar la culpa de algo a alguien.

bland [blænd] adj soso(sa).

blank [blæŋk] adj (space, page) en blanco ; (cassette) virgen ; (expression) vacío(a). ◆ n (empty space) espacio m en blanco.

blank cheque n cheque m en blanco.

blanket ['blæŋkɪt] n manta f.

blast [blɑːst] n (explosion) explosión f; (of air, wind) ráfaga f. ◆ excl inf ¡maldita sea!; at full ~ a todo trapo.

blaze [bleɪz] n (fire) incendio m. ◆ vi (fire) arder; (sun, light) resplandecer.

blazer ['bleɪzə'] n chaqueta de sport generalmente con la insignia de un equipo, colegio, etc.

bleach [bliːtʃ] n lejía f, cloro m Amér. ◆ vt (hair) decolorar; (clothes) blanquear.

bleak [bliːk] adj (weather) desapacible; (day, city) sombrío(a).

bleed [bliːd] (pt & pp bled) vi sangrar.

blend [blend] n (of coffee, whisky) mezcla f. ◆ vt mezclar.

blender ['blendə'] n licuadora f.

bless [bles] vt bendecir; ~ you! ¡Jesús!

blessing ['blesɪŋ] n bendición f.

blew [bluː] pt → **blow**.

blind [blaɪnd] adj ciego(ga). ◆ n (for window) persiana f. ◆ npl: the ~ los ciegos.

blind corner n curva f sin visibilidad.

blindfold ['blaɪndfəʊld] n venda f (en los ojos). ◆ vt vendar los ojos a.

blind spot n AUT ángulo m muerto.

blink [blɪŋk] vi parpadear.

blinkers ['blɪŋkəz] npl Br anteojeras fpl.

bliss [blɪs] n gloria f.

blister ['blɪstə'] n ampolla f.

blizzard ['blɪzəd] n ventisca f (de nieve).

bloated ['bləʊtɪd] adj (after eating) hinchado(da).

blob [blɒb] n gota f.

block [blɒk] n bloque m; Am (in town, city) manzana f. ◆ vt bloquear; to have a ~ed (up) nose tener la nariz bloqueada. □ **block up** vt sep obstruir.

blockage ['blɒkɪdʒ] n obstrucción f.

block capitals npl mayúsculas fpl.

block of flats n bloque m de pisos Esp, edificio m de departamentos Amér.

bloke [bləʊk] n Br inf tipo m.

blond [blɒnd] adj rubio. ◆ n rubio(a).

blonde [blɒnd] adj rubia. ◆ n rubia f.

blood [blʌd] n sangre f.

blood donor n donante mf de sangre.

blood group *n* grupo *m* sanguíneo.

blood poisoning *n* septicemia *f*.

blood pressure *n* tensión *f*; **to have high ~** tener la tensión alta; **to have low ~** tener la tensión baja.

bloodshot ['blʌdʃɒt] *adj (eye)* rojo; inyectado(da) de sangre.

blood test *n* análisis *m inv* de sangre.

blood transfusion *n* transfusión *f* de sangre.

bloody ['blʌdɪ] *adj (hands, handkerchief)* ensangrentado(da); *Br vulg (damn)* maldito(ta). ◆ *adv Br vulg* acojonadamente.

Bloody Mary *n* [-'meərɪ] *n (drink)* Bloody Mary *m*, vodka con zumo de tomate.

bloom [blu:m] *n* flor *f*. ◆ *vi* florecer; **in ~** en flor.

blossom ['blɒsəm] *n* flor *f*.

blot [blɒt] *n* borrón *m*.

blotch [blɒtʃ] *n* mancha *f*.

blotting paper ['blɒtɪŋ-] *n* papel *m* secante.

blouse [blaʊz] *n* blusa *f*.

blow [bləʊ] *(pt* blew *, pp* blown*) vt (subj: wind)* hacer volar; *(whistle, trumpet)* tocar; *(bubbles)* hacer. ◆ *vi (wind, person)* soplar; *(fuse)* fundirse. ◆ *n (hit)* golpe *m*; **to ~ one's nose** sonarse la nariz. ☐ **blow up** ◆ *vt sep (cause to explode)* volar; *(inflate)* inflar. ◆ *vi* estallar.

blow-dry *n* secado *m* (con secador). ◆ *vt* secar (con secador).

blown [bləʊn] *pp* → **blow**.

BLT *n (sandwich)* sándrich *m* de bacon, lechuga y tomate.

blue [blu:] *adj (colour)* azul; *(film)* porno. ◆ *n* azul *m*. ☐ **blues** *n MUS* blues *m inv*.

bluebell ['blu:bel] *n* campanilla *f*.

blueberry ['blu:bərɪ] *n* arándano *m*.

bluebottle ['blu:ˌbɒtl] *n* moscardón *m*.

blue cheese *n* queso *m* azul.

bluff [blʌf] *n (cliff)* peñasco *m*. ◆ *vi* farolear.

blunder ['blʌndə] *n* metedura *f* de pata.

blunt [blʌnt] *adj (knife, pencil)* desafilado(da); *fig (person)* franco(ca).

blurred [blɜ:d] *adj* borroso(sa).

blush [blʌʃ] *vi* ruborizarse.

blusher ['blʌʃə] *n* colorete *m*.

blustery ['blʌstərɪ] *adj* borrascoso(sa).

board [bɔ:d] *n (notice board)* tabla *f*; *(for games)* tablero *m*; *(blackboard)* pizarra *f*, pizarrón *m Amér; (of company)* junta *f* directiva; *(hardboard)* conglomerado *m*. ◆ *vt (plane, ship)* embarcar en; *(bus)* subir a; **~ and lodging** comida y habitación; **full ~** pensión completa; **half ~** media pensión; **on ~** ◆ *adv* a bordo; *(plane, ship)* a bordo de; *(bus)* dentro de.

board game *n* juego *m* de tablero.

boarding ['bɔ:dɪŋ] *n* embarque *m*.

boarding card *n* tarjeta *f* de embarque.

boarding house *n* casa *f* de huéspedes.

boarding school *n* internado *m*.

board of directors *n* junta *f* directiva.

boast [bəʊst] *vi*: **to ~ (about sthg)** alardear (de algo).

boat [bəʊt] *n (large)* barco *m*; *(small)* barca *f*; **by ~** en barco.

bob [bɒb] *n (hairstyle)* media melena f (en una capa).

bobby pin ['bɒbɪ-] n Am horquilla f.

bodice ['bɒdɪs] n cuerpo m.

body ['bɒdɪ] n (of person, wine) cuerpo m; (corpse) cadáver m; (of car) carrocería f; (organization) organismo m.

bodyguard ['bɒdɪgɑːd] n guardaespaldas m inv.

body piercing [-'pɪrsɪŋ] n piercing m.

bodywork ['bɒdɪwɜːk] n carrocería f.

bog [bɒg] n cenagal m.

bogus ['bɒgəs] adj falso(sa).

boil [bɔɪl] vt (water) hervir; (kettle) poner a hervir; (food) cocer. ◆ vi hervir. ◆ n pústula f.

boiled egg [bɔɪld-] n huevo m pasado por agua.

boiled potatoes [bɔɪld-] npl patatas fpl Esp OR papas fpl Amér cocidas.

boiler ['bɔɪlə'] n caldera f.

boiling (hot) ['bɔɪlɪŋ-] adj inf (person) asado(da) de calor; (weather) abrasador(ra); (water) ardiendo.

bold [bəʊld] adj (brave) audaz.

Bolivia [bə'lɪvɪə] n Bolivia.

Bolivian [bə'lɪvɪən] adj boliviano (na). ◆ n boliviano m, -na f.

bollard ['bɒlɑːd] n Br (on road) poste m.

bolt [bəʊlt] n (on door, window) cerrojo m; (screw) tornillo m. ◆ vt (door, window) echar el cerrojo a.

bomb [bɒm] n bomba f. ◆ vt bombardear.

bombard [bɒm'bɑːd] vt bombardear.

bomb scare n amenaza f de bomba.

bond [bɒnd] n (tie, connection) lazo m, vínculo m.

bone [bəʊn] n (of person, animal) hueso m; (of fish) espina f.

boned [bəʊnd] adj (chicken) deshuesado(da); (fish) limpio(pia).

boneless ['bəʊnləs] adj (chicken, pork) deshuesado(da).

bonfire ['bɒnˌfaɪə'] n hoguera f.

bonnet ['bɒnɪt] n Br (of car) capó m, cofre m Méx.

bonus ['bəʊnəs] n (pl -es) (extra money) paga f extra; (additional advantage) beneficio m adicional.

bony ['bəʊnɪ] adj (fish) lleno(na) de espinas; (chicken) lleno de huesos.

boo [buː] vi abuchear.

book [bʊk] n (for reading) libro m; (for writing in) libreta f, cuaderno m; (of stamps) librillo m; (of matches) cajetilla f; (of tickets) talonario m. ◆ vt (reserve) reservar. ❑ **book in** vi registrarse.

bookable ['bʊkəbl] adj (seats, flight) reservable.

bookcase ['bʊkkeɪs] n estantería f.

booking ['bʊkɪŋ] n (reservation) reserva f, reservación f Amér.

booking office n taquilla f.

bookkeeping ['bʊkˌkiːpɪŋ] n contabilidad f.

booklet ['bʊklɪt] n folleto m.

bookmaker's ['bʊkˌmeɪkəz] n casa f de apuestas.

bookmark ['bʊkmɑːk] n separador m.

bookshelf ['bʊkʃelf] (pl **-shelves** [-ʃelvz]) n (shelf) estante m; (bookcase) estantería f.

bookshop ['bʊkʃɒp] n librería f.

bookstall ['bʊkstɔːl] n puesto m de libros.

bookstore ['bʊkstɔː'] n = **bookshop**.

book token *n* vale *m* para comprar libros.

boom [bu:m] *n* (sudden growth) auge *m*. ◆ *vi* (voice, guns) retumbar.

boost [bu:st] *n* (profits, production) incrementar; (confidence, spirits) estimular.

booster ['bu:stə] *n* (injection) inyección *f* de revacunación.

boot [bu:t] *n* (shoe) bota *f*; Br (of car) maletero *m*.

booth [bu:ð] *n* (for telephone) cabina *f*; (at fairground) puesto *m*.

booze [bu:z] *n* inf bebida *f*, alcohol *m*. ◆ *vi* inf empinar el codo.

bop [bɒp] *n* inf (dance): **to have a ~** mover el esqueleto.

border ['bɔ:də] *n* (of country) frontera *f*; (edge) borde *m*.

bore [bɔ:] *pt* → **bear**. ◆ *n* (person) pelmazo *m*, -za *f*; (thing) rollo *m*. ◆ *vt* (person) aburrir.

bored [bɔ:d] *adj* aburrido(da).

boredom ['bɔ:dəm] *n* aburrimiento *m*.

boring ['bɔ:rɪŋ] *adj* aburrido(da).

born [bɔ:n] *adj*: **to be ~** nacer.

borne [bɔ:n] *pp* → **bear**.

borough ['bʌrə] *n* municipio *m*.

borrow ['bɒrəʊ] *vt*: **to ~ sthg (from sb)** tomar algo prestado (de alguien).

bosom ['bʊzəm] *n* pecho *m*.

boss [bɒs] *n* jefe *m*, -fa *f*. ◆ **boss around** *vt sep* mangonear.

bossy ['bɒsɪ] *adj* mandón(ona).

botanical garden [bə'tænɪkl-] *n* jardín *m* botánico.

both [bəʊθ] *adj* ambos(bas). ◆ *pron* los dos *mpl*, las dos *fpl*. ◆ *adv*: **she speaks ~ French and German** habla francés y alemán; **~ of them/us** los (las dos).

bother ['bɒðə] *vt* (worry) preocupar; (annoy, pester) molestar. ◆ *vi* molestarse. ◆ *n* molestia *f*; **I can't be ~ed** no tengo ganas.

bottle ['bɒtl] *n* (container, contents) botella *f*; (of shampoo) bote *m*; (of medicine) frasco *m*; (for baby) biberón *m*.

bottle bank *n* contenedor *m* de vidrio (para reciclaje).

bottled ['bɒtld] *adj* embotellado *m*; **~ beer** cerveza *f* de botella; **~ water** agua *f* mineral (embotellada).

bottle opener [-,əʊpnə] *n* abrebotellas *m inv*.

bottom ['bɒtəm] *adj* (shelf, line, object in pile) inferior; (floor) bajo(ja); (last, worst) peor. ◆ *n* (of sea, bag) fondo *m*; (of hill, stairs, ladder) pie *m*; (of page) final *m*; (of glass, bin) culo *m*; (farthest part) final *m*, fondo *m*; (buttocks) trasero *m*.

bought [bɔ:t] *pt* & *pp* → **buy**.

boulder ['bəʊldə] *n* canto *m* rodado.

bounce [baʊns] *vi* (rebound) botar; (jump) saltar; (cheque) ser rechazado por el banco.

bouncer ['baʊnsə] *n* inf matón *m* (en discoteca, bar, etc).

bouncy ['baʊnsɪ] *adj* (person) dinámico(ca).

bound [baʊnd] *pt* & *pp* → **bind**. ◆ *vi* ir dando saltos. ◆ *adj*: **it's ~ to rain** seguro que va a llover; **to be ~ for** ir rumbo a; **to be out of ~s** estar en zona prohibida.

boundary ['baʊndrɪ] *n* frontera *f*.

bouquet [bʊ'keɪ] *n* (of flowers) ramo *m*.

bout [baʊt] *n* (of illness) ataque *m*; (of activity) racha *f*.

boutique [bu:'ti:k] *n* boutique *f*.

bow¹ [baʊ] *n (of head)* reverencia *f; (of ship)* proa *f.* ◆ *vi* inclinarse.

bow² [baʊ] *n (knot)* lazo *m; (weapon, MUS)* arco *m.*

bowels ['baʊəlz] *npl* intestinos *mpl.*

bowl [baʊl] *n (for salad, fruit, sugar)* bol *m*, cuenco *m; (for soup, of soup)* tazón *m; (for washing-up)* barreño *m; (of toilet)* taza *f.* □ **bowls** *npl* bochas *fpl.*

bowling alley ['baʊlɪŋ-] *n* bolera *f.*

bow tie [baʊ-] *n* pajarita *f Esp*, corbata *f* de mono *Amér.*

box [bɒks] *n (container, contents)* caja *f; (of jewels)* estuche *m; (on form)* casilla *f; (in theatre)* palco *m.* ◆ *vi* boxear; **a ~ of chocolates** una caja de bombones.

boxer ['bɒksə'] *n* boxeador *m.*

boxer shorts *npl* calzoncillos *mpl* boxer.

boxing ['bɒksɪŋ] *n* boxeo *m.*

Boxing Day *El 26 de diciembre, fiesta nacional en Gran Bretaña.*

ⓘ BOXING DAY

El 26 de diciembre, "Boxing Day", es fiesta en Gran Bretaña. Tradicionalmente era el día en el que los comerciantes y criados recibían un dinero extra llamado "Christmas box". Aún hoy, los repartidores de leche, los basureros y los niños que reparten periódicos suelen recibir este aguinaldo.

boxing gloves *npl* guantes *mpl* de boxeo.

boxing ring *n* cuadrilátero *m.*

box office *n* taquilla *f*, boletería *f Amér.*

boy [bɔɪ] *n (male)* chico *m*, niño *m;* (son) hijo *m.* ◆ *excl Am inf:* **(oh) ~!** ¡jolín!

boycott ['bɔɪkɒt] *vt* boicotear.

boyfriend ['bɔɪfrend] *n* novio *m.*

boy scout *n (boy)* scout *m.*

bra [brɑː] *n* sujetador *m Esp*, sosten *m.*

brace [breɪs] *n (for teeth)* aparato *m* corrector. □ **braces** *npl Br* tirantes *mpl.*

bracelet ['breɪslɪt] *n* pulsera *f.*

bracken ['bræk] *n* helecho *m.*

bracket ['brækɪt] *n (written symbol)* paréntesis *m inv; (support)* soporte *m.*

brag [bræg] *vi* fanfarronear.

brain [breɪn] *n* cerebro *m.*

brainy ['breɪnɪ] *adj inf* listo(ta).

braised [breɪzd] *adj* cocido(da) a fuego lento.

brake [breɪk] *n* freno *m.* ◆ *vi* frenar.

brake light *n* luz *f* de freno.

brake pad *n* pastilla *f* de frenos.

brake pedal *n* pedal *m* de freno.

bran [bræn] *n* salvado *m.*

branch [brɑːntʃ] *n (of tree, subject)* rama *f; (of bank, company)* sucursal *f.* □ **branch off** *vi* desviarse.

branch line *n* ramal *m.*

brand [brænd] *n* marca *f.* ◆ *vt:* **to ~ sb (as)** tildar a alguien (de).

brand-new *adj* completamente nuevo(va).

brandy ['brændɪ] *n* coñac *m.*

brash [bræʃ] *adj pej* insolente.

brass [brɑːs] *n* latón *m.*

brass band *n* banda *f* de metal.

brasserie ['bræsərɪ] *n* restaurante *m.*

brassiere [*Br* 'bræsɪə', *Am* brə'zɪr] *n* sujetador *m Esp*, sosten *m.*

brat [bræt] *n inf* mocoso *m*, -sa *f.*

brave [breɪv] *adj* valiente.

bravery ['breɪvərɪ] *n* valentía *f.*

bravo [ˌbrɑːˈvəʊ] *excl* ¡bravo!.

brawl [brɔːl] *n* gresca *f*.

brazil nut [brəˈzɪl] *n* nuez *f* de Pará.

breach [briːtʃ] *vt (contract)* incumplir; *(confidence)* abusar de.

bread [bred] *n* pan *m*; **~ and butter** pan con mantequilla.

bread bin *n* Br panera *f*.

breadboard [ˈbredbɔːd] *n* tabla *f* (de cortar pan).

bread box Am = **bread bin**.

breadcrumbs [ˈbredkrʌmz] *npl* pan *m* rallado.

breaded [ˈbredɪd] *adj* empanado (da).

bread knife *n* cuchillo *m* de pan.

bread roll *n* panecillo *m*.

breadth [bretθ] *n* anchura *f*.

break [breɪk] *(pt* broke, *pp* broken*) n (interruption)* interrupción *f*; *(in transmission)* corte *m*; *(in line)* espacio *m*; *(rest, pause)* descanso *m*; *(in playtime)* recreo *m*. ◆ *vt (cup, window, record)* romper; *(machine)* estropear; *(disobey)* violar, infringir; *(fail to fulfil)* incumplir; *(journey)* interrumpir; *(news)* dar. ◆ *vi (cup, window, chair)* romperse; *(machine)* estropearse; *(dawn)* romper; *(voice)* cambiar; **without a ~** sin parar; **a lucky ~** un golpe de suerte; **to ~ one's leg** romperse la pierna. ❏ **break down** ◆ *vi (car, machine)* estropearse. ◆ *vt sep (door, barrier)* derribar. ❏ **break in** *vi* entrar a la fuerza. ❏ **break off** ◆ *vt (detach)* partir; *(holiday)* interrumpir. ◆ *vi (stop suddenly)* pararse, detenerse. ❏ **break out** *vi (fire, war)* desencadenarse; *(panic)* cundir; **he broke out in a rash** le salió un sarpullido. ❏ **break up** *vi (with spouse, partner)* romper; *(meeting)* disolverse; *(marriage)* deshacerse;

(school, pupils) terminar el curso.

breakage [ˈbreɪkɪdʒ] *n* rotura *f*.

breakdown [ˈbreɪkdaʊn] *n (of car)* avería *f*; *(in communications, negotiations)* ruptura *f*; *(acute depression)* crisis *f* nerviosa.

breakdown truck *n* camión *m* grúa.

breakfast [ˈbrekfəst] *n* desayuno *m*; **to have ~** desayunar; **to have sthg for ~** desayunar algo.

breakfast cereal *n* cereales *mpl* (para desayuno).

break-in *n* robo *m* (con allanamiento de morada).

breakwater [ˈbreɪkˌwɔːtəʳ] *n* rompeolas *m inv.*

breast [brest] *n (of woman)* pecho *m*, seno *m*; *(of chicken, duck)* pechuga *f*.

breastbone [ˈbrestbəʊn] *n* esternón *m*.

breast-feed *vt* dar el pecho a.

breaststroke [ˈbreststrəʊk] *n* braza *f*.

breath [bretθ] *n* aliento *m*; **out of ~** sin aliento; **to go for a ~ of fresh air** salir a tomar un poco de aire; **to take a deep ~** respirar hondo.

Breathalyser® [ˈbreθəlaɪzəʳ] *n* Br alcoholímetro *m*.

Breathalyzer® [ˈbreθəlaɪzəʳ] *Am* = Breathalyser.

breathe [briːð] *vi* respirar. ❏ **breathe in** *vi* aspirar. ❏ **breathe out** *vi* espirar.

breathtaking [ˈbretθˌteɪkɪŋ] *adj* sobrecogedor(ra).

breed [briːd] *(pt & pp* bred [bred]) *n (of animal)* raza *f*; *(of plant)* especie *f*. ◆ *vt* criar. ◆ *vi* reproducirse.

breeze [briːz] *n* brisa *f*.

breezy [ˈbriːzɪ] *adj*: **it's ~** hace aire.

brew [bruː] *vt (beer)* elaborar; *(tea,*

coffee) preparar. ◆ *vi* (*tea, coffee*) reposar.

brewery ['bruərɪ] *n* fábrica *f* de cerveza.

bribe [braɪb] *n* soborno *m*. ◆ *vt* sobornar.

bric-a-brac ['brɪkəbræk] *n* baratijas *fpl*.

brick [brɪk] *n* ladrillo *m*.

bricklayer ['brɪk,leɪə] *n* albañil *m*.

brickwork ['brɪkwɜ:k] *n* enladrillado *m*.

bride [braɪd] *n* novia *f*.

bridegroom ['braɪdgrʊm] *n* novio *m*.

bridesmaid ['braɪdzmeɪd] *n* dama *f* de honor.

bridge [brɪdʒ] *n* (*across road, river*) puente *m*; (*of ship*) puente *m* de mando ; (*card game*) bridge *m*.

brief [bri:f] *adj* breve. ◆ *vt* informar; **in ~** en resumen. ❑ **briefs** *npl* (*underpants*) calzoncillos *mpl*; (*knickers*) bragas *fpl Esp*; calzones *mpl Amér*.

briefcase ['bri:fkeɪs] *n* cartera *f*.

briefly ['bri:flɪ] *adv* (*for a short time*) brevemente; (*in few words*) en pocas palabras.

brigade [brɪ'geɪd] *n* brigada *f*.

bright [braɪt] *adj* (*light*) brillante; (*sun, smile*) radiante; (*weather*) despejado(da); (*room*) luminoso(sa); (*colour*) vivo(va); (*clever*) listo(va), inteligente; (*idea*) genial.

brilliant ['brɪljənt] *adj* (*colour*) vivo(va); (*light, sunshine*) resplandeciente; (*idea, person*) genial; *inf* (*wonderful*) fenomenal.

brim [brɪm] *n* (*of hat*) ala *f*; **it's full to the ~** está lleno hasta el borde.

brine [braɪn] *n* salmuera *f*.

bring [brɪŋ] (*pt & pp* **brought**) *vt* traer; (*cause*) producir. ❑ **bring along** *vt sep* traer. ❑ **bring back** *vt*

sep devolver. ❑ **bring in** *vt sep* (*introduce*) introducir; (*earn*) ganar. ❑ **bring out** *vt sep* (*new product*) sacar. ❑ **bring up** *vt sep* (*child*) criar; (*subject*) sacar a relucir; (*food*) devolver.

brink [brɪŋk] *n*: **on the ~ of** al borde de.

brisk [brɪsk] *adj* (*quick*) rápido(da); (*efficient*) enérgico(ca).

bristle ['brɪsl] *n* (*of brush*) cerda *f*; (*on chin*) pelillo *m*.

Britain ['brɪtn] *n* Gran Bretaña.

British ['brɪtɪʃ] *adj* británico(ca). ◆ *npl*: **the ~** los británicos.

British Rail *n* compañía ferroviaria británica.

British Telecom ['-'telɪkɒm] *n* principal empresa británica de telecomunicaciones.

Briton ['brɪtn] *n* británico *m*, -ca *f*.

brittle ['brɪtl] *adj* quebradizo(za).

broad [brɔ:d] *adj* (*wide*) ancho(cha); (*wide-ranging*) amplio(plia); (*description, outline*) general ; (*accent*) cerrado(da).

B road *n* *Br* ≃ carretera *f* comarcal.

broad bean *n* haba *f* de mayo.

broadcast ['brɔ:dkɑ:st] (*pt & pp* **broadcast**) *n* emisión *f*. ◆ *vt* emitir.

broadly ['brɔ:dlɪ] *adv* en general; **~ speaking** en líneas generales.

broadsheet ['brɔ:dʃi:t] *n* *Br* periódico serio en formato grande.

ⓘ **BROADSHEET/ BROADSIDE**

El término "broadsheet" en Gran Bretaña, o "broadside" en los Estados Unidos, se utiliza para referirse a los periódicos más formales y respetados, los cuales se imprimen en formato grande, presentan las noticias con seriedad y ofrecen secciones importantes sobre cultura, deporte y finanzas. Por lo general, se consideran más respetables que los llamados "tabloids", que se inclinan por un estilo más sencillo y se publican en un formato más pequeño.

broccoli ['brɒkəlɪ] n brócoli m, brécol m.

brochure ['brəʊʃə] n folleto m.

broiled [brɔɪld] adj Am a la parrilla.

broke [brəʊk] pt → **break**. ◆ adj inf sin blanca Esp, sin dinero.

broken ['brəʊkn] pp → **break**. ◆ adj (window, glass, leg) roto(ta); (machine) estropeado(da); (English, Spanish) macarrónico(ca).

bronchitis [brɒŋ'kaɪtɪs] n bronquitis f inv.

bronze [brɒnz] n bronce m.

brooch [brəʊtʃ] n broche m.

brook [brʊk] n arroyo m.

broom [bruːm] n escoba f.

broomstick ['bruːmstɪk] n palo m de escoba.

broth [brɒθ] n caldo m.

brother ['brʌðə] n hermano m.

brother-in-law n cuñado m.

brought [brɔːt] pt & pp → **bring**.

brow [braʊ] n (forehead) frente f; (eyebrow) ceja f.

brown [braʊn] adj (earth, paint, wood) marrón, café Amér; (hair, eyes) castaño(ña); (skin) moreno(na); (tanned) bronceado(da). ◆ n marrón m, café m Amér.

brown bread n pan m moreno.

brownie ['braʊnɪ] n CULIN pequeño

bizcocho de chocolate y nueces de forma cuadrada.

Brownie ['braʊnɪ] n guía f (de 7-10 años).

brown rice n arroz m integral.

brown sauce n Br salsa f inglesa.

brown sugar n azúcar m moreno.

browse [braʊz] vi (in shop) mirar, curiosear; **to ~ through** sthg hojear algo.

browser [braʊzə] n COMPUT navegador m; '~s welcome' 'le invitamos a curiosear'.

bruise [bruːz] n cardenal m.

brunch [brʌntʃ] n desayuno-almuerzo que se toma por la mañana tarde.

brunette [bruː'net] n morena f.

brush [brʌʃ] n (for hair, teeth) cepillo m; (of artist) pincel m; (for decorating) brocha f. ◆ vt (floor) barrer; (clothes) cepillar; (move with hand) quitar; **to ~ one's hair** cepillarse el pelo; **to ~ one's teeth** cepillarse los dientes.

Brussels sprouts ['brʌslz-] npl coles fpl de Bruselas.

brutal ['bruːtl] adj brutal.

BSc n (abbr of Bachelor of Science) (titular de una) licenciatura de ciencias.

BT abbr = British Telecom.

bubble ['bʌbl] n burbuja f.

bubble bath n espuma f de baño.

bubble gum n chicle m (para hacer globos).

bubbly ['bʌblɪ] n inf champán m.

buck [bʌk] n Am inf (dollar) dólar m; (male animal) macho m.

bucket ['bʌkɪt] n cubo m.

Buckingham Palace ['bʌkɪŋəm-] n el palacio de Buckingham.

buckle

34

BUCKINGHAM PALACE

El palacio de Buckingham, construido en 1703 por el duque de Buckingham, es la residencia oficial del monarca británico en Londres. La ceremonia del cambio de guardia tiene lugar a diario frente al palacio.

buckle ['bʌkl] n hebilla f. ◆ vt (fasten) abrochar (con hebilla). ◆ vi (warp) combarse.

bud [bʌd] n (shoot) brote m; (flower) capullo m. ◆ vi brotar.

Buddhist ['budɪst] n budista mf.

buddy ['bʌdɪ] n inf amiguete m, -ta f.

budge [bʌdʒ] vi moverse.

budgerigar ['bʌdʒərɪgaː'] n periquito m.

budget ['bʌdʒɪt] adj (holiday, travel) económico(ca). ◆ n presupuesto m; **the Budget** Br los presupuestos del Estado. ❑ **budget for** vt fus contar con.

budgie ['bʌdʒɪ] n inf periquito m.

buff [bʌf] n inf aficionado m, -da f.

buffalo ['bʌfələʊ] n búfalo m.

buffer ['bʌfə'] n (on train) tope m.

buffet ['bʊfeɪ, Am bə'feɪ] n (meal) bufé m; (cafeteria) cafetería f.

buffet car ['bʊfeɪ-] n coche m restaurante (sólo mostrador).

bug [bʌg] n (insect) bicho m; inf (mild illness) virus m inv. ◆ vt inf (annoy) fastidiar.

buggy ['bʌgɪ] n (pushchair) silla f de niño; Am (pram) cochecito m de niño.

build [bɪld] (pt & pp **built**) n complexión f. ◆ vt construir. ❑ **build up**

◆ vt sep (strength, speed) ir aumentando. ◆ vi acumularse.

builder ['bɪldə'] n constructor m, -ra f.

building ['bɪldɪŋ] n edificio m.

building site n solar m.

building society n Br ≃ caja f de ahorros.

built [bɪlt] pt & pp → **build**.

built-in adj empotrado(da).

built-up area n zona f urbanizada.

bulb [bʌlb] n (for lamp) bombilla f; (of plant) bulbo m.

bulge [bʌldʒ] vi hacer bulto.

bulk [bʌlk] n: **the ~ of** la mayor parte de; **in ~** a granel.

bulky ['bʌlkɪ] adj voluminoso(sa).

bull [bʊl] n toro m.

bulldog ['bʊldɒg] n buldog m.

bulldozer ['bʊldəʊzə'] n bulldozer m.

bullet ['bʊlɪt] n bala f.

bulletin ['bʊlətɪn] n boletín m.

bullfight ['bʊlfaɪt] n corrida f (de toros).

bull's-eye n diana f.

bully ['bʊlɪ] n abusón m, -ona f. ◆ v intimidar.

bum [bʌm] n inf (bottom) culo m; Am inf (tramp) vagabundo m, -da f.

bum bag n Br riñonera f.

bumblebee ['bʌmblbiː] n abejorro m.

bump [bʌmp] n (on surface) bulto m; (on head, leg) chichón m; (on road) bache m; (sound, minor accident) golpe m. ◆ vt: **to ~ one's head** golpearse la cabeza. ❑ **bump into** vt fus (hit) darse con; (meet) toparse con.

bumper ['bʌmpə'] n (on car) parachoques m inv; Am (on train) tope m.

bumpy ['bʌmpɪ] adj (road) llen

· (na) de baches; *(flight, journey)* con muchas sacudidas.

bun [bʌn] *n (cake)* bollo *m; (bread roll)* panecillo *m; (hairstyle)* moño *m*.

bunch [bʌntʃ] *n (of people)* grupo *m; (of flowers)* ramo *m; (of grapes, bananas)* racimo *m; (of keys)* manojo *m*.

bundle ['bʌndl] *n (of clothes)* bulto *m; (of notes, papers)* fajo *m*.

bung [bʌŋ] *n* tapón *m*.

bungalow ['bʌŋgələu] *n* bungalow *m*.

bunion ['bʌnjən] *n* juanete *m*.

bunk [bʌŋk] *n* litera *f*.

bunk bed *n* litera *f*.

bunker ['bʌŋkə'] *n (shelter)* búnquer *m; (for coal)* carbonera *f; (in golf)* búnker *m*.

bunny ['bʌni] *n* conejito *m*.

buoy [Br bɔɪ, Am 'buːi] *n* boya *f*.

buoyant ['bɔɪənt] *adj (that floats)* boyante.

burden ['bɜːdn] *n* carga *f*.

bureaucracy [bjʊə'rɒkrəsɪ] *n* burocracia *f*.

bureau de change [,bjʊərəudə'ʃɒndʒ] *n* casa *f* de cambio.

burger ['bɜːgə'] *n (hamburger)* hamburguesa *f*.

burglar ['bɜːglə'] *n* ladrón *m*, -ona *f*.

burglar alarm *n* alarma *f* antirrobo.

burglarize ['bɜːgləraɪz] *Am* = **burgle**.

burglary ['bɜːglərɪ] *n* robo *m (de una casa)*.

burgle ['bɜːgl] *vt* robar *(una casa)*.

burial ['berɪəl] *n* entierro *m*.

burn [bɜːn] *(pt & pp* **burnt** OR **burned)** *n* quemadura *f*. ♦ *vt* quemar. ♦ *vi (be on fire)* arder; **to ~ one's hand** quemarse la mano. ❑ **burn**

down ♦ *vt sep* incendiar. ♦ *vi* incendiarse.

burning (hot) ['bɜːnɪŋ-] *adj* muy caliente.

Burns' Night ['bɜːnz-] *n* fiesta escocesa del 25 de enero.

burnt [bɜːnt] *pt & pp* → **burn**.

burp [bɜːp] *vi* eructar.

burrow ['bʌrəu] *n* madriguera *f*.

burst [bɜːst] *(pt & pp* **burst)** *n (of gunfire, applause)* estallido *m*. ♦ *vt & vi* reventar; **he ~ into the room** irrumpió en la habitación; **to ~ into tears** romper a llorar; **to ~ open** *(door)* abrirse de golpe.

bury ['berɪ] *vt* enterrar.

bus [bʌs] *n* autobús *m*, bús *m Amér*; **by ~** en autobús.

busboy ['bʌsbɔɪ] *Am* ayudante *m (de camarero)*.

bus conductor [-,kən'dʌktə'] *n* cobrador *m*, -ra *f* de autobús.

bus driver *n* conductor *m*, -ra *f* de autobús.

bush [bʊʃ] *n* arbusto *m*.

business ['bɪznɪs] *n (commerce)* negocios *mpl; (firm, trade)* negocio *m; (things to do)* asuntos *mpl*, tareas *fpl; (affair)* asunto *m*; **mind your own ~!** ¡no te metas donde no te llaman!; **~ as usual** 'abierto como de costumbre'.

business card *n* tarjeta *f* de visita.

business class *n* clase *f* preferente.

business hours *npl* horario *m* de apertura.

businessman ['bɪznɪsmæn] *(pl -men* [-mən]*) n* hombre *m* de negocios.

business studies *npl* empresariales *fpl*.

businesswoman ['bɪznɪs-

‚wʊmən] (pl **-women** [-‚wɪmɪn]) n mujer f de negocios.

busker ['bʌskə] n Br músico m callejero, música callejera f.

bus lane n carril m de autobús.

bus pass n abono m (de autobús).

bus shelter n marquesina f (de parada de autobús).

bus station n estación f de autobuses.

bus stop n parada f de autobús.

bust [bʌst] n (of woman) busto m. ◆ adj: **to go ~** inf quebrar.

bustle ['bʌsl] n bullicio m.

bus tour n excursión f (en autobús).

busy ['bɪzɪ] adj (person, telephone, line) ocupado(da); (day) ajetreado (da); (schedule) lleno(na); (street, office) concurrido(da); **to be ~ doing sthg** estar ocupado haciendo algo.

busy signal n Am señal f de comunicando Esp OR ocupado Amér.

but [bʌt] conj pero. ◆ prep menos; **not just one ~ two** no uno sino dos; **you've done nothing ~ moan** no has hecho más que quejarte; **the last ~ one** el penúltimo; **~ for** de no ser por.

butcher ['bʊtʃə] n carnicero m, -ra f; **~'s (shop)** carnicería f.

butt [bʌt] n (of rifle) culata f; (of cigarette, cigar) colilla f.

butter ['bʌtə] n mantequilla f. ◆ vt untar con mantequilla.

butter bean n judía f blanca Esp, frijol m blanco Amér.

buttercup ['bʌtəkʌp] n ranúnculo m.

butterfly ['bʌtəflaɪ] n mariposa f.

butterscotch ['bʌtəskɒtʃ] n dulce hecho hirviendo azúcar y mantequilla.

buttocks ['bʌtəks] npl nalgas fpl.

button ['bʌtn] n (on clothing, machine) botón m; Am (badge) chapa f, botón m Amér.

buttonhole ['bʌtnhəʊl] n (hole) ojal m.

button mushroom n champiñón m pequeño.

buy [baɪ] (pt & pp **bought**) vt comprar. ◆ n: **a good ~** una buena compra; **to ~ sthg for sb, to ~ sb sthg** comprar algo a alguien; **to ~ sthg from sb** comprar algo a alguien.

buzz [bʌz] vi zumbar.

buzzer ['bʌzə] n timbre m.

by [baɪ] prep **-1.** (expressing cause, agent) por; **funded ~ the government** subvencionado por el gobierno; **a book ~ Joyce** un libro de Joyce.
- **2.** (expressing method, means): **~ car/ train/plane** en coche/tren/avión; **~ post/phone** por correo/teléfono; **to pay ~ credit card** pagar con tarjeta de crédito; **to win ~ cheating** ganar haciendo trampa.
- **3.** (near to, beside) junto a; **~ the sea** junto al mar.
- **4.** (past) por delante de; **a car went ~ the house** pasó un coche por delante de la casa.
- **5.** (via) por; **exit ~ the door on the left** salgan por la puerta a la izquierda.
- **6.** (with time) para; **be there ~ nine** estate allí para las nueve; **~ day/ night** de día/noche; **~ now** ya.
- **7.** (expressing quantity) por; **prices fell ~ 20%** los precios bajaron en un 20%; **we charge ~ the hour** cobramos por horas.
- **8.** (expressing meaning) por; **what do you mean ~ that?** ¿qué quieres decir con eso?

- 9. *(in division, multiplication)* por; **two metres ~ five** dos metros por cinco.

- 10. *(according to)* según; **~ law** según la ley; **it's fine ~ me** por mí no hay problema.

- 11. *(expressing gradual process)*: **one ~ one** uno a uno; **day ~ day** día a día.

- 12. *(in phrases)*: **~ mistake** por equivocación; **~ oneself** *(alone)* solo; **he did it ~ himself** lo hizo él solo; **~ profession** de profesión.

♦ *adv (past)*: **to go/drive ~** pasar.

bye(-bye) [baɪ(baɪ)] *excl inf* ¡hasta luego!

bypass ['baɪpɑːs] *n* carretera *f* de circunvalación.

C

C *(abbr of Celsius, centigrade)* C.

cab [kæb] *n (taxi)* taxi *m*; *(of lorry)* cabina *f*.

cabaret ['kæbəreɪ] *n* cabaret *m*.

cabbage ['kæbɪdʒ] *n* col *f*.

cabin ['kæbɪn] *n (on ship)* camarote *m*; *(of plane)* cabina *f*; *(wooden house)* cabaña *f*.

cabin crew *n* personal *m* de cabina.

cabinet ['kæbɪnɪt] *n (cupboard)* armario *m*; POL consejo *m* de ministros.

cable ['keɪbl] *n* cable *m*.

cable car *n* teleférico *m*.

cable television *n* televisión *f* por cable.

cactus ['kæktəs] *(pl -tuses OR -ti* [-taɪ]*) n* cactus *m inv*.

Caesar salad [ˌsiːzə-] *n* ensalada verde con anchoas, aceitunas, queso parmesano y croutons.

cafe ['kæfeɪ] *n* cafetería *f*.

cafeteria [ˌkæfɪ'tɪərɪə] *n* cantina *f*.

cafetière [kæf'tjeə] *n* cafetera *f* de émbolo.

caffeine ['kæfiːn] *n* cafeína *f*.

cage [keɪdʒ] *n* jaula *f*.

cagoule [kə'guːl] *n* *Br* chubasquero *m*.

Cajun ['keɪdʒən] *adj* cajún.

CAJUN

La comunidad "Cajun", originariamente constituida por colonos franceses en Nueva Escocia, fue deportada a Luisiana en el siglo XVIII. Allí desarrollaron una lengua y cultura propia, cuya cocina, caracterizada por el uso de especias picantes, es hoy muy conocida, así como su música popular, que destaca por el uso del violín y el acordeón.

cake [keɪk] *n (sweet)* pastel *m*; *(savoury)* medallón *m* empanado.

calculate ['kælkjʊleɪt] *vt* calcular.

calculator ['kælkjʊleɪtə] *n* calculadora *f*.

calendar ['kælɪndə] *n* calendario *m*.

calf [kɑːf] *(pl calves) n (of cow)* ternero *m*, -ra *f*; *(part of leg)* pantorrilla *f*.

call [kɔːl] *n (visit)* visita *f*; *(phone call, at airport)* llamada *f*; *(of bird)* reclamo *m*. ♦ *vt* llamar; *(meeting, elections, strike)* convocar; *(flight)* anunciar. ♦ *vi (phone)* llamar; **to ~ at** *(visit)* pasarse (por); **to be ~ed** llamarse;

call box

what is he ~ed? ¿cómo se llama?; **on ~** (nurse, doctor) de guardia; **she ~ed my name** me llamó; **to pay sb a ~** hacer una visita a alguien; **this train ~s at ...** este tren para en ...; **who's ~ing?** ¿de parte de quién? ❏ **call back** ❖ vt sep llamar (más tarde). ❖ vi (phone again) llamar (más tarde); (visit again) volver a pasarse. ❏ **call for** vt fus (come to fetch) ir a buscar; (demand) pedir; (require) requerir. ❏ **call on** vt fus (visit) visitar; **to ~ on sb to do sthg** pedir a alguien que haga algo. ❏ **call out** ❖ vt sep (name, winner) anunciar; (doctor, fire brigade) llamar. ❖ vi gritar.

call box n cabina f telefónica.

caller ['kɔ:lə'] n (visitor) visita f; (on phone) persona f que llama.

calm [kɑ:m] adj (person) tranquilo (la); (sea) en calma; (weather, day) apacible. ❖ vt calmar. ❏ **calm down** ❖ vt sep calmar. ❖ vi calmarse.

calorie ['kælərɪ] n caloría f.

calves [kɑ:vz] pl → **calf**.

camcorder ['kæm,kɔ:də'] n cámara f de vídeo.

came [keɪm] pt → **come**.

camel ['kæml] n camello m.

camera ['kæmərə] n cámara f.

cameraman ['kæmərəmæn] (pl **-men** [-mən]) n cámara m.

camera shop n tienda f de fotografía.

camisole ['kæmɪsəʊl] n picardías m inv Esp, camisola f.

camp [kæmp] n (for holidaymakers) colonia f de vacaciones para toda la familia, con parque de atracciones etc; (for soldiers) campamento m; (for prisoners) campo m. ❖ vi acampar.

campaign [kæm'peɪn] n campaña f. ❖ vi: **to ~ (for/against)** hacer campaña (a favor de/contra).

camp bed n cama f de campaña.

camper ['kæmpə'] n (person) cam[pista mf]; (van) caravana f.

camping ['kæmpɪŋ] n: **to go ~** ir de camping.

camping stove n cocina f de camping.

campsite ['kæmpsaɪt] n campi[ng]

can¹ [kæn] n (container) lata f.

can² [weak form kən, strong form kæn] (pt & conditional **could**) aux vb -1. (be able to) poder; **~ you help me?** ¿pue[des ayudarme?]; **I ~ see the sea** ve[o] el mar.
-2. (know how to) saber; **~ you drive?** ¿sabes conducir?; **I ~ speak Spanish** hablo español.
-3. (be allowed to) poder; **~ I speak to the manager?** ¿puedo hablar con e[l] director?
-4. (in polite requests) poder; **~ yo[u] tell me the time?** ¿me puedes deci[r] la hora?
-5. (expressing occasional occurrence): **~ get cold at night** a veces hace frí[o] por la noche.
-6. (expressing possibility) poder; **could do it** podría hacerlo; **the[y] could be lost** puede que se haya[n] perdido.

Canada ['kænədə] n Canadá.

Canadian [kə'neɪdɪən] adj cana[dí]ense. ❖ n canadiense m f.

canal [kə'næl] n canal m.

canapé ['kænəpeɪ] n canapé m.

Canaries [kə'neərɪz] npl: **the ~** (la[s] islas) Canarias.

Canary Islands [kə'neərɪ-] npl: **the ~** (las islas) Canarias.

cancel ['kænsl] vt cancelar.

cancellation [,kænsə'leɪʃn] n cancelación f.

cancer ['kænsə'] n cáncer m.

candidate ['kændɪdət] n *(for parliament, job)* candidato m, -ta f; *(in exam)* examinando m, -da f.

candle ['kændl] n vela f.

candlelit dinner ['kændllɪt-] n cena f a la luz de las velas.

candy ['kændɪ] n Am *(confectionery)* golosinas fpl, dulces mpl Amér; *(sweet)* caramelo m, dulce m Amér.

cane [keɪn] n *(for walking)* bastón m; *(stick)* vara f; *(for furniture, baskets)* caña f.

canister ['kænɪstə'] n *(for tea)* bote m; *(for gas)* bombona f.

canned [kænd] adj *(food, drink)* en lata.

cannot ['kænɒt] = can not.

canoe [kə'nu:] n SPORT piragua f.

canoeing [kə'nu:ɪŋ] n piragüismo m.

canopy ['kænəpɪ] n *(over bed etc)* dosel m.

can't [kɑːnt] = cannot.

canteen [kæn'tiːn] n cantina f.

canvas ['kænvəs] n *(for tent, bag)* lona f.

cap [kæp] n *(hat)* gorra f; *(without peak)* gorro m; *(of pen)* capuchón m; *(of bottle)* tapón m; *(contraceptive)* diafragma m.

capable ['keɪpəbl] adj *(competent)* competente, hábil; **to be ~ of doing sthg** ser capaz de hacer algo.

capacity [kə'pæsɪtɪ] n *(ability)* habilidad f, facultad f; *(of stadium, theatre)* capacidad f.

cape [keɪp] n *(of land)* cabo m; *(cloak)* capa f.

capers ['keɪpəz] npl alcaparras fpl.

capital ['kæpɪtl] n *(of country)* capital f; *(money)* capital m; *(letter)* mayúscula f.

capital punishment n pena f capital.

cappuccino [,kæpʊ'tʃiːnəʊ] n capuchino m.

capsicum ['kæpsɪkəm] n pimiento m.

capsize [kæp'saɪz] vi volcar.

capsule ['kæpsjuːl] n cápsula f.

captain ['kæptɪn] n capitán m, -ana f.

caption ['kæpʃn] n pie m, leyenda f.

capture ['kæptʃə'] vt *(person, animal)* capturar; *(town, castle)* tomar.

car [kɑː'] n *(motorcar)* coche m, carro m *(Amér)*; *(railway wagon)* vagón m.

carafe [kə'ræf] n vasija sin mango para servir vino y agua.

caramel ['kærəmel] n *(sweet)* caramelo hecho con leche y azúcar m; *(burnt sugar)* azúcar m quemado.

carat ['kærət] n quilate m; **24-~ gold** oro de 24 quilates.

caravan ['kærəvæn] n Br caravana f.

caravanning ['kærəvænɪŋ] n Br: **to go ~** ir de vacaciones en caravana.

caravan site n Br camping m para caravanas.

carbohydrate [,kɑːbəʊ'haɪdreɪt] n hidrato m de carbono.

carbon dioxide [,kɑːbəndaɪ'ɒksaɪd] n dióxido m de carbono.

car boot sale n Br mercadillo de objetos usados exhibidos en el maletero del coche.

carburetor [,kɑːbə'retə'] Am = **carburettor**.

carburettor [,kɑːbə'retə'] n Br carburador m.

car crash n accidente m de tráfico.

card [kɑːd] n *(postcard)* postal f; *(playing card)* carta f, naipe m; *(cardboard)* cartulina f; **~s** *(game)* las cartas.

cardboard ['kɑːdbɔːd] n cartón m.

cardiac arrest [ˌkɑːdiæk-] n paro m cardíaco.

cardigan [ˈkɑːdɪgən] n cárdigan m.

cardphone [ˈkɑːdfəʊn] n Br teléfono m de tarjeta.

care [keəʳ] n (attention) cuidado m. ◆ vi (mind): I don't ~ no me importa; **to take** ~ **of** (look after) cuidar de; (deal with) encargarse de; **would you** ~ **to ...?** fml le importaría ...? ; **take** ~ ! (goodbye) ¡cuídate!; **with** ~ con cuidado; '**handle with ~**' 'frágil'; **to** ~ **about** (think important) preocuparse por; (person) tener aprecio a.

career [kəˈrɪəʳ] n carrera f.

carefree [ˈkeəfriː] adj despreocupado(da).

careful [ˈkeəfʊl] adj (cautious) cuidadoso(sa); (driver) prudente; (thorough) esmerado(da); **be ~!** ¡ten cuidado!

carefully [ˈkeəflɪ] adv (cautiously) cuidadosamente; (drive) con prudencia; (thoroughly) detenidamente, con atención.

careless [ˈkeələs] adj (inattentive) descuidado(da); (unconcerned) despreocupado(da).

caretaker [ˈkeəˌteɪkəʳ] n Br (of school, flats) conserje mf.

car ferry n transbordador m de coches.

cargo [ˈkɑːgəʊ] (pl **-es** OR **-s**) n cargamento m.

car hire n Br alquiler m de coches.

caring [ˈkeərɪŋ] adj solícito(ta).

carnation [kɑːˈneɪʃn] n clavel m.

carnival [ˈkɑːnɪvl] n carnaval m.

carousel [ˌkærəˈsel] n (for luggage) cinta f transportadora; Am (merry-go-round) tiovivo m Esp, carrusel m.

car park n Br aparcamiento m Esp, estacionamiento m Amér.

carpenter [ˈkɑːpəntəʳ] n carpinte-

ro m, -ra f.

carpentry [ˈkɑːpəntrɪ] n carpintería f.

carpet [ˈkɑːpɪt] n (not fitted) alfombra f; (fitted) moqueta f.

carport [ˈkɑːpɔːt] n Am cochera f.

car rental n Am alquiler m de coches.

carriage [ˈkærɪdʒ] n Br (of train) vagón m; (horse-drawn) carruaje m.

carriageway [ˈkærɪdʒweɪ] n Br carril m.

carrier (bag) [ˈkærɪəʳ-] n bolsa f (de papel o plástico).

carrot [ˈkærət] n zanahoria f.

carrot cake n pastel de bizcocho hecho con zanahoria rallada y cubierto con azúcar glaseado.

carry [ˈkærɪ] vt llevar; (disease) transmitir. ◆ vi (voice, sound) oírse a lo lejos. ❑ **carry on** ◆ vi continuar. ◆ vt fus (continue) continuar; (conduct) mantener; **to** ~ **on doing sthg** seguir haciendo algo. ❑ **carry out** vt sep (perform) llevar a cabo; (fulfil) cumplir.

carrycot [ˈkærɪkɒt] n Br moisés m inv.

carryout [ˈkærɪaʊt] n Am & Scot comida f para llevar.

carsick [ˈkɑːˌsɪk] adj mareado(da) (en coche).

cart [kɑːt] n (for transport) carro m; inf (video game cartridge) cartucho m; Am (in supermarket) carrito m.

carton [ˈkɑːtn] n cartón m, envase m.

cartoon [kɑːˈtuːn] n (film) dibujos mpl animados; (drawing) chiste m (en viñeta).

cartridge [ˈkɑːtrɪdʒ] n (for gun) cartucho m; (for pen) recambio m.

carve [kɑːv] vt (wood, stone) tallar; (meat) cortar, trinchar.

carvery ['kɑːvərɪ] *n* restaurante donde se sirve un bufé de carne que se trincha delante del cliente.

car wash *n* lavado *m* de coches.

case [keɪs] *n Br* (suitcase) maleta *f*; (container) estuche *m*; (instance, patient) caso *m*; JUR (trial) pleito *m*; **in ~** de todas formas; **in ~ of** en caso de; **(just) in ~** por si acaso; **in that ~** en ese caso.

cash [kæʃ] *n* (coins, notes) efectivo *m*; (money in general) dinero *m*. ◆ *vt*: **to ~ a cheque** cobrar un cheque; **to pay ~** pagar en efectivo.

cash desk *n* caja *f*.

cash dispenser [-ˌdɪ'spensə*r*] *n* cajero *m* automático.

cashew (nut) ['kæʃuː-] *n* anacardo *m*.

cashier [kæ'ʃɪə*r*] *n* cajero *m*, -ra *f*.

cashless ['kæʃlɪs] *adj*: **~ society** sociedad *f* sin dinero.

cashmere [kæʃ'mɪə*r*] *n* cachemir *m*.

cashpoint ['kæʃpɔɪnt] *n Br* cajero *m* automático.

cash register *n* caja *f* (registradora).

casino [kə'siːnəʊ] (*pl* -s) *n* casino *m*.

casserole ['kæsərəʊl] *n* (stew) guiso *m*; **~ (dish)** cacerola *f*.

cassette [kæ'set] *n* casete *m*, cinta *f*.

cassette recorder *n* casete *m*.

cast [kɑːst] (*pt* & *pp* **cast**) *n* (actors) reparto *m*; (for broken bone) escayola *f Esp*, yeso *m*. ◆ *vt* (shadow, light) proyectar; (look) echar; (vote) emitir; **to ~ doubt on** poner en duda.

caster sugar ['kɑːstə*r*-] *n Br* azúcar *m* extrafino.

Castile [kæs'tiːl] *n* Castilla.

castle ['kɑːsl] *n* (building) castillo *m*; (in chess) torre *f*.

casual ['kæʒʊəl] *adj* (relaxed) despreocupado(da); (offhand) superficial; (clothes) informal; **~ work** trabajo eventual.

casualty ['kæʒjʊəltɪ] *n* víctima *f*; **~ (ward)** urgencias *fpl*.

cat [kæt] *n* gato *m*.

Catalan ['kætəlæn] *adj* catalán (ana). ◆ *n* (person) catalán *m*, -ana *f* (language) catalán *m*.

catalog ['kætəlɒg] *Am* = **catalogue**.

catalogue ['kætəlɒg] *n* catálogo *m*.

Catalonia [ˌkætə'ləʊnɪə] *n* Cataluña.

Catalonian [ˌkætə'ləʊnɪən] *adj* catalán(ana).

catapult ['kætəpʌlt] *n* tirachinas *m*.

cataract ['kætərækt] *n* (in eye) catarata *f*.

catarrh [kə'tɑː] *n* catarro *m*.

catastrophe [kə'tæstrəfɪ] *n* catástrofe *f*.

catch [kætʃ] (*pt* & *pp* **caught**) *vt* coger, agarrar (*Amér*); (fish) pescar; (bus, train, plane, taxi) coger, tomar (*Amér*); (hear) coger, escuchar (*Amér*); (attract) despertar. ◆ *vi* (become hooked) engancharse. ◆ *vi* (of window, door) pestillo *m*; (snag) pega *f*. □ **catch up** ◆ *vt sep* alcanzar. ◆ *vi*: **to ~ up (with)** ponerse a la misma altura (que).

catching ['kætʃɪŋ] *adj inf* contagioso(sa).

category ['kætəgərɪ] *n* categoría *f*.

cater ['keɪtə*r*] ◆ **cater for** *vt fus Br* (needs, tastes) atender a, satisfacer; (anticipate) contar con.

caterpillar ['kætəpɪlə*r*] *n* oruga *f*.

cathedral [kə'θiːdrəl] *n* catedral *f*.

Catholic ['kæθlɪk] *adj* católico(ca).

◆ n católico m, -a f.

Catseyes® ['kætsaɪz] npl Br catafaros mpl.

cattle ['kætl] npl ganado m (vacuno).

caught [kɔːt] pt & pp → **catch**.

cauliflower ['kɒlɪˌflaʊə] n coliflor f.

cauliflower cheese n coliflor en salsa bechamel con queso.

cause [kɔːz] ◆ n causa f; (justification) motivo m. ◆ vt causar; **to ~ sb to do sthg** hacer que alguien haga algo.

causeway ['kɔːzweɪ] n carretera f elevada.

caution ['kɔːʃn] n (care) cautela f; (warning) amonestación f.

cautious ['kɔːʃəs] adj cauteloso (sa).

cave [keɪv] n cueva f. ❑ **cave in** vi hundirse, derrumbarse.

caviar(e) ['kævɪɑː] n caviar m.

cavity ['kævətɪ] n (in tooth) caries f inv.

CD n (abbr of compact disc) CD m.

CDI n (abbr of compact disc interactive) CDI m.

CD player n reproductor m de CD.

cease [siːs] vt fml suspender. ◆ vi fml cesar.

ceasefire ['siːsˌfaɪə] n alto m el fuego, cese m del fuego Amér.

ceilidh ['keɪlɪ] n baile popular en Escocia e Irlanda.

ceiling ['siːlɪŋ] n techo m.

celebrate ['selɪbreɪt] vt celebrar. ◆ vi: **let's ~** ¡hay que celebrarlo!

celebration [ˌselɪ'breɪʃn] n (event) festejo m. ❑ **celebrations** npl (festivities) conmemoraciones fpl.

celebrity [sɪ'lebrətɪ] n (person) celebridad f.

celeriac [sɪ'lerɪæk] n apio m nabo.

celery ['selərɪ] n apio m.

cell [sel] n (of plant, body) célula f; (in prison) celda f.

cellar ['selə] n sótano m.

cello ['tʃeləʊ] n violoncelo m.

Cellophane® ['seləfeɪn] n celofán® m.

cell phone n Am teléfono m móvil Esp, celular m Amér.

Celsius ['selsɪəs] adj centígrado (da).

cement [sɪ'ment] n cemento m.

cemetery ['semɪtrɪ] n cementerio m.

cent [sent] n Am centavo m.

center ['sentər] Am = **centre**.

centigrade ['sentɪgreɪd] adj centígrado(da); **five degrees ~** cinco grados (centígrados).

centimetre ['sentɪˌmiːtə] n centímetro m.

centipede ['sentɪpiːd] n ciempiés m inv.

central ['sentrəl] adj (in the middle) central; (near town centre) céntrico (ca).

central heating n calefacción f central.

central locking [-'lɒkɪŋ] n cierre m centralizado.

central reservation n Br mediana f, camellón m Amér.

centre ['sentə] n Br centro m. ◆ adj Br central; **the ~ of attention** el centro de atención.

century ['sentʃərɪ] n siglo m.

ceramic [sɪ'ræmɪk] adj de cerámica. ❑ **ceramics** npl cerámicas fpl.

cereal ['sɪərɪəl] n (breakfast food) cereales mpl.

ceremony ['serɪmənɪ] n ceremonia f.

certain ['sɜːtn] adj (sure) seguro (ra); (particular) cierto(ta); **she's ~ to be late** seguro que llega tarde; **to be ~ of sthg** estar seguro de algo; **to make ~ (that)** asegurarse de que.

certainly ['sɜːtnlɪ] adv desde luego.

certificate [sə'tɪfɪkət] n (of studies, medical) certificado m; (of birth) partida f de nacimiento.

certify ['sɜːtɪfaɪ] vt (declare true) certificar.

chain [tʃeɪn] n cadena f. ◆ vt: **to ~ sthg to sthg** encadenar algo a algo.

chain store n tienda f de una cadena.

chair [tʃeəʳ] n silla f.

chair lift n telesilla m.

chairman ['tʃeəmən] (pl **-men** [-mən]) n presidente m.

chairperson ['tʃeə,pɜːsn] n presidente m; -ta f.

chairwoman ['tʃeə,wʊmən] (pl **-women** [-,wɪmɪn]) n presidenta f.

chalet ['ʃæleɪ] n chalé m.

chalk [tʃɔːk] n (for writing) tiza f, gis m Méx; (substance) creta f; **a piece of ~** una tiza.

chalkboard ['tʃɔːkbɔːd] n Am pizarra f, pizarrón m Amér.

challenge ['tʃælɪndʒ] n desafío m. ◆ vt (question) poner en tela de juicio; **to ~ sb (to sthg)** desafiar a alguien (a algo).

chamber ['tʃeɪmbəʳ] n (room) cámara f.

chambermaid ['tʃeɪmbəmeɪd] n camarera f.

champagne [,ʃæm'peɪn] n champán m.

champion ['tʃæmpjən] n (of competition) campeón m, -ona f.

championship ['tʃæmpjənʃɪp] n

campeonato m.

chance [tʃɑːns] n (luck) azar m; (possibility) posibilidad f; (opportunity) oportunidad f. ◆ vt: **to ~ it** inf arriesgarse; **to take a ~** correr un riesgo; **by ~** por casualidad; **on the off ~** por si acaso.

Chancellor of the Exchequer [,tʃɑːnsələrəvðəɪks'tʃekəʳ] n ministro de economía y hacienda en Gran Bretaña.

chandelier [,ʃændə'lɪəʳ] n lámpara f de araña.

change [tʃeɪndʒ] n cambio m; (coins) suelto m Esp, cambio m. ◆ vt cambiar; (job) cambiar de. ◆ vi (become different) cambiar; (on bus, train) hacer transbordo; (change clothes) cambiarse; **a ~ of clothes** una muda; **do you have ~ for a pound?** ¿tienes cambio de una libra?; **for a ~** para variar; **to get ~d** cambiarse; **to ~ money** cambiar dinero; **to ~ a nappy** cambiar un pañal; **to ~ a wheel** cambiar una rueda; **to ~ trains/planes** cambiar de tren/avión; **all ~!** (on train) ¡cambio de tren!

changeable ['tʃeɪndʒəbl] adj (weather) variable.

change machine n máquina f de cambio.

changing room ['tʃeɪndʒɪŋ-] n (for sport) vestuario m, vestidor m Amér; (in shop) probador m.

channel ['tʃænl] n canal m; **the (English) Channel** el Canal de la Mancha.

Channel Islands npl: **the ~** las islas del Canal de la Mancha.

Channel Tunnel n: **the ~** el túnel del Canal de la Mancha.

chant [tʃɑːnt] vt RELIG cantar; (words, slogan) corear.

chaos ['keɪɒs] n caos m inv.

chaotic [keɪˈɒtɪk] *adj* caótico(ca).

chap [tʃæp] *n Br inf* chico *m*, tío *m Esp*.

chapatti [tʃəˈpætɪ] *n* tipo de pan ázimo de origen indio.

chapel [ˈtʃæpl] *n* capilla *f*.

chapped [tʃæpt] *adj* agrietado (da).

chapter [ˈtʃæptər] *n* capítulo *m*.

character [ˈkærəktər] *n* carácter *m*; *(in film, book, play)* personaje *m*; *inf (person, individual)* tipo *m*.

characteristic [ˌkærəktəˈrɪstɪk] *adj* característico(ca). ◆ *n* característica *f*.

charcoal [ˈtʃɑːkəʊl] *n (for barbecue)* carbón *m* (vegetal).

charge [tʃɑːdʒ] *n (price)* tarifa *f*; JUR cargo *m*. ◆ *vt (money, customer)* cobrar; JUR acusar; *(battery)* cargar. ◆ *vi (ask money)* cobrar; **she ~d in** entró en tromba; **to be in ~ (of)** ser el encargado (de); **to take ~ (of)** hacerse cargo (de); **extra ~** suplemento *m*; **free of ~** gratis; **there is no ~ for service** el servicio está incluido.

chargrilled [tʃɑːgrɪld] *adj* asado (da) a la parrilla.

charity [ˈtʃærətɪ] *n (organization)* organización *f* benéfica; **to give to ~** hacer donaciones a organizaciones benéficas.

charity shop *n* tienda de objetos usados cuyas ventas se destinan a organizaciones benéficas.

charm [tʃɑːm] *n (attractiveness)* encanto *m*. ◆ *vt* encantar, hechizar.

charming [ˈtʃɑːmɪŋ] *adj* encantador(ra).

chart [tʃɑːt] *n (diagram)* gráfico *m*; **the ~s** la lista de éxitos.

chartered accountant [ˌtʃɑːtəd-] *n* contable *m* colegiado, contable colegiada *f*.

charter flight [ˈtʃɑːtə-] *n* vuelo *m* chárter.

chase [tʃeɪs] *n* persecución *f*. ◆ *vt* perseguir.

chat [tʃæt] *n* charla *f*. ◆ *vi* charlar; **to have a ~ (with)** charlar (con). ❑ **chat up** *vt sep Br inf* ligarse.

chat room *n* COMPUT chat *m*, sala *f* de charla.

chat show *n Br* programa *m* de entrevistas.

chatty [ˈtʃætɪ] *adj (letter)* informal; *(person)* hablador(ra), dicharachero (ra).

chauffeur [ˈʃəʊfə] *n* chófer *mf*.

cheap [tʃiːp] *adj (inexpensive)* barato(ta); *pej (low-quality)* de mala calidad.

cheap day return *n Br* billete de ida y vuelta más barato que se ha de utilizar en el día y después de las 9.15.

cheaply [ˈtʃiːplɪ] *adv* barato.

cheat [tʃiːt] *n* tramposo *m*, -sa *f* ◆ *vi* hacer trampa. ◆ *vt*: **to ~ sb (out of sthg)** estafar (algo) a alguien.

check [tʃek] *n (inspection)* inspección *f*; JUR *(bill)* cuenta *f*; *Am (tick)* señal *f (de visto bueno)*; *Am* = **cheque**. ◆ *vt (inspect)* revisar; *(verify)* comprobar. ◆ *vi*: **to ~ on sthg** comprobar algo; **to ~ with sb** consultar con alguien. ❑ **check in** ◆ *vt sep (luggage)* facturar, documentar *Méx*. ◆ *vi (at hotel)* registrarse; *(at airport)* facturar, documentar *Méx*. ❑ **check off** *vt sep* ir comprobando *(en una lista)*. ❑ **check out** *vi* dejar el hotel. ❑ **check up** *vi*: **to ~ up (on)** informarse *(acerca de)*.

checked [tʃekt] *adj* a cuadros.

checkers [ˈtʃekəz] *n Am* damas *fpl*.

check-in desk *n* mostrador *m* OR documentación *Méx* de facturación.

checking account [ˈtʃekɪŋ-]

Am cuenta *f* corriente.
checkout ['tʃekaʊt] *n* caja *f*.
checkpoint ['tʃekpɔɪnt] *n* control *m*.
checkroom ['tʃekrʊm] *n Am* guardarropa *m*.
checkup ['tʃekʌp] *n* chequeo *m*.
cheddar ['tʃedəʳ] *n* cheddar *m*.
cheek [tʃi:k] *n* mejilla *f*; **what a ~!** ¡qué cara!
cheeky ['tʃi:kɪ] *adj* descarado(da).
cheer [tʃɪəʳ] *n* aclamación *f*. ◆ *vi* gritar con entusiasmo.
cheerful ['tʃɪəfʊl] *adj* alegre.
cheerio [,tʃɪərɪ'əʊ] *excl Br inf* ¡hasta luego!
cheers [tʃɪəz] *excl (when drinking)* ¡salud!; *Br inf (thank you)* ¡gracias!
cheese [tʃi:z] *n* queso *m*.
cheeseboard ['tʃi:zbɔ:d] *n (cheese and biscuits)* tabla *f* de quesos.
cheeseburger ['tʃi:z,bɜ:gəʳ] *n* hamburguesa *f* con queso.
cheesecake ['tʃi:zkeɪk] *n* tarta *f* de queso *(fresco, sin hornear)*.
chef [ʃef] *n* jefe *m* de cocina.
chef's special *n* especialidad *f* de la casa.
chemical ['kemɪkl] *adj* químico (ca). ◆ *n* sustancia *f* química.
chemist ['kemɪst] *n Br (pharmacist)* farmacéutico *m*, -ca *f*; *(scientist)* químico *m*, -ca *f*; **~'s** *Br (shop)* farmacia *f*.
chemistry ['kemɪstrɪ] *n* química *f*.
cheque [tʃek] *n Br* cheque *m*; **to pay by ~** pagar con cheque.
chequebook ['tʃekbʊk] *n* talonario *m* de cheques.
cheque card *n* tarjeta *f* de identificación bancaria.
cherry ['tʃerɪ] *n* cereza *f*.
chess [tʃes] *n* ajedrez *m*.

chest [tʃest] *n (of body)* pecho *m*; *(box)* arca *f*.
chestnut ['tʃesnʌt] *n* castaña *f*. ◆ *adj (colour)* castaño(ña).
chest of drawers *n* cómoda *f*.
chew [tʃu:] *vt* masticar. ◆ *n (sweet)* gominola *f*.
chewing gum ['tʃu:ɪŋ-] *n* chicle *m*.
chic [ʃi:k] *adj* elegante.
chicken ['tʃɪkɪn] *n (bird)* gallina *f*; *(meat)* pollo *m*.
chickenpox ['tʃɪkɪnpɒks] *n* varicela *f*.
chickpea ['tʃɪkpi:] *n* garbanzo *m*.
chicory ['tʃɪkərɪ] *n* achicoria *f*.
chief [tʃi:f] *adj (highest-ranking)* jefe(fa); *(main)* principal. ◆ *n* jefe *m*, -fa *f*.
chiefly ['tʃi:flɪ] *adv (mainly)* principalmente; *(especially)* por encima de todo.
child [tʃaɪld] *(pl* **children**) *n (young boy, girl)* niño *m*, -ña *f*; *(son, daughter)* hijo *m*, -ja *f*.
child abuse *n* maltrato *m* de niños.
child benefit *n subsidio pagado a todas las familias británicas con cada hijo.*
childhood ['tʃaɪldhʊd] *n* infancia *f*.
childish ['tʃaɪldɪʃ] *adj pej (immature)* infantil.
childminder ['tʃaɪld,maɪndəʳ] *n Br* niñera *f (durante el día)*.
children ['tʃɪldrən] *pl → child*.
child seat *n* asiento *m* de seguridad para niños.
Chile ['tʃɪlɪ] *n* Chile.
Chilean ['tʃɪlɪən] *adj* chileno(na). ◆ *n* chileno *m*, -na *f*.
chill [tʃɪl] *n (illness)* resfriado *m*. ◆ *vt* enfriar; **there's a ~ in the air** hace un

poco de fresco.

chilled [tʃɪld] *adj* frío(a); **'serve ~'** 'sírvase muy frío'.

chilli ['tʃɪlɪ] (*pl* **-ies**) *n* (*vegetable*) guindilla *f Esp*, chile *m*, ají *m Amér*; (*dish*) = **chilli con carne**.

chilli con carne [-kon'kɑ:nɪ] *n* picadillo de carne en una salsa picante de guindilla con cebolla, tomate y judías pintas.

chilly ['tʃɪlɪ] *adj* frío(a).

chimney ['tʃɪmnɪ] *n* chimenea *f*.

chimneypot ['tʃɪmnɪpɒt] *n* cañón *m* de chimenea.

chimpanzee [ˌtʃɪmpən'zi:] *n* chimpancé *mf*.

chin [tʃɪn] *n* barbilla *f*.

china ['tʃaɪnə] *n* (*material*) porcelana *f*.

China ['tʃaɪnə] *n* la China.

Chinese [ˌtʃaɪ'ni:z] *adj* chino(na). ◆ *n* (*language*) chino *m*. ◆ *npl*: **the ~** los chinos; **a ~ restaurant** un restaurante chino.

chip [tʃɪp] *n* (*small piece*) pedacito *m*; (*mark*) mella *f*; (*counter*) ficha *f*; COMPUT chip *m*. ◆ *vt* desportillar. ❑ **chips** *npl Br* (*French fries*) patatas *fpl* fritas (*de sartén*); *Am* (*crisps*) patatas *fpl* fritas (*de bolsa*).

chiropodist [kɪ'rɒpədɪst] *n* podólogo *m*, -ga *f*.

chives [tʃaɪvz] *npl* cebollino *m*, cebolleta *f*.

chlorine ['klɔ:ri:n] *n* cloro *m*.

choc-ice ['tʃɒkaɪs] *n Br* tipo de bombón helado en forma de bloque y sin palo.

chocolate ['tʃɒkələt] *n* (*food, drink*) chocolate *m*; (*sweet*) bombón *m*. ◆ *adj* de chocolate.

chocolate biscuit *n* galleta *f* de chocolate.

choice [tʃɔɪs] *n* (*option*) elección *f*; (*person or thing chosen*) opción *f*; (*variety*) variedad *f*. ◆ *adj* de primera calidad; **'pizzas with the topping of your ~'** 'elija los ingredientes de su pizza'.

choir ['kwaɪə'] *n* coro *m*.

choke [tʃəʊk] *n* AUT estárter *m*. ◆ *vt* asfixiar. ◆ *vi* (*on fishbone etc*) atragantarse; (*to death*) asfixiarse.

cholera ['kɒlərə] *n* cólera *m*.

choose [tʃu:z] (*pt* **chose**, *pp* **chosen**) *vt & vi* elegir; **to ~ to do sthg** decidir hacer algo.

chop [tʃɒp] *n* (*of meat*) chuleta *f*. ◆ *vt* cortar. ❑ **chop down** *vt sep* talar, cortar. ❑ **chop up** *vt sep* picar.

chopper ['tʃɒpə'] *n inf* (*helicopter*) helicóptero *m*.

chopping board ['tʃɒpɪŋ-] *n* tabla *f* de cocina.

choppy ['tʃɒpɪ] *adj* picado(da).

chopsticks ['tʃɒpstɪks] *npl* palillos *mpl* (*chinos*).

chop suey [ˌtʃɒp'su:ɪ] *n* plato chino de brotes de soja, verdura, arroz y carne de cerdo o pollo con salsa de soja.

chord [kɔ:d] *n* acorde *m*.

chore [tʃɔ:'] *n* tarea *f*.

chorus ['kɔ:rəs] *n* (*part of song*) estribillo *m*; (*group of singers, dancers*) coro *m*.

chose [tʃəʊz] *pt* → **choose.**

chosen ['tʃəʊzn] *pp* → **choose.**

Christ [kraɪst] *n* Cristo *m*.

christen ['krɪsn] *vt* (*baby*) bautizar.

Christian ['krɪstʃən] *adj* cristiano (na). ◆ *n* cristiano *m*, -na *f*.

Christian name *n* nombre *m* de pila.

Christmas ['krɪsməs] *n* (*day*) Navidad *f*; (*period*) Navidades *fpl*; **Happy ~!** ¡Felices Navidades!

Christmas card *n* tarjeta *f* de Navidad.

Christmas carol [-'kærəl] *n* villancico m.

Christmas Day n día m de Navidad.

Christmas Eve n Nochebuena f.

Christmas pudding n pudín de frutas que se come caliente el día de Navidad.

Christmas tree n árbol m de Navidad.

chrome [krəʊm] n cromo m.

chuck [tʃʌk] vt inf (throw) tirar; (boyfriend, girlfriend) mandar a paseo, dejar. ◻ **chuck away** vt sep tirar.

chunk [tʃʌŋk] n trozo m.

church [tʃɜːtʃ] n iglesia f; **to go to ~** ir a misa.

churchyard ['tʃɜːtʃjɑːd] n cementerio m.

chute [ʃuːt] n vertedor m.

cider ['saɪdə'] n sidra f.

cigar [sɪ'gɑː'] n puro m.

cigarette [,sɪgə'ret] n cigarrillo m.

cigarette lighter n mechero m Esp, encendedor m.

cinema ['sɪnəmə] n cine m.

cinnamon ['sɪnəmən] n canela f.

circle ['sɜːkl] n (circle) m; (in theatre) anfiteatro m. ◆ vt (draw circle around) rodear con un círculo; (move round) dar vueltas alrededor de. ◆ vi dar vueltas.

circuit ['sɜːkɪt] n (track) circuito m; (lap) vuelta f.

circular ['sɜːkjʊlə'] adj circular. ◆ n circular f.

circulation [,sɜːkjʊ'leɪʃn] n (of blood) circulación f; (of newspaper, magazine) tirada f.

circumstances ['sɜːkəmstənsɪz] npl circunstancias fpl; **in** OR **under the ~** dadas las circunstancias.

circus ['sɜːkəs] n circo m.

cistern ['sɪstən] n (of toilet) cisterna f.

citizen ['sɪtɪzn] n (of country) ciudadano m, -na f; (of town) habitante mf.

city ['sɪtɪ] n ciudad f; **the City** la City.

city centre n centro m de la ciudad.

city council n Am consejo m municipal.

city hall n Am ayuntamiento m.

civilian [sɪ'vɪljən] n civil mf.

civilized ['sɪvɪlaɪzd] adj (society) civilizado(da); (person, evening) agradable.

civil rights [,sɪvl-] npl derechos mpl civiles.

civil servant [,sɪvl-] n funcionario m, -ria f.

civil service [,sɪvl-] n administración f pública.

civil war [,sɪvl-] n guerra f civil.

cl (abbr of centilitre) cl.

claim [kleɪm] n (assertion) afirmación f, declaración f; (demand) demanda f, reivindicación f; (for insurance) reclamación f. ◆ vt (allege) afirmar; (demand) reclamar; (credit, responsibility) reivindicar. ◆ vi (on insurance) reclamar.

claimant ['kleɪmənt] n (of benefit) solicitante mf.

claim form n impreso m de solicitud.

clam [klæm] n almeja f.

clamp [klæmp] n (for car) cepo m. ◆ vt (car) poner un cepo a.

clap [klæp] vi aplaudir.

claret ['klærət] n burdeos m inv.

clarinet [,klærə'net] n clarinete m.

clash [klæʃ] n (noise) estruendo m; (confrontation) enfrentamiento m. ◆ vi (colours) desentonar; (event, date) coincidir.

clasp [klɑːsp] n cierre m. ◆ vt agarrar.

class [klɑːs] n clase f. ◆ vt: **to ~ sthg/sb (as)** clasificar algo/a alguien (de).

classic [ˈklæsɪk] adj (typical) clásico(ca). ◆ n clásico m.

classical [ˈklæsɪkl] adj clásico(ca).

classical music n música f clásica.

classification [ˌklæsɪfɪˈkeɪʃn] n clasificación f.

classified ads [ˌklæsɪfaɪd-] npl anuncios mpl por palabras.

classroom [ˈklɑːsrʊm] n aula f.

claustrophobic [ˌklɔːstrəˈfəʊbɪk] adj claustrofóbico(ca).

claw [klɔː] n (of bird, cat, dog) garra f; (of crab, lobster) pinza f.

clay [kleɪ] n arcilla f.

clean [kliːn] adj limpio(pia); (page) en blanco; (driving licence) sin sanciones. ◆ vt limpiar; **to ~ one's teeth** lavarse los dientes.

cleaner [ˈkliːnəʳ] n (person) hombre m de la limpieza, mujer f de la limpieza f; (substance) producto m de limpieza.

cleanse [klenz] vt limpiar.

cleanser [ˈklenzəʳ] n tónico m.

clear [klɪəʳ] adj claro(ra); (road, view, sky) despejado(da). ◆ vt (remove obstructions from) limpiar, despejar; (jump over) saltar; (declare not guilty) declarar inocente; (authorize) aprobar; (cheque) compensar. ◆ vi (weather, fog) despejarse; **to be ~ (about sthg)** entender (algo); **to be ~ of sthg** (not touching) no estar en contacto con algo; **to ~ one's throat** carraspear; **to ~ the table** quitar la mesa. ❑ **clear up** ◆ vt sep (room, toys) ordenar; (problem, confusion) aclarar. ◆ vi (weather) despejarse; (tidy up) recoger.

clearance [ˈklɪərəns] n (authorization) permiso m; (free distance) distancia f de seguridad; (for take-off) autorización f (para despegar).

clearing [ˈklɪərɪŋ] n claro m.

clearly [ˈklɪəlɪ] adv claramente; (obviously) obviamente.

clementine [ˈkleməntaɪn] n . clementina f.

clerk [Br klɑːk, Am klɜːrk] n (in office) oficinista mf; Am (in shop) dependiente m, -ta f.

clever [ˈklevəʳ] adj (person) listo(ta); (idea, device) ingenioso(sa).

click [klɪk] n chasquido m. ◆ vi (make sound) hacer clic.

client [ˈklaɪənt] n cliente m, -ta f.

cliff [klɪf] n acantilado m.

climate [ˈklaɪmɪt] n clima m.

climax [ˈklaɪmæks] n clímax m.

climb [klaɪm] vt (tree) trepar a; (ladder) subir; (mountain) escalar. ◆ vt (person) ascender; (plane) subir. ❑ **climb down** ◆ vt fus (tree, mountain) descender de; (ladder) bajar. ◆ vi bajar. ❑ **climb up** vt fus (tree) trepar a; (ladder) subir; (mountain) escalar.

climber [ˈklaɪməʳ] n (person) escalador m, -ra f.

climbing [ˈklaɪmɪŋ] n montañismo m; **to go ~** ir de montañismo.

climbing frame n Br barras de metal para trepar los niños.

clingfilm [ˈklɪŋfɪlm] n Br film m plástico adherente.

clinic [ˈklɪnɪk] n clínica f.

clip [klɪp] n (fastener) clip m; (of film, programme) fragmento m. ◆ vt (fasten) sujetar; (cut) recortar; (ticket) picar.

cloak [kləʊk] n capa f.

cloakroom [ˈkləʊkrʊm] n (for

coats) guardarropa *m*; *Br (toilet)* servicios *mpl*, baños *mpl*.

clock [klɒk] *n (for telling time)* reloj *m*; *(mileometer)* cuentakilómetros *m inv*; **round the ~** día y noche.

clockwise ['klɒkwaɪz] *adv* en el sentido de las agujas del reloj.

clog [klɒg] *n* zueco *m*. ◆ *vt* obstruir.

close¹ [kləʊs] *adj (near)* cercano(na); *(friend)* íntimo(ma); *(relation, family)* cercano(na); *(contact, cooperation, link)* estrecho(cha); *(resemblance)* grande; *(examination)* detallado(da); *(race, contest)* reñido(da). ◆ *adv* cerca; **~ by** cerca; **to (near)** cerca de; **~ to tears** a punto de llorar.

close² [kləʊz] *vt* cerrar. ◆ *vi (door, jar, eyes)* cerrarse; *(shop, office)* cerrar; *(deadline, offer, meeting)* terminar. ❏ **close down** *vt sep & vi* cerrar (definitivamente).

closed [kləʊzd] *adj* cerrado(da).

closely ['kləʊslɪ] *adv (related, involved)* estrechamente ; *(follow, examine)* atentamente.

closet ['klɒzɪt] *n* *Am (cupboard)* armario *m*, closet *m* Amér. ◆ *vt* agarrar.

close-up ['kləʊs-] *n* primer plano *m*.

closing time ['kləʊzɪŋ-] *n* hora *f* de cierre.

clot [klɒt] *n (of blood)* coágulo *m*.

cloth [klɒθ] *n (fabric)* tela *f*; *(piece of cloth)* trapo *m*.

clothes [kləʊðz] *npl* ropa *f*.

clothesline ['kləʊðzlaɪn] *n* cuerda *f* para tender la ropa.

clothes peg *n Br* pinza *f* (para la ropa).

clothespin ['kləʊðzpɪn] *Am* = **clothes peg**.

clothes shop *n* tienda *f* de ropa.

clothing ['kləʊðɪŋ] *n* ropa *f*.

clotted cream [ˌklɒtɪd-] *n* nata muy espesa típica de Cornualles.

cloud [klaʊd] *n* nube *f*.

cloudy ['klaʊdɪ] *adj (sky, day)* nublado(da); *(liquid)* turbio(bia).

clove [kləʊv] *n (of garlic)* diente *m*. ❏ **cloves** *npl (spice)* clavos *mpl*.

clown [klaʊn] *n* payaso *m*.

club [klʌb] *n (organization)* club *m*; *(nightclub)* ≃ sala *f* de fiestas *(abierta sólo por la noche)*; *(stick)* garrote *m*. ❏ **clubs** *npl (in cards)* tréboles *mpl*.

clubbing ['klʌbɪŋ] *n*: **to go ~** *inf* ir de disco.

club class *n* clase *f* club.

club sandwich *n Am* sandwich *m* de tres pisos.

club soda *n Am* soda *f*.

clue [kluː] *n (information)* pista *f*; *(in crossword)* clave *f*; **I haven't got a ~** no tengo ni idea.

clumsy ['klʌmzɪ] *adj (person)* torpe.

clutch [klʌtʃ] *n (on car, motorbike)* embrague *m*, clutch *m* Amér; *(clutch pedal)* pedal *m* de embrague OR clutch *m* Amér. ◆ *vt* agarrar.

cm *(abbr of centimetre)* cm.

c/o *(abbr of care of)* c/d.

Co. *(abbr of company)* Cía.

coach [kəʊtʃ] *n (bus)* autocar *m Esp*, autobús *m*; *(of train)* vagón *m*; *SPORT* entrenador *m*, -ra *f*.

coach station *n* estación *f* de autocares *Esp* OR autobuses.

coach trip *n Br* excursión *f* en autocar *Esp* OR autobús.

coal [kəʊl] *n* carbón *m*.

coal mine *n* mina *f* de carbón.

coarse [kɔːs] *adj (rough)* áspero(ra); *(vulgar)* ordinario(ria).

coast [kəʊst] *n* costa *f*.

coaster ['kəʊstə^r] *n* posavasos *m inv*.

coastguard ['kəʊstgɑːd] n (person) guardacostas mf inv; (organization) guardacostas mpl.

coastline ['kəʊstlaɪn] n litoral m.

coat [kəʊt] n (garment) abrigo m; (of animal) pelaje m. ◆ vt: to ~ sthg (with) rebozar algo (en).

coating ['kəʊtɪŋ] n (of chocolate) baño m; (on surface) capa f; with a ~ of breadcrumbs rebozado en pan rallado.

cobbles ['kɒblz] npl adoquines mpl.

cobweb ['kɒbweb] n telaraña f.

Coca-Cola® [,kəʊkə'kəʊlə] n Coca-Cola® f.

cocaine [kəʊ'keɪn] n cocaína f.

cock [kɒk] n (male chicken) gallo m.

cockles ['kɒklz] npl berberechos mpl.

cockpit ['kɒkpɪt] n cabina f.

cockroach ['kɒkrəʊtʃ] n cucaracha f.

cocktail ['kɒkteɪl] n cóctel m.

cocktail party n cóctel m.

cock-up n Br (vulg): to make a ~ of sthg jorobar algo.

cocoa ['kəʊkəʊ] n (drink) chocolate m.

coconut ['kəʊkənʌt] n coco m.

cod [kɒd] (pl inv) n bacalao m.

code [kəʊd] n (system) código m; (dialling code) prefijo m.

coeducational [,kəʊedjuː'keɪʃənl] adj mixto(ta).

coffee ['kɒfɪ] n café m; **black/white ~** café solo/con leche; **ground/instant ~** café molido/instantáneo.

coffee bar n Br cafetería f (en aeropuerto, etc).

coffee break n descanso en el trabajo, por la mañana y por la tarde.

coffeepot ['kɒfɪpɒt] n cafetera f.

coffee shop n (cafe) cafetería f.

coffee table n mesita f baja.

coffin ['kɒfɪn] n ataúd m.

cog(wheel) ['kɒg(wiːl)] n rueda dentada.

coil [kɔɪl] n (of rope) rollo m; Br (contraceptive) DIU m. ◆ vt enrollar.

coin [kɔɪn] n moneda f.

coinbox ['kɔɪnbɒks] n Br teléfono m público.

coincide [,kəʊɪn'saɪd] vi: to ~ (with) coincidir (con).

coincidence [kəʊ'ɪnsɪdəns] n coincidencia f.

Coke® [kəʊk] n Coca-Cola® f.

colander ['kʌləndə'] n colador m.

cold [kəʊld] adj frío(a). ◆ n (illness) resfriado m; (low temperature) frío m I'm ~ tengo frío; it's ~ hace frío; to get ~ enfriarse; to catch (a) ~ resfriarse.

cold cuts Am = cold meats.

cold meats npl fiambres mpl.

coleslaw ['kəʊlslɔː] n ensalada de col zanahoria, cebolla y mayonesa.

colic ['kɒlɪk] n cólico m.

collaborate [kə'læbəreɪt] vi colaborar.

collapse [kə'læps] vi (building, tent desplomarse; (person) sufrir un colapso.

collar ['kɒlə'] n (of shirt, coat) cuell m; (of dog, cat) collar m.

collarbone ['kɒləbəʊn] n clavícula f.

colleague ['kɒliːg] n colega mf.

collect [kə'lekt] vt (gather) reunir (as a hobby) coleccionar; (go and get recoger; (money) recaudar. ◆ vi acumularse. ◆ adv Am: to call (sb) ~ lla mar a (alguien) a cobro revertido.

collection [kə'lekʃn] n colección f; (of money) recaudación f; (of mail) recogida f.

collector [kə'lektə'] n (as a hobby) coleccionista mf.

college ['kɒlɪdʒ] n (school) instituto m, escuela f; Br (of university) colegio universitario que forma parte de ciertas universidades; Am (university) universidad f.

collide [kə'laɪd] vi: to ~ (with) colisionar (con).

collision [kə'lɪʒn] n colisión f.

cologne [kə'ləʊn] n colonia f.

Colombia [kə'lɒmbɪə] n Colombia.

Colombian [kə'lɒmbɪən] adj colombiano(na). ◆ n colombiano m, -na f.

colon ['kəʊlən] n GRAMM dos puntos mpl.

colony ['kɒlənɪ] n (country) colonia f.

color ['kʌlər] Am = **colour**.

colour ['kʌlə'] n color m. ◆ adj (photograph, film) en color. ◆ vt (hair) teñir; (food) colorear. ❑ **colour in** vt sep colorear.

colour-blind adj daltónico(ca).

colourful ['kʌləfʊl] adj (picture, garden, scenery) de vivos colores; Fig (person, place) pintoresco(ca).

colouring ['kʌlərɪŋ] n (of food) colorante m; (complexion) tez f.

colouring book n libro m de colorear.

colour supplement n suplemento m en color.

colour television n televisión f en color.

column ['kɒləm] n columna f.

coma ['kəʊmə] n coma m.

comb [kəʊm] n peine m. ◆ vt: to ~ one's hair peinarse (el pelo).

combination [,kɒmbɪ'neɪʃn] n combinación f.

combine [kəm'baɪn] vt: to ~ sthg (with) combinar algo (con).

🕮

come [kʌm] (pt came, pp come) vi
- **1.** (move) venir; **we came by taxi** vinimos en taxi; ~ **here!** ¡ven aquí!
- **2.** (arrive) llegar; **they still haven't** ~ todavía no han llegado; **'coming soon'** 'próximamente'.
- **3.** (in order): **to** ~ **first/last** (in race) llegar el primero/el último; (in exam) quedar el primero/el último.
- **4.** (reach): **the water** ~ **s up to my ankles** el agua me llega hasta los tobillos.
- **5.** (become): **to** ~ **loose** aflojarse; ~ **undone** deshacerse.
- **6.** (be sold) venir; **they** ~ **in packs of six** vienen en paquetes de seis. ❑ **come across** vt fus encontrarse con. ❑ **come along** vi (progress): (arrive) venir; ~ **along!** ¡venga! ❑ **come apart** vi (book, clothes) deshacerse. ❑ **come back** vi (return) volver. ❑ **come down** vi (price) bajar. ❑ **come down with** vt fus (illness) coger, agarrar (Amér.). ❑ **come from** vt fus (person) ser de; (noise, product) venir de. ❑ **come in** vi (enter) entrar; (arrive) llegar; (tide) crecer; ~ **in!** ¡adelante! ❑ **come off** vi (become detached) desprenderse; (succeed) salir bien. ❑ **come on** vi (progress) ir; (improve) mejorar; ~ **on!** ¡venga! ❑ **come out** vi salir; (film) estrenarse; (stain) quitarse. ❑ **come over** vi (visit) venir. ❑ **come round** vi (visit) venir; (regain consciousness) volver en sí. ❑ **come to** vt fus (subj: bill) ascender a. ❑ **come up** vi (go upstairs) subir; (be mentioned, arise) surgir; (sun, moon) salir. ❑ **come up with** vt fus: **she came up with a brilliant idea** se le ocurrió una idea

estupenda.

comedian [kə'miːdjən] *n* humorista *mf*.

comedy ['kɒmədɪ] *n (TV programme, film, play)* comedia *f; (humour)* humor *m*.

comfort ['kʌmfət] *n* comodidad *f; (consolation)* consuelo *m*. ◆ *vt* consolar.

comfortable ['kʌmftəbl] *adj* cómodo(da); *(after illness, operation)* en estado satisfactorio; *(financially)* acomodado(da).

comforter ['kʌmfətə] *n Am* edredón *m*.

comic ['kɒmɪk] *adj* cómico(ca). ◆ *n (person)* humorista *mf; (adult magazine)* cómic *m; (children's magazine)* tebeo *m Esp,* revista *f* de historietas.

comical ['kɒmɪkl] *adj* cómico(ca).

comic strip *n* tira *f* cómica.

comma ['kɒmə] *n* coma *f.*

command [kə'mɑːnd] *n (order)* orden *f; (mastery)* dominio *m.* ◆ *vt (order)* ordenar; *(be in charge of)* estar al mando de.

commander [kə'mɑːndə] *n* comandante *m.*

commemorate [kə'meməreɪt] *vt* conmemorar.

commence [kə'mens] *vi fml* comenzar.

comment ['kɒment] *n* comentario *m.* ◆ *vi* hacer comentarios.

commentary ['kɒməntrɪ] *n (on TV, radio)* comentario *m.*

commentator ['kɒmənteɪtə] *n (on TV, radio)* comentarista *mf.*

commerce ['kɒmɜːs] *n* comercio *m.*

commercial [kə'mɜːʃl] *adj* comercial. ◆ *n* anuncio *m (televisivo o radiofónico),* comercial *m Amér.*

commercial break *n* pausa para la publicidad.

commission [kə'mɪʃn] *n* comisión *f.*

commit [kə'mɪt] *vt (crime, sin)* cometer; **to ~ o.s. (to sthg)** comprometerse (a algo); **to ~ suicide** suicidarse.

committee [kə'mɪtɪ] *n* comité *m*

commodity [kə'mɒdətɪ] *n* producto *m.*

common ['kɒmən] *adj* común; *pej (vulgar)* ordinario(ria). ◆ *n Br (land* zona de hierba abierta accesible a todo *mundo;* **in ~** en común.

commonly ['kɒmənlɪ] *adv (generally)* generalmente.

Common Market *n* Mercado Común.

common sense *n* sentido *m* común.

Commonwealth ['kɒmənwelθ] Commonwealth *f.*

communal ['kɒmjʊnl] *adj* comunal.

communicate [kə'mjuːnɪkeɪt] *vi* **to ~ (with)** comunicarse (con).

communication [kə,mjuːnɪ'keɪʃn] *n* comunicación *f.*

communication cord *n Br* alarma *f (de un tren o metro).*

communist ['kɒmjʊnɪst] *n* comunista *mf.*

community [kə'mjuːnətɪ] *n* comunidad *f.*

community centre *n* centro *m* social.

commute [kə'mjuːt] *vi* viajar diariamente al lugar de trabajo, especialmente en tren.

commuter [kə'mjuːtə] *n* persona que viaja diariamente al lugar de trabajo especialmente en tren.

compact [*adj* kəm'pækt,

'kɒmpækt] *adj* compacto(ta). ◆ *n (for make-up)* polvera *f*; *Am (car)* utilitario *m Esp*, coche *m* de compact.

compact disc player [ˌkɒmpækt-] *n* compact *m* (disc).

company ['kʌmpəni] *n* compañía *f*; **to keep sb** ~ hacer compañía a alguien.

company car *n* coche *m* de la empresa.

comparatively [kəm'pærətɪvli] *adv* relativamente.

compare [kəm'peə'] *vt*: **to** ~ **sthg (with)** comparar algo (con); ~**s with** en comparación con.

comparison [kəm'pærɪsn] *n* comparación *f*; **in** ~ **with** en comparación con.

compartment [kəm'pɑːtmənt] *n* compartimento *m*.

compass ['kʌmpəs] *n* brújula *f*; **(a pair of)** ~**es** (un) compás.

compatible [kəm'pætəbl] *adj* compatible.

compensate ['kɒmpenseɪt] *vt* compensar. ◆ *vi*: **to** ~ **for sthg** compensar algo; **to** ~ **sb for sthg** compensar a alguien por algo.

compensation [ˌkɒmpen'seɪʃn] *n (money)* indemnización *f*.

compete [kəm'piːt] *vi* competir; **to** ~ **with sb for sthg** competir con alguien por algo.

competent ['kɒmpɪtənt] *adj* competente.

competition [ˌkɒmpɪ'tɪʃn] *n SPORT* competición *f Esp*, competencia *f Amér*; *(of writing, music etc)* concurso *m*; *(rivalry)* competencia *f*; **the** ~ la competencia.

competitive [kəm'petətɪv] *adj* competitivo(va).

competitor [kəm'petɪtə'] *n (in race, contest)* participante *mf*; *(in game*

show) concursante *mf*; *COMM* competidor *m*, -ra *f*.

complain [kəm'pleɪn] *vi*: **to** ~ **(about)** quejarse (de).

complaint [kəm'pleɪnt] *n (statement)* queja *f*; *(illness)* dolencia *f*.

complement ['kɒmplɪˌment] *vt* complementar.

complete [kəm'pliːt] *adj (whole)* completo(ta); *(finished)* terminado (da); *(change, disaster)* total; *(idiot)* consumado(da). ◆ *vt (finish)* terminar; *(a form)* rellenar; *(make whole)* completar; ~ **with** con.

completely [kəm'pliːtli] *adv* completamente.

complex ['kɒmpleks] *adj* complejo(ja). ◆ *n* complejo *m*.

complexion [kəm'plekʃn] *n (of skin)* cutis *m inv*.

complicated ['kɒmplɪkeɪtɪd] *adj* complicado(da).

compliment [*n* 'kɒmplɪmənt, *vb* 'kɒmplɪment] *n* cumplido *m*. ◆ *vt* felicitar.

complimentary [ˌkɒmplɪ'mentəri] *adj (seat, ticket)* gratuito(ta); *(words, person)* halagador(ra).

compose [kəm'pəuz] *vt* componer; **to be** ~ **d of** estar compuesto de.

composed [kəm'pəuzd] *adj* tranquilo(la).

composer [kəm'pəuzə'] *n* compositor *m*, -ra *f*.

composition [ˌkɒmpə'zɪʃn] *n (essay)* redacción *f*.

compound ['kɒmpaund] *n (substance)* compuesto *m*; *(word)* palabra *f* compuesta.

comprehensive [ˌkɒmprɪ'hensɪv] *adj* amplio(plia).

comprehensive (school) *n Br* instituto de enseñanza media no selectiva en Gran Bretaña.

comprise [kəm'praɪz] *vt* comprender.

compromise ['kɒmprəmaɪz] *n* arreglo *m*, acuerdo *m*.

compulsory [kəm'pʌlsərɪ] *adj* obligatorio(ria).

computer [kəm'pju:tə'] *n* ordenador *m Esp*, computadora *f Amér*.

computer game *n* videojuego *m*.

computer-generated [-'dʒenəreɪtɪd] *adj* generado(da) por ordenador *Esp* OR computadora *Amér*.

computerized [kəm'pju:təraɪzd] *adj* informatizado(da).

computer-literate *adj* competente en el uso de ordenadores *Esp* OR computadoras *Amér*.

computer operator *n* operador *m*, -ra *f* de ordenador *Esp* OR computadora *Amér*.

computer programmer [-'prəʊgræmə'] *n* programador *m*, -ra *f* (de ordenadores).

computing [kəm'pju:tɪŋ] *n* informática *f*.

con [kɒn] *n inf (trick)* timo *m*, estafa *f*; **all mod ~s** con todas las comodidades.

conceal [kən'si:l] *vt* ocultar.

conceited [kən'si:tɪd] *adj pej* engreído(da).

concentrate ['kɒnsəntreɪt] *vi* concentrarse. ◆ *vt*: **to be ~d** *(in one place)* concentrarse; **to ~ on sthg** concentrarse en algo.

concentrated ['kɒnsəntreɪtɪd] *adj* concentrado(da).

concentration [,kɒnsən'treɪʃn] *n* concentración *f*.

concern [kən'sɜ:n] *n (worry)* preocupación *f; (matter of interest)* asunto *m*; COMM empresa *f*. ◆ *vt (be about)* tratar de; *(worry)* preocupar; *(involve)*

concernir; **to be ~ed about** estar preocupado por; **to be ~ed with** tratar de; **to ~ o.s. with sthg** preocuparse por algo; **as far as I'm ~ed** por lo que a mí respecta.

concerned [kən'sɜ:nd] *adj* preocupado(da).

concerning [kən'sɜ:nɪŋ] *prep* acerca de.

concert ['kɒnsət] *n* concierto *m*.

concession [kən'seʃn] *n (reduced price)* descuento *m*.

concise [kən'saɪs] *adj* conciso(sa).

conclude [kən'klu:d] *vt* concluir. ◆ *vi fml (end)* concluir.

conclusion [kən'klu:ʒn] *n (decision)* conclusión *f; (end)* final *m*.

concrete ['kɒŋkri:t] *adj (building, path)* de hormigón, concreto *m Amér; (idea, plan)* concreto(ta). ◆ *n* hormigón *m*.

concussion [kən'kʌʃn] *n* conmoción *f* cerebral.

condensation [,kɒnden'seɪʃn] *n (on window)* vaho *m*.

condition [kən'dɪʃn] *n (state)* estado *m; (proviso)* condición *f; (illness)* afección *f*; **on ~ that** a condición de que. □ **conditions** *npl (circumstances)* condiciones *fpl*.

conditioner [kən'dɪʃnə'] *n* suavizante *m Esp*, enjuage *m Amér*.

condo ['kɒndəʊ] *Am inf* = **condominium**.

condom ['kɒndəm] *n* condón *m*.

condominium [,kɒndə'mɪnɪəm] *n Am* apartamento *m*, condominio *m Amér*.

conduct [*vb* kən'dʌkt, *n* 'kɒndʌkt] *n (investigation, business)* llevar a cabo; MUS dirigir. ◆ *n fml* conducta *f*; **to ~ o.s.** *fml* comportarse.

conductor [kən'dʌktə'] *n* MUS director *m*, -ra *f; (on bus)* cobrador *m*,

-ra f; *Am (on train)* revisor m, -ra f.

cone [kəʊn] n *(shape, on roads)* cono m; *(for ice cream)* cucurucho m, barquillo m.

confectioner's sugar [kən-'fekʃnəz-] n *Am* azúcar m glas.

confectionery [kən'fekʃnəri] n dulces mpl.

conference ['kɒnfərəns] n conferencia f, congreso m.

confess [kən'fes] vi: to ~ (to sthg) confesar (algo).

confession [kən'feʃn] n confesión f.

confidence ['kɒnfidəns] n *(self-assurance)* seguridad f (en sí mismo); *(trust)* confianza f; **to have ~ in** tener confianza en.

confident ['kɒnfidənt] adj *(self-assured)* seguro de sí mismo (segura de sí misma); *(certain)* seguro(ra).

confined [kən'faɪnd] adj *(space)* limitado(da).

confirm [kən'fɜːm] vt confirmar.

confirmation [ˌkɒnfə'meɪʃn] n confirmación f.

conflict [n 'kɒnflɪkt, vb kən'flɪkt] n conflicto m. ◆ vi: **to ~ (with)** estar en desacuerdo (con).

conform [kən'fɔːm] vi: **to ~ (to)** ajustarse (a).

confuse [kən'fjuːz] vt confundir; **to ~ sthg with sthg** confundir algo con algo.

confused [kən'fjuːzd] adj confuso(sa).

confusing [kən'fjuːzɪŋ] adj confuso(sa).

confusion [kən'fjuːʒn] n confusión f.

congested [kən'dʒestɪd] adj *(street)* congestionado(da).

congestion [kən'dʒestʃn] n *(traffic)* congestión f.

congratulate [kən'grætʃʊleɪt] vt: **to ~ sb (on sthg)** felicitar a alguien (por algo).

congratulations [kənˌgrætʃʊ'leɪʃənz] excl ¡enhorabuena!.

congregate ['kɒŋgrɪgeɪt] vi congregarse.

Congress ['kɒŋgres] n *Am* el Congreso.

conifer ['kɒnɪfəʳ] n conífera f.

conjunction [kən'dʒʌŋkʃn] n *GRAMM* conjunción f.

conjurer ['kʌndʒərəʳ] n prestidigitador m, -ra f.

connect [kə'nekt] vt conectar; *(caller on phone)* comunicar, poner. ◆ vi: **to ~ with** *(train, plane)* enlazar con; **to ~ sthg with sthg** *(associate)* asociar algo con algo.

connecting flight [kə'nektɪŋ-] n vuelo m de enlace.

connection [kə'nekʃn] n *(link)* conexión f; *(train, plane)* enlace m; **a bad ~** *(on phone)* mala línea; **a loose ~** *(in machine)* un hilo suelto; **in ~ with** con relación a.

conquer ['kɒŋkəʳ] vt conquistar.

conscience ['kɒnʃəns] n conciencia f.

conscientious [ˌkɒnʃɪ'enʃəs] adj concienzudo(da).

conscious ['kɒnʃəs] adj *(awake)* consciente; *(deliberate)* deliberado (da); **to be ~ of** ser consciente de.

consent [kən'sent] n consentimiento m.

consequence ['kɒnsɪkwəns] n *(result)* consecuencia f.

consequently ['kɒnsɪkwəntli] adv por consiguiente.

conservation [ˌkɒnsə'veɪʃn] n conservación f.

conservative [kən'sɜːvətɪv] adj conservador(ra). ❑ **Conservative**

adj conservador(ra). ◆ *n* conservador *m*, -ra *f*.

conservatory [kənˈsɜːvətrɪ] *n* pequeña habitación acristalada aneja a la casa.

consider [kənˈsɪdəʳ] *vt* considerar; **to ~ doing sthg** pensarse si hacer algo.

considerable [kənˈsɪdrəbl] *adj* considerable.

consideration [kənˌsɪdəˈreɪʃn] *n* consideración *f*; **to take sthg into ~** tener algo en cuenta.

considering [kənˈsɪdərɪŋ] *prep* teniendo en cuenta.

consist [kənˈsɪst] ♦ **consist in** *vt fus* consistir en. □ **consist of** *vt fus* consistir en.

consistent [kənˈsɪstənt] *adj* (*coherent*) coherente; (*worker, performance*) constante.

consolation [ˌkɒnsəˈleɪʃn] *n* consuelo *m*.

console [ˈkɒnsəʊl] *n* consola *f*.

consonant [ˈkɒnsənənt] *n* consonante *f*.

conspicuous [kənˈspɪkjʊəs] *adj* visible.

constable [ˈkʌnstəbl] *n* *Br* policía *mf*.

constant [ˈkɒnstənt] *adj* constante.

constantly [ˈkɒnstəntlɪ] *adv* (*all the time*) constantemente.

constipated [ˈkɒnstɪpeɪtɪd] *adj* estreñido(da).

constitution [ˌkɒnstɪˈtjuːʃn] *n* (*health*) constitución *f*.

construct [kənˈstrʌkt] *vt* construir.

construction [kənˈstrʌkʃn] *n* construcción *f*; **'under ~'** 'en construcción'.

consul [ˈkɒnsəl] *n* cónsul *mf*.

consulate [ˈkɒnsjʊlət] *n* consula do *m*.

consult [kənˈsʌlt] *vt* consultar.

consultant [kənˈsʌltənt] *n* *Br* (*doc tor*) especialista *mf*.

consume [kənˈsjuːm] *vt* consumir

consumer [kənˈsjuːməʳ] *n* consu midor *m*, -ra *f*.

contact [ˈkɒntækt] *n* contacto *m* ◆ *vt* ponerse en contacto con; **in ~ with** en contacto con.

contact lens *n* lentilla *f Esp*, lente *m* de contacto *Amér*.

contagious [kənˈteɪdʒəs] *adj* con tagioso(sa).

contain [kənˈteɪn] *vt* contener.

container [kənˈteɪnəʳ] *n* (*box etc* envase *m*.

contaminate [kənˈtæmɪneɪt] *v* contaminar.

contemporary [kənˈtempərərɪ *adj* contemporáneo(a). ◆ *n* contem poráneo *m*, -a *f*.

contend [kənˈtend] ♦ **contend with** *vt fus* afrontar.

content [*adj* kənˈtent, *n* ˈkɒntent] *ad* contento(ta). ◆ *n* (*of vitamins, fibr etc*) contenido *m*. □ **contents** *np* (*things inside*) contenido *m*; (*at begin ning of book*) índice *m* (de materias).

contest [*n* ˈkɒntest, *vb* kənˈtest] *n* (*competition*) competición *f*; concur so *m*; (*struggle*) contienda *f*. ◆ *vt* (*elec tion, seat*) presentarse como candidato a; (*decision, will*) impug nar.

context [ˈkɒntekst] *n* contexto *m*.

continent [ˈkɒntɪnənt] *n* continen te *m*; **the Continent** *Br* la Europa con tinental.

continental [ˌkɒntɪˈnentl] *adj* B (*European*) de la Europa continental

continental breakfast *n* de sayuno *m* continental.

continental quilt *n Br* edredón *m*.

continual [kən'tɪnjuəl] *adj* continuo(nua).

continually [kən'tɪnjuəlɪ] *adv* continuamente.

continue [kən'tɪnju:] *vt & vi* continuar; **to ~ doing sthg** continuar haciendo algo; **to ~ with sthg** continuar con algo.

continuous [kən'tɪnjuəs] *adj* continuo(nua).

continuously [kən'tɪnjuəslɪ] *adv* continuamente.

contraception [,kɒntrə'sepʃn] *n* anticoncepción *f*.

contraceptive [,kɒntrə'septɪv] *n* anticonceptivo *m*.

contract [*n* 'kɒntrækt, *vb* kən'trækt] *n* contrato *m*. ◆ *vt fml* (*illness*) contraer.

contradict [,kɒntrə'dɪkt] *vt* contradecir.

contrary ['kɒntrərɪ] *n*: **on the ~** al contrario.

contrast [*n* 'kɒntrɑ:st, *vb* kən'trɑ:st] *n* contraste *m*. ◆ *vt* contrastar; **in ~ to** a diferencia de.

contribute [kən'trɪbju:t] *vt* (*help, money*) contribuir. ◆ *vi*: **to ~ to** contribuir a.

contribution [,kɒntrɪ'bju:ʃn] *n* contribución *f*.

control [kən'trəʊl] *n* control *m*. ◆ *vt* controlar; (*restrict*) restringir; **to be in ~** estar al mando; **out of ~** fuera de control; **under ~** bajo control. ▫ **controls** *npl* (*for TV, video*) botones *mpl* de mando; (*of plane*) mandos *mpl*.

control tower *n* torre *f* de control.

controversial [,kɒntrə'vɜ:ʃl] *adj* controvertido(da).

convenience [kən'vi:njəns] *n* (*convenient nature*) conveniencia *f*; (*convenient thing*) comodidad *f*; **at your ~** cuando le venga bien.

convenient [kən'vi:njənt] *adj* (*suitable*) conveniente; (*well-situated*) bien situado(da); **would tomorrow be ~?** ¿le viene bien mañana?

convent ['kɒnvənt] *n* convento *m*.

conventional [kən'venʃənl] *adj* convencional.

conversation [,kɒnvə'seɪʃn] *n* conversación *f*.

conversion [kən'vɜ:ʃn] *n* (*change*) conversión *f*; (*to building*) reforma *f*.

convert [kən'vɜ:t] *vt* convertir; **to ~ sthg into** convertir algo en.

converted [kən'vɜ:tɪd] *adj* (*barn, loft*) acondicionado(da).

convertible [kən'vɜ:təbl] *n* descapotable *m*, convertible *m Amér*.

convey [kən'veɪ] *vt fml* (*transport*) transportar; (*idea, impression*) transmitir.

convict [*n* 'kɒnvɪkt, *vb* kən'vɪkt] *n* presidiario *m*, -ria *f*. ◆ *vt*: **to ~ sb (of)** declarar a alguien culpable (de).

convince [kən'vɪns] *vt*: **to ~ sb (of sthg)** convencer a alguien (de algo); **to ~ sb to do sthg** convencer a alguien para que haga algo.

convoy ['kɒnvɔɪ] *n* convoy *m*.

cook [kʊk] *n* cocinero *m*, -ra *f*. ◆ *vt* (*meal*) preparar; (*food*) cocinar, guisar. ◆ *vi* (*person*) cocinar, guisar; (*food*) cocerse, hacerse.

cookbook ['kʊk,bʊk] = **cookery book**.

cooker ['kʊkə*r*] *n* cocina *f* (*aparato*), estufa *f Col, Méx*.

cookery ['kʊkərɪ] *n* cocina *f* (*arte*).

cookery book *n* libro *m* de cocina.

cookie ['kʊkɪ] *n Am* galleta *f*.

cooking [ˈkʊkɪŋ] n cocina f.

cooking apple n manzana f para asar.

cooking oil n aceite m para cocinar.

cool [kuːl] adj (temperature) fresco (ca); (calm) tranquilo(la); (unfriendly) frío(a); inf (great) chachi Esp, sensacional. ◆ vt refrescar. ❑ **cool down** vi (become colder) enfriarse; (become calmer) calmarse.

cooperate [kəʊˈɒpəreɪt] vi cooperar.

cooperation [kəʊˌɒpəˈreɪʃn] n cooperación f.

cooperative [kəʊˈɒpərətɪv] adj dispuesto(a) a cooperar.

coordinates [kəʊˈɔːdɪnəts] npl (clothes) conjuntos mpl.

cope [kəʊp] vi: to ~ with (problem, situation) hacer frente a; (work) poder con.

copilot [ˈkəʊˌpaɪlət] n copiloto mf.

copper [ˈkɒpəʳ] n (metal) cobre m; Br inf (coin) moneda de cobre de uno o dos peniques.

copy [ˈkɒpɪ] n copia f; (of newspaper, book) ejemplar m. ◆ vt (duplicate) hacer una copia de; (imitate) copiar.

cord(uroy) [ˈkɔːd(ərɔɪ)] n pana f.

core [kɔːʳ] n (of fruit) corazón m.

coriander [ˌkɒrɪˈændəʳ] n cilantro m.

cork [kɔːk] n (in bottle) corcho m.

corkscrew [ˈkɔːkskruː] n sacacorchos m inv.

corn [kɔːn] n Br (crop) cereal m; Am (maize) maíz m; (on foot) callo m.

corned beef [ˌkɔːnd-] n carne de vaca cocinada y enlatada.

corner [ˈkɔːnəʳ] n (outside angle, bend in road) esquina f; (inside angle) rincón m; (in football) córner m; **it's just around the ~** está a la vuelta de la esquina.

corner shop n Br pequeña tienda de ultramarinos de barrio.

cornflakes [ˈkɔːnfleɪks] npl copos mpl de maíz.

corn-on-the-cob [-ˈkɒb] n mazorca f.

corporal [ˈkɔːpərəl] n cabo m y f.

corpse [kɔːps] n cadáver m.

correct [kəˈrekt] adj correcto(ta). ◆ vt corregir.

correction [kəˈrekʃn] n corrección f.

correspond [ˌkɒrɪˈspɒnd] vi: to ~ (to) (match) concordar (con); to ~ (with) (exchange letters) cartearse (con).

corresponding [ˌkɒrɪˈspɒndɪŋ] adj correspondiente.

corridor [ˈkɒrɪdɔːʳ] n pasillo m.

corrugated iron [ˈkɒrəgeɪtɪd-] n chapa f ondulada.

corrupt [kəˈrʌpt] adj corrupto(ta).

cosmetics [kɒzˈmetɪks] npl cosméticos mpl.

cost [kɒst] (pt & pp **cost**) n coste m. ◆ vt costar; **how much does it ~?** ¿cuánto cuesta?

Costa Rica [ˌkɒstəˈriːkə] n Costa Rica.

Costa Rican [ˌkɒstəˈriːkən] adj costarricense. ◆ n costarricense mf.

costly [ˈkɒstlɪ] adj (expensive) costoso(sa).

costume [ˈkɒstjuːm] n traje m.

cosy [ˈkəʊzɪ] adj Br (room, house) acogedor(ra).

cot [kɒt] n Br (for baby) cuna f; Am (camp bed) cama f plegable.

cottage [ˈkɒtɪdʒ] n casita f de campo.

cottage cheese n queso m fresco.

cottage pie n Br pastel de carne de vaca picada y cebollas con una capa de puré de patatas cocinado al horno.

cotton ['kɒtn] adj (dress, shirt) de algodón. ◆ n (cloth) algodón m; (thread) hilo m (de algodón).

cotton wool n algodón m (hidrófilo).

couch [kaʊtʃ] n (sofa) sofá m; (at doctor's) camilla f.

couchette [ku:'ʃet] n (bed on train) litera f; (seat on ship) butaca f.

cough [kɒf] n tos f. ◆ vi toser; **to have a ~** tener tos.

cough mixture n jarabe m para la tos.

could [kʊd] pt → can.

couldn't ['kʊdnt] = could not.

could've ['kʊdəv] = could have.

council ['kaʊnsl] n (of town) ayuntamiento m; (of county) diputación f; (organization) consejo m.

council house n Br ≃ casa f de protección oficial.

councillor ['kaʊnsələ'] n Br concejal mf.

council tax n Br ≃ contribución f urbana.

count [kaʊnt] vt & vi contar. ◆ n (nobleman) conde m. ❑ **count on** vt fus contar con.

counter ['kaʊntə'] n (in shop) mostrador m; (in bank) ventanilla f; (in board game) ficha f.

counterclockwise [ˌkaʊntə-'klɒkwaɪz] adv Am en sentido opuesto a las agujas del reloj.

counterfoil ['kaʊntəfɔɪl] n matriz f Esp, talón m Amér.

countess ['kaʊntɪs] n condesa f.

country ['kʌntrɪ] n (state) país m; (countryside) campo m; (population) pueblo m. ◆ adj campestre.

country and western n música

country f.

country house n casa f de campo.

country road n camino m vecinal.

countryside ['kʌntrɪsaɪd] n campo m.

county ['kaʊntɪ] n (in Britain) condado m; (in US) división administrativa de un estado en EEUU.

couple ['kʌpl] n pareja f; **a ~ (of)** un par (de).

coupon ['ku:pɒn] n cupón m.

courage ['kʌrɪdʒ] n valor m.

courgette [kɔ:'ʒet] n Br calabacín m.

courier ['kʊrɪə'] n (for holidaymakers) guía mf; (for delivering letters) mensajero m, -ra f.

course [kɔ:s] n curso m; (of meal) plato m; (of treatment, injections) tratamiento m; (for golf) campo m (de golf); **of ~** por supuesto, claro; **of ~ not** claro que no; **in the ~ of** en el curso de.

court [kɔ:t] n JUR (building, room) juzgado m; SPORT cancha f.

court shoes npl zapatos m de señora de tacón alto y sin adornos.

courtyard ['kɔ:tja:d] n patio m.

cousin ['kʌzn] n primo m, -ma f.

cover ['kʌvə'] n (soft covering) funda f; (lid) tapa f; (of book, magazine) cubierta f; (blanket) manta f; (insurance) cobertura f. ◆ vt cubrir; (travel) recorrer; (apply to) afectar; (discuss) abarcar; **to be ~ed in** estar cubierto de; **to ~ sthg with sthg** (food, tray, furniture etc) cubrir algo con algo; (hole, ears) tapar algo con algo; **to take ~** refugiarse. ❑ **cover up** vt sep (put cover on) cubrir; (facts, truth) encubrir.

cover charge n precio m del cubierto.

cover note n Br póliza f provisional.

cow [kaʊ] n vaca f.

coward ['kaʊəd] n cobarde mf.

cowboy ['kaʊbɔɪ] n vaquero m.

crab [kræb] n cangrejo m.

crack [kræk] n (in cup, glass, wood) grieta f; (gap) rendija f. ◆ vt (cup, glass, wood) agrietar, rajar; (nut, egg) cascar; inf (joke) contar; (whip) chasquear. ◆ vi agrietarse, rajarse.

cracker ['krækə'] n (biscuit) galleta f salada; (for Christmas) tubo con sorpresa típico de Navidades que suele romper un pequeño restallido al ser abierto.

cradle ['kreɪdl] n cuna f.

craft [krɑːft] n (skill, trade) oficio m; (boat: pl inv) embarcación f.

craftsman ['krɑːftsmən] (pl -men [-mən]) n artesano m.

cram [kræm] vt: to ~ sthg into embutir algo en; to be crammed with estar atestado de.

cramp [kræmp] n calambres mpl; stomach ~s retortijones mpl.

cranberry ['krænbərɪ] n arándano m (agrio).

cranberry sauce n salsa de arándanos agrios que se suele comer con pavo.

crane [kreɪn] n (machine) grúa f.

crap [kræp] adj vulg de mierda. ◆ n vulg (excrement) mierda f.

crash [kræʃ] n (accident) colisión f; (noise) estruendo m. ◆ vt (car) estrellar. ◆ vi (two vehicles) chocar; (into wall, ground) estrellarse. ❑ **crash into** vt fus estrellarse contra.

crash helmet n casco m protector.

crash landing n aterrizaje m forzoso.

crate [kreɪt] n caja f (para embalaje o transporte).

crawl [krɔːl] vi (baby) gatear; (per-son, insect) arrastrarse; (traffic) ir a paso de tortuga. ◆ n (swimming stroke) crol m.

crawler lane ['krɔːlə-] n Br carril m de los lentos.

crayfish ['kreɪfɪʃ] (pl inv) n (freshwater) cangrejo m de río; (sea) cigala f.

crayon ['kreɪɒn] n lápiz m de color; (wax) lápiz m de cera.

craze [kreɪz] n moda f.

crazy ['kreɪzɪ] adj loco(ca); to be ~ about estar loco por.

crazy golf n minigolf m, golfito m Amér.

cream [kriːm] n (food) nata f Esp, crema f Amér; (for face, burns) crema f. ◆ adj (in colour) crema (inv).

cream cheese n queso m cremoso Esp, queso m crema Amér.

cream tea n Br merienda de té con bollos, nata cuajada y mermelada.

creamy ['kriːmɪ] adj cremoso(sa).

crease [kriːs] n arruga f.

creased [kriːst] adj arrugado(da).

create [kriː'eɪt] vt (make) crear; (impression, interest) producir.

creative [kriː'eɪtɪv] adj creativo (va).

creature ['kriːtʃə'] n criatura f.

crèche [kreʃ] n Br guardería f.

credit ['kredɪt] n (praise) mérito m; (money, for studies) crédito m; to be in ~ estar con saldo acreedor. ❑ **credits** npl (of film) rótulos mpl de crédito, créditos mpl.

credit card n tarjeta f de crédito; to pay by ~ pagar con tarjeta de crédito; 'all major ~ s accepted' 'se aceptan las principales tarjetas de crédito'.

creek [kriːk] n (inlet) cala f; Am (river) riachuelo m.

creep [kriːp] (pt & pp **crept**) vi

arrastrarse. ◆ n inf (groveller) peloti-llero m, -ra f Esp, adulador m, -ra f.

cremate [krɪ'meɪt] vt incinerar.

crematorium [,kremə'tɔ:rɪəm] n crematorio m.

crepe [kreɪp] n (thin pancake) crepe f.

crept [krept] pt & pp → **creep**.

cress [kres] n berro m.

crest [krest] n (of hill) cima f; (of wave) cresta f; (emblem) blasón m.

crew [kru:] n (of ship, plane) tripula-ción f.

crew neck n cuello m redondo.

crib [krɪb] n Am (cot) cuna f.

cricket ['krɪkɪt] n (game) críquet m; (insect) grillo m.

crime [kraɪm] n (serious offence) cri-men m; (less serious offence) delito m; (illegal activity) delincuencia f.

criminal ['krɪmɪnl] adj criminal. ◆ n (serious) criminal mf; (less serious) delincuente mf; ~ **offence** delito m.

cripple ['krɪpl] n lisiado m, -da f. ◆ vt dejar inválido.

crisis ['kraɪsɪs] (pl crises ['kraɪsi:z]) n crisis f.

crisp [krɪsp] adj crujiente. ❑ **crisps** npl Br patatas fpl Esp OR papas fpl Amér fritas (de bolsa).

crispy ['krɪspɪ] adj crujiente.

critic ['krɪtɪk] n (reviewer) crítico m, -ca f.

critical ['krɪtɪkl] adj crítico(ca); (very serious, dangerous) grave.

criticize ['krɪtɪsaɪz] vt criticar.

crockery ['krɒkərɪ] n vajilla f.

crocodile ['krɒkədaɪl] n cocodrilo m.

crocus ['krəʊkəs] (pl **-es**) n azafrán m (flor).

crooked ['krʊkɪd] adj torcido(da).

crop [krɒp] n (kind of plant) cultivo

m; (harvest) cosecha f. ❑ **crop up** vi surgir.

cross [krɒs] adj enfadado(da). ◆ n cruz f; (mixture) mezcla f. ◆ vt cru-zar. ◆ vi cruzarse. ❑ **cross out** vt sep tachar. ❑ **cross over** vt fus cru-zar.

crossbar ['krɒsbɑ:'] n (of goal) lar-guero m; (of bicycle) barra f.

cross-Channel ferry n ferry que hace la travesía del Canal de la Mancha.

cross-country (running) n cross m.

crossing ['krɒsɪŋ] n (on road) cruce m; (sea journey) travesía f.

crossroads ['krɒsrəʊdz] (pl inv) n cruce m.

crosswalk ['krɒswɔ:k] n Am paso m Esp OR cruce m Amér de peatones.

crossword (puzzle) ['krɒs-wɜ:d-] n crucigrama m.

crotch [krɒtʃ] n entrepierna f.

crouton ['kru:tɒn] n cuscurro m, crutón m.

crow [krəʊ] n cuervo m.

crowbar ['krəʊbɑ:'] n palanca f.

crowd [kraʊd] n (large group of peo-ple) multitud f; (at match) público m.

crowded ['kraʊdɪd] adj atestado (da).

crown [kraʊn] n corona f; (of head) coronilla f.

Crown Jewels npl joyas de la coro-na británica.

crucial ['kru:ʃl] adj crucial.

crude [kru:d] adj (rough) tosco(ca); (rude) ordinario(ria).

cruel [krʊəl] adj cruel.

cruelty ['krʊəltɪ] n crueldad f.

cruet (set) ['kru:ɪt-] n vinagreras fpl.

cruise [kru:z] n crucero m. ◆ vi (car, plane, ship) ir a velocidad de crucero.

cruiser ['kruːzə'] n crucero m.

crumb [krʌm] n miga f.

crumble ['krʌmbl] n compota de fruta cubierta con una masa de harina, azúcar y mantequilla que se sirve caliente. ◆ vi (building, cliff) desmoronarse; (cheese) desmenuzarse.

crumpet ['krʌmpɪt] n bollo que se come tostado y con mantequilla.

crunchy ['krʌntʃɪ] adj crujiente.

crush [krʌʃ] vt (flatten) aplastar; (garlic, ice) triturar.

crust [krʌst] n corteza f.

crusty ['krʌstɪ] adj crujiente.

crutch [krʌtʃ] n (stick) muleta f; (between legs) = **crotch**.

cry [kraɪ] n grito m. ◆ vi (weep) llorar; (shout) gritar. ❑ **cry out** vi gritar.

crystal ['krɪstl] n cristal m.

cub [kʌb] n (animal) cachorro m.

Cuba ['kjuːbə] n Cuba.

Cuban ['kjuːbən] adj cubano(na). ◆ n cubano m, -na f.

cube [kjuːb] n (shape) cubo m; (of sugar) terrón m; (of ice) cubito m.

cubicle ['kjuːbɪkl] n (at swimming pool) caseta f; (in shop) probador m.

Cub (Scout) n explorador de entre 8 y 11 años.

cuckoo ['kuku:] n cuclillo m.

cucumber ['kjuːkʌmbə'] n pepino m.

cuddle ['kʌdl] n abrazo m.

cuddly toy ['kʌdlɪ-] n muñeco m de peluche.

cue [kjuː] n (in snooker, pool) taco m.

cuff [kʌf] n (of sleeve) puño m; Am (of trousers) vuelta f.

cuff links npl gemelos mpl.

cuisine [kwɪˈziːn] n cocina f.

cul-de-sac ['kʌldəsæk] n callejón m sin salida.

cult [kʌlt] n culto m. ◆ adj de culto.

cultivate ['kʌltɪveɪt] vt cultivar.

cultivated ['kʌltɪveɪtɪd] adj (person) culto(ta).

cultural ['kʌltʃərəl] adj cultural.

culture ['kʌltʃə'] n cultura f.

cumbersome ['kʌmbəsəm] adj aparatoso(sa).

cumin ['kjuːmɪn] n comino m.

cunning ['kʌnɪŋ] adj astuto(ta).

cup [kʌp] n (for drinking, cupful) taza f; (trophy, competition, of bra) copa f.

cupboard ['kʌbəd] n armario m.

curator [ˌkjuəˈreɪtə'] n director m, -ra f (de museo, biblioteca, etc).

curb [kɜːb] Am = **kerb**.

curd cheese [ˌkɜːd-] n requesón m.

cure [kjuə'] n cura f. ◆ vt curar.

curious ['kjuərɪəs] adj curioso(sa).

curl [kɜːl] n (of hair) rizo m. ◆ vt (hair) rizar.

curler ['kɜːlə'] n rulo m.

curly ['kɜːlɪ] adj rizado(da).

currant ['kʌrənt] n pasa f de Corinto.

currency ['kʌrənsɪ] n (money) moneda f.

current ['kʌrənt] adj actual. ◆ n corriente f.

current account n Br cuenta f corriente.

current affairs npl temas mpl de actualidad.

currently ['kʌrəntlɪ] adv actualmente.

curriculum [kəˈrɪkjələm] n temario m, plan m de estudios.

curriculum vitae [-ˈviːtaɪ] n Br currículum m (vitae).

curried ['kʌrɪd] adj al curry.

curry ['kʌrɪ] n curry m.

curse [kɜːs] vi maldecir.

cursor ['kɜːsə^r] n cursor m.

curtain ['kɜːtn] n (in house) cortina f; (in theatre) telón m.

curve [kɜːv] n curva f. ♦ vi torcer.

curved [kɜːvd] adj curvo(va).

cushion ['kʊʃn] n cojín m.

custard ['kʌstəd] n natillas fpl.

custom ['kʌstəm] n (tradition) costumbre f; '**thank you for your ~**' gracias por su visita.

customary ['kʌstəmrɪ] adj habitual.

customer ['kʌstəmə^r] n (of shop) cliente m, -ta f.

customer services n (department) servicio m de atención al cliente.

customs ['kʌstəmz] n aduana f; to go through ~ pasar por la aduana.

customs duty n derechos mpl de aduana.

customs officer n empleado m, -da f de aduana.

cut [kʌt] (pt & pp cut) n corte m; (reduction) reducción f, recorte m. ♦ vi (knife, scissors) cortar; (reduce) reducir. ♦ vi (knife, scissors) cortar; ~ **and blow-dry** corte y peinado; to ~ **one's finger** cortarse el dedo; to ~ **one's nails** cortarse las uñas; to ~ **o.s.** cortarse; to **have one's hair** ~ cortarse el pelo; to ~ **the grass** cortar el césped; to ~ **sthg open** abrir algo (cortándolo). ◻ **cut back** vi: to ~ **back on sthg** reducir algo. ◻ **cut down** vt sep (tree) talar. ◻ **cut down on** vt fus: to ~ **down on sweets** comer menos golosinas. ◻ **cut off** vt sep (remove, disconnect) cortar; **I've been ~ off** (on phone) me han desconectado; to **be ~ off** (isolated) estar aislado. ◻ **cut out** ♦ vt sep (newspaper article, photo) recortar. ♦ vi (engine) calarse Esp, pararse; to ~ **out smoking** dejar de fumar; ~ **it**

out! inf ¡basta ya! ◻ **cut up** vt sep desmenuzar.

cute [kjuːt] adj mono(na).

cut-glass adj de cristal labrado.

cutlery ['kʌtlərɪ] n cubertería f.

cutlet ['kʌtlɪt] n (of meat) chuleta f.

cut-price adj de oferta.

cutting ['kʌtɪŋ] n (from newspaper) recorte m.

CV n Br (abbr of curriculum vitae) CV m.

cwt abbr = hundredweight.

cycle ['saɪkl] n (bicycle) bicicleta f; (series) ciclo m. ♦ vi ir en bicicleta.

cycle hire n alquiler m de bicicletas.

cycle lane n carril-bici m.

cycle path n camino m para bicicletas.

cycling ['saɪklɪŋ] n ciclismo m; to go ~ ir en bicicleta.

cycling shorts npl pantalones mpl de ciclista.

cyclist ['saɪklɪst] n ciclista mf.

cylinder ['sɪlɪndə^r] n (container) bombona f Esp, tanque m; (in engine) cilindro m.

cynical ['sɪnɪkl] adj cínico(ca).

Czech [tʃek] adj checo(ca). ♦ n (person) checo m, (ca f); (language) checo m.

Czech Republic: the ~ la República Checa.

D

dab [dæb] vt (ointment, cream) aplicar una pequeña cantidad de.

dad [dæd] *n inf* papá *m*.

daddy [ˈdædɪ] *n inf* papá *m*.

daddy longlegs [-ˈlɒŋlegz] (*pl inv*) *n* típula *f*.

daffodil [ˈdæfədɪl] *n* narciso *m*.

daft [dɑːft] *adj* Br *inf* tonto(ta).

daily [ˈdeɪlɪ] *adj* diario(ria). ◆ *adv* diariamente. ◆ *n*: a ~ (newspaper) un diario.

dairy [ˈdeərɪ] *n* (on farm) vaquería *f*; (shop) lechería *f*.

dairy product *n* producto *m* lácteo.

daisy [ˈdeɪzɪ] *n* margarita *f*.

dam [dæm] *n* presa *f*.

damage [ˈdæmɪdʒ] *n* (physical harm) daño *m*; fig (to reputation, chances) perjuicio *m*. ◆ *vt* (house, car) dañar; (back, leg) hacerse daño en, lastimarse *Amér*; fig (reputation, chances) perjudicar.

damn [dæm] *excl inf* ¡maldita sea! ◆ *adj inf* maldito(ta). ◆ *n*: I don't give a ~ me importa un rábano.

damp [dæmp] *adj* húmedo(da). ◆ *n* humedad *f*.

damson [ˈdæmzn] *n* ciruela *f* damascena.

dance [dɑːns] *n* baile *m*. ◆ *vi* bailar; to have a ~ bailar.

dance floor *n* pista *f* de baile.

dancer [ˈdɑːnsəʳ] *n* bailarín *m*, -ina *f*.

dancing [ˈdɑːnsɪŋ] *n* baile *m*; to go ~ ir a bailar.

dandelion [ˈdændɪlaɪən] *n* diente *m* de león.

dandruff [ˈdændrʌf] *n* caspa *f*.

danger [ˈdeɪndʒəʳ] *n* peligro *m*; in ~ en peligro.

dangerous [ˈdeɪndʒərəs] *adj* peligroso(sa).

Danish [ˈdeɪnɪʃ] *adj* danés(esa). ◆ *n*

(language) danés *m*.

dare [deəʳ] *vt*: to ~ to do sthg atreverse a hacer algo; to ~ sb to do sthg desafiar a alguien a hacer algo; how ~ you! ¡cómo te atreves?

daring [ˈdeərɪŋ] *adj* atrevido(da).

dark [dɑːk] *adj* oscuro(ra); (day, weather) sombrío(a); (person, skin) moreno(na). ◆ *n*: after ~ después del anochecer; the ~ la oscuridad.

dark chocolate *n* chocolate *m* amargo.

darkness [ˈdɑːknɪs] *n* oscuridad *f*.

darling [ˈdɑːlɪŋ] *n* (term of affection) querido *m*, -da *f*.

dart [dɑːt] *n* dardo *m*. ☐ **darts** *n* (game) dardos *mpl*.

dartboard [ˈdɑːtbɔːd] *n* diana *f*.

dash [dæʃ] *n* (of liquid) gotas *fpl*; (in writing) guión *m*. ◆ *vi* ir de prisa.

dashboard [ˈdæʃbɔːd] *n* salpicadero *m* Esp, tablero *m* de mandos.

data [ˈdeɪtə] *n* datos *mpl*.

database [ˈdeɪtəbeɪs] *n* base *f* de datos.

data protection *n* COMPUT protección *f* de datos.

date [deɪt] *n* (day) fecha *f*; (meeting) cita *f*; Am (person) pareja *f* (con la que se sale); (fruit) dátil *m*. ◆ *vt* (cheque, letter) fechar; (person) salir con. ◆ *vi* (become unfashionable) pasar de moda; what's the ~? ¿qué fecha es?; to have a ~ with sb tener una cita con alguien.

date of birth *n* fecha *f* de nacimiento.

daughter [ˈdɔːtəʳ] *n* hija *f*.

daughter-in-law *n* nuera *f*.

dawn [dɔːn] *n* amanecer *m*.

day [deɪ] *n* día *m*; what ~ is it today? ¿qué día es hoy?; what a lovely ~ ¡qué día más bonito!; to have a ~ off tomarse un día libre; to have a ~ out ir de excursión; by ~ de día; the

~ **after tomorrow** pasado mañana; **the** ~ **before** el día anterior; **the** ~ **before yesterday** anteayer; **the following** ~ el día siguiente; **have a nice** ~! ¡adiós y gracias!

daylight ['deɪlaɪt] n luz f del día.

day return n Br billete m de ida y vuelta para un día.

dayshift ['deɪʃɪft] n turno m de día.

daytime ['deɪtaɪm] n día m.

day-to-day adj cotidiano(na).

day trip n excursión f (de un día).

dazzle ['dæzl] vt deslumbrar.

dead [ded] adj (not alive) muerto (ta); (not lively) sin vida; (telephone, line) cortado(da); (battery) descargado(da). ◆ adv (precisely) justo; inf (very) la mar de; **it's** ~ **ahead** está justo enfrente; '~ **slow**' 'al paso'.

dead end n (street) callejón m sin salida.

deadline ['dedlaɪn] n fecha f límite.

deaf [def] adj sordo(da). ◆ npl: **the** ~ los sordos.

deal [di:l] (pt & pp dealt) n (agreement) trato m. ◆ vt (cards) repartir; **to be a good/bad** ~ estar bien/mal de precio; **a great** ~ **of** mucho; **it's a** ~! ¡trato hecho! ❑ **deal in** vt fus comerciar en. ❑ **deal with** vt fus (handle) hacer frente a; (be about) tratar de.

dealer ['di:ləʳ] n COMM comerciante mf; (in drugs) traficante mf (que vende).

dealt [delt] pt & pp → **deal**.

dear [dɪəʳ] adj (loved) querido(da); (expensive) caro(ra). ◆ n: **my** ~ querido m, -da f; **Dear Sir** Muy señor mío; **Dear Madam** Estimada señora; **Dear John** Querido John; **oh** ~! ¡vaya por Dios!

death [deθ] n muerte f.

debate [dɪ'beɪt] n debate m. ◆ vt

(wonder) pensar, considerar.

debit ['debɪt] n debe m. ◆ vt: **to** ~ **sb's account with an amount** deducir una cantidad de la cuenta de alguien.

debit card n tarjeta f de débito.

debt [det] n deuda f; **to be in** ~ tener deudas.

decaff ['di:kæf] n inf descafeinado m.

decaffeinated [dɪ'kæfɪneɪtɪd] adj descafeinado(da).

decanter [dɪ'kæntəʳ] n licorera f.

decay [dɪ'keɪ] n (of building, wood) deterioro m; (of tooth) caries f inv. ◆ vi descomponerse.

deceive [dɪ'si:v] vt engañar.

decelerate [ˌdi:'seləreɪt] vi desacelerar.

December [dɪ'sembəʳ] n diciembre m → **September**.

decent ['di:snt] adj decente; (kind) amable.

decide [dɪ'saɪd] vt & vi decidir; **to** ~ **to do sthg** decidir hacer algo. ❑ **decide on** vt fus decidirse por.

decimal ['desɪml] adj decimal, punto m decimal.

decimal point n coma f decimal.

decision [dɪ'sɪʒn] n decisión f; **to make a** ~ tomar una decisión.

decisive [dɪ'saɪsɪv] adj (person) decidido(da); (event, factor) decisivo(va).

deck [dek] n (of ship) cubierta f; (of bus) piso m; (of cards) baraja f.

deckchair ['dektʃeəʳ] n tumbona f Esp, silla f de playa.

declare [dɪ'kleəʳ] vt declarar; **to** ~ **that** declarar que; **'goods to** ~' cartel que indica la ruta para personas con objetos que declarar en la aduana; **'nothing to** ~' cartel que indica la ruta para personas sin objetos que declarar en la aduana.

decline [dɪˈklaɪn] n declive m. ◆ vi (get worse) disminuir; (refuse) rehusar.

decorate [ˈdekəreɪt] vt (with wallpaper) empapelar; (with paint) pintar; (make attractive) decorar.

decoration [ˌdekəˈreɪʃn] n (wallpaper, paint, furniture) decoración f; (decorative object) adorno m.

decorator [ˈdekəreɪtəʳ] n (painter) pintor m, -ra f; (paperhanger) empapelador m, -ra f.

decrease [n ˈdiːkriːs, vb dɪˈkriːs] n disminución f. ◆ vi disminuir.

dedicated [ˈdedɪkeɪtɪd] adj dedicado(da).

deduce [dɪˈdjuːs] vt deducir.

deduct [dɪˈdʌkt] vt deducir.

deduction [dɪˈdʌkʃn] n deducción f.

deep [diːp] adj profundo(da); (colour) intenso(sa); (breath, sigh) hondo(da); (voice) grave. ◆ adv hondo; **it's two metres ~** tiene dos metros de profundidad.

deep end n (of swimming pool) parte f honda.

deep freeze n congelador m.

deep-fried [-ˈfraɪd] adj frito(ta) en aceite abundante.

deep-pan adj de masa doble.

deer [dɪəʳ] (pl inv) n ciervo m.

defeat [dɪˈfiːt] n derrota f. ◆ vt derrotar.

defect [ˈdiːfekt] n defecto m.

defective [dɪˈfektɪv] adj defectuoso(sa).

defence [dɪˈfens] n Br defensa f.

defend [dɪˈfend] vt defender.

defense [dɪˈfens] Am = defence.

deficiency [dɪˈfɪʃnsɪ] n (lack) deficiencia f.

deficit [ˈdefɪsɪt] n déficit m inv.

define [dɪˈfaɪn] vt definir.

definite [ˈdefɪnɪt] adj (answer, plans) definitivo(va); (improvement) claro(ra); (person) concluyente; **it's not ~** no es seguro.

definite article n artículo m definido.

definitely [ˈdefɪnɪtlɪ] adv (certainly) sin duda alguna.

definition [ˌdefɪˈnɪʃn] n (of word) definición f.

deflate [dɪˈfleɪt] vt (tyre) desinflar.

deflect [dɪˈflekt] vt desviar.

defogger [ˌdiːˈfɒgəʳ] n Am luneta f térmica.

deformed [dɪˈfɔːmd] adj deforme.

defrost [ˌdiːˈfrɒst] vt (food, fridge) descongelar; Am (demist) desempañar.

degree [dɪˈgriː] n grado m; (qualification) ≃ licenciatura f; **to have a ~ in sthg** ser licenciado(da) en algo.

dehydrated [ˌdiːhaɪˈdreɪtɪd] adj deshidratado(da).

de-ice [ˌdiːˈaɪs] vt descongelar.

de-icer [ˌdiːˈaɪsəʳ] n descongelante m.

dejected [dɪˈdʒektɪd] adj abatido(da).

delay [dɪˈleɪ] n retraso m. ◆ vt retrasar. ◆ vi retrasarse; **without ~** sin demora.

delayed [dɪˈleɪd] adj: **to be ~** ir con retraso; **our train was ~ by two hours** nuestro tren llegó con dos horas de retraso.

delegate [n ˈdelɪgət, vb ˈdelɪgeɪt] n delegado m, -da f. ◆ vt (person) delegar.

delete [dɪˈliːt] vt borrar.

deli [ˈdelɪ] n inf (abbr of delicatessen) ≃ charcutería f.

deliberate [dɪˈlɪbərət] adj (intentional) deliberado(da).

deliberately [dɪˈlɪbərətlɪ] adv (intentionally) deliberadamente.

delicacy [ˈdelɪkəsɪ] n (food) manjar m.

delicate [ˈdelɪkət] adj delicado (da); (object, china) frágil; (taste, smell) suave.

delicatessen [ˌdelɪkəˈtesn] n ≃ charcutería f.

delicious [dɪˈlɪʃəs] adj delicioso (sa).

delight [dɪˈlaɪt] n (feeling) gozo m. ◆ vt encantar; **to take (a) ~ in doing sthg** deleitarse haciendo algo.

delighted [dɪˈlaɪtɪd] adj encantado(da).

delightful [dɪˈlaɪtful] adj encantador(ra).

deliver [dɪˈlɪvəʳ] vt (goods, letters, newspaper) entregar; (speech, lecture) pronunciar; (baby) traer al mundo.

delivery [dɪˈlɪvərɪ] n (of goods, letters) entrega f; (birth) parto m.

delude [dɪˈluːd] vt engañar.

de-luxe [dəˈlʌks] adj de lujo.

demand [dɪˈmɑːnd] n demanda f; (requirement) requisito m. ◆ vt (request forcefully) exigir; (require) requerir; **to ~ to do sthg** exigir hacer algo; **in ~** solicitado.

demanding [dɪˈmɑːndɪŋ] adj absorbente.

demerara sugar [deməˈreərə-] n azúcar m moreno.

demist [diːˈmɪst] vt Br desempañar.

demister [ˌdiːˈmɪstəʳ] n Br luneta f térmica.

democracy [dɪˈmɒkrəsɪ] n democracia f.

Democrat [ˈdeməkræt] n Am demócrata mf.

democratic [deməˈkrætɪk] adj democrático(ca).

demolish [dɪˈmɒlɪʃ] vt (building) demoler.

demonstrate [ˈdemənstreɪt] vt (prove) demostrar; (machine, appliance) hacer una demostración de. ◆ vi manifestarse.

demonstration [demənˈstreɪʃn] n (protest) manifestación f; (of machine, proof) demostración f.

denial [dɪˈnaɪəl] n negación f.

denim [ˈdenɪm] n tela f vaquera, mezclilla f Chile, Méx. **□ denims** npl vaqueros mpl.

denim jacket n cazadora f vaquera Esp, chaqueta f vaquera.

Denmark [ˈdenmɑːk] n Dinamarca f.

dense [dens] adj (crowd, smoke, forest) denso(sa).

dent [dent] n abolladura f.

dental [ˈdentl] adj dental.

dental floss [-flɒs] n hilo m dental.

dental surgeon n odontólogo m, -ga f.

dental surgery n (place) clínica f dental.

dentist [ˈdentɪst] n dentista mf; **to go to the ~'s** ir al dentista.

dentures [ˈdentʃəz] npl dentadura f postiza.

deny [dɪˈnaɪ] vt (declare untrue) negar; (refuse) denegar.

deodorant [diːˈəʊdərənt] n desodorante m.

depart [dɪˈpɑːt] vi salir; **this train will ~ from platform 3** este tren efectuará su salida de la vía 3.

department [dɪˈpɑːtmənt] n departamento m; (of government) ministerio m.

department store n grandes almacenes mpl.

departure [dɪˈpɑːtʃəʳ] n salida f;

'~s' 'salidas'.

departure lounge *n (at airport)* sala *f* de embarque; *(at coach station)* vestíbulo *m* de salidas.

depend [dɪ'pend] *vi:* it ~s depende. ❑ **depend on** *vt fus (be decided by)* depender de; *(rely on)* confiar en; ~**ing on** dependiendo de.

dependable [dɪ'pendəbl] *adj* fiable.

deplorable [dɪ'plɔːrəbl] *adj* deplorable.

deport [dɪ'pɔːt] *vt* deportar.

deposit [dɪ'pɒzɪt] *n (in bank)* ingreso *m Esp*, depósito *m*; *(part-payment)* entrada *f Esp*, depósito *m*; *(against damage)* depósito *m*; *(substance)* sedimento *m.* ◆ *vt (put down)* depositar; *(money in bank)* ingresar.

deposit account *n Br* cuenta *f* de ahorro a plazo fijo.

depot ['diːpəʊ] *n Am (for buses, trains)* terminal *f*.

depressed [dɪ'prest] *adj* deprimido(da).

depressing [dɪ'presɪŋ] *adj* deprimente.

depression [dɪ'preʃn] *n* depresión *f*.

deprive [dɪ'praɪv] *vt:* to ~ sb of sthg privar a alguien de algo.

depth [depθ] *n* profundidad *f*; I'm out of my ~ *(when swimming)* he perdido pie; *fig (unable to cope)* no puedo; ~ of field profundidad *f* de campo.

deputy ['depjʊtɪ] *adj* suplente; ~ head subdirector *m*, -ra *f*.

derailment [dɪ'reɪlmənt] *n* descarrilamiento *m*.

derelict ['derəlɪkt] *adj* abandonado(da).

descend [dɪ'send] *vt* descender por. ◆ *vi* descender.

descendant [dɪ'sendənt] *n* descendiente *mf*.

descent [dɪ'sent] *n (going down)* descenso *m*; *(downward slope)* pendiente *f*.

describe [dɪ'skraɪb] *vt* describir.

description [dɪ'skrɪpʃn] *n* descripción *f*.

desert [*n* 'dezət, *vb* dɪ'zɜːt] *n* desierto *m.* ◆ *vt* abandonar.

deserted [dɪ'zɜːtɪd] *adj* desierto (ta).

deserve [dɪ'zɜːv] *vt* merecer.

design [dɪ'zaɪn] *n* diseño *m*, diseñar; to be ~ed for estar diseñado para.

designer [dɪ'zaɪnə'] *n* diseñador *m*, -ra *f.* ◆ *adj (clothes, sunglasses)* de marca.

desirable [dɪ'zaɪərəbl] *adj* deseable.

desire [dɪ'zaɪə'] *n* deseo *m.* ◆ *vt* desear; it leaves a lot to be ~d deja mucho que desear.

desk [desk] *n (in home, office)* escritorio *m*; *(in school)* pupitre *m*; *(at airport, station, hotel)* mostrador *m*.

desktop publishing ['desk-tɒp-] *n* autoedición *f* de textos.

despair [dɪ'speə'] *n* desesperación *f*.

despatch [dɪ'spætʃ] = **dispatch**.

desperate ['despərət] *adj* desesperado(da); to be ~ for sthg necesitar algo desesperadamente.

despicable [dɪ'spɪkəbl] *adj* despreciable.

despise [dɪ'spaɪz] *vt* despreciar.

despite [dɪ'spaɪt] *prep* a pesar de.

dessert [dɪ'zɜːt] *n* postre *m*.

dessertspoon [dɪ'zɜːtspuːn] *n* (spoon) cuchara *f* de postre; (spoonful) cucharada *f* (de postre).

destination [‚destɪ'neɪʃn] *n*

destino m.
destroy [dɪ'strɔɪ] vt destruir.
destruction [dɪ'strʌkʃn] n destrucción f.
detach [dɪ'tætʃ] vt separar.
detached house [dɪ'tætʃt-] n casa f individual.
detail ['di:teɪl] n (minor point) detalle m; (facts, information) detalles mpl; **in ~** detalladamente. ◻ **details** npl (facts) información f.
detailed ['di:teɪld] adj detallado (da).
detect [dɪ'tekt] vt detectar.
detective [dɪ'tektɪv] n detective mf; **a ~ story** una novela policíaca.
detention [dɪ'tenʃn] n SCH castigo de permanecer en la escuela después de clase.
detergent [dɪ'tɜːdʒənt] n detergente m.
deteriorate [dɪ'tɪərɪəreɪt] vi deteriorarse.
determination [dɪˌtɜːmɪ'neɪʃn] n determinación f.
determine [dɪ'tɜːmɪn] vt determinar.
determined [dɪ'tɜːmɪnd] adj decidido(da); **to be ~ to do sthg** estar decidido a hacer algo.
deterrent [dɪ'terənt] n fuerza f disuasoria.
detest [dɪ'test] vt detestar.
detour ['di:ˌtʊə] n desvío m.
deuce [dju:s] excl (in tennis) cuarenta iguales.
devastate ['devəsteɪt] vt devastar.
develop [dɪ'veləp] vt (idea, company) desarrollar; (land) urbanizar; (film) revelar; (machine, method) elaborar; (illness) contraer; (habit, interest) adquirir. ◆ vi (evolve) desarrollarse.
developing country [dɪ'velə

pɪŋ-] n país m en vías de desarrollo.
development [dɪ'veləpmənt] n (growth) desarrollo m; (new event) (nuevo) acontecimiento m; **a housing ~** una urbanización.
device [dɪ'vaɪs] n dispositivo m.
devil ['devl] n diablo m; **what the ~ ...?** (inf) ¿qué demonios ...?
devise [dɪ'vaɪz] vt diseñar.
devolution [ˌdiːvə'luːʃn] n POL descentralización f.

DEVOLUTION

En 1999, el gobierno laborista concedió el traspaso de competencias (proceso denominado "devolution") del gobierno central a asambleas legislativas autónomas creadas en Escocia, Gales, Irlanda del Norte y Londres, dándoles así a estas regiones el poder de gobernar sus propios asuntos. Los cuatro cuerpos autónomos que ahora existen dentro del Reino Unido son: el Parlamento escocés, la Asamblea Nacional de Gales, la Asamblea de Irlanda del Norte y la Asamblea de Londres. De éstos, el Parlamento escocés es el que tiene mayor poder de autogobierno, con un sistema jurídico propio y la autoridad para regir, entre otros, los sistemas de sanidad, educación y transporte de Escocia.

devoted [dɪ'vəʊtɪd] adj dedicado (da), leal.
dew [dju:] n rocío m.
diabetes [ˌdaɪə'biːtiːz] n diabetes f inv.
diabetic [ˌdaɪə'betɪk] adj (person)

diabético(ca); *(chocolate)* para diabéticos. ◆ *n* diabético *m*, -a *f*.

diagnosis [,daɪəɡ'nəʊsɪs] *(pl -oses* [-əʊsi:z]) *n* diagnóstico *m*.

diagonal [daɪ'æɡənl] *adj* diagonal.

diagram ['daɪəɡræm] *n* diagrama *m*.

dial ['daɪəl] *n (of clock)* esfera *f*. ◆ *vt* marcar, discar *Amér*.

dialling code ['daɪəlɪŋ-] *n Br* prefijo *m* (telefónico).

dialling tone ['daɪəlɪŋ-] *n Br* señal *f* de llamada.

dial tone *Am* = **dialling tone**.

diameter [daɪ'æmɪtə^r] *n* diámetro *m*.

diamond ['daɪəmənd] *n* diamante *m*. ❑ **diamonds** *npl (in cards)* diamantes *mpl*.

diaper ['daɪpə^r] *n Am* pañal *m*.

diarrhoea [,daɪə'rɪə] *n* diarrea *f*.

diary ['daɪərɪ] *n (for appointments)* agenda *f*; *(journal)* diario *m*.

dice [daɪs] *(pl inv)* *n* dado *m*.

diced [daɪst] *adj* cortado(da) en cuadraditos.

dictate [dɪk'teɪt] *vt* dictar.

dictation [dɪk'teɪʃn] *n* dictado *m*.

dictator [dɪk'teɪtə^r] *n* dictador *m*, -ra *f*.

dictionary ['dɪkʃənrɪ] *n* diccionario *m*.

did [dɪd] *pt* → **do**.

die [daɪ] *(cont* **dying)** *vi* morir; **to be dying for sthg** *inf* morirse por algo; **to be dying to do sthg** *inf* morirse por hacer algo. ❑ **die away** *vi* desvanecerse. ❑ **die out** *vi* extinguirse.

diesel ['di:zl] *n (fuel)* gasóleo *m*; *(car)* vehículo *m* diesel.

diet ['daɪət] *n (for slimming, health)* dieta *f*, régimen *m*; *(food eaten)* dieta *f*. ◆ *vi* estar a régimen. ◆ *adj* bajo(ja) en calorías.

diet Coke® *n* Coca-Cola® *f* light.

differ ['dɪfə^r] *vi*: **to ~ (from)** *(be dissimilar)* ser distinto (de); *(disagree)* discrepar (de).

difference ['dɪfrəns] *n* diferencia *f*; **it makes no ~** da lo mismo; **a ~ of opinion** un desacuerdo.

different ['dɪfrənt] *adj* distinto (ta); **to be ~ (from)** ser distinto (de).

differently ['dɪfrəntlɪ] *adv* de otra forma.

difficult ['dɪfɪkəlt] *adj* difícil.

difficulty ['dɪfɪkəltɪ] *n* dificultad *f*.

dig [dɪɡ] *(pt & pp* **dug)** *vt (hole, tunnel)* excavar; *(garden, land)* cavar. ◆ *vi* cavar. ❑ **dig out** *vt sep* sacar. ❑ **dig up** *vt sep* desenterrar.

digest [dɪ'dʒest] *vt* digerir.

digestion [dɪ'dʒestʃn] *n* digestión *f*.

digestive (biscuit) [dɪ'dʒestɪv-] *n Br* galleta hecha con harina integral.

digit ['dɪdʒɪt] *n (figure)* dígito *m*; *(finger, toe)* dedo *m*.

digital ['dɪdʒɪtl] *adj* digital.

dill [dɪl] *n* eneldo *m*.

dilute [daɪ'lu:t] *vt* diluir.

dim [dɪm] *adj (light)* tenue; *(room)* sombrío(a); *inf (stupid)* torpe. ◆ *vt* atenuar.

dime [daɪm] *n Am* moneda de diez centavos.

dimensions [dɪ'menʃnz] *npl (measurements)* dimensiones *fpl*; *(extent)* dimensión *f*.

din [dɪn] *n* estrépito *m*.

dine [daɪn] *vi* cenar. ❑ **dine out** *vi* cenar fuera.

diner ['daɪnə^r] *n Am (restaurant)* restaurante *m* económico; *(person)* cliente *mf* (en un restaurante).

dinghy ['dɪŋgɪ] n bote m.

dingy ['dɪndʒɪ] adj lóbrego(ga).

dining car ['daɪnɪŋ-] n vagón m restaurante.

dining hall ['daɪnɪŋ-] n SCH comedor m.

dining room ['daɪnɪŋ-] n comedor m.

dinner ['dɪnə^r] n (at lunchtime) almuerzo m; (in evening) cena f; **to have ~ (at lunchtime)** almorzar; (in evening) cenar.

dinner jacket n esmoquin m.

dinner party n cena f (de amigos en casa).

dinner set n vajilla f.

dinner suit n traje m de esmoquin.

dinnertime ['dɪnətaɪm] n (at lunchtime) hora f del almuerzo; (in evening) hora f de la cena.

dinosaur ['daɪnəsɔː^r] n dinosaurio m.

dip [dɪp] n (in road, land) pendiente f; (food) salsa f. ◆ vt (into liquid) mojar. ◆ vi descender ligeramente; **to have a ~** darse un chapuzón; **to ~ one's headlights** Br poner las luces de cruce.

diploma [dɪ'pləʊmə] n diploma m.

dipstick ['dɪpstɪk] n varilla f (para medir el nivel) del aceite.

direct [dɪ'rekt] adj directo(ta). ◆ vt dirigir; (give directions to) indicar el camino a. ◆ adv directamente.

direction [dɪ'rekʃn] n dirección f; **to ask for ~s** pedir señas. ▫ **directions** npl (instructions) instrucciones fpl (de uso).

directly [dɪ'rektlɪ] adv (exactly) directamente; (soon) pronto.

director [dɪ'rektə^r] n director m, -ra f.

directory [dɪ'rektərɪ] n guía f (telefónica).

directory assistance n Am servicio m de información telefónica.

directory enquiries n Br servicio m de información telefónica.

dirt [dɜːt] n suciedad f; (earth) tierra f.

dirty ['dɜːtɪ] adj sucio(cia); (joke) verde.

disability [ˌdɪsə'bɪlətɪ] n minusvalía f.

disabled [dɪs'eɪbld] adj minusválido(da). ◆ npl: **the ~** los minusválidos; **'~ toilet'** 'aseo para minusválidos'.

disadvantage [ˌdɪsəd'vɑːntɪdʒ] n desventaja f.

disagree [ˌdɪsə'griː] vi (people) discrepar; **to ~ with sb (about)** no estar de acuerdo con alguien (sobre); **those mussels ~d with me** los mejillones me sentaron mal.

disagreement [ˌdɪsə'griːmənt] n (argument) discusión f; (dissimilarity) discrepancia f.

disappear [ˌdɪsə'pɪə^r] vi desaparecer.

disappearance [ˌdɪsə'pɪərəns] n desaparición f.

disappoint [ˌdɪsə'pɔɪnt] vt decepcionar.

disappointed [ˌdɪsə'pɔɪntɪd] adj decepcionado(da).

disappointing [ˌdɪsə'pɔɪntɪŋ] adj decepcionante.

disappointment [ˌdɪsə'pɔɪntmənt] n decepción f.

disapprove [ˌdɪsə'pruːv] vi: **to ~ of** censurar.

disarmament [dɪs'ɑːməmənt] n desarme m.

disaster [dɪ'zɑːstə^r] n desastre m.

disastrous [dɪ'zɑːstrəs] adj desastroso(sa).

disc

disc [dɪsk] n Br (circular object, record) disco m; (CD) disco compacto; **to slip a ~** sufrir una hernia discal.

discard [dɪ'skɑːd] vt desechar.

discharge [dɪs'tʃɑːdʒ] vt (prisoner) poner en libertad; (patient) dar de alta; (soldier) licenciar; (liquid, smoke, gas) emitir.

discipline ['dɪsɪplɪn] n disciplina f.

disc jockey n pinchadiscos mf inv Esp, disc jockey mf.

disco ['dɪskəʊ] n (place) discoteca f; (event) baile m.

discoloured [dɪs'kʌləd] adj descolorido(a).

discomfort [dɪs'kʌmfət] n (pain) malestar m.

disconnect [ˌdɪskə'nekt] vt (unplug) desenchufar; (telephone, gas supply, pipe) desconectar.

discontinued [ˌdɪskən'tɪnjuːd] adj (product) que ya no se fabrica.

discount [ˈdɪskaʊnt] n descuento m.

discover [dɪ'skʌvəʳ] vt descubrir.

discovery [dɪ'skʌvərɪ] n descubrimiento m.

discreet [dɪ'skriːt] adj discreto(ta).

discrepancy [dɪ'skrepənsɪ] n discrepancia f.

discriminate [dɪ'skrɪmɪneɪt] vi: **to ~ against sb** discriminar a alguien.

discrimination [dɪˌskrɪmɪ'neɪʃn] n discriminación f.

discuss [dɪ'skʌs] vt discutir.

discussion [dɪ'skʌʃn] n discusión f.

disease [dɪ'ziːz] n enfermedad f.

disembark [ˌdɪsɪm'bɑːk] vi desembarcar.

disgrace [dɪs'greɪs] n vergüenza f; **it's a ~!** ¡es una vergüenza!

disgraceful [dɪs'greɪsfʊl] adj ver-

gonzoso(sa).

disguise [dɪs'gaɪz] n disfraz m. ◆ vt disfrazar; **in ~** disfrazado(a).

disgust [dɪs'gʌst] n asco m. ◆ vt asquear.

disgusting [dɪs'gʌstɪŋ] adj asqueroso(sa).

dish [dɪʃ] n (container) fuente f; (food) plato m; Am (plate) plato; **to do the ~es** fregar los platos; **"~ of the day"** "plato del día". ❑ **dish up** vt sep servir.

dishcloth ['dɪʃklɒθ] n trapo m de fregar los platos.

disheveled [dɪ'ʃevəld] Am = **dishevelled**.

dishevelled [dɪ'ʃevəld] adj Br (person) desaliñado(da).

dishonest [dɪs'ɒnɪst] adj deshonesto(ta).

dish towel n Am paño m de cocina.

dishwasher ['dɪʃˌwɒʃəʳ] n (machine) lavavajillas m inv.

dishwashing liquid ['dɪʃˌwɒʃɪŋ-] n Am lavavajillas m inv.

disinfectant [ˌdɪsɪn'fektənt] n desinfectante m.

disintegrate [dɪs'ɪntɪgreɪt] vi desintegrarse.

disk [dɪsk] n Am = **disc**; COMPUT disquete m, disco m.

disk drive n disquetera f.

dislike [dɪs'laɪk] n (poor opinion), aversión f. ◆ vt tener aversión a; **to take a ~ to** cogerle manía a.

dislocate ['dɪsləkeɪt] vt dislocar.

dismal ['dɪzml] adj (weather, place) sombrío(a); (terrible) lamentable.

dismantle [dɪs'mæntl] vt desmontar.

dismay [dɪs'meɪ] n consternación f.

dismiss [dɪs'mɪs] vt (not consider) desechar; (from job) despedir; (from *classroom)* echar.

disobedient [ˌdɪsə'biːdjənt] *adj* desobediente.

disobey [ˌdɪsə'beɪ] *vt* desobedecer.

disorder [dɪs'ɔːdə'] *n (confusion)* desorden *m; (violence)* disturbios *mpl; (illness)* afección *f.*

disorganized [dɪs'ɔːgənaɪzd] *adj* desorganizado(da).

dispatch [dɪs'pætʃ] *vt* enviar.

dispense [dɪs'pens] *vt* ◆ dispense with *vt fus* prescindir de.

dispenser [dɪs'pensə'] *n* máquina *f* expendedora.

dispensing chemist [dɪs'pensɪŋ-] *n Br (person)* farmacéutico *m,* -ca *f; (shop)* farmacia *f.*

disperse [dɪs'pɜːs] *vt* dispersar. ◆ *vi* dispersarse.

display [dɪs'pleɪ] *n (of goods in window)* escaparate *m; (public event)* demostración *f; (readout)* pantalla *f.* ◆ *vt (goods, information)* exponer; *(feeling, quality)* mostrar; **on** ~ expuesto.

displeased [dɪs'pliːzd] *adj* disgustado(da).

disposable [dɪs'pəʊzəbl] *adj* desechable.

dispute [dɪs'pjuːt] *n (argument)* disputa *f; (industrial)* conflicto *m.* ◆ *vt* cuestionar.

disqualify [ˌdɪs'kwɒlɪfaɪ] *vt* descalificar; **he has been disqualified from driving** *Br* se le ha retirado el permiso de conducir.

disregard [ˌdɪsrɪ'gɑːd] *vt* hacer caso omiso de.

disrupt [dɪs'rʌpt] *vt* trastornar.

disruption [dɪs'rʌpʃn] *n* trastorno *m.*

dissatisfied [ˌdɪs'sætɪsfaɪd] *adj* descontento(ta).

dissolve [dɪ'zɒlv] *vt* disolver. ◆ *vi*

disolverse.

dissuade [dɪ'sweɪd] *vt*: to ~ sb from doing sthg disuadir a alguien de hacer algo.

distance ['dɪstəns] *n* distancia *f;* from a ~ desde lejos; in the ~ a lo lejos.

distant ['dɪstənt] *adj* lejano(na); *(reserved)* distante.

distilled water [dɪ'stɪld-] *n* agua *f* destilada.

distillery [dɪ'stɪlərɪ] *n* destilería *f.*

distinct [dɪ'stɪŋkt] *adj (separate)* distinto(ta); *(noticeable)* notable.

distinction [dɪ'stɪŋkʃn] *n (difference)* distinción *f; (mark for work)* sobresaliente *m.*

distinctive [dɪ'stɪŋktɪv] *adj* característico(ca).

distinguish [dɪ'stɪŋgwɪʃ] *vt* distinguir; **to** ~ **sthg from sthg** distinguir algo de algo.

distorted [dɪ'stɔːtɪd] *adj (figure, shape)* deformado(da); *(sound)* distorsionado(da).

distract [dɪ'strækt] *vt* distraer.

distraction [dɪ'strækʃn] *n* distracción *f.*

distress [dɪ'stres] *n (pain)* dolor *m; (anxiety)* angustia *f.*

distressing [dɪ'stresɪŋ] *adj* angustioso(sa).

distribute [dɪ'strɪbjuːt] *vt* distribuir.

distributor [dɪ'strɪbjʊtə'] *n* COMM distribuidor *m,* -ra *f.*

district ['dɪstrɪkt] *n (region)* región *f; (of town)* distrito *m.*

district attorney *n* Am fiscal *mf* (del distrito).

disturb [dɪ'stɜːb] *vt (interrupt)* molestar; *(worry)* inquietar; *(move)* mover; **'do not ~ '** 'no molestar'.

disturbance [dɪ'stɜːbəns] *n (riot)*

disturbio m; (small altercation) altercado m.

ditch [dɪtʃ] n zanja f.

ditto ['dɪtəʊ] adv idem.

divan [dɪ'væn] n diván m.

dive [daɪv] (pt Am -d OR **dove**, pt Br -d) n (of swimmer) zambullida f, clavado m Amér. ◆ vi (from divingboard, rock) zambullirse, echarse un clavado Amér; (under water) bucear; (bird, plane) bajar en picada; (rush) lanzarse.

diver ['daɪvə'] n (from divingboard, rock) saltador m, -ra f, clavadista m Amér; (under water) buceador m, -ra f.

diversion [daɪ'vɜːʃn] n (of traffic) desvío m; (amusement) diversión f.

divert [daɪ'vɜːt] vt (traffic, river) desviar; (attention) distraer.

divide [dɪ'vaɪd] vt dividir; (share out) repartir. ❏ **divide up** vt sep (into two parts) dividir; (share out) repartir.

diving ['daɪvɪŋ] n (from divingboard, rock) salto m; (under water) buceo m; **to go** ~ bucear.

divingboard ['daɪvɪŋbɔːd] n trampolín m.

division [dɪ'vɪʒn] n división f.

divorce [dɪ'vɔːs] n divorcio m. ◆ vt divorciarse de.

divorced [dɪ'vɔːst] adj divorciado (da).

DIY n (abbr of do-it-yourself) bricolaje m.

dizzy ['dɪzɪ] adj mareado(da).

DJ n (abbr of disc jockey) pinchadiscos mf inv Esp, discjockey mf.

do [duː] (pt did, pp done, pl dos) aux vb - **1.** (in negatives): **don't** ~ **that!** ¡no hagas eso!; **she didn't listen** no hizo caso.
- **2.** (in questions): ~ **you like it?** ¿te

gusta?; **how** ~ **you do it?** ¿cómo se hace?
- **3.** (referring to previous verb): **I eat more than you** ~ yo como más que tú; ~ **you smoke? - yes, I** ~ **/no, I don't** ¿fumas? - sí/no; **so** ~ **I** yo también.
- **4.** (in question tags): **so, you like Scotland,** ~ **you?** así que te gusta Escocia ¿no?

◆ vt - **1.** (gen) hacer; **to** ~ **one's homework** hacer los deberes; **what can I** ~ **for you?** ¿en qué puedo servirle?; **to** ~ **one's hair** peinarse; **to** ~ **one's teeth** lavarse los dientes; **to** ~ **damage** hacer daño; **to** ~ **sb good** sentarle bien a alguien.
- **2.** (have as job): **what do you** ~? ¿a qué te dedicas?
- **3.** (provide, offer) hacer; **we** ~ **pizzas for under £4** vendemos pizzas a menos de 4 libras.
- **4.** (study) hacer.
- **5.** (subj: vehicle) ir a.
- **6.** inf (visit) recorrer.

◆ vi - **1.** (behave, act) hacer; ~ **as I say** haz lo que te digo.
- **2.** (progress, get on) ir; **I did well/badly** me fue bien/mal.
- **3.** (be sufficient) valer; **will £5** ~? ¿llegará con cinco libras?
- **4.** (in phrases): **how do you** ~? (greeting) ¿cómo está usted?; (answer) mucho gusto; **what has that got to** ~ **with it?** ¿y eso qué tiene que ver?

◆ n (party) fiesta f; ~**s and don'ts** normas fpl de conducta. ❏ **do out of** vt sep inf timar. ❏ **do up** vt sep (shirt, buttons) abrochar; (shoes, laces) atar; (zip) subir; (decorate) renovar; (wrap up) envolver. ❏ **do with** vt fus: **I could** ~ **with a drink** no me vendría mal una copa. ❏ **do without** vt fus pasar sin.

dock [dɒk] n (for ships) muelle m; JUR banquillo m (de los acusados,

◆ vi atracar.

doctor ['dɒktə'] n (of medicine) médico m, -a f; (academic) doctor m, -ra f; **to go to the ~'s** ir al médico.

document ['dɒkjʊmənt] n documento m.

documentary [,dɒkjʊ'mentəri] n documental m.

Dodgems® ['dɒdʒəmz] npl Br coches mpl de choque.

dodgy ['dɒdʒi] adj Br inf (plan, car) poco fiable; (health) delicado(da).

does [weak form dəz, strong form dʌz] → do.

doesn't ['dʌznt] = does not.

dog [dɒg] n perro m.

dog food n comida f para perros.

doggy bag ['dɒgɪ-] n bolsa que da el restaurante para llevarse las sobras.

do-it-yourself n bricolaje m.

dole [dəʊl] n: **to be on the ~** Br estar parado Esp, estar cobrando subsidio de desempleo.

doll [dɒl] n muñeca f.

dollar ['dɒlə'] n dólar m.

dolphin ['dɒlfin] n delfín m.

dome [dəʊm] n cúpula f.

domestic [də'mestik] adj (of house, family) doméstico(ca); (of country) nacional.

domestic appliance n electrodoméstico m.

domestic flight n vuelo m nacional.

domestic science n hogar m (asignatura) Esp, economía f doméstica.

dominate ['dɒmineit] vt dominar.

dominoes ['dɒminəʊz] n dominó m.

donate [də'neit] vt donar.

donation [də'neiʃn] n donación f.

done [dʌn] pp → **do**. ◆ adj (finished)

doctor ['dɒktə'] n (of medicine) médico m, -a f; (academic) doctor m, -ra

listo(ta); (cooked) hecho(cha) Esp, cocido(da).

donkey ['dɒŋki] n burro m.

don't [dəʊnt] = **do not**.

door [dɔ:'] n puerta f.

doorbell ['dɔ:bel] n timbre m.

doorknob ['dɔ:nɒb] n pomo m, perilla f Amér.

doorman ['dɔ:mən] (pl **-men** [-mən]) n portero m.

doormat ['dɔ:mæt] n felpudo m.

doormen ['dɔ:mən] pl → **doorman**.

doorstep ['dɔ:step] n (in front of door) peldaño m de la puerta; Br (piece of bread) rebanada de pan muy gruesa.

doorway ['dɔ:wei] n portal m.

dope [dəʊp] n inf (any illegal drug) droga f; (marijuana) maría f Esp, hierba f.

dormitory ['dɔ:mətri] n dormitorio m.

Dormobile® ['dɔ:mə,bi:l] n autocaravana f, cámper m.

dosage ['dəʊsidʒ] n dosis f inv.

dose [dəʊs] n (amount) dosis f inv; (of illness) ataque m.

dot [dɒt] n punto m; **on the ~** fig en punto.

dotted line ['dɒtid-] n línea f de puntos.

double ['dʌbl] adj doble. ◆ n (twice the amount) el doble; (alcohol) doble m. ◆ vt doblar. ◆ vi doblarse. ◆ adv: **it's ~ the size** es el doble de grande; **to bend sthg ~** doblar algo; **a ~ whisky** un whisky doble; (reading out a number) ~ **three, four, two** treinta y tres, cuarenta y dos; **it's spelt with a ~ "s"** se escribe con dos eses. □ **doubles** npl dobles mpl.

double bed n cama f de matrimonio.

double-breasted [-'brestid] adj

double cream 76

cruzado(da).

double cream *n Br* nata *f* enriquecida *Esp*, crema *f* doble *Amér*.

double-decker (bus) [-'dekə^r] *n* autobús *m* de dos hojas.

double doors *npl* puerta *f* de dos hojas.

double-glazing [-'gleɪzɪŋ] *n* doble acristalamiento *m*.

double room *n* habitación *f* doble.

doubt [daʊt] *n* duda *f*. ◆ *vt* (distrust) dudar de; **I ~ it** lo dudo; **I ~ she'll be there** dudo que esté ahí; **to be in ~** (person) estar dudando; (matter, outcome) ser incierto; **no ~** sin duda.

doubtful ['daʊtfʊl] *adj* (uncertain) dudoso(sa); **it's ~ that ...** es improbable que ...

dough [dəʊ] *n* masa *f*.

doughnut ['dəʊnʌt] *n* (without hole) buñuelo *m*; (with hole) dónut® *m* Esp, rosquilla *f*.

dove[1] [dʌv] *n* (bird) paloma *f*.

dove[2] [dəʊv] *pt Am* → **dive**.

down [daʊn] *adv* - **1.** (towards the bottom) (hacia) abajo; **~ here/there** aquí/allí abajo; **to fall ~** caer. - **2.** (along): **I'm going ~ to the shops** voy a acercarme a las tiendas. - **3.** (downstairs) abajo; **I'll come ~ later** bajaré más tarde. - **4.** (southwards) hacia el sur; **we're going ~ to London** vamos a bajar a Londres. - **5.** (in writing): **to write sthg ~** apuntar algo. - **6.** (in phrases): **to go ~ with** (illness) coger algo.

◆ *prep* - **1.** (towards the bottom of): **they ran ~ the hill** corrieron cuesta abajo. - **2.** (along) por; **I was walking ~ the**

street iba andando por la calle.
◆ *adj inf* (depressed) deprimido(da).
◆ *n* (feathers) plumón *m*.

downhill [ˌdaʊn'hɪl] *adv* cuesta abajo.

Downing Street ['daʊnɪŋ-] *n* Downing Street *m*.

① DOWNING STREET

Esta calle de Londres es famosa por ser la residencia del primer ministro británico (en el número 10) y del ministro de Economía y Hacienda (en el número 11). El nombre "Downing Street" se utiliza también para referirse al primer ministro y sus asistentes.

downpour ['daʊnpɔ:^r] *n* chaparrón *m*.

downstairs [ˌdaʊn'steəz] *adj* de abajo. ◆ *adv* abajo; **to go ~** bajar (la escalera).

downtown [ˌdaʊntaʊn, *adv* ˌdaʊn'taʊn] *adj* céntrico(ca). ◆ *adv* (live) en el centro; (go) al centro; **~ New York** el centro de Nueva York.

down under *adv Br inf* en/a Australia.

downwards ['daʊnwədz] *adv* hacia abajo.

doz. *abbr* = **dozen**.

doze [dəʊz] *vi* dormitar.

dozen ['dʌzn] *n* docena *f*; **a ~ eggs** una docena de huevos.

Dr (abbr of Doctor) Dr.

drab [dræb] *adj* (clothes, wallpaper) deslustrado(da).

draft [drɑ:ft] *n* (early version) borrador *m*; (money order) giro *m*; *Am* = **draught**.

drag [dræg] *vt* arrastrar. ◆ *vi* (along ground) arrastrarse; **what a ~!** inf

¡qué rollo! ❑ **drag on** *vi* ser interminable.

dragonfly ['drægnflaɪ] *n* libélula *f*.

drain [dreɪn] *n* (*sewer*) desagüe *m*; (*grating in street*) sumidero *m*, resumidero *m Amér*. ◆ *vt* (*tank, radiator*) vaciar. ◆ *vi* (*vegetables, washing-up*) escurrirse.

draining board ['dreɪnɪŋ-] *n* escurridero *m*.

drainpipe ['dreɪnpaɪp] *n* tubo *m* de desagüe.

drama ['drɑːmə] *n* (*play, excitement*) drama *m*; (*art*) teatro *m*.

dramatic [drə'mætɪk] *adj* (*impressive*) dramático(ca).

drank [dræŋk] *pt* → **drink**.

drapes [dreɪps] *npl Am* cortinas *fpl*.

drastic ['dræstɪk] *adj* (*extreme*) drástico(ca); (*change, improvement*) radical.

drastically ['dræstɪklɪ] *adv* drásticamente.

draught [drɑːft] *n Br* (*of air*) corriente *f* de aire.

draught beer *n* cerveza *f* de barril.

draughts [drɑːfts] *n Br* damas *fpl*.

draughty ['drɑːftɪ] *adj*: it's ~ hay corriente.

draw [drɔː] (*pt* drew, *pp* drawn) *vt* (*picture, image*) dibujar; (*line*) trazar; (*pull*) tirar de; (*attract*) atraer; (*comparison*) señalar; (*conclusion*) llegar a. ◆ *vi* (*with pen, pencil*) dibujar; *SPORT* empatar. ◆ *n SPORT* (*result*) empate *m*; (*lottery*) sorteo *m*; **to ~ the curtains** (*open*) descorrer las cortinas; (*close*) correr las cortinas. ❑ **draw out** *vt sep* (*money*) sacar. ❑ **draw up** ◆ *vt sep* (*list, plan*) preparar. ◆ *vi* (*car, bus*) pararse.

drawback ['drɔːbæk] *n* desventaja *f*.

drawer [drɔː*] *n* cajón *m*.

drawing ['drɔːɪŋ] *n* dibujo *m*.

drawing pin *n Br* chincheta *f*.

drawing room *n* cuarto *m* de estar.

drawn [drɔːn] *pp* → **draw**.

dreadful ['dredful] *adj* terrible.

dream [driːm] *n* sueño *m*. ◆ *vt* (*when asleep*) soñar; (*imagine*) imaginar. ◆ *vi*: **to ~ (of)** soñar (con); **a ~ house** una casa de ensueño.

dress [dres] *n* (*for woman, girl*) vestido *m*; (*clothes*) traje *m*. ◆ *vt* (*person, baby*) vestir; (*wound*) vendar; (*salad*) aliñar. ◆ *vi* (*get dressed*) vestirse; (*in particular way*) vestir; **to be ~ed in** ir vestido de; **to get ~ed** vestirse. ❑ **dress up** *vi* (*in costume*) disfrazarse; (*in best clothes*) engalanarse.

dress circle *n* piso *m* principal.

dresser ['dresə*] *n Br* (*for crockery*) aparador *m*; *Am* (*chest of drawers*) cómoda *f*.

dressing ['dresɪŋ] *n* (*for salad*) aliño *m*, aderezo *m*; (*for wound*) vendaje *m*.

dressing gown *n* bata *f*.

dressing room *n* vestuario *m*, vestidor *m*.

dressing table *n* tocador *m*.

dressmaker ['dres,meɪkə*] *n* modisto *m*, -ta *f*.

dress rehearsal *n* ensayo *m* general.

drew [druː] *pt* → **draw**.

dribble ['drɪbl] *vi* (*liquid*) gotear; (*baby*) babear.

drier ['draɪə*] = **dryer**.

drift [drɪft] *n* (*of snow*) ventisquero *m*. ◆ *vi* (*in wind*) dejarse llevar por el viento; (*in water*) dejarse llevar por el agua.

drill [drɪl] *n* (*tool*) taladro *m*; (*of dentist*) fresa *f*. ◆ *vt* (*hole*) taladrar.

drink 78

drink [drɪŋk] (*pt* **drank**, *pp* **drunk**) *n (of water, tea etc)* bebida *f*; *(alcoholic)* copa *f*. ◆ *vt & vi* beber; **to have a ~** *(alcoholic)* tomar una copa; **would you like a ~?** ¿quieres beber algo?

drinkable ['drɪŋkəbl] *adj (safe to drink)* potable; *(wine)* agradable.

drinking water ['drɪŋkɪŋ-] *n* agua *f* potable.

drip [drɪp] *n (drop)* gota *f*; *MED* gotero *m*. ◆ *vi* gotear.

drip-dry *adj* de lava y pon.

dripping (wet) ['drɪpɪŋ-] *adj* empapado(da).

drive [draɪv] (*pt* **drove**, *pp* **driven**) *n (journey)* viaje *m (en coche)*; *(in front of house)* camino *m (de entrada)*. ◆ *vt (car, bus, train)* conducir ; *(take in car)* llevar (en coche) ; *(operate, power)* impulsar. ◆ *vi (drive car)* conducir; *(travel in car)* ir en coche; **to ~ sb to do sthg** llevar a alguien a hacer algo; **to go for a ~** dar una vuelta en coche; **to ~ sb mad** volver loco a alguien.

drivel ['drɪvl] *n* tonterías *fpl*.

driven ['drɪvn] *pp* → **drive**.

driver ['draɪvə'] *n (of car, bus)* conductor *m*, -ra *f*; *(of train)* maquinista *mf*.

driver's license *Am* = **driving licence**.

driveway ['draɪvweɪ] *n* camino *m* de entrada.

driving lesson ['draɪvɪŋ-] *n* clase *f* de conducir.

driving licence ['draɪvɪŋ-] *n Br* permiso *m Esp* OR licencia *f* de conducir.

driving test ['draɪvɪŋ-] *n* examen *m* de conducir.

drizzle ['drɪzl] *n* llovizna *f*.

drop [drɒp] *n (drip, small amount)* gota *f*; *(distance down)* caída *f*; *(decrease)* descenso *m*; *(in wages)* dismi-

nución *f*. ◆ *vt (let fall)* dejar caer; *(reduce)* reducir; *(from vehicle)* dejar; *(omit)* omitir. ◆ *vi (fall)* caer; *(decrease)* disminuir; *(price, temperature)* bajar; **to ~ a hint** lanzar una indirecta; **to ~ sb a line** escribir unas líneas a alguien. ❑ **drop in** *vi inf*: **to ~ in on sb** pasarse por casa de alguien. ❑ **drop off** ◆ *vt sep (from vehicle)* dejar. ◆ *vi (fall asleep)* quedarse dormido; *(fall off)* desprenderse. ❑ **drop out** *vi (of college)* abandonar los estudios; *(of race)* retirarse.

drought [draʊt] *n* sequía *f*.

drove [drəʊv] *pt* → **drive**.

drown [draʊn] *vi* ahogarse.

drug [drʌg] *n MED* medicamento *m*; *(stimulant)* droga *f*. ◆ *vt* drogar.

drug addict *n* drogadicto *m*, -ta *f*.

druggist ['drʌgɪst] *n Am* farmacéutico *m*, -ca *f*.

drum [drʌm] *n MUS* tambor *m*; *(container)* bidón *m*; **~s** *(in pop music)* batería *f*.

drummer ['drʌmə'] *n (in pop music)* batería *mf*.

drumstick ['drʌmstɪk] *n (of chicken)* pata *f*.

drunk [drʌŋk] *pp* → **drink**. ◆ *adj* borracho(cha). ◆ *n* borracho *m*, -cha *f*; **to get ~** emborracharse.

dry [draɪ] *adj* seco(ca); *(day)* sin lluvia. ◆ *vt* secar. ◆ *vi* secarse; **to ~ o.s.** secarse; **to ~ one's hair** secarse el pelo; **to ~ one's hands** secarse las manos. ❑ **dry up** *vi (become dry)* secarse; *(dry the dishes)* secar.

dry-clean *vt* limpiar en seco.

dry cleaner's *n* tintorería *f*.

dryer ['draɪə'] *n (for clothes)* secadora *f*; *(for hair)* secador *m*.

dry-roasted peanuts [-'rəʊstɪd-] *npl* cacahuetes *mpl* tostados y salados.

DSS n Br ministerio británico de la seguridad social.

DTP n (abbr of desktop publishing) autoed. f.

dual carriageway ['dju:əl-] n Br autovía f.

dubbed [dʌbd] adj (film) doblado (da).

dubious ['dju:bjəs] adj (suspect) sospechoso(sa).

duchess ['dʌtʃɪs] n duquesa f.

duck [dʌk] n (bird) pato m, -ta f; (food) pato m. ♦ vi agacharse.

due [dju:] adj (bill, rent) pagadero (ra); **when is the train ~?** ¿cuándo debería llegar el tren?; **the money ~ to me** el dinero que se me debe; **in ~ course** a su debido tiempo; **~ to** debido a.

duet [dju:'et] n dúo m.

duffel bag ['dʌfl-] n morral m.

duffel coat ['dʌfl-] n trenca f.

dug [dʌg] pt & pp →**dig**.

duke [dju:k] n duque m.

dull [dʌl] adj (boring) aburrido(da); (not bright) torpe; (weather) gris; (pain) sordo(da).

dumb [dʌm] adj (stupid) estúpido(da); (unable to speak) mudo(da).

dummy ['dʌmɪ] n Br (for baby) chupete m, chupón m Amér; (for clothes) maniquí m.

dump [dʌmp] n (for rubbish) vertedero m, basural m Amér; (place) tugurio m. ♦ vt (put down) dejar; (get rid of) deshacerse de.

dumpling ['dʌmplɪŋ] n bola de masa que se guisa al vapor con carne y verduras.

dune [dju:n] n duna f.

dungarees [,dʌngə'ri:z] npl Br (for work) mono m Esp, overol m; (fashion item) pantalones mpl de peto; Am

(jeans) vaqueros de tela gruesa utilizados para trabajar.

dungeon ['dʌndʒən] n mazmorra f.

duplicate ['dju:plɪkət] n copia f.

during ['djʊərɪŋ] prep durante.

dusk [dʌsk] n crepúsculo m.

dust [dʌst] n polvo m. ♦ vt quitar el polvo a, sacudir Amér.

dustbin ['dʌstbɪn] n Br cubo m de la basura.

dustcart ['dʌstkɑ:t] n Br camión m de la basura.

duster ['dʌstə] n trapo m (de quitar el polvo).

dustman ['dʌstmən] (pl -men [-mən]) n Br basurero m.

dustpan ['dʌstpæn] n recogedor m.

dusty ['dʌstɪ] adj lleno(na) de polvo.

Dutch [dʌtʃ] adj holandés(esa). ♦ n (language) holandés m. ♦ npl: **the ~** los holandeses.

duty ['dju:tɪ] n (moral obligation) deber m; (tax) impuesto m; **to be on ~** estar de servicio; **to be off ~** no estar de servicio. ❑ **duties** npl (job) tareas fpl.

duty chemist's n farmacia f de guardia.

duty-free adj libre de impuestos. ♦ n (article) artículo m libre de impuestos.

duvet ['du:veɪ] n edredón m.

DVD (abbr of Digital Video or Versatile Disc) n DVD m.

dwarf [dwɔ:f] (pl **dwarves** [dwɔ:vz]) n enano m, -na f.

dwelling ['dwelɪŋ] n fml morada f.

dye [daɪ] n tinte m. ♦ vt teñir.

dying ['daɪɪŋ] cont →**die**.

dynamite ['daɪnəmaɪt] n dina-

dynamo 80

mita f.

dynamo ['daɪnəməʊ] (pl -**s**) n dínamo f.

dyslexic [dɪs'leksɪk] adj disléxico (ca).

E

E (abbr of east) E.

E111 n E111 m, impreso para obtener asistencia médica en otros países de la Unión Europea.

each [i:tʃ] adj cada. ◆ pron cada uno m, cada una f; ~ **one** cada uno (cada una); ~ **other** el uno al otro; **they hate** ~ **other** se odian; **we know** ~ **other** nos conocemos; **one** ~ uno cada uno (una cada una); **one of** ~ uno de cada.

eager ['i:gəʳ] adj (pupil) entusiasta; (expression) de entusiasmo; **to be** ~ **to do sthg** estar deseoso(sa) de hacer algo.

eagle ['i:gl] n águila f.

ear [ɪəʳ] n (of person, animal) oreja f; (of corn) espiga f.

earache ['ɪəreɪk] n: **to have** ~ tener dolor de oídos.

earl [ɜ:l] n conde m.

early ['ɜ:lɪ] adj temprano(na). ◆ adv temprano; ~ **last year** a principios del año pasado; ~ **morning** la madrugada; **it arrived an hour** ~ llegó con una hora de adelanto; **at the earliest** como muy pronto; ~ **on** al principio; **to have an** ~ **night** irse a la cama temprano.

earn [ɜːn] vt (money) ganar; (praise, success) ganarse; **to** ~ **a living** ganar-

se la vida.

earnings ['ɜ:nɪŋz] npl ingresos mpl.

earphones ['ɪəfəʊnz] npl auriculares mpl, audífonos mpl.

earplugs ['ɪəplʌgz] npl tapones mpl para los oídos.

earrings ['ɪərɪŋz] npl pendientes mpl Esp, aretes mpl Amér.

earth [ɜ:θ] n tierra f; **how on** ~ ...? ¿cómo demonios ...?

earthenware ['ɜ:θnweəʳ] adj de loza.

earthquake ['ɜ:θkweɪk] n terremoto m.

ease [i:z] n facilidad f. ◆ vt (pain) aliviar; (problem) atenuar; **at** ~ cómodo; **with** ~ con facilidad. ◻ **ease off** vi (pain) calmarse; (rain) amainar.

easily ['i:zɪlɪ] adv (without difficulty) fácilmente; (by far) sin lugar a dudas

east [i:st] n este m. ◆ adv hacia el este; **in the** ~ **of England** al este de Inglaterra; **the East** (Asia) el Oriente.

eastbound ['i:stbaʊnd] adj con dirección este.

Easter ['i:stəʳ] n (day) Domingo m de Pascua; (period) Semana f Santa.

eastern ['i:stən] adj del este. ◻ **Eastern** adj (Asian) oriental.

Eastern Europe n Europa de Este.

eastwards ['i:stwədz] adv hacia el este.

easy ['i:zɪ] adj (not difficult) fácil; (without problems) cómodo(da); **to take it** ~ (relax) relajarse.

easygoing [ˌi:zɪ'gəʊɪŋ] adj tranquilo(la).

eat [i:t] (pt **ate**, pp **eaten**) ['i:tn] vt & vi comer. ◻ **eat out** vi comer fuera.

ebony ['ebənɪ] n ébano m.

e-business n negocio m electrónico.

EC n (abbr of European Community) CE f.

eccentric [ɪkˈsentrɪk] adj excéntrico(ca).

echo [ˈekəʊ] (pl **-es**) n eco m. ◆ vi resonar.

eco-friendly [iːkə-] adj que no daña el ambiente.

ecological [iːkəˈlɒdʒɪkl] adj ecológico(ca).

ecology [ɪˈkɒlədʒɪ] n ecología f.

e-commerce n comercio m electrónico.

economic [iːkəˈnɒmɪk] adj (relating to the economy) económico(ca); (profitable) rentable. ❑ **economics** n economía f.

economical [iːkəˈnɒmɪkl] adj económico(ca).

economize [ɪˈkɒnəmaɪz] vi economizar.

economy [ɪˈkɒnəmɪ] n economía f.

economy class n clase f turista.

economy size adj de tamaño económico.

ecstasy [ˈekstəsɪ] n éxtasis m inv.

ECU [ˈekjuː] n ECU m.

Ecuador [ˈekwədɔːʳ] n Ecuador.

Ecuadorian [ˌekwəˈdɔːrən] adj ecuatoriano(na). ◆ n ecuatoriano m, -na f.

eczema [ˈeksɪmə] n eccema m.

edge [edʒ] n (border) borde m; (of table, coin, ruler) canto m; (of knife) filo m.

edible [ˈedɪbl] adj comestible.

Edinburgh [ˈedɪnbrə] n Edimburgo.

Edinburgh Festival n: the ~ el festival de Edimburgo.

edition [ɪˈdɪʃn] n edición f.

editor [ˈedɪtəʳ] n (of newspaper, magazine) director m, -ra f; (of book) autor m, -ra f de la edición, redactor m, -ra f; (of film, TV programme) montador m, -ra f Esp, editor m, -ra f.

editorial [ˌedɪˈtɔːrɪəl] n editorial m.

educate [ˈedʒʊkeɪt] vt educar.

education [ˌedʒʊˈkeɪʃn] n (field) enseñanza f; (process or result of teaching) educación f.

ⓘ EDUCATION SYSTEM

El sistema educativo, tanto en Gran Bretaña como en los Estados Unidos, se divide en dos niveles básicos: primaria y secundaria. La escuela primaria (llamada "primary school" en Gran Bretaña y "grade school" en Estados Unidos) abarca del primer al sexto año, aunque en Gran Bretaña los niños cursan un año de preparación en "reception" antes de entrar en primer curso. En Gran Bretaña, se va a la escuela secundaria ("secondary school") desde los 11 hasta los 16 años, edad en que se hacen los exámenes llamados GCSE (General Certificate of Secondary Education). Los estudiantes que desean seguir estudiando hasta los 18 años han de aprobar al menos cinco asignaturas, con objeto de prepararse para los "A-levels", que son un requisito obligatorio para acceder a la universidad. En los Estados Unidos, la primaria va seguida de una etapa intermedia de dos o tres años ("middle school" o "junior high school").

Los alumnos entran en la "high school", la etapa secundaria, aproximadamente a los 14 años; este nivel abarca cuatro años (del noveno al duodécimo curso) y los estudiantes se gradúan generalmente a la edad de 18.

EEC n CEE f.

eel [iːl] n anguila f.

effect [ɪ'fekt] n efecto m; **to put sthg into ~** hacer entrar algo en vigor; **to take ~** (medicine) hacer efecto; (law) entrar en vigor.

effective [ɪ'fektɪv] adj (successful) eficaz; (law, system) operativo(va).

effectively [ɪ'fektɪvlɪ] adv (successfully) eficazmente; (in fact) de hecho.

efficient [ɪ'fɪʃənt] adj eficiente.

effort ['efət] n esfuerzo m; **to make an ~ to do sthg** hacer un esfuerzo por hacer algo; **it's not worth the ~** no merece la pena.

e.g. adv p. ej.

egg [eg] n huevo m.

egg cup n huevera f.

egg mayonnaise n relleno de bocadillo consistente en huevo duro triturado con mayonesa.

eggplant ['egplaːnt] n Am berenjena f.

egg white n clara f (de huevo).

egg yolk n yema f (de huevo).

eiderdown ['aɪdədaʊn] n edredón m.

eight [eɪt] num ocho → six.

eighteen [ˌeɪ'tiːn] num dieciocho → six.

eighteenth [ˌeɪ'tiːnθ] num decimoctavo(va) → sixth.

eighth [eɪtθ] num octavo(va) → sixth.

eightieth [ˈeɪtɪθ] num octogési-

mo(ma) → sixth.

eighty ['eɪtɪ] num ochenta → six.

Eire ['eərə] n Eire.

either ['aɪðəʳ, 'iːðəʳ] adj: **~ book will** do cualquiera de los dos libros vale. ◆ pron: **I'll take ~ (of them)** me llevaré cualquiera (de los dos); **I don't like ~ (of them)** no me gusta ninguno (de los dos). ◆ adv: **I can't ~** yo tampoco (puedo); **~ ... or ...** o; **I don't speak ~ French or Spanish** no hablo ni francés ni español; **on ~ side** a ambos lados.

eject [ɪ'dʒekt] vt (cassette) expulsar.

elaborate [ɪ'læbrət] adj elaborado(da).

elastic [ɪ'læstɪk] n elástico m.

elastic band n Br goma f (elástica).

elbow ['elbəʊ] n codo m.

elder ['eldəʳ] adj mayor.

elderly ['eldəlɪ] adj anciano(na). ◆ npl: **the ~** los ancianos.

eldest ['eldɪst] adj mayor.

elect [ɪ'lekt] vt (by voting) elegir; **to ~ to do sthg** fml optar por hacer algo.

election [ɪ'lekʃn] n elección f.

ⓘ **ELECTION**

Las elecciones presidenciales estadounidenses tienen lugar cada cuatro años. Por ley, el presidente no puede mantenerse en el cargo más de dos periodos consecutivos. Las elecciones generales británicas se celebran cada cinco años, pero el primer ministro puede convocar elecciones en cualquier momento de la legislatura. Tanto en el sistema electoral británico como en el estadounidense, está permitida la abstención.

electric [ɪˈlektrɪk] *adj* eléctrico(ca).

electrical goods [ɪˈlektrɪkl-] *npl* electrodomésticos *mpl*.

electric blanket *n* manta *f* eléctrica.

electric drill *n* taladro *m* eléctrico.

electric fence *n* cercado *m* electrificado.

electrician [ˌɪlekˈtrɪʃn] *n* electricista *mf*.

electricity [ˌɪlekˈtrɪsəti] *n* electricidad *f*.

electric shock *n* descarga *f* eléctrica.

electrocute [ɪˈlektrəkjuːt] *vt* electrocutar.

electronic [ˌɪlekˈtrɒnɪk] *adj* electrónico(ca).

elegant [ˈelɪgənt] *adj* elegante.

element [ˈelɪmənt] *n (part, chemical)* elemento *m; (degree)* toque *m*, matiz *m; (of fire, kettle)* resistencia *f*; the ~s los elementos.

elementary [ˌelɪˈmentərɪ] *adj* elemental.

elephant [ˈelɪfənt] *n* elefante *m*.

elevator [ˈelɪveɪtəʳ] *n* Am ascensor *m*.

eleven [ɪˈlevn] *num* once → **six**.

eleventh [ɪˈlevnθ] *num* undécimo (ma) → **sixth**.

eligible [ˈelɪdʒəbl] *adj* elegible.

eliminate [ɪˈlɪmɪneɪt] *vt* eliminar.

Elizabethan [ɪˌlɪzəˈbiːθn] *adj* isabelino(na).

elm [elm] *n* olmo *m*.

El Salvador [ˌelˈsælvədɔːʳ] *n* El Salvador.

else [els] *adv*: I don't want anything ~ no quiero nada más; **anything** ~?

¿algo más?; **everyone** ~ todos los demás (todas las demás); **nobody** ~ nadie más; **nothing** ~ nada más; **somebody** ~ otra persona; **something** ~ otra cosa; **somewhere** ~ a/en otra parte; **what** ~? ¿qué más?; **who** ~? ¿quién más?; **or** ~ si no.

elsewhere [elsˈweəʳ] *adv* a/en otra parte.

e-mail [ˈiːmeɪl] *n (system)* correo *m* electrónico, email *m; (message)* mensaje *m* (de correo) electrónico, mail *m*, email *m*. ◆ *vt*: to ~ **sb** mandarle a alguien un mensaje (de correo) electrónico; to ~ **sthg** to **sb** mandarle algo a alguien por correo electrónico.

e-mail address *n* dirección *f* de correo electrónico *Esp*, dirección *f* electrónica *Amér*.

embankment [ɪmˈbæŋkmənt] *n (next to river)* dique *m; (next to road, railway)* terraplén *m*.

embark [ɪmˈbɑːk] *vi (board ship)* embarcar.

embarrass [ɪmˈbærəs] *vt* avergonzar.

embarrassed [ɪmˈbærəst] *adj*: I was ~ me daba vergüenza OR pena *Amér*.

embarrassing [ɪmˈbærəsɪŋ] *adj* embarazoso(sa), penoso(sa).

embarrassment [ɪmˈbærəsmənt] *n* vergüenza *f*, pena *f* *Amér*.

embassy [ˈembəsɪ] *n* embajada *f*.

emblem [ˈembləm] *n* emblema *m*.

embrace [ɪmˈbreɪs] *vt* abrazar.

embroidered [ɪmˈbrɔɪdəd] *adj* bordado(da).

embroidery [ɪmˈbrɔɪdərɪ] *n* bordado *m*.

emerald [ˈemərəld] *n* esmeralda *f*.

emerge [ɪˈmɜːdʒ] *vi (from place)* salir; *(fact, truth)* salir a la luz.

emergency [ɪˈmɜːdʒənsɪ] *n* emergencia f. ◆ adj de emergencia; **in an ~** en caso de emergencia.

emergency exit n salida f de emergencia.

emergency landing n aterrizaje m forzoso.

emergency services npl servicios mpl de emergencia.

emigrate ['emigreit] vi emigrar.

emit [I'mit] vt emitir.

emotion [I'məʊʃn] n emoción f.

emotional [I'məʊʃənl] adj emotivo(va).

emphasis ['emfəsis] (pl **-ases** [-əsiːz]) n énfasis m inv.

emphasize ['emfəsaiz] vt enfatizar, subrayar.

empire ['empaiə'] n imperio m.

employ [Im'plɔi] vt emplear.

employed [Im'plɔid] adj empleado(da).

employee [Im'plɔiː] n empleado m, -da f.

employer [Im'plɔiə'] n patrono m, -na f.

employment [Im'plɔimənt] n empleo m.

employment agency n agencia f de trabajo.

empty ['empti] adj vacío(a); (threat, promise) vano(na). ◆ vt vaciar.

EMU n (abbr of European Monetary Union) UME f.

emulsion (paint) [I'mʌlʃn-] n pintura f mate.

enable [I'neibl] vt: **to ~ sb to do sthg** permitir a alguien hacer algo.

enamel [I'næml] n esmalte m.

enclose [In'kləʊz] vt (surround) rodear; (with letter) adjuntar.

enclosed [In'kləʊzd] adj (space) cerrado(da).

encounter [In'kaʊntə'] vt encontrarse con.

encourage [In'kʌridʒ] vt (person) animar; **to ~ sb to do sthg** animar a alguien a hacer algo.

encouragement [In'kʌridʒmənt] n aliento m, ánimo m.

encrypt [en'kript] vt COMPUT codificar.

encyclopedia [In,saiklə'piːdjə] n enciclopedia f.

end [end] n fin m; (furthest point) extremo m; (of finger, toe) punta f. ◆ vt terminar. ◆ vi acabarse; **to come to an ~** acabarse; **to put an ~ to sthg** poner fin a algo; **for days on ~** día tras día; **in the ~** al final; **to make ~s meet** llegar al final de mes; **at the ~ of** (street, garden) al final de; **at the ~ of April** a finales de abril. ❑ **end up** vi acabar, terminar; **to ~ up doing sthg** acabar por hacer algo.

endangered species [In'deindʒəd-] n especie f en peligro.

ending ['endiŋ] n (of story, film) final m; GRAMM terminación f.

endive ['endaiv] n (curly) endibia f; (chicory) achicoria f.

endless ['endlis] adj interminable.

endorsement [In'dɔːsmənt] n (of driving licence) nota de sanción en el carné de conducir.

endurance [In'djʊərəns] n resistencia f.

endure [In'djʊə'] vt soportar.

enemy ['enimi] n enemigo m, -ga f.

energy ['enədʒi] n energía f.

enforce [In'fɔːs] vt hacer cumplir.

engaged [In'geidʒd] adj (to be married) prometido(da); Br (phone) ocupado(da), comunicando Esp; (toilet) ocupado(da). ◆ prometerse.

engaged tone n Br señal f de comunicando OR ocupado.

engagement [ɪnˈgeɪdʒmənt] n (to marry) compromiso m; (appointment) cita f.

engagement ring n anillo m de compromiso.

engine [ˈendʒɪn] n (of vehicle) motor m; (of train) máquina f.

engineer [ˌendʒɪˈnɪəʳ] n ingeniero m, -ra f.

engineering [ˌendʒɪˈnɪərɪŋ] n ingeniería f.

engineering works npl (on railway line) trabajos mpl de mejora en la línea.

England [ˈɪŋglənd] n Inglaterra f.

English [ˈɪŋglɪʃ] adj inglés(esa). ◆ n (language) inglés m. ◆ npl: **the ~** los ingleses.

English breakfast n desayuno m inglés.

English Channel n: **the ~** el Canal de la Mancha.

Englishman [ˈɪŋglɪʃmən] (pl **-men** [-mən]) n inglés m.

Englishwoman [ˈɪŋglɪʃˌwʊmən] (pl **-women** [-ˌwɪmɪn]) n inglesa f.

engrave [ɪnˈgreɪvˈ] vt grabar.

engraving [ɪnˈgreɪvɪŋ] n grabado m.

enjoy [ɪnˈdʒɔɪ] vt: **I ~ed the film** me gustó la película; **I ~ swimming** me gusta nadar; **to ~ o.s.** divertirse; **~ your meal!** ¡que aproveche!

enjoyable [ɪnˈdʒɔɪəbl] adj agradable.

enjoyment [ɪnˈdʒɔɪmənt] n placer m.

enlargement [ɪnˈlɑːdʒmənt] n (of photo) ampliación f.

enormous [ɪˈnɔːməs] adj enorme.

enough [ɪˈnʌf] adj, pron & adv bastante; **~ time** bastante tiempo; **is that ~?** ¿es bastante?; **it's not big ~** no es lo bastante grande; **to have** had **~ (of)** estar harto (de).

enquire [ɪnˈkwaɪəʳ] vi informarse.

enquiry [ɪnˈkwaɪərɪ] n (question) pregunta f; (investigation) investigación f; **'Enquiries'** 'Información'.

enquiry desk n información f.

enrol [ɪnˈrəʊl] vi Br matricularse, inscribirse.

enroll [ɪnˈrəʊl] Am = **enrol**.

en suite bathroom [ɒnˈswiːt-] n baño m adjunto.

ensure [ɪnˈʃʊəʳ] vt asegurar.

entail [ɪnˈteɪl] vt conllevar.

enter [ˈentəʳ] vt (room, building) entrar en; (plane, bus) subir a; (college) matricularse a, inscribirse en; (army) alistarse en; (competition) presentarse a; (on form) escribir. ◆ vi (come in) entrar; (in competition) presentarse, participar.

enterprise [ˈentəpraɪz] n empresa f.

entertain [ˌentəˈteɪn] vt (amuse) entretener.

entertainer [ˌentəˈteɪnəʳ] n artista mf.

entertaining [ˌentəˈteɪnɪŋ] adj entretenido(da).

entertainment [ˌentəˈteɪnmənt] n (amusement) diversión f; (show) espectáculo m.

enthusiasm [ɪnˈθjuːzɪæzm] n entusiasmo m.

enthusiast [ɪnˈθjuːzɪæst] n entusiasta mf.

enthusiastic [ɪnˌθjuːzɪˈæstɪk] adj entusiasta.

entire [ɪnˈtaɪəʳ] adj entero(ra).

entirely [ɪnˈtaɪəlɪ] adv enteramente.

entitle [ɪnˈtaɪtl] vt: **to ~ sb to sthg** dar a alguien derecho a algo; **to ~ sb to do sthg** autorizar a alguien a hacer algo.

entrance ['entrəns] n entrada f.

entrance fee n precio m de entrada.

entry ['entrɪ] n entrada f; (in competition) respuesta f; 'no ~' 'prohibido el paso'.

envelope ['envələʊp] n sobre m.

envious ['envɪəs] adj envidioso (sa).

environment [ɪn'vaɪərənmənt] n (surroundings) entorno m; **the ~** el medio ambiente.

environmental [ɪn,vaɪərən'mentl] adj medioambiental.

environmentally friendly [ɪn,vaɪərən'mentəlɪ-] adj ecológico (ca).

envy ['envɪ] vt envidiar.

epic ['epɪk] n epopeya f.

epidemic [,epɪ'demɪk] n epidemia f.

epileptic [,epɪ'leptɪk] adj epiléptico(ca).

episode ['epɪsəʊd] n episodio m.

equal ['i:kwəl] adj igual. ◆ vt (number) ser igual a; **to be ~ to** ser igual a.

equality [ɪ'kwɒlətɪ] n igualdad f.

equalize ['i:kwəlaɪz] vi marcar el empate.

equally ['i:kwəlɪ] adv igualmente; (pay, treat) equitativamente; (share) por igual.

equation [ɪ'kweɪʒn] n ecuación f.

equator [ɪ'kweɪtər] n: **the ~** el ecuador.

equip [ɪ'kwɪp] vt: **to ~ sb with** proveer a alguien (de); **to ~ sthg with** equipar algo (con).

equipment [ɪ'kwɪpmənt] n equipo m.

equipped [ɪ'kwɪpt] adj: **to be ~ with** estar provisto(ta) de.

equivalent [ɪ'kwɪvələnt] adj equi-

valente. ◆ n equivalente m.

ER n Am (abbr of emergency room) urgencias fpl.

erase [ɪ'reɪz] vt borrar.

eraser [ɪ'reɪzər] n goma f de borrar.

erect [ɪ'rekt] adj (person, posture) erguido(da). ◆ vt (tent) montar; (monument) erigir.

erotic [ɪ'rɒtɪk] adj erótico(ca).

errand ['erənd] n recado m.

erratic [ɪ'rætɪk] adj irregular.

error ['erər] n error m.

escalator [eskəleɪtər] n escalera f mecánica.

escalope ['eskələp] n escalope m.

escape [ɪ'skeɪp] n (flight) fuga f; (of gas, water) escape m. ◆ vi: **to ~ (from)** (prison, danger) escaparse (de); (leak) fugarse (de).

escort [n 'eskɔ:t, vb ɪ'skɔ:t] n (guard) escolta f ◆ vt escoltar.

especially [ɪ'speʃəlɪ] adv especialmente.

esplanade [,esplə'neɪd] n paseo m marítimo.

essay ['eseɪ] n (at school) redacción f; (at university) trabajo m.

essential [ɪ'senʃl] adj esencial. ❑ **essentials** npl: **the (bare) ~s** lo (mínimo) indispensable.

essentially [ɪ'senʃəlɪ] adv esencialmente.

establish [ɪ'stæblɪʃ] vt (set up, create) establecer; (fact, truth) verificar.

establishment [ɪ'stæblɪʃmənt] n (business) establecimiento m.

estate [ɪ'steɪt] n (land in country) finca f; (for housing) urbanización f; Br (car) = **estate car**.

estate agent n Br agente m inmobiliario, agente f inmobiliaria.

estate car n Br coche m familiar, coche m ranchera, camioneta f Amér.

estimate [n 'estɪmət, vb 'estɪmeɪt] n (guess) estimación f; (for job) presupuesto m. ◆ vt calcular.

estuary ['estjuərɪ] n estuario m.

ethnic minority ['eθnɪk-] n minoría f étnica.

EU n (abbr of European Union) UE f; ~ **policy** directriz f de la UE.

euro ['juərəʊ] n euro m.

Eurocheque ['juərəʊ,tʃek] n eurocheque m.

Europe ['juərəp] n Europa.

European [,juərə'pɪən] adj europeo(a). ◆ n europeo m, -a f.

European Central Bank n Banco m Central Europeo.

European Commission n Comisión f Europea.

European Community n Comunidad f Europea.

Eurostar® ['juərəstɑ:'] n Eurostar® m.

evacuate [ɪ'vækjʊeɪt] vt evacuar.

evade [ɪ'veɪd] vt eludir.

eve [iːv] n: **on the ~ of** en la víspera de.

even ['iːvn] adj (uniform) constante, uniforme; (level, flat) llano(na), liso (sa); (equal) igualado(da); (number) par. ◆ adv (emphasizing surprise) hasta; (in comparisons) aun; **to break ~** acabar sin ganar ni perder; **~ so** aun así; **~ though** aunque; **not ~** ni siquiera.

evening ['iːvnɪŋ] n (from 5 p.m. to 8 p.m.) tarde f; (from 8 p.m. onwards) noche f; (event) velada f; **good ~!** ¡buenas tardes!, ¡buenas noches!; **in the ~** por la tarde, por la noche.

evening classes npl clases fpl nocturnas.

evening dress n (formal clothes) traje m de etiqueta; (woman's garment) traje m de noche.

evening meal n cena f.

event [ɪ'vent] n (occurrence) suceso m; SPORT prueba f; **in the ~ of** fml en caso de.

eventual [ɪ'ventʃʊəl] adj final, definitivo(va).

eventually [ɪ'ventʃʊəlɪ] adv finalmente.

ever ['evə'] adv (at any time) alguna vez; (in negatives) nunca; **I don't ~ do that** no hago eso nunca; **the best I've ~ seen** lo mejor que nunca he visto; **he was ~ so angry** estaba muy enfadado; **for ~** (eternally) para siempre; **we've been waiting for ~** hace siglos que esperamos; **hardly ~** casi nunca; **~ since** desde entonces, desde, desde que.

every ['evrɪ] adj cada; **~ day** cada día; **~ other day** un día sí y otro no; **one in ~ ten** uno de cada diez; **we make ~ effort ...** hacemos todo lo posible ...; **~ so often** de vez en cuando.

everybody ['evrɪ,bɒdɪ] = everyone.

everyday ['evrɪdeɪ] adj diario(ria).

everyone ['evrɪwʌn] pron todo el mundo, todos mpl, todas fpl.

everyplace ['evrɪ,pleɪs] Am = everywhere.

everything ['evrɪθɪŋ] pron todo.

everywhere ['evrɪweə'] adv (be, search) por todas partes; (with verbs of motion) a todas partes; **~ you go** por todas partes.

evidence ['evɪdəns] n (proof) prueba f; JUR declaración f.

evident ['evɪdənt] adj evidente.

evidently ['evɪdəntlɪ] adv (apparently) aparentemente; (obviously) evidentemente.

evil ['iːvl] adj malvado(da). ◆ n mal m.

ex [eks] *n inf* ex *mf*.

exact [ɪg'zækt] *adj* exacto(ta); '~ fare ready please' tenga listo el precio exacto del billete'.

exactly [ɪg'zæktlɪ] *adv* exactamente. ◆ *excl* ¡exacto!.

exaggerate [ɪg'zædʒəreɪt] *vt & vi* exagerar.

exaggeration [ɪg,zædʒə'reɪʃn] *n* exageración *f*.

exam [ɪg'zæm] *n* examen *m*; **to take an ~** examinarse, presentarse a un examen.

examination [ɪg,zæmɪ'neɪʃn] *n* (*exam*) examen *m*; MED reconocimiento *m*.

examine [ɪg'zæmɪn] *vt* (*inspect*) examinar; (*consider carefully*) considerar; MED reconocer.

example [ɪg'zɑːmpl] *n* ejemplo *m*; **for ~** por ejemplo.

exceed [ɪk'siːd] *vt* (*be greater than*) exceder; (*go beyond*) rebasar.

excellent ['eksələnt] *adj* excelente.

except [ɪk'sept] *prep & conj* salvo; **~ for** aparte de; '~ **for access'** *cartel que indica que el tránsito no está permitido*; '~ **for loading'** 'salvo carga y descarga'.

exception [ɪk'sepʃn] *n* excepción *f*.

exceptional [ɪk'sepʃnəl] *adj* excepcional.

excerpt ['eksɜːpt] *n* extracto *m*, pasaje *m*.

excess [ɪk'ses, *before noun* 'ekses] *adj* excedente. ◆ *n* exceso *m*.

excess baggage *n* exceso *m* de equipaje.

excess fare *n Br* suplemento *m*.

excessive [ɪk'sesɪv] *adj* excesivo(va).

exchange [ɪks'tʃeɪndʒ] *n* (*of telephones*) central *f* telefónica; (*of stu-*

dents) intercambio *m*. ◆ *vt* intercambiar; **to ~ sthg for sthg** cambiar algo por algo; **to be on an ~** estar de intercambio.

exchange rate *n* tipo *m* de cambio.

excited [ɪk'saɪtɪd] *adj* emocionado(da).

excitement [ɪk'saɪtmənt] *n* emoción *f*.

exciting [ɪk'saɪtɪŋ] *adj* emocionante.

exclamation mark [,eksklə-'meɪʃn-] *n Br* signo *m* de admiración.

exclamation point [,eksklə-'meɪʃn-] *Am* = **exclamation mark**.

exclude [ɪk'skluːd] *vt* excluir.

excluding [ɪk'skluːdɪŋ] *prep* excepto, con excepción de.

exclusive [ɪk'skluːsɪv] *adj* (*highclass*) selecto(ta); (*sole*) exclusivo (va). ◆ *n* exclusiva *f*; **~ of** excluyendo.

excursion [ɪk'skɜːʃn] *n* excursión *f*.

excuse [*n* ɪk'skjuːs, *vb* ɪk'skjuːz] *n* excusa *f*. ◆ *vt* (*forgive*) perdonar; (*let off*) dispensar; **~ me!** (*attracting attention*) ¡perdone!; (*trying to get past*) ¿me deja pasar, por favor?; (*as apology*) perdone.

ex-directory *adj Br* que no figura en la guía telefónica.

execute ['eksɪkjuːt] *vt* ejecutar.

executive [ɪg'zekjʊtɪv] *adj* (*desk, suite*) para ejecutivos. ◆ *n* (*person*) ejecutivo *m*, -va *f*.

exempt [ɪg'zempt] *adj*: **~ (from)** exento(ta) (de).

exemption [ɪg'zempʃn] *n* exención *f*.

exercise ['eksəsaɪz] *n* ejercicio *m*. ◆ *vi* hacer ejercicio; **to do ~s** hacer ejercicio.

exercise book *n* cuaderno *m* de ejercicios.

exert [ɪg'zɜːt] *vt* ejercer.

exhaust [ɪg'zɔːst] *vt* agotar. ◆ *n*: ~ (pipe) tubo *m* de escape.

exhausted [ɪg'zɔːstɪd] *adj* agotado(da).

exhibit [ɪg'zɪbɪt] *n* (in museum, gallery) objeto *m* expuesto. ◆ *vt* (in exhibition) exponer.

exhibition [ˌeksɪ'bɪʃn] *n* (of art) exposición *f*.

exist [ɪg'zɪst] *vi* existir.

existence [ɪg'zɪstəns] *n* existencia *f*; **to be in** ~ existir.

existing [ɪg'zɪstɪŋ] *adj* existente.

exit ['eksɪt] *n* salida *f*. ◆ *vi* salir.

exotic [ɪg'zɒtɪk] *adj* exótico(ca).

expand [ɪk'spænd] *vi* (in size) extenderse, expandirse; (in number) aumentarse, ampliarse.

expect [ɪk'spekt] *vt* esperar; **to ~ to do sthg** esperar hacer algo; **to ~ sb to do sthg** esperar que alguien haga algo; **to be ~ing** (be pregnant) estar embarazada.

expedition [ˌekspɪ'dɪʃn] *n* (to explore etc) expedición *f*; (short outing) salida *f*.

expel [ɪk'spel] *vt* (from school) expulsar.

expense [ɪk'spens] *n* gasto *m*; **at the ~ of** a costa de. ⊔ **expenses** *npl* (of business person) gastos *mpl*.

expensive [ɪk'spensɪv] *adj* caro (ra).

experience [ɪk'spɪərɪəns] *n* experiencia *f*. ◆ *vt* experimentar.

experienced [ɪk'spɪərɪənst] *adj* experimentado(da).

experiment [ɪk'sperɪmənt] *n* experimento *m*. ◆ *vi* experimentar.

expert ['ekspɜːt] *adj* experto(ta). ◆ *n* experto *m*, -ta *f*.

expire [ɪk'spaɪəʳ] *vi* caducar.

expiry date [ɪk'spaɪərɪ-] *n* fecha *f* de caducidad.

explain [ɪk'spleɪn] *vt* explicar.

explanation [ˌeksplə'neɪʃn] *n* explicación *f*.

explode [ɪk'spləʊd] *vi* estallar.

exploit [ɪk'splɔɪt] *vt* explotar.

explore [ɪk'splɔː'] *vt* explorar.

explosion [ɪk'spləʊʒn] *n* explosión *f*.

explosive [ɪk'spləʊsɪv] *n* explosivo *m*.

export [*n* 'ekspɔːt, *vb* ɪk'spɔːt] *n* exportación *f*. ◆ *vt* exportar.

exposed [ɪk'spəʊzd] *adj* (place) al descubierto.

exposure [ɪk'spəʊʒəʳ] *n* exposición *f*; *MED* hipotermia *f*.

express [ɪk'spres] *adj* (letter, delivery) urgente; (train) rápido(da). ◆ *n* (train) expreso *m*. ◆ *vt* expresar. ◆ *adv* urgente.

expression [ɪk'spreʃn] *n* expresión *f*.

expresso [ɪk'spresəʊ] *n* café *m* exprés.

expressway [ɪk'spre.sweɪ] *n* Am autopista *f*.

extend [ɪk'stend] *vt* (visa, permit) prorrogar; (road, railway) prolongar; (hand) tender. ◆ *vi* (stretch) extenderse.

extension [ɪk'stenʃn] *n* (of building) ampliación *f*; (for phone, permit, essay) extensión *f*.

extension lead [-liːd] *n* alargador *m*, extensión *f*.

extensive [ɪk'stensɪv] *adj* (damage, area) extenso(sa); (selection) amplio (plia).

extent [ɪk'stent] *n* (of damage, knowledge) extensión *f*; **to a certain ~** hasta cierto punto; **to what ~ ...?**

¿hasta qué punto ...?.

exterior [ɪk'stɪərɪəʳ] adj exterior.
◆ n (of car, building) exterior m.

external [ɪk'stɜ:nl] adj externo (na).

extinct [ɪk'stɪŋkt] adj extinto(ta).

extinction [ɪk'stɪŋkʃn] n extinción f.

extinguish [ɪk'stɪŋgwɪʃ] vt (fire) extinguir; (cigarette) apagar.

extinguisher [ɪk'stɪŋgwɪʃəʳ] n extintor m.

extortionate [ɪk'stɔ:ʃnət] adj exorbitante.

extra ['ekstrə] adj (additional) extra inv; (spare) de más. ◆ n (bonus) paga f extraordinaria; (optional thing) extra m. ◆ adv (more) más; **an ~ special offer** una oferta muy especial; **be ~ careful** no mucho cuidado; **I need some ~ help** necesito más ayuda; **~ charge** suplemento m; **~ large** extra-grande. ❑ **extras** npl (in price) suplementos mpl.

extract [n 'ekstrækt, vb ɪk'strækt] n (of yeast, malt etc) extracto m; (from book, opera) fragmento m. ◆ vt (tooth) extraer.

extraordinary [ɪk'strɔ:dnrɪ] adj extraordinario(ria).

extravagant [ɪk'strævəgənt] adj (wasteful) derrochador(ra); (expensive) exorbitante.

extreme [ɪk'stri:m] adj extremo (ma). ◆ n extremo.

extremely [ɪk'stri:mlɪ] adv extremadamente.

extrovert ['ekstrəvɜ:t] n extrovertido m, -da f.

eye [aɪ] n ojo m. ◆ vt mirar detenidamente; **to keep an ~ on** vigilar.

eyebrow ['aɪbraʊ] n ceja f.

eyeglasses ['aɪglɑːsɪz] npl Am gafas fpl Esp, anteojos mpl Amér.

eyelash ['aɪlæʃ] n pestaña f.

eyelid ['aɪlɪd] n párpado m.

eyeliner ['aɪlaɪnəʳ] n lápiz m de ojos, delineador m.

eye shadow n sombra f de ojos.

eyesight ['aɪsaɪt] n vista f.

eye test n prueba f de visión.

eyewitness ['aɪ'wɪtnɪs] n testigo mf presencial.

F

F (abbr of Fahrenheit) F.

fabric ['fæbrɪk] n (cloth) tejido m.

fabulous ['fæbjʊləs] adj fabuloso (sa).

facade [fə'sɑːd] n fachada f.

face [feɪs] n cara f; (of clock, watch) esfera f. ◆ vt (look towards) mirar a; (confront, accept) hacer frente a; (cope with) soportar; **to be ~d with** enfrentarse con. ❑ **face up to** vt fus hacer frente a.

facecloth ['feɪsklɒθ] n Br toalla f de cara.

facial ['feɪʃl] n limpieza f de cutis.

facilitate [fə'sɪlɪteɪt] vt fml facilitar.

facilities [fə'sɪlɪtiːz] npl instalaciones fpl.

facsimile [fæk'sɪmɪlɪ] n facsímil m.

fact [fækt] n (established truth) hecho m; (piece of information) dato m; **in ~** (in reality) en realidad; (moreover) de hecho.

factor ['fæktəʳ] n (condition) factor m; (of suntan lotion) factor m (de protección solar).

factory ['fæktərɪ] n fábrica f.

faculty ['fæklti] n (at university) facultad f.

fade [feid] vi (light, sound) irse apagando; (flower) marchitarse; (jeans, wallpaper) descolorarse.

faded ['feidid] adj (jeans) desteñido(da).

fag [fæg] n Br inf (cigarette) pitillo m, tabaco m.

fail [feil] vt (exam) suspender Esp, reprobar Amér. ◆ vi (not succeed) fracasar; (in exam) suspender, reprobar Amér; (engine) fallar; to ~ to do sthg (not do) no hacer algo.

failing ['feilin] n defecto m. ◆ prep: ~ that en su defecto.

failure ['feiljə'] n fracaso m; (unsuccessful person) fracasado m, -da f; ~ to comply with the regulations el incumplimiento de las normas.

faint [feint] adj (sound, colour) débil; (outline) impreciso(sa); (dizzy) mareado(da). ◆ vi desmayarse; I haven't the ~ est idea no tengo la más mínima idea.

fair [feə'] adj (just) justo(ta); (quite large) considerable; (quite good) bastante bueno(na); SCH satisfactorio(ria); (hair, person) rubio(bia); (skin) blanco(ca); (weather) bueno(na). ◆ n feria f; ~ enough! ¡vale!.

fairground ['feəgraund] n recinto m de la feria.

fair-haired [-'heəd] adj rubio (bia).

fairly ['feəli] adv (quite) bastante.

fairy ['feəri] n hada f.

fairy tale n cuento m de hadas.

faith [feiθ] n fe f.

faithfully ['feiθfuli] adv: Yours ~ le saluda atentamente.

fake [feik] n (false thing) falsificación f. ◆ vt (signature, painting) falsificar.

fall [fɔ:l] (pt fell, pp fallen ['fɔ:ln]) vi caer; (lose balance) caerse; (decrease) bajar. ◆ n (accident) caída f; (decrease) descenso m; (of snow) nevada f; Am (autumn) otoño m; to ~ asleep dormirse; to ~ ill ponerse enfermo; to ~ in love enamorarse. ❑ **falls** npl (waterfall) cataratas fpl. ❑ **fall behind** vi (with work, rent) retrasarse. ❑ **fall down** vi (lose balance) caerse. ❑ **fall off** vi (person) caerse; (handle, branch) desprenderse. ❑ **fall out** vi (argue) pelearse; my tooth fell out se me cayó un diente. ❑ **fall over** vi caerse. ❑ **fall through** vi fracasar.

false [fɔ:ls] adj falso(sa); (artificial) postizo(za).

false alarm n falsa alarma f.

false teeth npl dentadura f postiza.

fame [feim] n fama f.

familiar [fə'miljə'] adj (known) familiar; (informal) demasiado amistoso(sa); to be ~ with (know) estar familiarizado(da) con.

family ['fæmli] n familia f. ◆ adj (large) familiar; (film, holiday) para toda la familia.

family planning clinic [-'plænin-] n clínica f de planificación familiar.

family room n (at hotel) habitación f familiar; (at pub, airport) habitación para familias con niños pequeños.

famine ['fæmin] n hambruna f.

famished ['fæmift] adj inf muerto (ta) de hambre.

famous ['feiməs] adj famoso(sa).

fan [fæn] n (held in hand) abanico m; (electric) ventilador m; (enthusiast) admirador m, -ra f; (supporter) aficionado m, -da f.

fan belt n correa f OR banda Méx del ventilador.

fancy ['fænsɪ] *adj (elaborate)* recarga-
do(da); *(food)* elaborado(da). ◆ *vt inf:*
I ~ **an ice cream** me apetece tomar
un helado; **he fancies Jane** le gusta
Jane; ~ **(that)!** ¡fíjate!

fancy dress *n* disfraz *m*.

fantastic [fæn'tæstɪk] *adj* fantásti-
co(ca).

fantasy ['fæntəsɪ] *n* fantasía *f*.

FAQ [fak] *(abbr of frequently asked questions) n* COMPUT fichero *m* de preguntas frecuentes.

far [fɑːʳ] *(compar* **further** OR **farther**, *superl* **furthest** OR **farthest**) *adv (in distance, time)* lejos; *(in
degree)* mucho. ◆ *adj (end)* extremo
(ma); *(side)* opuesto(ta); **have you
come ~?** ¿vienes de lejos?; **how ~ is
it?** ¿está lejos?; **how ~ is it to London?** ¿cuánto hay de aquí a Londres?; **as ~ as** *(place)* hasta; **as ~ as
I'm concerned** por lo que a mí se refiere; **as ~ as I know** que yo sepa;
~ **better** mucho mejor; **by ~** con
mucho; **it's ~ too difficult** es demasiado difícil; **so ~** hasta ahora; **to go
too ~** pasarse.

farce [fɑːs] *n* farsa *f*.

fare [feəʳ] *n (on bus, train etc)* precio
m del billete ; *fml (food)* comida *f.* ◆ *vi:*
she ~d well le fue bien.

Far East *n:* **the ~** el Lejano Oriente.

farm [fɑːm] *n* granja *f*.

farmer ['fɑːməʳ] *n* agricultor *m*, -ra
f.

farmhouse ['fɑːmhaʊs] *n* caserío
m.

farming ['fɑːmɪŋ] *n* agricultura *f*.

farmland ['fɑːmlænd] *n* tierras *fpl*
de labranza.

farmyard ['fɑːmjɑːd] *n* corral *m*.

farther ['fɑːðəʳ] *compar* → **far**.

farthest ['fɑːðɪst] *superl* → **far**.

fascinating ['fæsmeɪtɪŋ] *adj* fasci-
nante.

fascination [ˌfæsɪ'neɪʃn] *n* fascinación *f*.

fashion ['fæʃn] *n (trend, style)* moda
f; *(manner)* manera *f*; **to be in ~** estar
de moda; **to be out of ~** estar pasado de moda.

fashionable ['fæʃnəbl] *adj* de moda.

fashion show *n* desfile *m* de moda.

fast [fɑːst] *adj (quick)* rápido(da);
(clock, watch) adelantado(da). ◆ *adv
(quickly)* rápidamente; *(securely)* firmemente; ~ **asleep** profundamente
dormido; **a ~ train** un tren rápido.

fasten ['fɑːsn] *vt (belt, coat)* abrochar; *(two things)* sujetar.

fastener ['fɑːsnəʳ] *n (of window,
box)* cierre *m*; *(of dress)* corchete *m*.

fast food *n* comida *f* rápida.

fat [fæt] *adj (person)* gordo(da);
(meat) con mucha grasa. ◆ *n* grasa *f*;
(for cooking) manteca *f*.

fatal ['feɪtl] *adj (accident, disease)*
mortal.

fat-free *adj* sin grasa.

father ['fɑːðəʳ] *n* padre *m*.

Father Christmas *n Br* Papá *m*
Noel.

father-in-law *n* suegro *m*.

fattening ['fætnɪŋ] *adj* que engor-
da.

fatty ['fætɪ] *adj* graso(sa).

faucet ['fɔːsɪt] *n Am* grifo *m Esp*, llave *f*.

fault ['fɔːlt] *n (responsibility)* culpa *f*;
(flaw) defecto *m*; *(in machine)* fallo *m*;
it's your ~ tú tienes la culpa.

faulty ['fɔːltɪ] *adj* defectuoso(sa).

favor ['feɪvəʳ] *Am* = **favour**.

favour ['feɪvəʳ] *n Br (kind act)* favor
m. ◆ *vt (prefer)* preferir; **to be in ~ of**

fever

estar a favor de; **to do sb a ~** hacerle un favor a alguien.

favourable ['feɪvrəbl] adj favorable.

favourite ['feɪvrɪt] adj favorito (ta). ◆ n favorito m, -ta f.

fawn [fɔːn] adj beige inv.

fax [fæks] n fax m inv. ◆ vt (document) enviar por fax; (person) enviar un fax a.

fear [fɪər] n (sensation) miedo m; (thing feared) temor m. ◆ vt (be afraid of) temer; **for ~ of** por miedo a.

feast [fiːst] n banquete m.

feather ['feðər] n pluma f.

feature ['fiːtʃər] n (characteristic) característica f; (of face) rasgo m; (in newspaper) artículo m de fondo; (on radio, TV) programa m especial. ◆ vt (subj: film) estar protagonizado por.

feature film n largometraje m.

Feb [feb] (abbr of February) feb.

February ['februərɪ] n febrero m → September.

fed [fed] pt & pp → feed.

fed up adj harto(ta); **to be ~ with** estar harto.

fee [fiː] n (for entry) precio m; (for service) tarifa f; (of doctor, lawyer) honorarios mpl.

feeble ['fiːbl] adj (weak) débil.

feed [fiːd] (pt & pp fed) vt (person, animal) dar de comer a; (insert) introducir.

feel [fiːl] (pt & pp felt) vt (touch) tocar; (experience) sentir; (think) pensar que. ◆ vi (tired, ill, better) encontrarse; (sad, angry, safe) sentirse. ◆ n (of material) tacto m; **my nose ~s cold** tengo la nariz fría; **to ~ cold** tener frío; **to ~ hungry** tener hambre; **I ~ like a cup of tea** me apetece una taza de té; **to ~ up to doing sthg** sentirse con ánimos de hacer algo.

feeling ['fiːlɪŋ] n (emotion) sentimiento m; (sensation) sensación f; (belief) impresión f; **to hurt sb's ~s** herir los sentimientos de alguien.

feet [fiːt] pl → foot.

fell [fel] pt → fall. ◆ vt talar.

fellow ['feləʊ] n (man) tío m. ◆ adj: **my ~ students** mis compañeros de clase.

felt [felt] pt & pp → feel. ◆ n fieltro m.

felt-tip pen n rotulador m, marcador m Amér.

female ['fiːmeɪl] adj (animal) hembra; (person) femenino(na). ◆ n hembra f.

feminine ['femɪnɪn] adj femenino (na).

feminist ['femɪnɪst] n feminista mf.

fence [fens] n valla f.

fencing ['fensɪŋ] n SPORT esgrima f.

fend [fend] vi: **to ~ for o.s.** valerse por sí mismo(ma).

fender ['fendər] n (for fireplace) guardafuego m; Am (on car) guardabarros m inv.

fennel ['fenl] n hinojo m.

fern [fɜːn] n helecho m.

ferocious [fə'rəʊʃəs] adj feroz.

ferry ['ferɪ] n ferry m.

fertile ['fɜːtaɪl] adj fértil.

fertilizer ['fɜːtɪlaɪzər] n abono m.

festival ['festɪvl] n (of music, arts etc) festival m; (holiday) día m festivo.

feta cheese ['fetə-] n queso blando de origen griego fabricado con leche de oveja.

fetch [fetʃ] vt (person) ir a buscar; (object) traer; (be sold for) alcanzar.

fete [feɪt] n fiesta al aire libre.

fever ['fiːvər] n fiebre f; **to have a ~** tener fiebre.

feverish ['fiːvərɪʃ] *adj* febril.

few [fjuː] *adj* pocos(cas). ◆ *pron* pocos *mpl*, -cas *fpl*; ~ **people** poca gente; **a** ~ algunos(nas), unos pocos *mpl*, unas pocas *fpl*; **quite a** ~ bastantes.

fewer ['fjuːə] *adj* & *pron* menos.

fiancé [fɪˈɒnseɪ] *n* prometido m.

fiancée [fɪˈɒnseɪ] *n* prometida f.

fib [fɪb] *n inf* bola f, mentira f.

fiber ['faɪbə] *Am* = **fibre**.

fibre ['faɪbə] *n Br* fibra f.

fibreglass ['faɪbəglɑːs] *n* fibra f de vidrio.

fickle ['fɪkl] *adj* voluble.

fiction ['fɪkʃn] *n* ficción f.

fiddle ['fɪdl] *n* (*violin*) violín m. ◆ *vi*: **to** ~ **with sthg** juguetear con algo.

fidget ['fɪdʒɪt] *vi* moverse inquietamente.

field [fiːld] *n* campo m.

field glasses *npl* prismáticos *mpl*.

fierce [fɪəs] *adj* (*animal, person*) feroz; (*storm, heat*) fuerte.

fifteen [fɪfˈtiːn] *num* quince → **six**.

fifteenth [fɪfˈtiːnθ] *num* decimoquinto(ta) → **sixth**.

fifth [fɪfθ] *num* quinto(ta) → **sixth**.

fiftieth ['fɪftɪəθ] *num* quincuagésimo(ma) → **sixth**.

fifty ['fɪftɪ] *num* cincuenta → **six**.

fig [fɪg] *n* higo m.

fight [faɪt] (*pt* & *pp* **fought**) *n* (*physical clash, argument*) pelea f; (*struggle*) lucha f. ◆ *vt* (*enemy, crime, illness*) luchar contra; (*in punch-up*) pelearse con. ◆ *vi* (*in war, struggle*) luchar; (*quarrel*) discutir; **to have a** ~ **with sb** pelearse con alguien. □ **fight back** *vi* defenderse. □ **fight off** *vt sep* (*attacker*) rechazar; (*illness*) sanar de.

fighting ['faɪtɪŋ] *n* (*at football match, in streets*) violencia f; (*in war*) combate m.

figure [*Br* 'fɪgə, *Am* 'fɪgjər] *n* (*number, statistic*) cifra f; (*shape of body*) tipo m; (*outline of person*) figura f; (*diagram*) gráfico m. □ **figure out** *vt sep* (*answer*) dar con; **I can't** ~ **out how to do it** no sé cómo hacerlo.

file [faɪl] *n* (*document holder*) carpeta f; (*information on person*) expediente m; COMPUT fichero m, archivo m; (*tool*) lima f. ◆ *vt* (*complaint, petition*) presentar; (*nails*) limar; **in single** ~ en fila india.

filing cabinet ['faɪlɪŋ-] *n* archivador m.

fill [fɪl] *vt* (*make full*) llenar; (*hole*) rellenar; (*role*) desempeñar; (*tooth*) empastar. □ **fill in** *vt sep* (*form*) rellenar. □ **fill out** *vt sep* = **fill in**. □ **fill up** *vt sep* llenar (hasta el tope).

filled roll ['fɪld-] *n* bocadillo m (de bollo).

fillet ['fɪlɪt] *n* filete m.

fillet steak *n* filete m de carne de vaca.

filling ['fɪlɪŋ] *n* (*of cake, sandwich*) relleno m; (*in tooth*) empaste m. ◆ *adj* que llena mucho.

filling station *n* estación f de servicio, gasolinera f.

film [fɪlm] *n* película f. ◆ *vt* rodar.

film star *n* estrella f de cine.

filter ['fɪltə] *n* filtro m.

filthy ['fɪlθɪ] *adj* (*very dirty*) sucísimo(ma).

fin [fɪn] *n* (*of fish*) aleta f; *Am* (*of swimmer*) aleta f.

final ['faɪnl] *adj* (*last*) último(ma); (*decision, offer*) definitivo(va). ◆ *n* final f.

finalist ['faɪnəlɪst] *n* finalista *mf*.

finally ['faɪnəlɪ] *adv* (*at last*) por fin.

(lastly) finalmente.

finance [*n* 'faɪnæns, *vb* faɪ'næns] *n* (*money*) fondos *mpl*; (*management of money*) finanzas *fpl*. ◆ *vt* financiar. ❏ **finances** *npl* finanzas *fpl*.

financial [fɪ'nænʃl] *adj* financiero (ra).

find [faɪnd] (*pt & pp* **found**) *vt* encontrar; (*find out*) enterarse de. ◆ *n* hallazgo *m*; **to ~ the time to do sthg** encontrar tiempo para hacer algo. ❏ **find out** ◆ *vt sep* (*fact, truth*) averiguar. ◆ *vi*: **to ~ out about sthg** averiguar algo.

fine [faɪn] *adj* (*good*) bueno(na); (*food, wine*) excelente; (*thin*) fino(na). ◆ *adv* (*thinly*) finamente; (*well*) bien. ◆ *n* multa *f*. ◆ *vt* multar. ◆ *excl* ¡vale!; **I'm ~** estoy bien; **it's ~** está bien.

fine art *n* bellas artes *fpl*.

finger ['fɪŋgər] *n* dedo *m*.

fingernail ['fɪŋgəneɪl] *n* uña *f* de la mano.

fingertip ['fɪŋgətɪp] *n* yema *f* del dedo.

finish ['fɪnɪʃ] *n* (*end*) final *m*; (*on furniture*) acabado *m*. ◆ *vt & vi* acabar; **to ~ doing sthg** terminar de hacer algo. ❏ **finish off** *vt sep* (*complete*) acabar del todo; (*eat or drink*) acabar. ❏ **finish up** *vi* acabar.

Finland ['fɪnlənd] *n* Finlandia.

Finnish ['fɪnɪʃ] *adj* finlandés(esa). ◆ *n* (*language*) finlandés *m*.

fir [fɜːr] *n* abeto *m*.

fire ['faɪər] *n* fuego *m*; (*uncontrolled*) incendio *m*; (*device*) estufa *f*; (*gun*) disparar; (*from job*) despedir; **on ~** en llamas; **to catch ~** prender fuego; **to make a ~** encender un fuego.

fire alarm *n* alarma *f* antiincendios.

fire brigade *n Br* cuerpo *m* de

bomberos.

fire department *Am* = **fire brigade**.

fire engine *n* coche *m* de bomberos.

fire escape *n* escalera *f* de incendios.

fire exit *n* salida *f* de incendios.

fire extinguisher *n* extintor *m*.

fire hazard *n*: **it's a ~** podría causar un incendio.

fireman ['faɪəmən] (*pl* **-men** [-mən]) *n* bombero *m*.

fireplace ['faɪəpleɪs] *n* chimenea *f*.

fire regulations *npl* ordenanzas *fpl* en caso de incendio.

fire station *n* parque *m Esp* OR estación *f* de bomberos.

firewood ['faɪəwʊd] *n* leña *f*.

firework display ['faɪəwɜːk-] *n* espectáculo *m* de fuegos artificiales.

fireworks ['faɪəwɜːks] *npl* fuegos *mpl* artificiales.

firm [fɜːm] *adj* firme. ◆ *n* firma *f*, empresa *f*.

first [fɜːst] *adj* primero(ra). ◆ *adv* primero; (*for the first time*) por primera vez. ◆ *n* (*event*) acontecimiento *m* sin precedentes. ◆ *pron*: **the ~** el primero; **~ (gear)** primera *f* (marcha); **~ thing (in the morning)** a primera hora (de la mañana); **for the ~ time** por primera vez; **the ~ of January** el uno de enero; **at ~** al principio; **~ of all** antes de nada.

first aid *n* primeros auxilios *mpl*.

first-aid kit *n* botiquín *m* (de primeros auxilios.

first class *n* (*mail*) correo que se distribuye al día siguiente; (*on train, plane, ship*) primera clase *f*.

first-class *adj* (*stamp*) para la UE y distribución al día siguiente; (*ticket*) de primera (clase); (*very good*) de primera.

first floor n Br (floor above ground floor) primer piso m; Am (ground floor) bajo m Esp, planta f baja.

firstly [ˈfɜːstlɪ] adv en primer lugar.

First World War n: the ~ la Primera Guerra Mundial.

fish [fɪʃ] (pl inv) n (animal) pez m; (food) pescado m. ◆ vi pescar.

fish and chips n filete de pescado blanco rebozado, con patatas fritas.

ⓘ FISH AND CHIPS

Con esta denominación se hace referencia a la tradicional comida británica para llevar, consistente en pescado rebozado y patatas fritas, todo ello envuelto en papel de estraza o de periódico y por lo general consumido al aire libre y directamente del envoltorio. En las tiendas de "fish and chips" se pueden encontrar otras frituras, como salchichas, pollo, morcillas o pasteles de carne.

---

fishcake [ˈfɪʃkeɪk] n tipo de croqueta de pescado.

fisherman [ˈfɪʃəmən] (pl -men [-mən]) n pescador m.

fish farm n piscifactoría f.

fish fingers npl Br palitos mpl de pescado.

fishing [ˈfɪʃɪŋ] n pesca f; to go ~ ir de pesca.

fishing boat n barco m de pesca.

fishing rod n caña f de pescar.

fishmonger's [ˈfɪʃˌmʌŋgəz] n (shop) pescadería f.

fish sticks Am = fish fingers.

fist [fɪst] n puño m.

fit [fɪt] adj (healthy) en forma. ◆ vt (be right size for) sentar bien a; (a lock, kitchen, bath) instalar; (insert) insertar. ◆ vi (clothes, shoes) estar bien de talla; (in space) caber. ◆ n ataque m; to be ~ for sthg ser apto(ta) para algo; ~ to eat apto para el consumo; it's a good ~ sienta bien; it's no ~ no cabe; to get ~ ponerse en forma; to keep ~ mantenerse en forma. ❑ fit in ◆ vt sep (find time to do) hacer un hueco a. ◆ vi (belong) encajar.

fitness [ˈfɪtnɪs] n (health) estado m físico.

fitted carpet [ˌfɪtəd-] n moqueta f Esp, alfombra f de pared a pared.

fitted sheet [ˌfɪtəd-] n sábana f ajustable.

fitting room [ˈfɪtɪŋ-] n probador m.

five [faɪv] num cinco → **six**.

fiver [ˈfaɪvə*] n Br inf (£5) cinco libras fpl; (£5 note) billete m de cinco libras.

fix [fɪks] vt (attach, decide on) fijar; (mend) reparar; (drink, food) preparar; have you ~ed anything for tonight? ¿tienes planes para esta noche? ❑ fix up vt sep: to ~ sb up with sthg proveer a alguien de algo.

fixture [ˈfɪkstʃə*] n SPORT encuentro m; ~s and fittings instalaciones fpl domésticas.

fizzy [ˈfɪzɪ] adj gaseoso(sa).

flag [flæg] n bandera f.

flake [fleɪk] n (of snow) copo m. ◆ vi descamarse.

flame [fleɪm] n llama f.

flammable [ˈflæməbl] adj inflamable.

flan [flæn] n tarta f.

flannel [ˈflænl] n (material) franela f; Br (for washing face) toalla f de cara. ❑ flannels npl pantalones mpl de franela.

flap [flæp] n (of envelope, pocket) solapa f; (of tent) puerta f. ◆ vt (wings) batir.

flapjack ['flæpdʒæk] n Br torta f de avena.

flare [fleə^r] n (signal) bengala f.

flared [fleəd] adj acampanado(da).

flash [flæʃ] n (of light) destello m; (for camera) flash m. ◆ vi (light) destellar; a ~ of lightning un relámpago; to ~ one's headlights dar las luces.

flashlight ['flæʃlaɪt] n linterna f.

flask [flɑːsk] n (Thermos) termo m; (hip flask) petaca f.

flat [flæt] adj (level) llano(na); (battery) descargado(da); (drink) muerto(ta), sin gas; (rate, fee) único(ca). ◆ n Br piso m Esp, apartamento m. ◆ adv: to lie ~ estar extendido; a ~ (tyre) un pinchazo; ~ out a toda velocidad.

flatter ['flætə^r] vt adular.

flavor ['fleɪvər] Am = **flavour**.

flavour ['fleɪvə^r] n Br sabor m.

flavoured ['fleɪvəd] adj de sabores.

flavouring ['fleɪvərɪŋ] n aroma m.

flaw [flɔː] n fallo m.

flea [fliː] n pulga f.

flea market n mercado de objetos curiosos y de segunda mano, ≃ rastro m Esp.

fleece [fliːs] n (downy material) vellón m.

fleet [fliːt] n flota f.

flesh [fleʃ] n (of person, animal) carne f; (of fruit, vegetable) pulpa f.

flew [fluː] pt → **fly**.

flex [fleks] n cable m.

flexible ['fleksəbl] adj flexible.

flick [flɪk] vt (a switch) apretar; (with finger) golpear rápidamente. □ **flick through** vt fus hojear rápidamente.

flies [flaɪz] npl bragueta f.

flight [flaɪt] n vuelo m; a ~ (of stairs) un tramo (de escaleras).

flight attendant n auxiliar mf de vuelo, sobrecargo mf.

flimsy ['flɪmzi] adj (object) frágil, poco sólido(da); (clothes) ligero(ra).

fling [flɪŋ] (pt & pp flung) vt arrojar.

flint [flɪnt] n (of lighter) piedra f.

flip-flop [flɪp-] n Br chancleta f.

flirt [flɜːt] vi: to ~ (with sb) coquetear (con alguien).

float [fləʊt] n (for swimming) flotador m; (for fishing) corcho m; (in procession) carroza f. ◆ vi flotar.

flock [flɒk] n (of birds) bandada f; (of sheep) rebaño m. ◆ vi (people) acudir en masa.

flood [flʌd] n inundación f. ◆ vt inundar. ◆ vi desbordarse.

floodlight ['flʌdlaɪt] n foco m.

floor [flɔː^r] n (of room) suelo m; (storey) piso m; (of nightclub) pista f de baile.

floorboard ['flɔːbɔːd] n tabla f del suelo.

flop [flɒp] n inf fracaso m.

floppy disk ['flɒpɪ-] n floppy disk m.

floral ['flɔːrəl] adj (pattern) floreado(da).

Florida Keys ['flɒrɪdə-] npl: the ~ las Florida Keys.

florist's ['flɒrɪsts] n (shop) floristería f, florería f Amér.

flour ['flaʊə^r] n harina f.

flow [fləʊ] n corriente f. ◆ vi correr.

flower ['flaʊə^r] n flor f.

flowerbed ['flaʊəbed] n arriate m.

flowerpot ['flaʊəpɒt] n tiesto m Esp, maceta f.

flown [fləʊn] pp → **fly**.

flu

flu [flu:] n gripe f.

fluent ['fluːənt] adj: **to be ~ in/to speak ~** Spanish dominar el español.

fluff [flʌf] n pelusa f.

flume [fluːm] n tobogán m acuático.

flung [flʌŋ] pt & pp → **fling**.

flunk [flʌŋk] vt Am inf catear Esp, reprobar Amér.

fluorescent [fluəˈresənt] adj fluorescente.

flush [flʌʃ] vi (toilet) funcionar. ◆ vt: **to ~ the toilet** tirar de la cadena.

flute [fluːt] n flauta f.

fly [flaɪ] (pt **flew**, pp **flown**) n (insect) mosca f; (of trousers) bragueta f. ◆ vt (plane, helicopter) pilotar; (travel by) volar con; (transport) transportar en avión. ◆ vi volar; (pilot a plane) pilotar; (flag) ondear.

fly-drive n paquete turístico que incluye vuelo y coche alquilado.

flying ['flaɪɪŋ] n: **I like ~** me gusta ir en avión.

flyover ['flaɪˌəʊvəʳ] n Br paso m elevado.

flysheet ['flaɪʃiːt] n doble techo m.

foal [fəʊl] n potro m.

foam [fəʊm] n (bubbles) espuma f; (foam rubber) gomaespuma f.

focus ['fəʊkəs] n (of camera) foco m. ◆ vi (with camera, binoculars) enfocar; **in ~** enfocado; **out of ~** desenfocado.

fog [fɒg] n niebla f.

fogbound ['fɒgbaʊnd] adj (airport) cerrado(da) a causa de la niebla.

foggy ['fɒgɪ] adj (weather) brumoso(sa).

fog lamp n faro m antiniebla.

foil [fɔɪl] n papel m de aluminio.

fold [fəʊld] n pliegue m. ◆ vt (paper, material) doblar; (wrap) envolver; **to**

~ one's arms cruzarse de brazos. ❑ **fold up** vi plegarse.

folder ['fəʊldəʳ] n carpeta f.

foliage ['fəʊlɪdʒ] n follaje m.

folk [fəʊk] n (people) gente f. ◆ n: **~ (music)** folk m. ❑ **folks** npl inf (relatives) familia f.

follow ['fɒləʊ] vt seguir; (understand) comprender. ◆ vi (go behind) ir detrás; (in time) seguir; (understand) comprender. ◆ **~ed by** seguido de; **as ~s** como sigue. ❑ **follow on** vi ir detrás.

following ['fɒləʊɪŋ] adj siguiente. ◆ prep tras.

fond [fɒnd] adj: **to be ~ of** (person) tener cariño a; (thing) ser aficionado (da) a.

fondue ['fɒnduː] n fondue f.

food [fuːd] n (nourishment) comida f; (type of food) alimento m.

food poisoning [-ˌpɔɪznɪŋ] n intoxicación f alimenticia.

food processor [-ˌprəʊsesəʳ] n robot m de cocina Esp, procesador m de cocina.

foodstuffs ['fuːdstʌfs] npl comestibles mpl.

fool [fuːl] n (idiot) tonto m, -ta f; (pudding) mousse de nata y fruta. ◆ vt engañar.

foolish ['fuːlɪʃ] adj tonto(ta).

foot [fʊt] (pl **feet**) n pie m; (of animal, wardrobe, tripod) pata f; **by ~** a pie; **on ~** a pie.

football ['fʊtbɔːl] n Br (soccer) fútbol m; Am (American football) fútbol americano; Br (in soccer) balón m (de fútbol); Am (in American football) balón (de fútbol americano).

footballer ['fʊtbɔːləʳ] n Br futbolista mf.

football pitch n Br campo m de fútbol.

footbridge ['fʊtbrɪdʒ] *n* pasarela *f*.

footpath ['fʊtpɑ:θ] *n* sendero *m*.

footprint ['fʊtprɪnt] *n* huella *f*.

footstep ['fʊtstep] *n* paso *m*.

footwear ['fʊtweəʳ] *n* calzado *m*.

☞
for [fɔ:ʳ] *prep* - **1.** (*expressing intention, purpose, destination*) para; **this book is ~ you** este libro es para ti; **what did you do that ~?** ¿por qué hiciste eso?; **what's it ~?** ¿para qué es?; **to go ~ a walk** dar un paseo; **'~ sale'** 'se vende'; **a ticket ~ Edinburgh** un billete para Edimburgo; **the train ~ London** el tren de Londres.
- **2.** (*expressing reason*) por; **a town famous ~ its wine** una ciudad famosa por sus vinos; **the reason ~ it** el motivo de ello.
- **3.** (*during*) durante; **I've lived here ~ ten years** llevo diez años viviendo aquí; **we've lived here ~ years** vivimos aquí desde hace años; **we talked ~ hours** estuvimos hablando durante horas y horas.
- **4.** (*by, before*) para; **be there ~ 8 p.m.** estate allí para las ocho de la tarde.
- **5.** (*on the occasion of*) para; **what's ~ dinner?** ¿qué hay de cena?; **~ the first time** por primera vez.
- **6.** (*on behalf of*) por; **to do sthg ~ sb** hacer algo por alguien; **to work ~ sb** trabajar para alguien.
- **7.** (*with time and space*) para; **there's no room/time ~** it no hay sitio/ tiempo para eso.
- **8.** (*expressing distance*) por; **road works ~ 20 miles** obras por espacio de 20 millas; **we walked ~ miles** andamos millas y millas.
- **9.** (*expressing price*) por; **I bought it ~ five pounds** lo compré por cinco

libras; **they sell ~ a pound** se venden a una libra.
- **10.** (*expressing meaning*): **what's the Spanish ~ "boy"?** ¿cómo se dice "boy" en español?
- **11.** (*with regard to*) por; **it's cold ~ summer** para ser verano, hace frío; **I'm sorry ~ them** me dan pena.
- **12.** (*introducing more information*) para; **it's too far ~ us to walk** nos queda demasiado lejos para ir andando; **it's time ~ dinner** es hora de cenar.

forbid [fə'bɪd] (*pt* **-bade** [-'beɪd], *pp* **-bidden**) *vt* prohibir; **to ~ sb to do sthg** prohibir a alguien hacer algo.

forbidden [fə'bɪdn] *adj* prohibido(da).

force [fɔ:s] *n* fuerza *f*. ◆ *vt* forzar; **to ~ sb to do sthg** forzar a alguien a hacer algo; **to ~ one's way through** abrirse camino; **the ~s** las fuerzas armadas.

ford [fɔ:d] *n* vado *m*.

forecast ['fɔ:kɑ:st] *n* pronóstico *m*.

forecourt ['fɔ:kɔ:t] *n* patio *m*.

forefinger ['fɔ:ˌfɪŋgəʳ] *n* dedo *m* índice.

foreground ['fɔ:graʊnd] *n* primer plano *m*.

forehead ['fɔ:hed] *n* frente *f*.

foreign ['fɒrən] *adj* extranjero(ra).

foreign currency *n* divisa *f*.

foreigner ['fɒrənəʳ] *n* extranjero *m*, -ra *f*.

foreign exchange *n* divisas *fpl*.

Foreign Secretary *n* Br ministro *m*, -tra *f* de Asuntos Exteriores.

foreman ['fɔ:mən] (*pl* **-men** [-mən]) *n* capataz *m*.

forename ['fɔ:neɪm] *n* fml nombre *m* de pila.

foresee [fɔ:'si:] (*pt* **-saw** [-'sɔ:], *pp* **-seen** [-'si:n]) *vt* prever.

forest ['fɒrɪst] *n* bosque *m*.

forever [fə'revə'] *adv* (*eternally*) para siempre; (*continually*) siempre.

forgave [fə'geɪv] *pt* → **forgive**.

forge [fɔːdʒ] *vt* falsificar.

forgery ['fɔːdʒərɪ] *n* falsificación *f*.

forget [fə'get] (*pt* **-got**, *pp* **-gotten**) *vt* olvidar. ◆ *vi* olvidarse; **to ~ about sthg** olvidarse de algo; **to ~ how to do sthg** olvidar cómo se hace algo; **to ~ to do sthg** olvidarse de hacer algo; **~ it!** ¡no importa!

forgetful [fə'getful] *adj* olvidadizo(za).

forgive [fə'gɪv] (*pt* **-gave**, *pp* **-given** [-'gɪvn]) *vt* perdonar.

forgot [fə'gɒt] *pt* → **forget**.

forgotten [fə'gɒtn] *pp* → **forget**.

fork [fɔːk] *n* (*for eating with*) tenedor *m*; (*for gardening*) horca *f*; (*of road, path*) bifurcación *f*.

form [fɔːm] *n* (*type, shape*) forma *f*; (*piece of paper*) impreso *m*; SCH clase *f*. ◆ *vt* formar. ◆ *vi* formarse; **off ~** en baja forma; **on ~** en forma; **to ~ part of** formar parte de.

formal ['fɔːml] *adj* formal.

formality [fɔː'mælətɪ] *n* formalidad *f*; **it's just a ~** es una pura formalidad.

format ['fɔːmæt] *n* formato *m*.

former ['fɔːmə'] *adj* (*previous*) antiguo(gua); (*first*) primero(ra). ◆ *pron*: **the ~** el primero (la primera).

formerly ['fɔːməlɪ] *adv* previamente, antiguamente.

formula ['fɔːmjʊlə] (*pl* **-as** OR **-ae** [-iː]) *n* fórmula *f*.

fort [fɔːt] *n* fortaleza *f*.

forthcoming [fɔːθ'kʌmɪŋ] *adj* (*future*) próximo(ma).

fortieth ['fɔːtɪɪθ] *num* cuadragésimo(ma) → **sixth**.

fortnight ['fɔːtnaɪt] *n* Br quin-

cena *f*.

fortunate ['fɔːtʃnət] *adj* afortunado(da).

fortunately ['fɔːtʃnətlɪ] *adv* afortunadamente.

fortune ['fɔːtʃuːn] *n* (*money*) fortuna *f*; (*luck*) suerte *f*; **it costs a ~** *inf* cuesta un riñón.

forty ['fɔːtɪ] *num* cuarenta → **six**.

forward ['fɔːwəd] *adv* hacia adelante. ◆ *n* delantero *m*, -ra *f*. ◆ *vt* reenviar; **to look ~ to** esperar (con ilusión).

forwarding address ['fɔːwədɪŋ-] *n* nueva dirección *f* para reenvío del correo.

fought [fɔːt] *pt* & *pp* → **fight**.

foul [faʊl] *adj* (*unpleasant*) asqueroso(sa). ◆ *n* falta *f*.

found [faʊnd] *pt* & *pp* → **find**. ◆ *vt* fundar.

foundation (**cream**) [faʊn'deɪʃn-] *n* base *f* (hidratante).

foundations [faʊn'deɪʃnz] *npl* cimientos *mpl*.

fountain ['faʊntɪn] *n* fuente *f*.

fountain pen *n* pluma *f*, pluma *f* fuente *Amér*.

four [fɔː'] *num* cuatro → **six**.

fourteen [ˌfɔː'tiːn] *num* catorce → **six**.

fourteenth [ˌfɔː'tiːnθ] *num* decimocuarto(ta) → **sixth**.

fourth [fɔːθ] *num* cuarto(ta) → **sixth**.

FOURTH OF JULY

El 4 de julio, también llamado "Día de la Independencia", es una de las fiestas nacionales de mayor importancia en los Estados Unidos; conmemora la consecución de la independencia en el año 1776 respecto de Inglaterra. Como parte de los festejos, en muchas ciudades de ese país se organizan desfiles por las calles, y por la noche se encienden castillos de fuegos artificiales en los que predominan los colores rojo, blanco y azul. Los edificios se decoran con adornos de estos mismos colores o con banderas estadounidenses. Mucha gente sale de la ciudad, va de picnic con la familia y, siguiendo la tradición, come perritos calientes y sandía.

---

four-wheel drive n coche m con tracción a las cuatro ruedas.

fowl [faʊl] (pl inv) n volatería f.

fox [fɒks] n zorro m.

foyer ['fɔɪeɪ] n vestíbulo m.

fraction ['frækʃn] n fracción f.

fracture ['fræktʃə*] n fractura f. ◆ vt fracturar, romper.

fragile ['frædʒaɪl] adj frágil.

fragment ['frægmənt] n fragmento m.

fragrance ['freɪgrəns] n fragancia f.

frail [freɪl] adj débil.

frame [freɪm] n (of window, photo, door) marco m; (of glasses) montura f; (of tent, bicycle, bed) armazón m. ◆ vt (photo, picture) enmarcar.

France [frɑːns] n Francia f.

frank [fræŋk] adj franco(ca).

frankfurter ['fræŋkfɜːtə*] n salchicha f de Fráncfort.

frankly ['fræŋklɪ] adv francamente.

frantic ['fræntɪk] adj frenético(ca).

fraud [frɔːd] n (crime) fraude m.

freak [friːk] n estrafalario(ria).

◆ n inf (fanatic) fanático m, -ca f.

freckles ['freklz] npl pecas fpl.

free [friː] adj libre; (costing nothing) gratis inv. ◆ vt (prisoner) liberar. ◆ adv (without paying) gratis; ~ of charge gratis; **to be ~ to do sthg** ser libre de hacer algo.

freedom ['friːdəm] n libertad f.

freefone ['friːfəʊn] n Br teléfono m gratuito.

free gift n obsequio m.

free house n Br "pub" no controlado por una compañía cervecera.

free kick n tiro m libre.

freelance ['friːlɑːns] adj autónomo(ma).

freely ['friːlɪ] adv (available) fácilmente; (speak) francamente; (move) libremente.

free period n hora f libre.

freepost ['friːpəʊst] n franqueo m pagado.

free-range adj de granja.

free time n tiempo m libre.

freeway ['friːweɪ] n Am autopista f.

freeze [friːz] (pt froze, pp frozen) vt congelar. ◆ vi helarse. ◆ v impers helar.

freezer ['friːzə*] n (deep freeze) arcón m congelador; (part of fridge) congelador m.

freezing ['friːzɪŋ] adj helado(da); **it's ~** hace un frío cortante.

freezing point n: **below ~** bajo cero.

freight [freɪt] n (goods) mercancías fpl.

French [frentʃ] adj francés(esa). ◆ n (language) francés m. ◆ npl: **the** ~ los franceses.

French bean n judía f verde.

French bread n pan m de barra.

French dressing n (in UK) vinagreta *f*; *(in US)* salsa *f* rosa.

French fries *npl* patatas *fpl* OR papas *Amér* fritas.

French windows *npl* puertaventanas *fpl*.

frequency ['fri:kwənsı] *n* frecuencia *f*.

frequent ['fri:kwənt] *adj* frecuente.

frequently ['fri:kwəntlı] *adv* frecuentemente.

fresh [freʃ] *adj* fresco(ca); *(bread)* del día; *(coffee)* recién hecho; *(refreshing)* refrescante; *(water)* dulce; *(developments, instructions, start)* nuevo(va); *(news)* reciente; **to get some ~ air** tomar el aire.

fresh cream *n* nata *f* (*no artificial*) *Esp*, crema *f* natural *Amér*.

freshen ['freʃn] ♦ **freshen up** *vi* refrescarse.

freshly ['freʃlı] *adv* recién.

Fri *(abbr of Friday)* v.

Friday ['fraıdı] *n* viernes *m inv* → **Saturday**.

fridge [frıdʒ] *n* nevera *f*, refrigerador *m*.

fried egg [fraıd-] *n* huevo *m* frito.

fried rice [fraıd-] *n* arroz *m* frito, mezclado a veces con huevo, carne o verduras, servido como acompañamiento de platos chinos.

friend [frend] *n* amigo *m*, -ga *f*; **to be ~s with sb** ser amigo de alguien; **to make ~s with sb** hacerse amigo de alguien.

friendly ['frendlı] *adj (kind)* amable; **to be ~ with sb** ser amigo(ga) de alguien.

friendship ['frendʃɪp] *n* amistad *f*.

fries [fraız] = **French fries**.

fright [fraıt] *n* terror *m*; **to give sb a ~** darle un susto a alguien.

frighten ['fraıtn] *vt* asustar.

frightened ['fraıtnd] *adj* asustado(da); **to be ~ of** tener miedo a.

frightening ['fraıtnıŋ] *adj* aterrador(ra).

frightful ['fraıtful] *adj* horrible.

frilly ['frılı] *adj* con volantes.

fringe [frındʒ] *n Br (of hair)* flequillo *m*, cerquillo *m Amér*; *(of clothes, curtain etc)* fleco *m*.

frisk [frısk] *vt* cachear.

fritter ['frıtə'] *n* buñuelo *m*.

fro [frəʊ] *adv* → **to**.

frog [frɒg] *n* rana *f*.

---

from [*weak form* frəm, *strong form* frɒm] *prep* **-1.** *(expressing origin, source)* de; **I'm ~ Spain** soy de España; **I bought it ~ a supermarket** lo compré en un supermercado; **the train ~ Manchester** el tren *(procedente)* de Manchester.
- 2. *(expressing removal, separation)* de; **away ~ home** fuera de casa; **to take sthg (away) ~ sb** quitarle algo a alguien; **10% will be deducted ~ the total** se descontará un 10% del total.
- 3. *(expressing distance)* de; **five miles ~ London** a cinco millas de Londres.
- 4. *(expressing position)* desde; **~ here you can see the valley** desde aquí se ve el valle.
- 5. *(expressing starting point)* desde; **~ now on** de ahora en adelante; **open ~ nine to five** abierto de nueve a cinco; **tickets are ~ £10** hay entradas desde 10 libras.
- 6. *(expressing change)* de; **the price has gone up ~ £1 to £2** el precio ha subido de 1 a 2 libras.
- 7. *(expressing range)*: **it could take ~ two to six months** podría tardar entre dos y seis meses.
- 8. *(as a result of)* de; **I'm tired ~**

fund

walking estoy cansado de haber andado tanto.
- **9.** *(expressing protection)* de; **sheltered ~ the wind** resguardado del viento.
- **10.** *(in comparisons)*: **different ~** diferente a.

---

fromage frais [,frɒmaːʒ'freɪ] *n* tipo *m* de queso fresco.

front [frʌnt] *adj* delantero(ra). ◆ *n (foremost part)* parte *f* delantera; *(of building)* fachada *f*; *(of weather)* frente *m*; *(by the sea)* paseo *m* marítimo; **in ~** delante, adelante *Amér*; **to be in ~** ir ganando; **in ~ of** delante de.

front door *n* puerta *f* principal.

frontier [frʌn'tɪə[r]] *n* frontera *f*.

front page *n* portada *f*, primera plana *f*.

front seat *n* asiento *m* delantero.

frost [frɒst] *n (on ground)* escarcha *f*; *(cold weather)* helada *f*.

frosty ['frɒstɪ] *adj (morning, weather)* de helada.

froth [frɒθ] *n* espuma *f*.

frown [fraʊn] *n* ceño *m*. ◆ *vi* fruncir el ceño.

froze [frəʊz] *pt* → **freeze**.

frozen ['frəʊzn] *pp* → **freeze**. ◆ *adj* helado(da); *(food)* congelado(da).

fruit [fruːt] *n* fruta *f*; **a piece of ~** una fruta; **~s of the forest** frutas del bosque.

fruit cake *n* pastel *m* de pasas y frutas confitadas.

fruit juice *n* zumo *m Esp* OR jugo *m Amér* de fruta.

fruit machine *n Br* máquina *f* tragaperras *Esp* OR tragamonedas.

fruit salad *n* macedonia *f* (de frutas).

frustrating [frʌ'streɪtɪŋ] *adj* frustrante.

frustration [frʌ'streɪʃn] *n* frustración *f*.

fry [fraɪ] *vt* freír.

frying pan ['fraɪŋ-] *n* sartén *f*.

ft *abbr* = **foot, feet**.

fudge [fʌdʒ] *n* caramelo fabricado con leche, azúcar y mantequilla.

fuel [fjʊəl] *n* combustible *m*.

fuel pump *n* surtidor *m* de gasolina.

fulfil [fʊl'fɪl] *vt Br (promise, duty, conditions)* cumplir; *(need)* satisfacer; *(role)* desempeñar.

fulfill [fʊl'fɪl] *Am* = **fulfil**.

full [fʊl] *adj (filled)* lleno(na); *(complete)* completo(ta); *(maximum)* máximo(ma); *(busy)* atareado(da); *(flavour)* rico(ca). ◆ *adv* de lleno; **I'm ~ (up)** estoy lleno; **~ of** lleno de; **in ~** íntegramente.

full board *n* pensión *f* completa.

full-cream milk *n* leche *f* entera.

full-length *adj (skirt, dress)* largo (ga) (hasta los pies).

full moon *n* luna *f* llena.

full stop *n* punto *m*.

full-time *adj* de jornada completa. ◆ *adv* a tiempo completo.

fully ['fʊlɪ] *adv (completely)* completamente.

fully-licensed *adj* autorizado para vender bebidas alcohólicas durante el horario completo establecido legalmente.

fumble ['fʌmbl] *vi*: **to ~ for sthg** buscar algo a tientas.

fun [fʌn] *n (amusement)* diversión *f*; **it's good ~** es muy divertido; **for ~** de broma; **to have ~** divertirse; **to make ~ of** burlarse de.

function ['fʌŋkʃn] *n (role)* función *f*; *(formal event)* acto *m*. ◆ *vi* funcionar.

fund [fʌnd] *n* fondo *m*. ◆ *vt* financiar. □ **funds** *npl* fondos *mpl*.

fundamental [ˌfʌndə'mentl] *adj* fundamental.

funeral ['fjuːnərəl] *n* funeral *m*.

funfair ['fʌnfeəʳ] *n* parque *m* de atracciones.

funky ['fʌŋkɪ] *adj inf (music)* funky *(inv)*.

funnel ['fʌnl] *n (for pouring)* embudo *m*; *(on ship)* chimenea *f*.

funny ['fʌnɪ] *adj (person)* gracioso (sa); *(strange)* divertido(da); *(strange)* raro(ra); **to feel ~ (ill)** sentirse raro.

fur [fɜːʳ] *n (on animal)* pelaje *m*; *(garment)* piel *f*.

furious ['fjʊərɪəs] *adj* furioso(sa).

furnished ['fɜːnɪʃt] *adj* amueblado(da).

furnishings ['fɜːnɪʃɪŋz] *npl* mobiliario *m*.

furniture ['fɜːnɪtʃəʳ] *n* muebles *mpl*; **a piece of ~** un mueble.

furry ['fɜːrɪ] *adj* peludo(da).

further ['fɜːðəʳ] *compar* → **far**. ◆ *adv (in distance)* más lejos; *(more)* más. ◆ *adj (additional)* otro (otra); **until ~ notice** hasta nuevo aviso.

furthermore [ˌfɜːðə'mɔːʳ] *adv* además.

furthest ['fɜːðɪst] *superl* → **far**. ◆ *adj (most distant)* más lejano(na). ◆ *adv (in distance)* más lejos.

fuse [fjuːz] *n (of plug)* fusible *m*; *(on bomb)* mecha *f*. ◆ *vi (plug)* fundirse; *(electrical device)* estropearse.

fuse box *n* caja *f* de fusibles.

fuss [fʌs] *n (agitation)* jaleo *m*; *(complaints)* quejas *fpl*.

fussy ['fʌsɪ] *adj (person)* quisquilloso(sa).

future ['fjuːtʃəʳ] *n* futuro *m*. ◆ *adj* futuro(ra); **in ~** de ahora en adelante.

G

g *(abbr of gram)* g.

gable ['geɪbl] *n* aguilón *m*.

gadget ['gædʒɪt] *n* artilugio *m*.

Gaelic ['geɪlɪk] *n* gaélico *m*.

gag [gæg] *n inf (joke)* chiste *m*.

gain [geɪn] *vt (get more of)* ganar; *(achieve)* conseguir; *(subj: clock, watch)* adelantarse. ◆ *vi (get benefit)* beneficiarse. ◆ *n (improvement)* mejora *f*; *(profit)* ganancia *f*.

gale [geɪl] *n* vendaval *m*.

gallery ['gælərɪ] *n (for art etc)* galería *f*; *(at theatre)* gallinero *m*.

gallon ['gælən] *n (in UK)* = 4,546 litros, galón *m*; *(in US)* = 3,785 litros, galón *m*.

gallop ['gæləp] *vi* galopar.

gamble ['gæmbl] *n* riesgo *m*. ◆ *vi (bet money)* apostar.

gambling ['gæmblɪŋ] *n* juego *m (de dinero)*.

game [geɪm] *n* juego *m*; *(of football, tennis, cricket)* partido *m*; *(of chess, cards, snooker)* partida *f*; *(wild animals, meat)* caza *f*. ❏ **games** *n SCH* deportes *mpl*. ◆ *npl (sporting event)* juegos *mpl*.

game show *n* programa *m* concurso.

gammon ['gæmən] *n* jamón *m*.

gang [gæŋ] *n (of criminals)* banda *f*; *(of friends)* pandilla *f*.

gangster ['gæŋstəʳ] *n* gángster *m*.

gaol [dʒeɪl] *Br* = **jail**.

gap [gæp] *n (space)* hueco *m*; *(of time)* intervalo *m*; *(difference)* discordancia *f*.

gap year *n* año libre que algunos estudiantes se toman antes de entrar en la universidad, frecuentemente para viajar.

garage ['gærɑːʒ, 'gærɪdʒ] *n (for keeping car)* garaje *m*, garage *m Amér*; *Br (for petrol)* gasolinera *f*; *(for repairs)* taller *m* (de reparaciones); *Br (for selling cars)* concesionario *m* (de automóviles).

GARAGE SALE

Las "garage sales" son muy populares en los Estados Unidos. Cuando la gente quiere deshacerse de objetos o pertenencias que ya no necesita - libros, ropa, muebles, herramientas, etc. -, monta un tenderete para venderlos en la puerta, dentro de la casa, en el jardín o incluso en la calle, delante de la casa. Estas ventas aparecen anunciadas en los periódicos locales o en carteles colocados en puntos concurridos del barrio.

garbage ['gɑːbɪdʒ] *n Am (refuse)* basura *f*.

garbage can *n Am* cubo *m* de la basura.

garbage truck *n Am* camión *m* de la basura.

garden ['gɑːdn] *n* jardín *m*. ◆ *vi* trabajar en el jardín. ❏ **gardens** *npl (public park)* jardines *mpl*.

garden centre *n* centro *m* de jardinería.

gardener ['gɑːdnə'] *n* jardinero *m*, -ra *f*.

gardening ['gɑːdnɪŋ] *n* jardi-

nería *f*.

garden peas *npl* guisantes *mpl*.

garlic ['gɑːlɪk] *n* ajo *m*.

garlic bread *n* pan untado con mantequilla y ajo y cocido al horno.

garlic butter *n* mantequilla *f* con ajo.

garment ['gɑːmənt] *n* prenda *f* (de vestir).

garnish ['gɑːnɪʃ] *n (herbs, vegetables)* adorno *m*; *(sauce)* guarnición *f*. ◆ *vt* adornar.

gas [gæs] *n* gas *m*; *Am (petrol)* gasolina *f*.

gas cooker *n Br* cocina *f* OR estufa *f Col, Méx* de gas.

gas cylinder *n* bombona *f* OR tanque *m* de gas.

gas fire *n Br* estufa *f* de gas.

gasket ['gæskɪt] *n* junta *f* (de culata).

gas mask *n* máscara *f* antigás.

gasoline ['gæsəliːn] *n Am* gasolina *f*.

gasp [gɑːsp] *vi (in shock, surprise)* ahogar un grito.

gas pedal *n Am* acelerador *m*.

gas station *n Am* gasolinera *f*.

gas stove *Br* = **gas cooker**.

gas tank *n Am* depósito *m* OR tanque *m* de gasolina.

gasworks ['gæswɜːks] *(pl inv)* *n* fábrica *f* de gas.

gate [geɪt] *n (to garden, field)* puerta *f*; *(at airport)* puerta *f* de embarque.

gâteau ['gætəʊ] *(pl -x [-z])* *n Br* tarta *f* (con nata).

gateway ['geɪtweɪ] *n* entrada *f*.

gather ['gæðə'] *vt (collect)* recoger; *(speed)* ganar; *(understand)* deducir. ◆ *vi* reunirse.

gaudy ['gɔːdɪ] *adj* chillón(ona).

gauge [geɪdʒ] *n (for measuring)* indicador m; (of railway track) ancho m de vía. ◆ vt (calculate) calibrar.

gauze [gɔːz] n gasa f.

gave [geɪv] pt → give.

gay [geɪ] adj (homosexual) homosexual.

gaze [geɪz] vi: to ~ at mirar fijamente.

GB (abbr of Great Britain) GB.

GCSE n examen final de enseñanza media en Gran Bretaña.

gear [gɪə] n (wheel) engranaje m; (speed) marcha f, velocidad f; (equipment, clothes) equipo m; (belongings) cosas fpl; in ~ con una marcha metida.

gearbox ['gɪəbɒks] n caja f de cambios OR velocidades.

gear lever n palanca f de cambios.

gear shift Am = gear lever.

gear stick Br = gear lever.

geese [giːs] pl → goose.

gel [dʒel] n (for hair) gomina f, gel m; (for shower) gel m (de ducha).

gelatine [ˌdʒeləˈtiːn] n gelatina f.

gem [dʒem] n piedra f preciosa.

gender ['dʒendə] n género m.

general ['dʒenərəl] adj general. ◆ n general m; in ~ (as a whole) en general; (usually) generalmente.

general anaesthetic n anestesia f general.

general election n elecciones fpl generales.

generally ['dʒenərəli] adv en general.

general practitioner [-prækˈtɪʃənə] n médico m, -ca f de cabecera.

general store n tienda f de ultramarinos.

generate ['dʒenəreɪt] vt generar.

generation [ˌdʒenəˈreɪʃn] n generación f.

generator ['dʒenəreɪtə] n generador m.

generosity [ˌdʒenəˈrɒsəti] n generosidad f.

generous ['dʒenərəs] adj generoso(sa).

genetically [dʒɪˈnetɪkli] adv genéticamente; ~ modified transgénico(ca), modificado genéticamente.

genitals ['dʒenɪtlz] npl genitales mpl.

genius ['dʒiːnjəs] n genio m.

gentle ['dʒentl] adj (careful) cuidadoso(sa); (kind) dulce, amable; (movement, breeze) suave.

gentleman ['dʒentlmən] (pl -men [-mən]) n (man) señor m; (well-behaved man) caballero m; **'gentlemen'** 'caballeros'.

gently ['dʒentli] adv (carefully) con cuidado.

gents [dʒents] n Br caballeros mpl.

genuine ['dʒenjuɪn] adj (authentic) auténtico(ca); (sincere) sincero(ra).

geographical [dʒɪəˈgræfɪkl] adj geográfico(ca).

geography [dʒɪˈɒgrəfi] n geografía f.

geology [dʒɪˈɒlədʒi] n geología f.

geometry [dʒɪˈɒmətri] n geometría f.

Georgian ['dʒɔːdʒən] adj georgiano(na).

geranium [dʒɪˈreɪnjəm] n geranio m.

German ['dʒɜːmən] adj alemán (ana). ◆ n (person) alemán m, (ana f); (language) alemán m.

German measles n rubéola f.

Germany ['dʒɜːməni] n Alemania f.

germs [dʒɜːmz] npl microbios mpl.

gesture [ˈdʒestʃəˈ] n (movement) gesto m.

get [get] (Br pt & pp **got**, Am pt **got**, pp **gotten**) vt -1. (obtain) conseguir; **I got some crisps from the shop** compré unas patatas fritas en la tienda; **she got a job** consiguió un trabajo; **I ~ a lot of enjoyment from it** me gusta mucho (hacerlo). -2. (receive) recibir; **I got a book for Christmas** me regalaron un libro por Navidades. -3. (means of transport) coger, tomar (Amér); **let's ~ a taxi** ¡vamos a coger un taxi! -4. (fetch) traer; **could you ~ me the boss?** (in shop) ¿puedo ver al jefe?; (on phone) ¿puede ponerme con el jefe?; **~ me a drink** tráeme algo de beber. -5. (illness) coger, agarrar (Amér); **I've got a cold** tengo un catarro. -6. (cause to become, do): **to ~ sthg done** mandar hacer algo; **to ~ sb to do sthg** hacer que alguien haga algo; **can I ~ my car repaired here?** ¿pueden arreglarme el coche aquí?; **to ~ sthg ready** preparar algo. -7. (move): **to ~ sthg out** sacar algo; **I can't ~ it through the door** no puedo meterlo por la puerta. -8. (understand) entender; **to ~ a joke** coger un chiste. -9. (time, chance) tener; **we didn't ~ the chance to see everything** no tuvimos la oportunidad de verlo todo. -10. (phone) contestar. -11. (in phrases): **you ~ a lot of rain here in winter** aquí llueve mucho en invierno.
◆ vi -1. (become) ponerse; **it's getting late** se está haciendo tarde; **to ~ dark** oscurecer; **to ~ lost** perderse; **to ~ ready** prepararse; **~ lost!** inf

¡vete a la porra! -2. (into particular state, position) meterse; **how do you ~ to Luton from here?** ¿cómo se puede ir a Luton desde aquí?; **to ~ into the car** meterse en el coche. -3. (arrive) llegar; **when does the train ~ here?** ¿a qué hora llega el tren? -4. (in phrases): **to ~ to do sthg** llegar a hacer algo.
◆ aux vb: **to ~ delayed** retrasarse; **to ~ killed** resultar muerto. ❑ **get back** vi (return) volver. ❑ **get in** vi (arrive) llegar; (enter) entrar. ❑ **get off** vi (leave train, bus) bajarse; (depart) salir. ❑ **get on** vi (enter train, bus) subirse; (in relationship) llevarse; **how are you getting on?** ¿cómo te va? ❑ **get out** vi (of car, bus, train) bajarse. ❑ **get through** vi (on phone) conseguir comunicar. ❑ **get up** vi levantarse.

get-together n inf reunión f.

ghastly [ˈgɑːstlɪ] adj inf (very bad) horrible.

gherkin [ˈgɜːkɪn] n pepinillo m.

ghetto blaster [ˈgetəʊˌblɑːstəˈ] n inf radiocasete portátil de gran tamaño y potencia.

ghost [gəʊst] n fantasma m.

giant [ˈdʒaɪənt] adj gigantesco(ca).
◆ n (in stories) gigante m.

giblets [ˈdʒɪblɪts] npl menudillos mpl.

giddy [ˈgɪdɪ] adj (dizzy) mareado(da).

gift [gɪft] n (present) regalo m; (talent) don m.

gifted [ˈgɪftɪd] adj (talented) dotado(da); (very intelligent) superdotado(da).

gift shop n tienda f de souvenirs.

gift voucher n Br vale m (para can-

jear por un regalo).

gig [gɪg] *n inf* concierto *m* (de música pop).

gigantic [dʒaɪˈgæntɪk] *adj* gigantesco(ca).

giggle [ˈgɪgl] *vi* reírse a lo tonto.

gimmick [ˈgɪmɪk] *n* reclamo *m*.

gin [dʒɪn] *n* ginebra *f*; **~ and tonic** gin tonic *m*.

ginger [ˈdʒɪndʒəʳ] *n* jengibre *m*. ◆ *adj (colour)* rojizo(za).

ginger ale *n* ginger-ale *m*.

ginger beer *n refresco de jengibre con bajo contenido en alcohol.*

gingerbread [ˈdʒɪndʒəbred] *n* pan *m* de jengibre.

gipsy [ˈdʒɪpsɪ] *n* gitano *m*, -na *f*.

giraffe [dʒɪˈrɑːf] *n* jirafa *f*.

girl [gɜːl] *n (child, daughter)* niña *f*; *(young woman)* chica *f*.

girlfriend [ˈgɜːlfrend] *n (of boy, man)* novia *f*; *(of girl, woman)* amiga *f*.

Girl Guide *n Br* exploradora *f*.

Girl Scout *Am* = **Girl Guide**.

giro [ˈdʒaɪrəʊ] *(pl* **-s**) *n (system)* giro *m*.

give [gɪv] *(pt* **gave**, *pp* **given** [ˈgɪvn]) *vt* dar; *(a laugh, look, cry) (attention)* prestar; *(time)* dedicar; **to ~ sb sthg** *(hand over, convey)* dar algo a alguien; *(as present)* regalar algo a alguien; **to ~ sthg a push** empujar algo; **to ~ sb a kiss** dar un beso a alguien; **~ or take** más o menos; **"~ way"** 'ceda el paso'. □ **give away** *vt sep (get rid of)* regalar; *(reveal)* revelar. □ **give back** *vt sep* devolver. □ **give in** *vi* ceder. □ **give off** *vt fus* despedir. □ **give out** *vt sep (distribute)* repartir. □ **give up** *vt sep (seat)* ceder. ◆ *vi (stop smoking)* dejar de fumar; *(admit defeat)* darse por vencido; **to ~ up cigarettes** o **smoking** dejar de fumar.

given name [ˈgɪvn-] *n Am* nombre *m* de pila.

glacier [ˈglæsjəʳ] *n* glaciar *m*.

glad [glæd] *adj* contento(ta); **to be ~ to do sthg** tener mucho gusto en hacer algo.

gladly [ˈglædlɪ] *adv (willingly)* con mucho gusto.

glamorous [ˈglæmərəs] *adj* atractivo(va).

glance [glɑːns] *n* vistazo *m*. ◆ *vi*: **to ~ (at)** echar un vistazo (a).

gland [glænd] *n* glándula *f*.

glandular fever [ˈglændjʊlə-] *n* mononucleosis *f inv* infecciosa.

glare [gleəʳ] *vi (person)* lanzar una mirada asesina; *(sun, light)* brillar.

glass [glɑːs] *n (material)* cristal *m*; *(container, glassful)* vaso *m*. ◆ *adj* de cristal. □ **glasses** *npl* gafas *fpl*.

glassware [ˈglɑːsweəʳ] *n* cristalería *f*.

glen [glen] *n Scot* cañada *f*.

glider [ˈglaɪdəʳ] *n* planeador *m*.

glimpse [glɪmps] *vt* vislumbrar.

glitter [ˈglɪtəʳ] *vi* relucir.

global warming [ˌgləʊbl-ˈwɔːmɪŋ] *n* calentamiento *m* de la atmósfera.

globe [gləʊb] *n (with map)* globo *m* (terráqueo); **the ~** *(Earth)* la Tierra *f*.

gloomy [ˈgluːmɪ] *adj (room, day)* oscuro(ra); *(person)* melancólico(ca).

glorious [ˈglɔːrɪəs] *adj (weather, sight)* espléndido(da); *(victory, history)* glorioso(sa).

glory [ˈglɔːrɪ] *n* gloria *f*.

gloss [glɒs] *n (shine)* brillo *m*; **~ (paint)** pintura *f* de esmalte.

glossary [ˈglɒsərɪ] *n* glosario *m*.

glossy [ˈglɒsɪ] *adj (magazine, photo)* de papel satinado.

glove [glʌv] *n* guante *m*.

glove compartment n guantera f.

glow [gləʊ] n fulgor m. ◆ vi brillar, lucir.

glucose ['glu:kəʊs] n glucosa f.

glue [glu:] n pegamento m. ◆ vt pegar.

GM (abbr of genetically modified) adj transgénico(ca); ◇ **foods/products** alimentos/productos mpl transgénicos.

gnat [næt] n mosquito m.

gnaw [nɔ:] vt roer.

GNVQ (abbr of general national vocational qualification) n Br curso de formación profesional de dos años.

🖙

go [gəʊ] (pt **went**, pp **gone**, pl **goes**) vi - 1. (move, travel, attend) ir; **to ~ home** irse a casa; **to ~ to Spain** ir a España; **to ~ by bus** ir en autobús; **to ~ to church/school** ir a misa/la escuela; **to ~ for a walk** ir a dar una vuelta; **to ~ and do sthg** ir a hacer algo; **to ~ shopping** ir de compras; **where does this path ~?** ¿adónde lleva este camino? - 2. (leave) irse; (bus) salir; **it's time to ~** ya es hora de irse; **~ away!** ¡largo de aquí! - 3. (become) ponerse; **she went pale** se puso pálida; **the milk has gone sour** la leche se ha cortado. - 4. (expressing intention, probability, certainty): **to be going to do sthg** ir a hacer algo. - 5. (function) funcionar; **the car won't ~** el coche no funciona. - 6. (stop working) estropearse; **the fuse has gone** se ha fundido el plomo. - 7. (pass) pasar. - 8. (progress) ir; **to ~ well** ir bien; **how's it going?** ¿qué tal te va? - 9. (bell, alarm) sonar. - 10. (match, be appropriate): **to ~ with** ir bien con. - 11. (be sold) venderse; **'everything must ~'** 'liquidación total'. - 12. (fit) caber. - 13. (belong) ir. - 14. (in phrases): **on! ¡venga!; to let ~ of sthg** soltar algo; **to ~** Am (to take away) para llevar; **there are three weeks to ~** faltan tres semanas. ◆ n - 1. (turn) turno m; **it's your ~** te toca a ti. - 2. (attempt) jugada f; **to have a ~ at sthg** probar algo; **'50p a ~'** 'a 50 peniques la jugada'. ❑ **go ahead** vi (take place) tener lugar; **go ~!** ¡adelante! ❑ **go back** vi volver. ❑ **go down** vi (price, standard) bajar; (sun) ponerse; (tyre) deshincharse. ❑ **go down** vt fus inf pillar, pescar. ❑ **go in** vi entrar. ❑ **go off** vi (alarm, bell) sonar; (food) estropearse; (milk) cortarse; (stop operating) apagarse. ❑ **go on** vi (happen) ocurrir, pasar; (start operating) encenderse; **to ~ on doing sthg** seguir haciendo algo. ❑ **go out** vi (leave house) salir; (light, fire, cigarette) apagarse; **to ~ out (with sb)** salir (con alguien); **to ~ out for a meal** cenar fuera. ❑ **go over** vt fus (check) repasar. ❑ **go round** vi (revolve) girar; **there isn't enough to ~ round** no hay bastante para todos. ❑ **go through** vt fus (experience) pasar (por); (spend) gastar; (search) registrar. ❑ **go up** vi (increase) subir. ❑ **go with** vt fus (be included with) venir con. ❑ **go without** vt fus pasar sin.

goal [gəʊl] n (posts) portería f; (point scored) gol m; (aim) objetivo m.

goalkeeper ['gəʊl,ki:pəʳ] n portero m, -ra f.

goalpost ['gəʊlpəʊst] n poste m (de la portería).

goat [gəʊt] n cabra f.

gob [gɒb] n Br inf (mouth) pico m.

god [gɒd] n dios m. ❑ **God** n Dios m.

goddaughter ['gɒd,dɔ:tə'] n ahijada f.

godfather ['gɒd,fɑ:ðə'] n padrino m.

godmother ['gɒd,mʌðə'] n madrina f.

gods [gɒdz] npl: **the ~** Br inf (in theatre) gallinero.

godson ['gɒdsʌn] n ahijado m.

goes [gəʊz] ➙ **go.**

goggles ['gɒglz] npl (for swimming) gafas fpl Esp or anteojos mpl Amér submarinas; (for skiing) gafas Esp anteojos & Amér de esquí.

going ['gəʊɪŋ] adj (available) disponible; **the ~ rate** el precio actual.

go-kart [-kɑ:t] n kart m.

gold [gəʊld] n oro m. ◆ adj de oro.

goldfish ['gəʊldfɪʃ] (pl inv) n pez m de colores.

gold-plated [-'pleɪtɪd] adj chapado(da) en oro.

golf [gɒlf] n golf m.

golf ball n pelota f de golf.

golf club n (place) club m de golf; (piece of equipment) palo m de golf.

golf course n campo m de golf.

golfer ['gɒlfə'] n jugador m, -ra f de golf.

gone [gɒn] pp ➙ **go.** ◆ prep Br: **it's ~ ten** ya pasa de las.

good [gʊd] (compar **better**, superl **best**) adj bueno(na). ◆ n el bien; **that's very ~ of you** es muy amable por tu parte; **be ~!** ¡pórtate bien!; **to have a ~ time** pasarlo bien; **I'm ~ at maths** se me dan bien las matemáti-

cas; **a ~ ten minutes** diez minutos por lo menos; **in ~ time** a tiempo de sobra; **to make ~ sthg** compensar algo; **for ~** para siempre; **for the ~ of** en bien de; **to do sb ~** sentarle bien a alguien; **it's no ~** (there's no point) no vale la pena; **~ afternoon!** ¡buenas tardes!; **~ evening!** (in the evening) ¡buenas tardes!; (at night) ¡buenas noches!; **~ morning!** ¡buenos días!; **~ night!** ¡buenas noches! ❑ **goods** npl productos mpl.

goodbye [,gʊd'baɪ] excl ¡adiós!

Good Friday n Viernes m inv Santo.

good-looking [-'lʊkɪŋ] adj guapo(pa).

goose [gu:s] (pl **geese**) n ganso m.

gooseberry ['gʊzbərɪ] n grosella f espinosa.

gorge [gɔ:dʒ] n desfiladero m.

gorgeous ['gɔ:dʒəs] adj (day, meal, countryside) magnífico(ca); (person) inf (good-looking) estar buenísimo (ma).

gorilla [gə'rɪlə] n gorila mf.

gossip ['gɒsɪp] n (talk) cotilleo m. ◆ vi cotillear.

gossip column n ecos mpl OR crónica f de sociedad.

got [gɒt] pt & pp ➙ **get.**

gotten ['gɒtn] pp Am ➙ **get.**

goujons ['gu:dʒɒnz] npl fritos mpl (rebozados).

goulash ['gu:læʃ] n gulasch m.

gourmet ['gʊəmeɪ] n gastrónomo m, -ma f. ◆ adj para gastrónomos.

govern ['gʌvən] vt gobernar.

government ['gʌvnmənt] n gobierno m.

gown [gaʊn] n (dress) vestido m (de noche).

GP n (abbr of general practitioner) médico de cabecera.

grab [græb] *vt* (*grasp*) agarrar; (*snatch away*) arrebatar.

graceful ['greɪsful] *adj* elegante.

grade [greɪd] *n* (*quality*) clase *f*; (*in exam*) nota *f*, calificación *f*; *Am* (*year at school*) curso *m*.

grade crossing *n Am* paso *m* a nivel.

gradient ['greɪdjənt] *n* pendiente *f*.

gradual ['grædʒʊəl] *adj* paulatino (na).

gradually ['grædʒʊəlɪ] *adv* paulatinamente.

graduate [*n* 'grædʒʊət, *vb* 'grædʒʊeɪt] *n* (*from university*) licenciado *m*, -da *f*; *Am* (*from high school*) ≃ bachiller *mf*. ◆ *vi* (*from university*) licenciarse; *Am* (*from high school*) ≃ obtener el título de bachiller.

ⓘ GRADUATE SCHOOL

En los Estados Unidos, muchos licenciados siguen con sus estudios para conseguir un máster o un doctorado. El máster requiere de uno a dos años de estudios de posgrado y luego es posible conseguir el doctorado, el cual se puede conseguir después de otros dos o tres años más y con la presentación de una tesis doctoral. Los que desean matricularse en "graduate school" tienen que presentarse a un examen nacional (el GRE). Aunque los cursos de "graduate school" suelen ser una opción algo cara, hoy día, en muchos campos, un título de este tipo se considera casi imprescindible para conseguir un buen empleo.

graduation [ˌgrædʒʊ'eɪʃn] *n* (*cere-*

mony) graduación *f*.

graffiti [grə'fiːtɪ] *n* pintadas *fpl*, graffiti *mpl*.

grain [greɪn] *n* (*seed, granule*) grano *m*; (*crop*) cereales *mpl*.

gram [græm] *n* gramo *m*.

grammar ['græmə'] *n* gramática *f*.

grammar school *n* (*in UK*) colegio de enseñanza secundaria tradicional para alumnos de 11 a 18 años, con examen de acceso.

gramme [græm] = **gram**.

gramophone ['græməfəʊn] *n* gramófono *m*.

gran [græn] *n Br inf* abuelita *f*.

grand [grænd] *adj* (*impressive*) grandioso(sa). ◆ *n inf* (£1,000) mil libras *fpl*; ($1,000) mil dólares *mpl*.

grandchild ['græntʃaɪld] (*pl* **-children** [-ˌtʃɪldrən]) *n* nieto *m*, -ta *f*.

granddad ['grændæd] *n inf* abuelito *m*.

granddaughter ['grænˌdɔːtə'] *n* nieta *f*.

grandfather ['grændˌfɑːðə'] *n* abuelo *m*.

grandma ['grænmɑː] *n inf* abuelita *f*.

grandmother ['grænˌmʌðə'] *n* abuela *f*.

grandpa ['grænpɑː] *n inf* abuelito *m*.

grandparents ['grænˌpeərənts] *npl* abuelos *mpl*.

grandson ['grænsʌn] *n* nieto *m*.

granite ['grænɪt] *n* granito *m*.

granny ['grænɪ] *n inf* abuelita *f*.

grant [grɑːnt] *n* (*for study*) beca *f*; *POL* subvención *f*. ◆ *vt fml* (*give*) conceder; **to take sthg/sb for ~ ed** no saber apreciar algo/a alguien por lo que vale.

grape [greɪp] *n* uva *f*.

grapefruit ['greɪpfruːt] n pomelo m Esp, toronja f Amér.

grapefruit juice n zumo m de pomelo, jugo m de toronja Amér.

graph [grɑːf] n gráfico m.

graph paper n papel m cuadriculado.

grasp [grɑːsp] vt (grip) agarrar; (understand) entender.

grass [grɑːs] n (plant) hierba f, pasto m Amér; (lawn) césped m, pasto m Amér; 'keep off the ~' 'prohibido pisar el césped'.

grasshopper ['grɑːsˌhɒpə'] n saltamontes m inv.

grate [greɪt] n parrilla f.

grated ['greɪtɪd] adj rallado(da).

grateful ['greɪtfʊl] adj agradecido(da).

grater ['greɪtə'] n rallador m.

gratitude ['grætɪtjuːd] n agradecimiento m.

gratuity [grə'tjuːɪtɪ] n fml propina f.

grave¹ [greɪv] adj (mistake, news, concern) grave. ◆ n tumba f.

grave² [grɑːv] adj (accent) grave.

gravel ['grævl] n gravilla f.

graveyard ['greɪvjɑːd] n cementerio m.

gravity ['grævətɪ] n gravedad f.

gravy ['greɪvɪ] n salsa f de carne.

gray [greɪ] Am = **grey**.

graze [greɪz] vt (injure) rasguñar.

grease [griːs] n grasa f.

greaseproof paper ['griːspruːf-] n Br papel m de cera.

greasy ['griːsɪ] adj (tools, clothes, food) grasiento(ta); (skin, hair) graso(sa).

great [greɪt] adj grande; (very good) estupendo(da); (that's) ~! ¡genial!; to have a ~ time pasarlo genial.

Great Britain n Gran Bretaña.

GREAT BRITAIN

Gran Bretaña es la isla que comprende Inglaterra, Escocia y Gales. No debe confundirse con el Reino Unido, que incluye además Irlanda del Norte, ni tampoco con las islas Británicas, que incluyen además la República de Irlanda, las Islas de Man, las Orcadas, las Shetland y las islas del Canal de la Mancha.

great-grandfather n bisabuelo m.

great-grandmother n bisabuela f.

greatly ['greɪtlɪ] adv enormemente.

Greece [griːs] n Grecia.

greed [griːd] n (for food) glotonería f; (for money) codicia f.

greedy ['griːdɪ] adj (for food) glotón(ona); (for money) codicioso(sa).

Greek [griːk] adj griego(ga). ◆ n (person) griego m, (ga f); (language) griego m.

green [griːn] adj verde; inf (inexperienced) novato(ta). ◆ n (colour) verde m; (in village) pequeña zona de hierba accesible a todo el mundo; (on golf course) green m. ❑ **greens** npl (vegetables) verduras fpl.

green beans npl judías fpl verdes.

green card n Br (for car) seguro de automóvil para viajar al extranjero; Am (work permit) permiso m de residencia y trabajo (para EEUU).

GREEN CARD

Aunque ya no sea verde, este es

el nombre que se le sigue dando al documento que permite a un ciudadano extranjero vivir y trabajar en los Estados Unidos. El trámite para obtenerlo es largo y complicado. Quienes lo solicitan deben ser parientes cercanos de un ciudadano americano o empleados de una empresa americana, o bien demostrar que tienen recursos para poder invertir una cantidad importante de dinero en la economía estadounidense.

green channel *n* pasillo en la aduana para la gente sin artículos que declarar.

greengage ['griːŋgeɪdʒ] *n* ciruela *f* claudia.

greengrocer's ['griːnˌɡrəʊsəz] *n (shop)* verdulería *f.*

greenhouse ['griːnhaʊs, *pl* -haʊzɪz] *n* invernadero *m.*

greenhouse effect *n* efecto *m* invernadero.

green light *n* luz *f* verde.

green pepper *n* pimiento *m* verde.

green salad *n* ensalada *f* verde.

greet [griːt] *vt (say hello to)* saludar.

greeting ['griːtɪŋ] *n* saludo *m.*

grenade [grəˈneɪd] *n* granada *f.*

grew [gruː] *pt → grow.*

grey [greɪ] *adj (in colour)* gris; *(weather)* nublado(da). ◆ *n* gris *m*; **he's going ~** le están saliendo canas.

greyhound ['greɪhaʊnd] *n* galgo *m.*

① GREYHOUND BUS

Tal vez el medio de transporte más económico para viajar por los Estados Unidos sea el autobús. Los "Greyhound Buses" son los únicos que cubren todas las partes de los Estados Unidos y también llegan a algunas partes de Canadá y México. También son importantes porque ofrecen un servicio a muchas zonas del país que carecen de líneas aéreas comerciales.

grid [grɪd] *n (grating)* reja *f*; *(on map etc)* cuadrícula *f.*

grief [griːf] *n* pena *f*, aflicción *f*; **to come to ~** *(plan)* ir al traste.

grieve [griːv] *vi*: **to ~ for** llorar por.

grill [grɪl] *n (on cooker)* grill *m*; *(for open fire, part of restaurant)* parrilla *f*; *(beefburger)* hamburguesa *f.* ◆ *vt* asar a la parrilla.

grille [grɪl] *n* AUT rejilla *f.*

grilled [grɪld] *adj* asado(da) a la parrilla.

grim [grɪm] *adj (expression)* adusto (ta); *(news, reality)* deprimente.

grimace [ˈgrɪməs] *n* mueca *f.*

grimy [ˈgraɪmɪ] *adj* mugriento(ta).

grin [grɪn] *n* sonrisa *f* (amplia). ◆ *vi* sonreír (ampliamente).

grind [graɪnd] *(pt & pp* **ground***) vt (pepper, coffee)* moler.

grip [grɪp] *vt (hold)* agarrar. ◆ *n (of tyres)* adherencia *f*; *(handle)* asidero *m*; *(bag)* bolsa *f* de viaje; **to have a ~ on sthg** agarrar algo.

gristle [ˈgrɪsl] *n* cartílago *m.*

groan [grəʊn] *n* gemido *m.* ◆ *vi (in pain)* gemir; *(complain)* quejarse.

groceries [ˈgrəʊsərɪz] *npl* comestibles *mpl.*

grocer's [ˈgrəʊsəz] *n (shop)* tienda *f* de comestibles.

grocery [ˈgrəʊsərɪ] *n (shop)* tienda *f*

de comestibles.

groin [grɔɪn] n ingle f.

groove [gruːv] n ranura f.

grope [grəʊp] vi: to ~ around for sthg buscar algo a tientas.

gross [grəʊs] adj (weight, income) bruto(ta).

grossly ['grəʊslɪ] adv (extremely) enormemente.

grotty ['grɒtɪ] adj Br inf cochambroso(sa).

ground [graʊnd] pt & pp → **grind**. ◆ n (surface of earth) suelo m ; (soil) tierra f; SPORT campo m. ◆ adj (coffee) molido(da). ◆ vt: to be ~ed (plane) tener que permanecer en tierra; Am (child) no poder salir por estar castigado; **below ~** bajo tierra. ❑ **grounds** npl (of building) jardines mpl; (of coffee) poso m; (reason) razones fpl.

ground floor n planta f baja.

groundsheet ['graʊndʃiːt] n tela f impermeable (para tienda de campaña).

group [gruːp] n grupo m.

grouse [graʊs] (pl inv) n urogallo m.

grovel ['grɒvl] vi (be humble) humillarse.

grow [grəʊ] (pt grew, pp grown) vi crecer; (become) volverse. ◆ vt (plant, crop) cultivar; (beard) dejarse crecer. ❑ **grow up** vi hacerse mayor.

growl [graʊl] vi (dog) gruñir.

grown [grəʊn] pp → **grow**.

grown-up adj adulto(ta). ◆ n persona f mayor.

growth [grəʊθ] n (increase) aumento m; MED bulto m.

grub [grʌb] n inf (food) papeo m.

grubby ['grʌbɪ] adj mugriento(ta).

grudge [grʌdʒ] n rencor m. ◆ vt: to ~ sb sthg dar algo a alguien de mala

gana.

grueling ['gruːəlɪŋ] Am = **gruelling**.

gruelling ['gruːəlɪŋ] adj Br agotado(a).

gruesome ['gruːsəm] adj horripilante.

grumble ['grʌmbl] vi refunfuñar.

grumpy ['grʌmpɪ] adj inf cascarrabias (inv).

grunt [grʌnt] vi gruñir.

guarantee [ˌgærən'tiː] n garantía f. ◆ vt garantizar.

guard [gɑːd] n (of prisoner etc) guardia mf; Br (on train) jefe m de tren; (protective cover) protector m. ◆ vt (watch over) guardar; **to be on one's ~** estar en guardia.

Guatemala [ˌgwɑːtə'mɑːlə] n Guatemala.

Guatemalan [ˌgwɑːtə'mɑːlən] adj guatemalteco(ca). ◆ n guatemalteco m, -ca f.

guess [ges] n suposición f. ◆ vt adivinar. ◆ vi suponer; **I ~ (so)** me imagino (que sí).

guest [gest] n (in home) invitado m, -da f; (in hotel) huésped mf.

guesthouse ['gesthaʊs, pl -haʊzɪz] n casa f de huéspedes.

guestroom ['gestrʊm] n cuarto m de los huéspedes.

guidance ['gaɪdəns] n orientación f.

guide [gaɪd] n (for tourists) guía mf; (guidebook) guía f. ◆ vt guiar. ❑ **Guide** n Br exploradora f.

guidebook ['gaɪdbʊk] n guía f.

guide dog n perro m lazarillo.

guided tour ['gaɪdɪd-] n visita f guiada.

guidelines ['gaɪdlaɪnz] npl directrices fpl.

guilt [gɪlt] n (feeling) culpa f; JUR culpabilidad f.

guilty ['gɪltɪ] adj culpable.

guinea pig ['gɪnɪ-] n conejillo m de Indias.

guitar [gɪ'tɑ:] n guitarra f.

guitarist [gɪ'tɑ:rɪst] n guitarrista mf.

gulf [gʌlf] n (of sea) golfo m.

Gulf War n: the ~ la Guerra del Golfo.

gull [gʌl] n gaviota f.

gullible ['gʌləbl] adj ingenuo (nua).

gulp [gʌlp] n trago m.

gum [gʌm] n (chewing gum, bubble gum) chicle m; (adhesive) pegamento m. □ **gums** npl (in mouth) encías fpl.

gun [gʌn] n (pistol) pistola f; (rifle) escopeta f; (cannon) cañón m.

gunfire ['gʌnfaɪə] n disparos mpl.

gunshot ['gʌnʃɒt] n tiro m.

gust [gʌst] n ráfaga f.

gut [gʌt] n inf (stomach) buche m, barriga f. □ **guts** npl inf (intestines) tripas fpl; (courage) agallas fpl.

gutter ['gʌtə] n (beside road) cuneta f; (of house) canalón m Esp, canaleta f.

guy [gaɪ] n inf (man) tío m Esp, tipo m. □ **guys** npl Am inf (people) tíos mpl Esp, gente f.

Guy Fawkes Night [-'fɔ:ks-] n Br el 5 de noviembre.

ⓘ GUY FAWKES NIGHT

Esta fiesta, que también se conoce como "Bonfire Night", se celebra en Inglaterra cada 5 de noviembre con hogueras y fuegos artificiales. Conmemora el descubrimiento en 1605 del "Gunpowder Plot", una conjuración católica para volar el Parlamento de Londres y asesinar al rey Jaime I. Es tradicional, en los días anteriores a la fiesta, que los niños hagan monigotes de uno de los conspiradores, Guy Fawkes, y los lleven por las calles recolectando dinero. Estos monigotes luego se queman en las hogueras del 5 de noviembre.

guy rope n cuerda f (de tienda de campaña).

gym [dʒɪm] n (place) gimnasio m; (school lesson) gimnasia f.

gymnast ['dʒɪmnæst] n gimnasta mf.

gymnastics [dʒɪm'næstɪks] n gimnasia f.

gym shoes npl zapatillas fpl de gimnasia.

gynaecologist [ˌgaɪnə'kɒlədʒɪst] n ginecólogo m, -ga f.

gypsy ['dʒɪpsɪ] = **gipsy**.

H

H (abbr of hot) C (en grifo); (abbr of hospital) H.

habit ['hæbɪt] n costumbre f.

hacksaw ['hæksɔ:] n sierra f para metales.

had [hæd] pt & pp → **have**.

haddock ['hædək] (pl inv) n eglefino m.

hadn't ['hædnt] = **had not**.

haggis ['hægɪs] n plato típico escocés hecho con las asaduras del cordero, harina de avena y especias.

haggle ['hægl] vi regatear.

hail [heɪl] n granizo m. ◆ v impers: **it's ~ing** está granizando.

hailstone ['heɪlstəʊn] n granizo m.

hair [heəʳ] n pelo m; (on skin) vello m; to have one's ~ cut cortarse el pelo; to wash one's ~ lavarse el pelo.

hairband ['heəbænd] n turbante m (banda elástica).

hairbrush ['heəbrʌʃ] n cepillo m (del pelo).

hairclip ['heəklɪp] n prendedor m (del pelo).

haircut ['heəkʌt] n (style) corte m (de pelo); to have a ~ cortarse el pelo.

hairdo ['heəduː] n (pl -s) peinado m.

hairdresser ['heə‚dresəʳ] n peluquero m, -ra f; ~'s (salon) peluquería f; to go to the ~'s ir a la peluquería.

hairdryer ['heə‚draɪəʳ] n secador m (del pelo).

hair gel n gomina f.

hairgrip ['heəgrɪp] n Br horquilla f.

hairnet ['heənet] n redecilla f (para el pelo).

hairpin bend ['heəpɪn-] n curva f muy cerrada.

hair remover [-rɪ‚muːvəʳ] n depilatorio m.

hair slide n prendedor m.

hairspray ['heəspreɪ] n laca f (para el pelo).

hairstyle ['heəstaɪl] n peinado m.

hairy ['heərɪ] adj peludo(da).

half [Br hɑːf, Am hæf] (pl halves) n (50%) mitad f; (of match) tiempo m; (half pint) media pinta f; (child's ticket) billete m medio. ◆ adj medio(dia). ◆ adv: ~ cooked a medio cocinar; ~ full medio lleno; I'm ~ Scottish soy medio escocés; four and a ~ cuatro y medio; ~ past seven las siete y media; ~ as big as la mitad de

grande que; an hour and a ~ una hora y media; ~ an hour media hora; ~ a dozen media docena; ~ price a mitad de precio.

half board n media pensión f.

half-day n media jornada f.

half fare n medio billete m Esp, medio boleto m Amér.

half portion n media ración f.

half-price adj a mitad de precio.

half term n Br semana de vacaciones escolares a mitad de cada trimestre.

half time n descanso m.

halfway [hɑːf'weɪ] adv: ~ between a mitad de camino entre; ~ through the film a mitad de la película.

halibut ['hælɪbət] (pl inv) n halibut m.

hall [hɔːl] n (of house) vestíbulo m; (large room) sala f; (building) pabellón m; (country house) mansión f.

hallmark ['hɔːlmɑːk] n (on silver, gold) contraste m.

hallo [həˈləʊ] = hello.

hall of residence n colegio m mayor Esp, residencia f universitaria.

Halloween [‚hæləʊˈiːn] n el 31 de octubre.

Halloween, que se celebra el 31 de octubre, es tradicionalmente la noche en que se aparecen los fantasmas y brujas. Los niños se disfrazan y visitan a sus vecinos jugando a "trick or treat", un juego en que amenazan con gastar una broma si no se les da dinero o golosinas. En Gran Bretaña y Estados Unidos son tradicionales las calabazas vaciadas en cuyo interior se coloca una vela que ilumina a través de una cara recortada en la corteza.

halt [hɔːlt] *vi* detenerse. ◆ *n*: to come to a ~ detenerse.

halve [*Br* hɑːv, *Am* hæv] *vt (reduce by half)* reducir a la mitad; *(divide in two)* partir por la mitad.

halves [*Br* hɑːvz, *Am* hævz] *pl* → half.

ham [hæm] *n* jamón *m*.

hamburger ['hæmbɜːgəʳ] *n (beef-burger)* hamburguesa *f*; *Am (mince)* carne *f* picada *Esp* OR molida.

hamlet ['hæmlɪt] *n* aldea *f*.

hammer ['hæməʳ] *n* martillo *m*. ◆ *vt (nail)* clavar.

hammock ['hæmək] *n* hamaca *f*.

hamper ['hæmpəʳ] *n* cesta *f*. ◆ *vt (hinder)* obstaculizar.

hamster ['hæmstəʳ] *n* hámster *m*.

hamstring ['hæmstrɪŋ] *n* tendón *m* de la corva.

hand [hænd] *n* mano *f*; *(of clock, watch, dial)* aguja *f*; **to give sb a ~** echar una mano a alguien; **to get out of ~** hacerse incontrolable; **by ~** a mano; **in ~** *(time)* de sobra; **on the one ~** por una parte; **on the other ~** por otra parte. ❑ **hand in** *vt sep* entregar. ❑ **hand out** *vt sep* repartir. ❑ **hand over** *vt sep (give)* entregar.

handbag ['hændbæg] *n* bolso *m Esp*, cartera *f*.

handbasin ['hændbeɪsn] *n* lavabo *m*.

handbook ['hændbʊk] *n* manual *m*.

handbrake ['hændbreɪk] *n* freno *m* de mano.

hand cream *n* crema *f* de manos.

handcuffs ['hændkʌfs] *npl* esposas *fpl*.

handful ['hændfʊl] *n (amount)* puñado *m*.

handicap ['hændɪkæp] *n (physical, mental)* incapacidad *f*; *(disadvantage)* desventaja *f*.

handicapped ['hændɪkæpt] *adj* disminuido(da). ◆ *npl*: **the ~** los minusválidos.

handkerchief ['hæŋkətʃɪf] *(pl* -chiefs OR -chieves [-tʃiːvz]*)* *n* pañuelo *m*.

handle ['hændl] *n (round)* pomo *m*; *(long)* manilla *f*; *(of knife, pan)* mango *m*; *(of suitcase)* asa *f*. ◆ *vt (touch)* tocar; *(deal with)* encargarse de; '~ with care' 'frágil'.

handlebars ['hændlbɑːz] *npl* manillar *m*, manubrio *m Amér*.

hand luggage *n* equipaje *m* de mano.

handmade [ˌhænd'meɪd] *adj* hecho(cha) a mano.

handout ['hændaʊt] *n (leaflet)* hoja *f* informativa.

handrail ['hændreɪl] *n* barandilla *f*.

handset ['hændset] *n* auricular *m (de teléfono)*; **'please replace the ~'** mensaje que avisa que el teléfono está descolgado.

handshake ['hændʃeɪk] *n* apretón *m* de manos.

handsome ['hænsəm] *adj (man)* guapo.

handstand ['hændstænd] *n* pino *m*.

handwriting ['hændˌraɪtɪŋ] *n* letra *f*.

handy ['hændɪ] *adj (useful)* práctico(ca); *(good with one's hands)* mañoso(sa); *(near)* a mano; **to come in ~** *inf* venir de maravilla.

hang [hæŋ] *(pt & pp* hung*)* *vt (on hook, wall etc)* colgar; *(execute: pt & pp* hanged*)* ahorcar. ◆ *vi (be sus-*

pended) colgar. ◆ *n*: **to get the ~ of sthg** coger el tranquillo a algo. ▫ **hang about** *vi Br inf* pasar el rato. ▫ **hang around** *inf* = **hang about.** ▫ **hang down** *vi* caer, estar colgado. ▫ **hang on** *vi inf (wait)* esperar. ▫ **hang out** ◆ *vt sep* tender. ◆ *vi inf (spend time)* pasar el rato. ▫ **hang up** *vi (on phone)* colgar.

hanger ['hæŋər] *n* percha *f Esp*, gancho *m Amér*.

hang gliding [-'glaɪdɪŋ] *n* vuelo *m* con ala delta.

hangover ['hæŋˌəʊvər] *n* resaca *f*.

hankie ['hæŋkɪ] *n inf* pañuelo *m*.

happen ['hæpən] *vi* pasar; **I ~ed to be alone** dio la casualidad de que estaba solo.

happily ['hæpɪlɪ] *adv (luckily)* afortunadamente.

happiness ['hæpɪnɪs] *n* felicidad *f*.

happy ['hæpɪ] *adj* feliz; **to be ~ about sthg** *(satisfied)* estar contento (ta) con algo; **to be ~ to do sthg** estar muy dispuesto(ta) a hacer algo; **to be ~ with sthg** estar contento con algo; **Happy Birthday!** ¡Feliz Cumpleaños! **Happy Christmas!** ¡Feliz Navidad! **Happy New Year!** ¡Feliz Año Nuevo!

happy hour *n inf* tiempo en que las bebidas se venden a precio reducido en un bar.

harassment ['hærəsmənt] *n* acoso *m*.

harbor ['hɑːbər] *Am* = **harbour.**

harbour ['hɑːbər] *n Br* puerto *m*.

hard [hɑːd] *adj* duro(ra); *(difficult, strenuous)* difícil; *(blow, push, frost)* fuerte. ◆ *adv (try, work, rain)* mucho; *(listen)* atentamente; *(hit)* con fuerza.

hardback ['hɑːdbæk] *n* edición *f* en pasta dura.

hardboard ['hɑːdbɔːd] *n* aglome-

rado *m*.

hard-boiled egg [-bɔɪld-] *n* huevo *m* duro.

hardcover ['hɑːrdˌkʌvər] *n Am* edición *f* en pasta dura.

hard disk *n* disco *m* duro.

hardly ['hɑːdlɪ] *adv* apenas; **~ ever** casi nunca.

hardship ['hɑːdʃɪp] *n (difficult conditions)* privaciones *fpl*; *(difficult circumstance)* dificultad *f*.

hard shoulder *n Br* arcén *m*.

hard up *adj inf* sin un duro.

hardware ['hɑːdweər] *n (tools, equipment)* artículos *mpl* de ferretería; *COMPUT* hardware *m*.

hardwearing [ˌhɑːd'weərɪŋ] *adj Br* resistente.

hardworking [ˌhɑːd'wɜːkɪŋ] *adj* trabajador(ra).

hare [heər] *n* liebre *f*.

harm [hɑːm] *n* daño *m*. ◆ *vt (person)* hacer daño a; *(object)* dañar; *(chances, reputation)* perjudicar.

harmful ['hɑːmfʊl] *adj* perjudicial.

harmless ['hɑːmlɪs] *adj* inofensivo(va).

harmonica [hɑː'mɒnɪkə] *n* armónica *f*.

harmony ['hɑːmənɪ] *n* armonía *f*.

harness ['hɑːnɪs] *n (for horse)* arreos *mpl*; *(for child)* andadores *mpl*.

harp [hɑːp] *n* arpa *f*.

harsh [hɑːʃ] *adj (conditions, winter)* duro(ra); *(cruel)* severo(ra); *(weather, climate)* inclemente; *(sound, voice)* áspero(ra).

harvest ['hɑːvɪst] *n* cosecha *f*.

has [weak form həz, strong form hæz] → **have.**

hash browns [hæʃ-] *npl Am* patatas cortadas en trozos y fritas con cebolla en forma de bola.

hasn't ['hæznt] = has not.

hassle ['hæsl] *n inf (problems)* jaleo *m; (annoyance)* fastidio *m*.

hastily ['heɪstɪlɪ] *adv (rashly)* a la ligera.

hasty ['heɪstɪ] *adj (hurried)* precipitado(da); *(rash)* irreflexivo(va).

hat [hæt] *n* sombrero *m*.

hatch [hætʃ] *n (for serving food)* ventanilla *f.* ◆ *vi (egg)* romperse.

hatchback ['hætʃ,bæk] *n* coche *m* con puerta trasera.

hatchet ['hætʃɪt] *n* hacha *f.*

hate [heɪt] *n* odio *m.* ◆ *vt* odiar; **to ~ doing sthg** odiar hacer algo.

hatred ['heɪtrɪd] *n* odio *m.*

haul [hɔːl] *vt* arrastrar. ◆ *n*: **a long ~** un buen trecho.

haunted ['hɔːntɪd] *adj (house)* encantado(da).

☞

have [hæv] *(pt & pp had) aux vb* - 1. *(to form perfect tenses)* haber; **I ~ finished** he terminado; **~ you been there?** - No, **I haven't** ¿has estado allí? - No; **we had already left** ya nos habíamos ido.
- 2. *(must)*: **to ~ (got) to do sthg** tener que hacer algo; **do you ~ to pay?** OR **~you got a double room?** ¿hay que pagar?
◆ *vt* - 1. *(possess)*: **to ~ (got)** tener; **do you ~ (got) a double room?** ¿tiene una habitación doble?; **she has (got) brown hair** tiene el pelo castaño.
- 2. *(experience)* tener; **to ~ a cold** tener catarro; **to ~ a good time** pasarlo bien.
- 3. *(replacing other verbs)*: **to ~ breakfast** desayunar; **to ~ dinner** cenar; **to ~ lunch** comer; **to ~ a drink** tomar algo; **to ~ a shower** ducharse; **to ~ a swim** ir a nadar; **to ~ a walk**

dar un paseo.
- 4. *(feel)* tener; **I ~ no doubt about it** no tengo ninguna duda.
- 5. *(invite)*: **to ~ sb round for dinner** invitar a alguien a cenar.
- 6. *(cause to be)*: **to ~ sthg done** hacer que se haga algo; **to ~ one's hair cut** cortarse el pelo.
- 7. *(be treated in a certain way)*: **I've had my wallet stolen** me han robado la cartera.

haversack ['hævəsæk] *n* mochila *f.*

havoc ['hævək] *n* estragos *mpl.*

hawk [hɔːk] *n* halcón *m.*

hawker ['hɔːkə'] *n* vendedor *m,* -ra *f* ambulante.

hay [heɪ] *n* heno *m.*

hay fever *n* alergia *f* primaveral.

haystack ['heɪ,stæk] *n* almiar *m.*

hazard ['hæzəd] *n* riesgo *m.*

hazardous ['hæzədəs] *adj* arriesgado(da).

hazard warning lights *npl Br* luces *fpl* de emergencia.

haze [heɪz] *n* neblina *f.*

hazel ['heɪzl] *adj* avellanado.

hazelnut ['heɪzl,nʌt] *n* avellana *f.*

hazy ['heɪzɪ] *adj (misty)* neblinoso (sa).

he [hiː] *pron* él; **~'s tall** (él) es alto.

head [hed] *n* cabeza *f; (of queue, page, letter)* principio *m; (of table, bed)* cabecera *f; (of company, department, school)* director *m,* -ra *f; (of beer)* espuma *f.* ◆ *vt* estar a la cabeza de. ◆ *vi* dirigirse hacia; **£10 a ~** diez libras por persona; **~s or tails?** ¿cara o cruz? ❏ **head for** *vt fus (place)* dirigirse a.

headache ['hedeɪk] *n (pain)* dolor *m* de cabeza; **I have a ~** me duele la cabeza.

head band *n Am* turbante *m (ban-*

da elástica).

heading ['hedɪŋ] n encabezamiento m.

headlamp ['hedlæmp] Br = **headlight**.

headlight ['hedlaɪt] n faro m.

headline ['hedlaɪn] n titular m.

headmaster [,hed'mɑːstə] n director m (de colegio).

headmistress [,hed'mɪstrɪs] n directora f (de colegio).

head of state n jefe m, -fa f de estado.

headphones ['hedfəʊnz] npl auriculares mpl.

headquarters [,hed'kwɔːtəz] npl sede f central.

headrest ['hedrest] n apoyacabezas m inv.

headroom ['hedrʊm] n (under bridge) altura f libre.

headscarf ['hedskɑːf] (pl -scarves [-skɑːvz]) n pañoleta f.

head start n ventaja f (desde el comienzo).

head teacher n director m, -ra f (de colegio).

head waiter n jefe m (de camareros).

heal [hiːl] vt curar. ◆ vi cicatrizar.

health [helθ] n salud f; to be in good ~ tener buena salud; to be in poor ~ tener mala salud; your (very) good ~! ¡a tu salud!

health centre n centro m de salud.

health food n alimentos mpl naturales.

health food shop n tienda f de alimentos naturales.

health insurance n seguro m médico.

healthy ['helθɪ] adj (person, skin) sa-

no(na); (good for one's health) saludable.

heap [hiːp] n montón m; ~s of inf montones de.

hear [hɪə] (pt & pp **heard** [hɜːd]) vt oír; JUR ver. ◆ vi oír; to ~ about sthg enterarse de algo; to ~ from sb tener noticias de alguien; to have heard of haber oído hablar de.

hearing ['hɪərɪŋ] n (sense) oído m; (at court) vista f; to be hard of ~ ser duro de oído.

hearing aid n audífono m.

heart [hɑːt] n corazón m; to know sthg (off) by ~ saberse algo de memoria; to lose ~ desanimarse. ❑ **hearts** npl (in cards) corazones mpl.

heart attack n infarto m.

heartbeat ['hɑːtbiːt] n latido m.

heartburn ['hɑːtbɜːn] n ardor m de estómago.

heart condition n: to have a ~ padecer del corazón.

hearth [hɑːθ] n chimenea f.

hearty ['hɑːtɪ] adj (meal) abundante.

heat [hiːt] n calor m; (specific temperature) temperatura f. ❑ **heat up** vt sep calentar.

heater ['hiːtə] n calentador m.

heath [hiːθ] n brezal m.

heather ['heðə] n brezo m.

heating ['hiːtɪŋ] n calefacción f.

heat wave n ola f de calor.

heave [hiːv] vt (push) empujar; (pull) tirar de.

Heaven ['hevn] n el cielo.

heavily ['hevɪlɪ] adv mucho.

heavy ['hevɪ] adj (in weight) pesado (da); (rain, fighting, traffic) intenso (sa); (losses, defeat) grave; (food) indigesto(ta); how ~ is it? ¿cuánto pesa?; to be a ~ smoker fumar mucho.

heavy cream *n* *Am* nata *f* para montar *Esp*, crema *f* doble *Amér*.

heavy goods vehicle *n* *Br* vehículo *m* pesado.

heavy industry *n* industria *f* pesada.

heavy metal *n* heavy metal *m*.

heckle ['hekl] *vt* reventar.

hectic ['hektɪk] *adj* ajetreado(da).

hedge [hedʒ] *n* seto *m*.

hedgehog ['hedʒhɒg] *n* erizo *m*.

heel [hi:l] *n* (of person) talón *m*; (of shoe) tacón *m*, taco *m* CSur.

hefty ['heftɪ] *adj* (person) fornido (da); (fine) considerable.

height [haɪt] *n* altura *f*; (of person) estatura *f*; (peak period) punto *m* álgido; **what ~ is it?** ¿cuánto mide?

heir [eəʳ] *n* heredero *m*.

heiress ['eərɪs] *n* heredera *f*.

held [held] *pt & pp* → **hold**.

helicopter ['helɪkɒptəʳ] *n* helicóptero *m*.

Hell [hel] *n* el infierno *m*.

he'll [hi:l] = **he will**.

hello [hə'ləʊ] *excl* (as greeting) ¡hola!; (when answering phone) ¡diga!, ¡bueno! (Amér); (when phoning, to attract attention) ¡oiga!

helmet ['helmɪt] *n* casco *m*.

help [help] *n* ayuda *f*. ◆ *vt & vi* ayudar. ◆ *excl* ¡socorro!; **I can't ~ it** no puedo evitarlo; **to ~ sb (to do sthg** ayudar a alguien a hacer algo; **to ~ o.s. (to sthg)** servirse (algo); **can I ~ you?** (in shop) ¿en qué puedo servirle? ◻ **help out** *vi* echar una mano.

help desk *n* mostrador *m* de ayuda.

helper ['helpəʳ] *n* (assistant) ayudante *mf*; *Am* (cleaner) mujer *f* de la impieza.

helpful ['helpfʊl] *adj* (person) atento(ta), servicial; (useful) útil.

helping ['helpɪŋ] *n* ración *f*.

helpless ['helplɪs] *adj* (person) indefenso(sa).

hem [hem] *n* dobladillo *m*.

hemophiliac [,hi:mə'fɪliæk] *n* hemofílico *m*.

hemorrhage ['hemərɪdʒ] *n* hemorragia *f*.

hen [hen] *n* (chicken) gallina *f*.

hepatitis [,hepə'taɪtɪs] *n* hepatitis *f inv*.

her [hɜ:ʳ] *adj* su, sus (pl). ◆ *pron*: **I know ~** la conozco; **it's ~** es ella; **send it to ~** envíaselo; **tell ~ to come** dile que venga; **he's worse than ~** él es peor que ella.

herb [hɜ:b] *n* hierba *f*.

herbal tea [,hɜ:bl-] *n* infusión *f*.

herd [hɜ:d] *n* (of sheep) rebaño *m*; (of cattle) manada *f*.

here [hɪəʳ] *adv* aquí; **~'s your book** aquí tienes tu libro; **~ you are** aquí tienes.

heritage ['herɪtɪdʒ] *n* patrimonio *m*.

hernia ['hɜ:njə] *n* hernia *f*.

hero ['hɪərəʊ] (pl **-es**) *n* héroe *m*.

heroin ['herəʊɪn] *n* heroína *f*.

heroine ['herəʊɪn] *n* heroína *f*.

heron ['herən] *n* garza *f* real.

herring ['herɪŋ] *n* arenque *m*.

hers [hɜ:z] *pron* suyo *m*, -ya *f*, suyos *mpl*, -yas *fpl*; **a friend of ~** un amigo suyo.

herself [hɜ:'self] *pron* (reflexive) se; (after prep) sí misma; **she did it ~** lo hizo ella sola.

hesitant ['hezɪtənt] *adj* indeciso (sa).

hesitate ['hezɪteɪt] *vi* vacilar.

hesitation [,hezɪ'teɪʃn] *n*

vacilación f.

heterosexual [ˌhetərəʊˈsekʃʊəl]
adj heterosexual. ◆ n heterosexual
mf.

hey [heɪ] excl inf ¡eh!, ¡oye!

HGV abbr = heavy goods vehicle.

hi [haɪ] excl inf ¡hola!

hiccup [ˈhɪkʌp] n: to have (the) ~s
tener hipo.

hide [haɪd] (pt hid [hɪd], pp hidden
[hɪdn]) vt esconder; (truth, feelings)
ocultar. ◆ vi esconderse. ◆ n (of animal) piel f.

hideous [ˈhɪdɪəs] adj horrible.

hi-fi [ˈhaɪfaɪ] n equipo m de alta fidelidad.

high [haɪ] adj alto(ta); (winds) fuerte; (good) bueno(na); (position, rank)
elevado(da); inf (from drugs) flipado
(da) Esp, drogado(da). ◆ n (weather
front) zona f de altas presiones.
◆ adv alto; **how ~ is it?** ¿cuánto mide?; **it's 10 metres ~** mide 10 metros
de alto.

high chair n silla f alta.

high-class adj de categoría.

Higher [ˈhaɪəʳ] n examen al final de la
enseñanza secundaria en Escocia.

higher education n enseñanza
f superior.

high heels npl tacones mpl altos.

high jump n salto m de altura.

Highland Games [ˈhaɪlənd-] npl
festival típico de Escocia.

Highlands [ˈhaɪləndz] npl: **the ~** las
tierras altas del norte de Escocia.

highlight [ˈhaɪlaɪt] n (best part) mejor parte f. ◆ vt (emphasize) destacar.
❑ **highlights** npl (of football match
etc) momentos mpl más interesantes;
(in hair) mechas fpl, reflejos mpl.

highly [ˈhaɪlɪ] adv (extremely) enormemente; (very well) muy bien.

high-pitched [-ˈpɪtʃt] adj agudo
(da).

high-rise building n rascacielos m inv.

high school n ≃ instituto m de
bachillerato.

high season n temporada f alta.

high-speed train n tren m de
alta velocidad.

high street n Br calle f mayor Esp
OR principal.

high tide n marea f alta.

highway [ˈhaɪweɪ] n Am (between
towns) autopista f; Br (any main road)
carretera f.

Highway Code n Br código m de
la circulación.

hijack [ˈhaɪdʒæk] vt secuestrar.

hijacker [ˈhaɪdʒækəʳ] n secuestrador m, -ra f.

hike [haɪk] n caminata f. ◆ vi ir de
excursión.

hiking [ˈhaɪkɪŋ] n: to go ~ ir de excursión.

hilarious [hɪˈleərɪəs] adj desternillante.

hill [hɪl] n colina f.

hillwalking [ˈhɪlwɔːkɪŋ] n senderismo m.

hilly [ˈhɪlɪ] adj montañoso(sa).

him [hɪm] pron: **I know ~** le conozco, lo conozco; **it's ~** es él; **send it to
~** envíaselo; **tell ~ to come** dile que
venga; **she's worse than ~** ella es
peor que él.

himself [hɪmˈself] pron (reflexive) se;
(after prep) sí mismo; **he did it ~** lo
hizo él solo.

hinder [ˈhɪndəʳ] vt estorbar.

Hindu [ˈhɪnduː] (pl -s) adj hindú.
◆ n (person) hindú mf.

hinge [hɪndʒ] n bisagra f.

hint [hɪnt] n (indirect suggestion) indirecta f; *(piece of advice)* consejo m; *(slight amount)* asomo m. ◆ vi: **to ~ at sthg** insinuar algo.

hip [hɪp] n cadera f.

hippopotamus [ˌhɪpə'pɒtəməs] n hipopótamo m.

hippy ['hɪpɪ] n hippy mf.

hire ['haɪəʳ] vt alquilar; **for ~** *(taxi)* libre; **'boats for ~'** 'se alquilan barcos'. □ **hire out** vt sep alquilar.

hire car n Br coche m de alquiler.

hire purchase n Br compra f a plazos.

his [hɪz] adj su, sus (pl). ◆ pron suyo m, -ya f, suyos mpl, -yas fpl; **a friend of ~** un amigo suyo.

historical [hɪ'stɒrɪkəl] adj histórico(ca).

history ['hɪstərɪ] n historia f; *(record)* historial m.

hit [hɪt] *(pt & pp hit)* vt *(strike on purpose)* pegar; *(collide with)* chocar contra; *(bang)* golpearse; *(a target)* alcanzar. ◆ n *(record, play, film)* éxito m; COMPUT visita f, hit m.

hit-and-run adj *(accident)* en que el conductor se da a la fuga.

hitch [hɪtʃ] n obstáculo m. ◆ vi hacer autoestop. ◆ vt: **to ~ a lift** conseguir que le lleven a uno en coche.

hitchhike ['hɪtʃhaɪk] vi hacer autoestop.

hitchhiker ['hɪtʃhaɪkəʳ] n autoestopista mf.

hive [haɪv] n *(of bees)* colmena f.

HIV-positive adj seropositivo (va).

hoarding ['hɔːdɪŋ] n Br *(for adverts)* valla f publicitaria.

hoarse [hɔːs] adj ronco(ca).

hoax [həʊks] n engaño m.

hob [hɒb] n encimera f.

hobby ['hɒbɪ] n hobby m.

hockey ['hɒkɪ] n *(on grass)* hockey m *(sobre hierba)* ; Am *(ice hockey)* hockey m sobre hielo.

hoe [həʊ] n azada f.

hold [həʊld] *(pt & pp held)* vt *(in hand, arms etc)* tener cogido OR agarrado Amér; *(keep in position)* sujetar; *(organize)* celebrar; *(contain)* contener; *(number of people)* tener cabida para; *(possess)* poseer. ◆ vi *(weather, luck)* mantenerse; *(offer)* seguir en pie; *(on telephone)* esperar. ◆ n *(of ship, aircraft)* bodega f; **to ~ sb prisoner** tener a alguien como prisionero; **~ the line, please** no cuelgue, por favor; **to put sb on ~** poner a alguien en espera. □ **hold back** vt sep *(restrain)* contener; *(keep secret)* ocultar. □ **hold on** vi *(wait)* esperar; *(on telephone)* no colgar; **to ~ on to sthg** *(grip)* agarrarse a algo. □ **hold out** vt sep *(extend)* extender. □ **hold up** vt sep *(delay)* retrasar.

holdall ['həʊldɔːl] n Br bolsa f de viaje.

holder ['həʊldəʳ] n *(of passport, licence)* titular mf; *(container)* soporte m.

holdup ['həʊldʌp] n *(delay)* retraso m.

hole [həʊl] n agujero m; *(in ground, in golf)* hoyo m.

holiday ['hɒlɪdeɪ] n Br *(period of time)* vacaciones fpl; *(day off)* fiesta f, día m festivo. ◆ vi Br veranear, ir de vacaciones; **to be on ~** estar de vacaciones; **to go on ~** ir de vacaciones.

holidaymaker ['hɒlɪdɪˌmeɪkəʳ] n Br turista mf.

holiday pay n Br sueldo m de vacaciones.

Holland ['hɒlənd] n Holanda f.

hollow ['hɒləʊ] adj hueco(ca).

holly ['hɒlɪ] n acebo m.

holy ['həʊlɪ] *adj* (*sacred*) sagrado (da), santo(ta).

home [həʊm] *n* (*house*) casa *f*; (*own country*) tierra *f*; (*one's family*) hogar *m*; (*for old people*) residencia *f* de ancianos. ◆ *adv* (*to one's house*) a casa; (*in one's house*) en casa. ◆ *adj* (*not foreign*) nacional ; (*cooking*) casero(ra); **at** ~ en casa; **make yourself at** ~ estás como en casa; **to go** ~ ir a casa; ~ **address** domicilio *m* particular; ~ **number** número *m* particular.

home help *n Br* asistente que ayuda en las tareas domésticas a enfermos y ancianos.

homeless ['həʊmlɪs] *npl:* **the** ~ los sin hogar.

homemade [,həʊm'meɪd] *adj* casero(ra).

homeopathic [,həʊmɪəʊ'pæθɪk] *adj* homeopático(ca).

Home Secretary *n Br* Ministro *m* del Interior.

homesick ['həʊmsɪk] *adj:* **to be** ~ tener morriña.

homework ['həʊmwɜːk] *n* deberes *mpl*.

homosexual [,həmə'sekʃʊəl] *adj* homosexual. ◆ *n* homosexual *mf*.

Honduran [hɒn'djʊərən] *adj* hondureño(ña). ◆ *n* hondureño *m*, -ña *f*.

Honduras [hɒn'djʊərəs] *n* Honduras.

honest ['ɒnɪst] *adj* (*trustworthy*) honrado(da) ; (*frank*) sincero(ra).

honestly ['ɒnɪstlɪ] *adv* (*truthfully*) honradamente ; (*frankly*) sinceramente.

honey ['hʌnɪ] *n* miel *f*.

honeymoon ['hʌnɪmuːn] *n* luna *f* de miel.

honor ['ɒnər] *Am* = **honour**.

honour ['ɒnər] *n Br* honor *m*.

honourable ['ɒnrəbl] *adj* honora-

ble.

hood [hʊd] *n* (*of jacket, coat*) capucha *f*; (*on convertible car*) capota *f*; *Am* (*car bonnet*) capó *m*, cofre *m Méx*.

hoof [huːf] *n* (*of horse*) casco *m*; (*of cow, goat*) pezuña *f*.

hook [hʊk] *n* (*for picture, coat*) gancho *m*; (*for fishing*) anzuelo *m*; **off the** ~ (*telephone*) descolgado.

hooligan ['huːlɪgən] *n* gamberro *m*, -rra *f*.

hoop [huːp] *n* aro *m*.

hoot [huːt] *vi* (*driver*) sonar.

Hoover® ['huːvər] *n Br* aspiradora *f*.

hop [hɒp] *vi* saltar a la pata coja.

hope [həʊp] *n* esperanza *f*. ◆ *vt* esperar que; **to** ~ **for sthg** esperar algo; **to** ~ **to do sthg** esperar hacer algo; **I** ~ **so** espero que sí.

hopeful ['həʊpfʊl] *adj* (*optimistic*) optimista.

hopefully ['həʊpfəlɪ] *adv* (*with luck*) con suerte.

hopeless ['həʊplɪs] *adj inf* (*useless*) inútil; (*without any hope*) desesperado(da).

horizon [hə'raɪzn] *n* horizonte *m*.

horizontal [,hɒrɪ'zɒntl] *adj* horizontal.

horn [hɔːn] *n* (*of car*) claxon *m*, bocina *f*; (*on animal*) cuerno *m*.

horoscope ['hɒrəskəʊp] *n* horóscopo *m*.

horrible ['hɒrəbl] *adj* horrible.

horrid ['hɒrɪd] *adj* (*person*) antipático(ca); (*place*) horroroso(sa).

horrific [hə'rɪfɪk] *adj* horrendo (da).

hors d'oeuvres [ɔː'dɜːvr] *npl* entremeses *mpl*.

horse [hɔːs] *n* caballo *m*.

horseback ['hɔːsbæk] *n:* **on** ~ a caballo.

horse chestnut *n* castaña *f* de Indias.

horsepower ['hɔːsˌpaʊə] *n* caballos *mpl* de vapor.

horse racing *n* carreras *fpl* de caballos.

horseradish (sauce) ['hɔːsˌrædɪʃ-] *n* salsa picante de rábano silvestre, que se suele servir con rosbif.

horse riding *n* equitación *f*.

horseshoe ['hɔːsʃuː] *n* herradura *f*.

hose(pipe) ['hɔʊz(paɪp)] *n* manguera *f*.

hosiery ['hɔʊzɪərɪ] *n* medias *fpl* y calcetines.

hospitable [hɒ'spɪtəbl] *adj* hospitalario(ria).

hospital ['hɒspɪtl] *n* hospital *m*; **in ~** en el hospital.

hospitality [ˌhɒspɪ'tælətɪ] *n* hospitalidad *f*.

host [həʊst] *n* (of party, event) anfitrión *m*, -ona *f*; (of show, TV programme) presentador *m*, -ra *f*.

hostage ['hɒstɪdʒ] *n* rehén *m*.

hostel ['hɒstl] *n* (youth hostel) albergue *m*.

hostess ['hɔʊstes] *n* (on plane) azafata *f*, aeromoza *f* Amér; (of party, event) anfitriona *f*.

host family *n* familia *f* de acogida.

hostile [*Br* 'hɒstaɪl, *Am* 'hɒstl] *adj* hostil.

hostility [hɒ'stɪlətɪ] *n* hostilidad *f*.

hot [hɒt] *adj* caliente; (spicy) picante; **to be ~** (person) tener calor; **it's ~** (weather) hace calor.

hot chocolate *n* chocolate *m* (bebida).

hot-cross bun *n* bollo con pasas y dibujo en forma de cruz que se come en Se-

mana Santa.

hot dog *n* perrito *m* caliente.

hotel [hɔʊ'tel] *n* hotel *m*.

hot line *n* teléfono *m* rojo.

hotplate ['hɒtpleɪt] *n* calentador *m*.

hotpot ['hɒtpɒt] *n* estofado de cabrito cubierto con patatas en rodajas y cocido al horno.

hot-water bottle *n* bolsa *f* de agua caliente.

hour ['aʊə] *n* hora *f*; **I've been waiting for ~s** llevo horas esperando.

hourly ['aʊəlɪ] ◆ *adj* por hora. ◆ *adv* (pay, charge) por hora; (depart) cada hora.

house [*n* haʊs, *pl* 'haʊzɪz, *vb* haʊz] *n* casa *f*; SCH división de los alumnos de una escuela para actividades extra-académicas. ◆ *vt* (person) alojar.

household ['haʊshəʊld] *n* hogar *m*.

housekeeping ['haʊsˌkiːpɪŋ] *n* quehaceres *mpl* domésticos.

House of Commons *n* Cámara *f* de los Comunes.

House of Lords *n* Cámara *f* de los Lores.

Houses of Parliament *npl Br* Parlamento *m* británico.

HOUSES OF PARLIAMENT

El Parlamento británico, conocido también como Palacio de Westminster, consta de dos cámaras: la de los Comunes y la de los Lores. Los edificios donde hoy se alojan fueron construidos a mediados del siglo XIX para reemplazar el antiguo Palacio, destruido por un incendio en 1834.

En estos últimos años, los Lores tienen cada vez menos poder.

housewife ['haʊswaɪf] (pl **-wives** [-waɪvz]) n ama f de casa.

house wine n vino m de la casa.

housework ['haʊswɜːk] n quehaceres mpl domésticos.

housing ['haʊzɪŋ] n (houses) vivienda f.

housing estate n Br urbanización de viviendas de protección oficial.

housing project Am = **housing estate**.

hovercraft ['hɒvəkrɑːft] n aerodeslizador m.

hoverport ['hɒvəpɔːt] n terminal f de aerodeslizador.

☞

how [haʊ] adv - 1. (asking about way or manner) cómo; ~ **does it work?** ¿cómo funciona?; **tell me** ~ **to do it** dime cómo se hace.

- 2. (asking about health, quality, event) cómo; ~ **are you?** ¿cómo estás?; ~ **are you doing?** ¿qué tal estás?; ~ **are things?** ¿cómo van las cosas?; - **do you do?** (greeting) ¿cómo está usted?; (answer) mucho gusto.

- 3. (asking about degree, amount): ~ **far?** ¿a qué distancia?; ~ **long?** ¿cuánto tiempo?; ~ **many?** ¿cuántos?; ~ **much?** ¿cuánto?; ~ **much is it?** ¿cuánto es?

- 4. (in phrases): ~ **about a drink?** ¿qué tal si tomamos algo?; ~ **lovely!** ¡qué precioso!

however [haʊ'evə'] adv (nevertheless) sin embargo; ~ **hard I try** por mucho que lo intente; ~ **easy it may be** por muy fácil que sea.

howl [haʊl] vi (dog) aullar; (person) gritar; (wind) bramar.

HP abbr Br = **hire purchase**.

HQ abbr = **headquarters**.

hubcap ['hʌbkæp] n tapacubos m inv.

hug [hʌg] vt abrazar. ◆ n: **to give sb a** ~ abrazar a alguien.

huge [hjuːdʒ] adj enorme.

hum [hʌm] vi (bee, machine) zumbar; (person) canturrear.

human ['hjuːmən] adj humano(na). ◆ n: ~ **(being)** ser m humano.

humanities [hjuː'mænətiz] npl humanidades fpl.

human rights npl derechos mpl humanos.

humble ['hʌmbl] adj humilde.

humid ['hjuːmɪd] adj húmedo(da).

humidity [hjuː'mɪdətɪ] n humedad f.

humiliating [hjuː'mɪlɪeɪtɪŋ] adj humillante.

humiliation [hjuː,mɪlɪ'eɪʃn] n humillación f.

hummus ['hʊməs] n puré de garbanzos, ajo y pasta de sésamo.

humor ['hjuːmər] Am = **humour**.

humorous ['hjuːmərəs] adj humorístico(ca).

humour ['hjuːmər] n humor m; **a sense of** ~ un sentido del humor.

hump [hʌmp] n (bump) montículo m; (of camel) joroba f.

hunch [hʌntʃ] n presentimiento m.

hundred ['hʌndrəd] num cien; **a** ~ cien; **a** ~ **and ten** ciento diez → **six**.

hundredth ['hʌndrətθ] num centésimo(ma) → **sixth**.

hung [hʌŋ] pt & pp → **hang**.

Hungarian [hʌŋ'geərɪən] adj húngaro(ra). ◆ n (person) húngaro m, (-ta f); (language) húngaro m.

Hungary ['hʌŋgərɪ] n Hungría.

hunger [ˈhʌŋgəʳ] n hambre f.

hungry [ˈhʌŋgrɪ] adj hambriento (ta); **to be ~** tener hambre.

hunt [hʌnt] n Br (for foxes) caza f (del zorro). ◆ vt (animals) cazar. ◆ vi (for animals) cazar; **to ~** (for sthg) (search) buscar (algo).

hunting [ˈhʌntɪŋ] n (for animals) caza f; Br (for foxes) caza del zorro.

hurl [hɜːl] vt arrojar.

hurricane [ˈhʌrɪkən] n huracán m.

hurry [ˈhʌrɪ] vt (person) meter prisa. ◆ vi apresurarse. ◆ n: **to be in a ~** tener prisa; **to do sthg in a ~** hacer algo de prisa. ❑ **hurry up** vi darse prisa.

hurt [hɜːt] (pt & pp hurt) vt hacerse daño en, lastimarse Amér; (emotionally) herir. ◆ vi doler; **my arm ~s** me duele el brazo; **to ~ o.s.** hacerse daño.

husband [ˈhʌzbənd] n marido m.

hustle [ˈhʌsl] n: **~ and bustle** bullicio m.

hut [hʌt] n cabaña f.

hyacinth [ˈhaɪəsɪnθ] n jacinto m.

hydrofoil [ˈhaɪdrəfɔɪl] n hidrofoil m.

hygiene [ˈhaɪdʒiːn] n higiene f.

hygienic [haɪˈdʒiːnɪk] adj higiénico(ca).

hymn [hɪm] n himno m.

hyperlink [ˈhaɪpəlɪŋk] n hiperenlace m, hipervínculo m.

hypermarket [ˈhaɪpəˌmɑːkɪt] n hipermercado m.

hyphen [ˈhaɪfn] n guión m.

hypocrite [ˈhɪpəkrɪt] n hipócrita mf.

hypodermic needle [ˌhaɪpəˈdɜːmɪk-] n aguja f hipodérmica.

hysterical [hɪsˈterɪkl] adj histérico(ca); inf (very funny) tronchante.

I

I [aɪ] pron yo; **I'm a doctor** soy médico.

ice [aɪs] n hielo m; (ice cream) helado m.

iceberg [ˈaɪsbɜːg] n iceberg m.

iceberg lettuce n lechuga f iceberg.

icebox [ˈaɪsbɒks] n Am refrigerador m.

ice-cold adj helado(da).

ice cream n helado m.

ice cube n cubito m de hielo.

ice hockey n hockey m sobre hielo.

Iceland [ˈaɪslənd] n Islandia.

ice lolly n Br polo m Esp, paleta f helada.

ice rink n pista f de hielo.

ice skates npl patines mpl de cuchilla.

ice-skating n patinaje m sobre hielo; **to go ~** ir a patinar.

icicle [ˈaɪsɪkl] n carámbano m.

icing [ˈaɪsɪŋ] n glaseado m.

icing sugar n azúcar m glas.

icy [ˈaɪsɪ] adj helado(da).

I'd [aɪd] = I would, I had.

ID n (abbr of identification) documentos mpl de identificación.

ID card n carné m de identidad.

idea [aɪˈdɪə] n idea f; **I've no ~** no tengo ni idea.

ideal [aɪˈdɪəl] adj ideal. ◆ n ideal m.

ideally [aɪˈdɪəlɪ] adv idealmente;

(suited) perfectamente.

identical [aɪˈdentɪkl] *adj* idéntico (ca).

identification [aɪˌdentɪfɪˈkeɪʃn] *n* identificación f.

identify [aɪˈdentɪfaɪ] *vt* identificar.

identity [aɪˈdentɪtɪ] *n* identidad f.

idiom [ˈɪdɪəm] *n (phrase)* locución f.

idiot [ˈɪdɪət] *n* idiota mf.

idle [ˈaɪdl] *adj (lazy)* perezoso(sa); *(not working)* parado(da). ◆ *vi (engine)* estar en punto muerto.

idol [ˈaɪdl] *n (person)* ídolo m.

idyllic [ɪˈdɪlɪk] *adj* idílico(ca).

i.e. *(abbr of id est)* i.e.

if [ɪf] *conj* si; ~ I were you yo que tú; ~ not *(otherwise)* si no.

ignition [ɪgˈnɪʃn] *n AUT* ignición f.

ignorant [ˈɪgnərənt] *adj pej* ignorante; to be ~ of desconocer.

ignore [ɪgˈnɔː] *vt* ignorar.

ill [ɪl] *adj* enfermo(ma); *(bad)* malo (la).

I'll [aɪl] = I will, I shall.

illegal [ɪˈliːgl] *adj* ilegal.

illegible [ɪˈledʒəbl] *adj* ilegible.

illegitimate [ˌɪlɪˈdʒɪtɪmət] *adj* ilegítimo(ma).

illiterate [ɪˈlɪtərət] *adj* analfabeto (ta).

illness [ˈɪlnɪs] *n* enfermedad f.

illuminate [ɪˈluːmɪneɪt] *vt* iluminar.

illusion [ɪˈluːʒn] *n (false idea)* ilusión f; *(visual)* ilusión óptica.

illustration [ˌɪləˈstreɪʃn] *n* ilustración f.

I'm [aɪm] = I am.

image [ˈɪmɪdʒ] *n* imagen f.

imaginary [ɪˈmædʒɪnrɪ] *adj* imaginario(ria).

imagination [ɪˌmædʒɪˈneɪʃn] *n* imaginación f.

imagine [ɪˈmædʒɪn] *vt* imaginar; *(suppose)* imaginarse que.

imitate [ˈɪmɪteɪt] *vt* imitar.

imitation [ˌɪmɪˈteɪʃn] *n* imitación f. ◆ *adj* de imitación.

immaculate [ɪˈmækjʊlət] *adj (very clean)* inmaculado(da); *(perfect)* impecable.

immature [ˌɪməˈtjʊəʳ] *adj* inmaduro(ra).

immediate [ɪˈmiːdjət] *adj (without delay)* inmediato(ta).

immediately [ɪˈmiːdjətlɪ] *adv (at once)* inmediatamente. ◆ *conj Br* en cuanto.

immense [ɪˈmens] *adj* inmenso (sa).

immersion heater [ɪˈmɜːʃn-] *n* calentador m de inmersión.

immigrant [ˈɪmɪgrənt] *n* inmigrante mf.

immigration [ˌɪmɪˈgreɪʃn] *n* inmigración f.

imminent [ˈɪmɪnənt] *adj* inminente.

immune [ɪˈmjuːn] *adj*: to be ~ to MED ser inmune a.

immunity [ɪˈmjuːnətɪ] *n MED* inmunidad f.

immunize [ˈɪmjuːnaɪz] *vt* inmunizar.

impact [ˈɪmpækt] *n* impacto m.

impair [ɪmˈpeəʳ] *vt (sight)* dañar; *(ability)* mermar; *(movement)* entorpecer.

impatient [ɪmˈpeɪʃnt] *adj* impaciente; to be ~ to do sthg estar impaciente por hacer algo.

imperative [ɪmˈperətɪv] *n* imperativo m.

imperfect [ɪmˈpɜːfɪkt] *n* imperfecto m.

impersonate [ɪmˈpɜːsəneɪt] *vt (for amusement)* imitar.

impertinent [ɪmˈpɜːtɪnənt] *adj* impertinente.

implement [*n* ˈɪmplɪmənt, *vb* ˈɪmplɪment] *n* herramienta *f*. ◆ *vt* llevar a cabo.

implication [ˌɪmplɪˈkeɪʃn] *n (consequence)* consecuencia *f*.

imply [ɪmˈplaɪ] *vt (suggest)* insinuar.

impolite [ˌɪmpəˈlaɪt] *adj* maleducado(da).

import [*n* ˈɪmpɔːt, *vb* ɪmˈpɔːt] *n* importación *f*. ◆ *vt* importar.

importance [ɪmˈpɔːtns] *n* importancia *f*.

important [ɪmˈpɔːtnt] *adj* importante.

impose [ɪmˈpəʊz] *vt* imponer. ◆ *vi* abusar; **to ~ sthg on** imponer algo a.

impossible [ɪmˈpɒsəbl] *adj* imposible; *(person, behaviour)* inaguantable.

impractical [ɪmˈpræktɪkl] *adj* poco práctico(ca).

impress [ɪmˈpres] *vt* impresionar.

impression [ɪmˈpreʃn] *n* impresión *f*.

impressive [ɪmˈpresɪv] *adj* impresionante.

improbable [ɪmˈprɒbəbl] *adj* improbable.

improper [ɪmˈprɒpə] *adj (incorrect, illegal)* indebido(da); *(rude)* indecoroso(sa).

improve [ɪmˈpruːv] *vt & vi* mejorar. ❑ **improve on** *vt fus* mejorar.

improvement [ɪmˈpruːvmənt] *n* mejora *f*; *(to home)* reforma *f*.

improvise [ˈɪmprəvaɪz] *vi* improvisar.

impulse [ˈɪmpʌls] *n* impulso *m*; **on ~** sin pensárselo dos veces.

impulsive [ɪmˈpʌlsɪv] *adj* impulsivo(va).

in [ɪn] *prep* **- 1.** *(expressing location, position)* en; **it comes ~ a box** viene en una caja; **~ the bedroom** en la habitación; **~ Scotland** en Escocia; **~ the sun** al sol; **~ here/there** aquí/allí dentro; **~ the middle** en el medio; **I'm not ~ the photo** no estoy en la foto.
- 2. *(participating in)* en; **who's ~ the play?** ¿quién actúa?
- 3. *(expressing arrangement)*: **~ a row** en fila; **they come ~ packs of three** vienen en paquetes de tres.
- 4. *(with time)* en; **~ April** en abril; **~ the afternoon** por la tarde; **~ the morning** por la mañana; **at ten o'clock ~ the morning** a las diez de la mañana; **~ 1994** en 1994; **it'll be ready ~ an hour** estará listo en una hora; **they're arriving ~ two weeks** llegarán dentro de dos semanas.
- 5. *(expressing means)* en; **~ writing** por escrito; **they were talking ~ English** estaban hablando en inglés; **write ~ ink** escribe a bolígrafo.
- 6. *(wearing)* de; **the man ~ the suit** el hombre del traje.
- 7. *(expressing condition)* en; **~ good health** bien de salud; **to be ~ pain** tener dolor; **~ ruins** en ruinas; **a rise ~ prices** una subida de precios; **to be 50 metres ~ length** medir 50 metros de largo; **she's ~ her twenties** tiene unos veintitantos años.
- 8. *(with numbers)*: **one ~ ten** uno de cada diez.
- 9. *(with colours)*: **it comes ~ green or blue** viene en verde o en azul.
- 10. *(with superlatives)* de; **the best ~ the world** el mejor del mundo.
◆ *adv* **- 1.** *(inside)* dentro; **you can go ~ now** puedes entrar ahora.
- 2. *(at home, work)*: **she's not ~** no está; **to stay ~** quedarse en casa.

- 3. (train, bus, plane): **the train's not ~ yet** el tren todavía no ha llegado.
- 4. (tide): **the tide is ~** la marea está alta.

◆ *adj inf (fashionable)* de moda.

inability [ˌɪnəˈbɪlɪtɪ] *n*: **~ (to do sthg)** incapacidad *f* (de hacer algo).

inaccessible [ˌɪnəkˈsesəbl] *adj* inaccesible.

inaccurate [ɪnˈækjʊrət] *adj* incorrecto(ta).

inadequate [ɪnˈædɪkwət] *adj (insufficient)* insuficiente.

inappropriate [ɪnəˈprəʊprɪət] *adj* impropio(pia).

inauguration [ɪˌnɔːgjuˈreɪʃn] *n (of leader)* investidura *f*; *(of building)* inauguración *f*.

incapable [ɪnˈkeɪpəbl] *adj*: **to be ~ of doing sthg** ser incapaz de hacer algo.

incense [ˈɪnsens] *n* incienso *m*.

incentive [ɪnˈsentɪv] *n* incentivo *m*.

inch [ɪntʃ] *n* = 2,5 cm, pulgada *f*.

incident [ˈɪnsɪdənt] *n* incidente *m*.

incidentally [ˌɪnsɪˈdentəlɪ] *adv* por cierto.

incline [ˈɪnklaɪn] *n* pendiente *f*.

inclined [ɪnˈklaɪnd] *adj (sloping)* inclinado(da); **to be ~ to do sthg** tener tendencia a hacer algo.

include [ɪnˈkluːd] *vt* incluir.

included [ɪnˈkluːɪd] *adj* incluido(da); **to be ~ in sthg** estar incluido en algo.

including [ɪnˈkluːdɪŋ] *prep* inclusive.

inclusive [ɪnˈkluːsɪv] *adj*: **from the 8th to the 16th ~** del ocho al dieciséis inclusive; **~ of VAT** incluido IVA.

income [ˈɪnkʌm] *n* ingresos *mpl*.

income support *n Br* subsidio

para personas con muy bajos ingresos o desempleados sin derecho a subsidio de paro.

income tax *n* impuesto *m* sobre la renta.

incoming [ˈɪnˌkʌmɪŋ] *adj (train, plane)* que efectúa su llegada; **'~ calls only'** cartel que indica que sólo se pueden recibir llamadas en un teléfono.

incompetent [ɪnˈkɒmpɪtənt] *adj* incompetente.

incomplete [ˌɪnkəmˈpliːt] *adj* incompleto(ta).

inconsiderate [ˌɪnkənˈsɪdərət] *adj* desconsiderado(da).

inconsistent [ˌɪnkənˈsɪstənt] *adj* inconsecuente.

incontinent [ɪnˈkɒntɪnənt] *adj* incontinente.

inconvenient [ˌɪnkənˈviːnjənt] *adj (time)* inoportuno(na); *(place)* mal situado(da); **tomorrow's ~** mañana no me viene bien.

incorporate [ɪnˈkɔːpəreɪt] *vt* incorporar.

incorrect [ˌɪnkəˈrekt] *adj* incorrecto(ta).

increase [*n* ˈɪnkriːs, *vb* ɪnˈkriːs] *n* aumento *m*. ◆ *vt & vi* aumentar; **an ~ in sthg** un aumento en algo.

increasingly [ɪnˈkriːsɪŋlɪ] *adv* cada vez más.

incredible [ɪnˈkredəbl] *adj* increíble.

incredibly [ɪnˈkredəblɪ] *adv* increíblemente.

incur [ɪnˈkɜː] *vt* incurrir en.

indecisive [ˌɪndɪˈsaɪsɪv] *adj* indeciso(sa).

indeed [ɪnˈdiːd] *adv (for emphasis)* verdaderamente; *(certainly)* ciertamente.

indefinite [ɪnˈdefɪnɪt] *adj (time, number)* indefinido(da); *(answer,* *opinion)* impreciso(sa).

indefinitely [ɪn'defɪnɪtlɪ] *adv (closed, delayed)* indefinidamente.

independence [ˌɪndɪ'pendəns] *n* independencia *f.*

independent [ˌɪndɪ'pendənt] *adj* independiente.

independently [ˌɪndɪ'pendəntlɪ] *adv* independientemente.

independent school *n* Br colegio *m* privado.

index ['ɪndeks] *n (of book)* índice *m; (in library)* catálogo *m.*

index finger *n* dedo *m* índice.

Indian ['ɪndjən] *adj* indio(dia) *(de India).* ◆ *n* indio *m,* -dia *f (de India);* ~ **restaurant** restaurante indio.

indicate ['ɪndɪkeɪt] *vt & vi* indicar.

indicator ['ɪndɪkeɪtə'] *n* AUT intermitente *m.*

indifferent [ɪn'dɪfrənt] *adj* indiferente.

indigestion [ˌɪndɪ'dʒestʃn] *n* indigestión *f.*

indigo ['ɪndɪɡəʊ] *adj* añil.

indirect [ˌɪndɪ'rekt] *adj* indirecto(ta).

individual [ˌɪndɪ'vɪdʒʊəl] *adj (tuition, case)* particular; *(portion)* individual. ◆ *n* individuo *m.*

individually [ˌɪndɪ'vɪdʒʊəlɪ] *adv* individualmente.

indoor ['ɪndɔ:'] *adj (swimming pool)* cubierto(ta); *(sports)* en pista cubierta.

indoors [ˌɪn'dɔ:z] *adv* dentro.

indulge [ɪn'dʌldʒ] *vi:* **to ~ in sthg** permitirse algo.

industrial [ɪn'dʌstrɪəl] *adj* industrial.

industrial estate *n* Br polígono *m* industrial Esp, zona *n* industrial.

industry ['ɪndəstrɪ] *n* industria *f.*

inedible [ɪn'edɪbl] *adj* no comestible.

inefficient [ˌɪnɪ'fɪʃnt] *adj* ineficaz.

inequality [ˌɪnɪ'kwɒlətɪ] *n* desigualdad *f.*

inevitable [ɪn'evɪtəbl] *adj* inevitable.

inevitably [ɪn'evɪtəblɪ] *adv* inevitablemente.

inexpensive [ˌɪnɪk'spensɪv] *adj* barato(ta).

infamous ['ɪnfəməs] *adj* infame.

infant ['ɪnfənt] *n (baby)* bebé *m; (young child)* niño *m* pequeño, niña *f* pequeña.

infant school *n* Br colegio *m* preescolar.

infatuated [ɪn'fætjʊeɪtɪd] *adj:* **to be ~ with** estar encaprichado(da) con.

infected [ɪn'fektɪd] *adj* infectado(da).

infectious [ɪn'fekʃəs] *adj* contagioso(sa).

inferior [ɪn'fɪərɪə'] *adj* inferior.

infinite ['ɪnfɪnət] *adj* infinito(ta).

infinitely ['ɪnfɪnətlɪ] *adv* infinitamente.

infinitive [ɪn'fɪnɪtɪv] *n* infinitivo *m.*

infinity [ɪn'fɪnətɪ] *n* infinito *m.*

infirmary [ɪn'fɜ:mərɪ] *n* hospital *m.*

inflamed [ɪn'fleɪmd] *adj* inflamado(da).

inflammation [ˌɪnflə'meɪʃn] *n* inflamación *f.*

inflatable [ɪn'fleɪtəbl] *adj* hinchable Esp, inflable.

inflate [ɪn'fleɪt] *vt* inflar.

inflation [ɪn'fleɪʃn] *n* inflación *f.*

inflict [ɪn'flɪkt] *vt* infligir.

in-flight *adj* de a bordo.

influence ['ɪnfluəns] vt influenciar. ◆ n: ~ **(on)** influencia f (en).

inform [ɪn'fɔ:m] vt informar.

informal [ɪn'fɔ:ml] adj (occasion, dress) informal.

information [ˌɪnfə'meɪʃn] n información f; **a piece of ~** un dato.

information desk n información f.

information superhighway n COMPUT superautopista f de la información.

information office n oficina f de información.

informative [ɪn'fɔ:mətɪv] adj informativo(va).

infuriating [ɪn'fjʊərɪeɪtɪŋ] adj exasperante.

ingenious [ɪn'dʒi:njəs] adj ingenioso(sa).

ingredient [ɪn'gri:djənt] n ingrediente m.

inhabit [ɪn'hæbɪt] vt habitar.

inhabitant [ɪn'hæbɪtənt] n habitante mf.

inhale [ɪn'heɪl] vi respirar.

inhaler [ɪn'heɪlə'] n inhalador m.

inherit [ɪn'herɪt] vt heredar.

inhibition [ˌɪnhɪ'bɪʃn] n inhibición f.

initial [ɪ'nɪʃl] adj inicial. ◆ vt poner las iniciales a. ❑ **initials** npl iniciales fpl.

initially [ɪ'nɪʃəlɪ] adv inicialmente.

initiative [ɪ'nɪʃətɪv] n iniciativa f.

injection [ɪn'dʒekʃn] n inyección f.

injure ['ɪndʒə'] vt herir; (leg, arm) lesionarse; **to ~ o.s.** hacerse daño.

injured ['ɪndʒəd] adj herido(da).

injury ['ɪndʒərɪ] n lesión f.

ink [ɪŋk] n tinta f.

inland [adj 'ɪnlənd, adv ɪn'lænd] adj interior. ◆ adv hacia el interior.

Inland Revenue n Br ≃ Hacienda f.

inner ['ɪnə'] adj (on inside) interior.

inner city n núcleo m urbano.

inner tube n cámara f (de aire).

innocence ['ɪnəsəns] n inocencia f.

innocent ['ɪnəsənt] adj inocente.

inoculate [ɪ'nɒkjʊleɪt] vt: **to ~ sb (against sthg)** inocular a alguien (contra algo).

inoculation [ɪˌnɒkjʊ'leɪʃn] n inoculación f.

input ['ɪnpʊt] (pt & pp input OR -ted) vt COMPUT entrar.

inquire [ɪn'kwaɪə'] = enquire.

inquiry [ɪn'kwaɪərɪ] = enquiry.

insane [ɪn'seɪn] adj demente.

insect ['ɪnsekt] n insecto m.

insect repellent [-rə'pelənt] n loción f antiinsectos.

insensitive [ɪn'sensətɪv] adj insensible.

insert [ɪn'sɜ:t] vt introducir.

inside [ɪn'saɪd] prep dentro de. ◆ adv (be, remain) dentro; (go, run) adentro. ◆ adj interior. ◆ n: **the ~** (interior) el interior; **~ out** (clothes) al revés.

inside lane n AUT (in UK) carril m de la izquierda; (in Europe, US) carril m de la derecha.

inside leg n medida f de la entrepierna.

insight ['ɪnsaɪt] n (glimpse) idea f.

insignificant [ˌɪnsɪg'nɪfɪkənt] adj insignificante.

insinuate [ɪn'sɪnjʊeɪt] vt insinuar.

insist [ɪn'sɪst] vi insistir; **to ~ on doing sthg** insistir en hacer algo.

insole ['ɪnsəʊl] n plantilla f.

insolent ['ɪnsələnt] adj insolente.

insomnia [ɪn'sɒmnɪə] n insomnio *m*.

inspect [ɪn'spekt] *vt* examinar.

inspection [ɪn'spekʃn] *n* examen *m*.

inspector [ɪn'spektə'] *n* (on bus, train) revisor *m*, -ra *f*; (in police force) inspector *m*, -ra *f*.

inspiration [ˌɪnspə'reɪʃn] *n* (quality) inspiración *f*; (source of inspiration) fuente *f* de inspiración.

instal [ɪn'stɔːl] *Am* = **install**.

install [ɪn'stɔːl] *vt* *Br* (equipment) instalar.

installment [ɪn'stɔːlmənt] *Am* = **instalment**.

instalment [ɪn'stɔːlmənt] *n* (payment) plazo *m*; (episode) episodio *m*.

instance ['ɪnstəns] *n* ejemplo *m*; **for** ~ por ejemplo.

instant ['ɪnstənt] *adj* instantáneo (nea). ◆ *n* instante *m*.

instant coffee *n* café *m* instantáneo.

instead [ɪn'sted] *adv* en cambio; ~ **of** en vez de.

instep ['ɪnstep] *n* empeine *m*.

instinct ['ɪnstɪŋkt] *n* instinto *m*.

institute ['ɪnstɪtjuːt] *n* instituto *m*.

institution [ˌɪnstɪ'tjuːʃn] *n* (organization) institución *f*.

instructions [ɪn'strʌkʃnz] *npl* (for use) instrucciones *fpl*.

instructor [ɪn'strʌktə'] *n* monitor *m*, -ra *f*.

instrument ['ɪnstrʊmənt] *n* instrumento *m*.

insufficient [ˌɪnsə'fɪʃnt] *adj* insuficiente.

insulating tape ['ɪnsjʊleɪtɪŋ-] *n* cinta *f* aislante.

insulation [ˌɪnsjʊ'leɪʃn] *n* aislamiento *m*.

insulin ['ɪnsjʊlɪn] *n* insulina *f*.

insult [*n* 'ɪnsʌlt, *vb* ɪn'sʌlt] *n* insulto *m*. ◆ *vt* insultar.

insurance [ɪn'ʃʊərəns] *n* seguro *m*.

insurance certificate *n* certificado *m* de seguro.

insurance company *n* compañía *f* de seguros.

insurance policy *n* póliza *f* de seguros.

insure [ɪn'ʃʊə'] *vt* asegurar.

insured [ɪn'ʃʊəd] *adj*: **to be** ~ estar asegurado(da).

intact [ɪn'tækt] *adj* intacto(ta).

intellectual [ˌɪntə'lektjʊəl] *adj* intelectual. ◆ *n* intelectual *mf*.

intelligence [ɪn'telɪdʒəns] *n* (cleverness) inteligencia *f*.

intelligent [ɪn'telɪdʒənt] *adj* inteligente.

intend [ɪn'tend] *vt*: **it's** ~**ed as a handbook** está pensado como un manual; **to** ~ **to do sthg** tener la intención de hacer algo.

intense [ɪn'tens] *adj* intenso(sa).

intensity [ɪn'tensətɪ] *n* intensidad *f*.

intensive [ɪn'tensɪv] *adj* intensivo (va).

intensive care *n* cuidados *mpl* intensivos.

intent [ɪn'tent] *adj*: **to be** ~ **on doing sthg** estar empeñado(da) en hacer algo.

intention [ɪn'tenʃn] *n* intención *f*.

intentional [ɪn'tenʃənl] *adj* deliberado(da).

intentionally [ɪn'tenʃənəlɪ] *adv* deliberadamente.

interchange ['ɪntətʃeɪndʒ] *n* (on motorway) cruce *m*.

Intercity® [ˌɪntə'sɪtɪ] *n* *Br* tren rápido de largo recorrido en Gran Bretaña.

intercom ['ɪntəkɒm] *n* portero *m*

automático *Esp* OR eléctrico.

interest ['ɪntrəst] *n* interés *m*. ◆ *vt* interesar; **to take an ~ in** sthg interesarse en algo.

interested ['ɪntrəstɪd] *adj* interesado(da); **to be ~ in** sthg estar interesado en algo.

interesting ['ɪntrəstɪŋ] *adj* interesante.

interest rate *n* tipo *m Esp* OR tasa *f* de interés.

interfere [,ɪntə'fɪə'] *vi (meddle)* entrometerse; **to ~ with** sthg *(damage)* interferir en algo.

interference [,ɪntə'fɪərəns] *n (on TV, radio)* interferencia *f*.

interior [ɪn'tɪərɪə'] *adj* interior. ◆ *n* interior *m*.

intermediate [,ɪntə'miːdjət] *adj* intermedio(dia).

intermission [,ɪntə'mɪʃn] *n* descanso *m*.

internal [ɪn'tɜːnl] *adj (not foreign)* nacional; *(on the inside)* interno(na).

internal flight *n* vuelo *m* nacional.

Internal Revenue Service *n Am* ≃ Hacienda *f*.

international [,ɪntə'næʃənl] *adj* internacional.

international flight *n* vuelo *m* internacional.

Internet ['ɪntənet] *n*: **the ~** el *Esp* OR la *Amér* Internet; **on the ~** en Internet.

Internet café *n* cibercafé *m*.

Internet Service Provider *n* Proveedor *m* de Acceso a Internet, Proveedor *m* de Servicios Internet.

interpret [ɪn'tɜːprɪt] *vi* hacer de intérprete.

interpreter [ɪn'tɜːprɪtə'] *n* intérprete *mf*.

interrogate [ɪn'terəgeɪt] *vt* interrogar.

interrupt [,ɪntə'rʌpt] *vt* interrumpir.

intersection [,ɪntə'sekʃn] *n* intersección *f*.

interval ['ɪntəvl] *n* intervalo *m*; *Br (at cinema, theatre)* intermedio *m*.

intervene [,ɪntə'viːn] *vi (person)* intervenir; *(event)* interponerse.

interview ['ɪntəvjuː] *n* entrevista *f*. ◆ *vt* entrevistar.

interviewer ['ɪntəvjuːə'] *n* entrevistador *m*, -ra *f*.

intestine [ɪn'testɪn] *n* intestino *m*.

intimate ['ɪntɪmət] *adj* íntimo (ma).

intimidate [ɪn'tɪmɪdeɪt] *vt* intimidar.

into ['ɪntʊ] *prep (inside)* en; *(against)* con; *(concerning)* en relación con; **4 ~ 20 goes 5 (times)** veinte entre cuatro a cinco; **to translate ~ Spanish** traducir al español; **to change ~** sthg transformarse en algo; **I'm ~ music** *inf* lo mío es la música.

intolerable [ɪn'tɒlrəbl] *adj* intolerable.

intransitive [ɪn'trænzətɪv] *adj* intransitivo(va).

intricate ['ɪntrɪkət] *adj* intrincado (da).

intriguing [ɪn'triːgɪŋ] *adj* intrigante.

introduce [,ɪntrə'djuːs] *vt* presentar; **I'd like to ~ you to Fred** me gustaría presentarte a Fred.

introduction [,ɪntrə'dʌkʃn] *n (to book, programme)* introducción *f*; *(to person)* presentación *f*.

introverted ['ɪntrə,vɜːtɪd] *adj* introvertido(da).

intruder [ɪn'truːdə'] *n* intruso *m*, -sa *f*.

intuition [,ɪntjuː'ɪʃn] *n* intuición *f*.

invade [ɪn'veɪd] *vt* invadir.

invalid [ɪn'vælɪd, n 'ɪnvəlɪd] *adj* nulo(la). ◆ *n* inválido *m*, -da *f*.

invaluable [ɪn'væljʊəbl] *adj* inestimable.

invariably [ɪn'veərɪəblɪ] *adv* siempre.

invasion [ɪn'veɪʒn] *n* invasión *f*.

invent [ɪn'vent] *vt* inventar.

invention [ɪn'venʃn] *n* invención *f*.

inventory ['ɪnvəntrɪ] *n (list)* inventario *m*; *Am (stock)* existencias *fpl*.

inverted commas [ɪn'vɜːtɪd-] *npl* comillas *fpl*.

invest [ɪn'vest] *vt* invertir. ◆ *vi*: to ~ in sthg invertir en algo.

investigate [ɪn'vestɪgeɪt] *vt* investigar.

investigation [ɪn,vestɪ'geɪʃn] *n* investigación *f*.

investment [ɪn'vestmənt] *n* inversión *f*.

invisible [ɪn'vɪzɪbl] *adj* invisible.

invitation [ɪnvɪ'teɪʃn] *n* invitación *f*.

invite [ɪn'vaɪt] *vt* invitar; to ~ sb to do sthg invitar a alguien a hacer algo; to ~ sb round invitar a alguien a casa.

invoice ['ɪnvɔɪs] *n* factura *f*.

involve [ɪn'vɒlv] *vt (entail)* conllevar; what does it ~? ¿qué implica?; to be ~d in sthg *(scheme, activity)* estar metido en algo; *(accident)* verse envuelto en algo.

involved [ɪn'vɒlvd] *adj*: what is ~? ¿qué supone?

inwards ['ɪnwədz] *adv* hacia dentro.

IOU *n* pagaré *m*.

IQ *n* C.I. *m*.

Ireland ['aɪələnd] *n* Irlanda.

iris ['aɪərɪs] *(pl -es) n (flower)* lirio *m*.

Irish ['aɪrɪʃ] *adj* irlandés(esa). ◆ *n (language)* irlandés *m*. ◆ *npl*: the ~ los irlandeses.

Irish coffee *n* café *m* irlandés.

Irishman ['aɪrɪʃmən] *(pl -men* [-mən]) *n* irlandés *m*.

Irishwoman ['aɪrɪʃ,wʊmən] *(pl -women* [-,wɪmɪn]) *n* irlandesa *f*.

iron ['aɪən] *n (for clothes)* plancha *f*; *(metal, golf club)* hierro *m*. ◆ *vt* planchar.

ironic [aɪ'rɒnɪk] *adj* irónico(ca).

ironing board ['aɪənɪŋ-] *n* tabla *f* de planchar.

ironmonger's ['aɪən,mʌŋgəz] *n Br* ferretería *f*.

irrelevant [ɪ'reləvənt] *adj* irrelevante.

irresistible [,ɪrɪ'zɪstəbl] *adj* irresistible.

irrespective [,ɪrɪ'spektɪv] ◆ **irrespective of** *prep* con independencia de

irresponsible [,ɪrɪ'spɒnsəbl] *adj* irresponsable.

irrigation [,ɪrɪ'geɪʃn] *n* riego *m*.

irritable ['ɪrɪtəbl] *adj* irritable.

irritate ['ɪrɪteɪt] *vt* irritar.

irritating ['ɪrɪteɪtɪŋ] *adj* irritante.

IRS *n Am* = Hacienda *f*.

is [ɪz] → **be**.

island ['aɪlənd] *n (in water)* isla *f*; *(in road)* isleta *f*.

isle [aɪl] *n* isla *f*.

isolated ['aɪsəleɪtɪd] *adj* aislado(da).

ISP *n abbr of* Internet Service Provider.

issue ['ɪʃuː] *n (problem, subject)* cuestión *f*; *(of newspaper, magazine)* edición *f*. ◆ *vt (statement)* hacer público; *(passport, document)* expedir; *(stamps,* *bank notes)* emitir.

it [ɪt] *pron* -**1.** *(referring to specific thing: subj)* él *m*, ella *f; (direct object)* lo *m*, la *f; (indirect object)* le *mf;* ~'s **big** es grande; **she hit** ~ lo golpeó; **give** ~ **to me** dámelo.
-**2.** *(nonspecific)* ello; ~'s **nice here** se está bien aquí; **I can't remember** ~ no me acuerdo (de ello); **tell me about** ~ cuéntamelo; ~'s **me** soy yo; **who is** ~ ? ¿quién es?
-**3.** *(used impersonally):* ~'s **hot** hace calor; ~'s **six o'clock** son las seis; ~'s **Sunday** es domingo.

Italian [ɪˈtæljən] *adj* italiano(na).
◆ *n (person)* italiano *m*, -na *f; (language)* italiano *m*.

Italy [ˈɪtəlɪ] *n* Italia.

itch [ɪtʃ] *vi:* **my arm is** ~**ing** me pica el brazo.

item [ˈaɪtəm] *n* artículo *m; (on agenda)* asunto *m;* **a news** ~ una noticia.

itemized bill [ˈaɪtəmaɪzd-] *n* factura *f* detallada.

its [ɪts] *adj* su, sus *(pl).*

it's [ɪts] = **it is, it has.**

itself [ɪtˈself] *pron (reflexive)* se; *(after prep)* sí mismo(ma); **the house** ~ **is fine** la casa en sí está bien.

I've [aɪv] = **I have.**

ivory [ˈaɪvərɪ] *n* marfil *m.*

ivy [ˈaɪvɪ] *n* hiedra *f.*

El término "Ivy League" se utiliza en Estados Unidos para referirse al colegio universitario de Dartmouth y a las universidades de Brown, Columbia, Cornell, Harvard, Pensilvania, Princeton y Yale, que son algunos de los centros académicos más antiguos del país. El nombre de la liga alude a la hiedra ("ivy"), que suele trepar por las paredes de los añosos edificios que albergan estas universidades. Un título de la Ivy League es un aval para el éxito profesional.

J

jab [dʒæb] *n Br inf (injection)* pinchazo *m.*

jack [dʒæk] *n (for car)* gato *m; (playing card)* ≃ sota *f.*

jacket [ˈdʒækɪt] *n (garment)* chaqueta *f; (of book)* sobrecubierta *f; (of potato)* piel *f Esp*, cáscara *f Amér.*

jacket potato *n* patata *f* asada con piel *Esp*, papa *f* asada con cáscara *Amér.*

jack-knife *vi* derrapar la parte delantera.

Jacuzzi® [dʒəˈkuːzɪ] *n* jacuzzi® *m.*

jade [dʒeɪd] *n* jade *m.*

jail [dʒeɪl] *n* cárcel *f.*

jam [dʒæm] *n (food)* mermelada *f; (of traffic)* atasco *m; inf (difficult situation)* apuro *m.* ◆ *vt (pack tightly)* apiñar.
◆ *vi* atascarse; **the roads are jammed** las carreteras están atascadas.

jam-packed [-ˈpækt] *adj inf* a tope.

Jan. [dʒæn] *(abbr of January)* ene.

January [ˈdʒænjʊərɪ] *n* enero *m* > **September.**

jar [dʒɑː] *n* tarro *m.*

javelin ['dʒævlɪn] n jabalina f.

jaw [dʒɔː] n (of person) mandíbula f.

jazz [dʒæz] n jazz m.

jealous ['dʒeləs] adj celoso(sa).

jeans [dʒiːnz] npl vaqueros mpl.

Jeep® [dʒiːp] n jeep m.

Jello® ['dʒeləʊ] n Am gelatina f.

jelly ['dʒelɪ] n (dessert) gelatina f; Am (jam) mermelada f.

jellyfish ['dʒelɪfɪʃ] (pl inv) n medusa f.

jeopardize ['dʒepədaɪz] vt poner en peligro.

jerk [dʒɜːk] n (movement) movimiento m brusco; inf (idiot) idiota mf.

jersey ['dʒɜːzɪ] (pl -s) n (garment) jersey m.

jet [dʒet] n (aircraft) reactor m; (of liquid, gas) chorro m; (outlet) boquilla f.

jet lag n jet lag m.

jet-ski n moto f acuática.

jetty ['dʒetɪ] n embarcadero m.

Jew [dʒuː] n judío m, -a f.

jewel ['dʒuːəl] n piedra f preciosa.
□ **jewels** npl (jewellery) joyas fpl.

jeweler's ['dʒuːələz] Am = **jeweller's**.

jeweller's ['dʒuːələz] n Br (shop) joyería f.

jewellery ['dʒuːəlrɪ] n Br joyas fpl.

jewelry ['dʒuːəlrɪ] Am = **jewellery**.

Jewish ['dʒuːɪʃ] adj judío(a).

jigsaw (puzzle) ['dʒɪgsɔː-] n puzzle m Esp, rompecabezas m.

jingle ['dʒɪŋgl] n (of advert) sintonía f (de anuncio).

job [dʒɒb] n trabajo m; (function) cometido m; **to lose one's ~** perder el trabajo.

job centre n Br oficina f de empleo.

jockey ['dʒɒkɪ] (pl -s) n jockey mf.

jog [dʒɒg] vt (bump) golpear ligeramente. ◆ vi hacer footing. ◆ n: **to go for a ~** hacer footing.

jogging ['dʒɒgɪŋ] n footing m; **to go ~** hacer footing.

join [dʒɔɪn] vt (club, organization) hacerse socio de; (fasten together) unir, juntar; (come together with, participate in) unirse a; (connect) conectar. □ **join in** vt fus participar en. ◆ vi participar.

joint [dʒɔɪnt] adj (responsibility, effort) compartido(da); (bank account, ownership) conjunto(ta). ◆ n (of body) articulación f; Br (of meat) corte m; (in structure) juntura f.

joke [dʒəʊk] n chiste m. ◆ vi bromear.

joker ['dʒəʊkə'] n (playing card) comodín m.

jolly ['dʒɒlɪ] adj (cheerful) alegre. ◆ adv Br inf muy.

jolt [dʒəʊlt] n sacudida f.

jot [dʒɒt] ◆ **jot down** vt sep apuntar.

journal ['dʒɜːnl] n (magazine) revista f; (diary) diario m.

journalist ['dʒɜːnəlɪst] n periodista mf.

journey ['dʒɜːnɪ] (pl -s) n viaje m.

joy [dʒɔɪ] n (happiness) alegría f.

joypad ['dʒɔɪpæd] n (of video game) mando m.

joyrider ['dʒɔɪraɪdə'] n persona que se pasea en un coche robado y luego lo abandona.

joystick ['dʒɔɪstɪk] n (of video game) joystick m.

judge [dʒʌdʒ] n juez mf. ◆ vt (competition) juzgar; (evaluate) calcular.

judg(e)ment ['dʒʌdʒmənt] n juicio m; JUR fallo m.

judo ['dʒuːdəʊ] n judo m.

jug [dʒʌg] n jarra f.

juggernaut ['dʒʌgənɔ:t] n Br camión m grande.

juggle ['dʒʌgl] vi hacer malabarismo.

juice [dʒu:s] n zumo m Esp, jugo m Amér; (from meat) jugo m.

juicy ['dʒu:sı] adj (food) jugoso(sa).

jukebox ['dʒu:kbɒks] n máquina f de discos.

Jul. (abbr of July) jul.

July [dʒu:'laı] n julio m → September.

jumble sale ['dʒʌmbl-] n Br rastrillo m benéfico.

jumbo ['dʒʌmbəʊ] adj inf (pack) familiar; (sausage, sandwich) gigante.

jumbo jet n jumbo m.

jump [dʒʌmp] n salto m. ◆ vi (through air) saltar; (with fright) sobresaltarse; (increase) aumentar de golpe. ◆ vt (train, bus) montarse sin pagar en; **to ~ the queue** Br colarse.

jumper ['dʒʌmpəʳ] n (pullover) jersey m Esp, suéter m; Am (dress) pichi m Esp, jumper m Amér.

jumper cables npl Am cables mpl de empalme.

jump leads npl Br cables mpl de empalme.

junction ['dʒʌŋkʃn] n (of roads) cruce m; (of railway lines) empalme m.

June [dʒu:n] n junio m → September.

jungle ['dʒʌŋgl] n selva f.

junior ['dʒu:njəʳ] adj (of lower rank) de rango inferior; Am (after name) júnior (inv). ◆ n: **she's my ~** es más joven que yo.

junior school n Br escuela f primaria.

junk [dʒʌŋk] n inf (unwanted things) trastos mpl.

junk food n inf comida preparada poco nutritiva o saludable.

junkie ['dʒʌŋkı] n inf yonqui mf.

junk shop n tienda f de objetos de segunda mano.

jury ['dʒʊərı] n jurado m.

just [dʒʌst] adj justo(ta). ◆ adv (exactly) justamente; (only) sólo; **I'm ~ coming** ahora voy; **we were ~ leaving** justo íbamos a salir; **~ a bit more** un poquito más; **~ as good** igual de bueno; **~ over an hour** poco más de una hora; **passengers ~ arriving** los pasajeros que acaban de llegar; **to be ~ about to do sthg** estar a punto de hacer algo; **to have ~ done sthg** acabar de hacer algo; **~ about** casi; **(only) ~** (almost not) por los pelos; **~ a minute!** ¡un minuto!

justice ['dʒʌstıs] n justicia f.

justify ['dʒʌstıfaı] vt justificar.

jut [dʒʌt] ◆ **jut out** vi sobresalir.

juvenile ['dʒu:vənaıl] adj (young) juvenil; (childish) infantil.

K

kangaroo [ˌkæŋgə'ru:] n (pl -s) canguro m.

karaoke [ˌkærɪ'əʊkɪ] n karaoke m.

karate [kə'rɑ:tı] n kárate m.

kebab [kı'bæb] n (shish kebab) pincho m moruno; (doner kebab) pan árabe relleno de ensalada y carne de cordero, con salsa.

keel [ki:l] n quilla f.

keen [ki:n] adj (enthusiastic) entusiasta; (eyesight, hearing) agudo(da); **to be ~ on** ser aficionado(da) a; **to be ~ to do sthg** tener ganas de hacer algo.

keep [ki:p] (*pt & pp* **kept**) *vt* (*change, book, object loaned*) quedarse con; (*job, old clothes*) conservar; (*store, not left*) guardar; (*cause to remain*) mantener; (*promise*) cumplir; (*appointment*) acudir a; (*delay*) retener; (*record, diary*) llevar. ◆ *vi* (*food*) conservarse; (*remain*) mantenerse; **to ~ (on) doing sthg** (*do continuously*) seguir haciendo algo; (*do repeatedly*) no dejar de hacer algo; **to ~ sb from doing sthg** impedir a alguien hacer algo; **~ left** '¡circula por la izquierda!'; **~ in lane!** señal que advierte a los conductores que se mantengan en el carril; **~ left** '¡circula por la izquierda!'; **~ off the grass!** 'no pisar la hierba'; **~ out!** 'prohibida la entrada'; **~ your distance!** señal que incita a mantener la distancia de prudencia; **to ~ clear (of)** mantenerse alejado (de). □ **keep up** ◆ *vt sep* mantener. ◆ *vi* (*maintain pace, level etc*) mantener el ritmo.

keep-fit *n Br* ejercicios *mpl* de mantenimiento.

kennel ['kenl] *n* caseta *f* del perro.

kept [kept] *pt & pp* **keep**.

kerb [kɜ:b] *n Br* bordillo *m*.

kerosene ['kerəsi:n] *n Am* queroseno *m*.

ketchup ['ketʃəp] *n* catsup *m*.

kettle ['ketl] *n* tetera *f* para hervir; **to put the ~ on** poner a hervir la tetera.

key [ki:] *n* (*for lock*) llave *f*; (*of piano, typewriter*) tecla *f*; (*of map*) clave *f*. ◆ *adj* clave (*inv*).

keyboard ['ki:bɔ:d] *n* teclado *m*.

keyhole ['ki:həʊl] *n* ojo *m* de la cerradura.

keypad ['ki:pæd] *n* teclado *m*.

key ring *n* llavero *m*.

kg (*abbr of kilogram*) kg.

kick [kɪk] *n* (*of foot*) patada *f*. ◆ *vt* (*with foot*) dar una patada.

kickoff ['kɪkɒf] *n* saque *m* inicial.

kid [kɪd] *n inf* (*child*) crío *m*, -a *f*; (*young person*) chico *m*, -ca *f* ◆ *vi* bromear.

kidnap ['kɪdnæp] *vt* secuestrar.

kidnaper ['kɪdnæpər] *Am* = **kidnapper**.

kidnapper ['kɪdnæpər] *n Br* secuestrador *m*, -ra *f*.

kidney ['kɪdnɪ] (*pl* **-s**) *n* riñón *m*.

kidney bean *n* judía *f* pinta.

kill [kɪl] *vt* matar; **my feet are ~ing me!** ¡los pies me están matando!

killer ['kɪlər] *n* asesino *m*, -na *f*.

kilo ['ki:ləʊ] (*pl* **-s**) *n* kilo *m*.

kilogram ['kɪləgræm] *n* kilogramo *m*.

kilometer [kɪ'lɒmɪtər] *n Am* = **kilometre**.

kilometre ['kɪləˌmi:tər] *n* kilómetro *m*.

kilt [kɪlt] *n* falda *f* escocesa.

kind [kaɪnd] *adj* amable. ◆ *n* tipo *m*; **~ of** *Am inf* un poco, algo.

kindergarten ['kɪndəˌgɑ:tn] *n* jardín *m* de infancia.

kindly ['kaɪndlɪ] *adv*: **would you ~ ...?** ¿sería tan amable de ...?

kindness ['kaɪndnɪs] *n* amabilidad *f*.

king [kɪŋ] *n* rey *m*.

kingfisher ['kɪŋˌfɪʃər] *n* martín *m* pescador.

king prawn *n* langostino *m*.

king-size bed *n* cama *f* gigante.

kiosk [ki:ɒsk] *n* (*for newspapers etc*) quiosco *m*; *Br* (*phone box*) cabina *f*.

kipper ['kɪpər] *n* arenque *m* ahumado.

kiss [kɪs] *n* beso *m*. ◆ *vt* besar.

kiss of life *n* boca a boca *m* inv.

kit [kɪt] n (set, clothes) equipo m; (for assembly) modelo m para armar.

kitchen ['kɪtʃɪn] n cocina f.

kitchen unit n módulo m de cocina.

kite [kaɪt] n (toy) cometa f.

kitten ['kɪtn] n gatito m.

kitty ['kɪtɪ] n (for regular expenses) fondo m común.

kiwi fruit ['kiːwiː-] n kiwi m.

Kleenex® ['kliːneks] n kleenex® m (inv).

km (abbr of kilometre) km.

km/h (abbr of kilometres per hour) km/h.

knack [næk] n: I've got the ~ (of it) he cogido el tranquillo.

knackered ['nækəd] adj Br inf hecho(cha) polvo.

knapsack ['næpsæk] n mochila f.

knee [niː] n rodilla f.

kneecap ['niːkæp] n rótula f.

kneel [niːl] (Br pt & pp knelt [nelt], Am pt & pp knelt OR -ed) vi (be on one's knees) estar de rodillas; (go down on one's knees) arrodillarse.

knew [njuː] pt → know.

knickers ['nɪkəz] npl Br (underwear) bragas fpl Esp, calzones mpl Amér.

knife [naɪf] (pl knives) n cuchillo m.

knight [naɪt] n (in history) caballero m; (in chess) caballo m.

knit [nɪt] vt tejer.

knitted ['nɪtɪd] adj de punto, tejido(da).

knitting ['nɪtɪŋ] n (thing being knitted) punto m Esp, tejido m; (activity) labor f de punto Esp, tejido m.

knitting needle n aguja f de hacer punto Esp, aguja f de tejer.

knitwear ['nɪtweə'] n género m de punto.

knives [naɪvz] pl → knife.

knob [nɒb] n (on door etc) pomo m, perilla f Amér; (on machine) botón m.

knock [nɒk] n (at door) golpe m. ◆ vt (hit) golpear; (one's head, leg) golpearse. ◆ vi (at door etc) llamar. ❑ **knock down** vt sep (pedestrian) atropellar; (building) derribar; (price) bajar. ❑ **knock out** vt sep (make unconscious) dejar sin conocimiento; (of competition) eliminar. ❑ **knock over** vt sep (glass, vase) volcar; (pedestrian) atropellar.

knocker ['nɒkə'] n (on door) aldaba f.

knot [nɒt] n nudo m.

know [nəʊ] (pt knew, pp known) vt (have knowledge of) saber; (language) saber hablar; (person, place) conocer; to get to ~ sb llegar a conocer a alguien; to ~ about sthg (understand) saber de algo; (have heard) saber algo; to ~ how to do sthg saber hacer algo; to ~ of conocer; to be ~n as ser conocido como; to let sb ~ sthg avisar a alguien de algo; you ~ (for emphasis) ¿sabes?

knowledge ['nɒlɪdʒ] n conocimiento m; to my ~ que yo sepa.

known [nəʊn] pp → know.

knuckle ['nʌkl] n (of hand) nudillo m; (of pork) jarrete m.

L

l (abbr of litre) l.

L (abbr of learner) L.

lab [læb] n inf laboratorio m.

label ['leɪbl] n etiqueta f.

labor ['leɪbər] *Am* = **labour**.

laboratory [*Br* lə'bɒrətrɪ, *Am* 'læbrə,tɔːrɪ] *n* laboratorio *m*.

labour ['leɪbə'] *n Br* (work) trabajo *m*; **in** ~ *MED* de parto.

labourer ['leɪbərə'] *n* obrero *m*, -ra *f*.

Labour Party *n Br* partido *m* Laborista.

labour-saving *adj* que ahorra trabajo.

lace [leɪs] *n* (material) encaje *m*; (for shoe) cordón *m*.

lace-ups *npl* zapatos *mpl* con cordones.

lack [læk] *n* falta *f*. ◆ *vt* carecer de. ◆ *vi*: **to be** ~ **ing** faltar.

lacquer ['lækə'] *n* laca *f*.

lad [læd] *n inf* chaval *m Esp*, muchacho *m*.

ladder ['lædə'] *n* (for climbing) escalera *f* (de mano); *Br* (in tights) carrera *f*.

ladies ['leɪdɪz] *n Br* lavabo *m* de señoras.

ladies' room *Am* = **ladies**.

ladieswear ['leɪdɪz,weə'] *n* ropa *f* de señoras.

ladle ['leɪdl] *n* cucharón *m*.

lady ['leɪdɪ] *n* (woman) señora *f*; (woman of high status) dama *f*.

ladybird ['leɪdɪbɜːd] *n* mariquita *f*.

ladybug ['leɪdɪbʌg] *n Am* = **ladybird**.

lag [læg] *vi* retrasarse; **to** ~ **behind** (move more slowly) rezagarse.

lager ['lɑːgə'] *n* cerveza *f* rubia.

lagoon [lə'guːn] *n* laguna *f*.

laid [leɪd] *pt & pp* → **lay**.

lain [leɪn] *pp* → **lie**.

lake [leɪk] *n* lago *m*.

lamb [læm] *n* cordero *m*.

lamb chop *n* chuleta *f* de cordero.

lame [leɪm] *adj* cojo(ja).

lamp [læmp] *n* (light) lámpara *f*; (in street) farola *f*.

lamppost ['læmppəʊst] *n* farol *m*.

lampshade ['læmpʃeɪd] *n* pantalla *f*.

land [lænd] *n* tierra *f*; (property) tierras *fpl*. ◆ *vi* (plane) aterrizar; (passengers) desembarcar; (fall) caer.

landing ['lændɪŋ] *n* (of plane) aterrizaje *m*; (on stairs) rellano *m*.

landlady ['lænd,leɪdɪ] *n* (of house) casera *f*; (of pub) dueña *f*.

landlord ['lændlɔːd] *n* (of house) casero *m*; (of pub) dueño *m*.

landmark ['lændmɑːk] *n* punto *m* de referencia.

landscape ['lændskeɪp] *n* paisaje *m*.

landslide ['lændslaɪd] *n* (of earth, rocks) desprendimiento *m* de tierras.

lane [leɪn] *n* (in town) calleja *f*; (in country, on road) camino *m*; **'get in** ~' señal que advierte a los conductores que tomen el carril adecuado.

language ['læŋgwɪdʒ] *n* (of a people, country) idioma *m*; (system of communication, words) lenguaje *m*.

lap [læp] *n* (of person) regazo *m*; (of race) vuelta *f*.

lapel [lə'pel] *n* solapa *f*.

lapse [læps] *vi* (passport, membership) caducar.

lard [lɑːd] *n* manteca *f* de cerdo.

larder ['lɑːdə'] *n* despensa *f*.

large [lɑːdʒ] *adj* grande.

largely ['lɑːdʒlɪ] *adv* en gran parte.

large-scale *adj* de gran escala.

lark [lɑːk] *n* alondra *f*.

laryngitis [,lærɪn'dʒaɪtɪs] *n* laringitis *f inv*.

lasagne [lə'zænjə] *n* lasaña *f*.

laser ['leɪzə'] *n* láser *m*.

lass [læs] *n inf* chavala *f*.

last [lɑːst] *adj* último(ma). ◆ *adv (most recently)* por última vez; *(at the end)* en último lugar. ◆ *pron:* **the ~ to come** el último en venir; **the ~ but one** el penúltimo (la penúltima); **the time before ~** la penúltima vez; **~ year** el año pasado; **at ~** por fin.

lastly [lɑːstlɪ] *adv* por último.

last-minute *adj* de última hora.

latch [lætʃ] *n* pestillo *m*; **to be on the ~** tener el pestillo echado.

late [leɪt] *adj (not on time)* con retraso; *(after usual time)* tardío(a); *(dead)* difunto(ta). ◆ *adv (not on time)* con retraso; *(after usual time)* tarde; **in June** a finales de junio; **in the afternoon** al final de la tarde; **~ in June** a finales de junio; **to be (running) ~** ir con retraso.

lately [leɪtlɪ] *adv* últimamente.

late-night *adj* de última hora, de noche.

later [leɪtə^r] *adj* posterior. ◆ *adv:* **~ (on)** más tarde; **at a ~ date** en una fecha posterior.

latest [leɪtɪst] *adj:* **the ~ fashion** la última moda; **the ~** lo último; **at the ~** como muy tarde.

lather [lɑːðə^r] *n* espuma *f*.

Latin [lætɪn] *n* latín *m*.

Latin America *n* América Latina.

Latin American *adj* latinoamericano(na). ◆ *n* latinoamericano *m*, -na *f*.

latitude [lætɪtjuːd] *n* latitud *f*.

latter [lætə^r] *n:* **the ~** éste *m*, -ta *f*.

laugh [lɑːf] *n* risa *f*. ◆ *vi* reírse; **to have a ~** *Br inf* pasarlo bomba. ❑ **laugh at** *vt fus* reírse de.

laughter [lɑːftə^r] *n* risa *f*.

launch [lɔːntʃ] *vt (boat)* botar; *(new product)* lanzar.

laund(e)rette [lɔːn'dret] *n* lavandería *f*.

Laundromat [lɔːndrəmæt] *n Am* = **laund(e)rette**.

laundry [lɔːndrɪ] *n (washing)* ropa *f* sucia; *(place)* lavandería *f*.

lavatory [lævətrɪ] *n* servicio *m*.

lavender [lævəndə^r] *n* lavanda *f*.

lavish [lævɪʃ] *adj (meal, decoration)* espléndido(da).

law [lɔː] *n* ley *f*; *(study)* derecho *m*; **the ~** *JUR (set of rules)* la ley; **to be against the ~** estar en contra de la ley.

lawn [lɔːn] *n* césped *m*.

lawnmower [lɔːnˌməʊə^r] *n* cortacésped *m*.

lawyer [lɔːjə^r] *n* abogado *m*, -da *f*.

laxative [læksətɪv] *n* laxante *m*.

lay [leɪ] *(pt & pp* **laid)** *pt* → **lie**. ◆ *vt (place)* colocar; *(egg)* poner; **to ~ the table** poner la mesa. ❑ **lay off** *vt sep (worker)* despedir. ❑ **lay on** *vt sep* proveer. ❑ **lay out** *vt sep (display)* poner.

lay-by *(pl* **lay-bys)** *n* área *f* de descanso.

layer [leɪə^r] *n* capa *f*.

layman [leɪmən] *(pl* **-men** [mən]) *n* lego *m*, -ga *f*.

layout [leɪaʊt] *n (of building, streets)* trazado *m*.

lazy [leɪzɪ] *adj* perezoso(sa).

lb *(abbr of* pound) lb.

lead¹ [liːd] *(pt & pp* **led)** *vt (take)* llevar; *(be in charge of)* estar al frente de; *(be in front of)* encabezar. ◆ *vi (be winning)* ir en cabeza. ◆ *n (for dog)* correa *f*; *(cable)* cable *m*; **to ~ sb to do sthg** llevar a alguien a hacer algo; **to ~ to** *(go to)* conducir a; *(result in)* llevar a; **to ~ the way** guiar; **to be in the ~** llevar la delantera.

lead² [led] *n (metal)* plomo *m*; *(for*

pencil) mina f. ◆ *adj* de plomo.

leaded petrol ['lɛdɪd-] *n* gasolina f con plomo.

leader ['li:dəʳ] *n* líder mf.

leadership ['li:dəʃɪp] *n* (*position of leader*) liderazgo m.

lead-free [led-] *adj* sin plomo.

leading ['li:dɪŋ] *adj* (*most important*) destacado(da).

lead singer [li:d-] *n* cantante mf (de un grupo).

leaf [li:f] (*pl* **leaves**) *n* (*of tree*) hoja f.

leaflet ['li:flɪt] *n* folleto m.

league [li:g] *n* liga f.

leak [li:k] *n* (*hole*) agujero m; (*of gas, water*) escape m. ◆ *vi* (*roof, tank*) tener goteras.

lean [li:n] (*pt* & *pp* **leant** [lent] OR **-ed**) *adj* (*meat*) magro(gra); (*person, animal*) delgado y musculoso (delgada y musculosa). ◆ *vi* (*bend*) inclinarse. ◆ *vt*: **to ~ sthg against sthg** apoyar algo contra algo; **to ~ on** apoyarse en; **to ~ forward** inclinarse hacia delante; **to ~ over** inclinarse.

leap [li:p] (*pt* & *pp* **leapt** [lept] OR **-ed**) *vi* saltar.

leap year *n* año m bisiesto.

learn [lɜ:n] (*pt* & *pp* **learnt** OR **-ed**) *vt* aprender; **to ~ (how) to do sthg** aprender a hacer algo; **to ~ about sthg** (*hear about*) enterarse de algo; (*study*) aprender algo.

learner (driver) ['lɜ:nəʳ] *n* conductor m principiante.

learnt [lɜ:nt] *pt* & *pp* → **learn**.

lease [li:s] *n* arriendo m. ◆ *vt* arrendar; **to ~ sthg from sb** arrendar algo de alguien; **to ~ sthg to sb** arrendar algo a alguien.

leash [li:ʃ] *n* correa f.

least [li:st] *adj* & *adv* menos. ◆ *pron*: **(the) ~** menos; **I like him ~** él es el

que menos me gusta; **he paid (the) ~** es el que menos pagó; **it's the ~ you could do** es lo menos que puedes hacer; **at ~** (*with quantities, numbers*) por lo menos; (*to indicate an advantage*) al menos.

leather ['lɛðəʳ] *n* piel f. ❑ **leathers** *npl* cazadora y pantalón de cuero utilizados por motociclistas.

leave [li:v] (*pt* & *pp* **left**) *vt* dejar; (*go away from*) salir de; (*not take away*) dejarse. ◆ *vi* (*person*) marcharse; (*train, bus etc*) salir. ◆ *n* (*time off work*) permiso m; **to ~ a message** dejar un mensaje. ❑ **leave behind** *vt sep* (*not take away*) dejar. ❑ **leave out** *vt sep* omitir.

leaves [li:vz] *pl* → **leaf**.

lecture ['lɛktʃəʳ] *n* (*at university*) clase f; (*at conference*) conferencia f.

lecturer ['lɛktʃərəʳ] *n* profesor m, -ra f (de universidad).

lecture theatre *n* aula f.

led [led] *pt* & *pp* → **lead**.

ledge [ledʒ] *n* (*of window*) alféizar m.

leek [li:k] *n* puerro m.

left [left] *pt* & *pp* → **leave**. ◆ *adj* (*not right*) izquierdo(da). ◆ *adv* a la izquierda. ◆ *n* izquierda f; **on the ~** a la izquierda; **there are none ~** no queda ninguno (más).

left-hand *adj* izquierdo(da).

left-hand drive *n* vehículo m con el volante a la izquierda.

left-handed [-'hændɪd] *adj* (*person*) zurdo(da); (*implement*) para zurdos.

left-luggage locker *n* Br consigna f automática.

left-luggage office *n* Br consigna f.

left-wing *adj* de izquierdas.

leg [leg] *n* (*of person*) pierna f; (*of ani-*

mal, table, chair pata *f*; *(of trousers)* pernera *f*; ~ **of lamb** pierna de cordero.

legal [ˈliːgl] *adj* legal.

legal aid *n* ayuda financiera para personas que no poseen posibilidades económicas para pagar a un abogado.

legal holiday *n Am* día *m* festivo.

legalize [ˈliːgəlaɪz] *vt* legalizar.

legal system *n* sistema *m* jurídico.

legend [ˈledʒənd] *n* leyenda *f*.

leggings [ˈlegɪŋz] *npl* mallas *fpl*.

legible [ˈledʒɪbl] *adj* legible.

legislation [ˌledʒɪsˈleɪʃn] *n* legislación *f*.

legitimate [lɪˈdʒɪtɪmət] *adj* legítimo(ma).

leisure [*Br* ˈleʒəʳ, *Am* ˈliːʒər] *n* ocio *m*.

leisure centre *n* centro *m* deportivo y cultural.

leisure pool *n* piscina *f* (recreativa).

lemon [ˈlemən] *n* limón *m*.

lemonade [ˌleməˈneɪd] *n Br* gaseosa *f*; *Am* limonada *f*.

lemon curd [-kɜːd] *n Br* dulce para untar hecho con limón, huevos, mantequilla y azúcar.

lemon juice *n* zumo *m Esp* OR jugo *m Amér* de limón.

lemon sole *n* platija *f*.

lemon tea *n* té *m* con limón.

lend [lend] *(pt & pp* **lent)** *vt* prestar; **to ~ sb sthg** prestarle algo a alguien.

length [leŋθ] *n (in distance)* longitud *f*; *(in time)* duración *f*; *(of swimming pool)* largo *m*.

lengthen [ˈleŋθən] *vt* alargar.

lens [lenz] *n (of camera)* objetivo *m*; *(of glasses)* lente *f*; *(contact lens)* lentilla *f Esp*, lente *m* de contacto *Amér*.

lent [lent] *pt & pp* → **lend**.

Lent [lent] *n* Cuaresma *f*.

lentils [ˈlentlz] *npl* lentejas *fpl*.

leopard [ˈlepəd] *n* leopardo *m*.

leopard-skin *adj* estampado(da) en piel de leopardo.

leotard [ˈliːətɑːd] *n* body *m*.

leper [ˈlepəʳ] *n* leproso *m*, -sa *f*.

lesbian [ˈlezbɪən] *adj* lesbiano(na).
◆ *n* lesbiana *f*.

less [les] *adj, adv, pron* menos; ~ **than 20** menos de 20; **I eat ~ than her** yo como menos que ella.

lesson [ˈlesn] *n (class)* clase *f*.

let [let] *(pt & pp* **let)** *vt (allow)* dejar; *(rent out)* alquilar; **to ~ sb do sthg** dejar hacer algo a alguien; **to ~ go of sthg** soltar algo; **to ~ sb have sthg** prestar algo a alguien; **to ~ sb know sthg** avisar a alguien de algo; ~**'s go!** ¡vamos!; **'to ~'** 'se alquila'. ❑ **let in** *vt sep* dejar entrar. ❑ **let off** *vt sep (not punish)* perdonar; **she ~ me off doing it** me dejó no hacerlo; **can you ~ me off at the station?** ¿puede dejarme en la estación? ❑ **let out** *vt sep (allow to go out)* dejar salir.

letdown [ˈletdaʊn] *n inf* desilusión *f*.

lethargic [ləˈθɑːdʒɪk] *adj* aletargado(da).

letter [ˈletəʳ] *n (written message)* carta *f*; *(of alphabet)* letra *f*.

letterbox [ˈletəbɒks] *n Br* buzón *m*.

letter carrier *n Am* cartero *m*, -ra *f*.

lettuce [ˈletɪs] *n* lechuga *f*.

leuk(a)emia [luːˈkiːmɪə] *n* leucemia *f*.

level [ˈlevl] *adj (horizontal)* plano (na). ◆ *n* nivel *m*; *(storey)* planta *f*; **to be ~ with** *(in height)* estar a nivel de; *(in standard)* estar al mismo nivel que.

level crossing n Br paso m a nivel.

lever [Br 'li:və', Am 'levər] n palanca f.

liability [ˌlaɪə'bɪlətɪ] n (responsibility) responsabilidad f.

liable ['laɪəbl] adj: to be ~ to do sthg tener tendencia a hacer algo; to be ~ for sthg ser responsable de algo.

liaise [lɪ'eɪz] vi: to ~ with mantener contacto con.

liar ['laɪə'] n mentiroso m, -sa f.

liberal ['lɪbərəl] adj (tolerant) liberal; (generous) generoso(sa).

liberate ['lɪbəreɪt] vt liberar.

liberty ['lɪbətɪ] n libertad f.

librarian [laɪ'breərɪən] n bibliotecario m, -ria f.

library ['laɪbrərɪ] n biblioteca f.

lice [laɪs] npl piojos mpl.

licence ['laɪsəns] n Br permiso m.
◆ vt Am = **license**.

license ['laɪsəns] vt Br autorizar.
◆ n Am = **licence**.

licensed ['laɪsənst] adj (restaurant, bar) autorizado(da) para vender bebidas alcohólicas.

licensing hours ['laɪsənsɪŋ-] npl Br horario en que se autoriza la venta de bebidas alcohólicas al público en un "pub".

lick [lɪk] vt lamer.

lid [lɪd] n (cover) tapa f.

lie [laɪ] (pt lay, pp lain, cont lying) n mentira f. ◆ vi (tell lie: pt & pp lied) mentir; (be horizontal) estar echado; (lie down) echarse; (be situated) encontrarse; to ~ about sthg mentir respecto a algo. ❑ **lie down** vi acostarse.

lieutenant [Br lef'tenənt, Am lu:'tenənt] n teniente m.

life [laɪf] (pl **lives**) n vida f.

life assurance n seguro m de vida.

life belt n salvavidas m inv.

lifeboat ['laɪfbəʊt] n (launched from shore) bote m salvavidas; (launched from ship) lancha f de salvamento.

lifeguard ['laɪfgɑːd] n socorrista mf.

life jacket n chaleco m salvavidas.

lifelike ['laɪflaɪk] adj realista.

life preserver [-prɪ'zɜːvər] n Am (life belt) salvavidas m inv; (life jacket) chaleco m salvavidas.

life-size adj de tamaño natural.

lifespan ['laɪfspæn] n vida f.

lifestyle ['laɪfstaɪl] n estilo m de vida.

lift [lɪft] n Br (elevator) ascensor m. ◆ vt (raise) levantar. ◆ vi (fog) despejarse; to give sb a ~ llevar a alguien (en automóvil). ❑ **lift up** vt sep levantar.

light [laɪt] (pt & pp **lit** OR -ed) adj ligero(ra); (in colour) claro(ra); (rain) fino(na). ◆ n luz f; (for cigarette) fuego m. ◆ vt (fire, cigarette) encender; (room, stage) iluminar; **have you got a ~?** ¿tienes fuego?; **to set ~ to sthg** prender fuego a algo. ❑ **lights** (traffic lights) semáforo m. ❑ **light up** ◆ vt sep (house, road) iluminar. ◆ vi inf (light a cigarette) encender un cigarrillo.

light bulb n bombilla f.

lighter ['laɪtə'] n mechero m Esp, encendedor m.

light-hearted [-'hɑːtɪd] adj alegre.

lighthouse ['laɪthaʊs, pl -haʊzɪz] n faro m.

lighting ['laɪtɪŋ] n iluminación f.

light meter n contador m OR medidor m Amér de la luz.

lightning ['laɪtnɪŋ] n relámpagos *mpl*.

lightweight ['laɪtweɪt] *adj (clothes, object)* ligero(ra).

like [laɪk] *prep* como; *(typical of)* típico de. ◆ *vt (want)* querer; I ~ beer me gusta la cerveza; I ~ them me gustan; I ~ doing it me gusta hacerlo; what's it ~ ? ¿cómo es?; ~ that así; ~ this así; to look ~ sb/sthg parecerse a alguien/a algo; I'd ~ to come me gustaría venir; I'd ~ to sit down quisiera sentarme; I'd ~ a drink me apetece tomar algo.

likelihood ['laɪklɪhʊd] *n* probabilidad *f*.

likely ['laɪklɪ] *adj* probable.

likeness ['laɪknɪs] *n (similarity)* parecido *m*.

likewise ['laɪkwaɪz] *adv* del mismo modo.

lilac ['laɪlək] *adj* lila *(inv)*.

Lilo® ['laɪləʊ] *(pl* -s*)* *n Br* colchoneta *f*.

lily ['lɪlɪ] *n* azucena *f*.

lily of the valley *n* lirio *m* de los valles.

limb [lɪm] *n* miembro *m*.

lime [laɪm] *n (fruit)* lima *f*; ~ (juice) refresco *m* de lima.

limestone ['laɪmstəʊn] *n* piedra *f* caliza.

limit ['lɪmɪt] *n* límite *m*. ◆ *vt* limitar; the city ~s los límites de la ciudad.

limited ['lɪmɪtɪd] *adj* limitado(da).

limp [lɪmp] *adj* flojo(ja). ◆ *vi* cojear.

line [laɪn] *n (mark)* línea *f*; *(row)* fila *f*; *Am (queue)* cola *f*; *(of words on page)* tenglón *m*; *(of poem, song)* verso *m*; *(for fishing)* sedal *m*; *(for washing, rope)* cuerda *f*; *(railway track)* vía *f*; *(of business, work)* especialidad *f*; *(type of food)* surtido *m*. ◆ *vt (coat, drawers)* forrar; in ~ *(aligned)* alineado(da); it's

a bad ~ hay interferencias; the ~ is engaged está comunicando; to drop sb a ~ *inf* escribir unas letras a alguien; to stand in ~ *Am* hacer cola.
□ **line up** ◆ *vt sep (arrange)* planear. ◆ *vi* alinearse.

lined [laɪnd] *adj (paper)* de rayas.

linen ['lɪnɪn] *n (cloth)* lino *m* ; *(tablecloths, sheets)* ropa *f* blanca.

liner ['laɪnə'] *n (ship)* transatlántico *m*.

linesman ['laɪnzmən] *(pl* -men [-mən]) *n* juez *mf* de línea.

linger ['lɪŋgə'] *vi (in place)* rezagarse.

lingerie ['lænʒərɪ] *n* lencería *f*.

lining ['laɪnɪŋ] *n* forro *m*.

link [lɪŋk] *n (connection)* conexión *f*; *(between countries, companies)* vínculo *m*. ◆ *vt (connect)* conectar; rail ~ enlace *m* ferroviario; road ~ conexión de carreteras.

lino ['laɪnəʊ] *n Br* linóleo *m*.

lion ['laɪən] *n* león *m*.

lioness ['laɪənes] *n* leona *f*.

lip [lɪp] *n* labio *m*.

lip salve [-sælv] *n* protector *m* labial.

lipstick ['lɪpstɪk] *n* barra *f* de labios, lápiz *m* labial *Amér*.

liqueur [lɪ'kjʊə'] *n* licor *m*.

liquid ['lɪkwɪd] *n* líquido *m*.

liquor ['lɪkər] *n Am* bebida *f* alcohólica.

liquor store *n Am* tienda *de bebidas alcohólicas para llevar*.

liquorice ['lɪkərɪs] *n* regaliz *m*.

lisp [lɪsp] *n* ceceo *m*.

list [lɪst] *n* lista *f*. ◆ *vt* hacer una lista de.

listen ['lɪsn] *vi*: to ~ (to) *(to person, sound, radio)* escuchar; *(to advice)* hacer caso (de).

listener ['lɪsnə^r] n (to radio) oyente mf.

lit [lɪt] pt & pp → **light**.

liter ['li:tə^r] Am = **litre**.

literally ['lɪtərəlɪ] adv literalmente.

literary ['lɪtərərɪ] adj literario(ria).

literature ['lɪtrətʃə^r] n literatura f; (printed information) folletos mpl informativos.

litre ['li:tə^r] n Br litro m.

litter ['lɪtə^r] n basura f.

litterbin ['lɪtəbɪn] n Br papelera f (en la calle).

little ['lɪtl] adj pequeño(ña); (distance, time) corto(ta); (not much) poco(ca). ◆ adv poco. ◆ pron: I have very ~ tengo muy poco; as ~ as possible lo menos posible; ~ by ~ poco a poco; a ~ un poco; a ~ sugar un poco de azúcar; a ~ while un rato.

little finger n meñique m.

live[1] [lɪv] vi vivir; **to ~ with sb** vivir con alguien. ❑ **live together** vi vivir juntos.

live[2] [laɪv] adj (alive) vivo(va); (programme, performance) en directo; (wire) cargado(da). ◆ adv en directo.

lively ['laɪvlɪ] adj (person) vivaz; (place, atmosphere) animado(da).

liver ['lɪvə^r] n hígado m.

lives [laɪvz] pl → **life**.

living ['lɪvɪŋ] adj (alive) vivo(va). ◆ n: **to earn a ~** ganarse la vida; **what do you do for a ~?** ¿en qué trabajas?

living room n sala f de estar.

lizard ['lɪzəd] n lagartija f.

load [ləud] n (thing carried) carga f. ◆ vt cargar; **~s of** inf un montón de.

loaf [ləuf] (pl **loaves**) n: ~ (of bread) barra f de pan.

loan [ləun] n préstamo m. ◆ vt prestar.

loathe [ləuð] vt detestar.

loaves [ləuvz] pl → **loaf**.

lobby ['lɒbɪ] n (hall) vestíbulo m.

lobster ['lɒbstə^r] n langosta f.

local ['ləukl] adj local. ◆ n inf (local person) vecino m (del lugar); Br (pub) ≃ bar m del barrio; Am (bus) autobús m urbano; Am (train) tren m de cercanías.

local anaesthetic n anestesia f local.

local call n llamada f urbana.

local government n administración f local.

locate [Br ləu'keɪt, Am 'ləukeɪt] vt (find) localizar; **to be ~d** estar situado.

location [ləu'keɪʃn] n (place) situación f.

loch [lɒk] n Scot lago m.

lock [lɒk] n (on door, drawer) cerradura f; (for bike) candado m; (on canal) esclusa f. ◆ vt (fasten with key) cerrar con llave; (keep safely) poner bajo llave. ◆ vi (become stuck) bloquearse. ❑ **lock in** vt sep (accidentally) dejar encerrado. ❑ **lock out** vt sep (accidentally) dejar fuera accidentalmente. ❑ **lock up** vt sep (imprison) encarcelar. ◆ vi cerrar con llave.

locker ['lɒkə^r] n taquilla f, locker m Amér.

locker room n Am vestuario m (con taquillas).

locket ['lɒkɪt] n guardapelo m.

locum ['ləukəm] n interino m, -na f.

lodge [lɒdʒ] n (for hunters, skiers) refugio m. ◆ vi alojarse.

lodger ['lɒdʒə^r] n huésped mf.

lodgings ['lɒdʒɪŋz] npl habitación f alquilada.

loft [lɒft] n desván m.

log [lɒg] n tronco m. ❑ **log on** vi COMPUT acceder OR entrar al sistema. ▫ **log off** vi COMPUT salir del sistema.

logic [ˈlɒdʒɪk] n lógica f.

logical [ˈlɒdʒɪkl] adj lógico(ca).

logo [ˈləʊgəʊ] (pl -s) n logotipo m.

loin [lɔɪn] n lomo m.

loiter [ˈlɔɪtə] vi merodear.

lollipop [ˈlɒlɪpɒp] n chupachús m inv Esp, paleta f Amér.

lolly [ˈlɒlɪ] n inf (lollipop) chupachús m inv Esp, paleta f Amér; Br (ice lolly) polo m Esp, paleta f helada Amér.

London [ˈlʌndən] n Londres.

Londoner [ˈlʌndənə] n londinense mf.

lonely [ˈləʊnlɪ] adj (person) solo(la); (place) solitario(ria).

long [lɒŋ] adj largo(ga). ◆ adv mucho (tiempo); it's 2 metres ~ mide 2 metros de largo; it's two hours ~ dura dos horas; how ~ is it? (in distance) ¿cuánto mide (de largo)?; (in time) ¿cuánto tiempo dura?; **a ~ time** mucho tiempo; **all day** ~ todo el día; **as ~ as** mientras (que); **for** ~ mucho tiempo; **I'm no ~er interested** ya no me interesa; **so ~!** inf ¡hasta luego! ▫ **long for** vt fus desear vivamente.

long-distance call n conferencia f (telefónica) Esp, llamada f de larga distancia.

long drink n combinado de alcohol y refresco.

long-haul adj de larga distancia.

longitude [ˈlɒndʒɪtjuːd] n longitud f.

long jump n salto m de longitud.

long-life adj de larga duración.

longsighted [ˌlɒŋˈsaɪtɪd] adj présbita.

long-term adj a largo plazo.

longwearing [ˌlɒŋˈweərɪŋ] adj Am duradero(ra).

loo [luː] (pl -s) n Br inf váter m Esp,

baño m Amér.

look [lʊk] n (act of looking) mirada f; (appearance) aspecto m. ◆ vi (with eyes, search) mirar; (seem) parecer; **you don't ~ well** no tienes muy buen aspecto; **to ~ onto** dar a; **to have a ~ (see)** echar un vistazo; (search) buscar; **(good)** ~**s** atractivo m (físico); **I'm just ~ing (in shop)** solamente estoy mirando; ~ **out!** ¡cuidado! ▫ **look after** vt fus (person) cuidar; (matter, arrangements) encargarse de. ▫ **look at** vt fus (observe) mirar; (examine) examinar. ▫ **look for** vt fus buscar. ▫ **look forward to** vt fus esperar (con ilusión). ▫ **look out for** vt fus estar atento a. ▫ **look round** ◆ vt fus (city, museum) visitar; (shop) mirar. ◆ vi volver la cabeza. ▫ **look up** vt sep (in dictionary, phone book) buscar.

loony [ˈluːnɪ] n inf chiflado m, -da f.

loop [luːp] n lazo m.

loose [luːs] adj (not fixed firmly) flojo(ja); (sweets, sheets of paper) suelto (ta); (clothes) ancho(cha); **to let sthg/sb ~** soltar algo/a alguien.

loosen [ˈluːsn] vt aflojar.

lop-sided [ˈ-saɪdd] adj ladeado (da).

lord [lɔːd] n (member of nobility) lord m, título de nobleza británica.

lorry [ˈlɒrɪ] n Br camión m.

lorry driver n Br camionero m, -ra f.

lose [luːz] (pt & pp **lost**) vt perder; (subj: watch, clock) atrasarse. ◆ vi perder; **to ~ weight** adelgazar.

loser [ˈluːzə] n (in contest) perdedor m, -ra f.

loss [lɒs] n pérdida f.

lost [lɒst] pt & pp → **lose**. ◆ adj perdido(da); **to get ~** (lose way) perderse.

lost-and-found office n Am oficina f de objetos perdidos.

lost property office n Br oficina f de objetos perdidos.

lot [lɒt] n (group of things) grupo m; (at auction) lote m; Am (car park) aparcamiento m Esp, estacionamiento m Amér; **a ~** (large amount) mucho (cha), muchos(chas) (pl); (to a great extent) mucho; **a ~ of time** mucho tiempo; **a ~ of problems** muchos problemas; **~s (of)** mucho (cha), muchos(chas) (pl); **the ~** (everything) todo.

lotion ['ləʊʃn] n loción f.

lottery ['lɒtərɪ] n lotería f.

loud [laʊd] adj (voice, music, noise) alto(ta); (colour, clothes) chillón(ona).

loudspeaker [,laʊd'spiːkər] n altavoz m.

lounge [laʊndʒ] n (in house) salón m; (at airport) sala f de espera.

lounge bar n Br salón-bar m.

lousy ['laʊzɪ] adj inf (poor-quality) cochambroso(sa).

lout [laʊt] n gamberro m, -rra f Esp, patán m.

love [lʌv] n amor m; (strong liking) pasión f; (in tennis) cero m. ◆ vt querer; **I ~ music** me encanta la música; **I'd ~ a coffee** un café me vendría estupendamente; **I ~ playing tennis** me encanta jugar al tenis; **to be in ~ (with)** estar enamorado (de); **(with) ~ from** (in letter) un abrazo de.

love affair n aventura f amorosa.

lovely ['lʌvlɪ] adj (very beautiful) guapísimo(ma); (very nice) precioso(sa).

lover ['lʌvər] n amante mf.

loving ['lʌvɪŋ] adj cariñoso(sa).

low [ləʊ] adj bajo(ja); (quality, opinion) malo(la); (sound, note) grave; (supply) escaso(sa); (depressed) deprimido(da). ◆ n (area of low pressure)

zona f de baja presión (atmosférica); **we're ~ on petrol** se está terminando la gasolina.

low-alcohol adj bajo(ja) en alcohol.

low-calorie adj bajo(ja) en calorías.

low-cut adj escotado(da).

lower ['ləʊər] adj inferior. ◆ vt (move downwards) bajar; (reduce) reducir.

lower sixth n Br primer curso de enseñanza secundaria pre-universitaria para alumnos de 17 años que preparan sus "A-levels".

low-fat adj de bajo contenido graso.

low tide n marea f baja.

loyal ['lɔɪəl] adj leal.

loyalty ['lɔɪəltɪ] n lealtad f.

lozenge ['lɒzɪndʒ] n (sweet) caramelo m para la tos.

L-plate n Br placa f de la L (de prácticas).

Ltd (abbr of limited) S.A.

lubricate ['luːbrɪkeɪt] vt lubricar.

luck [lʌk] n suerte f; **bad ~** mala suerte; **good ~!** ¡buena suerte!; **with ~** con un poco de suerte.

luckily ['lʌkɪlɪ] adv afortunadamente.

lucky ['lʌkɪ] adj (person, escape) afortunado(da); (event, situation) oportuno(na); (number, colour) de la suerte; **to be ~** tener suerte.

ludicrous ['luːdɪkrəs] adj ridículo(la).

lug [lʌg] vt inf arrastrar.

luggage ['lʌgɪdʒ] n equipaje m.

luggage compartment n maletero m (en tren).

luggage locker n consigna f automática.

luggage rack n (on train) redecilla f (para equipaje).

lukewarm ['luːkwɔːm] adj tibio (bia).

lull [lʌl] n intervalo m.

lullaby ['lʌləbaɪ] n nana f.

luminous ['luːmɪnəs] adj luminoso(sa).

lump [lʌmp] n (of coal, mud, butter) trozo m; (of sugar) terrón m; (on body) bulto m.

lump sum n suma f global.

lumpy ['lʌmpɪ] adj (sauce) grumoso(sa); (mattress) lleno(na) de bultos.

lunatic ['luːnətɪk] n pej loco m, -ca f.

lunch [lʌntʃ] n comida f, almuerzo m; **to have** ~ comer, almorzar.

lunch hour n hora f del almuerzo.

lunchtime ['lʌntʃtaɪm] n hora f del almuerzo.

lung [lʌŋ] n pulmón m.

lunge [lʌndʒ] vi: **to** ~ **at** arremeter contra.

lure [ljʊəʳ] vt atraer con engaños.

lurk [lɜːk] vi (person) estar al acecho.

lush [lʌʃ] adj exuberante.

lust [lʌst] n (sexual desire) lujuria f.

Luxembourg ['lʌksəmbɜːg] n Luxemburgo.

luxurious [lʌg'ʒʊərɪəs] adj lujoso(sa).

luxury ['lʌkʃərɪ] adj de lujo. ◆ n lujo m.

lying ['laɪɪŋ] cont → lie.

lyrics ['lɪrɪks] npl letra f.

M

m (abbr of metre) m. ◆ abbr = **mile**.

M Br (abbr of motorway) A; (abbr of medium) M.

MA n (abbr of Master of Arts) máster en letras.

mac [mæk] n Br inf gabardina f.

macaroni [ˌmækə'rəʊnɪ] n macarrones mpl.

macaroni cheese n macarrones mpl con queso.

machine [mə'ʃiːn] n máquina f.

machinegun [mə'ʃiːngʌn] n ametralladora f.

machinery [mə'ʃiːnərɪ] n maquinaria f.

machine-washable adj lavable a máquina.

mackerel ['mækrəl] (pl inv) n caballa f.

mackintosh ['mækɪntɒʃ] n Br gabardina f.

mad [mæd] adj loco(ca); (angry) furioso(sa); (uncontrolled) desenfrenado(da); **to be** ~ **about** inf (like a lot) estar loco por; **like** ~ (run) como un loco.

Madam ['mædəm] n señora f.

made [meɪd] pt & pp → **make**.

made-to-measure adj hecho (cha) a medida.

madness ['mædnɪs] n locura f.

magazine [ˌmægə'ziːn] n revista f.

maggot ['mægət] n gusano m (larva).

magic ['mædʒɪk] n magia f.

magician [mə'dʒɪʃn] n (conjurer) prestidigitador m, -ra f.

magistrate ['mædʒɪstreɪt] n magistrado m, -da f.

magnet ['mægnɪt] n imán m.

magnetic [mæg'netɪk] adj magnético(ca).

magnificent [mæg'nɪfɪsənt] adj

magnífico(ca).

magnifying glass ['mægnɪ-faɪŋ-] n lupa f.

mahogany [mə'hɒgənɪ] n caoba f.

maid [meɪd] n (servant) criada f.

maiden name ['meɪdn-] n nombre m de soltera.

mail [meɪl] n (letters) correspondencia f; (system) correo m. ◆ vt Am enviar por correo.

mailbox ['meɪlbɒks] n Am buzón m.

mailman ['meɪlmən] (pl -men [-mən]) n Am cartero m.

mail order n pedido m por correo.

main [meɪn] adj principal.

main course n plato m principal.

mainland ['meɪnlənd] n: **the ~** el continente.

main line n línea f férrea principal.

mainly ['meɪnlɪ] adv principalmente.

main road n carretera f principal.

mains [meɪnz] npl: **the ~** (for electricity) la red eléctrica; (for gas, water) la tubería principal.

main street n Am calle f principal.

maintain [meɪn'teɪn] vt mantener.

maintenance ['meɪntənəns] n (of car, machine) mantenimiento m; (money) pensión f de manutención.

maisonette [ˌmeɪzə'net] n Br piso m dúplex.

maize [meɪz] n maíz m.

major ['meɪdʒə'] adj (important) importante; (most important) principal. ◆ n MIL comandante m. ◆ vi Am: **to ~ in** especializarse en.

Majorca [mə'jɔːkə, mə'dʒɔːkə] n Mallorca.

majority [mə'dʒɒrətɪ] n mayoría f.

major road n carretera f principal.

☞

make [meɪk] (pt & pp **made**) vt - 1. (produce, construct) hacer; **to be made of** estar hecho de; **to ~ lunch/supper** hacer la comida/cena; **made in Japan** fabricado en Japón. - 2. (perform, do) hacer; **to ~ a mistake** cometer un error; **to ~ a phone call** hacer una llamada. - 3. (cause to be, do) hacer; **to ~ sb sad** poner triste a alguien; **to ~ sb happy** hacer feliz a alguien; **the ice made her slip** el hielo le hizo resbalar; **to ~ sb do sthg** (force) obligar a alguien a hacer algo. - 4. (amount to, total) hacer; **that ~s £5** eso hace 5 libras. - 5. (calculate) calcular; **I ~ it seven o'clock** calculo que serán las siete. - 6. (money) ganar; (profit) obtener; (loss) sufrir. - 7. inf (arrive in time for): **I don't think we'll ~ the 10 o'clock train** no creo que lleguemos para el tren de las diez. - 8. (friend, enemy) hacer. - 9. (have qualities for) ser; **this would ~ a lovely bedroom** esta habitación sería preciosa como dormitorio. - 10. (bed) hacer. - 11. (in phrases): **to ~ do** arreglárselas; **to ~ good** (compensate for) indemnizar; **to ~ it** (arrive in time) llegar a tiempo; (be able to go) poder ir.

◆ n (of product) marca f. ❑**make out** vt sep (form) rellenar; (cheque, receipt) extender; (see) divisar; (hear) entender. ❑**make up** vt sep (invent) inventar; (comprise) formar; (differ-

ence) cubrir. □ **make up for** *vt fus* compensar.

makeover ['meɪkəʊvəʳ] *n* (*person*) cambio *m* de imagen; (*building, area*) remodelación *f*.

makeshift ['meɪkʃɪft] *adj* improvisado(da).

make-up *n* maquillaje *m*.

malaria [mə'leərɪə] *n* malaria *f*.

male [meɪl] *adj* (*person*) masculino(na); (*animal*) macho. ◆ *n* (*animal*) macho *m*.

malfunction [mæl'fʌŋkʃn] *vi fml* funcionar mal.

malignant [mə'lɪgnənt] *adj* (*disease, tumour*) maligno(na).

mall [mɔːl] *n* zona *f* comercial peatonal.

MALL

Con el nombre de "the Mall" se conoce una gran zona ajardinada del centro de Washington D.C. que se extiende desde el Capitolio hasta el monumento a Lincoln. A lo largo de ella se encuentran los distintos museos del Smithsonian Institute, varios museos de arte, la Casa Blanca y los monumentos a Washington y a Jefferson. En el extremo oeste se halla "the Wall", donde están inscritos los nombres de los soldados muertos en la guerra de Vietnam.

mallet ['mælɪt] *n* mazo *m*.

maltreat [,mæl'triːt] *vt* maltratar.

malt whisky *n* whisky *m* de malta.

mammal ['mæml] *n* mamífero *m*.

man [mæn] (*pl* **men**) *n* hombre *m*; (*mankind*) el hombre. ◆ *vt*: **the lines**

are manned 24 hours a day las líneas están abiertas las 24 horas.

manage ['mænɪdʒ] *vt* (*company, business*) dirigir; (*suitcase, job, food*) poder con. ◆ *vi* (*cope*) arreglárselas; **can you ~ Friday?** ¿te viene bien el viernes?; **to ~ to do sthg** conseguir hacer algo.

management ['mænɪdʒmənt] *n* (*people in charge*) dirección *f*; (*control, running*) gestión *f*.

manager ['mænɪdʒəʳ] *n* (*of business, bank*) director *m*, -ra *f*; (*of shop*) jefe *m*, -fa *f*; (*of sports team*) ≃ entrenador *m*, -ra *f*.

manageress [,mænɪdʒə'res] *n* (*of business, bank*) directora *f*; (*of shop*) jefa *f*.

managing director ['mænɪdʒɪŋ-] *n* director *m*, -ra *f* general.

mandarin ['mændərɪn] *n* (*fruit*) mandarina *f*.

mane [meɪn] *n* crin *f*.

maneuver [mə'nuːvəʳ] *Am* = **manoeuvre**.

mangetout [,mɒnʒ'tuː] *n* vaina *f* de guisante tierna que se come entera.

mangle ['mæŋgl] *vt* aplastar.

mango ['mæŋgəʊ] (*pl* **-es** OR **-s**) *n* mango *m*.

Manhattan [mæn'hætən] *n* Manhattan.

MANHATTAN

Manhattan es el distrito central de Nueva York. Se divide en los tres barrios llamados "Downtown", "Midtown" y "Uptown". Allí se encuentran lugares tan conocidos como Central Park, la Quinta Avenida, Broadway, la Estatua de la Libertad y Greenwich

Village, así como rascacielos tan famosos como el Empire State Building y el Chrysler Building. La "Manhattan Skyline" es la vista famosa de Nueva York dominada por los rascacielos cuales incluían las torres gemelas del "World Trade Center" hasta la destrucción de éstas por una atrocidad terrorista en septiembre del año 2001.

---

manhole ['mænhəʊl] n registro m (de alcantarillado).

maniac ['meɪnɪæk] n inf (wild person) maníaco m, -ca f.

manicure ['mænɪkjʊəʳ] n manicura f.

manifold ['mænɪfəʊld] n colector m.

manipulate [məˈnɪpjʊleɪt] vt (person) manipular; (machine, controls) manejar.

mankind [ˌmænˈkaɪnd] n la humanidad.

manly ['mænlɪ] adj varonil.

man-made adj artificial.

manner ['mænəʳ] n (way) manera f. ❑ **manners** npl modales mpl.

manoeuvre [məˈnuːvəʳ] n Br maniobra f. ◆ vt Br maniobrar.

manor ['mænəʳ] n casa f solariega.

mansion ['mænʃn] n casa f solariega.

manslaughter ['mænˌslɔːtəʳ] n homicidio m no premeditado.

mantelpiece ['mæntlpiːs] n repisa f de la chimenea.

manual ['mænjʊəl] adj manual. ◆ n manual m.

manufacture [ˌmænjʊˈfæktʃəʳ] n fabricación f. ◆ vt fabricar.

manufacturer [ˌmænjʊˈfæktʃərəʳ] n fabricante mf.

manure [məˈnjʊəʳ] n estiércol m.

many ['menɪ] (compar **more**, superl **most**) adj muchos(chas). ◆ pron muchos(chas), -chas f pl; **as ~ as ...** tantos(tas) como ...; **twice as ~** es el doble que; **how ~?** ¿cuántos(tas?); **so ~ tantos(tas); too ~** demasiados (das).

map [mæp] n (of town) plano m; (of country) mapa m.

maple syrup ['meɪpl-] n jarabe de arce que se come con crepes etc.

Mar. (abbr of March) mar.

marathon ['mærəθn] n maratón m.

marble ['mɑːbl] n (stone) mármol m; (glass ball) canica f.

march [mɑːtʃ] n (demonstration) manifestación f. ◆ vi (walk quickly) dirigirse resueltamente.

March [mɑːtʃ] n marzo m → September.

mare [meəʳ] n yegua f.

margarine [ˌmɑːdʒəˈriːn] n margarina f.

margin ['mɑːdʒɪn] n margen m.

marina [məˈriːnə] n puerto m deportivo.

marinated ['mærɪneɪtɪd] adj marinado(da).

marital status ['mærɪtl-] n estado m civil.

mark [mɑːk] n marca f; SCH nota f. ◆ vt (blemish) manchar; (put symbol on) marcar; (correct) corregir; (show position of) señalar; (gas) **~ five** número cinco (del horno).

marker pen ['mɑːkə-] n rotulador m, marcador m Amér.

market ['mɑːkɪt] n mercado m.

marketing ['mɑːkɪtɪŋ] n marketing m.

marketplace ['mɑːkɪtpleɪs] n

mercado m.

markings ['mɑːkɪŋz] *npl* (*on road*) marcas *fpl* viales.

marmalade ['mɑːməleɪd] *n* mermelada *f* (*de frutos cítricos*).

marquee [mɑːˈkiː] *n* carpa *f*.

marriage ['mærɪdʒ] *n* (*event*) boda *f*; (*time married*) matrimonio *m*.

married ['mærɪd] *adj* casado(da); **to get ~** casarse.

marrow ['mærəʊ] *n* (*vegetable*) calabacín *m* grande.

marry ['mærɪ] *vt* casarse con. ◆ *vi* casarse.

marsh [mɑːʃ] *n* (*area*) zona *f* pantanosa.

martial arts [ˌmɑːʃl-] *npl* artes *fpl* marciales.

marvellous ['mɑːvələs] *adj Br* maravilloso(sa).

marvelous ['mɑːvələs] *Am* = **marvellous**.

marzipan ['mɑːzɪpæn] *n* mazapán *m*.

mascara [mæsˈkɑːrə] *n* rímel *m*.

masculine ['mæskjʊlɪn] *adj* masculino(na); (*woman*) hombruno(na).

mashed potatoes [mæʃt-] *npl* puré *m* de patatas *Esp* OR papas *Amér*.

mask [mɑːsk] *n* máscara *f*.

masonry ['meɪsnrɪ] *n*: falling ~ *materiales que se desprenden de un edificio.*

mass [mæs] *n* (*large amount*) montón *m*; RELIG misa *f*; **~es (of)** *inf* montones (de).

massacre ['mæsəkə³] *n* masacre *f*.

massage [*Br* 'mæsɑːʒ, *Am* məˈsɑːʒ] *n* masaje *m*. ◆ *vt* dar masajes a.

masseur [mæˈsɜː³] *n* masajista *m*.

masseuse [mæˈsɜːz] *n* masajista *f*.

massive ['mæsɪv] *adj* enorme.

mast [mɑːst] *n* (*on boat*) mástil *m*.

master ['mɑːstə³] *n* (*at primary*

school) maestro *m*; (*at secondary school*) profesor *m*; (*of servant, dog*) amo *m*. ◆ *vt* (*skill, language*) dominar.

masterpiece ['mɑːstəpiːs] *n* obra *f* maestra.

mat [mæt] *n* (*small rug*) esterilla *f*, tapete *m Col, Méx*; (*for plate*) salvamanteles *m inv*; (*for glass*) posavasos *m inv*.

match [mætʃ] *n* (*for lighting*) cerilla *f Esp*, fósforo *m*; (*game*) partido *m*. ◆ *vt* (*in colour, design*) hacer juego con; (*be the same as*) coincidir con; (*be as good as*) competir con. ◆ *vi* (*in colour, design*) hacer juego.

matchbox ['mætʃbɒks] *n* caja *f* de cerillas *Esp* OR fósforos.

matching ['mætʃɪŋ] *adj* a juego.

mate [meɪt] *n inf* colega *mf*. ◆ *vi* aparearse.

material [məˈtɪərɪəl] *n* (*substance*) material *m*; (*cloth*) tela *f*; (*information*) información *f*. □ **materials** *npl*: writing ~s objetos *mpl* de escritorio.

maternity leave [məˈtɜːnətɪ-] *n* baja *f* por maternidad.

maternity ward [məˈtɜːnətɪ-] *n* sala *f* de maternidad.

math [mæθ] *Am* = **maths**.

mathematics [ˌmæθəˈmætɪks] *n* matemáticas *fpl*.

maths [mæθs] *n Br* mates *fpl*.

matinée ['mætɪneɪ] *n* (*at cinema*) primera sesión *f*; (*at theatre*) función *f* de tarde.

matt [mæt] *adj* mate.

matter ['mætə³] *n* (*issue, situation*) asunto *m*; (*physical material*) materia *f*. ◆ *vi*: winning is all that ~s lo único que importa es ganar; it doesn't ~ no importa; no ~ what happens pase lo que pase; there's something the ~ with my car algo le pasa a mi coche; what's the ~? ¿qué pasa?; as a

~ **of course** rutinariamente; **as a ~ of fact** en realidad.

mattress [ˈmætrɪs] n colchón m.

mature [məˈtʃʊəʳ] adj (person, behaviour) maduro(ra); (cheese) curado (da); (wine) añejo(ja).

mauve [məʊv] adj malva (inv).

max. [mæks] (abbr of maximum) máx.

maximum [ˈmæksɪməm] adj máximo(ma). ◆ n máximo m.

☞

may [meɪ] aux vb -1. (expressing possibility) poder; **it ~ rain** puede que llueva; **they ~ have got lost** puede que se hayan perdido.
- 2. (expressing permission): **~ I smoke?** ¿puedo fumar?; **you ~ sit, if you wish** puede sentarse si lo desea.
- 3. (when conceding a point): **it ~ be a long walk, but it's worth it** puede que sea una caminata, pero merece la pena.

May [meɪ] n mayo m → September.

maybe [ˈmeɪbiː] adv quizás.

mayonnaise [ˌmeɪəˈneɪz] n mayonesa f.

mayor [meəʳ] n alcalde m.

mayoress [ˈmeərɪs] n esposa f del alcalde.

maze [meɪz] n laberinto m.

me [miː] pron me; **she knows ~** me conoce; **it's ~** soy yo; **send it to ~** envíamelo; **tell ~** dime; **he's worse than ~** él aún es peor que yo; **with ~** conmigo; **without ~** sin mí.

meadow [ˈmedəʊ] n prado m.

meal [miːl] n comida f.

mealtime [ˈmiːltaɪm] n hora f de comer.

mean [miːn] (pt & pp **meant**) adj

(miserly) tacaño(ña); (unkind) mezquino(na). ◆ vt (signify, matter) significar; (intend) querer decir; (be a sign of) indicar; **I ~ it** hablo en serio; **to ~ to do sthg** pensar hacer algo; **I didn't ~ to hurt you** no quería hacerte daño; **to be meant to do sthg** deber hacer algo; **it's meant to be good** dicen que es bueno.

meaning [ˈmiːnɪŋ] n (of word, phrase) significado m; (intention) sentido m.

meaningless [ˈmiːnɪŋlɪs] adj (irrelevant) sin importancia.

means [miːnz] (pl inv) n (method) medio m. ◆ npl (money) medios mpl; **by all ~!** ¡por supuesto!; **by ~ of** por medio de.

meant [ment] pt & pp → **mean**.

meantime [ˈmiːntaɪm] ◆ **in the meantime** adv mientras tanto.

meanwhile [ˈmiːnwaɪl] adv mientras tanto.

measles [ˈmiːzlz] n sarampión m.

measure [ˈmeʒəʳ] vt medir. ◆ n medida f; **the room ~s 10 m²** la habitación mide 10 m².

measurement [ˈmeʒəmənt] n medida f. ☐ **measurements** npl (of person) medidas fpl.

meat [miːt] n carne f; **red ~** carnes rojas; **white ~** carnes blancas.

meatball [ˈmiːtbɔːl] n albóndiga f.

mechanic [mɪˈkænɪk] n mecánico m, -ca f.

mechanical [mɪˈkænɪkl] adj (device) mecánico(ca).

mechanism [ˈmekənɪzm] n mecanismo m.

medal [ˈmedl] n medalla f.

media [ˈmiːdjə] n or npl: **the ~** los medios de comunicación.

Medicaid, Medicare [ˈmedɪkeɪd, ˈmedɪkeəʳ] n Am un seguro *de enfermedad a los pobres, ancianos y minusválidos.*

MEDICAID/ MEDICARE

Al no existir un servicio nacional de salud en los Estados Unidos, en 1965 se crearon los programas Medicaid y Medicare para ofrecer un seguro de enfermedad a los pobres, ancianos y minusválidos. Medicaid ofrece asistencia sanitaria a los menores de 65 años que tienen sueldos bajos y Medicare a los mayores de esta edad. Como ambos sistemas exigen cada vez más recursos del estado, la situación es frecuentemente objeto de polémica.

medical [ˈmedɪkl] *adj* médico(ca). ♦ *n* chequeo *m* (médico).

medication [ˌmedrˈkeɪʃn] *n* medicación *f*.

medicine [ˈmedsɪn] *n (substance)* medicamento *m* ; *(science)* medicina *f*.

medicine cabinet *n* botiquín *m*.

medieval [ˌmedrˈiːvl] *adj* medieval.

mediocre [ˌmiːdrˈəʊkə] *adj* mediocre.

Mediterranean [ˌmedɪtəˈreɪnjən] *n:* the ~ el Mediterráneo.

medium [ˈmiːdjəm] *adj (middle-sized)* mediano(na); *(wine)* suave, semi; *(sherry)* medium.

medium-dry *adj* semiseco(ca).

medium-sized [-saɪzd] *adj* de tamaño mediano.

medley [ˈmedlɪ] *n* CULIN selec-

---

ción *f*.

meet [miːt] *(pt & pp* **met)** *vt (by arrangement)* reunirse con; *(by chance)* encontrarse con; *(get to know)* conocer; *(go to collect)* ir a buscar; *(need, requirement)* satisfacer; *(cost, expenses)* cubrir. ♦ *vi (by arrangement)* reunirse; *(by chance)* encontrarse; *(get to know each other)* conocerse; *(intersect)* unirse; ~ **me at the bar** espérame en el bar. ❑ **meet up** *vi* reunirse. ❑ **meet with** *vt fus (problems, resistance)* encontrarse con; *Am (by arrangement)* reunirse con.

meeting [ˈmiːtɪŋ] *n (for business)* reunión *f*.

meeting point *n* punto *m* de encuentro.

melody [ˈmelədɪ] *n* melodía *f*.

melon [ˈmelən] *n* melón *m*.

melt [melt] *vi* derretirse.

member [ˈmembə] *n (of group, party, organization)* miembro *mf; (of club)* socio *m*, -cia *f*.

Member of Congress *n* miembro *mf* del Congreso *(de EEUU).*

Member of Parliament *n* diputado *m*, -da *f (del parlamento británico).*

membership [ˈmembəʃɪp] *n (state of being a member)* afiliación *f; (members)* miembros *mpl; (of club)* socios *mpl.*

memorial [mɪˈmɔːrɪəl] *n* monumento *m* conmemorativo.

memorize [ˈmeməraɪz] *vt* memorizar.

memory [ˈmemərɪ] *n (ability to remember, of computer)* memoria *f (thing remembered)* recuerdo *m*.

men [men] *pl* → **man**.

menacing [ˈmenəsɪŋ] *adj* amenazador(ra).

mend [mend] vt arreglar.

menopause ['menəpɔːz] n menopausia f.

men's room n Am servicio m OR baño m de caballeros.

menstruate ['menstroeɪt] vi menstruar.

menswear ['menzweə'] n confección f de caballeros.

mental ['mentl] adj mental.

mentally handicapped ['mentlɪ-] adj disminuido m psíquico, disminuida f psíquica. ◆ npl: the ~ los disminuidos psíquicos.

mentally ill ['mentlɪ-] adj: to be ~ ser un enfermo mental (ser una enferma mental).

mention ['menʃn] vt mencionar; don't ~ it! ¡no hay de qué!

menu ['menjuː] n menú m; children's ~ menú infantil.

merchandise ['mɜːtʃəndaɪz] n géneros mpl.

merchant marine [ˌmɜːtʃəntməˈriːn] Am = merchant navy.

merchant navy [ˌmɜːtʃənt-] n Br marina f mercante.

mercy ['mɜːsɪ] n compasión f.

mere [mɪə'] adj simple; a ~ two pounds tan sólo dos libras.

merely ['mɪəlɪ] adv solamente.

merge [mɜːdʒ] vi (combine) mezclarse.

merger ['mɜːdʒə'] n fusión f.

meringue [məˈræŋ] n merengue m.

merit ['merɪt] n mérito m; (in exam) ≃ notable m.

merry ['merɪ] adj (cheerful) alborozado(da); inf (tipsy) achispado(da); Merry Christmas! ¡Feliz Navidad!

merry-go-round n tiovivo m Esp, carrusel m.

mess [mes] n (untidiness) desorden m; (difficult situation) lío m; in a ~ (untidy) desordenado. ❑ **mess about**, **mess around** inf vi (waste time) perder el tiempo; (behave foolishly) hacer el tonto; to ~ about with sthg (interfere) manosear algo. ❑ **mess up** vt sep inf (ruin, spoil) estropear.

message ['mesɪdʒ] n mensaje m.

messenger ['mesɪndʒə'] n mensajero m, -ra f.

messy ['mesɪ] adj desordenado (da).

met [met] pt & pp → **meet**.

metal ['metl] adj metálico(ca). ◆ n metal m.

metalwork ['metəlwɜːk] n (craft) metalistería f.

meter ['miːtə'] n (device) contador m, medidor m Amér; Am = **metre**.

method ['meθəd] n método m.

methodical [mɪˈθɒdɪkl] adj metódico(ca).

meticulous [mɪˈtɪkjʊləs] adj meticuloso(sa).

metre ['miːtə'] n Br metro m.

metric ['metrɪk] adj métrico(ca).

Mexican ['meksɪkn] adj mejicano(na) Esp, mexicano(na). ◆ n mejicano m, -na f Esp, mexicano m, -na f.

Mexico ['meksɪkəʊ] n Méjico Esp, México.

mg (abbr of milligram) mg.

miaow [miːˈaʊ] vi Br maullar.

mice [maɪs] pl → **mouse**.

microchip ['maɪkrəʊtʃɪp] n microchip m.

microphone ['maɪkrəfəʊn] n micrófono m.

microscope ['maɪkrəskəʊp] n microscopio m.

microwave (oven) ['maɪkrəweɪv-] n microondas m inv.

midday [,mɪd'deɪ] *n* mediodía *m*.

middle ['mɪdl] *n* (in space) centro *m*; (in time) medio *m*. ◆ *adj* del medio; **in the ~ of the road** en (el) medio de la carretera; **in the ~ of April** a mediados de abril; **to be in the ~ of doing sthg** estar haciendo algo.

middle-aged *adj* de mediana edad.

middle-class *adj* de clase media.

Middle East *n*: **the ~** el Oriente Medio.

middle name *n* segundo nombre *m* (de pila) (en un nombre compuesto).

midge [mɪdʒ] *n* mosquito *m*.

midget ['mɪdʒɪt] *n* enano *m*, -na *f*.

midnight ['mɪdnaɪt] *n* medianoche *f*.

midsummer ['mɪd,sʌmə*ʳ*] *n* pleno verano *m*.

midway [,mɪd'weɪ] *adv* (in space) a medio camino; (in time) a la mitad.

midweek [*adj* 'mɪdwi:k, *adv* mɪd'wi:k] *adj* de entre semana. ◆ *adv* entre semana.

midwife ['mɪdwaɪf] (*pl* **-wives**) *n* comadrona *f*.

midwinter ['mɪd'wɪntə*ʳ*] *n* pleno invierno *m*.

midwives ['mɪdwaɪvz] *pl* → **midwife**.

☞

might [maɪt] *aux vb* **- 1.** (expressing possibility) poder; **I suppose they ~ still come** supongo que aún podrían venir.
- 2. *fml* (expressing permission): **~ I have a few words?** ¿podría hablarle un momento?
- 3. (when conceding a point): **it ~ be expensive, but it's good quality** puede que sea caro, pero es de buena ca-

lidad.
- 4. (would): **I'd hoped you ~ come too** esperaba que tú vinieras también.
◆ *n* fuerzas *fpl*.

migraine ['mi:greɪn, 'maɪgreɪn] *n* jaqueca *f*.

mild [maɪld] *adj* (taste, weather, detergent) suave; (illness, discomfort) leve; (slight) ligero(ra); (person, nature) apacible. ◆ *n Br* cerveza *f* de sabor suave.

mile [maɪl] *n* milla *f*; **it's ~s away** está muy lejos.

mileage ['maɪlɪdʒ] *n* distancia *f* en millas, ≃ kilometraje *m*.

mileometer [maɪ'lɒmɪtə*ʳ*] *n* cuentamillas *m inv*, ≃ cuentakilómetros *m inv*.

military ['mɪlɪtrɪ] *adj* militar.

milk [mɪlk] *n* leche *f*. ◆ *vt* (cow) ordeñar.

milk chocolate *n* chocolate *m* con leche.

milkman ['mɪlkmən] (*pl* **-men** [-mən]) *n* lechero *m*.

milk shake *n* batido *m*, malteada *f Amér*.

milky ['mɪlkɪ] *adj* (drink) con mucha leche.

mill [mɪl] *n* (flour-mill) molino *m*; (for grinding) molinillo *m*; (factory) fábrica *f*.

millennium [mɪ'lenɪəm] *n* milenio *m*.

milligram ['mɪlɪgræm] *n* miligramo *m*.

millilitre ['mɪlɪ,li:tə*ʳ*] *n* mililitro *m*.

millimetre ['mɪlɪ,mi:tə*ʳ*] *n* milímetro *m*.

million ['mɪljən] *n* millón *m*; **~s of** *fig* millones de.

millionaire [,mɪljə'neə*ʳ*] *n* millonario *m*, -ria *f*.

mime [maɪm] *vi* hacer mímica.

min. [mɪn] *(abbr of minute)* min.; *(abbr of minimum)* mín.

mince [mɪns] *n Br* carne *f* picada.

mincemeat [ˈmɪnsmiːt] *n (sweet filling)* dulce *m* de fruta confitada con especias; *Am (mince)* carne *f* picada *Esp* OR molida.

mince pie *n* pastelillo navideño de pasta quebrada, rellena de fruta confitada y especias.

mind [maɪnd] *n* mente *f*; *(memory)* memoria *f*. ◆ *vt (look after)* cuidar de. ◆ *vi*: **do you ~ if ...?** ¿le importa si ...?; **I don't ~** *(it won't disturb me)* no me molesta; *(I'm indifferent)* me da igual; **it slipped my ~** se me olvidó; **state of ~** estado *m* de ánimo; **to my ~** en mi opinión; **to bear sthg in ~** tener algo en cuenta; **to change one's ~** cambiar de opinión; **to have sthg in ~** tener algo en mente; **to have sthg on one's ~** estar preocupado por algo; **do you ~ the noise?** ¿te molesta el ruido?; **to make one's ~ up** decidirse; **I wouldn't ~ a drink** no me importaría tomar algo; '**~ the step**' 'cuidado con el peldaño'; **never ~ !** *(don't worry)* ¡no importa!

mine¹ [maɪn] *pron* mío *m*, -a *f*; **a friend of ~** un amigo mío.

mine² *n* mina *f*.

miner [ˈmaɪnəʳ] *n* minero *m*, -ra *f*.

mineral [ˈmɪnərəl] *n* mineral *m*.

mineral water *n* agua *f* mineral.

minestrone [ˌmɪnɪˈstrəʊnɪ] *n* minestrone *f*.

miniature [ˈmɪnətʃəʳ] *adj* en miniatura. ◆ *n (bottle of alcohol)* botellín *m (de bebida alcohólica)*.

minibar [ˈmɪnɪbɑːʳ] *n* minibar *m*.

minibus [ˈmɪnɪbʌs] *(pl* -es*) n* microbús *m*.

minicab [ˈmɪnɪkæb] *n Br* radio-taxi *m*.

minimal [ˈmɪnɪml] *adj* mínimo (ma).

minimum [ˈmɪnɪməm] *adj* mínimo(ma). ◆ *n* mínimo *m*.

miniskirt [ˈmɪnɪskɜːt] *n* minifalda *f*.

minister [ˈmɪnɪstəʳ] *n (in government)* ministro *m*, -tra *f*; *(in Church)* pastor *m*.

ministry [ˈmɪnɪstrɪ] *n (of government)* ministerio *m*.

minor [ˈmaɪnəʳ] *adj* menor. ◆ *n fml* menor *mf* de edad.

Minorca [mɪˈnɔːkə] *n* Menorca *f*.

minority [maɪˈnɒrətɪ] *n* minoría *f*.

minor road *n* carretera *f* secundaria.

mint [mɪnt] *n (sweet)* caramelo *m* de menta; *(plant)* menta *f*.

minus [ˈmaɪnəs] *prep (in subtraction)* menos; **it's ~ 10°C** estamos a 10°C bajo cero.

minuscule [ˈmɪnəskjuːl] *adj* minúsculo(la).

minute¹ [ˈmɪnɪt] *n* minuto *m*; **any ~** en cualquier momento; **just a ~!** ¡espera un momento!.

minute² [maɪˈnjuːt] *adj* diminuto (ta).

minute steak [ˌmɪnɪt-] *n* filete muy fino que se hace rápido al cocinarse.

miracle [ˈmɪrəkl] *n* milagro *m*.

miraculous [mɪˈrækjʊləs] *adj* milagroso(sa).

mirror [ˈmɪrəʳ] *n (on wall, hand-held)* espejo *m*; *(on car)* retrovisor *m*.

misbehave [ˌmɪsbɪˈheɪv] *vi* portarse mal.

miscarriage [ˌmɪsˈkærɪdʒ] *n* aborto *m (natural)*.

miscellaneous [ˌmɪsəˈleɪnjəs] *adj* diverso(sa).

mischievous [ˈmɪstʃɪvəs] *adj* travieso(sa).

misconduct [ˌmɪsˈkɒndʌkt] *n* mala conducta *f*.

miser [ˈmaɪzə] *n* avaro *m*, -ra *f*.

miserable [ˈmɪzrəbl] *adj* (*unhappy*) infeliz; (*depressing, small*) miserable; (*weather*) horrible.

misery [ˈmɪzəri] *n* (*unhappiness*) desdicha *f*; (*poor conditions*) miseria *f*.

misfire [ˌmɪsˈfaɪə] *vi* (*car*) no arrancar.

misfortune [mɪsˈfɔːtʃuːn] *n* (*bad luck*) mala suerte *f*.

mishap [ˈmɪshæp] *n* contratiempo *m*.

misjudge [ˌmɪsˈdʒʌdʒ] *vt* (*distance, amount*) calcular mal; (*person, character*) juzgar mal.

mislay [ˌmɪsˈleɪ] (*pt & pp* **-laid** [-ˈleɪd]) *vt* extraviar.

mislead [ˌmɪsˈliːd] (*pt & pp* **-led** [-ˈled]) *vt* engañar.

miss [mɪs] *vt* perder; (*not notice*) no ver; (*regret absence of*) echar de menos; (*appointment*) faltar a; (*programme*) perderse. ◆ *vi* fallar; **you can't ~ it** no tiene pérdida. ❑ **miss out** ◆ *vt sep* pasar por alto. ◆ *vi*: **to ~ out on sthg** perderse algo.

Miss [mɪs] *n* señorita *f*.

missile [Br ˈmɪsaɪl, Am ˈmɪsl] *n* (*weapon*) misil *m*; (*thing thrown*) proyectil *m*.

missing [ˈmɪsɪŋ] *adj* (*lost*) perdido (da); **to be ~** (*not there*) faltar.

missing person *n* desaparecido *m*, -da *f*.

mission [ˈmɪʃn] *n* misión *f*.

missionary [ˈmɪʃənrɪ] *n* misionario *m*, -ria *f*.

mist [mɪst] *n* neblina *f*.

understand) malentender; **by ~** por error; **to make a ~** equivocarse; **to ~ sthg/sb for** confundir algo/a alguien con.

Mister [ˈmɪstə] *n* señor *m*.

mistook [mɪˈstʊk] *pp* → **mistake**.

mistress [ˈmɪstrɪs] *n* (*lover*) amante *f*; Br (*secondary teacher*) profesora *f*.

mistrust [ˌmɪsˈtrʌst] *vt* desconfiar de.

misty [ˈmɪstɪ] *adj* neblinoso(sa).

misunderstanding [ˌmɪsʌndəˈstændɪŋ] *n* malentendido *m*.

misuse [ˌmɪsˈjuːs] *n* uso *m* indebido.

mitten [ˈmɪtn] *n* manopla *f*.

mix [mɪks] *vt* mezclar. ◆ *vi* (*socially*) alternar. ◆ *n* (*for cake, sauce*) mezcla *f*; **to ~ sthg with sthg** mezclar algo con algo. ❑ **mix up** *vt sep* (*confuse*) confundir; (*put into disorder*) mezclar.

mixed [mɪkst] *adj* (*school*) mixto (ta).

mixed grill *n* parrillada mixta de carne, champiñones y tomate.

mixed salad *n* ensalada *f* mixta.

mixed vegetables *npl* selección *f* de verduras.

mixer [ˈmɪksə] *n* (*for food*) batidora *f*; (*drink*) bebida no alcohólica que se mezcla con las bebidas alcohólicas.

mixture [ˈmɪkstʃə] *n* mezcla *f*.

mix-up *n inf* confusión *f*.

ml (*abbr of millilitre*) ml.

mm (*abbr of millimetre*) mm.

moan [məʊn] *vi* (*in pain, grief*) gemir; *inf* (*complain*) quejarse.

mobile [ˈməʊbaɪl] *adj* móvil.

mobile phone *n* teléfono *m* móvil *Esp*, celular *m* Amér.

mock [mɒk] *adj* fingido(da). ◆ *vt* burlarse de. ◆ *n* Br (*exam*) simulacro *m* de examen.

mode [məʊd] *n* modo *m*.

model ['mɒdl] *n* modelo *m*; *(small copy)* maqueta *f*; *(fashion model)* modelo *mf*.

modem ['məʊdem] *n* modem *m*.

moderate ['mɒdərət] *adj* moderado(da).

modern ['mɒdən] *adj* moderno (na).

modernized ['mɒdənaɪzd] *adj* modernizado(da).

modern languages *npl* lenguas *fpl* modernas.

modest ['mɒdɪst] *adj* modesto(ta); *(price)* módico(ca); *(increase, improvement)* ligero(ra).

modify ['mɒdɪfaɪ] *vt* modificar.

mohair ['məʊheə'] *n* mohair *m*.

moist [mɔɪst] *adj* húmedo(da).

moisture ['mɔɪstʃə'] *n* humedad *f*.

moisturizer ['mɔɪstʃəraɪzə'] *n* crema *f* hidratante.

molar ['məʊlə'] *n* muela *f*.

mold [məʊld] *Am* = **mould**.

mole [məʊl] *n (animal)* topo *m*; *(spot)* lunar *m*.

molest [mə'lest] *vt (child)* abusar sexualmente; *(woman)* acosar.

mom [mɒm] *n Am inf* mamá *f*.

moment ['məʊmənt] *n* momento *m*; **at the ~** en este momento; **for the ~** de momento.

Mon. *(abbr of Monday)* lun.

monarchy ['mɒnəkɪ] *n*: **the ~** la familia real.

monastery ['mɒnəstrɪ] *n* monasterio *m*.

Monday ['mʌndɪ] *n* lunes *m inv* → **Saturday**.

money ['mʌnɪ] *n* dinero *m*.

money belt *n* riñonera *f*.

money order *n* giro *m* postal.

mongrel ['mʌŋɡrəl] *n* perro *m* cruzado.

monitor ['mɒnɪtə'] *n (computer screen)* monitor *m*. ◆ *vt (check, observe)* controlar.

monk [mʌŋk] *n* monje *m*.

monkey ['mʌŋkɪ] *(pl* **monkeys***)* *n* mono *m*.

monkfish ['mʌŋkfɪʃ] *n* rape *m*.

monopoly [mə'nɒpəlɪ] *n* monopolio *m*.

monorail ['mɒnəʊreɪl] *n* monorraíl *m Esp*, monorriel *m Amér*.

monotonous [mə'nɒtənəs] *adj* monótono(na).

monsoon [mɒn'suːn] *n* monzón *m*.

monster ['mɒnstə'] *n* monstruo *m*.

month [mʌnθ] *n* mes *m*; **every ~** cada mes; **in a ~'s time** en un mes.

monthly ['mʌnθlɪ] *adj* mensual. ◆ *adv* mensualmente.

monument ['mɒnjʊmənt] *n* monumento *m*.

mood [muːd] *n* humor *m*; **to be in a (bad) ~** estar de mal humor; **to be in a good ~** estar de buen humor.

moody ['muːdɪ] *adj (bad-tempered)* malhumorado(da); *(changeable)* de humor variable.

moon [muːn] *n* luna *f*.

moonlight ['muːnlaɪt] *n* luz *f* de luna.

moor [mɔː'] *n* páramo *m*. ◆ *vt* amarrar.

mop [mɒp] *n (for floor)* fregona *f Esp*, trapeador *m Amér*. ◆ *vt (floor)* pasar la fregona por *Esp*, trapear *Amér*. ❑ **mop up** *vt sep (clean up)* limpiar.

moped ['məʊped] *n* ciclomotor *m*.

moral ['mɒrəl] *adj* moral. ◆ *n (lesson)* moraleja *f*.

morality [mə'rælɪtɪ] *n* moralidad *f*.

more [mɔ:ˈ] *adj* **-1.** *(a larger amount of)* más; **there are ~ tourists than usual** hay más turistas que de costumbre.

-2. *(additional)* más; **are there any ~ cakes?** ¿hay más pasteles?; **there's no ~ wine** no hay más vino; **have some ~ rice** come un poco más de arroz.

-3. *(in phrases)*: **~ and more** cada vez más.

◆ *adv* **-1.** *(in comparatives)* más; **it's ~ difficult than before** es más difícil que antes; **speak ~ clearly** habla con más claridad.

-2. *(to a greater degree)* más; **we ought to go to the cinema ~** deberíamos ir más al cine.

-3. *(longer)* más; **I don't go there any ~** ya no voy más allí.

-4. *(again)*: **once ~** una vez más.

-5. *(in phrases)*: **~ or less** más o menos; **we'd be ~ than happy to help** estaríamos encantados de ayudarle.

◆ *pron* **-1.** *(a larger amount)* más; **I've got ~ than you** tengo más que tú; **~ than 20 types of pizza** más de 20 clases de pizzas.

-2. *(an additional amount)* más; **is there any ~ ?** ¿hay más?

moreover [mɔ:ˈrəʊvəˈ] *adv fml* además.

morning [ˈmɔ:nɪŋ] *n* mañana *f*; **two o'clock in the ~** las dos de la mañana; **good ~!** ¡buenos días!; **in the ~** *(early in the day)* por la mañana; *(tomorrow morning)* mañana por la mañana.

morning-after pill *n* píldora *f* del día siguiente.

morning sickness *n* náuseas *fpl* de por la mañana.

moron [ˈmɔ:rɒn] *n inf* imbécil *mf*.

mortgage [ˈmɔ:gɪdʒ] *n* hipoteca *f*.

mosaic [məˈzeɪk] *n* mosaico *m*.

Moslem [ˈmɒzləm] = **Muslim**.

mosque [mɒsk] *n* mezquita *f*.

mosquito [məˈski:təʊ] *(pl* **-es)** *n* mosquito *m*.

mosquito net *n* mosquitero *m*.

moss [mɒs] *n* musgo *m*.

most [məʊst] *adj* **-1.** *(the majority of)* la mayoría de; **~ people** la mayoría de la gente.

-2. *(the largest amount of)* más; **I drank (the) ~ beer** yo fui el que bebió más cerveza.

◆ *adv* **-1.** *(in superlatives)* más; **the ~ expensive hotel** el hotel más caro.

-2. *(to the greatest degree)* más; **I like this one ~** éste es el que más me gusta.

-3. *fml (very)* muy; **we would be ~ grateful** lo agradeceríamos mucho.

◆ *pron* **-1.** *(the majority)* la mayoría; **~ of the villages** la mayoría de los pueblos; **~ of the time** la mayor parte del tiempo.

-2. *(the largest amount)*: **she earns (the) ~** es la que más gana.

-3. *(in phrases)*: **at ~** como máximo; **to make the ~ of sthg** aprovechar algo al máximo.

mostly [ˈməʊstlɪ] *adv* principalmente.

MOT *n Br (test)* revisión anual obligatoria para todos los coches de más de tres años, ≃ ITV *f*.

moth [mɒθ] *n* polilla *f*.

mother [ˈmʌðəˈ] *n* madre *f*.

mother-in-law *n* suegra *f*.

mother-of-pearl *n* nácar *m*.

motif [məʊˈti:f] *n* motivo *m*.

motion [ˈməʊʃn] *n (movement)* movimiento *m*. ◆ *vi*: **to ~ to sb** hacer una señal a alguien.

motionless ['məʊʃənlıs] *adj* inmóvil.

motivate ['məʊtɪveɪt] *vt* motivar.

motive ['məʊtɪv] *n* motivo *m.*

motor ['məʊtə^r] *n* motor *m.*

motorbike ['məʊtəbaɪk] *n* moto *f.*

motorboat ['məʊtəbəʊt] *n* lancha *f* motora.

motorcar ['məʊtəkɑː^r] *n* automóvil *m.*

motorcycle ['məʊtə,saɪkl] *n* motocicleta *f.*

motorcyclist ['məʊtə,saɪklɪst] *n* motociclista *mf.*

motorist ['məʊtərɪst] *n* automovilista *mf.*

motor racing *n* automovilismo *m* (deporte).

motorway ['məʊtəweɪ] *n Br* autopista *f.*

motto ['mɒtəʊ] (*pl* **-s**) *n* lema *m.*

mould [məʊld] *n Br* (shape) molde *m*; (substance) moho *m.* ◆ *vt Br* moldear.

mound [maʊnd] *n* (hill) montículo *m*; (pile) montón *m.*

mount [maʊnt] *n* (for photo) marco *m*; (mountain) monte *m.* ◆ *vt* (horse) montar en; (photo) enmarcar. ◆ *vi* (increase) aumentar.

mountain ['maʊntɪn] *n* montaña *f.*

mountain bike *n* bicicleta *f* de montaña.

mountaineer [,maʊntɪ'nɪə^r] *n* montañero *m*, -ra *f.*

mountaineering [,maʊntɪ'nɪərɪŋ] *n*: **to go ~** hacer montañismo.

mountainous ['maʊntɪnəs] *adj* montañoso(sa).

Mount Rushmore [-'rʌʃmɔː^r] *n* el monte Rushmore.

Se trata de un gigantesco relieve de los bustos de los presidentes estadounidenses Washington, Jefferson, Lincoln y Theodore Roosevelt, excavado en un lado del Monte Rushmore (Dakota del Sur), es un monumento nacional y una popular atracción turística. Se han esculpido utilizando taladradoras neumáticas y miden 28 metros de altura.

mourning ['mɔːnɪŋ] *n*: **to be in ~** estar de luto.

mouse [maʊs] (*pl* **mice**) *n* ratón *m.*

moussaka [muː'sɑːkə] *n* plato griego de berenjenas, tomate, salsa de queso y carne picada.

mousse [muːs] *n* (food) mousse *m*; (for hair) espuma *f.*

moustache [mə'stɑːʃ] *n Br* bigote *m.*

mouth [maʊθ] *n* boca *f*; (of river) desembocadura *f.*

mouthful ['maʊθfʊl] *n* (of food) bocado *m*; (of drink) trago *m.*

mouthpiece ['maʊθpiːs] *n* (of telephone) micrófono *m*; (of musical instrument) boquilla *f.*

mouthwash ['maʊθwɒʃ] *n* elixir *m* bucal.

move [muːv] *n* (change of house) mudanza *f*; (movement) movimiento *m*; (in games) jugada *f*; (turn to play) turno *m*; (course of action) medida *f.* ◆ *vt* (shift) mover; (emotionally) conmover. ◆ *vi* (shift) moverse; **to ~** (house) mudarse; **to make a ~** (leave) irse. ❑ **move along** *vi* hacerse a un lado. ❑ **move in** *vi* (to house) instalarse. ❑ **move off** *vi* (train, car) ponerse en marcha. ❑ **move on** *vi* (after stop-

ping) reanudar la marcha. ❑ **move out** *vi (from house)* mudarse. ❑ **move over** *vi* hacer sitio. ❑ **move up** *vi* hacer sitio.

movement ['mu:vmənt] *n* movimiento *m*.

movie ['mu:vɪ] *n* película *f*.

movie theater *n Am* cine *m*.

moving ['mu:vɪŋ] *adj (emotionally)* conmovedor(ra).

mow [məʊ] *vt*: **to ~ the lawn** cortar el césped.

mozzarella [,mɒtsə'relə] *n* mozzarella *f*.

MP *abbr* = **Member of Parliament**.

mph *(abbr of miles per hour)* mph.

Mr ['mɪstə'] *abbr* Sr.

Mrs ['mɪsɪz] *abbr* Sra.

Ms [mɪz] *abbr* abreviatura que se utiliza delante del apellido cuando no se quiere decir el estado civil de la mujer.

MSc *n (abbr of Master of Science)* título postuniversitario de dos años en ciencias.

☞

much [mʌtʃ] *(compar* **more**, *superl* **most)** *adj* mucho(cha); **I haven't got ~ money** no tengo mucho dinero; **as ~ food as you can eat** tanta comida como puedas comer; **how ~ time is left?** ¿cuánto tiempo queda?; **they have so ~ money** tienen tanto dinero; **we have too ~ food** tenemos demasiada comida.

◆ *adv* mucho; **it's ~ better** es mucho mejor; **he's ~ too good** es demasiado bueno; **I like it very ~** me gusta muchísimo; **it's not ~ good** no vale mucho; **thank you very ~** muchas gracias; **we don't go there ~** no vamos mucho allí.

◆ *pron* mucho; **I haven't got ~** no tengo mucho; **as ~ as you like** tanto

como quieras; **how ~ is it?** ¿cuánto es?; **you've got so ~** tienes tanto; **you've got too ~** tienes demasiado.

muck [mʌk] *n* mugre *f*. ❑ **muck about** *vi Br inf* hacer el indio. ❑ **muck up** *vt sep Br inf* fastidiar.

mud [mʌd] *n* barro *m*.

muddle ['mʌdl] *n*: **to be in a ~** estar hecho un lío.

muddy ['mʌdɪ] *adj* lleno(na) de barro.

mud flap *n Am* = **mudguard**.

mudguard ['mʌdgɑːd] *n* guardabarros *m inv*.

muesli ['mju:zlɪ] *n* muesli *m*.

muffin ['mʌfɪn] *n (roll)* panecillo *m*; *(cake)* especie de bollo que se come caliente.

muffler ['mʌflə'] *n Am (silencer)* silenciador *m*.

mug [mʌg] *n (cup)* tanque *m*, taza *f* grande (cilíndrica). ◆ *vt* asaltar.

mugging ['mʌgɪŋ] *n* atraco *m*.

muggy ['mʌgɪ] *adj* bochornoso(sa).

mule [mju:l] *n* mula *f*.

multicoloured ['mʌltɪ,kʌləd] *adj* multicolor.

multiple ['mʌltɪpl] *adj* múltiple.

multiplex cinema ['mʌltɪpleks-] *n* multicine *m*.

multiplication [,mʌltɪplɪ'keɪʃn] *n* multiplicación *f*.

multiply ['mʌltɪplaɪ] *vt* multiplicar ◆ *vi* multiplicarse.

multistorey (car park) [,mʌltɪ'stɔːrɪ-] *n* aparcamiento *m* de muchas plantas *Esp*, estacionamiento *m* de varios pisos *Amér*.

multivitamin [*Br* 'mʌltɪvɪtəmɪn *Am* 'mʌltɪvaɪtəmɪn] *n* multivitamina *f*.

mum [mʌm] *n Br inf* mamá *f*.

mummy ['mʌmɪ] *n Br inf (mother)* mamá *f*.

mumps [mʌmps] n paperas fpl.

munch [mʌntʃ] vt masticar.

municipal [mju:'nɪsɪpl] adj municipal.

mural ['mju:ərəl] n mural m.

murder ['mɜːdəʳ] n asesinato m.
◆ vt asesinar.

murderer ['mɜːdərəʳ] n asesino m, -na f.

muscle [mʌsl] n músculo m.

museum [mju:'zi:əm] n museo m.

mushroom ['mʌʃrʊm] n (small and white) champiñón m; (darker and flatter) seta f.

music ['mju:zɪk] n música f.

musical ['mju:zɪkl] adj (connected with music) musical; (person) con talento para la música. ◆ n musical m.

musical instrument n instrumento m musical.

musician [mju:'zɪʃn] n músico m, -ca f.

Muslim ['mʊzlɪm] adj musulmán (ana). ◆ n musulmán m, -ana f.

mussels ['mʌslz] npl mejillones mpl.

must [mʌst] aux vb deber, tener que.
◆ n inf: it's a ~ no te lo puedes perder; I ~ go debo irme; you ~ have seen it tienes que haberlo visto; you ~ see that film no te puedes perder esa película; you ~ be joking! estás de broma ¿no?

mustache ['mʌstæʃ] Am = moustache.

mustard ['mʌstəd] n mostaza f.

mustn't ['mʌsənt] = must not.

mutter ['mʌtəʳ] vt musitar.

mutual ['mju:tʃuəl] adj (feeling) mutuo(tua); (friend, interest) común.

muzzle ['mʌzl] n (for dog) bozal m.

my [maɪ] adj mi, mis (pl).

myself [maɪ'self] pron (reflexive) me;

(after prep) mí mismo(ma); **I did it ~** lo hice yo solo.

mysterious [mɪ'stɪərɪəs] adj misterioso(sa).

mystery ['mɪstərɪ] n misterio m.

myth [mɪθ] n mito m.

N

N (abbr of north) N.

nag [næg] vt regañar.

nail [neɪl] n (of finger, toe) uña f; (metal) clavo m. ◆ vt (fasten) clavar.

nailbrush ['neɪlbrʌʃ] n cepillo m de uñas.

nail file n lima f de uñas.

nail scissors npl tijeras fpl para las uñas.

nail varnish n esmalte m de uñas.

nail varnish remover [-rə'mu:vəʳ] n quitaesmaltes m inv.

naive [naɪ'iːv] adj ingenuo(nua).

naked ['neɪkɪd] adj (person) desnudo(da).

name [neɪm] n nombre m; (surname) apellido m; (reputation) reputación f. ◆ vt (date, price) fijar; **they ~d him** John le pusieron John de nombre; **first ~** nombre; **last ~** apellido; **what's your ~?** ¿cómo te llamas?; **my ~ is ...** me llamo ...

namely ['neɪmlɪ] adv a saber.

nanny ['nænɪ] n (childminder) niñera f; inf (grandmother) abuelita f.

nap [næp] n: **to have a ~** echar una siesta.

napkin ['næpkɪn] n servilleta f.

nappy ['næpɪ] n pañal m.

narcotic [nɑːˈkɒtɪk] *n* narcótico *m*.

narrow [ˈnærəʊ] *adj* (road, gap) estrecho(cha). ◆ *vi* (road, gap) estrecharse.

narrow-minded [-ˈmaɪndɪd] *adj* estrecho(cha) de miras.

nasty [ˈnɑːstɪ] *adj* (spiteful) malintencionado(da); (accident, fall) grave; (unpleasant) desagradable.

nation [ˈneɪʃn] *n* nación *f*.

national [ˈnæʃənl] *adj* nacional. ◆ *n* súbdito *m*, -ta *f*.

national anthem *n* himno *m* nacional.

National Health Service *n organismo gestor de la salud pública en Gran Bretaña*.

National Insurance *n Br* (contributions) ≃ Seguridad *f* Social.

nationality [ˌnæʃəˈnælətɪ] *n* nacionalidad *f*.

National Lottery *n Brit*: **the ~** la Lotería Nacional.

national park *n* parque *m* nacional.

 NATIONAL PARK

Los parques nacionales de Estados Unidos son grandes extensiones de terreno abiertas al público y protegidas para conservar su flora, fauna y belleza natural. Los más conocidos son los de Yellowstone y Yosemite. En todos ellos hay lugares donde se puede practicar el camping.

nationwide [ˈneɪʃənwaɪd] *adj* a escala nacional.

native [ˈneɪtɪv] *adj* (country) natal; (customs) originario(ria); (population) indígeno(na). ◆ *n* natural *mf*; **a ~ speaker of English** un hablante nativo *m* de inglés.

NATIVE AMERICAN

Las tribus de aborígenes americanos que poblaban Estados Unidos antes de la llegada de los europeos poseían cada una su propia lengua y su modo de vida. Entre los siglos XVII y XIX se vieron obligadas a defender sus tierras de los colonos europeos, a menudo luchando. Muchos indios murieron en combate o bien por haber contraído alguna de las enfermedades que los europeos trajeron a América. Otros muchos fueron obligados a vivir en reservas, territorios destinados especialmente a ellos. A lo largo del siglo XX, el gobierno estadounidense ha procurado conceder más derechos a los grupos étnicos nativos del país, y también ha ido mostrando cada vez mayor interés por su historia y su cultura tradicional.

NATO [ˈneɪtəʊ] *n* OTAN *f*.

natural [ˈnætʃrəl] *adj* (ability, charm) natural; (swimmer, actor) nato(ta).

natural gas *n* gas *m* natural.

naturally [ˈnætʃrəlɪ] *adv* (of course) naturalmente.

natural yoghurt *n* yogur *m* natural.

nature [ˈneɪtʃə] *n* naturaleza *f*.

nature reserve *n* reserva *f* natural.

naughty [ˈnɔːtɪ] *adj* (child) travieso(sa).

nausea [ˈnɔːzɪə] *n* náusea *f*.

navigate [ˈnævɪgeɪt] *vi* (in boat,

plane) dirigir; *(in car)* guiar.

navy ['neɪvɪ] *n (ships)* armada *f.*
◆ *adj:* ~ **(blue)** azul marino.

NB *(abbr of nota bene)* N.B.

near [nɪə'] *adv* cerca. ◆ *adj (place, object)* cerca; *(relation)* cercano(na).
◆ *prep:* ~ **(to)** *(edge, object, place)* cerca de; **in the** ~ **future** en el futuro próximo.

nearby [nɪə'baɪ] *adv* cerca. ◆ *adj* cercano(na).

nearly ['nɪəlɪ] *adv* casi.

nearsighted ['nɪərsaɪtəd] *adj Am* miope.

neat [niːt] *adj (writing, work)* bien hecho(cha); *(room)* ordenado(da); *(whisky, vodkaetc)* solo(la); *Am (very good)* genial.

neatly ['niːtlɪ] *adv (placed, arranged)* cuidadosamente, con pulcritud; *(written)* con buena letra.

necessarily [,nesə'serɪlɪ, *Br* 'nesəsrəlɪ] *adv:* **not** ~ no necesariamente.

necessary ['nesəsrɪ] *adj* necesario(ria); **it is** ~ **to do it** es necesario hacerlo.

necessity [nɪ'sesətɪ] *n* necesidad *f.*
◻ **necessities** *npl* artículos *mpl* de primera necesidad.

neck [nek] *n (of person, jumper, shirt)* cuello *m; (of animal)* pescuezo *m.*

necklace ['neklɪs] *n (long)* collar *m; (short)* gargantilla *f.*

nectarine ['nektərɪn] *n* nectarina *f.*

need [niːd] *n* necesidad *f.* ◆ *vt* necesitar; **to** ~ **to do sthg** *(require)* necesitar hacer algo; *(be obliged)* tener que hacer algo.

needle ['niːdl] *n* aguja *f.*

needlework ['niːdlwɜːk] *n SCH* costura *f.*

needn't ['niːdənt] = **need not.**

needy ['niːdɪ] *adj* necesitado(da).

negative ['negətɪv] *adj* negativo (va). ◆ *n (in photography)* negativo *m; GRAMM* negación *f.*

neglect [nɪ'glekt] *vt (child, garden, work)* descuidar.

negligence ['neglɪdʒəns] *n* negligencia *f.*

negotiations [nɪ,gəʊʃɪ'eɪʃnz] *npl* negociaciones *fpl.*

negro ['niːgrəʊ] *(pl* -es*) n* negro *m,* -gra *f.*

neighbor ['neɪbər] *Am* = **neighbour.**

neighbour ['neɪbə'] *n* vecino *m,* -na *f.*

neighbourhood ['neɪbəhʊd] *n* barrio *m.*

neighbouring ['neɪbərɪŋ] *adj* vecino(na).

☞

neither [,naɪðə', 'niːðə'] *adj:* ~ **bag is big enough** ninguna de las dos bolsas es bastante grande.
◆ *pron:* ~ **of us** ninguno *m* de nosotros, ninguna *f* de nosotras.
◆ *conj:* ~ **do I** yo tampoco; ~ ... **nor ...** ni ... ni ...

neon light ['niːɒn-] *n* luz *f* de neón.

nephew ['nefjuː] *n* sobrino *m.*

nerve [nɜːv] *n (in body)* nervio *m; (courage)* coraje *m;* **what a** ~! ¡qué caradura!

nervous ['nɜːvəs] *adj (tense by nature)* nervioso(sa); *(apprehensive)* aprensivo(va); *(uneasy)* preocupado(da).

nervous breakdown *n* crisis *f inv* nerviosa.

nest [nest] *n* nido *m.*

net [net] *n* red *f;* **the N~** la Red.

◆ adj neto(ta).

netball ['netbɔːl] n deporte parecido al baloncesto femenino.

Netherlands ['neðələndz] npl: the ~ los Países Bajos.

nettle ['netl] n ortiga f.

network ['netwɜːk] n (of streets, trains) red f; RADIO & TV cadena f.

neurotic [,njʊəˈrɒtɪk] adj neurótico(ca).

neutral ['njuːtrəl] adj (country, person) neutral; (in colour) incoloro(ra). ◆ n AUT: in ~ en punto muerto.

never ['nevəʳ] adv nunca; I've ~ been to Berlin no he estado nunca en Berlín; she's ~ late (ella) nunca llega tarde; ~ mind! ¡no importa!

nevertheless [,nevəðəˈles] adv sin embargo.

new [njuː] adj nuevo(va).

newly ['njuːlɪ] adv recién.

news [njuːz] n noticias fpl; a piece of ~ una noticia.

newsagent ['njuːzeɪdʒənt] n (shop) ≃ quiosco m de periódicos.

newspaper ['njuːz,peɪpəʳ] n periódico m.

New Year n Año m Nuevo.

New Year's Day n día m de Año Nuevo.

New Year's Eve n Nochevieja f.

New Zealand [-ˈziːlənd] n Nueva Zelanda.

next [nekst] adj (in the future, following) próximo(ma); (room, house) de al lado. ◆ adv (afterwards) después; (on next occasion) la próxima vez; when does the ~ bus leave? ¿a qué hora sale el próximo autobús?; ~ year/ Monday el año/el lunes que viene; ~ to (by the side of) junto a; the week after ~ la semana que viene no, la otra.

next door adv en la casa de al lado.

next of kin [-kɪn] n pariente m más próximo, pariente más próxima f.

NHS abbr = National Health Service.

nib [nɪb] n plumilla f.

nibble ['nɪbl] vt mordisquear.

Nicaragua [,nɪkəˈrægjʊə] n Nicaragua.

Nicaraguan [,nɪkəˈrægjʊən] adj nicaragüense. ◆ n nicaragüense mf.

nice [naɪs] adj (pleasant) agradable; (pretty) bonito(ta); (kind) amable; to have a ~ time pasarlo bien; ~ to see you! ¡encantado(da) de verle!

nickel ['nɪkl] n (metal) níquel m; Am (coin) moneda f de cinco centavos.

nickname ['nɪkneɪm] n apodo m.

niece [niːs] n sobrina f.

night [naɪt] n (time when asleep) noche f; (evening) tarde f; at ~ de noche; by ~ por la noche; last ~ anoche.

nightclub ['naɪtklʌb] n ~ sala f de fiestas (abierta sólo por las noches).

nightdress ['naɪtdres] n camisón m.

nightie ['naɪtɪ] n inf camisón m.

nightlife ['naɪtlaɪf] n vida f nocturna.

nightly ['naɪtlɪ] adv cada noche.

nightmare ['naɪtmeəʳ] n pesadilla f.

night safe n caja f nocturna (en un banco).

night school n escuela f nocturna.

nightshift ['naɪtʃɪft] n turno m de noche.

nil [nɪl] n SPORT cero m.

Nile [naɪl] n: the ~ el Nilo.

nine [naɪn] num nueve → **six**.

nineteen [ˌnaɪnˈtiːn] num diecinueve → **six**; ~ ninety-five mil novecientos noventa y cinco.

nineteenth [ˌnaɪnˈtiːnθ] num decimonoveno(na) → **sixth**.

ninetieth [ˈnaɪntɪɪθ] num nonagésimo(ma) → **sixth**.

ninety [ˈnaɪntɪ] num noventa → **six**.

ninth [naɪnθ] num noveno(na) → **sixth**.

nip [nɪp] vt (pinch) pellizcar.

nipple [ˈnɪpl] n (of breast) pezón m.

no [nəʊ] adv no. ◆ adj ninguno(na). ◆ n no m; I've got ~ time no tengo tiempo; I've got ~ money left no me queda (ningún) dinero.

noble [ˈnəʊbl] adj noble.

nobody [ˈnəʊbədɪ] pron nadie.

nod [nɒd] vi (in agreement) asentir con la cabeza.

noise [nɔɪz] n ruido m.

noisy [ˈnɔɪzɪ] adj ruidoso(sa).

nominate [ˈnɒmɪneɪt] vt proponer.

nonalcoholic [ˌnɒnælkəˈhɒlɪk] adj sin alcohol.

none [nʌn] pron ninguno m, -na f; there's ~ left no queda nada.

nonetheless [ˌnʌnðəˈles] adv no obstante.

nonfiction [ˌnɒnˈfɪkʃn] n no ficción f.

non-iron adj que no necesita plancha.

nonsense [ˈnɒnsəns] n tonterías fpl.

nonsmoker [ˌnɒnˈsməʊkəʳ] n no fumador m, -ra f.

nonstick [ˌnɒnˈstɪk] adj antiadherente.

nonstop [ˌnɒnˈstɒp] adj (talking, arguing) continuo(nua); (flight) sin escalas. ◆ adv (run, rain) sin parar; (fly, travel) directamente.

noodles [ˈnuːdlz] npl fideos mpl.

noon [nuːn] n mediodía m.

no one n = **nobody**.

nor [nɔːʳ] conj tampoco; ~ do I yo tampoco, neither.

normal [ˈnɔːml] adj normal.

normally [ˈnɔːməlɪ] adv normalmente.

north [nɔːθ] n norte m. ◆ adv (fly, walk) hacia el norte; (be situated) al norte; in the ~ of England en el norte de Inglaterra.

North America n Norteamérica.

northbound [ˈnɔːθbaʊnd] adj con dirección norte.

northeast [ˌnɔːθˈiːst] n nordeste m.

northern [ˈnɔːðən] adj del norte.

Northern Ireland n Irlanda del Norte.

North Pole n Polo m Norte.

North Sea n Mar m del Norte.

northwards [ˈnɔːθwədz] adv hacia el norte.

northwest [ˌnɔːθˈwest] n noroeste m.

Norway [ˈnɔːweɪ] n Noruega.

Norwegian [nɔːˈwiːdʒən] adj noruego(ga). ◆ n (person) noruego m, (ga f); (language) noruego m.

nose [nəʊz] n (of person) nariz f; (of animal) hocico m; (of plane, rocket) morro m.

nosebleed [ˈnəʊzbliːd] n: he had a ~ le sangraba la nariz.

nostril [ˈnɒstrɪl] n (of person) ventana f de la nariz; (of animal) orificio m nasal.

nosy [ˈnəʊzɪ] adj fisgón(ona).

not [nɒt] adv no; she's ~ there no está allí; I hope ~ espero que no; ~ yet todavía no; ~ at all (pleased, in-

terested) en absoluto; *(in reply to thanks)* no hay de qué.

notably ['nəʊtəblɪ] *adv* especialmente.

note [nəʊt] *n* nota *f; (bank note)* billete *m.* ◆ *vt (notice)* notar; *(write down)* anotar; **to take ~s** tomar apuntes.

notebook ['nəʊtbʊk] *n* libreta *f.*

noted ['nəʊtɪd] *adj* célebre.

notepaper ['nəʊtpeɪpə'] *n* papel *m* de escribir *(para cartas).*

nothing ['nʌθɪŋ] *pron* nada *m;* **he did ~** no hizo nada; **~ new/interesting** nada nuevo/interesante; **for ~** *(for free)* gratis; *(in vain)* para nada.

notice ['nəʊtɪs] *vt* notar. ◆ *n (written announcement)* anuncio *m; (warning)* aviso *m;* **to take ~ of** hacer caso de; **to hand in one's ~** presentar la dimisión.

noticeable ['nəʊtɪsəbl] *adj* perceptible.

notice board *n* tablón *m Esp* OR tablero *m* de anuncios.

notion ['nəʊʃn] *n* noción *f.*

notorious [nəʊ'tɔːrɪəs] *adj* de mala reputación.

nougat ['nuːgɑː] *n* turrón de frutos secos y frutas confitadas.

nought [nɔːt] *n* cero *m.*

noun [naʊn] *n* nombre *m,* sustantivo *m.*

nourishment ['nʌrɪʃmənt] *n* alimento *m.*

novel ['nɒvl] *n* novela *f.* ◆ *adj* original.

novelist ['nɒvəlɪst] *n* novelista *mf.*

November [nə'vembə'] *n* noviembre *m → September.*

now [naʊ] *adv* ahora. ◆ *conj:* **~ (that)** ahora que; **just ~** ahora mismo; **right ~** *(at the moment)* en este momento; *(immediately)* ahora

mismo; **by ~** ya; **from ~ on** de ahora en adelante.

nowadays ['naʊədeɪz] *adv* hoy en día.

nowhere ['nəʊweə'] *adv* en ninguna parte.

nozzle ['nɒzl] *n* boquilla *f.*

nuclear ['njuːklɪə'] *adj* nuclear.

nude [njuːd] *adj* desnudo(da).

nudge [nʌdʒ] *vt* dar un codazo a.

nuisance ['njuːsns] *n:* **it's a real ~!** ¡es una lata!; **he's such a ~!** ¡es tan pelma!

numb [nʌm] *adj (person)* entumecido(da); *(leg, arm)* dormido(da).

number ['nʌmbə'] *n* número *m.* ◆ *vt (give number to)* numerar.

numberplate ['nʌmbəpleɪt] *n* matrícula *f,* placa *f Amér.*

numeral ['njuːmərəl] *n* número *m.*

numerous ['njuːmərəs] *adj* numeroso(sa).

nun [nʌn] *n* monja *f.*

nurse [nɜːs] *n* enfermera *f.* ◆ *vt (look after)* cuidar de; **male ~** enfermero *m.*

nursery ['nɜːsərɪ] *n (in house)* cuarto *m* de los niños; *(childcare)* guardería *f; (for plants)* vivero *m.*

nursery (school) *n* escuela *f* de párvulos, guardería *f.*

nursery slope *n* pista *f* para principiantes.

nursing ['nɜːsɪŋ] *n (profession)* enfermería *f.*

nut [nʌt] *n (to eat)* nuez *f (frutos secos en general); (of metal)* tuerca *f.*

nutcrackers ['nʌt,krækəz] *npl* cascanueces *m inv.*

nutmeg ['nʌtmeg] *n* nuez *f* moscada.

NVQ *(abbr of National Vocational Qualification) n* en Gran Bretaña, una ti-

tulación profesional orientada a personas que ya forman parte del mundo laboral.

nylon ['naɪlɒn] *n* nylon *m.* ◆ *adj* de nylon.

O

oak [əʊk] *n* roble *m.* ◆ *adj* de roble.

OAP *abbr* = **old age pensioner.**

oar [ɔːʳ] *n* remo *m.*

oatcake ['əʊtkeɪk] *n* galleta *f* de avena.

oath [əʊθ] *n (promise)* juramento *m.*

oatmeal ['əʊtmiːl] *n* harina *f* de avena.

oats [əʊts] *npl* avena *f.*

obedient [ə'biːdjənt] *adj* obediente.

obey [ə'beɪ] *vt* obedecer.

object [*n* 'ɒbdʒɪkt, *vb* ɒb'dʒekt] *n* objeto *m;* GRAMM objeto *m,* complemento *m.* ◆ *vi:* to ~ **(to)** oponerse (a).

objection [əb'dʒekʃn] *n* objeción *f.*

objective [əb'dʒektɪv] *n* objetivo *m.*

obligation [ˌɒblɪ'geɪʃn] *n* obligación *f.*

obligatory [ə'blɪgətrɪ] *adj* obligatorio(ria).

oblige [ə'blaɪdʒ] *vt:* to ~ **sb to do sthg** obligar a alguien a hacer algo.

oblique [ə'bliːk] *adj* oblicuo(cua).

oblong ['ɒblɒŋ] *adj* rectangular. ◆ *n* rectángulo *m.*

obnoxious [əb'nɒkʃəs] *adj* detestable.

obscene [əb'siːn] *adj* obsceno(na).

obscure [əb'skjʊəʳ] *adj (difficult to understand)* oscuro(ra); *(not well-known)* desconocido(da).

observant [əb'zɜːvnt] *adj* observador(ra).

observation [ˌɒbzə'veɪʃn] *n* observación *f.*

observe [əb'zɜːv] *vt* observar.

obsessed [əb'sest] *adj* obsesionado(da).

obsession [əb'seʃn] *n* obsesión *f.*

obsolete ['ɒbsəliːt] *adj* obsoleto (ta).

obstacle ['ɒbstəkl] *n* obstáculo *m.*

obstinate ['ɒbstənət] *adj* obstinado(da).

obstruct [əb'strʌkt] *vt (road, path)* obstruir.

obstruction [əb'strʌkʃn] *n (in road, path)* obstáculo *m.*

obtain [əb'teɪn] *vt* obtener.

obtainable [əb'teɪnəbl] *adj* asequible.

obvious ['ɒbvɪəs] *adj* obvio(via).

obviously ['ɒbvɪəslɪ] *adv (of course)* evidentemente; *(clearly)* claramente.

occasion [ə'keɪʒn] *n (instance)* vez *f; (important event)* acontecimiento *m; (opportunity)* ocasión *f.*

occasional [ə'keɪʒənl] *adj* esporádico(ca).

occasionally [ə'keɪʒnəlɪ] *adv* de vez en cuando.

occupant ['ɒkjʊpənt] *n (of house)* inquilino *m,* -na *f; (of car, plane)* ocupante *mf.*

occupation [ˌɒkjʊ'peɪʃn] *n (job)* empleo *m; (pastime)* pasatiempo *m.*

occupied ['ɒkjʊpaɪd] *adj (toilet)* ocupado(da).

occupy ['ɒkjʊpaɪ] *vt* ocupar; *(building)* habitar.

occur [ə'kɜːʳ] *vi (happen)* ocurrir;

(exist) encontrarse.

occurrence [ə'kʌrəns] *n* acontecimiento *m*.

ocean ['əʊʃn] *n* océano *m*; **the ~ Am** *(sea)* el mar.

o'clock [ə'klɒk] *adv*: **it's one ~** es la una; **it's two ~** son las dos; **at one/two ~** a la una/las dos.

Oct. *(abbr of October)* oct.

October [ɒk'təʊbə'] *n* octubre *m* → **September**.

octopus ['ɒktəpəs] *n* pulpo *m*.

odd [ɒd] *adj (strange)* raro(ra); *(number)* impar; *(not matching)* sin pareja; *(occasional)* ocasional; **sixty ~ miles** sesenta y pico millas; **some ~ bits of paper** algunos que otros cachos de papel; **~ jobs** chapuzas *fpl*.

odds [ɒdz] *npl (in betting)* apuestas *fpl*; *(chances)* probabilidades *fpl*; **~ and ends** chismes *mpl*.

odour ['əʊdə'] *n Br* olor *m*.

📖

of [ɒv] *prep* - **1.** *(gen)* de; **fear ~ spiders** miedo a las arañas; **he died ~ cancer** murió de cáncer; **the city ~ Glasgow** la ciudad de Glasgow; **it was very kind ~ you** fue muy amable por tu parte.
- **2.** *(describing amounts, contents)* de; **a piece ~ cake** un trozo de pastel; **a glass ~ beer** un vaso de cerveza; **a fall ~ 20%** un descenso del 20%.
- **3.** *(made from)* de; **it's made ~ wood** es de madera.
- **4.** *(referring to time)* de; **the summer ~ 1969** el verano de 1969; **the 26th ~ August** el 26 de agosto.
- **5.** *Am (in telling the time)*: **it's ten ~ four** son las cuatro menos diez.

📖

off [ɒf] *adv* - **1.** *(away)*: **to drive/walk**

~ alejarse; **to get ~** *(bus, train etc)* bajarse; **we're ~ to Austria next week** nos vamos a Austria la semana que viene.
- **2.** *(expressing removal)*: **to take sthg ~** *(clothes, shoes)* quitarse algo; *(lid, wrapper)* quitar algo; *(money)* descontar algo.
- **3.** *(so as to stop working)*: **to turn sthg ~** *(TV, radio, engine)* apagar; *(tap)* cerrar.
- **4.** *(expressing distance or time away)*: **it's a long way ~** *(in distance)* está muy lejos; *(in time)*.
- **5.** *(not at work)* libre; **I'm taking a week ~** voy a tomar una semana libre; **she's ~ ill** está enferma.
- **6.** *(expressing completion)*: **to finish sthg ~** terminar algo.
◆ *prep* - **1.** *(away from)*: **to get ~ sthg** bajarse de algo; **she fell ~ the chair** se cayó de la silla.
- **2.** *(indicating removal)*: **take the lid ~ the jar** quita la tapa del tarro; **we'll take £20 ~ the price** le descontaremos 20 libras del precio.
- **3.** *(adjoining)*: **it's just ~ the main road** está al lado de la carretera principal.
- **4.** *(absent from)*: **to be ~ work** no estar en el trabajo.
- **5.** *inf (from)*: **I bought it ~ her** se lo compré (a ella).
- **6.** *inf (no longer liking)*: **I'm ~ my food** no me apetece comer.
◆ *adj* - **1.** *(meat, cheese)* pasado(da); *(milk)* cortado(da); *(beer)* agrio (agria).
- **2.** *(not working)* apagado(da); *(tap)* cerrado(da).
- **3.** *(cancelled)* cancelado(da).
- **4.** *(not available)*: **the soup's ~** no hay sopa.

offence [ə'fens] *n Br (crime)* delito *m*; *(upset)* ofensa *f*.

offend [ə'fend] *vt* ofender.

offender [ə'fendə'] *n* delincuente *mf*.

offense [ə'fens] *Am* = **offence**.

offensive [ə'fensɪv] *adj* (*insulting*) ofensivo(va).

offer ['ɒfə'] *n* oferta *f* ◆ *vt* ofrecer; **on ~** (*available*) disponible; (*reduced*) en oferta; **to ~ to do sthg** ofrecerse a hacer algo; **to ~ sb sthg** ofrecer algo a alguien.

office ['ɒfis] *n* oficina *f*; *Am* (*building*) bloque *m Esp* OR edificio de oficinas.

office block *n* bloque *m Esp* OR edificio de oficinas.

officer ['ɒfisə'] *n* MIL oficial *mf*; (*policeman*) agente *mf* de policía.

official [ə'fɪʃl] *adj* oficial. ◆ *n* (*of government*) funcionario *m*, -ria *f*.

officially [ə'fɪʃəlɪ] *adv* oficialmente.

off-licence *n Br* tienda de bebidas alcohólicas para llevar.

off-peak *adj* de tarifa reducida.

off-season *n* temporada *f* baja.

offshore ['ɒfʃɔː'] *adj* (*breeze*) costero(ra).

off side *n* (*for right-hand drive*) lado *m* izquierdo; (*for left-hand drive*) lado derecho.

off-the-peg *adj* confeccionado (da).

often ['ɒfn, 'ɒftn] *adv* a menudo, con frecuencia; **how ~ do the buses run?** ¿cada cuánto tiempo pasan los autobuses?; **every so ~** cada cierto tiempo.

oh [əʊ] *excl* ¡ah!, ¡oh!

oil [ɔɪl] *n* aceite *m*; (*fuel*) petróleo *m*.

oil rig *n* plataforma *f* petrolífera.

oily ['ɔɪlɪ] *adj* (*cloth, hands*) grasiento(ta); (*food*) aceitoso(sa).

ointment ['ɔɪntmənt] *n* pomada *f*.

OK [,əʊ'keɪ] *adv inf* (*expressing agreement*) vale *Esp*, okey *Amér*; (*satisfactorily, well*) bien. ◆ *adj inf*: **is that ~ with you?** ¿te parece bien?; **everyone's ~** todos están bien; **the film was ~** la película estuvo bien.

okay [,əʊ'keɪ] = **OK**.

old [əʊld] *adj* viejo(ja); (*former*) antiguo(gua); **how ~ are you?** ¿cuántos años tienes?; **I'm 36 years ~** tengo 36 años; **to get ~** hacerse viejo.

old age *n* vejez *f*.

old age pensioner *n* pensionista *mf*.

olive ['ɒlɪv] *n* aceituna *f*.

olive oil *n* aceite *m* de oliva.

omelette ['ɒmlɪt] *n* tortilla *f*; **mushroom ~** tortilla de champiñones.

ominous ['ɒmɪnəs] *adj* siniestro (tra).

omit [ə'mɪt] *vt* omitir.

☞

on [ɒn] *prep* - **1.** (*indicating position*) en; (*on top of*) en, sobre; **it's ~ the table** está en la mesa; **it's ~ the floor** está en el suelo; **a picture ~ the wall** un cuadro en la pared; **the exhaust ~ the car** el tubo de escape del coche; **~ the left/right** a la izquierda/ derecha; **we stayed ~ a farm** estuvimos en una granja; **~ the banks of the river** a orillas del río; **the instructions ~ the packet** las instrucciones en el paquete. - **2.** (*with forms of transport*): **~ the train/plane** en el tren/avión; **to get ~ a bus** subirse a un autobús. - **3.** (*expressing means, method*) en; **~ foot** a pie; **to lean ~ one's elbows** apoyarse en los codos; **~ the radio** en la radio; **~ TV** en la televisión; **it**

runs ~ **unleaded petrol** funciona con gasolina sin plomo.
- **4.** *(about)* sobre, acerca de; **a book ~ Germany** un libro sobre Alemania.
- **5.** *(expressing time):* ~ **arrival** al llegar; ~ **Tuesday** el martes; **Tuesdays** los martes; ~ **25th August** el 25 de agosto.
- **6.** *(with regard to)* en, sobre; **a tax ~ imports** un impuesto sobre las importaciones; **the effect ~ Britain** el impacto en Gran Bretaña.
- **7.** *(describing activity, state):* ~ **holiday** de vacaciones; ~ **offer** *(reduced)* en oferta; ~ **sale** en venta.
- **8.** *(in phrases):* **do you have any money ~ you?** ¿llevas dinero?; **the drinks are ~ me** (a las copas) invito yo.
◆ *adv* - **1.** *(in place, covering):* **put the lid ~** pon la tapa; **to put one's clothes ~** vestirse.
- **2.** *(film, play, programme):* **the news is ~** ya ha empezado el telediario; **what's ~ at the cinema?** ¿qué ponen en el cine?
- **3.** *(with transport):* **to get ~** subirse.
- **4.** *(functioning):* **to turn sthg ~** *(TV, radio, engine)* encender algo; *(tap)* abrir algo.
- **5.** *(taking place):* **the match is already ~** ya ha empezado el partido.
- **6.** *(indicating continuing action):* **to keep ~ doing sthg** seguir haciendo algo; **to drive ~** seguir conduciendo.
- **7.** *(in phrases):* **have you anything ~ tonight?** ¿haces algo esta noche?
◆ *adj (TV, radio, light, engine)* encendido(da); *(tap)* abierto(ta); **is the game ~ ?** ¿se va a celebrar el partido?

once [wʌns] *adv (one time)* una vez; *(in the past)* en otro tiempo. ◆ *conj* una vez que; **at ~** *(immediately)* inmediatamente; *(at the same time)* a la vez; **for ~** por una vez; ~ **a month**

una vez al mes; ~ **more** *(one more time)* una vez más; *(again)* otra vez.

oncoming ['ɒn,kʌmɪŋ] *adj (traffic)* que viene en dirección contraria.

one [wʌn] *num* uno (una). ◆ *adj* *(only)* único(ca). ◆ *pron fml (you)* uno *m*, una *f*; **the green ~** el verde (la verde); **I want a blue ~** quiero uno azul; **thirty-~** treinta y uno; **a hundred and ~** ciento uno; ~ **fifth** un quinto; **that ~** ése *m*, ésa *f*; **this ~** éste *m*, -ta *f*; **which ~ ?** ¿cuál?; **the ~ I told you about** aquél que te conté; ~ **of my friends** uno de mis amigos; ~ **day** *(in past)* un día; *(in future)* algún día.

oneself [wʌn'self] *pron (reflexive)* se; *(after prep)* uno mismo *m*, una misma *f*; **to wash ~** lavarse.

one-way *adj (street)* de dirección única; *(ticket)* de ida.

onion ['ʌnjən] *n* cebolla *f*.

only ['əʊnlɪ] *adj* único(ca). ◆ *adv* sólo; **an ~ child** hijo único; **I ~ want one** sólo quiero uno; **we've ~ just arrived** acabamos de llegar; **there's just enough** apenas hay lo justo; **not ~ ... but** no sólo.

onto ['ɒntu] *prep (with verbs of movement)* encima de, sobre.

onward ['ɒnwəd] *adv* = **onwards.**

onwards ['ɒnwədz] *adv (forwards)* adelante; **from now ~** de ahora en adelante; **from October ~** de octubre en adelante.

opaque [əʊ'peɪk] *adj* opaco(ca).

open ['əʊpn] *adj* abierto(ta); *(honest)* sincero(ra). ◆ *vt abrir; (start)* dar comienzo a. ◆ *vi (door, window, lock)* abrirse; *(shop, office, bank)* abrir; *(start)* dar comienzo; **are you ~ at the weekend?** ¿abres el fin de semana?; **wide ~** abierto de par en par; **in the ~** *(air)* al aire libre. ❏ **open**

onto *vt fus* dar a. ❑ **open up** *vi* abrir.

open-air *adj* al aire libre.

opening ['əʊpnɪŋ] *n (gap)* abertura *f; (beginning)* comienzo *m; (opportunity)* oportunidad *f.*

opening hours *npl* horario *m* de apertura.

open-minded [-'maɪndɪd] *adj* sin prejuicios.

open-plan *adj* de plano abierto.

Open University *n Br* universidad *f* a distancia.

ⓘ OPEN UNIVERSITY

La Open University ("OU") es una universidad británica que ofrece cursos a distancia para estudiantes generalmente mayores de 25 años que desean cursar una carrera desde casa, generalmente a tiempo parcial. Las clases se imparten a través de la televisión y la radio y por correspondencia, y se complementan con cursos regionales a los cuales se puede asistir presencialmente.

opera ['ɒpərə] *n* ópera *f.*

opera house *n* teatro *m* de la ópera.

operate ['ɒpəreɪt] *vt (machine)* hacer funcionar. ◆ *vi (machine)* funcionar; **to ~ on sb** operar a alguien.

operating room ['ɒpəreɪtɪŋ-] *Am* = **operating theatre.**

operating theatre ['ɒpəreɪtɪŋ-] *n Br* quirófano *m.*

operation [ˌɒpə'reɪʃn] *n* operación *f;* **to be in ~** *(law, system)* estar en vigor; **to have an ~** operarse.

operator ['ɒpəreɪtər] *n (on phone)* operador *m,* -ra *f.*

opinion [ə'pɪnjən] *n* opinión *f;* **in my ~** en mi opinión.

opponent [ə'pəʊnənt] *n* SPORT contrincante *mf; (of idea, policy, party)* adversario *m,* -ria *f.*

opportunity [ˌɒpə'tju:nətɪ] *n* oportunidad *f.*

oppose [ə'pəʊz] *vt* oponerse a.

opposed [ə'pəʊzd] *adj:* **to be ~ to** oponerse a.

opposite ['ɒpəzɪt] *adj (facing)* de enfrente; *(totally different)* opuesto (ta). ◆ *prep* enfrente de. ◆ *n:* **the ~ (of)** lo contrario (de).

opposition [ˌɒpə'zɪʃn] *n (objections)* oposición *f;* SPORT oponentes *mfpl;* **the Opposition** la oposición.

opt [ɒpt] *vi:* **to ~ to do sthg** optar por hacer algo.

optician's [ɒp'tɪʃnz] *n (shop)* óptica *f.*

optimist ['ɒptɪmɪst] *n* optimista *mf.*

optimistic [ˌɒptɪ'mɪstɪk] *adj* optimista.

option ['ɒpʃn] *n* opción *f.*

optional ['ɒpʃənl] *adj* opcional.

or [ɔ:r] *conj* o, u *(before "o" or "ho"); (after negative)* ni; **I can't read ~ write** no sé (ni) leer ni escribir.

oral ['ɔ:rəl] *adj (spoken)* oral; *(of the mouth)* bucal. ◆ *n* examen *m* oral.

orange ['ɒrɪndʒ] *adj* naranja *(inv).* ◆ *n* naranja *f.*

orange juice *n* zumo *m Esp* OR jugo *Amér* de naranja.

orange squash *n Br* naranjada *f.*

orbit ['ɔ:bɪt] *n* órbita *f.*

orchard ['ɔ:tʃəd] *n* huerto *m.*

orchestra ['ɔ:kɪstrə] *n* orquesta *f.*

ordeal [ɔ:'di:l] *n* calvario *m.*

order ['ɔ:dər] *n (sequence, neatness, discipline)* orden *m; (command, in res-*

taurant) orden *f*; COMM pedido *m*.
◆ vt *(command)* ordenar; *(food, drink, taxi)* pedir; COMM encargar. ◆ vi *(in restaurant)* pedir; **in ~ to** para; **out of ~** *(not working)* estropeado; **in working ~** en funcionamiento; **to ~ sb to do sthg** ordenar a alguien que haga algo.

order form *n* hoja *f* de pedido.

ordinary ['ɔ:dənrɪ] *adj* corriente.

oregano [,ɒrɪ'gɑ:nəʊ] *n* orégano *m*.

organ ['ɔ:gən] *n* órgano *m*.

organic [ɔ:'gænɪk] *adj* orgánico (ca).

organization [,ɔ:gənaɪ'zeɪʃn] *n* organización *f*.

organize ['ɔ:gənaɪz] *vt* organizar.

organizer ['ɔ:gənaɪzə'] *n (person)* organizador *m*, -ra *f*; *(diary)* agenda *f*; *(electronic)* agenda *f* electrónica.

orient ['ɔ:rɪənt] *vt Am*: **to ~ o.s.** orientarse.

oriental [,ɔ:rɪ'entl] *adj* oriental.

orientate ['ɔ:rɪənteɪt] *vt*: **to ~ o.s.** orientarse.

origin ['ɒrɪdʒɪn] *n* origen *m*.

original [ə'rɪdʒənl] *adj (first)* originario(ria); *(novel)* original.

originally [ə'rɪdʒənəlɪ] *adv* originalmente.

originate [ə'rɪdʒəneɪt] *vi*: **to ~ (from)** nacer (de).

ornament ['ɔ:nəmənt] *n* adorno *m*.

ornamental [,ɔ:nə'mentl] *adj* ornamental.

orphan ['ɔ:fn] *n* huérfano *m*, -na *f*.

orthodox ['ɔ:θədɒks] *adj* ortodoxo(xa).

ostentatious [,ɒstən'teɪʃəs] *adj* ostentoso(sa).

ostrich ['ɒstrɪtʃ] *n* avestruz *m*.

other ['ʌðə'] *adj* otro (otra). ◆ adv: **~ than** excepto; **the ~ (one)** el otro (la otra); **the ~ day** el otro día; **one after the ~** uno después del otro. ❑ **others** *pron (additional ones)* otros *mpl*, otras *fpl*; **the ~s** *(remaining ones)* los demás (las demás), los otros (las otras).

otherwise ['ʌðəwaɪz] *adv (or else)* sino; *(apart from that)* por lo demás; *(differently)* de otra manera.

otter ['ɒtə'] *n* nutria *f*.

ought [ɔːt] *aux vb* deber; **it ~ to be ready** debería de estar listo; **you ~ to do it** deberías hacerlo.

ounce [aʊns] *n* = 28,35g, onza *f*.

our ['aʊə'] *adj* nuestro(tra).

ours ['aʊəz] *pron* nuestro *m*, -tra *f*; **a friend of ~** un amigo nuestro.

ourselves [aʊə'selvz] *pron (reflexive)* nos; *(after prep)* nosotros *mpl* mismos, nosotras *fpl* mismas; **we did it ~** lo hicimos nosotros mismos.

out [aʊt] *adj (light, cigarette)* apagado(da).
◆ adv - **1.** *(outside)* fuera; **to get ~ (of)** *(car)* bajar (de); **to go ~ (of)** salir (de); **it's cold ~ today** hace frío fuera hoy.
- **2.** *(not at home, work)* fuera; **to go ~** salir; **she's ~** está fuera.
- **3.** *(extinguished)*: **put your cigarette ~** apaga tu cigarrillo.
- **4.** *(expressing removal)*: **to take sthg ~ (of)** sacar algo (de); **to pour sthg ~** *(liquid)* echar algo.
- **5.** *(outwards)* hacia fuera; **to stick ~** sobresalir.
- **6.** *(expressing exclusion)* fuera; **'keep ~'** 'prohibida la entrada'.
- **7.**: **to be ~** *(of game, competition)* perder.

- **8.** *(in phrases):* **stay ~ of the sun** no te pongas al sol; **made ~ of wood** (hecho) de madera; **five ~ of ten women** cinco de cada diez mujeres; **I'm ~ of cigarettes** no tengo (más) cigarrillos.

outbreak ['aʊtbreɪk] *n (of war)* comienzo *m*; *(of illness)* epidemia *f*.

outburst ['aʊtbɜːst] *n* explosión *f*.

outcome ['aʊtkʌm] *n* resultado *m*.

outdated [,aʊt'deɪtɪd] *adj* anticuado(da).

outdo [,aʊt'duː] *vt* aventajar.

outdoor ['aʊtdɔː'] *adj (swimming pool, activities)* al aire libre.

outdoors [aʊt'dɔːz] *adv* al aire libre.

outer ['aʊtə'] *adj* exterior.

outer space *n* el espacio exterior.

outfit ['aʊtfɪt] *n (clothes)* traje *m*.

outing ['aʊtɪŋ] *n* excursión *f*.

outlet ['aʊtlet] *n (pipe)* desagüe *m*.

outline ['aʊtlaɪn] *n (shape)* contorno *m*; *(description)* esbozo *m*.

outlook ['aʊtlʊk] *n (for future)* perspectivas *fpl*; *(of weather)* pronóstico *m*; *(attitude)* enfoque *m*.

out-of-date *adj (old-fashioned)* anticuado(da); *(passport, licence)* caducado(da), vencido(da) *Amér*.

outpatients' (department) ['aʊt,peɪʃnts-] *n* departamento *m* de pacientes externos.

output ['aʊtpʊt] *n (of factory)* producción *f*; COMPUT *(printout)* impresión *f*.

outrage ['aʊtreɪdʒ] *n (cruel act)* atrocidad *f*.

outrageous [aʊt'reɪdʒəs] *adj (shocking)* indignante.

outright [,aʊt'raɪt] *adv (tell, deny)* categóricamente; *(own)* totalmente.

outside [*adv* ,aʊt'saɪd, *adj, prep & n*

'aʊtsaɪd] *adv* fuera, afuera *Amér*. ◆ *prep* fuera de, afuera de *Amér*. ◆ *adj (exterior)* exterior; *(help, advice)* independiente. ◆ *n: the ~ (of building, car, container)* el exterior; **an ~ line** una línea exterior; **~ of** *Am (on the outside of)* fuera de; *(apart from)* aparte de.

outside lane *n (in UK)* carril *m* de adelantamiento; *(in Europe, US)* carril lento.

outsize ['aʊtsaɪz] *adj (clothes)* de talla grande.

outskirts ['aʊtskɜːts] *npl* afueras *fpl*.

outstanding [,aʊt'stændɪŋ] *adj (remarkable)* destacado(da); *(problem, debt)* pendiente.

outward ['aʊtwəd] *adj (journey)* de ida; *(external)* visible.

outwards ['aʊtwədz] *adv* hacia afuera.

oval ['əʊvl] *adj* oval.

ovation [əʊ'veɪʃn] *n* ovación *f*.

oven ['ʌvn] *n* horno *m*.

oven glove *n* guante *m* de horno.

ovenproof ['ʌvnpruːf] *adj* refractario(ria).

oven-ready *adj* listo(ta) para horno.

📖

over ['əʊvə'] *prep* - **1.** *(above)* encima de; **a lamp ~ the table** una lámpara encima de la mesa.
- **2.** *(across)* por encima de; **to walk ~ sthg** cruzar algo (andando); **it's just ~ the road** está muy enfrente.
- **3.** *(covering)* sobre; **to smear the cream ~ the wound** untar la herida con la crema.
- **4.** *(more than)* más de; **it cost ~ £1,000** costó más de mil libras.
- **5.** *(during)* durante; **~ the past two**

years en los dos últimos años.
- **6.** *(with regard to)* sobre; **an argument ~ the price** una discusión sobre el precio.
◆ *adv* - **1.** *(downwards)*: **to fall ~** caerse; **to push sthg ~** empujar algo.
- **2.** *(referring to position, movement)*: **to drive/walk ~** cruzar; **~ here** aquí; **~ there** allí.
- **3.** *(round to other side)*: **to turn sthg ~** dar la vuelta a algo.
- **4.** *(more)*: **children aged 12 and ~** niños de 12 años en adelante.
- **5.** *(remaining)*: **to be (left) ~** quedar.
- **6.** *(to one's house)*: **to invite sb ~ for dinner** invitar a alguien a cenar.
- **7.** *(in phrases)*: **all ~** *(finished)* terminado(da); *(throughout)* por todo lado.
◆ *adj (finished)*: **to be ~** haber terminado.

overall [*adv* ,əʊvə'rɔ:l, *n* 'əʊvərɔ:l] *adv* en conjunto. ◆ *n Br (coat)* guardapolvo *m*; *Am (boiler suit)* mono *m Esp*, overol *m Amér*; **how much does it cost ~?** ¿cuánto cuesta en total? ❑ **overalls** *npl Br (boiler suit)* mono *m Esp*, overol *m Amér*; *Am (dungarees)* pantalones *mpl* de peto.

overboard ['əʊvəbɔ:d] *adv (from ship)* por la borda.

overbooked ['əʊvə'bʊkt] *adj*: **to be ~** tener overbooking.

overcame [,əʊvə'keɪm] *pt* → **overcome**.

overcast [,əʊvə'kɑ:st] *adj* cubierto (ta).

overcharge [,əʊvə'tʃɑ:dʒ] *vt* cobrar en exceso.

overcoat ['əʊvəkəʊt] *n* abrigo *m*.

overcome [,əʊvə'kʌm] *(pt* -**came**, *pp* -**come)** *vt (defeat)* vencer.

overcooked [,əʊvə'kʊkt] *adj* demasiado hecho(cha) *Esp*, sobrecocido(da).

overcrowded [,əʊvə'kraʊdɪd] *adj* atestado(da).

overdo [,əʊvə'du:] *(pt* -**did** [-'dɪd], *pp* -**done)** *vt (exaggerate)* exagerar; **to ~ it** exagerar.

overdone [,əʊvə'dʌn] *pp* → **overdo**. ◆ *adj (food)* demasiado hecho (cha) *Esp*, sobrecocido(da).

overdose ['əʊvədəʊs] *n* sobredosis *f inv*.

overdraft ['əʊvədrɑ:ft] *n (money owed)* saldo *m* deudor; *(credit limit)* descubierto *m*.

overdue [,əʊvə'dju:] *adj (bus, flight)* retrasado(da); *(rent, payment)* vencido(da).

over easy *adj Am (egg)* frito(ta) por ambos lados.

overexposed [,əʊvərɪk'spəʊzd] *adj* sobreexpuesto(ta).

overflow [*vb* ,əʊvə'fləʊ, *n* 'əʊvəfləʊ] *vi* desbordarse. ◆ *n (pipe)* cañería *f* de desagüe.

overgrown [,əʊvə'grəʊn] *adj* cubierto(ta) de matojos.

overhaul [,əʊvə'hɔ:l] *n (of machine, car)* revisión *f*.

overhead [*adj* 'əʊvəhed, *adv* ,əʊvə'hed] *adj* aéreo(a). ◆ *adv* por lo alto.

overhear [,əʊvə'hɪə] *(pt & pp* -**heard** [-'hɜ:d]) *vt* oír por casualidad.

overheat [,əʊvə'hi:t] *vi* recalentarse.

overland ['əʊvəlænd] *adv* por vía terrestre.

overlap [,əʊvə'læp] *vi* superponerse.

overleaf [,əʊvə'li:f] *adv* al dorso.

overload [,əʊvə'ləʊd] *vt* sobrecargar.

overlook [*vb* ,əʊvə'lʊk, *n* 'əʊvəlʊk] *vt (subj: building, room)* dar a; *(miss)* pasar por alto. ◆ n: (scenic) ~ Am mirador m.

overnight [adv ,əʊvə'naɪt, adj 'əʊvənaɪt] adv (during the night) durante la noche; (until next day) toda la noche. ◆ adj (train, journey) de noche.

overnight bag n bolso m de fin de semana.

overpass [,əʊvə'pɑːs] n paso m elevado.

overpowering [,əʊvə'paʊərɪŋ] adj arrollador(ra).

oversaw [,əʊvə'sɔː] pt → oversee.

overseas [adv ,əʊvə'siːz, adj 'əʊvəsiːz] adv (go) al extranjero; (live) en el extranjero. ◆ adj (holiday, branch) en el extranjero; (student) extranjero(ra).

oversee [,əʊvə'siː] (pt -saw, pp -seen [-'siːn]) vt supervisar.

overshoot [,əʊvə'ʃuːt] (pt & pp -shot [-ʃɒt]) vt pasarse.

oversight ['əʊvəsaɪt] n descuido m.

oversleep [,əʊvə'sliːp] (pt & pp -slept [-'slept]) vi dormirse, no despertarse a tiempo.

overtake [,əʊvə'teɪk] (pt -took, pp -taken [-'teɪkən]) vt & vi adelantar; 'no overtaking' 'prohibido adelantar'.

overtime ['əʊvətaɪm] n horas fpl extra.

overtook [,əʊvə'tʊk] pt → overtake.

overture ['əʊvə,tjʊə] n MUS obertura f.

overturn [,əʊvə'tɜːn] vi volcar.

overweight [,əʊvə'weɪt] adj gordo(da).

overwhelm [,əʊvə'welm] vt abrumar.

owe [əʊ] vt deber; to ~ sb sthg deber algo a alguien; owing to de-

bido a.

owl [aʊl] n búho m.

own [əʊn] adj propio(pia). ◆ vt poseer. ◆ pron: my ~ el mío (la mía); her ~ la suya; his ~ el suyo (la mía) on my ~ solo(la); to get one's ~ back tomarse la revancha. ❑ **own up** vi: to ~ up (to sthg) confesar (algo).

owner ['əʊnə] n propietario m, -ria f.

ownership ['əʊnəʃɪp] n propiedad f.

ox [ɒks] (pl **oxen** ['ɒksən]) n buey m.

oxtail soup ['ɒksteɪl-] n sopa f de rabo de buey.

oxygen ['ɒksɪdʒən] n oxígeno m.

oyster ['ɔɪstə] n ostra f.

oz abbr = ounce.

ozone-friendly ['əʊzəʊn-] adj que no daña la capa de ozono.

P

p abbr = penny, pence; (abbr of page) pág.

pace [peɪs] n paso m.

pacemaker ['peɪs,meɪkə] n (for heart) marcapasos m inv.

Pacific [pə'sɪfɪk] n: the ~ (Ocean) el (océano) Pacífico.

pacifier ['pæsɪfaɪə] n Am (for baby) chupete m, chupón m Amér.

pacifist ['pæsɪfɪst] n pacifista mf.

pack [pæk] n (packet) paquete m; (of crisps) bolsa f; Br (of cards) baraja f; (rucksack) mochila f. ◆ vt (suitcase, bag) hacer; (clothes, camera etc) meter en la maleta; (to package) empaquetar. ◆ *vi* hacer la maleta; **a ~ of lies** una sarta de mentiras; **to ~ sthg into sthg** meter algo en algo; **to ~ one's bags** hacerse las maletas. ◆ **pack up** *vi* (*pack suitcase*) hacer las maletas; (*tidy up*) recoger; *Br inf* (*machine, car*) fastidiarse, descomponerse *Amér*.

package ['pækɪdʒ] *n* paquete *m*. ◆ *vt* envasar.

package holiday *n* vacaciones *fpl* con todo incluido.

packaging ['pækɪdʒɪŋ] *n* embalaje *m*.

packed [pækt] *adj* (*crowded*) repleto(ta).

packed lunch *n* almuerzo *preparado que se lleva al colegio, trabajo etc*.

packet ['pækɪt] *n* paquete *m*; **it cost a ~** *Br inf* costó un dineral.

packing ['pækɪŋ] *n* (*material*) embalaje *m*; **to do one's ~** hacer el equipaje.

pad [pæd] *n* (*of paper*) bloc *m*; (*of cloth, cotton wool*) almohadilla *f*; **shoulder ~s** hombreras *fpl*.

padded ['pædɪd] *adj* acolchado(da).

padded envelope *n* sobre *m* acolchado.

paddle ['pædl] *n* (*pole*) pala *f*. ◆ *vi* (*wade*) pasear por la orilla; (*in canoe*) remar.

paddling pool ['pædlɪŋ-] *n* (*in park*) estanque *m* para chapotear.

padlock ['pædlɒk] *n* candado *m*.

page [peɪdʒ] *n* página *f*. ◆ *vt* (*on public system*) llamar por megafonía; (*on pager*) contactar a alguien en el buscapersonas; **'paging Mr Hill'** 'llamando a Mr Hill'.

pager ['peɪdʒər] *n* buscapersonas *m*, bíper *m* *Méx*.

paid [peɪd] *pt* & *pp* ▶ **pay**. ◆ *adj* pa-

gado(da).

pain [peɪn] *n* (*physical*) dolor *m*; (*emotional*) pena *f*; **to be in ~** sufrir dolor; **he's such a ~!** *inf* ¡es un plasta! ◆ **pains** *npl* (*trouble*) esfuerzos *mpl*.

painful ['peɪnfʊl] *adj* doloroso(sa); **my leg is ~** me duele la pierna.

painkiller ['peɪnˌkɪlər] *n* calmante *m*.

paint [peɪnt] *n* pintura *f*. ◆ *vt* & *vi* pintar; **to ~ one's nails** pintarse las uñas. ◆ **paints** *npl* (*tubes, pots etc*) pinturas *fpl*.

paintbrush ['peɪntbrʌʃ] *n* (*of decorator*) brocha *f*; (*of artist*) pincel *m*.

painter ['peɪntər] *n* pintor *m*, -ra *f*.

painting ['peɪntɪŋ] *n* (*picture*) cuadro *m*; (*artistic activity, trade*) pintura *f*.

pair [peər] *n* (*of two things*) par *m*; **in ~s** por pares; **a ~ of pliers** unos alicates; **a ~ of scissors** unas tijeras; **a ~ of shorts** unos pantalones cortos; **a ~ of tights** un par de medias; **a ~ of trousers** unos pantalones.

pajamas [pəˈdʒɑːməz] *Am* = **pyjamas**.

Pakistan [*Br* ˌpɑːkɪˈstɑːn, *Am* ˌpækɪˈstæn] *n* Paquistán.

Pakistani [*Br* ˌpɑːkɪˈstɑːnɪ, *Am* ˌpækɪˈstænɪ] *adj* paquistaní. ◆ *n* paquistaní *mf*.

pakora [pəˈkɔːrə] *npl* verduras rebozadas muy fritas y picantes, al estilo indio.

pal [pæl] *n* *inf* colega *mf*.

palace ['pælɪs] *n* palacio *m*.

palatable ['pælətəbl] *adj* sabroso(sa).

palate ['pælət] *n* paladar *m*.

pale [peɪl] *adj* (*not bright*) claro(ra); (*skin*) pálido(da).

pale ale *n* tipo de cerveza rubia.

palm [pɑːm] *n* (*of hand*) palma *f*;

parallel

~ (tree) palmera f.
palpitations [ˌpælpɪˈteɪɪnz] npl
palpitaciones fpl.
pamphlet [ˈpæmflɪt] n folleto m.
pan [pæn] n cazuela f.
Panama [ˌpænəˈmɑː] n Panamá.
Panamanian [ˌpænəˈmeɪnjən] adj
panameño(ña). ◆ n panameño m,
-ña f.
pancake [ˈpænkeɪk] n crepe f.
pancake roll n rollito m de primavera.
panda [ˈpændə] n panda m.
panda car n Br coche m patrulla.
pane [peɪn] n cristal m.
panel [ˈpænl] n (of wood, on TV, radio)
panel m; (group of experts) equipo m.
paneling [ˈpænəlɪŋ] Am = panelling.
panelling [ˈpænəlɪŋ] n Br paneles
mpl.
panic [ˈpænɪk] (pt & pp -ked, cont
-king) n pánico m. ◆ vi aterrarse.
panniers [ˈpænɪəz] npl (for bicycle)
bolsas fpl para equipaje.
panoramic [ˌpænəˈræmɪk] adj pa-
norámico(ca).
pant [pænt] vi jadear.
panties [ˈpæntɪz] npl inf bragas fpl
Esp, calzones mpl Amér.
pantomime [ˈpæntəmaɪm] n Br
musical humorístico infantil de Navidades.

PANTOMIME

Inspiradas normalmente en
cuentos de hadas, las "panto-
mimes" son representaciones
teatrales cómicas para niños
que son tradicionales en Gran
Bretaña durante las Navidades.
Es costumbre que una actriz joven haga el papel de héroe, y

un actor cómico, el de anciana.

pantry [ˈpæntrɪ] n despensa f.
pants [pænts] npl Br (underwear) calzoncillos mpl; Am (trousers) pantalones mpl.
panty hose [ˈpæntɪ-] npl Am medias fpl.
paper [ˈpeɪpə] n (material) papel m;
(newspaper) periódico m; (exam) examen m. ◆ adj de papel. ◆ vt empapelar; a piece of ~ (sheet) un papel;
(scrap) un trozo de papel. □ papers
npl (documents) documentación f.
paperback [ˈpeɪpəbæk] n libro m
en rústica.
paper bag n bolsa f de papel.
paperboy [ˈpeɪpəbɔɪ] n repartidor
m de periódicos.
paper clip n clip m.
papergirl [ˈpeɪpəgɜːl] n reparti-
dora f de periódicos.
paper shop n ≃ quiosco m de
periódicos.
paperweight [ˈpeɪpəweɪt] n pisa-
papeles m inv.
paprika [ˈpæprɪkə] n pimentón m.
paracetamol [ˌpærəˈsiːtəmɒl] n
paracetamol m.
parachute [ˈpærəʃuːt] n paracaídas m inv.
parade [pəˈreɪd] n (procession) desfile m; (of shops) hilera f.
paradise [ˈpærədaɪs] n paraíso m.
paraffin [ˈpærəfɪn] n parafina f.
paragraph [ˈpærəgrɑːf] n párrafo
m.
Paraguay [ˈpærəgwaɪ] n (el) Paraguay.
Paraguayan [ˌpærəˈgwaɪən] adj pa-
raguayo(ya). ◆ n paraguayo m, -ya f.
parallel [ˈpærəlel] adj: ~ (to) para-
lelo(la) (a).

paralysed ['pærəlaɪzd] *adj Br* paralizado(da).

paralyzed ['pærəlaɪzd] *Am* = paralysed.

paramedic [,pærə'medɪk] *n* auxiliar *m* sanitario, auxiliar sanitaria *f*.

paranoid ['pærənɔɪd] *adj* paranoico(ca).

parasite ['pærəsaɪt] *n* (*animal*) parásito *m*; *pej* (*person*) parásito *m*, -ta *f*.

parasol ['pærəsɒl] *n* sombrilla *f*.

parcel ['pɑ:sl] *n* paquete *m*.

parcel post *n* servicio *m* de paquete postal.

pardon ['pɑ:dn] *excl*: pardon? ¿perdón?; ~ (me)! ¡perdone!; I beg your ~! (*apologizing*) ¡le ruego me perdone!; I beg your ~? (*asking for repetition*) ¿cómo dice?

parents ['peərənts] *npl* padres *mpl*.

parish ['pærɪʃ] *n* (*of church*) parroquia *f*; (*village area*) municipio *m*.

park [pɑ:k] *n* parque *m*. ◆ *vt & vi* aparcar *Esp*, estacionar *Amér*.

park and ride *n* aparcamiento en las afueras de la ciudad en donde hay autobuses al centro.

parking ['pɑ:kɪŋ] *n* aparcamiento *m Esp*, estacionamiento *m Amér*.

parking brake *n Am* freno *m* de mano.

parking lot *n Am* aparcamiento *m* (al aire libre), estacionamiento *m Amér*.

parking meter *n* parquímetro *m*.

parking space *n* sitio *m* (para aparcar).

parking ticket *n* multa *f* por aparcamiento *Esp* OR estacionamiento *Amér* indebido.

parkway ['pɑ:kweɪ] *n Am* avenida *f* (con zona ajardinada en el medio).

parliament ['pɑ:ləmənt] *n* parla-

mento *m*.

Parmesan (cheese) [,pɑ:mɪ'zæn-] *n* parmesano *m*.

parrot ['pærət] *n* loro *m*.

parsley ['pɑ:slɪ] *n* perejil *m*.

parsnip ['pɑ:snɪp] *n* chirivía *f*.

parson ['pɑ:sn] *n* párroco *m*.

part [pɑ:t] *n* parte *f*; (*of machine, car*) pieza *f*; (*in play, film*) papel *m*; *Am* (*in hair*) raya *f*. ◆ *adv* en parte. ◆ *vi* (*couple*) separarse; in this ~ of France en esta parte de Francia; to form ~ of formar parte de; to play a ~ in desempeñar un papel en; to take ~ in tomar parte en; for my ~ por mi parte; for the most ~ en su mayoría; in these ~s por aquí.

partial ['pɑ:ʃl] *adj* (*not whole*) parcial; to be ~ to sthg ser aficionado(da) a algo.

participant [pɑ:'tɪsɪpənt] *n* participante *mf*.

participate [pɑ:'tɪsɪpeɪt] *vi*: to ~ (in) participar (en).

particular [pə'tɪkjʊlə°] *adj* (*specific, fussy*) particular; (*special*) especial; in ~ en particular; nothing in ~ nada en particular. ▫ **particulars** *npl* (*details*) datos *mpl* personales.

particularly [pə'tɪkjʊləlɪ] *adv* especialmente.

parting ['pɑ:tɪŋ] *n Br* (*in hair*) raya *f*.

partition [pɑ:'tɪʃn] *n* (*wall*) tabique *m*.

partly ['pɑ:tlɪ] *adv* en parte.

partner ['pɑ:tnə°] *n* pareja *f*; COMM socio *m*, -cia *f*.

partnership ['pɑ:tnəʃɪp] *n* asociación *f*.

partridge ['pɑ:trɪdʒ] *n* perdiz *f*.

part-time *adj & adv* a tiempo parcial.

party ['pɑ:tɪ] *n* (*for fun*) fiesta *f*; POL

partido m; (group of people) grupo m; **to have a** ~ hacer una fiesta.

pass [pɑːs] vt pasar; (house, entrance etc) pasar por delante de; (person in street) cruzarse con; (test, exam) aprobar; (overtake) adelantar; (law) aprobar. ◆ vi pasar; (overtake) adelantar; (in test, exam) aprobar. ◆ n (document, SPORT) pase m; (in mountain) desfiladero m; (in exam) aprobado m; **to** ~ **sb sthg** pasarle algo a alguien. ❑ **pass by** ◆ vt fus (building, window etc) pasar por. ◆ vi pasar cerca. ❑ **pass on** vt sep transmitir. ❑ **pass out** vi (faint) desmayarse. ❑ **pass up** vt sep (opportunity) dejar pasar.

passable ['pɑːsəbl] adj (road) transitable; (satisfactory) pasable.

passage ['pæsɪdʒ] n (corridor) pasadizo m; (in book) pasaje m; (sea journey) travesía f.

passageway ['pæsɪdʒweɪ] n pasadizo m.

passenger ['pæsɪndʒə'] n pasajero m, -ra f.

passerby [,pɑːsə'baɪ] n transeúnte mf.

passion ['pæʃn] n pasión f.

passionate ['pæʃənət] adj apasionado(da).

passive ['pæsɪv] n pasiva f.

passport ['pɑːspɔːt] n pasaporte m.

passport control n control m de pasaportes.

passport photo n foto f de pasaporte.

password ['pɑːswɜːd] n contraseña f.

past [pɑːst] adj (at earlier time) anterior; (finished) terminado(da); (last) último(ma); (former) antiguo(gua). ◆ prep (further than) más allá de; (in front of) por delante de, por enfrente

de Amér. ◆ n pasado m. ◆ adv: **to run** ~ pasar corriendo; ~ **(tense)** pasado; **the** ~ **month** el mes pasado; **twenty** ~ **four** las cuatro y veinte; **in the** ~ en el pasado.

pasta ['pæstə] n pasta f.

paste [peɪst] n (spread) paté m; (glue) engrudo m.

pastel ['pæstl] n pastel m.

pasteurized ['pɑːstʃəraɪzd] adj pasteurizado(da).

pastille ['pæstɪl] n pastilla f.

pastime ['pɑːstaɪm] n pasatiempo m.

pastry ['peɪstrɪ] n (for pie) pasta f; (cake) pastel m.

pasture ['pɑːstʃə'] n pasto m.

pat [pæt] vt golpear ligeramente.

patch [pætʃ] n (for clothes) remiendo m; (of colour, damp, for eye) parche m; (for skin) esparadrapo m; **a bad** ~ fig un mal momento.

pâté ['pæteɪ] n paté m.

patent [Br 'peɪtənt, Am 'pætənt] n patente f.

path [pɑːθ pl pɑːðz] n (in garden, park, country) camino m.

pathetic [pə'θetɪk] adj pej (useless) inútil.

patience ['peɪʃns] n (quality) paciencia f; Br (card game) solitario m.

patient ['peɪʃnt] adj paciente. ◆ n paciente mf.

patio ['pætɪəʊ] n patio m.

patriotic [Br ,pætrɪ'ɒtɪk, Am ,peɪtrɪ'ɒtɪk] adj patriótico(ca).

patrol [pə'trəʊl] vt patrullar. ◆ n patrulla f.

patrol car n coche m patrulla.

patron ['peɪtrən] n fml (customer) cliente mf; **'~s only'** 'sólo para clientes'.

patronizing ['pætrənaɪzɪŋ] adj

condesciente.

pattern ['pætn] n (of shapes, colours) diseño m; (for sewing) patrón m.

patterned ['pætənd] adj estampado(da).

pause [pɔːz] n pausa f. ◆ vi (when speaking) hacer una pausa; (in activity) detenerse.

pavement ['peɪvmənt] n Br (beside road) acera f; Am (roadway) calzada f.

pavilion [pə'vɪljən] n pabellón m.

paving stone ['peɪvɪŋ-] n losa f.

pavlova [pæv'ləʊvə] n postre de merengue relleno de fruta y nata montada.

paw [pɔː] n pata f.

pawn [pɔːn] vt empeñar. ◆ n (in chess) peón m.

pay [peɪ] (pt & pp **paid**) vt pagar. ◆ vi (give money) pagar; (be profitable) ser rentable. ◆ n paga f; to ~ sb for sthg pagar a alguien por algo; to ~ money into an account ingresar dinero en una cuenta; to ~ attention (to) prestar atención (a); to ~ sb a visit hacer una visita a alguien; to ~ by credit card pagar con tarjeta de crédito. ❑ **pay back** vt sep (money) devolver; (person) devolver el dinero a. ❑ **pay for** vt fus pagar. ❑ **pay in** vt sep ingresar Esp, depositar Amér. ❑ **pay out** vt sep (money) pagar. ❑ **pay up** vt pagar.

payable ['peɪəbl] adj (bill) pagadero(ra); ~ to (cheque) a favor de.

payment ['peɪmənt] n pago m.

pay-per-view adj (television, distributor) de pago Esp, pago Amér.

payphone ['peɪfəʊn] n teléfono m público.

pay television, pay TV n televisión f de pago Esp, pago Amér.

PC n (abbr of personal computer) ordenador personal, PC m; Br (abbr of police constable) policía mf.

PE abbr = **physical education**.

pea [piː] n guisante m Esp, arveja m.

peace [piːs] n paz f; **to leave sb in ~** dejar a alguien en paz; **~ and quiet** tranquilidad f.

peaceful ['piːsfʊl] adj (place, day, feeling) tranquilo(la); (demonstration) pacífico(ca).

peach [piːtʃ] n melocotón m Esp, durazno m Amér.

peacock ['piːkɒk] n pavo m real.

peak [piːk] n (of mountain) pico m; (of hat) visera f; fig (highest point) apogeo m.

peak hours npl horas fpl punta Esp OR pico Amér.

peak rate n (on telephone) tarifa f de hora punta Esp OR pico Amér.

peanut ['piːnʌt] n cacahuete m Esp, maní m Amér.

peanut butter n manteca f de cacahuete Esp, mantequilla f de maní Amér.

pear [peər] n pera f.

pearl [pɜːl] n perla f.

peasant ['peznt] n campesino m, -na f.

pebble ['pebl] n guijarro m.

pecan pie ['piːkæn-] n tartaleta f de pacanas.

peck [pek] vi picotear.

peculiar [pɪ'kjuːljər] adj (strange) peculiar; **to be ~** to ser propio(pia) de.

peculiarity [pɪˌkjuːlɪ'ærətɪ] n (special feature) peculiaridad f.

pedal ['pedl] n pedal m. ◆ vi pedalear.

pedalo ['pedələʊ] (pl -s) n patín m (de agua).

pedestrian [pɪ'destrɪən] n peatón m.

pedestrian crossing n paso m

de peatones.

pedestrianized [pɪ'destrɪənaɪzd] *adj* peatonal.

pedestrian precinct *n Br* zona *f* peatonal.

pedestrian zone *Am* = **pedestrian precinct**.

pee [piː] *vi inf* mear. ◆ *n*: to have a ~ *inf* echar una meada.

peel [piːl] *n* piel *f*. ◆ *vt* pelar. ◆ *vi (paint)* descascarillarse; *(skin)* pelarse.

peep [piːp] *n*: to have a ~ echar una ojeada.

peer [pɪə³] *vi* mirar con atención.

peg [peg] *n (for tent)* estaca *f*; *(hook)* gancho *m*; *(for washing)* pinza *f*.

pelican crossing [ˈpelɪkən-] *n Br paso de peatones con semáforo que el usuario puede accionar apretando un botón.*

pelvis [ˈpelvɪs] *n* pelvis *f*.

pen [pen] *n (ballpoint pen)* bolígrafo *m*; *(fountain pen)* pluma *f* (estilográfica) *Esp*, pluma *f* fuente *Amér*; *(for animals)* corral *m*.

penalty [ˈpenltɪ] *n (fine)* multa *f*; *(in football)* penalti *m*.

pence [pens] *npl Br* peniques *mpl*.

pencil [ˈpensl] *n* lápiz *m*.

pencil case *n* estuche *m*.

pencil sharpener [-ˈʃɑːpnə³] *n* sacapuntas *m inv*.

pendant [ˈpendənt] *n* colgante *m*.

pending [ˈpendɪŋ] *prep fml* a la espera de.

penetrate [ˈpenɪtreɪt] *vt (pierce)* penetrar en.

penfriend [ˈpenfrend] *n* amigo *m*, -ga *f* por correspondencia.

penguin [ˈpeŋgwɪn] *n* pingüino *m*.

penicillin [ˌpenɪˈsɪlɪn] *n* penicilina *f*.

peninsula [pəˈnɪnsjʊlə] *n* penín-

sula *f*.

penis [ˈpiːnɪs] *n* pene *m*.

penknife [ˈpennaɪf] *(pl* -**knives** [-naɪvz]*) n* navaja *f*.

penny [ˈpenɪ] *(pl* **pennies***) n (in UK)* penique *m*; *(in US)* centavo *m*.

pension [ˈpenʃn] *n* pensión *f*.

pensioner [ˈpenʃənə³] *n* pensionista *mf*.

penthouse [ˈpenthaʊs, *pl* -haʊzɪz] *n* ático *m*, penthouse *m* Amér.

penultimate [peˈnʌltɪmət] *adj* penúltimo(ma).

people [ˈpiːpl] *npl (persons)* personas *fpl*; *(in general)* gente *f*. ◆ *n (nation)* pueblo *m*; **the ~** *(citizens)* el pueblo.

people carrier *n* monovolumen *m*.

pepper [ˈpepə³] *n (spice)* pimienta *f*; *(vegetable)* pimiento *m*.

peppermint [ˈpepəmɪnt] *adj* de menta. ◆ *n (sweet)* caramelo *m* de menta.

pepper pot *n* pimentero *m*.

per [pɜː³] *prep* por; ~ **person** por persona; ~ **week** por semana; **£20** ~ **night** 20 libras por noche.

perceive [pəˈsiːv] *vt* percibir.

per cent *adv* por ciento.

percentage [pəˈsentɪdʒ] *n* porcentaje *m*.

perch [pɜːtʃ] *n (for bird)* percha *f*.

percolator [ˈpɜːkəleɪtə³] *n* percolador *m*.

perfect [*adj & n* ˈpɜːfɪkt, *vb* pəˈfekt] *adj* perfecto(ta). ◆ *vt* perfeccionar. ◆ *n*: **the ~** *(tense)* el perfecto.

perfection [pəˈfekʃn] *n*: to do sthg to ~ hacer algo a la perfección.

perfectly [ˈpɜːfɪktlɪ] *adv (very well)* perfectamente.

perform [pəˈfɔːm] *vt (task, opera-*

tion) realizar; *(play)* representar; *(concert)* interpretar. ◆ *vi (actor, singer)* actuar.

performance [pə'fɔːməns] *n (of play, concert, film)* función *f*; *(by actor, musician)* actuación *f*; *(of car)* rendimiento *m*.

performer [pə'fɔːməʳ] *n* intérprete *mf*.

perfume ['pɜːfjuːm] *n* perfume *m*.

perhaps [pə'hæps] *adv* quizás.

perimeter [pə'rɪmɪtəʳ] *n* perímetro *m*.

period ['pɪərɪəd] *n* periodo *m*; SCH hora *f*; *Am (full stop)* punto *m*. ◆ *adj* de época; **sunny ~s** intervalos *mpl* de sol.

periodic [,pɪərɪ'ɒdɪk] *adj* periódico(ca).

period pains *npl* dolores *mpl* menstruales.

periphery [pə'rɪfərɪ] *n* periferia *f*.

perishable ['perɪʃəbl] *adj* perecedero(ra).

perk [pɜːk] *n* beneficio *m* adicional.

perm [pɜːm] *n* permanente *f*. ◆ *vt*: **to have one's hair ~ed** hacerse una permanente.

permanent ['pɜːmənənt] *adj* permanente.

permanent address *n* domicilio *m* fijo.

permanently ['pɜːmənəntlɪ] *adv* permanentemente.

permissible [pə'mɪsəbl] *adj fml* lícito(ta).

permission [pə'mɪʃn] *n* permiso *m*.

permit [*vb* pə'mɪt, *n* 'pɜːmɪt] *vt* permitir. ◆ *n* permiso *m*; **to ~ sb to do sthg** permitir a alguien hacer algo.

perpendicular [,pɜːpən'dɪkjʊləʳ] *adj* perpendicular.

persevere [,pɜːsɪ'vɪəʳ] *vi* perseverar.

persist [pə'sɪst] *vi* persistir; **to ~ in doing sthg** empeñarse en hacer algo.

persistent [pə'sɪstənt] *adj* persistente; *(person)* tenaz.

person ['pɜːsn] *(pl* **people)** *n* persona *f*; **in ~** en persona.

personal ['pɜːsənl] *adj* personal; *(life, letter)* privado(da); *(rude)* ofensivo(va); **a ~ friend** un amigo íntimo.

personal assistant *n* asistente *m*, -ta *f* personal.

personal belongings *npl* efectos *mpl* personales.

personal computer *n* ordenador *m* personal *Esp*, computadora *f* personal *Amér*.

personality [,pɜːsə'nælətɪ] *n* personalidad *f*.

personally ['pɜːsnəlɪ] *adv* personalmente.

personal property *n* bienes *mpl* muebles.

personal stereo *n* walkman® *m*.

personnel [,pɜːsə'nel] *npl* personal *m*.

perspective [pə'spektɪv] *n* perspectiva *f*.

perspiration [,pɜːspə'reɪʃn] *n* transpiración *f*.

persuade [pə'sweɪd] *vt*: **to ~ sb (to do sthg)** persuadir a alguien (para que haga algo); **to ~ sb that ...** persuadir a alguien de que ....

persuasive [pə'sweɪsɪv] *adj* persuasivo(va).

Peru [pə'ruː] *n* Perú.

Peruvian [pə'ruːvjən] *adj* peruano(na). ◆ *n* peruano *m*, -na *f*.

pervert ['pɜːvɜːt] *n* pervertido *m*, -da *f*.

pessimist ['pesɪmɪst] *n* pesimista *mf*.

pessimistic [ˌpesɪˈmɪstɪk] *adj* pesimista.

pest [pest] *n (insect)* insecto *m* nocivo; *(animal)* animal *m* nocivo; *inf (person)* pelma *mf*.

pester [ˈpestəʳ] *vt* incordiar.

pesticide [ˈpestɪsaɪd] *n* pesticida *m*.

pet [pet] *n* animal *m* de compañía; **the teacher's ~** el favorito (la favorita) del maestro.

petal [ˈpetl] *n* pétalo *m*.

pet food *n* alimentos *mpl* para animales de compañía.

petition [pɪˈtɪʃn] *n* petición *f*.

petrified [ˈpetrɪfaɪd] *adj (frightened)* aterrado(da).

petrol [ˈpetrəl] *n Br* gasolina *f*.

petrol gauge *n Br* indicador *m* del nivel de carburante.

petrol pump *n Br* surtidor *m* de gasolina.

petrol station *n Br* gasolinera *f*.

petrol tank *n Br* depósito *m* de gasolina.

pet shop *n* tienda *f* de animales de compañía.

petticoat [ˈpetɪkəʊt] *n* combinación *f*.

petty [ˈpetɪ] *adj pej (person, rule)* mezquino(na).

petty cash *n* dinero *m* para pequeños gastos.

pew [pjuː] *n* banco *m (de iglesia)*.

pewter [ˈpjuːtəʳ] *n* peltre *m*.

PG *(abbr of parental guidance) (film)* con algunas escenas no aptas para menores de 15 años.

pharmacist [ˈfɑːməsɪst] *n* farmacéutico *m*, -ca *f*.

pharmacy [ˈfɑːməsɪ] *n (shop)* farmacia *f*.

phase [feɪz] *n* fase *f*.

PhD *n (degree)* doctorado *m*.

pheasant [ˈfeznt] *n* faisán *m*.

phenomena [fɪˈnɒmɪnə] *pl* → **phenomenon**.

phenomenal [fɪˈnɒmɪnl] *adj* fenomenal.

phenomenon [fɪˈnɒmɪnən] *(pl* **-mena)** *n* fenómeno *m*.

Philippines [ˈfɪlɪpiːnz] *npl:* **the ~ (las)** Filipinas.

philosophy [fɪˈlɒsəfɪ] *n* filosofía *f*.

phlegm [flem] *n (in throat)* flema *f*.

phone [fəʊn] *n* teléfono *m*. ◆ *vt & vi Br* telefonear; **on the ~ *(talking)*** al teléfono; **to be on the ~ *(connected)*** tener teléfono. ❑ **phone up** *vt sep & vi* llamar (por teléfono).

phone book *n* guía *f* telefónica.

phone booth *n* teléfono *m* público.

phone box *n Br* cabina *f* de teléfono.

phone call *n* llamada *f* telefónica.

phonecard [ˈfəʊnkɑːd] *n* tarjeta *f* telefónica.

phone number *n* número *m* de teléfono.

photo [ˈfəʊtəʊ] *n* foto *f*; **to take a ~ of** *(person)* sacar una foto a; *(thing)* sacar una foto de.

photo album *n* álbum *m* de fotos.

photocopier [ˌfəʊtəʊˈkɒpɪəʳ] *n* fotocopiadora *f*.

photocopy [ˈfəʊtəʊˌkɒpɪ] *n* fotocopia *f*. ◆ *vt* fotocopiar.

photograph [ˈfəʊtəɡrɑːf] *n* fotografía *f*. ◆ *vt* fotografiar.

photographer [fəˈtɒɡrəfəʳ] *n* fotógrafo *m*, -fa *f*.

photography [fəˈtɒɡrəfɪ] *n* fotografía *f*.

phrase [freɪz] n frase f.

phrasebook ['freɪzbʊk] n libro m de frases.

physical ['fɪzɪkl] adj físico(ca). ◆ n reconocimiento m médico.

physical education n educación f física.

physics ['fɪzɪks] n física f.

physiotherapy [ˌfɪzɪəʊ'θerəpɪ] n fisioterapia f.

pianist ['pɪənɪst] n pianista mf.

piano [pɪ'ænəʊ] (pl **-s**) n piano m.

pick [pɪk] vt (select) escoger; (fruit, flowers) coger. ◆ n (pickaxe) piqueta f; **to ~ a fight** buscar camorra; **to ~ one's nose** hurgarse la nariz; **to take one's ~** escoger lo que uno quiera. ❑ **pick on** vt fus meterse con. ❑ **pick out** vt sep (select) escoger; (see) distinguir. ❑ **pick up** ◆ vt sep recoger; (lift up) recoger (del suelo); (bargain, habit) adquirir; (language) aprender; inf (woman, man) ligar con. ◆ vi (improve) mejorar.

pickaxe ['pɪkæks] n piqueta f.

pickle ['pɪkl] n Br (food) condimento hecho con trozos de frutas y verduras maceradas formar una salsa agridulce; Am (pickled cucumber) pepinillo m encurtido.

pickled onion ['pɪkld-] n cebolleta f en vinagre.

pickpocket ['pɪkˌpɒkɪt] n carterista mf.

pick-up (truck) n camioneta f.

picnic ['pɪknɪk] n comida f campestre.

picnic area n ≃ zona f de picnics.

picture ['pɪktʃə'] n (painting) cuadro m; (drawing) dibujo m; (photograph) foto f; (on TV) imagen f; (film) película f. ❑ **pictures** npl: **the ~s** Br el cine.

picture frame n marco m (para fotos).

picturesque [ˌpɪktʃə'resk] adj pintoresco(ca).

pie [paɪ] n (savoury) empanada f; (sweet) tarta f (cubierta de hojaldre).

piece [pi:s] n (part, bit) trozo m; (component, in chess, of music) pieza f; **a 20p ~** una moneda de 20 peniques; **a ~ of advice** un consejo; **a ~ of clothing** una prenda de vestir; **a ~ of furniture** un mueble; **a ~ of paper** una hoja de papel; **to fall to ~s** deshacerse; **in one ~** (intact) intacto; (unharmed) sano y salvo.

pier [pɪə'] n paseo m marítimo (sobre malecón).

pierce [pɪəs] vt perforar; **to have one's ears ~d** hacerse agujeros en las orejas.

pig [pɪg] n (animal) cerdo m; inf (greedy person) tragón m, -ona f.

pigeon ['pɪdʒɪn] n paloma f.

pigeonhole ['pɪdʒɪnhəʊl] n casilla f.

pigtail ['pɪgteɪl] n trenza f.

pike [paɪk] n (fish) lucio m.

pilau rice ['pɪlaʊ-] n arroz de distintos colores, condimentado con especias orientales.

pilchard ['pɪltʃəd] n sardina f.

pile [paɪl] n (heap) montón m; (neat stack) pila f. ◆ vt amontonar; **~s of** inf (a lot) un montón de. ❑ **pile up** ◆ vt sep amontonar. ◆ vi (accumulate) acumularse.

piles [paɪlz] npl MED almorranas fpl.

pileup ['paɪlʌp] n colisión f en cadena.

pill [pɪl] n pastilla f; **the ~** la píldora.

pillar ['pɪlə'] n pilar m.

pillar box n Br buzón m.

pillion ['pɪljən] *n*: to ride ~ ir sentado atrás *(en moto)*.

pillow ['pɪləʊ] *n (for bed)* almohada *f; Am (on chair, sofa)* cojín *m*.

pillowcase ['pɪləʊkeɪs] *n* funda *f* de la almohada.

pilot ['paɪlət] *n* piloto *mf*.

pilot light *n* piloto *m*.

pimple ['pɪmpl] *n* grano *m*.

pin [pɪn] *n (for sewing)* alfiler *m; (drawing pin)* chincheta *f; (safety pin)* imperdible *m; Am (brooch)* broche *m; Am (badge)* chapa *f, pin m.* ◆ *vt (fasten)* prender; **a two-~ plug** un enchufe de dos clavijas; **~s and needles** hormigueo *m*.

pinafore ['pɪnəfɔ:ʳ] *n (apron)* delantal *m; Br (dress)* pichi *m Esp*, jumper *m Amér*.

pinball ['pɪnbɔ:l] *n* flípper *m*.

pincers ['pɪnsəz] *npl (tool)* tenazas *fpl*.

pinch [pɪntʃ] *vt (squeeze)* pellizcar; *Br inf (steal)* mangar. ◆ *n (of salt)* pizca *f*.

pine [paɪn] *n* pino *m.* ◆ *adj* de pino.

pineapple ['paɪnæpl] *n* piña *f*.

pink [pɪŋk] *adj* rosa *(inv).* ◆ *n (colour)* rosa *m*.

pinkie ['pɪŋkɪ] *n Am* dedo *m* meñique.

PIN number *n* número *m* personal de identificación.

pint [paɪnt] *n (in UK)* = 0,568 litros, pinta *f (in US)* = 0,473 litros, pinta; **a ~ (of beer)** *Br* una jarra de cerveza.

pip [pɪp] *n (of fruit)* pepita *f*.

pipe [paɪp] *n (for smoking)* pipa *f; (for gas, water)* tubería *f*.

pipe cleaner *n* limpiapipas *m inv*.

pipeline ['paɪplaɪn] *n (for oil)* oleoducto *m*.

pipe tobacco *n* tabaco *m* de pipa.

pirate ['paɪrət] *n* pirata *m*.

piss [pɪs] *vi vulg* mear, hacer pís. ◆ *n*: **to have a ~** *vulg* echar una meada; **it's ~ing down** *vulg* está lloviendo que te cagas.

pissed [pɪst] *adj Br vulg (drunk)* mamado(da) *Esp*, tomado(da) *Amér*; *Am vulg (angry)* cabreado(da).

pissed off *adj vulg* cabreado(da).

pistachio [pɪ'stɑ:ʃɪəʊ] *n* pistacho *m.* ◆ *adj* de pistacho.

pistol ['pɪstl] *n* pistola *f*.

piston ['pɪstən] *n* pistón *m*.

pit [pɪt] *n (hole)* hoyo *m; (coalmine)* mina *f; (for orchestra)* foso *m* de la orquesta; *Am (in fruit)* hueso *m*.

pitch [pɪtʃ] *n Br SPORT* campo *m.* ◆ *vt (throw)* lanzar; **to ~ a tent** montar una tienda de campaña.

pitcher ['pɪtʃəʳ] *n (large jug)* cántaro *m; Am (small jug)* jarra *f*.

pitfall ['pɪtfɔ:l] *n* peligro *m*.

pith [pɪθ] *n (of orange)* parte blanca de la corteza.

pitta (bread) ['pɪtə-] *n* fina torta de pan ácimo.

pitted ['pɪtɪd] *adj (olives)* deshuesado(da).

pity ['pɪtɪ] *n (compassion)* lástima *f;* **to have ~ on sb** compadecerse de alguien; **it's a ~ (that)** ... es una pena que ...; **what a ~!** ¡qué pena!

pivot ['pɪvət] *n* eje *m*.

pizza ['pi:tsə] *n* pizza *f*.

pizzeria [pi:tsə'rɪə] *n* pizzería *f*.

Pl. *(abbr of Place)* nombre de ciertas calles en Gran Bretaña.

place [pleɪs] *n (location)* sitio *m*, lugar *m; (house, flat)* casa *f; (seat)* asiento *m; (proper position)* sitio *m; (in race, list)* lugar *m; (at table)* cubierto *m.* ◆ *vt (put)* colocar; *(an order, bet)* hacer; **in the first ~** ... en primer lugar ...; **to**

take ~ tener lugar; **to take sb's** ~ sustituir a alguien; **all over the** ~ por todas partes; **in** ~ **of** en lugar de.

place mat n mantel m individual.

placement ['pleɪsmənt] n colocación f temporal.

place of birth n lugar m de nacimiento.

plague [pleɪg] n peste f.

plaice [pleɪs] n platija f.

plain [pleɪn] adj (not decorated) liso (sa); (simple) sencillo(lla); (clear) claro(ra); (paper) sin rayas; pej (not attractive) sin ningún atractivo. ◆ n llanura f.

plain chocolate n chocolate m amargo.

plainly ['pleɪnlɪ] adv (obviously) evidentemente; (distinctly) claramente.

plait [plæt] n trenza f. ◆ vt trenzar.

plan [plæn] n (scheme, project) plan m; (drawing) plano m. ◆ vt (organize) planear; **have you any** ~**s for tonight?** ¿tienes algún plan para esta noche?; **according to** ~ según lo previsto; **to** ~ **to do sthg, to** ~ **on doing sthg** pensar hacer algo.

plane [pleɪn] n (aeroplane) avión m; (tool) cepillo m.

planet ['plænɪt] n planeta m.

plank [plæŋk] n tablón m.

plant [plɑːnt] n planta f. ◆ vt (seeds, tree) plantar; (land) sembrar.

plaque [plɑːk] n placa f.

plaster ['plɑːstə^r] n Br (for cut) tirita® f Esp, curita f Amér; (for walls) escayola f Esp, yeso m Amér; **in** ~ escayolado.

plaster cast n (for broken bones) escayola f Esp, yeso m Amér.

plastic ['plæstɪk] n plástico m. ◆ adj de plástico.

plastic bag n bolsa f de plástico.

Plasticine® ['plæstɪsiːn] n Br plasti-

lina® f.

plate [pleɪt] n (for food) plato m; (of metal) placa f.

plateau ['plætəʊ] n meseta f.

plate-glass adj de vidrio cilindrado.

platform ['plætfɔːm] n (at railway station) andén m; (raised structure) plataforma f; ~ **12** la vía 12.

platinum ['plætɪnəm] n platino m.

platter ['plætə^r] n CULIN combinado, especialmente de mariscos, servido en una fuente alargada.

play [pleɪ] vt (sport, game) jugar a; (music, instrument) tocar; (opponent) jugar contra; (CD, tape, record) poner; (role, character) representar. ◆ vi (child, in sport, game) jugar; (musician) tocar. ◆ n (in theatre, on TV) obra f (de teatro). □ **play back** vt sep volver a poner. □ **play up** vi dar guerra.

player ['pleɪə^r] n (of sport, game) jugador m, -ra f; (of musical instrument) intérprete mf.

playful ['pleɪfʊl] adj juguetón (ona).

playground ['pleɪgraʊnd] n (in school) patio m de recreo; (in park etc) zona f recreativa.

playgroup ['pleɪgruːp] n guardería f.

playing card ['pleɪɪŋ-] n carta f.

playing field ['pleɪɪŋ-] n campo m de deportes.

playroom ['pleɪrʊm] n cuarto m de los juguetes.

playschool ['pleɪskuːl] = playgroup.

playtime ['pleɪtaɪm] n recreo m.

playwright ['pleɪraɪt] n dramaturgo m, -ga f.

plc Br (abbr of public limited company) ≃ S.A.

pleasant ['pleznt] adj agradable.

please [pli:z] *adv* por favor. ◆ *vt* complacer; **yes** ~! ¡sí, gracias!; whatever you ~ lo que desee.

pleased [pli:zd] *adj* contento(ta); **to be** ~ **with** estar contento con; ~ **to meet you!** ¡encantado(da) de conocerle!

pleasure ['pleʒə'] *n* placer *m*; **with** ~ con mucho gusto; **it's a** ~! ¡es un placer!

pleat [pli:t] *n* pliegue *m*.

pleated ['pli:tɪd] *adj* plisado(da).

plentiful ['plentɪful] *adj* abundante.

plenty ['plentɪ] *pron* de sobra; ~ **of money** dinero de sobra; ~ **of chairs** sillas de sobra.

pliers ['plaɪəz] *npl* alicates *mpl*.

plonk [plɒŋk] *n* Br *inf* (wine) vino *m* peleón.

piot [plɒt] *n* (scheme) complot *m*; (of story, film, play) trama *f*; (of land) parcela *f*.

plough [plau] *n* Br arado *m*. ◆ *vt* Br arar.

ploughman's (lunch) ['plaumənz-] *n* Br tabla de queso servida con pan, cebolla, ensalada y salsa agridulce.

plow [plau] Am = **plough**.

ploy [plɔɪ] *n* estratagema *f*.

pluck [plʌk] *vt* (eyebrows) depilar (con pinzas); (chicken) desplumar.

plug [plʌg] *n* ELEC enchufe *m*; (for bath, sink) tapón *m*. ❑ **plug in** *vt sep* enchufar.

plughole ['plʌghəul] *n* agujero *m* del desagüe.

plum [plʌm] *n* ciruela *f*.

plumber ['plʌmə'] *n* fontanero *m*, -ra *f*.

plumbing ['plʌmɪŋ] *n* (pipes) tuberías *fpl*.

plump [plʌmp] *adj* regordete.

plunge [plʌndʒ] *vi* (fall, dive) zambullirse; (decrease) caer vertiginosamente.

plunger [plʌndʒə'] *n* (for unblocking pipe) desatascador *m*.

pluperfect (tense) [,plu:'pз:-fɪkt-] *n*: **the** ~ el pluscuamperfecto.

plural ['pluərəl] *n* plural *m*; **in the** ~ en plural.

plus [plʌs] *prep* más. ◆ *adj*: **30** ~ treinta o más.

plush [plʌʃ] *adj* lujoso(sa).

plywood ['plaɪwud] *n* contrachapado *m*.

p.m. (abbr of post meridiem): **at 4** ~ a las cuatro de la tarde; **at 10** ~ a las diez de la noche.

PMT *n* (abbr of premenstrual tension) SPM *m*.

pneumatic drill [nju:'mætɪk-] *n* taladradora *f* neumática.

pneumonia [nju:'məunjə] *n* pulmonía *f*.

poached egg [pəutʃt-] *n* huevo *m* escalfado.

poached salmon [pəutʃt-] *n* salmón *m* hervido.

poacher ['pəutʃə'] *n* (hunting) cazador *m* furtivo; (fishing) pescador *m* furtivo.

PO Box *n* (abbr of Post Office Box) apdo. *m*.

pocket ['pɒkɪt] *n* bolsillo *m*; (on car door) bolsa *f*. ◆ *adj* de bolsillo.

pocketbook ['pɒkɪtbuk] *n* (notebook) libreta *f*; Am (handbag) bolso *m* Esp, cartera *f* Amér.

pocket money *n* Br propina *f* semanal.

podiatrist [pə'daɪətrɪst] *n* Am podólogo *m*, -ga *f*.

poem ['pəuɪm] *n* poema *m*.

poet ['pəuɪt] *n* poeta *m*, -tisa *f*.

poetry ['pəuɪtrɪ] *n* poesía *f*.

point [pɔɪnt] n punto m; (tip) punta f; (most important thing) razón f; Br (electric socket) enchufe m. ◆ vi: **to ~ to** señalar; **five ~ seven** cinco coma siete; **what's the ~?** ¿para qué?; **there's no ~** no vale la pena; **to be on the ~ of doing sthg** estar a punto de hacer algo; **to come to the ~** ir al grano. ❑ **points** npl Br (on railway) agujas fpl. ❑ **point out** vt sep (object, person) señalar; (fact, mistake) hacer notar.

pointed ['pɔɪntɪd] adj (in shape) puntiagudo(da).

pointless ['pɔɪntlɪs] adj sin sentido.

point of view n punto m de vista.

poison ['pɔɪzn] n veneno m. ◆ vt (intentionally) envenenar; (unintentionally) intoxicar.

poisoning ['pɔɪznɪŋ] n (intentional) envenenamiento m; (unintentional) intoxicación f.

poisonous ['pɔɪznəs] adj (food, gas, substance) tóxico(ca); (snake, spider) venenoso(sa).

poke [pəʊk] vt (with finger, stick) dar; (with elbow) dar un codazo.

poker ['pəʊkə'] n (card game) póker m.

Poland ['pəʊlənd] n Polonia.

polar bear ['pəʊlə-] n oso m polar.

pole [pəʊl] n (of wood) palo m.

police [pə'liːs] npl: **the ~** la policía.

police car n coche m patrulla.

police force n cuerpo m de policía.

policeman [pə'liːsmən] (pl **-men** [-mən]) n policía m.

police officer n agente mf de policía.

police station n comisaría f de policía.

policewoman [pə'liːsˌwʊmən] (pl **-women** [-ˌwɪmɪn]) n mujer f policía.

policy ['pɒlɪsɪ] n (approach, attitude) política f; (for insurance) póliza f.

policy-holder n asegurado m -da f.

polio ['pəʊlɪəʊ] n polio f.

polish ['pɒlɪʃ] n (for cleaning) abrillantador m. ◆ vt sacar brillo a.

Polish ['pəʊlɪʃ] adj polaco(ca). ◆ n (language) polaco m. ◆ npl: **the ~** los polacos.

polite [pə'laɪt] adj educado(da).

political [pə'lɪtɪkl] adj político(ca).

politician [ˌpɒlɪ'tɪʃn] n político m -ca f.

politics ['pɒlɪtɪks] n política f.

poll [pəʊl] n (survey) encuesta f; **the ~s** (election) los comicios.

pollen ['pɒlən] n polen m.

pollute [pə'luːt] vt contaminar.

pollution [pə'luːʃn] n (of sea, air) contaminación f; (substances) agentes mpl contaminantes.

polo neck ['pəʊləʊ-] n Br (jumper) jersey m de cuello de cisne Esp, suéter m de cuello alto.

polyester [ˌpɒlɪ'estə'] n poliéster m.

polystyrene [ˌpɒlɪ'staɪriːn] n poliestireno m.

polytechnic [ˌpɒlɪ'teknɪk] n universidad f donde se dan especialmente materias técnicas.

polythene ['pɒlɪθiːn] n polietileno m.

pomegranate ['pɒmɪˌɡrænɪt] n granada f.

pompous ['pɒmpəs] adj (person) engreído(da).

pond [pɒnd] n estanque m.

pony ['pəʊnɪ] n poni m.

ponytail ['pəʊniteɪl] *n* cola *f* de caballo *(peinado)*.

pony-trekking [-,trekɪŋ] *n Br* excursión *f* en poni.

poodle ['pu:dl] *n* caniche *m*.

pool [pu:l] *n (for swimming)* piscina *f*; *(of water, blood, milk)* charco *m*; *(small pond)* estanque *m*; *(game)* billar *m* americano. ❑ **pools** *npl Br:* **the ~s** las quinielas.

poor [pɔ:ʳ] *adj* pobre; *(bad)* malo (la). ◆ *npl:* **the ~s** los pobres.

poorly ['pɔ:lɪ] *adj Br* pachucho (cha) *Esp*, mal. ◆ *adv* mal.

pop [pɒp] *n (music)* música *f* pop. ◆ *vt inf (put)* meter. ◆ *vi (balloon)* reventar; **my ears popped** me estallaron los oídos. ❑ **pop in** *vi* Br entrar un momento.

popcorn ['pɒpkɔ:n] *n* palomitas *fpl* (de maíz).

Pope [pəʊp] *n:* **the ~** el Papa.

pop group *n* grupo *m* de música pop.

poplar (tree) ['pɒpləʳ] *n* álamo *m*.

pop music *n* música *f* pop.

popper ['pɒpəʳ] *n Br* corchete *m*, broche *m* de presión *Amér*.

poppy ['pɒpɪ] *n* amapola *f*.

Popsicle® ['pɒpsɪkl] *n Am* polo *m Esp*, paleta *f* helada *Amér*.

pop socks *npl* calcetines cortos de cristal.

pop star *n* estrella *f* del pop.

popular ['pɒpjʊləʳ] *adj (person, activity)* popular; *(opinion, ideas)* generalizado(da).

popularity [,pɒpjʊ'lærətɪ] *n* popularidad *f*.

populated ['pɒpjʊleɪtɪd] *adj* poblado(da).

population [,pɒpjʊ'leɪʃn] *n* población *f*.

porcelain ['pɔ:səlɪn] *n* porcelana *f*.

porch [pɔ:tʃ] *n* porche *m*.

pork [pɔ:k] *n* carne *f* de cerdo.

pork chop *n* chuleta *f* de cerdo.

pornographic [,pɔ:nə'græfɪk] *adj* pornográfico(ca).

porridge ['pɒrɪdʒ] *n* papilla *f* de avena.

port [pɔ:t] *n (town, harbour)* puerto *m*; *(drink)* oporto *m*.

portable ['pɔ:təbl] *adj* portátil.

porter ['pɔ:təʳ] *n (at hotel, museum)* conserje *mf*; *(at station, airport)* mozo *m*.

portion ['pɔ:ʃn] *n (part)* porción *f*; *(of food)* ración *f*.

portrait ['pɔ:treɪt] *n* retrato *m*.

Portugal ['pɔ:tʃʊgl] *n* Portugal.

Portuguese [,pɔ:tʃʊ'gi:z] *adj* portugués(esa). ◆ *n (language)* portugués *m*. ◆ *npl:* **the ~** los portugueses.

pose [pəʊz] *vt (problem)* plantear; *(threat)* suponer. ◆ *vi (for photo)* posar.

posh [pɒʃ] *adj inf (person, accent)* de clase alta; *(hotel, restaurant)* de lujo.

position [pə'zɪʃn] *n* posición *f*; *(situation)* situación *f*; *(rank, importance)* rango *m*; *fml (job)* puesto *m*; **'~ closed'** 'cerrado'.

positive ['pɒzətɪv] *adj* positivo (va); *(certain, sure)* seguro(ra); *(optimistic)* optimista.

possess [pə'zes] *vt* poseer.

possession [pə'zeʃn] *n* posesión *f*.

possessive [pə'zesɪv] *adj* posesivo(va).

possibility [,pɒsə'bɪlətɪ] *n* posibilidad *f*.

possible ['pɒsəbl] *adj* posible; **it's ~ that we may be late** puede (ser) que lleguemos tarde; **would it be ~**

for me to use the phone? ¿podría usar el teléfono?; **as much as** ~ tanto como sea posible; **if** ~ si es posible.

possibly ['pɒsɪblɪ] *adv (perhaps)* posiblemente.

post [pəʊst] *n (system, letters etc)* correo *m*; *(delivery)* reparto *m*; *(pole)* poste *m*; *fml (job)* puesto *m*. ◆ *vt (letter, parcel)* echar al correo; **by** ~ por correo.

postage ['pəʊstɪdʒ] *n* franqueo *m*; ~ **and packing** gastos *mpl* de envío; ~ **paid** franqueo pagado.

postage stamp *n fml* sello *m*, estampilla *f Amér*.

postal order ['pəʊstl-] *n* giro *m* postal.

postbox ['pəʊstbɒks] *n Br* buzón *m*.

postcard ['pəʊstkɑːd] *n* postal *f*.

postcode ['pəʊstkəʊd] *n Br* código *m* postal.

poster ['pəʊstə'] *n* póster *m*.

post-free *adv* con porte pagado.

postgraduate [ˌpəʊst'grædʒʊət] *n* posgraduado *m*, -da *f*.

Post-it (note)® *n* Post-it® *m*.

postman ['pəʊstmən] *(pl* **-men** [-mən]) *n* cartero *m*.

postmark ['pəʊstmɑːk] *n* matasellos *m inv*.

post office *n (building)* oficina *f* de correos; **the Post Office** ≃ Correos *m inv*.

postpone [ˌpəʊst'pəʊn] *vt* aplazar.

posture ['pɒstʃə'] *n* postura *f*.

postwoman ['pəʊstˌwʊmən] *(pl* **-women** [-ˌwɪmɪn]) *n* cartera *f*.

pot [pɒt] *n (for cooking)* olla *f*; *(for jam)* tarro *m*; *(for paint)* bote *m*; *(for tea)* tetera *f*; *(for coffee)* cafetera *f*; *inf (cannabis)* maría *f Esp*, hierba *f*; **a** ~ **of tea** una tetera.

potato [pə'teɪtəʊ] *(pl* **-es**) *n* patata *f*.

potato salad *n* ensalada *f* de patatas *Esp* OR papas *Amér*.

potential [pə'tenʃl] *adj* potencial. ◆ *n* potencial *m*.

pothole ['pɒthəʊl] *n (in road)* bache *m*.

pot plant *n* planta *f* de interior.

potted ['pɒtɪd] *adj (meat, fish)* en conserva; *(plant)* en maceta.

pottery ['pɒtərɪ] *n* cerámica *f*.

potty ['pɒtɪ] *adj* chalado(da), chiflado(da).

pouch [paʊtʃ] *n (for money)* monedero *m* de atar; *(for tobacco)* petaca *f*.

poultry ['pəʊltrɪ] *n (meat)* carne *f* de pollería. ◆ *npl (animals)* aves *fpl* de corral.

pound [paʊnd] *n (unit of money)* libra *f*; *(unit of weight)* = 453,6 g, libra. ◆ *vi (heart, head)* palpitar.

pour [pɔː'] *vt (liquid etc)* verter; *(drink)* servir. ◆ *vi (flow)* manar; **it's** ~**ing (with rain)** está lloviendo a cántaros. ❑ **pour out** *vt sep (drink)* servir.

poverty ['pɒvətɪ] *n* pobreza *f*.

powder ['paʊdə'] *n* polvo *m*.

power ['paʊə'] *n (control, authority)* poder *m*; *(ability)* capacidad *f*; *(strength, force)* fuerza *f*; *(energy)* energía *f*; *(electricity)* corriente *f*. ◆ *vt* impulsar; **to be in** ~ estar en el poder.

power cut *n* apagón *m*.

power failure *n* corte *m* de corriente.

powerful ['paʊəfʊl] *adj (having control)* poderoso(sa); *(physically strong, forceful)* fuerte; *(machine, drug, voice)* potente; *(smell)* intenso(sa).

power point *n Br* toma *f* de corriente.

power station *n* central *f* eléctrica.

power steering n dirección f asistida.

practical ['præktɪkl] adj práctico (ca).

practically ['præktɪklɪ] adv (almost) prácticamente.

practice ['præktɪs] n (training, training session) práctica f; SPORT entrenamiento m; (of doctor) consulta f; (of lawyer) bufete m; (regular activity, custom) costumbre f. ◆ vt Am = **practise**; **to be out of ~** tener falta de práctica.

practise ['præktɪs] vt (sport, music, technique) practicar. ◆ vi (train) practicar; (doctor, lawyer) ejercer. ◆ n Am = practice.

praise [preɪz] n elogio m. ◆ vt elogiar.

pram [præm] n Br cochecito m de niño.

prank [præŋk] n travesura f.

prawn [prɔːn] n gamba f Esp, camarón m Amér.

prawn cocktail n cóctel m de gambas Esp OR camarones Amér.

prawn cracker n pan m de gambas Esp OR camarones Amér.

pray [preɪ] vi rezar; **to ~ for sthg** fig rogar por algo.

prayer [preə⁻] n (to God) oración f.

precarious [prɪˈkeərɪəs] adj precario(ria).

precaution [prɪˈkɔːʃn] n precaución f.

precede [prɪˈsiːd] vt fml preceder.

preceding [prɪˈsiːdɪŋ] adj precedente.

precinct ['priːsɪŋkt] n Br (for shopping) zona f comercial peatonal; Am (area of town) distrito m.

precious ['preʃəs] adj precioso (sa); (memories) entrañable; (possession) de gran valor sentimental.

precious stone n piedra f preciosa.

precipice ['presɪpɪs] n precipicio m.

precise [prɪˈsaɪs] adj preciso(sa), exacto(ta).

precisely [prɪˈsaɪslɪ] adv (accurately) con precisión; (exactly) exactamente.

predecessor ['priːdɪsesə⁻] n predecesor m, -ra f.

predicament [prɪˈdɪkəmənt] n apuro m.

predict [prɪˈdɪkt] vt predecir.

predictable [prɪˈdɪktəbl] adj (foreseeable) previsible; pej (unoriginal) poco original.

prediction [prɪˈdɪkʃn] n predicción f.

preface ['prefɪs] n prólogo m.

prefect ['priːfekt] n Br (at school) alumno a un curso superior elegido por los profesores para mantener el orden fuera de clase.

prefer [prɪˈfɜː⁻] vt: **to ~ sthg (to)** preferir algo (a); **to ~ to do sthg** preferir hacer algo.

preferable ['prefrəbl] adj preferible.

preferably ['prefrəblɪ] adv preferiblemente.

preference ['prefərəns] n preferencia f.

prefix ['priːfɪks] n prefijo m.

pregnancy ['pregnənsɪ] n embarazo m.

pregnant ['pregnənt] adj embarazada.

prejudice ['predʒudɪs] n prejuicio m.

prejudiced ['predʒudɪst] adj parcial.

preliminary [prɪˈlɪmɪnərɪ] adj preliminar.

premature [ˈpremətjʊəˈ] adj prematuro(ra); (arrival) anticipado(da).

premier [ˈpremjəˈ] adj primero (ra). ◆ n primer ministro m, primera ministra f.

premiere [ˈpremieəˈ] n estreno m.

premises [ˈpremɪsɪz] npl local m.

premium [ˈpriːmjəm] n (for insurance) prima f.

premium-quality adj (meat) de calidad superior.

preoccupied [priːˈɒkjʊpaɪd] adj preocupado(da).

prepacked [ˌpriːˈpækt] adj preempaquetado(da).

prepaid [ˈpriːpeɪd] adj (envelope) con porte pagado.

preparation [ˌprepəˈreɪʃn] n (preparing) preparación f. ❑ **preparations** npl (arrangements) preparativos mpl.

preparatory school [priːˈpærətrɪ-] n (in UK) colegio privado que prepara a alumnos de 7 a 12 años para la enseñanza secundaria; (in US) colegio privado de enseñanza media que prepara a sus alumnos para estudios superiores.

prepare [priːˈpeəˈ] vt preparar. ◆ vi prepararse.

prepared [priːˈpeəd] adj (ready) preparado(da); **to be ~ to do sthg** estar dispuesto(ta) a hacer algo.

preposition [ˌprepəˈzɪʃn] n preposición f.

prep school [prep-] = **preparatory school**.

prescribe [priːˈskraɪb] vt prescribir.

prescription [priːˈskrɪpʃn] n receta f.

presence [ˈprezns] n presencia f; in sb's ~ en presencia de alguien.

present [adj & n ˈpreznt, vb priːˈzent] adj (in attendance) presente; (current) actual. ◆ n (gift) regalo m. ◆ vt (give

as present) obsequiar; (problem, challenge, play) representar; (portray, on radio or TV) presentar; **the ~ (tense)** el presente; **at ~** actualmente; **the ~** el presente; **to ~ sb to sb** presentar a alguien a alguien.

presentable [priːˈzentəbl] adj presentable.

presentation [ˌpreznˈteɪʃn] n (way of presenting) presentación f; (ceremony) ceremonia f de entrega.

presenter [priːˈzentəˈ] n (of TV, radio programme) presentador m, -ra f.

presently [ˈprezntlɪ] adv (soon) dentro de poco; (now) actualmente.

preservation [ˌprezəˈveɪʃn] n conservación f.

preservative [priːˈzɜːvətɪv] n conservante m.

preserve [priːˈzɜːv] n (jam) confitura f. ◆ vt conservar.

president [ˈprezɪdənt] n presidente m, -ta f.

press [pres] vt (push) apretar; (iron) planchar. ◆ n: **the ~** la prensa; **to ~ sb to do sthg** presionar a alguien para que haga algo.

press conference n rueda f de prensa.

press-stud n broche m automático OR de presión Amér.

press-up n flexión f.

pressure [ˈpreʃəˈ] n presión f.

pressure cooker n olla f exprés.

prestigious [preˈstɪdʒəs] adj prestigioso(sa).

presumably [priːˈzjuːməblɪ] adv probablemente.

presume [priːˈzjuːm] vt suponer.

pretend [priːˈtend] vt: **to ~ to do sthg** fingir hacer algo.

pretentious [priːˈtenʃəs] adj pretencioso(sa).

pretty [ˈprɪtɪ] adj (person) guapo

(pa); *(thing)* bonito(ta), lindo(da)
Amér. ◆ *adv inf (quite)* bastante; *(very)*
muy.

prevent [pri'vent] *vt* prevenir; **to
~ sb/sthg from doing sthg** impedir
que alguien/algo haga algo.

prevention [pri'venʃn] *n* preven-
ción *f*.

preview ['pri:vju:] *n (of film)* prees-
treno *m*; *(short description)* reportaje
m (sobre un acontecimiento futuro).

previous ['pri:vjəs] *adj (earlier)* pre-
vio(via); *(preceding)* anterior.

previously ['pri:vjəslɪ] *adv* ante-
riormente.

price [praɪs] *n* precio *m.* ◆ *vt:* **attrac-
tively ~d** con un precio atractivo.

priceless ['praɪslɪs] *adj (expensive)*
de un valor incalculable; *(valuable)*
valiosísimo(ma).

price list *n* lista *f* de precios.

pricey ['praɪsɪ] *adj inf* caro(ra).

prick [prɪk] *vt (skin, finger)* pinchar;
(sting) picar.

prickly ['prɪklɪ] *adj (plant, bush)* es-
pinoso(sa).

prickly heat *n* sarpullido *causado
por el calor.*

pride [praɪd] *n* orgullo *m.* ◆ *vt:* **to ~
o.s. on sthg** estar orgulloso de algo.

priest [pri:st] *n* sacerdote *m.*

primarily ['praɪmərɪlɪ] *adv* primor-
dialmente.

primary school ['praɪmərɪ-] *n* escuela *f* primaria.

prime [praɪm] *adj (chief)* primero
(ra); *(quality, beef, cut)* de calidad superior.

prime minister *n* primer ministro *m*, primera ministra *f.*

primitive ['prɪmɪtɪv] *adj (simple)* ru-
dimentario(ria).

primrose ['prɪmrəʊz] *n* primavera *f.*

prince [prɪns] *n* príncipe *m.*

princess [prɪn'ses] *n* princesa *f.*

principal ['prɪnsəpl] *adj* principal.
◆ *n (of school, university)* director *m,*
-ra *f.*

principle ['prɪnsəpl] *n* principio *m*;
in ~ en principio.

print [prɪnt] *n (words)* letras *fpl* de
imprenta); *(photo)* foto *f; (of painting)*
reproducción *f; (mark)* huella *f.* ◆ *vt
(book, newspaper, photo)* imprimir;
(publish) publicar; *(write)* escribir en
letra de imprenta; **out of ~**
agotado. ❑ **print out** *vt sep* imprimir.

printed matter ['prɪntɪd-] *n* im-
presos *mpl.*

printer ['prɪntə'] *n (machine)* impresora *f; (person)* impresor *m,* -ra *f.*

printout ['prɪntaʊt] *n* copia *f* de
impresora.

prior ['praɪə'] *adj (previous)* anterior; **~ to** *fml* con anterioridad a.

priority [praɪ'ɒrətɪ] *n* prioridad *f;*
to have ~ over tener prioridad sobre.

prison ['prɪzn] *n* cárcel *f.*

prisoner ['prɪznə'] *n* preso *m,* -sa *f.*

prisoner of war *n* prisionero *m,*
-ra *f* de guerra.

prison officer *n* funcionario *m,*
-ria *f* de prisiones.

privacy [*Br* 'prɪvəsɪ, *Am* 'praɪvəsɪ] *n*
intimidad *f.*

private ['praɪvɪt] *adj* privado(da);
(class, lesson) particular; *(matter, belongings)* personal; *(quiet)* retirado
(da). ◆ *n MIL* soldado *m* raso; **in ~**
en privado.

private health care *n* asistencia *f* sanitaria privada.

private property *n* propiedad *f*
privada.

private school *n* colegio *m*

privado.

privilege ['prɪvɪlɪdʒ] *n* privilegio *m*; it's a ~! ¡es un honor!

prize [praɪz] *n* premio *m*.

prize-giving [-,gɪvɪŋ] *n* entrega *f* de premios.

pro [prəʊ] *(pl* **-s***) n inf (professional)* profesional *mf*. ❑ **pros** *npl*: **the** ~**s and cons** los pros y los contras.

probability [,prɒbə'bɪlətɪ] *n* probabilidad *f*.

probable ['prɒbəbl] *adj* probable.

probably ['prɒbəblɪ] *adv* probablemente.

probation officer [prə'beɪʃn-] *n* oficial encargado de la vigilancia de presos en libertad condicional.

problem ['prɒbləm] *n* problema *m*; **no** ~! *inf* ¡no hay problema!

procedure [prə'siːdʒəʳ] *n* procedimiento *m*.

proceed [prə'siːd] *vi fml (continue)* proseguir; *(act)* proceder; *(advance)* avanzar.

proceeds ['prəʊsiːdz] *npl* recaudación *f*.

process ['prəʊses] *n* proceso *m*; **to be in the** ~ **of doing sthg** estar haciendo algo.

processed cheese ['prəʊsest-] *n* queso *m* para sandwiches.

procession [prə'seʃn] *n* desfile *m*.

prod [prɒd] *vt* empujar repetidamente.

produce [*vb* prə'djuːs, *n* 'prɒdjuːs] *vt* producir; *(show)* mostrar; *(play)* poner en escena. ◆ *n* productos *mpl* agrícolas.

producer [prə'djuːsəʳ] *n (manufacturer)* fabricante *mf*; *(of film)* productor *m*, -ra *f*; *(of play)* director *m*, -ra *f* de escena.

product ['prɒdʌkt] *n* producto *m*.

production [prə'dʌkʃn] *n (manu-*

facture) producción *f*; *(of film, play)* realización *f*; *(play)* representación *f*.

productivity [,prɒdʌk'tɪvətɪ] *n* productividad *f*.

profession [prə'feʃn] *n* profesión *f*.

professional [prə'feʃənl] *adj* profesional. ◆ *n* profesional *mf*.

professor [prə'fesəʳ] *n (in UK)* catedrático *m*, -ca *f*; *(in US)* profesor *m*, -ra *f* de universidad.

profile ['prəʊfaɪl] *n (silhouette, outline)* perfil *m*; *(description)* corta biografía *f*.

profit ['prɒfɪt] *n (financial)* beneficio *m*. ◆ *vi*: **to** ~ **(from)** sacar provecho (de).

profitable ['prɒfɪtəbl] *adj* rentable.

profiteroles [prə'fɪtərəʊlz] *npl* profiteroles *mpl*.

profound [prə'faʊnd] *adj* profundo(da).

program ['prəʊɡræm] *n* COMPUT programa *m*; *Am* = **programme**. ◆ *vt* COMPUT programar.

programme ['prəʊɡræm] *n* programa *m*.

progress [*n* 'prəʊɡres, *vb* prə'ɡres] *n (improvement)* progreso *m*; *(forward movement)* avance *m*. ◆ *vi (work, talks, student)* progresar; *(day, meeting)* avanzar; **to make** ~ *(improve)* progresar; *(in journey)* avanzar; **in** ~ en curso.

progressive [prə'ɡresɪv] *adj (forward-looking)* progresista.

prohibit [prə'hɪbɪt] *vt* prohibir; **'smoking strictly** ~**ed'** 'está terminantemente prohibido fumar'.

project ['prɒdʒekt] *n (plan)* proyecto *m*; *(at school)* trabajo *m*.

projector [prə'dʒektəʳ] *n* proyector *m*.

prolong [prə'lɒŋ] vt prolongar.

prom [prɒm] n Am (dance) baile m de gala (en colegios).

promenade [,prɒmə'nɑːd] n Br (by the sea) paseo m marítimo, malecón m Amér.

prominent ['prɒmɪnənt] adj (person) eminente; (noticeable) prominente.

promise ['prɒmɪs] n promesa f. ◆ vt prometer. ◆ vi: I ~ te lo prometo; **to show** ~ ser prometedor; **I** ~ **(that) I'll come** te prometo que vendré; **to** ~ **sb sthg** prometer algo a alguien; **to** ~ **to do sthg** prometer hacer algo.

promising ['prɒmɪsɪŋ] adj prometedor(ra).

promote [prə'məut] vt (in job) ascender.

promotion [prə'məuʃn] n (in job) ascenso m; (of product) promoción f.

prompt [prɒmpt] adj inmediato (ta). ◆ adv: **at six o'clock** ~ a las seis en punto.

prone [prəun] adj: **to be** ~ **to sthg** ser propenso(sa) a algo; **to be** ~ **to do sthg** tender a hacer algo.

prong [prɒŋ] n diente m.

pronoun ['prəunaun] n pronombre m.

pronounce [prə'nauns] vt (word) pronunciar.

pronunciation [prə,nʌnsɪ'eɪʃn] n pronunciación f.

proof [pruːf] n (evidence) prueba f; **it's 12%** ~ (alcohol) tiene 12 grados.

prop [prɒp] ◆ **prop up** vt sep (support) apuntalar.

propeller [prə'pelə'] n hélice f.

proper ['prɒpə'] adj (suitable) adecuado(da); (correct, socially acceptable) correcto(ta).

properly ['prɒpəlɪ] adv (suitably)

bien; (correctly) correctamente.

property ['prɒpətɪ] n propiedad f; (land) finca f; fml (building) inmueble m.

proportion [prə'pɔːʃn] n proporción f.

proposal [prə'pəuzl] n (suggestion) propuesta f.

propose [prə'pəuz] vt (suggest) proponer. ◆ vi: **to** ~ **to sb** pedir la mano a alguien.

proposition [,prɒpə'zɪʃn] n (offer) propuesta f.

proprietor [prə'praɪətə'] n fml propietario m, -ria f.

prose [prəuz] n (not poetry) prosa f; SCH traducción f inversa.

prosecution [,prɒsɪ'kjuːʃn] n JUR (charge) procesamiento m.

prospect ['prɒspekt] n (possibility) posibilidad f; **I don't relish the** ~ no me apasiona la perspectiva. ◻ **prospects** npl (for the future) perspectivas fpl.

prospectus [prə'spektəs] (pl -es) n folleto m informativo.

prosperous ['prɒspərəs] adj próspero(ra).

prostitute ['prɒstɪtjuːt] n prostituta f.

protect [prə'tekt] vt proteger; **to** ~ **sthg/sb against** proteger algo/a alguien contra; **to** ~ **sthg/sb from** proteger algo/a alguien de.

protection [prə'tekʃn] n protección f.

protection factor n factor m de protección solar.

protective [prə'tektɪv] adj protector(ra).

protein ['prəutiːn] n proteína f.

protest [n 'prəutest, vb prə'test] n (complaint) protesta f; (demonstration) manifestación f. ◆ vt Am (protest *against*) protestar contra. ◆ *vi:* to ~ (**against**) protestar (contra).

Protestant ['prɒtɪstənt] *n* protestante *mf*.

protester [prə'testə'] *n* manifestante *mf*.

protrude [prə'truːd] *vi* sobresalir.

proud [praud] *adj* (*pleased*) orgulloso(sa); *pej* (*arrogant*) soberbio(bia); **to be ~ of** estar orgulloso de.

prove [pruːv] (*pp* -**d** OR **proven** [pruːvn]) *vt* (*show to be true*) probar; (*turn out to be*) resultar.

proverb ['prɒvɜːb] *n* proverbio *m*.

provide [prə'vaɪd] *vt* proporcionar; **to ~ sb with sthg** proporcionar algo a alguien. ◻ **provide for** *vt fus* (*person*) mantener.

provided (that) [prə'vaɪdɪd-] *conj* con tal de que.

providing (that) [prə'vaɪdɪŋ-] = **provided (that)**.

province ['prɒvɪns] *n* provincia *f*.

provisional [prə'vɪʒənl] *adj* provisional.

provisions [prə'vɪʒnz] *npl* provisiones *fpl*.

provocative [prə'vɒkətɪv] *adj* provocador(ra).

provoke [prə'vəuk] *vt* provocar.

prowl [praul] *vi* merodear.

prune [pruːn] *n* ciruela *f* pasa. ◆ *vt* podar.

PS (*abbr of postscript*) P.D.

psychiatrist [saɪ'kaɪətrɪst] *n* psiquiatra *mf*.

psychic ['saɪkɪk] *adj* clarividente.

psychological [ˌsaɪkə'lɒdʒɪkl] *adj* psicológico(ca).

psychologist [saɪ'kɒlədʒɪst] *n* psicólogo *m*, -ga *f*.

psychology [saɪ'kɒlədʒɪ] *n* psicología *f*.

psychotherapist [ˌsaɪkəu-'θerəpɪst] *n* psicoterapeuta *mf*.

pt *abbr* = **pint**.

PTO (*abbr of please turn over*) sigue.

pub [pʌb] *n* ≃ bar *m*.

ℹ PUB

El "pub" es una institución muy importante en la vida social británica, y es el principal lugar de encuentro en las comunidades rurales. El acceso para menores es restringido, aunque las condiciones varían de un "pub" a otro. Hasta hace poco tiempo, su horario de apertura estaba estrictamente regulado, pero actualmente hay más libertad de horarios y la mayoría de los "pubs" abre de las once de la mañana hasta las once de la noche. Además de bebidas, los "pubs" suelen ofrecer bocadillos, platos combinados e incluso menús completos.

---

puberty ['pjuːbətɪ] *n* pubertad *f*.

public ['pʌblɪk] *adj* público(ca). ◆ *n:* **the ~** el público; **in ~** en público.

publican ['pʌblɪkən] *n Br* patrón de un "pub".

publication [ˌpʌblɪ'keɪʃn] *n* publicación *f*.

public bar *n Br* bar cuya decoración es más sencilla y cuyos precios son más bajos.

public convenience *n Br* aseos *mpl* públicos.

public footpath *n Br* camino *m* público.

public holiday *n* fiesta *f* nacional.

public house n Br fml ≃ bar m.

publicity [pʌbˈlɪsɪtɪ] n publicidad f.

public school n (in UK) colegio m privado; (in US) escuela f pública.

public telephone n teléfono m público.

public transport n transporte m público.

publish [ˈpʌblɪʃ] vt publicar.

publisher [ˈpʌblɪʃəʳ] n (person) editor m, -ra f; (company) editorial f.

publishing [ˈpʌblɪʃɪŋ] n (industry) industria f editorial.

pub lunch n almuerzo generalmente sencillo en un "pub".

pudding [ˈpʊdɪŋ] n (sweet dish) pudín m; Br (course) postre m.

puddle [ˈpʌdl] n charco m.

puff [pʌf] vi (breathe heavily) resollar. ◆ n (of air) soplo m; (of smoke) bocanada f; to ~ at dar caladas a.

puff pastry n hojaldre m.

pull [pʊl] vt tirar de, jalar Amér; (tow) arrastrar; (trigger) apretar. ◆ n: to give sthg a ~ darle un tirón a algo; to ~ a face hacer muecas; to ~ a muscle dar un tirón en un músculo; 'pull' (on door) 'tirar'. □ pull apart vt sep (machine) desmontar. □ pull down vt sep (lower) bajar; (demolish) derribar. □ pull in vi pararse. □ pull out ◆ vt sep sacar. ◆ vi (train, car) salir; (withdraw) retirarse. □ pull over vi (car) hacerse a un lado. □ pull up ◆ vt sep (socks, trousers, sleeve) subirse. ◆ vi pararse.

pulley [ˈpʊlɪ] n (pl pulleys) n polea f.

pull-out n Am área f de descanso.

pullover [ˈpʊl,əʊvəʳ] n jersey m Esp, suéter m Amér.

pulpit [ˈpʊlpɪt] n púlpito m.

pulse [pʌls] n MED pulso m.

pump [pʌmp] n (device, bicycle pump) bomba f; (for petrol) surtidor m. □ pumps npl (sports shoes) zapatillas fpl de tenis. □ pump up vt sep inflar.

pumpkin [ˈpʌmpkɪn] n calabaza f.

pun [pʌn] n juego m de palabras.

punch [pʌntʃ] n (blow) puñetazo m; (drink) ponche m. ◆ vt (hit) dar un puñetazo; (ticket) picar.

punctual [ˈpʌŋktʃʊəl] adj puntual.

punctuation [,pʌŋktʃʊˈeɪʃn] n puntuación f.

puncture [ˈpʌŋktʃəʳ] n pinchazo m. ◆ vt pinchar.

punish [ˈpʌnɪʃ] vt: to ~ sb (for sthg) castigar a alguien (por algo).

punishment [ˈpʌnɪʃmənt] n castigo m.

punk [pʌŋk] n (person) punki mf; (music) punk m.

punnet [ˈpʌnɪt] n Br canasta f pequeña.

pupil [ˈpjuːpl] n (student) alumno m, -na f; (of eye) pupila f.

puppet [ˈpʌpɪt] n títere m.

puppy [ˈpʌpɪ] n cachorro m.

purchase [ˈpɜːtʃəs] vt fml comprar. ◆ n fml compra f.

pure [pjʊəʳ] adj puro(ra).

puree [ˈpjʊəreɪ] n puré m.

purely [ˈpjʊəlɪ] adv puramente.

purity [ˈpjʊərətɪ] n pureza f.

purple [ˈpɜːpl] adj morado(da).

purpose [ˈpɜːpəs] n propósito m; on ~ a propósito.

purr [pɜːʳ] vi (cat) ronronear.

purse [pɜːs] n Br (for money) monedero m; Am (handbag) bolso m Esp, cartera f Amér.

pursue [pəˈsjuː] vt (follow) perseguir; (study, inquiry, matter) continuar con.

pus [pʌs] n pus m.

push [puʃ] vt (shove) empujar; (press) apretar; (product) promocionar. ◆ vi (shove) empujar. ◆ n: to give sb/sthg a ~ dar un empujón a alguien/algo; to ~ sb into doing sthg obligar a alguien a hacer algo; 'push' (on door) 'empujar'. ❏ **push in** vi (in queue) colarse. ❏ **push off** vi inf (go away) largarse.

push-button telephone n teléfono m de botones.

pushchair ['puʃtʃeər] n Br silla f (de paseo).

pushed [puʃt] adj inf: to be ~ (for time) andar corto(ta) de tiempo.

push-ups npl flexiones fpl.

☞

put [put] (pt & pp put) vt poner; (pressure) ejercer; (blame) echar; (express) expresar; (a question) hacer; to ~ sthg at (estimate) estimarse algo en; to ~ a child to bed acostar a un niño; to ~ money into sthg invertir dinero en algo. ❏ **put aside** vt sep (money) apartar. ❏ **put away** vt sep (tidy up) poner en su sitio. ❏ **put back** vt sep (replace) volver a poner en su sitio; (postpone) aplazar; (clock, watch) atrasar. ❏ **put down** vt sep (on floor, table, from vehicle) dejar; Br (animal) matar; (deposit) pagar como depósito. ❏ **put forward** vt sep (clock, watch) adelantar; (suggest) proponer. ❏ **put in** vt sep (insert) meter; (install) instalar. ❏ **put off** vt sep (postpone) posponer; (distract) distraer; (repel) repeler; (passenger) dejar. ❏ **put on** vt sep (clothes, glasses, make-up) ponerse; (weight) ganar; (television, light, radio) encender; (CD, tape, record) poner; (play, show) representar; to ~ the kettle on poner la tetera a hervir. ❏ **put out** vt sep

(cigarette, fire, light) apagar; (publish) hacer público; (hand, arm, leg) extender; (inconvenience) causar molestias a; to ~ one's back out fastidiarse la espalda. ❏ **put together** vt sep (assemble) montar; (combine) juntar. ❏ **put up** vt sep (tent, statue, building) construir; (umbrella) abrir; (a notice, sign) pegar; (price, rate) subir; (provide with accommodation) alojar.
◆ vt Br (in hotel) alojarse. ❏ **put up with** vt fus aguantar.

putting green ['pʌtɪŋ-] n minigolf m (con césped y sin obstáculos).

putty ['pʌtɪ] n masilla f.

puzzle ['pʌzl] n (game) rompecabezas m inv; (jigsaw) puzzle m; (mystery) misterio m. ◆ vt desconcertar.

puzzling ['pʌzlɪŋ] adj desconcertante.

pyjamas [pə'dʒɑːməz] npl Br pijama m, piyama f Amér.

pylon ['paɪlən] n torre f de alta tensión.

pyramid ['pɪrəmɪd] n pirámide f.

Pyrenees [,pɪrə'niːz] npl: the ~ los Pirineos.

Pyrex ['paɪreks] n pírex® m.

Q

quail [kweɪl] n codorniz f.

quail's eggs npl huevos mpl de codorniz.

quaint [kweɪnt] adj pintoresco(ca).

qualification [,kwɒlɪfɪ'keɪʃn] n (diploma) título m; (ability) aptitud f.

qualified ['kwɒlɪfaɪd] adj (having

qualifications) cualificado(da).

qualify ['kwɒlɪfaɪ] *vi (for competition)* clasificarse; *(pass exam)* sacar el título.

quality ['kwɒlətɪ] *n (standard, high standard)* calidad *f; (feature)* cualidad *f.* ♦ *adj* de calidad.

quarantine ['kwɒrəntiːn] *n* cuarentena *f.*

quarrel ['kwɒrəl] *n* riña *f.* ♦ *vi* reñir.

quarry ['kwɒrɪ] *n (for stone, sand)* cantera *f.*

quart [kwɔːt] *n (in US)* = 0,946 l, ≃ litro.

quarter ['kwɔːtə'] *n (fraction)* cuarto m; *Am (coin)* cuarto de dólar; *(4 ounces)* cuatro onzas *fpl; (three months)* trimestre m; *(part of town)* barrio m; **(a)** ~ **to five** *Br* las cinco menos cuarto; **(a)** ~ **of five** *Am* las cinco menos cuarto; **(a)** ~ **past five** *Br* las cinco y cuarto; **(a)** ~ **after five** *Am* las cinco y cuarto; **(a)** ~ **of an hour** un cuarto de hora.

quarterpounder [,kwɔːtə-'paʊndə'] *n* hamburguesa *f* de un cuarto de libra.

quartet [kwɔː'tet] *n* cuarteto m.

quartz [kwɔːts] *adj* de cuarzo.

quay [kiː] *n* muelle m.

queasy ['kwiːzɪ] *adj inf* mareado (da).

queen [kwiːn] *n* reina *f; (in cards)* dama *f.*

queer [kwɪə'] *adj (strange)* raro(ra); *inf (ill)* pachucho(cha) *Esp,* mal. ♦ *n inf* marica m.

quench [kwentʃ] *vt:* **to ~ one's thirst** apagar la sed.

query ['kwɪərɪ] *n* pregunta *f.*

question ['kwestʃn] *n (query, in exam, on questionnaire)* pregunta *f; (issue)* cuestión *f.* ♦ *vt (person)* interro-

---

gar; **it's out of the ~** es imposible.

question mark *n* signo *m* de interrogación.

questionnaire [,kwestʃə'neə'] *n* cuestionario m.

queue [kjuː] *n Br* cola *f.* ♦ *vi Br* hacer cola. ◻ **queue up** *vi Br* hacer cola.

quiche [kiːʃ] *n* quiche *f.*

quick [kwɪk] *adj* rápido(da). ♦ *adv* rápidamente.

quickly ['kwɪklɪ] *adv* de prisa.

quid [kwɪd] *(pl inv) n Br inf* libra *f.*

quiet ['kwaɪət] *adj (silent, not noisy)* silencioso(sa); *(calm, peaceful)* tranquilo(la); *(voice)* bajo(ja). ♦ *n* tranquilidad *f;* **keep ~!** ¡silencio!; **to keep ~** quedarse callado(da); **to keep ~ about sthg** callarse algo.

quieten ['kwaɪətn] ♦ **quieten down** *vi* tranquilizarse.

quietly ['kwaɪətlɪ] *adv (silently)* silenciosamente; *(not noisily)* sin hacer ruido; *(calmly)* tranquilamente.

quilt [kwɪlt] *n (duvet)* edredón *m; (eiderdown)* colcha *f.*

quince [kwɪns] *n* membrillo m.

quirk [kwɜːk] *n* manía *f,* rareza *f.*

quit [kwɪt] *(pt & pp* **quit** *or* **quitted**) *vi (resign)* dimitir; *(give up)* rendirse. ♦ *vt Am (school, job)* abandonar; **to ~ doing sthg** dejar de hacer algo.

quite [kwaɪt] *adv (fairly)* bastante; *(completely)* totalmente; **there's not ~ enough** no alcanza por poco; **~ a lot (of children)** bastantes (niños); **~ a lot of money** bastante dinero.

quiz [kwɪz] *(pl* **-zes**) *n* concurso m.

quota ['kwəʊtə] *n* cuota *f.*

quotation [kwəʊ'teɪʃn] *n (phrase)* cita *f; (estimate)* presupuesto m.

quotation marks *npl* comillas *fpl.*

quote [kwəʊt] *vt (phrase, writer)*

citar; *(price)* dar. ◆ *n (phrase)* cita *f*; *(estimate)* presupuesto *m*.

R

rabbit ['ræbɪt] *n* conejo *m*.

rabies ['reɪbiːz] *n* rabia *f*.

RAC *n* asociación británica del automóvil, ≃ RACE *m*.

race [reɪs] *n (competition)* carrera *f*; *(ethnic group)* raza *f*. ◆ *vi (compete)* competir; *(go fast)* ir corriendo; *(engine)* acelerarse. ◆ *vt (compete against)* competir con.

racecourse ['reɪskɔːs] *n* hipódromo *m*.

racehorse ['reɪshɔːs] *n* caballo *m* de carreras.

racetrack ['reɪstræk] *n (for horses)* hipódromo *m*.

racial ['reɪʃl] *adj* racial.

racing ['reɪsɪŋ] *n*: (horse) ~ carreras *fpl* de caballos.

racing car *n* coche *m* de carreras.

racism ['reɪsɪzm] *n* racismo *m*.

racist ['reɪsɪst] *n* racista *mf*.

rack [ræk] *n (for coats)* percha *f*; *(for plates)* escurreplatos *m inv*; *(for bottles)* botellero *m*; *(luggage)* ~ portaequipajes *m inv*; ~ **of lamb** costillar *m* de cordero.

racket ['rækɪt] *n SPORT* raqueta *f*; *(noise)* jaleo *m*.

racquet ['rækɪt] *n* raqueta *f*.

radar ['reɪdɑː*] *n* radar *m*.

radiation [,reɪdɪ'eɪʃn] *n* radiación *f*.

radiator ['reɪdɪeɪtə*] *n* radiador *m*.

radical ['rædɪkl] *adj* radical.

radii ['reɪdɪaɪ] *pl* → **radius**.

radio ['reɪdɪəʊ] *(pl -s)* *n* radio *f*. ◆ *vt* radiar; **on the** ~ *(hear, be broadcast)* por la radio.

radioactive [,reɪdɪəʊ'æktɪv] *adj* radiactivo(va).

radio alarm *n* radiodespertador *m*.

radish ['rædɪʃ] *n* rábano *m*.

radius ['reɪdɪəs] *(pl radii)* *n* radio *m*.

raffle ['ræfl] *n* rifa *f*.

raft [rɑːft] *n (of wood)* balsa *f*; *(inflatable)* bote *m*.

rafter ['rɑːftə*] *n* par *m*.

rag [ræg] *n (old cloth)* trapo *m*.

rage [reɪdʒ] *n* rabia *f*.

raid [reɪd] *n (attack)* incursión *f*; *(by police)* redada *f*; *(robbery)* asalto *m*. ◆ *vt (subj: police)* hacer una redada en; *(subj: thieves)* asaltar.

rail [reɪl] *n (bar)* barra *f*; *(for curtain, train)* carril *m*; *(on stairs)* barandilla *f*. ◆ *adj* ferroviario(ria); **by** ~ por ferrocarril.

railcard ['reɪlkɑːd] *n Br* tarjeta que da derecho a un descuento al viajar en tren.

railings ['reɪlɪŋz] *npl* reja *f*.

railroad ['reɪlrəʊd] *Am* = **railway**.

railway ['reɪlweɪ] *n (system)* ferrocarril *m*; *(track)* vía *f* (férrea).

railway line *n (route)* línea *f* de ferrocarril; *(track)* vía *f* (férrea).

railway station *n* estación *f* de ferrocarril.

rain [reɪn] *n* lluvia *f*. ◆ *v impers* llover; **it's** ~**ing** está lloviendo.

rainbow ['reɪnbəʊ] *n* arco *m* iris.

raincoat ['reɪnkəʊt] *n* impermeable *m*.

raindrop ['reɪndrɒp] *n* gota *f* de lluvia.

rainfall ['reɪnfɔːl] *n* pluviosidad *f*.

rainy ['reɪnɪ] *adj* lluvioso(sa).

raise [reɪz] *vt (lift)* levantar; *(increase)* aumentar; *(money)* recaudar; *(child, animals)* criar; *(question, subject)* plantear. ◆ *n Am (pay increase)* aumento *m*.

raisin ['reɪzn] *n* pasa *f*.

rake [reɪk] *n (tool)* rastrillo *m*.

rally ['rælɪ] *n (public meeting)* mitin *m*; *(motor race)* rally *m*; *(in tennis, badminton, squash)* peloteo *m*.

ram [ræm] *n (sheep)* carnero *m*. ◆ *vt (bang into)* chocar con.

ramble ['ræmbl] *n* paseo *m* por el campo.

ramp [ræmp] *n (slope)* rampa *f*; *Br (in roadworks)* rompecoches *m inv*; *Am (to freeway)* acceso *m*; 'ramp' *Br* 'rampa'.

ramparts ['ræmpɑːts] *npl* murallas *fpl*.

ran [ræn] *pt → run*.

ranch [rɑːntʃ] *n* rancho *m*.

rancid ['rænsɪd] *adj* rancio(cia).

random ['rændəm] *adj* fortuito (ta). ◆ *n*: at ~ al azar.

rang [ræŋ] *pt → ring*.

range [reɪndʒ] *n (of radio, telescope)* alcance *m*; *(of aircraft)* autonomía *f*; *(of prices, temperatures, ages)* escala *f*; *(of goods, services)* variedad *f*; *(of hills, mountains)* sierra *f*; *(for shooting)* campo *m* de tiro; *(cooker)* fogón *m*. ◆ *vi (vary)* oscilar.

ranger ['reɪndʒəʳ] *n* guardabosques *mf inv*.

rank [ræŋk] *n (in armed forces, police)* grado *m*. ◆ *adj (smell, taste)* pestilente.

ransom ['rænsəm] *n* rescate *m*.

rap [ræp] *n (music)* rap *m*.

rape [reɪp] *n (crime)* violación *f*. ◆ *vt* violar.

rapid ['ræpɪd] *adj* rápido(da). ◻ **rapids** *npl* rápidos *mpl*.

rapidly ['ræpɪdlɪ] *adv* rápidamente.

rapist ['reɪpɪst] *n* violador *m*.

rare [reəʳ] *adj (not common)* raro(ra); *(meat)* poco hecho(cha).

rarely ['reəlɪ] *adv* raras veces.

rash [ræʃ] *n (on skin)* sarpullido *m*. ◆ *adj* precipitado(da).

raspberry ['rɑːzbərɪ] *n* frambuesa *f*.

rat [ræt] *n* rata *f*.

ratatouille [ˌrætə'twiː] *n* guiso de tomate, cebolla, pimiento, calabacín, berenjenas, etc.

rate [reɪt] *n (level)* índice *m*; *(of interest)* tipo *m Esp*, tasa *f*; *(charge)* precio *m*; *(speed)* velocidad *f*. ◆ *vt (consider)* considerar; *(deserve)* merecer; ~ of exchange tipo de cambio; at any ~ de todos modos; at this ~ a este paso.

rather ['rɑːðəʳ] *adv (quite)* bastante; I'd ~ have a beer prefiero tomar una cerveza; I'd ~ not mejor que no; would you ~ ...? ¿preferirías ...?; ~ a lot bastante; ~ than antes que.

ratio ['reɪʃɪəʊ] *(pl -s)* *n* proporción *f*.

ration ['ræʃn] *n* ración *f*. ◻ **rations** *npl (food)* víveres *mpl*.

rational ['ræʃnl] *adj* racional.

rattle ['rætl] *n (of baby)* sonajero *m*. ◆ *vi* golpetear.

rave [reɪv] *n (party)* fiesta multitudinaria en locales muy amplios con música bakalao y, generalmente, drogas.

raven ['reɪvn] *n* cuervo *m*.

ravioli [ˌrævɪ'əʊlɪ] *n* raviolis *mpl*.

raw [rɔː] *adj (uncooked)* crudo(da); *(sugar)* sin refinar.

raw material *n* materia *f* prima.

ray [reɪ] *n* rayo *m*.

razor ['reɪzəʳ] *n (with blade)* navaja *f*;

(electric) maquinilla f de afeitar, rasuradora f *(materia)*.

razor blade n hoja f de afeitar.

Rd *abbr* = Road.

re [riː] *prep* con referencia a.

RE n *(abbr of religious education)* religión f *(materia)*.

reach [riːtʃ] vt llegar a; *(manage to touch)* alcanzar; *(contact)* contactar con. ◆ n: out of ~ fuera de alcance; within ~ of the beach a poca distancia de la playa. ❑ **reach out** vt: to ~ out (for) alargar la mano (para).

react [rɪˈækt] vi reaccionar.

reaction [rɪˈækʃn] n reacción f.

read [riːd] *(pt & pp read* [red]) vt leer; *(subj: sign, note)* decir; *(subj: meter, gauge)* marcar. ◆ vi leer; **I read about it in the paper** lo leí en el periódico. ❑ **read out** vt sep leer en voz alta.

reader [ˈriːdər] n *(of newspaper, book)* lector m, -ra f.

readily [ˈredɪlɪ] adv *(willingly)* de buena gana; *(easily)* fácilmente.

reading [ˈriːdɪŋ] n lectura f.

reading matter n lectura f.

ready [ˈredɪ] adj *(prepared)* listo(ta); **to be ~ for sthg** *(prepared)* estar listo para algo; **to be ~ to do sthg** *(willing)* estar dispuesto a hacer algo; *(likely)* estar a punto de hacer algo; **to get ~** prepararse; **to get sthg ~** preparar algo.

ready cash n dinero m contante.

ready-cooked [-kʊkt] adj precocinado(da).

ready-to-wear adj confeccionado(da).

real [rɪəl] adj *(existing)* real; *(genuine)* auténtico(ca); *(for emphasis)* verdadero(ra). ◆ adv Am muy.

real ale n Br cerveza criada en toneles, a la manera tradicional.

real estate n propiedad f inmobiliaria.

realistic [ˌrɪəˈlɪstɪk] adj realista.

reality [rɪˈælətɪ] n realidad f; **in ~** en realidad.

realize [ˈrɪəlaɪz] vt *(become aware of, know)* darse cuenta de; *(ambition, goal)* realizar.

really [ˈrɪəlɪ] adv realmente; **not ~** en realidad no; **~?** *(expressing surprise)* ¿de verdad?

realtor [ˈrɪəltər] n Am agente m inmobiliario, agente f inmobiliaria.

rear [rɪər] adj trasero(ra). ◆ n *(back)* parte f de atrás.

rearrange [ˌriːəˈreɪndʒ] vt *(room, furniture)* colocar de otro modo; *(meeting)* volver a concertar.

rearview mirror [ˈrɪəvjuː-] n espejo m retrovisor.

rear-wheel drive n coche m con tracción trasera.

reason [ˈriːzn] n *(motive, cause)* razón f; *(justification)* razones fpl; **for some ~** por alguna razón.

reasonable [ˈriːznəbl] adj razonable.

reasonably [ˈriːznəblɪ] adv *(quite)* razonablemente.

reasoning [ˈriːznɪŋ] n razonamiento m.

reassure [ˌriːəˈʃɔːr] vt tranquilizar.

reassuring [ˌriːəˈʃɔːrɪŋ] adj tranquilizador(ra).

rebate [ˈriːbeɪt] n devolución f.

rebel [n ˈrebl, vb rɪˈbel] n rebelde mf. ◆ vi rebelarse.

rebound [rɪˈbaʊnd] vi rebotar.

rebuild [ˌriːˈbɪld] *(pt & pp rebuilt* [ˌriːˈbɪlt]) vt reconstruir.

rebuke [rɪˈbjuːk] vt reprender.

recall [rɪˈkɔːl] vt *(remember)* recordar.

receipt [rɪ'siːt] n (for goods, money) recibo m; **on ~ of** al recibo de.

receive [rɪ'siːv] vt recibir.

receiver [rɪ'siːvə'] n (of phone) auricular m.

recent ['riːsnt] adj reciente.

recently ['riːsntlɪ] adv recientemente.

receptacle [rɪ'septəkl] n fml receptáculo m.

reception [rɪ'sepʃn] n recepción f.

reception desk n recepción f.

receptionist [rɪ'sepʃənɪst] n recepcionista mf.

recess ['riːses] n (in wall) hueco m; Am SCH recreo m.

recession [rɪ'seʃn] n recesión f.

recipe ['resɪpɪ] n receta f.

recite [rɪ'saɪt] vt (poem) recitar; (list) enumerar.

reckless ['reklɪs] adj imprudente.

reckon ['rekn] vt inf (think) pensar. ❑ **reckon on** vt fus contar con. ❑ **reckon with** vt fus (expect) contar con.

reclaim [rɪ'kleɪm] vt (baggage) reclamar.

reclining seat [rɪ'klaɪnɪŋ-] n asiento m reclinable.

recognition [ˌrekəg'nɪʃn] n reconocimiento m.

recognize ['rekəgnaɪz] vt reconocer.

recollect [ˌrekə'lekt] vt recordar.

recommend [ˌrekə'mend] vt recomendar; **to ~ sb to do sthg** recomendar a alguien hacer algo.

recommendation [ˌrekəmen'deɪʃn] n recomendación f.

reconsider [ˌriːkən'sɪdə'] vt reconsiderar.

reconstruct [ˌriːkən'strʌkt] vt construir.

record [n 'rekɔːd, vb rɪ'kɔːd] n MUS disco m; (best performance, highest level) récord m; (account) anotación f. ◆ vt (keep account of) anotar; (on tape) grabar.

recorded delivery [rɪ'kɔːdɪd-] n Br ≃ correo m certificado.

recorder [rɪ'kɔːdə'] n (tape recorder) magnetófono m; (instrument) flauta f.

recording [rɪ'kɔːdɪŋ] n grabación f.

record player n tocadiscos m inv.

record shop n tienda f de música.

recover [rɪ'kʌvə'] vt (stolen goods, lost property) recuperar. ◆ vi recobrarse.

recovery [rɪ'kʌvərɪ] n recuperación f.

recovery vehicle n Br grúa f remolcadora.

recreation [ˌrekrɪ'eɪʃn] n recreo m.

recreation ground n campo m de deportes.

recruit [rɪ'kruːt] n (to army) recluta mf. ◆ vt (staff) contratar.

rectangle ['rek,tæŋgl] n rectángulo m.

rectangular [rek'tæŋgjulə'] adj rectangular.

recycle [ˌriː'saɪkl] vt reciclar.

red [red] adj rojo(ja). ◆ n (colour) rojo m; (wine) tinto m; **she has ~ hair** es pelirroja; **in the ~** en números rojos.

red cabbage n lombarda f.

Red Cross n Cruz f Roja.

redcurrant ['redkʌrənt] n grosella f.

redecorate [ˌriː'dekəreɪt] vt cambiar la decoración de.

redhead ['redhed] n pelirrojo m, -ja f.

red-hot adj al rojo vivo.

redial [riː'daɪəl] vi volver a marcar OR discar OR Amér.

redirect [ˌriːdɪ'rekt] vt (letter) reexpedir; (traffic, plane) redirigir.

red pepper n pimiento m rojo.

reduce [rɪ'djuːs] vt (make smaller) reducir; (make cheaper) rebajar. ◆ vi Am (slim) adelgazar.

reduced price [rɪ'djuːst-] n precio m rebajado.

reduction [rɪ'dʌkʃn] n (in size) reducción f; (in price) descuento m.

redundancy [rɪ'dʌndənsɪ] n Br (job loss) despido m.

redundant [rɪ'dʌndənt] adj Br: to be made ~ perder el empleo.

red wine n vino m tinto.

reed [riːd] n carrizo m.

reef [riːf] n arrecife m.

reek [riːk] vi apestar.

reel [riːl] n carrete m.

refectory [rɪ'fektərɪ] n refectorio m.

refer [rɪ'fɜːʳ] ◆ **refer to** vt fus (speak about, relate to) referirse a; (consult) consultar.

referee [ˌrefə'riː] n SPORT árbitro m.

reference ['refrəns] n (mention) referencia f; (letter for job) referencias fpl. ◆ adj (book, library) de consulta; **with ~ to** con referencia a.

referendum [ˌrefə'rendəm] n referéndum m.

refill [n 'riːfɪl, vb ˌriː'fɪl] vt volver a llenar. ◆ n (for pen) cartucho m de recambio; **would you like a ~?** inf (drink) ¿quieres tomar otra copa de lo mismo?

refinery [rɪ'faɪnərɪ] n refinería f.

reflect [rɪ'flekt] vt reflejar. ◆ vi (think) reflexionar.

reflection [rɪ'flekʃn] n (image) reflejo m.

reflector [rɪ'flektəʳ] n reflector m.

reflex [ˈriːfleks] n reflejo m.

reflexive [rɪ'fleksɪv] adj reflexivo (va).

reform [rɪ'fɔːm] n reforma f. ◆ vt reformar.

refresh [rɪ'freʃ] vt refrescar.

refreshing [rɪ'freʃɪŋ] adj refrescante.

refreshments [rɪ'freʃmənts] npl refrigerios mpl.

refrigerator [rɪ'frɪdʒəreɪtəʳ] n refrigerador m.

refugee [ˌrefjʊ'dʒiː] n refugiado m, -da f.

refund [n 'riːfʌnd, vb rɪ'fʌnd] n reembolso m. ◆ vt reembolsar.

refundable [rɪ'fʌndəbl] adj reembolsable.

refusal [rɪ'fjuːzl] n negativa f.

refuse¹ [rɪ'fjuːz] vt (not accept) rechazar; (not allow) denegar. ◆ vi negarse; **to ~ to do sthg** negarse a hacer algo.

refuse² ['refjuːs] n fml basura f.

refuse collection ['refjuːs-] n fml recogida f de basuras.

regard [rɪ'gɑːd] vt (consider) considerar. ◆ n: **with ~ to** respecto a; **as ~s** por lo que se refiere a. □ **regards** npl (in greetings) recuerdos mpl; **give them my ~s** salúdales de mi parte.

regarding [rɪ'gɑːdɪŋ] prep respecto a.

regardless [rɪ'gɑːdlɪs] adv a pesar de todo; **~ of** sin tener en cuenta.

reggae ['regeɪ] n reggae m.

regiment ['redʒɪmənt] n regimiento m.

region ['riːdʒən] n región f; **in the ~ of** alrededor de.

regional ['riːdʒənl] adj regional.

register ['redʒɪstə'] n (official list) registro m. ◆ vt registrar. ◆ vi (be officially recorded) inscribirse; (at hotel) registrarse.

registered ['redʒɪstəd] adj (letter, parcel) certificado(da).

registration [,redʒɪ'streɪʃn] n (for course) inscripción f; (at conference) entrega f de documentación.

registration (number) n (of car) número m de matrícula OR placa Amér.

registry office ['redʒɪstrɪ-] n registro m civil.

regret [rɪ'gret] n pesar m. ◆ vt lamentar; to ~ doing sthg lamentar haber hecho algo; we ~ any inconvenience caused lamentamos las molestias ocasionadas.

regrettable [rɪ'gretəbl] adj lamentable.

regular ['regjʊlə'] adj regular; (frequent) habitual; (normal, of normal size) normal. ◆ n cliente m/f habitual.

regularly ['regjʊləlɪ] adv con regularidad.

regulate ['regjʊleɪt] vt regular.

regulation [,regjʊ'leɪʃn] n (rule) regla f.

rehearsal [rɪ'hɜːsl] n ensayo m.

rehearse [rɪ'hɜːs] vt ensayar.

reign [reɪn] n reinado m. ◆ vi reinar.

reimburse [,riːɪm'bɜːs] vt fml reembolsar.

reindeer ['reɪn,dɪə'] (pl inv) n reno m.

reinforce [,riːɪn'fɔːs] vt reforzar.

reinforcements [,riːɪn'fɔːsmənts] npl refuerzos mpl.

reins [reɪnz] npl (for horse) riendas fpl; (for child) andadores mpl.

reject [rɪ'dʒekt] vt rechazar.

rejection [rɪ'dʒekʃn] n rechazo m.

rejoin [,riː'dʒɔɪn] vt (motorway) reincorporarse a.

relapse [rɪ'læps] n recaída f.

relate [rɪ'leɪt] vt (connect) relacionar. ◆ vi: to ~ to (be connected with) estar relacionado con; (concern) referirse a.

related [rɪ'leɪtɪd] adj (of same family) emparentado(da); (connected) relacionado(da).

relation [rɪ'leɪʃn] n (member of family) pariente m/f; (connection) relación f; in ~ to en relación con. ❑ **relations** npl (international etc) relaciones fpl.

relationship [rɪ'leɪʃnʃɪp] n relación f.

relative ['relətɪv] adj relativo(va). ◆ n pariente m/f.

relatively ['relətɪvlɪ] adv relativamente.

relax [rɪ'læks] vi relajarse.

relaxation [,riːlæk'seɪʃn] n relajación f.

relaxed [rɪ'lækst] adj (person) tranquilo(la); (atmosphere) desenfadado(da).

relaxing [rɪ'læksɪŋ] adj relajante.

relay ['riːleɪ] n (race) carrera f de relevos.

release [rɪ'liːs] vt (set free) liberar; (hand, brake, catch) soltar; (film) estrenar; (record) sacar. ◆ n (film) estreno m; (record) lanzamiento m.

relegate ['relɪgeɪt] vt: to be ~d SPORT descender.

relevant ['reləvənt] adj (connected, appropriate) pertinente; (important) importante.

reliable [rɪ'laɪəbl] adj (person, machine) fiable.

relic ['relɪk] n (vestige) reliquia f.

relief [rɪ'liːf] n (gladness) alivio m; (aid) ayuda f.

relief road n carretera f auxiliar de descongestión.

relieve [rɪ'liːv] vt (pain, headache) aliviar.

relieved [rɪ'liːvd] adj aliviado(da).

religion [rɪ'lɪdʒn] n religión f.

religious [rɪ'lɪdʒəs] adj religioso (sa).

relish ['relɪʃ] n (sauce) salsa f picante.

reluctant [rɪ'lʌktənt] adj reacio (cia).

rely [rɪ'laɪ] ◆ **rely on** vt fus (trust) contar con; (depend on) depender de.

remain [rɪ'meɪn] vi (stay) permanecer; (continue to exist) quedar. ◻ **remains** npl restos mpl.

remainder [rɪ'meɪndə'] n resto m.

remaining [rɪ'meɪnɪŋ] adj restante.

remark [rɪ'mɑːk] n comentario m. ◆ vt comentar.

remarkable [rɪ'mɑːkəbl] adj excepcional.

remedy ['remədɪ] n remedio m.

remember [rɪ'membə'] vt recordar. ◆ vi acordarse; **to ~ doing sthg** acordarse de haber hecho algo; **to ~ to do sthg** acordarse de hacer algo.

remind [rɪ'maɪnd] vt: **to ~ sb of sb** recordar a alguien a alguien; **to ~ sb to do sthg** recordar a alguien hacer algo.

reminder [rɪ'maɪndə'] n (for bill, library book) notificación f.

remittance [rɪ'mɪtns] n giro m.

remote [rɪ'məʊt] adj remoto(ta).

remote control n (device) mando m (de control remoto).

removal [rɪ'muːvl] n (taking away) extracción f.

removal van n camión m de mudanzas.

remove [rɪ'muːv] vt quitar.

renew [rɪ'njuː] vt renovar.

renovate ['renəveɪt] vt reformar.

renowned [rɪ'naʊnd] adj renombrado(da).

rent [rent] n alquiler m. ◆ vt alquilar.

rental ['rentl] n alquiler m.

repaid [riː'peɪd] pt & pp → **repay**.

repair [rɪ'peə'] vt reparar. ◆ n: **in good ~** en buen estado. ◻ **repairs** npl reparaciones fpl.

repay [riː'peɪ] (pt & pp **repaid**) vt (money, favour) devolver.

repayment [riː'peɪmənt] n devolución f.

repeat [rɪ'piːt] vt repetir. ◆ n (on TV, radio) reposición f.

repetition [ˌrepɪ'tɪʃn] n repetición f.

repetitive [rɪ'petɪtɪv] adj repetitivo(va).

replace [rɪ'pleɪs] vt (substitute) sustituir; (faulty goods) reemplazar; (put back) poner en su sitio.

replacement [rɪ'pleɪsmənt] n (substitute) sustituto m, -ta f.

replay ['riːpleɪ] n (rematch) partido m de desempate; (on TV) repetición f.

reply [rɪ'plaɪ] n respuesta f ◆ vt & vi responder.

report [rɪ'pɔːt] n (account) informe m; (in newspaper, on TV, radio) reportaje m; Br SCH boletín m de evaluación. ◆ vt (announce) informar; (theft, disappearance, person) denunciar. ◆ vi informar; **to ~ to sb** (go to) presentarse a alguien.

reporter [rɪ'pɔːtə'] n reportero m, -ra f.

represent [ˌreprɪ'zent] vt representar.

representative [ˌreprɪ'zentətɪv] n representante mf.

repress [rɪ'pres] vt reprimir.

reprieve [rɪ'priːv] n (delay) tregua f.

reprimand ['reprɪmɑːnd] vt reprender.

reproach [rɪ'prəʊtʃ] vt reprochar.

reproduction [ˌriːprə'dʌkʃn] n reproducción f.

reptile ['reptaɪl] n reptil m.

republic [rɪ'pʌblɪk] n república f.

Republican [rɪ'pʌblɪkən] n (in US) republicano m, -na f. ◆ adj (in US) republicano(na).

repulsive [rɪ'pʌlsɪv] adj repulsivo (va).

reputable ['repjʊtəbl] adj de buena reputación.

reputation [ˌrepjʊ'teɪʃn] n reputación f.

request [rɪ'kwest] n petición f. ◆ vt solicitar; **to ~ sb to do sthg** rogar a alguien que haga algo; **available on ~** disponible a petición del interesado.

require [rɪ'kwaɪəʳ] vt (need) necesitar; **passengers are ~d to show their tickets** los pasajeros han de mostrar sus billetes.

requirement [rɪ'kwaɪəmənt] n requisito m.

rescue ['reskjuː] vt rescatar.

research [ˌrɪ'sɜːtʃ] n investigación f.

resemblance [rɪ'zembləns] n parecido m.

resemble [rɪ'zembl] vt parecerse a.

resent [rɪ'zent] vt tomarse a mal.

reservation [ˌrezə'veɪʃn] n (booking) reserva f; (doubt) duda f; **to make a ~** hacer una reserva.

reserve [rɪ'zɜːv] n SPORT suplente mf; (for wildlife) reserva f. ◆ vt reservar.

reserved [rɪ'zɜːvd] adj reservado (da).

reservoir ['rezəvwɑːʳ] n pantano m.

reset [ˌriː'set] (pt & pp **reset**) vt (watch, meter, device) reajustar.

residence ['rezɪdəns] n fml residencia f; **place of ~** fml domicilio m.

residence permit n permiso m de residencia.

resident ['rezɪdənt] n (of country) residente mf; (of hotel) huésped mf; (of area, house) vecino m, -na f; **'~s only'** (for parking) "sólo para residentes".

residential [ˌrezɪ'denʃl] adj (area) residencial.

residue ['rezɪdjuː] n residuo m.

resign [rɪ'zaɪn] vi dimitir. ◆ vt: **to ~ o.s. to sthg** resignarse a algo.

resignation [ˌrezɪg'neɪʃn] n (from job) dimisión f.

resilient [rɪ'zɪlɪənt] adj resistente.

resist [rɪ'zɪst] vt (fight against) resistir a; (temptation) resistir; **I can't ~ cream cakes** me encantan los pasteles de nata; **to ~ doing sthg** resistirse a hacer algo.

resistance [rɪ'zɪstəns] n resistencia f.

resit [ˌriː'sɪt] (pt & pp **resat**) vt volver a presentarse a.

resolution [ˌrezə'luːʃn] n (promise) propósito m.

resolve [rɪ'zɒlv] vt (solve) resolver.

resort [rɪ'zɔːt] n (for holidays) lugar m de vacaciones; **as a last ~** como último recurso. ❑ **resort to** vt fus recurrir a; **to ~ to doing sthg** recurrir a hacer algo.

resource [rɪ'sɔːs] n recurso m.

resourceful [rɪ'sɔːsfʊl] adj habilidoso(sa).

respect [rɪ'spekt] n respeto m; (aspect) aspecto m. ◆ vt respetar; **in some ~s** en algunos aspectos; **with ~ to** con respecto a.

respectable [rɪˈspektəbl] *adj* respetable.

respective [rɪˈspektɪv] *adj* respectivo(va).

respond [rɪˈspɒnd] *vi* responder.

response [rɪˈspɒns] *n* respuesta *f*.

responsibility [rɪˌspɒnsəˈbɪlətɪ] *n* responsabilidad *f*.

responsible [rɪˈspɒnsəbl] *adj* responsable; **to be ~ (for)** *(accountable)* ser responsable (de).

rest [rest] *n (relaxation, for foot)* descanso *m; (for head)* respaldo *m.* ◆ *vi (relax)* descansar; **the ~** el resto; **to have a ~** descansar; **to ~ against** apoyarse contra.

restaurant [ˈrestərɒnt] *n* restaurante *m*.

restaurant car *n Br* vagón *m* restaurante.

restful [ˈrestfʊl] *adj* tranquilo(la).

restless [ˈrestlɪs] *adj (bored, impatient)* impaciente; *(fidgety)* inquieto(ta).

restore [rɪˈstɔː] *vt (reintroduce)* restablecer; *(renovate)* restaurar.

restrain [rɪˈstreɪn] *vt* controlar.

restrict [rɪˈstrɪkt] *vt* restringir.

restricted [rɪˈstrɪktɪd] *adj* limitado(da).

restriction [rɪˈstrɪkʃn] *n (rule)* restricción *f; (limitation)* limitación *f*.

rest room *n Am* aseos *mpl*.

result [rɪˈzʌlt] *n* resultado *m.* ◆ *vi:* **to ~ in** resultar en; **as a ~** de como resultado de. ❑ **results** *npl (of test, exam)* resultados *mpl*.

resume [rɪˈzjuːm] *vi* volver a empezar.

résumé [ˈrezjuːmeɪ] *n (summary)* resumen *m; Am (curriculum vitae)* currículum *m*.

retail [ˈriːteɪl] *n* venta *f* al por menor. ◆ *vt* vender (al por menor).

◆ *vi:* **to ~ at** venderse a.

retailer [ˈriːteɪlə] *n* minorista *mf*.

retail price *n* precio *m* de venta al público.

retain [rɪˈteɪn] *vt fml* retener.

retaliate [rɪˈtælɪeɪt] *vi* desquitarse.

retire [rɪˈtaɪə] *vi (stop working)* jubilarse.

retired [rɪˈtaɪəd] *adj* jubilado(da).

retirement [rɪˈtaɪəmənt] *n (leaving job)* jubilación *f; (period after retiring)* retiro *m*.

retreat [rɪˈtriːt] *vi* retirarse. ◆ *n (place)* refugio *m*.

retrieve [rɪˈtriːv] *vt* recobrar.

return [rɪˈtɜːn] *n (arrival back)* vuelta *f; Br (ticket)* billete *m Esp* OR boleto *m Amér* de ida y vuelta. ◆ *vt (put back)* volver a poner; *(ball, serve)* restar; *(give back)* devolver. ◆ *vi (go back, come back)* volver; *(reappear)* reaparecer. ◆ *adj (journey)* de vuelta; **to ~ sthg (to sb)** devolver algo (a alguien); **by ~ of post** *Br* a vuelta de correo; **many happy ~s!** ¡y que cumplas muchos más!; **in ~ (for)** en recompensa (por).

return flight *n* vuelo *m* de regreso.

return ticket *n Br* billete *m Esp* OR boleto *Amér* de ida y vuelta.

reunite [ˌriːjuːˈnaɪt] *vt* reunir.

reveal [rɪˈviːl] *vt* revelar.

revelation [ˌrevəˈleɪʃn] *n* revelación *f*.

revenge [rɪˈvendʒ] *n* venganza *f*.

reverse [rɪˈvɜːs] *adj* inverso(sa). ◆ *n AUT* marcha *f* atrás, reversa *f Col, Méx; (of coin)* reverso *m; (of document)* dorso *m.* ◆ *vt (car)* dar marcha atrás, echar en reversa *Col, Méx; (decision)* revocar. ◆ *vi* dar marcha atrás, echar en reversa *Col, Méx;* **the ~** *(opposite)* lo contrario; **in ~ order** el re vés; **to ~ the charges** *Br* llamar a cobro revertido.

reverse-charge call *n Br* llamada *f* a cobro revertido, llamada *f* por cobrar *Chile, Méx.*

review [rɪ'vju:] *n (of book, record, film)* reseña *f*; *(examination)* repaso *m.* ◆ *vt Am (for exam)* repasar.

revise [rɪ'vaɪz] *vt* revisar. ◆ *vi Br* repasar.

revision [rɪ'vɪʒn] *n Br* repaso *m.*

revive [rɪ'vaɪv] *vt (person)* reanimar; *(economy, custom)* resucitar.

revolt [rɪ'vəʊlt] *n* rebelión *f.*

revolting [rɪ'vəʊltɪŋ] *adj* asqueroso(sa).

revolution [,revə'lu:ʃn] *n* revolución *f.*

revolutionary [revə'lu:ʃnərɪ] *adj* revolucionario(ria).

revolver [rɪ'vɒlvə'] *n* revólver *m.*

revolving door [rɪ'vɒlvɪŋ-] *n* puerta *f* giratoria.

revue [rɪ'vju:] *n* revista *f* teatral.

reward [rɪ'wɔ:d] *n* recompensa *f.* ◆ *vt* recompensar.

rewind [,ri:'waɪnd] *(pt & pp* **rewound** [,ri:'waʊnd]) *vt* rebobinar.

rheumatism ['ru:mətɪzm] *n* reumatismo *m.*

rhinoceros [raɪ'nɒsərəs] *(pl inv* OR **-es)** *n* rinoceronte *m.*

rhubarb ['ru:bɑ:b] *n* ruibarbo *m.*

rhyme [raɪm] *n (poem)* rima *f.* ◆ *vi* rimar.

rhythm ['rɪðm] *n* ritmo *m.*

rib [rɪb] *n* costilla *f.*

ribbon ['rɪbən] *n* cinta *f.*

rice [raɪs] *n* arroz *m.*

rice pudding *n* arroz *m* con leche.

rich [rɪtʃ] *adj* rico(ca). ◆ *npl:* **the ~** los ricos; **to be ~ in sthg** abundar en

algo.

ricotta cheese [rɪ'kɒtə-] *n* queso *m* de ricotta.

rid [rɪd] *vt:* **to get ~ of** deshacerse de.

ridden ['rɪdn] *pp →* ride.

riddle ['rɪdl] *n (puzzle)* acertijo *m*; *(mystery)* enigma *m.*

ride [raɪd] *(pt* rode, *pp* ridden) *n (on horse, bike)* paseo *m*; *(in vehicle)* vuelta *f.* ◆ *vt (horse)* montar a; *(bike)* montar en. ◆ *vi (on horse)* montar a caballo; *(bike)* ir en bici; *(in car)* ir en coche; **to go for a ~** *(in car)* darse una vuelta en coche.

rider ['raɪdə'] *n (on horse)* jinete *m*, amazona *f*; *(on bike)* ciclista *mf.*

ridge [rɪdʒ] *n (of mountain)* cresta *f*; *(raised surface)* rugosidad *f.*

ridiculous [rɪ'dɪkjʊləs] *adj* ridículo(la).

riding ['raɪdɪŋ] *n* equitación *f.*

riding school *n* escuela *f* de equitación.

rifle ['raɪfl] *n* fusil *m.*

rig [rɪg] *n* torre *f* de perforación. ◆ *vt* amañar.

☞

right [raɪt] *adj* **-1.** *(correct)* correcto (ta); **to be ~** tener razón; **have you got the ~ time?** ¿tienes buena hora?; **to be ~ to do sthg** hacer bien en hacer algo.

- **2.** *(most suitable)* adecuado(da); **is this the ~ way?** ¿así está bien?

- **3.** *(fair)* justo(ta); **that's not ~!** ¡eso no es justo!

- **4.** *(on the right)* derecho(cha); **the ~ side of the road** la derecha de la carretera.

◆ *adv* **-1.** *(side):* **the ~** la derecha.

- **2.** *(entitlement)* derecho *m*; **to have the ~ to do sthg** tener el derecho a

right angle

hacer algo.
 ◆ adv -1. (towards the right) a la derecha; **turn** ~ tuerza a la derecha.
 -2. (correctly) bien; **am I pronouncing it** ~? ¿lo pronuncio bien?
 -3. (for emphasis) justo; ~ **here** aquí mismo; ~ **the way down the road** por toda la calle abajo.
 -4. (immediately): **I'll be** ~ **back** vuelvo enseguida; ~ **after** justo después; ~ **away** enseguida.

right angle n ángulo m recto.

right-hand adj derecho(cha).

right-hand drive n vehículo m con el volante a la derecha.

right-handed [-'hændɪd] adj (person) diestro(tra); (implement) para personas diestras.

rightly ['raɪtlɪ] adv (correctly) correctamente; (justly) debidamente.

right of way n AUT prioridad f; (path) camino m público.

right-wing adj derechista.

rigid ['rɪdʒɪd] adj rígido(da).

rim [rɪm] n borde m.

rind [raɪnd] n corteza f.

ring [rɪŋ] (pt **rang**, pp **rung**) n (for finger) anillo m; (circle) círculo m; (sound) timbrazo m; (on cooker) quemador m; (for boxing) cuadrilátero m; (in circus) pista f. ◆ vt Br (on phone) llamar (por teléfono); (bell) tocar. ◆ vi (bell, telephone) sonar; Br (make phone call) llamar (por teléfono); **to give sb a** ~ llamar a alguien (por teléfono); **to** ~ **the bell** tocar el timbre.
 ❑ **ring back** vt sep & vi Br volver a llamar. ❑ **ring off** vi Br colgar. ❑ **ring up** vt sep & vi Br llamar (por teléfono).

ringing tone ['rɪŋɪŋ-] n tono m de llamada.

ring road n carretera f de circunvalación.

rink [rɪŋk] n pista f.

rinse [rɪns] vt aclarar Esp, enjuagar
 ❑ **rinse out** vt sep enjuagar.

riot ['raɪət] n disturbio m.

rip [rɪp] n rasgón m. ◆ vt rasgar. ◆ v
rasgarse. ❑ **rip up** vt sep desgarrar.

ripe [raɪp] adj maduro(ra).

ripen ['raɪpn] vi madurar.

rip-off n inf estafa f.

rise [raɪz] (pt **rose**, pp **risen** ['rɪzn]
vi (move upwards) elevarse; (sun,
moon) salir; (increase) aumentar
(stand up) levantarse. ◆ n (increase) as
censo m; Br (pay increase) aumente
m; (slope) subida f.

risk [rɪsk] n (danger) peligro m; (in in
surance) riesgo m. ◆ vt arriesgar; **t**
take a ~ arriesgarse; **at your own** ~
bajo su cuenta y riesgo; **to** ~ **doing
sthg** exponerse a hacer algo; **to** ~ **i**
arriesgarse.

risky ['rɪskɪ] adj peligroso(sa).

risotto [rɪ'zɒtəʊ] (pl **-s**) n arroz co
carne, marisco o verduras.

ritual ['rɪtʃʊəl] n ritual m.

rival ['raɪvl] adj rival. ◆ n rival m f.

river ['rɪvə] n río m.

river bank n orilla f del río.

riverside ['rɪvəsaɪd] n ribera f de
río.

roach [rəʊtʃ] n Am cucaracha f.

road [rəʊd] n (major, roadway) carre
tera f; (minor) camino m; (street) call
f; **by** ~ por carretera.

road book n libro m de carrete
ras.

road map n mapa m de carrete
ras.

road safety n seguridad f en ca
rretera.

roadside ['rəʊdsaɪd] n: **the** ~
borde de la carretera.

road sign n señal f de tráfico.

road tax n impuesto m de circulación.

roadway ['rəʊdweɪ] n calzada f.

road works npl obras fpl (en la carretera).

roam [rəʊm] vi vagar.

roar [rɔːʳ] n (of crowd, aeroplane) estruendo m. ◆ vi rugir.

roast [rəʊst] n asado m. ◆ vt asar. ◆ adj asado(da); ~ **beef** rosbif m; ~ **chicken** pollo m asado; ~ **lamb** cordero m asado; ~ **pork** cerdo m asado; ~ **potatoes** patatas fpl asadas.

rob [rɒb] vt robar; **to** ~ **sb of sthg** robar a alguien algo.

robber ['rɒbəʳ] n ladrón m, -ona f.

robbery ['rɒbərɪ] n robo m.

robe [rəʊb] n Am (bathrobe) bata f.

robin ['rɒbɪn] n petirrojo m.

robot ['rəʊbɒt] n robot m.

rock [rɒk] n (boulder) peñasco m; Am (stone) guijarro m; (substance) roca f; (music) rock m; (of ice cube) palo m de caramelo. ◆ vt (baby, boat) mecer; **on the** ~**s** (drink) con hielo.

rock climbing n escalada f (de rocas); **to go** ~ ir de escalada.

rocket ['rɒkɪt] n cohete m.

rocking chair ['rɒkɪŋ-] n mecedora f.

rock 'n' roll [,rɒkən'rəʊl] n rock and roll m.

rocky ['rɒkɪ] adj rocoso(sa).

rod [rɒd] n (wooden) vara f; (metal) barra f; (for fishing) caña f.

rode [rəʊd] pt → **ride**.

role [rəʊl] n papel m.

roll [rəʊl] n (of bread) bollo m, panecillo m; (of film, paper) rollo m. ◆ vi (ball, rock) rodar; (vehicle) avanzar; (ship) balancearse. ◆ vt (ball, rock) hacer rodar; (cigarette) liar; (dice) rodar. □ **roll over** vi (person, animal) darse

la vuelta; (car) volcar. □ **roll up** vt sep (map, carpet) enrollar; (sleeves, trousers) remangarse.

roller coaster ['rəʊlə,kəʊstəʳ] n montaña f rusa.

roller skate ['rəʊlə-] n patín m (de ruedas).

roller-skating ['rəʊlə-] n patinaje m sobre ruedas.

rolling pin ['rəʊlɪŋ-] n rodillo m.

Roman Catholic n católico m (romano), católica f (romana).

romance [rəʊ'mæns] n (love) lo romántico; (love affair) amorío m; (novel) novela f romántica.

Romania [ruː'meɪnjə] n Rumanía.

romantic [rəʊ'mæntɪk] adj romántico(ca).

romper suit ['rɒmpə-] n pelele m Esp, mameluco m Amér.

roof [ruːf] n (of building, cave) tejado m; (of car, caravan, tent) techo m.

roof rack n baca f, parrilla f Amér.

room [ruːm, rʊm] n habitación f; (larger) sala f; (space) sitio m.

room number n número m de habitación.

room service n servicio m de habitación.

room temperature n temperatura f ambiente.

roomy ['ruːmɪ] adj espacioso(sa).

root [ruːt] n raíz f.

rope [rəʊp] n cuerda f. ◆ vt atar con cuerda.

rose [rəʊz] pt → **rise**. ◆ n rosa f.

rosé ['rəʊzeɪ] n rosado m.

rosemary ['rəʊzmərɪ] n romero m.

rot [rɒt] vi pudrirse.

rota ['rəʊtə] n lista f de turnos.

rotate [rəʊ'teɪt] vi girar.

rotten ['rɒtn] adj (food, wood) podrido(da); inf (not good) malísimo(ma);

I feel ~ (ill) me siento fatal.

rough [rʌf] *adj (surface, skin, wine)* áspero(ra); *(sea, crossing)* agitado (da); *(person)* bruto(ta); *(approximate)* aproximado(da); *(conditions)* básico(ca); *(area, town)* peligroso(sa). ◆ n *(golf)* rough m; **to have a ~ time** pasar por un momento difícil.

roughly ['rʌflɪ] *adv (approximately)* aproximadamente; *(push, handle)* brutalmente.

round¹ [raʊnd] *adj* redondo(da).

round² *n* -1. *(of drinks)* ronda *f*; **it's my ~** es mi ronda.
- 2. *(of sandwiches)* sándwich cortado en cuartos.
- 3. *(of toast)* tostada *f*.
- 4. *(of competition)* vuelta *f*.
- 5. *(in golf)* partido m.
- 6. *(in boxing)* asalto m.
- 7. *(of policeman, milkman)* recorrido m.
◆ *adv* -1. *(in a circle)* en redondo; **to spin ~** girar.
- 2. *(surrounding)* alrededor; **it had a wall all (the way) ~** estaba todo rodeado por un muro; **all ~** por todos lados.
- 3. *(near):* **~ about** alrededor.
- 4. *(to one's house):* **to ask some friends ~** invitar a unos amigos a casa.
- 5. *(continuously):* **all year ~** durante todo el año.
◆ *prep* -1. *(surrounding)* alrededor de; **they stood ~ the car** estaban alrededor del coche.
- 2. *(circling)* alrededor de; **to go ~ the corner** doblar la esquina; **we walked ~ the lake** fuimos andando alrededor del lago.
- 3. *(visiting):* **to go ~ a town** recorrer una ciudad.

- 4. *(approximately)* sobre; **~ (about) 100** unos 100; **~ ten o'clock** a eso de las diez.
- 5. *(near):* **~ here** por aquí.
- 6. *(in phrases):* **it's just ~ the corner** *(nearby)* está a la vuelta de la esquina; **~ the clock** las 24 horas. ❑ **round off** *vt sep (meal, day, visit)* terminar.

roundabout ['raʊndəbaʊt] *n Br (in road)* rotonda *f (de tráfico)*; *(in playground)* plataforma giratoria donde juegan los niños; *(at fairground)* tiovivo m *Esp*, carrusel m.

rounders ['raʊndəz] *n Br* juego parecido al béisbol.

round trip *n* viaje m de ida y vuelta.

route [ruːt] *n* ruta *f*. ◆ *vt* dirigir.

routine [ruːˈtiːn] *n* rutina *f*. ◆ *adj* rutinario(ria).

row¹ [rəʊ] *n* fila *f*. ◆ *vt (boat)* remar. ◆ *vi* remar; **four in a ~** cuatro seguidos.

row² [raʊ] *n (argument)* pelea *f*; *inf (noise)* estruendo m; **to have a ~** tener una pelea.

rowboat ['rəʊbəʊt] *Am* = **rowing boat**.

rowdy ['raʊdɪ] *adj* ruidoso(sa).

rowing ['rəʊɪŋ] *n* remo m.

rowing boat *n Br* bote m de remos.

royal ['rɔɪəl] *adj* real.

royal family *n* familia *f* real.

royalty ['rɔɪəltɪ] *n* realeza *f*.

RRP *(abbr of recommended retail price)* P.V.P.

rub [rʌb] *vt (back, eyes)* frotar; *(polish)* sacar brillo a. ◆ *vi (with hand, cloth)* frotar; *(shoes)* frotar. ❑ **rub in** *vt sep (lotion, oil)* frotar. ❑ **rub out** *vt sep* borrar.

rubber ['rʌbəʳ] *adj* de goma. ◆ *n*

(material) goma f; *Br (eraser)* goma f de borrar; *Am inf (condom)* goma f.

rubber band n goma f elástica, liga f *Amér.*

rubber gloves npl guantes mpl de goma.

rubber ring n flotador m.

rubbish ['rʌbɪʃ] n *(refuse)* basura f; *inf (worthless thing)* porquería f; *inf (nonsense)* tonterías fpl.

rubbish bin n *Br* cubo m de la basura.

rubbish dump n *Br* vertedero m de basura, basural m *Amér.*

rubble ['rʌbl] n escombros mpl.

ruby ['ru:bɪ] n rubí m.

rucksack ['rʌksæk] n mochila f.

rudder ['rʌdəʳ] n timón m.

rude [ru:d] adj *(person)* maleducado(da); *(behaviour, joke, picture)* grosero(ra).

rug [rʌg] n *(for floor)* alfombra f; *Br (blanket)* manta f de viaje.

rugby ['rʌgbɪ] n rugby m.

ruin ['ru:ɪn] vt estropear. □ **ruins** npl ruinas fpl.

ruined ['ru:ɪnd] adj *(building)* en ruinas; *(clothes, meal, holiday)* estropeado(da).

rule [ru:l] n regla f. ◆ vt gobernar; **to be the ∼** ser la norma; **against the ∼s** contra las normas; **as a ∼** por regla general. □ **rule out** vt sep descartar.

ruler ['ru:ləʳ] n *(of country)* gobernante mf; *(for measuring)* regla f.

rum [rʌm] n ron m.

rumor ['ru:mər] *Am* = **rumour.**

rumour ['ru:məʳ] n *Br* rumor m.

rump steak [rʌmp-] n filete m (grueso) de lomo.

run [rʌn] *(pt* **ran,** *pp* **run)** vi -1. *(on*

foot*)* correr.
- 2. *(train, bus)* circular; **the bus ∼s every hour** hay un autobús cada hora; **the train is running an hour late** el tren va con una hora de retraso.
- 3. *(operate)* funcionar; **to ∼ on sthg** funcionar con algo; **leave the engine running** deja el motor en marcha.
- 4. *(tears, liquid)* correr.
- 5. *(road, river, track)* pasar; **the path ∼ along the coast** el camino sigue la costa.
- 6. *(play)* estar en cartelera; *(event)* durar.
- 7. *(tap):* **to leave the tap running** dejar el grifo abierto.
- 8. *(nose)* moquear; *(eyes)* llorar.
- 9. *(colour, dye, clothes)* desteñir.
- 10. *(remain valid)* ser válido.
◆ vt -1. *(on foot)* correr; **to ∼ a race** participar en una carrera.
- 2. *(manage, organize)* llevar.
- 3. *(car)* mantener; **it's cheap to ∼ es** económico.
- 4. *(bus, train):* **we're running a special bus to the airport** hemos puesto un autobús especial al aeropuerto.
- 5. *(take)* llevar en coche.
- 6. *(bath):* **to ∼ a bath** llenar la bañera.
◆ n -1. *(on foot)* carrera f; **to go for a ∼** ir a correr.
- 2. *(in car)* paseo m en coche; **to go for a ∼** dar un paseo en coche.
- 3. *(of play, show):* **it had a two-year ∼** estuvo dos años en cartelera.
- 4. *(for skiing)* pista f.
- 5. *(of success)* racha f.
- 6. *Am (in tights)* carrera f.
- 7. *(in phrases):* **in the long ∼** a largo plazo. □ **run away** vi huir. □ **run down**
◆ vt sep *(run over)* atropellar; *(criticize)* hablar mal de.
◆ vi *(clock)* pararse; *(battery)*

acabarse. □ **run into** vt fus (meet) tropezarse con; (hit) chocar con; (problem, difficulty) encontrarse con. □ **run out** vi (be used up) acabarse. □ **run out of** vt fus quedarse sin. □ **run over** vt sep atropellar.

runaway ['rʌnəweɪ] n fugitivo m, -va f.

rung [rʌŋ] pp → **ring**. ◆ n escalón m.

runner ['rʌnə'] n (person) corredor m, -ra f; (for door, drawer) corredera f; (of sledge) patín m.

runner bean n judía f escarlata Esp, habichuela f.

runner-up (pl **runners-up**) n subcampeón m, -ona f.

running ['rʌnɪŋ] n SPORT carreras fpl; (management) dirección f. ◆ adj: **three days** – durante tres días seguidos; **to go** – hacer footing.

running water n agua f corriente.

runny ['rʌnɪ] adj (egg, omelette) poco hecho(cha); (sauce) líquido(da); (nose) que moquea; (eye) lloroso(sa).

runway ['rʌnweɪ] n pista f.

rural ['rʊərəl] adj rural.

rush [rʌʃ] n (hurry) prisa f, apuro m Amér; (of crowd) tropel m de gente. ◆ vi (move quickly) ir de prisa, apurarse Amér; (hurry) apresurarse. ◆ vt (work) hacer de prisa; (meal) comer de prisa; (transport quickly) llevar urgentemente; **to be in a** – tener prisa; **there's no** –! ¡no corre prisa!; **don't** – **me!** ¡no me metas prisa!

rush hour n hora f punta Esp, hora f pico Amér.

Russia ['rʌʃə] n Rusia.

Russian ['rʌʃn] adj ruso(sa). ◆ n (person) ruso m, (sa f); (language) ruso m.

rust [rʌst] n óxido m. ◆ vi oxidarse.

rustic ['rʌstɪk] adj rústico(ca).

rustle ['rʌsl] vi susurrar.

rustproof ['rʌstpruːf] adj inoxidable.

rusty ['rʌstɪ] adj oxidado(da).

RV n Am (abbr of recreational vehicle) casa remolque.

rye [raɪ] n centeno m.

rye bread n pan m de centeno.

S

S (abbr of south) S.; (abbr of small) P.

saccharin ['sækərɪn] n sacarina f.

sachet ['sæʃeɪ] n bolsita f.

sack [sæk] n saco m. ◆ vt despedir; **to get the** – ser despedido.

sacrifice ['sækrɪfaɪs] n fig sacrificio m.

sad [sæd] adj triste; (unfortunate) lamentable.

saddle ['sædl] n (on horse) silla f de montar; (on bicycle, motorbike) sillín m.

saddlebag ['sædlbæg] n (on bicycle, motorbike) cartera f; (on horse) alforja f.

sadly ['sædlɪ] adv (unfortunately) desgraciadamente; (unhappily) tristemente.

sadness ['sædnɪs] n tristeza f.

s.a.e. n Br (abbr of stamped addressed envelope) sobre con señas y franqueo.

safari park [sə'fɑːrɪ-] n safari m (reserva).

safe [seɪf] adj (not dangerous, risky) seguro(ra); (out of harm) a salvo. ◆ n caja f de caudales; **a** – **place** en un lugar seguro; **(have a) ~ journey!** ¡feliz viaje!; **~ and sound** sano y salvo.

safe-deposit box n caja f de seguridad.

safely ['seɪflɪ] adv (not dangerously) sin peligro; (arrive) a salvo; (out of harm) seguramente.

safety ['seɪftɪ] n seguridad f.

safety belt n cinturón m de seguridad.

safety pin n imperdible m.

sag [sæg] vi combarse.

sage [seɪdʒ] n (herb) salvia f.

said [sed] pt & pp → **say.**

sail [seɪl] n vela f. ◆ vi (boat, ship) navegar; (person) ir en barco; (depart) zarpar. ◆ vt: **to ~ a boat** gobernar un barco; **to set ~** zarpar.

sailboat ['seɪlbəʊt] Am = **sailing boat.**

sailing ['seɪlɪŋ] n (activity) vela f; (departure) salida f; **to go ~** ir a practicar la vela.

sailing boat n barco m de vela.

sailor ['seɪlə] n marinero m, -ra f.

saint [seɪnt] n santo m, -ta f.

ⓘ SAINT PATRICK'S DAY

El 17 de marzo, día de san Patricio, es la fiesta nacional de los irlandeses, y tanto ellos como sus descendientes la celebran por todo el mundo. Grandes desfiles recorren las calles de Dublín y Nueva York. Es tradición llevar una hoja de trébol, símbolo de Irlanda, o usar alguna prenda verde, color nacional de este país.

sake [seɪk] n: **for my/their ~** por mí/ellos; **for God's ~!** ¡por el amor de Dios!

salad ['sæləd] n ensalada f.

salad bar n (area in restaurant) bufé m de ensaladas.

salad bowl n ensaladera f.

salad cream n Br salsa parecida a la mayonesa, aunque de sabor más dulce, utilizada para aderezar ensaladas.

salad dressing n aliño m.

salami [sə'lɑːmɪ] n salami m.

salary ['sælərɪ] n sueldo m.

sale [seɪl] n (selling) venta f; (at reduced prices) liquidación f; **'for ~'** 'se vende'; **on ~** en venta. ❑ **sales** npl COMM ventas fpl; **the ~** las rebajas.

sales assistant ['seɪlz-] n dependiente m, -ta f.

salesclerk ['seɪlzklɑːrk] Am = **sales assistant.**

salesman ['seɪlzmən] (pl -men [-mən]) n (in shop) dependiente m; (rep) representante m de ventas.

sales rep(resentative) n representante mf de ventas.

saleswoman ['seɪlz,wʊmən] (pl -women [-,wɪmɪn]) n dependienta f.

saliva [sə'laɪvə] n saliva f.

salmon ['sæmən] (pl inv) n salmón m.

salon ['sælɒn] n salón m.

saloon [sə'luːn] n Br (car) turismo m; Am (bar) bar m; **~ (bar)** Br bar de un hotel o "pub", decorado lujosamente, que sirve bebidas a precios más altos que en el "public bar".

salopettes [,sælə'pets] npl pantalones mpl de peto para esquiar.

salt [sɔːlt, sɒlt] n sal f.

saltcellar ['sɔːlt,selə] n Br salero m.

salted peanuts ['sɔːltɪd-] npl cacahuetes mpl salados, maní m salado Amér.

salt shaker [-,ʃeɪkə] Am = **salt cellar.**

salty ['sɔːltɪ] *adj* salado(da).

salute [sə'luːt] *n* saludo *m*. ◆ *vi* hacer un saludo.

Salvadorean [,sælvə'dɔːrɪən] *adj* salvadoreño *m*, -ña *f*. ◆ *n* salvadoreño(ña).

same [seɪm] *adj* mismo(ma). ◆ *pron*: the ~ (unchanged) el mismo (la misma); (in comparisons) lo mismo; they look the ~ parecen iguales; I'll have the ~ as her yo voy a tomar lo mismo que ella; you've got the ~ book as me tienes el mismo libro que yo; it's all the ~ to me me da igual.

samosa [sə'məʊsə] *n* empanadilla india picante en forma triangular, rellena de carne picada y verduras.

sample ['sɑːmpl] *n* muestra *f*. ◆ *vt* probar.

sanctions ['sæŋkʃnz] *npl* sanciones *fpl*.

sanctuary ['sæŋktʃʊərɪ] *n* (for birds, animals) reserva *f*.

sand [sænd] *n* arena *f*. ◆ *vt* lijar. □ **sands** *npl* playa *f*.

sandal ['sændl] *n* sandalia *f*.

sandcastle ['sænd,kɑːsl] *n* castillo *m* de arena.

sandpaper ['sænd,peɪpə'] *n* papel *m* de lija.

sandwich ['sænwɪdʒ] *n* (made with roll) bocadillo *m Esp*, sandwich *m*; (made with freshly sliced bread) sándwich *m*.

sandwich bar *n* tienda donde se venden bocadillos y refrescos.

sandy ['sændɪ] *adj* (beach) arenoso (sa); (hair) de color rubio rojizo.

sang [sæŋ] *pt* → **sing**.

sanitary ['sænɪtrɪ] *adj* (conditions, measures) sanitario(ria); (hygienic) higiénico(ca).

sanitary napkin *Am* = **sanitary towel**.

sanitary towel *n Br* compresa *f*, toalla *f* higiénica.

sank [sæŋk] *pt* → **sink**.

sapphire ['sæfaɪə'] *n* zafiro *m*.

sarcastic [sɑː'kæstɪk] *adj* sarcástico(ca).

sardine [sɑː'diːn] *n* sardina *f*.

SASE *n Am* (abbr of self-addressed stamped envelope) sobre con señas y franqueo.

sat [sæt] *pt & pp* → **sit**.

Sat. (abbr of Saturday) sáb.

ⓘ SAT

El SAT (Scholastic Assessment Test) es un examen de conocimientos generales que deben hacer todos aquellos que quieran acceder a una universidad o un colegio universitario en Estados Unidos. El examen tiene lugar en ciertos días del año en toda la nación. Los estudiantes pueden presentarse más de una vez si no obtienen los resultados necesarios. La calificación obtenida en el SAT es muy importante para el acceso a la universidad, aunque también se tienen en cuenta las notas de clase y las actividades extracurriculares del estudiante.

---

satchel ['sætʃəl] *n* cartera *f* (para escolares).

satellite ['sætəlaɪt] *n* (in space) satélite *m*; (at airport) sala *f* de embarque auxiliar.

satellite dish *n* antena *f* parabólica.

satellite TV *n* televisión *f* por vía satélite.

satin ['sætɪn] n raso m.

satisfaction [ˌsætɪs'fækʃn] n satisfacción f.

satisfactory [ˌsætɪs'fæktərɪ] adj satisfactorio(ria).

satisfied ['sætɪsfaɪd] adj satisfecho(cha).

satisfy ['sætɪsfaɪ] vt satisfacer.

satsuma [ˌsæt'suːmə] n Br satsuma f.

saturate ['sætʃəreɪt] vt (with liquid) empapar.

Saturday ['sætədɪ] n sábado m; it's ~ es sábado; ~ morning el sábado por la mañana; on ~ el sábado; on ~s los sábados; last ~ el sábado pasado; this ~ este sábado; next ~ el sábado de la semana que viene; ~ week, a week on ~ del sábado en ocho días.

sauce [sɔːs] n salsa f.

saucepan ['sɔːspən] n (with one long handle) cazo m; (with two handles) cacerola f.

saucer ['sɔːsə'] n platillo m.

sauna ['sɔːnə] n sauna f.

sausage ['sɒsɪdʒ] n salchicha f.

sausage roll n salchicha pequeña envuelta en hojaldre y cocida al horno.

sauté [Br 'səʊteɪ, Am sɔː'teɪ] adj salteado(da).

savage ['sævɪdʒ] adj salvaje.

save [seɪv] vt (rescue) salvar; (money) ahorrar; (time, space) ganar; (reserve) reservar; SPORT parar; (COMPUT guardar. ◆ n parada f. ❏ **save up** vi ahorrar; to ~ up (for sthg) ahorrar (para comprarse algo).

savings ['seɪvɪŋz] npl ahorros mpl.

savings bank n ≃ caja f de ahorros.

savory ['seɪvərɪ] Am = savoury.

savoury ['seɪvərɪ] adj salado(da).

saw [sɔː] (Br pt -ed, pp sawn, Am pt

& pp -ed) pt → **see**. ◆ n sierra f. ◆ vt serrar.

sawdust ['sɔːdʌst] n serrín m.

sawn [sɔːn] pp → **saw**.

saxophone ['sæksəfəʊn] n saxofón m.

say [seɪ] (pt & pp said) vt decir; (subj: clock, meter) marcar. ◆ n: to have a ~ in sthg tener voz y voto en algo; could you ~ that again? ¿puede repetir?; ~ we met at nine? ¿pongamos que nos vemos a las nueve?; to ~ yes decir que sí; what did you ~? ¿qué has dicho?

saying ['seɪɪŋ] n dicho m.

scab [skæb] n postilla f.

scaffolding ['skæfəldɪŋ] n andamios mpl.

scald [skɔːld] vt escaldar.

scale [skeɪl] n escala f; (extent) extensión f; (of fish, snake) escama f; (in kettle) costra f caliza. ❏ **scales** npl (for weighing person) báscula f; (for weighing food) balanza f.

scallion ['skæljən] n Am cebolleta f.

scallop ['skɒləp] n vieira f.

scalp [skælp] n cuero m cabelludo.

scampi ['skæmpɪ] n: (breaded) ~ langostinos mpl rebozados.

scan [skæn] vt (consult quickly) echar un vistazo a; MED hacer una ecografía de. ◆ n MED escáner m.

scandal ['skændl] n (disgrace) escándalo m; (gossip) habladurías fpl.

Scandinavia [ˌskændɪ'neɪvjə] n Escandinavia.

scar [skɑː'] n cicatriz f.

scarce ['skeəs] adj escaso(sa).

scarcely ['skeəslɪ] adv apenas.

scare [skeə'] vt asustar.

scarecrow ['skeəkrəʊ] n espantapájaros m inv.

scared ['skeəd] adj asustado(da)

scarf [skɑːf] (pl **scarves**) n (woollen) bufanda f; (for women) pañoleta f.

scarlet [ˈskɑːlət] adj escarlata.

scarves [skɑːvz] pl → **scarf**.

scary [ˈskeərɪ] adj inf espeluznante.

scatter [ˈskætə]̆ vt esparcir; (birds) dispersar. ◆ vi dispersarse.

scene [siːn] n (in play, film, book) escena f; (of crime, accident) lugar m; (view) panorama m; **the music** → el mundo de la música; **to make a** ~ armar un escándalo.

scenery [ˈsiːnərɪ] n (countryside) paisaje m; (in theatre) decorado m.

scenic [ˈsiːnɪk] adj pintoresco(ca).

scent [sent] n (smell) fragancia f; (of animal) rastro m; (perfume) perfume m.

sceptical [ˈskeptɪkl] adj Br escéptico(ca).

schedule [Br ˈʃedjuːl, Am ˈskedʒʊl] n (of work, things to do) plan m; (timetable) horario m; (list) lista f. ◆ vt programar; **according to** ~ según lo previsto; **behind** ~ con retraso; **on** ~ a la hora prevista.

scheduled flight [Br ˈʃedjuːld-, Am ˈskedʒʊld-] n vuelo m regular.

scheme [skiːm] n (plan) proyecto m; pej (dishonest plan) estratagema f.

scholarship [ˈskɒləʃɪp] n (award) beca f.

school [skuːl] n escuela f; (institute) academia f; (university department) facultad f; Am (university) universidad f. ◆ adj escolar; **at** ~ en la escuela.

schoolbag [ˈskuːlbæg] n cartera f.

schoolbook [ˈskuːlbʊk] n libro m de texto.

schoolboy [ˈskuːlbɔɪ] n alumno m.

school bus n autobús m escolar.

schoolchild [ˈskuːltʃaɪld] (pl **children** [-tʃɪldrən]) n alumno m, -na f.

schoolgirl [ˈskuːlgɜːl] n alumna f.

schoolmaster [ˈskuːlˌmɑːstə]̆ n Br (primary) maestro m; (secondary) profesor m.

schoolmistress [ˈskuːlˌmɪstrɪs] n Br (primary) maestra f; (secondary) profesora f.

schoolteacher [ˈskuːlˌtiːtʃə]̆ n (primary) maestro m, -tra f; (secondary) profesor m, -ra f.

school uniform n uniforme m escolar.

science [ˈsaɪəns] n ciencia f; SCH ciencias fpl.

science fiction n ciencia f ficción.

scientific [ˌsaɪənˈtɪfɪk] adj científico(ca).

scientist [ˈsaɪəntɪst] n científico m, -ca f.

scissors [ˈsɪzəz] npl: **(a pair of)** ~ unas tijeras.

scone [skɒn] n pastelito redondo hecho con harina, manteca y a veces pasas, que suele tomarse a la hora del té.

scoop [skuːp] n (for ice cream) pinzas fpl de helado; (for flour) paleta f; (of ice cream) bola f; (in media) exclusiva f.

scooter [ˈskuːtə]̆ n (motor vehicle), Vespa® f.

scope [skəʊp] n (possibility) posibilidades fpl; (range) alcance m.

scorch [skɔːtʃ] vt chamuscar.

score [skɔː]̆ n (final result) resultado m; (points total) puntuación f; (in exam) calificación f. ◆ vt SPORT marcar; (in test) obtener una puntuación de. ◆ vi SPORT marcar; **what's the** ~? ¿cómo van?

scorn [skɔːn] n desprecio m.

scorpion [ˈskɔːpjən] n escorpión m.

Scot [skɒt] n escocés m, -esa f.

scotch [skɒtʃ] n whisky m escocés

Scotch broth n sopa espesa con caldo de carne, verduras y cebada.

Scotch tape® n Am celo® m Esp, durex® m Amér.

Scotland ['skɒtlənd] n Escocia.

Scotsman ['skɒtsmən] (pl -men [-mən]) n escocés m.

Scotswoman ['skɒtswʊmən] (pl -women [-ˌwɪmɪn]) n escocesa f.

Scottish ['skɒtɪʃ] adj escocés(esa).

scout [skaʊt] n (boy scout) explorador m.

SCOUTS

Los "scouts" son miembros de la "Scouting Association", fundada en Gran Bretaña en 1908 por lord Baden-Powell para promover el sentido de la responsabilidad y de la aventura entre la juventud. Se organizan en pequeños grupos de niños de 11 a 16 años bajo el mando de un adulto, y adquieren conocimientos de primeros auxilios y técnicas de supervivencia al aire libre. Para los niños menores de 11 años, existe una asociación de características similares llamada los "Cub Scouts", y también existen organizaciones paralelas para niñas, llamadas "Girl Guides" ("Girl Scouts" en Estados Unidos) o "Brownies".

scowl [skaʊl] vi fruncir el ceño.

scrambled eggs [ˌskræmbld-] npl huevos mpl revueltos.

scrap [skræp] n (of paper, cloth) trozo m; (old metal) chatarra f.

scrapbook ['skræpbʊk] n álbum m de recortes.

scrape [skreɪp] vt (rub) raspar;

(scratch) rasguñar.

scrap paper n Br papel m usado.

scratch [skrætʃ] n (cut) arañazo m; (mark) rayazo m. ◆ vt (cut) arañar; (mark) rayar; (rub) rascar; **to be up to ~** tener un nivel aceptable; **to start from ~** empezar desde el principio.

scratch paper Am = scrap paper.

scream [skriːm] n grito m. ◆ vi gritar.

screen [skriːn] n (of TV, computer, for film) pantalla f; (hall in cinema) sala f (de proyecciones); (panel) biombo m. ◆ vt (film) proyectar; (programme) emitir.

screening ['skriːnɪŋ] n (of film) proyección f.

screen wash n líquido m limpiaparabrisas.

screw [skruː] n tornillo m. ◆ vt (fasten) atornillar; (twist) enroscar.

screwdriver ['skruːˌdraɪvər] n destornillador m.

scribble ['skrɪbl] vi garabatear.

script [skrɪpt] n (of play, film) guión m.

scrub [skrʌb] vt restregar.

scruffy ['skrʌfɪ] adj andrajoso(sa).

scuba diving ['skuːbə-] n buceo m (con botellas de oxígeno).

sculptor ['skʌlptər] n escultor m, -ra f.

sculpture ['skʌlptʃər] n (statue) escultura f.

sea [siː] n mar m o f; **by ~** en barco; **by the ~** a orillas del mar.

seafood ['siːfuːd] n mariscos mpl.

seafront ['siːfrʌnt] n paseo m marítimo, malecón m Amér.

seagull ['siːgʌl] n gaviota f.

seal [siːl] n (animal) foca f; (on bottle, container) precinto m; (official mar sello *m.* ◆ *vt (envelope, container)* cerrar.

seam [si:m] *n (in clothes)* costura *f.*

search [sɜ:tʃ] *n* búsqueda *f.* ◆ *vt (place)* registrar; *(person)* cachear. ◆ *vi:* **to ~ for** buscar.

seashell ['si:ʃel] *n* concha *f (marina).*

seashore ['si:ʃɔ:ʳ] *n* orilla *f* del mar.

seasick ['si:sɪk] *adj* mareado(da) *(en barco).*

seaside ['si:saɪd] *n:* **the ~** la playa.

seaside resort *n* lugar *m* de veraneo *(junto al mar).*

season ['si:zn] *n (division of year)* estación *f; (period)* temporada *f.* ◆ *vt* sazonar; **in ~** *(holiday)* en temporada alta; **strawberries are in ~** ahora es la época de las fresas; **out of ~** *(fruit, vegetables)* fuera de temporada; *(holiday)* en temporada baja.

seasoning ['si:znɪŋ] *n* condimento *m.*

season ticket *n* abono *m.*

seat [si:t] *n (place, chair)* asiento *m; (for show)* entrada *f; (in parliament)* escaño *m.* ◆ *vt (subj: building, vehicle)* tener cabida para.

seat belt *n* cinturón *m* de seguridad.

seaweed ['si:wi:d] *n* alga *f* marina.

secluded [sɪ'klu:dɪd] *adj* aislado (da).

second ['sekənd] *n* segundo *m.* ◆ *num* segundo(da) → **sixth**; **~ gear** segunda marcha *f.* □ **seconds** *npl (goods)* artículos *mpl* defectuosos; **who wants ~s?** *inf (food)* ¿quién quiere repetir?

secondary school ['sekəndrɪ-] *n* instituto *m* de enseñanza media.

second-class *adj (ticket)* de segunda clase; *(stamp)* para el correo na-

cional ordinario; *(inferior)* de segunda categoría.

second-hand *adj* de segunda mano.

Second World War *n:* **the ~** la segunda Guerra Mundial.

secret ['si:krɪt] *adj* secreto(ta). ◆ *n* secreto *m.*

secretary [Br 'sekrətrɪ, Am 'sekrə,terɪ] *n* secretario *m,* -ria *f.*

Secretary of State *n Am (foreign minister)* ministro *m,* -tra *f* de Asuntos Exteriores; *Br (government minister)* ministro *m,* -tra *f.*

section ['sekʃn] *n* sección *f.*

sector ['sektəʳ] *n* sector *m.*

secure [sɪ'kjuəʳ] *adj* seguro(ra). ◆ *vt (fix)* fijar; *fml (obtain)* conseguir.

security [sɪ'kjuərətɪ] *n* seguridad *f.*

security guard *n* guardia *mf* jurado.

sedative ['sedətɪv] *n* sedante *m.*

seduce [sɪ'dju:s] *vt* seducir.

see [si:] *(pt* saw, *pp* seen) *vt* ver; *(friends)* visitar; *(understand)* entender; *(accompany)* acompañar; *(find out)* ir a ver; *(undergo)* experimentar. ◆ *vi* ver; **I ~** ya veo; **to ~ if one can do sthg** ver si uno puede hacer algo; **to ~ to sthg** *(deal with)* encargarse de algo; *(repair)* arreglar algo; **~ you!** ¡hasta la vista!; **~ you later!** ¡hasta luego!; **~ you soon!** ¡hasta pronto!; **~ p 14** véase p. 14. □ **see off** *vt sep (say goodbye to)* despedir.

seed [si:d] *n* semilla *f.*

seeing (as) ['si:ɪŋ-] *conj* en vista de que.

seek [si:k] *(pt & pp* sought) *vt fml (look for)* buscar; *(request)* solicitar.

seem [si:m] *vi* parecer. ◆ *v impers:* **it ~s (that) ...** parece que ...; **to ~ like** parecer.

seen [si:n] *pp* → **see**.

seesaw ['siːsɔː] n balancín m.

segment ['segmənt] n (of fruit) gajo m.

seize [siːz] vt (grab) agarrar; (drugs, arms) incautarse de. ◻ **seize up** vi agarrotarse.

seldom ['seldəm] adv rara vez.

select [sɪ'lekt] vt seleccionar. ◆ adj selecto(ta).

selection [sɪ'lekʃn] n (selecting) selección f; (range) surtido m.

self-assured [ˌselfə'ʃʊəd] adj seguro de sí mismo (segura de sí misma).

self-catering [ˌself'keɪtərɪŋ] adj con alojamiento sólo.

self-confident [ˌself-] adj seguro de sí mismo (segura de sí misma).

self-conscious [ˌself-] adj cohibido(da).

self-contained [ˌselfkən'teɪnd] adj (flat) autosuficiente.

self-defence [ˌself-] n defensa f personal.

self-employed [ˌself-] adj autónomo(ma).

selfish ['selfɪʃ] adj egoísta.

self-raising flour [ˌself'reɪzɪŋ-] Br harina f con levadura.

self-rising flour [ˌself'raɪzɪŋ-] Am = **self-raising flour**.

self-service [ˌself-] adj de autoservicio.

sell [sel] (pt & pp sold) vt & vi vender; **to ~ for** venderse a; **to ~ sb sthg** vender algo a alguien.

sell-by date n fecha f de caducidad.

seller ['selə'] n vendedor m, -ra f.

Sellotape® ['seləteɪp] n Br celo® m, cinta f Scotch®, durex m Amér.

semester [sɪ'mestə'] n semestre m.

semicircle ['semɪˌsɜːkl] n semi-

círculo m.

semicolon [ˌsemɪ'kəʊlən] n punto m y coma.

semidetached [ˌsemɪdɪ'tætʃt] adj adosado(da).

semifinal [ˌsemɪ'faɪnl] n semifinal f.

seminar ['semɪnaː'] n seminario m.

semi-skimmed milk [ˌsemɪ-'skɪmd-] n leche f semidesnatada Esp OR semidescremada Amér.

semolina [ˌsemə'liːnə] n sémola f.

send [send] (pt & pp sent) vt mandar; (TV or radio signal) transmitir; **to ~ sthg to sb** mandar algo a alguien. ◻ **send back** vt sep devolver. ◻ **send off** vt sep (letter, parcel) mandar (por correo); SPORT expulsar. ◆ vi: **to ~ off (for sthg)** solicitar (algo) por escrito.

sender ['sendə'] n remitente mf.

senile ['siːnaɪl] adj senil.

senior ['siːnjə'] adj superior. ◆ n SCH senior mf.

senior citizen n persona f de la tercera edad.

sensation [sen'seɪʃn] n sensación f.

sensational [sen'seɪʃənl] adj sensacional.

sense [sens] n sentido m. ◆ vt sentir; **to make ~** tener sentido; **~ of direction** sentido de la orientación; **~ of humour** sentido del humor.

sensible ['sensəbl] adj (person) sensato(ta); (clothes, shoes) práctico(ca).

sensitive ['sensɪtɪv] adj (person, skin, device) sensible; (emotionally) comprensivo(va); (subject, issue) delicado(da).

sent [sent] pt & pp → **send**.

sentence ['sentəns] n GRAMM oración f; (for crime) sentencia f. ◆ vt condenar.

226

sentimental [ˌsentɪˈmentl] *adj* sentimental.

separate [*adj* ˈseprət, *vb* ˈsepəreɪt] *adj* (*different, individual*) distinto(ta); (*not together*) separado(da). ◆ *vt* (*divide*) dividir; (*detach*) separar. ◆ *vi* separarse. ❑ **separates** *npl Br* prendas *de* vestir femeninas combinables.

separately [ˈseprətlɪ] *adv* (*individually*) independientemente; (*alone*) por separado.

separation [ˌsepəˈreɪʃn] *n* separación *f*.

Sept. (*abbr of* September) sep.

September [sepˈtembər] *n* septiembre *m*; **at the beginning of ~** a principios de septiembre; **at the end of ~** a finales de septiembre; **during ~** en septiembre; **every ~** todos los años en septiembre; **in ~** en septiembre; **last ~** en septiembre del año pasado; **next ~** en septiembre del próximo año; **this ~** en septiembre de este año; **2 ~ 2001** (*in letters etc*) 2 de septiembre de 2001.

septic [ˈseptɪk] *adj* séptico(ca).

septic tank *n* fosa *f* séptica.

sequel [ˈsiːkwəl] *n* continuación *f*.

sequence [ˈsiːkwəns] *n* (*series*) sucesión *f*; (*order*) orden *m*.

sequin [ˈsiːkwɪn] *n* lentejuela *f*.

sergeant [ˈsɑːdʒənt] *n* (*in police force*) ≃ subinspector *m*, -ra *f*; (*in army*) sargento *mf*.

serial [ˈsɪərɪəl] *n* serial *m*.

series [ˈsɪəriːz] (*pl inv*) *n* serie *f*.

serious [ˈsɪərɪəs] *adj* serio(ria); (*very bad*) grave; **I'm ~** hablo en serio.

seriously [ˈsɪərɪəslɪ] *adv* (*really*) en serio; (*badly*) gravemente.

sermon [ˈsɜːmən] *n* sermón *m*.

servant [ˈsɜːvənt] *n* sirviente *m*, -ta *f*.

serve [sɜːv] *vt* servir. ◆ *vi SPORT* sacar; (*work*) servir. ◆ *n* saque *m*; **to ~ as** (*be used for*) servir de; **the town is ~d by two airports** la ciudad está provista de dos aeropuertos; **'~s two'** 'para dos personas'; **it ~s you right** te está bien empleado.

service [ˈsɜːvɪs] *n* servicio *m*; (*at church*) oficio *m*; *SPORT* saque *m*; (*of car*) revisión *f*. ◆ *vt* (*car*) revisar; **'out of ~'** 'no funciona'; **'~ not included'** 'servicio no incluido'; **to be of ~ to sb** *fml* ayudar a alguien. ❑ **services** *npl* (*on motorway*) área *f* de servicios; (*of person*) servicios *mpl*.

service area *n* área *f* de servicios.

service charge *n* servicio *m*.

service department *n* departamento *m* de servicio al cliente.

service station *n* estación *f* de servicio.

serviette [ˌsɜːvɪˈet] *n* servilleta *f*.

serving [ˈsɜːvɪŋ] *n* ración *f*.

serving spoon *n* cucharón *m*.

sesame seeds [ˈsesəmɪ-] *npl* sésamo *m*.

session [ˈseʃn] *n* sesión *f*.

set [set] (*pt & pp* set) *adj* **- 1.** (*fixed*) fijo(ja); **a ~ lunch** el menú del día. **- 2.** (*text, book*) obligatorio(ria). **- 3.** (*situated*) situado(da). ◆ *n* **- 1.** (*collection*) juego *m*; (*of stamps, stickers*) colección *f*. **- 2.** (*TV*) aparato *m*; **a TV ~** un televisor. **- 3.** (*in tennis*) set *m*. **- 4.** (*of play*) decorado *m*. **- 5.** (*at hairdresser's*): **a shampoo and ~** un lavado *m* y marcado. ◆ *vt* **- 1.** (*put*) colocar, poner. **- 2.** (*cause to be*): **to ~ a machine going** poner una máquina en marcha; **to ~ fire to** prender fuego a.

- **3.** *(clock, alarm, controls)* poner; ~ **the alarm for 7 a.m.** pon el despertador para las 7 de la mañana.
- **4.** *(fix)* fijar.
- **5.** *(essay, homework, the table)* poner.
- **6.** *(a record)* marcar.
- **7.** *(broken bone)* componer.
- **8.** *(play, film, story)*: **to be ~ in** desarrollarse en.
◆ *vi* - **1.** *(sun)* ponerse.
- **2.** *(glue)* secarse; *(jelly)* cuajar. ❑ **set down** *vt sep Br (passengers)* dejar. ❑ **set off**
◆ *vt sep (alarm)* hacer saltar.
◆ *vi* ponerse en camino.
❑ **set out**
◆ *vt sep (arrange)* disponer.
◆ *vi* ponerse en camino.
❑ **set up** *vt sep (barrier, cordon)* levantar; *(equipment)* preparar; *(meeting, interview)* organizar; *(committee)* crear.

set meal *n* menú *m* (plato).
set menu *n* menú del día.
settee [se'tiː] *n* sofá *m*.
setting ['setɪŋ] *n* (on machine) posición *f*; *(surroundings)* escenario *m*.
settle ['setl] *vt (argument)* resolver; *(bill)* saldar; *(stomach)* asentar; *(nerves)* calmar; *(arrange, decide on)* acordar. ◆ *vi (start to live)* establecerse; *(come to rest)* posarse; *(sediment, dust)* depositarse. ❑ **settle down** *vi (calm down)* calmarse; *(get comfortably)* acomodarse. ❑ **settle up** *vi* saldar las cuentas.
settlement ['setlmənt] *n (agreement)* acuerdo *m*; *(place)* asentamiento *m*.
seven ['sevn] *num* siete → **six**.
seventeen [,sevn'tiːn] *num* diecisiete → **six**.
seventeenth [,sevn'tiːnθ] *num* decimoséptimo(ma) → **sixth**.

seventh ['sevnθ] *num* séptimo(ma) → **sixth**.
seventieth ['sevntjəθ] *num* septuagésimo(ma) → **sixth**.
seventy ['sevntɪ] *num* setenta → **six**.
several ['sevrəl] *adj* varios(rias).
◆ *pron* varios *mpl*, -rias *fpl*.
severe [sɪ'vɪər] *adj* severo(ra); *(illness)* grave; *(pain)* fuerte.
Seville [sə'vɪl] *n* Sevilla.
sew [səʊ] *(pp* sewn) *vt & vi* coser.
sewage ['suːɪdʒ] *n* aguas *fpl* residuales.
sewing ['səʊɪŋ] *n* costura *f*.
sewing machine *n* máquina *f* de coser.
sewn [səʊn] *pp* → **sew**.
sex [seks] *n* sexo *m*; **to have ~ (with)** tener relaciones sexuales (con).
sexist ['seksɪst] *n* sexista *mf*.
sexual ['sekʃʊəl] *adj* sexual.
sexy ['seksɪ] *adj* sexi (inv).
shabby ['ʃæbɪ] *adj (clothes, room)* desastrado(da); *(person)* desharrapado(da).
shade [ʃeɪd] *n (shadow)* sombra *f*; *(lampshade)* pantalla *f*; *(of colour)* tonalidad *f*. ◆ *vt (protect)* proteger. ❑ **shades** *npl inf (sunglasses)* gafas *fpl Esp* OR anteojos *mpl Amér* de sol.
shadow ['ʃædəʊ] *n (dark shape)* sombra *f*; *(darkness)* oscuridad *f*.
shady ['ʃeɪdɪ] *adj (place)* sombreado(da); *inf (person)* sospechoso(sa); *inf (deal)* turbio(bia).
shaft [ʃɑːft] *n (of machine)* eje *m*; *(of lift)* pozo *m*.
shake [ʃeɪk] *(pt* shook, *pp* shaken ['ʃeɪkn]) *vt (tree, rug, packet, etc)* sacudir; *(bottle)* agitar; *(person)* zarandear; *(dice)* mover; *(shock)* conmocionar.
◆ *vi* temblar; **to ~ hands with sb** estrechar la mano a alguien; **to ~ one'**

head *(saying no)* negar con la cabeza.

☞

shall [weak form ʃəl, strong form ʃæl] aux vb -1. *(expressing future)*: **I ~ be ready soon** estaré listo enseguida.
-2. *(in questions)*: **I buy some wine?** ¿compro vino?; **where ~ we go?** ¿adónde vamos?
-3. fml *(expressing order)*: **payment ~ be made within a week** debe efectuarse el pago dentro de una semana.

shallot [ʃəˈlɒt] n chalote m.

shallow [ˈʃæləʊ] adj poco profundo(da).

shallow end n *(of swimming pool)* parte f poco profunda.

shambles [ˈʃæmblz] n desbarajuste m.

shame [ʃeɪm] n *(remorse)* vergüenza f; *(disgrace)* deshonra f; **it's a ~ es una lástima**; **what a ~!** ¡qué lástima!

shampoo [ʃæmˈpuː] (pl -s) n *(liquid)* champú m; *(wash)* lavado m.

shandy [ˈʃændɪ] n cerveza f con gaseosa.

shape [ʃeɪp] n *(form)* forma f; *(object, person, outline)* figura f; **to be in good/bad ~** estar en (buena) forma/baja forma.

share [ʃeəʳ] n *(part)* parte f; *(in company)* acción f. ◆ vt *(room, work, cost)* compartir; *(divide)* repartir. ❑ **share out** vt sep repartir.

shark [ʃɑːk] n tiburón m.

sharp [ʃɑːp] adj *(knife, razor, teeth)* afilado(da); *(pin, needle)* puntiagudo(da); *(clear)* nítido(da); *(quick, intelligent)* inteligente; *(rise, bend)* marcado(da); *(change)* brusco(ca); *(painful)* agudo(da); *(food, taste)* ácido(da). ◆ adv *(exactly)* en punto.

sharpen [ˈʃɑːpn] vt *(knife)* afilar;

(pencil) sacar punta a.

shatter [ˈʃætəʳ] vt *(break)* hacer añicos. ◆ vi hacerse añicos.

shattered [ˈʃætəd] adj Br inf *(tired)* hecho(cha) polvo.

shave [ʃeɪv] vt afeitar. ◆ vi afeitarse. ◆ n: **to have a ~** afeitarse.

shaver [ˈʃeɪvəʳ] n maquinilla f de afeitar.

shaving brush [ˈʃeɪvɪŋ-] n brocha f de afeitar.

shaving foam [ˈʃeɪvɪŋ-] n espuma f de afeitar.

shawl [ʃɔːl] n chal m.

she [ʃiː] pron ella f; **~'s tall** (ella) es alta.

sheaf [ʃiːf] (pl **sheaves**) n *(of paper, notes)* fajo m.

shears [ʃɪəz] npl *(for gardening)* tijeras fpl de podar.

sheaves [ʃiːvz] pl → **sheaf**.

shed [ʃed] (pt & pp **shed**) n cobertizo m. ◆ vt *(tears, blood)* derramar.

she'd [weak form ʃɪd, strong form ʃiːd] = **she had, she would**.

sheep [ʃiːp] (pl inv) n oveja f.

sheepdog [ˈʃiːpdɒg] n perro m pastor.

sheepskin [ˈʃiːpskɪn] adj piel f de cordero; **~ jacket** zamarra f de piel de cordero.

sheer [ʃɪəʳ] adj *(pure, utter)* puro(ra); *(cliff)* escarpado(da); *(stockings)* fino(na).

sheet [ʃiːt] n *(for bed)* sábana f; *(of paper)* hoja f; *(of glass, metal, wood)* lámina f.

shelf [ʃelf] (pl **shelves**) n estante m.

shell [ʃel] n *(of egg, nut)* cáscara f; *(on beach)* concha f; *(of animal)* caparazón m; *(bomb)* proyectil m.

she'll [ʃiːl] = **she will, she shall**.

shellfish [ˈʃelfɪʃ] n *(food,*

mariscos mpl.

shelter ['ʃeltə'] n refugio m. ◆ vt (protect) proteger. ◆ vi resguardarse; **to take ~** cobijarse.

sheltered ['ʃeltəd] adj protegido(da).

shelves [ʃelvz] pl → shelf.

shepherd ['ʃepəd] n pastor m.

shepherd's pie ['ʃepədz-] n plato consistente en carne picada de vaca, cebolla y especias cubierta con una capa de puré de patata dorada al grill.

sheriff ['ʃerif] n sheriff m.

sherry ['ʃeri] n jerez m.

she's [ʃiːz] = she is, she has.

shield [ʃiːld] n escudo m. ◆ vt proteger.

shift [ʃift] n (change) cambio m; (period of work) turno m. ◆ vt mover. ◆ vi (move) moverse; (change) cambiar.

shin [ʃin] n espinilla f.

shine [ʃain] (pt & pp shone) vi brillar. ◆ vt (shoes) sacar brillo a; (torch) enfocar.

shiny ['ʃaini] adj brillante.

ship [ʃip] n barco m; **by ~** en barco.

shipwreck ['ʃiprek] n (accident) naufragio m; (wrecked ship) barco m náufrago.

shirt [ʃɜːt] n camisa f.

shit [ʃit] n vulg mierda f. ◆ excl vulg ¡mierda!

shiver ['ʃivə'] vi temblar.

shock [ʃɒk] n (surprise) susto m; (force) sacudida f. ◆ vt (surprise) conmocionar; (horrify) escandalizar; **to be in ~** MED estar en estado de shock.

shocking ['ʃɒkiŋ] adj (very bad) horroroso(sa).

shoe [ʃuː] n zapato m.

shoelace ['ʃuːleis] n cordón m (de zapato).

shoe polish n betún m.

shoe repairer's [-ri,peərəz] n zapatero m (remendón).

shoe shop n zapatería f.

shone [ʃɒn] pt & pp → shine.

shook [ʃʊk] pt → shake.

shoot [ʃuːt] (pt & pp shot) vt (kill) matar a tiros; (injure) herir (con arma de fuego); (gun, arrow) disparar; (film) rodar. ◆ vi (with gun) disparar; (move quickly) pasar disparado; SPORT chutar. ◆ n (of plant) brote m.

shop [ʃɒp] n tienda f. ◆ vi hacer compras.

shop assistant n Br dependiente m, -ta f.

shop floor n (place) taller m.

shopkeeper ['ʃɒp,kiːpə'] n tendero m, -ra f.

shoplifter ['ʃɒp,liftə'] n ratero m, -ra f de tiendas.

shopper ['ʃɒpə'] n comprador m, -ra f.

shopping ['ʃɒpiŋ] n compras fpl; **I hate ~** odio ir de compras; **to do the ~** hacer las compras; **to go ~** ir de compras.

shopping bag n bolsa f de la compra.

shopping basket n cesta f de la compra.

shopping centre n centro m comercial.

shopping list n lista f de la compra.

shopping mall n centro m comercial.

shop steward n enlace m sindical.

shop window n escaparate m.

shore [ʃɔː'] n orilla f; **on ~** en tierra.

short [ʃɔːt] adj (not tall) bajo(ja); (in length, time) corto(ta). ◆ adv (cut hair) corto. ◆ n Br (drink) licor m; (film) cortometraje m; **to be ~ of sthg** andar escaso de algo; **to be ~ for sthg** (be abbreviation of) ser el diminutivo de algo; **I'm ~ of breath** me falta el aliento; **in ~** en resumen. ❑ **shorts** npl (short trousers) pantalones mpl cortos; Am (underpants) calzoncillos mpl.

shortage [ˈʃɔːtɪdʒ] n escasez f.

shortbread [ˈʃɔːtbred] n especie de torta dulce y quebradiza hecha con harina, azúcar y mantequilla.

short-circuit vi tener un cortocircuito.

shortcrust pastry [ˈʃɔːtkrʌst-] n pasta f quebrada.

short cut n atajo m.

shorten [ˈʃɔːtn] vt acortar.

shorthand [ˈʃɔːthænd] n taquigrafía f.

shortly [ˈʃɔːtlɪ] adv (soon) dentro de poco; **~ before** poco antes de.

shortsighted [ˌʃɔːtˈsaɪtɪd] adj miope.

short-sleeved [-ˌsliːvd] adj de manga corta.

short story n cuento m.

shot [ʃɒt] pt & pp → **shoot**. ◆ n (of gun, in football) tiro m; (in tennis, golf) golpe m; (photo) foto f; (in film) plano m; inf (attempt) intento m; (drink) trago m.

shotgun [ˈʃɒtgʌn] n escopeta f.

☞

should [ʃud] aux vb **- 1.** (expressing desirability) deber; **we ~ leave now** deberíamos irnos ahora.
- 2. (asking for advice): **~ I go too?** ¿yo también voy?
- 3. (expressing probability) deber de; **she ~ arrive soon** debe de estar a punto de llegar.
- 4. (ought to have) deber; **they ~ have**

won the match deberían haber ganado el partido.
- 5. (in clauses with "that"): **we decided that you ~ do it** decidimos que lo hicieras tú.
- 6. fml (in conditionals): **~ you need anything, call reception** si necesita alguna cosa, llame a recepción.
- 7. fml (expressing wish): **I ~ like to come with you** me gustaría ir contigo.

shoulder [ˈʃəʊldə] n (of person) hombro m; (of meat) espaldilla f; Am (of road) arcén m.

shoulder pad n hombrera f.

shouldn't [ˈʃʊdnt] = **should not**.

should've [ˈʃʊdəv] = **should have**.

shout [ʃaʊt] n grito m. ◆ vt & vi gritar. ❑ **shout out** vt sep gritar.

shove [ʃʌv] vt (push) empujar; (put carelessly) poner de cualquier manera.

shovel [ˈʃʌvl] n pala f.

show [ʃəʊ] (pp -ed OR shown) n (at theatre) función f; (on TV, radio) programa m; (exhibition) exhibición f. ◆ vt mostrar; (undergo) registrar; (represent, depict) representar; (accompany) acompañar; (film) proyectar; (TV programme) emitir. ◆ vi (be visible) verse; (film) proyectarse; **to ~ sthg to sb** enseñar algo a alguien; **to ~ sb how to do sthg** enseñar a alguien cómo se hace algo. ❑ **show off** vi presumir. ❑ **show up** vi (come along) aparecer; (be visible) resaltar.

shower [ˈʃaʊə] n (for washing) ducha f; (of rain) chubasco m. ◆ vi ducharse; **to have a ~** darse una ducha.

shower gel n gel m de baño.

shower unit n ducha f (cubículo).

showing [ˈʃəʊɪŋ] n (of film) proyección f.

shown [ʃəʊn] pp → **show**.

showroom ['ʃəʊrʊm] n sala f de exposición.

shrank [ʃræŋk] pt → **shrink**.

shrimp [ʃrɪmp] n camarón m.

shrine [ʃraɪn] n santuario m.

shrink [ʃrɪŋk] (pt **shrank**, pp **shrunk**) n in flóquero m, -ra f. ◆ vi (become smaller) encoger; (diminish) reducirse.

shrub [ʃrʌb] n arbusto m.

shrug [ʃrʌg] vi encogerse de hombros. ◆ n: she gave a ~ se encogió de hombros.

shrunk [ʃrʌŋk] pp → **shrink**.

shuffle ['ʃʌfl] vt (cards) barajar. ◆ vi andar arrastrando los pies.

shut [ʃʌt] (pt & pp **shut**) adj cerrado(da). ◆ vt cerrar. ◆ vi (door, mouth, eyes) cerrarse; (shop, restaurant) cerrar. ❑ **shut down** vt sep cerrar. ❑ **shut up** vi inf callarse la boca.

shutter ['ʃʌtə'] n (on window) contraventana f; (on camera) obturador m.

shuttle ['ʃʌtl] n (plane) avión m de puente aéreo; (bus) autobús m de servicio regular.

shuttlecock ['ʃʌtlkɒk] n volante m.

shy [ʃaɪ] adj tímido(da).

sick [stk] adj (ill) enfermo(ma); (nauseous) mareado(da); **to be ~** (vomit) devolver; **to feel ~** estar mareado; **to be ~ of** (fed up) estar harto(ta) de.

sick bag n bolsa f para el mareo.

sickness ['sɪknɪs] n enfermedad f.

sick pay n ≃ subsidio m de enfermedad.

side [saɪd] n lado m; (of hill, valley) ladera f; (of river) orilla f; (of paper, coin, tape, record) cara f; Br (team) equipo m; (TV channel) canal m; (page of

writing) página f. ◆ adj lateral; **at the ~ of** al lado de; **on the other ~** al otro lado; **on this ~** en este lado; **~ by ~** juntos.

sideboard ['saɪdbɔːd] n aparador m.

side dish n plato m de acompañamiento.

side effect n efecto m secundario.

side order n guarnición f (no incluida en el plato).

side salad n ensalada f de acompañamiento.

side street n travesía f Esp, calle f lateral.

sidewalk ['saɪdwɔːk] n Am acera f.

sideways ['saɪdweɪz] adv (move) de lado; (look) de reojo.

sieve [sɪv] n tamiz m.

sigh [saɪ] n suspiro m. ◆ vi suspirar.

sight [saɪt] n (eyesight) vista f; (thing seen) imagen f; **at first ~** a primera vista; **to catch ~ of** divisar; **in ~** a la vista; **to lose ~ of** perder de vista; **out of ~** fuera de vista. ❑ **sights** npl (of city, country) lugares mpl de interés turístico.

sightseeing ['saɪtˌsiːɪŋ] n: **to go ~** ir a visitar los lugares de interés turístico.

sign [saɪn] n señal f; (on shop) letrero m; (symbol) signo m. ◆ vt & vi firmar; **there's no ~ of her** no hay señales de ella. ❑ **sign in** vi firmar en el registro de entrada.

signal ['sɪgnl] n señal f; Am (traffic lights) semáforo m. ◆ vi señalizar.

signature ['sɪgnətʃə'] n firma f.

significant [sɪg'nɪfɪkənt] adj significativo(va).

signpost ['saɪnpəʊst] n letrero m indicador.

silence ['saɪləns] n silencio m.

silencer ['saɪlənsə'] n Br silenciador m.

silent ['saɪlənt] adj silencioso(sa).

silicon ['sɪlɪkən] n

ⓘ SILICON VALLEY

"Silicon Valley" es el nombre dado a la parte del norte de California donde se hayan muchas compañías de informática. Se conoce en general como el lugar de nacimiento de la industria del PC.

---

silk [sɪlk] n seda f.

sill [sɪl] n alféizar m.

silly ['sɪlɪ] adj tonto(ta).

silver ['sɪlvə'] n (substance) plata f; (coins) monedas fpl plateadas. ◆ adj de plata.

silver foil n papel m de aluminio.

silver-plated [-'pleɪtɪd] adj chapado(da) en plata.

similar ['sɪmɪlə'] adj similar; to be ~ to ser parecido(da) a.

similarity [,sɪmɪ'lærətɪ] n (resemblance) parecido m; (similar point) similitud f.

simmer ['sɪmə'] vi hervir a fuego lento.

simple ['sɪmpl] adj sencillo(lla).

simplify ['sɪmplɪfaɪ] vt simplificar.

simply ['sɪmplɪ] adv (just) simplemente; (easily; not elaborately) sencillamente.

simulate ['sɪmjʊleɪt] vt simular.

simultaneous [Br ,sɪməl'teɪnjəs, Am ,saɪməl'teɪnjəs] adj simultáneo(a).

simultaneously [Br ,sɪməl-'teɪnjəslɪ, Am ,saɪməl'teɪnjəslɪ] adv simultáneamente.

sin [sɪn] n pecado m. ◆ vi pecar.

since [sɪns] adv desde entonces. ◆ prep desde. ◆ conj (in time) desde que; (as) ya que; ever ~ desde, desde que.

sincere [sɪn'sɪə'] adj sincero(ra).

sincerely [sɪn'sɪəlɪ] adv sinceramente; Yours ~ (le saluda) atentamente.

sing [sɪŋ] (pt sang, pp sung) vt & vi cantar.

singer ['sɪŋə'] n cantante mf.

single ['sɪŋgl] adj (just one) solo(la); (not married) soltero(ra). ◆ n Br (ticket) billete m Esp OR boleto m Amér de ida; (record) disco m sencillo; every ~ cada uno (una) de. ❑ **singles** n modalidad f individual. ◆ adj (bar, club) para solteros.

single bed n cama f individual.

single cream n Br nata f líquida Esp, crema f líquida Amér.

single parent n padre m soltero, madre f soltera.

single room n habitación f individual.

singular ['sɪŋgjʊlə'] n singular m; in the ~ en singular.

sinister ['sɪnɪstə'] adj siniestro(tra).

sink [sɪŋk] (pt sank, pp sunk) n (in kitchen) fregadero m; (washbasin) lavabo m. ◆ vi (in water, mud) hundirse; (decrease) descender.

sink unit n fregadero m (con mueble debajo).

sinuses ['saɪnəsɪz] npl senos mpl frontales.

sip [sɪp] n sorbo m. ◆ vt beber a sorbos.

siphon ['saɪfn] n sifón m. ◆ vt sacar con sifón.

sir [sɜː'] n señor m; Dear Sir Muy Señor mío.

siren ['saɪərən] n sirena f.

sirloin steak [,sɜːlɔɪn-] n solomillo m.

sister ['sɪstə'] n hermana f; Br

(nurse) enfermera *f* jefe.

sister-in-law *n* cuñada *f*.

sit [sɪt] *(pt & pp* **sat)** *vi* sentarse; *(be situated)* estar situado. ◆ *vt (place)* poner; *Br (exam)* presentarse a; **to be sitting** estar sentado. ❑ **sit down** *vi* sentarse; **to be sitting down** estar sentado. ❑ **sit up** *vi (after lying down)* incorporarse; *(stay up late)* quedarse levantado.

site [saɪt] *n (place)* sitio *m;* *(building site)* obra *f* de construcción.

sitting room ['sɪtɪŋ-] *n* sala *f* de estar.

situated ['sɪtjʊeɪtɪd] *adj:* **to be ~** estar situado(da).

situation [ˌsɪtjʊ'eɪʃn] *n* situación *f;* '**~s vacant**' 'ofertas de empleo'.

six [sɪks] *num adj* seis *inv.* ◆ *num n* seis *m inv;* **to be ~ (years old)** tener seis años (de edad); **it's ~** *(o'clock)* son las seis; **a hundred and ~** ciento seis; **~ Hill St** Hill St, número seis; **it's ~ minus ~ (degrees)** hay seis grados bajo cero; **~ out of ten** seis sobre diez.

sixteen [sɪks'tiːn] *num* dieciséis → **six.**

sixteenth [sɪks'tiːnθ] *num* decimosexto(ta) → **sixth.**

sixth [sɪksθ] *num adj* sexto(ta). ◆ *pron* sexto *m, -ta f.* ◆ *num n (fraction)* sexto *m.* ◆ *num adj* sexto: **a ~ (of)** la sexta parte (de); **the ~ (of September)** el seis de septiembre.

sixth form *n Br* curso de enseñanza media que prepara a alumnos de 16 a 18 años para los "A-levels".

sixth-form college *n Br* centro de enseñanza que prepara a alumnos de 16 a 18 años para los "A-levels" o exámenes de formación profesional.

sixtieth ['sɪkstɪəθ] *num* sexagésimo(ma) → **sixth.**

sixty ['sɪkstɪ] *num* sesenta → **six.**

size [saɪz] *n* tamaño *m;* *(of clothes, hats)* talla *f;* *(of shoes)* número *m;* **what ~ do you take?** ¿qué talla/número usa?; **what ~ is this?** ¿de qué talla es esto?

sizeable ['saɪzəbl] *adj* considerable.

skate [skeɪt] *n (ice skate, roller skate)* patín *m;* *(fish)* raya *f.* ◆ *vi* patinar.

skateboard ['skeɪtbɔːd] *n* monopatín *m,* patineta *f Amér.*

skater ['skeɪtəʳ] *n (ice-skater)* patinador *m, -ra f.*

skating ['skeɪtɪŋ] *n:* **to go ~** ir a patinar.

skeleton ['skelɪtn] *n* esqueleto *m.*

skeptical ['skeptɪkl] *Am* = **sceptical.**

sketch [sketʃ] *n (drawing)* bosquejo *m;* *(humorous)* sketch *m.* ◆ *vt* hacer un bosquejo de.

skewer ['skjʊəʳ] *n* brocheta *f.*

ski [skiː] *(pt & pp* **skied,** *cont* **skiing)** *n* esquí *m.* ◆ *vi* esquiar.

ski boots *npl* botas *fpl* de esquí.

skid [skɪd] *n* derrape *m.* ◆ *vi* derrapar.

skier ['skiːəʳ] *n* esquiador *m, -ra f.*

skiing ['skiːɪŋ] *n* esquí *m;* **to go ~** ir a esquiar; **a ~ holiday** unas vacaciones de esquí.

skilful ['skɪlfʊl] *adj Br* experto(ta).

ski lift *n* telesilla *m.*

skill [skɪl] *n (ability)* habilidad *f;* *(technique)* técnica *f.*

skilled [skɪld] *adj (worker, job)* especializado(da); *(driver, chef)* cualificado(da).

skillful ['skɪlfʊl] *Am* = **skilful.**

skimmed milk [skɪmd-] *n* leche *f* desnatada *Esp* o descremada *Amér.*

skin [skɪn] *n* piel *f;* *(on milk)* nata *f.*

skin freshener [-ˌfreʃnəʳ] n tónico m.

skinny ['skɪnɪ] adj flaco(ca).

skip [skɪp] vi (with rope) saltar a la comba Esp OR cuerda; (jump) ir dando brincos. ◆ vt saltarse. ◆ n (container) contenedor m.

ski pants npl pantalones mpl de esquí.

ski pass n forfait m.

ski pole n bastón m para esquiar.

skipping rope ['skɪpɪŋ-] n cuerda f de saltar.

skirt [skɜːt] n falda f.

ski slope n pista f de esquí.

ski tow n remonte m.

skittles ['skɪtlz] n bolos mpl.

skull [skʌl] n (of living person) cráneo m; (of skeleton) calavera f.

sky [skaɪ] n cielo m.

skylight ['skaɪlaɪt] n tragaluz m.

skyscraper ['skaɪˌskreɪpəʳ] n rascacielos m inv.

slab [slæb] n (of stone, concrete) losa f.

slack [slæk] adj (rope) flojo(ja); (careless) descuidado(da); (not busy) inactivo(va).

slacks [slæks] npl pantalones mpl (holgados).

slam [slæm] vt cerrar de golpe. ◆ vi cerrarse de golpe.

slander ['slɑːndəʳ] n calumnia f.

slang [slæŋ] n argot m.

slant [slɑːnt] n (slope) inclinación f. ◆ vi inclinarse.

slap [slæp] n bofetada f, cachetada f Amér. ◆ vt abofetear, cachetear Amér.

slash [slæʃ] vt (cut) cortar; fig (prices) recortar drásticamente. ◆ n (written symbol) barra f (oblicua).

slate [sleɪt] n pizarra f.

slaughter ['slɔːtəʳ] vt (kill) matar; fig (defeat) dar una paliza.

slave [sleɪv] n esclavo m, -va f.

sled [sled] = **sledge**.

sledge [sledʒ] n trineo m.

sleep [sliːp] (pt & pp **slept**) n (rest) descanso m; (nap) siesta f. ◆ vi dormir. ◆ vt: **the house** ~ **six** la casa tiene seis plazas; **did you** ~ **well?** ¿dormiste bien?; **I couldn't get to** ~ no pude conciliar el sueño; **to go to** ~ dormirse; **to** ~ **with sb** acostarse con alguien.

sleeper ['sliːpəʳ] n (train) tren m nocturno (con literas); (sleeping car) coche-cama m; Br (on railway track) traviesa f; Br (earring) aro m.

sleeping bag ['sliːpɪŋ-] n saco m de dormir.

sleeping car ['sliːpɪŋ-] n coche-cama m.

sleeping pill ['sliːpɪŋ-] n pastilla f para dormir.

sleepy ['sliːpɪ] adj soñoliento(ta).

sleet [sliːt] n aguanieve f. ◆ v impers: **it's** ~**ing** cae aguanieve.

sleeve [sliːv] n (of garment) manga f; (of record) cubierta f.

sleeveless ['sliːvlɪs] adj sin mangas.

slept [slept] pt & pp → **sleep**.

slice [slaɪs] n (of bread) rebanada f; (of meat) tajada f; (of cake, pizza) trozo m; (of lemon, sausage, cucumber) rodaja f; (of cheese, ham) loncha f Esp, rebanada f. ◆ vt cortar.

sliced bread [slaɪst-] n pan m en rebanadas.

slide [slaɪd] (pt & pp **slid** [slɪd]) n (in playground) tobogán m; (of photograph) diapositiva f; Br (hair clip) prendedor m. ◆ vi (slip) resbalar.

sliding door [ˌslaɪdɪŋ-] n puerta f corredera.

slight [slaɪt] adj (minor) leve; **the** ~**est** el menor (la menor); **not in**

the ~est en absoluto.

slightly ['slaɪtlɪ] *adv* ligeramente.

slim [slɪm] *adj* delgado(da). ◆ *vi* adelgazar.

slimming ['slɪmɪŋ] *n* adelgazamiento *m*.

sling [slɪŋ] (*pt* & *pp* **slung**) *n* (*for arm*) cabestrillo *m*. ◆ *vt inf* tirar.

slip [slɪp] *vi* resbalar. ◆ *n* (*mistake*) descuido *m*; (*of paper*) papelito *m*; (*petticoat*) enaguas *fpl*. ❑ **slip up** *vi* (*make a mistake*) cometer un error.

slipper ['slɪpəʳ] *n* zapatilla *f*, pantufla *f Amér*.

slippery ['slɪpərɪ] *adj* resbaladizo(za).

slit [slɪt] *n* ranura *f*.

slob [slɒb] *n inf* guarro *m*, -rra *f*.

slogan ['sləʊgən] *n* eslogan *m*.

slope [sləʊp] *n* (*incline*) inclinación *f*; (*hill*) cuesta *f*; (*for skiing*) pista *f*. ◆ *vi* inclinarse.

sloping ['sləʊpɪŋ] *adj* inclinado(da).

slot [slɒt] *n* (*for coin*) ranura *f*; (*groove*) muesca *f*.

slot machine *n* (*vending machine*) máquina *f* automática; (*for gambling*) máquina *f* tragaperras *Esp* OR tragamonedas.

Slovakia [slə'vækɪə] *n* Eslovaquia.

slow [sləʊ] *adj* (*not fast*) lento(ta); (*clock, watch*) atrasado(da); (*business*) flojo(ja); (*in understanding*) corto(ta). ◆ *adv* despacio; **a ~ train** un tren tranvía. ❑ **slow down** *vt sep* reducir la velocidad de. ◆ *vi* (*vehicle*) reducir la velocidad; (*person*) reducir el paso.

slowly ['sləʊlɪ] *adv* (*not fast*) despacio; (*gradually*) poco a poco.

slug [slʌg] *n* babosa *f*.

slum [slʌm] *n* (*building*) cuchitril *m*. ❑ **slums** *npl* (*district*) barrios *mpl* bajos.

slung [slʌŋ] *pt* & *pp* → **sling**.

slush [slʌʃ] *n* nieve *f* medio derretida.

sly [slaɪ] *adj* (*cunning*) astuto(ta); (*deceitful*) furtivo(va).

smack [smæk] *n* (*slap*) cachete *m Esp*, cachetada *f Amér*. ◆ *vt* dar un cachete *Esp* OR una cachetada *Amér*.

small [smɔːl] *adj* pequeño(ña).

small change *n* cambio *m*.

smallpox ['smɔːlpɒks] *n* viruela *f*.

smart [smɑːt] *adj* (*elegant, posh*) elegante; (*clever*) inteligente.

smart card *n* tarjeta *f* con banda magnética.

smash [smæʃ] *n* SPORT mate *m*; *inf* (*car crash*) choque *m*. ◆ *vt* (*plate, window*) romper. ◆ *vi* (*plate, vase etc*) romperse.

smashing ['smæʃɪŋ] *adj Br inf* fenomenal.

smear test ['smɪə-] *n* citología *f*.

smell [smel] (*pt* & *pp* **-ed** OR **smelt**) *n* olor *m*. ◆ *vt* & *vi* oler; **to ~ of sthg** oler a algo.

smelly ['smelɪ] *adj* maloliente.

smelt [smelt] *pt* & *pp* → **smell**.

smile [smaɪl] *n* sonrisa *f*. ◆ *vi* sonreír.

smoke [sməʊk] *n* humo *m*. ◆ *vt* & *vi* fumar; **to have a ~** echarse un cigarro.

smoked [sməʊkt] *adj* ahumado(da).

smoked salmon *n* salmón *m* ahumado.

smoker ['sməʊkəʳ] *n* fumador *m*, -ra *f*.

smoking ['sməʊkɪŋ] *n* el fumar; **'no ~'** 'prohibido fumar'.

smoking area *n* área *f* de fumadores.

smoking compartment *n*

compartimento *m* de fumadores.

smoky ['sməʊkɪ] *adj (room)* lleno(na) de humo.

smooth [smuːð] *adj (surface, road)* liso(sa); *(skin)* terso(sa); *(flight, journey)* tranquilo(la); *(mixture, liquid)* sin grumos; *(wine, beer)* suave; *pej (suave)* meloso(sa). ❑ **smooth down** *vt sep* alisar.

smother ['smʌðə'] *vt (cover)* cubrir.

smudge [smʌdʒ] *n* mancha *f.*

smuggle ['smʌgl] *vt* pasar de contrabando.

snack [snæk] *n* piscolabis *m inv Esp,* tentempie *m.*

snack bar *n* cafetería *f.*

snail [sneɪl] *n* caracol *m.*

snake [sneɪk] *n (smaller)* culebra *f; (larger)* serpiente *f.*

snap [snæp] *vt (break)* partir (en dos). ◆ *vi (break)* partirse (en dos). ◆ *n inf (photo)* foto *f; Br (card game)* guerrilla *f.*

snatch [snætʃ] *vt (grab)* arrebatar; *(steal)* dar el tirón.

sneakers ['sniːkəz] *npl Am* zapatos *mpl* de lona.

sneeze [sniːz] *n* estornudo *m.* ◆ *vi* estornudar.

sniff [snɪf] *vi (from cold, crying)* sorber. ◆ *vt* oler.

snip [snɪp] *vt* cortar con tijeras.

snob [snɒb] *n* esnob *mf.*

snog [snɒg] *vi Br inf* morrearse *Esp,* besuquearse.

snooker ['snuːkə'] *n* snooker *m, juego parecido al billar.*

snooze [snuːz] *n* cabezada *f.*

snore [snɔː'] *vi* roncar.

snorkel ['snɔːkl] *n* tubo *m* respiratorio.

snout [snaʊt] *n* hocico *m.*

snow [snəʊ] *n* nieve *f.* ◆ *v impers:* **it's**

~ing está nevando.

snowball ['snəʊbɔːl] *n* bola *f* de nieve.

snowdrift ['snəʊdrɪft] *n* montón *m* de nieve.

snowflake ['snəʊfleɪk] *n* copo *m* de nieve.

snowman ['snəʊmæn] *(pl* **-men** [-men]*) n* muñeco *m* de nieve.

snowplough ['snəʊplaʊ] *n* quitanieves *m inv.*

snowstorm ['snəʊstɔːm] *n* tormenta *f* de nieve.

snug [snʌg] *adj (person)* cómodo y calentito (cómoda y calentita); *(place)* acogedor(ra).

☞

so [səʊ] *adv* **- 1.** *(emphasizing degree)* tan; **it's** ~ **difficult (that ...)** es tan difícil (que ...); ~ **many** tantos; ~ **much** tanto.
- 2. *(referring back):* ~ **you knew already** así que ya lo sabías; **I don't think** ~ no creo; **I'm afraid** ~ me temo que sí; **if** ~ en ese caso.
- 3. *(also)* también; ~ **do I** yo también.
- 4. *(in this way)* así.
- 5. *(expressing agreement):* ~ **I see** ya lo veo.
- 6. *(in phrases):* **or** ~ más o menos; ~ **as to do sthg** para hacer algo; **come here** ~ **that I can see you** ven acá para que te vea.
◆ *conj* **- 1.** *(therefore)* así que.
- 2. *(summarizing)* entonces; ~ **what have you been up to?** entonces ¿qué has estado haciendo?.
- 3. *(in phrases):* ~ **what?** *inf* ¿y qué?; ~ **there!** *inf* ¡y si no te gusta te aguantas!.

soak [səʊk] *vt (leave in water)* poner en remojo; *(make very wet)* empapar

◆ vi: to ~ through sthg calar algo.
□ **soak up** vt sep absorber.

soaked [səʊkt] adj empapado(da).

soaking ['səʊkɪŋ] adj empapado(da).

soap [səʊp] n jabón m.

soap opera n telenovela f.

soap powder n detergente m en polvo.

sob [sɒb] n sollozo m. ◆ vi sollozar.

sober ['səʊbə'] adj (not drunk) sobrio(bria).

soccer ['sɒkə'] n fútbol m.

sociable ['səʊʃəbl] adj sociable.

social ['səʊʃl] adj social.

social club n club m social.

socialist ['səʊʃəlɪst] adj socialista.
◆ n socialista mf.

social life n vida f social.

social security n seguridad f social.

social worker n asistente m, -ta f social.

society [sə'saɪətɪ] n sociedad f.

sociology [ˌsəʊsɪ'ɒlədʒɪ] n sociología f.

sock [sɒk] n calcetín m.

socket ['sɒkɪt] n (for plug, light bulb) enchufe m.

sod [sɒd] n Br vulg cabrón m, -ona f.

soda ['səʊdə] n (soda water) soda f; Am (fizzy drink) gaseosa f.

soda water n soda f.

sofa ['səʊfə] n sofá m.

sofa bed n sofá-cama m.

soft [sɒft] adj (not firm, stiff) blando(da); (not rough, loud) suave; (not forceful) suave(ra).

soft cheese n queso m blando.

soft drink n refresco m.

software ['sɒftweə'] n software m.

soil [sɔɪl] n tierra f.

solarium [sə'leərɪəm] n solario m.

solar panel ['səʊlə-] n panel m solar.

sold [səʊld] pt & pp → **sell**.

soldier ['səʊldʒə'] n soldado m.

sold out adj agotado(da).

sole [səʊl] adj (only) único(ca); (exclusive) exclusivo(va). ◆ n (of shoe) suela f; (of foot) planta f; (fish: pl inv) lenguado m.

solemn ['sɒləm] adj solemne.

solicitor [sə'lɪsɪtə'] n Br abogado que actúa en los tribunales de primera instancia y prepara casos para los tribunales superiores.

solid ['sɒlɪd] adj sólido(da); (table, gold, oak) macizo(za).

solo ['səʊləʊ] (pl -s) n solo m.

soluble ['sɒljʊbl] adj soluble.

solution [sə'luːʃn] n solución f.

solve [sɒlv] vt resolver.

☞

some [sʌm] adj - 1. (certain amount of): would you like ~ coffee? ¿quieres café?; **can I have ~ cheese?** ¿me das un poco de queso?; ~ **money** algo de dinero.
- 2. (certain number of) unos (unas); ~ **sweets** unos caramelos; **have ~ grapes** coge uvas; ~ **people** alguna gente.
- 3. (large amount of) bastante; **I had ~ difficulty getting here** me resultó bastante difícil llegar aquí.
- 4. (large number of) bastante; **I've known him for ~ years** hace bastantes años que lo conozco.
- 5. (not all) algunos(nas); ~ **jobs are better paid than others** algunos trabajos están mejor pagados que otros.
- 6. (in imprecise statements) un (una); ~ **man phoned** llamó un hombre.
◆ pron - 1. (certain amount) un poco;

can I have ~? ¿puedo coger un poco?
- **2.** *(certain number)* algunos *mpl*, -nas *fpl*; **can I have ~?** ¿puedo coger algunos?; ~ **(of them)** left early algunos (de ellos) se fueron pronto.
◆ *adv* aproximadamente; **there were ~ 7,000 people there** había unas 7.000 personas allí.

somebody ['sʌmbədɪ] = **someone**.

somehow ['sʌmhaʊ] *adv (some way or other)* de alguna manera; *(for some reason)* por alguna razón.

someone ['sʌmwʌn] *pron* alguien.

someplace ['sʌmpleɪs] *Am* = **somewhere**.

somersault ['sʌməsɔːlt] *n* salto *m* mortal.

something ['sʌmθɪŋ] *pron* algo; **it's really ~** es algo impresionante; **or ~** *infl* algo así; **~ like** algo así como.

sometime ['sʌmtaɪm] *adv* en algún momento.

sometimes ['sʌmtaɪmz] *adv* a veces.

somewhere ['sʌmweə] *adv (in or to unspecified place)* en/a alguna parte; *(approximately)* aproximadamente.

son [sʌn] *n* hijo *m*.

song [sɒŋ] *n* canción *f*.

son-in-law *n* yerno *m*.

soon [suːn] *adv* pronto; **how ~ can you do it?** ¿para cuándo estará listo?; **as ~ as** tan pronto como; **as ~ as possible** cuanto antes; **~ after** poco después; **~er or later** tarde o temprano.

soot [sʊt] *n* hollín *m*.

soothe [suːð] *vt (pain, sunburn)* aliviar; *(person, anger, nerves)* calmar.

sophisticated [sə'fɪstɪkeɪtɪd] *adj* sofisticado(da).

sorbet ['sɔːbeɪ] *n* sorbete *m*.

sore [sɔː] *adj (painful)* dolorido (da); *Am inf (angry)* enfadado(da).
◆ *n* úlcera *f*; **to have a ~ throat** tener dolor de garganta.

sorry ['sɒrɪ] *adj*: **I'm ~** ¡lo siento!; **I'm ~ I'm late** siento llegar tarde; **I'm ~ you failed** lamento que hayas suspendido; **~?** *(pardon?)* ¿perdón?; **to feel ~ for sb** sentir lástima por alguien; **to be ~ about sthg** sentir algo.

sort [sɔːt] *n* tipo *m*, clase *f*. ◆ *vt* clasificar; **~ of** más o menos; **it's ~ of (difficult)** es algo difícil. ❑ **sort out** *vt sep (classify)* clasificar; *(resolve)* resolver.

so-so *adj & adv* *inf* así así.

soufflé ['suːfleɪ] *n* suflé *m*.

sought [sɔːt] *pt & pp* → **seek**.

soul [səʊl] *n (spirit)* alma *f*; *(soul music)* música *f* soul.

sound [saʊnd] *n* sonido *m*; *(individual noise)* ruido *m*. ◆ *vt (horn, bell)* hacer sonar. ◆ *vi (make a noise)* sonar; *(seem to be)* parecer. ◆ *adj (health, person)* bueno(na); *(heart)* sano(na); *(building, structure)* sólido(da); **to ~ like (make a noise like)** sonar como; *(seem to be)* sonar.

soundproof ['saʊndpruːf] *adj* insonorizado(da).

soup [suːp] *n* sopa *f*.

soup spoon *n* cuchara *f* sopera.

sour ['saʊə] *adj (taste)* ácido(da); *(milk)* agrio (agria); **to go ~** agriarse.

source [sɔːs] *n (supply, origin)* fuente *f*; *(cause)* origen *m*; *(of river)* nacimiento *m*.

sour cream *n* nata *f Esp* OR crema *f Amér* agria.

south [saʊθ] *n* sur *m*. ◆ *adv* al sur.

the ~ of England en el sur de Inglaterra.

South America n Sudamérica.

southbound ['saʊθbaʊnd] adj con rumbo al sur.

southeast [ˌsaʊθ'i:st] n sudeste m.

southern ['sʌðən] adj del sur.

South Pole n Polo m Sur.

southwards ['saʊθwədz] adv hacia el sur.

southwest [ˌsaʊθ'west] n suroeste m.

souvenir [ˌsuːvə'nɪə'] n recuerdo m.

sow[1] [səʊ] (pp **sown** [səʊn]) vt sembrar.

sow[2] [saʊ] n (pig) cerda f.

soya ['sɔɪə] n soja f Esp, soya f Amér.

soya bean n semilla f de soja Esp OR soya f Amér.

soy sauce [ˌsɔɪ-] n salsa f de soja Esp OR soya f Amér.

spa [spaː] n balneario m.

space [speɪs] n espacio m. ◆ vt espaciar.

spaceship ['speɪsʃɪp] n nave f espacial.

space shuttle n transbordador m espacial.

spacious ['speɪʃəs] adj espacioso(sa).

spade [speɪd] n (tool) pala f.
▫ **spades** npl (in cards) picas fpl.

spaghetti [spə'getɪ] n espaguetis mpl.

Spain [speɪn] n España.

span [spæn] pt → **spin**. ◆ n (length) duración f; (of time) período m.

Spaniard ['spænjəd] n español m, -la f.

spaniel ['spænjəl] n perro m de aguas.

Spanish ['spænɪʃ] adj español(la).

◆ n (language) español m.

spank [spæŋk] vt zurrar.

spanner ['spænə'] n llave f (de tuercas).

spare [speə'] adj (kept in reserve) de sobra; (not in use) libre. ◆ n (spare part) recambio m. ◆ vt: I can't ~ the time no tengo tiempo; **with ten minutes to** ~ con diez minutos de sobra.

spare part n pieza f de recambio.

spare ribs npl costillas fpl (sueltas).

spare room n habitación f de invitados.

spare time n tiempo m libre.

spark [spaːk] n chispa f.

sparkling ['spaːklɪŋ] adj (drink) con gas.

sparkling wine n vino m espumoso.

sparrow ['spærəʊ] n gorrión m.

spat [spæt] pt & pp Br → **spit**.

speak [spiːk] (pt **spoke**, pp **spoken**) vt (language) hablar; (say) decir. ◆ vi hablar; **who's** ~ing? (on phone) ¿quién es?; **can I** ~ **to Sarah?** - ~ing! ¡puedo hablar con Sara? - ¡soy yo!; **to** ~ **to sb** about sthg hablar con alguien sobre algo. ▫ **speak up** vi (more loudly) hablar más alto.

speaker ['spiːkə'] n (at conference) conferenciante mf; (loudspeaker, of stereo) altavoz m; **a Spanish** ~ un hispanohablante.

spear [spɪə'] n lanza f.

special ['speʃl] adj (not ordinary) especial; (particular) particular. ◆ n (dish) plato m del día; **'today's** ~' 'plato del día'.

special delivery n Br ≃ correo m urgente.

special effects npl efectos m

especiales.

specialist ['speʃəlɪst] n (doctor) especialista mf.

speciality [,speʃɪ'ælətɪ] n especialidad f.

specialize ['speʃəlaɪz] vi: to ~ (in) especializarse (en).

specially ['speʃəlɪ] adv especialmente; (particularly) particularmente.

special offer n oferta f especial.

special school n Br escuela f especial.

specialty ['speʃltɪ] Am = **speciality**.

species ['spi:ʃi:z] (pl inv) n especie f.

specific [spə'sɪfɪk] adj específico(ca).

specifications [,spesɪfɪ'keɪʃnz] npl (of machine, building etc) datos mpl técnicos.

specimen ['spesɪmən] n MED espécimen m; (example) muestra f.

specs [speks] npl inf gafas fpl.

spectacle ['spektəkl] n espectáculo m.

spectacles ['spektəklz] npl gafas fpl.

spectacular [spek'tækjʊləʳ] adj espectacular.

spectator [spek'teɪtəʳ] n espectador m, -ra f.

sped [sped] pt & pp → **speed**.

speech [spi:tʃ] n (ability to speak) habla f; (manner of speaking) manera f de hablar; (talk) discurso m.

speech impediment [-ɪm,pedɪmənt] n impedimento m al hablar.

speed [spi:d] (pt & pp **-ed** OR **sped**) n velocidad f. ◆ vi (move quickly) moverse de prisa; (drive too fast) conducir con exceso de velocidad. ❑ **speed up** vi acelerarse.

speedboat ['spi:dbəʊt] n lancha f motora.

speed bump n banda f (sonora), guardia m tumbado Esp, lomo m de burro RP.

speeding ['spi:dɪŋ] n exceso m de velocidad.

speed limit n límite m de velocidad.

speedometer [spɪ'dɒmɪtəʳ] n velocímetro m.

spell [spel] (Br pt & pp **-ed** OR **spelt**, Am pt & pp **-ed**) vt (word, name) deletrear; (subj: letters) significar. ◆ n (time spent) temporada f; (of weather) racha f; (magic) hechizo m.

spell-check vt (text, file, document) corregir la ortografía de.

spell-checker [-tʃekəʳ] n corrector m de ortografía.

spelling ['spelɪŋ] n ortografía f.

spelt [spelt] pt & pp Br → **spell**.

spend [spend] (pt & pp **spent** [spent]) vt (money) gastar; (time) pasar.

sphere [sfɪəʳ] n esfera f.

spice [spaɪs] n especia f. ◆ vt condimentar.

spicy ['spaɪsɪ] adj picante.

spider ['spaɪdəʳ] n araña f.

spider's web n telaraña f.

spike [spaɪk] n (metal) clavo m.

spill [spɪl] (Br pt & pp **-ed** OR **spilt** [spɪlt], Am pt & pp **-ed**) vt derramar. ◆ vi derramarse.

spin [spɪn] (pt **span** OR **spun**, pp **spun**) vt (wheel, coin, chair) hacer girar; (washing) centrifugar. ◆ n (on ball) efecto m; to go for a ~ inf ir a dar una vuelta.

spinach ['spɪnɪdʒ] n espinacas fpl.

spine [spaɪn] n (of back) espina f dorsal; (of book) lomo m.

spinster ['spɪnstə'] n soltera f.

spiral ['spaɪərəl] n espiral f.

spiral staircase n escalera f de caracol.

spire ['spaɪə'] n aguja f.

spirit ['spɪrɪt] n (soul) espíritu m; (energy) vigor m; (courage) valor m; (mood) humor m. ❑ **spirits** npl Br (alcohol) licores mpl.

spit [spɪt] (Br pt & pp **spat**, Am pt & pp **spit**) vi escupir. ◆ n (saliva) saliva f; (for cooking) asador m. ◆ v impers: **it's spitting** está chispeando.

spite [spaɪt] ◆ **in spite of** prep a pesar de.

spiteful ['spaɪtfʊl] adj rencoroso(sa).

splash [splæʃ] n (sound) chapoteo m. ◆ vt salpicar.

splendid ['splendɪd] adj (beautiful) magnífico(ca); (very good) espléndido(da).

splint [splɪnt] n tablilla f.

splinter ['splɪntə'] n astilla f.

split [splɪt] (pt & pp **split**) n (tear) rasgón m; (crack) grieta f; (in skirt) abertura f. ◆ vt (wood, stone) agrietar; (tear) rasgar; (bill, profits, work) dividir. ◆ vi (wood, stone) agrietarse; (tear) rasgarse. ❑ **split up** vi (group, couple) separarse.

spoil [spɔɪl] (pt & pp **-ed** OR **spoilt** [spɔɪlt]) vt (ruin) estropear; (child) mimar.

spoke [spəʊk] pt → **speak**. ◆ n radio m.

spoken ['spəʊkn] pp → **speak**.

spokesman ['spəʊksmən] (pl **-men** [-mən]) n portavoz m.

spokeswoman ['spəʊks‚wʊmən] (pl **-women** [-‚wɪmɪn]) n portavoz f.

sponge [spʌndʒ] n (for cleaning, washing) esponja f.

sponge bag n Br neceser m.

sponge cake n bizcocho m.

sponsor ['spɒnsə'] n (of event, TV programme) patrocinador m, -ra f.

sponsored walk [‚spɒnsəd-] n marcha f benéfica.

spontaneous [spɒn'teɪnjəs] adj espontáneo(nea).

spoon [spuːn] n cuchara f.

spoonful ['spuːnfʊl] n cucharada f.

sport [spɔːt] n deporte m.

sports car [spɔːts-] n coche m deportivo.

sports centre [spɔːts-] n centro m deportivo.

sports jacket [spɔːts-] n chaqueta f de sport.

sportsman ['spɔːtsmən] (pl **-men** [-mən]) n deportista m.

sports shop [spɔːts-] n tienda f de deporte.

sportswoman ['spɔːts‚wʊmən] (pl **-women** [-‚wɪmɪn]) n deportista f.

spot [spɒt] n (of paint, rain) gota f; (on clothes) lunar m; (on skin) grano m; (place) lugar m. ◆ vt notar; **on the ~** (at once) en el acto; (at the scene) en el lugar.

spotless ['spɒtlɪs] adj inmaculado(da).

spotlight ['spɒtlaɪt] n foco m.

spotty ['spɒtɪ] adj (skin, person, face) lleno(na) de granos.

spouse [spaʊs] n (fml) esposo m, -sa f.

spout [spaʊt] n pitorro m Esp, pico m.

sprain [spreɪn] vt torcerse.

sprang [spræŋ] pt → **spring**.

spray [spreɪ] n (of aerosol, perfume) espray m; (droplets) rociada f; (of sea) espuma f. ◆ vt rociar.

spread [spred] (*pt & pp* **spread**) *vt* (*butter, jam, glue*) untar; (*map, tablecloth, blanket*) extender; (*legs, fingers, arms*) estirar; (*disease*) propagar; (*news, rumour*) difundir. ◆ *vi* (*disease, fire, stain*) propagarse; (*news, rumour*) difundirse. ◆ *n* (*food*) pasta *f* para untar. ❑ **spread out** *vi* (*disperse*) dispersarse.

spring [sprɪŋ] (*pt* **sprang**, *pp* **sprung**) *n* (*season*) primavera *f*; (*coil*) muelle *m*; (*of water*) manantial *m*. ◆ *vi* (*leap*) saltar; **in (the)** ~ en (la) primavera.

springboard ['sprɪŋbɔːd] *n* trampolín *m*.

spring-cleaning [-'kliːnɪŋ] *n* limpieza *f* general.

spring onion *n* cebolleta *f*.

spring roll *n* rollito *m* de primavera.

sprinkle ['sprɪŋkl] *vt* rociar.

sprinkler ['sprɪŋklə'] *n* aspersor *m*.

sprint [sprɪnt] *n* (*race*) esprint *m*. ◆ *vi* (*run fast*) correr a toda velocidad.

sprout [spraʊt] *n* (*vegetable*) col *f* de Bruselas.

spruce [spruːs] *n* picea *f*.

sprung [sprʌŋ] *pp* → **spring**. ◆ *adj* (*mattress*) de muelles.

spud [spʌd] *n inf* patata *f*.

spun [spʌn] *pt & pp* → **spin**.

spur [spɜː'] *n* (*for horse rider*) espuela *f*; **on the** ~ **of the moment** sin pensarlo dos veces.

spurt [spɜːt] *vi* salir a chorros.

spy [spaɪ] *n* espía *mf*.

squalor ['skwɒlə'] *n* miseria *f*.

square [skweə'] *adj* (*in shape*) cuadrado(da). ◆ *n* (*shape*) cuadrado *m*; (*in town*) plaza *f*; (*of chocolate*) onza *f*; (*on chessboard*) casilla *f*; **it's 2 metres** ~ tiene 2 metros cuadrados; **we're**

(all) ~ **now** quedamos en paz.

squash [skwɒʃ] *n* (*game*) squash *m*; *Br* (*drink*) refresco *m*; *Am* (*vegetable*) calabaza *f*. ◆ *vt* aplastar.

squat [skwɒt] *adj* achaparrado(da). ◆ *vi* (*crouch*) agacharse.

squeak [skwiːk] *vi* chirriar.

squeeze [skwiːz] *vt* (*orange*) exprimir; (*hand*) apretar; (*tube*) estrujar. ❑ **squeeze in** *vi* meterse.

squid [skwɪd] *n* (*food*) calamares *mpl*.

squint [skwɪnt] *n* estrabismo *m*. ◆ *vi* bizquear.

squirrel [*Br* 'skwɪrəl, *Am* 'skwɜːrəl] *n* ardilla *f*.

squirt [skwɜːt] *vi* salir a chorro.

St (*abbr of Street*) c; (*abbr of Saint*) Sto., Sta.

stab [stæb] *vt* (*with knife*) apuñalar.

stable ['steɪbl] *adj* (*unchanging*) estable; (*firmly fixed*) fijo(ja). ◆ *n* cuadra *f*.

stack [stæk] *n* (*pile*) pila *f*; ~**s of** *inf* (*lots*) montones de.

stadium ['steɪdjəm] *n* estadio *m*.

staff [stɑːf] *n* (*workers*) empleados *mpl*.

stage [steɪdʒ] *n* (*phase*) etapa *f*; (*in theatre*) escenario *m*.

stagger ['stægə'] *vt* (*arrange in stages*) escalonar. ◆ *vi* tambalearse.

stagnant ['stægnənt] *adj* estancado(da).

stain [steɪn] *n* mancha *f*. ◆ *vt* manchar.

stained glass window [,steɪnd-] *n* vidriera *f*.

stainless steel [,steɪnlɪs-] *n* acero *m* inoxidable.

staircase ['steəkeɪs] *n* escalera *f*.

stairs [steəz] *npl* escaleras *fpl*.

stairwell ['steəwel] *n* hueco *m* de

la escalera.

stake [steɪk] n (share) participación f; (in gambling) apuesta f; (post) estaca f; **at ~** en juego.

stale [steɪl] adj (food) pasado(da); (bread) duro(ra).

stalk [stɔːk] n (of flower, plant) tallo m; (of fruit, leaf) pecíolo m.

stall [stɔːl] n (in market, at exhibition) puesto m. ◆ vi (car, plane, engine) calarse Esp, pararse. ❑ **stalls** npl Br (in theatre) platea f.

stamina [ˈstæmɪnə] n resistencia f.

stammer [ˈstæmə] vi tartamudear.

stamp [stæmp] n sello m. ◆ vt (passport, document) sellar. ◆ vi: **to ~ on sthg** pisar algo; **to ~ one's foot** patear.

stamp-collecting [-kəˌlektɪŋ] n filatelia f.

stamp machine n máquina f expendedora de sellos Esp OR estampillas Amér.

stand [stænd] (pt & pp **stood**) vi (be on feet) estar de pie; (be situated) estar (situado); (get to one's feet) ponerse de pie. ◆ vt (place) colocar; (bear, withstand) soportar. ◆ n (stall) puesto m; (for coats) perchero m; (for umbrellas) paragüero m; (for bike, motorbike) tribuna f de apoyo; (at sports stadium) tribuna f; **to be ~ing** estar de pie; **to ~ sb a drink** invitar a alguien a beber algo. ❑ **stand back** vi echarse para atrás. ❑ **stand for** vt fus (mean) significar; (tolerate) tolerar. ❑ **stand in** vi: **to ~ in for sb** sustituir a alguien. ❑ **stand out** vi (be conspicuous) destacar; (be superior) sobresalir. ❑ **stand up** vi (be on feet) estar de pie; (get to one's feet) levantarse. ◆ vt sep inf (boyfriend, girlfriend etc) dejar plantado. ❑ **stand up for** vt fus salir en defensa de.

standard [ˈstændəd] adj (normal) normal. ◆ n (level) nivel m; (point of comparison) criterio m; **up to ~** al nivel requerido. ❑ **standards** npl (principles) valores mpl morales.

standard-class adj Br de segunda clase.

standby [ˈstændbaɪ] adj sin reserva.

stank [stæŋk] pt → **stink**.

staple [ˈsteɪpl] n (for paper) grapa f.

stapler [ˈsteɪplə] n grapadora f.

star [stɑː] n estrella f. ◆ vt (subj: film, play etc) estar protagonizado por. ❑ **stars** npl (horoscope) horóscopo m.

starch [stɑːtʃ] n (for clothes) almidón m; (in food) fécula f.

stare [steə] vi mirar fijamente; **to ~ at** mirar fijamente.

starfish [ˈstɑːfɪʃ] (pl inv) n estrella f de mar.

starling [ˈstɑːlɪŋ] n estornino m.

Stars and Stripes n: **the ~** la bandera de las barras y estrellas.

ⓘ STARS AND STRIPES

Este es uno de los muchos nombres que recibe la bandera estadounidense, también conocida como "Old Glory", "Star-Spangled Banner" o "Stars and Bars". Las 50 estrellas representan los 50 estados de hoy día; las 13 barras rojas y blancas, los 13 estados fundadores de la Unión. Los estadounidenses están muy orgullosos de su bandera y muchos particulares la hacen ondear delante de su casa.

---

start [stɑːt] n (beginning) principio

m; (starting place) salida *f.* ◆ *vt (begin)* empezar; *(car, engine)* arrancar; *(business, club)* montar. ◆ *vi (begin)* empezar; *(car, engine)* arrancar; *(begin journey)* salir; **at the ~ of the year** a principios del año; **prices ~ at** OR **from £5** precios desde cinco libras; **to ~ doing sthg** OR **to do sthg** empezar a hacer algo; **to ~ with** *(in the first place)* para empezar; *(when ordering meal)* de primero. ❑ **start out** *vi (on journey)* salir; *(be originally)* empezar. ❑ **start up** *vt sep (car, engine)* arrancar; *(business, shop)* montar.

starter ['stɑːtə^r] *n Br (of meal)* primer plato *m; (of car)* motor *m* de arranque; **for ~s** *(in meal)* de primero.

starter motor *n* motor *m* de arranque.

starting point ['stɑːtɪŋ-] *n* punto *m* de partida.

startle ['stɑːtl] *vt* asustar.

starvation [stɑːˈveɪʃn] *n* hambre *f.*

starve [stɑːv] *vi (have no food)* pasar hambre; **I'm starving!** ¡me muero de hambre!

state [steɪt] *n* estado *m.* ◆ *vt (declare)* declarar; *(specify)* indicar; **the State** el Estado; **the States** los Estados Unidos.

statement ['steɪtmənt] *n (declaration)* declaración *f; (from bank)* extracto *m.*

state school *n* ≃ instituto *m.*

statesman ['steɪtsmən] *(pl* **-men** [-mən]) *n* estadista *m.*

static ['stætɪk] *n* interferencias *fpl.*

station ['steɪʃn] *n* estación *f; (on radio)* emisora *f.*

stationary ['steɪʃnərɪ] *adj* inmóvil.

stationer's ['steɪʃnəz] *n (shop)* papelería *f.*

stationery ['steɪʃnərɪ] *n* objetos *mpl* de escritorio.

station wagon *n Am* furgoneta *f* familiar, camioneta *f Amér.*

statistics [stəˈtɪstɪks] *npl* datos *mpl.*

statue ['stætjuː] *n* estatua *f.*

Statue of Liberty *n*: **the ~** la Estatua de la Libertad.

ⓘ STATUE OF LIBERTY

La Estatua de la Libertad es una gigantesca estatua que representa a una mujer con una antorcha en la mano. Se alza sobre una pequeña isla situada ("Liberty Island") a la entrada del puerto de Nueva York y puede ser visitada por el público. La estatua es un obsequio que hizo Francia a Estados Unidos en 1884, como expresión de la gran amistad existente entre las dos naciones.

status ['steɪtəs] *n (legal position)* estado *m; (social position)* condición *f; (prestige)* prestigio *m.*

stay [steɪ] *n* estancia *f.* ◆ *vi (remain)* quedarse; *(as guest)* alojarse; *Scot (reside)* vivir; **to ~ the night** pasar la noche. ❑ **stay away** *vi (not attend)* no asistir; *(not go near)* no acercarse. ❑ **stay in** *vi* quedarse en casa. ❑ **stay out** *vi (from home)* quedarse fuera. ❑ **stay up** *vi* quedarse levantado.

STD code *n (abbr of subscriber trunk dialling)* prefijo para llamadas interurbanas.

steady ['stedɪ] *adj (not shaking, firm)* firme; *(gradual)* gradual; *(stable)* constante; *(job)* estable. ◆ *vt (stop from shaking)* mantener firme.

steak [steɪk] n (type of meat) bistec m; (piece of meat, fish) filete m.

steak and kidney pie n empanada de bistec y riñones.

steakhouse ['steɪkhaʊs, pl -haʊzɪz] n parrilla f (restaurante).

steal [stiːl] (pt **stole**, pp **stolen**) vt robar; **to ~ sthg from sb** robar algo a alguien.

steam [stiːm] n vapor m. ◆ vt (food) cocer al vapor.

steam engine n máquina f de vapor.

steam iron n plancha f de vapor.

steel [stiːl] n acero m. ◆ adj de acero.

steep [stiːp] adj (hill, path) empinado(da); (increase, drop) considerable.

steeple ['stiːpl] n torre f coronada con una aguja.

steer [stɪəʳ] vt (car, boat, plane) conducir, dirigir.

steering ['stɪərɪŋ] n dirección f.

steering wheel n volante m.

stem [stem] n (of plant) tallo m; (of glass) pie m.

step [step] n paso m; (stair, rung) peldaño m; (measure) medida f. ◆ vi: **to ~ on sthg** pisar algo; **'mind the ~'** 'cuidado con el escalón'. ❑ **steps** npl (stairs) escaleras fpl. ❑ **step aside** vi (move aside) apartarse. ❑ **step back** vi (move back) echarse atrás.

step aerobics n step m.

stepbrother ['step,brʌðəʳ] n hermanastro m.

stepdaughter ['step,dɔːtəʳ] n hijastra f.

stepfather ['step,fɑːðəʳ] n padrastro m.

stepladder ['step,lædəʳ] n escalera f de tijera.

stepmother ['step,mʌðəʳ] n madrastra f.

stepsister ['step,sɪstəʳ] n hermanastra f.

stepson ['stepsʌn] n hijastro m.

stereo ['sterɪəʊ] (pl -s) adj estéreo (inv). ◆ n (hi-fi) equipo m estereofónico; (stereo sound) estéreo m.

sterile ['steraɪl] adj (germ-free) esterilizado(da).

sterilize ['steraɪlaɪz] vt esterilizar.

sterling ['stɜːlɪŋ] adj (pound) esterlina. ◆ n la libra esterlina.

sterling silver n plata f de ley.

stern [stɜːn] adj severo(ra). ◆ n popa f

stew [stjuː] n estofado m.

steward ['stjʊəd] n (on plane) auxiliar m de vuelo, sobrecargo m; (on ship) camarero m; (at public event) ayudante m de organización.

stewardess ['stjʊədɪs] n auxiliar f de vuelo, sobrecargo m.

stewed [stjuːd] adj (fruit) en compota.

stick [stɪk] (pt & pp **stuck**) n (of wood, for sport) palo m; (thin piece) barra f; (walking stick) bastón m. ◆ vt (glue) pegar; (push, insert) meter; inf (put) poner. ◆ vi (become attached) pegarse; (jam) atrancarse. ❑ **stick out** vi sobresalir. ❑ **stick to** vt fus (decision) atenerse a; (principles) ser fiel a; (promise) cumplir con. ❑ **stick up** vt sep (poster, notice) pegar. ◆ vi salir. ❑ **stick up for** vt fus defender.

sticker ['stɪkəʳ] n pegatina f.

stick shift n Am (car) coche m con palanca de cambios.

sticky ['stɪkɪ] adj (substance, hands, sweets) pegajoso(sa); (label, tape) adhesivo(va); (weather) húmedo(da).

stiff [stɪf] adj (firm) rígido(da); (back, neck) agarrotado(da); (door, latch, mechanism) atascado(da). ◆ adv: **to be bored ~** inf estar muerto

stiletto heels

de aburrimiento; **to feel ~** tener agujetas.

stiletto heels [stɪ'letəʊ-] npl (shoes) tacones mpl de aguja.

still [stɪl] adv todavía; (despite that) sin embargo; (even) aún. ◆ adj (motionless) inmóvil; (quiet, calm) tranquilo(la); (not fizzy) sin gas; **we've got ten minutes** aún nos quedan diez minutos; **~ more** aún más; **to stand ~** estarse quieto.

stimulate ['stɪmjʊleɪt] vt (encourage) estimular; (make enthusiastic) excitar.

sting [stɪŋ] (pt & pp **stung**) vt picar. ◆ vi: **my eyes are ~ing** me pican los ojos.

stingy ['stɪndʒɪ] adj inf roñoso(sa).

stink [stɪŋk] (pt **stank** OR **stunk**, pp **stunk**) vi (smell bad) apestar.

stipulate ['stɪpjʊleɪt] vt estipular.

stir [stɜː'] vt (move around, mix) remover.

stir-fry n plato que se fríe en aceite muy caliente removiendo constantemente.

stirrup ['stɪrəp] n estribo m.

stitch [stɪtʃ] n (in sewing, knitting) punto m; **to have a ~** sentir pinchazos. □ **stitches** npl (for wound) puntos mpl.

stock [stɒk] n (of shop, business) existencias fpl; (supply) reserva f; FIN capital m; (in cooking) caldo m. ◆ vt (have in stock) tener, vender; **in ~** en existencia; **out of ~** agotado.

stock cube n pastilla f de caldo.

Stock Exchange n bolsa f.

stocking ['stɒkɪŋ] n media f.

stock market n mercado m de valores.

stodgy ['stɒdʒɪ] adj (food) indigesto(ta).

stole [stəʊl] pt → **steal**.

stolen ['stəʊln] pp → **steal**.

stomach ['stʌmək] n (organ) estómago m; (belly) vientre m.

stomachache ['stʌməkeɪk] n dolor m de estómago.

stomach upset [-'ʌpset] n trastorno m gástrico.

stone [stəʊn] n (substance, pebble) piedra f; (in fruit) hueso m; (measurement) = 6,35 kilos; (gem) piedra f preciosa. ◆ adj de piedra.

stonewashed ['stəʊnwɒʃt] adj lavado(da) a la piedra.

stood [stʊd] pt & pp → **stand**.

stool [stuːl] n taburete m.

stop [stɒp] n parada f. ◆ vt parar; (prevent) impedir. ◆ vi pararse; (cease) parar; (stay) quedarse; **to ~ sb/sthg from doing sthg** impedir que alguien/algo haga algo; **to ~ doing sthg** dejar de hacer algo; **to put a ~ to sthg** poner fin a algo. □ **stop off** vi hacer una parada.

stopover ['stɒp,əʊvə'] n parada f.

stopper ['stɒpə'] n tapón m.

stopwatch ['stɒpwɒtʃ] n cronómetro m.

storage ['stɔːrɪdʒ] n almacenamiento m.

store [stɔː'] n (shop) tienda f; (supply) provisión f. ◆ vt almacenar.

storehouse ['stɔːhaʊs, pl -haʊzɪz] n almacén m.

storeroom ['stɔːrʊm] n almacén m.

storey ['stɔːrɪ] (pl **-s**) n Br planta f.

stork [stɔːk] n cigüeña f.

storm [stɔːm] n tormenta f.

stormy ['stɔːmɪ] adj (weather) tormentoso(sa).

story ['stɔːrɪ] n (account, tale) cuento m; (news item) artículo m; Am = **storey**.

stout [staʊt] adj (fat) corpulento(ta). ◆ n (drink) cerveza f negra.

stove [stəʊv] n (for cooking) cocina f; (for heating) estufa f.

straight [streɪt] adj (not curved) recto(ta); (upright, level) derecho(cha); (hair) liso(sa); (consecutive) consecutivo(va); (drink) solo(la). ◆ adv (in a straight line) en línea recta; (upright) derecho; (directly) directamente; (without delay) inmediatamente; ~ **ahead** todo derecho; ~ **away** enseguida.

straightforward [ˌstreɪt'fɔːwəd] adj (easy) sencillo(lla).

strain [streɪn] n (force) presión f; (nervous stress) tensión f nerviosa; (tension) tensión; (injury) torcedura f. ◆ vt (muscle) torcerse; (eyes) cansar; (food, tea) colar.

strainer ['streɪnə] n colador m.

strait [streɪt] n estrecho m.

strange [streɪndʒ] adj (unusual) raro(ra); (unfamiliar) extraño(ña).

stranger ['streɪndʒə] n (unfamiliar person) extraño m, -ña f; (person from different place) forastero m, -ra f.

strangle ['stræŋgl] vt estrangular.

strap [stræp] n (of bag, camera, watch) correa f; (of dress, bra) tirante m.

strapless ['stræplɪs] adj sin tirantes.

strategy ['strætɪdʒɪ] n estrategia f.

straw [strɔː] n paja f.

strawberry ['strɔːbərɪ] n fresa f.

stray [streɪ] adj (ownerless) callejero(ra). ◆ vi vagar.

streak [striːk] n (stripe, mark) raya f; (period) racha f.

stream [striːm] n (river) riachuelo m; (of traffic, people, blood) torrente m.

street [striːt] n calle f.

streetcar ['striːtkɑː] n Am tranvía m.

street light n farola f.

street plan n callejero m (mapa).

strength [streŋθ] n (of person, food, drink) fuerza f; (of structure) solidez f; (influence) poder m; (strong point) punto m fuerte; (of feeling, wind, smell) intensidad f; (of drug) potencia f.

strengthen ['streŋθn] vt reforzar.

stress [stres] n (tension) estrés m inv; (on word, syllable) acento m. ◆ vt (emphasize) recalcar; (word, syllable) acentuar.

stretch [stretʃ] n (of land, water) extensión f; (of road) tramo m; (of time) periodo m. ◆ vt (rope, material, body) estirar; (elastic, clothes) estirar (demasiado). ◆ vi (land, sea) extenderse; (person, animal) estirarse; **to** ~ **one's legs** fig dar un paseo. ❑ **stretch out** vt sep (hand) alargar. ◆ vi (lie down) tumbarse.

stretcher ['stretʃə] n camilla f.

strict [strɪkt] adj estricto(ta); (exact) exacto(ta).

strictly ['strɪktlɪ] adv (absolutely) terminantemente; (exclusively) exclusivamente; ~ **speaking** realmente.

stride [straɪd] n zancada f.

strike [straɪk] (pt & pp **struck**) n (of employees) huelga f. ◆ vt (fml) (hit) pegar; fml (collide with) chocar contra; (a match) encender. ◆ vi (refuse to work) estar en huelga; (happen suddenly) sobrevenir; **the clock struck eight** el reloj dio las ocho.

striking ['straɪkɪŋ] adj (noticeable) chocante; (attractive) atractivo(va).

string [strɪŋ] n cuerda f; (of pearls, beads) sarta f; (series) serie f; **a piece of** ~ una cuerda.

strip [strɪp] n (of paper, cloth etc) tira f; (of land, water) franja f. ◆ vt (paint, wallpaper) quitar. ◆ vi (undress) desnudarse.

stripe [straɪp] n (of colour) raya f.

striped [straɪpt] adj a rayas.

strip-search vt registrar exhaustivamente, haciendo que se quite la ropa.

stroke [strəʊk] n MED derrame m cerebral; (in tennis, golf) golpe m; (swimming style) estilo m. ◆ vt acariciar; a ~ of luck un golpe de suerte.

stroll [strəʊl] n paseo m.

stroller [ˈstrəʊlər] n Am (pushchair) sillita f (de niño).

strong [strɒŋ] adj fuerte; (structure, bridge, chair) resistente; (influential) poderoso(sa); (possibility) serio(ria); (drug) potente; (accent) marcado(da); (point, subject) mejor.

struck [strʌk] pt & pp → **strike**.

structure [ˈstrʌktʃər] n (arrangement, organization) estructura f; (building) construcción f.

struggle [ˈstrʌgl] n (great effort) lucha f. ◆ vi (fight) luchar; (in order to get free) forcejear; **to** ~ **to do sthg** esforzarse en hacer algo.

stub [stʌb] n (of cigarette) colilla f; (of cheque) matriz f Esp, talón m Amér; (of ticket) resguardo m.

stubble [ˈstʌbl] n (on face) barba f de tres días.

stubborn [ˈstʌbən] adj terco(ca).

stuck [stʌk] pt & pp → **stick**. ◆ adj (jammed, unable to continue) atascado(da); (stranded) colgado(da).

stud [stʌd] n (on boots) taco m; (fastener) automático m, botón m de presión Amér; (earring) pendiente m Esp OR arete m Amér (pequeño).

student [ˈstjuːdnt] n estudiante mf.

student card n carné m de estudiante.

students' union [ˌstjuːdnts-] n (place) club m de alumnos.

studio [ˈstjuːdɪəʊ] (pl **-s**) n estudio m.

studio apartment Am = **stu-**dio flat.

studio flat n Br estudio m.

study [ˈstʌdɪ] n estudio m. ◆ vt (learn about) estudiar; (examine) examinar. ◆ vi estudiar.

stuff [stʌf] n inf (substance) cosa f, sustancia f; (things, possessions) cosas fpl. ◆ vt (put roughly) meter; (fill) rellenar.

stuffed [stʌft] adj (food) relleno(na); inf (full up) lleno(na); (dead animal) disecado(da).

stuffing [ˈstʌfɪŋ] n relleno m.

stuffy [ˈstʌfɪ] adj (room, atmosphere) cargado(da).

stumble [ˈstʌmbl] vi (when walking) tropezar.

stump [stʌmp] n (of tree) tocón m.

stun [stʌn] vt aturdir.

stung [stʌŋ] pt & pp → **sting**.

stunk [stʌŋk] pt & pp → **stink**.

stunning [ˈstʌnɪŋ] adj (very beautiful) imponente; (very surprising) pasmoso(sa).

stupid [ˈstjuːpɪd] adj (foolish) estúpido(da); inf (annoying) puñetero (ra).

sturdy [ˈstɜːdɪ] adj robusto(ta).

stutter [ˈstʌtər] vi tartamudear.

sty [staɪ] n pocilga f.

style [staɪl] n (manner) estilo m; (elegance) clase f; (design) modelo m. ◆ vt (hair) peinar.

stylish [ˈstaɪlɪʃ] adj elegante.

stylist [ˈstaɪlɪst] n (hairdresser) peluquero m, -ra f.

sub [sʌb] n inf (substitute) reserva mf; Br (subscription) suscripción f.

subdued [səbˈdjuːd] adj (person, colour) apagado(da); (lighting) tenue.

subject [n ˈsʌbdʒekt, vb səbˈdʒekt] n (topic) tema m; (at school, university) asignatura f; GRAMM sujeto m; fml (of *country)* ciudadano *m*, -na *f.* ◆ *vt:* **to ~ sb to sthg** someter a alguien a algo; **~ to availability** hasta fin de existencias; **they are ~ to an additional charge** están sujetos a un suplemento.

subjunctive [sob'dʒʌŋktɪv] *n* subjuntivo *m.*

submarine [ˌsʌbmə'riːn] *n* submarino *m.*

submit [sob'mɪt] *vt* presentar. ◆ *vi* rendirse.

subordinate [sə'bɔːdɪnət] *adj* GRAMM subordinado(da).

subscribe [sob'skraɪb] *vi (to magazine, newspaper)* suscribirse.

subscription [sob'skrɪpʃn] *n* suscripción *f.*

subsequent ['sʌbsɪkwənt] *adj* subsiguiente.

subside [sob'saɪd] *vi (ground)* hundirse; *(noise, feeling)* apagarse.

substance ['sʌbstəns] *n* sustancia *f.*

substantial [sob'stænʃl] *adj (large)* sustancial.

substitute ['sʌbstɪtjuːt] *n (replacement)* sustituto *m*, -ta *f*; SPORT suplente *m* ◆ *vt* restar.

subtitles ['sʌbˌtaɪtlz] *npl* subtítulos *mpl.*

subtle ['sʌtl] *adj (difference, change)* sutil; *(person, plan)* ingenioso(sa).

subtract [sob'trækt] *vt* restar.

subtraction [sob'trækʃn] *n* resta *f.*

suburb ['sʌbɜːb] *n* barrio *m* residencial; **the ~s** las afueras.

subway ['sʌbweɪ] *n* Br *(for pedestrians)* paso *m* subterráneo; Am *(underground railway)* metro *m.*

succeed [sok'siːd] *vi (be successful)* tener éxito. ◆ *vt* fml suceder a; **to ~ in doing sthg** conseguir hacer algo.

success [sok'ses] *n* éxito *m.*

successful [sok'sesful] *adj (plan, attempt)* afortunado(da); *(film, book, person)* de éxito; *(politician, actor)* popular.

succulent ['sʌkjolənt] *adj* suculento(ta).

such [sʌtʃ] *adj (of stated kind)* tal, semejante; *(so great)* tal. ◆ *adv:* **~ a lot** tanto; **~ a lot of books** tantos libros; **it's ~ a lovely day** hace un día tan bonito; **~ a thing should never have happened** tal cosa nunca debería de haber pasado; **~ as** tales como.

suck [sʌk] *vt* chupar.

sudden ['sʌdn] *adj* repentino(na); **all of a ~** de repente.

suddenly ['sʌdnlɪ] *adv* de repente.

sue [suː] *vt* demandar.

suede [sweɪd] *n* ante *m.*

suffer ['sʌfə[r]] *vt* sufrir. ◆ *vi* sufrir; *(experience bad effects)* salir perjudicado; **to ~ from** *(illness)* padecer.

suffering ['sʌfrɪŋ] *n (mental)* sufrimiento *m*; *(physical)* dolor *m.*

sufficient [sə'fɪʃnt] *adj* fml suficiente.

sufficiently [sə'fɪʃntlɪ] *adv* fml suficientemente.

suffix ['sʌfɪks] *n* sufijo *m.*

suffocate ['sʌfəkeɪt] *vi* asfixiarse.

sugar ['ʃʊgə[r]] *n* azúcar *m.*

suggest [sə'dʒest] *vt (propose)* sugerir; **to ~ doing sthg** sugerir hacer algo.

suggestion [sə'dʒestʃn] *n (proposal)* sugerencia *f*; *(hint)* asomo *m.*

suicide ['sʊɪsaɪd] *n* suicidio *m*; **to commit ~** suicidarse.

suit [suːt] *n (man's clothes)* traje *m*; *(woman's clothes)* traje de chaqueta; *(in cards)* palo *m*; JUR pleito *m.* ◆ *vt (subj: clothes, colour, shoes)* favorecer; *(be convenient for)* convenir; *(be appropriate for)* ser adecuado para; **to be**

~ ed to ser apropiado para.

suitable ['su:təbl] *adj* adecuado(da); **to be ~ for** ser adecuado para.

suitcase ['su:tkeɪs] *n* maleta *f*.

suite [swi:t] *n* (set of rooms) suite *f*; (furniture) juego *m*.

sulk [sʌlk] *vi* estar de mal humor.

sultana [səl'tɑ:nə] *n Br* (raisin) pasa *f* de Esmirna.

sum [sʌm] *n* suma *f*. ◻ **sum up** *vt sep* (summarize) resumir.

summarize ['sʌməraɪz] *vt* resumir.

summary ['sʌmərɪ] *n* resumen *m*.

summer ['sʌməʳ] *n* verano *m*; **in (the) ~** en verano; **~ holidays** vacaciones *fpl* de verano.

summertime ['sʌmətaɪm] *n* verano *m*.

summit ['sʌmɪt] *n* (of mountain) cima *f*; (meeting) cumbre *f*.

summon ['sʌmən] *vt* (send for) llamar; JUR citar.

sun [sʌn] *n* sol *m*. ◆ *vt*: **to ~ o.s.** tomar el sol; **to catch the ~** coger color; **in the ~** al sol; **out of the ~** a la sombra.

Sun. (abbr of Sunday) dom.

sunbathe ['sʌnbeɪð] *vi* tomar el sol.

sunbed ['sʌnbed] *n* camilla *f* de rayos ultravioletas.

sun block *n* pantalla *f* solar.

sunburn ['sʌnbɜ:n] *n* quemadura *f* de sol.

sunburnt ['sʌnbɜ:nt] *adj* quemado(da) (por el sol).

Sunday ['sʌndɪ] *n* domingo *m* → Saturday.

Sunday school *n* catequesis *f* inv.

sundress ['sʌndres] *n* vestido *m* de playa.

sundries ['sʌndrɪz] *npl* artículos *mpl* diversos.

sunflower ['sʌn,flaʊəʳ] *n* girasol *m*.

sunflower oil *n* aceite *m* de girasol.

sung [sʌŋ] *pt* → sing.

sunglasses ['sʌn,glɑ:sɪz] *npl* gafas *fpl Esp* OR anteojos *mpl Amér* de sol.

sunhat ['sʌnhæt] *n* pamela *f*.

sunk [sʌŋk] *pp* → sink.

sunlight ['sʌnlaɪt] *n* luz *f* del sol.

sun lounger [-,laʊndʒəʳ] *n* tumbona *f* de playa.

sunny ['sʌnɪ] *adj* soleado(da); **it's ~** hace sol.

sunrise ['sʌnraɪz] *n* amanecer *m*.

sunroof ['sʌnru:f] *n* (on car) techo *m* corredizo.

sunscreen ['sʌnskri:n] *n* filtro *m* solar.

sunset ['sʌnset] *n* anochecer *m*.

sunshine ['sʌnʃaɪn] *n* luz *f* del sol; **in the ~** al sol.

sunstroke ['sʌnstrəʊk] *n* insolación *f*.

suntan ['sʌntæn] *n* bronceado *m*.

suntan cream *n* crema *f* bronceadora.

suntan lotion *n* loción *f* bronceadora.

super ['su:pəʳ] *adj* fenomenal. ◆ *n* (petrol) gasolina *f* súper.

ⓘ SUPER BOWL

La "Super Bowl" es un partido de fútbol americano en el que se enfrentan los campeones de las dos ligas o "conferences" más importantes del fútbol profesional en Estados Unidos. Tiene lugar al final de cada temporada —

hacia finales de enero — y una gran cantidad de gente en Estados Unidos y otros países presencian este encuentro por televisión.

---

superb [su:'pɜːb] *adj* excelente.

superficial [,su:pə'fɪʃl] *adj* superficial.

superfluous [su:'pɜːfluəs] *adj* superfluo(flua).

Superglue® ['su:pəglu:] *n* pegamento *m* rápido.

superior [su:'pɪərɪəʳ] *adj* superior. ◆ *n* superior *mf*.

supermarket ['su:pə,mɑːkɪt] *n* supermercado *m*.

superstitious [,su:pə'stɪʃəs] *adj* supersticioso(sa).

superstore ['su:pəstɔ:ʳ] *n* hipermercado *m*.

supervise ['su:pəvaɪz] *vt* supervisar.

supervisor ['su:pəvaɪzəʳ] *n* supervisor *m*, -ra *f*.

supper ['sʌpəʳ] *n* cena *f*.

supple ['sʌpl] *adj* flexible.

supplement [*n* 'sʌplɪmənt, *vb* 'sʌplɪment] *n* suplemento *m*; (*of diet*) complemento *m*. ◆ *vt* complementar.

supplementary [,sʌplɪ'mentərɪ] *adj* suplementario(ria).

supply [sə'plaɪ] *n* suministro *m*. ◆ *vt* suministrar; **to ~ sb with sthg** proveer a alguien de algo. ❑ **supplies** *npl* provisiones *fpl*.

support [sə'pɔːt] *n* (*backing, encouragement*) apoyo *m*; (*supporting object*) soporte *m*. ◆ *vt* (*cause, campaign, person*) apoyar; SPORT seguir; (*hold up*) soportar; (*financially*) financiar.

supporter [sə'pɔːtəʳ] *n* SPORT hincha *mf*; (*of cause, political party*) partidario *m*, -ria *f*.

suppose [sə'pəʊz] *vt* suponer. ◆ *conj* = **supposing**; **I ~ so** supongo que sí; **it's ~d to be good** se dice que es bueno; **it was ~d to arrive yesterday** debería haber llegado ayer.

supposing [sə'pəʊzɪŋ] *conj* si, suponiendo que.

surcharge ['sɜːtʃɑːdʒ] *n* recargo *m*.

sure [ʃʊəʳ] *adj* seguro(ra). ◆ *adv* *inf* por supuesto; **to be ~ of o.s.** estar seguro de sí mismo; **to make ~ (that)** asegurarse de que; **for ~** a ciencia cierta.

surely ['ʃʊəlɪ] *adv* sin duda.

surf [sɜːf] *n* espuma *f*. ◆ *vi* hacer surf.

surface ['sɜːfɪs] *n* superficie *f*.

surface mail *n* correo *m* por vía terrestre y marítima.

surfboard ['sɜːfbɔːd] *n* tabla *f* de surf.

surfing ['sɜːfɪŋ] *n* surf *m*; **to go ~** hacer surf.

surgeon ['sɜːdʒən] *n* cirujano *m*, -na *f*.

surgery ['sɜːdʒərɪ] *n* (*treatment*) cirugía *f*; Br (*building*) consultorio *m*; Br (*period*) consulta *f*.

surname ['sɜːneɪm] *n* apellido *m*.

surprise [sə'praɪz] *n* sorpresa *f*. ◆ *vt* (*astonish*) sorprender.

surprised [sə'praɪzd] *adj* asombrado(da).

surprising [sə'praɪzɪŋ] *adj* sorprendente.

surrender [sə'rendəʳ] *vi* rendirse. ◆ *vt* *fml* (*hand over*) entregar.

surround [sə'raund] *vt* rodear.

surrounding [sə'raundɪŋ] *adj* circundante. ❑ **surroundings** *npl* alrededores *mpl*.

survey ['sɜːveɪ] (pl **-s**) n (investigation) investigación f; (poll) encuesta f; (of land) medición f; Br (of house) inspección f.

surveyor [sə'veɪə'] n Br (of houses) perito m tasador de la propiedad; (of land) agrimensor m, -ra f.

survival [sə'vaɪvl] n supervivencia f.

survive [sə'vaɪv] vi sobrevivir. ◆ vt sobrevivir a.

survivor [sə'vaɪvə'] n superviviente mf.

suspect [vb sə'spekt, n & adj 'sʌspekt] vt (believe) imaginar; (mistrust) sospechar. ◆ n sospechoso m, -sa f. ◆ adj sospechoso(sa); **to ~ sb of sthg** considerar a alguien sospechoso de algo.

suspend [sə'spend] vt suspender; (from team, school, work) expulsar temporalmente.

suspender belt [sə'spendə-] n liguero m.

suspenders [sə'spendəz] npl Br (for stockings) ligas fpl; Am (for trousers) tirantes mpl.

suspense [sə'spens] n suspense m Esp, suspenso m Amér.

suspension [sə'spenʃn] n (of vehicle) suspensión f; (from team, school, work) expulsión f temporal.

suspicion [sə'spɪʃn] n (mistrust) recelo m; (idea) sospecha f; (trace) pizca f.

suspicious [sə'spɪʃəs] adj (behaviour, situation) sospechoso(sa); **to be ~ (of)** ser receloso(sa) (de).

swallow ['swɒləʊ] n (bird) golondrina f. ◆ vt & vi tragar.

swam [swæm] pt → **swim**.

swamp [swɒmp] n pantano m.

swan [swɒn] n cisne m.

swap [swɒp] vt (possessions, places)

cambiar; (ideas, stories) intercambiar; **to ~ sthg for sthg** cambiar algo por algo.

swarm [swɔːm] n (of bees) enjambre m.

swear [sweə'] (pt **swore**, pp **sworn**) vi jurar. ◆ vt: **to ~ to do sthg** jurar hacer algo.

swearword ['sweəwɜːd] n palabrota f.

sweat [swet] n sudor m. ◆ vi sudar.

sweater ['swetə'] n suéter m.

sweat pants n Am pantalones mpl de deporte OR de chándal Esp.

sweatshirt ['swetʃɜːt] n sudadera f.

swede [swiːd] n Br nabo m sueco.

Sweden ['swiːdn] n Suecia.

Swedish ['swiːdɪʃ] adj sueco(ca). ◆ n (language) sueco m. ◆ npl: **the ~** los suecos.

sweep [swiːp] (pt & pp **swept**) vt (with brush, broom) barrer.

sweet [swiːt] adj (food, drink) dulce; (smell) fragante; (person, nature) amable. ◆ n Br (candy) caramelo m, dulce m Amér; (dessert) postre m.

sweet-and-sour adj agridulce.

sweet corn n maíz m.

sweetener ['swiːtnə'] n (for drink) edulcorante m.

sweet potato n batata f.

sweet shop n Br confitería f, dulcería f Amér.

swell [swel] (pt **-ed**, pp **swollen** OR **-ed**) vi (ankle, arm etc) hincharse.

swelling ['swelɪŋ] n hinchazón f.

swept [swept] pt & pp → **sweep**.

swerve [swɜːv] vi virar bruscamente.

swig [swɪg] n inf trago m.

swim [swɪm] (pt **swam**, pp **swum**) n baño m. ◆ vi nadar; **to go for a ~**

a nadar.

swimmer ['swimə'] n nadador m, -ra f.

swimming ['swimɪŋ] n natación f; **to go ~** ir a nadar.

swimming baths npl Br piscina f municipal.

swimming cap n gorro m de baño.

swimming costume n Br traje m de baño.

swimming pool n piscina f.

swimming trunks npl bañador m Esp, traje m de baño.

swimsuit ['swimsu:t] n traje m de baño.

swindle ['swindl] n estafa f.

swing [swiŋ] (pt & pp swung) n (for children) columpio m. ◆ vt (move from side to side) balancear. ◆ vi (move from side to side) balancearse.

swipe [swaip] vt (credit card etc) pasar por el datáfono.

Swiss [swis] adj suizo(za). ◆ n (person) suizo m, (-za f). ◆ npl: **the ~** los suizos.

swiss roll n brazo m de gitano.

switch [switʃ] n (for light, power, television) interruptor m. ◆ vt (change) cambiar de; (exchange) intercambiar. ◆ vi cambiar. ❏ **switch off** vt sep apagar. ❏ **switch on** vt sep encender.

Switch® n tarjeta de débito que ofrecen muchos bancos.

switchboard ['switʃbɔ:d] n centralita f Esp, conmutador m Amér.

Switzerland ['switsələnd] n Suiza.

swivel ['swivl] vi girar.

swollen ['swəʊln] pp → swell. ◆ adj hinchado(da).

swop [swɒp] = swap.

sword [sɔ:d] n espada f.

swordfish ['sɔ:dfɪʃ] (pl inv) n pez m espada.

swore [swɔ:'] pt → swear.

sworn [swɔ:n] pp → swear.

swum [swʌm] pp → swim.

swung [swʌŋ] pt & pp → swing.

syllable ['siləbl] n sílaba f.

syllabus ['siləbəs] (pl -buses OR -bi) n programa m (de estudios).

symbol ['sɪmbl] n símbolo m.

sympathetic [,sɪmpə'θetɪk] adj (understanding) comprensivo(va).

sympathize ['sɪmpəθaɪz] vi: **to ~ (with)** (feel sorry) compadecerse (de); (understand) comprender.

sympathy ['sɪmpəθɪ] n (understanding) comprensión f; (compassion) compasión f.

symphony ['sɪmfənɪ] n sinfonía f.

symptom ['sɪmptəm] n síntoma m.

synagogue ['sɪnəgɒg] n sinagoga f.

synthesizer ['sɪnθəsaɪzə'] n sintetizador m.

synthetic [sɪn'θetɪk] adj sintético(ca).

syringe [sɪ'rɪndʒ] n jeringa f.

syrup ['sɪrəp] n (for fruit etc) almíbar m.

system ['sɪstəm] n sistema m; (for gas, heating etc) instalación f.

T

ta [tɑ:] excl Br inf ¡gracias!

tab [tæb] n (of cloth, paper etc) lengüeta f; (bill) cuenta f; **put it on my ~**

table 254

póngalo en mi cuenta.

table ['teɪbl] n (piece of furniture) mesa f; (of figures etc) tabla f.

tablecloth ['teɪblklɒθ] n mantel m.

tablemat ['teɪblmæt] n salvamanteles m inv.

tablespoon ['teɪblspu:n] n (spoon) cuchara f grande (para servir); (amount) cucharada f grande.

tablet ['tæblɪt] n pastilla f.

table tennis n tenis m de mesa.

table wine n vino m de mesa.

tabloid ['tæblɔɪd] n periódico m sensacionalista.

---

① **TABLOID**

"Tabloid" o "tabloid newspaper" es el nombre que reciben los periódicos de contenido por lo general liviano y de formato pequeño. Los artículos, casi siempre acompañados de fotografías, suelen estar escritos en un estilo sencillo y a menudo sensacionalista. Algunos de los más populares suelen ofrecer artículos de cotilleo, poniendo énfasis en el sexo y las vidas de los famosos, por lo cual son despreciados por ciertos sectores del público. Con el nombre de "tabloid press" se hace referencia al tipo de periodismo que emplea métodos poco honrados para conseguir la información deseada, lo cual en ocasiones, desemboca en pleitos contra el periódico por difamación.

---

tack [tæk] n (nail) tachuela f.

tackle ['tækl] n SPORT entrada f; (for fishing) aparejos mpl. ♦ vt SPORT en-

trar; (deal with) abordar.

tacky ['tækɪ] adj inf (jewellery, design etc) cutre.

taco ['tækəʊ] (pl -s) n taco m.

tact [tækt] n tacto m.

tactful ['tæktfʊl] adj discreto(ta).

tactics ['tæktɪks] npl táctica f.

tag [tæg] n (label) etiqueta f.

tagliatelle [ˌtæglɪə'telɪ] n tallarines mpl.

tail [teɪl] n cola f. ❑ **tails** n (of coin) cruz f. ♦ npl (formal dress) frac m.

tailgate ['teɪlgeɪt] n portón m.

tailor ['teɪlə'] n sastre m.

---

take [teɪk] (pt **took**, pp **taken**) vt
- 1. gen tomar.
- 2. (carry, drive) llevar.
- 3. (hold, grasp) coger, agarrar (Amér).
- 4. (do, make): to ~ a bath bañarse; to ~ an exam hacer un examen; to ~ a photo sacar una foto.
- 5. (require) requerir; how long will it ~? ¿cuánto tiempo tardará?
- 6. (steal) quitar.
- 7. (size in clothes, shoes) usar; what size do you ~? ¿qué talla/número usas?
- 8. (subtract) restar.
- 9. (accept) aceptar; do you ~ traveller's cheques? ¿acepta cheques de viaje?; to ~ sb's advice seguir los consejos de alguien.
- 10. (contain) tener cabida para.
- 11. (react to) tomarse.
- 12. (tolerate) soportar.
- 13. (assume): I ~ it that ... supongo que ...
- 14. (rent) alquilar. ❑ **take apart** vt sep desmontar. ❑ **take away** vt sep (remove) quitar; (subtract) restar. ❑ **take back** vt sep (return) devolver;

(accept) aceptar la devolución de; *(statement)* retirar. ❑ **take down** vt sep *(picture, curtains)* descolgar. ❑ **take in** vt sep *(include)* abarcar; *(understand)* entender; *(deceive)* engañar. ❑ **take off** vt sep *(remove)* quitar; *(clothes)* quitarse; *(as holiday)* tomarse libre. ◆ vi *(plane)* despegar. ❑ **take out** vt sep *(from container, pocket, library)* sacar; *(insurance policy)* hacerse; *(loan)* conseguir; to ~ **sb out to dinner** invitar a alguien a cenar. ❑ **take over** vi tomar el relevo. ❑ **take up** vt sep *(begin)* dedicarse a; *(use up)* ocupar; *(trousers, skirt, dress)* acortar.

takeaway ['teɪkə,weɪ] n Br *(shop)* tienda f de comida para llevar; *(food)* comida f para llevar.

taken ['teɪkn] pp → **take**.

takeoff ['teɪkɒf] n *(of plane)* despegue m.

takeout ['teɪkaʊt] Am = **takeaway**.

takings ['teɪkɪŋz] npl recaudación f.

talcum powder ['tælkəm-] n talco m.

tale [teɪl] n *(story)* cuento m; *(account)* anécdota f.

talent ['tælənt] n talento m.

talk [tɔːk] n *(conversation)* conversación f; *(speech)* charla f. ◆ vi hablar; to ~ **to sb** *(from container)* hablar con alguien (sobre algo); to ~ **with sb** hablar con alguien. ❑ **talks** npl conversaciones fpl.

talkative ['tɔːkətɪv] adj hablador(ra).

tall [tɔːl] adj alto(ta); **how ~ are you?** ¿cuánto mides?; **I'm 2 metres ~** mido dos metros.

tame [teɪm] adj *(animal)* doméstico(ca).

tampon ['tæmpɒn] n tampón m.

tan [tæn] n *(suntan)* bronceado m. ◆ vi broncearse. ◆ adj *(colour)* de color marrón OR café **Amér** claro.

tangerine [,tændʒə'riːn] n mandarina f.

tank [tæŋk] n *(container)* depósito m; *(vehicle)* tanque m.

tanker ['tæŋkə'] n *(truck)* camión m cisterna.

tanned [tænd] adj *(suntanned)* bronceado(da).

tap [tæp] n *(for water)* grifo m. ◆ vt *(hit)* golpear ligeramente.

tape [teɪp] n cinta f; *(adhesive material)* cinta adhesiva. ◆ vt *(record)* grabar; *(stick)* pegar.

tape measure n cinta f métrica.

tape recorder n magnetófono m.

tapestry ['tæpɪstrɪ] n tapiz m.

tap water n agua f del grifo.

tar [tɑː'] n alquitrán m.

target ['tɑːgɪt] n *(in archery, shooting)* blanco m; MIL objetivo m.

tariff ['tærɪf] n *(price list)* tarifa f, lista f de precios; Br *(menu)* menú m; *(at customs)* arancel m.

tarmac ['tɑːmæk] n *(at airport)* pista f. ❑ **Tarmac®** n *(on road)* alquitrán m.

tarpaulin [tɑː'pɔːlɪn] n lona f alquitranada.

tart [tɑːt] n *(sweet)* tarta f.

tartan ['tɑːtn] n tartán m.

tartare sauce [,tɑːtə-] n salsa f tártara.

task [tɑːsk] n tarea f.

taste [teɪst] n *(flavour)* sabor m; *(discernment, sense)* gusto m. ◆ vt *(sample)* probar; *(detect)* notar un sabor a. ◆ vi: to ~ **of sthg** saber a algo; it ~s **bad** sabe mal; it ~s **good** sabe bien; **to have a ~ of sthg** probar algo; **bad ~** mal gusto; **good ~** buen gusto.

tasteful ['teɪstful] adj de buen gusto.

tasteless ['teɪstlɪs] adj (food) soso(sa); (comment, decoration) de mal gusto.

tasty ['teɪstɪ] adj sabroso(sa).

tattoo [tə'tu:] (pl -s) n (on skin) tatuaje m; (military display) desfile m militar.

taught [tɔ:t] pt & pp → teach.

taut [tɔ:t] adj tenso(sa).

tax [tæks] n impuesto m. ◆ vt (goods, person) gravar.

tax disc n Br pegatina del impuesto de circulación.

tax-free adj libre de impuestos.

taxi ['tæksɪ] n taxi m. ◆ vi (plane) rodar por la pista.

taxi driver n taxista mf.

taxi rank n Br parada f de taxis.

taxi stand Am = taxi rank.

T-bone steak ['ti:-] n chuleta de carne de vaca con un hueso en forma de T.

tea [ti:] n té m; (herbal) infusión f; (afternoon meal) ≃ merienda f; (evening meal) ≃ merienda cena.

tea bag n bolsita f de té.

teacake ['ti:keɪk] n bollo m con pasas.

teach [ti:tʃ] (pt & pp taught) vt enseñar. ◆ vi ser profesor; to ~ sb sthg, to ~ sthg to sb enseñar algo a alguien; to ~ sb (how) to do sthg enseñar a alguien a hacer algo.

teacher ['ti:tʃər] n (in secondary school) profesor m, -ra f; (in primary school) maestro m, -ra f.

teaching ['ti:tʃɪŋ] n enseñanza f.

tea cloth n = tea towel.

teacup ['ti:kʌp] n taza f de té.

team [ti:m] n equipo m.

teapot ['ti:pɒt] n tetera f.

tear¹ [teər] (pt tore, pp torn) vt

(rip) rasgar. ◆ vi (rip) romperse; (move quickly) ir a toda pastilla. ◆ n (rip) rasgón m. ❑ **tear up** vt sep hacer pedazos.

tear² [tɪər] n lágrima f.

tearoom ['tɪrum] n salón m de té.

tease [ti:z] vt tomar el pelo.

tea set n juego m de té.

teaspoon ['ti:spu:n] n (utensil) cucharilla f; (amount) = teaspoonful.

teaspoonful ['ti:spu:n,ful] n cucharadita f.

teat [ti:t] n (of animal) teta f; Br (of bottle) tetina f.

teatime ['ti:taɪm] n hora f de la merienda cena.

tea towel n paño m de cocina.

technical ['teknɪkl] adj técnico(ca).

technician [tek'nɪʃn] n técnico m, -ca f.

technique [tek'ni:k] n técnica f.

technological [teknə'lɒdʒɪkl] adj tecnológico(ca).

technology [tek'nɒlədʒɪ] n tecnología f.

teddy (bear) ['tedɪ-] n oso m de peluche.

tedious ['ti:djəs] adj tedioso(sa).

teenager ['ti:n,eɪdʒər] n adolescente mf.

teeth [ti:θ] pl → tooth.

teethe [ti:ð] vi: to be teething estar echando los dientes.

teetotal [ti:'təʊtl] adj abstemio(mia).

telebanking ['telɪ,bæŋkɪŋ] n telebanca f.

teleconference ['telɪ,kɒnfərəns] n teleconferencia f.

telegram ['telɪgræm] n telegrama m.

telegraph pole n poste m de

telégrafos.

telephone ['telɪfəʊn] *n* teléfono *m*. ◆ *vt & vi* telefonear; **to be on the ~ (talking)** estar al teléfono; (connected) tener teléfono.

telephone booth *n* cabina *f* telefónica.

telephone box *n* cabina *f* telefónica.

telephone call *n* llamada *f* telefónica.

telephone directory *n* guía *f* telefónica.

telephone number *n* número *m* de teléfono.

telephonist [tɪ'lefənɪst] *n* Br telefonista *mf*.

telephoto lens [ˌtelɪ'fəʊtəʊ-] *n* teleobjetivo *m*.

telescope ['telɪskəʊp] *n* telescopio *m*.

television ['telɪˌvɪʒn] *n* televisión *f*; **on (the) ~** en la televisión.

telex ['teleks] *n* télex *m inv*.

tell [tel] (*pt & pp* **told**) *vt* decir; (story, joke) contar. ◆ *vi*: **I can't ~** no lo sé; **can you ~ me the time?** ¿me puedes decir la hora?; **to ~ sb sthg** decir algo a alguien; **to ~ sb about sthg** contar a alguien acerca de algo; **to ~ sb how to do sthg** decir a alguien cómo hacer algo; **to ~ sb to do sthg** decir a alguien que haga algo; **to be able to ~ sthg** saber algo. ❑ **tell off** *vt sep* reñir.

teller ['telə'] *n* (in bank) cajero *m*, -ra *f*.

telly ['telɪ] *n* Br inf tele *f*.

temp [temp] *n* secretario *m* eventual, secretaria *f* eventual. ◆ *vi* trabajar de eventual.

temper ['tempə'] *n* (character) temperamento *m*; **to be in a ~** estar de mal humor; **to lose one's ~** perder

la paciencia.

temperature ['temprətʃə'] *n* (heat, cold) temperatura *f*; MED fiebre *f*; **to have a ~** tener fiebre.

temple ['templ] *n* (building) templo *m*; (of forehead) sien *f*.

temporary ['tempərərɪ] *adj* temporal.

tempt [tempt] *vt* tentar; **to be ~ed to do sthg** sentirse tentado de hacer algo.

temptation [temp'teɪʃn] *n* tentación *f*.

tempting ['temptɪŋ] *adj* tentador(ra).

ten [ten] *num* diez → **six**.

tenant ['tenənt] *n* inquilino *m*, -na *f*.

tend [tend] *vi*: **to ~ to do sthg** soler hacer algo.

tendency ['tendənsɪ] *n* (trend) tendencia *f*; (inclination) inclinación *f*.

tender ['tendə'] *adj* tierno(na); (sore) dolorido(da). ◆ *vt fml* (pay) pagar.

tendon ['tendən] *n* tendón *m*.

tenement ['tenəmənt] *n* bloque de viviendas modestas.

tennis ['tenɪs] *n* tenis *m*.

tennis ball *n* pelota *f* de tenis.

tennis court *n* pista *f* Esp OR cancha *f* de tenis.

tennis racket *n* raqueta *f* de tenis.

tenpin bowling ['tenpɪn-] *n* Br bolos *mpl*.

tenpins ['tenpɪnz] *Am* = **tenpin bowling**.

tense [tens] *adj* tenso(sa). ◆ *n* tiempo *m*.

tension ['tenʃn] *n* tensión *f*.

tent [tent] *n* tienda *f* de campaña.

tenth [tenθ] *num* décimo(ma) →

sixth.

tent peg *n* estaca *f*.

tepid ['tepid] *adj* tibio(bia).

tequila [tɪ'ki:lə] *n* tequila *m*.

term [tɜ:m] *n* (word, expression) término *m*; (at school, university) trimestre *m*; **in the long ~** a largo plazo; **in the short ~** a corto plazo; **in ~s of** por lo que se refiere a; **in business ~s** en términos de negocios. ❑ **terms** *npl* (of contract) condiciones *fpl*; (price) precio *m*.

terminal ['tɜ:mɪnl] *adj* terminal. ♦ *n* (for buses, at airport) terminal *f*; COMPUT terminal *m*.

terminate [tɜ:mɪneɪt] *vi* (train, bus) finalizar el trayecto.

terminus ['tɜ:mɪnəs] (*pl* **-ni** [-naɪ], **-nuses**) *n* terminal *f*.

terrace ['terəs] *n* (patio) terraza *f*; **the ~s** (at football ground) las gradas.

terraced house ['terəst-] *n* Br casa *f* adosada.

terrible ['terəbl] *adj* (very bad, very ill) fatal; (very great) terrible.

terribly ['terəblı] *adv* (extremely) terriblemente; (very badly) fatalmente.

terrific [tə'rɪfɪk] *adj inf* (very good) estupendo(da); (very great) enorme.

terrified ['terɪfaɪd] *adj* aterrorizado(da).

territory ['terɪtrɪ] *n* (political area) territorio *m*; (terrain) terreno *m*.

terror ['terə] *n* (fear) terror *m*.

terrorism ['terərɪzm] *n* terrorismo *m*.

terrorist ['terərɪst] *n* terrorista *mf*.

terrorize ['terəraɪz] *vt* aterrorizar.

test [test] *n* (exam) examen *m*; (check) prueba *f*; (of blood) análisis *m inv*; (of eyes) revisión *f*. ♦ *vt* (check, try out) probar; (give exam to) examinar.

testicles ['testɪklz] *npl* testículos *mpl*.

tetanus ['tetənəs] *n* tétanos *m inv*.

text [tekst] *n* (written material) texto *m*; (textbook) libro *m* de texto.

textbook ['tekstbʊk] *n* libro *m* de texto.

textile ['tekstaɪl] *n* textil *m*.

texture ['tekstʃəʳ] *n* textura *f*.

Thames [temz] *n*: **the ~** el Támesis.

than [weak form ðən, strong form ðæn] *prep, conj* que; **you're better ~ me** eres mejor que yo; **I'd rather stay in ~ go out** prefiero quedarme en casa antes que salir; **more ~** ten más de diez.

thank [θæŋk] *vt*: **to ~ sb (for sthg)** agradecer a alguien (algo). ❑ **thanks** *npl* agradecimiento *m*. ♦ *excl* ¡gracias!; **~s to** gracias a; **many ~s** muchas gracias.

Thanksgiving ['θæŋks,gɪvɪŋ] *n* Día *m* de Acción de Gracias.

ⓘ   THANKSGIVING

La fiesta nacional del Día de Acción de Gracias se celebra en Estados Unidos el cuarto jueves de noviembre como signo de gratitud por la cosecha y por otros beneficios recibidos a lo largo del año. Sus orígenes se remontan al año 1621, cuando los "pilgrims" (colonizadores británicos) recogieron su primera cosecha. El menú tradicional de este celebración consiste en pavo asado y pastel de calabaza.

thank you *excl* ¡gracias!; **~ very much** muchísimas gracias; **no ~** no gracias.

that [ðæt, weak form of pron sense 3 &

conj ðət] (pl **those**) adj (referring to thing, person mentioned) ese (esa), esos (esas) (pl); (referring to thing, person further away) aquel (aquella), aquellos (aquellas) (pl); **I prefer ~ book** prefiero ese libro; **~ book at the back** aquel libro del fondo; **~ one** ése (ésa), aquél (aquélla).

♦ **pron - 1.** (referring to thing, person mentioned) ése m, ésa f, ésos mpl, ésas fpl; (indefinite) eso; **who's ~?** ¿quién es?; **is ~ Lucy?** (on the phone) ¿eres Lucy?; (pointing) ¿es ésa Lucy?; **what's ~?** ¿qué es eso?; **~'s interesting** qué interesante.

- 2. (referring to thing, person further away) aquél m, aquélla f, aquéllos mpl, aquéllas fpl; (indefinite) aquello; **I want those at the back** quiero aquéllos del fondo.

- 3. (introducing relative clause) que; **a shop ~ sells antiques** una tienda que vende antigüedades; **the film ~ I saw** la película que vi; **the room ~ I sleep in** el cuarto en (el) que duermo.

♦ **adv** tan; **it wasn't ~ bad/good** no estuvo tan mal/bien; **it doesn't cost ~ much** no cuesta tanto.

♦ **conj** que; **tell him ~ I'm going to be late** dile que voy a llegar tarde.

---

thatched [ˈθætʃt] adj (building) con techo de paja.

that's [ðæts] = **that is**.

thaw [θɔ:] vi (snow, ice) derretir. ♦ vt (frozen food) descongelar.

☞

the [weak form ðə, before vowel ði, strong form ði:] definite article **- 1.** (gen) el (la), los (las) (pl); **~ book** el libro; **~ woman** la mujer; **~ girls** las chicas; **~ Wilsons** los Wilson; **to play ~ piano** tocar el piano; **give it to ~ man** dáselo al hombre; **the cover of ~**

book la tapa del libro.

- 2. (with an adjective to form a noun) (el) (la); **~ British** los británicos; **~ impossible** lo imposible.

- 3. (in dates): **~ twelfth of May** el doce de mayo; **~ forties** los cuarenta.

- 4. (in titles): **Elizabeth ~ Second** Isabel segunda.

theater [ˈθɪətər] n Am (for plays, drama) = **theatre**; (for films) cine m.

theatre [ˈθɪətər] n Br teatro m.

theft [θeft] n robo m.

their [ðeər] adj su, sus (pl).

theirs [ðeəz] pron suyo m, -ya f, suyos mpl, -yas fpl; **a friend of ~** un amigo suyo.

them [weak form ðəm, strong form ðem] pron (direct) los mpl, las fpl (indirect) les mfpl; **I know ~** los conozco; **it's ~** son ellos; **send it to ~** envíaselo; **tell ~ to come** diles que vengan; **he's worse than ~** él es peor que ellos.

theme [θi:m] n (topic) tema m; (tune) sintonía f.

theme park n parque de atracciones basado en un tema específico.

theme pub n Brit pub m temático.

themselves [ðəmˈselvz] pron (reflexive) se; (after prep) sí; **they did it ~** lo hicieron ellos mismos.

then [ðen] adv entonces; (next, afterwards) luego; **from ~ on** desde entonces; **until ~** hasta entonces.

theory [ˈθɪərɪ] n teoría f; **in ~** en teoría.

therapist [ˈθerəpɪst] n terapeuta mf.

therapy [ˈθerəpɪ] n terapia f.

there [ðeər] adv ahí; (further away) allí. ♦ pron: **~ is** hay; **~ are** hay; **~ you are** (when giving) aquí lo tienes.

thereabouts [ˌðeərə'bauts] *adv*: or ~ o por ahí.

therefore ['ðeəfɔ:ʳ] *adv* por lo tanto.

there's [ðeəz] = **there is**.

thermal underwear [ˌθɜ:ml-] *n* ropa *f* interior térmica.

thermometer [θə'mɒmɪtəʳ] *n* termómetro *m*.

Thermos (flask)® [ˈθɜ:məs-] *n* termo *m*.

thermostat [ˈθɜ:məstæt] *n* termostato *m*.

these [ði:z] *pl* → **this**.

they [ðeɪ] *pron* ellos *mpl*, ellas *fpl*; ~'re good son buenos.

thick [θɪk] *adj* (*in size*) grueso(sa); (*dense*) espeso(sa); *inf* (*stupid*) necio(cia); **it's 3 metres** ~ tiene 3 metros de grosor.

thicken ['θɪkn] *vt* espesar. ♦ *vi* espesarse.

thickness ['θɪknɪs] *n* espesor *m*.

thief [θi:f] (*pl* **thieves** [θi:vz]) *n* ladrón *m*, -ona *f*.

thigh [θaɪ] *n* muslo *m*.

thimble ['θɪmbl] *n* dedal *m*.

thin [θɪn] *adj* (*in size*) fino(na); (*not fat*) delgado(da); (*soup, sauce*) claro(ra).

thing [θɪŋ] *n* cosa *f*; the ~ is el caso es que. ❑ **things** *npl* (*clothes, possessions*) cosas *fpl*; **how are** ~**s**? *inf* ¿qué tal van las cosas?.

thingummyjig ['θɪŋəmɪdʒɪg] *n inf* chisme *m* Esp, cosa *f*.

think [θɪŋk] (*pt & pp* **thought**) *vt* (*believe*) creer, pensar; (*have in mind, expect*) pensar. ♦ *vi* pensar; **to** ~ **that** creer que; **to** ~ **about** (*have in mind*) pensar en; (*consider*) pensar; **to** ~ **of** (*have in mind, consider*) pensar en; (*invent*) pensar; (*remember*) acordarse de; **to** ~ **of doing sthg** pensar en ha-

cer algo; I ~ so creo que sí; I don't ~ so creo que no; do you ~ you could ...? ¿cree que podría ...?; to ~ highly of sb apreciar mucho a alguien. ❑ **think over** *vt sep* pensarse. ❑ **think up** *vt sep* idear.

third [θɜ:d] *num* (*after noun, as pronoun*) tercero(ra); (*before noun*) tercer (ra) → **sixth**.

third party insurance *n* seguro *m* a terceros.

Third World *n*: the ~ el Tercer Mundo.

thirst [θɜ:st] *n* sed *f*.

thirsty ['θɜ:stɪ] *adj*: to be ~ tener sed.

thirteen [ˌθɜ:'ti:n] *num* trece → **six**.

thirteenth [ˌθɜ:'ti:nθ] *num* decimotercero(ra) → **sixth**.

thirtieth ['θɜ:tɪɪθ] *num* trigésimo(ma) → **sixth**.

thirty ['θɜ:tɪ] *num* treinta → **six**.

☞

this [ðɪs] (*pl* **these**) *adj* -1. (*referring to thing, person*) este (esta), estos (estas) (*pl*); I prefer ~ book prefiero este libro; **these chocolates are delicious** estos bombones son riquísimos; ~ **morning/week** esta mañana/semana; ~ **one** éste (ésta). -2. *inf* (*when telling a story*): ~ **big dog appeared** apareció un perro grande. ♦ *pron* éste *m*, ésta *f*, éstos *mpl*, éstas *fpl*; (*indefinite*) esto; ~ **is for you** esto es para ti; **what are these?** ¿qué son estas cosas?; ~ **is David Gregory** (*introducing someone*) te presento a David Gregory; (*on telephone*) soy David Gregory. ♦ *adv*: it was ~ **big** era así de grande; I need ~ **much** necesito un tanto así; I don't remember it being ~ **hard** no recordaba que fuera tan difícil.

thistle ['θɪsl] n cardo m.

thorn [θɔ:n] n espina f.

thorough ['θʌrə] adj (check, search) exhaustivo(va); (person) minucioso(sa).

thoroughly ['θʌrəlɪ] adv (completely) completamente.

those [ðəʊz] pl → **that**.

though [ðəʊ] conj aunque. ◆ adv sin embargo; **even** ~ aunque.

thought [θɔ:t] pt & pp → **think**. ◆ n (idea) idea f; **I'll give it some** ~ lo pensaré. ❑ **thoughts** npl (opinion) opiniones fpl.

thoughtful ['θɔ:tfʊl] adj (quiet and serious) pensativo(va); (considerate) considerado(da).

thoughtless ['θɔ:tlɪs] adj desconsiderado(da).

thousand ['θaʊznd] num mil; **a** OR **one** ~ mil; **two** ~ dos mil; ~**s of** miles de, → **six**.

thrash [θræʃ] vt inf (defeat heavily) dar una paliza a.

thread [θred] n (of cotton etc) hilo m. ◆ vt (needle) enhebrar.

threadbare ['θredbeə'] adj raído(da).

threat [θret] n amenaza f.

threaten ['θretn] vt amenazar; **to** ~ **to do sthg** amenazar con hacer algo.

threatening ['θretnɪŋ] adj amenazador(ra).

three [θri:] num tres → **six**.

three-D [-'di:] adj en tres dimensiones.

three-piece suite n tresillo m Esp, juego m living Amér.

three-quarters [-'kwɔ:təz] n tres cuartos mpl; ~ **of an hour** tres cuartos de hora.

threshold ['θreʃhəʊld] n fml (of door) umbral m.

threw [θru:] pt → **throw**.

thrift shop n tienda de artículos de segunda mano en la que el producto de las ventas se destina a obras benéficas.

thrift store n Am = thrift shop.

thrifty ['θrɪftɪ] adj (person) ahorrativo(va).

thrilled [θrɪld] adj encantado(da).

thriller ['θrɪlə'] n (film) película f de suspense Esp OR suspenso Amér.

thrive [θraɪv] vi (plant, animal) crecer mucho; (person, business, place) prosperar.

throat [θrəʊt] n garganta f.

throb [θrɒb] vi (head, pain) palpitar; (noise, engine) vibrar.

throne [θrəʊn] n trono m.

through [θru:] prep (to other side of, by means of) a través de; (because of) a causa de; (from beginning to end) durante; (across all of) por todo. ◆ adv (from beginning to end) hasta el final. ◆ adj: **to be** ~ **(with sthg)** (finished) haber terminado (algo); **you're** ~ (on phone) ya pueden hablar; **Monday** ~ **Thursday** Am de lunes a jueves; **to let sb** ~ dejar pasar a alguien; **to go** ~ **(sthg)** pasar (por algo); **to soak** ~ penetrar; ~ **traffic** tráfico m de tránsito; **a** ~ **train** un tren directo.

throughout [θru:'aʊt] prep (day, morning, year) a lo largo de; (place, country, building) por todo. ◆ adv (all the time) todo el tiempo; (everywhere) por todas partes.

throw [θrəʊ] (pt **threw**, pp **thrown**) [θrəʊn] n vt (ball, javelin, person) lanzar; (a switch) apretar; **to** ~ **sthg in the bin** tirar algo a la basura. ❑ **throw away** vt sep (get rid of) tirar. ❑ **throw out** vt sep (get rid of) tirar; (person) echar. ❑ **throw**

up *vi inf (vomit)* echar la pastilla.

thru [θru:] *Am* = **through**.

thrush [θrʌʃ] *n* tordo *m*.

thud [θʌd] *n* golpe *m* seco.

thug [θʌg] *n* matón *m*.

thumb [θʌm] *n* pulgar *m*. ◆ *vt*: **to ~ a lift** hacer dedo.

thumbtack ['θʌmtæk] *n Am* chincheta *f*.

thump [θʌmp] *n* puñetazo *m*; *(sound)* golpe *m* seco. ◆ *vt* dar un puñetazo a.

thunder ['θʌndə'] *n* truenos *mpl*.

thunderstorm ['θʌndəstɔ:m] *n* tormenta *f*.

Thurs. *(abbr of Thursday)* jue.

Thursday ['θɜ:zdɪ] *n* jueves *m inv* → **Saturday**.

thyme [taɪm] *n* tomillo *m*.

tick [tɪk] *n (written mark)* marca *f* de visto bueno; *(insect)* garrapata *f*. ◆ *vt* marcar (con una señal de visto bueno). ◆ *vi* hacer tictac. ❏ **tick off** *vt sep (mark off)* marcar (con una señal de visto bueno).

ticket ['tɪkɪt] *n (for travel)* billete *m Esp*, boleto *m Amér*; *(for cinema, theatre, match)* entrada *f*; *(label)* etiqueta *f*; *(speeding ticket, parking ticket)* multa *f*.

ticket collector *n* revisor *m*, -ra *f*.

ticket inspector *n* revisor *m*, -ra *f*.

ticket machine *n* máquina *f* automática de venta de billetes *Esp* OR boletos *Amér*.

ticket office *n* taquilla *f*, boletería *f* (*Amér*).

tickle ['tɪkl] *vt (touch)* hacer cosquillas a. ◆ *vi* hacer cosquillas.

ticklish ['tɪklɪʃ] *adj (person)* cosquilloso(sa).

tick-tack-toe *n Am* tres *fpl* en

raya.

tide [taɪd] *n (of sea)* marea *f*.

tidy ['taɪdɪ] *adj (room, desk, person)* ordenado(da); *(hair, clothes)* arreglado(da). ❏ **tidy up** *vt sep* ordenar.

tie [taɪ] *(pt & pp* **tied**, *cont* **tying)** *n (around neck)* corbata *f*; *(draw)* empate *m*; *Am (on railway track)* traviesa *f*. ◆ *vt* atar; *(knot)* hacer. ◆ *vi (draw)* empatar. ❏ **tie up** *vt sep* atar; *(delay)* retrasar.

tier [tɪə'] *n (of seats)* hilera *f*.

tiger ['taɪgə'] *n* tigre *m*.

tight [taɪt] *adj (difficult to move)* apretado(da); *(clothes, shoes)* estrecho(cha); *(rope, material)* tirante; *(bend, turn)* cerrado(da); *(schedule)* ajustado(da); *inf (drunk)* cocido(da). ◆ *adv (hold)* con fuerza; **my chest feels ~** tengo el pecho cogido.

tighten ['taɪtn] *vt* apretar.

tightrope ['taɪtrəʊp] *n* cuerda *f* floja.

tights [taɪts] *npl* medias *fpl*; **a pair of ~** unas medias.

tile [taɪl] *n (for roof)* teja *f*; *(for floor)* baldosa *f*; *(for wall)* azulejo *m*.

till [tɪl] *n* caja *f* registradora. ◆ *prep* hasta. ◆ *conj* hasta que.

tilt [tɪlt] *vt* inclinar. ◆ *vi* inclinarse.

timber ['tɪmbə'] *n (wood)* madera *f* (para construir); *(of roof)* viga *f*.

time [taɪm] *n* tiempo *m*; *(measured by clock)* hora *f*; *(moment)* momento *m*; *(occasion)* vez *f*; *(in history)* época *f*. ◆ *vt (measure)* cronometrar; *(arrange)* programar; **I haven't got (the) ~** no tengo tiempo; **it's ~ to go es** hora de irse; **what's the ~?** ¿qué hora es?; **do you have the ~?** ¿tiene hora?; **two ~s two** dos por dos; **five ~s as much** cinco veces más; **in a month's ~** dentro de un mes; **to have a good ~** pasárselo bien; **all the ~**

todo el tiempo; **every ~** cada vez; **from ~ to ~** de vez en cuando; **for the ~ being** de momento; **in ~** (*arrive*) a tiempo; **in good ~** con tiempo de sobra; **last ~** la última vez; **most of the ~** la mayor parte del tiempo; **on ~** puntualmente; **some of the ~** parte del tiempo; **this ~** esta vez; **two at a ~** de dos en dos.

time difference *n* diferencia *f* horaria.

time limit *n* plazo *m*.

timer ['taɪmə^r] *n* temporizador *m*.

time share *n* copropiedad *f*.

timetable ['taɪm,teɪbl] *n* horario *m*; (*of events*) programa *m*.

timid ['tɪmɪd] *adj* tímido(da).

tin [tɪn] *n* (*metal*) estaño *m*; (*container*) lata *f*. ◆ *adj* de hojalata.

tinfoil ['tɪnfɔɪl] *n* papel *m* de aluminio.

tinned food [tɪnd-] *n Br* conservas *fpl*.

tin opener [-,əʊpnə^r] *n Br* abrelatas *m inv*.

tinsel ['tɪnsl] *n* oropel *m*.

tint [tɪnt] *n* tinte *m*.

tinted glass [,tɪntɪd-] *n* cristal *m* ahumado.

tiny ['taɪnɪ] *adj* diminuto(ta).

tip [tɪp] *n* (*point, end*) punta *f*; (*to waiter, taxi driver etc*) propina *f*; (*piece of advice*) consejo *m*; (*rubbish dump*) vertedero *m*. ◆ *vt* (*waiter, taxi driver etc*) dar una propina; (*tilt*) inclinar; (*pour*) vaciar. ❑ **tip over** *vt sep* volcar. ◆ *vi* volcarse.

TIPPING

Tanto en los Estados Unidos como en Gran Bretaña, se acostumbra dar propina a cualquier persona que proporcione un servicio. En bares y restaurantes, se deja entre el 12 y el 20% de la cuenta como propina. A los taxistas se les suele dar entre un 10 y un 15%. A los maleteros, en Gran Bretaña se les da un par de libras, mientras que en los Estados Unidos la costumbre es de un dólar por maleta. Para el peluquero se deja entre el 15 y el 20%, a menos que sea el dueño, a quien no se le da propina.

tire ['taɪə^r] *vi* cansarse. ◆ *n Am* = **tyre**.

tired ['taɪəd] *adj* (*sleepy*) cansado(da); **to be ~ of** estar cansado de.

tired out *adj* agotado(da).

tiring ['taɪərɪŋ] *adj* cansado(da).

tissue ['tɪʃu:] *n* (*handkerchief*) pañuelo *m* de papel.

tissue paper *n* papel *m* de seda.

tit [tɪt] *n vulg* (*breast*) teta *f*.

title ['taɪtl] *n* título *m*; (*Dr, Mr, Lord etc*) tratamiento *m*.

T-junction ['ti:-] *n* cruce *m* (en forma de T).

☞

to *prep* **-1.** (*indicating direction, position*) a; **to go ~ France** ir a Francia; **to go ~ school** ir a la escuela; **the road ~ Leeds** la carretera de Leeds; **the left/right** a la izquierda/derecha.

- 2. (*expressing indirect object*) a; **to give sthg ~ sb** dar algo a alguien; **give it ~ me** dámelo; **to listen to the radio** escuchar la radio.

- 3. (*indicating reaction, effect*): **~ my surprise** para sorpresa mía; **it's ~ your advantage** va en beneficio tuyo.

- 4. *(until)* hasta; **to count ~ ten** contar hasta diez; **we work from 9 ~ 5** trabajamos de 9 a 5.
- 5. *(in stating opinion)*: **~ me, he's lying** para mí que miente.
- 6. *(indicating change of state)*: **it could lead ~ trouble** puede ocasionar problemas.
- 7. Br *(in expressions of time)* menos; **it's ten ~ three** son las tres menos diez.
- 8. *(in ratios, rates)* por; **40 miles ~ the gallon** un galón por cada 40 millas.
- 9. *(of, for)*: **the key ~ the car** la llave del coche; **a letter ~ my daughter** una carta a mi hija.
- 10. *(indicating attitude)* con; **to be rude ~ sb** tratar a alguien con grosería.
◆ *with infinitive* - 1. *(forming simple infinitive)*: **~ walk** andar.
- 2. *(following another verb)*: **to begin ~ do sthg** empezar a hacer algo; **to try ~ do sthg** intentar hacer algo.
- 3. *(following an adjective)* de; **difficult ~ do** difícil de hacer; **ready ~ go** listo para marchar.
- 4. *(indicating purpose)* para; **we came here ~ look at the castle** vinimos a ver el castillo; **I'm phoning ~ ask you something** te llamo para preguntarte algo.

toad [təʊd] *n* sapo *m*.

toadstool ['təʊdstuːl] *n* seta *f* venenosa.

toast [təʊst] *n* *(bread)* pan *m* tostado; *(when drinking)* brindis *m* inv. ◆ *vt* *(bread)* tostar; **a piece orslice of ~** una tostada.

toasted sandwich ['təʊstɪd-] *n* sandwich *m* (a la plancha).

toaster ['təʊstə'] *n* tostador *m*.

toastie ['təʊstɪ] *(inf)* = **toasted**

sandwich.

tobacco [tə'bækəʊ] *n* tabaco *m*.

tobacconist's [tə'bækənɪsts] *n* *(shop)* estanco *m* Esp, tabaquería *f*.

toboggan [tə'bɒgən] *n* tobogán *m* *(de deporte)*.

today [tə'deɪ] *n* hoy *m*. ◆ *adv* hoy.

toddler ['tɒdlə'] *n* niño *m* pequeño, niña pequeña *f*.

toe [təʊ] *n* *(of person)* dedo *m* del pie.

toenail ['təʊneɪl] *n* uña *f* del dedo del pie.

toffee ['tɒfɪ] *n* tofe *m*.

together [tə'geðə'] *adv* juntos (tas); **~ with** junto con.

toilet ['tɔɪlɪt] *n* *(in public place)* servicios *mpl*, baño *m* Amér; *(at home)* wáter *m*; *(bowl)* retrete *m*; **to go to the ~** ir al wáter; **where's the ~?** ¿dónde está el servicio?

toilet bag *n* neceser *m*.

toilet paper *n* papel *m* higiénico.

toiletries ['tɔɪlɪtrɪz] *npl* artículos *mpl* de tocador.

toilet roll *n* *(paper)* papel *m* higiénico.

toilet water *n* agua *f* de colonia.

token ['təʊkn] *n* *(metal disc)* ficha *f*.

told [təʊld] *pt & pp* → **tell**.

tolerable ['tɒlərəbl] *adj* tolerable.

tolerant ['tɒlərənt] *adj* tolerante.

tolerate ['tɒləreɪt] *vt* tolerar.

toll [təʊl] *n* *(for road, bridge)* peaje *m*.

toll-free *adj* Am gratuito(ta).

tomato [Br tə'mɑːtəʊ, Am tə'meɪtəʊ] *(pl* -es) *n* tomate *m*.

tomato juice *n* zumo *m* Esp jugo *m* Amér de tomate.

tomato ketchup *n* ketchup *m*, catsup *m*.

tomato puree *n* puré *m* de tomate concentrado.

tomato sauce *n* ketchup *m*,

touch

catsup m.

tomb [tuːm] n tumba f.

tomorrow [təˈmɔrəu] n mañana f. ◆ adv mañana; **the day after ~** pasado mañana; **~ afternoon** mañana por la tarde; **~ morning** mañana por la mañana; **~ night** mañana por la noche.

ton [tʌn] n (in Britain) = 1016 kilos; (in U.S.) = 907 kilos; (metric tonne) tonelada f; **~s of** inf un montón de.

tone [təun] n tono m; (on phone) señal f.

tongs [tɒnz] npl (for hair) tenazas fpl; (for sugar) pinzas fpl.

tongue [tʌn] n lengua f.

tonic [ˈtɒnɪk] n (tonic water) tónica f; (medicine) tónico m.

tonic water n agua f tónica.

tonight [təˈnaɪt] n esta noche f. ◆ adv esta noche.

tonne [tʌn] n tonelada f (métrica).

tonsillitis [ˌtɒnsɪˈlaɪtɪs] n amigdalitis f inv.

too [tuː] adv (excessively) demasiado; (also) también; **it's not ~ good** no está muy bien; **it's ~ late to go out** es demasiado tarde para salir; **~ many** demasiados(das); **~ much** demasiado(da).

took [tuk] pt → **take**.

tool [tuːl] n herramienta f.

tool kit n juego m de herramientas.

tooth [tuːθ] (pl **teeth**) n diente m.

toothache [ˈtuːθeɪk] n dolor m de muelas.

toothbrush [ˈtuːθbrʌʃ] n cepillo m de dientes.

toothpaste [ˈtuːθpeɪst] n pasta f de dientes.

toothpick [ˈtuːθpɪk] n palillo m.

top [tɒp] adj (highest) de arriba; (best, most important) mejor. ◆ n (highest part) parte f superior; (best point) cabeza f; (of box, jar) tapa f; (of bottle, tube) tapón m; (of pen) capuchón m; (garment) camiseta f; (of street, road) final m; **at the ~ (of)** (stairway, pile) en lo más alto (de); (list, page) al principio (de); **on ~ of** (on highest part of) encima de; (of hill, mountain) en lo alto de; (in addition to) además de; **at ~ speed** a toda velocidad; **~ gear** directa f. □ **top up** vt sep (glass, drink) volver a llenar. ◆ vi (with petrol) repostar.

top floor n último piso m.

topic [ˈtɒpɪk] n tema m.

topical [ˈtɒpɪkl] adj actual.

topless [ˈtɒplɪs] adj topless (inv).

topped [tɒpt] adj: **~ with** cubierto(ta) con.

topping [ˈtɒpɪŋ] n: **with a ~ of** cubierto con.

torch [tɔːtʃ] n Br (electric light) linterna f.

tore [tɔːʳ] pt → **tear**.

torn [tɔːn] pp → **tear**. ◆ adj (ripped) desgarrado(da).

tortoise [ˈtɔːtəs] n tortuga f (de tierra).

tortoiseshell [ˈtɔːtəʃel] n carey m.

torture [ˈtɔːtʃəʳ] n tortura f. ◆ vt torturar.

Tory [ˈtɔːrɪ] n conservador m, -ra f.

toss [tɒs] vt (throw) tirar; (salad) mezclar; **to ~ a coin** echar a cara o cruz; **~ed in butter** con mantequilla.

total [ˈtəutl] adj total. ◆ n total m; **in ~** en total.

touch [tʌtʃ] n (sense) tacto m; (small amount) pizca f; (detail) toque m. ◆ vt tocar; (move emotionally) conmover. ◆ vi tocarse; **to get in ~ (with sb)** ponerse en contacto (con alguien); **to keep in ~ (with sb)** mantenerse en contacto (con alguien). ❏ **touch down** vi aterrizar.

touching ['tʌtʃɪŋ] adj (moving) conmovedor(ra).

tough [tʌf] adj (resilient) fuerte; (hard, strong) resistente; (meat, regulations, policies) duro(ra); (difficult) difícil.

tour [tʊəʳ] n (journey) viaje m; (of city, castle etc) recorrido m; (of pop group, theatre company) gira f. ◆ vt recorrer; on ~ en gira.

tourism ['tʊərɪzm] n turismo m.

tourist ['tʊərɪst] n turista m.

tourist class n clase f turista.

tourist information office n oficina f de turismo.

tournament ['tɔːnəmənt] n torneo m.

tour operator n touroperador m, -ra f.

tout [taʊt] n revendedor m, -ra f.

tow [təʊ] vt remolcar.

toward [tə'wɔːd] Am = towards.

towards [tə'wɔːdz] prep Br hacia; (to help pay for) para.

towel ['taʊəl] n toalla f.

towelling ['taʊəlɪŋ] n Br toalla f (tejido).

towel rail n toallero m.

tower ['taʊəʳ] n torre f.

tower block n Br bloque m alto de pisos Esp, edificio m de apartamentos.

Tower Bridge n puente londinense.

Tower of London n: the ~ la Torre de Londres.

El Tower Bridge, puente neogótico construido en el siglo XIX, extiende sobre el Támesis sus características ramas gemelas que se izan para permitir el paso a los barcos de mayor altura. La torre de Londres, situada al norte del puente, es una fortaleza construida en el siglo XI que fue utilizada como residencia real hasta el siglo XVII. Hoy en día, la torre y el museo que alberga son una popular atracción turística.

town [taʊn] n (smaller) pueblo m; (larger) ciudad f; (town centre) centro m.

town centre n centro m.

town hall n ayuntamiento m.

towpath ['taʊpɑːθ, pl -pɑːðz] n camino m de sirga.

towrope ['taʊrəʊp] n cuerda f de remolque.

tow truck n Am grúa f.

toxic ['tɒksɪk] adj tóxico(ca).

toy [tɔɪ] n juguete m.

toy shop n juguetería f.

trace [treɪs] n (sign) rastro m; (small amount) pizca f. ◆ vt (find) localizar.

tracing paper ['treɪsɪŋ-] n papel m de calco.

track [træk] n (path) sendero m; (of railway) vía f; SPORT pista f; (song) canción f. ❏ **track down** vt sep localizar.

tracksuit ['træksuːt] n chándal m Esp, equipo m de deportes.

tractor ['træktəʳ] n tractor m.

trade [treɪd] n COMM comercio m; (job) oficio m. ◆ vt cambiar. ◆ vi comerciar.

trademark ['treɪdmɑːk] n marca f (comercial).

trader ['treɪdə] *n* comerciante *mf*.

tradesman ['treɪdzmən] (*pl* **-men** [-mən]) *n* (*deliveryman*) repartidor *m*; (*shopkeeper*) tendero *m*.

trade union *n* sindicato *m*.

tradition [trə'dɪʃən] *n* tradición *f*.

traditional [trə'dɪʃənl] *adj* tradicional.

traffic ['træfɪk] (*pt* & *pp* **-ked**) *n* tráfico *m*. ◆ *vi*: **to ~ in** traficar con.

traffic circle *n Am* rotonda *f*.

traffic island *n* isla *f* de peatones.

traffic jam *n* atasco *m*.

traffic lights *npl* semáforos *mpl*.

traffic warden *n Br* ≃ guardia *mf* de tráfico.

tragedy ['trædʒədɪ] *n* tragedia *f*.

tragic ['trædʒɪk] *adj* trágico(ca).

trail [treɪl] *n* (*path*) sendero *m*; (*marks*) rastro *m*. ◆ *vi* (*be losing*) ir perdiendo.

trailer ['treɪlə] *n* (*for boat, luggage*) remolque *m*; *Am* (*caravan*) caravana *f*; (*for film, programme*) trailer *m*.

train [treɪn] *n* tren *m*. ◆ *vt* (*teach*) enseñar. ◆ *vi SPORT* entrenar; **by ~** en tren.

train driver *n* maquinista *mf* (*de tren*).

trainee [treɪ'niː] *n* aprendiz *m*, -za *f*.

trainer ['treɪnə] *n* (*of athlete etc*) entrenador *m*, -ra *f*. ❏ **trainers** *npl Br* zapatillas *fpl* de deporte.

training ['treɪnɪŋ] *n* (*instruction*) formación *f*; (*exercises*) entrenamiento *m*.

training shoes *npl Br* zapatillas *fpl* de deporte.

tram [træm] *n Br* tranvía *m*.

tramp [træmp] *n* vagabundo *m*, -da *f*.

trampoline ['træmpəliːn] *n* cama *f* elástica.

trance [trɑːns] *n* trance *m*.

tranquilizer ['træŋkwɪlaɪzər] *Am* = **tranquillizer**.

tranquillizer ['træŋkwɪlaɪzər] *n Br* tranquilizante *m*.

transaction [træn'zækʃn] *n* transacción *f*.

transatlantic [ˌtrænzət'læntɪk] *adj* transatlántico(ca).

transfer [*n* 'trænsfəː, *vb* træns'fəː] *n* (*of money, power*) transferencia *f*; (*of sportsman*) traspaso *m*; (*picture*) calcomanía *f*; *Am* (*ticket*) clase de billete que permite hacer transbordos durante un viaje. ◆ *vt* transferir. ◆ *vi* (*change bus, plane etc*) hacer transbordo.

transform [træns'fɔːm] *vt* transformar.

transfusion [træns'fjuːʒn] *n* transfusión *f*.

transit ['trænzɪt] ◆ **in transit** *adv* de tránsito.

transitive ['trænzɪtɪv] *adj* transitivo(va).

transit lounge *n* sala *f* de tránsito.

translate [træns'leɪt] *vt* traducir.

translation [træns'leɪʃn] *n* traducción *f*.

translator [træns'leɪtə] *n* traductor *m*, -ra *f*.

transmission [trænz'mɪʃn] *n* transmisión *f*.

transmit [trænz'mɪt] *vt* transmitir.

transparent [træns'pærənt] *adj* transparente.

transplant ['trænsplɑːnt] *n* trasplante *m*.

transport [*n* 'trænspɔːt, *vb* træn'spɔːt] *n* transporte *m*. ◆ *vt* transportar.

transportation [ˌtrænspɔː'teɪʃn]

n Am transporte *m*.

trap [træp] *n* trampa *f*. ◆ *vt*: **to be trapped** estar atrapado.

trash [træʃ] *n Am* basura *f*.

trashcan ['træʃkæn] *n Am* cubo *m* de la basura.

trauma ['trɔːmə] *n* trauma *m*.

traumatic [trɔː'mætɪk] *adj* traumático(ca).

travel ['trævl] *n* viajes *mpl*. ◆ *vt* (*distance*) recorrer. ◆ *vi* viajar.

travel agency *n* agencia *f* de viajes.

travel agent *n* empleado *m*, -da *f* de una agencia de viajes; **~'s** (*shop*) agencia *f* de viajes.

travel centre *n* oficina *f* de información al viajero.

traveler ['trævlər] *Am* = **traveller**.

travel insurance *n* seguro *m* de viaje.

traveller ['trævlə'] *n Br* viajero *m*, -ra *f*.

traveller's cheque ['trævləz-] *n* cheque *m* de viaje.

travelsick ['trævəlsɪk] *adj* mareado(da) por el viaje.

tray [treɪ] *n* bandeja *f*.

treacherous ['tretʃərəs] *adj* (*person*) traidor(ra); (*roads, conditions*) peligroso(sa).

treacle ['triːkl] *n Br* melaza *f*.

tread [tred] (*pt* **trod**, *pp* **trodden**) *n* (*of tyre*) banda *f*. ◆ *vi*: **to ~ on sthg** pisar algo.

treasure ['treʒə'] *n* tesoro *m*.

treat [triːt] *vt* tratar. ◆ *n*: **he bought me a meal for a ~** me invitó a cenar; **to ~ sb to sthg** invitar a alguien a algo.

treatment ['triːtmənt] *n MED* tratamiento *m*; (*of person, subject*) trato *m*.

treble ['trebl] *adj* triple.

tree [triː] *n* árbol *m*.

trek [trek] *n* viaje *m* largo y difícil.

tremble ['trembl] *vi* temblar.

tremendous [trɪ'mendəs] *adj* (*very large*) enorme; *inf* (*very good*) estupendo(da).

trench [trentʃ] *n* zanja *f*.

trend [trend] *n* (*tendency*) tendencia *f*; (*fashion*) moda *f*.

trendy ['trendɪ] *adj inf* (*person*) moderno(na); (*clothes, bar*) de moda.

trespasser ['trespəsə'] *n* intruso *m*, -sa *f*.

trial ['traɪəl] *n JUR* juicio *m*; (*test*) prueba *f*; **a ~ period** un periodo de prueba.

triangle ['traɪæŋgl] *n* triángulo *m*.

triangular [traɪ'æŋgjʊlə'] *adj* triangular.

tribe [traɪb] *n* tribu *f*.

trick [trɪk] *n* (*deception*) truco *m*; (*in magic*) juego *m* (de manos). ◆ *vt* engañar; **to play a ~ on sb** gastarle una broma a alguien.

trickle ['trɪkl] *vi* resbalar (formando un hilo).

tricky ['trɪkɪ] *adj* difícil.

tricycle ['traɪsɪkl] *n* triciclo *m*.

trifle ['traɪfl] *n* (*dessert*) postre de bizcocho con frutas, nata, natillas y gelatina.

trigger ['trɪgə'] *n* gatillo *m*.

trim [trɪm] *n* (*haircut*) recorte *m*. ◆ *vt* recortar.

trio ['triːəʊ] (*pl* **-s**) *n* trío *m*.

trip [trɪp] *n* viaje *m*. ◆ *vi* tropezar. ❑ **trip up** *vi* tropezar.

triple ['trɪpl] *adj* triple.

tripod ['traɪpɒd] *n* trípode *m*.

triumph ['traɪəmf] *n* triunfo *m*.

trivial ['trɪvɪəl] *adj pej* trivial.

trod [trɒd] *pt* → **tread**.

trodden ['trɒdn] *pp* → **tread**.

trolley ['trɒlɪ] (*pl* **-s**) *n Br* (*in supermarket, at airport, for food etc*) carrito *m*; *Am* (*tram*) tranvía *m*.

trombone [trɒm'bəʊn] *n* trombón *m*.

troops [truːps] *npl* tropas *fpl*.

trophy ['trəʊfɪ] *n* trofeo *m*.

tropical ['trɒpɪkl] *adj* tropical.

trot [trɒt] *n* & *vt* trotar. ◆ *n*: **three on the ~** *inf* tres seguidos.

trouble ['trʌbl] *n* (*difficulty, problems, malfunction*) problemas *mpl*; (*pain*) dolor *m*; (*illness*) enfermedad *f*. ◆ *vt* (*worry*) preocupar; (*bother*) molestar; **to be in ~** tener problemas; **to get into ~** meterse en líos; **to take the ~ to do sthg** tomarse la molestia de hacer algo; **it's no ~** no es molestia.

trousers ['traʊzəz] *npl* pantalones *mpl*; **a pair of ~** un pantalón.

trout [traʊt] (*pl inv*) *n* trucha *f*.

trowel ['traʊəl] *n* (*for gardening*) desplantador *m*.

truant ['truːənt] *n*: **to play ~** hacer novillos.

truce [truːs] *n* tregua *f*.

truck [trʌk] *n* camión *m*.

true [truː] *adj* verdadero(ra); (*genuine, sincere*) auténtico(ca); **it's ~** es verdad.

truly ['truːlɪ] *adv*: **yours ~** le saluda atentamente.

trumpet ['trʌmpɪt] *n* trompeta *f*.

trumps [trʌmps] *npl* triunfo *m*.

truncheon ['trʌntʃən] *n* porra *f*.

trunk [trʌŋk] *n* (*of tree*) tronco *m*; *Am* (*of car*) maletero *m*; (*case, box*) baúl *m*; (*of elephant*) trompa *f*.

trunk call *n Br* llamada *f* interurbana.

trunk road *n Br* ≃ carretera *f* nacional.

trunks [trʌŋks] *npl* bañador *m* (de

hombre) *Esp*, traje *m* de baño.

trust [trʌst] *n* (*confidence*) confianza *f*. ◆ *vt* (*believe, have confidence in*) confiar en; *fml* (*hope*) confiar.

trustworthy ['trʌst,wɜːðɪ] *adj* digno(na) de confianza.

truth [truːθ] *n* (*true facts*) verdad *f*; (*quality of being true*) veracidad *f*.

truthful ['truːθfʊl] *adj* (*statement, account*) verídico(ca); (*person*) sincero(ra).

try [traɪ] *n* (*attempt*) intento *m*. ◆ *vt* (*attempt*) intentar; (*experiment with, test*) probar; (*seek help from*) acudir a; *JUR* procesar. ◆ *vi* intentar; **to ~ to do sthg** intentar hacer algo. □ **try on** *vt sep* probarse. □ **try out** *vt sep* poner a prueba.

T-shirt [tiː-] *n* camiseta *f*.

tub [tʌb] *n* (*of margarine etc*) tarrina *f*; *inf* (*bath*) bañera *f*, tina *f Amér*.

tube [tjuːb] *n* tubo *m*; *Br inf* (*underground*) metro *m*; **by ~** en metro.

tube station *n Br* infestación *f* de metro.

tuck [tʌk] ◆ **tuck in** *vt sep* (*shirt*) meterse; (*child, person*) arropar. ◆ *vi inf* comer con apetito.

tuck shop *n Br* confitería *f* OR dulcería *f Amér* (*en un colegio*).

Tues. (*abbr of* Tuesday) mar.

Tuesday ['tjuːzdɪ] *n* martes *m inv* → **Saturday**.

tuft [tʌft] *n* (*of grass*) matojo *m*; (*of hair*) mechón *m*.

tug [tʌg] *vt* tirar de.

tuition [tjuː'ɪʃn] *n* clases *fpl*.

tulip ['tjuːlɪp] *n* tulipán *m*.

tumble-dryer ['tʌmbldraɪə] *n* secadora *f*.

tumbler ['tʌmblə] *n* (*glass*) vaso *m*.

tummy ['tʌmɪ] *n inf* barriga *f*.

tummy upset *n* [-'ʌpset] *n inf* dolor *m* de barriga.

tumor ['tuːmər] *Am* = tumour.
tumour ['tjuːmə] *n Br* tumor *m*.
tuna (fish) [*Br* 'tjuːnə, *Am* 'tuːnə] *n* atún *m*.
tune [tjuːn] *n* melodía *f*. ◆ *vt* (radio, TV) sintonizar; (engine) poner a punto; (instrument) afinar; **in ~** afinado; **out of ~** desafinado.
tunic ['tjuːnɪk] *n* túnica *f*.
tunnel ['tʌnl] *n* túnel *m*.
turban ['tɜːbən] *n* turbante *m*.
turbulence ['tɜːbjʊləns] *n* turbulencia *f*.
turf [tɜːf] *n* (grass) césped *m*.
turkey ['tɜːkɪ] *n* (pl -s) pavo *m*.
turn [tɜːn] *n* (in road) curva *f*; (of knob, key, switch) vuelta *f*; (go, chance) turno *m*. ◆ *vt* (car, page, omelette) dar la vuelta a, voltear *Amér*; (head) volver, voltear *Amér*; (knob, key, switch) girar; (corner, bend) doblar; (become) volverse; (cause to become) poner. ◆ *vi* girar; (milk) cortarse; **to ~ into** sthg convertirse en algo; **to ~ sthg into sthg** transformar algo en algo; **to ~ right/left** torcer a la derecha/ izquierda; **it's your ~** te toca (a ti); **at the ~ of the century** a finales de siglo; **to take it in ~s to do sthg** hacer algo por turnos; **to ~ sthg inside out** darle la vuelta a algo (de dentro para afuera). ❑ **turn back** *vt sep* hacer volver. ◆ *vi* volver. ❑ **turn down** *vt sep* (radio, volume, heating) bajar; (offer, request) rechazar. ❑ **turn off** *vt sep* (light, TV) apagar; (water, gas, tap) cerrar; (engine) parar. ◆ *vi* (leave road) salir. ❑ **turn on** *vt sep* (light, TV, engine) encender; (water, gas, tap) abrir. ❑ **turn out** *vt fus* (be in the end) resultar. ◆ *vt sep* (light, fire) apagar. ◆ *vi* (come, attend) venir; **to ~ out to be sthg** resultar ser algo. ❑ **turn over** *vi* (in bed) darse la vuelta, voltearse

Amér. ◆ *vt sep* (page, card, omelette) dar la vuelta a, voltear *Amér*. ❑ **turn round** *vt sep* dar la vuelta a. ◆ *vi* (person) darse la vuelta, voltearse *Amér*. ❑ **turn up** *vt sep* (radio, volume, heating) subir. ◆ *vi* aparecer.
turning ['tɜːnɪŋ] *n* bocacalle *f*.
turnip ['tɜːnɪp] *n* nabo *m*.
turn-up *n Br* (on trousers) vuelta *f*.
turquoise ['tɜːkwɔɪz] *adj* turquesa (inv).
turtle ['tɜːtl] *n* tortuga *f* (marina).
turtleneck ['tɜːtlnek] *n* jersey *m* de cuello de cisne *Esp*, suéter *m* de cuello alto *Amér*.
tutor ['tjuːtə] *n* (private teacher) tutor *m*, -ra *f*.
tuxedo [tʌk'siːdəʊ] (pl -s) *n Am* esmoquin *m*.
TV *n* televisión *f*; **on ~** en la televisión.
tweed [twiːd] *n* tweed *m*.
tweezers ['twiːzəz] *npl* pinzas *fpl*.
twelfth [twelfθ] *num* duodécimo(ma) → **sixth**.
twelve [twelv] *num* doce → **six**.
twentieth ['twentɪəθ] *num* vigésimo(ma); **the ~ century** el siglo XX → **sixth**.
twenty ['twentɪ] *num* veinte → **six**.
twice [twaɪs] *adj* & *adv* dos veces; **it's ~ as good es** el doble de bueno; **~ as much** el doble.
twig [twɪg] *n* ramita *f*.
twilight ['twaɪlaɪt] *n* crepúsculo *m*.
twin [twɪn] *n* gemelo *m*, -la *f*.
twin beds *npl* dos camas *fpl*.
twist [twɪst] *vt* (wire) torcer; (thread, rope) retorcer; (hair) enroscar; (bottle top, lid, knob) girar; **to ~ one's ankle** torcerse el tobillo.
twisting ['twɪstɪŋ] *adj* con muchos

recodos.

two [tu:] *num* dos → **six**.

two-piece *adj* de dos piezas.

tying ['taɪŋ] *cont* → **tie**.

type [taɪp] *n (kind)* tipo *m*. ◆ *vt* teclear. ◆ *vi* escribir a máquina.

typewriter ['taɪp,raɪtə'] *n* máquina *f* de escribir.

typhoid ['taɪfɔɪd] *n* fiebre *f* tifoidea.

typical ['tɪpɪkl] *adj* típico(ca).

typist ['taɪpɪst] *n* mecanógrafo *m*, -fa *f*.

tyre ['taɪə'] *n Br* neumático *m*, llanta *f Amér*.

U

U [ju:] *adj Br (film)* para todos los públicos.

UCAS ['ju:kas] *(abbr of Universities and Colleges Admissions Service) n Br organismo que se ocupa de gestionar el proceso de admisión a la Universidad.*

UFO *n (abbr of unidentified flying object)* OVNI *m*.

ugly ['ʌglɪ] *adj* feo(a).

UHT *adj (abbr of ultra heat treated)* uperizado(da) *Esp*, UHT *Amér*.

UK *n*: the ~ el Reino Unido.

ulcer ['ʌlsə'] *n* úlcera *f*.

ultimate ['ʌltɪmət] *adj (final)* final; *(best, greatest)* máximo(ma).

ultraviolet [,ʌltrə'vaɪələt] *adj* ultravioleta.

umbrella [ʌm'brelə] *n* paraguas *m inv*.

umpire ['ʌmpaɪə'] *n* árbitro *m*.

UN *n (abbr of United Nations)*: the ~ la ONU.

unable [ʌn'eɪbl] *adj*: to be ~ to do sthg ser incapaz de hacer algo.

unacceptable [,ʌnək'septəbl] *adj* inaceptable.

unaccustomed [,ʌnə'kʌstəmd] *adj*: to be ~ to sthg no estar acostumbrado(da) a algo.

unanimous [ju:'nænɪməs] *adj* unánime.

unattended [,ʌnə'tendɪd] *adj* desatendido(da).

unattractive [,ʌnə'træktɪv] *adj* poco atractivo(va).

unauthorized [,ʌn'ɔ:θəraɪzd] *adj* no autorizado(da).

unavailable [,ʌnə'veɪləbl] *adj* no disponible.

unavoidable [,ʌnə'vɔɪdəbl] *adj* inevitable.

unaware [,ʌnə'weə'] *adj* inconsciente; to be ~ of sthg no ser consciente de algo.

unbearable [ʌn'beərəbl] *adj* insoportable.

unbelievable [,ʌnbɪ'li:vəbl] *adj* increíble.

unbutton [,ʌn'bʌtn] *vt* desabrocharse.

uncertain [ʌn'sɜ:tn] *adj (not definite)* incierto(ta); *(not sure)* indeciso(sa).

uncertainty [ʌn'sɜ:tntɪ] *n* incertidumbre *f*.

uncle ['ʌŋkl] *n* tío *m*.

unclean [,ʌn'kli:n] *adj* sucio(cia).

unclear [,ʌn'klɪə'] *adj* poco claro(ra); *(not sure)* poco seguro(ra).

uncomfortable [,ʌn'kʌmftəbl] *adj* incómodo(da).

uncommon [ʌn'kɒmən] *adj* poco común.

unconscious [ʌn'kɒnʃəs] *adj*: to

be ~ *(after accident)* estar inconsciente; *(unaware)* ser inconsciente.

unconvincing [ˌʌnkən'vɪnsɪŋ] *adj* poco convincente.

uncooperative [ˌʌnkəʊ'ɒpərətɪv] *adj* que no quiere cooperar.

uncork [ˌʌn'kɔːk] *vt* descorchar.

uncouth [ʌn'kuːθ] *adj* grosero(ra).

uncover [ʌn'kʌvə*r*] *vt (discover)* descubrir; *(swimming pool)* dejar al descubierto; *(car)* descapotar.

under ['ʌndə*r*] *prep (beneath)* debajo de; *(less than)* menos de; *(according to)* según; *(in classification)* en; ~ **the water** bajo el agua; **children** ~ **ten** niños menores de diez años; ~ **the circumstances** dadas las circunstancias; **to be** ~ **pressure** *(from a person)* estar presionado; *(stressed)* estar en tensión.

underage [ˌʌndər'eɪdʒ] *adj* menor de edad.

undercarriage ['ʌndəˌkærɪdʒ] *n* tren *m* de aterrizaje.

underdone [ˌʌndə'dʌn] *adj* poco hecho(cha).

underestimate [ˌʌndər'estɪmeɪt] *vt* subestimar.

underexposed [ˌʌndərɪk'spəʊzd] *adj (photograph)* subexpuesto(ta).

undergo [ˌʌndə'gəʊ] *(pt* -went*, pp* -gone [-gɒn]) *vt (change, difficulties)* sufrir; *(operation)* someterse a.

undergraduate [ˌʌndə'grædjʊət] *n* estudiante *m* universitario (no licenciado), estudiante *f* universitaria (no licenciada).

underground ['ʌndəgraʊnd] *adj (below earth's surface)* subterráneo(a); *(secret)* clandestino(na). ◆ *n Br (railway)* metro *m*.

undergrowth ['ʌndəgrəʊθ] *n* maleza *f*.

underline [ˌʌndə'laɪn] *vt* subrayar.

underneath [ˌʌndə'niːθ] *prep* debajo de. ◆ *adv* debajo. ◆ *n* superficie *f* inferior.

underpants ['ʌndəpænts] *npl* calzoncillos *mpl*.

underpass ['ʌndəpɑːs] *n* paso *m* subterráneo.

undershirt ['ʌndəʃɜːt] *n Am* camiseta *f*.

underskirt ['ʌndəskɜːt] *n* enaguas *fpl*.

understand [ˌʌndə'stænd] *(pt & pp* -stood*) vt* entender; *(believe)* tener entendido que. ◆ *vi* entender; **I don't** ~ no entiendo; **to make o.s. understood** hacerse entender.

understanding [ˌʌndə'stændɪŋ] *adj* comprensivo(va). ◆ *n (agreement)* acuerdo *m*; *(knowledge)* entendimiento *m*; *(interpretation)* impresión *f*; *(sympathy)* comprensión *f* mutua.

understatement [ˌʌndə'steɪtmənt] *n*: **that's an** ~ eso es quedarse corto.

understood [ˌʌndə'stʊd] *pt & pp* → understand.

undertake [ˌʌndə'teɪk] *(pt* -took*, pp* -taken [-'teɪkn]) *vt* emprender; **to** ~ **to do sthg** comprometerse a hacer algo.

undertaker ['ʌndəˌteɪkə*r*] *n* director *m*, -ra *f* de funeraria.

undertaking [ˌʌndə'teɪkɪŋ] *n (promise)* promesa *f*; *(task)* empresa *f*.

undertook [ˌʌndə'tʊk] *pt* → undertake.

underwater [ˌʌndə'wɔːtə*r*] *adj* submarino(na). ◆ *adv* bajo el agua.

underwear ['ʌndəweə*r*] *n* ropa *f* interior.

underwent [ˌʌndə'went] *pt* → undergo.

undo [ˌʌn'duː] *(pt* -did [-'dɪd]*, pp* -done) *vt (coat, shirt)* desabrochar;

(tie, shoelaces) desatarse; *(parcel)* abrir.

undone [ˌʌnˈdʌn] *adj (coat, shirt)* desabrochado(da); *(tie, shoelaces)* desatado(da).

undress [ˌʌnˈdres] *vi* desnudarse. ◆ *vt* desnudar.

undressed [ˌʌnˈdrest] *adj* desnudo(da); **to get ~** desnudarse.

uneasy [ʌnˈiːzɪ] *adj* intranquilo(la).

uneducated [ˌʌnˈedjukeɪtɪd] *adj* inculto(ta).

unemployed [ˌʌnɪmˈplɔɪd] *adj* desempleado(da). ◆ *npl:* **the ~** los parados.

unemployment [ˌʌnɪmˈplɔɪmənt] *n* paro *m* Esp, desempleo *m*.

unemployment benefit *n* subsidio *m* de desempleo.

unequal [ˌʌnˈiːkwəl] *adj* desigual.

uneven [ˌʌnˈiːvn] *adj* desigual; *(road)* lleno(na) de baches.

uneventful [ˌʌnɪˈventful] *adj* sin incidentes destacables.

unexpected [ˌʌnɪkˈspektɪd] *adj* inesperado(da).

unexpectedly [ˌʌnɪkˈspektɪdlɪ] *adv* inesperadamente.

unfair [ˌʌnˈfeəʳ] *adj* injusto(ta).

unfairly [ˌʌnˈfeəlɪ] *adv* injustamente.

unfaithful [ˌʌnˈfeɪθful] *adj* infiel.

unfamiliar [ˌʌnfəˈmɪljəʳ] *adj* desconocido(da); **to be ~ with** no estar familiarizado(da) con.

unfashionable [ˌʌnˈfæʃnəbl] *adj* pasado(da) de moda.

unfasten [ˌʌnˈfɑːsn] *vt (button, belt)* desabrochar; *(tie, knot)* desatarse.

unfavourable [ˌʌnˈfeɪvrəbl] *adj* desfavorable.

unfinished [ˌʌnˈfɪnɪʃt] *adj* incompleto(ta).

unfit [ˌʌnˈfɪt] *adj:* **to be ~** *(not healthy)* no estar en forma; **to be ~ for sthg** no ser apto(ta) para algo.

unfold [ˌʌnˈfəʊld] *vt* desdoblar.

unforgettable [ˌʌnfəˈgetəbl] *adj* inolvidable.

unforgivable [ˌʌnfəˈgɪvəbl] *adj* imperdonable.

unfortunate [ʌnˈfɔːtʃnət] *adj (unlucky)* desgraciado(da); *(regrettable)* lamentable.

unfortunately [ʌnˈfɔːtʃnətlɪ] *adv* desgraciadamente.

unfriendly [ˌʌnˈfrendlɪ] *adj* huraño(ña).

unfurnished [ˌʌnˈfɜːnɪʃt] *adj* sin amueblar.

ungrateful [ʌnˈgreɪtful] *adj* desagradecido(da).

unhappy [ʌnˈhæpɪ] *adj (sad)* triste; *(wretched)* desgraciado(da); *(not pleased)* descontento(ta); **I'm ~ about that idea** no me gusta esa idea.

unharmed [ʌnˈhɑːmd] *adj* ileso(sa).

unhealthy [ʌnˈhelθɪ] *adj (person)* enfermizo(za); *(food, smoking)* perjudicial para la salud; *(place)* insalubre.

unhelpful [ʌnˈhelpful] *adj (person)* poco servicial; *(advice)* inútil.

unhurt [ʌnˈhɜːt] *adj* ileso(sa).

unhygienic [ˌʌnhaɪˈdʒiːnɪk] *adj* antihigiénico(ca).

unification [ˌjuːnɪfɪˈkeɪʃn] *n* unificación *f*.

uniform [ˈjuːnɪfɔːm] *n* uniforme *m*.

unimportant [ˌʌnɪmˈpɔːtənt] *adj* sin importancia.

unintelligent [ˌʌnɪnˈtelɪdʒənt] *adj* poco inteligente.

unintentional [ˌʌnɪnˈtenʃənl] *adj* no intencionado(da).

uninterested [ˌʌnˈɪntrəstɪd] *adj* indiferente.

uninteresting [ˌʌnˈɪntrɪstɪŋ] *adj* poco interesante.

union [ˈjuːnjən] *n (of workers)* sindicato *m*.

Union Jack *n*: the ~ la bandera del *Reino Unido*.

unique [juːˈniːk] *adj* único(ca); **to be** ~ ser peculiar de.

unisex [ˈjuːnɪseks] *adj* unisex *(inv)*.

unit [ˈjuːnɪt] *n* unidad *f*; *(department, building)* sección *f*; *(piece of furniture)* módulo *m*; *(group)* equipo *m*.

unite [juːˈnaɪt] *vt (people)* unir; *(country, party)* unificar. ◆ *vi* unirse.

United Kingdom [juːˈnaɪtɪd-] *n*: the ~ el Reino Unido.

United Nations [juːˈnaɪtɪd-] *npl*: the ~ las Naciones Unidas.

United States (of America) [juːˈnaɪtɪd-] *npl*: the ~ los Estados Unidos (de América).

unity [ˈjuːnətɪ] *n* unidad *f*.

universal [ˌjuːnɪˈvɜːsl] *adj* universal.

universe [ˈjuːnɪvɜːs] *n* universo *m*.

university [ˌjuːnɪˈvɜːsətɪ] *n* universidad *f*.

unjust [ˌʌnˈdʒʌst] *adj* injusto(ta).

unkind [ˌʌnˈkaɪnd] *adj* desagradable.

unknown [ˌʌnˈnəʊn] *adj* desconocido(da).

unleaded (petrol) [ˌʌnˈledɪd-] *n* gasolina *f* sin plomo.

unless [ənˈles] *conj* a menos que.

unlike [ˌʌnˈlaɪk] *prep (different to)* diferente a; *(in contrast to)* a diferencia de; *(not typical of)* poco característico de.

unlikely [ʌnˈlaɪklɪ] *adj (not probable)* poco probable; **she's ~ to do it** es poco probable que lo haga.

unlimited [ʌnˈlɪmɪtɪd] *adj* ilimitado(da).

unlisted [ʌnˈlɪstɪd] *adj Am (phone number)* que no figura en la guía telefónica.

unload [ˌʌnˈləʊd] *vt* descargar.

unlock [ˌʌnˈlɒk] *vt* abrir *(con llave)*.

unlucky [ʌnˈlʌkɪ] *adj (unfortunate)* desgraciado(da); *(bringing bad luck)* de la mala suerte.

unmarried [ˌʌnˈmærɪd] *adj* no casado(da).

unnatural [ˌʌnˈnætʃrəl] *adj (unusual)* poco normal; *(behaviour, person)* afectado(da).

unnecessary [ʌnˈnesəsərɪ] *adj* innecesario(ria).

unobtainable [ˌʌnəbˈteɪnəbl] *adj* inasequible.

unoccupied [ˌʌnˈɒkjʊpaɪd] *adj (place, seat)* libre.

unofficial [ˌʌnəˈfɪʃl] *adj* extraoficial.

unpack [ˌʌnˈpæk] *vt* deshacer, desempacar *Amér.* ◆ *vi* deshacer el equipaje, desempacar *Amér.*

unpleasant [ʌnˈpleznt] *adj (smell, weather, surprise etc)* desagradable; *(person)* antipático(ca).

unplug [ˌʌnˈplʌg] *vt* desenchufar.

unpopular [ˌʌnˈpɒpjʊləʳ] *adj* impopular.

unpredictable [ˌʌnprɪˈdɪktəbl] *adj* imprevisible.

unprepared [ˌʌnprɪˈpeəd] *adj*: **to be** ~ no estar preparado(da).

unprotected [ˌʌnprəˈtektɪd] *adj* desprotegido(da).

unqualified [ˌʌnˈkwɒlɪfaɪd] *adj (person)* no cualificado(da).

unreal [ˌʌnˈrɪəl] *adj* irreal.

unreasonable [ʌnˈriːznəbl] *adj (unfair)* poco razonable; *(excessive)* excesivo(va).

unrecognizable [ˌʌnrekəg-'naɪzəbl] adj irreconocible.

unreliable [ˌʌnrɪ'laɪəbl] adj poco fiable.

unrest [ʌn'rest] n malestar m.

unroll [ʌn'rəʊl] vt desenrollar.

unsafe [ʌn'seɪf] adj (dangerous) peligroso(sa); (in danger) inseguro(ra).

unsatisfactory [ˌʌnsætɪs'fæktərɪ] adj insatisfactorio(ria).

unscrew [ʌn'skruː] vt (lid, top) desenroscar.

unsightly [ʌn'saɪtlɪ] adj feo(a).

unskilled [ʌn'skɪld] adj (worker) no cualificado(da).

unsociable [ʌn'səʊʃəbl] adj insociable.

unsound [ʌn'saʊnd] adj (building, structure) inseguro(ra); (argument, method) erróneo(a).

unspoiled [ʌn'spɔɪlt] adj que no ha sido estropeado.

unsteady [ʌn'stedɪ] adj inestable; (hand) tembloroso(sa).

unstuck [ʌn'stʌk] adj: **to come ~** despegarse.

unsuccessful [ˌʌnsək'sesfʊl] adj fracasado(da).

unsuitable [ʌn'suːtəbl] adj inadecuado(da).

unsure [ʌn'ʃɔːr] adj: **to be ~ (about)** no estar muy seguro(ra) (de).

unsweetened [ʌn'swiːtnd] adj no edulcorado(da).

untidy [ʌn'taɪdɪ] adj (person) desaliñado(da); (room, desk) desordenado(da).

untie [ʌn'taɪ] (cont **untying**) vt desatar.

until [ʌn'tɪl] prep hasta. ◆ conj hasta que; **don't start ~ I tell you** no empieces hasta que no te lo diga.

untrue [ʌn'truː] adj falso(sa).

untrustworthy [ʌn'trʌst,wɜːðɪ] adj poco fiable.

untying [ʌn'taɪɪŋ] cont → **untie**.

unusual [ʌn'juːʒl] adj (not common) poco común; (distinctive) peculiar.

unusually [ʌn'juːʒəlɪ] adv (more than usual) extraordinariamente.

unwell [ʌn'wel] adj indispuesto(ta); **to feel ~** sentirse mal.

unwilling [ʌn'wɪlɪŋ] adj: **to be ~ to do sthg** no estar dispuesto(ta) a hacer algo.

unwind [ʌn'waɪnd] (pt & pp **unwound** [ʌn'waʊnd]) vt desenrollar. ◆ vi (relax) relajarse.

unwrap [ʌn'ræp] vt desenvolver.

unzip [ʌn'zɪp] vt abrir la cremallera OR el cierre Amér.

☞

up [ʌp] adv **-1.** (towards higher position, level) hacia arriba; **we walked ~ to the top** fuimos andando hasta arriba del todo; **to pick sthg ~** coger algo; **prices are going ~** los precios están subiendo.
- 2. (in higher position) arriba; **she's ~ in her bedroom** está arriba, en su cuarto; **~ there** allí arriba.
- 3. (into upright position): **to sit ~** sentarse derecho; **to stand ~** ponerse de pie.
- 4. (northwards): **we're going ~ to Dewsbury** vamos a subir a Dewsbury.
-5. (in phrases): **to walk ~ and down** andar de un lado para otro; **to jump ~ and down** dar brincos; **~ to six weeks/ten people** hasta seis semanas/diez personas; **are you ~ to travelling?** ¿estás en condiciones de viajar?; **what are you ~ to?** ¿qué andas tramando?; **it's ~ to you** depende de ti; **~ until ten o'clock** hasta las diez.

update

♦ *prep* -1. *(towards higher position)*: to walk ~ a hill subir por un monte; I went ~ the stairs subí las escaleras. -2. *(in higher position)* en lo alto de; ~ a hill en lo alto de una colina. -3. *(at end of)*: they live ~ the road from us viven al final de nuestra calle.

♦ *adj* -1. *(out of bed)* levantado(da); I was ~ at six today hoy, me levanté a las seis. -2. *(at an end)* terminado(da); time's ~ se acabó el tiempo. -3. *(rising)*: the ~ escalator el ascensor que sube.

♦ *n*: ~ s and downs altibajos *mpl*.

update [ˌʌpˈdeɪt] *vt* actualizar.

uphill [ˌʌpˈhɪl] *adv* cuesta arriba.

upholstery [ʌpˈhəʊlstərɪ] *n* tapicería *f*.

upkeep [ˈʌpkiːp] *n* mantenimiento *m*.

up-market *adj* de mucha categoría.

upon [əˈpɒn] *prep fml* (on) en, sobre.

upper [ˈʌpər] *adj* superior. ♦ *n* *(of shoe)* pala *f*.

upper class *n* clase *f* alta.

uppermost [ˈʌpəməʊst] *adj* *(highest)* más alto(ta).

upper sixth *n Br SCH* segundo año del curso optativo de dos que preparan a los alumnos de 18 años para los "A-levels".

upright [ˈʌpraɪt] *adj* *(person)* erguido(da); *(object)* vertical. ♦ *adv* derecho.

upset [ʌpˈset] *(pt & pp* upset) *adj* disgustado(da). ♦ *vt (distress)* disgustar; *(cause to go wrong)* estropear; *(knock over)* volcar; to have an ~ stomach tener el estómago revuelto.

upside down [ˌʌpsaɪd-] *adj & adv* al revés.

upstairs [ˌʌpˈsteəz] *adj* de arriba.

♦ *adv* arriba; to go ~ ir arriba.

up-to-date *adj (modern)* moderno(na); *(well-informed)* al día.

upwards [ˈʌpwədz] *adv* hacia arriba; ~ of 100 people más de 100 personas.

urban [ˈɜːbən] *adj* urbano(na).

urge [ɜːdʒ] *vt*: to ~ sb to do sthg incitar a alguien a hacer algo.

urgent [ˈɜːdʒənt] *adj* urgente.

urgently [ˈɜːdʒəntlɪ] *adv (immediately)* urgentemente.

urinal [jʊəˈraɪnl] *n (apparatus)* orinal *m*; *fml (place)* urinario *m*.

urinate [ˈjʊərɪneɪt] *vi fml* orinar.

urine [ˈjʊərɪn] *n* orina *f*.

URL *(abbr of uniform resource locator) n COMPUT* URL *m*.

Uruguay [ˈjʊərəgwaɪ] *n* Uruguay.

Uruguayan [ˌjʊərəˈgwaɪən] *adj* uruguayo(ya). ♦ *n* uruguayo *m*, -ya *f*.

us [ʌs] *pron* nos; they know ~ nos conocen; it's ~ somos nosotros; send it to ~ envíanoslo; tell ~ nos; they're worse than ~ son peores que nosotros.

US *n (abbr of United States)*: the ~ los EEUU.

USA *n (abbr of United States of America)*: the ~ los EEUU.

usable [ˈjuːzəbl] *adj* utilizable.

use [*n* juːs, *vb* juːz] *n* uso *m*. ♦ *vt* usar; *(exploit)* utilizar; to be of ~ ser útil; to have the ~ of sthg poder hacer uso de algo; to make ~ of sthg aprovechar algo; to be in ~ usarse; it's no ~ es inútil; what's the ~? ¿de qué vale?; to ~ sthg as sthg usar algo como algo; '~ before ...' 'consumir preferentemente antes de ...'. □ use up *vt sep* agotar.

used [*adj* juːzd, *aux vb* juːst] *adj* usado(da). ♦ *aux vb*: I ~ to live near here antes vivía cerca de aquí; I ~ to there every day solía ir allí todos los días; **to be ~ to sthg** estar acostumbrado(da) a algo; **to get ~ to sthg** acostumbrarse a algo.

useful ['ju:sfʊl] *adj* útil.

useless ['ju:slɪs] *adj* inútil; *inf (very bad)* pésimo(ma).

user ['ju:zə'] *n* usuario *m*, -ria *f*.

usher ['ʌʃə'] *n (at cinema, theatre)* acomodador *m*.

usherette [,ʌʃə'ret] *n* acomodadora *f*.

usual ['ju:ʒəl] *adj* habitual; **as ~** *(in the normal way)* como de costumbre; *(as often happens)* como siempre.

usually ['ju:ʒəlɪ] *adv* normalmente.

utensil [ju:'tensl] *n* utensilio *m*.

utilize ['ju:təlaɪz] *vt fml* utilizar.

utmost ['ʌtməʊst] *adj* mayor. ♦ *n*: **to do one's ~** hacer todo cuanto sea posible.

utter ['ʌtə'] *adj* completo(ta). ♦ *vt (word)* pronunciar; *(sound)* emitir.

utterly ['ʌtəlɪ] *adv* completamente.

U-turn *n* giro *m* de 180°.

V

vacancy ['veɪkənsɪ] *n (job)* vacante *f*; **'vacancies'** 'hay camas'; **'no vacancies'** completo.

vacant ['veɪkənt] *adj* libre; **'vacant'** 'libre'.

vacate [və'keɪt] *vt (fml: room, house)* desocupar.

vacation [və'keɪʃn] *n Am* vacaciones *fpl*. ♦ *vi Am* estar de vacaciones; **to go on ~** ir de vacaciones.

vaccination [,væksɪ'neɪʃn] *n* vacunación *f*.

vaccine [*Br* 'væksi:n, *Am* væk'si:n] *n* vacuna *f*.

vacuum ['vækjʊəm] *vt* pasar la aspiradora por.

vacuum cleaner *n* aspiradora *f*.

vague [veɪg] *adj (plan, letter, idea)* vago(ga); *(memory, outline)* borroso(sa); *(person)* impreciso(sa).

vain [veɪn] *adj pej (conceited)* engreído(da); **in ~** en vano.

Valentine card ['væləntaɪn-] *n* tarjeta *f* del día de San Valentín.

Valentine's Day ['væləntaɪnz-] *n* día *m* de San Valentín.

valid ['vælɪd] *adj (ticket, passport)* valedero(ra).

validate ['vælɪdeɪt] *vt* validar.

valley ['vælɪ] *(pl -s)* *n* valle *m*.

valuable ['væljʊəbl] *adj* valioso(sa). ❑ **valuables** *npl* objetos *mpl* de valor.

value ['vælju:] *n (financial)* valor *m*; *(usefulness)* sentido *m*; **a ~ pack** un paquete económico; **to be good ~ (for money)** estar muy bien de precio. ❑ **values** *npl* valores *mpl* morales.

valve [vælv] *n* válvula *f*.

van [væn] *n* furgoneta *f*.

vandal ['vændl] *n* vándalo *m*, -la *f*.

vandalize ['vændəlaɪz] *vt* destrozar.

vanilla [və'nɪlə] *n* vainilla *f*.

vanish ['vænɪʃ] *vi* desaparecer.

vapor ['veɪpə'] *Am* = **vapour**.

vapour ['veɪpə'] *n* vapor *m*.

variable ['veərɪəbl] *adj* variable.

varicose veins ['værɪkəʊs-] *npl* varices *fpl*.

varied ['veərɪd] *adj* variado(da).

variety [və'raɪətɪ] *n* variedad *f*.

various ['veərɪəs] *adj* varios(rias).

varnish ['vɑ:nɪʃ] *n* (for wood) barniz *m*. ◆ *vt* (wood) barnizar.

vary ['veərɪ] *vt & vi* variar; **to ~ from** sthg **to** sthg variar entre algo y algo.

vase [*Br* vɑ:z, *Am* veɪz] *n* florero *m*.

vast [vɑ:st] *adj* inmenso(sa).

VAT [væt, vi:eɪ'ti:] *n* (*abbr of* value added tax) IVA *m*.

VAT

El VAT es un impuesto equiparable al IVA. En Gran Bretaña el VAT es del 17,5%, mientras que en Estados Unidos la cantidad del impuesto varía de estado a estado, desde el 0% hasta el 8,5% (en este caso el impuesto se agrega al precio indicado en la etiqueta de la mercancía). No están gravados con impuestos los alimentos, en ambos países (excepto en restaurantes), así como la ropa y el calzado en algunas partes de Estados Unidos. También en algunos estados y en Gran Bretaña se permite que los turistas extranjeros soliciten la devolución de los impuestos que han pagado en sus compras.

vault [vɔ:lt] *n* (in bank) cámara *f* acorazada; (in church) cripta *f*; (roof) bóveda *f*.

VCR *n* (*abbr of* video cassette recorder) vídeo *m* Esp, video *m*.

VDU *n* (*abbr of* visual display unit) monitor *m*.

veal [vi:l] *n* ternera *f*.

veg [vedʒ] *n* verdura *f*.

vegan ['vi:gən] *adj de tipo vegetariano puro.* ◆ *n* persona vegetariana que no consume ningún producto de procedencia animal, como leche, huevos, etc.

vegetable ['vedʒtəbl] *n* vegetal *m*; **~s** verduras *fpl*.

vegetable oil *n* aceite *m* vegetal.

vegetarian [,vedʒɪ'teərɪən] *adj* vegetariano(na). ◆ *n* vegetariano *m*, -na *f*.

vegetation [,vedʒɪ'teɪʃn] *n* vegetación *f*.

vehicle ['vi:əkl] *n* vehículo *m*.

veil [veɪl] *n* velo *m*.

vein [veɪn] *n* vena *f*.

Velcro® ['velkrəʊ] *n* velcro® *m*.

velvet ['velvɪt] *n* terciopelo *m*.

vending machine ['vendɪŋ-] *n* máquina *f* de venta automática.

venetian blind [vɪ,ni:ʃn-] *n* persiana *f* veneciana.

Venezuela [,venɪz'weɪlə] *n* Venezuela.

Venezuelan [,venɪz'weɪlən] *adj* venezolano(na). ◆ *n* venezolano *m*, -na *f*.

venison ['venɪzn] *n* carne *f* de venado.

vent [vent] *n* (for air, smoke etc) rejilla *f* de ventilación.

ventilation [,ventɪ'leɪʃn] *n* ventilación *f*.

ventilator ['ventɪleɪtə'] *n* ventilador *m*.

venture ['ventʃə'] *n* empresa *f*. ◆ *vi* (go) aventurarse a ir.

venue ['venju:] *n* lugar *m* (de un acontecimiento).

verb [vɜ:b] *n* verbo *m*.

verdict ['vɜ:dɪkt] *n* JUR veredicto *m*; (opinion) juicio *m*.

verge [vɜ:dʒ] *n* (of road, lawn, path) borde *m*.

verify ['verɪfaɪ] *vt* verificar.

vermin ['vɜ:mɪn] *n* bichos *mpl*.

vermouth ['vɜ:məθ] n vermut m.

versa → vice versa.

versatile ['vɜ:sətaɪl] adj (person) polifacético(ca); (machine, food) que tiene muchos usos.

verse [vɜ:s] n (of song, poem) estrofa f; (poetry) versos mpl.

version ['vɜ:ʃn] n versión f.

versus ['vɜ:səs] prep contra.

vertical ['vɜ:tɪkl] adj vertical.

vertigo ['vɜ:tɪgəʊ] n vértigo m.

very ['verɪ] adv muy. ◆ adj mismísimo(ma); ~ **much** mucho; **not** ~ **big** no muy grande; **my** ~ **own room** mi propia habitación; **the** ~ **best** el mejor de todos; **the** ~ **person** justo la persona.

vessel ['vesl] n (ship) nave f.

vest [vest] n Br (underwear) camiseta f; Am (waistcoat) chaleco m.

vet [vet] n Br veterinario m, -ria f.

veteran ['vetrən] n veterano m, -na f.

veterinarian [ˌvetərɪ'neərɪən] Am = vet.

veterinary surgeon ['vetərɪnrɪ-] Br fml = vet.

VHS n (abbr of video home system) VHS m.

via ['vaɪə] prep (place) pasando por; (by means of) por medio de.

viaduct ['vaɪədʌkt] n viaducto m.

vibrate [vaɪ'breɪt] vi vibrar.

vibration [vaɪ'breɪʃn] n vibración f.

vicar ['vɪkər] n párroco m, -ca f.

vicarage ['vɪkərɪdʒ] n casa f parroquial.

vice [vaɪs] n vicio m; Br (tool) torno m de banco.

vice-president n vicepresidente m, -ta f.

vice versa [ˌvaɪsɪ'vɜ:sə] adv vice-

---

villain

versa.

vicinity [vɪ'sɪnətɪ] n: **in the** ~ en las proximidades.

vicious ['vɪʃəs] adj (attack) brutal; (animal) sañoso(sa); (comment) hiriente.

victim ['vɪktɪm] n víctima f.

Victorian [vɪk'tɔ:rɪən] adj victoriano(na).

victory ['vɪktərɪ] n victoria f.

video ['vɪdɪəʊ] (pl -s) n vídeo m. ◆ vt (using video recorder) grabar en vídeo; (using camera) hacer un vídeo de; **on** ~ en vídeo.

video camera n videocámara f.

video game n videojuego m.

video recorder n vídeo m Esp, video m.

video shop n tienda f de vídeos Esp OR videos.

videotape ['vɪdɪəʊteɪp] n cinta f de vídeo Esp OR video.

view [vju:] n (scene, line of sight) vista f; (opinion) opinión f; (attitude) visión f. ◆ vt (look at) observar; **in my** ~ desde mi punto de vista; **to come into** ~ aparecer; **you're blocking my** ~ no me dejas ver nada.

viewer ['vju:ər] n (of TV) telespectador m, -ra f.

viewfinder ['vju:ˌfaɪndər] n visor m.

viewpoint ['vju:pɔɪnt] n (opinion) punto m de vista; (place) mirador m.

vigilant ['vɪdʒɪlənt] adj fml alerta.

villa ['vɪlə] n (in countryside, by sea) casa f de campo; Br (in town) chalé m.

village ['vɪlɪdʒ] n (larger) pueblo m; (smaller) aldea f.

villager ['vɪlɪdʒər] n aldeano m, -na f.

villain ['vɪlən] n (of book, film) malo m, -la f; (criminal) criminal mf.

vinaigrette [ˌvɪnɪ'gret] n vinagreta f.

vine [vaɪn] n (grapevine) vid f; (climbing plant) parra f.

vinegar ['vɪnɪgə'] n vinagre m.

vineyard ['vɪnjəd] n viña f.

vintage ['vɪntɪdʒ] adj (wine) añejo(ja). ◆ n (year) cosecha f (de vino).

vinyl ['vaɪnɪl] n vinilo m.

viola [vɪ'əʊlə] n viola f.

violence ['vaɪələns] n violencia f.

violent ['vaɪələnt] adj violento(ta); (storm) fuerte.

violet ['vaɪələt] adj violeta (inv). ◆ n (flower) violeta f.

violin [ˌvaɪə'lɪn] n violín m.

VIP n (abbr of very important person) gran personalidad f.

virgin ['vɜːdʒɪn] n virgen mf.

virtually ['vɜːtʃʊəlɪ] adv prácticamente.

virtual reality ['vɜːtʃʊəl-] n realidad f virtual.

virus ['vaɪrəs] n virus m inv.

visa ['viːzə] n visado m Esp, visa n Amér.

viscose ['vɪskəʊs] n viscosa f.

visibility [ˌvɪzɪ'bɪlətɪ] n visibilidad f.

visible ['vɪzəbl] adj visible.

visit ['vɪzɪt] vt visitar. ◆ n visita f.

visiting hours ['vɪzɪtɪŋ-] npl horas fpl de visita.

visitor ['vɪzɪtə'] n (to person) visita f; (to place) visitante mf.

visitors' book ['vɪzɪtəz-] n libro m de visitas.

visor ['vaɪzə'] n visera f.

vital ['vaɪtl] adj esencial.

vitamin [Br 'vɪtəmɪn, Am 'vaɪtəmɪn] n vitamina f.

vivid ['vɪvɪd] adj vivo(va).

V-neck ['viː-] n (design) cuello m de

pico.

vocabulary [və'kæbjʊlərɪ] n vocabulario m.

vodka ['vɒdkə] n vodka m.

voice [vɔɪs] n voz f.

voice mail n buzón m de voz; **to check one's ~** escuchar los mensajes del buzón de voz.

volcano [vɒl'keɪnəʊ] (pl **-es** OR **-s**) n volcán m.

volleyball ['vɒlɪbɔːl] n voleibol m.

volt [vəʊlt] n voltio m.

voltage ['vəʊltɪdʒ] n voltaje m.

volume ['vɒljuːm] n volumen m.

voluntary ['vɒləntrɪ] adj voluntario(ria).

volunteer [ˌvɒlən'tɪə'] n voluntario m, -ria f. ◆ vt: **to ~ to do sthg** ofrecerse voluntariamente a hacer algo.

vomit ['vɒmɪt] n vómito m. ◆ vi vomitar.

vote [vəʊt] n (choice) voto m; (process) votación f; (number of votes) votos mpl. ◆ vi: **to ~ (for)** votar (a).

voter ['vəʊtə'] n votante mf.

voucher ['vaʊtʃə'] n bono m.

vowel ['vaʊəl] n vocal f.

voyage ['vɔɪɪdʒ] n viaje m.

vulgar ['vʌlgə'] adj (rude) grosero(ra); (in bad taste) chabacano(na).

vulture ['vʌltʃə'] n buitre m.

W

W (abbr of west) O.

wad [wɒd] n (of paper) taco m; (of banknotes) fajo m; (of cotton) bola f.

wade [weɪd] vi caminar dentro del

agua.

wading pool ['weɪdɪŋ-] n Am piscina f infantil.

wafer ['weɪfə'] n barquillo m.

waffle ['wɒfl] n (pancake) gofre m Esp, wafle m Amér. ◆ vi enfurruñarse.

wag [wæg] vt menear.

wage [weɪdʒ] n (weekly) salario m. □ **wages** npl (weekly) salario m.

wagon ['wægən] n (vehicle) carro m; Br (of train) vagón m.

waist [weɪst] n cintura f.

waistcoat ['weɪskəʊt] n chaleco m.

wait [weɪt] n espera f. ◆ vi esperar; **to ~ for sb to do sthg** esperar a que alguien haga algo; **I can't ~!** ¡me muero de impaciencia! □ **wait for** vt fus esperar.

waiter ['weɪtə'] n camarero m, mesero m Amér.

waiting room ['weɪtɪŋ-] n sala f de espera.

waitress ['weɪtrɪs] n camarera f, mesera f Amér.

wake [weɪk] (pt **woke**, pp **woken**) vt despertar. ◆ vi despertarse. □ **wake up** vt sep despertar. ◆ vi despertarse.

Wales [weɪlz] n (el país de) Gales.

walk [wɔːk] n (journey on foot) paseo m; (path) ruta f paisajística (a pie). ◆ vi andar Esp, caminar; (as hobby) caminar. ◆ vt (distance) andar Esp, caminar; (dog) pasear; **to go for a ~** dar un paseo; **it's a short ~** está a poca distancia a pie; **to take the dog for a ~** pasear el perro; **'walk'** Am señal que autoriza a los peatones a cruzar. □ **walk away** vi marcharse. □ **walk in** vi entrar. □ **walk out** vi (leave angrily) marcharse enfurecido.

walker ['wɔːkə'] n caminante mf.

walking boots ['wɔːkɪŋ-] npl botas fpl de montaña.

walking stick ['wɔːkɪŋ-] n bastón m.

Walkman® ['wɔːkmən] n walkman® m.

wall [wɔːl] n (of building, room) pared f; (in garden, countryside, street) muro m.

WALL STREET

Wall Street es una calle del distrito financiero de Manhattan, en Nueva York, en la cual se encuentran la Bolsa de valores neoyorquina y varios bancos. Este término se utiliza con frecuencia para referirse de modo genérico al mundo estadounidense de las finanzas.

wallet ['wɒlɪt] n billetero m.

wallpaper ['wɔːlˌpeɪpə'] n papel m de pared.

wally ['wɒlɪ] n Br inf imbécil mf.

walnut ['wɔːlnʌt] n (nut) nuez f (de nogal).

waltz [wɔːls] n vals m.

wander ['wɒndə'] vi vagar.

want [wɒnt] vt (desire) querer; (need) necesitar; **to ~ to do sthg** querer hacer algo; **to ~ sb to do sthg** querer que alguien haga algo.

war [wɔː'] n guerra f.

ward [wɔːd] n (in hospital) sala f.

warden ['wɔːdn] n (of park) guarda mf; (of youth hostel) encargado m, -da f.

wardrobe ['wɔːdrəʊb] n armario m, guardarropa m, ropero m Amér.

warehouse ['weəhaʊs, pl -haʊzɪz] n almacén m.

warm [wɔːm] adj (pleasantly hot) caliente; (lukewarm) templado(da); (day, weather, welcome) caluroso(sa);

(clothes, blankets) que abriga; *(person, smile)* afectuoso(sa). ◆ vt calentar; I'm ~ tengo calor; **it's ~** hace calor; **are you ~ enough?** no tendrás frío ¿verdad? ▫ **warm up** vt sep calentar. ◆ vi *(get warmer)* entrar en calor; *(do exercises)* hacer ejercicios de calentamiento; *(machine, engine)* calentarse.

warmth ['wɔːmθ] n calor m.

warn [wɔːn] vt advertir; **to ~ sb about sthg** prevenir a alguien sobre algo; **to ~ sb not to do sthg** advertir a alguien que no haga algo.

warning ['wɔːnɪŋ] n aviso m.

warranty ['wɒrəntɪ] n fml garantía f.

warship ['wɔːʃɪp] n buque m de guerra.

wart [wɔːt] n verruga f.

was [wɒz] pt → **be**.

wash [wɒʃ] vt lavar. ◆ vi lavarse. ◆ n: **to give sthg a ~** lavar algo; **to have a ~** lavarse; **to ~ one's hands/face** lavarse las manos/la cara. ▫ **wash up** vi Br *(do washing-up)* fregar los platos; Am *(clean o.s.)* lavarse.

washable ['wɒʃəbl] adj lavable.

washbasin ['wɒʃ,beɪsn] n lavabo m.

washbowl ['wɒʃbəʊl] n Am lavabo m.

washer ['wɒʃər] n *(ring)* arandela f.

washing ['wɒʃɪŋ] n *(activity, clean clothes)* colada f Esp, ropa f lavada; *(dirty clothes)* ropa f sucia.

washing line n tendedero m.

washing machine n lavadora f.

washing powder n detergente m (en polvo).

washing-up n Br: **to do the ~** fregar los platos.

washing-up bowl n Br barreño m.

washing-up liquid n Br lavava-

jillas m inv.

washroom ['wɒʃrʊm] n Am aseos mpl, baños mpl Amér.

wasn't ['wɒznt] = **was not**.

wasp [wɒsp] n avispa f.

waste [weɪst] n *(rubbish)* desperdicios mpl; *(toxic, nuclear)* residuos mpl. ◆ vt *(energy, opportunity)* desperdiciar; *(money)* malgastar; *(time)* perder; **a ~ of money** un derroche de dinero; **a ~ of time** una pérdida de tiempo.

wastebin ['weɪstbɪn] n cubo m de la basura.

wastepaper basket [,weɪst-'peɪpə-] n papelera f.

watch [wɒtʃ] n *(wristwatch)* reloj m *(de pulsera)*. ◆ vt *(observe)* ver; *(spy on)* vigilar; *(be careful with)* tener cuidado con. ▫ **watch out** vi *(be careful)* tener cuidado; **~ out for a big hotel** estate al tanto de un hotel grande.

watchstrap ['wɒtʃstræp] n correa f de reloj.

water ['wɔːtər] n agua f. ◆ vt regar. ◆ vi: **my eyes are ~ing** me lloran los ojos; **my mouth is ~ing** se me está haciendo la boca agua.

water bottle n cantimplora f.

watercolour ['wɔːtə,kʌlər] n acuarela f.

watercress ['wɔːtəkres] n berro m.

waterfall ['wɔːtəfɔːl] n *(small)* cascada f; *(large)* catarata f.

watering can ['wɔːtərɪŋ-] n regadera f.

watermelon ['wɔːtə,melən] n sandía f.

waterproof ['wɔːtəpruːf] adj impermeable.

water purification tablets [-,pjʊərɪfɪ'keɪʃn-] npl pastillas fpl para depurar el agua.

wedge

water skiing n esquí m acuático.

watersports ['wɔːtəspɔːts] npl deportes mpl acuáticos.

water tank n depósito m del agua.

watertight ['wɔːtətaɪt] adj hermético(ca).

watt [wɒt] n vatio m; **a 60-~ bulb** una bombilla de 60 vatios.

wave [weɪv] n (in sea, of crime) ola f; (in hair, of light, sound) onda f. ◆ vt (hand) saludar con; (flag) agitar. ◆ vi (when greeting) saludar con la mano; (when saying goodbye) decir adiós con la mano.

wavelength ['weɪvleŋθ] n longitud f de onda.

wavy ['weɪvɪ] adj ondulado(da).

wax [wæks] n cera f.

way [weɪ] n (manner, means) modo m, manera f; (route, distance travelled) camino m; (direction) dirección f; **it's the wrong ~ round** es al revés; **which ~ is the station?** ¿por dónde se va a la estación?; **the town is out of our ~** la ciudad no nos queda de camino; **to be in the ~** estar en medio; **to be on the ~** (coming) estar de camino; **to get out of the ~** quitarse de en medio; **to get under ~** dar comienzo; **there's a long ~ to go** nos queda mucho camino; **a long ~ away** muy lejos; **to lose one's ~** perderse; **on the ~ back** a la vuelta; **on the ~ there** a la ida; **that ~** (like that) así; (in that direction) por allí; **this ~** (like this) así; (in this direction) por aquí; **' ~ in'** 'entrada'; **' ~ out'** 'salida'; **no ~!** inf ¡ni hablar!

WC n (abbr of water closet) aseos mpl, baños mpl Amér.

we [wiː] pron nosotros mpl, -tras fpl; **we're young** (nosotros) somos jóvenes.

weak [wiːk] adj débil; (not solid) frágil; (drink) poco cargado(da); (soup) líquido(da); (poor, not good) mediocre.

weaken ['wiːkn] vt debilitar.

weakness ['wiːknɪs] n (weak point) defecto m; (fondness) debilidad f.

wealth [welθ] n riqueza f.

wealthy ['welθɪ] adj rico(ca).

weapon ['wepən] n arma f.

wear [weəʳ] (pt **wore**, pp **worn**) vt llevar. ◆ n (clothes) ropa f; **~ and tear** desgaste m. ❑ **wear off** vi desaparecer. ❑ **wear out** vi gastarse.

weary ['wɪərɪ] adj fatigado(da).

weather ['weðəʳ] n tiempo m; **what's the ~ like?** ¿qué tiempo hace?; **to be under the ~** inf no encontrarse muy bien.

weather forecast n pronóstico m del tiempo.

weather forecaster [-fɔːkɑːstəʳ] n hombre m del tiempo, mujer f del tiempo.

weather report n parte m meteorológico.

weather vane [-veɪn] n veleta f.

weave [wiːv] (pt **wove**, pp **woven**) vt tejer.

web [web] n telaraña f; COMPUT: **the** OR **la Web**; **on the ~** en el OR la Web.

web site n COMPUT sitio m web, web m.

Wed. (abbr of Wednesday) miér.

wedding ['wedɪŋ] n boda f.

wedding anniversary n aniversario m de boda.

wedding dress n vestido m de novia.

wedding ring n anillo m de boda.

wedge [wedʒ] n (of cake) trozo m; (of wood etc) cuña f.

Wednesday ['wenzdɪ] n miércoles m inv → **Saturday**.

wee [wi:] adj Scot pequeño(ña). ◆ n inf pipí m.

weed [wi:d] n mala hierba f.

week [wi:k] n semana f.

weekday ['wi:kdeɪ] n día m laborable.

weekend [,wi:k'end] n fin m de semana.

weekly ['wi:klɪ] adj semanal. ◆ adv cada semana. ◆ n semanario m.

weep [wi:p] (pt & pp wept) vi llorar.

weigh [weɪ] vt pesar; **how much does it ~?** ¿cuánto pesa?

weight [weɪt] n peso m; **to lose ~** adelgazar; **to put on ~** engordar. ❑ **weights** npl (for weight training) pesas fpl.

weightlifting ['weɪt,lɪftɪŋ] n halterofilia f.

weight training n ejercicios mpl de pesas.

weird [wɪəd] adj raro(ra).

welcome ['welkəm] adj (guest) bienvenido(da); (freely allowed) muy libre; (appreciated) grato(ta). ◆ n bienvenida f. ◆ vt (greet) dar la bienvenida a; (be grateful for) agradecer. ◆ excl ¡bienvenido!; **to make sb feel ~** recibir bien a alguien; **you're ~!** de nada.

weld [weld] vt soldar.

welfare ['welfeə'] n (happiness, comfort) bienestar m; Am (money) subsidio m de la Seguridad Social.

well [wel] (compar **better**, superl **best**) adj & adv bien. ◆ n pozo m; **to get ~** reponerse; **to go ~** ir bien; **before the start** mucho antes del comienzo; **~ done!** ¡muy bien!; **it may ~ happen** es muy probable que ocurra; **it's ~ worth it** si que merece

la pena; **as ~** también; **as ~ as** además de.

we'll [wi:l] = we shall, we will.

well-behaved [-bɪ'heɪvd] adj bien educado(da).

well-built adj fornido(da).

well-done adj muy hecho(cha).

well-dressed [-'drest] adj bien vestido(da).

wellington (boot) ['welɪŋtən-] n bota f de agua.

well-known adj conocido(da).

well-off adj (rich) adinerado(da).

well-paid adj bien remunerado(da).

welly ['welɪ] n Br inf bota f de agua.

Welsh [welʃ] adj galés(esa). ◆ n (language) galés m. ◆ npl: **the ~** los galeses.

Welshman ['welʃmən] (pl -men [-mən]) n galés m.

Welshwoman ['welʃ,wʊmən] (pl -women [-,wɪmɪn]) n galesa f.

went [went] pt → **go**.

wept [wept] pt & pp → **weep**.

were [wɜ:'] pt → **be**.

we're [wɪə'] = we are.

weren't [wɜ:nt] = were not.

west [west] n oeste m. ◆ adv (fly, walk) hacia el oeste; (be situated) al oeste; **in the ~ of England** en el oeste de Inglaterra.

westbound ['westbaʊnd] adj con dirección oeste.

West Country n: **the ~** el sudoeste de Inglaterra, especialmente los condados de Somerset, Devon y Cornualles.

western ['westən] adj occidental. ◆ n película f del oeste.

Westminster ['westmɪnstə'] n Westminster.

Westminster Abbey n la abadía de Westminster.

ⓘ **WESTMINSTER/
WESTMINSTER ABBEY**

Westminster es la zona de Londres donde se halla el Parlamento británico, y la misma palabra se usa también para referirse al propio Parlamento. La abadía de Westminster, donde se corona al monarca británico, se encuentra asimismo en esta zona. Varios personajes ilustres están allí enterrados, y hay una zona especial, conocida como "Poets' Corner", que alberga los sepulcros de escritores como Chaucer, Dickens y Hardy.

westwards ['westwədz] *adv* hacia el oeste.

wet [wet] (*pt & pp* **wet** OR **-ted**) *adj* (*soaked*) mojado(da); (*damp*) húmedo(da); (*rainy*) lluvioso(sa). ◆ *vt* (*soak*) mojar; (*dampen*) humedecer; **to get ~** mojarse; **'~ paint**' 'recién pintado'.

wet suit *n* traje *m* de submarinista.

we've [wi:v] = **we have**.

whale [weɪl] *n* ballena *f*.

wharf [wɔ:f] (*pl* **-s** OR **wharves** [wɔ:vz]) *n* muelle *m*.

🞂

what [wɒt] *adj* **-1.** (*in questions*) qué; **~ colour is it?** ¿de qué color es?; **~ shape is it?** ¿qué forma tiene?; **he asked me ~ colour it was** me preguntó de qué color era.
- 2. (*in exclamations*) qué; **~ a surprise!** ¡qué sorpresa!; **~ a beautiful day!** ¡qué día más bonito! ◆ *pron* **-1.** (*in questions*) qué; **~ is**

going on? ¿qué pasa?; **~ are they doing?** ¿qué hacen?; **~ is it called?** ¿cómo se llama?; **~ are they talking about?** ¿de qué están hablando?; **she asked me ~ happened** me preguntó qué había pasado.
- 2. (*introducing relative clause*) lo que; **I didn't see ~ happened** no vi lo que pasó; **take ~ you want** coge lo que quieras.
- 3. (*in phrases*): **~ for?** ¿para qué?; **~ about going out for a meal?** ¿qué tal si salimos a cenar? ◆ *excl* ¡qué!

whatever [wɒt'evə'] *pron*: **take ~ you want** coge lo que quieras; **~ I do, I'll lose** haga lo que haga, saldré perdiendo; **~ may be** sea lo que sea eso.

wheat [wi:t] *n* trigo *m*.

wheel [wi:l] *n* rueda *f*; (*steering wheel*) volante *m*.

wheelbarrow ['wi:l,bærəʊ] *n* carretilla *f*.

wheelchair ['wi:l,tʃeə'] *n* silla *f* de ruedas.

wheelclamp [,wi:l'klæmp] *n* cepo *m*.

wheezy ['wi:zɪ] *adj*: **to be ~** resollar.

when [wen] *adv* cuándo. ◆ *conj* cuando.

whenever [wen'evə'] *conj* siempre que; **~ you like** cuando quieras.

where [weə'] *adv* dónde. ◆ *conj* donde.

whereabouts [adv ,weərə'baʊts, n 'weərəbaʊts] *adv* (por) dónde. ◆ *npl* paradero *m*.

whereas [weər'æz] *conj* mientras que.

wherever [weər'evə'] *conj* dondequiera que; **~ that may be** dondequiera que esté eso; **~ you like** es donde quieras.

whether ['weðə'] *conj* si ; ~ you like it or not tanto si te gusta como si no.

which [wɪtʃ] *adj* qué; ~ **room do you want?** ¿qué habitación quieres?; **she asked me ~ room I wanted** me preguntó qué habitación quería ; ~ **one?** ¿cuál?
◆ *pron* - **1.** *(in questions)* cuál; ~ **is the cheapest?** ¿cuál es el más barato?; **he asked me ~ was the best** me preguntó cuál era el mejor.
- **2.** *(introducing relative clause)* que; **the house ~ is on the corner** la casa que está en la esquina; **the television ~ I bought** la televisión que compré; **the settee on ~ I'm sitting** el sofá en el que estoy sentado.
- **3.** *(referring back)* lo cual; **she denied it, ~ surprised me** lo negó, lo cual me sorprendió.

whichever [wɪtʃ'evə'] *pron* el que *m*, la que *f.* ◆ *adj* : ~ **way you do it** lo hagas como lo hagas.

while [waɪl] *conj (during the time that)* mientras; *(although)* aunque; *(whereas)* mientras que. ◆ *n* : **a ~** un rato; **a ~ ago** hace tiempo; **for a ~** un rato; **in a ~** dentro de un rato.

whim [wɪm] *n* capricho *m*.

whine [waɪn] *vi (make noise)* gimotear; *(complain)* quejarse.

whip [wɪp] *n* látigo *m*. ◆ *vt* azotar.

whipped cream [wɪpt-] *n* nata *f* montada *Esp*, crema *f* batida *Amér*.

whisk [wɪsk] *n* batidor *m* (de varillas). ◆ *vt (eggs, cream)* batir.

whiskers ['wɪskəz] *npl (of person)* patillas *fpl*; *(of animal)* bigotes *mpl*.

whiskey ['wɪskɪ] *(pl* -**s)** *n* whisky *m* (de Irlanda o EEUU).

whisky ['wɪskɪ] *n* whisky *m* (de Escocia).

whisper ['wɪspə'] *vt* susurrar. ◆ *vi* cuchichear.

whistle ['wɪsl] *n (instrument)* silbato *m*; *(sound)* silbido *m*. ◆ *vi* silbar.

white [waɪt] *adj* blanco(ca); *(coffee, tea)* con leche. ◆ *n (colour)* blanco *m*; *(of egg)* clara *f*; *(person)* blanco *m*, -ca *f.*

white bread *n* pan *m* blanco.

White House *n*: **the ~** la Casa Blanca.

ⓘ **WHITE HOUSE**

La Casa Blanca es tanto la residencia oficial como el lugar de trabajo del presidente de los Estados Unidos. Está situada en la capital del país y sede del gobierno federal, Washington D.C. La Casa Blanca simboliza la presidencia y el poder ejecutivo del gobierno americano.

white sauce *n* salsa *f* bechamel.

white spirit *n* especie *f* de aguarrás.

whitewash ['waɪtwɒʃ] *vt* blanquear.

white wine *n* vino *m* blanco.

whiting ['waɪtɪŋ] *(pl inv)* *n* pescadilla *f*.

Whitsun ['wɪtsn] *n* Pentecostés *m*.

who [hu:] *pron (in questions)* quién, quiénes *(pl)*; *(in relative clauses)* que.

whoever [hu:'evə'] *pron* quienquiera que; ~ **it is** quienquiera que sea; ~ **you like** quien quieras.

whole [həʊl] *adj* entero(ra). ◆ *n*: **the ~ of the journey** todo el viaje; **on the ~** en general.

wholefoods ['həʊlfu:dz] *npl* alimentos *mpl* integrales.

wholemeal bread ['həʊlmi:l-] *n* *Br* pan *m* integral.

wholesale ['həulseıl] adv al por mayor.

wholewheat bread ['həul,wiːt-] Am = **wholemeal bread**.

whom [huːm] pron fml (in questions) quién, quiénes (pl); (in relative clauses) que.

whooping cough ['huːpıŋ-] n tos f ferina.

whose [huːz] adj (in questions) de quién; (in relative clauses) cuyo(ya). ◆ pron de quién; ~ **book is this?** ¿de quién es este libro?

why [waı] adv & conj por qué; **this is ~ we can't do it** esta es la razón por la que no podemos hacerlo; **explain the reason ~** explícame por qué; ~ **not?** (in suggestions) ¿por qué no?; (all right) por supuesto (que sí).

wick [wık] n mecha f.

wicked ['wıkıd] adj (evil) perverso(sa); (mischievous) travieso(sa).

wicker ['wıkəʳ] adj de mimbre.

wide [waıd] adj (in distance) ancho(cha); (range, variety) amplio (plia); (difference, gap) grande. ◆ adv: **to open sthg ~** abrir bien algo; **how ~ is the road?** ¿cómo es de ancha la carretera?; **it's 12 metres ~** tiene 12 metros de ancho; ~ **open** (door, window) abierto de par en par.

widely ['waıdlı] adv (known, found) generalmente; (travel) extensamente.

widen ['waıdn] vt (make broader) ensanchar. ◆ vi (gap, difference) aumentar.

wide screen n TV & CINEMA pantalla f ancha, pantalla f panorámica. ❑ **wide-screen** adj (television) de pantalla ancha OR panorámica; (film) para pantalla ancha OR panorámica.

widespread ['waıdspred] adj general.

widow ['wıdəu] n viuda f.

widower ['wıdəuəʳ] n viudo m.

width [wıdθ] n anchura f; (of swimming pool) ancho m.

wife [waıf] (pl **wives**) n mujer f.

wig [wıg] n peluca f.

wild [waıld] adj (plant) silvestre; (animal) salvaje; (land, area) agreste; (uncontrolled) frenético(ca); (crazy) alocado(da); **to be ~ about** inf estar loco(ca) por.

wild flower n flor f silvestre.

wildlife ['waıldlaıf] n fauna f.

☞

will[1] [wıl] aux vb - 1. (expressing future tense): **I ~ see you next week** te veré la semana que viene; ~ **you be here next Friday?** ¿vas a venir el próximo viernes?; **yes I ~** sí; **no I won't** no. - 2. (expressing willingness): **I won't do it** no lo haré; **no one ~ do it** nadie quiere hacerlo. - 3. (expressing polite question): ~ **you have some more tea?** ¿le apetece más té? - 4. (in commands, requests): ~ **you please be quiet!** ¿queréis hacer el favor de callaros?; **close the window, ~ you?** cierra la ventana, por favor.

will[2] [wıl] n (document) testamento m; **against one's ~** contra la voluntad de uno.

willing ['wılıŋ] adj: **to be ~** (to do sthg) estar dispuesto(ta) (a hacer algo).

willingly ['wılıŋlı] adv de buena gana.

willow ['wıləu] n sauce m.

win [wın] (pt & pp **won**) n victoria f. ◆ vt & vi ganar.

wind[1] [wınd] n viento m; (in stom-

ach) gases *mpl*.

wind² [waɪnd] (*pt* & *pp* **wound**) *vi* serpentear. ◆ *vt*: **to ~ sthg round sthg** enrollar algo alrededor de algo. ❑ **wind up** *vt sep Br inf* (*annoy*) vacilar; (*car window*) subir; (*clock, watch*) dar cuerda a.

windbreak ['wɪndbreɪk] *n* lona *f* de protección contra el viento.

windmill ['wɪndmɪl] *n* molino *m* de viento.

window ['wɪndəʊ] *n* ventana *f*; (*of car, plane*) ventanilla *f*; (*of shop*) escaparate *m*.

window box *n* jardinera *f* (de ventana).

window cleaner *n* limpiacristales *mf inv Esp*, limpiavidrios *mf inv Amér*.

windowpane ['wɪndəʊˌpeɪn] *n* cristal *m Esp*, vidrio *m Amér*.

window seat *n* asiento *m* junto a la ventanilla.

window-shopping *n*: **to go ~** mirar los escaparates.

windowsill ['wɪndəʊsɪl] *n* alféizar *m*.

windscreen ['wɪndskriːn] *n Br* parabrisas *m inv*.

windscreen wipers *npl Br* limpiaparabrisas *m inv*.

windshield ['wɪndʃiːld] *n Am* parabrisas *m inv*.

windsurfing ['wɪndˌsɜːfɪŋ] *n* windsurf *m*; **to go ~** ir a hacer windsurf.

windy ['wɪndɪ] *adj* (*day, weather*) de mucho viento; **it's ~** hace viento.

wine [waɪn] *n* vino *m*.

wine bar *n Br* bar de cierta distinción, especializado en la venta de vinos y que suele servir comidas.

wineglass ['waɪnglɑːs] *n* copa *f* (de vino).

wine list *n* lista *f* de vinos.

wine tasting [-ˈteɪstɪŋ] *n* cata *f* de vinos.

wine waiter *n* sommelier *m*.

wing [wɪŋ] *n* ala *f*; *Br* (*of car*) guardabarros *m inv*. ❑ **wings** *npl*: **the ~s** los bastidores.

wink [wɪŋk] *vi* guiñar el ojo.

winner ['wɪnər] *n* ganador *m*, -ra *f*.

winning ['wɪnɪŋ] *adj* (*person, team*) vencedor(ra); (*ticket, number*) premiado(da).

winter ['wɪntər] *n* invierno *m*; **in (the) ~** en invierno.

wintertime ['wɪntətaɪm] *n* invierno *m*.

wipe [waɪp] *vt* limpiar; **to ~ one's feet** limpiarse los zapatos (en el felpudo); **to ~ one's hands** limpiarse las manos. ❑ **wipe up** *vt sep* (*liquid*) secar; (*dirt*) limpiar. ◆ *vi* (*dry the dishes*) secar (los platos).

wiper ['waɪpər] *n* (*windscreen wiper*) limpiaparabrisas *m inv*.

wire [waɪər] *n* alambre *m*; (*electrical wire*) cable *m*. ◆ *vt* (*plug*) conectar el cable a.

wireless ['waɪəlɪs] *n* radio *f*.

wiring ['waɪərɪŋ] *n* instalación *f* eléctrica.

wisdom tooth ['wɪzdəm-] *n* muela *f* del juicio.

wise [waɪz] *adj* (*person*) sabio(bia); (*decision, idea*) sensato(ta).

wish [wɪʃ] *n* deseo *m*. ◆ *vt* desear; **I ~ I was younger** ¡ojalá fuese más joven!; **best ~es** un saludo; **to ~ for sthg** pedir algo (como deseo); **to ~ to do sthg** *fml* desear hacer algo; **to ~ sb luck/happy birthday** desear a alguien buena suerte/feliz cumpleaños; **if you ~** *fml* si usted lo desea.

witch [wɪtʃ] *n* bruja *f*.

with [wɪð] *prep* **-1.** *(in company of)* con; **I play tennis ~ her** juego al tenis con ella; **~ me** conmigo; **~ you** contigo; **~ himself/herself** consigo; **we stayed ~ friends** estuvimos en casa de unos amigos.

-2. *(in descriptions)* con; **the man ~ the beard** el hombre de la barba.

-3. *(indicating means, manner)* con; **I washed it ~ detergent** lo lavé con detergente; **they won ~ ease** ganaron con facilidad; **topped ~ cream** cubierto de nata; **to tremble ~ fear** temblar de miedo.

-4. *(regarding)* con; **be careful ~ that!** ¡ten cuidado con eso!

-5. *(indicating opposition)* contra; **to argue ~ sb** discutir con alguien.

withdraw [wɪð'drɔː] *(pt* **-drew**, *-drawn) vt (take out)* retirar; *(money)* sacar. ♦ *vi* retirarse.

withdrawal [wɪð'drɔːəl] *n (from bank account)* reintegro *m.*

withdrawn [wɪð'drɔːn] *pp* → **withdraw.**

withdrew [wɪð'druː] *pt* → **withdraw.**

wither [wɪðəʳ] *vi* marchitarse.

within [wɪ'ðɪn] *prep (inside)* dentro de; *(certain distance)* a menos de; *(certain time)* en menos de. ♦ *adv* dentro; **it's ~ ten miles of ...** está a menos de diez millas de ...; **it's ~ walking distance** se puede ir andando; **it arrived ~ a week** llegó en menos de una semana; **~ the next week** durante la próxima semana.

without [wɪ'ðaʊt] *prep* sin; **~ me knowing** sin que lo supiera.

withstand [wɪð'stænd] *(pt & pp* **-stood** [-'stʊd]) *vt* resistir.

witness [wɪtnɪs] *n* testigo *mf.* ♦ *vt*

(see) presenciar.

witty [wɪtɪ] *adj* ocurrente.

wives [waɪvz] *pl* → **wife.**

wobbly [wɒblɪ] *adj (table, chair)* cojo(ja).

wok [wɒk] *n* sartén china profunda de base redondeada.

woke [wəʊk] *pt* → **wake.**

woken [wəʊkn] *pp* → **wake.**

wolf [wʊlf] *(pl* **wolves** [wʊlvz]) *n* lobo *m.*

woman [wʊmən] *(pl* **women** [wɪmɪn]) *n* mujer *f.*

womb [wuːm] *n* matriz *f.*

women [wɪmɪn] *pl* → **woman.**

won [wʌn] *pt & pp* → **win.**

wonder [wʌndəʳ] *vi (ask o.s.)* preguntarse. ♦ *n (amazement)* asombro *m;* **to ~ if** preguntarse si; **I ~ if I could ask you a favour?** ¿le importaría hacerme un favor?

wonderful [wʌndəful] *adj* maravilloso(sa).

won't [wəʊnt] = **will not.**

wood [wʊd] *n (substance)* madera *f; (small forest)* bosque *m; (golf club)* palo *m* de madera.

wooden [wʊdn] *adj* de madera.

woodland [wʊdlənd] *n* bosque *m.*

woodpecker [wʊd,pekəʳ] *n* pájaro *m* carpintero.

woodwork [wʊdwɜːk] *n* carpintería *f.*

wool [wʊl] *n* lana *f.*

woollen [wʊlən] *Am* = **woollen.**

woollen [wʊlən] *adj Br* de lana.

woolly [wʊlɪ] *adj* de lana.

wooly [wʊlɪ] *Am* = **woolly.**

word [wɜːd] *n* palabra *f;* **in other ~s** es decir; **to have a ~ with sb** hablar con alguien.

wording [wɜːdɪŋ] *n* formulación *f.*

word processing [-'prəʊsesɪŋ] *n* procesamiento *m* de textos.

word processor [-'prəʊsesəᵊ] *n* procesador *m* de textos.

wore [wɔːʳ] *pt* → **wear**.

work [wɜːk] *n* trabajo *m*; (painting, novel etc) obra *f*. ◆ *vi* trabajar; (operate, have desired effect) funcionar; (take effect) hacer efecto. ◆ *vt* (machine, controls) hacer funcionar; **out of** ~ (unemployed) desempleado; **to be at** ~ (at workplace) estar en el trabajo; (working) estar trabajando; **to be off** ~ estar ausente del trabajo; **how does it** ~? ¿cómo funciona?; **it's not** ~ing no funciona; **to** ~ **as** trabajar de. ❑ **work out** *vt sep* (price, total) calcular; (solution, reason) deducir; (method, plan) dar con; (understand) entender. ◆ *vi* (result, turn out) salir; (be successful) funcionar; (do exercise) hacer ejercicio; **the** ~**s out at £20 each** sale a 20 libras cada uno.

worker ['wɜːkəʳ] *n* trabajador *m*, -ra *f*.

working class ['wɜːkɪŋ-] *n*: **the** ~ la clase obrera.

working hours ['wɜːkɪŋ-] *npl* horario *m* de trabajo.

workman ['wɜːkmən] (*pl* -men [-mən]) *n* obrero *m*.

work of art *n* obra *f* de arte.

workout ['wɜːkaʊt] *n* sesión *f* de ejercicios.

work permit *n* permiso *m* de trabajo.

workplace ['wɜːkpleɪs] *n* lugar *m* de trabajo.

workshop ['wɜːkʃɒp] *n* taller *m*.

work surface *n* encimera *f*.

world [wɜːld] *n* mundo *m*. ◆ *adj* mundial; **the best in the** ~ el mejor del mundo.

La "World Series" es uno de los acontecimientos deportivos anuales de mayor importancia en Estados Unidos. Consiste en una serie de hasta siete partidos de béisbol en los que se enfrentan, al final de cada temporada, los campeones de las dos ligas más importantes de Estados Unidos: la National League y la American League. Se proclama campeón el primer equipo que obtiene cuatro victorias. Marca la tradición que sea el presidente de la nación quien lance la primera bola del encuentro.

worldwide [,wɜːld'waɪd] *adv* a escala mundial.

World Wide Web *n* COMPUT: **the** ~ el OR la World Wide Web.

worm [wɜːm] *n* gusano *m*.

worn [wɔːn] *pp* → **wear**. ◆ *adj* gastado(da).

worn-out *adj* (tired) agotado(da); **to be** ~ (clothes, shoes etc) ya estar para tirar.

worried ['wʌrɪd] *adj* preocupado(da).

worry ['wʌrɪ] *n* preocupación *f*. ◆ *vt* preocupar. ◆ *vi*: **to** ~ (about) preocuparse (por).

worrying ['wʌrɪɪŋ] *adj* preocupante.

worse [wɜːs] *adj & adv* peor; **to get** ~ empeorar; ~ **off** (in worse position) en peor situación; (poorer) peor de dinero.

worsen ['wɜːsn] *vi* empeorar.

worship ['wɜːʃɪp] *n* (church service) oficio *m*. ◆ *vt* adorar.

worst [wɜːst] *adj* & *adv* peor. ◆ *n*: **the ~ (person)** el peor (la peor); *(thing)* lo peor.

worth [wɜːθ] *prep*: **how much is it ~?** ¿cuánto vale?; **it's ~ £50** vale 50 libras; **it's ~ seeing** merece la pena verlo; **it's not ~ it** no vale la pena; **£50 ~ of traveller's cheques** cheques de viaje por valor de 50 libras.

worthless ['wɜːθlɪs] *adj* sin valor.

worthwhile [,wɜːθ'waɪl] *adj* que vale la pena.

worthy ['wɜːðɪ] *adj* digno(na); **to be ~ of sthg** merecer algo.

would [wʊd] *aux vb* - **1.** *(in reported speech)*: **she said she ~ come** dijo que vendría.

- **2.** *(indicating condition)*: **what ~ you do?** ¿qué harías?; **what ~ you have done?** ¿qué habrías hecho?; **I ~ be most grateful** le estaría muy agradecido.

- **3.** *(indicating willingness)*: **she ~n't go** no quería irse; **he ~ do anything for her** haría cualquier cosa por ella.

- **4.** *(in polite questions)*: **~ you like a drink?** ¿quieres tomar algo?; **~ you mind closing the window?** ¿te importaría cerrar la ventana?

- **5.** *(indicating inevitability)*: **he ~ say that** y él ¿qué va a decir?

- **6.** *(giving advice)*: **I ~ report it if I were you** yo en tu lugar lo denunciaría.

- **7.** *(expressing opinions)*: **I ~ prefer** yo preferiría; **I ~ have thought (that) ...** hubiera pensado que ....

wound¹ [wuːnd] *n* herida *f*. ◆ *vt* herir.

wound² [waʊnd] *pt* & *pp* → **wind²**.

wove [wəʊv] *pt* → **weave**.

woven ['wəʊvn] *pp* → **weave**.

wrap [ræp] *vt (package)* envolver; **to ~ sthg round sthg** liar algo alrededor de algo. ❑ **wrap up** *vt sep (package)* envolver. ◆ *vi* abrigarse.

wrapper ['ræpə'] *n* envoltorio *m*.

wrapping ['ræpɪŋ] *n* envoltorio *m*.

wrapping paper *n* papel *m* de envolver.

wreath [riːθ] *n* corona *f* (de flores).

wreck [rek] *n (of plane, car)* restos *mpl* del siniestro; *(of ship)* restos *mpl* del naufragio. ◆ *vt (destroy)* destrozar; *(spoil)* echar por tierra; **to be ~ed** *(ship)* naufragar.

wreckage ['rekɪdʒ] *n (of plane, car)* restos *mpl*; *(of building)* escombros *mpl*.

wrench [rentʃ] *n Br (monkey wrench)* llave *f* inglesa; *Am (spanner)* llave *f* de tuercas.

wrestler ['reslə'] *n* luchador *m*, -ra *f*.

wrestling ['reslɪŋ] *n* lucha *f* libre.

wretched ['retʃɪd] *adj (miserable)* desgraciado(da); *(very bad)* pésimo(ma).

wring [rɪŋ] *(pt & pp* wrung) *vt* retorcer.

wrinkle ['rɪŋkl] *n* arruga *f*.

wrist [rɪst] *n* muñeca *f*.

wristwatch ['rɪstwɒtʃ] *n* reloj *m* de pulsera.

write [raɪt] *(pt* wrote, *pp* written) *vt* escribir; *(cheque)* extender; *(prescription)* hacer; *Am (send letter to)* escribir a. ◆ *vi* escribir; **to ~ (to sb)** *Br* escribir (a alguien). ❑ **write back** *vi* contestar. ❑ **write down** *vt sep* apuntar. ❑ **write off** *vt sep Br (car)* cargarse. ◆ *vi*: **to ~ off for sthg** hacer un pedido de algo (por escrito). ❑ **write out** *vt sep (list, essay)* escribir; *(cheque, receipt)* extender.

write-off *n*: the car was a ~ el coche quedó hecho un estropicio.

writer ['raɪtə] *n (author)* escritor *m*, -ra *f*.

writing ['raɪtɪŋ] *n (handwriting)* letra *f; (written words)* escrito *m; (activity)* escritura *f*.

writing desk *n* escritorio *m*.

writing pad *n* bloc *m*.

writing paper *n* papel *m* de escribir.

written ['rɪtn] *pp* → **write**. ◆ *adj (exam)* escrito(ta); *(notice, confirmation)* por escrito.

wrong [rɒŋ] *adj (incorrect)* equivocado(da); *(unsatisfactory)* malo(la); *(moment)* inoportuno(na); *(person)* inapropiado(da). ◆ *adv* mal; **to be ~** *(person)* estar equivocado; *(immoral)* estar mal; **what's ~?** ¿qué pasa?; **something's ~ with the car** el coche no marcha bien; **to be in the ~** haber hecho mal; **to get sthg ~** confundirse con algo; **to go ~** *(machine)* estropearse.

wrongly ['rɒŋlɪ] *adv* equivocadamente.

wrong number *n*: sorry, I've got the ~ perdone, me he equivocado de número.

wrote [rəʊt] *pt* → **write**.

wrought iron [rɔːt-] *n* hierro *m* forjado.

wrung [rʌŋ] *pt & pp* → **wring**.

WWW *(abbr of World Wide Web)* *n* COMPUT WWW *m*.

X

XL *(abbr of extra-large)* XL.

Xmas ['eksməs] *n inf* Navidad *f*.

X-ray [eks-] *n (picture)* radiografía *f*. ◆ *vt* hacer una radiografía a; **to have an ~** hacerse una radiografía.

Y

yacht [jɒt] *n (for pleasure)* yate *m; (for racing)* balandro *m*.

Yankee ['jæŋkɪ] *n* yanqui *m*.

YANKEE

En sus orígenes, el término inglés "Yankee" (yanqui) hacía referencia a los inmigrantes holandeses que se establecieron principalmente en el noreste de Estados Unidos. Más tarde, se utilizó para referirse a cualquier persona procedente del noreste, de tal manera que durante la Guerra de Secesión se llamaba así a los soldados que luchaban en el bando de los estados del norte. En nuestros días, algunos estadounidenses sureños aún utilizan el término en tono despectivo para referirse a la gente del norte del país.

yard [jɑːd] *n (unit of measurement)* = 91,44 cm, yarda *f*; *(enclosed area)* patio *m*; *Am (behind house)* jardín *m*.

yard sale *n Am* venta de objetos de segunda mano organizada por una sola persona frente a su casa.

yarn [jɑːn] *n* hilo *m*.

yawn [jɔːn] *vi* bostezar.

yd *abbr* = **yard**.

yeah [jeə] *adv inf* sí.

year [jɪəʳ] *n* año *m*; *(at school)* curso *m*; **next ~** el año que viene; **this ~** este año; **I'm 15 ~s old** tengo 15 años; **I haven't seen her for ~s** *inf* hace siglos que no la veo.

yearly [ˈjɪəlɪ] *adj* anual.

yeast [jiːst] *n* levadura *f*.

yell [jel] *vi* chillar.

yellow [ˈjeləʊ] *adj* amarillo(lla). ◆ *n* amarillo *m*.

yellow lines *npl* líneas *fpl* amarillas (de tráfico).

ⓘ **YELLOW LINES**

En Gran Bretaña, las líneas amarillas pintadas a lo largo del borde de una calle indican una zona de aparcamiento restringido. La única línea amarilla prohíbe aparcar entre las 8 de la mañana y las 6.30 de la tarde en días laborables (los horarios pueden variar de una zona a otra); una doble línea amarilla prohíbe aparcar en todo momento.

yes [jes] *adv* sí; **to say ~** decir que sí.

yesterday [ˈjestədɪ] *n* ayer *m*. ◆ *adv* ayer; **the day before ~** anteayer; **~ afternoon** ayer por la tarde; **~ evening** anoche; **~ morning** ayer por la

mañana.

yet [jet] *adv* aún, todavía. ◆ *conj* sin embargo; **have they arrived ~?** ¿ya han llegado?; **the best one ~** el mejor hasta ahora; **not ~** todavía no; **I've ~ to do it** aún no lo he hecho; **~ again** otra vez más; **~ another delay** otro retraso más.

yew [juː] *n* tejo *m*.

yield [jiːld] *vt (profit, interest)* producir. ◆ *vi (break, give way)* ceder.

YMCA *n* asociación internacional de jóvenes cristianos.

yob [jɒb] *n Br inf* gamberro *m*, -rra *f Esp*, patán *m*.

yoga [ˈjəʊgə] *n* yoga *m*.

yoghurt [ˈjɒgət] *n* yogur *m*.

yolk [jəʊk] *n* yema *f*.

☞

you [juː] *pron* -1. *(subject: singular)* tú, vos; *(subject: plural)* vosotros *mpl*, -tras *fpl*, ustedes *mfpl (Amér)*; *(subject: polite form)* usted, ustedes *(pl)*; **~ French** vosotros los franceses. -2. *(direct object: singular)* te; *(direct object: plural)* os, las *(Amér)*; *(direct object: polite form)* lo, la *f*; **I hate ~!** te odio. -3. *(indirect object: singular)* te; *(indirect object: plural)* os, les *(Amér)*; *(indirect object: polite form)* le, les *(pl)*; **I told ~** te lo dije. -4. *(after prep: singular)* ti; *(after prep: plural)* vosotros *mpl*, -tras *fpl*, ustedes *mfpl (Amér)*; *(after prep: polite form)* usted, ustedes *(pl)*; **we'll go without ~** iremos sin ti. -5. *(indefinite use)* uno *m*, una *f*; **~ never know** nunca se sabe.

young [jʌŋ] *adj* joven. ◆ *npl*: **the ~** los jóvenes.

younger [ˈjʌŋgəʳ] *adj (brother, sister)* menor.

youngest [ˈjʌŋgəst] *adj (brother,*

sister) menor.

youngster ['jʌŋstə'] *n* joven *mf*.

☞

your [jɔː'] *adj* -1. *(singular subject)*
tu; *(plural subject)* vuestro *m*, -tra *f*;
(polite form) su; ~ **dog** tu perro;
~ **children** tus hijos.
-2. *(indefinite subject):* **it's good for** ~
teeth es bueno para los dientes.

yours [jɔːz] *pron (singular subject)* tuyo *m*, -ya *f*; *(plural subject)* vuestro *m*,
-tra *f*; *(polite form)* suyo *m*, -ya *f*; **a**
friend of ~ un amigo tuyo.

☞

yourself [jɔː'self] *(pl* **-selves**
[-'selvz] *pron* - 1. *(reflexive: singular)*
te; *(reflexive: plural)* os; *(reflexive: polite*
form) se.
-2. *(after prep: singular)* ti mis-
mo(ma); *(after prep: plural)* vosotros
mismos (vosotras mismas); *(after*
prep: polite form) ustedes mismos(mas)
(pl); **did you**
do it ~? *(singular)* ¿lo hiciste tú mismo?; *(polite form)* ¿lo hizo usted mismo?; **did you do it yourselves?** ¿lo
hicisteis vosotros mismos? *(polite*
form) ¿lo hicieron ustedes mismos?

youth [juːθ] *n* juventud *f*; *(young*
man) joven *m*.

youth club *n* club *m* juvenil.

youth hostel *n* albergue *m* juvenil.

yuppie ['jʌpɪ] *n* yuppy *mf*.

YWCA *n* asociación internacional de jóvenes cristianas.

Z

zebra [*Br* 'zebrə, *Am* 'ziːbrə] *n* cebra
f.

zebra crossing *n Br* paso *m* de
cebra.

zero ['zɪərəʊ] *(pl* **-es)** *n* cero *m*; **five**
degrees below ~ cinco grados bajo
cero.

zest [zest] *n (of lemon, orange)* ralla-
dura *f*.

zigzag ['zɪgzæg] *vi* zigzaguear *m*.

zinc [zɪŋk] *n* zinc *m*.

zip [zɪp] *n Br* cremallera *f*, cierre *m*
Amér. ◆ *vt* cerrar la cremallera OR el
cierre de. ◻ **zip up** *vt sep* subir la cremallera OR el cierre de.

zip code *n Am* código *m* postal.

zipper ['zɪpə'] *n Am* cremallera *f*,
cierre *m Amér.*

zit [zɪt] *n inf* grano *m*.

zodiac ['zəʊdiæk] *n* zodiaco *m*.

zone [zəʊn] *n* zona *f*.

zoo [zuː] *(pl* **-s)** *n* zoo *m*.

zoom (lens) [zuːm-] *n* zoom *m*.

zucchini [zuː'kiːnɪ] *(pl inv) n Am* calabacín *m*.

CONVERSATION
GUIDE

GUÍA
DE
CONVERSACIÓN

GREETING SOMEONE	SALUDAR A ALGUIEN
• Good morning.	• Buenos días./ Buen día. (*Amér*)
• Good afternoon.	• Buenas tardes.
• Good evening.	• Buenas noches.
• Hello!	• ¡Hola!
• How are you?	• ¿Cómo estás? ¿Cómo está? [polite form]
• Very well, thank you.	• Muy bien, gracias.
• Fine, thank you.	• Bien, gracias.
• And you?	• ¿Y tú?/¿Y vos? (*RP*) [to a friend] ¿Y usted? [polite form]

INTRODUCING YOURSELF	PRESENTARSE
• My name is Fernando.	• Me llamo Fernando.
• I am Spanish.	• Soy español/española.
• I come from Madrid.	• Soy de Madrid.

MAKING INTRODUCTIONS	PRESENTAR A ALGUIEN
• This is Mr. Ortega.	• Éste es el Sr. Ortega.
• I'd like to introduce Mr. Ortega.	• Me gustaría presentarle al Sr. Ortega. [polite form]
• Pleased to meet you.	• Encantado de conocerlo.
• How are you?	• ¿Cómo está? [polite form]
• Welcome.	• Bienvenido/a.

SAYING GOODBYE	DESPEDIRSE

- Goodbye./Bye.
- Hasta luego./Adiós./Chao./ Chau. (*Amér*)
- See you later.
- Hasta luego.
- See you soon.
- Hasta pronto.
- Good night.
- Buenas noches.
- Enjoy your trip.
- Que tenga un buen viaje./ Que disfrute del viaje. (*RP*)
- It was nice to meet you.
- Encantado de conocerlo.

SAYING THANK YOU	AGRADECER

- Thank you (very much).
- (Muchas) gracias.
- Thank you. The same to you.
- Gracias. Igualmente.
- Thank you for your help.
- Gracias por su ayuda.

REPLYING TO THANKS	RESPONDER A AGRADECIMIENTOS

- Don't mention it.
- No hay de qué.
- Not at all.
- De nada.
- You're welcome.
- De nada./Ha sido un placer.

APOLOGIZING	DISCULPARSE

- Excuse me.
- Con permiso.
- I'm sorry.
- Lo siento.
- Sorry.
- Perdón.
- Excuse me.
- Perdona./Disculpa. [to a friend] Perdone./Disculpe. [polite form]
- I'm sorry I'm late/to bother you.
- Perdón por el retraso/ perdone que lo moleste.

ACCEPTING AN APOLOGY

- It doesn't matter.
- That's all right.
- No harm done.

ACEPTAR LAS DISCULPAS DE ALGUIEN

- No tiene importancia.
- Vale. (*Esp*)/Está bien. (*Amér*)
- No ha sido nada./No fue nada.

WISHES AND GREETINGS

- Good luck!
- Have fun!/Enjoy yourself!
- Enjoy your meal!

- Happy Birthday!
- Happy Easter!

- Merry Christmas!

- Happy New Year!
- Have a good weekend!

- Enjoy your holiday (*Br*) o vacation (*Am*)!
- Have a nice day!

DESEOS Y SALUDOS

- ¡Buena suerte!
- ¡Que vaya bien!/¡Que disfrute!
- ¡Que aproveche!/¡Buen provecho!
- ¡Feliz cumpleaños!
- ¡Que pases una buena Semana Santa!
- ¡Feliz Navidad!/¡Felices Fiestas! (*Esp*)
- ¡Feliz Año Nuevo!
- ¡Que pases un buen fin de semana!
- ¡Felices vacaciones!
- ¡Que pases un buen día!

WHAT'S THE WEATHER LIKE?

- It's a beautiful day.
- It's nice.

- It's sunny.
- It's raining.
- It's cloudy.
- It's supposed to rain tomorrow.
- What horrible (o awful) weather!
- It's (very) hot/cold.

¿QUÉ TIEMPO HACE?

- Hace un día precioso.
- Hace un día agradable or lindo (*Amér*).
- Hace sol.
- Está lloviendo.
- Está nublado.
- Se espera lluvia para mañana.
- ¡Qué tiempo más horrible!
- Hace (mucho) calor/frío.

EXPRESSING LIKES AND DISLIKES

- I like it.
- I don't like it.
- Would you like something to drink/eat?

- Yes, please.
- No, thanks.
- Would you like to come to the park with us?

- Yes, I'd love to.

AL EXPRESAR PREFERENCIAS

- Me gusta.
- No me gusta.
- ¿Quieres tomar/comer algo?/¿Le apetece beber/comer algo? (*Esp*)/¿Te provoca tomar/comer algo? (*Carib*)/¿Querés tomar/comer algo? (*RP*)
- Sí, por favor.
- No, gracias.
- ¿Quieres ir al parque con nosotros?/¿Te apetecería ir al parque con nosotros? (*Esp*)/¿Te provoca ir al parque con nosotros? (*Carib*)/¿Querés ir al parque con nosotros? (*RP*)
- Sí, me encantaría.

PHONING	USAR EL TELÉFONO
• Hello.	• [person answering]: ¿Sí?/¿Dígame? ¿Aló? (*Andes, Carib & Méx*)/ ¿Hola? (*RP*) [person phoning]: ¿Oiga? (*Esp*) ¡Hola! (*Amér*)
• Ana Francino speaking.	• Soy Ana Francino.
• I'd like to speak to Sr. López.	• Quería hablar con el Sr. López.
• Hold the line.	• No cuelgue./Aguarde.
• There's no answer.	• No contesta nadie.
• The line's engaged (*Br*) o busy (*Am*).	• La línea está ocupada.
• I'll call back in ten minutes.	• Le vuelvo a llamar dentro de diez minutos.
• Can I leave a message for him?	• ¿Podría dejar un recado?/ ¿Puedo dejarle razón? (*Carib*)/ ¿Puedo dejarle un mensaje? (*RP*)
• Sorry, I must have dialed the wrong number.	• Perdone, me he equivocado de número.
• Who's calling?	• ¿Con quién hablo?

IN THE CAR

- How do we get to the city centre/motorway?
- Is there a car park nearby?
- Can I park here?
- I'm looking for a petrol (*Br*) o gas (*Am*) station.
- Where's the nearest garage?

EN EL COCHE

- ¿Cómo se llega al centro de la ciudad/a la autopista?
- ¿Hay un parking cerca de aquí?
- ¿Puedo aparcar aquí?/¿Se puede aparcar aquí?
- Estoy buscando una gasolinera.
- ¿Donde está el garaje más cercano?

HIRING (*Br*) o RENTING (*Am*) A CAR

- I'd like to hire (*Br*) o rent (*Am*) a car with air-conditioning.
- What's the cost for one day?
- Is the mileage unlimited?
- How much does it cost for comprehensive insurance?
- Can I leave the car at the airport?

AL ALQUILAR UN COCHE

- Quería alquilar un coche or carro (*Amér*) con aire acondicionado.
- ¿Cuánto cuesta por día?
- ¿Incluye kilometraje ilimitado?
- ¿Cuánto cuesta el seguro a todo riesgo (*Esp*) or contra todo riesgo (*Amér*)?
- ¿Puedo devolver el coche or carro (*Amér*) en el aeropuerto?

AT THE PETROL (*Br*) o GAS (*Am*) STATION	EN LA GASOLINERA
▸ I've run out of petrol (*Br*) o gas (*Am*).	▸ Me he quedado sin gasolina.
▸ Fill it up, please.	▸ Lléneme el depósito, por favor.
▸ Pump number three.	▸ El surtidor número tres.
▸ I'd like to check the tyre pressure.	▸ Quiero comprobar el aire de las ruedas.

AT THE GARAGE	EN EL GARAJE
▸ I've broken down.	▸ Mi coche tiene una avería.
▸ The exhaust pipe has fallen off.	▸ Se me ha caído el tubo de escape.
▸ My car has an oil leak.	▸ Mi coche pierde aceite.
▸ The engine is overheating.	▸ El motor se calienta mucho.
▸ Could you check the breaks?	▸ ¿Puede comprobar los frenos?
▸ The battery is flat (*Br*) o dead (*Am*).	▸ El coche se ha quedado sin batería./Se me ha agotado la batería.
▸ The air-conditioning doesn't work.	▸ No me funciona el aire acondicionado.
▸ I've got a puncture (*Br*) o flat tire (*Am*). It needs to be repaired.	▸ Se me ha pinchado una rueda. Me la tendrían que arreglar. /Se me ponchó una llanta. Me la tendrían que reparar. (*Méx*)
▸ How much will the repairs cost?	▸ ¿Cuánto cuesta la reparación?

TAKING A TAXI (Br) o CAB (Am)

AL TOMAR UN TAXI

- Could you call me a taxi (Br) o cab (Am)?
- ¿Me podría pedir un taxi?

- To the bus station / train station / airport, please.
- A la estación de autobuses / la estación de tren / el aeropuerto, por favor.

- Stop here / at the lights / at the corner, please.
- Pare aquí / en la señal / en la esquina, por favor.

- Can you wait for me?
- ¿Me podría esperar?
- How much is it?
- ¿Cuánto es?
- Can I have a receipt, please?
- Querría un recibo, por favor.
- Keep the change.
- Quédese el cambio.

TAKING THE BUS

AL TOMAR EL AUTOBÚS (Esp) OR BUS (Amér)

- What time is the next bus to Salamanca?
- ¿A qué hora sale el próximo autobús (Esp) OR bus (Amér) para Salamanca?

- Which platform does the bus go from?
- ¿Desde qué plataforma sale el autobús (Esp) OR bus (Amér)?

- How much is a return (Br) o round-trip (Am) ticket to Chicago?
- ¿Cuánto cuesta un billete OR pasaje (Amér) de ida y vuelta a Chicago?

- Excuse me, is this seat taken?
- Perdone, ¿está ocupado este asiento?

- Do you have a timetable?
- ¿Tiene un horario?
- Can you tell me when to get off?
- ¿Puede avisarme cuando tenga que bajar?

TAKING THE TRAIN	AL TOMAR EL TREN
► Where is the ticket office?	► ¿Dónde está el mostrador de venta de billetes? (*Esp*)/ ¿Dónde está el mostrador de venta de boletos? (*Amér*)
► When does the next train for Paris leave?	► ¿A qué hora sale el próximo tren para París?
► Which platform does it leave from?	► ¿De qué andén sale?
► How much is a return to Porto?	► ¿Cuanto cuesta un billete (*Esp*) ᴏʀ boleto (*Amér*) de ida y vuelta para Oporto?
► Is there a left-luggage office?	► ¿Hay consigna?
► A window seat in a non-smoking coach please.	► Un billete ᴏʀ boleto (*Amér*) de ventanilla en un vagón de no fumadores, por favor.
► I'd like to reserve a sleeper on the 9 p.m. train to Paris.	► Quiero reservar una litera en el tren de las 21.00 horas para París.
► Where do I validate my ticket?	► ¿Dónde tengo que validar el billete?
► Excuse me, is this seat free ?	► Perdone, ¿está libre este asiento?
► Where is the restaurant car?	► ¿Donde está el vagón restaurante?

AT THE AIRPORT

- Where is terminal 1/gate number 2?
- Where is the check-in desk?

- I'd like an aisle/window seat.

- What time is boarding?
- I've lost my boarding card.
- I have hand luggage only.
- Where is the baggage reclaim?

- Where is customs?
- I've nothing to declare.
- I've missed my connection. When's the next flight to Seattle?
- Where's the shuttle bus to the city centre?

EN EL AEROPUERTO

- ¿Dónde está la terminal 1/la puerta 2?
- ¿Dónde está el mostrador de facturación?/¿Dónde es el check-in? (*Amér*)

- Querría asiento de pasillo/ventana.

- ¿A qué hora es el embarque?
- Perdí la tarjeta de embarque.
- Sólo tengo equipaje de mano.
- ¿Dónde está la recogida de equipajes?/¿Dónde se retira el equipaje?

- ¿Dónde está la aduana?
- No tengo nada que declarar.
- He perdido mi conexión. ¿Cuándo sale el próximo vuelo para Seattle?
- ¿Dónde está el autobús ᴏʀ bus (*Amér*) de enlace con el centro de la ciudad?

ASKING THE WAY

- Could you show me where we are on the map?
- Where is the bus station/ post office?

- Excuse me, how do I get to Avenida Paulista?
- Is it far?
- Is it within walking distance?
- Will I/we have to take the bus/underground?

¿DÓNDE QUEDA?

- ¿Me podría indicar en el mapa dónde estamos?
- ¿Dónde está la estación de autobús (*Esp*) or buses (*Amér*)/correos?

- Por favor, ¿cómo se va a la Avenida Paulista?
- ¿Está lejos?
- ¿Se puede ir caminando?
- ¿Tengo/tenemos que coger el autobús/metro? (*Esp*)/ ¿Tengo/tenemos que tomar el autobús/metro? (*Amér*)

GETTING AROUND TOWN

- Which bus goes to the airport?
- Where do I catch the bus for the station?

- I'd like a single (*Br*) o one-way (*Am*)/ return (*Br*) o round-trip (*Am*) ticket to Boston.
- Could you tell me when we get there?
- Bus Stop.

AL CIRCULAR POR LA CIUDAD

- ¿Qué autobús (*Esp*) or bus (*Amér*) va al aeropuerto?
- ¿Dónde se coge el autobús a la estación? (*Esp*)/¿Dónde se toma el bus a la estación? (*Amér*)

- Quiero un billete or pasaje (*Amér*) de ida/ida y vuelta a Boston.
- ¿Me podría decir dónde me tengo que bajar?
- Parada de autobús (*Esp*) or bus (*Amér*).

SPORTS

- We'd like to see a football match (*Br*) o game (*Am*). Is there one on tonight?

- Where's the stadium?

- What time does the cycle race start?

- Where can we hire (*Br*) o rent (*Am*) bicycles?

- I'd like to book a tennis court for 7 p.m.

- Where can we change?

- Is there a ski resort nearby?

- Can we hire (*Br*) o rent (*Am*) equipment?

- Where's the nearest pool?

- I'm looking for a sports shop. I want to buy a swimsuit.

DEPORTES

- Queremos ver un partido fútbol. ¿Hay uno esta noche?

- ¿Dónde está el estadio de fútbol?

- ¿A qué hora empieza la carrera ciclista?

- ¿Dónde podemos alquilar bicicletas?

- Quisiéramos reservar una cancha o pista (*Esp*) de tenis para las 7 de la tarde.

- ¿Dónde podemos cambiarnos?

- ¿Hay una estación de esquí por aquí cerca?

- ¿Podemos alquilar el equipo?

- ¿Me podría decir dónde está la piscina pública más cercana?

- Busco una tienda de deporte. Quiero comprar un traje de baño.

AT THE HOTEL

- We'd like a double room / two single rooms.
- I'd like a room for two nights, please.
- I have a reservation in the name of Jones.
- I reserved a room with a shower / bathroom.
- Could I have the key for room 121 please?
- Are there any messages for me?
- What time is breakfast served?
- I'd like breakfast in my room.
- I'd like a wake-up call at 7 a.m., please.
- Is there a car park for hotel guests?
- I'd like to check out now.

EN EL HOTEL

- Queremos una habitación doble / dos habitaciones individuales.
- Quiero una habitación para dos noches, por favor.
- Tengo una reserva a nombre de Jones.
- He reservado una habitación con ducha / baño.
- ¿Me da la llave de la habitación 121, por favor?
- ¿Hay algún mensaje para mí?
- ¿A qué hora se sirve el desayuno?
- Quiero tomar el desayuno en la habitación.
- ¿Me podría despertar a las 7 de la mañana?
- ¿Hay un parking para clientes del hotel?
- Me voy ya. ¿Me prepara la factura del hotel?

AT THE SHOPS

- How much is this?
- I'd like to buy sunglasses/a swimsuit (*Br*) o bathing suit (*Am*).
- I'm a size 10.

- I take a size 7 shoe.
- Can I try this on?
- Can I exchange it?
- Where are the fitting rooms?

- Do you have this in a bigger/ smaller size?

- Do you have this in blue?
- Do you sell envelopes/street maps?
- I'd like to buy a film for my camera please.

- What time do you close?

EN LAS TIENDAS

- ¿Cuánto es?
- Quería comprar gafas de sol/ropa de baño.

- Mi talla es la 38./ Mi talle es el 38. (*RP*)
- Calzo el 40.
- ¿Puedo probármelo?
- ¿Puedo cambiarlo?
- ¿Dónde están los probadores?
- ¿Tiene una talla mayor/más pequeña?/¿Tiene un talle más grande/chico? (*RP*)
- ¿Tiene esto en azul?
- ¿Tiene sobres/guías de la ciudad?
- Quería comprar una película OR carrete (*Esp*) para mi cámara, por favor.
- ¿A que hora cierran?

OUT AND ABOUT

- What time does the museum close?
- Where is the nearest public swimming pool?
- Could you tell me where the nearest (Catholic/Baptist) church is?
- Do you know what time mass/the next service is?
- Is there a cinema (*Br*) o movie theater (*Am*) nearby?
- How far is it to the beach?

AL PEDIR INFORMACIÓN

- ¿A qué hora cierra el museo?
- ¿Dónde está la piscina pública más cercana?
- ¿Me podría decir dónde está la iglesia (católica/baptista) más cercana?
- ¿Sabe cuál es el horario de misas/cultos?
- ¿Hay algún cine cerca de aquí?
- ¿Qué distancia hay de aquí a la playa?

AT THE CAFÉ

- Is this table/seat free?
- Excuse me!
- Two cups of black coffee/white coffee (*Br*) o coffee with cream (*Am*), please.
- An orange juice/a mineral water.
- Can I have another beer, please?
- Where is the toilet (*Br*) o restroom (*Am*)?

EN EL CAFÉ

- ¿Está libre esta mesa/silla?
- ¡Por favor!
- Dos cafés/cafés con leche, por favor.
- Un zumo or jugo (*Amér*) de naranja/un agua mineral.
- ¿Me podría traer una cerveza, por favor?
- ¿Dónde están los servicios?/¿Dónde es el baño? (*Amér*)

AT THE RESTAURANT	EN EL RESTAURANTE
► I'd like to reserve a table for 8 p.m.	► Quisiera reservar una mesa para las 8 de la tarde.
► A table for two, please.	► Una mesa para dos, por favor.
► Can we have a table in the non-smoking zone?	► ¿Podríamos tener una mesa en la zona de no fumadores?
► Can we see the menu/wine list?	► ¿Podría traer la carta/la carta de vinos?
► Do you have a children's/ vegetarian menu?	► ¿Tiene menú infantil/para vegetarianos?
► A bottle of house white/red, please.	► Una botella de vino tinto/ blanco de la casa, por favor.
► We'd like an aperitif.	► Quisiéramos un aperitivo.
► What is the house speciality?	► Cuál es la especialidad de la casa?
► What desserts do you have?	► ¿Qué hay de postre?
► Can I have the bill (*Br*) o check (*Am*) please?	► ¿Me trae la cuenta, por favor?
► I have a peanut allergy.	► Tengo alergia a los caca-huetes./No puedo comer ca-cahuetes.
► It smells good!	► ¡Huele bien!
► This is delicious!	► ¡Qué rico está!

AT THE BANK

- I'd like to change £100 into euros please.
- In small denominations, please.

- What is the exchange rate for dollars?
- I'd like to cash some traveler's checks.
- Where is the cash dispenser (*Br*) o ATM (*Am*)?

EN EL BANCO

- Quería cambiar 100 libras en euros, por favor.
- En billetes pequeños or chicos (*RP*), por favor.

- ¿Cuál es el cambio del dólar?
- Quería cambiar unos cheques de viaje.
- ¿Dónde hay un cajero automático?

AT THE POST OFFICE

- How much is it to send a letter/postcard to Mexico?
- I'd like ten stamps for Chile.

- I'd like to send this parcel by registered post (*Br*) o mail (*Am*).
- How long will it take to get there?
- I'd like a 50-unit phone card.

- Can I send a fax?
- Can you tell me where I can find an Internet cafe?

EN LA OFICINA DE CORREOS

- ¿Cuánto cuesta enviar una carta/una postal a México?
- Quiero diez sellos or timbres (*Méx*) or estampillas (*RP*) para Chile.
- Quería enviar este paquete por correo certificado or registrado (*Amér*).
- ¿Cuánto tiempo tardará or demora (*Amér*) en llegar?
- Quiero una tarjeta de teléfono de 50 unidades.
- ¿Puedo enviar un fax?
- ¿Dónde puedo encontrar un cibercafé?

BUSINESS

- Hello. I'm from Biotech Ltd.

- I have an appointment with Sr. Santiago at 2.30 p.m.

- Here's my business card.

- I'd like to see the managing director.

- My e-mail address is paul@easyconnect.com

- Could you fax me some information / the sales figures please?

LOS NEGOCIOS

- Buenos días (or tardes, etc.). Soy de Biotech Ltd.

- Tengo una cita con el Sr. Santiago a las 2.30 de la tarde.

- Aquí tiene mi tarjeta de empresa.

- Quisiera ver al director general.

- Mi dirección de correo electrónico es paul@easyconnect.com

- ¿Podría enviarme información / las cifras de ventas por fax, por favor?

EMERGENCIES

- Call a doctor / the fire brigade (Br) o fire department (Am) / the police!

- Where's the nearest hospital?

- My son's blood type is O positive.

- I've been robbed / attacked.

- There's been an accident.

- My car's been stolen.

EMERGENCIAS

- ¡Llamen a un médico / a los bomberos / a la policía!

- Donde está el hospital más cercano?

- Mi hijo es O positivo.

- Me han robado / atacado.

- Ha habido un accidente.

- Me han robado el coche.

AT THE DOCTOR'S

- I've been vomiting and I have diarrhoea.
- I have a sore throat.
- My stomach hurts.
- My son has a cough and a fever.
- I'm allergic to penicillin.
- I've got high blood pressure.
- I'm diabetic.
- How long should I follow the treatment for?

EN EL CONSULTORIO MÉDICO

- Tengo vómitos y diarrea.
- Tengo dolor de garganta.
- Tengo dolor de estómago.
- Mi hijo tiene tos y fiebre.
- Soy alérgico a la penicilina.
- Tengo la tensión alta.
- Soy diabético.
- ¿Por cuanto tiempo debo seguir el tratamiento?

AT THE DENTIST'S

- I have toothache.
- One of my molars hurts.
- I've lost a filling.

- Could you give me a local anaesthetic?

EN EL DENTISTA

- Tengo dolor de muelas.
- Me duele una muela.
- Se me ha caído un empaste or una tapadura (*Méx*) or una emplomadura (*RP*).

- ¿Me puede poner anestesia local?

AT THE CHEMIST'S (*Br*) o DRUGSTORE (*Am*)	EN LA FARMACIA

- Can you give me something for a headache/sore throat/diarrhoea?
- Can I have some aspirin/Band-Aids®, please?
- I need some high protection suntan lotion.
- Do you have any insect repellent?
- Could you recommend a doctor?

- ¿Tiene algo para el dolor de cabeza/el dolor de garganta/la diarrea?
- ¿Tiene un analgésico/tiritas OR curitas (*Amér*) por favor?
- Necesito una crema solar de un alto grado de protección.
- ¿Tiene un repelente para los insectos?
- ¿Me podría recomendar un médico?